D1731351

Albers | Herrmann (Hrsg.)

Handbuch Produktmanagement

Sönke Albers | Andreas Herrmann (Hrsg.)

Handbuch Produktmanagement

Strategieentwicklung – Produktplanung – Organisation – Kontrolle

3., überarbeitete und erweiterte Auflage

Bibliografische Information Der Deutschen Nationalbibliothek
Die Deutsche Nationalbibliothek verzeichnet diese Publikation in der Deutschen Nationalbibliografie; detaillierte bibliografische Daten sind im Internet über <http://dnb.d-nb.de> abrufbar.

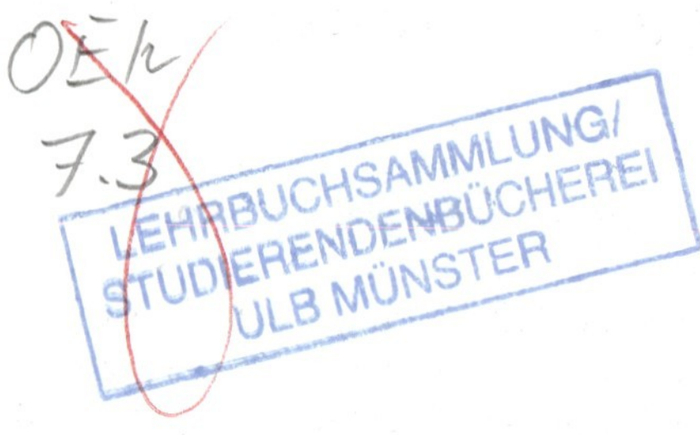

Prof. Dr. Dr. h. c. Sönke Albers ist Inhaber des Lehrstuhls für Betriebswirtschaftslehre und Marketing an der Christian-Albrechts-Universität zu Kiel und Direktor des Instituts für Innovationsforschung.

Prof. Dr. Andreas Herrmann ist Direktor der Forschungsstelle für Business Metrics und Leiter des Audi Lab for Market Research an der Universität St. Gallen.

1. Auflage September 2000
2. Auflage September 2002
3. Auflage Juli 2007

Lektorat: Barbara Roscher | Jutta Hinrichsen

Der Gabler Verlag ist ein Unternehmen von Springer Science+Business Media.
www.gabler.de

Umschlaggestaltung: Regine Zimmer, Dipl.-Designerin, Wiesbaden
Druck und buchbinderische Verarbeitung: Wilhelm & Adam, Heusenstamm
Gedruckt auf säurefreiem und chlorfrei gebleichtem Papier
Printed in Germany

ISBN 978-3-8349-0268-9

Vorwort zur dritten Auflage

Inzwischen hat sich das Handbuch Produktmanagement im Markt bewährt. Insofern sehen wir uns als Herausgeber gefordert, stets neue Themen aufzugreifen und alte Themen zu entwickeln. Folglich umfasst diese 3. Auflage viele Beiträge, die von den Autoren im Hinblick auf Stil und Inhalt überarbeitet wurden. Hinzu kamen einige neue Aufsätze, wie z.B. die Beiträge zur Versionierung, zum Produktmanagement von Mediengütern und zur Präferenzkonstruktion. Die Autoren zeigen Entwicklungslinien auf und verdeutlichen neue Ideen, Konzepte und Methoden. In diesem Sinne ist unser Handbuch ein "living document", in dem bewährte Themen gepflegt und neue Ansätze diskutiert werden. Unser Dank gilt den Autoren für Ihre Bereitschaft, neue Beiträge zu erstellen oder alte zu überarbeiten, immer unter den üblichen zeitlichen Restriktionen. Darüber hinaus möchten wir uns bei Veronika Hauser bedanken, die mit Übersicht und Einsatz die Entstehung des Werks koordinierte und manche Aufsätze im Format überarbeitete. Die Zusammenarbeit mit Frau Barbara Roscher vom Gabler Verlag funktionierte bestens, sodass wir dieses Handbuch in sehr kurzer Zeit überarbeiten und auf den Markt bringen konnten.

Kiel und St. Gallen, im März 2007 Sönke Albers und Andreas Herrmann

Vorwort zur ersten Auflage

Die Entwicklung, Produktion und Vermarktung von Gütern und Diensten bildet den Kern des unternehmerischen Tuns. In Anbetracht kurzer Produktlebenszyklen, harter Konkurrenz und kritischen Nachfragern muss nahezu jeder Anbieter seine Leistung darauf ausrichten, vorhandene und latente Wünsche der Kunden zu befriedigen. Die Erfordernisse des Absatzmarkts bestimmen die absatzwirtschaftlichen Aktivitäten eines Unternehmens in allen Belangen, da die Reaktionen der Kunden letztlich über seinen Erfolg am Markt entscheiden.

Bei der Gestaltung einer Leistung taucht eine Fülle von Fragen auf, von denen die meisten vom Produktmanager zu beantworten sind. Welches sind die für den Markterfolg entscheidenden Leistungsdimensionen eines Produkts? Wie viele Produktvarianten sollten am Absatzmarkt offeriert werden? Ist die Kernleistung um begleitende Dienste zu erweitern? Wie ist das Produktmanagement zu organisieren? Ist die Bildung von Marken ein gangbarer Weg? Diese Liste der Schwierigkeiten und Herausforderungen ließe sich, das weiß jeder Praktiker und Wissenschaftler ganz genau, beliebig erweitern. Einige dieser Probleme sollen in diesem Handbuch präzisiert, diskutiert und auch gelöst werden.

Hierzu bietet sich die folgende Vorgehensweise an: Nach einer Problematisierung des interessierenden Phänomens durch die Herausgeber stehen im zweiten Teil die strategischen Aspekte des Produktmanagement im Mittelpunkt der Betrachtung. Hier geht es darum, die Notwendigkeit von Produktinnovationen, die relevanten Produktgestaltungsdimensionen sowie die Markenbildung als strategische Option zu erläutern. Der dritte Teil dient einer Aufarbeitung des Prozesses der Produktplanung. Im Anschluss an die Vorgehensweise bei der Neuproduktgestaltung interessiert das Management existierender Produkte. Den Abschluss dieses Teils bilden Ausführungen zur Produktprogrammplanung. Der vierte Teil ist der Organisation und Kontrolle des Produktmanagement gewidmet. Hier sollen Fragen rund um die organisatorische Einbindung des Produktmanagement sowie der Kontrolle aller durchgeführten Aktivitäten erörtert werden. Der fünfte Teil zeigt Trends im Produktmanagement, wie etwa die Themen Category Management oder Mass Customization. der sechste Teil zielt darauf ab, den Leserinnen und Lesern konkrete Beispiele für die Anwendung der zuvor erläuterten Methoden und Verfahren zu vermitteln.

Unser besonderer Dank gilt den 69 Autoren, ohne deren engagierte Mitwirkung dieses Handbuch nie entstanden wäre. Bei den Autoren handelt es sich sowohl um Führungskräfte aus unterschiedlichen Branchen und Sektoren als auch um Wissenschaftler, die unterschiedliche Fachrichtungen und Lehrmeinungen vertreten. Durch ihre Beiträge gelang es, 43 Themen im Produktmanagement kompetent aufzubereiten und Lösungen für die eingangs aufgeworfenen Probleme zu entwickeln. Darüber hinaus möchten wir Frau Imma Lang danken, die mit Übersicht und Einsatz die im Format unterschiedlichen Aufsätze zu einem Gesamtwerk goss. Last but not least schulden wir Frau Barbara Roscher vom Gabler-Verlag unseren Dank. Sie begleitete dieses Buch mit wertvollen Hinweisen und tatkräftiger Unterstützung.

Kiel und Mainz im Mai 2000 Sönke Albers und Andreas Herrmann

Inhaltsverzeichnis

3. Kapitel: Markenbildung

Dritter Teil
Produktplanung

1. Kapitel: Neuproduktgestaltung

2. Kapitel: Management existierender Produkte

3. Kapitel: Produktprogrammplanung

Vierter Teil
Organisation und Kontrolle

1. Kapitel: Organisation des Produktmanagement

2. Kapitel: Kontrolle des Produktmanagement

Fünfter Teil
Trends im Produktmanagement

Sechster Teil
Ausgewählte Beispiele

Autorenverzeichnis

Prof. Dr. Sönke Albers ist Inhaber des Lehrstuhls für Innovation, Neue Medien und Marketing an der Christian-Albrechts-Universität zu Kiel, Olshausenstraße 40, 24098 Kiel.

Prof. Dr. Artur Baldauf ist Direktor am Institut für Marketing und Unternehmensführung an der Universität Bern, Engehaldenstraße 4, CH-3012 Bern.

Prof. Dr. Ingo Balderjahn ist Inhaber des Lehrstuhls für Marketing an der Universität Potsdam, August-Bebel-Str. 89, 14482 Potsdam.

Hans Berger ist Leiter der Markenstrategie bei der Audi AG in 85045 Ingolstadt.

Prof. Dr. Martin Benkenstein ist Inhaber des Lehrstuhls für Marketing und Innovationsmanagement an der Universität Rostock, Parkstraße 06, 18057 Rostock.

Prof. Dr. Ralph Berndt ist Inhaber des Lehrstuhls für Marketing an der Eberhard-Karls-Universität Tübingen, Nauklerstraße 47, 72074 Tübingen.

Prof. Dr. Dipl.-Ing. Friedhelm Bliemel ist Inhaber des Lehrstuhls für Marketing an der Universität Kaiserslautern, Postfach 3049, 67653 Kaiserslautern.

Dr. Bettina Boehm ist Mitarbeiterin im Vertriebscenter und stellvertretende Abteilungsleiterin im Bereich Marketing, Presse- und Öffentlichkeitsarbeit bei der Sparkasse Unna, Bahnhofstrasse 37, 59423 Unna.

Dr. Claudia Bornemeyer, Marketing und Service Management, Internationale Fachhochschule Bad Honnef Bonn, Mühlheimerstrasse 38, 53604 Bad Honnef.

Prof.. Dr. Dr. h. c. Klaus Brockhoff ist Honorarprofessor und Mitglied des Beirats des Zentrums für Marktorientierte Unternehmensführung der WHU – Otto Beisheim School of Management, 56172 Vallendar, Burgplatz 2

Prof. Dr. Joachim Büschken ist Inhaber des Lehrstuhls für Absatzwirtschaft und Marketing an der Katholischen Universität Eichstätt, Wirtschaftwissenschaftliche Fakultät Ingolstadt, Auf der Schanz 49, 85049 Ingolstadt.

Prof. Dr. Christoph Burmann ist Inhaber des Lehrstuhls für Innovatives Markenmanagement, Fachbereich Wirtschaftswissenschaften, an der Universität Bremen, Hochschulring 4, 28359 Bremen.

Prof. Dr. Michel Clement ist Inhaber des Lehrstuhls für Marketing und Medienmanagement am Institut für Marketing und Medien der Universität Hamburg, Von-Melle-Park 5, 20146 Hamburg.

Prof. Dr. Reinhold Decker ist Inhaber des Lehrstuhls für Marketing an der Universität Bielefeld, Universitätsstraße 25, 33615 Bielefeld.

Dr. Martin Einhorn ist Mitarbeiter der Markt- und Trendforschung bei der Audi AG in 85045 Ingolstadt.

Prof. Dr. Bernd Erichson ist Inhaber des Lehrstuhls für Marketing an der Otto-von-Guericke-Universität Magdeburg, Universitätsplatz 2, 39106 Magdeburg.

Prof. Dr. Holger Ernst ist Inhaber des Lehrstuhls für Betriebswirtschaftslehre, insbesondere Technologie- und Innovationsmanagement an der Wissenschaftlichen Hochschule für Unternehmensführung (WHU); Burgplatz 2; 56179 Vallendar.

Prof. Dr. Franz-Rudolf Esch ist Inhaber des Lehrstuhls für Marketing und Direktor des Instituts für Marken- und Kommunikationsforschung an der Justus-Liebig-Universität Gießen, Licher Straße 66, 35394 Gießen.

Prof. Dr. Claudia Fantapié Altobelli ist Inhaberin des Lehrstuhls für Marketing an der Universität der Bundeswehr Hamburg, Holstenhofweg 85, 22039 Hamburg.

Dipl.-Kfm. Mario Farsky ist Mitarbeiter am Institut für Marketing und Medien, Arbeitsbereich Marketing & Branding, von Prof. Dr. Henrik Sattler an der Universität Hamburg, Von-Melle-Park 5, 20146 Hamburg.

PD Dr. Georg Fassott, ist Wissenschaftlicher Mitarbeiter am Lehrstuhl für Marketing von Prof. Dr. Friedhelm Bliemel an der Universität Kaiserslautern, Postfach 3049, 67653 Kaiserslautern.

Prof. Dr. Birgit Friedl ist Inhaberin des Lehrstuhls für Controlling an der Christian-Albrechts-Universität zu Kiel, Olshausenstraße 40, 24118 Kiel.

Prof. Dr. Wolfgang Fritz ist Inhaber des Lehrstuhls für Marketing an der Technischen Universität Braunschweig, Postfach 3329, 38023 Braunschweig

Prof. Dr. Karen Gedenk ist Direktorin des Seminars für Marketing und Marktforschung an der Universität zu Köln, Albertus-Magnus-Platz 1, 50923 Köln.

Dr. Martin Gehring ist Senior Consultant bei Simon, Kucher & Partners Strategy & Marketing Consultants GmbH, Haydnstrasse 36, 53116 Bonn

Prof. Dr. Heribert Gierl ist Inhaber des Lehrstuhls für Marketing an der Universität Augsburg, Universitätsstraße 16, 86159 Augsburg.

Prof. Dr. Jens Gutsche ist Senior Executive Vice President und Leiter im Zentralbereich Marketingstrategie und Markenmanagement bei der Deutschen Telekom AG, Friedrich-Ebert-Allee 140, 53103 Bonn.

Dr. Christian Hahn, Vice President, Leiter Fachbereichs Marketing Services und Media Konzern, Deutsche Telekom AG, Friedrich-Ebert-Allee 140, 53103 Bonn.

Dr. Mark Heitmann ist Habilitand an der Forschungsstelle für Business Metrics der Universität St. Gallen, Guisanstraße 1a, CH-9000 St. Gallen.

Prof. Dr. Roland Helm ist Inhaber des Lehrstuhls für Allgemeine Betriebswirtschaftslehre sowie Absatzwirtschaft, Marketing und Handel an der Universität Jena, Carl-Zeiß-Straße 9, 07743 Jena.

Prof. Dr. Bernd Helmig ist Inhaber des Lehrstuhls für NPO-Management und Marketing an der Universität Freiburg/Schweiz, Av. de l'Europe 20, CH-1700 Freiburg.

Prof. Dr. Andreas Herrmann ist Direktor der Forschungsstelle für Business Metrics der Universität St. Gallen, Guisanstraße 1a, CH-9000 St. Gallen.

Thomas Hertle ist Division Manager für "Test Markets" und "Brand and Communication Research" bei der GfK Marktforschung GmbH, Nordwestring 101, 90319 Nürnberg

Prof. Dr. Lutz Hildebrandt ist Leiter des Instituts für Marketing an der Humboldt-Universität zu Berlin, Spandauer Straße 1, 10178 Berlin.

Prof. Dr. Hartmut H. Holzmüller ist Inhaber des Lehrstuhls für Marketing an der Universität Dortmund, Otto-Hahn-Straße 6, 44221 Dortmund.

Prof. Dr. Christian Homburg ist Inhaber des Lehrstuhls Marketing I und Direktor des Instituts für marktorientierte Unternehmensführung an der Universität Mannheim, L5, 1, 68131 Mannheim.

Prof. Dr. Harald Hruschka ist Inhaber des Lehrstuhls für Marketing an der Universität Regensburg, Universitätsstraße 31, 93040 Regensburg.

Prof. Dr. Frank Huber ist Inhaber des Lehrstuhls für Marketing I an der Johannes Gutenberg Universität Mainz, Jakob Welder-Weg 9, 55148 Mainz

Dipl.-Kff. Susanne Jansen, International Brand Manager Cosmed, Beiersdorf AG, Unnastr. 48, 20245 Hamburg.

Prof. Dr. Axel Johne ist Direktor des Instituts für Innovationsforschung und Professor für Marketing und Innovation an der City University London.

Dr. Philomela Kaetzke ist Junior Brand Manager Valser Innovation & Powerade bei der Coca-Cola (Schweiz) AG, Stationsstraße 33, CH-8306 Brüttisellen.

Prof. Dr. Daniel Klapper ist Inhaber des Lehrstuhls für Absatzwirtschaft an der Christian-Albrechts-Universität zu Kiel, Olshausenstraße 40, 24118 Kiel.

Prof. Dr. Richard Köhler ist Emeritus am Marketing-Seminar der Universität zu Köln und Vorstandsmitglied des Instituts für Messewirtschaft und Distributionsforschung, Albertus-Magnus-Platz, 50923 Köln.

Prof. Dr. Udo Koppelmann ist Direktor des Seminars für ABWL, Beschaffung und Produktpolitik an der Universität zu Köln, Albertus-Magnusplatz, 50931 Köln.

Dr. Anke Kopsch ist Senior Consultant im Market Research and Consulting der Schott Glas AG, Hattenbergstraße 10, 55122 Mainz.

Prof. Dr. Nicole Koschate leitet den GfK Stiftungslehrstuhl für Marketing Intelligence an der Friedrich-Alexander Universität Erlangen-Nürnberg, Lange Gasse 20, 90403 Nürnberg.

Dr. Claudia Kreipl ist wissenschaftliche Mitarbeiterin bei Prof. Dr. Michael Lingenfelder am Lehrstuhl für Marketing und Handelsbetriebslehre an der Philipps-Universität Marburg, Universitätsstraße 24, 35032 Marburg.

Dipl. Volkswirtin Ina Krostitz ist Senior Expertin im Fachbereich Marketing Services und Media Konzern bei der Deutschen Telekom AG, Friedrich-Ebert-Allee 140, 53105 Bonn

Dr. Anja Lambrecht ist Assistant Professor an der Anderson School of Management der University of California, Los Angeles.

Prof. Dr. Michael Lingenfelder ist Inhaber des Lehrstuhls für Marketing und Handelsbetriebslehre an der Philipps-Universität Marburg, Universitätsstraße 24, 35032 Marburg.

M.Sc. Psych. Manuela Lippuner ist wissenschaftliche Assistentin an der Forschungsstelle für Business Metrics der Universität St. Gallen, Guisanstraße 1a, CH-9000 St. Gallen

In Memorandum: Heinrich A. Litzenroth war Mitglied des Vorstands der GfK AG, Nordwestring 101, 90319 Nürnberg.

Dr. Carsten Lurse ist Project Manager im Consumer Goods & Retail Competence Center bei Roland Berger Strategy Consultants, Arabellastraße 33, 81925 München.

Dipl.-Kfm. Stefan Mang ist wissenschaftlicher Mitarbeiter am Lehrstuhl für Marketing & Innovation an der Universität Passau, Innstraße 41, 94032 Passau

Prof. Dr. Dr. h.c. mult. Heribert Meffert ist Emeritus am Institut für Marketing an der Westfälischen Wilhelms-Universität in Münster, Am Stadtgraben 13-15, 48143 Münster.

Dr. Silke Mühlmeier ist Habilitandin am Institut für Marketing und Handel an der Universität St.Gallen, Dufourstr. 40a, CH-9000 St. Gallen.

Prof. Dr. Lothar Müller-Hagedorn ist Direktor des Seminars für ABWL, Handel und Distribution an der Universität zu Köln, Albertus-Magnus-Platz, 50923 Köln.

Prof. Dr. Dietrich von der Oelsnitz ist Fachgebietsleiter für Unternehmensführung und Personalwirtschaft an der Technischen Universität Ilmenau, Postfach 100 565, 98684 Ilmenau.

Dipl.-Volksw. Dipl.-Psych. Klaus Peine ist wissenschaftlicher Assistent an der Forschungsstelle für Business Metrics der Universität St. Gallen, Guisanstraße 1a, CH-9000 St. Gallen.

Dr. Frank Thomas Piller, ist wissenschaftlicher Assistent am Lehrstuhl für Allgemeine und Industrielle Betriebswirtschaftslehre von Prof. Dr. Dr. h.c. Reichwald an der Technischen Universität München, Leopoldstraße 139, 80804 München.

Prof. Dr. Sven Reinecke ist Dozent für Betriebswirtschaftslehre an der Universität St.Gallen und Leiter des Kompetenzzentrums "Marketingplanung & -controlling" am dortigen Institut für Marketing und Handel, Dufourstr. 40a, CH-9000 St. Gallen.

Prof. Dr. Sören Salomo ist Inhaber des Lehrstuhls für Technologie und Innovationsmanagement an der Karl-Franzens Universität, Universitätsstraße 15, A-8010 Graz.

Prof. Dr. Henrik Sattler ist Geschäftsführender Direktor des Instituts für Marketing und Medien, Arbeitsbereich Marketing & Branding, an der Universität Hamburg, Von-Melle-Park 5, 20146 Hamburg.

Prof. Dr. Gerhard Schewe ist Inhaber des Lehrstuhls für Organisation, Personal und Innovation an der Universität Münster, Universitätsstraße 14-16, 48143 Münster.

Dr. rer. pol. Ralf Schmidt ist Geschäftsführer der team steffenhagen GmbH, Aachen.

Dipl.-Psych. Joachim Scholderer ist Mitarbeiter am Lehrstuhl für Marketing von Prof. Dr. Ingo Balderjahn an der Universität Potsdam, August-Bebel-Str. 89, 14482 Potsdam

Prof. Dr. Bernd Skiera, Lehrstuhl für Betriebswirtschaftslehre, insbesondere Electronic Commerce, Johann Wolfgang Goethe-Universität Frankfurt am Main, Mertonstr. 17, 60054 Frankfurt am Main.

Prof. Dr. Martin Spann ist Inhaber des Lehrstuhls für Marketing & Innovation an der Universität Passau, Innstraße 41, 94032 Passau

Prof. Dr. Hartwig Steffenhagen ist Inhaber des Lehrstuhls für Unternehmenspolitik und Marketing der RWTH Aachen, Templergraben 55, 52056 Aachen.

Dr. Georg Tacke ist Senior Partner bei Simon, Kucher & Partners Strategy & Marketing Consultants GmbH, Haydnstraße 36, 53115 Bonn.

Dr. Christian von Thaden ist Mitarbeiter am Lehrstuhl für Absatzwirtschaft und Marketing von Prof. Dr. Joachim Büschken an der Katholischen Universität Eichstätt, Wirtschaftwissenschaftliche Fakultät Ingolstadt, Auf der Schanz 49, 85049 Ingolstadt

Prof. Dr. Torsten Tomczak ist Ordinarius an der Universität St. Gallen und Direktor des Instituts für Marketing und Handel an der Universität St.Gallen, Dufourstr. 40a, CH-9000 St. Gallen

Prof. Dr. Volker Trommsdorff ist Inhaber des Lehrstuhls Marketing I an der Technischen Universität Berlin, Wilmersdorfer Straße 148, 10585 Berlin.

Prof. Dr. Dieter K. Tscheulin ist Leiter des Betriebswirtschaftlichen Seminars IV mit dem Schwerpunkt Management im Gesundheitswesen an der Albert Ludwig Universität Freiburg, Platz der Alten Synagoge 1, 79085 Freiburg im Breisgau.

Prof. Dr. Udo Wagner ist Inhaber des Lehrstuhls für Marketing an der Universität Wien, Brünner Straße 72, A-1210 Wien.

Ralf-Gerhard Willner ist Leiter Fahrzeugkonzepte bei der Audi AG in 85045 Ingolstadt.

Prof. Dr. Cornelia Zanger ist Inhaberin des Lehrtstuhls für Marketing und Handelsbetriebslehre an der Technischen Universität Chemnitz-Zwickau, Reichenhainer Straße 39, 09126 Chemnitz.

Dr. Stephan Zielke ist Mitarbeiter am Lehrstuhl für Handel und Distribution von Prof. Dr. Lothar Müller-Hagedorn an der Universität zu Köln, Albertus-Magnus-Platz, 50923 Köln.

Erster Teil

Begriff und Anliegen des Produktmanagement

Sönke Albers
Andreas Herrmann

Ziele, Aufgaben und Grundkonzept des Produktmanagement

Wirtschaftliches Handeln äußert sich im Austausch von Produkten gegen Geld. Dabei ist der Begriff des Produktes sehr weit gefasst. Typischerweise denkt man bei Produkten zunächst an physisch existierende Produkte, die man anfassen, gebrauchen oder verbrauchen kann. So etwas trifft auf Konsumgüter, wie z.B. einen Becher Joghurt oder eine Tafel Schokolade, ebenso zu wie auf Industrieprodukte, z.B. bestimmte Schrauben oder eine komplette Flaschenabfüllanlage, die zur Herstellung oder Weiterverarbeitung von Produkten von anderen Unternehmen benötigt werden. Damit wird aber nur ein Teil der Austauschbeziehungen erfasst. In Volkswirtschaften mit immer weiter steigenden Dienstleistungsanteilen stellen auch Leistungen Produkte im Sinne dieses Buches dar. Dies kann z.B. die Vermietung eines Hotelzimmers, die Beratung eines Unternehmens wie auch das Aufführen eines Theaterstückes bedeuten. Jede der aufgeführten Austauschbeziehungen steht im Spannungsfeld zwischen den Nachfragern und den Ressourcen eines Unternehmens, bestimmte Arten von Produkten und Leistungen überhaupt anbieten zu können, sowie dem Wettbewerb und den sozioökonomischen Rahmenbedingungen.

In einer Zeit, in der die größte Schwierigkeit darin bestand, Produkte kostengünstig herzustellen, hat sich der Fokus der Unternehmenstätigkeit vornehmlich auf die ökonomische Bereitstellung und Nutzung der Ressourcen des Unternehmens zur Herstellung von Produkten gerichtet. Konsequenterweise waren die Unternehmen funktional nach solchen Bereichen wie Beschaffung, Produktion, Lagerhaltung, Personal und Verwaltung gegliedert. Schon seit langem hat sich dieser Engpass auf den Markt verschoben. Heutzutage steht die Frage im Mittelpunkt, mit welchen Produkten man im Wettbewerb mit Konkurrenzprodukten potentielle Abnehmer bedienen kann. In einigen Bereichen hat sich dies gar so weit entwickelt, dass der einzelne Nachfrager in den Mittelpunkt der Bemühungen von Unternehmen gerückt ist, was sich dann in einem Kundengruppen-Management oder Key-Account-Management niedergeschlagen hat. Aber auch im letzten Fall ist deutlich geworden, dass ein Unternehmen, das wirtschaftlich erfolgreich sein will, über wettbewerbsfähige Produkte verfügen muss. Es gilt deshalb dieses Postulat mit einem geeigneten Produktmanagement, also einem Management aller Aktivitäten von der Konzipierung neuer Produkte bis hin zur Vermarktung dieser Produkte, zu erfüllen. Deshalb beschäftigt sich dieses Handbuch in sechs Teilen mit bedeutenden Aspekten des Produktmanagement.

Nach diesem einführenden Teil ist der zweite Teil strategischen Aspekten des Produktmanagement gewidmet. Dazu zählen solche Fragestellungen, welche Vorteile Innovationen im Vergleich zu Imitationen mit sich bringen, welche Aspekte der Gestaltung eines Produktes betrachtet werden müssen und schließlich wie ein ganzheitlicher Auftritt eines Produktes im Markt als Marke realisiert werden kann. Danach folgt ein eher operativ ausgerichteter dritter Teil, der im 1. Kapitel das Problem der Neuproduktplanung von der Marktabgrenzung und -segmentierung über die Potentialanalyse bis hin zur Auswahl optimaler Produkteigenschaften und der Erstellung von Marktanteilsprognosen behandelt. Sobald die Produkte in den Markt eingeführt sind, muss deren Marktauftritt sinnvoll gestaltet werden, weshalb sich das folgende Kapitel dem Management existierender Produkte wie der Wirksamkeit von Marketinginstrumenten, der Wettbewerbsanalyse und dem Wiederkaufverhalten beschäftigt. In der Regel hat es ein Unternehmen nicht nur mit einem einzelnen Produkt zu tun, sondern mit einem ganzen Produktprogramm, so dass die Probleme der Produktliniengestaltung, der Produktmodifikationen, der Produktvariationen, der Produktbündelung und des Variantenmanagement im folgenden 3. Kapitel ausführlich behandelt werden. Alle diese Aktivitäten müssen in einem Unternehmen geeignet organisiert werden, weshalb sich der vierte Teil im 1. Kapitel explizit den verschiedenen Organisationsformen für die Neuproduktentwicklung, aber auch der Betreuung existierender Produkte widmet, wobei auch Schnittstellen zu den Bereichen Produktion und Forschung & Entwicklung sowie die internationale Koordination diskutiert werden. Um wirtschaftlich erfolgreich zu sein, müssen die produktpolitischen Entscheidungen kontrolliert werden, weshalb in einem weiteren 2. Kapitel Produkterfolgsrechnungen sowie die Erfassung von Kundenzufriedenheit und Kundenbindung behandelt werden. In einem fünften Teil wird mit einer Diskussion von Trends, wie z.B. den Erlösmodellen im Electronic Commerce, dem Efficient Consumer Response, dem Category Management und der Mass Customization ein Ausblick auf gerade aktuelle Probleme des Produktmanagement gegeben. Das Buch schließt im sechsten Teil mit ausgewählten Beispielen aus der Praxis.

Die strategischen Aspekte des Produktmanagement (siehe zweiter Teil) richten sich auf die Fragen, wie neue Produkte entstehen und in den Markt eingeführt werden sollen (1. Kapitel), wie der Umfang der Gestaltungsalternativen aussieht (2. Kapitel) und welche ganzheitlichen Elemente beim Marktauftritt (3. Kapitel) beachtet werden müssen.

Im ersten Kapitel behandelt Brockhoff grundsätzliche Fragen der Produktinnovationen. Er fragt nach Anlässen von Produktinnovationen, die nicht nur in der Veränderung von Nachfragerpräferenzen liegen, sondern auch durch technologische Trends und Änderungen in der Gesetzgebung ausgelöst werden können. Hier wird auch der Frage nachgegangen, wie hoch der Neuigkeitsgrad gewählt werden soll, beobachtet man doch, dass die Floprate von neuen Produkten um so höher ist, je höher auch der Neuheitsgrad des Produktes ist. Auf der anderen Seite stehen diesem Risiko aber auch um so höhere Erträge gegenüber, je innovativer das Produkt ist. Je nach Entwicklungskapazität und Risikoeinstellung kann es sich für ein Unternehmen auch lohnen, Produkte zu imitieren. Schewe beschreibt deshalb, welche Vor- und Nachteile die Imitation besitzt. Vorteilhaft ist insbesondere die Möglichkeit, aus den Fehlern des Innovators zu lernen und das Produkt in einer verbesserten Form auf den Markt bringen können. Man steht aber vor dem Problem, dass man die Marktstellung eines Pioniers zu überwinden hat, was in aller Regel nur mit Preiszugeständnissen möglich ist. Außerdem muss ein Unternehmen schnell reagieren können und deshalb seine Organisationsform darauf ausrichten, frühzeitig Informationen über neue Produkte zu erhalten. Aus dieser Diskussion wird schon deutlich, dass die Rolle des Pioniers nicht unbedingt wirtschaftlichen Erfolg garantiert. Fritz und von der Oelsnitz diskutieren deshalb unterschiedliche zeitliche Eintrittsstrategien, nämlich ob man als Pionier, Schneller Zweiter, Folger oder Später Folger in den Markt eintreten will. Grundsätzlich gibt es für jede Strategie Vor- und Nachteile. Hinzu kommt das Problem, in welcher institutionellen Form man in welche Märkte eintreten will. Je nach Ausmaß der Kontrollierbarkeit und der Ressourcenbeanspruchung kann man dabei Formen wie Franchising, Lizenzvergabe, Export sowie die Gründung von Joint Ventures und Tochtergesellschaften unterscheiden. In geographischer Hinsicht stellt sich das Problem, ob man nur regional, national oder gar international und dann in welchen Ländern in den Markt eintreten möchte. Heutzutage tritt die Entscheidung hinzu, ob man nur auf realen Märkten oder auch auf virtuellen Märkten wie dem World Wide Web operieren möchte.

Im zweiten Kapitel geht es um den Umfang der Gestaltungsalternativen. Längst hat man erkannt, dass es dem Nachfrager nicht nur um die Erfüllung bestimmter Funktionalitäten geht, dass z.B. ein Joghurt sahnig und cremig schmeckt oder ein Kran eine bestimmte Hebekraft besitzt, sondern dieser vielfältige weitere Leistungen erwartet, wie z.B. ein kommunikativ aufgebautes Image, ein ansprechendes Design des Produktes sowie mit dem Produkt zusätzlich angebotene Sekundärdienstleistungen. In dem ersten Beitrag stellt Zanger die Gestaltungsalternativen für den Leistungskern dar. Hierbei wird deutlich, dass ein Produkt nicht nur aus objektiven Eigenschaftsausprägungen besteht, sondern von Nachfragern in bestimmter Weise wahrgenommen wird. Es gilt deshalb, Produkte so zu gestalten, dass sie in der Wahrnehmung der Nachfrager vorteilhaft eingeschätzt werden. Koppelmann weist darauf hin, dass gerade im Konsumgütersektor Design und Verpackung eine große Rolle spielen. Das Design kann sich auf einzelne Produkte, aber auch auf einen einheitlichen Auftritt des ganzen Unternehmens (Corporate Design) beziehen. Einfach und funktional zu bedienende Geräte erfordern ein durchdachtes Design, das nur im Zusammenwirken aller Unternehmensbereiche von der Produktentwicklung über die Produktion bis zur Logistik verwirklicht werden kann. Im übrigen werden viele Produkte nach ästhetischen Gesichtspunkten gekauft. Meistens benötigen Produkte für den Vertrieb eine Verpackung. Dabei sind Aspekte der Verkaufsförderung, der Wiedererkennung, des Schutzes beim Transport und der guten Lagerbarkeit zu beachten.

Neben den grundlegenden Funktionen erwartet der Nachfrager häufig mit dem Produkt zusammen vielfältige Sekundärdienstleistungen. Bestellt ein Kunde z.B. eine neue Küche, so möchte er über den Auftragsstatus informiert werden, die Teile nach Hause geliefert und dort installiert bekommen. Unter Umständen müssen Altprodukte entsorgt, Finanzierungsalternativen geboten und das Altprodukt in Zahlung genommen werden. Daneben muss der Kunde in der Nutzung der verschiedenen Geräte geschult werden und über Hotlines auch Rückfragen im Falle von Problemen bei der Nutzung der Geräte stellen können. Im Falle von technischen Problemen muss ein Kundendienst zur Verfügung stehen, der eventuelle Reparaturen vornimmt oder Geräte regelmäßig wartet. Bliemel und Fassott machen deutlich, in welchem starkem Maße heute Anbieter von Produkten in Systemen denken müssen, die ein Bedürfnis bei dem Nachfrager komplett befriedigen.

Im dritten Kapitel des zweiten Teils werden Aspekte der Markenbildung behandelt. Anders als im Industriesektor, in dem Produkte in ihrer technischen Leistung detailliert beurteilt werden, möchte der Konsument beim Kauf von Konsumgütern nicht immer einen zeitaufwendigen Vergleich von Produkteigenschaften vornehmen, sondern Produkte mit einer einheitlichen, gleichbleibenden Qualität kaufen, die er gut wiedererkennen kann. Dazu ist das Angebot von Marken erforderlich, die ein bestimmtes Preis-Leistungs-Verhältnis versprechen und außerdem eine kommunikative Positionierung besitzen. Zigaretten z.B. sind praktisch gar nicht über ihre objektiven Produkteigenschaftsausprägungen zu kommunizieren. Wer möchte schon ein Produkt kaufen, das aus ungenießbaren Tabakblättern und Teer besteht. Wenn dieses Produkt aber, wie im Falle von Marlboro, Freiheit und Abenteuer verspricht, was man sogar ungefährlich auf dem heimischen Sofa erleben kann, dann hat ein solches Produkt einen kommunikativen Nutzen. Meffert und Burmann behandeln deshalb Probleme der Markenbildung und Markenstrategien. Aus Sicht des Unternehmens ist die Markenbildung zwar mit höheren Ausgaben für Werbung und Distribution verbunden, doch kann man damit eine höhere Preisbereitschaft beim Konsumenten abschöpfen und gleichzeitig eine höhere Wiederkaufrate erzielen. Im einzelnen werden verschiedene Markenstrategien im horizontalen, vertikalen und internationalen Wettbewerb diskutiert. Im horizontalen Wettbewerb ist zu entscheiden, ob man eine Einzelmarken-, Mehrmarken-, Familienmarken- oder Dachmarkenstrategie verfolgt. Eine Einzelmarkenstrategie erlaubt die genaue Positionierung einer einzelnen Marke und damit eine bessere Abstimmung mit dem Bedürfnisprofil der Konsumenten. Je mehr Marken man unter einem Dach oder zu einer Familie zusammenfasst, um so mehr hängen die einzelnen Produkte von der Markenstärke der Familie ab. Im Falle von Nivea konnte man durch Einführung weiterer Produkte wie Haarshampoo und Schönheitsprodukten ohne größeren Werbeeinsatz von dem Namen der Familienmarke profitieren, sah sich aber mit der Gefahr konfrontiert, dass durch immer mehr Produkte das Image der Marke verwässert wird. Im vertikalen Wettbewerb geht es darum, ob ein Unternehmen mit eigenen Marken gegenüber Handelsmarken und Gattungsmarken bestehen kann. Viele Markenartikelhersteller sind heute international aufgestellt, so dass sich noch die Frage stellt, ob sie mit weltweiten Marken kostengünstig auftreten oder mit nationalen Marken auf die lokalen Bedürfnisse eingehen sollen.

Wie man eine Marke profiliert, so dass sie so stark wird, dass sie auch für einen späteren Markentransfer genutzt werden kann, beschreibt Esch. Die Markenprofilierung kann durch eindeutige Positionierung der Marke geschehen. Dazu kann man Sachinformationen oder Erlebniseigenschaften vermitteln. Während in der Vergangenheit Sachinformationen als wichtig erachtet wurden, wird es heutzutage immer wichtiger, Marken mit bestimmten Erlebnissen zu verbinden, damit sie sich eindeutig aus dem Meer der vielen angebotenen Marken abheben. Wenn es Testpersonen immer wieder nicht gelingt, verschiedene Biermarken in einem Blindtest auseinander zu halten, so wird es wichtig, der Biermarke einen kommunikativen Zusatznutzen zu geben, wie z.B. durch das internationale Flair und die grünen Segel bei Becks Bier. Je stärker die Profilierung gelingt, desto stärker wird die Marke, so dass man versuchen kann, diese zu erweitern oder auf ein anderes Produkt zu transferieren. Je besser es gelingt, Marken aufzubauen, die möglichst weit und breit genutzt werden können, desto höher ist der Markenwert. Zwar kann dieser Markenwert gegenwärtig nicht in Deutschland in der Bilanz aktiviert werden, doch hat man bei Verkäufen von Unternehmen gesehen, dass sehr hohe Beträge bezahlt wurden, die nicht über das Anlagevermögen, sondern nur über eine starke Marke zu rechtfertigen waren. Es kommt also darauf an, Markenwerte zu schaffen. Methoden zu ihrer Bewertung diskutieren Sattler und Farsky. Entsprechende Bewertungen können eingesetzt werden nicht nur beim Verkauf von Unternehmen, sondern z.B. auch bei der Schadensersatzbestimmung im Falle von Markenrechtsverletzungen, zur internen Steuerung und Kontrolle von Führungskräften und zur Kreditabsicherung. Dabei zeigt sich, dass die Bewertung von Marken methodisch sehr schwierig ist. Dies rührt in erster Linie daher, dass sich der Markenwert aus den zukünftigen Zahlungsüberschüsse ergibt, was letztendlich nur auf der Basis von Prognosen ermittelbar ist. Dabei sind die Zahlungsüberschüsse zu bestimmen, die man gegenüber einer Nicht-Markierung zusätzlich erwarten kann. Dies kann man erreichen, indem man entweder die zusätzliche Menge schätzt, die man bei gleichen Preisen mit dem markierten Produkt mehr erzielen kann, oder indem man das Preispremium bestimmt, mit dem man sein Produkt bei sonst gleichen Mengen verkaufen kann.

Im dritten Teil des Buches geht es um Aspekte der Neuproduktgestaltung (1. Kapitel), dem Management existierender Produkte (2. Kapitel) sowie der Produktprogrammplanung (3. Kapitel).

Um Produkte entwickeln zu können, die sich auf die Bedürfnisse von Nachfragern richten, aber auch zur Ableitung von zu erwartenden Marktanteilen, ist es notwendig, zunächst eine Marktabgrenzung vorzunehmen. Die damit verbundenen Probleme und die dabei eingesetzten Methoden beschreiben Wagner und Baldauf im 1. Kapitel. Unternehmen grenzen Märkte häufig nach unterschiedlichen Funktionen ab. Möglicherweise erkennt man damit aber nicht, inwieweit Produkte vom Nachfrager als substituierbar angesehen werden. Insofern ist die Nachfragersicht in die Marktabgrenzung einzubeziehen. Schließlich spielt der Wettbewerb eine Rolle, deshalb sollten Märkte nach der Intensität der Wettbewerbsbeziehungen strukturiert werden. Neben dieser produktorientierten Marktabgrenzung ist eine Abgrenzung des zu bearbeitenden Marktes nach Nachfragern erforderlich. Damit ist das Problem der Marktsegmentierung gemeint, das von Balderjahn und Scholderer behandelt wird. Hier gilt es herauszufinden, ob Nachfragersegmente existieren, die unterschiedliche Bedürfnisse haben. Davon hängt die Entscheidung ab, ob man bestimmte Teilsegmente auswählt, die für eine Marktbearbeitung besonders lohnenswert erscheinen, oder ob man die Segmente mit einem unterschiedlichen Marketing bedient. Dafür werden Methoden beschrieben, wie man auf der Basis von Nutzenüberlegungen (Benefits) und Lebensstilüberlegungen (Lifestyle-Segmentierung) Marktsegmente identifizieren kann. Diese reichen bis zu modernen Ansätzen, bei denen eine simultane Segmentierung und Schätzung von Präferenzfunktionen versucht wird.

Hat man den Markt sowohl von den Produkten als auch von der Nachfragerbasis eindeutig bestimmt, so ist es zur weiteren Planung erforderlich, das Potential dieser Märkte zu bestimmen. Die dafür einsetzbaren Methoden beschreiben Holzmüller und Böhm. Neben Analogieschlüssen und Expertenurteilen kann man versuchen, Marktpotentiale über die Kaufanteilsmethode oder die Marktaufbaumethode zu bestimmen. Während die erste Methode sehr aggregiert vorgeht, erfordert die zweite Methode viele Einzeldaten. Kompromisse können darin liegen, verschiedene Methoden und Einflussfaktoren miteinander zu kombinieren.

Ist der Markt abgegrenzt und das Potential bestimmt sowie festgestellt, dass ein Angebot eines Produktes für diesen Markt profitabel sein kann, geht es darum, Ideen für ein geeignetes Produktkonzept zu entwickeln. Gierl und Helm stellen dafür Methoden vor. Ideen kann man entweder kaufen oder selbst entwickeln. Im ersten Fall kann man Unternehmen mit ihrem gesamten Know-how kaufen, mit Unternehmen kooperieren oder Produktideen im Auftrag entwickeln lassen. Im zweiten Fall kann man auf Ideen aus der Beobachtung der technologische Entwicklung, dem Besuch von Messen und dem Verfolgen der relevanten Fachzeitschriftenliteratur kommen. Man kann auch die Konkurrenz beobachten und aus deren Produktangebot Lösungsvorschläge für eigene Produkte ableiten. Schließlich kann man Informationen direkt von den Nachfragern gewinnen, indem man Befragungen durchführt, Beschwerden analysiert oder Fokusgruppen mit Nachfragern durchführt. Der eigentliche Prozess der Ideenentwicklung kann durch kreativitätsfördernde Methoden unterstützt werden, bei denen man z.B. wie beim Brainstorming möglichst viele Ideen aufschreibt oder bei der Methode Synektik durch Verfremdung des Problems auf völlig neue Ideen kommt.

Aus diesen Ideen können dann konkrete Produkte abgeleitet werden. Ernst beschreibt Erfolgsfaktoren der Neuproduktentwicklung im Spannungsfeld zwischen Marketing und Forschung & Entwicklung. Im Marketing braucht man Methoden der Produktpositionierung, um erst einmal festzustellen, wie Produkte von Nachfragern subjektiv wahrgenommen werden. Solche Methoden werden in dem Beitrag von Trommsdorff dargestellt. Will man die Positionen der Produkte graphisch darstellen, so werden häufig die Methoden der multidimensionalen Skalierung herangezogen. Ansonsten kann man Positionen natürlich auch durch Profile darstellen, die man aus Faktorenanalysen oder Kausal-Analysen ableitet. Letztendlich geht es darum, die sogenannte Unique Selling Proposition festzustellen, nämlich die Eigenschaften, mit denen man ein Alleinstellungsmerkmal gegenüber dem Wettbewerb begründet. Nach Trommsdorff erlauben die meisten Verfahren allerdings nur die Positionierung in einem vorgegebenen Raum mit bekannten Eigenschaften, während man eigentlich danach streben sollte, neue Dimensionen zu finden, auf denen man ein Alleinstellungsmerkmal erreicht.

Für das eingeschränktere Problem, dass die Eigenschaftsdimensionen für etablierte Märkte bereits bekannt sind, diskutiert Albers verschiedene Methoden der Auswahl optimaler Produkteigenschaften. Er unterscheidet dabei Methoden, die einerseits auf dem subjektiv wahrgenommenen Eigenschaftsraum aufsetzen, so wie er mit der multidimensionalen Skalierung üblicherweise erstellt wird, und andererseits direkt objektiv messbare Eigenschaften wie bei der Conjoint-Analyse heranziehen. In beiden Fällen braucht man Präferenzfunktionen von den Nachfragern, deren Erhebungsprobleme ausführlich diskutiert werden. Bei subjektiv wahrgenommenen Eigenschaftsräumen gilt es in der Regel, auf Idealpunkte aus Präferenzrangfolgen rückzuschließen. Bei objektiven Eigenschaften ist es üblich, mit Hilfe der Conjoint-Analyse aus der Präferenzrangfolge von Produktbeschreibungen auf die Teilnutzen einzelner Eigenschaftsausprägungen rückzuschließen. Für die Klasse der Idealpunktmodelle wird dann gezeigt, wie man mit verschiedenen Verhaltensannahmen eine Position im wahrgenommenen Eigenschaftsraum finden kann, die entweder den Erlös oder sogar den Deckungsbeitrag maximiert. In ähnlicher Weise wird für den Fall von Präferenzfunktionen auf der Basis der Conjoint-Analyse dargestellt, wie man daraus auf Kaufwahrscheinlichkeiten schließen und dann die optimale Kombination von Produkteigenschaftsausprägungen finden kann. Dabei wird auch diskutiert, wie man das Wettbewerberverhalten berücksichtigen kann. Hier wird in der Theorie vorgeschlagen, dieses gemäß dem Nash-Theorem zu berücksichtigen, während sich in der Praxis herausgestellt hat, dass Entscheidungsträger häufig aggressiver handeln, als nach dem Nash-Theorem profitabel wäre.

Sobald man mit Hilfe geeigneter Planungskonzepte konkrete Produkte geplant hat, stellt sich das Problem zu testen, mit welchem Marktanteil man zu rechnen hat. Zwar hat man bei den Planungsmodellen bereits Marktanteilsprognosen zugrundegelegt, doch beziehen sich diese auf Konzepte und nicht auf konkrete Produkte mit einer bestimmten Werbebotschaft. Erichson beschreibt deshalb in seinem Beitrag Möglichkeiten, wie man mit Hilfe von Testmarktsimulationen oder Testmärkten auf zukünftige Marktanteile schließen kann. Obwohl Testmärkte in einem realistischen Umfeld durchgeführt werden, können die Ergebnisse doch nur eingeschränkt verwendet werden, da die Hochrechnung auf das gesamte Marktgebiet mangels Repräsentativität häufig fehlerhaft ist und der Wettbewerb auf den Test atypisch reagieren kann. Außerdem wird dem Wettbewerb das Produkt frühzeitig bekannt. Als Alternative kommen deshalb Testmarktsimulationen in Frage, bei denen in simulierten Geschäften mit simulierter Kommunikation, also ohne Möglichkeit der Konkurrenzbeobachtung, die Kaufabsicht von Produkten erhoben wird.

Ernst befasst sich in seinem Beitrag mit dem Management der Neuproduktentwicklung. Dabei gilt das Augenmerk dem Prozess der Herausbildung neuer Produkte und ihrer erfolgreichen Vermarktung. Aus seinen Ausführungen wird deutlich, dass nur ein organisierter und strukturierter Ablauf den Erfolg des Neuprodukts ermöglichen kann. Insofern ist jedes Unternehmen gefordert, ein Management der Neuproduktentwicklung zu implementieren und sicher zu stellen, dass die entsprechenden Phasen durchlaufen und die Steuerungs- und Kontrollinstrumente eingesetzt werden. Im Wettbewerb insbesondere mit Unternehmen, die Kostenvorteile besitzen (z.B. aus Indien oder China) besteht die einzige Chance darin, den Innovationsprozess schneller, effizienter und kundenorientierter zu gestalten. Hierin liegt nicht nur die Option für ein einzelnes Unternehmen, sondern für eine ganze Volkswirtschaft. Der Autor verdeutlicht diesen Prozess der Neuproduktentwicklung an Hand zahlreicher Beispiele und weist auch auf Schwierigkeiten und Hindernisse hin, die der Neuproduktentwicklung entgegenstehen.

In nahezu allen produktpolitischen Aktivitäten liegt die Vorstellung zu Grunde, dass Individuen die Wahrnehmung, Beurteilung und Auswahl von Produkten auf der Basis klarer und eindeutiger Präferenzen vornehmen. Erkenntnisse insbesondere aus dem Behavioral Economics zeigen jedoch, dass Präferenzen zumeist zeitlich instabil sind und nicht bezüglich aller relevanten Produktdimensionen existieren. Zudem verdeutlichen Studien, dass viele Kunden ihre Präferenzen erst im Rahmen des eigentlichen Kaufprozesses bilden. Insofern erscheint es unerlässlich, sich an dieser Stelle mit dem Thema der Präferenzkonstruktion zu befassen. Heitmann und Lippuner geben einen Überblick über den Stand der Literatur zu diesem Thema und zeigen Ansätze zur Gestaltung von Präferenzen durch Unternehmen. Dabei zeigt sich, dass zukünftig nicht nur der Präferenzrekonstruktion, sondern auch der Präferenzkonstruktion Bedeutung beizumessen ist.

Beim Management existierender Produkte nimmt die Notwendigkeit einer systematischen Planung und Kontrolle produktpolitischer Aktivitäten vor dem Hintergrund der wachsenden Dynamik und Komplexität des Umwelt- und Unternehmensgeschehens zu. Angesichts verstärkter Umweltturbulenzen vermittelt die Analyse isoliert voneinander betrachteter Marktgegebenheiten kaum Anhaltspunkte für den gezielten Einsatz der produktpolitischen Maßnahmen. Vielmehr erscheint ein umfassenden Planungs- und Kontrollkonzept erforderlich, das angemessene Reaktionen eines Unternehmens auf sich rasch verändernde Marktbedingungen erlaubt. In diesem Sinne präsentieren Tomczak, Reinecke, Kaetzke und Mühlmeier ein Konzept zur Gestaltung und zum Controlling existierender Leistungen. Dieser Ansatz knüpft an das aufgabenorientierte Konzept an, in dessen Mittelpunkt die Leistungspflege, die Kundenakquisition, die Kundenbindung und die Leistungsinnovation als die vier Kernaufgaben im Produktmanagement herausgearbeitet werden. Durch die Implementierung dieses Ansatzes soll das Leistungspotential eines Unternehmens voll ausgeschöpft werden. Außerdem unterliegen alle absatzwirtschaftlichen Aktivitäten einem ständigen Controlling-Prozess, der deren Wirksamkeit offen legt.

In Anbetracht stagnierender Märkte und verkürzter Produktlebenszyklen erscheint es unerlässlich, die in vielen Beiträgen geforderte nachfragerorientierte Ausrichtung eines Unternehmens um eine Berücksichtigung der Aktivitäten der Konkurrenten zu ergänzen. Insofern besteht eine zentrale Aufgabe des Produktmanagers darin, die strategische Situation seines Unternehmens in Relation zu der des Hauptwettbewerbers zu erfassen und daraus marketingpolitische Ableitungen vorzunehmen. Eine wesentliche Herausforderung im Rahmen der Wettbewerbsanalyse ist die Schätzung von Marktanteilselastizitäten der Marketinginstrumente relevanter Konkurrenten und die Aufdeckung von Wettbewerbseffekten über die Zeit. Genau um die Beantwortung dieser Fragen geht es in dem Beitrag von Hildebrandt und Klapper. Sie erläutern Modelle, die in der Lage sind, auf der Basis geeigneter Rohdaten solche Wettbewerbsstrukturen offen zu legen. Neben einer Darstellung und Beurteilung wichtiger Ansätze liefert der Aufsatz auch ein Anwendungsbeispiel, aus dem die Vorgehensweise der Erfassung solcher Effekte, die Interpretation der Ergebnisse sowie die Ableitung von Handlungsempfehlungen hervorgehen.

Für ein auf Dauer erfolgreiches Produktmanagement ist er unerlässlich, die Wirksamkeit der Marketinginstrumente ständig zu überprüfen. Damit soll sichergestellt werden, dass im Hinblick auf zentrale Steuerungsgrößen, wie Umsatz und Gewinn, wenig effiziente Instrumente verbessert oder eliminiert werden und die Verfügbarkeit von Ressourcen und das Einsatzspektrum für besonders effiziente Instrumente ausgeweitet werden. Diese Diskussion kommt in der Unternehmenspraxis häufig zu kurz, weil sich die Wirksamkeit zahlreicher marketingpolitischer Instrumente überhaupt nicht oder nur mit sehr viel

Aufwand erfassen lässt. Der Aufsatz von Hruschka greift diese Problematik auf und zeigt Möglichkeiten zur Wirkungsmessung. Dabei wird deutlich, dass es durchaus Instrumente gibt, bei denen sich die Auswirkungen eines Einsatzes auf unternehmerische Zielgrößen wie Umsatz, Gewinn oder Marktanteil rekonstruieren lassen. Der Aufwand hierfür erscheint in Anbetracht der enormen Budgets für Werbung, Produktgestaltung und Distribution in vielen Fällen lohnenswert. Zudem verdeutlicht der Autor, dass die mathematisch-statistischen Verfahren zur Erfassung solcher Effekte in den letzen Jahren an Präzision gewonnen haben.

In der Diskussion um die Verbesserung des Unternehmenserfolgs kommt der Markentreue als verhaltenswissenschaftlicher Zielgröße eine zentrale Rolle zu. Viele Autoren argumentieren, dass es aus ökonomischer Sicht besser ist, einen einmal gewonnenen Kunden zu halten, als sich ständig für Neukunden zu interessieren. Diese Überlegung greifen Tscheulin und Helmig auf und verdeutlichen zudem den Zusammenhang zwischen der Markentreue und anderen Phänomenen, wie dem Wiederkauf- und Wechselverhalten. Hierbei zeigt sich, dass zur Markentreue gegenläufige Effekte wie etwa das Markenwechselverhalten zu beobachten sind. Eine Facette davon bildet das Variety-Seeking, das das Bedürfnis der Nachfrager nach einem Markenwechsel um des Wechsels Willen zum Ausdruck bringt. Völlig losgelöst von der Leistungsfähigkeit des Erzeugnisses wechseln die Kunden bei der nächsten Kauf- bzw. Konsumgelegenheit zu einem anderen Erzeugnis. Diese Erkenntnis zeigt die Grenzen der von Unternehmen derzeit mit Vehemenz verfolgten Kundenbindungsprogramme. Sie vermögen in letzter Konsequenz einen Markenwechsel, der aus dem Variety-Seeking-Motiv resultiert, nicht zu verhindern.

Gilt das Augenmerk im Produktmanagement vor allem dem einzelnen Erzeugnis, so richtet sich das Interesse im 3. Kapitel auf die Produktliniengestaltung. Hierbei sind Entscheidungen über die Breite und Tiefe sowie die grundsätzliche Ausrichtung der Produktlinie zu treffen. Viele Fälle zeigen, dass Fragen dieser Art häufig nicht mit der notwendigen Eindringlichkeit gestellt und erörtert werden. Wie sonst ist es zu erklären, dass viele Produktmanager ihr Angebotsspektrum als Gemischtwarenladen bezeichnen, der durch vielfältige Variationen eines Kernprodukts völlig überfrachtet ist. Der Beitrag von Decker und Bornemeyer greift diese Fragestellungen auf und verdeutlicht Lösungsansätze. Hierbei diskutieren die Autoren zunächst qualitative Ansätze zur Produktliniengestaltung. Es zeigt sich, dass für die Unternehmenspraxis die präsentierten Anhaltspunkte von großem Wert sind. Ferner zeigen die Autoren Techniken zur Optimierung der Produktliniengestaltung. Ausgehend vom Ansatz von Green und Krieger, der als Grundmodell fungiert, werden einige Weiterentwicklungen erläutert. Ein Beispiel verdeutlicht die Wirkungsweise dieser Algorithmen und erlaubt dem Leser eine Einschätzung über deren Problemlösungskraft.

Die Produktmodifikation, -variation sowie -differenzierung gehören zu den zentralen Aufgaben des Produktmanagers. Er muss ein im Markt eingeführtes Erzeugnis im Zeitverlauf aufgrund technischer Erfordernisse oder in Anbetracht sich verändernder Kundenbedürfnisse modifizieren und gegebenenfalls um Varianten ergänzen. Zudem sind gelegentlich Entscheidungen darüber zu fällen, ob das Unternehmen mit neuen Produkten in bislang nicht bearbeitete Märkte eintreten soll. Die Diskussion dieser Thema ist deshalb unerlässlich, weil in den letzen Jahren die Anzahl der aus Grundmodellen abgeleiteten Produktvarianten enorm anstieg und viele Unternehmen erhebliche Ressourcen für die Differenzierung ihrer Erzeugnisse aufwenden. Der Beitrag von Lurse legt dar, wie man mit Hilfe der Theorie des geplanten Verhaltens die rechtzeitig Veränderungen von Marktbedingungen diagnostizieren kann und darauf aufbauend die Erlöspotenziale durch gezielte Modifikationen besser ausschöpfen kann. Der Beitrag von Büschken und von Thaden zeigt, wie sich diese aufgeworfenen Probleme lösen lassen. Insbesondere wird deutlich, welche Informationen bei Entscheidungen über eine Variation, Differenzierung oder Diversifikation erforderlich sind und wie sich dieser Entscheidungsprozess strukturieren lässt. Ein Blick in die Unternehmenspraxis verdeutlicht, dass bei der Beantwortung dieser Fragen zumeist eine strukturierte Vorgehensweise fehlt und Entscheidungen oftmals zufällig zustande kommen.

Bei der Gestaltung einer marktfähigen Leistung fassen immer mehr Anbieter ihre Erzeugnisse im Hinblick auf einen möglichen Verwendungszweck zu einem Paket zusammen und verkaufen dieses zu einem Bündelpreis. Im Unterschied zur Preisbündelung, bei der es um die Festlegung eines Paketpreises geht, interessiert im Aufsatz von Huber und Kopsch insbesondere die Gestaltung eines Bündels. Dabei sind Fragen nach der optimalen Anzahl der zu verknüpfenden Elemente und nach dem Ausmaß der funktionalen Zusammengehörigkeit der Komponenten zu beantworten. Wie die Ausführungen zeigen, trägt eine Produktbündelung zur Reduktion der Produktionskosten, zur Abschöpfung von Konsumentenrente, zur Erweiterung der Menge potentieller Nachfrager und zur Ergänzung des Kernprodukts um Dienstleistungen bei. Allerdings besteht die Gefahr, dass ein für eine große Nachfragerschaft offeriertes Bündel die spezifischen Wünsche des einzelnen Individuums nicht im vollen Umfang erfüllt. Die beiden Autoren liefern neben einer Beantwortung dieser Fragen auch Empfehlungen für die Bündelgestaltung. Auf der Basis verhaltenswissenschaftlicher Ansätze werden für die Managementpraxis relevante Hilfestellungen vermittelt.

Im Kampf um die Gunst der Nachfrager weiten nahezu alle Unternehmen ihre Angebotspalette stetig aus. Hierzu wird häufig ein Grundmodell um geringfügig modifizierte Varianten ergänzt, mit denen die differenzierten Wünsche und Vorstellungen der Kunden getroffen werden sollen. Diese sehr stark ansteigende Varietät war bis vor einigen Jahren undenkbar und auch produktionstechnisch nicht zu realisieren. Die wachsende Produktvielfalt wirkt sich auf die Erlöse und die Kosten eines Anbieters aus. Den Vorteilen der Produktvielfalt, wie zusätzliche Deckungsbeiträge und bessere Auslastung der Unternehmensressourcen, steht der Nachteil steigender Komplexität und damit sich erhöhender Kosten gegenüber. Viele empirische Untersuchungen zeigen, dass Produktmanager häufig nur die Erlöseffekte einer Produktvariation sehen und die Kosteneffekte dabei vernachlässigen. Herrmann und Peine diskutieren in ihrem Beitrag diese beiden Effekte und schlagen ein strategisches und operatives Variantenmanagement vor. Hierbei handelt es sich im Kern um eine im Unternehmen verankerte Vorgehensweise, die eine systematische Planung, Umsetzung und Kontrolle der Produktvariation erlaubt.

Spann und Mang wenden sich der Versionierung zu. Hierbei versteht man die produktpolitische Option, verschiedene Produktversionen zu in der Regel unterschiedlichen Preisen anzubieten. Die Strategie der Versionierung umfasst sowohl den Aspekt der Preis- als auch der Produktdifferenzierung. Im Kern geht es darum, mit einer beachtlichen Zahl unterschiedlicher Produktversionen die verschiedenen Kundensegmente anzusprechen und deren Zahlungsbereitschaft abzuschätzen. Insbesondere im Internet gewinnt die Versionierungsstrategie zentrale Bedeutung, da sich digitale Produkte ohne besonderen Aufwand versionieren lassen. Voraussetzung für den Erfolg der Versionierungsstrategie ist das Vorliegen heterogener Präferenzen der Kunden, die sich in unterschiedlichen Bereitschaften konkretisieren.

Der vierte Teil des Buchs zielt darauf ab, Fragen der Organisation und Kontrolle im Produktmanagement zu klären. Im 1. Kapitel geht es um die Organisation und im 2. Kapitel um die Kontrolle. Beim Quality-Function-Deployment-Ansatz geht es darum, die Stimme des Kunden in die Sprache des Ingenieurs zu übersetzen. Zur Systematisierung dieses Transformationsprozesses dient das House of Quality, das im Mittelpunkt des Beitrags von Steffenhagen und Schmidt steht. Anhand von zehn Schritten erläutern die Autoren, wie ein Unternehmen vorgehen sollte, um die für die Nutzenstiftung entscheidenden physikalisch-chemisch-technischen Produktmerkmale zu bestimmen. Diese bilden den Ausgangspunkt für die Spezifikation von Konstruktions- und Teilmerkmalen, Betriebsabläufen sowie Produktionserfordernissen. Anhand eines Beispiels wird dem Leser anschaulich vor Augen geführt, wie die einzelnen Aufgaben zu bewältigen sind. Die weite Verbreitung des Quality-Function-Deployment-Ansatzes insbesondere in der Automobilindustrie und dem Maschinenbau deutet auf seine hohe Praxisrelevanz hin. Neuerdings finden sich auch Anwendungen im Dienstleistungsbereich, so etwa bei der kundenorientierten Gestaltung von Bank- und Versicherungsangeboten sowie von Hotelleistungen. Allerdings weist dieses Konzept auch eine Reihe von Schwächen auf, die von den Autoren herausgearbeitet werden.

Will ein Anbieter regelmäßig neue Produkte im Markt einführen, ist eine Organisationsform zu wählen, die diesem Anliegen förderlich ist. Daher befassen sich Johne und Salomo mit der Frage, welche Organisationsform unter bestimmten Unternehmens- und Umweltbedingungen zu wählen ist. In Abhängigkeit von verschiedenen Kriterien wie Strategie, Führungsstil, Selbstverständnis lassen sich Rückschlüsse auf eine Innovationen fördernde Organisationsform ziehen. Dabei unterscheiden die Autoren zwischen innovativen und reagierenden Unternehmen und gibt hierfür anschauliche Beispiele. Darüber hinaus finden sich in diesem Beitrag Hinweise darauf, wer im Unternehmen die Verantwortung zur Initiierung und Realisierung von Innovationen erhalten soll. In Abhängigkeit der Zuordnung von Kompetenz und Verantwortung variiert die Innovationsfähigkeit des Anbieters. Insofern bedarf es neben einer Festlegung der Organisationsform auch einer Beantwortung der Frage nach der Verantwortlichkeit. Dazu liefern die Autoren zahlreiche Anhaltspunkte, um im konkreten Fall die Zuständigkeiten im Unternehmen so zu regeln, dass die Innovationskraft gestärkt und nicht durch organisatorische Maßnahmen möglicherweise noch geschwächt wird.

Häufig entsteht in Unternehmen die Funktion Produktmanagement aufgrund von Engpässen auf den Absatzmärkten. Man will den Prozess der Entwicklung, Produktion und Vermarktung mit der Verantwortlichkeit einer Person koppeln. Sie ist letztlich dafür zuständig, dass die besten Produktideen ersonnen und umgesetzt werden, das Unternehmen effizient produziert und das Erzeugnis am Markt erfolgreich angeboten werden kann. Häufig enden solche Veränderungen der Organisation in einer Matrixorganisation, die sich dadurch auszeichnet, dass neben der funktionalen Organisation eine prozess- oder produktbezogene hinzukommt. Beispiele hierfür finden sich insbesondere in der Nahrungs- und Genussmittelindustrie. Nicht selten werden solche organisatorischen Veränderungen aus der Not heraus geboren, ohne dass zuvor eine Diskussion über alternative Organisationsformen erfolgt. Genau diesem Versäumnis wirkt der Beitrag von Köhler entgegen, der verschiedene Organisationsformen aufzeigt, miteinander vergleicht und beurteilt. Hierbei zeigt sich, dass die für ein Unternehmen günstige Organisationsform des Produktmanagement von zahlreichen Kontextfaktoren abhängt. Sobald sich diese Kontextfaktoren verändern, kann ein Wandel der Organisation die Folge sein.

Das Produktmanagement weist eine Reihe von Schnittstellen auf, etwa zur Forschung und Entwicklung, zur Produktion und zum Vertrieb. Für die erfolgreiche Vermarktung von Erzeugnissen ist es unerlässlich, dass an diesen Schnittstellen zwischen den beteiligten Abteilungen kooperiert wird. Benkenstein beschreibt in seinem Aufsatz die Schwierigkeiten der Abgrenzung von Kompetenz und Verantwortung. Zudem weist er eindringlich auf den Koordinations- und Abstimmungsbedarf an diesen Schnittstellen hin. Bei vielen Unternehmen scheitert die Entwicklung, Produktion und Vermarktung von Erzeugnissen allein deshalb, weil die an diesen Prozessen beteiligten betrieblichen Instanzen nicht miteinander, sondern gegeneinander operieren. Dies liegt zumeist daran, dass gemeinsame Ziele fehlen oder nicht allen bekannt sind, die Aufgaben der einzelnen Abteilungen nicht genau definiert sind und Koordinationsinstrumente nicht zum Einsatz kommen. Insofern ist es zwingend erforderlich, auf alle Instrumente zurückzugreifen, die sich zur Koordination dieser Schnittstellen eignen. Dies führt zu einem integrativen Produktmanagement, das sich die Perspektiven anderer Funktionen zu eigen macht.

In Zeiten der Globalisierung liegt es nahe, auch die Besonderheiten des internationalen Produktmanagement zu erarbeiten. Dieser Aufgabe widmen sich Berndt und Fantapié Altobelli, die neben den Zielen, Rahmenbedingungen und Handlungsalternativen vor allem auf die internationale Produktgestaltung eingehen. In diesem Zusammenhang taucht die in Wissenschaft und Praxis schon häufig gestellte Frage nach der Standardisierung bzw. Differenzierung von Leistungen auf. Hierbei gilt es zu klären, welche Produktfacetten und begleitenden Leistungen in anderen Ländern bzw. Kulturkreisen unverändert angeboten werden können und welche Leistungsdimensionen zu modifizieren sind. Die Autoren liefern nicht nur hierzu Antworten, sondern befassen sich auch mit dem Prozess der Gestaltung von Produkten für Auslandsmärkte. Der aus der Neuproduktentwicklung bekannte Vorgang wird angepasst auf die besonderen Umstände ausländischer Märkte. Hinzu kommen Überlegungen zur internationalen Produktsteuerung, bei der es um ein länderübergreifendes Controlling-System geht. Dieses stellt sich, damit das Marketing-Mix in seiner Gesamtheit den kulturspezifischen Gegebenheiten Rechnung trägt.

Der Zyklus des Managements von Entscheidungen umfasst die Aktivitäten der Analyse, Planung, Umsetzung und Kontrolle. Während die Analyse und Planung sowie die bei der Umsetzung auftretenden Organisationsprobleme zuvor behandelt worden sind, werden im folgenden Aspekte der Kontrolle diskutiert. In dem Beitrag von Friedl wird dargestellt, wie eine Erfolgsrechnung für einzelne Produkte auszusehen hat. Dabei diskutiert sie insbesondere die Probleme der Zurechenbarkeit von Erlösen und Kosten. Je nach Zweck der Erfolgsrechnung, z.B. der Leistungsbeurteilung oder der Planung, ergeben sich unterschiedliche Rechenwerke, die nur durch eine flexible Grundrechnung ermöglicht werden. Eine Beurteilung des Erfolges ist nicht allein auf der Basis einer absoluten Zahl möglich, sondern erfordert den Vergleich mit Planwerten. Deshalb stellt sie Verfahren der Ist-Soll-Abweichungs-Ursachenanalyse dar. Hier geht es darum, Erlösabweichungen nicht nur, wie in der Praxis üblich, auf Symptome wie Mengen- und Preisabweichungen, sondern auf Ursachen wie z.B. fehlerhafte Planung, fehlerhafte Realisierung, ineffiziente Umsetzung und Konkurrenzreaktionen zurückzuführen.

Während sich die eben diskutierten Erfolgsrechnungen auf Produkte beziehen, kann man weiter ins Detail gehen und auch Ergebnisse bei einzelnen Kunden analysieren. Eine Kundendeckungsbeitragsrechnung ist allerdings vergangenheitsbezogen und sagt nichts darüber aus, ob der Kunde auch weiterhin kaufen wird. Hierzu sind die Aspekte der Kundenzufriedenheit und Kundenbindung heranzuziehen, die von Homburg und Koschate dargestellt werden. Bei der Kundenzufriedenheit geht es darum herauszufinden, ob der Kunde die wahrgenommene Leistung höher oder schlechter als seine Erwartung einschätzt. Zufriedenheit ist eine wichtige Voraussetzung dafür, dass Kunden dem Unternehmen gegenüber loyal bleiben. Kundenbindung setzt sich aus verschiedenen Verhaltensabsichten zusammen, die sich auf den Wiederkauf und den Kauf zusätzlicher Produkte des Unternehmens beziehen, aber auch die Bereitschaft zur Weiterempfehlung umfassen. Es wird gezeigt, wie man Kundenzufriedenheit und Kundenbindung geeignet operationalisiert und dann empirisch erheben kann. Auf der Basis von entsprechenden Indizes für den Grad der Zufriedenheit und der Loyalität leiten sie eine Skala mit Handlungsempfehlungen ab.

Abgerundet werden die Überlegungen zum Produktmanagement im fünften Teil durch aktuelle Trends, die einen Wechsel in den bisherigen Vorgehensweisen andeuten. Zunächst beschäftigen sich Skiera und Lambrecht mit den Auswirkungen von Electronic Commerce auf das Produktmanagement. Sie zeigen, dass völlig neue Erlösmodelle auftreten werden. Herkömmlich erzielt ein Unternehmen Erlöse durch den Verkauf seiner Produkte. Im Internet kann man aber auch Kontakte und Informationen entbündelt von dem Produkt vermarkten. Es ist deshalb möglich, dass Unternehmen in Wettbewerb stehen, von denen eines mit seinen Produkten herkömmlich Erlöse erzielen will, während ein anderes das Produkt kostenlos anbietet, um sich über Werbeeinnahmen oder den Verkauf von Informationen über potentielle Nachfrager zu finanzieren, was den Wettbewerb schwieriger werden lässt.

Während durch den Vertrieb über das Internet erhebliche Transaktionskosten eingespart werden, hat sich die Bewegung des Efficient Consumer Response die Aufgabe gestellt,

Hersteller und Handel zu einer Kooperation zu motivieren, um solche Kosten abzubauen, die keine Wertschöpfung für den Kunden erbringen. Lingenfelder und Kreipl stellen dar, dass dafür kooperative Abstimmungen der Beschaffungs-, Sortiments- und Neuproduktpolitik nötig sind. Bei der Beschaffung bietet es sich an, durch aufeinander abgestimmte Lagersysteme Lagerkosten soweit wie möglich zu vermeiden. Verkauft ein Hersteller über den Handel, so steht dort das Ziel im Vordergrund, pro Quadratmeter Verkaufsfläche den höchsten Umsatz zu erzielen, was nur möglich ist, wenn die Hersteller gemeinsam mit dem Handel die Sortimente und Preise festlegen. Bei der Entwicklung von Neuprodukten sollte von vornherein mit dem Handel abgestimmt werden, ob diese dort erfolgreich abverkauft werden können.

Mit dem Efficient Consumer Response steht das Category Management in einer ergänzenden Beziehung. In dem Beitrag von Müller-Hagedorn und Zielke wird dargestellt, dass im Unterschied zum klassischen Produktmanagement, bei dem einzelne Produkte eines Herstellers isoliert betrachtet werden, im Category Management Produktportfolios eines Herstellers und darüber hinaus ganze Produktkategorien von Händlern betrachtet werden. Category Management bedeutet das Management von Warengruppen, die letztendlich nach endverbraucherorientierten Kriterien gebildet werden. Auf Grund des Problems, dass der Handel seine Entscheidungen nach Warengruppen trifft, ist eine intensive Abstimmung zwischen Industrie und Handel notwendig, damit Sortimente angeboten werden, die im Handel zueinander passen und damit letztendlich auch den Gewinn eines Herstellers erhöhen.

Im klassischen Produktmanagement wird davon ausgegangen, dass Produkte angeboten werden, die für alle Nachfrager oder zumindest einzelne Segmente gleich sind. Auf der anderen Seite ist bekannt, dass Kunden sehr unterschiedliche Bedürfnisse haben, so dass in manchen Branchen der Kunde eigentlich individuell zugeschnittene Produkte angeboten bekommen müsste. Dies ist z.B. der Fall, wenn maßgeschneiderte Kleidung oder auf die körperliche Konstitution zugeschnittene Ernährung angeboten wird. Das Angebot kundenindividueller Lösungen bedeutet jedoch im Konsumgüterbereich, dass man dies massenhaft durchführen können muss. Dies ist im Internet mit der Strategie der Mass Customization realisierbar. Piller stellt in seinem Beitrag dar, welche produktionstechnischen Lösungen gewählt werden müssen, damit solche kundenindividuellen Lösungen auch zu Kosten erstellt werden können, die unter Einbezug des Internet unter den bisherigen Herstellkosten liegen. Dann ergibt sich eine völlig neue Perspektive, die den individuellen Kunden im Fokus hat und ganz andere Formen der Vermarktung erlaubt.

Der sechste Teil dient dazu, anhand konkreter Beispiele aus der Unternehmenspraxis den Einsatz einzelner Instrumente des Produktmanagement zu verdeutlichen. Zunächst zeigen Berger, Willner und Einhorn die Notwendigkeit eines integrativen Marketing bei der Einführung eines neuen Produkts. Am Beispiel der Einführung des Audi Q7 wird dargelegt, wie die einzelnen marketingpolitischen Aktivitäten ineinander greifen müssen, damit die angestrebte Positionierung des Erzeugnisses im Markt auch gelingt. Die Kombination bestimmter Marketingaktivitäten zu einem Wirkungsverbund setzt jedoch eine umfassende Markt- und Wettbewerbsanalyse voraus. Nur so kann es gelingen, einen im

Hinblick auf die erfolgreiche Vermarktung des Produkts optimalen Mix an Aktivitäten zu generieren.

Auf das Erfordernis, Produkte vom Markt her zu gestalten, weisen Tacke und Gehring in ihrem Beitrag hin. Auf der Basis des Conjoint Measurement zeigen sie, wie sich der Nutzen, den einzelne Leistungsdimensionen (z. B. Höchstgeschwindigkeit) und deren Ausprägungen (z. B. 200 km/h, 230 km/h oder 260 km/h) den Kunden stiften, erfassen lässt. Die Ergebnisse dieser Analyse dienen dazu, für die einzelnen Marktsegmente nutzenoptimale Produkte zu entwickeln. Darüber hinaus lassen sich Fragen nach dem aus Kundensicht optimalen Serienumfang etwa beim Pkw und den gewünschten Sonderausstattungen beantworten. Kommen die Kosten der Ausprägungen der einzelnen Leistungsdimensionen ins Spiel, ist sogar die Ermittlung von gewinnoptimalen Produkten möglich. Darüber hinaus bilden die mit dem Conjoint Measurement rekonstruierten Daten die Grundlage für eine kundenorientierte Preis- und Kommunikationsgestaltung.

Will man ein neues Produkt erfolgreich im Markt platzieren, ist es unerlässlich, im Vorfeld die Akzeptanz zu testen. Hierzu kommen Testmarktsimulationen in Betracht, die frühzeitig Signale über die Erfolgsträchtigkeit des Erzeugnisses liefern. Neben dem klassischen simulierten Testmarkt setzen sich insbesondere im Konsumgütersektor zunehmend elektronische Testmärkte durch. Dies hat entscheidend mit der Verbreitung von Scanner-Kassen zu tun. Im Laufe der Jahre ist eine Reihe unterschiedlicher Ansätze von Testmarktsimulationen vorgelegt worden. Die wichtigsten werden von Litzenroth und Hertle aufgegriffen, miteinander verglichen und beurteilt. Darüber hinaus zeigen die Autoren am Beispiel von Körperpflegemitteln den Einsatz solcher Verfahren. Dabei wird deutlich, welche Bedeutung aufeinander abgestimmte Marketingaktivitäten für den Markterfolg besitzen.

Nivea Beauté ist nur ein Beispiel für den Transfer eines bekannten und eingeführten Markennamens auf ein artfremdes Produkt. Hierdurch verspricht sich der Anbieter eine Reduktion der Flop-Rate, geringere Markteintrittsbarrieren, Synergien beim Einsatz der Marketinginstrumente sowie eine kognitive Entlastung der Käufer. Allerdings besteht die Gefahr, dass die Kernmarke durch die Transferaktivitäten verwässert wird. Wie man dieses Spannungsverhältnis erfolgreich meistert, zeigen Jansen und Gedenk am Beispiel von Nivea Beauté. In diesem Beitrag wird der Prozess des Markentransfers ausgehend von der Markt- und Wettbewerbsanalyse bis zur Markteinführung geschildert. Dabei wird deutlich, wie es dem Anbieter gelingt, Nivea zu einer prägnanten Familienmarke zu entwickeln, die alle Markenvarianten durch das Nutzenversprechen der Pflege und Milde vereint.

Medien sind einerseits Vermittlungsträger von Informationen zwischen Sender und Empfänger. Andererseits versteht man unter diesem Begriff auch digitale Güter, wie etwa Musik, Filme oder Hörbücher. Diese Digitalisierung weist den Vorzug auf, dass eine Endbündelung und eine Online-Distribution möglich sind. Ein Blick auf die Tauschbörsen zeigt, dass eine Vielzahl unterschiedlicher digitaler Produkte dort angeboten werden. Clement befasst sich mit der Gestaltung von Medien, wobei es hier insbesondere um die Versionierung dieser Güter geht. So zeigt er an einigen Beispielen, dass bestimmte Medieninhalte schrittweise auf verschiedenen Märkten präsentiert werden können mit dem Anliegen, die Zahlungsbereitschaft der verschiedenen Segmente abzuschöpfen. Darüber hinaus geht der Autor auch auf die Besonderheit des Medienmarktes ein, der in vielen Ländern reguliert und staatlich gesteuert ist. Zudem fließen erhebliche Fördersummen in die Erstellung und Distribution von Mediengütern.

Gutsche, Hahn und Krostitz verdeutlichen den Weg der Deutschen Telekom von der Produkt- zur Dienstleistungsorientierung. Die Autoren konstatieren, dass neben einer Fokussierung auf innovative Produkte die Serviceorientierung der Mitarbeiter der entscheidende Hebel im Wettbewerb ist. Zu diesem Zweck entwickeln sie ein Konzept für eine Serviceorientierung, die die Produkte des Unternehmens einbettet in eine Dienstleistungskultur. Insbesondere der Wandel in den Köpfen der Mitarbeiter von der Produkt- zur Serviceorientierung bildet die zentrale Herausforderung. In diesem Zusammenhang verdeutlichen die Autoren Techniken und Vorgehensweisen, um diesen erforderlichen Wandel zu bewältigen. In diesem Zusammenhang spielt auch die Markenorientierung des Unternehmens eine zentrale Rolle, da sie den Handlungs- und Orientierungsrahmen für die Produkt- und Dienstleistungsgestaltung vorgibt.

Zweiter Teil

Strategische Aspekte des Produktmanagement

1. Kapitel:

Neue Produkte und Leistungen

Klaus Brockhoff

Produktinnovation

1. Definition von Produktinnovation

Als Produkt wird eine im Hinblick auf eine erwartete Bedürfnisbefriedigung beim bekannten oder unbekannten Verwender von einem Anbieter gebündelte Menge von Eigenschaften verstanden, die in der Regel gegen Geld getauscht wird, um damit Ziele des Anbieters zu erreichen (Brockhoff, 1999a, S. 13). So genannte „Toolkits“, mit denen sich Nachfrager selbst Produkte zusammenstellen, werden hier nicht behandelt (Franke/Piller, 2004). Aus Sicht des Marketing ist es wichtig zu erkennen, dass Wahrnehmungen der potentiellen Käufer im Vergleich mit alternativen Mitteln der Bedürfnisbefriedigung darüber entscheiden, welche Präferenz einem Bündel von Eigenschaften zukommt.

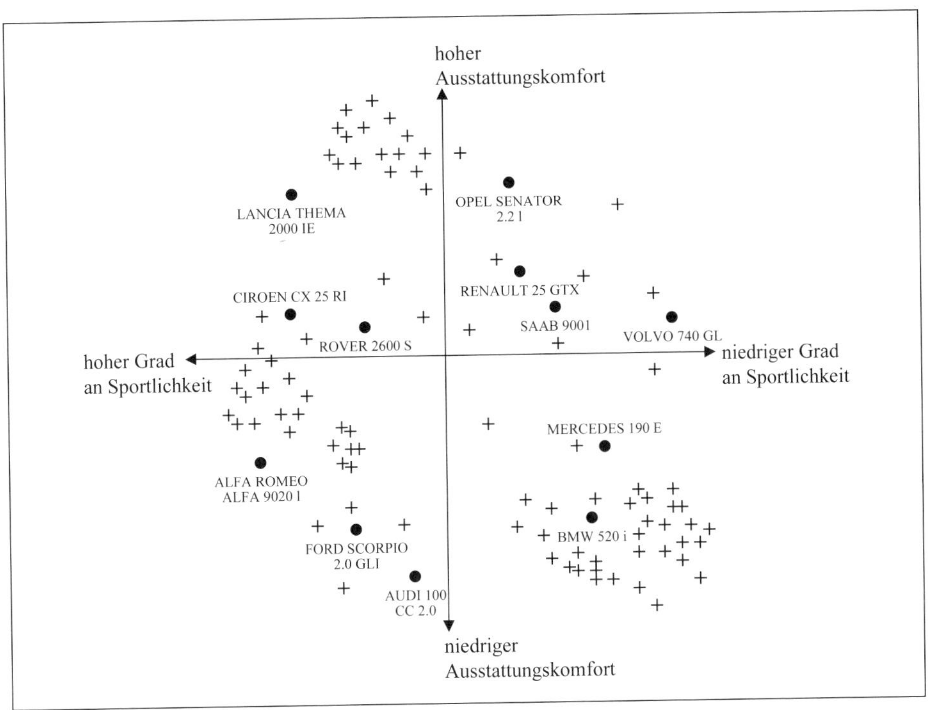

Abbildung 1: Beispiel für einen zweidimensionalen Produktmarktraum für PKW
Quelle: Albers, 1989, S. 192

Der Versuch, Gewinn maximierende Bündel von Eigenschaften zusammenzustellen, wird als Produktpositionierung bezeichnet. Die Berücksichtigung aller Gewinneinflussgrößen und künftiger Präferenzänderungen von Käufern bereitet allerdings gravierende Schwierigkeiten, weshalb man mit entsprechenden Produktpositionierungen nur Teilprobleme löst, wie etwa die kurzfristige Absatzmaximierung.

Mit Produktpositionierung wird die Angabe der Koordinatenwerte eines Produktes in einem Raum von Produkteigenschaften bezeichnet. Abbildung 1 zeigt ein Beispiel für die Beurteilung verschiedener Pkw-Typen in nur zwei Dimensionen, die den wahrgenommenen Eigenschaften entsprechen. Die Koordinatenwerte beschreiben die Eigenschaftsausprägungen, während die Eigenschaften selbst als Achsen des Raumes dargestellt sind. Weiter stellen Kreuze die Idealvorstellungen von Befragten dar, während Punkte die durchschnittliche Wahrnehmung realer Produkte durch alle Befragten kennzeichnen. Die Eigenschaftsausprägungen können auch als Eigenschaftsvektor dargestellt werden. Die Darstellung eines solchen Raumes und der Produkte darin kann aufgrund ganzheitlicher Vergleiche von Ähnlichkeits- und Präferenzwahrnehmungen dekompositorisch erfolgen oder aufgrund einer Beurteilung vorgegebener Eigenschaften kompositorisch. Auf die dabei eingesetzten Methoden, vor allem Verfahren der Multidimensionalen Skalierung im ersten Falle und Methoden der Verbundmessung (conjoint measurement) im zweiten Falle, wird hier nicht näher eingegangen. Die in diesen Verfahren unterstellten Kenntnisse über die Produktmärkte sind sehr verschieden. In der multidimensionalen Skalierung wird angenommen, dass noch keine Kenntnis über die differenzbegründenden und präferenzbildenden Eigenschaften vorliegt, während beim conjoint measurement gerade solche Eigenschaften zur Beschreibung von Produkten bekannt und vorgegeben sein müssen.

Eine Produktinnovation ist ein Bündel von Eigenschaften, das wahrnehmbar von einem zu einem vorausgehenden Zeitpunkt existenten Eigenschaftsbündel abweicht, auch wenn die verglichenen Eigenschaftsbündel gleiche Bedürfnisse erfüllen. Tintenstrahl- und Laserfarbdrucken sind hierfür Beispiele. Wird dabei ein höherer Grad von Bedürfnisbefriedigung erreicht, so kann von einer Verbesserungsinnovation gesprochen werden. Eine größere Druckgeschwindigkeit auf einem Typ Drucker ist hier das Beispiel. In produktpolitischer Sicht kann eine Verbesserungsinnovation auch als Produktvariation oder – unter Beibehaltung des bisherigen Angebots – als Produktdifferenzierung auftreten. Wegen der Wahrnehmungsperspektive in der Produktdefinition kann auch der Fall auftreten, dass allein durch kommunikative Maßnahmen eine Innovationswahrnehmung erzeugt wird, der keine Veränderung der objektiven Produkteigenschaften entspricht. Man kann dann von einer Scheininnovation sprechen. Umgekehrt ist es möglich, dass die technischen Eigenschaften eines Produkts deutlich verändert werden, dies aber von den potentiellen Kunden entweder gar nicht wahrgenommen wird oder nicht als Beitrag zur verbesserten Bedürfnisbefriedigung erscheint. Schon damit wird erkennbar, dass die Durchsetzung einer Produktinnovation ein abgestimmtes Marketing-Mix erfordert und nicht allein eine Angelegenheit von Entwicklungs-, Konstruktions- oder Produktionsbereichen ist.

Gibt es gar keinen zeitlich früheren Vergleichsmaßstab für ein wahrgenommenes Eigenschaftsbündel, werden also erstmals Bedürfnisse befriedigt, so kann von einer radikalen Innovation oder von einer Basisinnovation gesprochen werden. Hier fehlt ein bereits existierendes Produkt als Vergleichsmaßstab, wie beispielsweise beim „walkman“ zum Zeitpunkt seiner Markteinführung, durch den ein neuer Markt geschaffen wurde. Freilich sind Abgrenzungen zwischen Verbesserungs- und Basisinnovationen nur unscharf zu treffen. Das erkennt man beim Auftreten von Farbdruckern für PC, wenn vorher nur schwarz-weiß Drucker bekannt waren. Das ist einmal darauf zurückzuführen, dass bei Akzeptanz einer Vorstellung von Bedürfnishierarchien auch die Basisinnovation im hier beschriebenen Sinne auf die Befriedigung eines „Grundbedürfnisses" zurückgeführt werden kann. Zum anderen ist es darauf zurückzuführen, dass die wahrgenommene Distanz zwischen der Produktinnovation und dem zum Vergleich herangezogenen Eigenschaftsbündel so groß erscheint, dass auch dabei von einer radikalen Neuerung (oder radikalen Innovation) gesprochen wird.

Jeder der bisher erwähnten Innovationstypen ist – mit Ausnahme der Scheininnovation – durch ein bestimmtes Maß an technischer Neuheit gekennzeichnet. Sie können aber nur schwer in eine Rangfolge nach Neuheitsgrad gebracht werden. Eine operationale Messung von Neuheitsgraden, die zugleich eine Abgrenzung zwischen den hier erwähnten Typen von Produktinnovationen erlaubt, ist nämlich bisher noch nicht zufriedenstellend gelungen (Green/Gavin/Aiman-Smith, 1995, Kleinschmidt/ Cooper, 1991, Baier, 1999 und Schlaak, 1999).

Grundsätzlich sind kompositorische und dekompositorische Vorgehensweisen bei der Messung von Neuheit denkbar, die allerdings – wie auch bei anderen Anwendungen dieser Vorgehensweisen – aufgrund menschlicher Schwächen der Informationsverarbeitung nicht notwendigerweise bezüglich eines Produkts zu demselben Ergebnis führen müssen. Akzeptiert man aber Produktdarstellungen ähnlich wie in Abbildung 1 oder entsprechende Vektordarstellungen von Produkten, so können durch Abstandsmaße in einem Raum der wahrgenommenen Produkteigenschaften, die die Distanz von einem Referenzprodukt angeben, grundsätzlich Neuheitsgrade erfasst werden.

Mit Neuheit ist hier technische Neuheit gemeint. Für das Marketing ist entscheidend, dass es keine lineare, sondern in der Regel eine $\cap$-förmige Beziehung zwischen dieser Art von Neuheit und erwartetem wirtschaftlichen Produkt- oder Innovationserfolg gibt. Für jeden Teilabschnitt dieser Beziehung lassen sich empirisch gesicherte Belege finden, die Kotzbauer 1992 zusammenstellte. Dafür können verschiedene Gründe verantwortlich gemacht werden. Zu erwähnen ist zunächst die Möglichkeit sinkender Grenznutzen zunehmender Neuheit, nicht zuletzt auch aufgrund überproportional ansteigender Kosten für die Produktentwicklung, die in Preisen durchgesetzt werden können. Sodann sind mit zunehmendem Neuheitsgrad oft überproportional steigende Risikowahrnehmungen verbunden. (Brockhoff, 1988, S. 120 und Kotzbauer, 1992, S. 123.) Außerdem kann angenommen werden, dass der Anteil der innovationsbereiten Käufer mit zunehmendem Neuheitsgrad zurückgeht. Auf weitere Punkte wird später noch eingegangen.

In mehreren Branchen haben sich spezielle Bezeichnungen für Produktinnovationen mit unterschiedlichem Neuheitsgrad herausgebildet: Modellwechsel und face lifting in der Autoindustrie, new generations und updates bei Software, new chemical entities und generics bei Pharmazeutika usw. Die damit verbundenen Neuheitswahrnehmungen sind nicht immer im Sinne der intendierten Einteilung scharf zu treffen.

Die hier erwähnte Abgrenzung von Produktinnovationen nach ihrem Neuheitsgrad aus Sicht der potentiellen Nutzer oder Verbraucher ist nicht die einzig mögliche Darstellung. Ein Beispiel hierfür ist eine Betrachtungsweise, die den Neuheitsgrad an dem Umfang der notwendigen Verhaltensänderungen mißt, die durch das Produkt dem potentiellen Nutzer oder Verbraucher zugemutet werden.

Akzeptiert man die hier vorgenommene Definition von Produktinnovation, so ist darin die Intention einer verbesserten Bedürfnisbefriedigung beim potentiellen Käufer erfasst. Das folgt aus der Produktdefinition am Anfang dieses Beitrags. Man könnte also erwarten, dass einer Aufnahme der Produktinnovation durch den Markt kein Widerstand entgegengesetzt wird. Das Scheitern überraschend vieler Produktinnovationen (zusammenfassend: Brockhoff, 1999a, S. 3 ff.) und die Verdrängung von früheren Produktinnovationen vom Markt sprechen allerdings gegen die Erwartung. Dies kann durch Prognosefehler der Anbieter im Hinblick auf die Käuferpräferenzen bedingt sein. Entwicklungsdauer und Marktperiode von Fahrzeugen oder Flugzeugen stellen in dieser Hinsicht besonders hohe Anforderungen. Im Folgenden wird dargestellt, worauf die Beobachtung von Produktmisserfolgen zurückgeführt werden kann.

In verschiedenen Überlegungen zum strategischen Management ist postuliert worden, dass Produktinnovationen innerhalb einer Produktkategorie grundsätzlich in ihrer Häufigkeit den Prozessinnovationen vorausgehen (Utterback, 1994) oder Wettbewerbsvorteile nur entweder durch Produkt- oder durch Prozessinnovationen zu erreichen seien (Porter, 1985). Diese Sichtweise kann heute deshalb kaum mehr vertreten werden, weil in vielen Produktkategorien die Verkürzung der Marktperiode eine solche Folge von Innovationsaktivitäten nicht mehr erlaubt. Produkt- und Prozessinnovationen müssen dann synchron geplant werden. Tatsächlich gibt es Unternehmen, beispielsweise in der Chemieindustrie, der Wälzlagerindustrie oder der Tabakindustrie, die mit diesem Vorgehen im Vergleich zu ihren Wettbewerbern bedeutende Erfolge erzielen konnten (Albach, 1989). Was hier für Produkt- und Prozessinnovationen beschrieben wird, muss heute, wo die Verbreitung von Wissen schneller erfolgt als früher und Lernprozesse schneller ablaufen können, unter Einschluss auch weiterer Innovationstypen gefordert werden. Zu diesen Typen zählen Sozialinnovationen und organisatorische Innovationen um so eher, je bedeutender der Neuheitsgrad der betrachteten Produktinnovation ist. An den Akzeptanzwiderständen gegenüber einigen Großtechnologien (z.B. Transrapid) ist dies erkennbar.

2. Anlässe für Produktinnovationen

Die Anlässe für Produktinnovationen können auf unterschiedliche Weise gegliedert werden. Einmal kann dem Entstehungsort der Produktidee und ihrem Einfluss auf den Produkterfolg nachgegangen werden. Zum zweiten ist zu prüfen, ob einer Produktinnovation Akzeptanzhindernisse entgegenstehen, die vom einzelnen Anbieter in der Regel nicht überwunden oder beseitigt werden können. Drittens kann danach gefragt werden, durch welche Art von Bedrohung ein altes Eigenschaftsbündel in seiner Nutzeneinschätzung derart verändert werden kann, dass einem neuen Eigenschaftsbündel höhere Präferenzen zuwachsen.

2.1 Entstehungsort der Produktidee

Technologiedruck und Nachfragesog

Es ist auf den ersten Blick klar, dass eine Produktidee sehr unterschiedliche Entstehungsorte (Marketing-, Forschungs- und Entwicklungsbereiche, Geschäftsleitung, Kunden usw.) haben kann. Möglicherweise scheitert eine personale Zuordnung dieser Entstehungsorte im Einzelfall. Das kann sogar dann gelten, wenn ein Produkt auf einem Patent beruht, weil einmal das Patent mehrere Erfinder nennen, es zum zweiten frühere Erfindungen zitieren kann und drittens in ein Produkt auch mehr als das Wissen der in der Patentschrift genannten Erfinder eingeht. Daneben ist vorstellbar, dass die genannten Bereiche lediglich als Ideenverstärker wirken, die Idee selbst also an anderer Stelle geäußert wurde, z.B. bei Kunden.

In früheren Jahren ist vor allem die Unterscheidung nach solchen Produktinnovationen getroffen worden, die aufgrund neuen technologischen Wissens möglich wurden (technology push innovations) und solchen, die aufgrund einer Marktnachfrage entstanden (demand pull innovations). In der Regel weist die erste Gruppe relativ höhere Neuheitsgrade auf als die zweite Gruppe von Innovationen. Man muss sich vor Augen führen, dass diese Einteilung nicht identisch mit der vorgenannten Einteilung nach dem Ursprung der Innovationsidee sein muss, da zum Beispiel auch eine technology push innovation durchaus aus einem anderen als dem Forschungs- und Entwicklungsbereich stammen kann oder eine demand pull innovation nicht vom Marketing stammen muss. In Bezug auf die hier genannten Innovationstypen wurden sogar Anteile für jede dieser Gruppen von Produktinnovationen durch Befragung ermittelt, wobei regelmäßig die „demand pull innovations" überwogen (Brockhoff, 1984), und ihre Erfolgsbeiträge abgeschätzt. Danach schien erkennbar, dass „demand pull innovations" relativ häufiger am Markt Erfolg hatten, zugleich aber auch bezogen auf die einzelne Innovation relativ kleinere Ergebnisbeiträge bei identischer Erfolgswahrscheinlichkeit versprachen. Daraus ist dann zu folgern, dass eine Risiken und Ertragserwartungen balancierende Produktpolitik beiden Typen von Produktinnovationen Aufmerksamkeit schenken muss. Vorzugsweise sind Portfolio-Betrachtungen anzustellen. Zur Darstellung der Unternehmenssituation und gewünschter Ausrichtungen können Risk-Return-Diagramme dienen, wie sie ähnlich auch im finanzwirtschaftlichen Portfolio-Management eingesetzt werden.

Allerdings ist die Identifikation der hier betrachteten beiden Typen von Produktinnovationen keineswegs unproblematisch. Eine Fülle von Verzerrungen kann die empirischen Erhebungen stören und ist in kaum einer Untersuchung methodisch berücksichtigt worden. Darauf wurde schon relativ früh hingewiesen (Brockhoff, 1984). Insofern kann die Portfolio-Betrachtung mit den hier unterschiedenen Typen von Produktinnovationen auf wenig tragfähigem Grund stehen, obwohl ihre Leitidee überzeugend ist.

Die Bildung von Portfolios aus den hier betrachteten Typen von Produktinnovationen verschließt sich auch solchen Unternehmen, die sich aus Mangel an Innovationen, aus Unkenntnis oder aus Mangel an Ressourcen zur Umsetzung von Ideen auf eine oder wenige Produkte konzentrieren müssen. Letzteres gilt besonders für Unternehmen in der Gründungs- oder Start Up-Phase. Die Bedingungen für den Produkterfolg sind offenbar nicht unabhängig von der Phase, in der sich das Unternehmen befindet. Das kann vor allem damit zusammenhängen, dass insbesondere bei Gütern mit hohen Anteilen von Erfahrungs- und Vertrauenseigenschaften (Weiber/Adler, 1995) jungen Unternehmen keine wirksamen Möglichkeiten zur Glaubhaftmachung der notwendigen Garantien oder zum Aufbau von Vertrauenskapital zur Verfügung steht. Dazu steht nicht im Widerspruch, dass die empirische Forschung gezeigt hat, dass junge Unternehmen mit Produkten „mittleren Neuheitsgrades“ am ehesten erfolgreich sein können (Kulicke, 1987). Jungunternehmer mit Produktideen hohen Neuheitsgrades, deren Wirkung sich erst nach längerer Nutzung erkennen läßt, haben es deshalb beim Marktzugang besonders schwer. Ein Beispiel hierfür ist der Versuch, ein neues Gerät zur Verhinderung der Rohrverkalkung von Wasserrohren in den Markt einzuführen.

Es ist auch bedeutend, auf welches Ziel hin Innovationen entwickelt werden. Grundsätzlich kann davon ausgegangen werden, dass Innovationen als Investitionen angesehen werden und so wie diese dann unternommen werden, wenn es eine begründete Gewinnerwartung gibt, ohne dass dabei inakzeptable Risiken auftreten. Die Gewinnabhängigkeit von Sachinvestitionen ist gezeigt worden und ebenso die Gewinnabhängigkeit von Erfindungen, soweit diese sich in Patenten niederschlagen (Schmookler, 1966). Es gibt deshalb gute Gründe anzunehmen, dass auch Produktinnovationen gewinnabhängig sind, da sie mit Erfindungen (neuem immateriellem Kapital) und Sachkapital in der Regel eng verknüpft sind. Welche Kombination von „technology push“ und „demand pull“ dann die Gewinne erklärt, unterliegt dem einzelnen Kalkül. Ein solcher Kalkül kann bei genügend großer Anzahl von Projekten wieder von Portfolio-Überlegungen unterstützt werden, wie für die strategische Steuerung der Auswahl von Forschungs- und Entwicklungsprojekten als mögliche Vorstufe von Produktinnovationen gezeigt wird (Möhrle/Voigt, 1993).

Einbeziehung von Kunden

Seit den Veröffentlichungen von von Hippel (1988) hat die Vorstellung viel Aufmerksamkeit erhalten, dass Innovationsideen oder sogar Innovationen selbst von Kunden entwickelt werden und bei genügender Aufmerksamkeit ihrer Zulieferer von diesen übernommen werden können. Nutzergruppen helfen so bei Software-Entwicklungen, Installateure bei der Verbesserung von Befestigungssystemen für Rohrleitungen, Ärzte bei der Entwicklung chirurgischer Instrumente oder Fluggesellschaften bei der Konstruktion von Flugzeugen. Differenziertere Betrachtungen zeigen, dass die Einbeziehung von

Kunden in den Innovationsprozess sowohl Erlöse verspricht als auch Kosten verursacht, so dass tatsächlich ein Optimierungsproblem vorliegt (Brockhoff, 1998). In Abbildung 2 werden die Einflüsse systematisiert. Wesentlich dafür ist, dass Kunden ihre Beiträge zum Innovationsprozess entgolten haben möchten, sie unter Ausnutzung von Informationsasymmetrien opportunistisch handeln können, ihre Eigenschaft zur Entwicklung von Innovationen oder Innovationsideen im Laufe der Zeit verloren gehen kann und schließlich – vor allem in späten Phasen einer Produktentwicklung – die Kosten von Änderungsvorschlägen deutlich über den möglichen Erlösen liegen können. Alles dies spricht nicht gegen die Berücksichtigung von Kunden im Prozess der Produktinnovation, sondern für eine sorgfältige Abwägung der Dauer, des Phasenbezugs und der Intensität ihrer Einbeziehung.

Zudem ist zu berücksichtigen, dass Kunden im Prozess der Produktinnovation sehr unterschiedliche Rollen übernehmen können und nicht notwendigerweise ein Kunde alle Rollen kompetent übernehmen kann. Das erschwert die Einbeziehung von Kunden zusätzlich. Der Entschluss zu einem an Entwicklungsphasen orientierten oder auch konkurrierenden Einsatz mehrerer Kunden in einer Produktentwicklung kann die Probleme erheblich verschärfen (Brockhoff, 2005). Als mögliche Rollen von Kunden im Innovationsprozess, die zusammenfassend Pionierkunden heißen sollen, wurden erkannt:

1. Mitgestaltung der Produktentwicklung durch „launching customers", was die Interaktion des Entwicklungspersonals von Hersteller und Kunden erfordert;
2. Bereitstellung von Quasi-Prototypen durch „lead users", was die Übernahme einer kundendeterminierten Innovation durch den Hersteller bedeutet, wobei im wesentlichen weitere Arbeiten zur Herstellung von Serienreife oder Massenproduktion erforderlich sind, weil der Kunde die Innovation nur für seinen Bedarf gefertigt hat;
3. Lieferung von Anwendungserfahrungen durch Referenzkunden, die als Erprober oder als Vorbilder wirken können;
4. Hilfe bei der Überwindung innerbetrieblicher Innovationswiderstände durch Erstinteressenten oder Erstbesteller. Die letztgenannte Rolle kann vor allem so interpretiert werden, dass sie bei der Reduktion von Marktunsicherheit hilft (Brockhoff, 1998).

Diese Rollen werden nicht bedingungslos wahrgenommen, sondern hängen in ihrer Wirksamkeit von Eigenschaften der Kunden (Innovationsbereitschaft, finanzielle Potenz, Prognosefähigkeit für segmentspezifische künftige Bedürfnisse), Prozessmerkmalen oder Eigenschaften der Hersteller-Kunden-Beziehung (Dauer, Häufigkeit der Kontakte, Stärke der Einbeziehung, wechselseitig verständliche Kommunikation, die durch die Auswahl der Kommunikationspartner auf beiden Seiten der Beziehung beeinflusst sein kann) sowie Merkmalen der Entwicklungsprozesse beim Hersteller ab (Neuheitsgrad, Phase im Innovationsprozess in der die Einbeziehung erfolgt, Controlling, Unsicherheitsgrad). Wenn hier davon gesprochen wird, dass Kunden einerseits zur Überwindung innerbetrieblicher Innovationswiderstände beitragen können, so muss man andererseits berücksichtigen, dass Widerstände allein dadurch aufgebaut werden können, dass die bisher für die Produktinnovation innerbetrieblich zuständigen Stellen in der Kundeneinbeziehung einen Macht- oder Kompetenzverlust sehen. Auch empirisch ist das „not invented here"-Syndrom nachgewiesen. Auch können die Kundenanforderungen sich als so anspruchsvoll erweisen, dass ihnen nur durch Aufnahme weiterer Entwicklungspartner zu entsprechen ist oder zusätzliche innerbetriebliche Kompetenzen aufgebaut werden müssen. Das kann die Führung des Innovationsprozesses bedrohen (Tunisini/Zanfei, 1998).

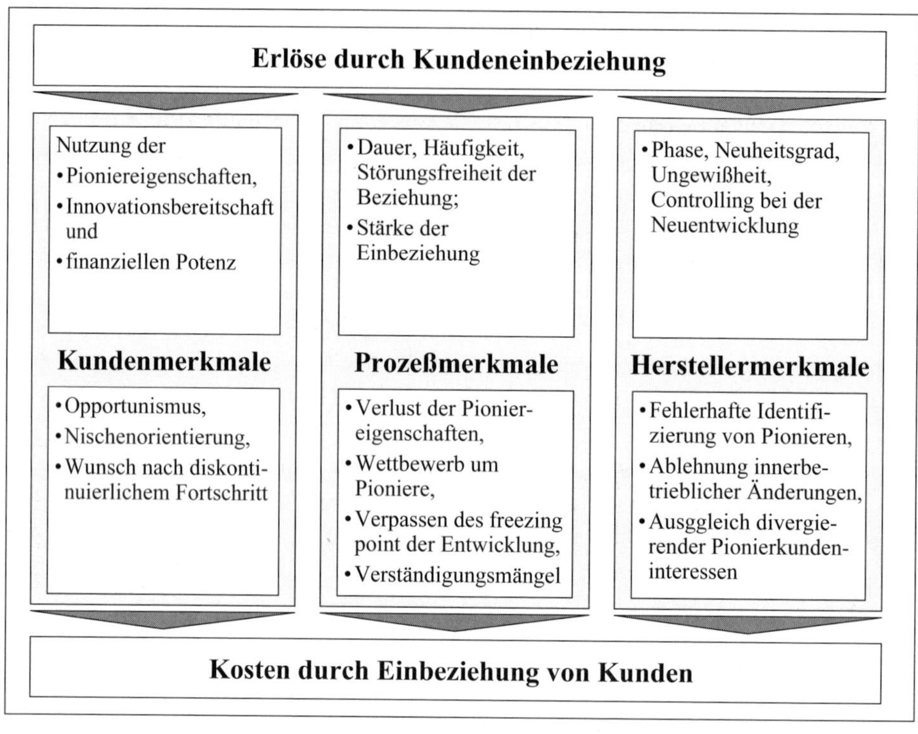

Abbildung 2: Einflüsse der Kundeneinbeziehung auf die Entwicklung

Berücksichtigt man, dass der hier betrachtete Hersteller in der Regel selbst wiederum Kunde seiner Zulieferer ist und diese ebenfalls entweder ihn in ihre Innovationsprozesse einbinden oder der betrachtete Hersteller seine Zulieferer, so wird die Komplexität der Zusammenhänge deutlich. Bloße Lippenbekenntnisse zur Einbeziehung von Kunden in Produktinnovationsprozesse können deshalb für ein effektives und effizientes Management solcher Prozesse nicht ausreichen.

Zusammenstellung von Eigenschaftsbündeln

In etablierten Produktmärkten können Vorstellungen für Produktinnovationen auch durch Kundenbefragungen gewonnen werden. Herkömmlich sind Eigenschaftsprofile daraufhin beurteilt worden, welche Eigenschaftsausprägungen dem eigenen im Vergleich zu Wettbewerbsprodukten zugesprochen werden und wie bedeutend die einzelnen Eigenschaften erscheinen. Auch in der innerbetrieblichen Verkäuferschulung werden solche Profile benutzt, um die Überlegenheit des eigenen Produkts gegenüber Wettbewerbsangeboten hinsichtlich bestimmter Eigenschaften zu verdeutlichen. Dieses Vorgehen hat für die Planung neuer Produkte viele Nachteile. Besonders bedeutend ist, dass aufgrund der unabhängig voneinander beurteilten Eigenschaften der Hang zu „utopischen" Produktkonzepten besteht, das heißt solchen Konzepten, bei denen jede wahrgenommene und kaufrelevante Produkteigenschaft einzeln die für den Käufer bestmögliche Ausprägung annimmt, ganz unabhängig von den anderen Eigenschaften. Außerdem ist dabei häufig implizit oder explizit von der Vorstellung eines weitgehend homogenen Marktes ausgegangen worden. Schließlich wird die Kenntnis objektivierter, kaufrelevanter Eigenschaften unterstellt. Diese Annahmen stimmen mit der Realität nur schlecht überein.

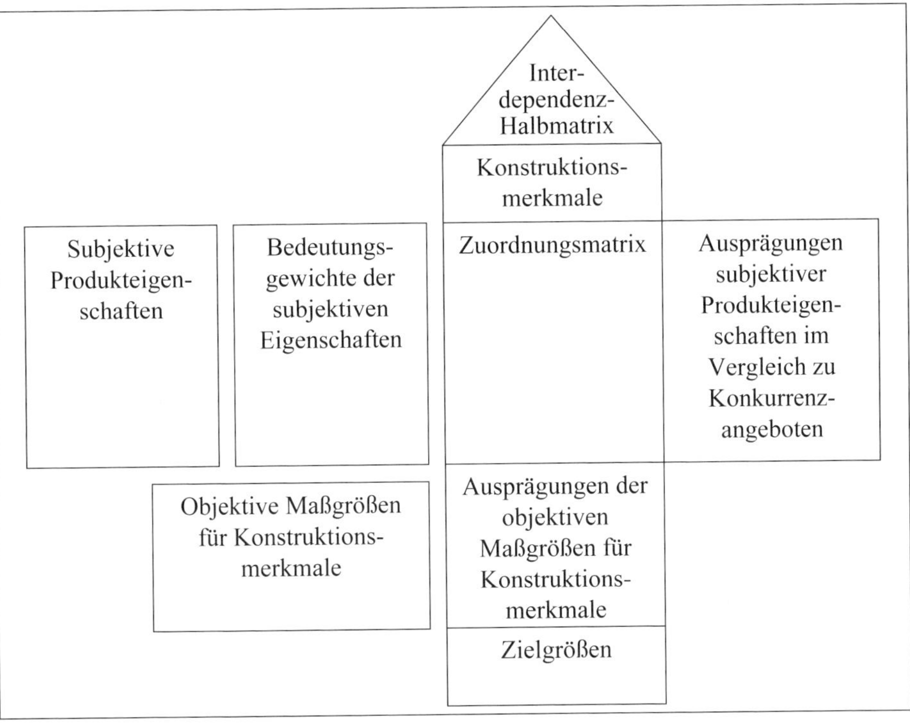

Abbildung 3: Schema des „House of Quality" nach Hauser und Clausing

Heuristische Vorgehensweisen zur Integration der Vorstellungen von Kunden und Entwicklern bedienen sich z.B. des „house of quality"-Ansatzes, der eine systematische Kommunikation zwischen wahrgenommenen Produkteigenschaften und technisch gestaltbaren Eigenschaften in Relation zu Wettbewerbsangeboten ermöglicht (Hauser/Clausing, 1988). Dies ist ein Instrument, das im Rahmen des total quality management oder des quality function deployment zur Erleichterung der Kommunikation zwischen Marketing- und Entwicklungsbereichen eingesetzt werden kann (vgl. Abbildung 3). Es liefert allerdings keine Hinweise auf eine optimale Produktpositionierung, was natürlich bei einer Heuristik auch nicht zu erwarten ist. Die Anwendungspraxis zeigt, dass dieser Ansatz bei komplexen Produkten leicht unübersichtlich wird, weil verschiedene „houses" für die Module des Produkts zu einem gemeinsamen „Dorf" zusammengeführt werden müssen. Einige Anwender haben darüber berichtet, dass ihnen die Produktgestaltung mit diesem Instrument dann leichter fiel, wenn sie von den technischen Möglichkeiten ausgingen statt von den gewünschten und wahrgenommenen Eigenschaften.

Die analytische Vorgehensweise ist als „optimale Produktpositionierung" bezeichnet worden (Albers, 2002; Trommsdorff, 2002). Hier gibt es die schon erwähnten zwei Wege. Erstens wird dekompositorisch vorgegangen, das heißt, dass in einem durch multidimensionale Skalierungsverfahren entwickelten Raum von Produkteigenschaften nach derjenigen Position für ein neues Produkt gesucht wird, die bestimmte Umsatz- oder Deckungsbeitragsziele für ein neues Produkt möglichst gut zu treffen versprechen (Brockhoff, 1999a, S. 139ff.). Auf Abbildung 1 zurückgreifend ist bei Absatzmaximierung also eine Eigenschaftskombination für ein neues Produkt zu suchen, die unter Berücksichtigung des Wettbewerbs der Realprodukte und der Annahme einer höheren Kaufwahrscheinlichkeit bei geringerer Distanz zwischen dem neuen Produkt und dem Idealprodukt möglichst viele Käufer gewinnen kann. Zweitens wird kompositorisch vorgegangen, indem aus bewerteten Eigenschaftsausprägungen eine solche Zusammenstellung gesucht wird, die für möglichst viele potentielle Käufer oder ein möglichst großes Segment ein attraktives Angebot bietet. Diese Ansätze bauen auf dem conjoint measurement auf (Brockhoff, 1999a, S. 155 ff.; Tacke, 2000). Ein Vorteil dieser Vorgehensweisen liegt darin, dass es sich um strikt individuelle Analysen handelt, so dass beliebige Aggregationsebenen erreicht werden können, wie dies zum Beispiel für die Segmentbildung nötig ist. Beide Vorgehensweisen sind für radikale Neuerungen nicht wirklich geeignet. Diese müssen möglicherweise durch Techniken der Ideengenerierung (Kreativitätstechniken) angeregt werden (Schlicksupp, 1983; Gierl/Helm, 2002), wobei in der Auswahl der daran teilnehmenden Personen schon ein Schlüssel für ihren Erfolg liegt.

Die analytischen Vorgehensweisen berücksichtigen bisher weder die Dynamik von Bedürfnisänderungen gut, noch die in oligopolistischen oder polipolistischen Märkten auftretenden Interaktionen zwischen den Wettbewerbern. Erste Simulationsuntersuchungen zeigen, dass sich Versuchspersonen in solchen Situationen „aggressiver" im Hinblick auf ihre Produktpolitik verhalten, als sich aus Marktmodellen mit einem Gleichgewicht aufgrund der Nash-Lösung vermuten lassen würde (Marks, 1994). Aggressivität kommt darin zum Ausdruck, dass geringere Eigenschaftsunterschiede zwischen Wettbewerbsprodukten realisiert werden als nach der Modellvorstellung im Optimum zu erwarten wäre. Damit sind Konsequenzen für das gesamte Marketing-Mix verbunden.

Analytisch weitgehend unbehandelt ist bisher die Produktpositionierung durch Berücksichtigung unterschiedlicher Ziele von Distributeuren oder mehrstufiger Verwendung von Produkten. Erste Arbeiten behandeln vergleichsweise einfache Fälle (Brockhoff/Rao, 1993) und sind empirisch noch nicht getestet.

Auch die Wahl von Produkteigenschaften unter dem Gesichtspunkt einer späteren flexiblen Änderung der Eigenschaften im Rahmen von Produktdifferenzierungen wird zwar beschrieben, aber nicht modelliert. Dieses Vorgehen ist beispielsweise in der Flugzeugindustrie von Bedeutung, wo gestreckte oder gestauchte Versionen von Flugzeugen schon bei der Konstruktion des Grundmodells als künftige Möglichkeit vorgesehen werden. Im Maschinenbau kann nach Definition technischer Schnittstellen durch den Austausch von Modulen auf veränderte Kundenbedürfnisse eingegangen werden, was ebenfalls im Basismodell vorgesehen werden muss. In der Autoindustrie werden in ähnlicher Form auf wenigen Plattformen vielfältige Modelle aufgebaut. In diesen Fällen ist eine Produktpositionierung aufgrund mehrperiodiger Überlegungen zur gemeinsamen Optimierung von Entwicklungsaufwand, Produktionsaufwand und Erlöspotentialen zu betreiben.

Zusammenfassend ist also festzustellen, dass eine Vielzahl von Methoden zur Unterstützung der Produktinnovation durch Wahl potentiell erfolgreicher Eigenschaftsbündel verfügbar ist, dabei allerdings noch nicht die gesamte Komplexität der praktisch gegebenen Entscheidungssituation abgebildet werden kann. Für radikale Produktinnovationen können allerdings nur wenige Entscheidungshilfen aus dem Instrumentensatz des klassischen Produktmarketing angeboten werden. Was grundsätzlich nicht vorhersehbar ist, kann deshalb auch nicht Gegenstand vorausschauender Planung sein.

2.2 Zulässigkeit von Produktinnovationen

Nicht alle Produktinnovationen sind zulässig. Es können ihnen Markteinführungs- und Akzeptanzhindernisse entgegenstehen, die vom einzelnen Anbieter praktisch nicht auszuräumen sind. Versteht man Kultur im funktionalen Sinne als eine Menge akzeptierter Normen und Regeln, so kann allgemein von kulturellen Grenzen der Produktinnovation gesprochen werden, die aus diesem Norm- und Regelsystem erwachsen. Die Zulassungsvorschriften für Fahrzeuge in verschiedenen Ländern, beispielsweise bei Rechts- oder Linksverkehr, das Verbot bestimmter Lösungsmittel in Holzschutzfarben in Deutschland, der unterschiedliche Grad des Schutzes geistigen Eigentums in verschiedenen Ländern oder die in einer Bevölkerung durch politische Meinungsbildung besonders verstärkte und sichtbar gemachte Ablehnung bestimmter Techniken, wie etwa der Kerntechnik bei der Energieerzeugung in Deutschland, können den Eigenschaftsraum für die Positionierung von Produkten in jeweils bestimmter Weise beschränken. In den ausgeschlossenen Bereichen, die sich im Laufe der Zeit auch verändern können, sind dann Produktpositionierungen nicht möglich oder sie erfordern einen ihre Wirtschaftlichkeit eliminierenden Aufwand zur Veränderung der Schranken. Strebt solcher Aufwand gegen Unendlich, wird auch vom Fehlen sozialer Akzeptanz gesprochen.

Die Veränderung der zulässigen Gebiete im Eigenschaftsraum kann Anlass zur Suche nach Produktinnovationen sein. Das gilt sowohl für eine Einschränkung als auch für eine Erweiterung des Raumes. Ob Produktinnovationen, die aus einer Einschränkung des Raumes erwachsen, gesamtwirtschaftlich vorteilhaft sind oder nicht, kann nur schwer beurteilt werden und erfordert umfangreiche, komplizierte Nutzenabwägungen. Wenn externe, umweltbelastende Effekte von Produkten Anlass zu solchen Abwägungen sind, werden produktbezogene Umweltbilanzen erstellt, die sowohl die Vorstufen der Produkterzeugung, die Produkterzeugung selbst, die Distribution und Logistik sowie den Produktverbrauch bis zu einem eventuellen Recycling erfassen müssen. Das Ergebnis ist in die aufgrund von wirtschaftlichen Kalkülen angestellte Nutzenbetrachtung der Produkte einzubeziehen. Wenn dabei auch noch divergierende Nutzenvorstellungen von potentiellen Verbrauchern, Herstellern und am Ge- oder Verbrauch nicht interessierten gesellschaftlichen Gruppen zu integrieren sind, dann sind zwar formal durch die multiattributive Nutzentheorie gut beschreibbare (Eisenführ/Weber, 1993), in der Praxis aber nur schwer lösbare Probleme bei konfligierenden Interessen zu behandeln. Inzwischen bieten Berater konfliktreduzierende Verfahren der Mediation von Interessen an, worauf vor allem bei Großprojekten zurückgegriffen wird.

Die Zulässigkeit von Produktinnovationen kann auch durch bestehende Schutzrechte eingeschränkt sein. Es ist bekannt, dass manche Anbieter über die unmittelbar für eine Produktinnovation genutzten Wissensbestandteile hinaus weiteres Wissen schützen lassen, um substitutive Produkte von Wettbewerbern vom Markt fernzuhalten. Es gehört hohe technologische Sachkunde dazu, solchen Schutzrechten entgegenzutreten oder die noch freien technologischen Lücken für die Realisierung einer Produktinnovation zu finden. Der damit verbundene Aufwand ist beträchtlich. Für die Dauer der Aufrechterhaltung bestehender Schutzrechte ist ihrem Nutzer eine monopolartige Stellung gegeben. Die Dauer kann über die maximale Laufzeit eines Schutzrechts hinaus in vielen Fällen dadurch verlängert werden, dass Anschlussschutzrechte angemeldet und erworben werden. So kann zum Beispiel eine chemische Substanz als Grundlage für ein Medikament durch ein Schutzrecht belegt werden, wodurch Nachahmer abzuhalten sind. Vor Auslaufen des Schutzrechts könnte dann ein Schutzrecht für eine neuartige, für den Arzt oder den Patienten bedürfnisgerechtere Darreichungsform des Medikaments beantragt werden. Marken- und Designschutzrechte, zum Beispiel Form und Farbe einer Medikamententablette betreffend, werden zur Errichtung weiterer Hürden für Nachahmer genutzt. Damit wird dann zwar nicht mehr die ursprüngliche Substanz geschützt, wohl aber ihre Anwendung.

2.3 Veränderung von Angebotsbedingungen als Anlässe für Produktinnovationen

In die Präferenzbewertung eines Produkts geht sein Preis ein. Der Preis entsteht durch ein Zusammenspiel von Angebots- und Nachfragebedingungen in Abhängigkeit von hier als gegeben unterstellten Marktformen. Stellt man sich die Angebotsbedingungen durch die Grenzkostenfunktion modelliert vor, so können Einflüsse auf die Grenzkosten auf die Produktpolitik durchschlagen, indem ein Produkt relativ zu anderen Produkten vorteilhaft oder unvorteilhaft erscheint.

Die Grenzkosten können durch drei wesentliche Einflüsse bestimmt werden: die Faktorpreise, die bei gegebener Technik nach dem Wirtschaftlichkeitsprinzip einzusetzenden Faktormengen sowie die Kosten der Faktorkombination. Im System Gutenbergs wäre die Technik durch die sogenannte z-Situation der einzelnen Aggregate abzubilden, die Faktormengen würden nach der optimalen Kombination der Anpassungsformen an schwankende Beschäftigung bestimmt und die Kosten der Faktorkombination würden für die Tätigkeit des „dispositiven Faktors" anfallen (Gutenberg, 1962). Dehnt man diese Betrachtung eines einstufigen Produktionsprozesses auf kompliziertere, mehrstufige Prozesse aus und lässt eine Spezialisierung einzelner Unternehmen auf Prozessstufen zu, so nähert man sich unter bestimmten Bedingungen den heute oft diskutierten Systemzulieferern von Unternehmen, die mit der Bereitstellung von Modulen des Endprodukts eine besonders verantwortliche Stellung für das Produkt und die Produktinnovation einnehmen. Dazu muss auch der Hersteller des Produkts über besondere Fähigkeiten verfügen, insbesondere über die Fähigkeit der Beurteilung der technologischen Leistungen des Systemzulieferers (Brockhoff, 1999b). Aus den relativ hohen Renditen von Systemzulieferern lässt sich schließen, dass sie ihre Chancen zur Beeinflussung der Produktpolitik ihrer unmittelbaren Kunden in besonders vorteilhafter Weise zu nutzen vermögen (Gaitanides, 1997). Auf die Weiterführung dieser Aspekte zu Netzwerkbetrachtungen wird am Schluss noch kurz eingegangen.

Die Beeinflussung von Faktorpreisen und –mengen durch Aktionen von Wettbewerbern ist insbesondere in oligopolistischen Marktformen gegeben. Innovatoren von Produkten, die auf knappen Rohstoffen (z.B. Pflanzen bei Pharmazeutika) aufbauen, werden deshalb daran interessiert sein, ihren Wettbewerbern den Rohstoffzugang zu erschweren. Im Falle des Marktes natürlicher Pflanzen in tropischen Gebieten oder des Meeresbergbaus ist selbst die UNO als marktregulierende Instanz tätig geworden. Umgekehrt kann die monopolistische Verfügung über knappe Rohstoffe zu besonderen Anstrengungen bei der Produktinnovation anregen. Beispiele sind die Ammoniaksynthese von Haber/Bosch zur Umgehung von Beschaffungsengpässen im 1. Weltkrieg oder die mehrfach forcierte Entwicklung von synthetischem Kautschuk als Folge von Preissteigerungen bei natürlichem Kautschuk (Brockhoff, 2006).

Eine spezifische Benachteiligung kleiner oder junger Unternehmen durch die hier diskutierten Einflussfaktoren ist nicht generell gegeben, sondern nur in solchen Fällen, wo economies of scale auftreten. Das Auftreten von Parallelerfindungen mit zum Teil deutlich unterschiedlichen Produktionskosten für vergleichbare Mittel zur Bedürfnisbefriedigung zeigt, dass nicht Größe allein entscheidend für wirtschaftlichen Erfolg ist.

2.4 Veränderung von Nachfragebedingungen als Anlässe für Produktinnovationen

Nachfrageveränderungen nach einem bestimmten Produkt können mehrere Ursachen haben. Zunächst ist daran zu denken, dass sich die Bedürfnisse als Reaktion auf Beobachtungen einer sich verändernden Umwelt selbst verändern können. Damit wird die Nachfrage in eine neue Richtung gelenkt und eröffnet Möglichkeiten für die Produktinnovation. Zu berücksichtigen ist auch, dass es ohne Änderung der Bedürfnisintensität nach einer bestimmten Produktart doch zum Wechsel von Produkten aufgrund eines entsprechenden Wechselbedürfnisses kommen kann, weil ein Bedürfnis nach Wechsel besteht. Auch daraus eröffnen sich Chancen für Produktinnovationen. Wer lange Erdbeermarmelade zum Frühstück gegessen hat, stellt vielleicht erfreut fest, dass durch eine exotische Fruchtmarmelade seinem Bedürfnis nach Produktwechsel entsprochen wird.

Eine weitere Ursache für Bedürfniswandel stellen alternative Produktinnovationen dar. Die Interpretation Albachs von der Gutenbergschen doppelt-geknickten Preis-Absatz-Funktion lehrt, dass der Wechsel zu einem anderen Anbieter dann erfolgt, wenn die in Nutzeneinheiten bewerteten Wechselkosten für den Kunden kleiner sind als die erwarteten Nutzenzuwächse (Albach, 1973).

Damit wird aber auch deutlich, dass eine Produktinnovation nur dann erfolgreich sein kann, wenn sie in den Begehrskreis (evoked set) des Käufers gelangt. Dafür sind insbesondere Maßnahmen der Kommunikation und des Promotions nötig sowie die Distribution zu sichern. Der Erfolg einer Produktinnovation kann deshalb nicht allein durch eine bedürfnisgerechte Ausstattung mit Eigenschaftsausprägungen erreicht werden, sondern erfordert darüber hinaus einen optimalen Mix von Marketing-Instrumenten. Insbesondere Herstellern von Investitionsgütern fehlt oft noch diese Einsicht; sie verlassen sich auf das aus ihrer Sicht überragende Leistungsbündel ihres Produkts und gehen davon aus, dass dies unmittelbar überzeugend wirke. Ähnliche Vorstellungen sind auch bei Erfinder-Unternehmern oft anzutreffen; sie können trotz hervorragender Produktpositionierung dann Misserfolg erleiden. Der Markt für medizinische Hilfsmittel bietet hierfür ein Beispiel (Bender/Brinkmann, 1996).

Nur wenige Produkte werden unabhängig von anderen Produkten gebraucht oder verbraucht. Je höher der Grad der Komplementarität zwischen Produkten ist, desto abhängiger ist der Erfolg einer Produktinnovation von den Eigenschaften des oder der Komplementärprodukte. Besonders deutlich ist dies bei Gebrauchsgütern (Digitalisierung ersetzt Filme in Kameras, Datenträger erfordern bestimmte Hardware zu ihrer Nutzung), doch kann dieselbe Beobachtung auch für Verbrauchsgüter gemacht werden. Das Markenprodukt Persil ist im Laufe der Zeit an unterschiedliche Waschtechniken (Komplementärprodukte), unterschiedliche Textilien (Verwendungszwecke), unterschiedliche Rohstoffe (Faktorinputs) und unterschiedliche Umweltanforderungen angepasst worden (Henkel, 1997).

Ähnliche Überlegungen wie für Komplementärprodukte gelten für Netzwerkprodukte, deren Nutzen mit zunehmender Verbreitung steigt, oder für Produkte, die zur Sicherung technischer Schnittstellen spezielle Standards oder Normen zu erfüllen haben. Auch daraus erwachsen jeweils förderliche oder hemmende Effekte für die Marktdurchsetzung von Produktinnovationen.

3. Akzeptanz von Produktinnovationen

Die Produktakzeptanz wird positiv mit dem Qualitätsurteil korrelieren. Dieses kann wiederum vom wahrgenommenen Neuheitsgrad und Qualitätsrisiko bestimmt sein. Am Beispiel von Software sind die Zusammenhänge zwischen den Variablen getestet worden. Generell signifikante und plausible Zusammenhänge werden von Baier (1999) für eine Teilgruppe von Befragten ermittelt, die den untersuchten Software-Produkten einen relativ hohen Neuheitsgrad zuordnen, nicht aber für diejenigen, die die Software als wenig neuartig ansehen. Für die erste Gruppe zeigen sich ein positiver Zusammenhang zwischen Neuheitsgrad und Qualitätsurteil sowie zwischen Neuheitsgrad und Qualitätsrisiko. Hohe Qualitätsrisiken beeinträchtigen ihrerseits das Qualitätsurteil. Es kann deshalb je nach Stärke der Zusammenhänge sowohl zu einer Erhöhung als auch zu einer Reduktion von Qualitätsurteilen in Abhängigkeit von steigenden Neuheitsgraden kommen (vgl. Abbildung 4).

Es ist dabei zu beachten, dass den empirischen Untersuchungen jeweils lineare Beziehungen zwischen den Konstrukten zu Grunde gelegt wurden. Demgegenüber waren eingangs Plausibilitätsüberlegungen angestellt worden, die nichtlineare (Teil-) Zusammenhänge annahmen, um einen $\cap$-Zusammenhang zwischen Neuheitsgrad und Akzeptanz abzuleiten. Die weiterhin zu berücksichtigende Wirkung des Neuheitsgrades auf den Preis tritt für die Präferenzbildung der Kunden zu den betrachteten Zusammenhängen hinzu.

Je höher der Neuheitsgrad von Produktinnovationen, um so schwieriger ist eine Prognose der künftigen Produktakzeptanz durch die potentiellen Käufer. Das wird vor allem darauf zurückgeführt, dass Nutzenschätzungen vor dem Hintergrund einer bestimmten Umweltkonstellation abgegeben werden, wobei häufig die aktuelle Konstellation auf das künftige Produkt projiziert wird. Das führt besonders dann zu invaliden Ergebnissen, wenn bis zur Einführung eines nur virtuell vorhandenen Produkts noch ein längerer Zeitraum verstreicht. Das ist vor allem bei Produkten mit hohem Neuheitsgrad zu vermuten.

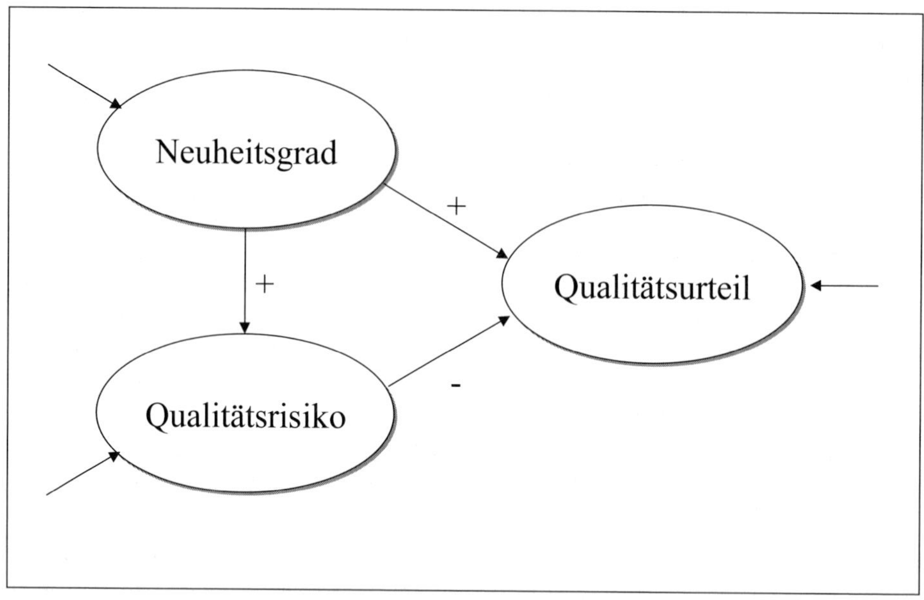

Abbildung 4: Ausschnitt aus dem Modell von Baier (1992)

Nicht zuletzt deshalb wird mehr und mehr davon abgegangen, eine reale Produktinnovation auf realen Testmärkten oder in Testmarktsimulatoren beurteilen zu lassen. Die Technik des conjoint measurement erlaubte es zunächst, virtuelle Produkte vor dem aktuellen Erlebnishintergrund potentieller Kunden zu testen. Die Frage nach den durch die Virtualität hervorgerufenen Abweichungen in den Präferenzurteilen gegenüber realen Produkten ist in Experimenten untersucht worden. Die Ergebnisse sind unterschiedlich. Während Weisenfeld (1989) eine höhere Validität realer Produktpräsentationen im Vergleich mit virtuellen Produkten bezweifelt, stellt Sattler (1991) in einer empirischen Analyse Validitätsstörungen fest. Er kommt zu dem Schluss, dass die Präsentation von Schlüsselreizen (Markenname oder Preis) bei virtuellen Produkten relativ stärker gewichtet wird als bei realen Produkten. Wenn also beispielsweise das Design einen Schlüsselreiz darstellt, so sind durch beschreibende Darstellungen kaum valide Testergebnisse zu erwarten. Durch computergestützte Präsentationsformen kann man aber in solchen Fällen der Realität näher kommen (Loosschilder et al., 1995). Eine „holospace"-Anlage kann einen Gegenstand räumlich virtuell entstehen lassen, der dann allein oder auch von mehreren Personen gleichzeitig beobachtet werden kann. Die Erstellung können Dienstleister übernehmen.

Um die Ge- oder Verbrauchsumwelt bei der Produktbeurteilung durch potentielle Kunden zu erfassen, ist mit Testanordnungen gearbeitet worden, in denen die Versuchspersonen vor der Abgabe ihrer Präferenzurteile mit simulierten Informationen über diese künftig erwartete Umwelt versorgt wurden. Das kann durch speziell bearbeitete Journale, Videos oder elektronische Medien erfolgen. Man spricht dann von „information acceleration". Beispielsweise ist es für die Beurteilung von batteriebetriebenen PKW wichtig, dass dem Kunden die ausreichend dichte Verteilung der Möglichkeiten der Aufladestation oder der Möglichkeit des Austauschs der Batterie glaubhaft gemacht wird, so dass keine Urteilsbildung vor dem Hintergrund der heutigen Möglichkeiten erfolgt. Erfahrungen aus dem Test von Gebrauchsgütern zeigen gute Ergebnisse (Urban/Weinberg/Hauser, 1995). Allerdings ist mit diesem Vorgehen relativ hoher Aufwand verbunden und die Ergebnisqualität von der Zuverlässigkeit der Prognose künftiger Ge- oder Verbrauchsumwelten abhängig. Während bei „information acceleration" mit Produktmustern gearbeitet wurde, kann in einem weiteren Schritt auch mit virtuellen Produkten in virtuellen Umwelten getestet werden. Auch damit liegen Erfahrungen vor (Burke, 1996). Freilich können dabei rechnergestützte Verfahren nicht alle Produkteigenschaften realistisch wiedergeben, zum Beispiel Gewebestrukturen bei Textilien und ihre taktile Anmutung.

Auch durch virtuelle, den Wertpapierbörsen ähnliche Märkte ist versucht worden, valide Urteile über den Erfolg von Produkten vor ihrer Markteinführung zu gewinnen (Spann/Skiera, 2003).

Für die Akzeptanzentscheidung sind sowohl Käufereigenschaften als auch Produkteigenschaften wichtig. Der Hinweis auf die Käufereigenschaften ergibt sich aus der Diffusionsforschung, die in der Tradition der sogenannten Bass-Modelle (Bass, 1969, Parker, 1994, Mahajan/Muller/Bass, 1995) wenigstens zwei Arten von Käufern annimmt, die unterschiedlich auf neue Produkte reagieren: die schnell aufnahmebereiten Innovatoren-Käufer und die sich an der Produktverbreitung orientierenden Imitatoren-Käufer. Die der Modellierung implizite Unterstellung, dass damit genetisch determinierte Verhaltenskonstanten aufgedeckt seien, kann aber wohl nicht gemacht werden. Vielmehr ist anzunehmen, dass solche Verhaltensweisen mit der Produktart interagieren und von Anbietern beeinflussbar sind, auch wenn dies unter Umständen sehr hohen Aufwand verursacht (Schmalen/Xander, 2000). Bei der Interaktion mit der Produktart ist an das Phänomen des „hybriden" Käufers zu denken, der die Nutzenbeurteilung gleicher Eigenschaften bei verschiedenen Produktarten unterschiedlich vornimmt (Schmalen, 1994). Die Verhaltensunterstellung kann, soweit sie sich empirisch bestätigt, aus mehreren Gründen relevant sein: Einmal nimmt sie auf die Wirtschaftlichkeit des Produkts Einfluss, indem sie die Schnelligkeit der Verbreitung mitbestimmt. Zum anderen kann sie für die Festlegung einer Folge nationaler Produkteinführungen von Interesse sein, so dass in Ländern mit hohen Anteilen von Imitatoren-Käufern Hinweise auf die vorherige Produktverbreitung in Ländern mit niedrigeren Anteilen von Imitatoren-Käufern möglich sind.

Insbesondere der Erfolg radikaler Produktinnovationen kann durch eine Zusammenarbeit zwischen Hersteller und Pioniernutzer positiv beeinflusst werden. Darauf wurde schon oben hingewiesen. Für den Prozess haben sich uneinheitlich abgegrenzte und genutzte Begriffe gebildet, wie „simultaneous engineering“ oder „rapid prototyping“.

Die Bedeutung der Produkteigenschaften für die Akzeptanzentscheidung ist vor allem durch die sogenannte Erfolgsfaktorenforschung herausgearbeitet worden. In der Regel sind dabei Gegenüberstellungen erfolgreicher und erfolgloser Produkte als Ausgangspunkt für die Bestimmung statistisch signifikant zwischen diesen Gruppen diskriminierender Eigenschaften gewählt worden. Auch zu diesem Forschungsbereich liegen inzwischen viele und stark nach Produktarten, Ländern usw. unterscheidende Untersuchungen vor (Brockhoff, 1999a, S. 5ff.). Eine genauere Betrachtung zeigt aber, dass die Messung von Produkterfolg selbst ein mehrdimensionales Problem darstellt (Hauschildt, 2004), dessen vereinfachte Handhabung in der Erfolgsfaktorenforschung die Gefahr von Fehlurteilen birgt. Immerhin darf aber wohl soviel festgestellt werden, dass die schon früh von Rogers (1993) identifizierten Kriterien in mehreren Studien bestätigt wurden. Es sind dies: ein demonstrierbarer und wahrnehmbarer Produktvorteil im Vergleich mit eventuell vorhandenen Substituten, eine geringe Komplexität nicht der Technik des Produkts, sondern der Verwendungsverständlichkeit für den Kunden, eine gute Möglichkeit zu Tests des Produkts, eine hohe soziale Sichtbarkeit (es sei denn, das Produkt oder sein Verwendungszweck würden sozial abgelehnt) sowie die Kompatibilität mit herrschenden Wertvorstellungen oder Erfahrungen der Nachfrager.

Mit den Produkteigenschaften und der Kenntnis des Käufers darüber hängt auch der Informationsverarbeitungsprozess beim Kauf zusammen. Es ist davon auszugehen, dass je höher der Neuheitsgrad ist, um so eher „extensive Kaufentscheidungsprozesse“ ablaufen. Sie sind durch schrittweises Vorgehen, Informationssuche und bewusste Informationsverarbeitung gekennzeichnet. Diese Prozesse müssten durch eine entsprechende Bereitstellung von Informationen durch den Anbieter für den potentiellen Käufer erleichtert werden. Bei Produkten, die typischerweise habituell (gewohnheitsmäßig) gekauft werden, ist dagegen in erster Linie eine emotionalisierende Information erforderlich, um das Routineverhalten bei der Kaufentscheidung zu durchbrechen und eine neue Markenwahl zugunsten einer Produktinnovation zu ermöglichen.

Mit diesen kurzen Hinweisen wird erkennbar, dass die Akzeptanz von Produktinnovationen durch potentielle Käufer keineswegs aufgrund des innovativen Charakters der Produkte gesichert ist und nicht nach einem einheitlichen Erklärungsmuster für alle Produkte verläuft.

4. Zeitpunkt der Produktinnovation

Wenn vom Zeitpunkt der Produktinnovation gesprochen wird, so wird darunter normalerweise derjenige Zeitpunkt verstanden, an dem das Produkt in einem Markt erstmals vom Verwender oder Konsumenten erworben oder – unter Berücksichtigung der Distributionswege – erstmals auf einer bestimmten Handelsstufe geordert werden kann (Fritz/von Oelsnitz, 2002). Vor diesem Zeitpunkt kann eine Zeitperiode liegen, in der das Produkt, ohne real verfügbar zu sein, von seinem Hersteller durch Vorankündigung bekannt gemacht wird. Dann wird das Produkt als Konzept begreifbar gemacht, also psychisch oder virtuell in den Markt eingeführt. Produktvorankündigungen sind beispielsweise bei Flugzeugen, Automobilen, Rechnern, Software oder elektronischen Gebrauchsgegenständen sehr häufig anzutreffen. Eine wesentliche Voraussetzung dafür, dass die Produktvorankündigung die mit dieser Aktivität intendierte Wirkung entfaltet, ist eine glaubwürdige Wahrnehmung der Vorankündigung (Schirm, 1995). Dass dies nicht immer gelingt, belegt schon der sarkastische Begriff „vapor ware“, der in den USA für bestimmte angekündigte, aber nicht eingeführte Software geprägt wurde. Die Glaubwürdigkeit einer Vorankündigungen kann durch Marktbedingungen (zum Beispiel den Marktanteil des ankündigenden Unternehmens oder die Üblichkeit von Vorankündigungen), Charakteristika des ankündigenden Unternehmen (wie zum Beispiel die Einhaltung von Vorankündigungen in der Vergangenheit) sowie die Gestaltung von Vorankündigungen (wie zum Beispiel dem Detaillierungsgrad oder die Zeitdauer bis zur Marktverfügbarkeit des Produktes) beeinflusst werden. Ceteris paribus wirken Vorankündigungen um so weniger glaubwürdig, je höher der Neuheitsgrad einer Produktinnovation ist. Diesem Zusammenhang kann dadurch begegnet werden, dass die Vorankündigung durch Signale begleitet wird (Schnoor, 2000). Als solche Signale können der relative Forschungs- und Entwicklungsaufwand, Patentaktivitäten oder ein die Ernsthaftigkeit des Engagements vermittelnder überdurchschnittlicher Werbeeinsatz angesehen werden.

Mit Vorankündigungen können unterschiedliche Ziele verfolgt werden. Im Vordergrund steht in der Regel eine solche Beeinflussung der Zielpersonen der Vorankündigung, dass deren Kaufentscheidungen zugunsten des vorangekündigten Produktes beeinflusst wird. Dies kann beispielsweise erreicht werden, indem die Wartebereitschaft erhöht oder die Präferenzbildung für die derzeitig angebotenen Produkte beeinflusst wird. Dies ist um so bedeutsamer, als festgestellt werden konnte, dass sich vorangekündigte Produkte von nicht-vorangekündigten im gleichen Markt unter anderem durch den höheren Neuheitsgrad der vorangekündigten Produkte signifikant unterscheiden (Preukschat, 1993, S. 213).

Die positive Beeinflussung der Kaufbereitschaft stellt sich als Saldoeffekt von fördernden und hindernden Faktoren dar. Als fördernde Faktoren sind identifiziert worden:

- eine positive Beeinflussung des Handels,

- die Gewinnung von Wettbewerbsvorteilen, insbesondere zeitlichen Wettbewerbsvorteilen,
- die kommunikative Vorbereitung des Marktes sowie
- die Beeinflussung der Diffusion nach Markteinführung.

	Führer/Pionier	**Folger**
Erfolgreich	Minolta (Autofocus-Kleinbildkamera) Ferrero (Überraschungseier) Brita (Wasserfilter) Nintendo (Game Boy) Pilkington (Floatglas) Sony (Compact Disk) Searle (Nutrasweet Süßstoff) DuPont (Teflon) Procter & Gamble (Pampers)	IBM (Personal Computer) Intel (32 Bit-Mikroprozessor) Seiko (Quarzuhren) Matsushita (Videorecorder) Fischer (Dübel) Procter & Gamble (Höschenwindel)
Erfolglos	RC Cola (Diät-Cola) Hell (Telefax) Royal Crown (zuckerfreies Erfrischungsgetränk) Inse (Computer) Philips (Videorecorder) EMI (Computer Tomographie) Bowmar (Taschenrechner) Xerox (Personal Computer) Chux (Höschenwindel) De Havilland (Comet-Düsenflugzeug)	Kodak (Sofortbildfotographie) Northrup (F 20) DEC (Personal Computer) Hoechst (Rekombiniertes Humaninsulin) Sega (Computerspiele)

Abbildung 5: Produkterfolge und -mißerfolge von Pionieren und Folgern
Quelle: Perillieux, 1995, S. 271; Hoffritz, 1996

Als hinderliche Faktoren wurden identifiziert:

- die Angst vor einer Verschärfung des Wettbewerbsklimas beziehungsweise der frühzeitigen Information von Wettbewerbern,
- die Möglichkeit der Kanibalisierung des eigenen Angebotsprogramms und
- eines Goodwill-Verlustes wegen der Nichterhältlichkeit des Produktes oder

- der Unmöglichkeit der Einhaltung der Vorankündigung (Preukschat, 1993, S. 159, 168).

Neben den genannten vorteilhaften Faktoren ist ein weiterer zu nennen, der mit zunehmendem Innovationsgrad auch verstärkte Bedeutung erhält. Die Vorankündigung erlaubt die Sammlung von Reaktionen potentieller Kunden und ermöglicht damit nicht nur die Einschätzung des künftigen Produkterfolges, sondern auch ein mögliches Redesign des Produktes bis zu seiner Markteinführung. Aus der Automobilindustrie ist beispielsweise bekannt, dass aufgrund der Kundenreaktionen in einer „car clinic" noch wenige Monate vor dem Produktionsanlauf eine Designänderung in der Heckpartie eines Pkw vorgenommen wurde.

Wenden wir uns nun dem Zeitpunkt der „physischen" Markteinführung des realen Produktes zu. Insbesondere in den achtziger und beginnenden neunziger Jahren ist – vermutlich durch die zu dieser Zeit besonders auffälligen Produkte der Mikroelektronik und eine weltweite Vergleichsstudie in der Autoindustrie gelenkt – der Eindruck entstanden, dass diejenigen Anbieter uneinholbare Erfolge oder Pioniervorteile erlangen könnten, die innerhalb einer Produktart als erste das Feld bestellen. Es ist sogar von einer Gesetzmäßigkeit gesprochen worden, wonach der am Marktanteil des Produktpioniers gemessene Marktanteil des r-ten Nachfolgers sich nach $(r+1)^{\frac{1}{2}}$ entwickele (van der Werft, Mahon, 1997). Daraus sind sehr weitreichende Folgerungen für die Beschleunigung von Entwicklungsprozessen und die Gestaltung der Marketinginstrumente gezogen worden. Man muss sich aber vor Augen führen, dass es zwischen Entwicklungsdauer und Neuheitsgrad in der Regel einen entgegengesetzten Zusammenhang gibt, so dass hohem Druck auf die Reduzierung der Entwicklungsdauer durch die Wahl von Produktinnovationen mit niedrigem Neuheitsgrad entsprochen werden kann. Diese Implikation ist aber in der Regel unerwünscht. Würde der Markteinführungszeitpunkt innerhalb einer Produktart allein über den Produkterfolg entscheiden, so nähmen die übrigen Instrumente des Marketing-Mix nur noch dekorativen Charakter an. Nachdem sich – in Fallstudien über den Erfolg von Nachahmern, historisch angelegte Studien zu Markenartikeln oder mehreren Metaanalysen – herausgestellt hat, dass es keine auf Dauer gesicherten Pioniervorteile gibt, rückt der Gedanke der Optimierung des auf den Produkterfolg hin ausgerichteten Marketing-Mix wieder mehr in den Vordergrund. Tatsächlich können nämlich Pionierprodukte durch überlegene Leistungsbündel nachfolgender Produkte verdrängt werden (Clement/Litfin/Vanini, 1998), wobei die Wahl niedriger Preise aufgrund ersparter Entwicklungsaufwendungen oder systematisch betriebener Prozessoptimierung sich über die Preisgestaltung im Eigenschaftsbündel niederschlägt (zusammenfassend: Brockhoff, 1999a, S. 269 ff.). In Abbildung 5 werden Beispiele für erfolgreiche und zumindest längerfristig erfolglose Produkteinführungen durch Marktpioniere und deren Folger gegeben.

Grundsätzlich ist die Bestimmung des Markteinführungszeitpunktes einer Produktinnovation eine investitionsrechnerische Aufgabe. Die dabei zu berücksichtigenden Zahlungsströme werden allerdings durch die Produkteigenschaften sowohl auf der Aufwands- als auch auf der Erlösseite mitbestimmt. Das ist unmittelbar einleuchtend. Auf der Erlösseite ist insbesondere auch zu berücksichtigen, dass – wie dies implizit auch in den Diffusionsmodellen modelliert wird – die Risikoeinstellung und die Risikobewertung der Nachfrager bedeutende Einflussgrößen sind. Schließlich ist auch die Riskoeinstellung des Entscheiders über die Produktinnovation von Bedeutung. Es kann gut gezeigt werden, dass – bei plausiblen Annahmen über die Verläufe von erwarteten Erträgen und Risiken über die Zeit - Produkteinführungen ceteris paribus um so später erfolgen, je höher die Risikoscheu der Entscheider ausgeprägt ist. Unterstellt man, dass der Grad der Risikoscheu auch sozial beeinflusst ist, so kann man sich leicht vorstellen, dass in Erzeugerländern mit geringer Risikoscheu Produktinnovationen früher angeboten werden als in Ländern mit hoher Risikoscheu. Korreliert die dadurch bestimmte Rangfolge von Einführungsländern für Produktinnovationen mit der Größe der Märkte, so können über economies of scale und Erfahrungskurveneffekte Vorteile erwirtschaftet werden, die auch durch hervorragendes Marketing der Anbieter nachfolgender Produkte nicht kompensiert werden können. Kürzer werdende Marktperioden und die Erwartung *regelmäßiger* Präsentation von Neuerungen durch die Kunden geben kaum Raum für investitionsrechnerische Einzelentscheidungen zur Produkteinführung.

5. Organisationsstrukturen zur Förderung der Produktinnovation

Bei innovationsorientierten Unternehmen ist verständlich, dass der Wunsch nach einer Gestaltung der Organisationsstruktur besteht, die einer Förderung der Produktinnovationen besonders dienlich ist. Aus diesem Grunde sind unterschiedliche Strukturvorschläge präsentiert und teilweise auch empirisch auf ihre Erfolgswirksamkeit hin untersucht worden.

In einigen Unternehmen sind Positionen für „Innovationsmanager“ geschaffen worden, denen die Aufgabe zugewiesen wurde, innerhalb oder außerhalb des Unternehmens nach Produktinnovationsideen zu suchen, diese Ideen einem systematischen Beurteilungsprozess zu unterwerfen, die überlebenden Innovationsideen entwickeln zu lassen und dabei als Champion oder Prozesspromotor tätig zu werden sowie schließlich auch die Markteinführung zu begleiten. Wenn dann die Innovation sich am Markt durchsetzt, wird sie aus dem Bereich des Innovationsmanagers aus- und in die Produktgruppen- oder Spartenorganisation eingegliedert. Erfolgreiche Innovationsmanager konnten beispielsweise dort in der Chemieindustrie beobachtet werden, wo das „Kerngeschäft“ in großen mengenmäßigen Dimensionen abgewickelt wird und die Innovationen jeweils nur in sehr geringen Mengen in den Markt einzuführen sind. Die Produktions- und Absatzverhältnisse der Produktinnovationen sind so stark vom Kerngeschäft „unterschieden“, dass sie nicht erfolgreich in dieses eingegliedert werden können. Wo allerdings solche Dimensionsunterschiede nicht zu beobachten sind, beispielsweise bei chemiebasierten Konsumprodukten, sind Innovationsmanager nicht immer erfolgreich gewesen. Auch ohne Rückgriff auf systematische empirische Untersuchungen zeigen Einzelerfahrungen, dass in solchen Fällen zum Beispiel die relativ schwache Position der Innovationsmanager den Zugriff auf notwendige Ressourcen erschwert, die Position des Innovationsmanagers bei anderen Entscheidungsträgern den Eindruck aufkommen lässt, dass sie zu Produktinnovationen nicht aufgerufen seien oder – wie gelegentlich auch im Vorschlagswesen – Innovationsblockaden aufgebaut werden, weil die Innovationsideen als implizite Kritik am eigenen Handeln aufgefasst werden.

Für die erfolgreiche Durchführung von Produktinnovationsprozessen zeigt sich, dass bestimmte Rollen wahrgenommen werden müssen. Im „Promotorenmodell" (Hauschildt/ Gemünden, 1999) wird beispielsweise aufgrund umfangreicher empirischer Untersuchungen gezeigt, dass die Rolle des Fachpromotors, dessen Sachkenntnisse die technische Abwicklung der Produktinnovationsidee ermöglichen, durch die eines Prozesspromotors und eines Machtpromotors ergänzt werden sollte. Der Prozesspromotor ist insbesondere für die Aufrechterhaltung eines ausreichenden Aktivitätsniveaus und die Überwachung der Meilensteine verantwortlich. Der Machtpromotor hat die Fähigkeit zur Bereitstellung oder zum Zurücknehmen von finanziellen oder sachlichen Ressourcen. Er führt die Auseinandersetzung mit Opponenten. Der Hinweis darauf, dass es sich hierbei um Rollen handelt, soll verdeutlichen, dass in Art und Umfang des Produktinnovationsprojektes eine Rolle von mehreren Personen wahrgenommen werden kann, jede Rolle von einer besonders dafür ausgewählten Person wahrgenommen wird oder sogar mehrere Personen in einer Gruppe eine Rolle wahrnehmen.

Auf den ersten Blick überzeugend erscheint, dass die Forderung nach „organischen" oder „lockeren" Organisationsformen im Vergleich zu „mechanistischen" oder „straffen" Organisationsformen, wie sie eher in Bürokratien vorkommen, durch den Wunsch nach größerer Produktinnovationsfähigkeit begründet ist. Es zeigt sich aber, dass auch dafür widersprüchliche empirische Ergebnisse vorliegen. Dies könnte zunächst einmal darauf zurückgeführt werden, dass die unterschiedlichen Organisationsformen nur in bestimmten Phasen des Produktinnovationsprozesses zu seiner Unterstützung geeignet sind. So kann man plausibel machen, dass in frühen, für die Generierung von Produktideen gerichteten Phasen, eher organische Organisationsformen förderlich erscheinen, während in den mit der Durchsetzung des innovativen Produkts befassten Phasen eher mechanistische Organisationsformen vorteilhaft sein können. Das ist der Kern der sogenannten „loose-tight-hypothesis". Auch diese Hypothese kann aber nicht generell bestätigt werden. Albers und Eggers (1991) kommen zu der Überlegung, dass die widersprüchlichen Ergebnisse möglicherweise darauf zurückzuführen sind, dass es eine starke Interaktion zwischen der organisatorischen Gestaltung und den die einzelnen Stellen ausführenden Persönlichkeiten gibt. Das würde sich durchaus mit Beobachtungen in der Praxis decken, wonach unterschiedliche Persönlichkeiten bei der Produkteinführung und bei der Produktelimination besonders erfolgreich sind.

Kaum bestreitbar ist, dass das bewusste Management organisatorischer Schnittstellen im Produktinnovationsprozess vorteilhaft ist. Diese Schnittstellen entstehen hier insbesondere aus einer funktionalen Spezialisierung, wie sie beispielsweise zwischen Forschungs- und Entwicklungsbereichen einerseits und Marketing-Bereichen andererseits üblich ist. Strukturaspekte im Schnittstellenmanagement richten sich darauf, solche Schnittstellen zum Beispiel durch die Zusammenstellung geeigneter Teams erst gar nicht auftreten zu lassen oder durch den Einsatz von „Verbindungsleuten" die notwendigen Koordinationsaufgaben zu erleichtern. Daneben richtet sich das Schnittstellenmanagement aber auf die Erleichterung oder Verbesserung von Prozessabläufen. Als Beispiel ist hier auf die Förderung gemeinsamer und funktionsübergreifender Zielvorstellungen für einen Prozeß zu verweisen oder auf Jobrotation zur Förderung des Verständnisses für spezialisierte Funktionen innerhalb eines Produktinnovationsprozesses. Die Auswahl geeigneter Instrumente sollte sich an den Kriterien der organisatorischen Ebene orientieren, auf der das Schnittstellenproblem auftritt, der für die möglichen Konflikte ursächlicher Art der Interdependenz der Beteiligten, dem Anlass für das Auftreten der Schnittstelle und der Aufgabencharakteristik. Die Aufgabencharakteristik nimmt dabei auf die Bedeutung der Lösung des Schnittstellenproblems, die Häufigkeit seines Auftretens und den Neuigkeitsgrad Bezug (Brockhoff, 1989).

Schnittstellenprobleme haben durch einige neuere Entwicklungen eine besondere Bedeutung erlangt, wobei innerbetrieblich auf die Elimination von Entscheidungsebenen, nicht zuletzt auch aufgrund verbesserter elektronischer Informations- und Kommunikationsmöglichkeiten, sowie den Versuch zur Konzentration auf sogenannte Kernkompetenzen zu verweisen ist. Außerbetrieblich hat dies die Entstehung von Unternehmensnetzwerken zur Folge. Diese Entwicklung kann allerdings auch auf höhere Komplexitätsanforderungen bei Produktinnovation zurückgeführt werden. Mit beiden Aspekten wollen wir uns im folgenden Abschnitt beschäftigen.

6. Produktinnovation und Netzwerke

In den letzten Jahren ist als Reaktion auf wachsenden Wettbewerbsdruck in vielen Unternehmen eine Konzentration der Ressourcen auf sogenannte Kernkompetenzen (Prahalad/Hamel, 1991) erfolgt. Damit ist oft auch eine Verringerung der Fertigungstiefe verbunden. Soll unter diesen Bedingungen das Produktspektrum aufrecht erhalten bleiben, so verlagert sich ein Teil der für Produktinnovationen notwendigen Fähigkeiten auf Zulieferer. Ähnliche Erscheinungen sind zu beobachten, wenn die Komplexität von Produkten ansteigt, die Fertigungstiefe aber erhalten bleiben soll. In beiden Situationen stellt sich die Frage, wie ein Anbieter die Innovationsfähigkeit aufrecht erhält, wenn ein Teil der Beiträge dazu aus den Unternehmen der Zulieferer kommen soll. Damit ist eine der Fragen angesprochen, die in Unternehmensnetzwerken auftauchen und gelöst werden müssen. Eine Lösung könnte zunächst einmal darin bestehen, dass ein das Netzwerk führendes Unternehmen die Aufgaben definiert, koordiniert und die Leistungserstellung überwacht. Das erfordert eine über den Bedarf der Kernkompetenzen hinausgehende Generierung von Wissen zum Beispiel durch Forschung und Entwicklung. Als Alternative dazu könnte man sich ein Anreizsystem vorstellen, durch das Systemanbieter oder Modulhersteller zu einer solchen Realisierung von technischem Fortschritt in den von ihnen beigesteuerten Produktteilen veranlasst werden, dass dadurch die wahrgenommene Bedürfnisbefriedigung durch das Endprodukt erhöht wird. Über die Gestaltung solcher Anreizsysteme können keine allgemeinen Aussagen gemacht werden. Das Auseinanderfallen des Ortes der Invention (Erfindung) und der Innovation stellt hier besondere Anforderungen, die auch unter dem Aspekt des Technologietransfers nicht abschließend geklärt sind (zum Marketing im System-Geschäft vgl. Backhaus, 1997, S. 546ff.).

Zu bedenken ist auch, dass netzwerkartige Strukturen von kooperierenden Unternehmen nicht generell vorteilhaft für die Erbringung von Markt- und Produktinnovationsleistungen sind. Vielmehr sind sie eine mögliche Reaktion auf einen bestimmten Grad von Produktkomplexität einerseits und Wissensverbreitung andererseits (Brockhoff, 1999b). Auch innerhalb eines Unternehmens können die Anforderungen aus diesen beiden Einflussgrößen variieren, so dass es zu anderen Organisationsformen bei der Produktinnovation kommt. Ob sich hierbei mit zunehmender Reife eines Technologiefeldes oder einer Produktart ganz bestimmte zeitliche Folgen von Organisationsmustern bilden oder die Berücksichtigung weiterer, dem Wandel unterworfener Einflüsse eher zufällige Wechsel vorkommen, ist bisher nicht bekannt.

7. Literatur

ALBACH, H., Das Gutenberg-Oligopol, in: Koch, H., Zur Theorie des Absatzes, Erich Gutenberg zum 75. Geburtstag, Wiesbaden 1973, S. 9-33.

ALBACH, H., Innovationsstrategien zur Verbesserung der Wettbewerbsfähigkeit, in: Zeitschrift für Betriebswirtschaft, 1989, S. 1338-1351.

ALBERS, S., Gewinnorientierte Neuproduktpositionierung in einem Eigenschaftsraum, in: Zeitschrift für betriebswirtschaftliche Forschung, 1989, S. 186-209.

ALBERS, S., Auswahl optimaler Produkteigenschaften, in: Albers, S./Herrmann, A., (Hrsg.), Handbuch Produktmanagement, 2.A., Wiesbaden 2002, S. 381-412.

ALBERS, S./Eggers, S., Organisatorische Gestaltung von Produktinnovations-Prozessen, Zeitschrift für betriebswirtschaftliche Forschung, 1991, S. 44-64.

BACKHAUS, K., Industriegütermarketing, 5.Aufl., München 1997.

BAIER, G., Qualitätsbeurteilung innovativer Softwaresysteme. Auswirkungen des Neuheitsgrades, Wiesbaden 1999.

BASS, F. M., A New Product Growth Model for Consumer Durables, in: Management Science, 1969, S. 215-227.

BENDER, A./BRINKMANN, J. H., NEXUS. Ein Innovationsversuch im Hilfsmittelmarkt, in: Brockhoff, K., Management von Innovationen, Wiesbaden 1996, S. 81-102.

BROCKHOFF, K., Probleme marktorientierter Forschungs- und Entwicklungspolitik, in: Mazanec, J./Scheuch, F., (Hrsg.), Marktorientierte Unternehmungsführung, Wien 1984, S. 337- 374.

BROCKHOFF, K., Forschung und Entwicklung. Planung und Kontrolle, 1. Aufl., München 1988 (5. Aufl., München 1999).

BROCKHOFF, K., Management organisatorischer Schnittstellen – unter besonderer Berücksichtigung der Koordination von Marketingbereichen und Forschungs- und Entwicklungsbereichen, Göttingen 1989.

BROCKHOFF, K., Der Kunde im Innovationsprozeß, Göttingen, Hamburg 1998.

BROCKHOFF, K., Produktpolitik, 4. Aufl., Stuttgart 1999a.

BROCKHOFF, K., Dynamics of technological competencies, in: Brockhoff, K./Chakrabarti, A.K./Hauschildt, J., (Hrsg.), The Dynamics of Innovation, Berlin, Heidelberg, New York 1999b, S. 31-51.

Brockhoff, K., Konflikte bei der Einbeziehung von Kunden in die Produktentwicklung, in: Zeitschrift für Betriebswirtschaft, 2005, S. 859-878.

BROCKHOFF, K., Enthusiasmus und Ernüchterung: Der lange Weg zur Innovation, in: Graßhoff, xxx, Bern 2006, S. xxx.

BROCKHOFF, K./RAO, V. R., Toward a demand forecasting model for preannounced new technical products, in: Journal of Engineering and Technology Management, 1993, S. 211-228.

BURKE, R. R., Der virtuelle Laden – Testmarkt der Zukunft?, in: Harvard Business Manager, 1996, S. 93-105.

CLEMENT, M./LITFIN, T./VANINI, S., Ist die Pionierrolle ein Erfolgsfaktor? In: Zeitschrift für Betriebswirtschaft, 1998, S. 205-226.

EISENFÜHR, F./WEBER, M., Rationales Entscheiden, Berlin, Heidelberg 1993.

FRANKE, N./PILLER, F., Value Creation by Toolkits for User Innovation and Design: The Case of the Watch Market, in: Journal of Product Innovation Management, 2004, S. 401-415.

FRITZ, W./VON OELSNITZ, J., Markteintrittsstrategien, in: Albers, S./Herrmann, A., (Hrsg.), Handbuch Produktmanagement, 2.A., Wiesbaden 2002, S. 75-99.

GAITANIDES, M., Integrierte Belieferung – Eine ressourcenorientierte Erklärung der Entstehung von Systemzulieferern in der Automobilindustrie, in: Zeitschrift für Betriebswirtschaft, 1997, S. 717-757.

GIERL, H./HELM, R., Generierung von Produktideen und –konzepten, in: Albers, S./Herrmann, A., (Hrsg.), Handbuch Produktmanagement, 2.A., Wiesbaden 2002, S. 307-331.

GREEN, ST. G./GAVIN, M. B., Aiman-Smith, L., Assessing a Mulitdimensional Measure of Radical Innovation, in: IEEE Transactions on Engineering Management, 1995, S. 203-214.

GUTENBERG, E., Grundlagen der Betriebswirtschaftslehre, Bd.1: Die Produktion, 7.A., Berlin, Göttingen, Heidelberg 1962.

HAUSCHILDT, J., Innovationsmanagement, 3. Aufl., München 2004.

HAUSCHILDT, J./GEMÜNDEN, H.-G., Promotoren. Champions der Innovation, 2. Aufl., Wiesbaden 1999.

HAUSER, J. R./CLAUSING, D., The House of Quality, in: Harvard Business Review, 1988, S. 63-73.

HENKEL & CIE. GMBH, (Hrsg.), 90 Jahre Persil – Die Geschichte einer Marke, Düsseldorf 1997.

HOFFRITZ, J., Arme Schlucker, in: Wirtschaftswoche, 25.04.1996, S. 128-131.

KLEINSCHMIDT, E. J./COOPER, L. G., The Impact of Product Innovativeness on Performance, in: Journal of Product Innovation Management, 1991, S. 240-251.

KOTZBAUER, N., Erfolgsfaktoren neuer Produkte: Der Einfluss der Innovationshöhe auf den Erfolg technischer Produkte, Frankfurt/Main et al. 1992.

KULICKE, M., Technologieorientierte Unternehmen in der Bundesrepublik Deutschland – Eine empirische Untersuchung der Strukturbildungs- und Wachstumsphase von Neugründungen, Frankfurt/Main et al. 1987.

LOOSSCHILDER, ET AL., Pictorial stimuli in conjoint analysis – To support product styling decisions, in: Journal of the Market Research Societey, 1995, S. 17-34.

MAHAJAN, V./MULLER, E./BASS, F. M., Diffusion of New Products: Empirical Generalizations and Managerial Uses, in: Marketing Science, 1995, S. G79-G88.

MARKS, U. G., Neuprodukpositionierung in Wettbewerbsmärkten, Wiesbaden 1994.

MÖHRLE, M. G./VOIGT, I., Das FuE-Programm-Portfolio in praktischer Erprobung, in: Zeitschrift für Betriebswirtschaft, 1993, S. 973-992.

PARKER, P. M., Aggregate Diffusion Forecasting Models in Marketing: A Critical Review, in: International Journal of Forecasting, 1994, S. 353-380.

PERILLIUX, R., Technologietiming, in: Zahn, E., (Hrsg.), Handbuch Technologiemanagement, Stuttgart 1995, S. 267-284.

PRAHALAD, C. K./HAMEL, G., Nur Kernkompetenzen sichern das Überleben, in: Harvard Manager, 1991, S. 78-85.

PORTER, M., Competitive Advantage, New York 1985.

PREUKSCHAT, U. D., Vorankündigung von Neuprodukten, Wiesbaden 1993.

ROGERS, E. M., Diffusion of Innovations, 3.Aufl., New York, London 1983.

SATTLER, H., Herkunfts- und Gütezeichen im Kaufentscheidungsprozeß, Stuttgart 1991.

SCHIRM, K., Die Glaubwürdigkeit von Produktvorankündigungen, Wiesbaden 1995.

SCHLICKSUPP, H., Kreative Ideenfindung in der Unternehmung. 3.A., Berlin 1983.

SCHLAAK, T. M., Der Innovationsgrad als Schlüsselvariable. Perspektiven für das Management von Produktentwicklungen. Wiesbaden 1999.

SCHMALEN, H., Das hybride Kaufverhalten und seine Konsequenzen für den Handel. Theoretische und empirische Betrachtungen, in: Zeitschrift für Betriebswirtschaft, 1994, S. 1221-1240.

SCHMALEN, H./XANDER, H., Produkteinführung und Diffusion, 2000.

SCHMOOKLER, J., Invention and Economic Growth, Cambridge, MA 1966.

SCHNOOR, A., Kundenorientiertes Qualitäts-Signaling. Eine Übertragung auf Signaling in Produkt-Vorankündigungen, Wiesbaden 2000.

SPANN, M., SKIERA, B., Internet-Based Virtual Stock Market for Business Forecasting, in: Management Science, 2003, S. 1310-1326.

TACKE, G., Nutzenorientierte Produktgestaltung, in: Alber, S./Herrmann, A., (Hrsg.), Handbuch Produktmanagement, Wiesbaden 2000.

TROMMSDORFF, V., Produktpositionierung, in: Albers, S./Herrmann, A., (Hrsg.), Handbuch Produktmanagement, 2.A., Wiesbaden 2002, S.359-380.

TUNISINI, A./ZANFEI, A., Exploiting and creating knowledge through customer-supplier relationships: lessons from a case study, in: R&D Management, 1998, S. 111-118.

URBAN, G. L./WEINBERG, B./HAUSER, J. R., Premarket Forecasting of Really-New Products, in: Journal of Marketing, 1995, S. 47-60.

UTTERBACK. J. M., Mastering the dynamics of Innovation, Boston 1994.

VAN DER WERFT, P. A./MAHON, J. F., Meta-Analysis of the Impact of Research Methods on Findings of First-Mover Advantage, in: Management Science, 1997, S. 1510-1519.

VON HIPPEL, E., The Sources of Innovation, Oxford 1988.

WEIBER, R./ADLER, J., Informationsökonomisch begründete Typologisierung von Kaufprozessen, in: Zeitschrift für betriebswirtschaftliche Forschung, 1995, S. 43-65.

WEISENFELD, U., Einflüsse von Verfahrensvariation und Typen der Kaufentscheidung auf die Reliabilität von Conjoint Measurement, Berlin 1991.

Gerhard Schewe

Produktimitation

1. Problemstellung

Technologische Produkt- und Prozessinnovationen werden allgemein als ein entscheidender Schlüsselfaktor für den langfristigen Unternehmenserfolg angesehen. Durch die Verbesserung ihrer Produktions- und Fertigungstechnologien sowie durch die Entwicklung neuer Produkte und Märkte versuchen Unternehmen, ihre Wettbewerbsfähigkeit auch in Zukunft zu sichern. Neben der Tatsache, daß über die Hervorbringung von Innovationen aktiv das wettbewerbliche Umfeld beeinflußt werden kann, erzielt eine Innovation ihren positiven Erfolgsbeitrag nicht zuletzt aus dem Umstand, daß es eben nicht gerade jedem Unternehmen gelingt, eine Produkt- oder Prozeßinnovation erfolgreich umzusetzen. So zeigt Buggie, daß nur 30 von 600 Neuproduktideen zu erfolgreichen Produkteinführungen wurden (Buggie, 1982, S. 22). Lilien berichtet, daß 70 % der Aufwendungen für Neuproduktentwicklungen für gescheiterte Produkte anfallen (Lilien, 1986, S. 339). Cooper schließlich konnte im Rahmen einer großzahligen empirischen Untersuchung feststellen, daß lediglich 59,4 % der untersuchten Innovationsprojekte einen wirtschaftlichen Erfolg aufwiesen. 21,9 % der Projekte wurden bereits während der Entwicklungsphase abgebrochen und 18,7 % konnten sich nicht am Markt durchsetzen (Cooper, 1981, S. 47). Daß nichtsdestoweniger vermehrt intensive Anstrengungen unternommen werden, Produktinnovation erfolgreich am Markt zu plazieren, läßt sich nicht zuletzt auf die für einen begrenzten Zeitraum existente Monopolsituation und die Nutzung von Erfahrungskurvenvorteilen aufgrund des frühzeitigen Markteintritts zurückführen.

Auf der anderen Seite zeigen gerade die hohen Raten der Mißerfolge bei Innovationen, daß das Bestreben , der "Erste" am Markt zu sein, nicht ohne Risiko ist. Dies gilt insbesondere für den Fall, daß mit der Innovation erhebliche finanzielle Anstrengungen einhergehen. Vor diesem Hintergrund könnte man vermuten, daß es möglicherweise sinnvoll erscheint, erst dann in einen Markt einzutreten, wenn bereits ein Innovator gezeigt hat, daß die von ihm entwickelte Produktinnovation ein Erfolg zu sein verspricht. In diesem Fall ergäbe sich eventuell die Möglichkeit, als Produktimitator ebenfalls an diesem Erfolg teilzuhaben.

Levitt wählt hierfür eine sehr plastische Metapher, indem er ausführt: „You don't have to get the first bite on an apple to make out. The second or third juicy bite is good enough. Just be careful not to get the tenth skimpy one. Hence it lets others do the pioneering. If the innovator's product is a rotten apple, the would-be imitator has lost nothing. If it's a healty, juicy one, the imitator is prepared to move quickly and get an early and profitable piece of it." (Levitt, 1966, S. 66).

Es lassen sich für eine derartige Imitationsstrategie zahlreiche Beispiele finden, die oftmals zeigen, daß die Produktimitation unter Umständen sogar erfolgreicher ist als die Produktinnovation. So wurde der Erfolg des vergleichsweise kleinen Unternehmens RC mit seiner Produktinnovation Diät-Cola bei weitem durch die entsprechende Produktimitation des Wettbewerbers Coca-Cola übertroffen (Perillieux, 1995, S. 270). Ähnlich erfolgreich zeigte sich der Imitator IBM im Markt der Personal-Computer (Crawford, 1992, S. 75). Aber auch Produktinnovationen, die von Großunternehmen hervorgebracht werden, finden den wesentlich erfolgreicheren Produktimitator, wie das Beispiel der Entwicklung des Telefax durch die Firma Siemens und die Produktimitationen von Unternehmen aus Japan zeigt (Buchholz, 1996, S. 177).

Das Anliegen dieses Beitrages ist es nun zu zeigen, wie sich eine Alternative zur Strategie der Produktinnovation - die Strategie der Produktimitation - erfolgreich durchführen läßt, insbesondere, welche Fähigkeiten ein Unternehmen aufweisen muß, damit es gelingt, die Produktimitation erfolgreich am Markt zu plazieren. Es ist hier nicht die Absicht, die Strategie der Produktimitation als generell erfolgreicher als die der Produktimitation zu charakterisieren. Beide Strategien lassen sich erfolgreich umsetzen. Sie stellen marktstrategische Alternativen im Rahmen der Produktpolitik dar.

2. Produktinnovation und Produktimitation im Wettbewerb

2.1 Begriffsbestimmung

Die Abgrenzung von Produktinnovation und Produktimitation, wie sie hier getroffen wird, erfolgt anhand dreier Aspekte:

- dem Zeitpunkt des Markteintritts,
- den Anwendungs- bzw. Verwendungsmöglichkeiten des Produktes und
- der verwandten Technologie, die sich hinter dem Produkt verbirgt.

Diese drei Kriterien machen zugleich deutlich, daß Imitationen, die sich lediglich darauf beschränken, in strafbarer Weise Warenzeichen oder urheberrechtlich geschützte Produkte zu kopieren, wie man dies z. B. häufig in der Textilindustrie oder der Tonträgerindustrie findet, nicht Gegenstand der Betrachtung sind.

Eine *Produktinnovation* ist die erstmalige Einführung eines Produktes in einen Markt, welches sich aus Sicht der Nachfrage durch neuartige Anwendungs- bzw. Verwendungsmöglichkeiten (Zwecke) auszeichnet und/oder welches aus Sicht des Herstellers eine neuartige Technologie aufweist (Mittel). Eine *Produktimitation* wäre entsprechend ein Produkt, welches in einen bereits existenten Markt eingeführt wird und das im Hinblick auf die Anwendungs- bzw. Verwendungsmöglichkeiten sowie der verwandten Produkttechnologie als weitgehend ähnlich zu(m) bereits am Markt existenten Produkt(en) zu klassifizieren ist.

Bei der Betrachtung des Zeitpunktes wird unterstellt, daß dasjenige Unternehmen, welches ein Produkt zum ersten Mal in den Markt einführt, auch mit dem Entwicklungsprozeß als erstes Unternehmen begonnen hat. Eine derartige Annahme ist notwendig, da sich in der Literatur, vor dem Hintergrund der Spezifikation unterschiedlicher Timingstrategien, auch eine Trennung der Innovations- von der Imitationstrategie bezogen auf den Zeitpunkt des Beginns der Produktentwicklung findet und nicht nur bezogen auf den Zeitpunkt der Markteinführung (Michel, 1987, S. 92, Remmersbach, 1988, S. 95 ff., Perillieux, 1989, S. 35 ff., oder Wolfrum, 1991, S. 289). Entsprechend einer solchen Trennung lassen sich, nimmt man noch den Grad der Ähnlichkeit von Innovation und Imitation hinzu, unterschiedliche Timingstrategien unterscheiden. Wie die folgende Tabelle zeigt, lassen sich die Timingstrategien anhand der beiden Dimensionen Markteintrittszeitpunkt und Produktentwicklungszeitpunkt unterscheiden.

		Zeitpunkt der Produktentwicklung		
		Innovator	***Veränderer***	***Imitator***
Zeitpunkt der Markteinführung	**Pionier**	**Innovations-Führer**	Veränderter Überholer	Imitierender Überholer
	Früher Folger	Chancen Verpasser	Früher Verbesserer	**Schneller Zweiter**
	Später Folger	Vorsichtiger Innovator	Später Verbesserer	**Später Imitator**

Tabelle 1: Differenzierung der Timingstrategien
Quelle: in Anlehnung an Buchholz, 1996, S. 174

Die für diesen Beitrag gewählte Begriffslegung konzentriert sich somit nur auf die extremen Strategiefelder; sie sind in der Abbildung hervorgehoben. Der Grund hierfür ist darin zu sehen, daß eine entsprechend detaillierte Differenzierung höchstwahrscheinlich nur ex post möglich ist. Eine ex ante Unterscheidung und damit bewußte Entscheidung für die eine oder andere Strategie erscheint jedoch für die Dimension „Zeitpunkt der Produktentwicklung" nicht möglich. Sieht man von der Möglichkeit ab, daß ein Entwicklungsprozeß nur deshalb imitiert wird, weil ein Wettbewerber eine Innovation in den Markt eingeführt hat, so beginnt man einen Entwicklungsprozess, ohne daß man Kenntnis darüber besitzt, ob ein Wettbewerber eine derartige Entwicklung bereits gestartet hat, sie beabsichtigt oder gar nicht daran denkt, sich diesem Entwicklungsgebiet zuzuwenden. Aber genau dieser *Bewußtseinsaspekt* ist es, der die Strategie der Produktimitation, so wie sie für diesen Beitrag konzipiert ist, auszeichnen soll.

2.2 Vorteilhaftigkeit der Produktimitation

Generell kann vermutet werden, daß sowohl eine Innovationsstrategie als auch eine Imitationsstrategie scheitern oder erfolgreich sein kann. Trotz der vergleichsweise geringen Anzahl von Untersuchungen, die Produktimitationen analysieren (vgl. hierzu Schnaars, 1994, dessen Literaturrecherche in der Datenbank ABI/INFORM zu dem Ergebnis kam, daß 9000 Artikel Innovationen analysieren, hingegen nur 145 Imitationen), lassen sich Vorteile und Nachteile identifizieren, die entweder die Strategie der Produktinnovation oder aber die der Produktimitation auszeichnen.

In einer frühen Untersuchung kommt Schwartz (Schwartz, 1978, S. 210) zum Ergebnis, daß für Produktinnovationen höhere Kosten bei der Produktentwicklung und bei der Markterschließung anfallen. Die Imitationskosten belaufen sich auf 60 % der Innovationskosten. Ein differenziertes Bild liefert die Untersuchung von Bischoff (Bischoff, 1980, S. 185). Danach betragen die Kosten der Imitation im Bereich der Marktforschung nur 61 %, im Bereich der Entwicklung nur 49 %, im Bereich des Marketing nur 71 % und im Bereich des Vertriebs nur 84 % derjenigen Kosten der Innovation. Als Grund hierfür ist die Tatsache zu sehen, daß die Produktimitation in einen Markt eingeführt wird, der zumindest in seinen Grundzügen bereits erschlossen ist (vgl. hierzu ausführlich u. a. Baldwin/Childs, 1969, S. 21, Kamien/Schwartz, 1972, S. 49, Kalish/Lilien, 1986, S. 194 ff., Schnaars, 1986, S. 32 f., Stadler, 1988, Gilbert/Birnbaum-Moore, 1996, S. 252 f., und Cho/Kim/Rhee, 1998, S. 493). Auf eine Testphase kann weitestgehend verzichtet werden. Auch besteht die Möglichkeit, aus „Kinderkrankheiten" der Produktinnovation zu lernen.

Produktinnovation	**Produktimitation**
Vorteile	
▪ positives Image ▪ Festlegung der Distributionskanäle ▪ Erfahrungskurveneffekte ▪ Errichtung von Markteintrittsbarrieren ▪ Pioniergewinne	▪ niedriger F&E-Aufwand ▪ Nutzung transferierbaren Wissens ▪ geringere Unsicherheit über Nachfragebedürfnisse und Nachfragevolumen ▪ Beseitigung von „Kinderkrankheiten"
Nachteile	
▪ Spezifische Pionieraufwendungen ▪ Unsicherheit über Nachfragebedürfnisse und Nachfragevolumen ▪ Auftreten von „Kinderkrankheiten"	▪ Existenz von Markteintrittsbarrieren ▪ negatives Image ▪ Behauptung gegen Marktführer ▪ Übernahme etablierter Standards

Tabelle 2: Vor- und Nachteile bei Produktinnovation und –imitation
Quelle: Schewe, 1994, S. 1001

Umgekehrt zeigen sich jedoch auch für die Innovationsstrategie Vorteile (vgl. hierzu ausführlich u. a. Schmalensee, 1982, S. 360 f., Robinson/Fornell, 1985, S. 312 ff., Teece, 1986, S. 285 ff., Specht/Perillieux, 1988, S. 216, und McGrath/Tsai/Venkataraman/MacMillan, 1996, S. 393). An erster Stelle ist hier sicherlich ein möglicher Patentschutz zu nennen. Aber auch die Etablierung als Marktführer im Zusammenhang mit dem Aufbau von Abnehmerloyalitäten, das Setzen von Produktstandards und die Nutzung von Erfahrungskurveneffekten sind hier zu nennen. Tabelle 2 gibt einen Überblick auf die in der Literatur für die eine oder andere Strategie immer wieder angeführten Vor- und Nachteile.

Im wesentlichen erwachsen die Vorteile auf seiten der Produktinnovation aus Nachteilen der Produktimitation und umgekehrt. Insofern greift ein eindeutiges Plädoyer für eine Strategie der Produktinnovation oder der Produktimitation sicherlich zu kurz. Beide Strategien können erfolgversprechend sein. Dies hängt nicht zuletzt von den internen und externen Rahmenbedingungen ab, wie z. B. der Heterogenität der Branche, dem Fähigkeitspotential der Unternehmen oder den Charakteristika der Produkte (Gilbert/Birnebaum-Moore, 1996, S. 255 ff. sowie ferner Kerin/Varadarajan/Peterson, 1992, S. 33 ff., und Collins/Hull/Hage, 1996, S. 290 ff., Boulding/Christen, 1999, S. 24 ff., vgl. hierzu auch die Ergebnisse der Literaturübersicht bei Clement/Litfin/Vanini, 1998, S. 219 ff., die zeigen, daß das Verfolgen der Pionierrolle für sich alleine genommen kein Garant für den Erfolg darstellt). Vor diesem Hintergrund ist es nicht weiter verwunderlich, daß auch die Produktimitation bereits vereinzelt Eingang gefunden hat in Forschungsarbeiten zum strategischen Marketing-Management (Ansoff/Stewart, 1967, Porter, 1983, und Specht/Zörgiebel, 1985).

3. Anforderung an eine erfolgreiche Strategie der Produktimitation

Im Zentrum des Wettbewerbs zwischen Produktinnovation und Produktimitation steht die Frage nach dem erfolgreichen Eintritt des Imitators in den Markt und dessen anschließende Behauptung am Markt.

Aus Sicht des Imitators einer Produktinnovation gilt es dabei drei Problemkomplexe zu hinterfragen:

- Wie sieht die Anreizstruktur für den Imitator aus, die zur Initiative im Hinblick auf die Imitationsentscheidung wird? (*Initiativfunktion* des Managements von Produktimitation)
- Welche Fähigkeiten sind für einen erfolgreichen Markteintritt notwendig? (*Analysefunktion* des Managements von Produktimitation)

- Wie sind der Markteintritt und die Marktbehauptung der Produktimitation zu konzipieren und umzusetzen? (*Realisationsfunktion* des Managements von Produktimitation)

3.1 Initiative zur Produktimitation

Unterstellt man, daß es sich bei der Imitation einer Produktinnovation um eine bewußte und keine zufällige strategische Entscheidung handelt, so stellt sich die Frage nach der Initiative zur Produktimitation.

Die Initiative zur Produktimitation fällt sicherlich vor dem Hintergrund der möglichen Nutzung oben angeführter Vorteile, die einer Imitationsstrategie zugeschrieben werden. Da diesen Vorteilen jedoch erhebliche Risiken gegenüberstehen, muß sich die Initiative zur Produktimitation noch auf weitere Aspekte zurückführen lassen: Es sind dies die Umstände, die die Aufmerksamkeit eines potentiellen Produktimitators auf eine möglicherweise zu imitierende Produktinnovation lenken. In erster Linie wird dies der Erfolg der Produktinnovation sein. Erfolgreiche Produktinnovationen finden sehr viel häufiger ihre Produktimitation als erfolglose Produktinnovationen (vgl. hierzu den signifikanten Zusammenhang von Innovationserfolg und anschließender Imitation für eine Stichprobe von 88 untersuchten Innovationsprojekten bei Schewe, 1992b S. 979 f.). *Im Erfolg der Produktinnovation liegt der Anreiz zu deren Imitation.*

Am Beginn eines Entscheidungsprozesses zur Produktimitation steht damit die Analyse des Wettbewerberverhaltens auf a priori identifizierten Märkten. Ein beobachteter Erfolg einer Produktinnovation wird potentielle Imitatoren dazu veranlassen, sich mit diesem Neuprodukt näher zu befassen. Schon allein vor dem Hintergrund, daß erfolgreiche Produkte wesentlich stärkere Aufmerksamkeit genießen als erfolglose, ist im Innovationserfolg der Impuls zur Imitation zu sehen. Dies schließt jedoch nicht aus, daß auch Mißerfolge von Produkteinführungen analysiert werden, wenn man auf sie aufmerksam wird. Allerdings würde hiervon erst einmal kein Anreiz zur Imitation ausgehen.

Im Anschluß an die Initiative zur Imitation ist dann in einem nächsten Schritt zu prüfen, ob auch die Fähigkeit vorhanden ist, eine Produktimitation erfolgreich umzusetzen.

3.2 Analyse der Fähigkeit zur Produktimitation

Ist der Anreiz zur Imitation gegeben, gilt es in einem nächsten Schritt zu klären, ob überhaupt die Fähigkeit zu einem erfolgreichen Eintritt in den Markt bzw. zu einer erfolgreichen Behauptung am Markt gegeben ist.

Das theoretische Konzept, welches eine Antwort auf diese Frage erlaubt, ist das sogenannte Markteintrittsbarrieren-Konzept. Dieses Konzept ist eng mit Bain verbunden, der unter Markteintrittsbarrieren „primarily a structural condition, determining in any industry the intra-industry adjustments which will and will not induce entry" (Bain, 1962, S. 3) versteht. Bei der Analyse dieser Barrieren stehen vielfach die Kosten des Markteintritts im Mittelpunkt des Interesses (In industrieökonomischen Ansätzen wird in diesem Zusammenhang auch von sog. versunkenen bzw. unwiederbringlichen Kosten gesprochen. Vgl. Baumol/Panzar/Willig, 1982, S. 290 ff., MacLeod, 1987 und Kruse, 1988, S. 509 ff.) Allgemein wird unterschieden zwischen strukturellen Markteintrittsbarrieren, die sich aus den strukturellen Bedingungen in einer Industrie ergeben und strategischen Markteintrittsbarrieren, die von bereits etablierten Anbietern bewußt errichtet werden, um potentiellen Wettbewerbern den Markteintritt zu erschweren bzw. zu versagen (Schwalbach, 1986, S. 714 und Minderlein, 1990, S. 156. Vgl. Perillieux, 1987, S. 69, der die Unterscheidung in strategische und strukturelle Markteintrittsbarrieren unter pragmatischen Gesichtspunkten als wenig zweckmäßig ansieht). Annahme hierbei ist, daß die Existenz der strukturellen Barrieren allein nicht ausreichen würde, das Eintreten neuer Wettbewerber in den Markt zu verhindern. Der Aufwand für die Errichtung strategischer Barrieren ist dabei abhängig von der Höhe der bereits existierenden strukturellen Barrieren (Neben Markteintrittsbarrieren beeinflussen jedoch auch Marktaustrittsbarrieren die Entscheidung einer Unternehmung, in einem Markt aktiv zu werden. Vgl. Caves/Porter, 1977, S. 241 ff., Probst, 1977, Eaton/Lipsey, 1980, S. 721 ff., Meffert/Ohlsen, 1982, S. 178 ff., Schwalbach, 1986, S. 716 f., Meffert, 1987, S. 621 f. und Dixit, 1989, S. 629 ff.).

In der industrieökonomischen Forschung liegen eine Vielzahl empirischer Arbeiten vor, die sich mit der Existenz und Wirkungsweise von Markteintrittsbarrieren befassen (vgl. hierzu die umfassende und kritische Auswertung empirischer Untersuchungen der Industrieökonomik bei Böbel, 1984, S. 27 ff.). Im Gegensatz zu oftmals gewählten Systematisierungen (vgl. beispielhaft Porter, 1980, S. 7 ff.) wird an dieser Stelle der Kapitalbedarf nicht als eigenständige Barriere angesehen. Kapital, das z. B. im Bereich von Forschung und Entwicklung zur Generierung von Wissen benötigt wird, um den Markteintritt zu ermöglichen, dient dazu, die als notwendig erachteten Kapazitäten bereitzustellen. Darüber hinaus sind mit dem Kapitalbedarf meist auch Größenvorteile verbunden, was ebenfalls dagegen spricht, den Kapitalbedarf als eigenständige Barriere zu definieren.

An den unterschiedlichen Qualitäten der Markteintrittsbarrieren setzen nun die strategischen Aktivitäten der Wettbewerber an. Ziel des Innovators ist es, entsprechende Barrieren aufzubauen. Ziel des Imitators ist es, diese zu überwinden. Die folgende Tabelle zeigt die unterschiedlichen Barrierenarten sowie die unterschiedlichen Möglichkeiten, die sich im Rahmen des Barrierenmanagement für die Wettbewerber ergeben (vgl. Tabelle 3).

Art der Barriere	Entstehung	Überwindung
Economies of Scale	Größenbedingte Kostenvorteile durch: ▪ Hohe Fertigungsstückzahl und damit verbundene Kostendegression pro Outputeinheit (auch bei benachbarten Produkten) ▪ Existenz eines leistungsfähigen Vertriebssystems	Direkt: ▪ Investition in Economies of Scale Indirekt: ▪ Ausgleich über andere Wettbewerbsinstrumente, z. B. Garantiegewährung
Umstellkosten	Entstehen durch: ▪ Nicht-Kompatibilität von Produkten verschiedener Hersteller ▪ Notwendigkeit der Schulung der Anwender	Direkt: ▪ Berücksichtigung verschiedenster Schnittstellen ▪ Übernahme der Standards des Marktführers Indirekt: ▪ Anreizgewähung zum Wechsel der Standards
Rechtlich-politische Bestimmungen	Eingriff des Staates durch: ▪ Einräumen einer monopolistischen Marktstellung (Patente) ▪ Festlegen hoher Anforderungen und Kontrollvorschriften ▪ Bevorteilung bei staatlicher Förderung	Indirekt: ▪ Lizenznahme ▪ Niedrigpreispolitik
Zugang zu Distributionskanälen	Begrenzter Zugang durch: ▪ Limitierte Anzahl der Distributionskanäle ▪ Existenz langfristiger Lieferkontrakte ▪ Abnahme nur begrenzter Mengen in den einzelnen Kanälen	Direkt: ▪ Aufbau eigener Distributionskanäle Indirekt: ▪ Niedrigpreispolitik ▪ Servicezugeständnisse
Herstellerreferenz	▪ Existenz von Referenzanlagen / Musterkunden ▪ Personengebundene Referenzen (Vertrauen) ▪ Produktdifferenzierungsvorteile	Direkt: ▪ Investition in Referenzanlagen und persönliche Referenzen Indirekt: ▪ Sevicezugeständnisse und Garantiegewährung
Technologisches Know-how	▪ Notwendigkeit von technologischem Wissen bei der Produktimitation	Direkt: ▪ Vorhandenes F&E-Potential ▪ Investition/Kauf in/von F&E Indirekt: ▪ Kauf einer innovativen Unternehmung
Präferenzen der Nachfrager	▪ Notwendigkeit der Erschließung der Nachfragepräferenzen für das Produkt	Direkt: ▪ Intensive Marketingaktivitäten

Tabelle 3: Markteintrittsbarrieren und die Möglichkeiten ihrer Errichtung und Überwindung
Quelle: in Anlehnung an Schewe, 1992a, S. 114 f.

Begreift man die Barrieren in dieser Art und Weise als gestaltbar, so wird deutlich, warum die oben spezifizierten Innovationsvorteile zu Imitationsnachteilen werden und umgekehrt. Ein Vorteil für die Produktimitation ergibt sich immer dann, wenn dem Innovator kein nachhaltiger Barrierenaufbau gelingt bzw. der Imitator über Fähigkeiten verfügt, diese Barrieren zu überwinden. Empirische Ergebnisse zeigen (Schewe, 1993, S. 353 ff.), daß *aus Sicht der Produktimitation, die jeweils existenten Markteintrittsbarrieren als Marktsignale zu werten sind.* Sie geben an, über welche Fähigkeiten ein Imitator verfügen muß, will er seine Produktimitation erfolgreich am Markt etablieren. Am Beispiel der „Economies-of-Scale-Barrieren" läßt sich dies sehr gut illustrieren. Ist es für die Produktinnovation möglich, größenbedingte Kostenvorteile zu nutzen, so ist die Etablierung einer Produktimitation am Markt nur dann möglich, wenn ebenfalls die Fähigkeit besteht, derartige Größenvorteile zu nutzen, sieht man einmal von der Möglichkeit ab, daß andere wettbewerbsstrategische Aktivitäten ergriffen werden, die auf eine Substitution der Größenvorteile abzielen. Dieses Signal der Notwendigkeit der Nutzung von Größenvorteilen muß nun vor dem Hintergrund der eigenen Fähigkeiten analysiert werden. Das Beispiel der erfolgreichen Produktimitation bei Telefaxgeräten von Siemens durch japanische Unternehmen ließe sich in diese Richtung interpretieren.

3.3 Umsetzung der Produktimitation

Fällt nach eingehender Analyse der Markteintrittssignale die bewußte Entscheidung zur Imitation, so gilt es, die Potentiale des Produktimitators so einzusetzen, daß sie in der Lage sind, die identifizierten Markteintrittsbarrieren, sei es direkt oder indirekt, zu überwinden.

Entscheidend bei der Umsetzung ist, daß das ursprüngliche Imitationsziel eingehalten wird, d. h. das Produkt so im Produkteigenschaftsraum positioniert wird, daß es von der Nachfrage auch tatsächlich als Imitation zur Innovation gesehen wird. Der Imitationsgrad, d. h. die Ähnlichkeit zur Produktinnovation, muß insofern hoch sein. Andernfalls wäre es nicht möglich, spezifische Imitationsvorteile zu nutzen. Natürlich wäre es auch denkbar, einen vergleichsweise niedrigen Imitationsgrad anzustreben. Nur würde man dann keine weitere Produktimitation hervorbringen, sondern eine Verbesserungsinnovation oder sogar eine weitere Produktinnovation. Dies wäre eine andere strategische Entscheidung, die eine bewußte Abkehr von der einmal getroffenen Imitationsentscheidung bedeutet, von der man annehmen sollte, daß sie diejenige strategische Option darstellt, die, da man sie bewußt gewählt hat, den größten Erfolg verspricht.

Das Problem eines angestrebten hohen Imitationsgrades liegt nun darin, daß möglicherweise eher unbewußt eine Abkehr von der reinen Produktimitation erfolgt. Diese Gefahr zeigt sich insbesondere bei technologisch anspruchsvollen Produkten. Die Anreize in der betrieblichen Forschung und Entwicklung sind in der Regel auf die Hervorbringung von

Innovationen gerichtet und nicht auf die Entwicklung von Imitationen. Nicht zuletzt ist dies auf die positiven Anreize, die von der Erteilung eines Patentes ausgehen, zurückzuführen. Aber auch ein betriebliches Vorschlagswesen prämiert eher eine innovative Idee als eine imitative. Wird nicht nachhaltig auf die Einhaltung des einmal vereinbarten Imitationsgrades geachtet, so besteht die Gefahr, daß die Produktimitation mißlingt, da sich die a priori identifizierten Imitationsvorteile nicht mehr realisieren lassen. Dies schließt natürlich nicht aus, daß jetzt möglicherweise andere Vorteile zu Buche schlagen. Sie sind dann jedoch nicht mehr das Ergebnis einer Produktimitation.

Darüber hinaus ist bei der Umsetzung einer Produktimitation natürlich auch zu berücksichtigen, daß sich die Anreizfunktion nicht nur auf ein Unternehmen beschränkt, sondern als generelles Marktsignal zu verstehen ist. Damit wächst natürlich die Gefahr, daß nicht nur mit einer Produktimitation zu rechnen ist, sondern mit mehreren. *Insofern stellt sich für einen Imitator das Problem, potentielle weitere Imitatoren vom Markteintritt fernzuhalten.* In der Literatur wird hierfür oftmals der Begriff einer Strategie des „Fast-Second" verwandt (Baldwin/Childs, 1969, S. 21 ff., oder Kamien/Schwartz, 1972, S. 43 ff.). Dahinter steht das Problem, daß es auch aus Sicht der Produktimitation - insbesondere der frühen Produktimitation - notwendig erscheint, weiteren Imitatoren den Markteintritt zu erschweren, indem verstärkt die Errichtung von Markteintrittsbarrieren betrieben wird.

4. Konsequenzen für die praktische Umsetzung

Stellt man sich die Frage, welche Konsequenzen aus den o. g. Problemkomplexen für die praktische Umsetzung einer Strategie der Produktimitation zu ziehen sind, so sind dies in erster Linie zwei Aspekte: Zum einen die Ablaufschritte eines Imitationsprozesses und zum anderen darauf aufbauend die Analyse der Fähigkeiten, die ein Unternehmen besitzen sollte, will es sich den Weg der strategischen Option Produktimitation offenhalten. Illustriert werden diese praktischen Konsequenzen am Beispiel des Marktes für Personal Computer. Hier ist das Unternehmen IBM ein Beleg dafür, wie eine Imitationsstrategie erfolgreich umgesetzt werden kann.

4.1 Prozeß der Produktimitation

Die zentralen Entscheidungen, die im Prozeß der Imitation zu treffen sind, sind im wesentlichen folgende:

- Geht von der Produktinnovation ein Anreiz zur Produktimitation aus?
- Sind die Fähigkeiten vorhanden, damit ein erfolgreicher Markteintritt und eine Marktbehauptung gelingt?

Die nachfolgende Abbildung 1 zeigt, wie diese Entscheidungen in idealtypischer Weise in den Prozeß der Produktimitation eingebunden sind.

Umfangreiche Aktivitäten der Beobachtung nicht nur der relevanten Märkte, sondern auch ausgewählter Technologiefelder sind notwendig, um auf erfolgreiche Produktinnovationen aufmerksam zu werden. Die eigentliche Entscheidung zur Durchführung einer Produktimitation fällt jedoch erst nach einer eingehenden Analyse der zu überwindenden Markteintrittsbarrieren. Erst der Vergleich dieser Markteintrittssignale mit den eigenen Fähigkeiten gibt Aufschluß darüber, ob eine Produktimitation eine erfolgversprechende Option der Produktpolitik darstellt. Bei der Umsetzung der Entscheidung zur Produktimitation ist dann insbesondere auf die Einhaltung des angestrebten Imitationsgrades zu achten. Außerdem sind Aktivitäten zu ergreifen, die darauf gerichtet sind, weitere Produktimitationen abzuwehren.

Am Beispiel IBM als Imitator im Markt für Personal Computer, lief dieser Prozeß folgendermaßen ab: IBM als Marktführer bei Großrechenanlagen und hochwertiger Büromaschinen, sah sich 1980 mit der Tatsache konfrontiert, daß ein junges Unternehmen - die Firma Apple - einen neuen Typ von Rechnern erfolgreich in den Markt – wenn auch anfangs nur mit vergleichsweise geringen Absatzzahlen – einführte. Der Erfolg der Innovation wurde zuerst von der Absatzorganisation IBMs wahrgenommen. Man ergriff von dort aus die Initiative, ebenfalls ein entsprechendes Produkt zu entwickeln. Bereits in den ersten Strategiesitzungen war es einhellige Meinung der Beteiligten, daß IBM aufgrund seiner Marktstellung sowie seiner technologischen und produktionstechnischen Kompetenz im Prinzip problemlos in der Lage sein müßte, in den Markt für Personal Computer einzusteigen. Allerdings zeigten die ersten Diskussionen auch, daß als kritischer Faktor weniger die bloße Fähigkeit zur Imitation als vielmehr die Bereitschaft, diese Fähigkeiten auch für die Entwicklung eines Personal Computers einzusetzen, anzusehen war. Man stieß insbesondere auf Skepsis bei den zentralen Entscheidungsträgern im Bereich von Forschung und Entwicklung. Dort war man nicht bereit, einen Personal Computer „einfach" nachzubauen, nicht zuletzt weil man befürchtete, daß man sich mit derart „kleinen" Maschinen nicht profilieren könne. Möglicherweise bestand auch gar nicht die Fähigkeit „kleine" Büromaschinen herzustellen. Ein Mitarbeiter von IBM wird mit den Worten zitiert: „We are a big system company. Every time we've tried to do small machines we've screwed them up."(Zitiert nach McKenna, 1989, S. 68).

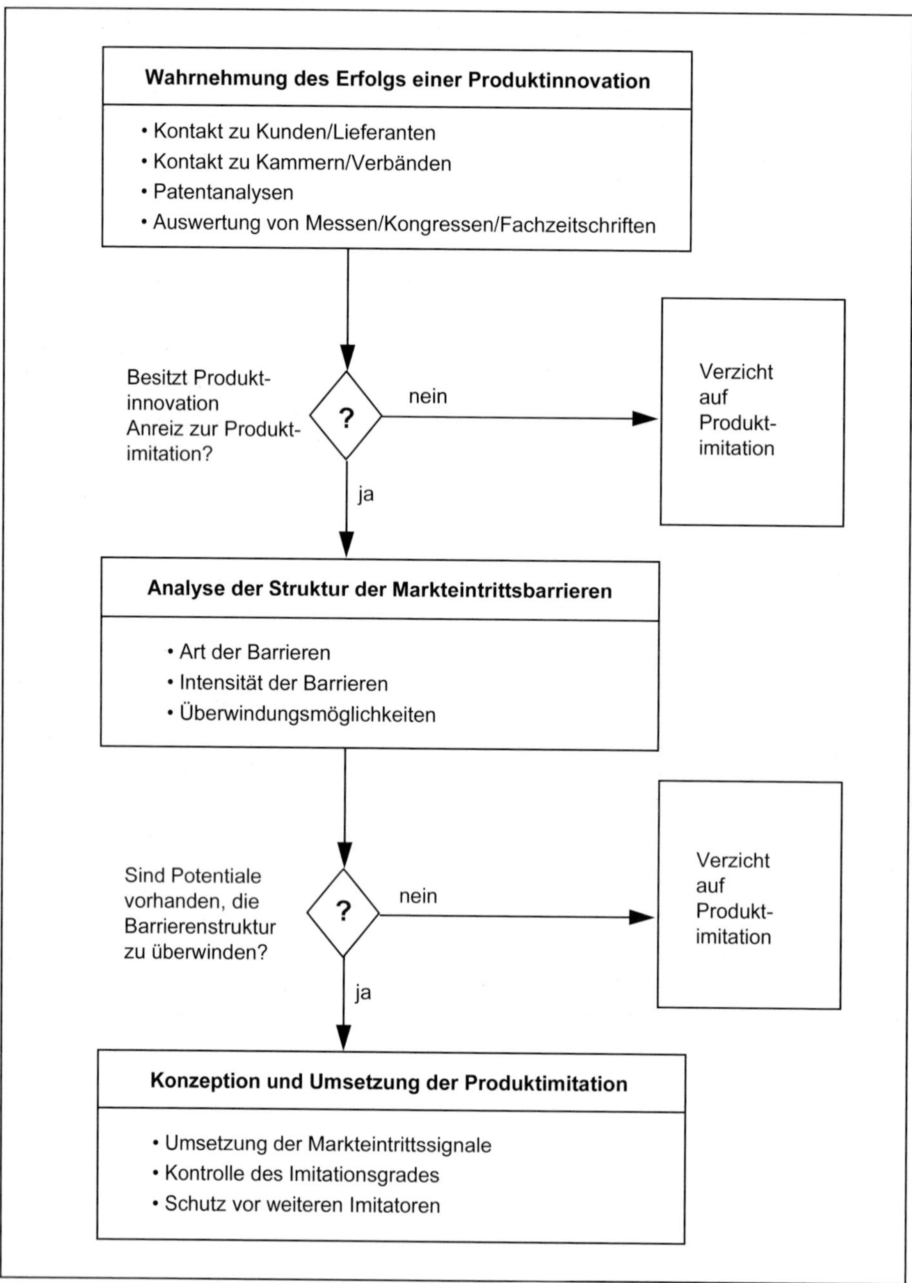

Abbildung 1: Der Prozeß der Produktimitation

Diese Widerstände ließen sich anscheinend nur überwinden, indem man sich entschloß, eine eigenständige Organisation zur Entwicklung des Personal Computers zu gründen, die nicht nur organisatorisch, sondern auch räumlich von den Entwicklungsstätten für Großrechner getrennt war. Man wählte hierfür Boca Raton in Florida. Die Fähigkeit zur Imitation wurde mit Hilfe flankierender organisatorischer Maßnahmen sichergestellt. Die Separierung der PC-Entwicklung erwies sich als zentraler Erfolgsfaktor. Die technologische Kompetenz wurde jetzt vorurteilsfrei für die Entwicklung des Personal Computers eingesetzt. Die unabhängige Geschäftseinheit in Boca Raton war schließlich sehr viel erfolgreicher, als dies in der Unternehmenszentrale von IBM erwartet wurde.

Die vergleichsweise schnelle Entwicklung des Personal Computers brachte IBM in die Position, sich als sog. „Fast Second" am Markt etablieren zu können. Interessanterweise wurde der Markteintritt des Imitators IBM am Anfang auch von Innovator Apple begrüßt. In Anzeigen begrüßte Apple 1983 IBM mit den Worten: „Welcome IBM. Seriously. Welcome to the most exiting and important marketplace since the computer revolution began 35 years ago. And congratulations on your first personal computer." (zitiert nach McKenna, 1989, S. 70). Man verspach sich anscheinend bei Apple, daß das enorme Potential von IBM im Bereich Marketing und Produktion dazu beitragen wird, den Markt für Personal Computer insgesamt schnell zu erschließen.

Zwar gelang IBM der schnelle Markteintritt verbunden mit einem großen wirtschaftlichen Erfolg, der denjenigen von Apple noch weit übertraf. Es gelang jedoch nicht diesen Erfolg auf Dauer zu stabilisieren. Der Anfangserfolg war Anreiz für weitere Imitatoren, deren Markteintritt IBM nicht verhindern konnte und die sich zusehends auf Kosten von IBM und nicht auf Kosten von Apple am Markt etablierten. Dies lag nicht zuletzt daran, daß der IBM-PC wesentlich einfacher zu kopieren war als der Apple-PC und IBM keine Anstrengungen unternahm, seinen Personal Computer technologisch weiterzuentwickeln. Scott McNealy von Sun Microsystems kommentierte dies folgendermaßen: „In the first eight years of that product, what did IBM do to it? They didn't invest anything other than manufacturing engineering. And then they didn't even do that very aggressively. (...) they laid the biggest goose egg for a golden goose opportuniy. They did nothing to that product, no engineering." (zitiert nach McKenna, 1989, S. 71 f.). Der Erfolg des IBM-PCs wurde gefährdet, da man es versäumte, sich rechtzeitig auf weitere Imitatoren einzustellen, die immer dann in den Markt eintreten werden, wenn sich ein Wettbewerbererfolg am Markt abzuzeichnen beginnt.

4.2 Fähigkeit zur Produktimitation

Der Umstand, daß für eine erfolgreiche Produktimitation der Prozeß der Produkteentwicklung schnell zu durchlaufen ist (Ansoff/Stewart, 1967, S. 72 ff., Maidique/Patch, 1982, S. 275 f., und Schnaars, 1986, S. 29 ff.), impliziert, daß sich die Option der Produktimitation nur dann wahrnehmen läßt, wenn entsprechende Fähigkeiten bzw. *Imitationspotentiale* auch vorhanden sind. Diese Fähigkeiten beziehen sich auf vier Potentialbündel (Schewe, 1996, S. 67 ff.):

1. Ein leistungsfähiges *Aufklärungspotential* stellt nicht nur sicher, daß ein Imitator auf Imitationschancen aufmerksam wird. Es dient auch zur Analyse der Markteintrittssignale. Im Fall IBM lag das Schwergewicht der Aufklärungsaktivitäten nicht nur im Marktbereich, sondern auch im technischen Bereich. Zwar wurde durch die Absatzorganisation von IBM die Initiative zur Beschäftigung mit der Frage ergriffen, ob man in den Markt für Personal Computer eintreten solle, die Analyse der Fähigkeiten im Bereich der PC-Technologie waren jedoch nicht minder bedeutsam. Zentral war hier die Erkenntnis, daß eine organisatorische und räumliche Trennung der PC-Entwicklung von der Entwicklung der Großrechner notwendig ist. Aber auch die Bewertung der technologischen Fähigkeit an sich war nicht unerheblich. Man mußte abschätzen, ob es gelingt, den Prozeß der Entwicklung der PC-Technologie in einem relativ kurzen Zeitraum zu absolvieren. Hierbei gilt es auch zu analysieren, ob gegebenenfalls nicht bestimmte Entwicklungsschritte von Zulieferfirmen durchzuführen sind, wenn sich damit der Entwicklungsprozeß verkürzen läßt.

2. Ein leistungsfähiges *Technologiepotenzial* dient der Bewältigung der durch die Produktinnovation induzierten technologischen Komplexität. Wie notwendig derartige Tätigkeiten sind, zeigt das Beispiel IBM. Als Hersteller von Büromaschinen und Großrechnern versäumte IBM die Entwicklung der Personal-Computer. Wollte man ebenfalls in diesem Markt aktiv werden, so blieb nur die Strategie der Produktimitation. Zwar besaß IBM das technologische Know-how für Großrechner, nicht jedoch für Personal-Computer. Da man sich entschloß, schnell in den Markt einzutreten, blieben einem, neben der Möglichkeit einer feindlichen Übernahme des Innovators Apple, nur der schnelle Zukauf des notwendigen Know hows. Man entschied sich, sämtliche Komponenten wie Speicherchips, Laufwerke und Betriebssoftware von Fremdfirmen entwickeln zu lassen und diese Komponenten dann unter dem Namen IBM nur noch zusammenzubauen. Der seinerzeitige F&E-Vorstand Peter Olsen III begründetet dies folgendermaßen: „So we could learn things we couldn't have learned without many years of trial and error." (zitiert nach Schnaars, 1986, S. 293).

3. Der Einsatz eines leistungsfähigen *Marketingpotenzials* richtet sich in erster Linie darauf, die Kunden für die Produktimitation zu gewinnen. Dabei sind nicht nur die Kommunikations- und die Preispolitik von Bedeutung, sondern ebenso auch die Distributionspolitik. Die zentrale Bedeutung eines leistungsfähigen Marketingpotentials zeigt sich auch im Fall des IBM-PC. Die oben bereits angeführte Begrüßung des Imi-

tators IBM durch den Innovator Apple bei dessen Markteintritt macht deutlich, welche Hoffnung Apple in das Marketingpotential IBMs für die Markterschließung setzte. IBM konnte in diesem Zusammenhang auf sein bereits bestehendes Distributionssystem zurückgreifen. Man ging jedoch noch einen Schritt weiter und brach mit einer ehernen Verkaufsregel IBMs: Der Personal Computer wurde nicht nur an Unternehmen geliefert, sondern konnte auch von Privatpersonen ohne Probleme erworben werden. Eine derartige Erweiterung der Distributionskanäle ist sicherlich auch nur denkbar vor dem Hintergrund der organisatorischen Eigenständigkeit der PC-Geschäftseinheit.

4. Schließlich muß auch ein leistungsfähiges *Produktionspotenzial* vorhanden sein. Aufgrund des Erfolges der Produktinnovation ist mit einer schnell wachsenden Nachfrage zu rechnen. Diese muß von der Produktionsseite her bewältigt werden. Im Fall IBM gelang dies sehr gut. Der Produktionsbereich war der zentrale Bereich, in den immer weiter investiert wurde, was, wie oben bereits erwähnt, nicht ohne Probleme geblieben ist. Die Notwendigkeit der Bereitstellung entsprechender Kapazitäten läßt sich daran verdeutlichen, daß das Welt-Marktvolumen zu Entwicklungsbeginn für 1985 auf 2 Mrd. US-Dollar geschätzt wurde. Tatsächlich erreichte es 1985 aber 19 Mrd. US-$. IBM kam dabei 1983 auf einen Weltmarktanteil von 17 % während der Innovator Apple nur 13 % besaß, nachdem man noch 1981 20 % des Weltmarktes bediente.

Insgesamt betrachtet erstrecken sich diese Fähigkeiten zur Imitation auf Bereiche, die natürlich nicht unabhängig voneinander zu sehen sind. *Abstimmungsaktivitäten* sind notwendig. Entsprechend gilt es auch die Schnittstellen, die sich zwischen den organisatorischen Bereichen ergeben, denen diese Potentiale zugeordnet sind, zu steuern. Die Verteilung der investierten Mittel im Fall des IBM-PCs verdeutlichen dieses Problem. Die - nach der geglückten Markteinführung – ausschließliche Investition der finanziellen Mittel in den Produktionsbeeich führte dazu, daß die anfangs sehr gute Marktposition als schneller Imitator sich über die Zeit zusehends verschlechterte.

5. Schlußbemerkungen

Die vorangegangenen Ausführungen haben gezeigt, daß auch mit einer Produktimitation durchaus ein Erfolg zu erzielen ist. Dabei stellt die Produktimitation eine marktstrategische Alternative zur Produktinnovation dar. Diese ist jedoch nicht dergestalt zu verstehen, daß generell für eine Produktimitation ein Erfolg unterstellt werden kann. Auch eine Produktimitation ist dem Risiko des Scheiterns am Markt ausgesetzt. Ob dieses Risiko nun höher ist als bei einer Produktinnovation, läßt sich nur schwer abschätzen. Auf der einen Seite verfügt die Produktimitation zwar in der Regel über mehr Informationen im

Hinblick auf die zentralen Marktparameter. Auf der anderen Seite muß sie das Problem lösen, an einem bereits besetzten Markt Fuß zu fassen.

Insofern können die hier vorgetragenen Überlegungen nur als ein Plädoyer für eine vorurteilsfreie Einbeziehung einer Option der Produktimitation als gleichberechtigt neben der Produktinnovation im Rahmen der Produktpolitik verstanden werden. Von Fall zu Fall gilt es zu untersuchen, welche marktstrategische Alternative den größten Erfolg verspricht. Der Erfolg eines Unternehmens wird sich höchstwahrscheinlich im gelungenen Mix von Innovation und Imitation zeigen (vgl. auch Albach, 1986, S. 61. Vgl. ferner Brockhoff, 1985, S. 628, der in diesem Zusammenhang von Innovationen unterschiedlicher Höhe spricht).

6. Literatur

ALBACH, H., Innovation und Imitation als Produktionsfaktoren, in: Bombach, G./Gahlen, G./Ott, A. E., (Hrsg.), Technologischer Wandel: Analyse und Fakten, Tübingen 1986, S. 47-63.

ANSOFF, H. J./STEWART, J. M., Strategies for a Technology-Based Business, in: Harvard Business Review, 1967, S. 71 - 83.

BAIN, J. S., Barriers to New Competition, 2. Aufl., Cambridge 1962.

BALDWIN, W. L./CHILDS, G., The Fast Second and Rivalry in Research and Development, in: Southern Economic Journal, 1969, S. 18-24.

BAUMOL, W. J./PANZAR, J. C./WILLIG, R. D., Contestable Markets and the Theory of Industry Structure, New York u. a. 1982.

BISCHOFF, A., Die Strategie der Produktimitation in der Konsumgüterindustrie, Dissertation Berlin 1980.

BÖBEL, I., Wettbewerb und Industriestruktur - Industrial Organization - Forschung im Überblick, Berlin 1984.

BOULDING, W./CHRISTEN, M., Sustainable Pioneering Advantage: At What Cost?, INSEAD Working Paper Nr. 99/31/MKT, Fontainbleau 1999.

BROCKHOFF, K., Abstimmungsprobleme von Marketing und Technologiepolitik, in: Die Betriebswirtschaft, 1985, S. 623-632.

BUCHHOLZ, W., Time-to-Market-Management, Stuttgart u. a 1985.

BUGGIE, F. D., Strategies for New Product Development, in: Long Range Planning, 1982, S. 22-31.

CAVES, R./PORTER, M., From Entry Barriers to Mobility Barriers: Conjectural Decisions and Contrived Deterrence to New Competitions, in: Quarterly Journal of Economics, 1977, S. 241-262.

CHO, D. S./KIM, D. J./RHEE, D. K., Latecomer Strategies: Evidence from the Semiconductor Industry in Japan and Korea, in: Organization Science, 1998, S. 489-505.

CLEMENT, M./LITTFIN, T./VANINI, S., Ist die Pionierrolle eine Erfolgsfaktor? Eine kritische Analyse der empirischen Forschungsergebnisse, in: Zeitschrift für Betriebswirtschaft, 1998, S. 205 – 226.

COLLINS, P. D./HULL, F. M./HAGE, J., Profiles of Leaders, Followers, and Laggards in programmable Automation Adoption, in: IEEE Transactions on Engineering Management, 1996, S. 285-296.

COOPER, R. G., The Components of Risk in New Product Development, in: R&D-Management, 1981, S. 47-54.

CRAWFORT, C. M., Neuprodukt Management, Frankfurt/Main, New York 1992.

DIXIT, A. K., Entry and Exit Decisions under Uncertainty, in: Journal of Political Economy, 1989, S. 620 - 638.

EATON, C. B./LIPSEY, R. G., Exit Barriers and Entry Barriers: The Durability of Capital as a Barriers to Entry, in: Bell Journal of Economics, 1980, S. 721-729.

GILBERT, J./BIRNEBAUM-MOORE, P., Innovation Timing Advantages: From Economic Theory to Strategic Application, in: Journal of Engineering and Technology Management, 1996, S. 245-266.

KALISH, S./LILIEN, G. L., A Market Entry Timing Model for New Technologies, in: Management Science, 1986, S. 194-205.

KAMIEN, M. I./SCHWARTZ, N. L., Timing of Innovations und Rivalry, in: Econometrica, 1972, S. 43-60.

KERIN, R./VARADARAJAN, P./PETERSON, R., First Mover Advantages: A Synthesis, conceptual Framework and Research Propositions, in: Journal of Marketing, 1992, S. 33-52.

KRUSE, J., Irreversibilität und natürliche Markteintrittsbarrieren, in: Jahrbücher für Nationalökonomie und Statistik, 1988, S. 508-517.

LEVITT, T., Innovative Imitation, in: Harvard Business Review, 1966, S. 63-70.

LILIEN, G. L., New Product Success in Business/Industrial Markets: Progress, Problems, and Research Program, in: Backhaus, K./Wilson, D. T., (Hrsg.), Industrial Marketing: A German - American Perspective, Berlin u. a. 1986, S. 339-348.

MACLEOD , W. B., Entry, Sunk Costs, and Market Structure, in: Canadian Journal of Economic, 1987, S. 140-151.

MAIDIQUE, M. A./PATCH, P., Corporate Strategy and Technological Policy, in: Tushman, M. L./Moore, W. L., (Hrsg.), Readings in the Management of Innovation, Boston 1982, S. 273-285.

McGrath, R. G./Tsai, M. H./Venkataraman, S./MacMillan, I. C., Innovation, Competitive Advantage and Rent: A Model and Test, in: Management Science, 1996, S. 389-403.

MCKENNA, R., Who's Afraid of Big Blue? How Companies Are Challenging IBM – and Winning, Reading 1989.

MEFFERT, H., Markteintritts- und -austrittsbarrieren, in: Die Betriebswirtschaft, 1987, S. 629-630.

Meffert, H./Ohlsen, G. T., Was Sie beim Marktein- und -austritt beachten müssen, in: Absatzwirtschaft, Sonderausgabe, 1982, S. 178-190.

Michel, K., Technologie im strategischen Management, Berlin 1987.

Minderlein, M., Markteintrittsbarrieren und strategische Verhaltensweisen, in: Zeitschrift für Betriebswirtschaft, 1990, S. 155-178.

Perillieux, R., Der Zeitfaktor im strategischen Technologiemanagement: Früher oder später Einstieg bei technologischer Produktinnovation?, Berlin 1987.

Perillieux, R., Einstieg bei technischen Innovationen: früh oder spät?, in: Zeitschrift Führung + Organisation, 1989, S. 23–29.

Porter, M. E., Competitive Strategy: Techniques for Analyzing Industries and Companies, New York 1980.

Porter, M. E., The Technological Dimensions of Competitive Strategy, in: Rosenbloom, R., (Hrsg.), Research on Technological Innovation Management and Policy 1, Greenwich 1983, S. 1-33.

Probst, H., Theorie des Marktaustritts, Dissertation, Mainz 1977.

Remmerbach, K. - U., Markteintrittsentscheidungen, Unternehmensführung und Marketing, Band 21, Wiesbaden 1988.

Robinson, W. T./Fornell, C., Sources of Market Pioneer Advantages in Consumer Goods Industries, in: Journal of Marketing Research, 1985, S. 305-317.

Schewe, G., Imitationsmanagement, Stuttgart 1992a.

Schewe, G., Die Innovation im Wettbewerb - Werden bestimmte Innovationen häufiger imitiert als andere?, in: Zeitschrift für Betriebswirtschaft, 1992b, S. 867-988.

Schewe, G., Kein Schutz vor Imitation - Eine empirische Untersuchung zum Paradigma des Markteintrittsbarrieren-Konzeptes unter besonderer Beachtung des Patentschutzes, in: Zeitschrift für betriebswirtschaftliche Forschung, 1993, S. 344-360.

Schewe, G., Erfolg im Technologiemanagement - Eine empirische Analyse der Imitationsstrategie, in: Zeitschrift für Betriebswirtschaft, 1994, S. 999-1026.

Schewe, G., Imitation as a Strategic Option for External Acquisition of Technology, in: Journal of Engineering and Technology Management, 1996, S. 55–82.

Schmalensee, R., Product Differentiation Advantages of Pioneering Brands, in: American Economic Review, 1982, S. 349-365.

SCHNAARS, ST. P., When Entering Growth Markets: Are Pioneers better than Proachers?, in: Business Horizons, 1986, S. 27 - 36.

SCHNAARS, ST. P., Managing Imitation Strategies: How Later Entrants Seize Markets from Pioneers, New York 1994.

SCHWALBACH, J., Markteintrittsverhalten industrieller Unternehmen, in: Zeitschrift für Betriebswirtschaft, 1986, S. 713-727.

SCHWARTZ, M. A., The Imitation and Diffusion of Industrial Innovations, Ann Arbor 1978.

SERVATIUS, H. G., Methodik des strategischen Technologie-Managements: Grundlage für erfolgreiche Innovationen, Berlin 1985.

SPECHT, G./PERILLIEUX, R., Erfolgsfaktoren technischer Führer- und Folgerpositionen auf Investitionsgütermärkten, in: Zeitschrift für betriebswirtschaftliche Forschung, 1988, S. 204-226.

SPECHT, G./ZÖRGIEBEL, W. W., Technologieorientierte Wettbewerbsstrategien, in: Marketing, 1985, S. 161-172.

STADLER, M., Innovation, Imitation und Marktstruktur: Ein spieltheoretisches Duopolmodell, Arbeitspapier zur Strukturanalyse Nr. 53, Augsburg 1988.

TEECE, D. J., Profiting from Technological Innovation: Implications for Integration, Collaboration, Licensing and Public Policy, in: Research Policy, 1986, S. 285-305.

WOLFRUM, B., Strategisches Technologiemanagement, Wiesbaden 1991.

ZÖRGIEBEL, W., Technologie in der Wettbewerbsstrategie, Berlin 1983.

Wolfgang Fritz
Dietrich von der Oelsnitz

Markteintrittsstrategien

1. Die Bedeutung des Markteintrittsmanagements

Über den Erfolg eines neuen Produkts entscheidet der Markt. Alle vor der Markteinführung liegenden Innovationsaktivitäten mögen noch so hervorragend durchdacht und ausgeführt worden sein - wenn die Markteintrittsstrategie ungeeignet ist, waren sie letztlich vergebens. Selbst Produkte, die den Konkurrenzangeboten in technischer Hinsicht klar überlegen sind, können scheitern, wenn die Planung ihres Markteintritts fehlerhaft ist. Dies belegt etwa das inzwischen schon wirtschaftshistorische Beispiel der Videorecorder eindrucksvoll: Philips und Grundig mussten zu Beginn der 1980er Jahre einsehen, dass ihr überlegenes Video 2000-System den Wettbewerb mit dem VHS-System von Matsushita/JVC verloren hatte, weil sie im Gegensatz zu ihrem Konkurrenten nicht von Anfang an konsequent auf die volumenstarke, weltweite Markteinführung ihres Produkts gesetzt hatten (Ohmae, 1985, S. 33).

Wie wichtig die Markteinführung für den gesamten Geschäftserfolg ist, zeigen auch die Befunde der Innovationsforschung. So geben die mit ihren Neuprodukten erfolgreichen Unternehmen durchschnittlich sechsmal soviel Geld für die Markteinführung aus wie die erfolglosen Unternehmen (Kleinschmidt/Geschka/Cooper, 1996, S. 38, 178). Dabei geht die Markteinführung in zunehmendem Maße zu einer internationalen Perspektive über: Unternehmen, die von vornherein eine internationale Ausrichtung aller ihrer Innovationsaktivitäten im Blickfeld haben, sind in der Regel erfolgreicher als jene, die sich lediglich auf einen nationalen Absatzmarkt beschränken (vgl. ebenda, S. 42).

Der Wettbewerb nimmt ständig an Dynamik und Schärfe zu. In den meisten Industriezweigen verkürzen sich nicht nur die Produktlebenszyklen, sondern es erhöhen sich zugleich auch die Entwicklungszeiten und -kosten (Droege/Backhaus/Weiber, 1993, S. 56). Dies zwingt die Unternehmen dazu, in immer kürzeren Abständen neue Produkte erfolgreich einzuführen und in zunehmendem Maße neue Märkte im In- und Ausland auch mit anderen Mitteln zu erschließen, etwa mit Akquisitionsstrategien. Die permanent steigende Wettbewerbseskalation, die Richard D'Aveni (1995) „Hyperwettbewerb" nennt, unterstreicht die Schlüsselrolle des Markteintrittsmanagements für den Unternehmenserfolg in besonderem Maße. Mehr denn je kommt es für die Unternehmen heute darauf an, sich mit Produktinnovationen oder auf andere Weise auf neuen Märkten im In- und Ausland erfolgreich zu etablieren.

Unter dem *Begriff „Markteintrittsstrategie"* wird im Folgenden die Gesamtheit jener strategischen Entscheidungen verstanden, mit denen die Eintrittsmärkte des Unternehmens ausgewählt sowie die institutionellen Formen, die Zeitpunkte, die Reihenfolge und die Schnelligkeit des Markteintritts bestimmt werden (Remmerbach, 1988, S. 10, Kühn, 1995, Sp. 1758, und Müller-Stewens/Lechner, 1997, S. 233). Auf diese grundlegenden Aspekte der Eintrittsstrategieplanung wird im Folgenden ebenso eingegangen (Abschnitt 2) wie auf Markteintrittsbarrieren, deren Überwindung ein Ziel der strategischen Markteintrittsplanung sein muss (Abschnitt 3).

2. Die Planung einer Markteintrittsstrategie

Zur Planung einer Markteintrittsstrategie bedarf es der Wahl (1) der Eintrittsmärkte und (2) der institutionellen Markteintrittsform, (3) der Bestimmung der zeitlichen Eintrittsalternative und (4) der Berücksichtigung der Zusammenhänge zwischen Markteintritts- und geplanter Marktbearbeitungsstrategie (vgl. von der Oelsnitz, 2000; von der Oelsnitz/Busch, 2005).

2.1 Die Auswahl der Eintrittsmärkte

Das Problem der Zielmarktfestlegung hat zwei Dimensionen: Zum einen muss der *anvisierte Markt inhaltlich abgegrenzt* werden (vgl. dazu auch den Beitrag von Wagner und Baldauf in diesem Band). In diesem Sinne ist zu klären, mit welchen Produkten und Technologien welche Kundenbedürfnisse befriedigt werden sollen. Die Festlegung des Zielmarkts und die Bestimmung der Zielgruppen z.B für ein neues Produkt haben zahlreiche Konsequenzen für die weitere Gestaltung sowohl des Leistungsdefinitions- als auch des Einführungsprozesses; insofern ist bei der Eintrittsplanung ein besonderes Augenmerk darauf zu legen. Neben der Segmentabgrenzung geht es dabei um die Frage, welche bzw. wie viele Segmente bearbeitet werden sollen und mit welchen strategisch-instrumentellen Maßnahmen dies geschehen soll (Fritz/von der Oelsnitz, 2001, S. 102 ff., und Kotler/Bliemel, 2001, S. 415 ff.).

Die Segmentauswahl spielt vor allem bei der Markteinführung von Produktinnovationen eine wichtige Rolle, da es in diesem Fall zentral darum geht, risikobereite und zugleich kaufkräftige Adoptoren anzusprechen (sog. Konsumpioniere), die als spätere Meinungsbildner oder Schlüsselverwender („Lead User") die marktliche Verbreitung des Neuprodukts fördern. Solche Innovatoren zeichnen sich im Konsumgütersektor häufig durch besondere soziodemographische Merkmale (Alter, Beruf, Schulbildung, Einkommen) und Persönlichkeitseigenschaften (Unternehmungslust, Neugier, Aufgeschlossenheit, Respektverlangen) aus. Ihre Ansprache sollte über Kommunikationskanäle und Medien erfolgen, die eine hohe selektive Reichweite besitzen, also auch bevorzugt von Frühadoptoren genutzt werden (Lifestyle-Magazine, „In-Lokale" u.Ä.).

Allerdings darf sich das Unternehmen mit seiner Eintrittsstrategie nicht allein auf die zahlenmäßig kleine Gruppe der Innovatoren beschränken. Viele erfolgversprechende Neuprodukte sind in der Vergangenheit gescheitert, weil ihnen die „Vision vom Massenmarkt" fehlte. Definiert das Unternehmen den Zielmarkt nämlich zu eng, dann bleiben weitere potentielle Kunden sowie mögliche Wettbewerber außer Acht. Eine zu weite Abgrenzung kann hingegen dazu führen, dass das Angebot des Unternehmens für einzelne Zielgruppen zu unspezifisch und allgemein ist, so dass die Nachfrager auf besser spezialisierte Anbieter ausweichen. Die Frage der inhaltlichen Zielmarktbestimmung stellt sich - insbesondere bei innovativen Produkten - insofern nicht erst zu Beginn der Markteintrittsplanung, sondern bereits am Anfang des gesamten Innovationsprozesses.

Ein spezielles Problem der Zielmarktselektion stellt die *geographische (räumliche) Marktabgrenzung* dar. Der räumlichen Marktabgrenzung bzw. Marktauswahl kommt deshalb eine besondere Bedeutung zu, weil zahlreiche Unternehmen im Zuge des weltweiten Konkurrenzdrucks dazu gezwungen sind, auf vielen Märkten tätig zu werden, was oftmals eine internationale Marktbearbeitung nahelegt.

Die Auswahl geographischer Zielmärkte geschieht meist in mehreren Schritten (Vor-, Zwischen- und Endauswahl) und basiert letztendlich auf der komparativen Gegenüberstellung marktspezifischer Ertrags- und Risikokriterien. *Ertragsbezogene Kriterien* beziehen sich u. a. auf das Volumen, das Potential sowie die distributive Struktur eines Markts (Jeannet/Hennessey, 1995, S. 144 ff.). Diese ökonomischen Merkmale sind nun um die Erhellung der technologischen, politisch-rechtlichen, ökologischen und allgemein-gesellschaftlichen Eigenschaften des potentiellen Zielmarkts zu ergänzen. *Risikobezogene Kriterien* beziehen sich auf die Verlustgefahren bei der Bearbeitung einer bestimmten Absatzregion bzw. eines bestimmten Teilmarkts. Im Falle eines grenzüberschreitenden Markteintritts spielen *Länderrisiken* eine besondere Rolle. Das Länderrisiko umfasst u. a. Enteignungs-, Dispositions-, Transfer-, allgemeine Sicherheits- und fiskalische Risiken (Engelhard, 1992, S. 370 f., und Kreutzer, 1988). Letztlich ist es Aufgabe der Zielmarktanalyse, anhand geeigneter Kriterien und Beschreibungsmerkmale jene Absatzräume auszuwählen, deren Bearbeitung für das Unternehmen in besonderem Maße erfolgversprechend bzw. risikominimal erscheint.

2.2 Die Bestimmung der institutionellen Eintrittsalternative

Einen wesentlichen Teilaspekt der Markteintrittsstrategie stellt die Festlegung der institutionellen Eintrittsform dar. Hierzu gehört vor allem die Frage, ob ein Unternehmen den Markteintritt selbständig, d.h. aus eigener Kraft vornimmt, oder ob es seine Eintrittskompetenz durch Fähigkeiten und Potentiale externer Partner verstärkt, worauf unten näher eingegangen wird.

Die institutionellen Eintrittsalternativen lassen sich nach verschiedenen Kriterien systematisieren, etwa nach dem Umfang des eigenen Ressourceneinsatzes sowie dem Grad der durch sie ermöglichten Kontrollierbarkeit der Neumarktaktivitäten (Stahr, 1993, S. 64, Kim/Hwang, 1992, S. 30 f., und Kumar, 1989, Sp. 916). Abbildung 1 bietet eine Übersicht über die im Folgenden näher erläuterten Markteintrittsformen institutioneller Art.

Selbständiger Markteintritt

Ein selbständiger Eintritt kann zunächst entweder mit neu gegründeten Unternehmen (sog. *Start ups*) oder im Rahmen einer bereits bestehenden Unternehmenstätigkeit im

Zuge einer Marktentwicklungs- u./o. internen Diversifikationsstrategie erfolgen. *Start ups* können entweder mit innovativen oder imitativen Angeboten in einen Markt eintreten. Häufig führt jedoch erst eine innovative „Geschäftsidee" zu Unternehmensgründung und erstmaliger Marktbearbeitung.

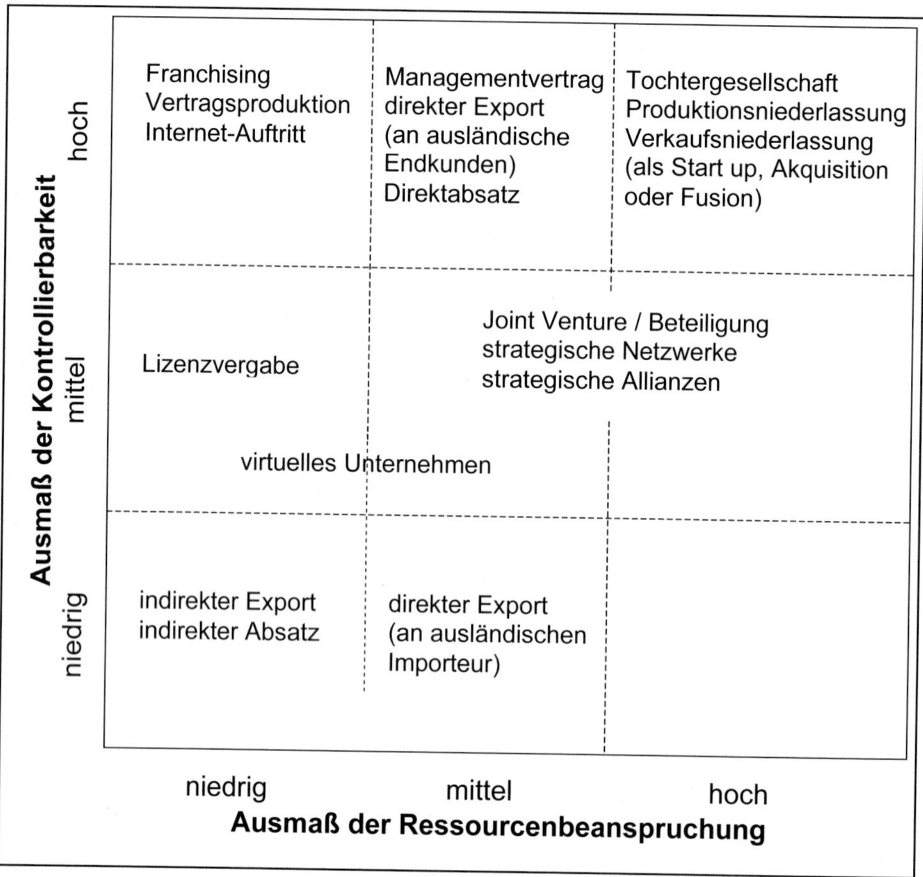

Abbildung 1: Institutionelle Markteintrittsformen

Interne Diversifikationen basieren auf den vermarktungsfähigen Resultaten eigener F&E-Anstrengungen bzw. eigener Produkt- und Verfahrensentwicklungen. Die Strategie der internen Entwicklung ist zwar riskant und für das einzelne Unternehmen sehr aufwendig, verspricht im Erfolgsfalle oft aber hohe Gewinne. Darüber hinaus wird ein ureigener Know-how-Vorsprung erzeugt, der zur Schaffung von Wettbewerbsvorteilen und zur Profilierung gegenüber den Konkurrenten genutzt werden kann.

Um aus eigener Kraft tragfähige Neuerungen hervorzubringen, sind geeignete *interne Voraussetzungen* zu schaffen. Hierzu gehören vor allem ein konsequent marktorientiertes F&E-Management, eine intensive Kommunikation, eine die unternehmerische Marktsicht ganzheitlich durchsetzende, abteilungsübergreifende Koordination, die Stärkung des internen Unternehmergeistes sowie die Entwicklung einer marktorientierten Unternehmenskultur (von der Oelsnitz, 1999, S. 167 ff., und Hauschildt, 1997). All dies findet seinen Niederschlag in der spezifischen Unternehmensidentität und mündet schließlich in ein modernes Innovations- oder „New-Venture-Management".

Eine Alternative zur internen Diversifikation stellt die *externe Diversifikation* in Form einer Akquisition bzw. Fusion dar, mit der neue Märkte betreten werden. Unter einer *Akquisition* wird grundsätzlich der Kauf von Unternehmen oder Unternehmensleistungen verstanden. Der gezielte Zukauf von Unternehmen kann u.a. die Einführung von Erzeugnissen in neuen Märkten erleichtern, der Zukauf von Produkten oder Produktrechten u.a. die Basis für eine Verbesserung der Angebotsqualität sein. Weitere Motive für den Zukauf von Unternehmen oder Unternehmensleistungen sind die von Akquisitionen erhofften Zeit- und Integrationsvorteile (Pausenberger, 1992, S. 212 f.). Nicht zuletzt deshalb ist die Bedeutung nationaler und internationaler Akquisitionen seit den 1980er Jahren sprunghaft angestiegen.

Die *Akquisition ganzer Unternehmen* in neuen Märkten ist eine äußerst sensible und weitreichende Entscheidung, die das Unternehmen nicht selten auch in Geschäftsfeldern berührt, die mit dem akquirierten Bereich vordergründig gar nichts zu tun haben (Bühner, 1993, Sp. 817). Angesichts der hohen Misserfolgsquote von Unternehmenskäufen kommt der Suche und Auswahl eines geeigneten Akquisitionskandidaten eine vielfach existentielle Bedeutung zu (zur Methodik vgl. Müller-Stewens, 1988, S. 236 ff.). Die bekannten Schwierigkeiten der Übernahme von Time Warner durch AOL sowie der – inzwischen beendeten – Beziehung BMW-Rover beispielsweise sind hierfür beredtes Zeugnis. Nach Ansicht von Pausenberger (1992, S. 213) stellen die Einwände gegen die Akquisitionsstrategie zugleich Argumente für eine unternehmerische Neugründung dar. Die Überlegungen zur Akquisition gelten analog auch für die *Fusion*, d.h. die Unternehmensverschmelzung.

Die *Einführung von Innovationen* besitzt ebenfalls sowohl für nationale wie für internationale Geschäftsausweitungen Bedeutung; der angesprochene Kundenkreis kann daher national (lokal, regional, landesweit) oder international definiert sein. Im Rahmen eines nationalen Markteintritts muss sich das Unternehmen zwischen einem direkten und einem indirekten Absatz im Zielmarkt entscheiden. Beim *Direktabsatz (Direktvertrieb)* erfolgt die Gewinnung und Belieferung des Endkunden durch den Hersteller selbst. Da demgemäß keine Handelsbetriebe im Absatzkanal auftreten, wird dieses Modell auch als Nullstufenkanal bezeichnet (Kotler/Bliemel, 2001, S. 1081). Ein solcher Weg wird u.a. bei sehr hochwertigen und/oder erklärungsbedürftigen Gütern gewählt; er findet sich deshalb häufig im Investitionsgüterbereich. Aber auch im Konsumgütersektor findet ein Direktabsatz der Erzeugnisse statt, z.B. über eigene Außendienstmitarbeiter (Vertreterverkauf) oder über Verkaufsniederlassungen der Hersteller. Bei der Entscheidung für den Absatzweg dürfen nicht nur Kostenüberlegungen eine Rolle spielen: Ein direkter Absatzweg ist für das Unternehmen zwar in der Regel kostspielig, erlaubt auf der anderen Seite jedoch eine bessere Steuerung der Distribution, spart die Handelsspanne ein und reduziert die Abhängigkeit von selbständigen, d.h. eigenen Zielen verpflichteten Handelsbetrieben (Fritz/von der Oelsnitz, 2001, S. 168, und Specht/Fritz, 2005).

Eine vor allem für die deutsche Wirtschaft wichtige Form der Auslandsmarktbearbeitung stellt der *direkte Export* dar, wenngleich diese Eintrittsform in verschiedenen Wirtschaftszweigen unterschiedlich stark ausgeprägt ist (Müller/Kornmeier, 1997, S. 74). Dabei beliefert ein Hersteller Wiederverkäufer bzw. Endverbraucher im Auslandsmarkt, ohne eigenständige inländische Absatzmittler in Anspruch zu nehmen (Stahr, 1993, S. 65). Obwohl ein eigener Kapitaleinsatz im Ausland nicht erforderlich ist, sind die Geschäftsaktivitäten dennoch vergleichsweise gut kontrollierbar. Eine Intensivierung stellt der Aufbau einer *eigenen Vertriebsorganisation* für den Auslandsabsatz dar. Auch dies erfordert noch keinen Kapitaleinsatz im Ausland, sofern die Vertriebsorganisation aus dem Inland ihre Funktion wahrnimmt. Grenzformen werden erreicht, wenn die Vertriebsorganisation Kundendienstleistungen im Auslandsmarkt erbringt oder teilweise doch in diesen verlegt wird.

Weitet sich das Volumen des Auslandsgeschäfts in diesem Sinne aus und verfügt ein nationaler Hersteller über eine ausreichende Ressourcenausstattung, dann werden im Zuge des Internationalisierungsprozesses zumeist *Direktinvestitionen* getätigt, d.h. das Unternehmen beschließt, im Auslandsmarkt z.B. eigene Niederlassungen zum Verkauf, zur Montage oder zur Fertigung der angebotenen Produkte zu errichten (Perlitz, 1997a, S. 225, und Waning, 1994, S. 179 ff.). Dies geht oft mit der Gründung lokaler Tochtergesellschaften einher. Als Alternative zur Unternehmensgründung bietet sich auch in diesem Zusammenhang die Unternehmensakquisition an.

Ausländische Tochtergesellschaften sind meist „maßstabsgetreue" Verkleinerungen der Zentrale hinsichtlich Unternehmensstruktur und Leistungsprozess (Meffert/Bolz, 1998, S. 129). Die Muttergesellschaft ersetzt damit den stammlandbasierten Güterexport durch die Erzeugung und Vermarktung der Unternehmensleistungen der landesspezifischen Tochtergesellschaften. Mit dieser Eintrittsform verbinden sich sowohl Kontrollvorteile als auch eine größere Markt- und Kundennähe im Ausland. Letzteres ist dann besonders wichtig, wenn die ethnozentrische Heimatland-Orientierung zugunsten einer polyzentrischen Strategie aufgegeben und z.B. das Top-Management der Tochtergesellschaft mit lokalen Führungskräften besetzt wird (Perlitz, 1997a, S. 140 f.).

Eine neue Form des Markteintritts ermöglichen die *modernen Online-Medien*, allen voran das Internet. Wenn z.B. bisher nur regional tätige Unternehmen ihr Leistungsangebot im World Wide Web anbieten, sind sie durch die weltweite Reichweite des Internet sofort global präsent (Quelch/Klein, 1996, und Meffert/Bolz, 1998, S. 136). Sie haben dann einen *virtuellen Markteintritt* vollzogen, wenn sie mit ihrer Web-Präsenz Zielmärkte erreichen und bedienen, die sich jenseits des von ihnen bisher bedienten Markts befinden (Wissmeier, 1997, S. 193 f., und Fritz, 2002).

Für die Planung einer virtuellen Markteintrittsstrategie ist die Doppelfunktion des Internet als Kommunikations- und Transaktionsmedium von Bedeutung (Quelch/Klein, 1996,

S. 62 ff,. und Wissmeier, 1997, S. 197 ff.). So nutzen bereits etablierte Unternehmen das Internet zunächst meist nur als zusätzliches Kommunikationsmedium für Produkt- und Unternehmensinformationen sowie später z.T. auch für den Absatz ihrer Leistungen (Fritz, 2002). Neu gegründete Unternehmen dagegen, die ihre Geschäftstätigkeit allein auf dem Internet aufbauen, wollen ihr Leistungsangebot nicht nur kommunizieren, sondern von Anfang an auch verkaufen. Sie setzen das Internet somit vor allem zur Anbahnung und Abwicklung geschäftlicher Transaktionen ein. Von einem virtuellen Markteintritt kann deshalb strenggenommen nur dann die Rede sein, wenn das Internet nicht nur als Kommunikations-, sondern auch als Transaktionsmedium verwendet wird. Wie Forschungsergebnisse zeigen, konzentriert sich diese Form des Markteinstiegs vorerst noch auf einzelne Produktkategorien (z.B. Bücher, Musik, Reisen) bzw. Regionen (insbes. Nordamerika und Europa, in wachsendem Maße aber auch Fernost). Mit der weiteren Verbreitung des Internet werden die Möglichkeiten des virtuellen Markteintritts jedoch auch in anderen Produkt- und Ländermärkten an Bedeutung gewinnen (Fritz, 2002 und 2004).

Kooperativer Markteintritt

Neben dem Markteintritt in Eigenregie bieten sich den Unternehmen auch verschiedene Möglichkeiten eines Markteintritts in Kooperation mit Partnern an. Dies gilt sowohl für die nationale als auch die internationale Perspektive.

Treten - im Gegensatz zum Direktvertrieb - wirtschaftlich und rechtlich selbständige Absatzmittler zwischen den Hersteller und den Endkunden, dann liegt ein *indirekter Absatz (indirekter Vertrieb)* vor; Groß- und Einzelhändler übernehmen dann für den Produzenten die Warenverteilung bis zum Endkunden (vgl. Specht/Fritz, 2005). Für den Hersteller ist diese Markteintrittsform mit geringeren Aufbauinvestitionen in einen eigenen Vertrieb, Zeitvorteilen und einem geminderten finanziellen Risiko verbunden (Fritz/von der Oelsnitz, 2001, S. 169). Dem steht jedoch gegenüber, dass der Produzent nicht selten ganz erhebliche „Eintrittsgelder“ in Form von Investitionsbeihilfen an den Handel zu zahlen hat, der indirekte Vertrieb also nicht unbedingt immer kostengünstiger als der direkte Vertrieb sein muss. Hinzu kommt, dass der Hersteller tendenziell weniger Einfluss auf das spätere Erscheinungsbild seines Produkts im Zielmarkt besitzt.

Beim *indirekten Export* überträgt ein inländisches Unternehmen einem unabhängigen inländischen Absatzmittler, der sich auf den Außenhandel spezialisiert hat, die Funktionen, Chancen und Risiken des Auslandsgeschäfts. Das Problem für das exportierende Unternehmen besteht darin, dass die Kontakte zum Auslandsmarkt hierbei gering bleiben und es selbst keine speziellen Kenntnisse über den Eintrittsmarkt erwerben kann. Günstig hingegen wirken sich die geringe finanzielle Belastung und die reduzierte Inanspruchnahme der unternehmerischen Entscheidungsträger aus. Als potentielle Absatzmittler fungieren u.a. inländische Exporteure, internationale Handelsgesellschaften oder auch Einkaufsniederlassungen eines ausländischen Handelsunternehmens, das auf diese Weise eigene Beschaffungsaktivitäten entwickelt (Meffert/Bolz, 1998, S. 125 f.).

Weitergehende kooperative Eintrittsstrategien, wie z.B. Joint Ventures, werden oft über die *Vergabe von Lizenzen* zum Vertrieb bzw. zur Fertigung von Produkten oder durch eine *Vertragsfertigung* eingeleitet. Beispielsweise begann das China-Engagement der Audi AG zunächst mit einem Lizenzierungsangebot für den chinesischen Partner First Automobile Works (FAW) in Changchun (Posth, 1997, S. 109). Eine derartige Strategie bietet sich insbesondere für Unternehmen an, die zwar über Technologie- oder Verfahrens-Know-how verfügen, denen es aber an Finanzkraft und Marktkenntnissen mangelt oder denen der Markt aus anderen Gründen für einen Markteintritt in Eigenregie zunächst verschlossen ist.

Das *Franchising* bildet eine weitere Form des kooperativen Markteintritts. Dabei stellt der Franchisegeber dem Franchisenehmer gegen Bezahlung einer Franchisegebühr z.B. produktbezogene Nutzungsrechte und Management-Know-how zur Verfügung (Perlitz, 1997b, S. 447 f., und Stahr, 1993, S. 68). Franchising bietet sich für den Geber vor allem deshalb an, weil er seine Aktivitäten schnell, gut kontrollierbar und zugleich mit relativ geringem finanziellem Aufwand auf große Wirtschaftsräume ausdehnen kann. Da der Franchisenehmer in der Regel das Kapital, die Geschäftsräume und das Personal stellt, ist das Markteintrittsrisiko für den Franchisegeber gering. Der Franchisenehmer profitiert seinerseits vom Know-how und Image des franchisegebenden Unternehmens und senkt sein Marktrisiko hierdurch ebenfalls deutlich. Der Franchisegeber kann die Aktivitäten seiner Partner zudem durch begleitende Marketingmaßnahmen unterstützen und deren Geschäftskosten durch die zumindest partielle Weitergabe seiner größenbedingten Kostenvorteile reduzieren. In Deutschland zählen TUI/First, Foto Quelle und McDonald's zu den größten Franchisesystemen.

Im Rahmen eines *Managementvertrags* wird z.B. ein inländisches Unternehmen (Managementvertrag-Anbieter oder -Geber) von einem ausländischen Unternehmen (Managementvertrag-Nachfrager oder -Nehmer) damit beauftragt, einen Betrieb im Ausland aufzubauen und/oder zu führen (Schmidt, 1996, S. 16). Eine kapitalmäßige Beteiligung ist dabei nicht erforderlich, oft aber die Bereitstellung von Personal durch den Managementvertrag-Geber. Diese begrenzten Investitionserfordernisse ermöglichen dem Geber-Unternehmen eine schnelle internationale Expansion, deren Risiken zudem begrenzt sind, da die Ausübung des Managementmandats meist auf Namen und für Rechnung des Nehmer-Unternehmens erfolgt (vgl. ebenda, S. 80). Vorreiter der Nutzung von Managementverträgen als Instrument des Markteintritts ist die Hotelbranche in den USA (insbes. Hyatt Hotel Corporation, vgl. Schmidt, 1996, S. 81 ff.).

Eine weitere wichtige Kooperationsform sind *Beteiligungen an Gemeinschaftsunternehmen* oder die bereits erwähnten *Joint Ventures* (Perlitz, 1997b, S. 453 ff.). Hierbei gründen mehrere Investoren ein neues Unternehmen im Zielmarkt. Hauptaufgabe von Joint Ventures ist die Aufteilung von Risiko und Gewinn unter den beteiligten Partnern. Joint Ventures können private und staatliche bzw. ausländische und inländische Unternehmen zusammenführen sowie - im Gegensatz zur landläufigen Meinung - auch von zwei ausländischen Unternehmen betrieben werden. So haben beispielsweise VW und Ford auf diese Weise eng zusammengearbeitet, als es um die Erschließung asiatischer Märkte ging.

Gemeinschaftsunternehmen werden in der Regel gegründet, um die Kosten und Risiken eigenständiger ausländischer Tochtergesellschaften zu vermeiden. Gerade für schwer erschließbare, reglementierte oder nur wenig bekannte (Auslands-)Märkte kann sich diese Eintrittsform anbieten. Speziell für kleinere Unternehmen sind Joint Ventures eine gute Möglichkeit, ihre fehlende Finanzkraft und unterentwickelte Marktkenntnis durch Kooperation mit einem leistungsfähigen ausländischen Partner zu kompensieren. Die Gesetzgebung in einigen Eintrittsmärkten verbietet zudem einen 100%igen Kapitalbesitz nicht heimischer Investoren. In diesem Fall ist ein Markteintritt mit Kapitaleinsatz nur durch die Hinzuziehung eines lokal ansässigen Partners möglich.

Weitere Möglichkeiten eines partnerschaftlichen Markteintritts ergeben sich durch strategische Netzwerke und Allianzen sowie durch virtuelle Unternehmen. *Strategische Netzwerke* stellen Kooperationsformen von Unternehmen meist unterschiedlicher Wirtschaftsstufen dar, in deren Mittelpunkt die Integration von Geschäftsaktivitäten mit Partnern außerhalb der Unternehmens- und Landesgrenzen steht (Kreikebaum, 1998, S. 123). Kooperieren aktuelle oder potentielle Konkurrenten miteinander, so spricht man von einer *strategischen Allianz* (Backhaus/Piltz, 1990, S. 2, und Backhaus, 2003, S. 286). Durch internationale strategische Netzwerke und Allianzen erlangen die beteiligten Unternehmen u.a. Zugang zu kostengünstigen Ressourcen, lokalen Märkten und produkt- oder verfahrensbezogenen Innovationen. Speziell die schnelle Erschließung großer Auslandsmärkte ist oft nur durch solche strategischen Partnerschaften möglich, da sie die Ressourcen und Fähigkeiten der einzelnen Unternehmen nicht selten überfordert (Fritz/von der Oelsnitz, 2001, S. 116, Kreikebaum, 1998, S. 123 f., und Sydow/Windeler/Wirth, 2002).

Virtuelle Unternehmen sind ebenfalls unternehmerische Netzwerkverbindungen. Die kooperierenden Unternehmen sind dabei jedoch nur informationstechnisch und nicht hierarchisch miteinander verbunden und streben lediglich eine temporäre Zusammenarbeit an, um ein Kundenproblem zu lösen bzw. ein zeitlich befristetes Projekt abzuwickeln. Sie sind somit meist in geringerem Maße institutionalisiert und daher auch von kürzerer Dauer als strategische Netzwerke und Allianzen (Kreikebaum, 1998, S. 131 f., Meffert, 1997, S. 118 ff., und Scholz, 1997, S. 320 ff.).

Die in virtuellen Unternehmen kooperierenden Partner bringen ihre jeweiligen Kernkompetenzen zur Erfüllung der Marktaufgabe ein. Sie sind dadurch meist in der Lage, Marktleistungen besser, billiger, schneller und flexibler anzubieten (vgl Kreikebaum, 1998, S. 133, und Davidow/Malone, 1993). Da die Aktivitäten über Computernetze, insbesondere über das Internet koordiniert werden, unterliegen virtuelle Unternehmen nicht mehr den strengen räumlichen Restriktionen herkömmlicher Organisationen. Die Abhängigkeit von geographischen Standorten nimmt ab, wodurch sich große Potentiale für die Internationalisierung eröffnen. Ein virtuelles Unternehmen kann zudem die oft üblichen politischen oder rechtlichen Schwierigkeiten bei der Kooperation mit ausländischen Partnern überwinden, weil es im Ausland keine eigene Rechtsform bildet und nur unter

Nutzung moderner Informations- und Kommunikationstechnologien koordiniert wird (Kreikebaum, 1998, S. 136). Somit eignen sich virtuelle Unternehmen in hohem Maße zur Erschließung ausländischer Märkte (vgl. auch Abschnitt 2.3).

2.3 Die Wahl der zeitlichen Eintrittsalternative

Hier geht es zum einen um die Festlegung des optimalen Markteintrittszeitpunkts sowie zum anderen um Entscheidungen, die die chronologische Abfolge der Bearbeitung mehrerer Zielmärkte klären.

Timingstrategien

Aus den grundlegenden zeitlichen Eintrittsoptionen eines expandierenden Unternehmens ergeben sich im Wesentlichen drei Timing-Alternativen: Ein Unternehmen kann entweder als *Führer* („pioneer“) oder als *früher* bzw. *später Folger* („early follower“ bzw. „late entrant“) in einen Markt eintreten (Backhaus, 2003, S. 267 f., und Robinson/Fornell, 1985, S. 305 ff.). Die Operationalisierung und Abgrenzung dieser Eintrittstypen ist nicht immer einfach und wird in der Literatur uneinheitlich vorgenommen. Sie muss sich letztlich einzelfallbezogen an strategischen, technologischen oder auch marktlichen Kriterien ausrichten. Beispielsweise kann der vierte Folger in einem Oligopolmarkt als Späteinsteiger gelten, wohingegen er in einem Markt, der einem Polypol ähnelt, eher zu den Frühentschlossenen zählt.

Da viele Märkte heute von immer kürzeren Produktlebenszeiten und einem immer rascheren Preisverfall geprägt sind, wird die *Pionierstrategie* in der Literatur oft als überlegen bezeichnet. Für eine derartige Einschätzung existiert eine Fülle empirischer Belege, die sich u.a. auf die PIMS-Forschung stützen (Buzzell/Gale, 1989, S. 153, Lambkin, 1988, Urban et al., 1986, und Clifford/Cavanagh, 1985). Sie alle verweisen auf das zwar höhere Eintrittsrisiko und die größeren Investitionen in den erstmals erforderlichen Marktaufbau, sehen demgegenüber jedoch ein deutlich höheres Gewinnpotential für den Firstcomer. Dieses ergibt sich vor allem aus folgenden Vorteilen: Pioniere profitieren von Image- und Bekanntheitsvorsprüngen - die Marken des Erstanbieters werden vom Konsumenten in aller Regel stärker wahrgenommen, besser erinnert und insgesamt günstiger bewertet (Alpert/Kamins, 1995, Kardes/Kalyanaram, 1992, und Carpenter/Nakamoto, 1989). Pioniere können überdies marktanteilsbedingte Kostenvorteile erzielen sowie Standards setzen, die die Qualitätserwartungen der Abnehmer prägen (vgl. Remmerbach, 1988, S. 58 ff., und Vidal, 1995). Pioniere weisen daher auch eine meist höhere Überlebensrate auf als Folger (vgl. Robinson/Min, 2002). In Märkten jedoch, die durch ein völlig neues Produkt erst entstehen, ist das Überlebensrisiko der Pioniere erheblich größer als in Märkten, die durch weniger tiefgreifende Innovationen hervorgebracht werden (vgl. Min/Kalwani/Robinson, 2006).

Nach Jain (1981) bevorzugen *Folger* vor allem *drei Eintrittsstrategien*: (1) „Me-too“-Eintritt mit imitativen Produkten, (2) Status-quo-infragestellender Eintritt mit innovativen Produkten und unkonventionellen Methoden sowie (3) Eintritt mit unterschiedlich stark modifizierten Produkten. In einer vereinfachten Differenzierung wird bei der Betrachtung später Marktzutritte lediglich unterschieden, ob der Späteinsteiger imitativ oder modifizierend, also mit an das Original eng angelehnten oder verbesserten (Nischen-) Produkten, in den Markt eintritt (Remmerbach, 1988, S. 64).

Dem *späten Folger*, der oft erst Jahre nach dem Pionier auftritt, wurden angesichts der o.g. Tendenzen lange Zeit nur geringe Aussichten auf einen langfristigen Markterfolg eingeräumt. Der verblüffende Erfolg später, jedoch in der Regel sehr finanzstarker und mit Know-how aus vergleichbaren Märkten versehener Einsteiger, hat diese Ansicht jedoch relativiert. Der späte Folger hat insbesondere in unvorhersehbar wachsenden Märkten häufig massive Vorteile auf seiner Seite. IBM (im PC-Markt), Coca-Cola (bei Diät-Softdrinks), Nintendo (Computerspiele) oder auch Nike (Sportartikel im europäischen Markt) haben ihre Markterfolge z.T. erst Jahrzehnte nach Marktbegründung durch die jeweiligen Pioniere erzielt und sind Beleg für die Tatsache, dass Späteinsteiger ebenfalls erfolgreich sein können (von der Oelsnitz/Heinecke, 1997, und Lilian/Yoon, 1990).

Gemeinhin wird jedoch der *frühe Folger* als härtester Konkurrent des Führers eingeschätzt. Man geht dabei in aller Regel davon aus, dass das Folgerunternehmen zwar nur als Zweiter oder Dritter, dafür aber „Besserer" in den Markt tritt (vgl. die Beispiele von Caterpillar, Hewlett-Packard oder Digital bei Peters/Waterman, 1990, S. 212 f.). Sein Hauptnachteil ergibt sich aus den beinahe zwangsläufigen Image- und Bekanntheitsvorsprüngen des Pioniers, die dieser oftmals zu einer starken Kundenbindung auszubauen weiß. Des Weiteren können für alle Folger Kostennachteile infolge marktanteilsbedingt geringerer Kostendegressionseffekte entstehen. Auf der anderen Seite profitiert besonders der frühe Folger von den Marktaufbauleistungen des Pioniers und kann sich mit einer eigenständigen Wettbewerbsstrategie Marktnischen erobern, die während der weiteren Marktbearbeitung ggf. sukzessive um angestammte Marktbereiche des Führers ergänzt werden. Darüber hinaus vermag der Folger nicht selten aus den strategischen Fehlern des Pioniers zu lernen. Ebenso wie alle späteren Unternehmen läuft jedoch auch der Zweit- oder Dritteinsteiger Gefahr, auf Markteintrittsbarrieren zu stoßen, die der Pionier frühzeitig zur Abschottung seines lukrativen Marktes errichtet hat.

Zum Erklärungswert der Strategievariable „Eintrittszeitpunkt" für den letztendlichen Eintrittserfolg liegen *widersprüchliche empirische Befunde* vor. Während vor allem die PIMS-nahen Untersuchungen hier eindeutige Zusammenhänge ausweisen, wird in eher kasuistisch bzw. wirtschaftshistoriographisch orientierten Studien eine bestenfalls eingeschränkte Erfolgsbedeutung des Eintrittszeitpunkts betont (Golder/Tellis, 1993, und Tellis/Golder, 1996). Ohne in diesem Rahmen auf die methodischen Schwächen beider Untersuchungstypen eingehen zu können (vgl. hierzu u.a. Clement/Litfin/Vanini, 1998), lässt sich aus diesen ambivalenten Befunden der Schluss ableiten, dass die Identifikation erfolgreicher Markteintrittszeitpunkte zwingend der *situativen Differenzierung* bedarf. Die Timingentscheidungen des Eintrittsunternehmens können vor diesem Hintergrund nicht ohne direkten Bezug auf die konkreten Rahmenbedingungen des Markteintritts beurteilt werden.

Diverse Situationsvariablen haben sich wiederholt als besonders bedeutsam für die Wahl des optimalen Markteintrittszeitpunkts erwiesen. In einer Fülle von Einzeluntersuchungen wurden immer wieder verschiedenartigste Variablenkataloge zusammengestellt (vgl. z.B. von der Oelsnitz, 1996a, S. 109 f., 1998, S. 27 ff., Green/Barclay/Ryans, 1995, S. 3 ff., Kerin/Varadarajan/Peterson, 1992, S. 39 ff., Specht/Perillieux, 1988, S. 210 ff., Remmerbach, 1988, S. 111 ff., und Robinson/Fornell, 1985, S. 305 ff.). Welche Timing-Alternative von diesen Faktoren tendenziell besonders begünstigt wird, zeigt Abbildung 2. Die Pionierrolle ist von daher nicht mit einer Erfolgsgarantie ausgestattet, sondern bedarf vielmehr eines aktiven und konsequenten Managements, um sich gegen die entschlossenen Angriffe starker Folger behaupten zu können (von der Oelsnitz, 1998, 2000).

Situationsvariable	begünstigt eher den FÜHRER	begünstigt eher den FOLGER
(1) Unternehmen		
- strategische Grundhaltung	offensiv	defensiv
- Risikoneigung	groß	groß
- Ressourcenstärke	groß	groß
(2) Unternehmen		
- Übereinstimmung mit bisherigem Fertigungsprogramm	groß	gering
- Einsatz vorhandener Fertigungsanlagen	möglich	nicht/kaum möglich
- Erfahrungen mit der Fertigungstechnologie	groß	gering
- Wettbewerbsbedeutung der Fertigungstechnologie	groß	gering
(3) Produkt		
- Komplexität	nicht eindeutig	gering
- Innovationsgrad	groß	gering
- Produktwechselkosten	hoch	gering
- Normierungs- und Standardisierungstauglichkeit	groß	gering
(4) Kunden		
- Anteil neuer Kunden	groß	gering
- Risikobereitschaft	groß	gering
- Anbieterpräferenzen	stark	schwach
- Erfahrung mit vergleichbaren Leistungsangeboten	groß	keine/kaum
(5) Markt		
- Marktpotential	nicht eindeutig	groß
- Marktwachstum	hoch	niedrig
- Aufbau von Markteintrittsbarrieren	leicht zu erreichen	schwierig zu erreichen
- staatliche Reglementierung	gering	groß

Abbildung 2: Ausgewählte Einflussfaktoren der Timing-Entscheidung
vgl. von der Oelsnitz, 1996a, S. 110

Reihenfolge des Markteintritts

Neben der Frage nach dem Zeitpunkt für den erstmaligen Markteintritt ist zu klären, in welcher räumlich-zeitlichen Abfolge die anvisierten Zielmärkte zu betreten sind. In diesem Zusammenhang sind zwei Strategiealternativen besonders relevant: die Wasserfallstrategie und die Sprinklerstrategie des Markteintritts (Ayal/Zif, 1985, S. 265 ff., Ohmae, 1985, S. 33, 43 f., und Kreutzer, 1989, S. 238 ff.).

Die *Sprinklerstrategie* sieht einen simultanen Eintritt in alle Zielmärkte vor. Der Name dieser Strategie leitet sich aus der bildlichen Vorstellung ab, dass die wichtigsten Schlüsselmärkte von einem neuen Produkt gleichsam zur selben Zeit „überflutet" werden (Ohmae, 1985, S. 44 und Perlitz, 1997a, S. 147 ff.). Ein derartiges Vorgehen empfiehlt sich insbesondere bei solchen Produkten, bei denen mit einer schnellen Nachahmung des Produkts durch kurzentschlossene Konkurrenten gerechnet werden muss. In diesem Fall bietet sich eine schnelle Verbreitung des Produkts in möglichst viele relevante Märkte des Unternehmens an. Den hiermit verbundenen Pioniervorteilen stehen allerdings auch erhöhte Aufwendungen gegenüber.

Im Gegensatz dazu steht die *Wasserfallstrategie*, bei der die Zielmärkte sequentiell betreten werden (Ohmae, 1985, S. 33, und Kreutzer, 1989, S. 238). Der Eintritt insbesondere in weit entfernte Auslandsmärkte wird demnach erst nach einer ausgiebigen Analyse der hiermit verbundenen Ertragsaussichten und Risiken vorgenommen. Die neuen Absatzgebiete werden somit zwar langsamer, auf der anderen Seite aber auch systematischer erschlossen. Diese Strategie bietet sich zunächst dann an, wenn jeweils marktspezifische Eintrittsstrategien erforderlich sind. In diesem Rahmen wird dann auf die speziellen Wettbewerbsbedingungen (Konkurrentenangebote, Nachfragerwünsche, Handelsstruktur) des Zielmarkts Rücksicht genommen. Eine solche Strategie ist ferner dann erforderlich, wenn das Unternehmen nur über eingeschränkte finanzielle und personelle Ressourcen verfügt, die dem aufwendigeren Simultaneintritt in die Zielmärkte entgegenstehen.

Das Unternehmen muss sich vor dem Hintergrund beschränkter Ressourcen und heterogener Märkte oft auf die wichtigsten Neumärkte konzentrieren. In diesem Zusammenhang wird eine *Kombinationsstrategie* relevant, bei welcher eine abgeschwächte Sprinklerstrategie bzw. eine kombinierte Wasserfall-Sprinkler-Strategie zum Einsatz kommen (Kreutzer, 1989, S. 250). Dabei werden neue Erzeugnisse nach einer sukzessiven Erschließung ausgewählter Auslandsmärkte erst dann auf breiter Basis nach dem Sprinkler-Modell eingeführt, wenn in mehreren Ländern bereits Erfolge absehbar sind. Entgegen der landläufigen Meinung sind auch globale Marken wie Camel, Nivea, Pampers oder Kellog`s Cornflakes nicht weltweit zeitgleich eingeführt, sondern sukzessiv auf den wichtigsten Absätzmärkten platziert worden.

2.4 Der Zusammenhang zwischen Markteintritts- und Marktbearbeitungsstrategie

Die Entscheidung für eine bestimmte institutionelle oder zeitliche Eintrittsform kann oft nur mit Blick auf die beabsichtigte Marktbearbeitungs- bzw. Wettbewerbsstrategie fallen (Zentes/Ferring, 1995, S. 429). So verlangt z.B. die *Differenzierungsstrategie* mit ihrer Betonung von Angebotsqualität und/oder Image nach institutionellen Markteintrittsformen, mit denen das Marketing im Eintrittsmarkt umfassend, d.h. also möglichst bis zum Endabnehmer, gesteuert werden kann (Porter, 1995, S. 62 ff.). Hier bieten sich grundsätzlich alle Eintrittsformen mit einer hohen Kontrollintensität an, wie der Direktabsatz, eigene Tochtergesellschaften sowie Filial- und Franchise-Systeme. Darüber hinaus legt die Differenzierung als Qualitätsführerschaftsstrategie einen pionierhaften Markteintritt sowie ein hohes Niveau der instrumentellen Marketing-Maßnahmen (Werbung, Verkaufsförderung etc.) nahe.

Geht es speziell im internationalen Marketing darum, eine *differenzierte Marktbearbeitung* durch ländermarktspezifische Marketing-Programme sicherzustellen, so empfiehlt sich ein Markteintritt mittels Beteiligungen, Joint Ventures oder der Akquisition ausländischer Unternehmen im jeweiligen Zielmarkt (Zentes/Ferring, 1995, S. 429).

Die Strategie der *Kostenführerschaft* setzt hingegen auf die Realisierung von Synergien, Ressourcenpoolung und eine bewusste Vereinfachung der Leistungserstellung und -vermarktung. Hierfür bieten sich vor allem Eintrittsformen an, die Größenvorteile erzeugen oder es dem Unternehmen gestatten, einen Teil seiner Wertschöpfung leistungsfähigen Kooperationspartnern z.B. in strategischen Allianzen zu überlassen. Institutionell können auch Eintrittsformen mit einer geringeren Kontrollintensität (wie z.B. Lizenzierungen) zum Einsatz kommen; dies konnte zumindest für standardisierte Produkte („Massengüter") in der Nahrungsmittelindustrie bestätigt werden (Müller-Stewens/Lechner, 1997, S. 243, und Shane, 1994, S. 639 f.). Sollen jedoch internationale Märkte im Sinne des *„Global Marketing"* standardisiert bearbeitet werden, um Wachstumsziele und Kostenvorteile bei gleichzeitig einheitlichem Marktauftritt zu erreichen, wird die Sicherstellung der Standardisierung erneut Markteintrittsformen mit hoher Kontrollintensität begünstigen (z.B. Franchising, Zentes/Ferring, 1995, S. 429).

In zeitlicher Hinsicht sind Kostenführerschaftsstrategien sowohl mit der Pionier- als auch mit der Folgerstrategie kompatibel, sieht man einmal von Produkten mit extrem kurzen Lebenszyklen ab. Im ersten Fall profitiert das Unternehmen davon, dass es in einem wachsenden, noch wenig umkämpften Markt relativ schnell erfahrungsrelevante Absatzvolumina und einen großen Marktanteil erzielen kann. Im zweiten Fall kann das Unternehmen Kostenersparnisse dadurch realisieren, dass es die Etablierung von Produktstandards abwartet und dann mit einer modernen Fertigungstechnologie und großen Absatzvolumina in den Markt eintritt. Den Folgern kommt zudem der Verzicht auf eigene F&E-Aufwendungen entgegen: Die Kosten einer Imitationsstrategie betragen nach den Ergebnissen einer Studie aus dem Jahre 1981 lediglich 65% der Kosten für Innovatoren (Mansfield/Schwartz/Wagner, 1981, S. 912).

Diese Überlegungen machen deutlich, dass die Wahl der Markteintrittsstrategie aufgrund enger sachlicher Interdependenzen nicht losgelöst von der geplanten Form der Marktbearbeitung geschehen kann.

3. Die Überwindung von Markteintrittsbarrieren

Abbildung 2 und die hiermit zusammenhängenden Überlegungen zur Vorteilhaftigkeit bestimmter Timingstrategien haben bereits deutlich werden lassen, dass die Wahl der unternehmerischen Eintrittsstrategie in vielerlei Hinsicht die speziellen Charakteristika der jeweiligen Eintrittssituation berücksichtigen muss. Die Eintrittssituation umfasst zum einen Faktoren, die den Markteintritt erschweren bzw. bestimmte Eintrittsstrategien ausschließen (sog. Begrenzungsfaktoren), zum anderen aber auch Sachverhalte, die dem einzelnen Unternehmen den Markteinstieg erleichtern bzw. seinen spezifischen Stärken entgegenkommen (sog. Vorteilhaftigkeitsfaktoren, z.B. ein großes Marktpotential und ein nur kleines Länderrisiko, vgl. Meffert/Bolz, 1998, S. 140).

Den vielleicht wichtigsten Begrenzungsfaktor des Markteintritts bilden die *Markteintrittsbarrieren*. Schätzungen der Welthandelsorganisation (WTO) gehen davon aus, dass immer noch etwa 50% des Welthandels verschiedenen wettbewerbsbeschränkenden Maßnahmen unterliegen (Meffert/Bolz, 1998, S. 50). Im Falle des grenzüberschreitenden Markteintritts erscheinen derartige Behinderungen u.a. im Gewande staatlicher Importkontingente oder nationaler Schutzzölle. Aber auch inländische Marktnewcomer können sich vor ihrem erfolgreichen Eintritt in einen nationalen Markt oft vielfältigen Hindernissen ausgesetzt sehen, die gelegentlich durch unternehmensinterne Defizite (fehlendes Management-Know-how, Kostennachteile oder Ressourcenschwächen) noch verschärft werden. Es ist daher eine der Hauptaufgaben des Markteintrittsmanagements, derartige Eintrittshindernisse zu überwinden.

Als Pionier auf dem Gebiet der Markteintrittsbarrieren hat Joe S. Bain (1956) *Produktdifferenzierungsvorsprünge, Betriebsgrößenvorteile* und *absolute Kostenvorteile* der Etablierten als wichtigste Markteintrittsbarrieren für Newcomer unterschieden. Porter entwickelte das Spektrum potentieller Zutrittshemmnisse weiter. Er nennt folgende Arten bzw. Ursachen für Markteintrittsbarrieren (Porter, 1995, S. 29 ff.):

- Kostenvorteile durch Economies of Scale;
- Größenunabhängige Kostenvorteile (z.B. durch Erhalt von Subventionen);
- Produktdifferenzierungsvorteile;
- Kapitalerfordernisse;
- Umstellungskosten der Kunden;
- Zugang zu wichtigen Vertriebskanälen sowie
- staatliche Politik.

Im Laufe der Zeit sind von den verschiedensten Autoren noch wesentlich mehr Eintrittsbarrieren identifiziert worden, die sich aber wohl in der einen oder anderen Form immer wieder auf die Porterschen Barrieren zurückführen lassen. Die an Einfallsreichtum oft atemberaubenden Eingriffe der staatlich-protektionistischen Wirtschaftspolitik eingerechnet, lässt sich die Gesamtzahl der heute weltweit anzutreffenden Eintrittsblockaden vermutlich auf mehrere tausend Varianten taxieren. Der größte Teil hiervon dürfte nach wie vor auf die diversen institutionellen Einflüsse zurückzuführen sein - die UNCTAD zählte in einer Studie allein über 3.000 solcher außermarktlich begründeten Eintrittshemmnisse (Simon, 1989, Sp. 1444).

Bei der Beschreibung und Bewertung von Markteintrittsbarrieren ist indes eine zweifache Relativierung nötig. Die erste betrifft die *zeitliche Veränderlichkeit* von Eintrittsbarrieren: Durch Gesetzesnovellierungen, Änderungen in der staatlichen Subventionspolitik, technologische Durchbrüche, gravierende Verschiebungen in der Nachfragestruktur und nicht zuletzt durch die bohrenden Gegenmaßnahmen der Konkurrenten können bis dato wirksame Zutrittsbarrieren ihre abschreckende Wirkung verlieren. Nur wenige Eintrittsbarrieren sind vor diesem Hintergrund zu einer dauerhaften Marktabschottung in der Lage. Dies belegt auch das Wirken der Welthandelsorganisation (WTO), der es gelungen ist, eine Reihe internationaler Handelshemmnisse zu reduzieren (z.B. die chinesischen Importzölle im PKW-Sektor). Die zweite Relativierung bezieht sich auf die Tatsache, dass Markteintrittsbarrieren *nur in Ausnahmefällen absolute Geltung* besitzen. Die Höhe einer gegebenen Eintrittsbarriere hängt letztlich von einer Fülle verschiedenster Faktoren ab, von denen einige vom einzelnen Unternehmen nur sehr begrenzt beeinflusst werden können, während wiederum andere einer gewissen Disponibilität unterliegen.

Ein wesentlicher Einflussfaktor ist z.B. der *Geschäftstyp* bzw. die Natur des zu vermarktenden Produkts (von der Oelsnitz, 1997). Zwar bilden Kostenvorteile der angestammten Anbieter bei Konsumgütern wie bei Investitionsgütern die mit Abstand größte Eintrittsbarriere (Karakaya/Stahl, 1989, S. 86 f.); auf der anderen Seite sind jedoch auch geschäftstypische Schwerpunkte zu verzeichnen. So sind Imagevorteile (u.a. erarbeitet über eine systematische Markenpolitik; vgl. die Beiträge von Meffert/Burmann und Esch in diesem Band) und ein freier Absatzkanalzugang vor allem für Konsumgüteranbieter relevant. Demgegenüber sind marktübliche Fertigungs- und Gebrauchsstandards, die durch die größere Wertdimension des einzelnen Auftrags bedingte Vorfinanzierungsnotwendigkeit sowie die bei Systemgütern höheren Anbieterwechselkosten der Kunden vor allem für Investitionsgüteranbieter ein Markteintrittsproblem (von der Oelsnitz, 1996b, S. 45).

Die praktischen Eintrittsbehinderungen können oftmals jedoch durch die *jeweilige Eintrittsstrategie* beeinflusst werden. So vermögen kooperative Eintrittsformen nicht nur die Kapitalerfordernisse zu senken, sondern zugleich auch die Kenntnisse eines u.U. markterfahreneren Partners unsicherheitsreduzierend zu nutzen. Überdies kann es z.B. im Rahmen eines Joint Ventures mit ausländischen Partnern gelingen, protektionistische Maßnahmen zu umgehen und im Ausland als „Insider" aufzutreten (Ohmae 1985, S. 40).

Für die Struktur und Höhe der zu überwindenden Einstiegshindernisse besitzt auch das *Eintrittstiming* große Bedeutung: Frühe Folger haben erfahrungsgemäß weniger Schwierigkeiten, pioniergesetzte Einstiegshürden zu überwinden, da ihre erfahrungsbedingten Kostennachteile oft noch nicht so gravierend sind und der Pionier insgesamt weniger Zeit für den Aufbau von Imagevorteilen hatte. Und schließlich liegt mit dem von Kotler entworfenen *Konzept des Megamarketing* ein strategisches Handlungsprogramm vor, das mit Hilfe einer Erweiterung der Marketing-Instrumente direkt auf die systematische Senkung von Einstiegsbarrieren in blockierten Märkten im In- und Ausland abzielt. Hierzu empfiehlt der Urheber die Ergänzung der klassischen vier P´s des Marketing-Mix - Produkt, Preis, Platzierung und Promotion - um zwei weitere P´s: Politische Einflussnahme („Politics“) und Management öffentlicher Beziehungen („Public Relations“; vgl. Kotler, 1986, S. 33). Mit beiden Ergänzungen können „zur rechten Zeit und im richtigen Maß mit Anreizen und Sanktionen auch Nichtkunden“ (z.B. Politiker, Verbraucherschützer) beeinflusst werden. Megamarketing ist insofern als „strategisch koordinierte Anwendung von ökonomischen, psychologischen, politischen und PR-Fähigkeiten“ (ebenda) zu verstehen, mit denen der herkömmliche Instrumentalfokus auf zusätzliche Einflussgruppen (insb. Staat und allgemeine Öffentlichkeit) ausgedehnt wird, um so letztlich weitere Interessen zu mobilisieren und deren breite Eintrittsunterstützung zu gewinnen.

Einige der traditionellen Markteintrittsbarrieren verlieren überdies an Bedeutung, wenn ein Unternehmen einen *virtuellen Markteintritt* via Internet vornimmt oder als Partner eines *virtuellen Unternehmens* die kooperative Erschließung eines Eintrittsmarkts beabsichtigt (vgl. Fritz, 2002). So können z.B. Newcomer mit Hilfe des Internet einen Markt schnell und kostengünstig betreten und notfalls auch wieder verlassen, insbesondere wenn sie digitalisierbare Leistungen anbieten. Die für den Aufbau physischer Betriebsstätten notwendigen Kosten entfallen, und die von den im Markt ansässigen Konkurrenten dafür bereits erbrachten Investitionen wirken auf den Neueinsteiger nicht abschreckend. Eine ausländische Direktbank beispielsweise kann via Internet in den Inlandsmarkt eintreten, ohne dabei ein kostspieliges Zweigstellennetz errichten zu müssen. Das Geschäftsstellennetz der dort bereits etablierten Banken stellt somit keine wirksame Markteintrittsbarriere mehr dar. Speziell für kleine und mittlere Unternehmen bietet das Internet entweder im Alleingang oder im Verbund eines virtuellen Unternehmens eine kostengünstige Alternative des Eintritts in neue Märkte und setzt so auch die Wirkung traditioneller kosten- und betriebsgrößenbedingter Zutrittsbarrieren herab (Quelch/Klein, 1996, S. 70, und Wissmeier, 1997, S. 197). Allerdings existieren in der Internet-Ökonomie neue Eintrittsbarrieren, die sich u.a. aus der bisher nur begrenzten Verbreitung und Nutzung des Internet ergeben (vgl. Fritz, 2002, S. 144 ff.).

4. Ausblick

Die Notwendigkeit einer immer schnelleren Einführung neuer Produkte und die Herausforderungen des globalen Wettbewerbs lassen ein gezieltes Markteintrittsmanagement zunehmend wichtig werden (vgl. von der Oelsnitz, 2000). Ein wesentliches Element dieser Aktivität ist die Entwicklung, Planung und Durchsetzung einer geeigneten Eintrittsstrategie. Eine solche enthält vor allem Aussagen über Zielmärkte, Eintrittszeitpunkte, die Reihenfolge von Markteintritten sowie instrumentelle und institutionelle Festlegungen. Wie jede Strategie ist auch die des Markteintritts dabei in höchstem Maße *relativ*, d.h. in ihrer inhaltlichen Ausgestaltung an die besonderen Bedingungen der Eintrittssituation anzupassen.

Angesichts der Bedeutung einer gezielten Eintrittsplanung verwundert es, dass bei diesbezüglichen Aktivitäten die Praxis sehr häufig unsystematisch agiert und oftmals eher intuitiv und nach vermeintlich bewährten Erfahrungsregeln vorgeht (vgl. hierzu ausführlicher Root, 1987). So machen sich in den USA nach einer Studie von Calof (1993, S. 109 f.) nur wenige Unternehmen die Mühe einer Analyse von Zielmärkten und institutionellen Eintrittsformen. In über 50% der Fälle wurden keine unternehmensexternen Informationen für die Entscheidung herangezogen, und 82% der expansionswilligen Unternehmen analysierten nur eine einzige Markteintrittsform. Bezeichnend für die mangelnde Gründlichkeit der Eintrittsplanung ist ferner, dass über 40% der Markteintrittsentscheidungen in weniger als einem Monat getroffen wurden.

Es ist zu befürchten, dass in Deutschland die Verhältnisse nicht wesentlich positiver zu beurteilen sind. Darauf lässt jedenfalls eine Aussage des Vorsitzenden des Bundesverbandes des Deutschen Exporthandels, G. Schroeder, schließen, der der Meinung ist, dass weniger als 20% der vorwiegend mittelständischen deutschen Exporteure bei der Bearbeitung ihrer Auslandsmärkte eine bewusste Strategie verfolgen (o.V., 1995, S. 1). Dies kann sich sehr nachteilig auswirken, denn nicht jedes mittelständische Unternehmen ist ein „Hidden Champion", dem es gelingt, auch ohne eine sorgfältige Markteintrittsplanung international erfolgreich zu sein (Simon, 1996, S. 72 f.). Überhaupt fehlen dem Großteil der deutschen Unternehmen nicht nur wesentliche Kenntnisse über die Art und Struktur ihrer ausländischen Märkte, sondern oftmals auch internationale Kontakte (DIHT, 1995, S. 4). Wenngleich dieses Problem im Falle nationaler Markteintritte weniger relevant ist, zeigt sich dennoch eine vielfach noch unterentwickelte unternehmerische Sensibilität für die Bedeutung eines systematischen Markteintrittsmanagements. Es ist fraglich, ob die zukünftigen Wettbewerbsbedingungen diese Nachlässigkeit im gewohnten Umfang tolerieren werden.

5. Literatur

ALPERT, F. H./KAMINS, M. A., An Empirical Investigation of Consumer Memory, Attitude, and Perceptions Toward Pioneer and Follower Brands, in: Journal of Marketing, 1995, S. 34-45.

AYAL, I./ZIF, J., Market Expansion Strategies in Multinational Marketing, in: Wortzel, H./Wortzel, L., (Hrsg.), Strategic Management of Multinational Corporations: The Essentials, New York u.a. 1985, S. 265-277.

BACKHAUS, K., Industriegütermarketing, 7. Aufl., München 2003.

BACKHAUS, K./PILTZ, K., Strategische Allianzen - eine neue Form kooperativen Wettbewerbs, in: Dies., (Hrsg.), Strategische Allianzen, Düsseldorf u.a. 1990, S. 1-10.

BAIN, J. S., Barriers to New Competition, Cambridge 1956.

BÜHNER, R., Diversifikation, in: Wittmann, W. et al., (Hrsg.), Handwörterbuch der Betriebswirtschaft, 5. Aufl., Stuttgart 1993, Sp. 806-820.

BUZZELL, R. D./GALE, B., Das PIMS-Programm, Wiesbaden 1989.

CALOF, J. L., The Mode Choice and Change Decision Process and its Impact of International Performance, in: International Business Review, 1993, S. 97-120.

CARPENTER, G. S./NAKAMOTO, K., Consumer Preference Formation and Pioneering Advantage, in: Journal of Marketing Research, 1989, S. 285-298.

CLEMENT, M./LITFIN, T./VANINI, S., Ist die Pionierrolle ein Erfolgsfaktor?, in: Zeitschrift für Betriebswirtschaft, 1998, S. 205-226.

CLIFFORD, D./CAVANAGH, R., The Winning Performance, New York 1985.

D'AVENI, R. A., Hyperwettbewerb, Frankfurt/Main 1995.

DAVIDOW, W.H./MALONE, M.S., Das virtuelle Unternehmen, Der Kunde als Co-Produzent, Frankfurt/Main 1993.

DITH-DEUTSCHER INDUSTRIE- UND HANDELSTAG, (Hrsg.), Investitionen im Ausland: Investitionsabsichten deutscher Industrieunternehmen im Herbst 1995 für 1996. Ergebnisse einer Unternehmensbefragung, Bonn 1995.

DROEGE, W. P./BACKHAUS, K./WEIBER, R., (Hrsg.), Strategien für Investitionsgütermärkte, Landsberg 1993.

ENGELHARD, J., Bewertung von Länderrisiken bei Auslandsinvestitionen: Möglichkeiten, Ansätze und Grenzen, in: Kumar, B./Haussmann, H. (Hrsg.), Handbuch der Internationalen Unternehmenstätigkeit, München 1992, S. 367-383.

FRITZ, W., (Hrsg.), Internet-Marketing. Marktorientiertes E-Business in Deutschland und den USA, 2. Aufl., Stuttgart 2001.

FRITZ, W., Markteintrittsstrategien im Electronic Commerce, in: Schögel, M./Tomczak, T./Belz, C. (Hrsg.), Roadm@p to E-Business, St. Gallen 2002, S. 136-151.

FRITZ, W., Internet-Marketing und Electronic Commerce, 3. Aufl., Wiesbaden 2004.

FRITZ, W./OELSNITZ, D. von der, Marketing. Elemente marktorientierter Unternehmensführung, 3. Aufl., Stuttgart 2001 (4. Aufl. 2006).

GOLDER, P. N./TELLIS, G. J., Pioneer Advantage: Marketing Logic or Marketing Legend?, in: Journal of Marketing Research, 1993, S. 158-170.

GREEN, D./BARCLAY, D./RYANS, A., Entry Strategy and Long-Term Performance: Conceptualization and Empirical Examination, in: Journal of Marketing, 1995, S. 1-16.

HAUSCHILDT, J., Innovationsmanagement, 2. Aufl., München 1997.

JAIN, S. C., Marketing Planning and Strategy, Cincinnati 1981.

JEANNET, J.-P./HENNESSEY, H. D., Global Marketing Strategies, 3. Aufl., Boston u.a. 1995.

KARAKAYA, F./STAHL, M., Barriers to Entry and Marketing Entry Decisions in Consumer and Industrial Goods Markets, in: Journal of Marketing, 1989, S. 80-91.

KARDES, F. R./KALYANARAM, G., Order-of-Entry Effects on Consumer Memory and Judgment: An Information Integration Perspective, in: Journal of Marketing Research, 1992, S. 343-357.

KERIN, R. A./VARADARAJAN, P. R./PETERSON, R. A., First-Mover Advantage: A Synthesis, Conceptual Framework, and Research Propositions, in: Journal of Marketing, 1992, S. 33-52.

KIM, W. C./HWANG, P., Global Strategy and Multinationals Entry Mode Choice, in: Journal of International Business Studies, 1992, S. 29-53.

KLEINSCHMIDT, E. J./GESCHKA, H./COOPER, R. G., Erfolgsfaktor Markt. Kundenorientierte Produktinnovation, Berlin u.a. 1996.

KOTLER, P., Megamarketing, in: Harvard Manager, 1986, S. 32-39.

KOTLER, P./BLIEMEL, F., Marketing-Management, 10. Aufl., Stuttgart 2001.

KREIKEBAUM, H., Organisationsmanagement internationaler Unternehmen, Wiesbaden 1998.

KREUTZER, R., Der Abbau unternehmensspezifischer Risiken bei Auslandsengagements, in: Wirtschaftswissenschaftliches Studium, 1988, S. 584-588.

KREUTZER, R., Global Marketing. Konzeption eines länderübergreifenden Marketing, Wiesbaden 1989.

KÜHN, R., Markteintritts- und Marktaustrittsstrategien, in: Tietz, B./Köhler, R./Zentes, J., (Hrsg.), Handwörterbuch des Marketing, 2. Aufl., Stuttgart 1995, Sp. 1756-1768.

KUMAR, B., Formen der internationalen Unternehmenstätigkeit, in: Macharzina, K./Welge, M. K., (Hrsg.), Handwörterbuch Export und internationale Unternehmung, Stuttgart 1989, Sp. 914-926.

LAMBKIN, M., Order of Entry and Performance in New Markets, in: Strategic Management Journal, 1988, S. 127-140.

LILIEN, G. L./YOON, E., The Timing of Competitive Market Entry: An Exploratory Study of New Industrial Products, in: Management Science, 1990, S. 568-585.

MANSFIELD, E./SCHWARTZ, M./WAGNER, S., Imitation Costs and Patents: An Empirical Study, in: Economic Journal, 1981, S. 907-918.

MEFFERT, H., Die virtuelle Unternehmung: Perspektiven aus der Sicht des Marketing, in: Backhaus, K. et al., (Hrsg.), Marktleistung und Wettbewerb, Wiesbaden 1997, S. 115-141.

MEFFERT, H./BOLZ, J., Internationales Marketing-Management, 3. Aufl., Stuttgart 1998.

MINS, S./KALWANI, M. U./ROBINSON, W. T., Market Pioneer and Early Follower Survival Risks: A Contingency Analysis of Really New Versus Incrementally New Product Markets, in: Journal of Marketing, January 2006, S. 15-33.

MÜLLER, S./KORNMEIER, M., Motive und Unternehmensziele als Einflußfaktoren der einzelwirtschaftlichen Internationalisierung, in: Macharzina, K./Oesterle, M.-J., (Hrsg.), Handbuch Internationales Management, Wiesbaden 1997, S. 71-101.

MÜLLER-STEWENS, G., Entwicklung von Strategien für den Eintritt in neue Geschäfte, in: Henzler, H.A., (Hrsg.), Handbuch Strategische Führung, Wiesbaden 1988, S. 219-242.

MÜLLER-STEWENS, G./LECHNER, C., Unternehmensindividuelle und gastlandbezogene Einflußfaktoren der einzelwirtschaftlichen Internationalisierung, in: Macharzina, K./Oesterle, M.-J., (Hrsg.), Handbuch Internationales Management, Wiesbaden 1997, S. 231-252.

OELSNITZ, D. von der, Ist der „Firstcomer“ immer die Sieger? Einflußfaktoren für die Wahl des optimalen Markteintrittszeitpunkts, in: Marktforschung und Management, 1996, S. 108-111.

OELSNITZ, D. von der, Markteintrittsbarrieren im internationalen Investitionsgütergeschäft, in: Thexis, 1996, S. 44-52.

OELSNITZ, D. von der, Markteintrittsbarrieren für konsumtive und investive Güter: eine vergleichende Analyse, in: Zeitschrift für Planung, 1997, S. 197-213.

OELSNITZ, D. von der, Als Marktpionier zu dauerhaftem Erfolg, in: Harvard Business Manager, 1998, S. 24-31.

OELSNITZ, D. von der, Marktorientierter Unternehmenswandel. Managementtheoretische Perspektiven der Marketingimplementierung, Wiesbaden 1999.

OELSNITZ, D. von der (Hrsg.), Markteintrittsmanagement, Stuttgart 2000.

OELSNITZ, D. von der/BUSCH, M., Kompetenzorientierte Markteintrittsplanung für KMU, in: Meyer, J.-A. (Hrsg.), Wissens- und Informationsmanagement in KMU. Jahrbuch der Mittelstandsforschung, Band 12, Köln 2005, S. 297-320.

OELSNITZ, D. von der/HEINECKE, A., Auch der Zweite kann gewinnen. Warum ein Abwarten beim Markteintritt manchmal die bessere Lösung ist, in: Management Zeitschrift IO, 1997, S. 35-39.

OHMAE, K., Die Macht der Triade, Wiesbaden 1985.

o.V., Dem Mittelstand fehlen Strategien für den Außenhandel, in: Blick durch die Wirtschaft, 1995, S. 1.

PAUSENBERGER, E., Internationalisierungsstrategien industrieller Unternehmungen, in: Dichtl, E./Issing, O., (Hrsg.), Exportnation Deutschland, München 1992, 2. Aufl., S. 199-220.

PERLITZ, M., Internationales Management, 3. Aufl., Bern, Stuttgart 1997.

PERLITZ, M., Spektrum kooperativer Internationalisierungsformen, in: Macharzina, K./Oesterle, M.-J., (Hrsg.), Handbuch Internationales Management, Wiesbaden 1997, S. 441-457.

PETERS, T. J./WATERMAN, R. H., Auf der Suche nach Spitzenleistungen, Landsberg 1990.

PORTER, M., Wettbewerbsstrategie, 8. Aufl., Frankfurt/Main 1995.

POSTH, M., Die Automobilbranche und ihre zukünftige Entwicklung in China, in: Kutschker, M., (Hrsg.), Management in China, Frankfurt/Main 1997, S. 103-116.

QUELCH, J. A./KLEIN, L., The Internet and International Marketing, in: Sloan Management Review, 1996, S. 60-75.

REMMERBACH, K.-U., Markteintrittsentscheidungen, Wiesbaden 1988.

ROBINSON, W. T./FORNELL, C., Sources of Market Pioneer Advantages in Consumer Goods Industries, in: Journal of Marketing Research, 1985, S. 305-317.

ROBINSON, W. T./MIN, S., Is the First to Market the First to Fail?, in: Journal of Marketing Research, 2002, S. 120-128.

ROOT, F. R., Entry Strategies for International Markets, 2. Aufl., New York 1987.

SCHMIDT, T., Der Managementvertrag als Instrument der Unternehmenszusammenarbeit unter besonderer Berücksichtigung potentieller Konfliktfelder sowie Einsatzbedingungen und strategischer Optionen, Aachen 1996.

SCHOLZ, C., Strategische Organisation. Prinzipien zur Vitalisierung und Virtualisierung, Landsberg 1997.

SHANE, S., The Effect of National Culture on the Choice Between Licensing and Direct Foreign Investment, in: Strategic Management Journal, 1994, S. 627-642.

SIMON, H., Markteintrittsbarrieren, in: Macharzina, K./Welge, M., (Hrsg.), Handwörterbuch Export und Internationale Unternehmung, Stuttgart 1989, Sp. 1441-1453.

SIMON, H., Die heimlichen Gewinner (Hidden Champions), Frankfurt/Main 1996.

SPECHT, G./FRITZ, W., Distributionsmanagement, 4. Aufl., Stuttgart 2005.

SPECHT, G./PERILLIEUX, R., Erfolgsfaktoren technischer Führer- und Folgerpositionen auf Investitionsgütermärkten, in: Zeitschrift für betriebswirtschaftliche Forschung, 1988, S. 204-226.

STAHR, G., Internationales Marketing, 2. Aufl., Ludwigshafen 1993.

SYDOW, J./WINDELER, A./WIRTH, C., Markteintritt als kollektiver Netzwerkeintritt, in: Die Betriebswirtschaft, 2002, S. 459-473.

TELLIS, G. J./GOLDER, P. N. (1996), First to Market, First to Fail? Real Causes of Enduring Market Leadership, in: Sloan Management Review, 1996, S. 65-75.

URBAN, G. L./CARTER, T./GASKIN, S./MUCHA, Z., Market Share Rewards to Pioneering Brands: An Empirical Analysis and Strategic Implications, in: Management Science, 1986, S. 645-659.

VIDAL, M., Strategische Pioniervorteile, in: Zeitschrift für Betriebswirtschaft, 1995, S. 43-58.

WANIG, T., Markteintritts- und Marktbearbeitungsstrategien im globalen Wettbewerb, Münster 1994.

WIßMEIER, U. K., Internationales Marketing im Internet, in: Jahrbuch der Absatz- und Verbrauchsforschung, 1997, S. 189-213.

ZENTES, J./FERRING, N., Internationales Hansdelsmarketing, in: Hermanns, A./Wißmeier, U. K., (Hrsg.), Internationales Marketing-Management, München 1995, S. 410-436.

2. Kapitel:

Gestaltungsalternativen

Cornelia Zanger

Leistungskern

1. Leistungskern und marktorientiertes Produktverständnis

Wissenschaftlicher Ausgangspunkt für definitorische Überlegungen in der Produktpolitik können die drei Ebenen des Produktverständnisses nach Kotler sein, der in einen substantiellen, einen erweiterten und einen generischen Produktbegriff unterscheidet (Kotler, 1972). Das substantielle Produktverständnis bezieht sich auf ein abgrenzbares, physisches Kaufobjekt und schließt substanzbezogene Dienstleistungen aus (Brockhoff, 1999, S. 14). Angesichts der zunehmenden Homogenität der Güter in Bezug auf ihre technische Produktqualität und der damit verbundenen Austauschbarkeit der Produkte in der Wahrnehmung der Konsumenten treten im Sinne des erweiterten Produktverständnisses substanzbezogene Dienstleistungen wie bspw. Entwicklungs-, Beratungs- und Koordinationsleistungen hinzu, die eine differenzierte Wahrnehmung des Produktes für den Kunden ermöglichen (Brockhoff, 1999, S. 16). Das erweiterte Produktverständnis bleibt jedoch dem physischen, materiellen Charakter von Produkten nahe (Meffert, 2000, S. 333). Die Einbeziehung von immateriellen Leistungen wie bspw. Bankdienste und Versicherungsleistungen wird erst über das generische Produktverständnis möglich, das Produkte als Eigenschafts- bzw. Leistungsbündel beschreibt, die das Unternehmen zur Erreichung seiner absatzpolitischen Ziele am Markt anbietet (Brockhoff, 1999, S. 22). Damit wird es möglich, die Dichotomie von Sach- und Dienstleistungen aufzulösen und den aktuellen Entwicklungen am Markt Rechnung tragend eine theoretische Basis für die Integration von Sach- und Dienstleistungen in einem Produkt zu finden (Engelhardt/Kleinaltenkamp/Reckenfelderbäumer, 1993).

Es stellt sich nun die Frage, wie aus dem Eigenschaftsbündel „Produkt" diejenigen Eigenschaften zu identifizieren sind, die zur Beschreibung des Leistungskerns herangezogen werden können. Aus der Perspektive eines kundenorientierten Produktmanagements muss das Produkt der Befriedigung eines konkreten Kundenbedürfnisses dienen. Für den Anbieter ist damit die Aufgabe verbunden, dem Kunden eine ganz bestimmte Problemlösung anzubieten, die sich durch definierte Eigenschaften bzw. Leistungsparameter auszeichnet. Die Gesamtheit aller vom Kunden wahrgenommenen Eigenschaften bestimmt die subjektive Beurteilung der Qualität des Produktes. Das heißt, nicht die objektive Beschaffenheit eines Produktes oder die tatsächlich messbaren Leistungsparameter (im Sinne einer technischen Qualität), sondern das subjektiv wahrgenommene Problemlösungs-potential des Produktes (im Sinne der Eignung für einen intendierten Verwendungszweck) bestimmt den subjektiv wahrgenommenen Nutzen des Produktes für die Befriedigung eines individuellen Bedürfnisses (Herrmann, 1998, S. 37 f., Meffert, 2000, S. 273).

Nach der Nutzentheorie von Vershofen kann der Produktnutzen in Grund- und Zusatznutzen differenziert werden. Der Grundnutzen ist der funktionale Nutzen und bezieht sich auf die physikalisch-chemisch-technischen Eigenschaften des Produktes. Zusatznutzen kann für den Konsumenten in Form des „Erbauungsnutzens", der durch Design und Verpackung generiert wird, oder des „Geltungsnutzens“ entstehen, der durch das über Markierung und Kommunikationspolitik vermittelte Markenprestige bestimmt wird (Vershofen, 1940, S. 71 und 1950, S. 274). Unter dem generischen Produktverständnis treten Zusatzleistungen bspw. in Form ergänzender Dienste wie Beratungs- oder Serviceleistungen („Value-Added-Services“) zum substanziellen Produkt hinzu und schaffen gleichfalls Zusatznutzen für den Konsumenten (Laakmann, 1995, S. 22). Es muss allerdings darauf hingewiesen werden, dass diese Trennung in Grund- und Zusatznutzen problematisch ist. Oft lässt sich der Zusatznutzen nicht als „zusätzlich“ vom eigentlichen Grundnutzen trennen, wie dies bspw. für Schmuck, Einrichtungsgegenstände oder modische Bekleidung typisch ist (Diller, 2001, S. 556 f.). Allerdings erscheint es aus analytischen Gründen zur Bestimmung des Leistungskerns vertretbar, die gegenseitige Bedingtheit der Nutzenelemente in ein Neben- und Nacheinander aufzugliedern (Berekoven, 1979, S. 2 ff.) und auf dieser Basis vom Grundnutzen eines Produktes für den Konsumenten zu sprechen.

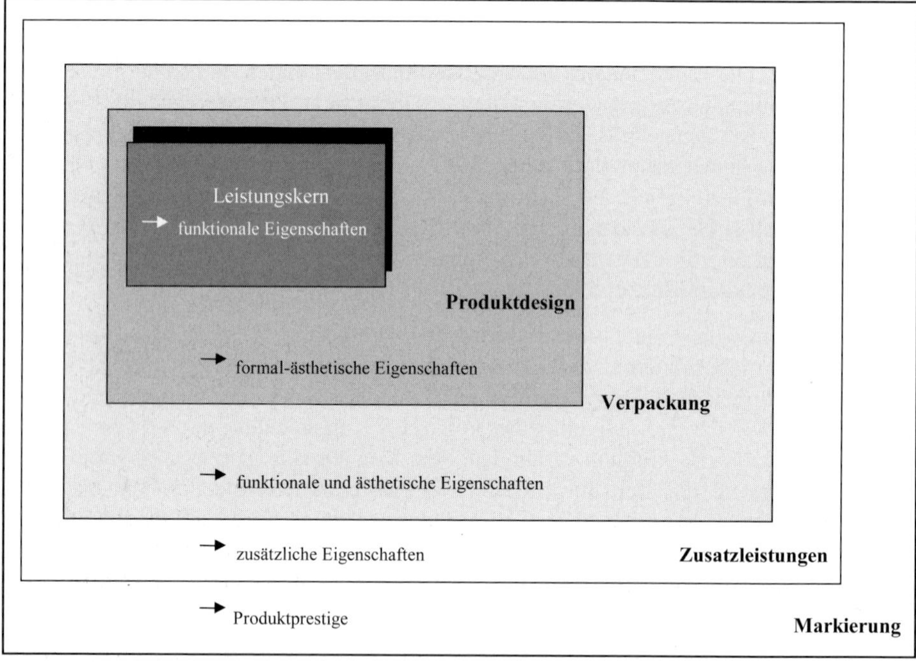

Abbildung 1: Stellung des Leistungskerns im Rahmen der marktorientierten Produktkonzeption

Aus der Verbindung von Produkt- und Nutzenverständnis wird eine inhaltliche Abgrenzung des Begriffs Leistungskern möglich. Unter dem Leistungskern können jene Eigenschaften bzw. Leistungsparameter eines Produktangebotes subsumiert werden, die für die Lösung des Kundenproblems (z. B. Transport von A nach B mittels eines Autos) bzw. die Befriedigung des Kundenbedürfnisses (im Beispiel des Autos Mobilität) aus

Sicht der Funktionalität konstitutiv und für die Erbringung eines Grundnutzens beim Kunden unverzichtbar sind. In diesem Sinn kann der Leistungskern als Produktkern oder „Produktinneres“ (Becker, 2006, S. 492, Haedrich/Tomczak, 1996, S. 29) bzw. funktionale Qualität (Herrmann, 1998, S. 162) bei im Leistungskern materiellen Produkten oder als Kernleistung („core service level“) bei im Leistungskern immateriellen Produkten (Meffert/Bruhn, 2006, S. 392, Palmer/Cole, 1995, S. 68) bezeichnet werden. Ausgehend vom generischen Produktverständnis treten zum Leistungskern das Produktdesign, die Verpackung, ggf. Zusatzleistungen in Form begleitender Dienste sowie die Markierung und begründen Zusatznutzen für den Konsumenten (vgl. zu diesen Aspekten die Beiträge von Koppelmann, Meyer und Meffert in diesem Handbuch). Abbildung 1 verdeutlicht zusammenfassend die Stellung des Leistungskerns im Rahmen dieser marktorientierten Produktkonzeption.

2. Die Gestaltung des Leistungskerns

Ausgangspunkt für die Gestaltung des Leistungskerns ist die im Sinne des Grundnutzens für den Konsumenten notwendige Funktionalität des Produktes. Aus dieser Sicht ist eine Reihe grundlegender Anforderungen an die Gestaltung des Leistungskerns zu stellen, die im Wesen für Produkte mit einem materiellen Leistungskern gelten und nachfolgend im Mittelpunkt der Betrachtung stehen (Herrmann, 1998, S. 460, Koppelmann, 2001, S. 325 ff., Nieschlag/Dichtl/Hörschgen, 2002, S. 666 ff.):

- Die vom Konsumenten als Grundnutzen wahrgenommene Funktionalität muss durch den Leistungskern vollständig und zuverlässig erfüllt werden.
- Die Kernfunktionalität sollte technisch angemessen realisiert werden. Angesichts der aktuellen Marktsituation bedeutet dies, dass das Produkt dem Stand der Technik entsprechen bzw. diesen (mit)bestimmen muss, denn sonst hat es im Feld homogener, technisch fortschrittlicher Wettbewerbsangebote keine Marktchance.
- In seinem Leistungskern muss das Produktangebot komplett sein, d. h. außer für Produkte des Heimwerkerbedarfs ist es i. d. R. nicht möglich, dem Konsumenten unfertige Produkte anzubieten, die einer weiteren Be- oder Verarbeitung bedürfen. Das würde dem Wunsch des Konsumenten nach möglichst bequemer Bedürfnisbefriedigung widersprechen.
- Ein Grundbedürfnis des Konsumenten, das bei der Gestaltung des Leistungskerns Berücksichtigung finden muss, ist das Bedürfnis nach innerer und äußerer Sicherheit. Dazu gehört die Stör- und Bedienungssicherheit ebenso wie die Möglichkeit, das Produkt vor unbefugter Benutzung zu schützen.
- Die Forderung nach Wirtschaftlichkeit seitens des Konsumenten bezieht sich zum einen auf funktionale Leistungsparameter, die eine wirtschaftliche Nutzung des Produktes ermöglichen, und zum anderen auf die wirtschaftliche Herstellung des Pro-

duktes als Einflussfaktor auf einen in Relation zum wahrgenommenen Produktnutzen günstigen Preis.

- Der Konsument wünscht sich weiterhin ein ergonomisches Produkt, das einfach und bequemem in der Handhabung ist. Dies ist bei der Gestaltung des Leistungskerns ebenfalls zu berücksichtigen.
- Das Bedürfnis des Konsumenten nach umweltfreundlichen Produkten betrifft vor allem den ressourcensparenden Materialeinsatz, den Verzicht auf gesundheitsschädigende Zusätze oder Herstellungsverfahren sowie die Recyclebarkeit des Produktes. Auch hieraus sind Anforderungen an die Gestaltung des Leistungskerns ableitbar.

Im Leistungskern ist jedes Produkt durch eine spezifische Kombination konkreter physikalisch-chemisch-technischer Eigenschaften und Leistungsparameter gekennzeichnet, die die Funktionsfähigkeit des Produktes begründen. Zur produktbezogenen Spezifikation dieser Eigenschaften bieten sich Gestaltungsmittel an, die sich einem empirisch basiertes System zuordnen lassen (Koppelmann, 2001, S. 340). Wie bereits dargestellt, erweist es sich als schwierig, in diesem Kontext zwischen dem Beitrag des Gestaltungsmitteleinsatzes zum primär zu erbringenden Grundnutzen einerseits und zum Zusatznutzen andererseits zu trennen. So kann bspw. der Einsatz eines hochwertigen Materials die vom Konsumenten geforderte Produktlebensdauer als Teil des Grundnutzens, aber auch einen ästhetischen Zusatznutzen durch eine edle Anmutung des Produktes generieren. Im Folgenden werden die Gestaltungsmittel deshalb ausschließlich aus Sicht ihres Beitrages zur Schaffung konstitutiver Funktionalität im Sinne von Grundnutzen beschrieben. Betrachtet werden Materialeinsatz sowie Form- und Farbgebung als originäre elementare Gestaltungsmittel und die Oberflächengestaltung als derivates elementares Gestaltungsmittel. Produktteile sowie Konstruktions- und Funktionsprinzipien werden als komplexe Gestaltungsmittel angesehen, die die Kombination elementarer Gestaltungsmittel bestimmen (Koppelmann, 2001, S. 340).

2.1 Materialeinsatz

Die fast unüberschaubar große Anzahl der Materialarten kann vier Materialkategorien zugeordnet werden. Zur ersten Kategorie der „Metalle und Legierungen" gehören chemisch reine Elemente wie z. B. Eisen, Kupfer oder Nickel sowie Mischungen der reinen Metalle in Form von Legierungen wie z. B. hochlegierter Stahl oder Aluminiumspeziallegierungen. Unter der zweiten Kategorie „Glas und Keramik" werden Materialien mit kristalliner Struktur künstlichen Ursprungs wie Glas, Porzellan oder Beton ebenso subsumiert wie natürliche Steine (z. B. Sandstein, Marmor und Granit). Die dritte Kategorie „Polymere", die durch die molekulare Verknüpfung von Kohlenstoffatomen gekennzeichnet ist, bilden natürliche Polymere wie Holz, Wolle, Leder usw. und Kunststoffe wie Thermoplasten, Harze oder Elastomere. Die vierte Kategorie der s. g. „Composits", die Kombinationen aus den drei genannten Kategorien darstellt, wie z. B. glasfaserverstärkte Kunststoffe, gewinnt aktuell an Bedeutung (Koppelmann 2001, S. 359 ff.). Die

Auswahl der Materialarten ist konstitutiv für die Realisierung der geforderten Funktionalität des Leistungskerns. Die Eignung einzelner Materialarten kann anhand ihrer mechanischen Eigenschaften (Steifheit, Bruchverhalten, Härte im Sinne von Oberflächenhärte, Festigkeit, Belastung im Sinne von Dauerfestigkeit), ihres thermischen Verhaltens bei Temperaturänderungen, ihrer elektrischen Eigenschaften (Leitfähigkeit bzw. Isolationsfähigkeit), ihrer optischen Maßgrößen (Brechungsindex bei optischen Linsen aus Glas), ihrer Korrosionsbeständigkeit sowie ihrer ökologischen Eigenschaften (Langlebigkeit, Recyclebarkeit) beurteilt werden (Koppelmann, 2001, S. 362 ff.).

2.2 Form- und Farbgebung

Form- und Farbgebung dienen vor allem der Ästhetik und schaffen damit Zusatznutzen für den Konsumenten. Beide Gestaltungsmittel sind jedoch auch für den mit dem Leistungskern zu schaffenden Grundnutzen bedeutsam. Die Möglichkeiten zur Formgebung sind i. d. R. durch die Materialwahl technisch vorbestimmt. Neben „formfesten" Materialien können „formlose" Stoffe wie Flüssigkeiten, Gase oder Aerosole, „formunbeständige" Materialien wie Pulver, Griese, Granulate oder Körner sowie „formhaltende" Stoffe wie Pasten, Schäume und Gelees zum Einsatz kommen. Der Leistungskern Seife kann bspw. im Waschmittel in pulvriger, flüssiger, pastöser, granulierter oder Tablettenform angeboten werden. Für den Grundnutzen spielen die bei der Formgestaltung entstehenden Oberflächeneigenschaften (z. B. Luftwiderstand bei Autos, Haftreibung von Reifen), die Möglichkeiten zur Stabilitätssteigerung (z. B. durch Versteifung), das Aufeinanderabstimmen von Formen zwischen Produktelementen (als Passung bezeichnet) sowie die ergonomischen Eigenschaften (z. B. Greif-, Tragetauglichkeit, Bedienbarkeit) eine wichtige Rolle (Koppelmann, 2001, S. 370 ff.). Auch die Farbgebung kann unter dem Gesichtspunkt der Grundfunktionalität eingesetzt werden. Zu nennen sind Sicherheit und Aufmerksamkeit, die durch die aktivierende Wirkung bestimmter Farben erreicht werden können wie bspw. rot für Feuerwehrfahrzeuge und Feuermelder oder orange für Bekleidung im Bereich von Straßen- und Schienenbau. Weiterhin ist über den Farbeinsatz unter ökologischen und technischen Aspekten zu entscheiden. So können einerseits bestimmte Farben nicht verwendet werden, weil sie hochtoxisch oder ihre Pigmente zu temperaturempfindlich sind, andererseits können Farben wiederum dem Korrosionsschutz dienen (Koppelmann, 2001, S. 388 ff.).

2.3 Oberflächengestaltung

Neben der Größe der Oberfläche eines Produktes, die im Wesentlichen durch die Form bestimmt wird, spielen auch die technischen Eigenschaften der Oberfläche eine z. T. wesentliche Rolle für die Sicherung der Grundfunktionalität des Leistungskerns. Je nach Funktion der Oberfläche kann eine ebene, erhabene oder vertiefte Oberflächengestaltung notwendig sein. Ebenso kann es zur Funktionserfüllung erforderlich sein, vorhandene Produktoberflächen zu glätten, aufzurauhen oder bspw. aus Gründen des Korrosionsschutzes zu beschichten (Koppelmann, 2001, S. 402 f.).

2.4 Produktteile und Konstruktionsprinzipien

Produktteile und Konstruktionsprinzipien bestimmen den Leistungskern eines Produktes in seiner statischen Dimension. Im Einzelnen geht es um die Dimensionierung und die technischen Parameter aller Elemente des Produktes und die geordnete Verknüpfung dieser Produktteile zu einem technischen Gebilde, das geeignet ist, die geforderte Grundfunktionalität zu erbringen (Koppelmann, 2001, S. 412 f.). In der Praxis wird dabei häufig ein modularisierter Produktaufbau gewählt, der z. T. auf Bewährtes zurückgreift und deshalb aus Gründen der technischen Produkterfahrung und der Wirtschaftlichkeit sinnvoll erscheint.

2.5 Funktionsprinzipien

Mit den für den Leistungskern ebenfalls bestimmenden Funktionsprinzipien werden die dynamischen Mechanismen des Zusammenwirkens von Produktelementen und Modulen im Raum beschrieben, die auf Basis physikalischer und chemischer Effekte Energieflüsse zielgerichtet umwandeln, übertragen oder speichern wie z. B. beim PKW Dieselmotor, Ottomotor, Wankelmotor oder Elektromotor (Koppelmann, 2001, S. 409 ff.).

Ausgehend von den dargestellten Gestaltungsmitteln ist der Leistungskerns eines Produktes durch eine ganz konkrete Kombination von physikalisch-chemisch-technischen Eigenschaften und Leistungsparametern zu beschreiben, d. h. die Gestaltungsmittel werden integriert eingesetzt. Der so bestimmte Leistungskern kann auch als Basisprodukt oder Grundversion eines Produktes beschrieben werden (Kotler/Bliemel, 2006, S. 716 f.) wie z. B. das Grundmodell einer Automobilserie. Tabelle 1 verdeutlicht dies am Beispiel des Opel Astra Caravan 1.6.

Motor-daten	Motor Einbauposition: Kühlsystem: Zylinder, Anzahl: Bohrung (mm): Hub (mm): Hubraum (cm³): Verdichtung: Motor, Bauart: Zylinderblock/ kopf, Material: Nockenwelle(n), Anordnung: Ventiltrieb: Ventile, Anordnung: Ventilspieleinstellung: Gemischaufbereitung: Zündsystem: Kraftstoffpumpe: Abgasreinigung: Leistung max. (kW DIN/ PS DIN) bei (1/ min): Spezifische Leistung (kW/ l; PS/ l): Drehmoment max. (Nm DIN bei 1/ min): Spez. Drehmoment (Nm/ l): Mitteldr. bei max. Leist./ max. Drehm. (kPa): Kolbengeschw. mitt. bei Nenndrehz. (m/ s): Motoröl, Füllmenge (l): Kühlsystem, Inhalt (l): Batterie 12 V, Kapazität (Ah): Drehstromlichtmasch. 14.2 V, Leistung (W):	vorn, quer vor Achse, 7° 50' nach vorn geneigt mit Flüssigkeit, geschlossenes System 4 72.5 72.6 1199 10.1: 1 Reihe; 5 Hauptlager Grauguss/ Aluminium 2 oben liegende (DOHC), Antrieb mit Kette Rollenschlepphebel, Hydrobolzen v- förmig; 4 pro Zylinder automatisch – hydraulisch sequenzielle Mehrstelleneinspritzung Kennfeldsteuerung, Zündspulen direkt auf Zündker-zen elektrisch, im Tank 3- Weg- Kat mit 2 Lambda- Sonden 55/ 75 bei 5600 45.9 ; 62.6 110 bei 4000 91.7 982.10/ 1153.4 13.6 3.5 5.2 44 994
Kraft-über-tragung	Antriebskonzept: Getriebe, Art: Übersetzungen: Kupplung:	Vorderrad- Antrieb Fünfgang- Schaltgetriebe 1. Gang: 3.73 2. Gang: 2.14 3. Gang: 1.41 4. Gang: 1.12 5. Gang: 0.89 R. Gang: 3.31 Achse(n): 3.94 Einscheiben- Trockenkupplung
Karosse-rie	Sitze, Anzahl: Luftwiderstandsbeiwert (c_w) 0.28 + Stirnfläche (A in m²): Index (c_w x A):	5 2.06 0.59
Fahr-werk	Radaufhängung vorn: Radaufhängung hinten: Stabilisator:	Einzelradaufhängung, McPherson- Federbeine, Dreiecksquerlenker an geschlossenem Fahrsche-mel Verbundlenkerachse, Torsionsprofil in doppel U-Form, Schraubenfeder(n), Gasdruck- Stoßdämpfer vorn
Bremsen	Bremskreise: Bremse vorn, Durchmesser (mm): Bremse hinten, Durchmesser (mm): ABS:	2, diagonal innenbelüftete Scheiben, 256 Scheiben, 240 Standard

Maße und Gewichte	Länge (mm): Breite (mm): Höhe bei Leergewicht (mm): Radstand (mm): Spurweite vorn/ hinten (mm): Gepäckraumvolumen (l) ECIE: Ladekantenhöhe (mm) ECIE: Radgröße (Zoll)/ Reifengröße: Wendekreis/ Spurkreis (m): Lenkradumdrehungen von Anschlag zu Anschlag: Lenkung, Übersetzung: Lenkrad, Durchmesser (mm): Leergewicht/ zul. Ges.- gew./ Zuladung (kg): Leistungsgewicht(leer)(kg/ kW; kg/ PS): Achslast vorn/ hinten (kg): Anhängelast 12%, gebr/ ungebr (kg): Anhängestützlast/ Dachlast (kg): Kraftstofftank Fassungsvermögen(l), Position:	4110 1709 1425 2606 1484/ 1472 370- 1180 810 5.5Jx14/ 175/ 70 R 14 T 10.35/ 10.55 3.1 elektro- hydraulische Servolenkung, 17 380 1125/ 1570/ 445 20.5 ; 15.0 815/ 820 650/ 550 75/ 100 52, unter Rücksitz
Fahrleistungen	Höchstgeschwindigkeit (Vmax)(km/ h) *: Beschleunigung 0- 100 km/ h (s) *: Beschleunigung 80-120 km/h im 5.Gang (s) *: Vorbeifahrgeräusch (dbA): Kraftstoffbedarf: Kraftstoffverbrauch (Liter/ 100 km): innerstädt.: außerstädt.: gesamt: CO 2 -Emission (g/ km): Schadstoffklasse:	170 1 5 2 2 72 Super blfr. 95 ROZ o. Super plus 98 ROZ Die Verbrauchsermittlung nach Richtlinie 99/ 100/ EG berücksichtigt das in Übereinstimmung mit dieser Vorschrift festgelegte Fahrzeugleergewicht. Zusätzliche Ausstattungen können zu geringfügig höheren als den angegebenen Verbrauchs- sowie CO2–Werten führen. 8.0 5.2 6.2 149 Euro 4
Gewährleistung/ Wartung	Garantie: Wartung:	1 Jahr nach Erstzulassung ohne km-Begrenzung, 12 Jahre gegen Durchrostung ohne km-Begrenzung Jährlich oder alle 30.000 km Servicecheck + Werte für Grundmodelle * Leergewicht (70156 EEC) und 125 kg Zuladung

Tabelle 1: Technisch funktionale Eigenschaften des Leistungskerns (Beispiel Opel-Astra 1.2 16V Z12XE 55 kW/75 PS, 5 Gang Schaltung, Limousine, 3türig, Modelljahr 2002)

3. Möglichkeiten der Einflussnahme auf die Gestaltung des Leistungskerns

Prinzipiell ergibt sich die Möglichkeit einer Einflussnahme auf die Gestaltung der funktionalen Eigenschaften des Leistungskerns an wichtigen Entscheidungspunkten im Rahmen des Produktmanagements:

- Mit der Entwicklung eines neuen Produktes eröffnen sich die umfassendsten Möglichkeiten, die Funktionalität des Leistungskerns zu gestalten (vgl. weiterführend dazu die Beiträge im Teil Neuprodukt-Planung und –Kontrolle in diesem Handbuch).

In Abhängigkeit vom Neuheitsgrad der Produktentwicklung wird der Leistungskern einer mehr oder weniger tiefgreifenden Veränderung unterliegen. Je höher der Neuheitsgrad der mit dem Produkt anvisierten Problemlösung ist, desto eher werden neue Materialien sowie innovative Konstruktions- und Funktionsprinzipien zum Einsatz kommen, die neue Kernfunktionalität erschließen, qualitative Sprünge in der Leistungsfähigkeit, Produktivität und Zuverlässigkeit ermöglichen oder zur deutlichen Verringerung von Material- und Energieaufwand bzw. Reparatur- und Wartungsaufwand führen.

- Die Weiterentwicklung eines am Markt bereits eingeführten Produktes zielt i. d. R. auf eine qualitative Verbesserung des Produktes. Bezüglich des Leistungskerns eröffnen sich Möglichkeiten, einzelne Eigenschaften und Leistungsparameter zu optimieren wie bspw. den Kraftstoffverbrauch im Automobilbereich. In die Weiterentwicklung des Leistungskerns fließen vor allem Erfahrungen aus Entwicklung und Herstellung des Produktes, aber auch die Kundenreaktionen in Form von Reklamationen, Beschwerden oder Vorschlägen ein. Weitere Ansatzpunkte können die bessere Qualität von Materialien oder Zulieferteilen bieten, die sich insgesamt positiv auf die Grundeigenschaften des Produktes auswirkt.

- Auf dem Wege der Produktdifferenzierung entstehen neben einem bisher bereits am Markt angebotenen Ursprungsprodukt Modifikationen, die dieses nicht verdrängen, sondern neben diesem Produkt neue Konsumentengruppen erschließen sollen (vgl. weiterführend dazu den Beitrag von Steffenhagen in diesem Handbuch). Da die Möglichkeiten einer technischen Differenzierung häufig beschränkt sind, bieten Dienstleistungen oft die einzige Chance zur Produktprofilierung über einen für den Kunden wahrnehmbaren Zusatznutzen, den er auch bereit ist, über den Preis zu honorieren (Backhaus, 2003, S. 366 f.). Im Bereich des Leistungskerns existieren Differenzierungspotentiale immer dann, wenn die neu zu erschließende Zielgruppe technisch andere Anforderungen stellt. So müssen bspw. ausgewählte technisch-funktionale Eigenschaften eines Kühlschranks, der bisher im Segment der Privatkunden angeboten wurde, gänzlich verändert werden, um das Segment der Großküchen, Restaurants und Hotels zu erschließen.

- Bei der Produktvariation (Relaunch) handelt es sich um die Re- bzw. Neupositionierung eines bereits am Markt eingeführten Produktes, das mit der Markteinführung der Variation vom Markt zurückgezogen wird (vgl. weiterführend dazu den Beitrag von Steffenhagen in diesem Handbuch). Auslöser der Variation können veränderte Kundenbedürfnisse und Nutzenerwartungen, neue technische Entwicklungen oder rechtliche Rahmenbedingungen sein, die eine Veränderung des Produktes in seiner Grundfunktionalität erfordern. So sind z. B. Veränderungen im Leistungskern erforderlich, wenn bestimmte Inhaltsstoffe aus ökologischen Gründen verboten oder Sicherheitsvorschriften verschärft werden. Auch neue Materialien oder neue technische Möglichkeiten, wie z. B. die Miniaturisierung, können einen Relaunch begründen, der den Leistungskern des Produktes verändert. Oft entstehen Variationen aber auch mit dem Ziel, die Marktposition durch ein verändertes Produktimage zu verbessern (Röttgen, 1980, S. 69 ff.), was i. d. R. mittels kommunikationspolitischer Maßnahmen erreicht wird und den Leistungskern nicht tangieren muss.

Wie dargestellt, bietet die Entwicklung neuer Produkte das größte Potential zur Gestaltung des Leistungskerns. Im Zusammenhang mit dem Produktentwicklungsprozess sind vier Phasen einer möglichen Einflussnahme auf den Leistungskern einer näheren Betrachtung zu unterziehen (vgl. Abbildung 2).

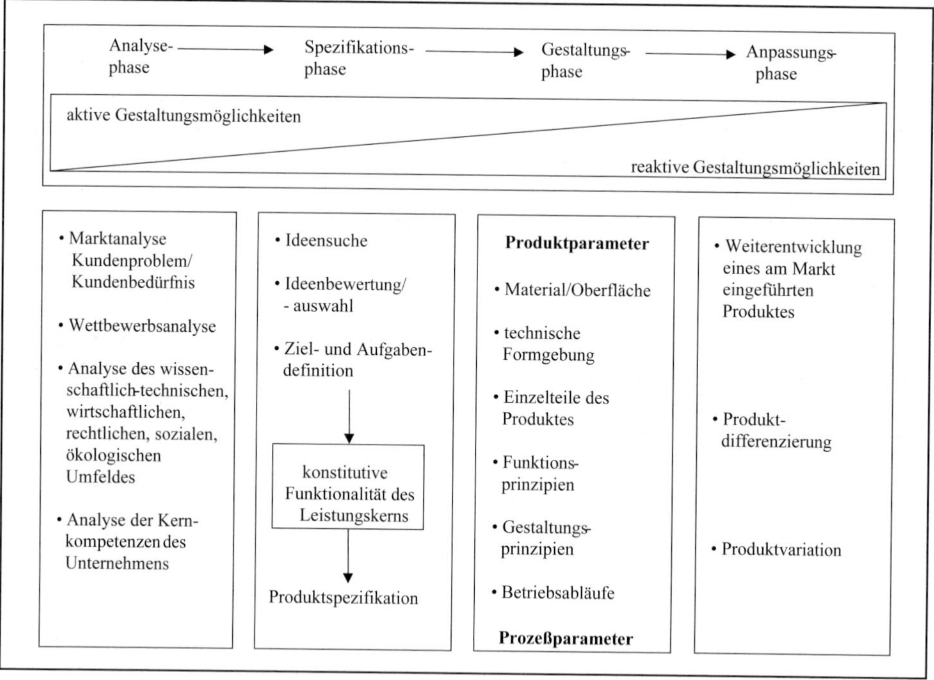

Abbildung 2: Wesentliche Phasen der Einflussnahme auf den Leistungskern

3.1 Analysephase

In der Analysephase wird die Informationsbasis für eine kundenorientierte Gestaltung des Leistungskerns geschaffen. Markt- und Wettbewerbsanalysen liefern die notwendigen Informationen zur Beschreibung des Kundenproblems und zur Bewertung der Marktchancen. Bezüglich des Leistungskerns steht die Bestimmung des Anforderungsprofils in Form der Kernfunktionalität des Produktes im Mittelpunkt. Bereits in dieser Phase sind auch die Rahmenbedingungen im Umfeld des Leistungskerns zu analysieren. Dabei geht es insbesondere auch um eine Prognose von Entwicklungen bspw. im technisch-technologischen Bereich. Hier können Basis-, Schlüssel- oder Schrittmachertechnologien bzw. neue Technologiekombinationen Potentiale eröffnen, um die mit dem Leistungskern zu realisierenden Kernfunktionen vermittels innovativer technischer Wirkprinzipien zu realisieren (Sommerlatte/Deschamps, 1986, S. 66). Parallel dazu sollten die im Unternehmen vorhandenen Kompetenzen bzgl. ihrer Eignung überprüft werden. Im Mittelpunkt steht die Beurteilung der sog. funktionsbezogenen Kernkompetenzen im Gegensatz zu marktzugangsbezogenen Kernkompetenzen, die die Entwicklung und Herstellung von Produkten mit einzigartiger Funktionalität sowie die Realisierung von Sprüngen in der Leistungsverbesserung und Nutzenstiftung für den Kunden erlauben (Prahalad/Hamel, 1990, S. 79 ff., Zahn, 1996, S. 886 f.). Methodisch kann die systematische Gewinnung und Strukturierung von Informationen durch den Ansatz des Benchmarking unterstützt werden. Benchmarking bedeutet in diesem Zusammenhang die Identifikation von Bestleistungen in Bezug auf die Erfüllung der mit dem Leistungskern geforderten Kernfunktionalität und die konsequente Orientierung der eigenen Entwicklungsarbeit an diesen „best practices“. Impulse vermittelt Benchmarking aus den drei Referenzbereichen unternehmensinternes Benchmarking, branchenbezogenes externes Benchmarking, das die unmittelbaren Wettbewerber und weitere Unternehmen der eigenen Branche untersucht, sowie branchen-übergreifendes Benchmarking, das nach Bestlösungen für eine bestimmte Funktion sucht (Camp, 1989, S. 66 ff., Leibfried/McNair, 1996, S. 13 f.). Benchmarking verbindet als ganzheitlicher Ansatz die Perspektive des Kundennutzens („was“) mit der Perspektive der technischen Bestleistung („wie). Auf diese Weise können eigene Leistungslücken und Stärken erkannt sowie Ansatzpunkte für technisch neue Lösungen im Bereich der Kernfunktionalität identifiziert werden (Zanger, 1997, S. 89 ff.).

3.2 Spezifikationsphase

Mit der Ziel- und Aufgabendefinition werden die wesentlichen Entscheidungen zur Beschreibung der Kernfunktionalität eines Produktes getroffen. Ausgangspunkt bildet die Suche nach funktionalen Lösungsideen und ihre Bewertung anhand der zu befriedigenden Kundenbedürfnisse. Dabei muss die Barriere zwischen der „Stimme des Kunden“ und der „Sprache des Ingenieurs“ überwunden werden (Akao, 1992, S. 15 ff.). Praktisch gestaltet sich dies häufig schwierig, gilt es doch die mittels Marktforschung ermittelten Kundenanforderungen systematisch in messbare Produkt- und Prozessparameter zu transformieren (Herrmann, 1998, S. 28). Hier ist auf das Konzept des Qualitätsmanagements zu verweisen. Für Produkte mit konstruktiven Eigenschaften empfiehlt bspw. der Ansatz des „house of quality“ ein schrittweises Vorgehen. Ausgangspunkt ist die Bestimmung der kaufentscheidungsrelevanten Produkteigenschaften und die Auswahl der optimalen Produkteigenschaften für das neue Produkt (vgl. dazu den Beitrag von Albers in diesem Handbuch). Die aus Kundensicht ausgewählten Produkteigenschaften werden in Konstruktionsmerkmale transformiert. Im folgenden Schritt der Teileentwicklung müssen diese in Teilemerkmale übertragen und schließlich in der Arbeitsvorbereitung in Betriebsabläufe und Prozessparameter umgesetzt werden, die eine genaue Spezifikation der Erfordernisse des Produktionsprozesses zulassen. Unterstützung im schwierigen Schritt der Zusammenführung von Kundenanforderungen und physikalisch-chemisch-technischen Produkteigenschaften sowie Leistungsparametern kann das „quality funktion deployment"-Modell liefern (vgl. ausführlich den Beitrag von Stauss in diesem Handbuch). Ergebnis dieser Phase ist die Spezifikation der konstitutiven Eigenschaften des Leistungskerns, die im Pflichtenheft bzw. Lastenheft für die Produktentwicklung verbindlich festgelegt werden (Zanger, 1996, S. 1430).

3.3 Gestaltungsphase

In der Gestaltungsphase erfolgt die Produkt- und Prozessentwicklung im technischen Sinn, d. h. die Gestaltungsmittel Material, technische Farb- und Formgebung, Oberflächengestaltung, Produktteile sowie Konstruktions- und Funktionsprinzipien werden entsprechend der für den Leistungskern vorgegebenen Produktspezifikation kombiniert und zu einem Produkt mit definierten Eigenschaften und Leistungsparametern geführt. Dem können mehrere unterschiedliche Gestaltungsprinzipien zugrunde liegen, die strategische Leitsätze für die Gestaltung des Produktes insgesamt und für den Leistungskern insbesondere darstellen (Koppelmann, 2001, S. 345 ff.):

- Unter dem Gestaltungsprinzip der Standardisierung werden Vereinheitlichungs-, Normungs- und Typungsbestrebungen zusammengefasst, die insbesondere bei Produkten, die über einen längeren Zeitraum in größeren Mengen hergestellt werden (Massen- oder Serienfertigung), Rationalisierungseffekte erbringen. Der Einsatz von standardisierten Modulen, das Baukastenprinzip oder das „Plattform-Konzept" im PKW-Bereich orientieren sich aus Wirtschaftlichkeitsgründen darauf, möglichst viele baugleiche Produktteile (z. B. Fahrgestell, Motor, Kupplung) in verschiedenen Produktlinien einzusetzen. Das ist möglich, wenn aus Sicht des Leistungskerns durch verschiedene Produkte die gleiche Kernfunktionalität erbracht werden soll und infolgedessen die gleichen Funktions- und Konstruktionsprinzipien einsetzbar sind.
- Die Spezialisierung wird zum Gestaltungsprinzip des Leistungskerns, wenn Produkte für ein eng begrenztes Kundensegment (Marktnische) eine spezielle Kernfunktionalität realisieren (z. B. Sonderanfertigungen im Chemieanlagenbau oder im Bergbau). Im Mittelpunkt steht in diesem Fall nicht die wirtschaftliche Realisierung dieser Kernfunktionalität, sondern die maßgeschneiderte Lösung, die im Sinne eines 1:1-Marketing exakt auf das individuelle Kundenbedürfnis zugeschnitten wird.
- Dem Wunsch, ausgehend von einem Basisprodukt möglichst viele differenzierte Produkte für unterschiedliche Kundensegmente anzubieten, kann in der Gestaltungsphase durch das Prinzip der Leistungsvariabilität Rechnung getragen werden. Das Prinzip der Leistungsvariabilität mindert insbesondere in schwer prognostizierbaren Bereichen des Konsumgütermarktes das wirtschaftliche Risiko für den Anbieter, indem Änderungsmöglichkeiten in Form von Produktdifferenzierungen bereits in der

Gestaltung vorgesehen sind (so z. B. Variationsmöglichkeiten in der Leistungsstärke des Motors oder der Anzahl der gewünschten Türen beim PKW).

- Das Gestaltungsprinzip der Firmenstilidentität hat vor allem für Markenpolitik und Image auf Basis der Corporate-Identity eine besondere Bedeutung. Für die Gestaltung des Leistungskerns sind unternehmenstypische Farb- und Formgebungen zu beachten, die dem Konsumenten einerseits die Wiedererkennbarkeit des Angebots erleichtern, andererseits bezüglich der technischen Qualität Kontinuität, Wirtschaftlichkeit und Kompatibilität in der Kernfunktionalität signalisieren sollen.
- Der Einsatz der elementaren und derivaten Gestaltungsmittel unterliegt im Bereich der Kernfunktionalität häufig einer (historisch bedingten) Gestaltungsmittelbindung. Kernkompetenzen, über die das Unternehmen bspw. im Bereich des Materialeinsatzes oder der Realisierung bestimmter Funktionsprinzipien (Patentschutz) verfügt, werden mehr oder wenig flexibel auf neue Lösungen übertragen.
- Das Prinzip der Mengenbegrenzung kann ebenfalls die Wahl der Gestaltungsmittel bestimmen. Erfolgt eine Konzentration auf kleine Mengen, dann werden i. d. R. teuere, aufwendigere Gestaltungsmittel (z. B. Einzelanfertigung oder kleine Serien im Bereich der Uhrenindustrie) eingesetzt als im Fall größerer Mengen (z. B. Massenfertigung von Uhren). Die Gestaltungsmittel sind bei großen Produktmengen eher einfach und preiswert. Die Wirtschaftlichkeit der Funktionserfüllung steht im Mittelpunkt der Problemlösung.
- Die gewählte Strategie des Unternehmens im Bereich technischer Innovation hat vor allem Einfluss auf die Risikobereitschaft beim Einsatz von (neuen) Gestaltungsmitteln. So ist die Pionierstrategie i. d. R. auch mit der Bereitschaft des Unternehmens verbunden, Kernfunktionalität auf völlig neue Funktionsprinzipien oder Materialien, wie z. B. Werkstoffkombinationen zu gründen. Imitationsstrategien sind hingegen oft auch bezüglich der verwendeten Gestaltungsmittel Me-too-Lösungen und damit in der Wahrnehmung der Konsumenten nicht einzigartig.

3.4 Anpassungsphase

Typisch für die Einflussnahme auf den Leistungskern ist eine ständige Anpassung der Produkteigenschaften und Leistungsparameter als Reaktion auf sich verändernde Kundenbedürfnisse sowie sonstige externe und interne Rahmenbedingungen. Mögliche Anpassungsstrategien mit Konsequenz für den Leistungskern sind, wie bereits dargestellt, Weiterentwicklung, Produktdifferenzierung und Relaunch.

Der Entscheidungsspielraum für die Gestaltung des Leistungskerns, der in den ersten Phasen am größten ist, nimmt mit Fortschreiten des Produktentwicklungsprozesses bis hin zur end-gültigen Festlegung der funktionalen Eigenschaften und der Parameter des Herstellungsprozesses, d. h. von der Produktspezifikation über die Entwicklung im technischen Sinne bis zu Test und Markteinführung, stetig ab (Zanger, 1996, S. 1427). Aus

Sicht der Wirtschaftlichkeit der Einflussnahme auf die Gestaltung des Leistungskerns ist darauf hinzuweisen, dass je später Änderungen der Produkteigenschaften und Leistungsparameter stattfinden, die notwendigen Änderungskosten um so höher werden (Sabisch, 1991, S. 42).

4. Ansatzpunkte zur Optimierung des Leistungskerns aus marktorientierter Sicht

Die Optimierung der Gestaltung des Leistungskerns ist eine Aufgabe, die unter zwei Gesichtspunkten für das Unternehmen wichtig ist. Zum einen ist der Leistungskern die Basis für die Akzeptanz des Produktangebotes durch den Kunden. Die subjektive Wahrnehmung der physikalisch-chemisch-funktionalen Eigenschaften des Produktangebotes bestimmt die Beurteilung des Grundnutzens und stellt somit eine notwendige (wenn auch angesichts der wachsenden Bedeutung des Zusatznutzens nicht hinreichende) Bedingung zu Präferenzbildung und Kaufabsicht beim Konsumenten dar. Zum anderen ist die Auswahl der für das Produkt tatsächlich notwendigen Kernfunktionalität auch ein Gebot der Wirtschaftlichkeit. Dabei geht es um ein optimales Verhältnisses zwischen dem Aufwand zur Realisierung der Kernfunktionalität und der Honorierung über den Preis, d. h. der Anerkennung des Angebots durch den Konsumenten. In diesem Zusammenhang muss auf die Gefahr des „technological overkill" hingewiesen werden. Eine technisch zu anspruchsvolle Lösung, die eine Funktionalität bietet, die weit über der vom Konsumenten für die Befriedigung seines individuellen Bedürfnisses subjektiv als notwendig erachteten Funktionalität liegt, führt dazu, dass der Konsument den Leistungszuwachs nicht für sich in gleichem Maße als steigenden Nutzen wahrnimmt. Das bedeutet, der vom Kunden wahrgenommene Grenznutzen nimmt mit der technischen Perfektionierung eines Produktes ab. In diesem Fall sind die Kosten für die Entwicklung nicht in vollen Umfang über den Preis realisierbar. Der wirtschaftliche Erfolg bleibt aus (Zanger, 1997, S. 90 f.). Aus diesem Grund ist es von prinzipieller Bedeutung für ein erfolgreiches Produktmanagement, die Produktanforderungen des Kunden möglichst genau zu kennen, um den Leistungskern in seiner Funktionalität nicht über-, aber auch nicht unterzudimensionieren. Ziel muss es sein, eine möglichst große Kongruenz zwischen Kundenanforderungen und Leistungsangebot herzustellen (Herrmann, 1998, S. 16).

Aus dieser Perspektive kommt dem Leistungskern im Rahmen des Produktmanagements eine strategische Bedeutung zu. Für die Wahrnehmung der Nutzensstiftung durch den Konsumenten ist es einerseits zunächst natürlich wichtig, genau jene Eigenschaften und Leistungsparameter zu kennen und in ihrer Ausprägung zu beschreiben, die für die Lösung des Kundenproblems unverzichtbar sind. Andererseits bietet der Leistungskern Ansatzpunkte, um sich von der Konkurrenz abzugrenzen und die eigene Leistung für den Kunden attraktiv zu gestalten. Auf diese Weise kann eine „unique selling proposition" (USP), d. h. Alleinstellung am Markt aufgebaut werden (Sutherland/Morris, 1988).

Der Leistungskern weist in diesem Fall einzelne oder mehrere für den Konsumenten eindeutig wahrnehmbare funktionale Eigenschaften und Leistungsparameter auf, die die Wettbewerber (noch) nicht anbieten können. Der Konsument sieht das Leistungsangebot auf Grund dessen als einzigartig für die Befriedigung seines individuellen Bedürfnisses an.

Zur Ermittlung der funktionalen Eigenschaften, die aus Sicht des Konsumenten konstitutiv für den Leistungskern eines Produktangebotes sind, stellt das Kano-Modell einen aktuellen, im Zusammenhang mit der Zufriedenheitsforschung auch in Deutschland diskutierten wissenschaftlichen Ansatz dar (Homburg/Rudolph, 1997, S. 43 f., Herrmann, 1998, S. 210 ff., Zanger/Baier, 1999, S. 401 ff.). Mittels dieses auf Kano (Kano, 1984, S. 39 ff.) zurückgehenden Modells kann eine Spezifikation der im Zusammenhang mit einem konkreten Kundenbedürfnis bestehenden Anforderungen erfolgen. Es wird möglich, drei Arten von Anforderungen unter Anwendung eines speziellen Marktforschungsdesigns (Bailom et al., 1996, S. 118 ff.) zu unterscheiden. Basisanforderungen („must be"), Leistungsanforderungen („one dimensional") und Begeisterungsanforderungen („attractive") beeinflussen, wie in Abbildung 3 dargestellt, in Abhängigkeit vom Grad ihrer Erfüllung die Zufriedenheit bzw. Unzufriedenheit mit dem Produktangebot (Berger et al., 1993, S. 4, Herrmann, 1998, S. 210 ff., Zanger/Baier, 1999, S. 404 f.):

- *Basisanforderungen* sind Musseigenschaften, die ein Produkt unbedingt besitzen muss, die vom Konsumenten wie selbstverständlich erwartet werden. Obwohl der Konsument diese Basisanforderungen nicht explizit bekundet, setzt er sie doch implizit voraus. Weist das Produkt die Eigenschaften nicht auf, führt dies zu extremer Unzufriedenheit. Das Vorhandensein der Eigenschaften führt hingegen lediglich zu einer „Nicht-Unzufriedenheit".
- *Leistungsanforderungen* betreffen Eigenschaften des Produktes, über deren Bedeutung für die Befriedigung seines Bedürfnisses sich der Kunde bewusst ist und die der Konsument daher deutlich gegenüber dem Anbieter artikuliert. Die Zufriedenheit verhält sich proportional zur Erfüllung der Anforderung und die Unzufriedenheit wächst proportional mit der „Nicht-Erfüllung".
- *Begeisterungsanforderungen* betreffen solche Eigenschaften und Leistungsparameter eines Produktes, die vom Konsumenten nicht explizit erwartet werden. Bei ihrem Vorhandensein tritt deshalb positive Überraschung oder sogar Begeisterung ein, und sie stiften in besonderem Maße Zufriedenheit. Sind diese Eigenschaften oder Leistungsparameter beim Produkt allerdings nicht vorhanden, so tritt demzufolge auch keine Unzufriedenheit ein.

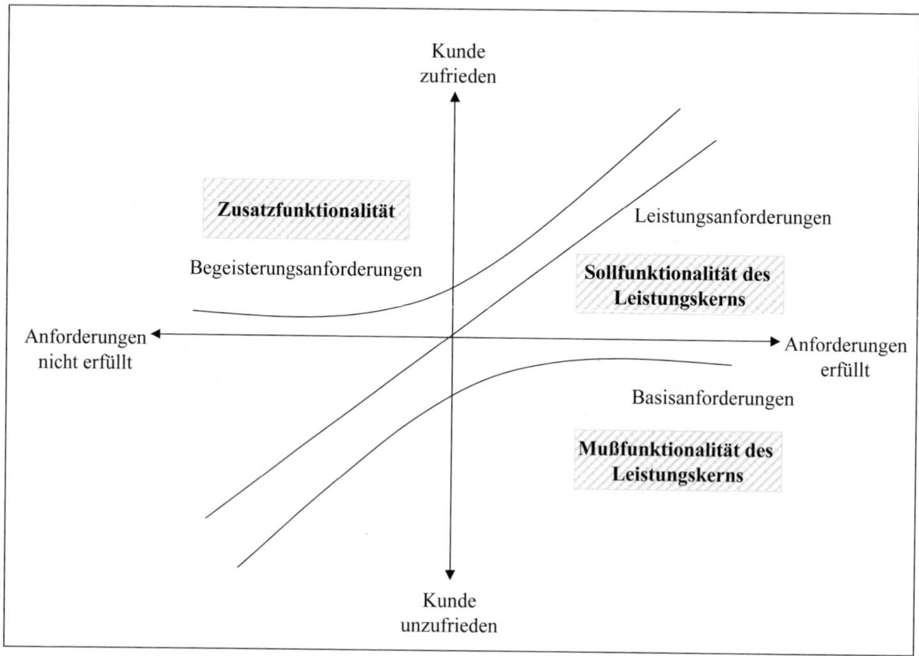

Abbildung 3: Marktbezogene Optimierung des Leistungskerns mit Hilfe des KANO-Modells

Eine Differenzierung der Kundenanforderungen bezogen auf diese drei Kategorien liefert wichtige Implikationen für eine marktbezogene Optimierung des Leistungskerns.

Die Basisanforderungen begründen die Mussfunktionalität des Leistungskerns. Eigenschaften und Leistungsparameter, die in diesem Feld identifiziert werden, müssen entsprechend des Branchenstandards erfüllt werden. Gelingt dies nicht, wird der Konsument den Grundnutzen des gesamten Produktes als nicht gegeben einschätzen. Das Angebot ist dann insgesamt nicht mehr wettbewerbsfähig wie bspw. beim Einsatz veralteter Technologien, die die geforderte Präzision nicht erbringen oder die Sicherheitsstandards nicht einhalten. Produkt und Fertigungsprozesse sind schnellstmöglich an die Kundenforderungen anzupassen. Gelingt dies nicht, sollte das Produkt eliminiert werden. Wird das geforderte Niveau erreicht, ist es einerseits nicht sinnvoll, in eine „Übererfüllung" dieser Mussfunktionalität zu investieren, da der Konsument dies nicht honorieren wird. In diesem Fall wird eine möglichst hohe Wirtschaftlichkeit bei der Schaffung der Mussfunktionalität im Mittelpunkt stehen. Andererseits ist es jedoch erforderlich, ständiges Screening zu betreiben, um ggf. sofort auf sich am Markt abzeichnende technische Neuerungen reagieren zu können.

Die Leistungsanforderungen begründen die Sollfunktionalität des Produktkerns. Das Niveau, mit dem die angebotenen physikalisch-chemisch-technischen Eigenschaften und Leistungsparameter des Produktes diese Anforderungen in der Wahrnehmung der Konsumenten erfüllen, bestimmt die Nutzenbeurteilung und folglich die Kaufbereitschaft. Deshalb ist dieser Sollfunktionalität des Leistungskerns besonderes Augenmerk zu schenken. Gelingt es, diese Eigenschaften und Leistungsparameter in einzelnen oder mehreren Positionen messbar besser als die Mitwettbewerber zu erfüllen, dann bieten sich Ansatzpunkte für eine Alleinstellung. Der Ausbau der Sollfunktionalität durch Weiterentwicklung und Vervollkommnung der funktional-technischen Leistungsparameter schafft USP´s. So ist z. B. die deutlich Senkung des Kraftstoffverbrauches eines PKW („Drei-Liter-Auto"), ein wahrnehmbarer Kundennutzen im Bereich der Grundfunktionalität des PKW, der wirtschaftliche ebenso wie ökologische Bedürfnisse des Konsumenten befriedigt und aus diesem Grund honoriert wird.

Angesichts der aktuellen Situation in zahlreichen Märkten, die durch technisch ausgereifte, qualitativ hochwertige und dadurch austauschbare Produkte gekennzeichnet sind, bietet die dritte Anforderungskategorie Anhaltspunkte für ein differenziertes Leistungsangebot an solchen gesättigten Märkten. Oft sind es das Design oder zusätzlich begleitende Dienstleistungen, die in der Wahrnehmung der Konsumenten einen Zusatznutzen begründen. Allerdings bietet auch der Leistungskern des Produktes Raum für Zusatzfunktionalität. Dabei darf es sich nicht um eigentlich „überflüssige" Funktionalität im Sinne des bereits erwähnten „technological overkill" handeln, sondern um Eigenschaften und Leistungsparameter, die die Attraktivität des Leistungskerns in der Wahrnehmung der Konsumenten im Vergleich zum Wettbewerb deutlich aufwerten und auf diese Weise ebenfalls Grundlage für die Schaffung von USP´s sein können. So bildet im PKW-Markt bspw. das serienmäßige Angebot von ABS, Servolenkung oder Seitenairbags eine Zusatzfunktionalität im Leistungskern, die einen i. d. R. zeitlich begrenzten Wettbewerbsvorteil generiert.

Zusammenfassend kann festgehalten werden, dass der Leistungskern mit seinen physikalisch-chemisch-technischen Eigenschaften und Leistungsparametern die Basis für ein erfolgreiches Produktmanagement im Unternehmen darstellt. Die Kernfunktionalität des Produktes entscheidet ganz wesentlich über die Nutzenwahrnehmung des Konsumenten und damit über den Markterfolg des Produktangebotes. Der Leistungskern bietet über die Schaffung von einzigartiger Funktionalität die strategische Option, Alleinstellung am Markt für das Produktangebot zu schaffen und auf diese Weise strategische Wettbewerbsvorteile für den Anbieter zu generieren.

5. Literatur

AKAO, Y., Eine Einführung in Quality Function Deployment, in: Akao, Y., (Hrsg.), QFD – Quality Function Deployment, Landsberg 1992, S. 15-34.

BACKHAUS, K., Investitionsgütermarketing, 7. Aufl., München 2003.

BAILOM, F./HINTERHUBER, H. J./MATZLER, K./SAUERWEIN, E., Das Kano-Modell der Kundenzufriedenheit, in: Marketing Zeitschrift für Forschung und Praxis, 1996, S. 117-126.

BECKER, J., Marketing-Konzeption – Grundlagen des strategischen und operativen Marketing-Management, 8. Aufl., München 2006.

BEREKOVEN, L., Die Bedeutung Wilhelm Vershofens für die Absatzwirtschaft, in: Jahrbuch der Absatz- und Verbrauchsforschung, 1979, S. 2-10.

BERGER, C. ET AL., Kano´s Methods of Understanding Customer defined Quality, in: The Journal of the Japanese Society for Quality Control, 1993, S. 3-35.

BROCKHOFF, K., Produktpolitik, 4. Aufl., Stuttgart 1999.

CAMP, R. C., Benchmarking – The Search for Industry Best Practices that Lead to superior Performance, Milwaukee/Wisconsin 1989.

DILLER, H., Vahlens Großes Marketing Lexikon, 2. Aufl., München 2001.

ENGELHARD, W. H./KLEINALTENKAMP, M./RECKENFELDERBÄUMER, M., Leistungsbündel als Absatzobjekte, in: Zeitschrift für betriebswirtschaftliche Forschung, 1993, S. 395-426.

HAEDRICH, G./TOMCZAK, T., Produktpolitik, Köln 1996.

HERRMANN, A,. Produktmanagement, München 1998.

HOMBURG, C./RUDOLPH, B., Theoretische Perspektiven zur Kundenzufriedenheit, in: Simon, H./Homburg, C., (Hrsg.), Kundenzufriedenheit: Konzepte – Methoden – Erfahrungen, 2. Aufl., Wiesbaden 1997, S. 31-51.

KANO, N., Attractive Quality and Must-be Quality, in: The Journal of the Japanese Society for Quality Control, 1984, S. 39-84.

KOPPELMANN, U., Produktmarketing – Entscheidungsgrundlagen für Produktmanager, 6. Aufl., Berlin et al. 2001.

KOTLER, P., A Generic Concept of Marketing, in: Journal of Marketing, 1972, S. 46-59.

KOTLER, P./BLIEMEL, F., Marketing-Management – Analyse, Planung, Umsetzung und Steuereung, 10. Aufl., München 2006.

LAAKMANN, K., Value-Added-Services als Profilierungsinstrument im Wettbewerb, in: Meffert, H., (Hrsg.), Schriften zu Marketing und Management, Band 27, Frankfurt/Main 1995.

LEIBFRIED, K. H. J./MCNAIR, C. J., Benchmarking – Von der Konkurrenz lernen, die Konkurrenz überholen, 2. Aufl., Freiburg i. Br. 1996.

MEFFERT, H., Marketing – Grundlagen marktorientierter Unternehmensführung, 9. Aufl., Wiesbaden 2000.

MEFFERT, H./BRUHN, M., Dienstleistungsmarketing Grundlagen – Konzepte – Methoden, 5. Aufl., Wiesbaden 2006.

NIESCHLAG, R./DICHTL, E./HÖRSCHGEN, H., Marketing, 19. Aufl., Berlin 2002.

PALMER, A./COLE, C., Services Marketing – Principles and Practices, Englewood Cliffs 1995.

PRAHALAD, C. K./HAMEL, G., The Core Competence of the Corporation, in: Harvard Business Review, 1990, S. 79-91.

RÖTTGEN, W.-A., Produktvariation als Marketing-Strategie zur Erhaltung des Angebotserfolges, Köln 1980.

SABISCH, H., Produktinnovationen, Stuttgart 1991.

SOMMERLATTE, T./DESCHAMPS, J.-P., Der strategische Einsatz von Technologien, in: Little, A. D., (Hrsg.), Management im Zeitalter der strategischen Führung, 2. Aufl., Wiesbaden 1886, S. 39-76.

SUTHERLAND, J./MORRIS, J., Product Benefit: A Conceptual Definition, in: Leckenby, J. D., (Hrsg.), The Proceedings of the 1988 Conference of the American Academy of Advertising, Austin, S. 43-61.

VERSHOFEN, W., Handbuch der Verbrauchsforschung, Berlin 1940.

VERSHOFEN, W., Wirtschaft als Schicksal und Aufgabe, Wiesbaden 1950.

ZAHN, E., Kernkompetenzen, in: Kern, W./Schröder, H.-H./Weber, J., (Hrsg.), Handwörterbuch der Produktionswirtschaft, 2. Aufl., Stuttgart 1996, S. 883-894.

ZANGER, C., Produkt- und Prozeßentwicklung, in: Kern, W./Schröder, H.-H./Weber, J., (Hrsg.), Handwörterbuch der Produktionswirtschaft, 2. Aufl., Stuttgart 1996, S. 1425-1438.

ZANGER, C., Benchmarking für Marketingprozesse – Stand der praktischen Anwendung und aktuelle Entwicklungstendenzen, in: Sabisch, H./Tintelnot, C., (Hrsg.), Benchmarking – Weg zu unternehmerischen Spitzenleistungen, Stuttgart 1997, S. 89-98.

ZANGER, C./BAIER, G., Händlerzufriedenheit mit Telekommunikationsgroßhändlern – Eine empirische Untersuchung zum Methodenvergleich zwischen Conjoint-Analyse und Kano-Modell, in: Trommsdorff, V., (Hrsg.), Jahrbuch der Handelsforschung, Wiesbaden 1998/1999, S. 401-421.

Udo Koppelmann

Design und Verpackung

1. Ausgangsbasis

Für welchen Verpackungsentwurf soll sich die Produktmanagerin des Programmbereichs Nivea Beauté entscheiden? Soll sie eine ungewöhnliche Flaschenform für die Nagellackserie auswählen? Warum ist sie bei einer eher konventionellen Flaschenform geblieben und hat das markentypische Blau in den Mittelpunkt der Verpackungsdifferenzierung gestellt? Die blaue Schlußkappe unterscheidet sich deutlich von der Farbwahl konkurrierender Produkte und sie bildet die Klammer zum Markendach, der Regalauftritt wirkt einheitlich. Und die eher konventionelle Form leitet sich aus dem mittleren Positionierungsniveau der Gesamtmarkte ab.

Produktmanager zeichnen für die Entwicklung und Vermarktung von Produkten verantwortlich (Koppelmann, 1997, S. 6 ff.). Daraus ergeben sich vielfältige Tätigkeitsvernetzungen. Zur Verbesserung (Qualitätsaspekt) und Beschleunigung (Zeitaspekt) der Arbeit dient das Verständnis der Handlungsweise derer, die am Produktentwicklungsprozeß beteiligt sind. Hier interessiert vor allem die Zusammenarbeit zwischen *Produktmanagement* und *Verpackungsdesign*. Dieser Beitrag soll diese Schnittstelle beleuchten.

Vor allem bei prozeßorientierten Managementlösungen interessiert die Optimierung der Schnittstelle. Um komplexe Probleme zu lösen, reicht es nicht aus, über Wissen des eigenen Aufgabenbereichs zu verfügen, sonst schafft jeder Teilbereich seine isolierte Bestlösung, die nur ausnahmsweise mit der Bestlösung eines anderen Beteiligten harmoniert. Die dann folgenden Reparaturarbeiten dauern lange, sind aufwendig und führen selten zu Bestlösungen. Aufgrund des hohen Wettbewerbsdrucks werden *Teamlösungen* kaum zu umgehen sein. Daraus ergeben sich nicht unbeträchtliche Konsequenzen: Neben das übliche, fachspezifische „Inselwissen" muß „Vernetzungswissen" treten. Der Produktmanager muß wissen, an welcher Stelle Wissen von wem in die Optimierung des Gestaltungsprozesses integriert werden sollte. Er übernimmt die zielgerechte Koordination von Fachwissen.

2. Zur Terminologie

Design wird unterschiedlich umschrieben. Design bezieht sich auch im deutschen Sprachgebrauch auf das Gestalten. In den Gegenständen der Gestaltung (Sachprodukte/Dienstleistungen) und den inhaltlichen Schwerpunkten (technisch/ästhetisch) gibt es Unterschiede. Während im deutschen Sprachgebrauch der ästhetische Schwerpunkt dominiert, findet man im Englischsprachigen auch das technische und das Dienstleistungsdesign. Damit müssen die Designfelder abgegrenzt werden (vgl. Abbildung 1).

Noch steht das Produktdesign – häufig spricht man auch von Formgebung (Rat für Formgebung/German Design Council) oder von Produktgestaltung – im Zentrum der Überlegungen. In den letzten Jahren hat das Interesse an Grafikdesign – vermehrt spricht man auch von Kommunikationsdesign – deutlich zugenommen. Beider Wurzeln wird sowohl in der praktischen wie auch theoretischen Diskussion auf das Bauhaus in den 20-er Jahren des letzten Jahrhunderts zurückgeführt. Jüngeren Datums sind die beiden anderen Bereiche. Aus den Überlegungen zur Corporate Indentity sind Bemühungen um das Corporate Design entstanden, um den eindeutig wahrnehmbaren Auftritt von Unternehmen (z. B. durch Produkte und Mittel der Verkaufsförderung auf Messen/am POS) zu verbessern. Und schließlich spielt auch die ästhetische Gestaltung des öffentlichen Raums (z. B. Parkanlagen, Straßenbahnhaltestellen) noch eine Rolle. Vor allem zwischen Produkt- und Grafikdesign wird in der Ausbildung heute noch deutlich unterschieden. Die bekanntesten Designer sind Produktdesigner bzw. Architekten.

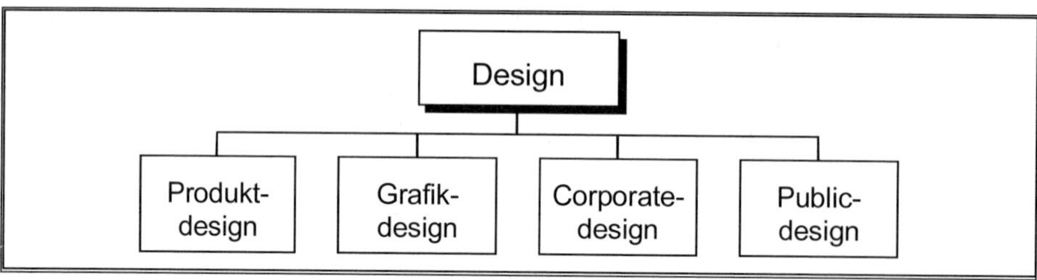

Abbildung 1: Designfelder

Das Design von Verpackungen tangiert mehrere dieser Schwerpunkte. Die Gestaltung des dreidimensionalen Verpackungskörpers fällt schwergewichtig in den Bereich des Produktdesign, die Gestaltung der Oberfläche (z. B. Etikett) in das Grafikdesign. Und wenn eine Verpackung markenbildend geworden ist (z. B. Coca-Cola-, Maggi-, Odolflasche), dann wird sie auch zentraler Inhalt des Corporate Design.

Entsprechend den geschilderten Schwerpunkten kann man somit eher nach einem geeigneten Raum-(Produkt) oder Flächen-(Grafik)designer suchen. Bereits an dieser Aufgabenteilung innerhalb der Designaktivitäten wird die Schnittstellenproblematik deutlich.

Die Aufgabenumschreibung sei nun mit einer Definition abgeschlossen: Man kann Design als planmäßige Gestaltung serieller Artefakte mit starkem ästhetischem Bezug und deutlicher Wahrnehmungsorientierung bezeichnen (Koppelmann, 1997, S. 437). Die Betonung des Seriellen soll vom Unikat der Kunst abgrenzen. Die ästhetische Betonung hebt vom technischen Schwerpunkt ab, und die Wahrnehmungsorientierung fokussiert auf die Schnittstelle Mensch/Produkt. Ästhetische Betonung und Wahrnehmungsorientierung bilden die Grundlage für die Eignung im Rahmen der noch zu erläuternden Emotionsstrategien. Da im Verpackungsbereich die Terminologie relativ einheitlich und auch im Zeitablauf nur wenigen Veränderungen unterworfen ist, genügen hier wenige Hinweise. Die Verpackung umhüllt das Verpackte (Packgut), den Vorgang bezeichnet man mit Verpacken, das Ergebnis mit Packung. Aus dem Ergebnis „Kern und Hülle" ergeben sich Konsequenzen für den ganzheitlichen Marktauftritt oder umgekehrt: Wenn die Ganzheitlichkeit nicht vorliegt, muß mit Wahrnehmungsstörungen gerechnet werden.

3. Funktionale Aspekte

Anhand erfüllbarer Funktionen können Arbeitsergebnisse gemessen werden.

Design kann man anhand der

- praktischen/gebrauchsorientierten,
- ästhetischen,
- semantischen/symbolischen Funktionen

beschreiben. Die praktische Funktion erfaßt die Gebrauchstauglichkeit, die ästhetische die affektive Anmutung und die semantische die soziale Ausdruckskraft des Gegenstandes (Koppelmann, 1996, S. 436 ff.).

Im dreidimensionalen Raum lassen sich die verschiedensten Designstile (Designprägnanzen) abbilden (Lehnhardt, 1996, vgl. Abbildung 2).

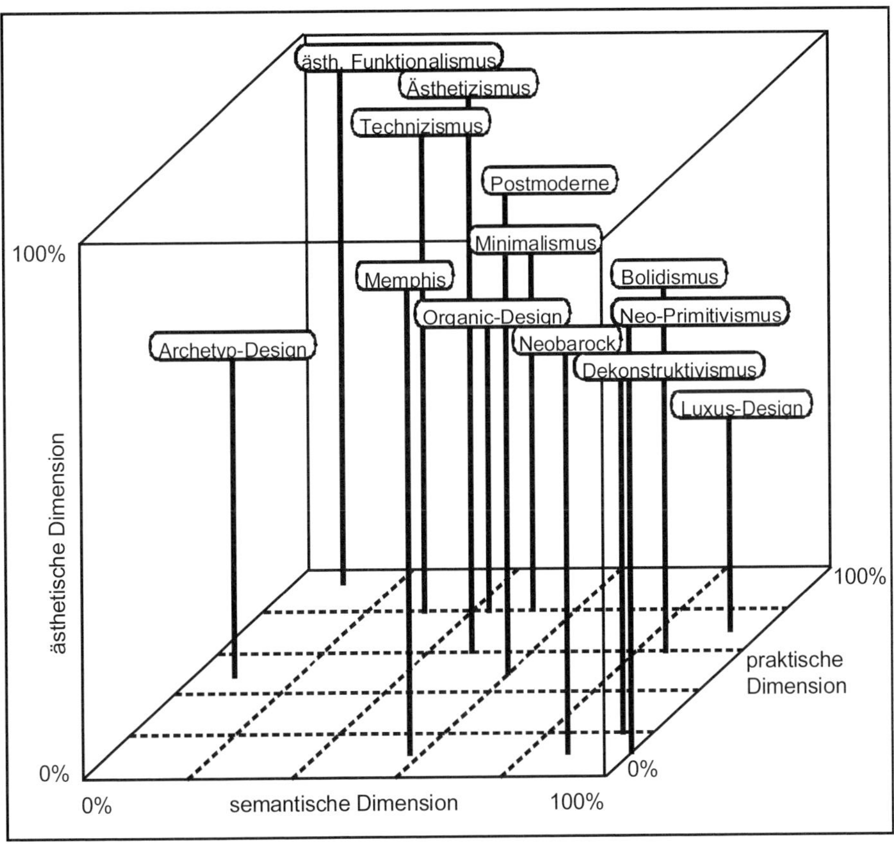

Abbildung 2: Positionierung von Designprägnanzen

Diese Designstile lassen sich bezogen auf Produkte beschreiben. Sie sind auch im Verpackungsbereich anzutreffen (z. B. Graphics Design, 1996, S. 169 ff., British Packaging, 1996). Sie erfassen hier vorrangig die Produktverpackungen (Konsumverpackungen). Die Verkaufsverpackungen sollen die Selbstbedienungsgerechtigkeit steigern. Sie müssen damit neben der Regaleinpassung vor allem aufmerksamkeitsfördernd und selbsterklärend gestaltet sein.

Der funktionale „Gestaltungswürfel" zeigt neben einer Bestandsaufnahme auch Leerfelder. Es ist zu überlegen, ob es sich lohnt, diese Leerfelder mit neuen Entwürfen, die ein spezifisches Prägnanzthema besetzen, zu füllen. Dazu bedarf es einer Prognose über zukünftige Akzeptanzwahrscheinlichkeiten.

Die *Verpackungsfunktionen* sind vielgestaltiger. Man kann die Funktionen an der Prozeßkette festmachen:

- Kostengünstige Herstellbarkeit
- Sichere und kostengünstige Einpackbarkeit/Füllbarkeit von Packgut und Packung
- Schutz auf dem Weg vom Hersteller über den Handel zum und während des Gebrauchs
- Logistikeignung
- Verkaufsfunktion (Präsentation, Verkaufsrationalisierung)
- Markierungsfunktion
- Gebrauchseignung } am Verwendungsort
- Anmutungswirkung }

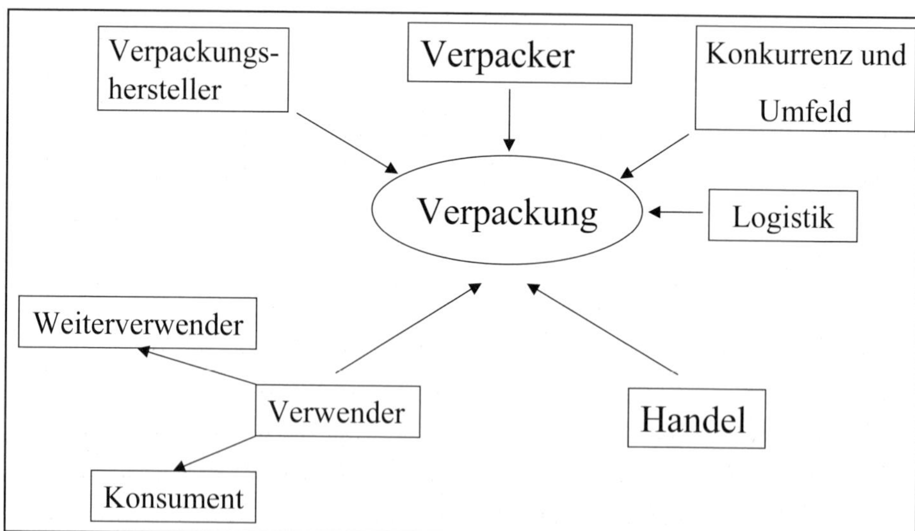

Abbildung 3: Verpackungseinflüsse

Mit Ausnahme der appetenzschaffenden Verkaufssteigerungs- und der Anmutungswirkung lassen sich alle Verpackungsfunktionen der praktischen Designdimension zuordnen.

Aus diesen Funktionen kann man Handlungsleitlinien und Begrenzungen des Handlungsraums ableiten. Im Gegensatz zum „normalen" Produktdesign arbeitet der Verpackungsdesigner in einem wesentlich komplexeren Beziehungsgefüge. Dies soll Abbildung 3 andeuten.

Während sich der Produktdesigner vorrangig aus der Verwenderperspektive unter Beachtung der Herstellermöglichkeiten und der Konkurrenzangebote um die Gestaltung kümmert, kämpft der Verpackungsdesigner mit einem größeren Strauß an Einflüssen. So hat sich auch bei den Premium-Brauereien wegen der Kosten noch keine, bezogen auf die Wertanmutung, differenzierende Verpackung durchgesetzt, statt dessen dominiert die standardisierte Euroflasche unabhängig von der Markenposition, lediglich das Etikett differiert. Es lassen sich nun Einflußinstanzen und Funktionen gegenüberstellen (vgl. Abbildung 4).

Instanzen / Funktionen	Verpackungshersteller	Verpacker	Logistik	Handel	Verwender
Herstellbarkeit	X	X			
Transportierbarkeit	X	X			
Einpackbarkeit		X			
Schutz		X	X	X	X
Logistik			X	X	
Präsentation		X		X	
Rationalisierung				X	
Markierung		X			X
Gebrauchseigenschaften					X
Ästhetik					X
Symbolik					X

Abbildung 4: Instanzabhängige (prozeßabhängige) Funktionsschwerpunkte

Diese Kreuztabellierung zeigt nun eine Schwerpunktbildung entlang der Wertkette und zum anderen, daß einige Funktionen für mehrere Instanzen ähnlich bedeutsam sind. Nicht besonders hervorgehoben wurde, daß die Erfüllung der Verwenderfunktion für alle vorgelagerten Instanzen Grundvoraussetzung für den Erfolg ist.

Durch Schwerpunktbildung hat sich in der Branche inzwischen eine Reduktion der Komplexität herausgebildet. Neben der Transportverpackung (z. B. palettengerechter Karton) gibt es die regalgerechte Verkaufsverpackung und schließlich die Konsumverpackung. Verfolgt man die Wertkette zurück, ergibt sich daraus ein starker Kostendruck insofern, daß die Konsumverpackung an die Verkaufsgegebenheiten und dann an die maximale Ausnutzung z. B. der Europapalette angepaßt werden muß.

4. Der Marktbezug

Es muß nun die marktbezogene Finalität deutlicher herausgeschält werden. Vor welchem marktlichen Hintergrund sollen die erwähnten Funktionen erfüllt werden? Müssen alle besser als bei der Konkurrenz realisiert werden, wo und wann sind Abstriche möglich? Gibt es einige allgemeine Überlegungen, die das Handeln von Produktmanager und Verpackungsdesigner leiten können?

Im Mittelpunkt der Betrachtung steht das Profilierungskonzept (vgl. Abbildung 5).

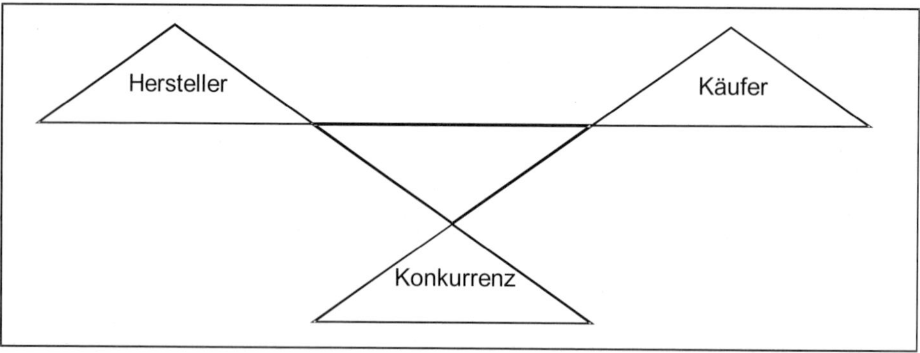

Abbildung 5: Profilierung als Dreiecksbeziehung

Ausgehend von der Kundenorientierung muß sich der Hersteller in den Augen des Kunden gegenüber der Konkurrenz profilieren. Aus dem wettbewerbsorientierten *Profilierungsgebot* ergeben sich mehrere Konsequenzen:

- Der Käufer muß die Leistungen des Herstellers wahrnehmen (*Wahrnehmungsgebot*)
- Die Leistungen müssen für den Käufer wichtig/interessant sein (*Wichtigkeitsgebot*)

- Wichtige Leistungen müssen dem Käufer besser als die der Konkurrenz zusagen (*subjektives Vorsprungsgebot*)
- Diese Leistungen müssen dem Hersteller auch zugerechnet werden (*Identifikationsgebot*)

Gegen einzelne Gebote wird häufig verstoßen. Nicht von der Zielgruppe wahrgenommene Leistungen nutzen nicht. Sie mögen vielleicht der Befriedigung des Gestalters (z. B. des Designers) dienen, volks- und betriebswirtschaftlich sind sie überflüssig – sie bedeuten Ressourcenvergeudung.

Ähnliches gilt für die Leistungswichtigkeit. Das Fehlen wichtiger Leistungen oder das Überladen mit Leistungen, die dem Käufer nichts bedeuten, verhindern den Kaufabschluß. Es ist uninteressant, was der Gestalter für wichtig hält; auch das Vorsichtsprinzip, lieber mehr Leistungen in das Produkt (z. B. Verpackung) hineinzupacken – sie könnten ja vielleicht doch einmal entscheidend sein – befindet sich auf der Ebene der Ressourcenvergeudung. Aufgabe des Produktmanagers ist es, sich Klarheit über die dem Käufer morgen wichtigen Ansprüche zu verschaffen, die es dann zu befriedigen gilt. Auch das Vorsprungsgebot betont die subjektive Käufersicht. Dabei sollte man Lerneffekte mit in die Überlegungen einbeziehen; dies gilt insbesondere bei Innovationen. Und schließlich muß das eigene Angebot immer wieder als solches identifiziert werden können. Gerade die Verpackung trägt dazu im Rahmen der Markierungsfunktion bei.

Diese wettbewerbsbedingte Profilierung gelingt um so besser, je mehr man die aus der Gestaltpsychologie bekannten Gestaltungsprinzipien beachtet:

- Entsprechend dem *Figurgrundprinzip* muß das eigene Produkt (Verpackung) Figur vor dem Hintergrund der Konkurrenzprodukte gewinnen. Genormte Bierflaschen tragen nur durch das Etikett und den Aufdruck/Farbgebung des Bierkastens zur Figurgewinnung bei. Wenn die Bierkastenspezifität bereits die markenspezifische Logistik erfordert, ist der Schritt zur markenspezifischen Flasche und damit zur Steigerung des Figurgrundwirkung nicht mehr weit. Auch das Weniger kann mehr sein. Seit kurzem tauchen „naturbelassene" Verpackungsmaterialien, z. B. feinwellige Pappe, auf, deren Schlichtheit im luxuriösen Umfeld überzeugt.

- Die Figurwirkung wird durch Beachtung des *Prägnanzprinzips* erleichtert. Es ist entscheidend, was der Käufer als prägnant erlebt. Aus der Gestaltpsychologie sind einige „Gesetze" (Nähe, gemeinsames Schicksal) bekannt, die die Prägnanzwirkung steigern. Es ist die Frage zu beantworten, was in den Augen des Käufers eine Verpackung besonders attraktiv macht. Dies muß besonders herausgestellt werden. In diesem Kontext gewinnt die Verpackung eine besondere Bedeutung, weil sie als Produkthaut die Botschaft des Produktkerns ausdrücken soll. Einige Zigarettenpackungen zeigen das Bemühen. Auch die Wahl eines Designstils kann zur Prägnanz beitragen.
  Und unter dem Prägnanzaspekt kann geprüft werden, welche Verpackungsfunktion betont und welche als weniger wichtig angesehen wird. Letztlich entscheidet der Verwender (Konsument) über die Akzentsetzung. Das kann mit handelstypischen

Präferenzen kollidieren. Wer wegen der Verpackung nicht gelistet wird, benötigt keine Verwenderprofilierung mehr. Des weiteren wird die Profilierungsentscheidung von der strategischen Richtung geprägt. Wenn der Preis das Prägnante ist, wirkt eine luxuriös erscheinende Verpackung unglaubwürdig.

- Das *Konstanzprinzip* soll dafür sorgen, daß Lerneffekte eintreten. Ein häufiger Verpackungswechsel verhindert Lernspuren. Die Farbkonstanz (z. B. blau-gold: 4711; blau: Nivea), die Formkonstanz (Coca-Cola-Flasche, Maggi-Flasche, Odol-Flasche), die Zeichenkonstanz (z. B. BAYER-Kreuz) können als Beispiele aus dem Bereich der Gestaltungsmittel dienen. Gegen das Konstanzprinzip wird häufig bei der Sortiments-(Programm-)ausweitung verstoßen. Ein zusätzlicher Sortimentsteil soll sich gegenüber dem bisherigen Angebot der eigenen Marke abheben. So erhält die Verschlußkappe der Tube eine neue Farbe. Nach z. B. 10 Jahren wundert man sich, daß der ursprünglich einheitliche Farbauftritt durch eine heterogene Buntheit gekennzeichnet ist. Durch mangelnde Konstanz hat auch die Markenprägnanz verloren. Jeder neue Designer entwirft eine aus seiner insularen Sicht stimmige neue Verpackung – der Markenauftritt verliert an Schärfe oder anders ausgedrückt: Die Gehaltfestigkeit geht verloren. Sie ist mit dem Tachistoskop meßbar. Verpackungskonstanz bewegt sich in einem Kontinuum zwischen Starrheit und Dynamik. Dabei stellt sich die Frage, ob man eine Verpackung durch kleine, eher „unmerkliche" Schritte aktualisiert oder ob man nach längerer Konstanz einen deutlichen Modernisierungsschritt wählt. Die letztere Alternative kennzeichnet die Persil-Verpackung. Man will hier in größeren Abständen das jeweils Neue besonders betonen. Die Veränderung hat allerdings Grenzen. Das Markentypische wird man wie ein „rohes Ei" behandeln (z. B. Markenzeichen, Markenfarbe).

Neben diesen Prinzipien müssen *Profilierungsdimensionen* beachtet werden:

- Bei wem?
- Wo?
- Gegen wen?
- Wie will man Profil gewinnen?

Die Frage nach dem „wer?" erfordert eine möglichst genaue Marktsegmentierung. Dabei geht es darum, die Kernzielgruppe festzulegen. Wenn eine neue Duftserie auf den Markt gebracht werden soll, dann müssen beispielsweise Duftnote und Verpackung dem heiteren, beschwingten Lebensgefühl einer 20-jährigen entsprechen unabhängig davon, daß höchstwahrscheinlich 35- bis 40-jährige als Hauptkäufergruppen auftreten (Janine D-Fall).

Produktherkunft und Marktzielgebiet beeinflussen die Wo-Antwort. Regionale, nationale, globale Produkte erfordern Gestaltungsunterschiede. Transportverpackungen tragen im Regelfall aufgrund der Kosten-Leistungs-Rationalität globale Eignungszüge. Verkaufsverpackungen – insbesondere wenn sie selbstbedienungsgerecht gestaltet werden sollen – sind bezüglich des Grafikdesigns sprachraum- oder national orientiert. Bei der Konsumverpackung begegnet uns die ganze Spannweite von regionaler bis zu globaler

Verpackungsgestaltung. Luxus- und Designprodukte weisen vorrangig globale, d. h. weltweit einheitliche Verpackungsgestaltungen auf. Denkbar ist auch, daß regionale Gestaltungen weltweit Anklang finden. Die Verpackungsgestaltung muß dann das regionale Image weltweit transportieren.

Die Konkurrenzdimension beinhaltet die Institution mit ihrer Geschichte und ihren Rechten und dem vor diesem Hintergrund möglichen zukünftigen Gestalten, von dem man sich abheben möchte. Die Wie-Frage konzentriert sich auf die Wahl der bereits angedeuteten Profilierungsstrategie. Analog zu Porter wollen wir zwei strategische Bereiche hervorheben (vgl. Abbildung 6).

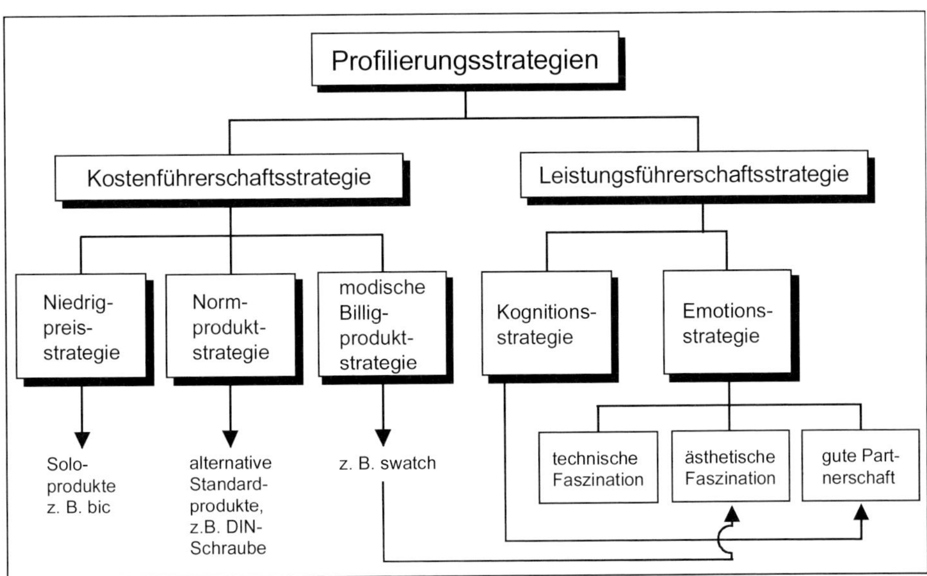

Abbildung 6: Profilierungsstrategien

Aus der Kostenführerschaftsstrategie folgt im Prinzip eine an den Logistikhilfsmitteln (z. B. Pool-Palette) orientierte Gestaltung, um den Transportschutz, die Raumausnutzung zu sichern und im übrigen, bezogen auf Objekt- und Prozeßkosten, dem Minimalprinzip zu gehorchen. Dies ist weniger die Welt des Verpackungsdesigners. Sein Betätigungsfeld liegt eher in der Verwirklichung der Emotionsstrategie und hier stärker in der Realisation der ästhetischen als der technischen Faszination.

Die ästhetische Faszination wird mit den erwähnten Designstilen (-prägnanzen) erfaßt. Im Stil des ästhetischen Funktionalismus gestaltete Schreibgeräte der Firma Lamy bedürfen einer aus Gründen der Prägnanzsteigerung ähnlichen Verpackungsgestaltung, die völlig anders aussieht als eine Verpackung für Luxusschreibgeräte.

5. Einige Gestaltungsüberlegungen

Der Verpackungsdesigner hat es mit einer *Raum*aufgabe und einer *Flächen*aufgabe zu tun. Während der Produktdesigner vorrangig räumlich denkt und arbeitet – die Oberflächengestaltung ist für ihn eher ein Randthema – tanzt der Verpackungsdesigner auf zwei Hochzeiten: Raumdesign und Flächendesign (Grafikdesign) sind hier zwei Seiten einer Medaille.

Raum- und Flächendesign müssen, um den Anforderungen gerecht zu werden, die sich aus den im 3. Abschnitt erwähnten Design- und Verpackungsfunktionen ergeben, aufeinander bezogen werden.

In einem ersten Schritt muß entsprechend der gewählten Profilierungsstrategie (s. Abbildung 6) geprüft werden, welche Funktionserfüllung im Mittelpunkt der Überlegungen stehen soll. Dazu soll die folgende Abbildung 7 in pointierender Form beitragen.

Strategien / Funktionen	Kostenführerschafts-strategie	Emotionsstrategie
Herstellbarkeit	XXX	
Transportierbarkeit	XXX	
Einpackbarkeit	XXX	
Schutz	X	
Logistik	XXX	(X)
Präsentation		XX
Rationalisierung	XXX	
Markierung		XXX
Gebrauchseigenschaften		X
Ästhetik		XXX
Symbolik		XXX

Abbildung 7: Zusammenhänge zwischen Verpackungsfunktion und Profilierungsstrategien

Ein Verpackungsdesigner wird kaum bei der Realisierung der Kostenführerschaftsstrategie eingesetzt; dazu benötigt man wertanalytisch geschulte Verpackungsingenieure. In diesem Beitrag liegt der Schwerpunkt auf der Emotionsstrategie. Der Verpackungsdesigner muß vor allem differenzierende Gestaltungslösungen zur Erfüllung der Ästhetikfunktion, der Symbolikfunktion und damit der Anmutungswirkungen finden, die *ziel-*

gruppengerecht sind. Dabei tragen die Erfüllung der Gebrauchs- und Schutzfunktionen weniger zur Differenzierung bei, sie bilden vielmehr Grundvoraussetzungen; ihre Nichterfüllung würde Reaktanz zur Folge haben, nur tragen sie nicht zur Profilierung bei. Die verkaufssteigernde Präsentationswirkung kann dagegen nicht unwesentlich die Aufmerksamkeit am Regalplatz binden. Das Identifizieren wird durch die Beachtung des Konstanzprinzips und die Affektionen durch das Prägnanzprinzip bewirkt.

Der Zielgruppenaspekt muß als Maßstab für die Auswahl bei verschiedenen Gestaltungsvorschlägen besonders hervorgehoben werden. Allzu häufig werden Alternativen nach dem Motto „Das gefällt mir nicht“ ausgewählt. Jederman fühlt sich zu derartigen Urteilen berufen, erstaunlicherweise auch Manager, die sich sonst der Begrenztheit ihres Wissens durchaus bewußt sind. Konstruktions-, Finanzierungs-, Rechtsfragen sind auch nicht demokratisch lösbar.

Bei der Alternativenauswahl sind mehrere Aspekte zu beachten:

1. *Der Innovationsaspekt*

   Es geht um die grundsätzliche Frage „Neuentwicklung oder Fortentwicklung?“. Bei einer Neuentwicklung sind die Freiheitsgrade sehr viel größer gegenüber dem Fall, daß sich die Fortentwicklung in die bisherige Entwicklungslinie einpassen soll. In dieser Terminologie kann ein Relaunch auch eine Neuentwicklung sein – man bricht beim Nachfolgeprodukt bewußt mit der bisherigen Tradition, um das Neue herauszustellen. Man befürchtet, daß bei Konstanz der bisherigen Verpackung das Neue des Packgutes nicht deutlich genug vermittelbar sei. Das erfordert in der Einführungsphase ein hohes Werbebudget.

   Das Neue muß sich entsprechend dem Prägnanzprinzip auf das Besondere, Herausragende des Packgutes der Marke beziehen; es muß versucht werden, dem Besonderen in der Gestaltung Ausdruck zu verleihen. In einer Vielzahl von Parfümflakons ist das gelungen.

2. *Der CD-Aspekt*

   Nicht wenige Unternehmen haben im Rahmen ihrer Corporate-Identity-Bemühungen auch entsprechende Regeln für das Corporate Design entwickelt (z. B. BMW, Braun, Siemens). Diese Regeln enthalten genaue Vorgaben für den visuellen Auftritt und damit auch für die Verpackungsgestaltung. Hier werden Prägnanz- und Konstanzphänomene besonders deutlich.

3. *Der Markenaspekt*

   Eine Marke wird sichtbar am Markenzeichen. Dieses bildet ein dominantes Gestaltungsinstrument der Verpackung, um vor allem die Identifikation zu erleichtern und Produktglaubwürdigkeit zu symbolisieren. Gleichgültig ob nun Firmen- oder Produktmarke, das Markenzeichen symbolisiert spezifische Bedeutungsgehalte. Diese Bedeutungsgehalte prägen das Nachfolgeprodukt und, damit das verkaufserleichternd wirkt, auch die Verpackungsgestaltung. Wenn eine Marke um immer weitere

Produkte ergänzt wird, muß bei der Gestaltung das Markenkonstante gesucht werden, um im Rahmen dieser Klammer das Innerdifferente zu finden. Die Erweiterung der Markenbreite und –tiefe kann zur Verdrängung der Regalkonkurrenz führen. Das immer wieder bestätigte Wissen, daß Nivea und blau zusammengehören, die unübersehbare Regalpräsenz schaffen einen deutlichen Konkurrenzvorsprung. So wurden um den Farballeinstellungsanspruch einer Marke (z. B. Maggi: gelb-rot) manche Wettbewerbsprozesse geführt bzw. angedroht. Auch in der Körperform der Verpackung kann eine markentypische Komponente begründet sein (z. B. Odol-, Jägermeister-, Underberg-, Maggi-, Coca-Cola-Flasche).

Es bleibt zu überlegen, ob man das Neue von Anfang an (Geschmacksmuster-, Gebrauchsmuster-, Warenzeichenrecht) schützt oder sich erst nach Verkehrsgeltung darum bemüht. Die Versuchung der Konkurrenten ist groß, sich einer erfolgreichen Verpackungsgestaltung anzuhängen.

Designprägnanzen / Milieus	ästhetischer Funktionalismus	Technizismus	Postmoderne	Memphis	Minimalismus	Dekonstruktivismus	Bolidismus	Archetyp-Design	Organic-Design	Ästhetizismus	Neo-Barock	Neo-Primitivismus	Luxus-Design
konservativ-technokratisch	X				(X)					X			
liberal-intellektuell	X	X	X	X	X	X	X	X	X	X	X	X	
aufstiegsorientiert	X	X								X			
kleinbürgerlich													
modern bürgerlich	X				X			X					
moderner Arbeitnehmer		X			X			X					
postmodern			X			X	X	X			X	X	
hedonistisch			X	X		X	X	X	X		X	X	
traditioneller Arbeiter													
traditionsloser Arbeiter													

Abbildung 8: Zur Eignung von Designprägnanzen für Zielgruppen

4. *Der Zielgruppenaspekt*

Gestalter und Entscheider decken sich nur selten mit dem Kernsegment der Zielgruppe. Wenn man sich im Feld der Emotionsstrategien bewegt, dürften sich die Ergebnisse der Lebensweltenforschung für die Segmentierung besonders eignen (Plummer 1974). Aus mehreren Gründen ziehen wir anderen Modellen das Sinus-Milieu-Modell hier vor (Becker/Becker/Ruhland 1992):

- Aus umfangreichen Fragenbatterien erwächst eine plastische Zielgruppenbeschreibung.
- Neben der Befragung wurde die Einrichtung der Befragten fotografiert. Diese Bilder geben eine valide Antwort auf die jeweiligen Stilpräferenzen.
- Die Untersuchungen wurden mehrfach wiederholt, so daß wir auf eine Entwicklung in Deutschland von 1982 – 2005 zurückblicken.

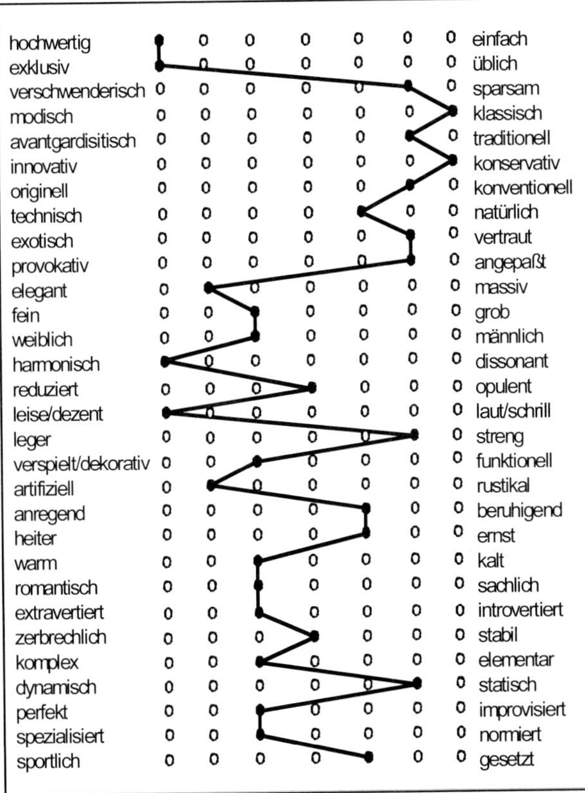

Abbildung 9: Das idealtypische Anmutungsprofil für das konservativ-technokratische Milieu

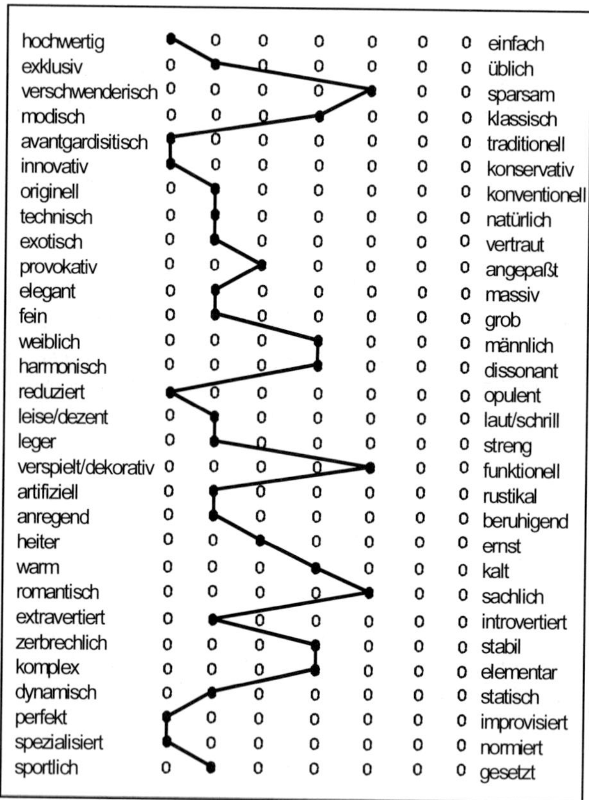

Abbildung 10: Das idealtypische Anmutungsprofil für das liberal-intellektuelle Milieu

Diese Zielgruppen können hier nicht beschrieben werden. Wegen des vorhandenen Bildmaterials ist eine Zuordnung zu den erwähnten Designprägnanzen möglich (vgl. Abbildung 8).

Aus einer subjektiven Gestaltungsentscheidung kann durch die zielgruppenbezogene Artefaktepräferenz eine auch für Zielgruppenfremde nachvollziehbare Eignungsentscheidung werden. Vor dieser Aufgabe stehen Verpackungsdesigner und Produktmanager, wenn sie die Ergebnisse ihrer gemeinsamen Arbeit präsentieren.

Auf demselben empirischen Material basiert die Arbeit von Frey (1992). Sie entwickelte Anmutungsprofile für verschiedene Milieus. Zwei deutlich unterschiedliche Profile für Milieus der oberen Schichten mögen die Ergebnisse verdeutlichen (vgl. Abbildung 9 und 10).

Diese Profile dienen zum einem dem Designer zur Kontrolle der eigenen Arbeit und zum anderen der Begründung der Arbeitsergebnisse gegenüber den anderen am Verpackungsgegestaltungsprozeß Beteiligten.

5. *Der Ideenaspekt*

Es kann nicht Aufgabe des Produktmanagers sein, Gestaltungsideen zu generieren. Seine Aufgabe ist es, sie nachzuvollziehen und auf ihre Eignung im Kontext der Profilierung (Abbildung 5) zu überprüfen.

So liefern die Designprägnanzen (Abbildung 4) und die Eignungsmatrix (Abbildung 8) wichtige Hinweise. Dies ist allerdings immer nur eine Status-quo-Aufnahme. Sie bedarf deshalb der ständigen Erneuerung.

Damit ist das Prognoseproblem jedoch nicht gelöst. Was soll man zu einem Entwurf einer Verpackung in Anlehnung an Haribo-Gummibärchen für eine neue Duftserie sagen? Ist diese vordergründige Assoziation eher ein Gag oder doch längerfristig tragfähig? Unmittelbare Analogien haben den Charme des schnellen Verstehens durch viele. Sie bewegen sich jedoch auf dem Grat zwischen Ernsthaftigkeit und Lächerlichkeit. Die Flopgefahr ist groß.

6. Die Zusammenarbeit

In Abbildung 3 wurden die vielfältigen Einflußbereiche genannt, die für eine erfolgreiche Verpackungsgestaltung beachtet werden müssen. Daraus ergeben sich vielfältige, vereinzelt bereits erwähnte Schnittstellenprobleme. Sie gehen deutlich über Organisationproblemе hinaus.

1. *Wissensprobleme*

Zunächst ist es notwendig, die funktionsspezifische Betrachtung zu überwinden. Die insulare Optimierung eines Funktionsaspektes führt zu einem langwierigen und teuren Korrekturprozeß, um eine letztlich befriedigende Lösung zu schaffen. Neben das Funktionswissen (Spezialistenwissen) muß das Vernetzungswissen treten. Das setzt die Bereitschaft voraus, das eigene Funktionswissen in den Dienst der Suche nach einem gemeinsamen Optimum zu stellen. Das bedarf einer systemischen Grundhaltung, die der in der Wissenschaft weit verbreiteten abstrahierenden ceteris-paribus-Betrachtung zuwiderläuft. Das Problem richtet sich nicht nach den Funktionen, umgekehrt muß versucht werden, mit funktions- und funktionsübergreifendem Wissen das Problem zu lösen. So muß sich der Produktmanager in einem Lebensmittelunternehmen mit dem Verpackungsdesign soweit befassen, daß er Leistungsfähigkeiten und –grenzen erkennt, um dann gemeinsam unter Nutzung des jeweils vorhandenen Schwerpunktes zu einer guten Lösung zu gelangen. Die nichtfunktionsspezifische, problembezogene Wissenserweiterung stößt nicht nur in der Praxis, auch in der Wissenschaft auf Widerstände. Bei der Verpackungsgestaltung hat das Wissensproblem zumindest drei gewichtige Facetten: Instrumentalwissen, Wirkungswissen und Methodenwissen. Der Verpackungsdesigner verfügt primär über Instrumentalwissen (Instrumente der Verpackungsgestaltung). Daran muß der Produktmanager partizipieren, um die Alternativendiskussion mitanregen zu können. Das Wirkungswissen ist unterschiedlich verteilt. Über die Gebrauchswirkungen (Ergonomie, Haptik) ist der Verpackungsdesigner informiert; die ästhetischen Wirkungen kann er aufgrund seines Wissens zielgruppenneutral gut prognostizieren, liegt ein Realmodell vor, kann der Produktmanager beispielsweise mit Hilfe der Inhalte aus den Abbildungen 8 und 9 Wirkungswahrscheinlichkeiten schätzen; ähnlich verhält es sich bei den symbolischen Wirkungen. Das Methodenwissen der Gestaltung liegt primär beim Verpackungsdesigner, bezogen auf die Wirkungsanalyse primär beim Produktmanager.

2. *Kommunikationsprobleme*

Eng mit dem Wissen ist die Kommunikation darüber verknüpft. Das Bemühen um Sprache und um Techniken, die vernetzungsoffen sind, die kompatibel zu anderen Funktionsbereichen sind, ist noch nicht stark ausgeprägt, statt dessen werden funktionsbereichsimmunisierende Sprachspiele entwickelt, die nur engen Insiderkreisen zugänglich sind, weil dies ihr eng begrenztes tägliches Geschäft ist. So wie ein Vorstandsmitglied sich an Entscheidungen über Bereiche beteiligen muß, die es früher nicht gelernt hat, und dies um so erfolgreicher tut, je mehr es sich mit einer funktionsübergreifenden Problemsicht befaßt, müssen auch der Produktmanager und der Verpackungsdesigner eine integrative Kommunikation erlernen.

3. *Prozeßprobleme*

Daraus ergeben sich Überlegungen zur Gestaltung der Ablauforganisation. Wie läßt sich die Wertschöpfungskette gestalten, um statt sequentieller eher simultane Entscheidungen zu generieren?

Wenn der Produktmanager die Ergebnisse seiner Marktanalyse in einem trockenen Briefing schriftlich zusammenfaßt und dies dem Verpackungsdesigner zusendet, darf man sich nicht wundern, wenn sich der Produktmanager bei der ersten Präsentation erstaunt die Augen reibt und verkündet, so habe er sich das aber nicht gedacht. Kosten und Zeit wurden verloren.

Statt dessen versprechen Teamlösungen entlang einer Prozeßkette bessere Ergebnisse. Ein Vorschlag sieht so aus (Koppelmann 1997, S. 319, umfangreicher Spies 1993, vgl. Abbildung 11).

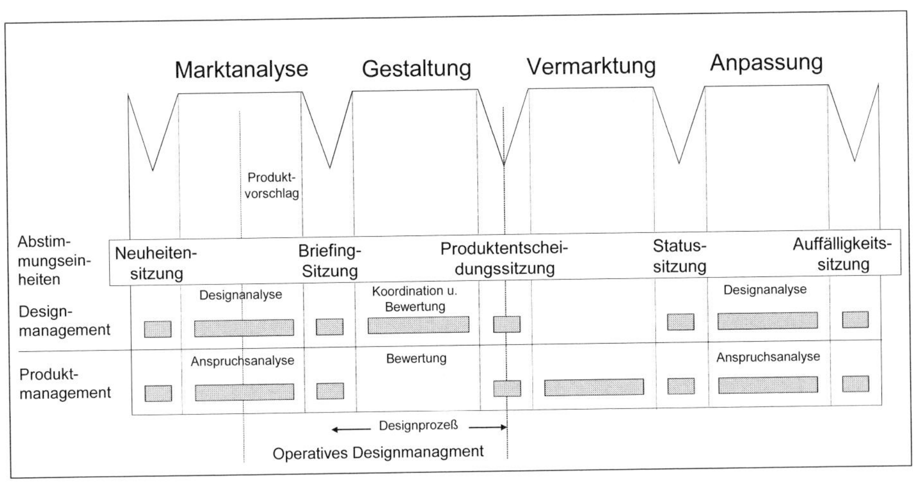

Abbildung 11: Zur Verknüpfung von Produkt- und Designmanagement

In Abhängigkeit von wichtigen Prozeßstufen der Entwicklung und Vermarktung von Produkten wurden hier die Phasen der Mitwirkung aufgezeigt. Grundlage der Überlegung ist die Notwendigkeit der Zusammenarbeit „von Anfang an", um das gemeinsam Gedachte und Gewollte mit den Tonalitäten, Nebentönen usw. zu erfassen. Das steigert die Qualität, reduziert den Zeit- und Korrekturaufwand, folgt also dem ökonomischen Prinzip.

4. *Designerauswahlproblem*

Wer soll mit der Aufgabe des Verpackungsdesigns beauftragt werden? Verfügt man im Unternehmen über angestellte Designer oder soll man selbständige Designer beauftragen?

Im Verpackungsdesign spielt der Name des Designers im Gegensatz zum Produktdesign noch keine große Rolle. Man kauft sich kein Apollinaris-Mineralwasser, weil die neue Flasche vom Stardesigner X entwickelt wurde. Hier hat noch keine Namensinstrumentalisierung stattgefunden. Der Vorteil des angestellten Designers liegt in der unternehmens- und produktspezifischen Kenntnis. Das Ergebnis sind Entwürfe des Machbaren. Bei freien Designern besteht die Chance für Entwürfe des „Denkbaren", mit einem Schuß Utopie wird die Innovationsgrenze möglicherweise erweitert.

Als Ansprechpartner kommen Produktdesigner, Grafikdesigner und inzwischen spezifische Verpackungsdesigner in Frage. Viele von ihnen sind im Dachverband „Deutscher Designerverband e. V." mit den Verbänden:

- Verband Deutscher Industrie-Designer e. V. (VDID)
- Verband Deutscher Grafik-Designer e. V. (VDGD)
- Verband Deutscher Mode- und Textil-Designer e. V. (VDMG)

zusammengeschlossen. Der Verband hat 1994 ein Werk „Designer Portraits und Profile“ herausgebracht (70567 Stuttgart, Zettachring 6). Darüber hinaus sind Informationen beim Rat für Formgebung/German Design Council, 60063 Frankfurt, Postfach 15 03 11) und den Designinstitutionen der jeweiligen Länder erhältlich. In den Marketing- und Designfachzeitschriften wird über erfolgreiche Entwicklungen berichtet.

7. Zusammenfassung

Das Verpackungsdesign stellt einen wesentlichen Erfolgsfaktor neben dem Packgut (Produkt), der Marke, der Werbung dar. Sie müssen aufeinander abgestimmt sein, um Spuren zu hinterlassen. Auf die Gestaltung selbst wirken viele Einflußbereiche ein. Dabei ist letztlich die Wirkung beim Konsumenten entscheidend. Um die Kundenbindung zu verbessern, erscheint die Emotionsstrategie unverzichtbar. Hier kann gekonntes Verpackungsdesign konkurrenzprofilierend wirken. Damit dies erfolgreich realisiert werden kann, müssen Produktmanager und Verpackungsdesigner „Hand in Hand“ arbeiten. Aufgabe dieses Beitrags sollte es sein, dies zu erleichtern.

8. Literatur

BECKER, E./BECKER, W./RUHLAND, H., Zwischen Angst und Aufbruch, Düsseldorf 1992.

BOOTH-CLIBBORN, E., British Packaging, Design für Today`s Consumer Interface, London 1996.

CLIFF, S., Trade Secrets of Great Design Packaging 1999, Rockport 1999.

CROSS, N., (Hrsg.), Dovelopments in Design Methodology, Chichester, New York, Brisbane, Toronto, Singapore 1984.

FREY, B., Zur Bewertung von Anmutungsqualitäten, Köln 1993.

KOPPELMANN, U., Produktmarketing, 6. Aufl., Heidelberg 1997.

KOPPELMANN, U., Grundlagen der Verpackungsgestaltung, Herne, Berlin 1971.

LEHNHARDT, J. M., Analyse und Generierung von Designprägnanzen, Köln 1996.

LUTZ, A., Plagiate im Produktdesign, Köln 1996.

OAKLEY, M., Managing Product Design, London 1984.

OAKLEY, M., (Hrsg.), Design-Management: a handbook of Issues and methods, Oxford, Cambridge 1990.

PEDERSON, B. M., Graphics Design, Zürich 1996.

PLUMMER, J. T., The Concept and Application of Life Style Segmentation, in: Journal of Marketing, 1974, S. 33-51.

PORTER, M. E., Competitive Strategy: Techniques for Analyzing Industries and Competitors, New York 1980.

ROOZENBURG, N. F. M./ECKELS, J., Product Design: Fundamentals and Methods, 1995.

STARK, C. K., Architektur und Design als Grundlage für die Produktgestaltung, Köln 1996.

ULRICH, K. T./EPPINGER, S. D., Product Design und Development, 1994.

Friedhelm Bliemel
Georg Fassott

Sekundärdienstleistungen

1. Einleitung

„Kundendienst ... ist in jeder Branche eine wirksame Wettbewerbswaffe. Wer im Service führend ist, liegt im jeweiligen Industriezweig fast immer an der Spitze, sowohl durch wachsenden Absatz als auch in der Rentabilität; wer den Service vernachlässigt, landet ganz hinten" (Davidow/Uttal, 1991, S. 15). Hinter solchen und ähnlichen Aussagen steht zunächst die Überlegung, daß Produkte in der Regel als Leistungsbündel aus mehreren Komponenten bestehen, ausgerichtet auf das Ziel, dem Kunden die von ihm gesuchte Problemlösung zu bieten (Brockhoff, 1999, S. 13). In vielen Branchen bieten Wettbewerber Sachleistungen von fast identischen technischen Eigenschaften und vergleichbarer Qualität an. Zusatznutzen bieten sie ihren Kunden durch Sekundärdienstleistungen, um sich zu differenzieren und ihr Leistungsbündel aufzuwerten. Auch zum Beziehungsmarketing industrieller Unternehmen passen Sekundärdienstleistungen als Mittel der Kundenbindung (Meyer/Blümelhuber, 1998). Zur Gestaltung von Sekundärdienstleistungen sollen hier nach einem Überblick zu Sekundärdienstleistungen Determinanten, Defizite und Ansatzpunkte zum Erfolg behandelt werden.

1.1 Begriffliche Grundlagen

Eng ausgelegt versteht man unter einem Produkt ein Sachgut, das ein Ergebnis von industriellen Transformationsprozessen ist. Weit ausgelegt ist ein Produkt eine Problemlösung bzw. ein Mittel zur Bedürfnisbefriedigung (Herrmann, 1998, S. 15). Hierzu ist in der Regel ein Leistungsbündel aus materiellen und immateriellen Komponenten erforderlich (Engelhardt/Paul, 1998). Dabei wird ein Basisprodukt, das als funktionaler Kern den Kernnutzen des Produkts sicherstellt, dahingehend ergänzt, daß ein marktfähiges Leistungsbündel (erwartetes Produkt) oder ein Leistungsbündel (augmentiertes Produkt) entsteht, das eine erfolgreiche Differenzierung im Vergleich zu Wettbewerbsprodukten ermöglicht (Kotler/Bliemel, 2001, S. 716 f.).

Bei Industrieunternehmen wird die mit dem Basisprodukt verbundene Sachleistung oft um Dienstleistungen, aber auch um weitere Sachleistungen ergänzt. Dienstleistungen, die zum Basisprodukt kommen, um dessen Absatz zu ermöglichen oder zu fördern, werden als Sekundärdienstleistungen (SDL) bezeichnet (Fassott, 1995, S. 21). Oftmals werden sie auch als produktbegleitende Dienstleistungen oder industrielle Dienstleistungen bezeichnet (vgl. die Diskussion bei Engelhardt/Reckenfelderbäumer, 1999, S. 193).

Der Zweck einer Sekundärdienstleistung ist aus Sicht des Kunden zu bestimmen. Auf der untersten Stufe sind Sekundärdienstleistungen als Bestandteil des erwarteten Produkts erforderlich, um das Basisprodukt überhaupt vermarkten zu können. Darüber hinaus tragen sie zur höheren Attraktivität und Differenzierung des Angebots bei. Der Wert von Sekundärdienstleistungen für die Kunden kann kundenindividuell bzw. segmentspezifisch variieren und erfasst werden. Auch dynamische Abläufe sind denkbar, wenn erfolgreiche Sekundärdienstleistungen bei Wettbewerbern und Kunden selbstverständlich werden und zu einem neuen Leistungsstandard führen, von dem es sich wiederum abzusetzen gilt. Dann müssen Sekundärdienstleistungen erneut analysiert, verbessert oder hinzugefügt werden.

	Beispiele zu Sekundärdienstleistungen	
	für Endkunden	**für Handelsunternehmen**
Customer-Care	▪ Telefon-Hotline ▪ Produktdemos ▪ Beschwerdesysteme ▪ Kundenclub	▪ Händler-Hotline ▪ Betreuung durch Key-Account-Manager ▪ Beschwerdesysteme ▪ Dialogforum Hersteller-Handel
Lieferung	▪ Bestell- und Ordersysteme ▪ Informationen zum Auftragsstatus ▪ Hauslieferung ▪ Installation ▪ Entsorgung des Altprodukts	▪ Warenwirtschaftssystem ▪ Lagerhaltung und Just-in-Time-Anlieferung für Produkte und Ersatzteile ▪ Redistributionssystem für Altprodukte
Finanzierung	▪ Ratenkauf ▪ Mietkauf ▪ Leasing ▪ Inzahlungnahme des Altprodukts	▪ Ratenkauf, lange Zahlungsziele ▪ Unterstützung von Händlerinvestitionen ▪ Konzept für Mietkauf, Gebrauchtgerätevermarktung inkl. Ausstattungsmaterial (z.B. Vertragsformulare, Werbematerialien)
Schulung	▪ Gebrauchsanweisung ▪ Schulungsseminar ▪ FAQ(Frequently Asked Questions)-Listen	▪ Konzept für Durchführung, Vermarktung und Organisation von Endkundenschulungen ▪ Beratung und Schulung für verschiedene Funktionsbereiche im Handelsunternehmen
Gewährleistung	▪ Produktrückgabe bei Unzufriedenheit ▪ Garantiezeitverlängerung ▪ Kulanzleistungen außerhalb der Garantiezeit	▪ Problemlose Abwicklung von Produktrückgaben ▪ Rahmenvereinbarung für separat anbietbare Garantieverlängerung
Technischer Kundendienst	▪ Inspektion ▪ Wartung ▪ Reparatur ▪ FAQ-Listen ▪ Ersatzteilverfügbarkeit ▪ Vertragsgestaltung (Wartungsvertrag, Reparaturversicherung)	▪ Weitergabe von Know-how (Checklisten zur Fehlerdiagnose, Reparaturanleitungen) ▪ Werkstatteinrichtung ▪ Ersatzteilversorgung (Lagerhaltung, Bestellsysteme, kurze Lieferzeiten, Schnelldienst)

Abbildung 1: Sekundärdienstleistungen für Endkunden und Handelsunternehmen im Konsumgüterbereich

1.2 Überblick zu Sekundärdienstleistungen

Sekundärdienstleistungen können sowohl für Endkunden als auch für den Handel bereitgestellt werden. Endkunde und Handel sollen im Sinne von Pull und Push motiviert werden. Leistungen für den Handel sollen bewirken, daß dieser sowohl die Basisprodukte des Herstellers im Sortiment führt und aktiv verkauft als auch endkundengerichtete Sekundärdienstleistungen möglichst im Sinne des Herstellers erbringt. Es gilt zu entscheiden, wie und von wem die Sekundärdienstleistungen für die Endkunden erbracht werden sollen. D.h. die Leistungsdurchführung für den Endkunden wird zwischen Hersteller und Handel aufgeteilt. Führende Hersteller nehmen starken Einfluß auf die Leistungen des Handels bzw. sonstiger Partner, die sie mit der Erstellung von Sekundärdienstleistungen für Endkunden beauftragen (Engelhardt, 1990, S. 232 ff.). In Abbildung 1 werden für den Konsumgüterbereich Beispiele für endkunden- und handelsgerichtete Sekundärdienstleistungen gezeigt. Im Industriegüterbereich steht tendenziell ein deutlich weiteres Spektrum an möglichen Sekundärdienstleistungen zur Verfügung (vgl. z.B. die Auflistung bei Belz et al., 1997, S. 41).

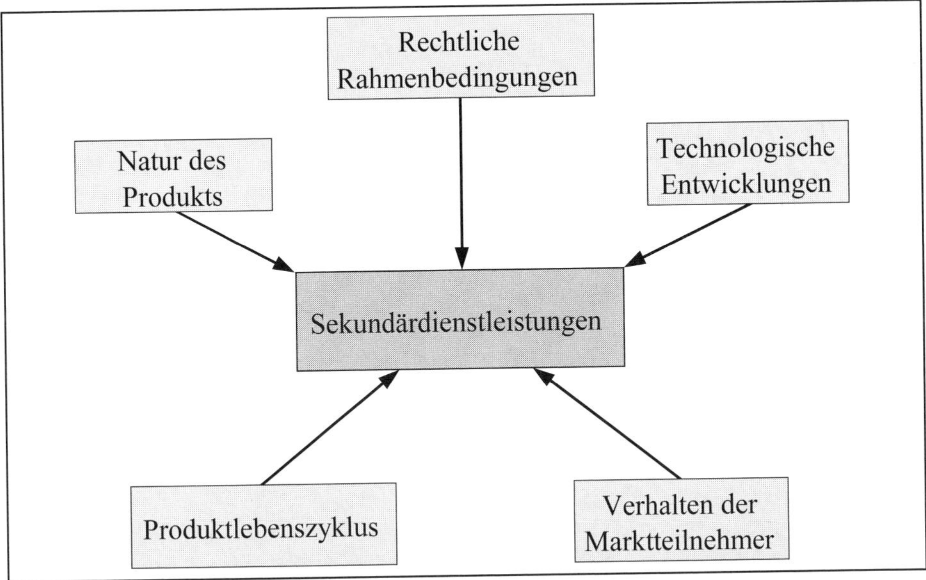

Abbildung 2: Determinanten des SDL-Angebots
Quelle: In Anlehnung an Engelhardt/Reckenfelderbäumer, 1999, S. 217

2. Determinanten des SDL-Angebots

Zur Gestaltung des SDL-Angebots müssen zahlreiche Einflußfaktoren und Parameter berücksichtigt werden (vgl. Abbildung 2). Sie determinieren das SDL-Angebot.

2.1 Rechtliche Rahmenbedingungen

Sekundärdienstleistungen sind Teil des Marketing-Mix ebenso wie das Basisprodukt, die Kontrahierungs- und die Distributionspolitik. Die rechtlichen Problemstellungen aufgrund der engen Verknüpfungen dieser Bereiche im Marketing-Mix sind äußerst vielschichtig (vgl. hierzu Ahlert/Schröder, 1996, S. 165 ff.).

Einige Sekundärdienstleistungen ergeben sich zwangsläufig aus bestehenden Rechtsnormen. Z.B. müssen aufgrund der gesetzlichen Gewährleistungspflicht Möglichkeiten zum Austausch bzw. zur Reparatur der Sachleistung geschaffen werden. Aus den Regelungen zur Produzentenhaftung ergeben sich Hinweis- und Überwachungspflichten, die Gebrauchs- und Benutzungsanleitungen, aber auch Beschwerdesysteme bedingen. Aus dem Grundsatz von Treu und Glauben leitet sich die Pflicht zur Ersatzteilversorgung ab. Schließlich wirken Regelungen zur Entsorgung von Sachleistungen, wie sie z.B. aktuell für die Automobilindustrie diskutiert werden, auf den Aufbau von Redistributionssystemen hin. Solche Sekundärdienstleistungen können jedoch in allen Fällen über das in der Rechtsnorm geforderte Maß hinaus ausgestaltet werden.

Weiterhin ist beim Angebot von Sekundärdienstleistungen eine Fülle von gesetzlichen Regelungen zu beachten. Dies sind Regelungen, die unabhängig davon sind, ob eine Dienstleistung als Haupt- oder Nebenleistung angeboten wird, wie z.B. die Konsequenzen von mangelhaften Sekundärdienstleistungen oder Auswirkungen des Verbraucherkreditgesetzes beim Angebot von Finanzierungsdiensten. Durch den Wegfall der Zugabeverordnung ist der Gestaltungsspielraum bei Nebenleistungen gewachsen. So kann nun z.B. die deutsche Tochtergesellschaft des amerikanischen Textilversandhändlers LandsEnd ihre Zufriedenheitsgarantie mit lebenslangem Umtauschrecht wieder anbieten und bewerben.

Schließlich verlangt die Aufteilung von Sekundärdienstleistungen zwischen Industrie- und Handelsunternehmen die Beachtung zusätzlicher Rechtsvorschriften, die das Innenverhältnis der kooperierenden Parteien regeln. Hier ist vor allem das Gesetz gegen Wettbewerbsbeschränkungen zu beachten, das z.B. Fragen zur Selektion von SDL-Partnern oder zur Belieferungspflicht bei Ersatzteilen regelt (Ahlert/Schröder, 1996, S. 384 ff.).

2.2 Technologische Entwicklungen

Neue Technologien können die Art und Notwendigkeit von Sekundärdienstleistungen nachhaltig ändern. Technologische Veränderungen des Basisprodukts können zur Aufwertung, aber auch zur Abwertung von Sekundärdienstleistungen führen. Die Entwicklung elektronischer Bauteile hat z.B. dazu geführt, daß manche Produkte oder Produktmodule nicht mehr repariert, sondern ausgetauscht werden. Dadurch verringern sich Reparaturleistungen im technischen Kundendienst. Gleichzeitig werden oft höhere Anforderungen an die Fehlerdiagnose gestellt mit dem Ziel, defekte Produktmodule und Störquellen automatisch anzuzeigen.

Besondere Chancen bieten solche technologischen Veränderungen, die bei der Erstellung von Sekundärdienstleistungen ansetzen und diese verbessern bzw. erleichtern. Z.B. können Informationstechnologien zur Entwicklung sogenannter elektronischer Sekundärdienstleistungen eingesetzt werden. Beispiele dafür werden in Abbildung 3 dargestellt.

Elektronische Sekundärdienstleistungen bergen Kostensenkungspotentiale und eröffnen gleichzeitig Möglichkeiten zu einer höheren SDL-Qualität. Das Kostensenkungspotential elektronischer Sekundärdienstleistungen zeigt folgendes Beispiel: United Parcel Service realisiert mit der internetbasierten Möglichkeit der Paketverfolgung im Vergleich zur Abwicklung telefonbasierter Kundenanfragen Kostensenkungen von US $ 1,7 Mill. pro Jahr (Brenner et al., 1997). Fassott (2000) zeigt auf, daß elektronische Sekundärdienstleistungen zu einer deutlichen Kundennutzensteigerung und somit zu einer Steigerung der Kundenbindung beitragen können.

	Beispiele elektronischer Sekundärdienstleistungen	
Evaluationsphase	▪ Produktdemos ▪ Produktkataloge ▪ Konfigurationssysteme	▪ FAQ (Frequently Asked Questions)-Listen ▪ E-Mail-Anfragecenter ▪ ...
Kaufphase	▪ Bestell- und Ordersysteme ▪ Dokumentenaustausch (EDI)	▪ Auftragsverfolgung ▪ ...
Nutzungsphase	▪ CBT (Computer Based Training)-Systeme, ggf. mit Diskussionsforen ▪ User-Forum ▪ FAQ-Listen ▪ Suchbäume, fallbasierte Anfragesysteme ▪ Newsletter	▪ E-Mail-Beschwerdecenter ▪ Ferndiagnose, -wartung, -reparatur, ggf. mit Austauschmodulservice ▪ Update-Service ▪ Ersatzteil- und Zubehörverkauf ▪ ...

Abbildung 3: Elektronische Sekundärdienstleistungen im Kauf- und Nutzungszyklus des Kunden

Dies ergibt sich aber nicht automatisch, sondern bedarf einer sorgfältigen Konzeption und Umsetzung elektronischer Sekundärdienstleistungen. Elektronische Sekundärdienstleistungen sollten nicht einseitig auf Kosteneinsparungen des Anbieters ausgerichtet sein, sondern auf den Kundennutzen hin konzipiert werden. Eine umfassende Substitution traditioneller Sekundärdienstleistungen durch elektronische Sekundärdienstleistungen ist nicht sinnvoll. Zum einen ist davon auszugehen, daß (vorläufig) nur ein Teil der Kunden elektronische Sekundärdienstleistungen nutzt bzw. nutzen kann, so daß einige Sekundärdienstleistungen auf zweifache Weise angeboten werden müssen. Zum anderen sollte das Kundenbindungspotential persönlicher Kontakte nicht aufgegeben werden, so daß (vereinzelt) die Option für Sekundärdienstleistungen mit direktem Kundenkontakt genutzt werden kann. Die Umsetzung elektronischer Sekundärdienstleistungen darf sich schließlich nicht auf die Lösung technischer Probleme beschränken, sondern erfordert vor allem, daß die dahinter stehenden Strukturen und Prozesse adäquat verändert werden.

2.3 Natur des Produkts

Die Natur des Produkts bestimmt wesentlich das SDL-Angebot mit. Ist ein Produkt von hohem Wert, komplex und langlebig, so herrscht tendenziell ein ausgeprägter Bedarf nach Sekundärdienstleistungen (Rosada, 1990, S. 60 f.).

Der Wert eines Produkts zeigt sich darin, wieviel der Kunde für die Beschaffung auszugeben bereit ist. Dabei berücksichtigt der Kunde in der Regel neben den Anschaffungskosten auch Kosten, die im Verlauf der Produktnutzung entstehen bzw. zu erwarten sind. Zu letzterem gehören neben Betriebskosten auch monetäre und nichtmonetäre Kosten, falls das Produkt aufgrund eines Defekts nicht nutzbar ist. Alle diese Aspekte beeinflussen, welche Sekundärdienstleistungen angeboten werden sollen (vgl. hierzu ausführlich Lele, 1986).

Finanzierungsdienste des Anbieters sind erst ab einer bestimmten Ausgabenhöhe für Kunden relevant. Durch Customer-Care-Aktivitäten, Gewährleistungs- und Schulungsdienste kann ein Anbieter darauf hinwirken, daß der Kunde trotz hoher Anschaffungskosten nur ein geringes Kaufrisiko wahrnimmt. Technische Kundendienstleistungen sind ebenso erst bei höherwertigen Basisprodukten ökonomisch sinnvoll. Wenn zusätzlich die Kosten des Kunden für ein defektes Produkt mit der Dauer des Nutzungsausfalls deutlich steigen, steht die Reparaturschnelligkeit im Vordergrund. Anbieter müssen sich hier auf die SDL-Infrastruktur wie z.B. Kommunikations- und Transportsysteme sowie die Einsatzsteuerung des Reparaturpersonals konzentrieren (Davidow/Uttal, 1991, S. 82). Garantiezusagen sollten sich auch auf die Reparaturschnelligkeit beziehen. Zusätzlich ist das Angebot von Leihprodukten in Betracht zu ziehen.

Ein Produkt kann als komplex bezeichnet werden, wenn es aus vielen isolierbaren Teilbereichen besteht und eine Vielzahl von Schnittstellen aufweist. Tendenziell steigen mit der Produktkomplexität seine Störanfälligkeit und auch seine Erklärungsbedürftigkeit (Rosada, 1990, S. 60). Oftmals kann die Leistung komplexer Produkte erst durch Sekundärdienstleistungen wie z.B. Installationsmaßnahmen oder kundenspezifische Vorbereitung entfaltet werden, wie etwa Softwareinstallation auf einem Computer. Bei Störanfälligkeit hochkomplexer Produkte gewinnen Reparaturmaßnahmen an Bedeutung. Auch die Ersatzteilhaltung wird bei zunehmender Komplexität im Sinne einer wachsenden Anzahl von Einzelteilen ständig umfangreicher. Ebenso steigen die Anforderungen an Entsorgungs- und Recyclingmaßnahmen. Bei hoher Erklärungsbedürftigkeit gewinnen Schulungsdienste an Bedeutung. Dies führt auch zu höheren Anforderungen an handelsgerichtete Sekundärdienstleistungen. Insbesondere sind mehr Maßnahmen zur Unterstützung des Handels bei dessen Dienstleistungsangebot erforderlich.

Die Langlebigkeit eines Produkts erfordert oft einen technischen Kundendienst, der die fortwährende Gebrauchsfähigkeit des Produkts sicherstellt. Bei Langlebigkeit ist der technische Kundendienst von Bedeutung für Wiederholungskäufe, denn ein im Stich gelassener Kunde ist selten zurückzugewinnen. Für das SDL-Angebot ergeben sich daraus zumindest zwei Folgerungen. Zum einen sollten bei langen Intervallen zwischen Wiederholungskäufen zum Kunden sinnvolle Kontakt- und Profilierungschancen genutzt werden, wie sie z.B. der technische Kundendienst bietet. Auch könnten durch nützliche Informationsleistungen einer Kundenzeitschrift oder eines Kundenclubs zusätzliche Kontakt- und Profilierungsmöglichkeiten geschaffen werden.

2.4 Produktlebenszyklus

Im Verlauf des Produktlebenszyklusses ergeben sich unterschiedliche Anforderungen an Sekundärdienstleistungen. Dabei erschweren produkt- und branchenspezifische Unterschiede im Lebenszyklusverlauf die Gültigkeit genereller Aussagen (Engelhardt/Reckenfelderbäumer, 1999, S. 218).

Sekundärdienstleistungen sind insbesondere in der Einführungs- und der Reifephase wichtig (Lichtenthal/Long, 1998). In der Einführungsphase sind zum Abbau anfänglicher Kaufwiderstände Beratungen, Schulungen und Produktdemonstrationen wichtig. Auch ist eine schnelle und gründliche Mängelbeseitigung eines Produkts mit entsprechender Fehlerauswertung notwendig, damit „Kinderkrankheiten“ des Produkts nicht zu einem Imagedesaster führen. In der Reifephase dienen Sekundärdienstleistungen dagegen hauptsächlich als Differenzierungsinstrument und als Mittel zur Festigung der Beziehungen zu den bisherigen Kunden. Dazu sind insbesondere segmentspezifisch ausgerichtete SDL-Angebote und ein Ausbau der Customer-Care-Aktivitäten geeignet.

2.5 Verhalten der Marktteilnehmer

Sekundärdienstleistungen wirken auf die Präferenzbildung der Kunden, wenn sie deren Wünschen entsprechen. Deshalb sollte geprüft werden, ob die Präferenzstruktur unter den Kunden eine Segmentierung nach Sekundärdienstleistungen zuläßt. Insbesondere könnten sich die Kunden in folgenden Aspekten unterscheiden, die als Segmentierungskriterien herangezogen werden können: ihr Know-how im Kauf und Umgang mit dem Produkt; ihre Wertschätzung von Sekundärdienstleistungen als Bestandteil des Angebots sowie die Kenntnis alternativer (SDL-)Angebote; ihre Neigung zu preisgünstigen und/oder qualitativ hochwertigen Produkten als Angebotsbündel; ihre Bereitschaft und Fähigkeit zur Beteiligung an der Erstellung von Sekundärdienstleistungen (Engelhardt/Reckenfelderbäumer, 1999, S. 218 f.).

Bei der Festlegung seines SDL-Angebots für Endkunden muß ein Hersteller das SDL-Angebot des Handels berücksichtigen. So kann er sich zu einer Eigenerstellung endkundengerichteter Sekundärdienstleistungen veranlasst sehen, wenn seine Handelspartner diese nicht oder in schlechter Qualität anbieten. Auf der anderen Seite kann auch ein Konkurrenzverhältnis zwischen Hersteller und Handelsunternehmen entstehen, wenn beide gleiche Sekundärdienstleistungen anbieten. Mit der Zuordnung endkundengerichteter Sekundärdienstleistungen kann abgeleitet werden, für welche Sekundärdienstleistungen des Handelsunternehmens eine Unterstützung durch den Hersteller erforderlich sein könnte.

Der Erfolg einer Marketingstrategie hängt auch davon ab, inwieweit eine starke Position gegenüber Wettbewerbern aufgebaut und behauptet werden kann. Eine ständige Konkurrenzanalyse ermöglicht die Erstellung von Reaktionsprofilen, aus denen entnommen werden kann, welche Strategien und Maßnahmen der Konkurrenten im Hinblick auf Sekundärdienstleistungen unter welchen Prämissen zu erwarten sind. Insbesondere gilt es, Sekundärdienstleistungen zu identifizieren, die von der Konkurrenz vernachlässigt werden und somit Chancen zur eigenen Profilierung bieten, bzw. Lücken im eigenen SDL-Angebot zu erkennen, die durch die Konkurrenz abgedeckt sind.

Sowohl bei der erstmaligen Festlegung des (Gesamt-)SDL-Angebots als auch bei späteren Entscheidungen über die Aufnahme neuartiger Sekundärdienstleistungen begrenzen die verfügbaren bzw. mit vorhandenen Mitteln beschaffbaren Ressourcen den Gestaltungsspielraum eines Anbieters. Dabei muß auch darauf geachtet werden, daß das Wachstum im SDL-Bereich und bei Basisprodukten nicht zu sehr auseinander klaffen (Davidow/Uttal, 1991, S.199 f.). So ist auf der einen Seite durch ein übermäßig starkes Wachstum des Basisproduktabsatzes die SDL-Nachfrage unter Umständen nicht zu befriedigen. Auf der anderen Seite besteht die Gefahr erheblicher Leerkosten im SDL-Bereich, wenn der Basisproduktabsatz deutlich hinter den Planungen zurückbleibt.
Neben dieser quantitativen Dimension muß überprüft werden, ob die Ressourcen den qualitativen Anforderungen gerecht werden. Dabei sind vor allem die Auswirkungen dienstleistungsspezifischer Besonderheiten zu berücksichtigen. Dies betrifft z.B. die

Qualifikation des Kundenkontaktpersonals, das sowohl Sach- als auch Verhaltenskompetenz aufweisen muß. Bei Betriebsmitteln ist aufgrund möglicher Qualitätssignalwirkungen unter Umständen eine aufwendigere Ausstattung empfehlenswert, als sie zur bloßen Erstellung einer Sekundärdienstleistung erforderlich wäre. Darüber hinaus erfordern kundenindividuelle Sekundärdienstleistungen oftmals den intensiven Einsatz von Informationstechnologien, die eine entsprechende Infrastruktur an Hard- und Software voraussetzen.

3. Defizite im SDL-Bereich

Empirische Untersuchungen untermauern, daß Sekundärdienstleistungen zur Erringung von Wettbewerbsvorteilen beitragen können (vgl. hierzu die Literaturübersicht sowie die Ergebnisse der empirischen Erhebung von Mann, 1998). Neben der Kundenbindung sind damit folgende Effekte auf den Wettbewerb erzielbar: Vermeidung von Preiskämpfen und Aufbau von Eintrittsbarrieren. Des weiteren sollen Sekundärdienstleistungen zur Erzielung von Cross-Selling-Effekten sowie zur Kontinuität der Nachfrage verhelfen (Homburg/Garbe, 1996).

Auf der anderen Seite verweisen Homburg/Garbe (1996) auf eine Untersuchung der Unternehmensberatung A.T. Kearney, nach der Kunden fünfmal eher wegen schlechter Sekundärdienstleistungen den Lieferanten wechseln als aus Kostengründen oder wegen mangelhafter Qualität des Basisprodukts. Dies liegt daran, daß viele Unternehmen Sekundärdienstleistungen unprofessionell gestalten und vermarkten (Belz et. al., 1997, S. 8). So zeigt z.B. eine Untersuchung im Maschinen- und Anlagenbau, daß hauptsächlich bei den für die Kunden wichtigen Sekundärdienstleistungen das SDL-Angebot den Kundenanforderungen nicht entspricht. Gleichzeitig fühlen sich weniger als ein Zehntel der befragten Kunden von den Anbietern ausreichend über deren SDL-Angebot informiert (VDMA, 1999, S. 16 ff.).

Eine Reihe von Defiziten und Problemfeldern (vgl. hierzu ausführlich Engelhardt/Reckenfelderbäumer, 1999, S. 203 ff.) führt dazu, daß für viele Unternehmen folgende Fehlerkette im SDL-Bereich symptomatisch ist: Sekundärdienstleistungen werden im Unternehmen als unbedeutende und/oder lästige Nebenleistung angesehen. Demzufolge genießt die Bereitstellung geeigneter organisatorischer Strukturen sowie personeller und finanzieller Ressourcen, die insbesondere auch auf dienstleistungsspezifische Besonderheiten ausgerichtet sind, geringe Priorität. Dies führt zu der geschilderten unprofessionellen Gestaltung und Vermarktung von Sekundärdienstleistungen. Auf Kundenseite bewirkt dies, daß Sekundärdienstleistungen ihre Bedeutung als un-bedeutendes Kaufkriterium beibehalten, die Zahlungsbereitschaft für die angebotenen Sekundärdienstleistungen relativ niedrig ist und insbesondere im Verlauf der Produktnutzung wie oben geschildert die Unzufriedenheit mit dem SDL-Angebot wächst. Schließlich besteht die Gefahr, daß durch dieses Ausbleiben positiver Wettbewerbswirkungen der Anbieter in seiner Einschätzung von Sekundärdienstleistungen bestärkt wird und diesen Bereich weiter vernachlässigt, d.h. die Fehlerkette zu einem dauerhaften Fehlerzyklus wird.

4. Ansatzpunkte für eine erfolgreiche Gestaltung von Sekundärdienstleistungen

4.1 Internes Marketing

Grundvoraussetzung für eine professionelle SDL-Politik ist, daß Mitarbeitern und Führungskräften die Aufgabe und Bedeutung von Sekundärdienstleistungen als Wettbewerbsinstrument, die diesbezüglichen Kundenanforderungen und dienstleistungsspezifische Besonderheiten der SDL-Erstellung bekannt sind. Dies ist durch Maßnahmen des internen Marketing, die eine Kombination aus absatzmarktorientiertem Einsatz personalpolitischer Instrumente und personalorientiertem Einsatz externer Marketinginstrumente bilden (Stauss, 1995), zu verwirklichen.

Zur Beseitigung von Informationsdefiziten können Kommunikationsmittel wie persönliche Gespräche, Rundschreiben oder Firmenzeitschriften dienen. Im Personalbereich ist neben der Auswahl und Schulung der Mitarbeiter aufzuzeigen, daß Leistungen im SDL-Bereich honoriert werden. Hier können z.B. Ergebnisse von Kundenbefragungen über deren Zufriedenheit mit Sekundärdienstleistungen als Grundlage für materielle und/oder immaterielle Leistungsanreize verwendet werden. So berichtet Cespedes (1995) von einem amerikanischen Unternehmen, das Verkäufer und Techniker im Außendienst gemeinsam schult und Prämien für Neugeschäfte zwischen den beiden Gruppen aufteilt. Zudem beurteilen Verkäufer und Techniker gegenseitig u.a. ihre Leistungen in bezug auf „schnelle Reaktion" und „Beitrag zu Kundenzufriedenheit". Dies wird ergänzt um entsprechende Kundenbefragungen. Die Wirkung solcher interner Maßnahmen wird noch verstärkt, wenn die Mitarbeiter auch durch die Berücksichtigung von Sekundärdienstleistungen im Rahmen externer Marketingmaßnahmen wie z.B. in der Werbung erkennen, daß das Unternehmen sich auch durch Sekundärdienstleistungen im Wettbewerb profilieren will.

Abschließend ist darauf hinzuweisen, daß für eine erfolgreiche Einbettung der SDL-Politik in das Unternehmen vielfach eine Verknüpfung zwischen industrieller Kultur, die auf Standardisierung und geringen Kundenkontakt ausgerichtet ist, und dienstleistungsorientierter Kultur, die Kunden und Mitarbeiter in den Mittelpunkt stellt, erforderlich ist (Herrmann, 1998, S. 468). Vor allem Anbieter, die den SDL-Bereich stärker gewichten und ausbauen wollen, müssen ihr internes Marketing auch auf einen solchen Wandel der Unternehmenskultur ausrichten.

4.2 Organisation und Koordination des SDL-Angebots

Zur Organisation der SDL-Aktivitäten muß geklärt werden, welche organisatorischen Einheiten sich mit Sekundärdienstleistungen befassen und wie eine Querschnittskoordination, die eine in sich und mit den übrigen Marketinginstrumenten konsistente SDL-Politik sicherstellt, erfolgen kann. Weiterhin ist zu klären, welche Sekundärdienstleistungen von Unternehmensexternen erbracht werden sollen.

Von zentralisierten SDL-Einheiten soll gesprochen werden, wenn ein Unternehmen Bereiche schafft, deren Aufgabe allein in der Erstellung von Sekundärdienstleistungen besteht. Eine solche SDL-Einheit, in der im Extremfall möglichst viele Sekundärdienstleistungen gebündelt werden, kann entweder direkt der Unternehmensleitung unterstellt werden, ggf. als rechtlich selbständiges Unternehmen, oder wird einem Unternehmensbereich zugeordnet. Bei funktionaler Unternehmensorganisation könnte sie z.B. dem Marketingbereich zugeordnet sein. Im Falle einer Spartenorganisation können innerhalb der Sparten jeweils zentrale SDL-Einheiten eingerichtet werden. Von einer Dezentralisierung der SDL-Funktion soll dann gesprochen werden, wenn die Verantwortlichkeit für die SDL-Erstellung auf (viele) unterschiedliche Organisationseinheiten, deren Hauptaufgabe nicht in der SDL-Erstellung liegt, verteilt ist. Beispielsweise könnten Aktivitäten zur Pflege der Kundenbeziehungen dem Marketingbereich, der technische Kundendienst dem Produktions- bzw. Technikbereich und Schulungsangebote dem Vertriebsbereich zugeordnet sein. Zur Beurteilung von Zentralisierung bzw. Dezentralisierung läßt sich eine Reihe von Vor- und Nachteilen nennen, die in Abbildung 4 aufgeführt sind.

Die erforderliche Querschnittskoordination sollte, falls solche organisatorischen Strukturen bestehen, Aufgabe der Produkt- oder Kundenmanager sein. Diese Zuordnung haben, mit branchenspezifischen Unterschieden, viele Unternehmen vorgenommen (Hüttel, 1993). Weiterhin ist für die Querschnittskoordination die Abstimmung in Koordinierungsgruppen unerläßlich. Hierzu bietet sich z.B. eine Zweiteilung in ein Marketingkomitee und ein horizontales Produktteam an (Bliemel/Fassott, 1995). Das Marketingkomitee unter dem Vorsitz der Marketingleitung setzt sich aus den Leitern der Marketingfunktionsbereiche, Produkt- bzw. Kundenmanagern, ggf. dem Leiter der zentralen SDL-Organisationseinheit und, regulär oder bei besonderem Anlaß, Leitern von Funktionsbereichen außerhalb des Marketingbereichs zusammen. In diesem Komitee kann man zu verbindlichen Gemeinschaftsbeschlüssen über generelle und spezielle Marketing- und SDL-Ziele kommen sowie die zur Erreichung dieser Ziele notwendigen Ressourcen festlegen. Im Rahmen der horizontalen Produktteams, die unter der Leitung des Produkt- bzw. Kundenmanagers Spezialisten aus den verschiedenen Funktionsbereichen vereinen, werden die vom Marketingkomitee vorgegebenen Richtlinien konkretisiert und Durchführungsmaßnahmen abgestimmt. Koordinierende Wirkung kann schließlich auch durch die Einrichtung multifunktional zusammengesetzter Kundenbetreuungsteams erzielt werden (Cespedes, 1995).

Neben dem Industrieunternehmen selbst kommen Handelsunternehmen, die das Basisprodukt verkaufen, Fremdunternehmen, die in den Verkauf des Basisprodukts nicht eingeschaltet sind, oder aber der Endkunde für die Erstellung von Sekundärdienstleistungen in Frage. Aus Sicht des Industrieunternehmens sollten vor allem folgende Überlegungen in die Entscheidung über die SDL-Trägerschaft einfließen (Engelhardt/Reckenfelderbäumer, 1999, S. 225 ff.): Für eine Eigenerstellung sprechen die besseren Steuerungs- und Kontrollmöglichkeiten sowie das erzielbare akquisitorische Potential. Zudem verschafft die Eigenerstellung dem Industrieunternehmen auch Kontakte zum Endkunden, so daß es im direkten Feedback ungefilterte Informationen über Anforderungen und Reaktionen der Kunden bezüglich Basisprodukt und Sekundärdienstleistungen erhält. Auf der anderen Seite fehlen dem Industrieunternehmen möglicherweise die notwendige Kompetenz und das Know-how, um Sekundärdienstleistungen unter Berücksichtigung dienstleistungsspezifischer Besonderheiten optimal erstellen und anbieten zu können. Eine vollständige Eigenerstellung, insbesondere der Unterhalt einer flächendeckenden Feldorganisation im technischen Kundendienst, stellt zudem hohe finanzielle Anforderungen.

	Zentralisierung	**Dezentralisierung**
Vorteile	▪ Kompetenz-/Know-how-Bündelung ▪ Größenvorteile ▪ bessere eigenständige Vermarktungs- und Abrechnungsmöglichkeiten ▪ Vermeidung von Doppelarbeiten ▪ problemlosere Koordination ▪ klarere Verantwortungsverteilung	▪ größere Produkt-/Marktnähe ▪ Kundennähe ▪ Flexibilität ▪ Schnelligkeit ▪ Verbundvorteile durch Kopplung von Basisprodukt- und SDL-Geschäft ▪
Nachteile	▪ Interessenkonflikte mit der Vermarktung der Basisprodukte ▪ Akzeptanzprobleme im Unternehmen ▪ doppelte Zuständigkeit gegenüber dem Kunden	▪ fehlende Abstimmung/Koordination ▪ Vernachlässigung des SDL-Geschäfts durch die Basisproduktverantwortlichen ▪ Größennachteile ▪ fehlendes (dienstleistungsspezifisches) Know-how

Abbildung 4: Gegenüberstellung der Argumentation für Zentralisierung bzw. Dezentralisierung der SDL-Funktion

Quelle: In Anlehnung an Engelhardt/Reckenfelderbäumer, 1999, S. 237

4.3 Sekundärdienstleistungen als Element des Marketing-Mix

Auf Basis der vorgestellten unternehmensinternen Rahmenbedingungen sind vielfältige Maßnahmen zur Gestaltung und Vermarktung von Sekundärdienstleistungen, die in ihrer Gesamtheit als SDL-Mix bezeichnet werden sollen, zu ergreifen. Nach dem folgenden

Überblick über die Elemente des SDL-Mix wird im nächsten Abschnitt diskutiert, wie dem zentralen Problem unzureichender Zahlungsbereitschaft der Kunden für Sekundärdienstleistungen entgegengewirkt werden kann.

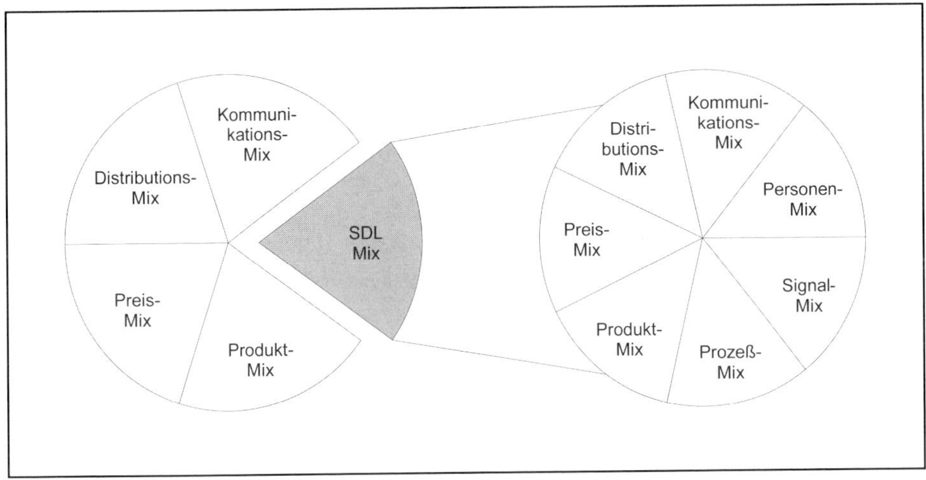

Abbildung 5: SDL-Mix als Sub-System des Marketing-Mix eines Industrieunternehmens

Bei der Ausgestaltung des SDL-Mix gilt es zu beachten, daß Dienstleistungen aufgrund ihrer charakteristischen Merkmale Immaterialität und unmittelbarer Kontakt zwischen Anbieter und Nachfrager (Corsten, 1997, S. 27) spezifische Marketingaktivitäten erfordern. Deshalb erscheint es sinnvoll, die Dienstleistungsaktivitäten von Industrieunternehmen nach dem von Booms/Bitner (1981) konzipierten modifizierten und erweiterten Marketing-Mix für Dienstleistungen zu gestalten. Der SDL-Mix wird, wie in Abbildung 5 dargestellt, als ein Sub-System des Marketing-Mix verstanden, wobei sowohl Maßnahmen für die traditionellen Elemente eines Marketing-Mix (Produkt-, Preis-, Distributions- und Kommunikations-Mix) als auch für Personen-, Signal- und Prozeß-Mix konzipiert werden (ausführlich zum SDL-Mix vgl. Fassott, 1995, S. 236 ff.).

In den drei zusätzlichen Elementen des Marketing-Mix wird in besonderem Maße die Marketingrelevanz der Dienstleistungserstellung aufgegriffen. So soll durch Maßnahmen im Personen-Mix sichergestellt werden, daß die an der Dienstleistungserstellung Beteiligten (Mitarbeiter und Kunde) ihre jeweilige Aufgaben erfüllen. Durch den Signal-Mix werden dem Kunden äußerlich wahrnehmbare Informationssignale zur Verfügung gestellt, die als Qualitätssignale zur Evaluierung und Konkretisierung von Sekundärdienstleistungen dienen können. Im Prozeß-Mix stehen schließlich Fragen der Planung von Dienstleistungsprozessen im Mittelpunkt.

4.4 Verrechenbarkeit von Sekundärdienstleistungen

Bei der Preispolitik für Sekundärdienstleistungen besteht für den Anbieter ein gravierendes Problem. Auf der einen Seite erwarten die Kunden, daß Sekundärdienstleistungen möglichst mit der Zahlung des (Basis-)Produktpreises abgedeckt sind; auf der anderen Seite besteht die Gefahr überproportionaler Kostensteigerungen, wenn Sekundärdienstleistungen personalintensiv sind (Simon/Damian, 1999). Das wirkt entweder preistreibend oder macht betreuungsintensive Kunden unprofitabel, denen diese Sekundärdienstleistungen am nützlichsten sind. Eine Lösung dieser Probleme alleine mit preispolitischen Maßnahmen greift allerdings zu kurz. Solange Unternehmen eine Vielzahl von Sekundärdienstleistungen anbieten, deren Beitrag zum Kundennutzen sie nicht analysiert haben, und deren Nutzen für den Kunden sie nicht in Werbung und Verkaufsgesprächen überzeugend darstellen, kann nicht erwartet werden, daß die Kunden eine dem SDL-Angebot angemessene Preisbereitschaft zeigen (Friege, 1995, S. 222). Auf der Basis eines auf den Kundennutzen ausgerichteten und im Markt kommunizierten SDL-Angebots kann dann durch preispolitische Maßnahmen die Preisbereitschaft der Kunden abgeschöpft werden.

Im Mittelpunkt der preispolitischen Maßnahmen bei Sekundärdienstleistungen steht die Frage der Preisbündelung (vgl. hierzu ausführlich Friege, 1995). Im Rahmen einer reinen Preisbündelung wird nur das Bündel aus Basisprodukt und Sekundärdienstleistungen angeboten. Bei gemischter Preisbündelung werden neben einem solchen Bündel auch das Basisprodukt, ggf. inklusive einiger Sekundärdienstleistungen, und (einzelne) Sekundärdienstleistungen als Einzelkomponenten verkauft. Dabei liegt in der Regel der Bündelpreis niedriger als die Summe der Einzelpreise. Denkbar ist aber auch die Strategie der Entbündelung, d.h. möglichst jede Sekundärdienstleistung wird als Einzelkomponente angeboten.

Bei der reinen Preisbündelung entfalten Sekundärdienstleistungen eine starke akquisitorische Wirkung, solange der erforderliche Mehrpreis im Vergleich zu einem Angebot für ein Basisprodukt, dem keine Sekundärdienstleistungen beigefügt sind, für den Kunden akzeptabel ist. Auch aufgrund einer spezifischen Marktlage kann eine reine Preisbündelung vorteilhaft sein. Beispielsweise erscheint es sinnvoll, in sehr jungen Märkten, die durch sehr hohes Risikoempfinden der Nachfrager charakterisiert sind, dieses Risikoempfinden nicht durch separat berechnete Sekundärdienstleistungen weiter zu steigern (Engelhardt/Paul, 1998).

Auf der anderen Seite läuft ein Anbieter im Falle der reinen Preisbündelung Gefahr, daß nur ein Bündelpreis erzielbar ist, der zur Deckung der SDL-Kosten nicht ausreicht. Insbesondere bei einem umfangreichen SDL-Angebot ist nämlich zu erwarten, daß viele Kunden abgeschreckt werden, die nur wenige der den Mehrpreis verursachenden Sekundärdienstleistungen nutzen wollen. Für eine separate Preisstellung von Sekundärdienstleistungen spricht weiter, daß dadurch der Nutzen einer Sekundärdienstleistung transparent gemacht und somit der Wert von Sekundärdienstleistungen gegenüber den Kunden aber auch den eigenen Mitarbeitern besser kommuniziert wird (Sebastian/Hilleke, 1994).

Nicht jede Sekundärdienstleistung ist allerdings für eine separate Preisstellung geeignet (Staus 1993). Einige Sekundärdienstleistungen wie z.B. die Gebrauchsanweisung oder Ansprechstellen des Unternehmens für allgemeine Anfragen oder Beschwerden scheinen für eine separate Berechnung grundsätzlich ungeeignet zu sein. Zwar kann der Anbieter auch in diesen Bereichen über 190er-Telefonnummern finanzielle Erlöse erzielen, dann steigt allerdings auch der Bedarf für ein professionelles und ausreichend dimensioniertes Call-Center (als Negativbeispiel berichtet z.B. Heinrich, 1999, daß allein für die Mitteilung eines Gewährleistungsanspruches an die Firma Fujitsu dem Kunden DM 50,- an Telefongebühren entstanden). Bei anderen Sekundärdienstleistungen sind die Möglichkeiten der separaten Berechnung durch Kundenansprüche oder Konkurrenzangebote begrenzt. So könnte ein schrittweises Vorgehen notwendig werden, bei dem die Änderung in der Preisstruktur durch niedrige SDL-Preise unterstützt wird und erst später, wenn die Kunden die separate Preisstellung akzeptiert haben, die SDL-Preise auf das angestrebte Zielniveau angehoben werden (Simon/Damian, 1999).

5. Zusammenfassung

Durch das Angebot von Sekundärdienstleistungen können Industrieunternehmen ihre Produkte, die als Leistungsbündel charakterisiert werden, aufwerten und von Konkurrenzprodukten abheben. Viele Unternehmen realisieren diese Vorteile bisher nicht, da sie ihre Sekundärdienstleistungen unprofessionell gestalten und vermarkten. Als ausgewählte Lösungsansätze zur Bewältigung dieser Problemfelder wurde in diesem Beitrag die Bewußtmachung der Relevanz von Sekundärdienstleistungen im Unternehmen und die Schaffung geeigneter organisatorischen Strukturen als Grundlage einer erfolgreichen SDL-Politik diskutiert. Darauf aufbauend gilt es, einen dienstleistungsspezifische Besonderheiten berücksichtigenden SDL-Mix als integrativen Bestandteil des Marketing-Mix von Industrieunternehmen zu entwickeln.

6. Literatur

AHLERT, D./SCHRÖDER, H., Rechtliche Grundlagen des Marketing, 2. Aufl., Stuttgart, Berlin, Köln 1996.

BELZ, C./SCHUH, G./GROOS, S.A./REINECKE, S., Industrie als Dienstleister, St. Gallen 1997.

BLIEMEL, F. W./FASSOTT, G., Produktmanagement, in: Tietz, B./Köhler, R./Zentes, J., (Hrsg.), Handwörterbuch des Marketing, 2. Aufl., Stuttgart 1995, Sp. 2120-2135.

BOOMS, B. H./BITNER, M. J., Marketing Strategies and Organization Structures for Service Firms, in: Donnelly, J. H./George, W. R., (Hrsg.), Marketing of Services, Proceedings Series, American Marketing Association, Chicago 1981, S. 47-51.

BRENNER, W./SCHUBERT, C./ZARNEKOW, R., Die Zukunft des Handels?, in: Absatzwirtschaft, 1997, S. 112-120.

BROCKHOFF, K., Produktpolitik, 4. Aufl., Stuttgart 1999.

CESPEDES, F. V., Produktmanager, Verkäufer und Service müssen kooperieren, in: Harvard Business Manager, 1995, S. 52-64.

CORSTEN, H., Dienstleistungsmanagement, 3.Aufl., München, Wien 1997.

DAVIDOW, W. H./UTTAL, B., Service total. Mit perfektem Dienst am Kunden die Konkurrenz schlagen, Frankfurt/Main 1991.

ENGELHARDT, T.-M., Partnerschafts-Systeme mit dem Fachhandel als Konzept des vertikalen Marketing. Dargestellt am Beispiel der Unterhaltungselektronik-Branche in der Bundesrepublik Deutschland, Dissertation, St. Gallen 1990.

ENGELHARDT, W. H./PAUL, M., Dienstleistungen als Teil der Leistungsbündel von Investitionsgüter-Herstellern, in: Meyer, A., (Hrsg.), Handbuch Dienstleistungs-Marketing, Stuttgart 1998, S. 1323-1341.

ENGELHARDT, W. H./RECKENFELDERBÄUMER, M., Industrielles Service-Management, in: Kleinaltenkamp, M./Plinke, W., (Hrsg.), Markt- und Produktmanagement. Die Instrumente des Technischen Vertriebs, Berlin 1999, S. 181-280.

FASSOTT, G., Dienstleistungspolitik industrieller Unternehmen. Sekundärdienstleistungen als Marketinginstrument bei Gebrauchsgütern, Wiesbaden 1995.

FASSOTT, G., Kundennutzensteigerung durch elektronische Sekundärdienstleistungen, in: Bruhn, M./Stauss, B., (Hrsg.), Jahrbuch für Dienstleistungsmanagement 2000, Wiesbaden 2000, S. 279-307.

FRIEGE, C., Preispolitik für Leistungsverbunde im Business-to-Business-Marketing, Wiesbaden 1995.

HEINRICH, W., Servicefalle Fujitsu, in: IT-Services, 1999, S. 39.

HERRMANN, A., Produktmanagement, München 1998.

HOMBURG, C./GARBE, B., Industrielle Dienstleistungen. Lukrativ, aber schwer zu meistern, in: Harvard Business Manager, 1996, S. 68-75.

HÜTTEL, K., Für die Zukunft gerüstet, in: Absatzwirtschaft, 1993, S. 94-100.

KOTLER, P./BLIEMEL, F., Marketing-Management. Analyse, Planung und Verwirklichung, 10. Aufl., Stuttgart 2001.

LELE, M. M., How Service Needs Influence Product Strategy, in: Sloan Management Review, 1986, S. 63-70.

LICHTENTHAL, J. D./LONG, M. M., Case Study: Service Support and Capital Goods. Dissolving the Resistance to Obtaining Product Acceptance in New Business Markets, in: Journal of Business & Industrial Marketing, 1998, S. 356-369.

MANN, A., Erfolgsfaktor Service. Strategisches Servicemanagement im nationalen und internationalen Marketing, Wiesbaden 1998.

MEYER, A./BLÜMELHUBER C., Kundenbindung durch Services, in: Bruhn, M./Homburg, C., (Hrsg.), Handbuch Kundenbindungsmanagement, Wiesbaden 1998, S. 189-212.

ROSADA, M., Kundendienststrategien im Automobilsektor. Theoretische Fundierung und Umsetzung eines Konzeptes zur differenzierten Vermarktung von Sekundärdienstleistungen, Berlin 1990.

SEBASTIAN, K.-H./HILLEKE, K., Rückzug ohne Risiko (Teil 1), in: Absatzwirtschaft, 1994, S. 50-55.

SIMON, H./DAMIAN, A. (1999): Preispolitik für industrielle Dienstleistungen, in: Corsten, H./Schneider H. (Hrsg.): Wettbewerbsfaktor Dienstleistung, München, S. 157-187.

STAUSS, B., TQM im industriellen Service, in: Absatzwirtschaft, 1993, S. 112-119.

STAUSS, B., Internes Marketing, in: Tietz, B./Köhler, R./Zentes, J., (Hrsg.), Handwörterbuch des Marketing, 2. Aufl., Stuttgart 1995, Sp. 1045-1056.

VDMA, Die Zahlungsbereitschaft des Kunden für produktbegleitende Dienstleistungen. Ergebnisse einer Kundenbefragung, Reihe Entscheidungshilfen Marktkommunikation Nr. 5, Frankfurt/Main 1999.

3. Kapitel:

Markenbildung

Christoph Burmann
Heribert Meffert

Markenbildung und Markenstrategien

1. Definition und Perspektiven des Markenbegriffes

Bei der Untersuchung von Marken ist grundsätzlich zwischen der Interpretation einer Marke als gewerblichem Schutzrecht, als markiertem Produkt und als produktübergreifendes Konzept zu unterscheiden. Die Frage der Markenbildung soll im Folgenden ausschließlich auf Basis der letztgenannten Interpretation erfolgen. Die „Bildung" von gewerblichen Schutzrechten und die „Bildung" von Produkten ist dementsprechend nicht Gegenstand dieses Beitrags.

Über die Jahre wurde der Terminus „Marke" sowohl in der Wissenschaft als auch in der Praxis je nach Verständnis und Verwendungssituation sehr unterschiedlich definiert. Mellerowicz definierte im Jahre 1963 Marken als: „... für den privaten Bedarf geschaffene Fertigwaren, die in einem größeren Absatzraum unter einem besonderem, die Herkunft kennzeichnenden Merkmal (Marke) in einheitlicher Aufmachung, gleicher Menge sowie in gleich bleibender und verbesserter Güte erhältlich sind und sich dadurch, sowie durch die betriebene Werbung, die Anerkennung der beteiligten Wirtschaftskreise erworben haben". Innerhalb dieser Definition stellt der Markenbegriff hauptsächlich auf die Herkunftsfunktion der Marke und ihre Verkehrsgeltung ab. Die American Marketing Association definiert eine Marke als „ a name, term, design, symbol, or any other feature that identifies one seller's good or service as a distinct from those of other sellers. The legal term for brand is trademark. A brand may identify one item or a family of items of that seller." Dieser Definition liegt das Verständnis zu Grunde, dass eine Marke ein rechtlich geschütztes Warenzeichen ist und ein Produkt nur markiert. Esch definiert den Markenbegriff lediglich aus der Nachfragersicht „Marken sind Vorstellungsbilder in den Köpfen der Konsumenten, die eine Identifikations- und Differenzierungsfunktion übernehmen und das Wahlverhalten prägen" (Esch, 2004, S. 23). Er verwendet somit implizit die Begriffe Marke und Markenimage synonym, d.h. das Vorstellungsbild von einem Objekt (hier der Marke) ist zugleich das Objekt selbst.

Die dargestellten Markendefinitionen sind für den vorliegenden Beitrag nicht geeignet, da sie ausgehend von der Marke als rechtlich geschütztem Warenzeichen oder markiertem Produkt lediglich auf verschiedene Formen und Funktionen einer Marke (z.B. Herkunfts-, Garantie-, Identifikationsfunktion) abstellen, ohne zuvor den Gegenstand der Marke und deren Bildung hinreichend präzise bestimmt zu haben.

Auf der Grundlage des ganzheitlich ausgerichteten identitätsbasierten Markenmanagements wird die Marke als „ein Nutzenbündel mit spezifischen Merkmalen, die dafür sorgen, dass sich dieses Nutzenbündel gegenüber anderen Nutzenbündeln, welche dieselben Basisbedürfnisse erfüllen, aus Sicht der relevanten Zielgruppen nachhaltig differenziert" definiert (Burmann/Meffert/Koers, 2005, S. 7). Das Nutzenbündel Marke konstituiert sich dabei stets aus materiellen und immateriellen Komponenten. Einerseits werden bei der Marke physisch-funktionale Nutzenkomponenten, andererseits verschiedenartige Zeichen als symbolische Nutzenkomponenten gebündelt. Das im Folgenden zu Grunde liegende Markenverständnis basiert somit auf einer nachfragerorientierten (Outside-In) und einer innengerichteten (Inside-Out) Perspektive. In diesem Kontext wird die Markenidentität als unternehmensinternes Führungskonzept und das Markenimage als unternehmensexternes Marktwirkungskonzept verstanden (Burmann/Meffert/Feddersen, 2006).

Die Identität einer Marke ist die eigentliche Substanz einer Marke, auf der ihre Differenzierungskraft in Märkten beruht. Die Markenidentität kann als „diejenigen raum-zeitlich gleichartigen Merkmale der Marke, die aus Sicht der internen Zielgruppen in nachhaltiger Weise den Charakter der Marke prägen" definiert werden (Burmann/Meffert 2005, S. 49). Sie kann auf Basis verhaltenswissenschaftlicher Erkenntnisse in sechs Komponenten zerlegt werden: Markenherkunft, Markenführungskompetenzen, Markenwerte, Markenpersönlichkeit, Markenvision und Markenleistungen. Durch eine klare und konsistente Umsetzung dieser Markenidentitätskomponenten in ein differenzierendes, für die externen Zielgruppen verständliches, verhaltensrelevantes Markennutzenversprechen und ein darauf abgestimmtes Verhalten aller Markenmitarbeiter wird die Grundlage für eine dauerhafte und stabile Marke-Kunde-Beziehung gelegt (vgl. Abb. 1). Die durch das tatsächliche Einlösen des Markennutzenversprechens entstehende Glaubwürdigkeit führt auf Seiten des Nachfragers zu Vertrauen in die Marke (Burmann/Meffert/Feddersen, 2006).

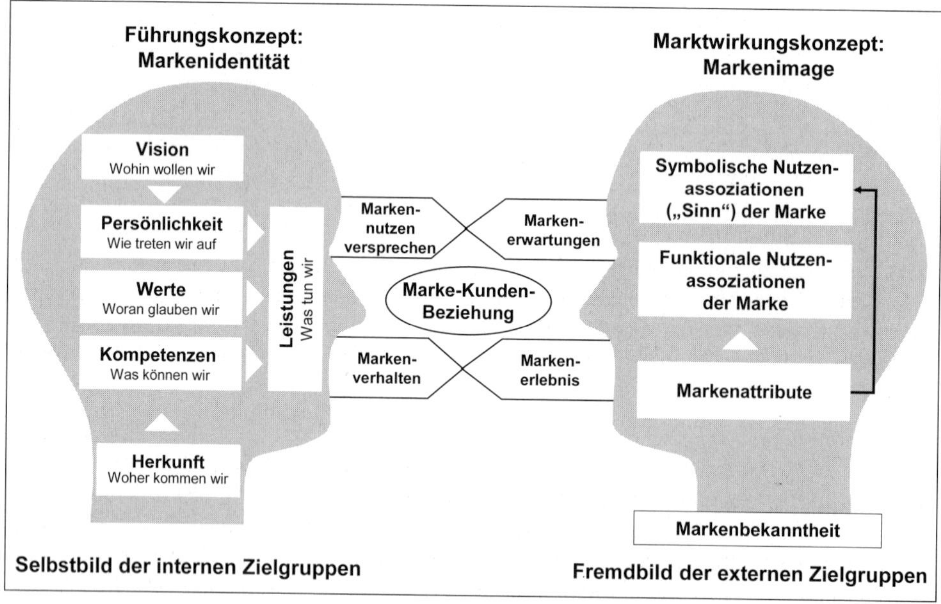

Abbildung 1: Grundkonzept der identitätsbasierten Markenführung

Durch die Interaktion zwischen Marke und Nachfrager bildet sich bei den Nachfragern das Markenimage, welches als „das in der Psyche relevanter externer Zielgruppen fest verankerte, verdichtete, wertende Vorstellungsbild von einer Marke“ definiert werden kann (Burmann/Blinda/Nitschke, 2003, S. 6). Die Markenimagebildung ist also insoweit als ein sozialpsychologisches Phänomen zu verstehen. In Abbildung 1 ist das Grundkonzept der identitätsbasierten Markenführung im Überblick dargestellt.

2. Grundlagen der Markenbildung

Die Marke beeinflusst nur dann das Kaufverhalten positiv, wenn sie dem Nachfrager einen Nutzenvorteil bietet. Dieser Nutzenvorteil ist das Ergebnis eines vom Nachfrager vollzogenen Vergleichs zwischen der Marke und anderen nicht markierten Nutzenbündeln, die alternativ zur Bedürfnisbefriedigung des Individuums zur Verfügung stehen. Der wahrgenommene Nutzenvorteil einer Marke repräsentiert die Markenstärke (Farquhar, 1990, Kamakura/Russel, 1993). Sie schlägt sich unmittelbar in der Kaufbereitschaft des Nachfragers nieder.

Das die Kaufbereitschaft des Nachfragers prägende Markenimage ist das Ergebnis des unternehmensinternen Führungsverhaltens zur Gestaltung und internen Verankerung der Markenidentität und der unternehmensexternen Umwelteinflüsse (Verhalten der Wettbewerber, Verhalten des Handels, gesetzliche und gesellschaftliche Entwicklungen, etc.). Der Managementprozess der Planung, Koordination und Kontrolle dieses unternehmensinternen Führungsverhaltens kann als Markenführung bezeichnet werden. Das Ziel der Markenführung besteht in der Steigerung des ökonomischen Markenwertes (Schimansky, 2005), welcher auf dem von den Konsumenten wahrgenommenen Nutzenvorsprung basiert. Der ökonomische Markenwert kann über die Preisprämie operationalisiert werden, die der Nachfrager für eine Marke im Vergleich zu einem unmarkierten Nutzenbündel zu zahlen bereit ist (Schweiger, 1998). Es kann jedoch auch ohne die Zahlung einer Preisprämie ein ökonomisch relevanter Markenwert bestehen, der sich in einem Absatzmengeneffekt niederschlägt. Dies ist der Fall, wenn der wahrgenommene Nutzenvorteil einer Marke in der Abwägung gegenüber preisgleichen Wettbewerbern zum Kauf der Marke führt.

Grundlage des ökonomischen Markenwertes ist somit die Stärke der Marke. Eine starke Marke verfügt extern neben einer ausreichenden Eroberungsrate vor allem über eine hohe Markenloyalität. Insofern definiert sich die Markenstärke zunächst anhand der tatsächlichen Kaufverhaltensrelevanz einer Marke. Von Loyalität gegenüber einer Marke kann dann gesprochen werden, wenn der Nachfrager eine positive Einstellung gegenüber der Marke besitzt und diese wiederholt kauft (Day, 1969, Burmann, 1991). Zur Entstehung von Markenloyalität reicht es nicht aus, dass sich der Nachfrager an eine Marke erinnert, denn die Markenerinnerung kann mit einem diffusen Vorstellungsbild einhergehen. Trotz der Erinnerung verfügt der Nachfrager in diesem Fall über kein klares Markenimage. Damit besitzt die Marke nur eine sehr begrenzte Kaufverhaltensrelevanz. Des Weiteren kann die Erinnerung mit einem klaren, aber negativen Vorstellungsbild verbunden sein, so dass es nicht zu wiederholten Käufen kommt, die Markenloyalität somit nur gering ausfällt. Die Markenbekanntheit ist somit eine notwendige, aber keine hinreichende Bedingung für die Stärke der Marke. Die Unterscheidung zwischen Markenloyalität und Markenerinnerung ist vor allem im Zusammenhang mit alten Marken von Relevanz, an die man sich zwar noch erinnert, die für das eigene Kaufverhalten jedoch kaum noch eine Relevanz besitzen.

Markenstärke hat im Konzept der identitätsbasierten Markenführung darüber hinaus eine innengerichtete Dimension. Sie erfasst die Relevanz der Marke für das Verhalten der Markenmitarbeiter. Die interne Markenstärke kann über das Brand Commitment (psychologische Bindung der Mitarbeiter gegenüber der Marke) und das von diesem determinierte Brand Citizenship Behavior (Bereitschaft der Markenmitarbeiter zu zusätzlichen, freiwilligen Arbeitsanstrengungen zur Erreichung der Markenziele) gemessen werden (Zeplin, 2006). Die interne Markenstärke ist die notwendige Voraussetzung für den Aufbau der externen Markenstärke. Als hinreichende Voraussetzung ist ein enger Fit der Markenidentität mit den Bedürfnissen der relevanten Nachfrager sicherzustellen.

Die Markenimagebildung setzt umfangreiche Lernvorgänge voraus. Lernen bezeichnet in diesem Kontext die systematische Änderung des Verhaltens aufgrund von Erfahrungen. Damit ist der Begriff zwischen Informationsverarbeitung und –speicherung angesiedelt (Meffert 1992a, S. 62). Der Nachfrager muss das Nutzenversprechen einer Marke verinnerlichen. Er muss lernen, worin im Vergleich zu konkurrierenden Angeboten der Mehrwert der Marke liegt. Damit lernt der Nachfrager zugleich die Positionierung der Marke. Schließlich muss er sich einprägen, wo er die Marke erwerben kann. Unabhängig von der Vielzahl an Lerntheorien, die in der Literatur diskutiert werden (Kroeber-Riel/Weinberg, 2003, S. 324 ff.), besteht Einigkeit darin, dass Lernen in der Regel mit einem hohen Zeitbedarf einhergeht. Dies trifft auch auf die Internalisierung der Markenidentität bei den Mitarbeitern zu. Um die Früchte erfolgreicher Markenführung „ernten“ zu können, bedarf es somit eines hohen Maßes an Geduld bzw. eines langen Planungshorizontes. Stehen kurzfristig zu realisierende Erfolge im Mittelpunkt des Managementinteresses, verkommt Markenführung schnell zum „Labeling“ und die Wirkung der Marke verpufft.

3. Risiken durch Markenerosion

Eine laufende Gefahr für Marken stellt die Markenerosion dar. Diese Bedrohung der Markenstärke und des ökonomischen Markenwertes wird im Folgenden zunächst kurz dargestellt. Im Anschluss daran werden unterschiedliche Ursachen von Markenerosion aus Sicht der Nachfrager und der markenführenden Institution erläutert.

Der Begriff Erosion leitet sich aus dem lateinischen Begriff „erodere" ab, was soviel bedeutet wie „wegnagen" oder „zerfressen werden". Abgeleitet aus der etymologischen Bedeutung des Wortes Erosion lassen sich drei konstitutive Merkmale differenzieren. (i) Eine Erosion kann nur an bereits bestehenden Objekten stattfinden. (ii) Sie schreitet langsam und stetig voran. (iii) Sie setzt eine Fremdeinwirkung bei bestehenden Objekten, in diesem Fall einer Marke, voraus. Bei der Markenerosion kommt es zu einer von der Markenführung ungewollten Veränderung des Markenimages beim Nachfrager und anderen Anspruchsgruppen der Marke (Klante, 2004). Dieser Veränderungsprozess hat verschiedene Ursachen.

Die erste Ursache stellen die Vergessenswirkungen auf Seiten der Nachfrager dar. Dies trifft insbesondere für solche Gedächtnisinhalte zu, bei denen keine laufende Aktualisierung erfolgt. Überträgt man die Erkenntnisse der lerntheoretischen Forschung, so ist davon auszugehen, dass bei einer Reduzierung der Markenführungsaktivitäten durch den Markeninhaber verstärkt Vergessenseffekte beim Nachfrager eintreten. Ähnlich wie bei anderen Gedächtnisinhalten des Menschen, die bei geringerer oder fehlender Nutzung langsam in Vergessenheit geraten, ist auch bei den markenspezifischen Kognitionen und Affektionen des Nachfragers davon auszugehen, dass ein Ausbleiben kommunikativer Stimuli dazu beiträgt, dass das Vorstellungsbild von einer Marke (Markenimage) im Laufe der Jahre diffuser und von immer weniger Nachfragern klar erinnert wird, womit diese Marken letztlich ihre Stärke und damit ihre Kaufverhaltensrelevanz und Werthaltigkeit verlieren (Meffert/Burmann, 2002a).

Ein weiterer wichtiger Einflussfaktor, der die Stärke von Marken unterwandert, ist das gewandelte Verhältnis der Verbraucher zur Marke. Die in den vergangenen Jahren gestiegene Markttransparenz, das höhere Bildungsniveau und die verbesserte Vermögenssituation vieler Haushalte haben zu einem deutlichen Anstieg der Markenwechselbereitschaft geführt. Dieses auch als „variety seeking behavior" bekannte Phänomen kennzeichnet den Drang vieler Nachfrager, auf der ständigen Suche nach interessanten Erlebnissen neue Marken zu erwerben (Haseborg/Mäßen, 1997). Trotz hoher Zufriedenheit mit den bis dato verwendeten Marken kommt es auf diese Weise zum regelmäßigen Kauf „fremder" bzw. neuer Marken. Durch diese Entwicklung kommt es zu einer sinkenden Markenloyalität und damit zur Erosion etablierter Marken.

Neben diesen verhaltenstheoretischen Begründungen kann es auch durch die Markt- und Wettbewerbsstruktur zur Markenerosion kommen. Auf diese Ursachen soll aus der Perspektive der Hersteller und des Handels eingegangen werden.

Zunächst ist hier die Inflation „neuer" Marken, insbesondere in vielen Konsumgütermärkten, zu nennen, die zu einer Verschärfung des Kommunikationswettbewerbs geführt hat. So wurden z.B. in Deutschland 1998 ca. 54.000 Marken beworben, von denen ca. 3.500 mit einem jährlichen Kommunikationsbudget von über 500.000 Euro in den „Kommunikationswettkampf" eintraten (Keller, 1998). Oftmals fehlt es jedoch neuen Marken an objektiv-technischen Differenzierungsmerkmalen aufgrund mangelnder Innovationsfähigkeit der Hersteller. Markenmanager versuchen in dieser Situation häufig durch massive Investitionen in die Kommunikationspolitik eine symbolische Differenzierung, z.B. durch die Vermittlung eines emotionalen Zusatznutzens, zu erreichen. Die auf diesem Wege angestrebte Positionierung im Wahrnehmungsraum der Nachfrager (Haedrich/Tomczak, 1996, S. 132 ff.) scheitert jedoch häufig „an sich selbst", d.h. an der hierdurch verursachten Positionierungsenge. So werden z.B. zur symbolischen Differenzierung der aus objektiv-technischer Perspektive sehr ähnlichen, mehr als 50 überregional beworbenen Biermarken in Deutschland weitgehend dieselben Eigenschaften verwendet (Frische, Genuss, Naturnähe, Traditionsbewusstsein, etc.). Zur Vermittlung dieser Eigenschaften in der Kommunikationspolitik werden darüber hinaus oft austauschbare Bildmotive genutzt und dieselben Medien verwendet. Vor diesem Hintergrund kann die Bildung einer starken Marke kaum gelingen. Gleichzeitig besteht für die Marken der bereits etablierten Anbieter in solchen Märkten eine hohe Erosionsgefahr, weil vorhandene Differenzierungsmerkmale im Kommunikationswettbewerb von zahlreichen Imitatoren egalisiert werden.

Neben der ungenügenden Innovationskraft ist die mangelnde Kontinuität in der Markenführung eine weitere wichtige herstellerbezogene Ursache für Markenerosion. Sie resultiert in vielen Fällen daraus, dass die Markenführung anhand kurzfristiger ökonomischer Zielgrößen, wie bspw. Quartalszahlen, bewertet wird. Dies führt zu Diskontinuitäten, da langfristige markenbildende Maßnahmen kurzfristiger „Aktionitis" weichen müssen. Dies wird auf Herstellerseite durch den häufigen Wechsel der verantwortlichen Marken- und Produktmanager noch verschärft (Kirchgeorg/Klante, 2005, S. 337.). Teilweise sind diese Manager nur noch ein bis zwei Jahre für eine Marke direkt verantwortlich, bevor sie wieder andere Positionen übernehmen. Dies führt zu einer häufigen Veränderung der operativen Markenführungsmaßnahmen. Der langfristige Aufbau einer starken Marke ist unter solchen organisatorischen Bedingungen kaum möglich (Burmann/Meffert, 2005, S. 84.).

Hinsichtlich handelsbezogener Ursachen für die Erosion von Herstellermarken lassen sich zwei Gründe identifizieren. Ein erster Grund ist der zunehmende Preiswettbewerb im Handel, welcher zu erheblichen Preisschwankungen für ein und dieselbe Marke in unterschiedlichen Einkaufsstätten führt. Solche Preisaktionen führen auf Seiten der Nachfrager zu einem ausgeprägteren Preisbewusstsein. Das steigende Preisbewusstsein beim Markenkauf kann dabei als ein Indikator für die nachlassende Stärke vieler Marken interpretiert werden, denn der Preis wird bei der Kaufentscheidung umso wichtiger, je weniger der Nachfrager mit einer Marke ein klares, nutzenorientiertes Vorstellungsbild verbindet. Ohne diese prägnanten, markenspezifischen Assoziationen wächst die Austauschbarkeit der Marke. Als zweiter Grund ist eine zunehmend kurzfristige Orientierung des Handels bei der Erfolgsbeurteilung von Marken zu beobachten. Eine Ursache dafür sind bspw. die Anreizsysteme für Handelseinkäufer, welche häufig auf Quartalszahlen basieren und dadurch eine kontinuierliche Einkaufspolitik durch den Handel verhindern (Kirchgeorg/Klante, 2005, S. 338).

Über die genannten Ursachen hinaus können Markenerosionsursachen im vertikalen Beziehungssystem zwischen Hersteller und Handel identifiziert werden. Abstimmungs- und

Kommunikationsprobleme zwischen Handel und Hersteller haben einen negativen Einfluss auf die Markenbildung. Dies schlägt sich bspw. in einer mangelhaft integrierten Kommunikation nieder. Die inhaltliche, formale und zeitliche Abstimmung von Kommunikationsmaßnahmen auf Konsumenten- und Handelsebene ist ein entscheidender Erfolgsfaktor für die Markenimagebildung, welcher in der Praxis aufgrund divergierender Interessen von Handel und Hersteller oftmals keine Berücksichtigung findet (Burmann/Meffert, 2005, S. 91 ff.). Die Markenerosion aufgrund von mangelnder Konsistenz und Kontinuität in der Markenführung wurde in einer empirischen Untersuchung von Klante im Jahr 2004 umfassend untersucht. Diese Untersuchung zeigte, dass mittelfristig bei 67% der untersuchten Marken eine Verschlechterung des Markenimages und bei 56% ein Rückgang des Markenvertrauens zu beobachten ist. Langfristig wiesen 56% der Marken eine negative und 33% der Marken eine stark negative Veränderung des Markenimages auf. Dies führte mittelfristig zu einem Rückgang des Marktanteils der betroffenen Marken von durchschnittlich 67%. Bei 89% der Marken konnte ein Rückgang des Gewinns beobachtet werden (Kirchgeorg/Klante, 2005, S. 347 f.). Diese drastischen Entwicklungen sind primär auf die fehlende Harmonie der verschiedenen kommunikativen Stimuli zurückzuführen.

Aus den dargestellten Ursachen für eine Markenerosion lassen sich unterschiedliche Maßnahmen ableiten. Die erste mögliche Maßnahme ist die Sicherstellung der Innovationsfähigkeit der Marke. Innovationsfähigkeit ist in diesem Zusammenhang als Kompetenz zur nachhaltigen Generierung, Entwicklung und Markteinführung unternehmenssubjektiv neuer Markenleistungen zu verstehen (Burmann/Meffert, 2005, S. 87.). Sie stellt für die Erhaltung eines eigenständigen Markenimages den wohl wichtigsten Erfolgsfaktor dar. Um dies zu gewährleisten, sollte innerhalb der markenführenden Institution ein leistungsfähiges Innovationsmanagement etabliert werden (Tidd/Bessant/Pavitt, 2001, Albers/Gassmann 2005). Am Beispiel der Marke Audi wird der Zusammenhang zwischen Innovationsfähigkeit einer markenführenden Institution und der Stärke der Unternehmensmarke besonders deutlich (vgl. Abbildung 1).

Neben der Innovationsfähigkeit stellt eine klare Preisgestaltung eine weitere Maßnahme dar, um einer frühzeitigen Erosion der Marke entgegenzuwirken. Starke Preisschwankungen und größere Preisreduktionen können mittelfristig zu erheblichen Identitätsproblemen führen, die sich in ihrer Folge negativ auf das Markenimage auswirken können (Burmann/Meffert, 2005, S. 91). In diesem Fall ist eine enge Kooperation zwischen Hersteller und Handel besonders wichtig, um bspw. Preiskorridore festzulegen, in denen die Preise bei verschiedenen Einkaufsstätten variieren dürfen. Auch die Implementierung eines Category Managements auf Handelsseite kann als probates Mittel angesehen werden, um einer Markenerosion durch Preisaktionen vorzubeugen (Ballhaus, 2004, S. 38 ff.).

1980:
Einführung des permanenten Allradantriebes „Quattro“

1982:
Einführung des neuen Audi 100 mit dem mit Abstand geringsten cW-Wert (=0,30) seiner Klasse

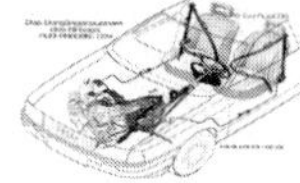

1985:
Einführung der Sicherheitstechnologie ProCon zum Schutz des Fahrers vor einem Aufprall auf das Lenkrad

1986:
Einführung der vollverzinkten Karosserie mit zehnjähriger Garantie

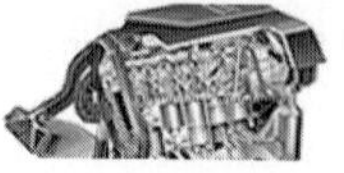

1989:
Einführung des Turbo-Diesels mit Direkteinspritzung im PKW-Bereich

1994:
Einführung der Aluminiumleichtbauweise (Space-Frame) einer kompletten Karosserie beim Audi A8

1997:
Einführung eines Sechs-Gang-Getriebes bei Modellen mit Allradantrieb Quattro.

2003:
Einführung des DSG Direktschaltgetriebes in Serienfahrzeugen

Abbildung 2: Innovationsfähigkeit am Beispiel der Marke Audi

Eine weitere Maßnahme zur Prävention der Markenerosion ist die Sicherstellung einer integrierten Markenkommunikation. Die inhaltlich, formal und zeitlich konsistente Kommunikation des Markennutzenversprechens ist wichtig, um den Vergessenswirkungen der Nachfrager entgegenzuwirken und bei der Markenimagebildung in den Köpfen der Nachfrager die intendierten funktionalen und symbolischen Nutzenassoziationen zu erzeugen. Darüber hinaus verhindert eine Kommunikation in allen Kommunikationskanälen das Entstehen von Dissonanzen und somit eine Verwässerung des Markenimages. Um eine effiziente Umsetzung der integrierten Kommunikation zu gewährleisten, ist die Schaffung einer hierfür verantwortlichen Stelle unabdingbar (vgl. Bruhn, 2005, S. 162 f.).

4. Markenstrategien

Markenstrategien können in Anlehnung an Marketingstrategien als bedingte, langfristige und globale Verhaltenspläne zur Erreichung der Markenziele definiert werden. Die Bedingtheit bedeutet, dass die Markenstrategie unter der Annahme einer bestimmten, erwarteten Entwicklung der marktlichen und unternehmenspezifischen Kontextfaktoren formuliert wird. Der Planungshorizont ist dabei in der Regel auf drei bis fünf Jahre ausgerichtet. Das Merkmal der Globalität unterstreicht die Notwendigkeit, die relativ allgemein gehaltenen Aussagen der Markenstrategie auf konkrete operative Aufgaben herunterzubrechen. Nachfolgend sollen ausgewählte Markenstrategien erläutert werden. Die Auswahl beruht dabei auf der Verbreitung dieser Strategien in der Praxis. Es werden ausschließlich expansiv ausgerichtete Strategien erläutert (vgl. zu kontraktiven und anderen Markenstrategien Burmann/Meffert/Blinda, 2005). Die hier ausgewählten Markenstrategien können anhand von drei Dimensionen systematisiert werden (Meffert, 1992b):

- Markenstrategien im horizontalen Wettbewerb:
  Einzelmarken-, Mehrmarken-, Familienmarken-, Markenausdehnungs-, Dachmarken-, Co-Branding- und Markentransfer-Strategie
- Markenstrategien im vertikalen Wettbewerb:
  Gattungsmarken-, Eigenmarken- und Premiummarken des Handels
- Markenstrategien im internationalen Wettbewerb:
  Multinationale, globale und gemischte Markenstrategie

4.1 Markenstrategien im horizontalen Wettbewerb

Bei der Einzelmarkenstrategie wird jedes Produkt unter einer eigenen Marke angeboten. Diese besetzt nur ein Marktsegment. Im Konsumgüterbereich verfolgen z.B. *Ferrero* und *Procter & Gamble* überwiegend diese Konzeption, indem sie ihre Unternehmensmarke hinter Markennamen wie *Nutella, Duplo* und *Hanuta* (*Ferrero*) oder *Ariel, Meister Proper* und *Pampers* (*Procter & Gamble*) verbergen. Ein wesentlicher Vorteil dieser Strategie besteht in der Möglichkeit, für jede Marke ein unverwechselbares Markenimage aufzubauen, indem das Bedürfnisprofil der Nachfrager und das Problemlösungsprofil der Marke optimal aufeinander abgestimmt werden. Bei der Einzelmarkenstrategie werden negative Ausstrahlungseffekte zwischen den Marken weitgehend ausgeschlossen. So führt die auf das Image von *Pampers* (Windeln) negativ wirkende Diskussion aufgrund von Abfallproblemen durch zu geringe Verrottungsfähigkeit nicht zu Ausstrahlungseffekten bei *Ariel* (Waschmittel). Ein weiterer Vorteil der Einzelmarkenstrategie liegt in dem geringen Koordinationsbedarf der Marketingmaßnahmen bei den unterschiedlichen Marken (z.B. bei der Entwicklung von Kommunikationskampagnen).

Nachteilig bei dieser Strategie ist, dass die Einzelmarke in allen Lebenszyklusphasen die Marketingaufwendungen allein zu tragen hat. Bei der Markeneinführung entstehen dem Unternehmen im Gegensatz zur Markenfamilien- und Dachmarkenstrategie höhere Kosten. Sind für notwendige Produktmodifikationen nicht genügend Finanzmittel vorhanden, kann sich die Lebensdauer der Einzelmarke verkürzen, was unter Umständen eine Amortisation der aufgewendeten Marketingkosten verhindert. Für die Markteinführung von Neuprodukten wird deshalb in den letzten Jahren immer seltener die Einzelmarkenstrategie favorisiert.

Im Gegensatz zur Einzelmarkenstrategie werden bei der Mehrmarkenstrategie in einem Produktbereich mindestens zwei Marken parallel geführt, die jeweils nicht ein spezielles Segment ansprechen, sondern auf den Gesamtmarkt ausgerichtet sind (Meffert/Perrey, 2005). Die einzelnen Marken sind durch Variationen in den Produkteigenschaften, im Preis oder kommunikativen Auftritt gekennzeichnet. So bietet der *Volkswagen*-Konzern seine Fahrzeuge unter den Marken *VW, Audi, Skoda, Seat, Bentley, Bugatti und Lamborghini* an, während die *Ford Motor Company* ihre Produkte u.a. unter den Marken *Ford, Jaguar, Lincoln, Range Rover* und *Volvo* vertreibt. *Eckes* vertreibt Weinbrandmarken wie *Attaché, Chantré* und *Mariacron, Philip Morris* unter anderem die Zigarettenmarken *Marlboro, Merit* und *Benson & Hedges*. Im Dienstleistungsbereich kann das Touristikunternehmen *TUI* angeführt werden, das als Reiseveranstalter unter den Marken *TUI, 1,2 Fly, Airtours, Robinson, Wolters* u.a. tätig ist.

Die Absicherung durch Wettbewerb "im eigenen Haus" bildet eine zentrale Zielsetzung dieser Strategie. Durch die Entwicklung neuer Marken und den daraus resultierenden Wettbewerb untereinander sollen die Markenmanager und ihre Mitarbeiter in ihrer Leistungsmotivation und Effizienz gefördert werden. Bei abnehmender Markentreue wird außerdem versucht, die Markenwechsler durch andere Marken des eigenen Unternehmens abzufangen, anstatt sie an Konkurrenten zu verlieren. Neben der Bewältigung des Markenwechselphänomens bietet eine Mehrmarkenstrategie die Chance, höher positionierte Marken durch Einführung einer "Kampfmarke" aus einem Preiskampf herauszuhalten. Ein weiterer Vorteil besteht darin, dass jede im Markt neu platzierte Marke dem Unternehmen im Handel mehr Regalfläche sichert und eine zusätzliche Markteintrittsbarriere für potentielle Konkurrenzmarken darstellt. Die Marken *Rama, Flora Soft, Sanella, Becel, Du Darfst, Bertolli* und *Lätta* von *Unilever* decken auf diese Weise das Margarine-Sortiment weitgehend ab.

Eine Gefahr bei der Verfolgung der Mehrmarkenstrategie ist darin zu sehen, dass durch die Einführung neuer Marken immer nur kleine Umsatzzuwächse und zu geringe Gewinne erwirtschaftet werden. Die finanziellen und personellen Unternehmensressourcen werden hierdurch zersplittert und zu wenig auf starke Marken konzentriert. Ein weiteres Problem stellt die "Kannibalisierung" der Marken dar. Zudem ist die Gefahr der Übersegmentierung gegeben, d. h. die Teilung des Gesamtmarktes in zu viele Teilmärkte, obwohl die Bedarfsstruktur hierfür keinen Anlass gibt.

Bei der Markenfamilienstrategie werden unter einer Marke mehrere verwandte Produkte geführt. Hinter der Marke *Nivea* von *Beiersdorf* stehen Produkte wie Allzweckcreme,

Körpermilch, Sonnencreme, Haarshampoo, Duschgel, Rasiercreme und After Shave. Im Dienstleistungsbereich verfolgt z.B. der *Springer-Verlag* mit den Marken *Bild, Bild am Sonntag, Bild der Frau, Computer-Bild, Sport Bild* und *Auto Bild* eine erfolgreiche Markenfamilienstrategie. Bei der Markenfamilienstrategie können innerhalb eines Unternehmens auch mehrere Familien in einem speziellen Sortimentsbereich oder in verschiedenen ähnlichen Sortimenten nebeneinander existieren. So bietet z.B. *Beiersdorf* neben *Nivea* seine Klebeprodukte unter der Familienmarke *Tesa* und seine Wundversorgungsprodukte (Pflaster) unter der Markenfamilie *Hansaplast* an. *Kraft* bietet im Schokoladenbereich die Markenfamilien *Milka, Toblerone* und *Cóte d'Or* an, während *Unilever* bei Salatdressings mit der Markenfamilie *Livio*, bei Suppen mit *Unox* und im Segment der gesunden Ernährung mit *Du Darfst* vertreten ist.

Eine solche Markenstrategie setzt voraus, dass für die Produkte der Markenfamilie ähnliche Marketingmixstrategien und ein gleichwertiges Qualitätsniveau vorliegen. Weitere Vorteile der Markenfamilienstrategie liegen in der Verringerung des Floprisikos bei Neuprodukten und der schnelleren Akzeptanz im Handel bzw. bei den Konsumenten. Das der *Milka*-Tafelschokolade entgegengebrachte Vertrauenskapital (Goodwill) erlaubte *Kraft* die erfolgreiche Einführung der Produktlinien *Milka Lila Pause* (Riegel), *I love Milka* (Pralinen), *Schoko & Keks Minis* (Small Bites) und *Milka* Saisonartikel (Weihnachtsmänner, Ostereier etc.). Durch die Nutzung von Synergien lassen sich die Kosten der Markenführung wesentlich verringern.

Ein Nachteil der Markenfamilienstrategie im Gegensatz zur Einzel- und Mehrmarkenstrategie liegt in der Gefahr von negativen Ausstrahlungseffekten bei den Produkten der Markenfamilie (Badwill-Transfer). Ein weiteres Problem bildet der höhere Abstimmungsbedarf (höhere Komplexitätskosten) bezüglich des Marketingmix der einzelnen Marken der Markenfamilie.

Markenfamilien sind das Ergebnis von Markenausdehnungsstrategien. Bei einer Markenausdehnungsstrategie (Line Extension) wird die Anzahl der unter einer Marke angebotenen Produkte und Dienstleistungen innerhalb der bisher bearbeiteten Produktkategorie vergrößert. Ca. 80-90% der Produktneueinführungen fallen heute unter die Kategorie der Line Extensions (Keller, 2003, S. 581). Die Ausdehnung kann in dreifacher Weise realisiert werden.

Erstens kann in einem „klassischen Brand Stretch" eine Marke durch das zusätzliche Angebot von technisch-funktional ähnlichen Leistungen innerhalb der Produktkategorie und in Marktsegmenten, die an den bislang bedienten Ursprungsmarkt angrenzen, ausgedehnt werden. Exemplarisch ist hier die Markenausdehnung von Nivea-Creme auf Nivea-Milk und andere Hautcreme-Produkte zu nennen oder auch die Ausdehnung der Tafelschokolade-Marke Milka auf weitere Schokoladeprodukte wie Milka Montelino, I love Milka, Naps und M-Joy. Zweitens kann die Ausdehnung der Marke in preislich und qualitativ höher bzw. niedriger positionierte Marktsegmente (Trading-up bzw. Trading-down) erfolgen. Drittens kann die Markendehnung durch die Ausweitung des Leistungsangebotes einer Marke in vor- und/oder nachgelagerten Stufen der Wertschöpfungskette erfolgen (Rückwärtsintegration bzw. Vorwärtsintegration). Als Beispiel kann hier die Ausdehnung der HiFi-Marke Bang & Olufson (B&O) in den Einzelhandel durch den Aufbau markenexklusiver Einzelhandelsgeschäfte im Besitz von B&O genannt werden (Vorwärtsintegration in Richtung auf den Endkunden der Marke).

Die Dachmarkenstrategie fasst sämtliche Produkte eines Unternehmens unter einer Marke zusammen. Bei Unternehmen mit Gütern des täglichen Bedarfs oder Investitionsgütern ist diese Strategie häufig zu finden. Neben *Apple, IBM* und *Microsoft* im Computerbereich bilden *Xerox* (Kopiergeräte), *Kodak* (Photo), *Pelikan* (Schreibgeräte) und *Pfanni* (Nahrungsmittel) Dachmarken, bei denen der Firmenname zur Marke geworden ist. Im Dienstleistungsbereich kommt der Dachmarkenstrategie eine besondere Bedeutung zu, wenngleich in jüngster Zeit als Folge von Akquisitionen auch bei Dienstleistungen vermehrt Mehrmarkenstrategien zu beobachten sind (z.B. *Swiss* und *Lufthansa* bei Verkehrsdienstleistungen sowie *Allianz* und *Ergo* im Versicherungsbereich). Mit einer Dachmarkenstrategie, ebenso wie bei einer Markenfamilienstrategie, wird das Floprisiko der Neuprodukteinführung gesenkt und die Akzeptanz beim Handel und Konsumenten schneller erreicht. Außerdem können durch die Ausweitung des Marktes neue Zielgruppen angesprochen werden. Diese Vorteile nutzte die ursprünglich nur regional tätige *Alois Müller* Molkerei, die heute in Deutschland unter der Dachmarke *Müller* nicht nur Milchprodukte, sondern u.a. auch Säfte und Sportlerdrinks vertreibt. Durch die enge Beziehung zwischen Marke und Hersteller bietet die Dachmarken- im Gegensatz zur Markenfamilienstrategie die Möglichkeit, eine unverwechselbare Unternehmensidentität aufzubauen. Weiterhin lässt sich das Unternehmensimage durch eine innovative Markenpolitik leichter aktualisieren.

Demgegenüber besteht die Gefahr der Markenerosion, wenn die Nachfrager den Kompetenzanspruch des Unternehmens nicht mehr für alle Produkte akzeptieren. Mit dieser Problematik war *Melitta* konfrontiert, als es unter dem Dach der Traditionsmarke neben Produkten zur Kaffeezubereitung wie Kaffee, Kaffeemaschinen und Filtern im Laufe der Jahre auch Lebensmittelfolien, Müll- und Staubsaugerbeutel sowie Luftreiniger auf den Markt brachte. Untersuchungen zeigten, dass die Verbraucher den Kompetenzanspruch des Unternehmens nur noch in Teilbereichen akzeptierten, wodurch das Markenprofil immer diffuser wurde. Deshalb entschloss sich *Melitta* zum Aufbau einzelner Geschäftsfelder mit eigenständigen Markennamen. Die Marke *Melitta* bleibt nun den Produkten zur Kaffeezubereitung, *Toppits* Lebensmittelfolien, *Swirl* Staubsaugerbeuteln, *Aclimat* Luftreinigern und *Cilia* Teefiltern vorbehalten (Körfer-Schün, 1990, S. 91 ff.). Das Auftreten von Substitutionsbeziehungen und ein sehr hoher Koordinationsaufwand innerhalb der Dachmarke stellen weitere Nachteile dieser Strategie dar. Negative Ausstrahlungseffekte bilden bei der Dachmarkenstrategie ein noch größeres Gefahrenpotential als bei der Markenfamilienstrategie. Um insbesondere das Risiko eines Badwill-Transfers zu verringern, kombinieren manche Unternehmen die Dachmarken- mit einer Markenfamilienstrategie (z.B. *Dr. Oetker Gutes Backen*) oder Einzelmarkenstrategie (z.B. *Volkswagen Golf*).

Bei einer Co-Branding Strategie wird das Leistungsangebot durch zwei oder mehr Marken im Verbund markiert (Aaker/Joachimsthaler, 2000, S. 141 f.). In der Regel bringen alle Kooperationspartner ihre Ressourcen und Kompetenzen in größerem Umfang ein. Co-Branding zeichnet sich durch vier wesentliche Merkmale aus (Baumgarth 2003, S. 22 f.): Die Verbindung von mindestens zwei Marken, die für den Nachfrager wahrnehmbar kooperieren, um durch die Kooperation der Marken ein gemeinsames Leistungsbündel zu schaffen und sowohl vor als auch nach der Co-Branding Kooperation aus Sicht der Nachfrager selbstständig sind.

Co-Branding Strategien haben in der jüngsten Vergangenheit an Bedeutung gewonnen, da viele Hersteller sich von diesen Kooperationen eine Imageverbesserung sowie eine Verbreiterung ihrer Markenkompetenz aus Sicht der Nachfrager erhoffen. Die Besonderheit des Co-Branding besteht in der Problematik, mindestens zwei Identitäten eigenständiger Marken unter Berücksichtigung der zugrunde liegenden gemeinsamen Leistung verbinden zu müssen, ohne dass es zu Konflikten zwischen den Markenidentitäten kommt.

Bekannte Beispiele für horizontale Co-Brandings sind u.a. der Otto Versand und die Baumarktkette Obi, die ein gemeinsames Online-Portal unter der Marke Obi@Otto betreiben, McDonald's und Smarties mit dem Eis McFlurry Smarties oder Milka und Kellogg's mit der Schokoladen-Sonderedition Crispy Joghurt. Als Sonderform des Co-Branding ist die Schaffung einer neuen (zusätzlichen) Markenidentität für die gekennzeichnete Kooperation (sog. Mega-Brand) unter Einschränkung der individuellen markenbezogenen Handlungsfreiheiten anzusehen. Exemplarisch ist hier die Star Alliance als Zusammenschluss mehrerer Luftverkehrsdienstleister (Lufthansa, US Airways, United, Spainair, Singapore Airlines, Scandinavian Airlines, Polish Airlines, bmi, Austrian, Asiana Airlines, ANA, Air New Zealand, Thai Airways, Varig, Air Canada) zu nennen, wobei die beteiligten Marken auch nach der Kooperationsvereinbarung weiterhin als eigenständige Marken existent bleiben.

Im Gegensatz zur horizontalen Ausgestaltungsform bezieht sich bei der vertikalen Form des Co-Brandings die Zusammenarbeit auf vor- und nachgelagerte Wertschöpfungsstufen. Diese Form des Co-Branding wird auch als Ingredient Branding bezeichnet. So arbeitet die Computerfirma IBM mit dem Chip-Hersteller Intel zusammen und Coca Cola verwendet die künstliche Süßstoffmarke NutraSweet für Cola Light. Der Erfolg des Co-Branding wird durch zwei wesentliche Faktoren determiniert (Baumgarth 2004, S. 180 ff.). Erstens durch die Komplementarität der Markenidentitäten. Die Identitäten der kooperierenden Marken sollten in hohem Maße komplementär zueinander sein. Ein Zusatznutzen wird sowohl für die Nachfrager als auch für die Markenmitarbeiter nur dann geschaffen, wenn die kooperierenden Marken sich ergänzende Identitäten, vor allem sich ergänzende Kompetenzen in die Co-Brand einbringen (Park/Jun/Shocker 1996, S. 453 ff.). Ein hoher Fit im Sinne von vollständiger Deckungsgleichheit ist nicht erstrebenswert. Zweitens der Fit der Zielgruppen. Ohne eine Überlappung der Zielgruppen ist das jeweilige Markenimage des Kooperationspartners für die eigenen Kunden nur bedingt verhaltensrelevant.

Die Vorteile des Co-Branding liegen vor allem in der Möglichkeit zum gegenseitigen Imagetransfer und der Nutzung eines vorhandenen Vertrauensbonuses des Partners (Baumgarth, 2003). So kann das Co-Branding zu positiven Spill-over-Effekten für die beteiligten Individualmarken führen. Darüber hinaus lassen sich durch Co-Branding zusätzliche Umsatzpotentiale und Preisprämien ausschöpfen sowie neue Märkte erreichen, die für die einzelnen beteiligten Marken durch hohe Eintrittsbarrieren schwer zugänglich sind.

Das Co-Branding ist jedoch auch mit Nachteilen verbunden. Den Chancen eines positiven Imagetransfers stehen in gleicher Weise die Gefahren negativer Ausstrahlungen zwischen den beteiligten Marken gegenüber. Des Weiteren wächst durch die Kombination von Marken die Gefahr der Verwirrung von Kunden und Mitarbeitern durch eine Erosion vormals klarer Positionierungen. Der gemeinsame Auftritt erfordert zudem eine enge Abstimmung zwischen den Beteiligten im Hinblick auf ihre markenbezogenen Aktivitäten (Koordinationskosten) und engt die individuellen Positionierungsspielräume ein.

Stagnierende Märkte und das hohe Investitionsrisiko bei der Suche nach neuen Wachstumsmöglichkeiten veranlassen eine Vielzahl von Unternehmen, das Erfolgspotential bereits im Markt etablierter Marken durch eine Markentransferstrategie auszunutzen. Der Markentransfer ist hierbei primär als eine Unternehmensaktivität zu verstehen, bei der unter Zuhilfenahme eines gemeinsamen Markennamens positive Imagekomponenten von einer Hauptmarke eines bestehenden Produktbereiches auf einen Transferkandidaten einer neuen Produktkategorie übertragen werden (z.B. *Camel* oder *Gucci*) (Sattler, 2001, S. 69f.; Caspar/Burmann, 2005).

4.2 Markenstrategien im vertikalen Wettbewerb

Im vertikalen Wettbewerb hat sich in den letzten Jahren neben den klassischen Herstellermarken eine Vielzahl von Handelsmarken entwickelt und etabliert. Als wichtigste Formen sind die niedrigpreisige Gattungsmarke, die klassische mittelpreisige Eigenmarke und die hochpreisige Premiummarke des Handels zu nennen. Bei Handelsmarken ist der Handel Träger und Eigentümer der Marke. Lange Zeit herrschte Uneinigkeit darüber, ob es sich bei Handelsmarken überhaupt um echte Marken handelt. Auf der Grundlage des hier gewählten Markenverständnisses ist dies jedoch für die Premium-Handelsmarken und – mit Einschränkungen – auch für die klassischen Eigenmarken des Handels zu bejahen.

Bei der Gattungsmarkenstrategie erfüllen die mit einer entsprechenden Markierung versehenen Produkte in ihrer Warengruppe jeweils nur die qualitativen Mindestanforderungen und besetzen das Preiseinstiegssegment. Dabei liegen sie zum Teil um bis zu 50 Prozent unter dem Preisniveau der Herstellermarkenartikel (Voss, 1995). Da sie oft nur in weiß mit einem unauffälligen Markierungsnachweis anzutreffen sind und nur die Gattungsbezeichnung (z.B. Mehl, Zucker) auf der Verpackung führen, werden sie häufig als no names, generics oder weiße Ware bezeichnet. Die Marken *Ja* und *Die Weißen* von *Rewe*, *A&P* von *Kaiser's Tengelmann* und *Die Sparsamen* von *Spar* sind einige der bekanntesten Gattungsmarken in der deutschen Handelslandschaft. Gattungsmarken sind auf der Grundlage des hier gewählten Markenverständnisses nicht als echte Marken zu klassifizieren, weil sie in der Regel kein nachhaltiges Differenzierungspotenzial besitzen und dieses auch nicht anstreben.

Während die Gattungsmarken in den Anfängen ihrer Entwicklung zumeist ein Sortiment von ca. 10 bis 30 Artikeln umfassten, gibt es heute Gattungsmarken wie *Tip*, unter denen bis zu 700 verschiedene Produkte vertrieben werden. Die Gattungsmarken beschränken sich zumeist auf Produktgruppen, bei denen auf Konsumentenseite ein geringes Einkaufsrisiko wahrgenommen wird und auf Produzentenseite eine einfache Produktgestaltung vorherrscht. Dies ist häufig bei Verbrauchsgütern des täglichen Bedarfs der Fall. Dementsprechend ist in diesen Segmenten der Anteil der Gattungsmarken besonders hoch. Innovationsträchtige Produktgruppen eignen sich aufgrund des erheblichen finanziellen Investitionsbedarfs nicht für Gattungsmarken. Bei der Einführung der Gattungsmarken in den sechziger Jahren hatten diese vor allem die Aufgabe, die klassischen Handelsunternehmen im Preiskampf mit den aufkommenden Discounthandelsformen zu stärken. Heute dienen die Gattungsmarken primär zur Abrundung des Sortiments der Handelsunternehmung und als Signal für die Preiswürdigkeit der Einkaufsstätte im Wettbewerb. Eine direkte Konkurrenz zu den klassischen Herstellermarken wird nicht angestrebt.

Bei der klassischen Eigenmarkenstrategie des Handels wird ein Qualitätsniveau angestrebt, welches mit den klassischen Herstellermarken vergleichbar ist („Äquivalenzmarken"). Allerdings zeichnen sich die Eigenmarken bei ähnlichen Ausstattungs- und Qualitätsmerkmalen durch einen deutlichen Preisvorteil gegenüber den Herstellermarken aus (z.B. die Marke *Erlenhof* der *Rewe*). Die Eigenmarken sind primär in Produktkategorien mit geringem Innovationsgrad zu finden. Häufig stellen sie Nachbildungen von Herstellermarken dar und treten als Folger in bereits erschlossene Märkte ein. Ihre Qualität muss denen der Herstellermarken möglichst ebenbürtig sein, damit der Verbraucher den niedrigen Preis im Sinne eines guten Preis-Leistungs-Verhältnisses wahrnimmt und eine Präferenz für diese Marke aufbaut. Die Verpackungsgestaltung nimmt für diese Marken eine wichtige Stellung ein, da durch sie am Point of Sale (PoS) die im Vergleich zu Herstellermarken geringere Endverbraucherwerbung kompensiert werden muss. Oft wird die Verpackung einer bekannten Marke als Vorbild für die Gestaltung der Eigenmarke verwendet, um an deren Imagebonus teilhaben zu können. Dementsprechend hat beispielsweise die englische Handelskette *Sainsbury* ihr Cola-Getränk weitestgehend dem Design des bekannten Marktführers *Coca Cola* angepasst.

Um erfolgreich am Markt agieren zu können, ist für diese Form der Handelsmarken ein professionelles Marketing und ein kontinuierliches Handelsmarkenmanagement unerlässlich. Die relativ hohe und beständige Qualität, die möglichst hohe Bekanntheit und Verbreitung sowie die werbliche Unterstützung sind ebenfalls von großer Bedeutung für den Erfolg der Eigenmarken (Ahlert et al., 2001). Auf der finanziellen Seite sollen die Eigenmarken durch günstige Bezugsbedingungen und niedrigere Vertriebskosten bessere Spannen für den Handel erwirtschaften als die Produkte der Herstellermarken.

Bei der Premium-Handelsmarkenstrategie wird eine im Vergleich zu den klassischen Herstellermarken überlegene Qualität angestrebt. Mit der gehobenen Qualität soll eine höhere Kundenzufriedenheit und Kundenbindung erreicht werden und der Preis als Entscheidungskriterium in den Hintergrund treten. Das englische *Unternehmen Marks & Spencer* beispielsweise vertreibt unter seinem Handelsmarkenlabel *St. Michael* ein Nahrungsmittelsortiment, welches die qualitativen Ansprüche vieler Herstellermarken übertrifft und damit eine erhöhte Preisbereitschaft beim Konsumenten erzeugt. Eine ähnliche Preisprämie erreicht die Marke *Naturkind* von *Kaiser's Tengelmann*, die dem Kunden durch die Herausstellung des Produktvorteils „Natürlichkeit" einen Zusatznutzen kommuniziert. Die Premium-Handelsmarken zeichnen sich generell durch eine eigenständige und individuelle Produktgestaltung aus und sind zumeist in Segmenten mit höherer Innovationsrate angesiedelt (Widmer, 2001). Für den Erfolg der Premium-Handelsmarken sind die gleich bleibend hohe Qualität, zusätzliche Serviceleistungen und der Einsatz kommunikationspolitischer Maßnahmen unabdingbar.

4.3 Markenstrategien im internationalen Wettbewerb

Werden die nationalen Markenkonzepte im horizontalen und vertikalen Wettbewerb auf internationale Märkte ausgedehnt, bieten sich als Handlungsoptionen die multinationale und die globale Markenstrategie oder auch Mischformen an. Bei der multinationalen Markenstrategie sind die Unternehmen mit individuellen Markenkonzepten in den einzelnen Auslandsmärkten vertreten. Dies erlaubt eine optimale Anpassung an die länderspezifischen Bedürfnisse der Verbraucher und eine bessere Berücksichtigung von Unterschieden in den Kommunikations-, Preis- und Distributionsgegebenheiten bzw. bei gesetzlichen Bestimmungen. So verfolgt *Nestlé* mit den Markenfamilien *Sarotti* und *Alete* diese Strategie erfolgreich. Zudem erscheint ein länderspezifisch differenziertes markenstrategisches Vorgehen dann sinnvoll, wenn Unternehmen Marken erwerben, die sich in bestimmten Auslandsmärkten durchgesetzt haben und gut positioniert sind. Die mangelnde Nutzung von Synergien im Marketing und fehlende Degressionseffekte in der Produktion stellen zentrale Nachteile der multinationalen Markenpolitik dar. Ferner wird das Goodwill-Potential einer erfolgreichen Marke auf neuen internationalen Märkten nicht bzw. nur unzureichend genutzt.

Im Rahmen der globalen Markenstrategie versuchen Unternehmen, ein einheitliches Markenkonzept ohne Rücksicht auf nationale Unterschiede international durchzusetzen. Im Idealfall wird die Marke weltweit mit identischer Markierung, Qualität, Positionierung, Verpackung und übereinstimmender Kommunikations-, Preis- und Distributionspolitik vertrieben. Ein wesentlicher Vorteil der Weltmarkenstrategie ist die konsequente Ausschöpfung von Kosteneinsparungspotential vor allem im Produkt- und Kommunikationsbereich. So hat *Coca Cola* allein durch die Standardisierung der Produktion von Werbemitteln innerhalb von 20 Jahren 90 Millionen Dollar eingespart. Die Einführung von *Diet-Coke* erfolgte deshalb weltweit mit gleicher Konzentratformel, Positionierung und werblicher Argumentation (Quelch/Hoff, 1986). Eine weitere Chance von Weltmarkenkonzepten ist im Aufbau einer über alle Länder hinweg einheitlichen Markenidentität zu sehen.

Die Nachteile einer globalen Markenstrategie liegen vor allem in der Vernachlässigung von lukrativen Nischen und der Gefahr des Entstehens von Konflikten zwischen Mutter- und Tochtergesellschaften durch eine zentral gesteuerte Markenpolitik. Aufgrund der immer noch existierenden Unterschiede in der Bedarfsstruktur und den wettbewerbsbezogenen Rahmenbedingungen bleibt das globale Markenkonzept eher standardisierbaren Dienstleistungen (*McDonalds, Ikea, Body Shops*), High-Tech-*Produkten (IBM, Sony, Microsoft*), Prestigeartikeln (*Ferrari, Chanel, Bogner*) und nicht kulturgebundenen Gütern (*Coca Cola, Levi's*) vorbehalten.

Die Mehrzahl der Unternehmen verfolgt deshalb auf internationalen Märkten eine gemischte Markenstrategie nach dem Grundsatz: soviel Standardisierung wie möglich, soviel Differenzierung wie nötig. Hierbei wird versucht, unter weitgehender Beibehaltung eines einheitlichen Markenprofils sowohl Kosten- als auch Nutzenvorteile durch Anpassung des Markenkonzeptes an die individuellen Ländergegebenheiten auszuschöpfen. Innerhalb der Mischstrategien lassen sich vor allem eine modulare und eine konzeptionell gebündelte Markenstrategie unterscheiden (Waltermann 1989, S. 73 ff.). Bei geringen Länderunterschieden wird bei einer modularen Markenstrategie der länderübergreifend tragfähige Kernnutzen einer Marke in den einzelnen Auslandsmärkten um zusätzliche länderspezifische Nutzenelemente ergänzt und das Markenkonzept nur leicht modifiziert. Demgegenüber erweist sich die konzeptionell gebündelte Markenstrategie als sinnvoll, wenn in den internationalen Märkten zwar deutliche Einstellungs- und Verhaltensunterschiede bestehen, sich aber bestimmte Märkte zu homogenen Länderclustern zusammenfassen lassen. Die Marken werden hierbei in den jeweiligen Länderclustern identisch positioniert und mit einem einheitlichen Markenkonzept versehen.

5. Zusammenfassung und Ausblick

Bei wachsender Komplexität, Dynamik und Diskontinuität der Umwelt schaffen Marken bei den Verbrauchern ein besonderes Vertrauens-, Identifikations- und Orientierungspotential. Um diesem hohen Anspruch einer echten Marke gerecht zu werden, stehen Unternehmen in Zukunft mehr noch als bisher unter dem Zwang einer strategisch ausgerichteten, identitätsbasierten Markenführung. Hierbei ist eine Fokussierung auf das Wesentliche elementar, um einer Erosion der Marke zu begegnen. Eine Marke sollte nach klaren Prinzipien geführt werden, da sie nicht auf allen Gebieten führend sein kann. Die Markenbildung bewegt sich hierbei im Spannungsfeld zwischen Nachfrager, Handel und Wettbewerbern und erfordert ein Denken in strategischen Wettbewerbsvorteilen. Den Ausgangspunkt bilden dabei die Kundenbedürfnisse, da jeder Wettbewerbsvorteil letztlich nur über den wahrgenommenen Kundennutzen definiert und realisiert werden kann.

Zur Erreichung dieser Ziele steht den Unternehmen im Wettbewerb eine mehr oder weniger große Zahl markenstrategischer Optionen offen. Im horizontalen Wettbewerb sind für die Wahl einer geeigneten Markenstrategie die markenspezifischen Voraussetzungen des Unternehmens auf ihre Eignung bezüglich einzelner Strategieoptionen zu prüfen sowie die mit einer Strategiealternative verbundenen Chancen und Risiken systematisch zu analysieren und hinsichtlich der Erreichung strategischer Markenziele zu bewerten. Diese Entscheidungen erweisen sich vor allem im internationalen Zusammenhang als besonders komplex. Hierbei sind die markenstrategischen Einflussfaktoren vor allem hinsichtlich der Standardisierungs- und Differenzierungsvorteile bzw. -nachteile zu untersuchen.

Eine leistungsfähige Organisationsstruktur, Informations-, Anreiz- und Steuerungssysteme sowie eine sensible, den einzelnen Marken die notwendigen Entwicklungsfreiräume gebende Unternehmenskultur tragen dazu bei, eine profilschaffende Markenidentität mit der notwendigen Flexibilität der Markenführung zu verbinden.

6. Literatur

AAKER, D. A., JOACHIMSTHALER, E., Brand Leadership, New York et al. 2000.

AHLERT, D., KENNING, P., SCHNEIDER, D., Das Wachstum der Handelsmarken – Ursachen und Zukunftsperspektiven, in: Bruhn, M. (Hrsg.), Handelsmarken, 3. Aufl., Wiesbaden 2001, S. 243 – 260.

ALBERS, S./GASSMANN, O., Handbuch Technologie und Innovationsmanagement, Wiesbaden, 2005.

BALLHAUS, J., Category Management: Mit den Augen des Kunden sehen, in: Absatzwirtschaft, 47. Jg., Nr. 9, S. 38 – 42.

BAUMGARTH, C., Wirkungen des Co-Brandings, Habil., Wiesbaden 2003.

BAUMGARTH, C., Markenpolitik – Markenwirkungen – Markenführung - Markencontrolling, 2. Aufl., Wiesbaden 2004.

BBDO (Hrsg.), Brand Parity Study II, Düsseldorf 1993.

BEIKE, P., SAT.1 AdTrend, SAT.1 GmbH, (Hrsg.), Berlin 1998.

ALBERS, S.; GASSMANN, O. (Hrsg.), Handbuch Technologie- und Innovationsmanagement, Wiesbaden 2005.

BURMANN, C., Konsumentenzufriedenheit als Determinante der Marken- und Händlerzufriedenheit, in: Marketing ZFP, 1991, S. 249–258.

BURMANN, C./MEFFERT, H., Gestaltung von Markenarchitekturen, in: Meffert, H., Burmann, C. Koers (Hrsg.) Markenmanagement – Identitätsorientierte Markenführung und praktische Umsetzung, 2. Aufl., Wiesbaden 2005, S. 163–181.

BURMANN, C./MEFFERT, H. Managementkonzept der identitätsorientierten Markenführung, in: Meffert, H., Burmann, C. Koers, M. (Hrsg.), Markenmanagement – Identitätsorientierte Markenführung und praktische Umsetzung, 2. Auflage, Wiesbaden 2005, S. 73–112.

BURMANN, C./MEFFERT, H./BLINDA, L., Markenevolutionsstrategien, in: Meffert, H., Burmann, C. Koers, M. (Hrsg.), Markenmanagement – Identitätsorientierte Markenführung und praktische Umsetzung, 2. Auflage, Wiesbaden 2005, S. 183–210.

BURMANN, C./MEFFERT, H. Managementkonzept der identitätsorientierten Markenführung, in: Meffert, H., Burmann, C. Koers, M. (Hrsg.), Markenmanagement – Identitätsorientierte Markenführung und praktische Umsetzung, 2. Auflage, Wiesbaden 2005, S. 73–112.

BURMANN, C./MEFFERT, H./FEDDERSEN, C., Identitätsbasiertes Markenführung, in: Florack, A., Scarabis, M., Primosch, E. (Hrsg.) Psychologie der Markenführung, München 2006 (im Druck).

BURMANN, C./MEFFERT, H./KOERS, M., Stellenwert und Gegenstand des Markenmanagements, in: Meffert, H., Burmann, C. Koers (Hrsg.) Markenmanagement – Identitätsorientierte Markenführung und praktische Umsetzung, 2. Auflage, Wiesbaden 2005, S. 3 - 15.

BRUHN, M., Unternehmens und Marketingkommunikation, München 2005.

CASPAR, M./BURMANN, C., Markenerweiterungsstrategien, in: Meffert, H., Burmann, C. Koers, M. (Hrsg.), Markenmanagement – Identitätsorientierte Markenführung und praktische Umsetzung, Wiesbaden 2005, S. 245–267.

DAY, G. S., A Two Dimensional Concept of Brand Loyalty, in: Journal of Advertising Research, 1969, S. 29–35.

ESCH, F. R., Wirkung integrierter Kommunikation, 3. Aufl., Wiesbaden 2001.

FARQUHAR, P. H., Managing Brand Equity, in: Journal of Advertising Research, 1990, S. 7–12.

HAEDRICH, G./TOMCZAK, T., Produktpolitik, Stuttgart 1996.

HASEBORG, F/MÄßEN, A., Das Phänomen Variety-Seeking-Behavior: Modellierung, empirische Befunde und marketingpolitische Implikationen, in: Jahrbuch der Absatz- und Verbrauchsforschung, 1997, S. 164–188.

HERZIG, O. A., Markenbilder – Markenwelten: Neue Wege in der Imageforschung, Wien 1991.

IRMSCHER, M., Markenwertmanagement, Frankfurt/Main 1997.

KAMAKURA, W. A./RUSSELL, G. J., Measuring Brand Value with Scanner Data, in: International Journal of Research in Marketing, 1993, S. 9–22.

KELLER, K. L., Strategic Brand Management, 2. Ed., Upper Saddle River 2003.

KELLER, V. V., Macht des Namens, in: Wirtschaftswoche, 1998, S. 100–103.

KIRCHGEORG, M./KLANTE, O., Ursachen und Wirkungen der Markenerosion, in: Esch, F.R., (Hrsg.), Moderne Markenführung, 4. Aufl., Wiesbaden 2005, S. 329-351.

KLANTE, O., Identifikation und Erklärung von Markenerosion, Wiesbaden 2004.

KROEBER-RIEL, W., Informationsüberlastung durch Massenmedien und Werbung in Deutschland, in: Die Betriebswirtschaft, 1987, S. 257–264.

KOEBER-RIEL, W./WEINBERG, P., Konsumentenverhalten, 7. Aufl., München 1999.

KÖRFER-SCHÜN, P., Von der Produktvielfalt zur Markenkompetenz: Konzeptmarken für den Weltmarkt entwickeln, in: Schöttle, K., (Hrsg.), Jahrbuch des Marketing, Wiesbaden 1990, S. 88-96.

MEFFERT, H., Marketingforschung und Käuferverhalten, 2. Aufl., Wiesbaden 1992a.

MEFFERT, H., Strategien zur Profilierung von Marken, in: Dichtl,E./Eggers,W., (Hrsg.), Marke und Markenartikel als Instrument des Wettbewerbs, München 1992b, S. 129–156.

MEFFERT, H., Marketing. Grundlagen marktorientierter Unternehmensführung, Konzepte - Instrumente - Praxisbeispiele, 9.Aufl., Wiesbaden 2000.

MEFFERT, H./PERREY, J., Mehrmarkenstrategien – Identitätsorientierte Führung von Markenportfolios, in: Meffert, H., Burmann, C. Koers, M. (Hrsg.), Identitätsorientierte Markenführung und praktische Umsetzung, 2. Auflage, Wiesbaden 2005, S. 213–239.

MELLEROWICZ, K. (1963): Markenartikel – Die ökonomischen Gesetze ihrer Preisbildung und Preisbindung, 2. Aufl., München [u.a.].

PARK, C./JUN, S. Y./SHOCKER, A. D., Composite Branding Alliances, in: Journal of Marketing Research, 33. Jg. (1996), Heft 4, S. 453–466.

QUELCH, J./HOFF, E., Globales Marketing - nach Maß, in: Harvard Business Manager, 1986, S. 107-110.

RUGE, H. D., Die Messung bildhafter Konsumerlebnisse: Entwicklung und Test einer neuen Meßmethode, Heidelberg 1988.

SATTLER, H., Markenpolitik, Stuttgart 2001.

SCHIMANSKY, Der Wert der Marke, München, 2005.

SCHWEIGER, G., Markenwertforschung: Die Konsumenten bestimmen den Wert einer Marke, in: Werbewissenschaft und Marktforschung, Leistungsbericht, Wien 1998, S. 20–23.

TIDD, J.; BESSANT, J.; PAVITT, K.: Managing Innovation – Integrating Technological, Market and Organizational Change, Cichester West Sussex 2001.

TWARDAWA, W., Neueste Daten zur Marken- und Einkaufsstättentreue, in: G.E.M. Gesellschaft zur Erforschung des Markenwesens e.V. (Hrsg.), Strategien zur Schaffung und Erhaltung von Markenloyalität, Frankfurt/Main 1998, S. 10–21.

WALTERMANN, B., Internationale Markenpolitik und Produktpositionierung: Markenpolitische Entscheidungen im europäischen Automobilmarkt, Wien 1989.

WIDMER, F., Von der Eigenmarke und Handelsmarke zur Exklusivmarke – Die Exklusivmarkenstrategie der Coop Schweiz, in: Bruhn, M. (Hrsg.), Handelsmarken, 3. Aufl., Wiesbaden 2001, S. 275 – 289.

Franz-Rudolf Esch

Markenprofilierung und Markentransfer

1. Markenbedeutung und Markenverständnis

Die Marke ist in den letzten Jahren verstärkt in den Mittelpunkt des Interesses von Marketingpraktikern und -wissenschaftlern gerückt (vgl. Esch/Wicke/Rempel, 2005). Durch die wachsende Informationsflut, den hohen Kommunikationsdruck sowie den zunehmenden Wettbewerbsdruck wird es immer schwieriger, Marken in den Köpfen der Konsumenten zu positionieren. Unter den veränderten Kommunikations- und Marktbedingungen wird die Marke zu einem wichtigen Erfolgsfaktor. Sie leistet einen wesentlichen Beitrag zur Differenzierung von ansonsten vergleichbaren Produkten und Dienstleistungen. Schon Karl Marx setzte sich im ersten Band seines Werkes „Das Kapital" mit der *„Aura des Produktes"* auseinander. Er bemerkte, nicht zuletzt aus Erfahrungen mit dem Kaufverhalten seiner Ehefrau, dass der Gebrauchswert einer Ware zwar kein Mysterium darstellt, wohl aber der Auftritt einer Ware, bei der sich diese in ein „sinnlich übersinnliches Ding" verwandelt (vgl. Marx, 1867; 1957).

Der Markenauftritt zielt somit auf eine Markenprofilierung ab, die es den Kunden ermöglichen soll, mit einer Marke bestimmte kaufrelevante und von der Konkurrenz differenzierende Vorstellungen zu verknüpfen. Was demnach eine Marke ausmacht, ist stark von subjektiven Eindrücken geprägt und spiegelt sich vor allem in den Köpfen der Konsumenten wider.

Daher scheinen *merkmalsbezogene Begriffsabgrenzungen zur Marke*, die diese durch Kriterien, wie bspw. gute Qualität, Überallerhältlichkeit oder Verkehrsgeltung kennzeichnen, heute nicht mehr zeitgemäß zu sein, da nicht nur Fertigwaren von Herstellern, sondern auch Dienstleistungen und Vorprodukte durch Ingredient Branding Markenstatus erlangen können. Aus diesem Grund nehmen neuere Definitionen Abstand von dieser engen, merkmalsbezogenen Beschreibung einer Marke (vgl. Esch, 2005b; Zu dem klassischen merkmalsbezogenen Ansatz vgl. Mellerowicz, 1963). Vielmehr ist die Marke aus Konsumentenperspektive zu definieren, also als „ein in der Psyche des Konsumenten verankertes, unverwechselbares Vorstellungsbild von einem Produkt oder einer Dienstleistung" (Meffert/Burmann, 1998, S. 81). Nach dieser breiten Begriffsauffassung gelten nicht nur klassische Markenartikel als Marken, sondern neben Konsumgütern auch Dienstleistungen, Investitionsgüter und nichtkommerzielle Unternehmen. Folgt man diesem Begriffsverständnis wäre auch Greenpeace als Marke aufzufassen. Mit dem Namen Greenpeace verbinden vielen Konsumenten klare Vorstellungen, wie Engagement für die Umwelt, umweltbezogene Aktionsgruppen, spektakuläre Aktionen zum Schutz der Umwelt oder Bildern, wie u.a. die Besetzung von Booten oder Bohrtürmen (vgl. Esch, 2005b).

Dass die Marke für viele Konsumenten präferenzprägende Funktionen bei ansonsten vergleichbaren Produkten übernimmt, wird spätestens klar, wenn man Ergebnisse von Blindtests von Produkten mit denen von Produkttests mit Darbietung des jeweiligen Markenlabels vergleicht. Selten stimmen die Ergebnisse überein, meist wird das Produkt einer bekannten und beliebten Marke wesentlich besser in einem Test mit Markenname eingeschätzt als bei entsprechender Blinddarbietung. So wurde in einem Blindtest Diet Pepsi geschmacklich deutlich besser eingeschätzt als Diet Coke, während in einem Test mit Darbietung der Marke Diet Coke wesentlich häufiger präferiert wurde als Diet Pepsi (vgl. Chernatony/McDonald, 1992, S. 9). Durch das gute Image einer Marke werden automatisch auch einzelne Produkteigenschaften besser eingeschätzt (vgl. Kroeber-Riel/Weinberg, 2003).

Ein wichtiges *Ziel der Markenführung* besteht in dem Aufbau und Erhalt eines hohen Markenwerts. Aus finanzwirtschaftlicher Sicht kann man darunter den Barwert aller zukünftigen Einzahlungsüberschüsse, die der Eigentümer aus der Marke erwirtschaften kann, verstehen (vgl. Kaas, 1990, S. 48). So verfügt Coca Cola nach Berechnungen von Interbrand über einen Markenwert von rund 67,39 Mrd. US-Dollar (vgl. Esch, 2005b, S. 6). Jedoch ist dieser Wert lediglich ein evaluatives, d.h. den Erfolg bewertendes, Maß. Aus Marketingperspektive sind insbesondere die Gründe von hoher Bedeutung, warum sich ein bestimmter Markenwert gebildet hat. Erst durch Beantwortung dieser „Warum"-Frage lassen sich auf Basis einer Markendiagnostik therapeutische Maßnahmen für ein effektives und effizientes Markenmanagement ableiten.

Aus Marketingsicht kann man den Markenwert als Ergebnis unterschiedlicher Reaktionen von Konsumenten auf Marketingmaßnahmen einer Marke im Vergleich zu identischen Maßnahmen einer fiktiven Marke aufgrund spezifischer, im Gedächtnis gespeicherter Markenvorstellungen auffassen (vgl. Keller, 1993, S. 12). Hinter diesem Markenwert steht somit das bei den Konsumenten aufgebaute Markenwissen, das sich in zwei wesentliche Konstrukte differenzieren lässt:

- Die Markenbekanntheit und
- das Markenimage (vgl. Aaker, 1992; Esch/Andresen, 1994; Esch/Geus, 2005; Keller, 1993).

Durch die *Markenbekanntheit* soll die Marke im Meer der Marken, die um die Aufmerksamkeitsgunst der Konsumenten ringen, sichtbar gemacht werden. Sie soll zu den bekannten und akzeptierten Alternativen im Markt gehören. Dies ist vielfach eine notwendige Bedingung für den Aufbau starker Marken. Bei der Markenbekanntheit wird zwischen der aktiven Markenbekanntheit (= Markenrecall) und der passiven Markenbekanntheit (= Markenrecognition) unterschieden. Die aktive Markenbekanntheit bewirkt eine Einbeziehung der Marke bei gedächtnisbasierten Entscheidungen, während die passive Markenbekanntheit vor allem dann zum Tragen kommt, wenn die Entscheidung am POS getroffen wird. Hier reicht die Wiedererkennung einer Marke durchaus zum Kauf aus (vgl. Esch, 2005b).

Darüber hinaus gilt es, der Marke ein klares Profil zu verschaffen, d.h. sie mit einem einzigartigen Image auszustatten. Somit ist das Markenimage die hinreichende Bedingung für den Aufbau einer starken Marke. *Markenprofilierung* kann demnach gleichgesetzt werden mit dem schärfer fassbaren Begriff der *Imagebildung*. Unter Image wird im

Folgenden das Bild verstanden, das sich jemand von einer Marke macht (vgl. Bergler, 1963; Spiegel, 1961; Kroeber-Riel/Weinberg, 2003). Da das Image aus theoretischer Sicht ähnlich wie die Einstellung operationalisiert wird, lässt sich das Markenimage mit der Einstellung zur Marke gleichsetzen. Diese wiederum umfasst das subjektive Wissen über Marken (= Denken) sowie gefühlsmäßige Eindrücke (= Fühlen) von dieser, die verhaltensbestimmend (= Handeln) wirken können.

Zum Aufbau eines Markenimages leistet die Markenpositionierung einen zentralen Beitrag. Darauf wird im folgenden Kapitel eingegangen.

2. Markenpositionierung als Grundlage der Markenführung

2.1 Grundlagen zur Markenpositionierung

Mit starken Marken verbinden viele Kunden klare Vorstellungen und Bilder. Die Figur des Herrn Kaiser bei der Hamburg-Mannheimer steht für die Nähe der Versicherung zu ihren Kunden. Du-darfst steht für diätische Produkte, von denen man so viel essen kann wie man will, ohne dick zu werden. BMW ist Freude am Fahren. Der Aufbau klarer Images ist demnach grundlegend für eine langfristig erfolgreiche Markenführung. Marken mit klaren Images erlangen eine einzigartige Stellung in den Köpfen der Konsumenten (vgl. Esch, 2006).

Eine Markenprofilierung, d.h. der Aufbau eines klaren Markenimages, setzt eine klare Markenpositionierung voraus. Die Markenpositionierung stellt demzufolge das Herzstück einer verhaltenswissenschaftlich orientierten Strategieformulierung für Marken dar (vgl. Wind, 1988, S. 4). Unter einer *Markenpositionierung* versteht man die Abgrenzung der eigenen Marke von Konkurrenzmarken. Die gewählten Positionierungseigenschaften müssen dabei den Wünschen und Bedürfnissen der Konsumenten entsprechen und für diese relevant sein (vgl. Kroeber-Riel/Weinberg, 2003).

Maßstab für die erfolgreiche Umsetzung eines Positionierungskonzeptes ist die subjektive Wahrnehmung der Konsumenten (vgl. Albers, 1989; Kroeber-Riel/Weinberg, 2003, S. 221; Wind, 1982, S. 75). Diese Kundensicht wird jedoch häufig vernachlässigt: „Anbieter neigen dazu, in Produkteigenschaften zu denken, aber die Konsumenten kaufen keine Produkteigenschaften, sondern subjektiven Produktnutzen“ (Rothschild, 1987, S. 156). Oft werden die für Konsumenten wichtigen Merkmale einer Marke von den Managern in den Unternehmen jedoch falsch eingeschätzt (vgl. Sebastian/Simon, 1989). Daher muss man sich Zugang zu den Vorstellungen und Bedürfnissen der Kunden verschaffen. Parker und Churchill (1986, S. 1) drücken dies durch „Positioning by Opening the Consumer's Mind“ aus. So hat ein Pelikan-M 800 Füllfederhalter objektiv zwar eine nachweislich bessere Qualität als ein Montblanc-Meisterstück, subjektiv wird die Wertigkeit des Montblanc jedoch von den Konsumenten höher eingeschätzt (vgl. Esch/Andresen, 1996, S. 95). Ein wesentlicher Einfluss auf diese Wahrnehmung nimmt dabei die hochwertige Positionierung „The Art of Writing" von Montblanc.

Der Aufbau starker Marken setzt voraus, dass eine Marke über eine klare *Positionierung* im Markt verfügt, die

- zu dem Unternehmen im weitesten Sinne passt,
- für die Kunden relevant ist,
- von diesen auch subjektiv wahrgenommen wird,
- eine Abgrenzung von der Konkurrenz ermöglicht und
- langfristig verfolgt werden kann.

2.2 Positionierungsmodelle als Basis zur Gestaltung und Erfassung von Markenpositionen

Der Grundgedanke der Positionierung wird oft vereinfachend durch zwei- oder mehrdimensionale Positionierungsmodelle verdeutlicht (vgl. Abbildung 1).

Das *Positionierungsmodell* gibt die subjektiv wahrgenommene Stellung der eigenen Marke sowie der Konkurrenzmarken in Relation zu einem oder mehreren Idealpunkten der Konsumenten für jeweils relevante Positionierungseigenschaften an (vgl. Carpenter, 1989; Kroeber-Riel/Weinberg, 2003, S. 222 f.; Schobert, 1980, S. 146 ff.; Trommsdorff, 2004, S. 169 f.). Dies ist eine methodisch stark vereinfachte Darstellung der bei den Konsumenten vorhandenen Gedächtnisstrukturen zu den Marken eines Produktbereiches. Durch das Positionierungsmodell wird die Fokussierung auf wenige relevante Eigenschaften im Rahmen der Markenpositionierung deutlich. Diese wenigen Eigenschaften sollen letztendlich der Differenzierung dienen. Andere Eigenschaften spielen hingegen eine untergeordnete Rolle. Bei diesen sollte man als grobe Vorgabe bezüglich der Leistungsfähigkeit in etwa vergleichbar mit Konkurrenzmarken sein.

Grundsätzlich können sich relevante Positionierungseigenschaften auf die Vermittlung von

- *Sachinformationen* zum Produkt oder zur Dienstleistung oder auf
- *Erlebniseigenschaften* beziehen.

So könnte bei einer Versicherung zur Positionierung eine relevante Sachinformation, wie bspw. „schnelle und unkonventionelle Zahlungsabwicklung im Schadensfall", oder eine Erlebniseigenschaft, z.B. „Vertrauen" oder „Seriosität", geeignet sein. Insbesondere die

Ermittlung und Analyse relevanter und langfristig tragfähiger Positionierungseigenschaften für Konsumenten stellen oft ein schwieriges Unterfangen bei der Markenpositionierung dar. Ob eher eine Sachkompetenz, eine Erlebniskompetenz oder eine Kombination von Sach- und Erlebniskompetenz für eine Marke zum Tragen kommen soll, hängt wesentlich von den Bedürfnissen und Informationsinteressen der Konsumenten ab (Esch, 2005b). Gerade auf gesättigten Märkten sind vielfach Informationen über Produkte trivial, so dass hier in besonderem Maße Erlebniseigenschaften zur Positionierung geeignet sind. So wäre es töricht, über den Nikotingehalt oder die Tabakzusammensetzung bei Zigaretten zu sprechen. Stattdessen ist es vorteilhafter, Erlebnisprofilierungen, bspw. durch Abenteuer und Freiheit bei Marlboro oder durch Exklusivität bei Davidoff, anzustreben.

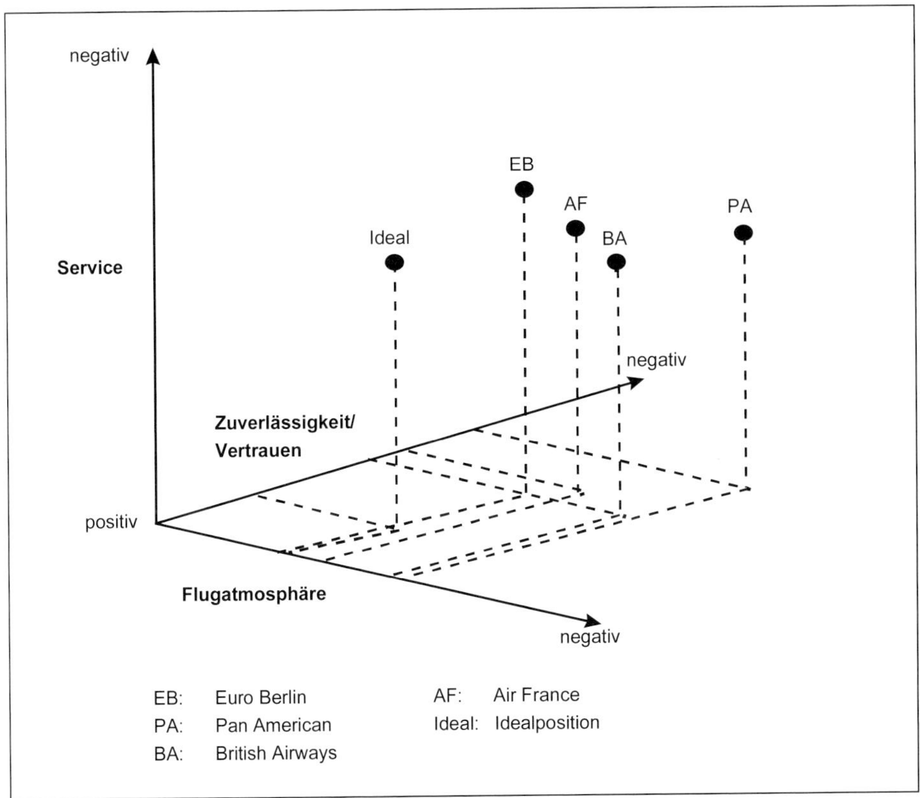

Abbildung 1: Darstellung eines mehrdimensionalen Positionierungsmodells
Quelle: Trommsdorff, 1992, S. 330.

Die jeweils relevanten Positionierungseigenschaften bilden die Begrenzungen des Positionierungsmodells, ähnlich wie die Himmelsrichtungen auf einer Landkarte die Platzierungen der Orte bestimmen. Da auf weit entwickelten Märkten oft segmentspezifische Unterschiede in Bezug auf relevante Eigenschaften auftreten, existieren demzufolge häufig auch verschiedene Positionierungsmodelle, die sich auf unterschiedliche Kundensegmente beziehen.

In dem jeweils relevanten Positionierungsmodell erhalten Marken, ähnlich wie Städte auf einer Landkarte, aufgrund der subjektiven Wahrnehmung der Kunden einen bestimmten Platz zugeordnet. Durch die räumlichen Distanzen zwischen der eigenen Marke, den Idealvorstellungen der Konsumenten und den Wettbewerbern erhält man Aufschluss über die Stellung der eigenen Marke in diesem Wahrnehmungsraum. Dabei gilt die räumliche Nähe verschiedener Marken als Indikator für ihre Substituierbarkeit aus Sicht der Verbraucher, während die Nähe zum Idealpunkt den Grad der Übereinstimmung mit den Idealvorstellungen der Konsumenten für diesen Produktbereich angibt. Nah beieinander liegende Marken lassen sich eher untereinander austauschen als weit auseinander liegende Marken. Hingegen werden Marken in unmittelbarer Nähe des Idealpunktes von den Konsumenten eher bevorzugt als weiter entfernte Marken.

Ein wesentlicher Fortschritt bei der Markenpositionierung wurde in jüngerer Zeit dadurch erreicht, dass man im Rahmen eines mehrstufigen Vorgehens die Einflüsse des Images einer Marke auf andere Marken und umgekehrt sichtbar macht (= *Konzept der Wettbewerbs-Image-Struktur-Analyse (WISA)*; vgl. Trommsdorff, 2004, S.170 ff.). Dazu wird in einem ersten Schritt zuerst das Set relevanter Marken in einem Produktbereich aus Kundensicht erfasst. Anschließend erfolgt eine Einschätzung der Marken im Hinblick auf Imagegrößen. In einem letzten Schritt werden schließlich mittels einer Kausalanalyse die Einflüsse einzelner Imagefaktoren einer Marke auf die eigene und auf Konkurrenzmarken ermittelt. Ebenso werden die Einflüsse relevanter Imagemerkmale der Konkurrenz auf die eigene Marke modelliert. Dadurch lässt sich der Einfluss wesentlicher Imagefaktoren relevanter Marken in einem Produktbereich auf die Gesamteinschätzung des Markenimages erfassen (vgl. Weber, 1996; Trommsdorff, 2004, S. 170 ff.). Darüber hinaus können Informationen gewonnen werden, wenn die WISA auf das Evoked-Set von Befragten beschränkt wird (vgl. Weber, 1996). Denn es herrscht lediglich unmittelbarer kaufrelevanter Wettbewerb zwischen Marken, die im Evoked-Set der befragten Personen enthalten sind (vgl. Kroeber-Riel/Weinberg, 2003, S. 224).

Fazit: Das Modell veranschaulicht, dass die *Positionierung* immer eine *Konzentration auf eine bzw. einige wenige Eigenschaften* mit sich bringt. Vermittelt man hingegen zu viele Positionierungseigenschaften, so ist damit zu rechnen, dass

- kaum konsistente Richtlinien zur Positionierung vermittelt werden können,
- ein stärkerer Wettbewerb mit mehr konkurrierenden Angeboten resultiert,
- weniger effektiv ein Image bei den Konsumenten aufgebaut werden kann sowie

- die Kosten zur Implementierung einer solchen Strategie höher sind als bei der Konzentration auf wenige Positionierungseigenschaften (vgl. Park/Jaworski/MacInnis, 1986, S. 136).

2.3 Positionierung und Markentyp

Die *Positionierungsstrategie* wird häufig durch die verfolgte *Markenstrategie*, d.h. den jeweils zugrundeliegenden Markentyp, mitbestimmt (vgl. Becker, 2005; Esch, 2005b). Bei einer Einzelmarkenstrategie ist die Wahl einer spitzen Positionierung möglich, da man eine Marke für ein Produkt schafft und dieses mit einem Versprechen versehen kann. Bei einer Familienmarkenstrategie, wie z.B. bei der Marke Nivea, ist der Aufbau einer klaren Positionierung ebenfalls möglich, da auch hier noch ein klarer Fokus, bspw. Pflegeprodukte für den Körper, gegeben ist.

Eine Positionierung wird dagegen bei Dachmarken, wie Siemens, schwieriger, da diese oft extrem heterogene Produkte und Dienstleistungen anbieten, so dass eine Markenpositionierung breit angelegt sein muss. Mit solchen Dachmarken werden meist nur sehr allgemeine Eigenschaften, wie z.B. Kompetenz, verbunden (vgl. Keller, 2003). Da dies natürlich negative Auswirkungen auf die Position in verschiedenen Produktbereichen im Vergleich zu spitzer positionierten produktspezifischen oder produktgruppenbezogenen Marken haben kann, ist hier eine Markenrestrukturierung häufig zweckmäßig (vgl. Becker, 2005).

Eine solche *Markenrestrukturierung* wurde bspw. von Melitta durchgeführt, wo das Dachmarkenkonzept in Familienmarkenkonzepte umgewandelt wurde, um der Kompetenzverwässerung und dem einhergehenden Imageverlust der Marke gegenzusteuern. Nach der Restrukturierung wurde die Marke Melitta nur noch für Produkte rund um den Kaffeegenuss eingesetzt und für andere Segmente jeweils neue oder teilweise bereits vorhandene Markennamen genutzt (Melitta: Kaffeegenuss; Toppits: Frische und Geschmack; Aclimat: Bessere Wohnumwelt; Cilia: Teegenuss; Swirl: Praktische Sauberkeit). Ziel war es, in den einzelnen Produktbereichen mit unterschiedlichen Konsumentenansprüchen, ein klareres Profil zu erlangen. Im Hinblick auf die Markenarchitektur komplexer Markensysteme werden zukünftig umfangreiche Markenrestrukturierungen zu erwarten sein. Basis hierfür bildet die Markenpositionierung, welche zur Analyse einer Profilverwässerung durch zu breite Dehnung der Marken auf unterschiedliche Produktbereiche bestens geeignet ist (vgl. Becker, 1998; Esch, 2005b).

2.4 Strategieoptionen zur Markenpositionierung auf Grundlage des Positionierungsmodells

Auf der Basis der *Ist-Position* von Marken in dem Positionierungsmodell lassen sich Strategien zur *Soll-Positionierung* einer Marke ableiten. Grundsätzlich können sich Positionierungsstrategien auf den alten oder auf einen neuen Positionierungsraum beziehen (vgl. Esch, 2005a, S. 143 ff.; Abbildung 2).

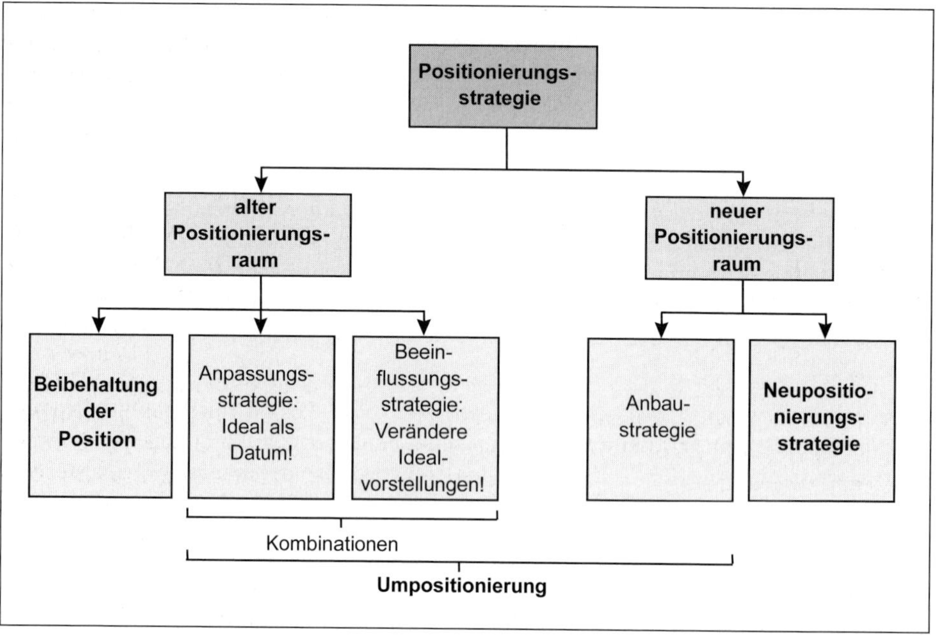

Abbildung 2: Positionierungsstrategien aus der Perspektive des Positionierungsmodells

Quelle: Esch, 2005a, S. 144.

In dem alten Positionierungsraum kann man entweder die Position der Marke beibehalten oder eine Anpassungs- bzw. Beeinflussungsstrategie zur Positionsverbesserung realisieren. Ein neuer Positionierungsraum kann durch eine Anbaustrategie oder durch eine Neupositionierung für eine Marke erschlossen werden. Diese Handlungsoptionen lassen sich auf *drei Positionierungsstrategien* reduzieren (vgl. Esch, 2005b, S. 153; Haedrich/Tomczak, 1990, S. 105 ff.):

1. Die Beibehaltung der Markenposition.
2. Die Umpositionierung der Marke, entweder
   - im alten Positionierungsraum durch eine Anpassungs- und/oder eine
   - Beeinflussungsstrategie oder
   - im neuen Positionierungsraum durch eine Anbaustrategie.
3. Die Neupositionierung der Marke.

Zu 1: Beibehaltung der Markenposition

Hat die Markenposition eine hohe Übereinstimmung mit den Idealvorstellungen der wirtschaftlich relevanten Zielgruppe, und sind diese Idealvorstellungen nicht durch eine weitere Marke okkupiert, sollte die Position beibehalten werden. Dies bedeutet allerdings keine Erstarrung der Marketingmaßnahmen. Vielmehr sind diese auf der Grundlage des Markenimages, dem Zeitgeist und aktuellen Strömungen anzupassen. So wurde bei der Hamburg-Mannheimer der Positionierungskern mit Herrn Kaiser im Zeitablauf keineswegs aufgegeben, da diese Positionierung nachweislich erfolgreich war. Dennoch erfuhr Herr Kaiser in der neuen Kommunikationskampagne eine notwendige Anpassung an veränderte Kundenansprüche.

Zu 2: Umpositionierung einer Marke

Eine Markenumpositionierung wird notwendig, wenn die Markenposition von den Idealvorstellungen der Konsumenten abweicht. Hierzu stehen Anpassungs- und Beeinflussungsstrategien im gegebenen Positionierungsraum zur Verfügung. Jedoch bleiben der Zielgruppenkern und die relevanten Positionierungseigenschaften weitestgehend erhalten.

Bei der *Anpassungsstrategie* gelten die *Bedürfnisse und Wünsche der Kunden als Datum*. Man versucht, die Marken so zu gestalten, dass sie sich in der Wahrnehmung der Konsumenten deren Idealvorstellungen annähern. Dies kann durch eine faktische Änderung bestimmter Markeneigenschaften, z.B. eine Geschmacksveränderung des Riegels Kitkat, und/oder durch eine kommunikative Änderung, wie bspw. eine Werbung mit neuen Erlebnisinhalten für Kitkat, erfolgen. Eine alleinige Verfolgung dieser Strategie birgt jedoch die Gefahr der Annäherung an solche Marken, welche die Idealvorstellungen der Konsumenten mitgeprägt haben. Dies kann zur Austauschbarkeit mit solchen Marken führen. Werden bspw. die Idealvorstellungen von Höschenwindeln für Babies durch die Marke Pampers geprägt, wäre die Annäherung an das Ideal eine Imitationsstrategie mit wenig Aussicht auf Erfolg, da gewisse Produkteigenschaften, wie besondere Saugfähigkeit, primär mit der Marke Pampers verbunden werden.

Bei der *Beeinflussungsstrategie* geht es um den gezielten Einsatz von Marketinginstrumenten zur *Veränderung der Bedürfnisse*, so dass diese der Stellung der Marke nahe kommen. Zudem kann durch dieses Vorgehen ein abweichender, markenspezifischer

Imageraum aufgespannt werden, um eine Alleinstellung anzustreben. Dies könnte im Fall der Höschenwindeln u.a. in der Form geschehen, dass die Marke Fixies darauf hinweist, dass zu trockene Babyhaut aufgrund besonders saugstarker Windeln negative Folgen haben kann. Ziel beider Strategien, die auch kombinierbar sind, ist die Verringerung des wahrgenommenen Abstandes zwischen der Idealvorstellung und der Marke.

Darüber hinaus ist noch eine weitere Variante möglich, die auf einen Anbau an den gegebenen Positionierungsraum abzielt. Immer dann, wenn

- eine Anpassungsstrategie zu einer Me-Too-Strategie führen würde, weil die Idealposition bereits durch eine andere Marke besetzt ist, bzw.
- eine Beeinflussungsstrategie in Richtung der eigenen Marke zu kostenintensiv wäre,

ist eine Erweiterung um eine weitere, für andere Teilzielgruppen wichtige Eigenschaft möglich (= Anbaustrategie). Diese Strategie ist auch zweckmäßig, wenn sich zu viele Marken in einem Imageraum tummeln, mithin der Konkurrenzkampf um das jeweilige Kundensegment zu kostenintensiv wird. Im einfachsten Fall wird hier eine Positionierungseigenschaft des alten Positionierungsraums beibehalten, auf der man vergleichsweise gut abgeschnitten hat. Diese wird um eine neue Positionierungseigenschaft ergänzt und öffnet im Idealfall einen neuen Imageraum. Ein Beispiel hierfür ist die Marke Fa, die im Zeitablauf mehrfach umpositioniert und durch Markenerweiterungen aktualisiert wurde. In den letzten Jahren erfolgte eine Umpositionierung von einer wilden Frische hin zu einer pflegenden Frische bei Fa. Im Laufe des Markenlebenszyklus wurden durch Beibehaltung einer Positionierungseigenschaft und Nutzung einer neuen Positionierungseigenschaft häufig Marktnischen erfolgreich belegt, bspw. auch bei der ersten Umpositionierung im Jahr 1968 von Duft und Mildheit zu Duft und Frische. Hierbei wurde ein Teil der alten Zielgruppe beibehalten, gleichzeitig jedoch auch eine neue Zielgruppe angesprochen.

Zu 3: Neupositionierung einer Marke

Wenn die Ist-Position der Marke sehr weit von der Idealposition entfernt ist, kann eine Neupositionierung in einem völlig neuen Positionierungsraum notwendig werden. Dies tritt ein, wenn bereits andere Marken starke Positionen in dem alten Imageraum aufweisen, so dass dort weitere Marketinginvestitionen wenig erfolgversprechend sind. In solch einer Situation ist für eine Marke ein neuer, für andere wirtschaftlich tragfähige Zielgruppen relevanter Imageraum zu belegen. Dabei werden die bisherigen Marketinginvestitionen in die avisierte Zielgruppe als „sunk costs" angesehen. Da diese Investitionen nicht zum Aufbau eines klaren Markenimages beigetragen haben, ist eine völlige Neupositionierung der Marke mittels neuer Positionierungseigenschaften und Ansprache einer neuen Zielgruppe erforderlich.

Beispiel: Die Zigarettenmarke West verfolgte in den 80er Jahren eine Me-Too-Strategie mit Marlboro. In einem Positionierungsraum mit Eigenschaften, wie Abenteuer und Freiheit, wurden die Idealvorstellungen durch die Marke Marlboro besetzt. Daher konnten die Marketingmaßnahmen zum Aufbau einer entsprechenden Position der Marke West nicht fruchten, im Gegenteil: Sie spielten Marlboro in die Hände, wie die Marktanteile deutlich dokumentierten. Aus diesem Grund war für die Marke West eine Neupositionierung nötig, die erstmals erfolgreich mit der „Test the West"-Strategie realisiert wurde. Mit dieser Positionierungsstrategie wurde ein anderer Positionierungsraum und auch eine andere Zielgruppe angesprochen (vgl. Esch, 2005b).

2.5 Konzeption und Realisation der Positionierung

Die vorangegangenen Überlegungen bezogen sich auf Positionierungsstrategien, welche auf Basis einer gegebenen Ist-Position einer Marke abgeleitet werden konnten. Diese Ist-Position reflektiert die Situation der eigenen Marke im Vergleich zur Konkurrenz aus der Wahrnehmung der Konsumenten in für sie relevanten Positionierungsräumen. Daraus lassen sich zentrale Positionierungsstrategien ableiten, die allerdings noch keinen Aufschluss darüber geben, wie eine solche Strategie in Maßnahmen umgesetzt werden kann. Hierzu können die strategischen Dreiecke zur Positionierung herangezogen werden. Sie erleichtern es dem Anwender, seine Gedanken bei der Konzeption und Umsetzung einer Positionierung zu ordnen und einen systematischen Prozess für eine wirksame Positionierungsumsetzung zu initiieren (vgl. Esch, 2005a).

Hierbei werden zwei strategische Dreiecke voneinander unterschieden, die in Interaktion zueinander stehen, zum einem das strategische Dreieck der Konzeptebene und zum anderen das der Realisationsebene (vgl. Abbildung 3). Die Unterscheidung in Konzept- und Realisationsphase ist für die Entwicklung einer Positionierungsstrategie besonders wichtig, da sich verbale Konzepte meist nicht realisieren lassen (= Transformationsproblem), und beide Phasen Anhaltspunkte für ein Strategieaudit im Sinne der diagnostischen Erfolgsbewertung bieten (vgl. Kühn/Fasnacht, 1992). Daher empfehlt sich eine *Top-Down- und Bottom-Up-Betrachtungsweise*, weil dadurch vermieden werden kann, Top-down geplante Strategien in eine Sackgasse infolge mangelnder Umsetzungsmöglichkeiten zu führen.

Das Dreieck der Konzeptebene im Sinne Ohmaes (1982) wird durch das Unternehmen, die Zielgruppe und die Konkurrenzunternehmen definiert. Wesentliche Fragestellungen der *Konzeptebene* lassen sich wie folgt formulieren:

1. Welche Wünsche und Bedürfnisse hat die Zielgruppe heute und in Zukunft?
2. Wie positionieren sich Konkurrenzunternehmen zurzeit, wie werden sie sich aufgrund möglicher Veränderungen der Angebots- und Nachfragestruktur künftig verhalten?
3. Wie möchte sich das eigene Unternehmen in der Zukunft sehen?

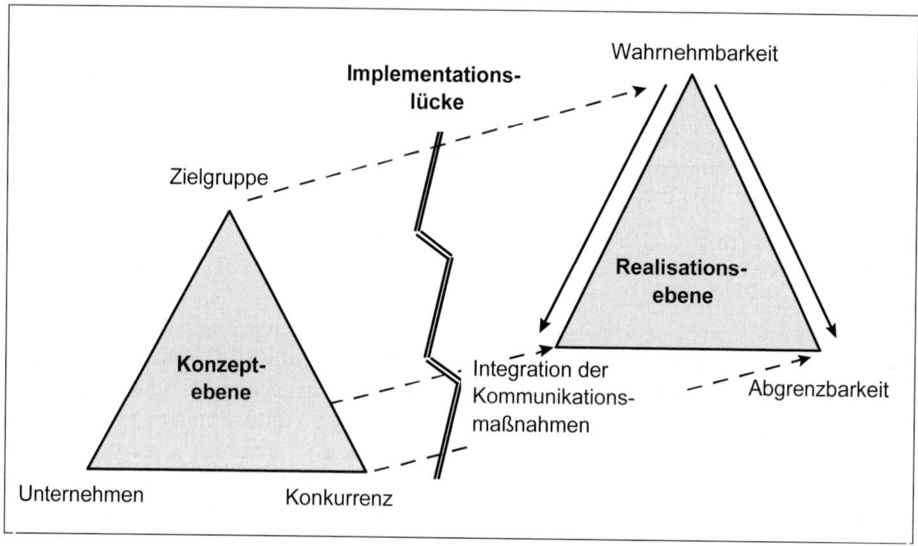

Abbildung 3: Die strategischen Dreiecke der Positionierung
Quelle: in Anlehnung an Levermann, 1994 sowie Esch/Levermann, 1995.

Auf der Konzeptebene werden demnach grundlegende Fragen zur Ermittlung eines adäquaten Positionierungskonzeptes geklärt. Kernprobleme bei der Entwicklung von Positionierungskonzepten ergeben sich insbesondere daraus, dass

- Manager sich bei der Ideengenerierung möglicher Positionierungskonzepte zu viele Selbstbeschränkungen auflegen und daher zu wenige und oft branchenstereotype Positionierungsoptionen entwickelt werden;
- die Entwicklung von Positionierungskonzepten meist reaktiv dem aktuellen Marktgeschehen folgt, statt langfristige Perspektiven aktiv zu entwickeln;
- kurzfristige Bedürfnisverschiebungen bei Konsumenten als langfristige Positionierungsgrundlage herangezogen werden;
- zukünftige Entwicklungen, sowohl bei Konsumenten als auch bei Konkurrenten, nicht hinreichend bei Positionierungsüberlegungen berücksichtigt werden, sondern man häufig an der Ist-Situation „klebt";
- Positionierungsüberlegungen auf der Konzeptebene enden, also kein wissenschaftlich fundierter Transfer auf die Umsetzungsebene erfolgt (vgl. Esch, 1992; Esch, 2005a; Esch/Levermann, 1995).

Sofern die Fragen auf der Konzeptebene geklärt und mögliche Hürden bei der Entwicklung schlüssiger Positionierungskonzepte überwunden wurden, sind die jeweiligen Endpunkte des Konzeptdreiecks in die korrespondierenden Endpunkte des Realisationsdreieckes zu transformieren. Wichtige Fragestellungen der Realisationsebene lauten:

1. Wird das in den einzelnen Marketinginstrumenten umgesetzte Positionierungskonzept auch zieladäquat von der Zielgruppe wahrgenommen?
2. Trägt die Umsetzung des Positionierungskonzepts in den Marketinginstrumenten zur klar erkennbaren Abgrenzung von der Konkurrenz bei?
3. Sind die einzelnen Marketinginstrumente entsprechend der Positionierung aufeinander abgestimmt, so dass sich für das Unternehmen die notwendigen Synergieeffekte ergeben?

In vielen Fällen klafft zwischen dem Positionierungskonzept und dessen Umsetzung im Marketing-Mix eine Implementierungslücke, da verbale Positionierungskonzepte nicht entsprechend den vorherrschenden Markt- und Kommunikationsbedingungen in für Kunden erkennbare Umsetzungen münden. Gründe hierfür sind, dass die Positionierungsumsetzungen nicht erkennbar die Positionierungsbotschaft vermitteln, die Positionierungsumsetzungen austauschbar gestaltet und die einzelnen Maßnahmen nicht integriert, also aufeinander abgestimmt, sind (vgl. Esch, 2005b).

Daher ist sicherzustellen, dass die Positionierungsbotschaft einfach und schnell vermittelt wird. Der klar erkennbare Auftritt einer Marke prägt auch die Wahrnehmung der Eigenständigkeit der Marke. So wird der kommunikative Auftritt der Württembergischen Versicherung mit dem Schlüsselbild des „Fels in der Brandung" als eigenständig wahrgenommen, obwohl das dahinter stehende Positionierungskonzept mit den Eigenschaften „solide", „seriös" und „zuverlässig" austauschbar mit anderen Versicherungsunternehmen ist. Somit stellt die eigenständige Umsetzung eine Chance für Unternehmen in Märkten dar, in denen für die Markenpositionierung tatsächlich nur wenig relevante Positionierungseigenschaften in Frage kommen. Darüber hinaus benötigt man für den Imageaufbau Zeit, da für den Aufbau positionierungsrelevanter Gedächtnisstrukturen Lernprozesse bei den Kunden erforderlich sind. Erst eine Vielzahl von konsistenten Eindrücken hinterlassen bei der heutigen Reizüberflutung klare Gedächtnisstrukturen zur Marke. Demzufolge ist auf die inhaltliche und formale Koordination der Marketingmaßnahmen zu achten, da das „Ganze mehr als die Summe seiner Einzelteile" ist.

3. Nutzung des Markenimages durch Markentransfers

3.1 Markentransferstrategien im Kontext von Wachstumsstrategien eines Unternehmens

Grundsätzlich kann ein Unternehmen mit vorhandenen oder neuen Marken in vorhandenen oder neuen Produktkategorien tätig werden (vgl. Abbildung 4).

Ein *Markentransfer* liegt vor, wenn eine vorhandene Marke in einer bestehenden Produktkategorie zu einer so genannten Produktlinienerweiterung (= „Line Extension) oder in einer neuen Produktkategorie zu einer Markenerweiterung genutzt wird (= *Markentransfer im weiteren Sinne*). Bei einem Markentransfer durch *Produktlinienerweiterungen* erfolgen durch Variationen eines bestehenden Produkts Anpassungen an spezifische Bedürfnisse verschiedener Kundensegmente, um den Markt besser und gezielter abzudecken. Ein Beispiel dafür sind die Produktlinienerweiterungen der Zigarettenmarke Marlboro in Marlboro Lights, Marlboro Medium, Marlboro 100's usw. Voraussetzung einer solchen Produktlinienerweiterung sind hinreichend klar abgrenzbare und ergiebige Kundensegmente, die über entsprechende Produktvarianten einer Marke auch ansprechbar sind. Darüber hinaus sollte das Markenimage im Hinblick auf Produktlinienerweiterungen kaufrelevant sein. Bei einer *flankierenden Marke* erfolgt eine Ergänzung einer bereits bestehenden Marke in derselben Produktkategorie mit einer neu entwickelten Marke. Typisches Beispiel hierfür war die Neueinführung von Spee Megaperls im Waschmittelmarkt, in dem Henkel bereits mit Marken, wie bspw. Persil oder Weißer Riese, vertreten war. Flankierende Marken werden zu einer breiteren Bearbeitung eines segmentierten Marktes eingesetzt. Lässt die Positionierung der bisherigen Marke die Ansprache bestimmter Kundensegmente nicht zu, empfiehlt sich die Einführung einer flankierenden Marke, die neu und zielgerichtet auf das jeweils anzusprechende Segment im Markt positioniert werden kann. Zudem werden flankierende Marken oft zur Abschirmung der bereits existierenden Marken vor Konkurrenzmarken verwendet (vgl. Esch, 2005b, S. 287 ff.).

Sowohl bei Produktlinienerweiterungen als auch beim Einsatz flankierender Marken besteht die Gefahr der Kannibalisierung der Stammmarke. Daher sind bei der Planung exakte Zielgruppenbestimmungen vorzunehmen und Wanderungsbewegungen zwischen verschiedenen Kundensegmenten zu analysieren. Jedoch sind einige Unternehmen auch bereit, Überschneidungen in Kauf zu nehmen, da es immer noch besser ist, wenn unternehmenseigene Marken sich gegenseitig kannibalisieren, als dass dies ein Konkurrent tut. Diese Gefahren bestehen nicht bei einer *Markenerweiterung* (= *Markentransfer im engeren Sinne*). Aufgrund der hohen Einführungskosten für neue Marken, die sich auf 50 bis 100 Millionen US-Dollar belaufen (vgl. Aaker, 1990, S. 47; Tauber, 1988, S. 27), und der Risiken der Akzeptanz einer neuen Marke werden verstärkt bestehende Marken für den Eintritt in neue Produktbereiche herangezogen. Hierbei stellt eine Markenerweiterung die Nutzung eines etablierten Markennamens zum Eintritt in eine neue Produktkategorie dar (vgl. Aaker, 1990). Die Ausweitung der Marke Fit for Fun auf Wellness-Drinks, Brotaufstriche oder Müsli ist ein Beispiel für solch eine Markenerweiterung.

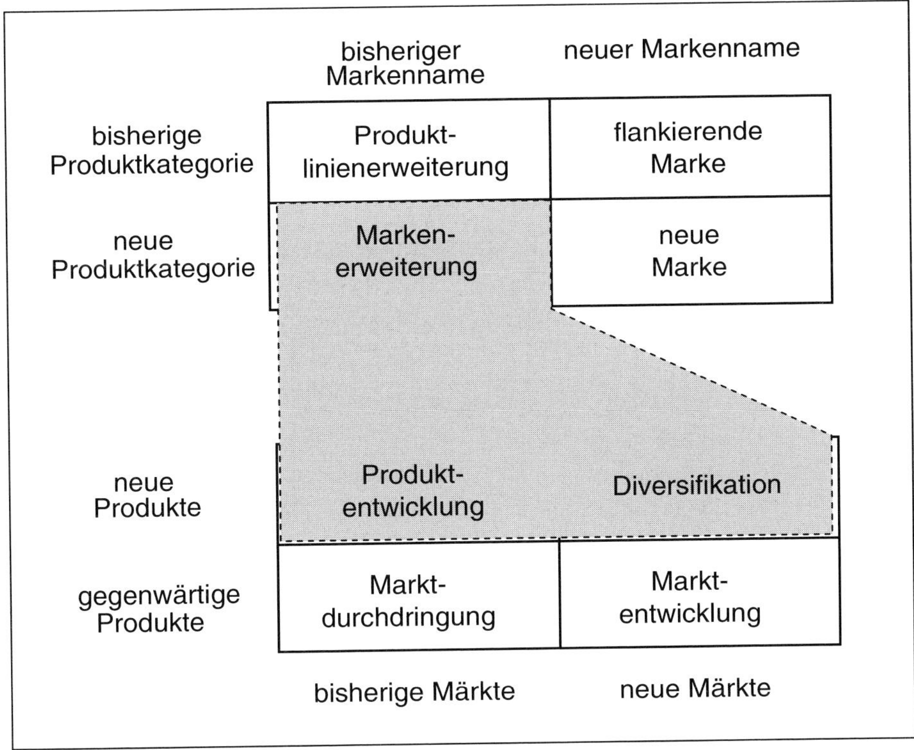

Abbildung 4: Strategische Optionen für Marken- und Produktkombinationen
Quelle: in Anlehnung an Tauber 1988, S. 37 und Ansoff 1965, S. 109; Esch/Fuchs/Bräutigam/Redler, 2005, S. 907.

Neben diesen direkten Markenerweiterungen stellen indirekte vertikale oder horizontale Markenerweiterungen andere Spielformen der Markenerweiterung dar. Indirekte Markenerweiterungen gehen von einer Hauptmarke (Master-Brand) aus, die um eine neue Markenbezeichnung oder eine zweite Marke ergänzt wird. Bei vertikalen Markenerweiterungen wird eine Marke mit einem Zusatz versehen. Dadurch sollen einzelne Imagebestandteile der Stammmarke stärker betont werden. Beim Sub-Branding erfolgt eine Dehnung des Markennamens nach unten, wie z.B. Hugo [sub] von Boss [master]. Dagegen handelt es sich beim Super-Branding um eine auf die Bedürfnisse der Produktkategorie zugeschnittene qualitative Aufwertung der Marke, wie bei Baldessarini [super] von Boss [master] (vgl. Farquhar/Han/Herr/Ijiri, 1992, S. 37 f.). Bei einer indirekten, horizontalen

Markenerweiterung findet eine Kombination zweier bestehender Marken statt (= Co-Branding oder Composite-Branding) (vgl. Farquhar/Han/Herr/Ijiri, 1992, S. 40 f.; Park/Jun/Shocker, 1999).

In den weiteren Ausführungen zu dem Thema Markentransfer findet eine ausschließliche Konzentration auf *direkte Markenerweiterungen im engeren Sinne* statt.

3.2 Idealtypischer Markenerweiterungsprozess

Der Erfolg einer Markenerweiterung hängt davon ab, ob

- die Konsumenten mit der Stammmarke positive Assoziationen und Einstellungen verbinden,
- diese Assoziationen und Einstellungen die Beurteilung einer Markenerweiterung positiv beeinflussen,
- weder negative Assoziationen vermittelt noch durch die Markenerweiterung hervorgerufen werden.

Bei einer idealtypischen Wirkungsbeziehung bei Markenerweiterungen erfolgt eine Stärkung der Stammmarke und des Erweiterungsproduktes. Hierbei werden positive Imagekomponenten einer etablierten Marke auf ein Erweiterungsprodukt in einer neuen Produktkategorie übertragen und dadurch ein Goodwill-Transfer realisiert. In umgekehrter Richtung soll das Image des Erweiterungsprodukts die Stammmarke stärken. Dieser idealtypische Verlauf einer Markenerweiterung setzt voraus, dass zwischen der etablierten Marke und dem Erweiterungsprodukt ein starker imagemäßiger Zusammenhang von den Kunden wahrgenommen bzw. hergestellt werden kann. Ein solcher Zusammenhang kann dabei ganz unterschiedliche Grundlagen haben. Er kann entweder auf sachlichen Eigenschaften beruhen, die sich auf bestimmte Produkteigenschaften, Fertigungstechniken oder Verwendungszusammenhänge beziehen, als auch auf erlebnisbezogene Eigenschaften, welche die Marke in der Lebens- und Erfahrungswelt der Konsumenten verankern. So könnte man sich die Uhrenmarke Rolex als Hersteller edlen Schmucks vorstellen, weil das emotionale Markenimage von Prestige und Exklusivität, das mit Rolex assoziiert wird, auch zu dem Erweiterungsprodukt passt.

Mit Markenerweiterungen sind eine Reihe von *Chancen*, aber auch erhebliche *Risiken* verbunden, sofern keine imagemäßige Übereinstimmung zwischen der Stammmarke und dem Erweiterungsprodukt herstellbar ist. Abbildung 5 stellt überblicksartig einige wesentliche Chancen und Risiken von Markenerweiterungen dar. Um Markenerweiterungen wirksam zu realisieren, sind entsprechende Schritte und Prüfstadien bei der Entwicklung und Umsetzung zu beachten. Auf ein mögliches Prüfraster wird im Folgenden eingegangen.

Chancen von Markenerweiterungen

Chancen bei den Konsumenten:
- bessere Verarbeitung und Speicherung des Erweiterungsprodukts durch Nutzung eines etablierten Markennamens
- geringerer Lernaufwand als bei einer neuen Marke
- vorhandener Markennamen wirkt als Gedächtnisanker und wirkt risikoreduzierend
- Bekanntheits- und Vertrauensvorsprung
- Verknüpfung mit positiven Assoziationen
- Steigerung der Kaufbereitschaft und der Erstkaufrate

Chancen bei dem Handel:
- Verbesserung des POS-Präsenz
- Bekanntheits- und Vertrauensvorsprung
- höhere Handelsakzeptanz als bei einer neuen Marke
- Regalplatzsicherung und -ausweitung
- höhere Listungsbereitschaft als bei einer neuen Marke
- geringere Akquisitionsaufwand als bei einer neuen Marke

Chancen für das Unternehmen:
- Kosteneinsparungen durch Synergieeffekte im Marketing-Mix
- Steigerung der Effizienz des Marketingprogramms durch stärkere Dominanz und Präsenz der Marke im Markt
- Erschließung neuer Zielgruppen und Erweiterung des Bedeutungsfeldes der Marke
- strategisches Wachstum in neuen Märkten
- schnellere Überwindung von Markteintrittsbarrieren
- Umgehung von Wettbewerbsbeschränkungen
- Realisation eines Markenzeichenschutzes in neuen Produktbereichen
- Revitalisierung der Stammmarke und Verlängerung des Markenlebenszykluses
- Stärkung des Markenwerts durch „Spillover"-Effekte der Markenerweiterung (positiver Rückfluss positiver Imagebestandteile und höherer Bekanntheit)

Abbildung 5: Chancen und Risiken von Markenerweiterungen
Quelle: in Anlehnung an Aaker, 1990; 1992; Esch/Fuchs/Bräutigam/Redler, 2005; Hätty, 1989; 1994; Keller, 1993; Meffert, 1994; Tauber, 1981; 1988; Sattler, 1996.

Risiken von Markenerweiterungen

Risiken für das Erweiterungsprodukt:
- mangelnde Hebelwirkung der Stammmarke aufgrund zu geringer Bekanntheit und/oder zu schwachem Image
- mangelnde Übereinstimmung zwischen der Stammmarke und dem Erweiterungsprodukt infolge mangelnder Relevanz oder Passform des Markenimage
- Überschätzung der Synergieeffekte der Markenerweiterung

 mangelnde Akzeptanz des Erweiterungsprodukts

Risiken für die Stammmarke:
- Markenerosion infolge zu zahlreicher und zu schnell aufeinander folgender Markenerweiterungen bei geringer imagemäßiger Übereinstimmung zwischen dem Erweiterungsprodukt und der Stammmarke
- Unzufriedenheit der Konsumenten mit dem Erweiterungsprodukt überträgt sich auf die Stammmarke

 Verlust der Markenidentität und Imageverwässerung

Fortsetzung Abbildung 5: Chancen und Risiken von Markenerweiterungen

Quelle: in Anlehnung an Aaker, 1990; 1992; Esch/Fuchs/Bräutigam/Redler, 2005; Hätty, 1989; 1994; Keller, 1993; Keller/Aaker, 1992; Loken/Roedder John, 1993; Meffert, 1994; Tauber, 1981; 1988, 1993; Sattler, 1996, Trout/Rivkin, 1996.

4 Prüfung von Markenerweiterungen

4.1 Grundlagen: der Markenerweiterungstempel

Zur Prüfung von Markenerweiterungen bietet sich ein Vorgehen an, das anhand des *Tempels der Markenerweiterung* anschaulich erläutert werden kann (vgl. Abbildung 6). Das *Fundament des Markenerweiterungstempels* bilden konsumentenbezogene Prüfschritte. Zunächst ist das Dehnungspotenzial der Marke zu erfassen. Der *konsumentenbezogene Markenwert* (vgl. Tauber, 1988, S. 29) der etablierten Marke ist die Grundlage hierzu. Je höher die Bekanntheit und je prägnanter das Image der etablierten Marke, desto höher ist der Markenwert und desto besser sind die Chancen zur Erweiterung der Marke in neue Produktkategorien. Im nächsten Schritt ist die *Übertragbarkeit der Marke*, d.h. deren Übereinstimmung mit möglichen Produkterweiterungskategorien aus Konsumentensicht zu überprüfen.

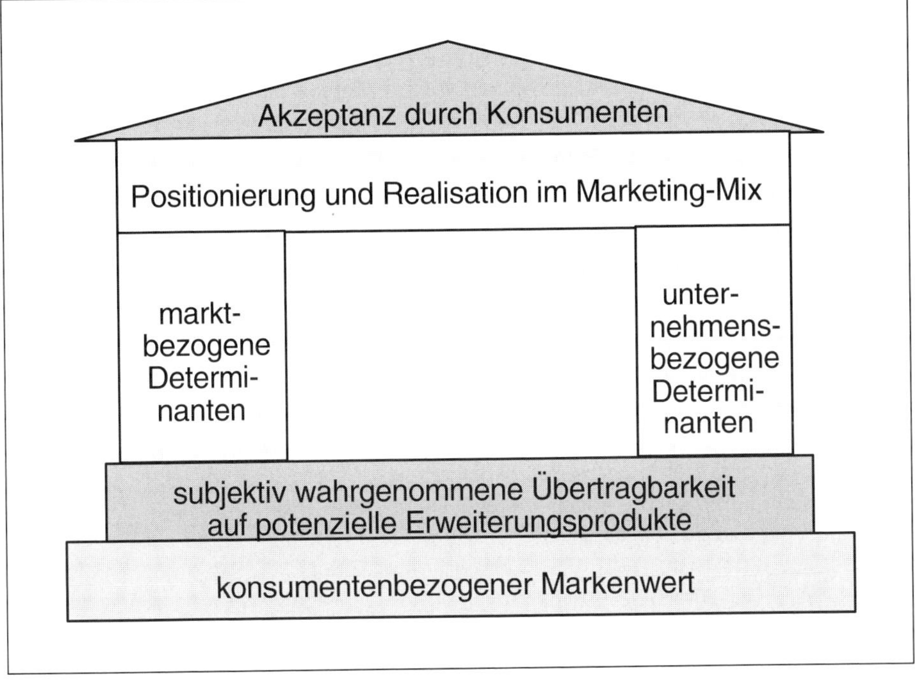

Abbildung 6: Tempel der Markenerweiterung
Quelle: Esch, 2005b, S. 313.

Je größer die von den Konsumenten subjektiv wahrgenommene Kongruenz zwischen den Imagekomponenten der etablierten Marke und denen des Erweiterungsprodukts bzw. den Konsumentenbedürfnissen auf dem neuen Markt ist, desto höher sind die Akzeptanzchancen des Erweiterungsprodukts (vgl. MacInnis/Nakamoto, 1991, S. 6 f.; Tauber, 1993, S. 313). Die *Säulen des Tempels* bilden die markt- und unternehmensbezogene Prüfkriterien, wie sie für alle strategischen Marketingentscheidungen angewendet werden. Das *Dach des Markenerweiterungstempels* wird durch Positionierungsüberlegungen zu den durchführbaren Markenerweiterungen und deren Realisation im Marketing-Mix geprägt. Darauf wird im Folgenden eingegangen.

4.2 Analyse des Fundaments der Markenerweiterung

Analyse der Markenstärke als Grundlage für Markenerweiterungen

Bei der Beurteilung potenzieller Markenerweiterungen spielen das Markenwissen und der Rückgriff darauf eine zentrale Rolle. Das Markenwissen, das als Wahrnehmungsfilter für die Beurteilung einer Markenerweiterung dient, wird durch Schemata oder semantische Netzwerke in den Köpfen der Konsumenten repräsentiert. Diese *Schemata* sind große, komplexe Wissenseinheiten, welche typische Eigenschaften und feste, standardisierte Vorstellungen von Objekten, Personen oder Ereignissen beinhalten (vgl. Alba/Hasher, 1983; Anderson, 1989; Esch, 2006; Kroeber-Riel/Weinberg, 2003; Rumelhart, 1980). Schemata umfassen emotionale und kognitive Sachverhalte, die bildlich oder sprachlich repräsentiert sein können. Die Schemavorstellungen prägen die Einstellung zur Marke und manifestieren den Markenwert in den Köpfen der Konsumenten (vgl. Esch, 2005b).

Darüber hinaus sind die Schemata hierarchisch strukturiert, d.h. Markenschemata sind einem bestimmten Produktschema untergeordnet. Durch diese hierarchische Struktur werden die Schemaattribute des Produktschemas automatisch an die untergeordneten Markenschemata vererbt. Mit dem Produktschema Schokolade verbindet man bspw. Eigenschaften, wie „aus Milch gemacht", „süß", „kalorienhaltig" usw. Diese Schemaattribute werden automatisch an jede Schokoladenmarke vererbt. Wenn man z.B. an die Schokoladenmarke Sprengel denkt, werden einem dazu vielleicht nicht viele eigene Schemaattribute einfallen, jedoch verbindet man automatisch die Eigenschaften der Produktkategorie, wenn man weiß, dass Sprengel eine Schokolade ist. Anders verhält es sich bei Milka. Hier denkt man automatisch an die „lila Kuh", an die „Alpenwelt", an „die zarteste Versuchung" usw.

Das *Markenwissen*, welches durch die Markenbekanntheit und das Markenimage operationalisiert werden kann, bildet die Basis zur Beurteilung des Erweiterungspotenzials von Marken. Folgende Möglichkeiten kann man differenzieren: Konsumenten können über starke oder schwache Markenschemata verfügen, die mehr oder weniger stark mit dem Produktschema übereinstimmen. Nach Ansicht vieler Autoren verfügen starke Marken über ein größeres Erweiterungspotenzial als schwache Marken (vgl. Aaker/Keller, 1990; Tauber, 1988). Hier wird jedoch teilweise vernachlässigt, dass manch starke Marke extrem an eine Produktgruppe gekoppelt ist, so dass dadurch Markenerweiterungen problematisch werden. Beispiele hierfür sind Tesa oder Pampers.

Andere Autoren setzen wiederum an Markeninhalten an. Sie weisen ein höheres Erweiterungspotenzial für solche Marken nach, die vor allem nutzengeprägte bzw. emotionale Images und Gedächtnisstrukturen und weniger rein produktgeprägte, funktionale Gedächtnisstrukturen aufweisen (vgl. Hätty, 1994, S. 567 f.). Daher verfügt die Uhrenmarke Rolex über ein größeres Erweiterungspotenzial als die Uhrenmarke Timex. Bei diesen Überlegungen bleiben jedoch potenzielle Überschneidungen der Gedächtnisstrukturen zur Marke mit Konkurrenzmarken unberücksichtigt, welche die Stärke eines Markenschemas beeinflussen. Diese Beschränkungen werden in der folgenden Matrix überwunden. Mittels der Produkt-/Markenschema-Matrix lassen sich folgende *Ableitungen für das Markenerweiterungspotenzial* treffen (vgl. Abbildung 7):

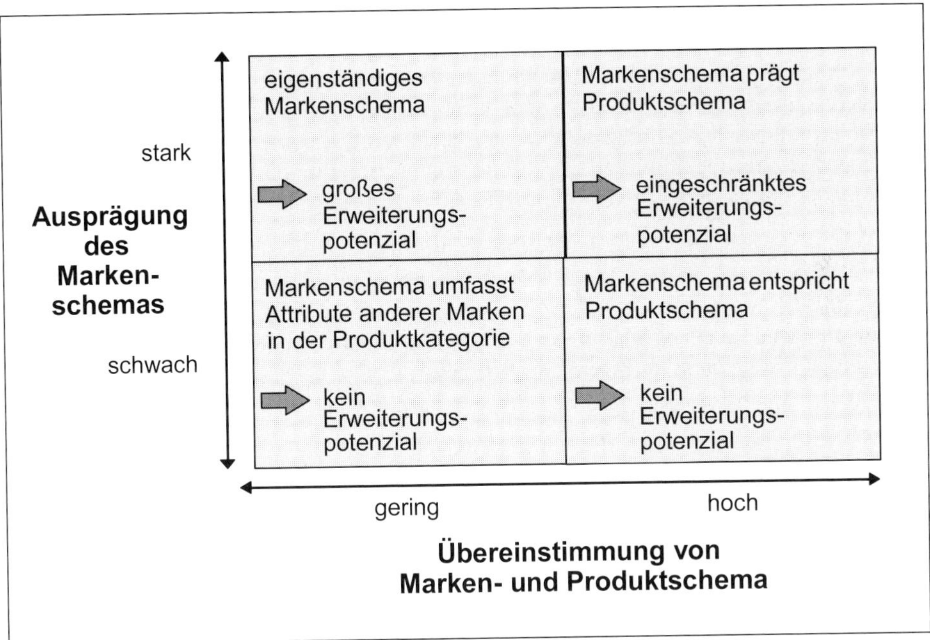

Abbildung 7: Die Produkt-/Markenschema-Matrix zur Erfassung des Erweiterungspotenzials einer Marke

Quelle: Esch/Fuchs/Bräutigam/Redler, 2005, S. 923.

Fall 1: Besitzen die Kunden klare Gedächtnisstrukturen zu einer Marke und verfügt diese über eigene, über das Produktschema hinausgehende Schemaattribute, hat die Marke ein großes Erweiterungspotenzial. Typische Beispiele hierfür sind Marlboro oder Dallmayr. Diese Marken besitzen eine Vielzahl eigenständiger Gedächtnisinhalte. So denkt man bspw. bei Dallmayr an das Münchner Stammhaus, an herausragende Qualität und Liebe zum Detail, an Tradition und Werte sowie an die Farben Braun und Gold.

Fall 2: Verfügen die Konsumenten über ein klares Markenschema mit fast identischen Gedächtnisstrukturen zu dem Produktschema, so prägt das Markenschema das Produktschema. „Pampers = Windeln" oder „Tempo = Papiertaschentuch" sind hierzu die typischen Assoziationen. Da in diesen Fällen die starken Marken für bestimmte Produktkategorien stehen und meist zur Bezeichnung dieser Produktkategorien genutzt werden, wie z.B. Uhu für Kleber, besteht für solche Marken nur ein eingeschränktes Dehnungspotenzial. Bevor solche Marken für Erweiterungen eingesetzt werden können, sind Umpositionierungen erforderlich. So wurde die Marke Nivea von einem funktionalen Konzept zu einem nutzenorientierten Konzept eines Pflegeproduktes umpositioniert. Erst durch diesen Schritt wurde die Markenerweiterung bei Nivea möglich.

Fall 3: Verfügt die Marke über schwache Gedächtnisstrukturen, sollte generell auf Markenerweiterungen verzichtet werden. In solch einem Fall unterscheidet sich eine Marke bei Übereinstimmung mit einem Produktschema nicht von der Produktkategorie. Man kann nicht von entsprechend starken Imagestrukturen und Präferenzen ausgehen, die eine Markenerweiterung begünstigen. Die Reinigungsmittelmarke Domestos, die Schokoladenmarke Sprengel oder die Kaffeemarke Onko sind Beispiele dafür.

Fall 4: Bei einer geringen Übereinstimmung mit dem Produktschema besitzt die Marke zwar noch weitere Schemaattribute, jedoch sind diese mit anderen Marken der Produktkategorie substituierbar, wie u.a. bei den Zigarettenmarken Krone und HB. Auch hier ist mit entsprechend schwachen Präferenzstrukturen zu rechnen. Somit ist eine Markenerweiterung in solch einem Fall wenig zweckmäßig.

Auf der Grundlage dieser Analyse lässt sich das Markenerweiterungspotenzial ermitteln. In einem nächsten Schritt sind die bei den Kunden ablaufenden Prozesse zur Beurteilung der Übertragbarkeit einer Stammmarke auf ein mögliches Erweiterungsprodukt zu überprüfen.

Analyse potenzieller Markenerweiterungen

Bevor mögliche Markenerweiterungen bei den Konsumenten überprüft werden können, müssen zunächst Vorschläge für die in Frage kommenden Markenerweiterungen generiert werden. Dies kann durch Brainstormingsitzungen des Managements oder durch explorative Konsumentenbefragungen erfolgen (vgl. Keller, 2003). Anschließend sind die dabei herausgefilterten Erweiterungsvorschläge einer Prüfung bei den Kunden zu unterwerfen.

Zur Analyse möglicher Markenerweiterungen sind folgende Messungen einsetzbar:

1. Overall-Einschätzungen einer Markenerweiterung.
2. Imagebezogene Messungen von Markenerweiterungen. Zwei Methoden sind hier zu nennen: *Ähnlichkeitsvergleiche* zwischen dem ursprünglichen Produktbereich, der Marke und dem Erweiterungsproduktbereich (vgl. Schweiger, 1982). Je ähnlicher die Wahrnehmung in einem mehrdimensionalen Wahrnehmungsraum mit sachlichen oder emotionalen Eigenschaften, desto eher ist ein Markentransfer möglich. *Imagebezogene Messungen* können auch anhand von Ratingskalen erfolgen, bei denen mittels Einstellungsmodellen sachliche und emotionale Eigenschaften einer Marke mit solchen eines Erweiterungsproduktes verglichen werden und sich aus der Differenz der aufsummierten Werte von Stammmarke und Erweiterungsprodukt das Transferpotenzial ergibt (vgl. Meffert/Heinemann, 1990; Zur Kritik an diesen Imagetransfermodellen vgl. Hätty, 1989; Esch, 2005b; Esch/Fuchs/Bräutigam/Redler, 2005).
3. Offene Erhebungen mittels Assoziationstests.

Da sich insbesondere im englischsprachigen Raum Overall-Einschätzungen und offene Erhebungen mittels Assoziationstests zum Aufdecken relevanter Gedächtnisstrukturen mit Einfluss auf die Beurteilung von Markenerweiterungen durchgesetzt haben, wird darauf im Folgenden näher eingegangen.

Eine sehr einfache Methode der Dehnungsanalyse besteht darin, dass man Kunden ganzheitlich nach der Akzeptanz möglicher Erweiterungsprodukte für eine Marke befragt. Entsprechend lassen sich Erweiterungsprodukte ermitteln, die als passend bzw. unpassend zu einer Marke empfunden werden. Bei diesem Verfahren handelt es sich um so genannte *Fit-Messungen* (vgl. Esch, 2005b, S. 322).

Laut umfassenden Analysen von Erfolgsfaktoren gilt für Markenerweiterungen von Zatloukal (2002) und Völckner (2003) der Fit als wesentlicher Erfolgsfaktor. Zatloukal untersuchte in einer Studie mit 917 Probanden insgesamt 48 Stammmarken und 95 hypothetische Transferprodukte, die aus 64 verschiedenen Produktkategorien aus dem Bereich kurzlebiger Konsumgüter stammten (vgl. Zatloukal, 2002, S. 222). Die globale Ähnlichkeit zwischen der Stammmarke und dem Erweiterungsprodukt (= Fit) sowie die Qualität der Stammmarke (= Image) erwiesen sich hier als zentrale Erfolgsfaktoren (vgl. Zatloukal, 2002, S. 223).

Jedoch verliert die Qualität der Stammmarke an Bedeutung, wenn neue relevante Faktoren, wie bspw. die Handelsakzeptanz und das Markeninvolvement, einbezogen werden, wie die Untersuchung von Völckner (2003) zeigt. Bei dieser Studie wurden 66 real in den Markt eingeführte Markendehnungen von 22 Stammmarken aus 49 unterschiedlichen Produktbereichen bei 2.426 Testpersonen analysiert. Zudem wirkt sich insbesondere die Marketingunterstützung indirekt über eine Steigerung des wahrgenommenen Fit zwischen der Muttermarke und dem Erweiterungsprodukt sowie der Handelsakzeptanz positiv auf den Markentransfererfolg aus (vgl. Abbildung 8).

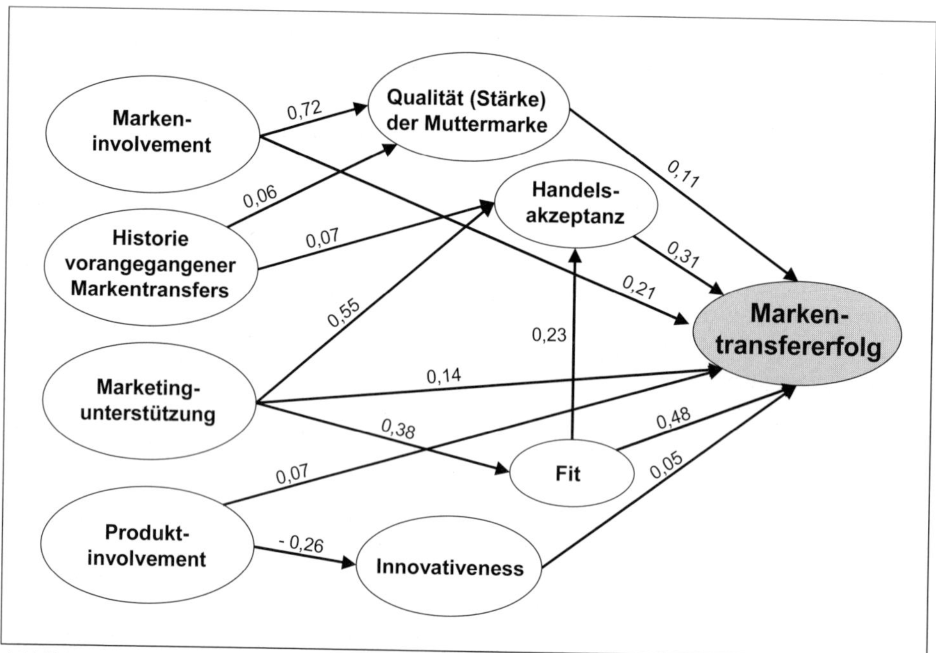

Abbildung 8: Beziehungsgeflecht der Erfolgsfaktoren von Markentransfers
Quelle: in Anlehnung an Völckner, 2003, S. 231.

Obwohl diese Overall-Messungen einen guten ersten Einblick in potenzielle Erweiterungskategorien geben, haben sie keinen diagnostischen Charakter, sondern stellen eine „Black Box" dar. So bleiben die Gründe für eine mehr oder weniger hohe Akzeptanz einer Markenerweiterung verborgen. Entsprechend können keine therapeutischen Maßnahmen zur Optimierung des Fit unternommen werden. Zudem ist es schwer, einen Cutoff-Wert zu ermitteln, ab dem eine Erweiterung nicht mehr tragfähig ist. Es lassen sich auch keine Aussagen darüber treffen, ob in den Bereichen mit mäßigem Fit durch entsprechende kommunikative Maßnahmen Akzeptanzsteigerungen erreichbar sind. Daher sind diese Overall-Messungen durch tiefer gehende Dehnungsanalysen zu ergänzen (vgl. Esch, 2005b).

Im englischsprachigen Raum haben sich Analyseansätze schwerpunktmäßig darauf konzentriert, Modelle auf Basis gedächtnistheoretischer Erkenntnisse zu entwickeln, in denen auf Schema- und Kategorisierungstheorien zurückgegriffen wird und assoziative Erhebungen durchgeführt werden. Folgende Aspekte sind bei der Analyse von Markenerweiterungen von hoher Bedeutung:

1. *Das Produkt- und Markeninvolvement der Konsumenten.* Hiermit ist das Engagement bzw. Interesse gemeint, mit der sich die Konsumenten Marken und Produkten zuwenden. Höheres Involvement zieht intensivere Beurteilungsprozesse bei der Beurteilung einer Markenerweiterung nach sich als geringeres Involvement.

2. *Die Schemastrukturen zur Stammmarke, zum Stammprodukt sowie zum Erweiterungsprodukt.* Dabei beeinflusst das Involvement Stärke und Umfang der kognitiven Verfügbarkeit der Schemastrukturen zu Produkten sowie Marken und prägt dadurch das Engagement (= Involvement), mit dem sich die Kunden der Markenerweiterung zuwenden.
3. *Die Intensität der Verarbeitungsprozesse.* Bei geringem Involvement ist der Grad der Verarbeitungstiefe bei der Beurteilung einer potenziellen Markenerweiterung gering. In diesem Fall erfolgt eine eher periphere Beurteilung zentraler Schemaattribute zur Beurteilung einer Übereinstimmung zwischen Stammmarke und Erweiterungsprodukt. So würde bei der Marke Milka geprüft werden, ob die lila Kuh und die Alpenwelt auch für Milka Schokoladenmüsli in Frage kämen. Bei hohem Involvement ist der Grad der Verarbeitungstiefe hingegen hoch. Es erfolgt eine zentrale, stark kognitiv gesteuerte Beurteilung einer Vielzahl relevanter Produkt- und Markenschemaattribute. Daraus ergibt sich die Stimmigkeit einer potenziellen Erweiterung für eine Marke.

Assoziationstests sind im besonderen Masse geeignet, Aufschluss über die für die Konsumenten relevanten Bestimmungsfaktoren zur Analyse einer potenziellen Markenerweiterung zu geben, da die befragten Kunden frei äußern können, wie viele und welche Kriterien für sie bei einer solchen Beurteilung relevant sind. Ferner kann aufgrund der Reihenfolge der Äußerungen auf die Wichtigkeit einzelner Eigenschaften geschlossen werden. Dadurch wird man auch dem unterschiedlichen Involvement der Konsumenten in Abhängigkeit der vorliegender Marke und Produktgruppe gerecht. Assoziationstests liefern eine Fülle diagnostischer Erkenntnisse zur Markenerweiterung, die bei der späteren Umsetzung genutzt werden können. Da bei den Assoziationstests der Anfangsreiz einen entscheidenden Einfluss auf die Assoziationskette haben kann, sollte sowohl einmal die Stammmarke als auch ein anderes Mal das Erweiterungsprodukt als Instruktion für die Assoziationen vorgegeben werden.

4.3 Analyse der Säulen der Markenerweiterung

Die markt- und unternehmensbezogenen Determinanten bilden die Säulen des Markenerweiterungstempels. Sie bilden die Entscheidungsgrundlage dafür, ob eine theoretisch mögliche Markenerweiterung aus Konsumentensicht auch tatsächlich realisiert werden kann. Zu den *marktbezogenen Determinanten* zählen:

1. Informationen über den Markt allgemein, wie bspw. Marktgröße, Alter und Entwicklungspotenzial des Markts. Im Kern spiegelt sich in diesen Größen die Attraktivität des potenziellen Markts wider.
2. Informationen zur Konkurrenz, bspw. die Zahl und Stärke der Konkurrenten, Wettbewerbsdruck oder Positionierung der Konkurrenten. Diese Informationen geben Auskunft über die Konkurrenzintensität, die Eintrittsbarrieren und die Eintrittsrisiken.

3. Informationen über die Absatzmittler, etwa über typische Distributionskanäle oder die Marktmacht der Absatzmittler. Hierin spiegeln sich insbesondere die zu realisierenden Synergien, zum Teil jedoch auch Gefahren bei der Realisation einer Markenerweiterung wider.

Zu den *unternehmensbezogenen Determinanten* gehören:

1. Technologische und fertigungsbezogene Fähigkeiten,
2. finanzielle Ressourcen sowie
3. Know-how-Ressourcen und Fähigkeiten des Managements.

Je nach Ausprägung dieser Determinanten ergeben sich verschiedene Spielformen zur Realisation einer Markenerweiterung ergeben. Mangelnde finanzielle oder technische Fähigkeiten eines Unternehmens oder fehlende Marktkenntnisse bedeuten noch lange kein „Aus" für eine Markenerweiterung. Vielmehr können solche Informationen die Basis zur Suche nach möglichen Kooperationspartnern sein, die im Rahmen von Markenlizenzierungen ihre persönlichen Marktkenntnisse sowie technologischen Fähigkeiten einbringen und durch Übernahme der Produktion und Vermarktung des Erweiterungsproduktes keine finanziellen Belastungen des Lizenzgebers zur Folge haben. Daraus ergibt sich die Notwendigkeit einer make-or-buy-Entscheidung, ob eine Lizenzvergabe zur Markenerweiterung erfolgen soll oder die Markenerweiterung ohne Einschaltung von Lizenznehmern durchgeführt wird. Für die Vergabe von Lizenzen sind klare Vorgaben zu entwickeln und mögliche Partner zu prüfen (vgl. Esch, 2005b).

4.4 Dach der Markenerweiterung: Positionierung und Umsetzung der Markenerweiterung

Ist nach diesen Analysen eine Markenerweiterung durchführbar, so ist das strategische Maßnahmenbündel für die Umsetzung der Markenerweiterung festzulegen. Hierzu zählen

- Entscheidungen zur Positionierung der Markenerweiterung,
- Entscheidungen über Art und Umfang des einzusetzenden Marketing-Mix und der Umsetzung der Positionierung in entsprechende Maßnahmen.

Die Realisation der Markenerweiterung bestimmt somit deren Akzeptanz bei den Konsumenten. Da man bei einer Markenerweiterung eine Marke kapitalisieren möchte, bildet das vorhandene Markenimage die Grundlage zur Positionierung im Erweiterungsproduktbereich. Es lassen sich folgende Möglichkeiten zur Positionierung mit einer entsprechenden Umsetzung differenzieren:

1. Identische Positionierung wie bei der Stammmarke.
2. Kombinierte Positionierung, d.h. eine Mischung aus der Positionierung der Stammmarke mit erweiterungsproduktspezifischen Merkmalen.

3. Erweiterungsproduktbezogene Positionierung.

Diese Positionierungsoptionen haben Konsequenzen für die Umsetzung des Erweiterungsproduktes durch Marketingmaßnahmen. Im erstgenannten Fall sollte die Umsetzung der Markenerweiterung möglichst *identisch zu den Umsetzungen bei der Stammmarke* erfolgen. Für Milka würde dies z.B. bedeuten, dass man die Alpenwelt, die lila Kuh, die lila Verpackungsfarbe oder den Schriftzug ohne Berücksichtigung spezifischer Anforderung des Erweiterungsproduktbereichs identisch übernehmen kann. Dagegen sind bei einer *kombinierten Positionierung* markenspezifische Gestaltungsmerkmale mit erweiterungsproduktspezifischen Gestaltungsmerkmalen zu mischen. Bei der *erweiterungsproduktbezogenen Positionierung* findet keine Rücksicht auf markenspezifische Gestaltungsfaktoren statt. Es werden alleine der Erweiterungsproduktbereich und dessen Anforderungen bei der Gestaltung des Marketing-Mix berücksichtigt.

Je nachdem, ob ein Erweiterungsproduktbereich bereits näher oder weiter entfernt von der Marke wahrgenommen wird, ergeben sich daraus unterschiedliche Gestaltungsempfehlungen. Bei einer „nahen" Markenerweiterung kann ein identischer Markenauftritt wie bei der Stammmarke verfolgt werden. Werden bspw. unter der Kaffeemarke Jacobs auch Kaffeefilter angeboten, ist keine Anpassung an den Erweiterungsproduktbereich notwendig, da Kaffeefilter aufgrund der komplementären Nutzung eng mit Kaffee verbunden werden (vgl. Esch/Billen, 1996, S. 332). Verfolgt man hingegen eine „weite" Markenerweiterung, ist eine kombinierte Umsetzung empfehlenswert. Dadurch ist es möglich, die Stärken der Stammmarke einzubringen, jedoch auch eine plausible Anpassung an den neuen Produktbereich für die Marke zu erreichen. Da die dekorative Kosmetik weit vom Markenkern Niveas entfernt ist, wäre hier das Fehlschlagrisiko der Erweiterung größer als bei einer Dehnung in einen naheliegenderen Bereich. Deshalb sind entsprechende Maßnahmen zu ergreifen, um ein „Andocken" der Erweiterungsproduktkategorie an die Marke zu ermöglichen. Nivea versucht dies mit einer kombinierten Umsetzung. Nach wie vor werden die dominant mit der Marke verbundenen Schemaattribute verwendet, z.B. die Farben Blau und Weiß oder der Schriftzug. Den Pflegeaspekt ergänzt man jedoch produktspezifisch, indem man in der Kommunikation von „Die Farben der Pflege" spricht.

Gerade eine kombinierte Umsetzung der Positionierung stellt erhöhte Anforderungen an die Gestaltung von Markenverpackungen und Kommunikation für das Erweiterungsprodukt, da ansonsten sowohl der „Fit" zur Stammmarke als auch der „Fit" zur Produktkategorie nicht wahrgenommen wird. Deshalb gilt es, folgende Aspekte zu prüfen (vgl. Esch/Fuchs/Bräutigam/Redler, 2005):

- *Die Wahrnehmung der Markenerweiterung durch die Konsumenten.* Dies bezieht sich darauf, dass sowohl die Marken als auch die neue Produktkategorie für den Konsumenten erkennbar sein müssen. Um dies sicherzustellen, sollten die wichtigsten Markenattribute bei der Gestaltung von Verpackung und Kommunikation zum Einsatz kommen, da erst dann das entsprechende Markenschema im Gedächtnis der Kunden aktiviert wird.

- *Die Integration der Marketinginstrumente.* Dominante formale und inhaltliche Klammern müssen auch bei der Markenerweiterung genutzt werden. Ein Beispiel hierfür stellt der Bärenmarke Milchriegel dar, der, wie die Bärenmarke Dosenmilch, über den Bär auf der Verpackung verfügt. In beiden Fällen wird die zentrale Botschaft der natürlichen Bergwelt vermittelt, so dass eine formale wie inhaltliche Integration zwischen Stammmarke und Erweiterungsprodukt gewährleistet ist.
- *Die Abgrenzung der Markenerweiterung von den Wettbewerbern in der Wahrnehmung der Konsumenten.* Die Gefahr der Austauschbarkeit ist insbesondere dann gegeben, wenn man sich relativ stark der neuen Produktkategorie anpassen muss und die eigene Positionierung auch von anderen Marken in der neuen Produktkategorie verfolgt wird. Hier darf man nicht in stereotype und generische Kategorieumsetzungen verfallen, sondern muss die Eigenständigkeit des Auftritts gewährleisten, u.a. durch eine stringente Beibehaltung der wesentlichen und klar erkennbaren Markenattribute.

5. Markenführung als Steuerung und Kontrolle von Markenwissen

Die *Markenführung* zielt auf die Verankerung des Markenwissens in den Köpfen der Konsumenten zum Aufbau eines hohen Markenwerts ab. Dieses Markenwissen lässt sich über die Markenbekanntheit und das Markenimage operationalisieren. Zur Steuerung des Markenwissens sind deshalb gezielt, Vorgaben zur Markenbekanntheit und zum Markenimage zu treffen. Demnach ist hier eine Soll-Positionierung einer Marke nötig, die bei bereits bestehenden Marken auf Basis einer Ist-Positionierung zu erfolgen hat, da diese bereits Auskunft über Erfolg oder Misserfolg einer bislang verfolgten Markenpositionierung gibt. Die Kontrolle imagerelevanter Gedächtnisstrukturen zur Marke wird umso wichtiger, je häufiger Markentransfers durchgeführt werden, weil diese potenziell die Gefahr einer Markenverwässerung bergen. In vielen Fällen findet eine Markenkapitalisierung durch eine Markenerweiterung zur Erzielung kurzfristiger finanzieller Erfolge statt, ohne dabei hinreichend die langfristigen Auswirkungen auf das Markenimage sowie eine potenzielle Schwächung der Marke zu berücksichtigen. Aus diesem Grund sind entsprechende Kontrollmaßnahmen bei der Realisation eines Markentransfers und bei der Überprüfung der daraus resultierenden Wirkungen für das Erweiterungsprodukt sowie für die Marke notwendig. Dies wird künftig sowohl eine Herausforderung für die Marketingwissenschaft, die wirksame und pragmatische Kontrollinstrumente theoretisch fundiert entwickeln muss, als auch für die Marketingpraxis, die sich in Bezug auf die Markenführung durch wissenschaftliche Erkenntnisse und nicht durch die Intuition der Markenmanager leiten lassen sollte.

6. Literatur

AAKER, D. A., Brand Extensions: The Good, the Bad, and the Ugly, in: Sloan Management Review, 1990, Vol. 31, pp. 47 - 56.

AAKER, D. A., Management des Markenwerts, Frankfurt/Main 1992.

AAKER, D. A.; BIEL, A., Brand Equity & Advertising, Hillsdale/NJ 1993.

AAKER, D. A.; KELLER, K. L., Consumer Evaluations of Brand Extensions, in: Journal of Marketing, 1990, Vol. 54, No. 1, pp. 27 - 41.

ALBA, J. W.; HASHER, L., Is Memory Schematic?, in: Psychological Bulletin, 1983, Vol. 93, No. 2, pp. 201 - 231.

ALBERS, S., Gewinnorientierte Neuproduktpositionierung in einem Eigenschaftsraum, in: Zeitschrift für betriebswirtschaftliche Forschung, 1989, 41. Jg., Heft 3, S. 186 - 209.

ANDERSON, J. R., Kognitive Psychologie – Eine Einführung, 2. Auflage, Heidelberg, 1989.

ANSOFF, H. I., Corporate Strategy – An Analytical Approach to Business Policy for Growth and Expansion, New York 1965.

BECKER, J., Marketing-Konzeption – Grundlagen des strategischen und operativen Marketing-Managements, 6. Auflage, München 1998.

BECKER, J., Einzel-, Familien- und Dachmarken als grundlegende Handlungsoptionen, in: Esch, F.-R. (Hrsg.), Moderne Markenführung, 4. Auflage, Wiesbaden 2005, S. 381 - 402.

BELZ, C.; TOMCZAK, T., Marktforschung, St. Gallen 1994.

BERGLER, R., Psychologie des Marken- und Firmenbildes, Göttingen 1963.

BRUHN, M., Handbuch Markenartikel, Bd. 1, Stuttgart 1994.

CARPENTER, G. S., Perceptual Position and Competitive Brand Strategy in a Two-Dimensional, Two-Brand – Market, in: Management Science, 1989, Vol. 35, No. 9, pp. 1029 - 1044.

CHERNATONY, DE L.; MCDONALD, M. H. B., Creating Powerful Brands, Oxford/UK u.a. 1992.

DILLER, H., Marketingplanung, München 1980.

ESCH, F.-R., Positionierungsstrategien - konstituierender Erfolgsfaktor für Handelsunternehmen, in: Thexis, 1992, 9. Jg., Heft 4, S. 9 - 15.

Esch, F.-R., Moderne Markenführung, 1. Auflage, Wiesbaden 1999.

ESCH, F.-R. (a), Markenpositionierung als Grundlage der Markenführung, in: Esch, F.-R. (Hrsg.), Moderne Markenführung, 4. Auflage, Wiesbaden 2005, S. 131 - 163.

ESCH, F.-R. (b), Strategie und Technik der Markenführung, 3. Auflage, München 2005.

ESCH, F.-R. (c), Moderne Markenführung, 4. Auflage, Wiesbaden 2005.

ESCH, F.-R., Wirkung integrierter Kommunikation, 4. Auflage, Wiesbaden 2006.

ESCH, F.-R.; Andresen, T., Messung des Markenwertes in: Belz, C.; Tomczak, T. (Hrsg.), Marktforschung, St. Gallen 1994, S. 212 - 230.

ESCH, F.-R.; ANDRESEN, T., 10 Barrieren für eine erfolgreiche Markenpositionierung und Ansätze zu deren Überwindung, in: Tomczak, T.; Rudolph, T.; Roosdorp, A. (Hrsg.), Positionierung - Kernentscheidung des Marketing, St. Gallen 1996, S. 78 - 94.

ESCH, F.-R.; BILLEN, P., Förderung der Mental Convenience beim Einkauf durch Cognitive Maps und kundenorientierte Produktgruppierungen, in: Trommsdorff, V. (Hrsg.), Handelsforschung 1996/97: Positionierung des Handels, Forschungsstelle für den Handel, Wiesbaden 1996, S. 317 - 337.

ESCH, F.-R.; FUCHS, M.; BRÄUTIGAM, S.; REDLER, J., Konzeption und Umsetzung von Markenerweiterungen, in: Esch, F.-R. (Hrsg.), Moderne Markenführung, 4. Auflage, Wiesbaden 2005, S. 905 - 946.

ESCH, F.-R.; GEUS, P., Ansätze zur Messung des Markenwerts, in: Esch, F.-R. (Hrsg.), Moderne Markenführung, 4. Auflage, Wiesbaden 2005, S. 1263 - 1305.

ESCH, F.-R.; LEVERMANN, T., Positionierung als Grundlage des strategischen Kundenmanagements auf Konsumgütermärkten, in: Thexis, 1995, 12. Jg., Heft 4, S. 8 - 16.

ESCH, F.-R.; WICKE, A.; REMPEL, J. E., Herausforderungen und Aufgaben des Markenmanagements, in: Esch, F.-R. (Hrsg.), Moderne Markenführung, 4. Auflage, Wiesbaden 2005, S. 3 - 55.

FARQUHAR, P. H.; HAN, J. H.; HERR, P. M.; IJIRI, Y., Strategies for Leveraging Master Brands, in: Marketing Research, 1992, Vol. 4, No. 3, pp. 32 - 43.

HAEDRICH, G.; TOMCZAK, T., Strategische Markenführung, Bern, Stuttgart 1990.

HÄTTY, H., Der Markentransfer, Heidelberg 1989.

HÄTTY, H., Markentransferstrategie, in: Bruhn, M. (Hrsg.) (1994), Handbuch Markenartikel, Bd. 1, Stuttgart 1994, S. 561 - 582.

HERMANNS, A.; FLEGEL, V., Handbuch des Electronic Marketing. Funktionen und Anwendungen der Informations- und Kommunikationstechnik im Marketing, München 1992.

KAAS, K. P., Langfristige Werbewirkung und Brand Equity, in: Werbeforschung & Praxis, 1990, 35. Jg., Heft 3, S. 48 - 52.

KELLER, K. L., Conceptualizing, Measuring, and Managing Customer-Based Brand Equity, in: Journal of Marketing, 1993, Vol. 57, January, pp. 1 - 22.

KELLER, K. L., Strategic Brand Management: Building, Measuring, and Managing Brand Equity, 2nd Edition, Upper Saddle River/NJ 2003.

KELLER, K. L.; AAKER, D. A., The Effects of Sequential Introduction of Brand Extensions, in: Journal of Marketing Research, 1992, Vol. 29, No. 1, pp. 35 - 50.

KROEBER-RIEL, W.; WEINBERG, P., Konsumentenverhalten, 8. Auflage, München 2003.

KÜHN, R.; FASNACHT, R., Strategisches Audit im Marketing, in: Thexis, 1992, 9. Jg., Heft 5, S. 4 - 10.

LEVERMANN, T., Entwicklung eines Expertensystems zur Beurteilung der strategischen Durchsetzung von Werbung, Dissertation an der Universität des Saarlandes, Saarbrücken 1994.

LOKEN, B.; ROEDDER JOHN, D., Diluting Brand Beliefs: When do Brand Extensions Have a Negative Impact?, in: Journal of Marketing, 1993, Vol. 57, No. 3, pp. 71 - 84.

MACINNIS, D.; NAKAMOTO, K., Factors that Influence Consumers' Evaluations of Brand Extensions, Working Paper, Tuscon, Arizona: Karl Eller Graduate School of Management 1991.

MARX, K., Das Kapital. Kritik der politischen Ökonomie, Stuttgart 1867/1957.

MEFFERT, H., Entscheidungsorientierter Ansatz der Markenpolitik, in: Bruhn, M. (Hrsg.), Handbuch Markenartikel, Bd. 1, Stuttgart 1994, S. 173 - 197.

MEFFERT, H.; BURMANN, C., Abnutzbarkeit und Nutzungsdauer von Marken - Ein Beitrag zur steuerlichen Behandlung von Warenzeichen, in: Meffert, H.; Krawitz, N. (Hrsg.), Unternehmensrechnung und -besteuerung – Grundfragen und Entwicklung, Wiesbaden 1998, S. 75 - 126.

MEFFERT, H.; HEINEMANN, G., Operationalisierung des Imagetransfers, in: Marketing ZFP, 1990, 12. Jg., Heft 1, S. 5 - 10.

MEFFERT, H.; KRAWITZ, N., Unternehmensrechnung und -besteuerung – Grundfragen und Entwicklung, Wiesbaden 1998.

MELLEROWICZ, K., Markenartikel - Die ökonomischen Gesetze ihrer Preisbildung und Preisbindung, München, Berlin 1963.

OHMAE, K., The Mind of the Strategist: The Art of Japanese Business, New York 1982.

PARK, C. W., JUN, S. Y., SHOCKER, A. D., Markenerweiterung mittels Composite Branding, in: Esch, F.-R. (Hrsg.), Moderne Markenführung, Wiesbaden 1999, S. 799 - 821.

PARK, C. W.; JAWORSKI, B. J.; MACINNIS, D., Strategic Brand Concept-Image Management, in: Journal of Marketing, 1986, Vol. 50, No. 4, pp. 135 - 145.

PARKER, R.; CHURCHILL, L., Positioning by Opening the Consumer's Mind, in: International Journal of Advertising, 1986, No. 5, pp. 1 - 13.

ROTHSCHILD, M. L., Marketing Communications, Lexington/MA 1987.

RUMELHART, D. E., Schemata: The Building Blocks of Cognition, in: Spiro, R. J.; Bruce, B. C.; Brewer, W. F. (Eds.), Theoretical Issues in Reading Comprehenson: Perspectives from Cognitive Psychology, Linguistics, Artificial Intelligence, and Education, Hillsdale/NJ 1980, pp. 33 - 58.

SATTLER, H., Monetäre Bewertung von Markenstrategien für neue Produkte, Stuttgart 1996.

SCHOBERT, R., Positionierungsmodelle, in: Diller, H. (Hrsg.), Marketingplanung, München 1980, S. 145 - 160.

SCHWEIGER, G., Imagetransfer: Kann ein neues Produkt durch gemeinsamen Markennamen von einem eingeführten Produkt profitieren?, in: Marketing Journal, 1982, 15. Jg., Heft 4, S. 321 - 323.

SEBASTIAN, K.-H.; SIMON, H., Wie Unternehmen ihre Produkte genauer positionieren, in: Harvard Manager, 1989, 11. Jg., Heft 1, S. 89 - 97.

SPIEGEL, B., Die Struktur der Meinungsverteilung im sozialen Feld, Bern u.a. 1961.

SPIRO, R. J.; BRUCE, B. C.; BREWER, W. F., Theoretical Issues in Reading Comprehenson: Perspectives from Cognitive Psychology, Linguistics, Artificial Intelligence, and Education, Hillsdale/NJ 1980.

TAUBER, E. M., Brand Franchise Extensions: New Product Benefit from Existing Brand Names, in: Business Horizons, 1981, Vol. 24, No. 2, pp. 36 - 41.

TAUBER, E. M., Brand Leverage: Strategy For Growth In A Cost-Control World, in: Journal of Advertsing Research, 1988, Vol. 28, No. 4, pp. 26 - 30.

TAUBER, E. M., Fit and Leverage in Brand Extensions, in: Aaker, D. A.; Biel, A. (Eds.), Brand Equity & Advertising, Hillsdale/NJ 1993, pp. 313 - 318.

TOMCZAK, T.; RUDOLPH, T.; ROOSDORP, A., Positionierung - Kernentscheidung des Marketing, St. Gallen 1996.

TROMMSDORFF, V., Handelsforschung 1996/97: Positionierung des Handels, Forschungsstelle für den Handel, Wiesbaden 1996.

TROMMSDORFF, V., Konsumentenverhalten, 6. Auflage, Stuttgart 2004.

TROMMSDORFF, V., Multivariate Imageforschung und strategische Marketingplanung, in: Hermanns, A.; Flegel, V. (Hrsg.), Handbuch des Electronic Marketing. Funktionen und Anwendungen der Informations- und Kommunikationstechnik im Marketing, München 1992, S. 321 - 337.

TROUT, J.; RIVKIN, S., The New Positioning, New York u.a. 1996.

VÖLCKNER, F., Neuprodukterfolg bei kurzlebigen Konsumgütern: Eine empirische Analyse der Erfolgsfaktoren von Markentransfers, Wiesbaden 2003.

WEBER, G., Strategische Marktforschung, München 1996.

WIND, Y. J., Positioning Analysis and Strategy, Working Paper No. 88-029, The Wharton School, University of Pennsylvania 1988.

WIND, Y. J., Product Policy. Concepts, Methods and Strategy, Reading/MA 1982.

ZATLOUKAL, G., Erfolgsfaktoren von Markentransfers, Wiesbaden 2002.

Mario Farsky
Henrik Sattler

Markenbewertung

1. Einführung

Marken stellen für die meisten Unternehmen einen herausragenden Vermögensgegenstand dar. Laut einer Umfrage von PricewaterhouseCoopers, der GfK, Sattler und dem Markenverband (2005) unter den 100 größten deutschen Unternehmen sowie den Mitgliedern des Deutschen Markenverbands entfallen im Durchschnitt ca. zwei Drittel des Gesamtunternehmenswerts auf Marken. Nach Ansicht eines Großteils der befragten Unternehmen wird dieser Wert auch zukünftig noch weiter steigen. Eine 2003 durchgeführte Befragung von 344 Markenverantwortlichen in Deutschland kommt zu dem Ergebnis, dass der Stellenwert der Analyse und Bewertung von Marken in den nächsten fünf Jahren noch weiter zunehmen wird (Schimansky, 2004).

Marken besitzen in z.T. erheblichem Ausmaß die Fähigkeit, Wertschöpfungspotenziale in Unternehmen zu realisieren. Vor diesem Hintergrund verwundert die Zunahme fast ausschließlich markenmotivierter Unternehmensakquisitionen, wie z.B. die Übernahme von Gillette durch Procter & Gamble für 57 Mrd. € im Jahr 2005 oder Reemtsma durch Imperial Tabacco für 5,8 Mrd. € im Jahr 2002 kaum.

Insbesondere in den letzten 15 Jahren haben sich sowohl die Unternehmenspraxis als auch die Forschung intensiv damit beschäftigt, dieses Wertschöpfungspotenzial in Form der Messung eines Markenwerts zu quantifizieren und im Rahmen einer wertorientierten Unternehmensführung zur Planung, Steuerung und Kontrolle von Marken einzusetzen. Allein in den letzten 10 Jahren ist von Seiten der Wissenschaft und der Praxis eine dreistellige Zahl an Instrumenten zur Markenwertmessung entwickelt worden.

Der vorliegende Beitrag gibt einen Überblick zum aktuellen Forschungsstand der Markenbewertung und skizziert zukünftige Forschungsfelder. Dazu werden zunächst in Kapitel 2 die Begriffsbestimmung vorgenommen sowie Anforderungen an eine Markenbewertung erläutert. In Abschnitt 3 werden die Ergebnisse der eingangs angesprochenen Studie von PricewaterhouseCoopers, der GfK, Sattler und dem Markenverband (2005) im Hinblick auf die in der Praxis vorherrschenden Verwendungszwecke einer Markenwertmessung vorgestellt.

In Kapitel 4 werden Beiträge der bisherigen Forschung zur Identifikation und Lösung zentraler Markenbewertungsprobleme dargestellt und bewertet. Kapitel 5 dient einer zusammenfassenden Beurteilung. Des Weiteren wird ein Ausblick auf zukünftige Forschungsbereiche gegeben.

2. Begriffsbestimmung und Anforderungen an die Messung

2.1 Markenwertdefinition

Unter dem Markenwert (Brand Equity) eines Produkts versteht man denjenigen Wert, der mit dem Namen oder Symbol der Marke verbunden ist. Der Wert wird häufig als inkrementaler Wert aufgefasst, der gegenüber einem (technisch-physikalisch) gleichen, jedoch namenlosen Produkt besteht (Aaker, 1991). Problematisch ist diese Definition insofern, als dass in vielen Märkten keine namenlosen Produkte vertrieben werden oder nicht unerhebliche (technisch-physikalische) Unterschiede zwischen markierten und nicht markierten Produkten bestehen. Ersatzweise zu einem nicht markierten Produkt wählt man häufig ein Produkt, das mit minimalen Markeninvestitionen vertrieben wird. Traditionell handelt es sich hierbei um Handelsmarken (z.B. Ailawadi/Neslin/Lehmann, 2003). Mit zunehmendem Markenbewusstsein des Einzelhandels ist eine solche Operationalisierung allerdings kritisch zu sehen. Auch Handelsmarken können einen erheblichen Wert haben (Sattler, 1998b). Sofern keine nicht markierten Vergleichsprodukte existieren, besitzt der Markenwert einen stark fiktiven Charakter.

Aus dem Wortlaut des Begriffs Markenwert scheint hervorzugehen, dass es sich hierbei um eine monetäre Größe handelt. In der Literatur ist es allerdings üblich, unter diesem Begriff sowohl monetäre als auch nicht monetäre Maße zu subsumieren. Nicht monetäre Maße finden sich insbesondere in der verhaltensorientierten Forschung (z.B. Esch, 2004). Im Zentrum steht die Messung von „Brand Value Drivers“ bzw. Markenwertindikatoren, wie z.B. Markenbekanntheit, Markenimage oder Markenloyalität. Aus einer monetären, finanzorientierten Perspektive wird der Markenwert dagegen häufig als Kapitalwert abgezinster zukünftiger markenspezifischer Einzahlungsüberschüsse definiert.

Weiterhin kann ein Markenwert weit oder eng abgegrenzt werden. So kann ein monetärer Markenwert für lediglich eine Periode (z.B. ein Jahr) oder über mehrere Perioden (z.B. analog zu einer ewigen Rente) ermittelt werden. Weiterhin kann ein Markenwert mit oder ohne Einbezug zukünftiger, bisher nicht realisierter Wertschöpfungsmöglichkeiten (so genannter markenstrategischer Optionen), wie z.B. Markentransfers (Völckner, 2003), gemessen werden. Je nach vorgenommener Definition kann es zu erheblichen Unterschieden in der Markenwertmessung kommen.

2.2 Anforderungen an eine Markenbewertung

An die Bewertung von Marken sind verschiedene Anforderungen zu stellen. Wie jedes Messinstrument muss eine Markenbewertung zunächst den typischerweise verwendeten wissenschaftlichen Gütekriterien genügen. In diesem Zusammenhang sind sowohl *Validität* als auch *Reliabilität* zu fordern. Ein exaktes Vorgehen auf Grundlage einer verlässlichen Datenbasis sowie die Freiheit der Messung von systematischen Fehlern sind entsprechend genauso wichtig wie die Stabilität der Ergebnisse. Da eine Markenbewertung, wie noch zu zeigen sein wird, einen erheblichen Komplexitäts- und Unsicherheitsgrad aufweist, ist diese Forderung häufig nur schwer zu erfüllen.

Insbesondere für Bilanzierungszwecke sind besondere Anforderungen an die *Objektivierbarkeit* der Messung zu stellen. Große Probleme stellen hierbei die Quantifizierung von Risiken und sehr lange Prognosezeiträume dar. Ein Teilelement der Objektivierbarkeit bildet das Kriterium der Überprüfbarkeit. Bei vielen kommerziell angebotenen Markenbewertungsverfahren werden einzelne Verfahrensschritte und (angeblich vorgenommene) empirische Validierungen leider nicht ausreichend dokumentiert. Zudem muss die Einflussnahme auf die Messung durch Betroffene verhindert werden, um deren Objektivität sicherzustellen.

Neben diesen Grundanforderungen ist die *Zweckmäßigkeit* der Messung ein wesentliches Beurteilungskriterium. Je nach Anwendungszweck sind unterschiedliche Anforderungen relevant. So sind für Zwecke der Markenführung Ursachen- und Wirkungsanalysen für die Markenwertentstehung von besonderer Bedeutung. Auch der notwendige Zeithorizont variiert in Abhängigkeit vom Verwendungszweck. Beispielsweise genügt bei zeitlich eng befristeten Markenlizenzierungen eine kurzfristige Betrachtung; bei Unternehmenstransaktionen sollte hingegen ein langfristiger Zeithorizont für die Bewertung herangezogen werden. Zu betonen ist, dass eine Vielzahl von Markenbewertungszwecken zwingend eine monetäre Bewertung erfordert. Im Wesentlichen ist lediglich bei einigen Zwecken der Markenführung eine nicht monetäre Bewertung sinnvoll. Allerdings sollte auch hier sichergestellt werden, dass die betrachteten „Brand Value Drivers" in einem engen Zusammenhang mit dem monetären Markenwert stehen, da nur so eine wertorientierte Markenführung gewährleistet wird.

Eine weitere Anforderung ist in der *Einfachheit* des Markenbewertungsverfahrens zu sehen. Auch in speziellen Bewertungsverfahren nicht versierte Außenstehende sollten in der Lage sein, wesentliche Schritte der Bewertung nachvollziehen zu können.

Darüber hinaus sind auch *Kosten-Nutzen*-Aspekte relevant. Der Nutzen aus der Markenbewertung muss größer sein als die Kosten seiner Ermittlung. Interessant ist, dass nach Erfahrungen der Autoren Zahlungsbereitschaften für Markenbewertungen häufig ausgesprochen niedrig sind, auch wenn die zu bewertenden Marken einen Wert in mehrstelliger €-Millionenhöhe aufweisen.

Schließlich können auch *Zeitaspekte* eine kritische Rolle spielen, z. B. im Zusammenhang mit Unternehmenstransaktionen. Hier muss die Bewertung häufig in weniger als zwei Wochen erfolgen.

3. Verwendungszwecke einer Markenbewertung

Die Motivation für eine Markenbewertung ist vielfältig. Tabelle 1 gibt einen Überblick über wichtige Verwendungszwecke von Markenbewertungen. In der Tabelle sind auch die Ergebnisse der eingangs bereits erwähnten Umfrage von PricewaterhouseCoopers, der GfK, Sattler und dem Markenverband (2005) unter den 100 größten deutschen Unternehmen sowie den Mitgliedern des Deutschen Markenverbands hinsichtlich der Bedeutung dieser Verwendungszwecke wiedergegeben. Die Befunde basieren auf 96 Antworten von insgesamt 480 angeschriebenen Unternehmen. Befragt wurden pro Unternehmen ein oder mehrere für Marken verantwortliche Spitzenführungskräfte. Zudem ist die Tabelle ergänzt um Informationen aus einer analogen Studie von PricewaterhouseCoopers und Sattler (2001). Die Werte der Vorgängerstudie können vor allem herangezogen werden, um Veränderungen der Tendenzen im allgemeinen Stimmungsbild der Unternehmenspraxis wiederzugeben. Grundsätzlich entsprechen die hier aufgeführten Zwecke einer Markenbewertung den bei Sattler (1995) beschriebenen Anwendungsgebieten.

Häufigster Verwendungszweck von Markenbewertungen sind Markentransaktionen, gefolgt von Markenführungsaspekten. Insbesondere nach dem „Merger&Acquisition-Boom" der letzten Jahrzehnte besteht ein verstärktes Bedürfnis zur finanziellen Bewertung von Marken. Neben dem häufig im Mittelpunkt stehenden Erwerb von Markenrechten ergibt sich auch bei der Ermittlung von Lizenzgebühren ein Bewertungsproblem der betreffenden Marken. Die Bedeutung des Lizenzgeschäfts in Deutschland wird deutlich, wenn man den durch verkaufte Lizenzen erwirtschafteten Umsatz betrachtet. Schon 2001 belief sich dieser Umsatz auf ca. 24 Mrd. €. Bis 2004 ist dieser Wert mit 8 % noch weiter deutlich angestiegen, sodass der Markenbewertung zur Bestimmung von Lizenzpreisen eine große Bedeutung zukommt (Reinstrom/Sattler/Lou, 2006).

Der Stellenwert der Markendokumentation als Bewertungsanlass hat sich aufgrund verschiedener Neuerungen in den letzten Jahren deutlich erhöht. So hat der International Accounting Standards Board (IASB) 2004 analog zu US-GAAP eine Neuregelung der Markenbilanzierung bei Unternehmenszusammenschlüssen veröffentlicht (Mackenstedt/Mussler, 2004). Danach sind die einzelnen Vermögenswerte (inklusive der Marken) im Rahmen der Kaufpreisverteilung des erworbenen Unternehmens zu identifizieren und mit ihrem Zeitwert (Fair Value) anzusetzen. Bei unbegrenzter Nutzungsdauer, wovon bei etablierten Marken auszugehen ist, ist eine Abschreibung nur noch über eine zwingend vorgeschriebene, jährlich durchzuführende Werthaltigkeitsprüfung (Impairment Test) möglich.

Zwecke	Ausprägung	Durchschnittliche Bedeutung *)
Marken-transaktionen	▪ Kauf/Verkauf/Fusion von Unternehmen(steilen) mit bedeutenden Marken ▪ Lizenzierung von Marken	▪ 5,9 [6,2] ▪ 5,5 [6,0]
Markenschutz	▪ Schadensersatzbestimmung bei Markenrechtsverletzungen	▪ 4,6 [5,1]
Marken-führung	▪ Erfolgskontrolle der Markenführung ▪ Erfassung des Markenimages ▪ Stärken-Schwächen-Analyse ▪ Planung von Kommunikationsmaßnahmen ▪ Aufteilung von Budgets ▪ Steuerung und Kontrolle von Führungskräften	▪ 5,8 [--] ▪ 5,6 [--] ▪ 5,6 [--] ▪ 5,5 [--] ▪ 4,4 [4,4] ▪ 3,7 [3,8]
Marken-dokumentation	▪ Unternehmensinterne Berichterstattung ▪ Unternehmensexterne Berichterstattung	▪ 4,6 [4,4] ▪ 4,7 [4,0]
Marken-finanzierung	▪ Kreditabsicherung durch Marken	▪ 3,4 [3,2]

Tabelle 1: Verwendungszwecke von Markenbewertungen und deren Bedeutung aus Unternehmenssicht

*) Gemessen auf einer Skala von 1 (unwichtig) bis 7 (sehr wichtig). Ausgewertet wurden Antworten von 96 deutschen Großunternehmen (PwC/GfK/Sattler/ Markenverband, 2005). Die Klammerausdrücke stammen aus einer analogen Studie von PwC/Sattler (2001).

Dennoch ist die Markendokumentation im Vergleich zu den übrigen Bewertungszwecken immer noch relativ unbedeutend. Ebenso gering ist bislang der Stellenwert der Markenfinanzierung. Dies mag damit zusammenhängen, dass vielen Unternehmen die diesbezüglichen Möglichkeiten noch nicht hinreichend bewusst und Banken skeptisch gegenüber Markenbewertungsverfahren sind.

Auffällig erscheint die Rolle der Markenführung als Bewertungsanlass. In diesem Bereich haben Markenbewertungen zur Überprüfung des Erfolgs der Markenführungsaktivitäten die erste Priorität. Die besondere Relevanz dieser Thematik kann einerseits bedeuten, dass nicht monetäre Markenwertmaße herangezogen werden, um die Erfolgswirkungen der umgesetzten Markenführungsstrategie zu prüfen. Andererseits kann zu diesem Zweck auch ein monetäres Maß verwendet werden, mithilfe dessen Erfolgswirkungen explizit anhand der Veränderung des Markenwertes erfasst werden können. Eine solche quantitative Grundlage zur Bestimmung von Erfolg oder Misserfolg der Markenführung würde Marketing-Manager zu einer langfristigen Ausrichtung der Markenstrategie bewegen und damit der oftmals kritisierten kurzfristigen Orientierung entgegenwirken.

Eine ebenfalls hohe Bedeutung kommt gleichermaßen der Erfassung des Markenimages sowie der Analyse von Stärken und Schwächen der Marke zu. Diese Ziele können schwerpunktmäßig durch den Einsatz nicht monetärer Markenbewertungsverfahren erreicht oder als Teilinformation bei der Ermittlung eines monetären Wertes gewonnen werden.

Eine ähnliche Studie unter 344 Markenverantwortlichen in Deutschland bestätigt die sehr häufige Verwendung nicht monetärer Markenwertmaße im Rahmen der Markenführung. Die drei wichtigsten Bewertungszwecke sind hier die Positionierung von Marken, die Erfassung des Markenimages sowie die Planung von Kommunikationsmaßnahmen (Schimansky, 2004).

Neben der in Tabelle 1 berichteten Wichtigkeit unterschiedlicher Markenbewertungszwecke stellt sich zudem die Frage nach den tatsächlichen Anlässen, zu denen die befragten Unternehmen Markenbewertungen typischerweise durchführen. Hier zeigt sich ein deutliches Übergewicht an nicht monetären Bewertungszwecken aus dem Bereich der Markenführung. Die Erfassung des Markenimages und die Planung von Kommunikationsmaßnahmen sind dabei die häufigsten Gründe einer Markenbewertung. Erst danach folgen Kauf, Verkauf oder Fusion von Unternehmen(steilen) mit bedeutenden Marken als Bewertungsanlass. Die Tatsache, dass Unternehmen, die eine Bewertung zu einem dieser Zwecke bereits durchgeführt haben, auch dessen Wichtigkeit als signifikant wichtiger einschätzen, verwundert kaum.

Zusammenfassend zeigt sich, dass eine Markenbewertung für weitreichende Zwecke genutzt werden kann und von der Unternehmenspraxis auch in weiten Bereichen für wichtig erachtet wird. Zur Umsetzung der Markenbewertung sind adäquate Messinstrumente notwendig.

4. Bisherige Forschungsbeiträge zur Identifikation und Lösung zentraler Markenbewertungsprobleme

4.1 Übersicht zu zentralen Markenbewertungsproblemen

Soll für ein breites Spektrum an Bewertungszwecken eine Markenbewertung vorgenommen werden, so entstehen vier zentrale Markenwertbewertungsprobleme (Sattler, 2005a). Ein erstes Problem besteht in der *Identifikation und Quantifizierung von „Brand Value Drivers"* (synonym: Markenwertindikatoren). „Brand Value Drivers" stellen nicht monetäre Größen dar, die den monetären Wert einer Marke nachhaltig beeinflussen. Beispiele für „Brand Value Drivers" stellen Markenbekanntheit, -image oder -loyalität dar. Die Identifikation und Quantifizierung von „Brand Value Drivers" ist insbesondere für Zwecke der Markenführung relevant. Die „Brand Value Drivers" erlauben eine Ursachenanalyse der Markenwertentstehung und hierüber eine effektive Markenwertsteuerung. Neben der Quantifizierung der Wirkungsstrukturen zwischen den „Brand Value Drivers" ist es essentiell, die Wirkung von „Brand Value Drivers" auf den (langfristigen) monetären Markenwert zu messen. Kann der Zusammenhang mit dem monetären Markenwert nicht hinreichend nachgewiesen werden, so ist eine Analyse von „Brand Value Drivers" aus ökonomischer Sicht letztendlich wertlos.

Ein zweites Problem ergibt sich dadurch, dass bei der Ermittlung von Einzahlungsüberschüssen für die zu bewertende Marke nicht die gesamten Einzahlungsüberschüsse aus dem mit der Marke verbundenen Produkt relevant sind, sondern nur diejenigen, die spezifisch auf die Marke zurückzuführen sind. Betrachtet man bei den Einzahlungen die Umsatzerlöse aus einem Produkt, so sind dementsprechend nicht die gesamten Umsatzerlöse relevant, sondern nur der Teil der Umsatzerlöse, der spezifisch auf die Marke zurückzuführen ist. So würde ein Teil der Umsatzerlöse auch erzielt werden können, wenn für das jeweilige Produkt keine (bzw. eine unbekannte oder sehr schwach profilierte) Marke verwendet wird. Entsprechend sind auch nur diejenigen Auszahlungen zu berücksichtigen, die durch die Marke selbst verursacht werden. Das zweite Problem besteht also in einer *Isolierung* von Einzahlungsüberschüssen, die spezifisch durch die Marke verursacht werden. Bei diesem Isolierungsproblem ist ggf. zusätzlich zu berücksichtigen, dass Marken neben direkten Effekten auf die Umsatzerlöse von Produkten und damit verbundenen Auszahlungen weitere monetäre Effekte hervorrufen können. Hierunter fallen beispielsweise markenbedingte Einsparungen in den Bereichen Personal (z.B. kostengünstigere(s) Recruiting und Personalbindung bei Unternehmen mit attraktiven Marken, wie etwa BMW), Finanzierung (z.B. Aktienemissionen der Deutschen Telekom) und Beschaffung (z.B. verbesserte Lieferantenkonditionen für starke Marken). Inwiefern eine Quantifizierung solcher zusätzlicher markenspezifischer Einzahlungsüberschüsse über die markenspezifischen Umsatzerlöse und dazugehörigen Auszahlungen relevant ist, hängt von ihrer relativen Bedeutung ab. Letztendlich ist entscheidend, welchen Stellenwert Marken für unterschiedliche Zielgruppen haben. Häufig beschränkt man sich bei der Isolierung auf die Kunden als Zielgruppe, markenspezifische Umsatzerlöse und dazugehörige Auszahlungen.

Ein drittes Problem besteht darin, dass sich die Wirkungen von Marken über sehr lange Zeiträume erstrecken (z.B. Penrose, 1989). Allgemein zeigt die Existenz klassischer Markenartikel, wie z.B. Coca-Cola, Dr. Oetker, Nivea, Persil, Rama und Tempo über einen Zeitraum von deutlich über 50 Jahren die (potenziell) langfristige Wirkung von Markenstrategien. Anhand einer Marke wie Datsun, die Anfang der 1980er Jahre eingestellt wurde, wird die Langfristwirkung noch deutlicher. Obwohl hier die letzten Markeninvestitionen mehr als zehn Jahre zurücklagen, genoss diese Marke in den 90er Jahren weiterhin einen hohen Bekanntheitsgrad und positive Einstellungswerte (Aaker, 1991). Für die Markenbewertung in Form einer Ermittlung diskontierter zukünftiger Einzahlungsüberschüsse bedeutet dies, dass Prognosezeiträume von 5, 10 oder sogar noch mehr Jahren relevant werden können (*langfristiges Prognoseproblem*). Aufgrund des Prognoserisikos gilt es, die Risiken zu quantifizieren und bei der Diskontierung der zukünftigen Einzahlungsüberschüsse zu berücksichtigen.

Als viertes zentrales Problem muss schließlich berücksichtigt werden, dass das Wertschöpfungspotenzial einer Marke wesentlich durch *markenstrategische Optionen* beeinflusst wird. Diese Optionen bestehen in erster Linie darin, dass die zu bewertende Marke in Form eines Markentransfers auf neue Produktbereiche und Märkte ausgedehnt werden kann. So wurde z.B. die ursprünglich für den Hautcrememarkt entwickelte Marke Nivea erfolgreich auf eine Vielzahl anderer Märkte transferiert und hat damit erhebliche Wertschöpfungspotenziale realisieren können. Insbesondere seit Anfang der 80er Jahre erfreuen sich solche Markentransfers in der Praxis außerordentlicher Beliebtheit (Esch, 2004; Völckner, 2003). Dabei ist allerdings zu bedenken, dass es infolge des Markentransfers zu einer Verwässerung oder sogar Schädigung des Markenimages kommen kann, mit entsprechend negativen Konsequenzen für sämtliche Produkte, die unter der betroffenen Marke angeboten werden (Kaufmann/Kurt, 2005). Neben der klassischen Form von Markentransfers auf neue Produkte („New Product Brand Extension") kann ein Markentransfer auch durch eine Ausdehnung auf neue (geographische) Märkte vorgenommen werden („New Market Brand Extension"), z.B. in Form eines Transfers der australischen Marken Foster und Winfield auf den deutschen Markt. Weitere markenstrategische Optionen bestehen darin, dass die zu bewertende Marke umpositioniert wird, beispielsweise durch eine Etablierung neuer zentraler Imagedimensionen (z.B. Innovativität bei der Automarke Audi) oder das Eingehen von markenbezogenen Kooperationen, z.B. in Form von Markenallianzen mit Wettbewerbern (Simonin/Ruth, 1998) oder Kooperationen mit dem Handel (Buchanan/Simmons/Bickart, 1999).

In Abbildung 1 sind die skizzierten Grundprobleme einer Markenbewertung zusammenfassend dargestellt. Es wird deutlich, dass der Gesamtwert einer Marke in die beiden Komponenten Fortführungswert (Going-Concern-Markenwert) und Wert markenstrategischer Optionen aufgeteilt werden kann. Für beide Komponenten müssen markenspezifische Zahlungen isoliert und langfristig prognostiziert werden. Bei diesen Zahlungen handelt es sich gemäß dem Value-Based-Planning-Ansatz (Day/Farhey, 1988) um eine zahlungsorientierte markenspezifische Gewinngröße (Brand Earnings). Beim Going-Concern-Markenwert wird davon ausgegangen, dass die zu bewertende Marke zukünftig unter den gegenwärtigen Rahmenbedingungen (bisherige Produkte, Märkte, Positionierungen und Kooperationen) fortgeführt wird. Der Wert markenstrategischer Optionen ergibt sich hingegen aus zukünftigen Handlungsmöglichkeiten der betrachteten Marke im Hinblick auf neue Produkte, Märkte, Positionierungen oder Kooperationen.

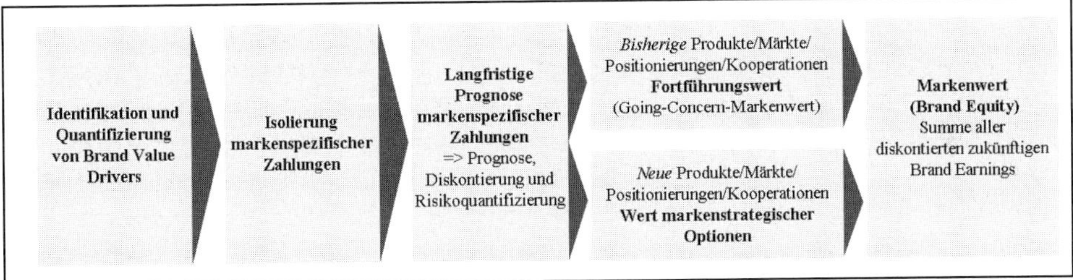

Abbildung 1: Grundprobleme und Komponenten einer Markenwertmessung

Die in der Literatur vorgeschlagenen Instrumente zur Markenbewertung konzentrieren sich häufig auf einzelne oder eine Teilmenge der vier erläuterten Problembereiche. In den folgenden Abschnitten des Kapitels 4 sollen daher die bestehenden Markenbewertungsansätze entsprechend ihrem Lösungsbeitrag zu den vier Problembereichen erörtert werden.

4.2 Identifikation und Quantifizierung von Brand Value Drivers

Bislang ist insbesondere in der Unternehmenspraxis eine fast unüberschaubare Vielzahl an Instrumenten zur Messung von „Brand Value Drivers“ entwickelt worden (z.B. Frahm, 2004; Schimansky, 2004). Auf eine umfassende Übersicht muss an dieser Stelle verzichtet werden. Sehr häufig wird anstelle von „Brand Value Drivers“ der Begriff Markenstärke (Brand Strength) verwendet, der dann zumeist mehrdimensional (z.B. Markenbekanntheit und Image, Keller, 1993), mitunter aber auch eindimensional (z.B. Markennutzen, Brockhoff/Sattler, 1996) gemessen wird. Weder hinsichtlich der als relevant zu erachtenden „Brand Value Drivers“ (bzw. der einzelnen Dimensionen der Markenstärke) noch bezüglich der relativen Bedeutung der einzelnen „Drivers“ besteht auch nur näherungsweise Einigkeit. Insbesondere bei vielen von der Unternehmenspraxis vorgeschlagenen Verfahren kann man sich nicht des Eindrucks erwehren, dass die einzelnen „Brand Value Drivers“ rein aus Plausibilitätsüberlegungen heraus gewählt und willkürlich gewichtet werden. Hierzu zählt z.B. der weltweit verbreitete Brand Asset Valuator von Young & Rubicam mit den auf einfachen Rating-Skalen gemessenen Markenwertindikatoren Markendifferenzierung, Markenrelevanz, Markenansehen und Markenvertrautheit (Richter/Werner, 1998). Hier werden Vorteile im Hinblick auf Kosten, Zeit und Einfachheit mit gravierenden Validitätsproblemen erkauft. Gleiches gilt für Verfahren, die sich isoliert auf einzelne Indikatoren des Markenwerts, wie z.B. Markenbekanntheit, Markenqualität, Markenassoziationen und Markenverbundenheit, konzentrieren (zusammenfassend Frahm, 2004).

Wichtig ist, dass die verwendeten Markenwertindikatoren bzw. „Brand Value Drivers" und deren strukturverknüpfende Elemente einer eingehenden empirischen Validitätsprüfung unterzogen werden, insbesondere was ihren Zusammenhang mit dem monetären Wertschöpfungspotenzial einer Marke anbelangt. Dies ist beispielsweise der Fall für die von den Marktforschungsunternehmen Icon und GfK angebotenen Verfahren „Markeneisbergmodell" (z.B. Andresen/Esch, 2001; Musiol et al., 2004) und „Brand Potential Index – BPI" (Hupp, 2001) sowie für ein von Sattler und der GfK vorgeschlagenes Indikatorenmodell (Sattler, 1997). Um einen Eindruck diesbezüglicher Ansätze zu vermitteln, sollen das Markeneisbergmodell und das letztgenannte Indikatorenmodell kurz erläutert werden. Eine vergleichende, umfassende Validitätsprüfung steht in jedem Fall bei diesen und anderen Ansätzen aus.

Das Markeneisbergmodell besteht aus den zwei Indikatorenklassen „Markenbild" und „Markenguthaben". Das Markenbild bildet die kurzfristigen Wirkungen der Marketing-Mix-Instrumente auf die Markenwahrnehmung der Konsumenten ab und umfasst die folgenden Einzelindikatoren:

- Markenbekanntheit,
- subjektiv empfundener Werbedruck,
- Einprägsamkeit der Werbung,
- Markenuniqueness,
- Klarheit sowie
- Attraktivität des inneren Bildes.

Das Markenguthaben erfasst die über die Marketing-Mix-Instrumente induzierten langfristigen Veränderungen von Konsumenteneinstellungen und beinhaltet die Indikatoren

- Markensympathie,
- Markenvertrauen und
- Markenloyalität.

Viele der Einzelindikatoren finden sich auch im BPI-Ansatz wieder (Hupp, 2001). Die Messung erfolgt bei beiden Modellen durch Konsumentenbefragungen auf Basis einer Batterie von Rating-Skalen. Das Indikatorenmodell von Sattler und der GfK beruht hingegen auf einer umfassenden Managerbefragung (n = 78; überwiegend Marketingdirektoren deutscher Konsumgüterhersteller) zur Bedeutung von sechs zentralen Markenwertindikatoren hinsichtlich der langfristigen Wertschöpfungsmöglichkeiten kurzlebiger Konsumgütermarken. Die Ergebnisse zur relativen Bedeutung der Indikatoren sind in Abbildung 2 veranschaulicht. Die Bedeutungsgewichte wurden auf Basis einer über alle Experten gepoolten Regressionsanalyse empirisch geschätzt und validiert. Mit 44,1% nimmt das Markenimage eine herausragende Stellung unter den Markenwertindikatoren ein. Die historische Entwicklung (24,1%) und der wertmäßige Marktanteil (11,5%) folgen in der Rangfolge der Wichtigkeit auf Platz 2 und 3. Mit relativen Bedeutungen von weniger als 10% schließen sich die Wiederkaufrate (9,4%), die gewichtete Distribution (6,5%) und die gestützte Bekanntheit (4,4%) an (Sattler, 1997).

Dass die Messung der einzelnen Indikatoren keineswegs trivial ist, wird beispielhaft deutlich, wenn man sich dem Markenimage als in diesem Fall bedeutendsten „Brand Value Driver" zuwendet. Das Image kann als ganzheitliches Bild einer Marke verstanden werden, das sich sowohl aus kognitiven als auch emotionalen Komponenten zusammensetzt (Trommsdorff, 2003). Für die Erfassung dieses Konstruktes wird in der wissenschaftlichen Literatur eine Vielzahl an Verfahren vorgeschlagen. Das angebotene Methodenspektrum reicht dabei von qualitativen Verfahren zur Erfassung zentraler Imagedimensionen bis zu quantitativen Ansätzen zur Bestimmung der Bedeutungsgewichte einzelner Dimensionen (Dobni/Zinkhan, 1990).

Das Problem besteht nicht zuletzt in der Auswahl der für den Anwendungsfall richtigen Messmethode. Allein im Bereich der quantitativen Modelle gibt es fundamentale Unterschiede zwischen den einzelnen Methoden. Neben der eindimensionalen Messung des Images über eine globale Frage wird die Messung von Images in der Praxis vorwiegend mithilfe von mehrdimensionalen Verfahren durchgeführt. In diesem Bereich können wiederum komponierende und dekomponierende Verfahren unterschieden werden. Im ersten Fall werden über mehrere Variablen erfasste Teileindrücke zum Gesamtimage der Marke integriert, während dekomponierende Verfahren Globalurteile erfassen und diese anschließend in Imagedimensionen zerlegen. Für jede der genannten Kategorien sind wiederum mehrere Verfahren denkbar. Es wird deutlich, dass allein die Auswahl des Messinstrumentes ein keineswegs einfaches Entscheidungsproblem darstellt. Die Notwendigkeit zum detaillierten Abwägen der unterschiedlichen zu erwartenden Ergebnisse sowie der jeweiligen methodischen Komplexität der Verfahren erschweren das Problem der Imagemessung zudem deutlich. Die Integration eines solchen Markenwertindikators in ein monetäres Markenwertkonzept, das den Anforderungen Validität, Reliabilität und Objektivierbarkeit gerecht werden soll, scheint somit nur sehr begrenzt möglich. Sowohl im Bereich der Erfassung einzelner „Brand Value Driver" als auch hinsichtlich der Integration unterschiedlicher Maße in einen monetären Markenwert besteht weiterer Forschungsbedarf.

Sämtliche Markenbewertungsverfahren, die sich auf die Ermittlung (und ggf. Verknüpfung) von „Brand Value Drivers" beschränken und damit ein nicht monetäres Maß darstellen, weisen den Nachteil auf, dass sie sich für die meisten praktisch relevanten Markenbewertungszwecke (vgl. Tabelle 1) nicht unmittelbar einsetzen lassen und damit unzweckmäßig sind. Allerdings können diese Maße insofern verwendet werden, als dass sie als Basis für eine Transformation in monetäre Größen dienen können. Betrachtet man unter diesem Gesichtspunkt relativ einfach zu ermittelnde Markenwertindikatoren, wie Markenbekanntheit, Markenqualität, Markenassoziationen und Markenverbundenheit (Frahm, 2004), so erweist sich hier eine Transformation der *einzelnen* Indikatoren in monetäre Werte als schwierig. Denn diese Indikatoren beschreiben Konstrukte, die relativ weit von einer - mit monetären Transaktionen verbundenen - Kaufentscheidung entfernt sind. Dementsprechend kommen Agarwal/Rao (1996) bei einer vergleichenden empirischen Untersuchung mit unterschiedlichen Markenwertmaßen auch zu dem Ergebnis, dass der Bekanntheitsgrad als „Brand Value Driver" nur schwach mit einem monetären Markenwertmaß (in Form einer individuellen zusätzlichen Zahlungsbereitschaft hinsichtlich einer Marke gegenüber einem No-Name-Produkt) korreliert (vgl. auch Frahm, 2004; Francois/MacLachlan, 1995). Auf der anderen Seite weisen einfache Maße, wie z.B. der Bekanntheitsgrad, den Vorteil auf, dass sie relativ zeit- und kostengünstig ermittelt werden können; oft sind die erforderlichen Daten sogar in Unternehmen direkt verfügbar. Hierin dürfte der Hauptgrund für ihre weite Verbreitung in der Praxis liegen.

Zusammenfassend kann festgehalten werden, dass die bisherigen Ansätze zur Identifikation und Quantifizierung von „Brand Value Drivers" zumeist nur unzureichend validiert und zudem nur eingeschränkt zweckmäßig sind. Die meisten Ansätze sind einfach sowie kosten- und zeitgünstig einsetzbar, häufig allerdings nur eingeschränkt valide. Auch hinsichtlich der empirisch validierten Ansätze ist man weit davon entfernt, auch nur näherungsweise Einigkeit über die Art und Relevanz von „Brand Value Drivers" erzielt zu haben.

4.3 Isolierung markenspezifischer Zahlungen

Zur Lösung des Isolierungsproblems ist in der Literatur eine Vielzahl von Vorschlägen entwickelt worden. Dabei konzentrieren sich die Ansätze auf markenspezifische Einzahlungen, die auch im Folgenden im Mittelpunkt stehen sollen (zur Ermittlung markenspezifischer Auszahlungen vgl. Sattler, 1997). Die Isolierung kann erfolgen auf Basis eines

- Preis- und Mengenpremiums,
- hedonischen Preises,
- markenkorrigierten Umsatzes,
- markenkorrigierten Gewinns sowie einer
- Lizenzpreisanalogie.

Preis- und Mengenpremium: Die am häufigsten eingesetzte Vorgehensweise zur Isolierung markenspezifischer Zahlungen basiert auf der Ermittlung eines Preis- und / oder Mengenpremiums. Der Grundgedanke besteht darin, dass eine Marke, in die verschiedene Markeninvestitionen, wie z. B. Werbung, getätigt wurden, gegenüber einer Referenzmarke mit keinen oder minimalen Markeninvestitionen (näherungsweise eine schwach profilierte Handelsmarke oder als Extremfall ein nicht markiertes Produkt) am Markt einen höheren Preis (Preispremium) und / oder eine höhere Absatzmenge (Mengenpremium) erzielen kann. Werden unter beiden Marken die (prinzipiell) gleichen Produkte angeboten, so stellen Preis- und Mengenpremium unmittelbar ein Maß für markenspezifische Zahlungen dar. Je nach Stärke und Richtung des erzielbaren Preis- und Mengenpremiums können vier Fälle unterschieden werden (Abbildung 2). Preis- und Mengenpremium zusammen ergeben das Umsatz- oder „Revenue-Premium" (Ailawadi/Neslin/Lehmann, 2003). Fall A in Abbildung 2 kennzeichnet eine ideale Situation für die betrachtete Herstellermarke. Die Marke erzielt im Vergleich zur Referenzmarke einen höheren Preis und eine höhere Absatzmenge. Das resultierende Umsatz-Premium wird durch die grau schraffierte Fläche beschrieben. In Fall B kann die Herstellermarke einen höheren Preis als die Referenzmarke durchsetzen. Mit dem höheren Preis geht jedoch eine niedrigere Absatzmenge einher. In Abhängigkeit von der relativen Größe des positiven Preis- und negativen Mengenpremiums fällt das Umsatz-Premium positiv oder negativ aus. In Fall C erzielt die Herstellermarke ein positives Mengenpremium, erkauft sich dieses jedoch durch ein negatives Preispremium. Erneut hängt das Vorzeichen des resultierenden Umsatz-Premiums von der relativen Größe des positiven Mengen- und negativen Preispremiums ab. Fall D kennzeichnet schließlich die Situation eines negativen Umsatz-Premiums. Die Unterscheidung der vier Fälle ist insbesondere für eine Analyse der Ursachen des ermittelten Umsatz-Premiums relevant. Aufbauend auf einer solchen Analyse ist zu untersuchen, inwiefern das Umsatz-Premium durch Einsatz markenpolitischer Instrumente verbessert werden kann.

Die Daten zur Messung des Preis- und Mengenpremiums können direkt aus unternehmensinternen Daten (z.B. Paneldaten) entnommen werden. Ein erstes Problem besteht darin, dass die betrachteten Preise und Absatzmengen starken kurzfristigen Schwankungen unterliegen können, z.B. infolge von Verkaufsförderungsmaßnahmen, insbesondere Preispromotions (Gedenk, 2002). Darüber hinaus werden keine Wettbewerber und Wettbewerbsreaktionen berücksichtigt. Auch Distributionseffekte werden vernachlässigt. Weiterhin ist unklar, inwiefern die zu bewertende Marke und die Referenzmarke (näherungsweise) identische Produkte bzw. Produkteigenschaften anbieten. Schließlich besteht nicht die Möglichkeit, eine Ursachen- und Wirkungsanalyse der Markenwertentstehung für Zwecke der Markenführung vorzunehmen, d.h. es besteht keine unmittelbare Verknüpfung mit „Brand Value Drivers".

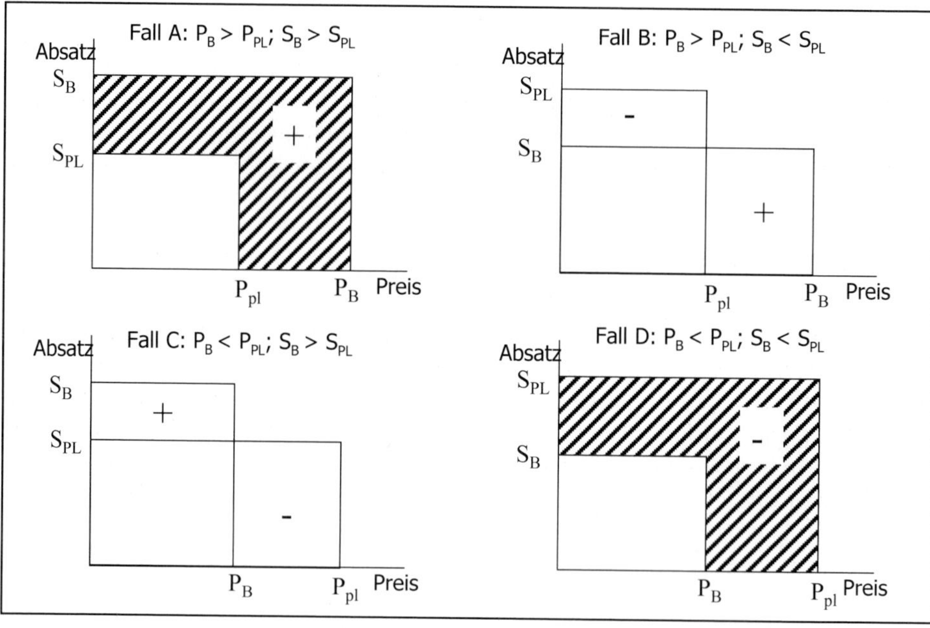

Abbildung 2: Alternative Konstellationen für ein Preis- und Mengenpremium

Quelle: Ailawadi/Lehmann/Neslin (2003)

Legende: P_B bzw. P_{PL}: Preis einer Hersteller- bzw. Handelsmarke

S_B bzw. S_{PL}: Absatz einer Hersteller- bzw. Handelsmarke

Ein Teil der Probleme kann durch die Verwendung individueller Befragungsdaten behoben werden. Häufig wird über direkte („Self Explicated"-Modelle) oder indirekte Befragungen (Conjoint-Analysen) eine zusätzliche Zahlungsbereitschaft ermittelt, die Nachfrager für eine Marke gegenüber einer Referenzmarke (z.B. Handelsmarke) haben (Sattler, 2001). Kennt man die Nachfragemengen pro Konsument innerhalb der gegenwärtigen Periode (z.B. innerhalb des laufenden Jahres) und hat man ein für den relevanten Produktmarkt repräsentatives Sample von Konsumenten hinsichtlich der zusätzlichen Zahlungsbereitschaft befragt, so lässt sich der gegenwärtige Wert der Marke hochrechnen. Je nach erhobenen Daten lassen sich Preis- und Mengenpremium bestimmen.

Die Vorgehensweise soll anhand einer unter Validitätsgesichtspunkten besonders geeignet erscheinenden (Sattler, 2005b) spezifischen Choice-Based-Conjoint-Analyse näher illustriert werden (Swait et al., 1993). Bei diesem Ansatz wird eine zunächst gemessene Markenpräferenz in verschiedene Komponenten zerlegt und damit eine Interpretation von Ursachen der Markenwertentstehung möglich. Die Präferenzen werden über so genannte Choice-Sets von Marken (bestehend aus der zu bewertenden Marke, der Referenzmarke und wichtigen Konkurrenzmarken) gebildet, die potenziellen Nachfragern zur Auswahl vorgelegt werden. Die Choice-Sets werden jeweils aus den gleichen Marken mit (nach Maßgabe eines orthogonalen Designs) systematisch variierten Preisen gebildet (ggf. können weitere Produkteigenschaften ergänzt werden). Bei jedem der beispielsweise 10 Choice-Sets sollen die Befragten angeben, welche Marke sie kaufen würden (ggf. keine Marke). Auf Basis dieser Daten sowie einer zusätzlich vorgenommenen Einstellungsmessung gegenüber den betrachteten Marken können dann unter Verwendung eines Logit-Ansatzes die Parameter bestimmt werden.

Die Markenpräferenz (bzw. äquivalent der Markennutzen) wird hierbei in die Komponenten markenspezifische Konstante, objektive Produkteigenschaften und Einstellungen gegenüber den zu bewertenden Marken (z.B. Einstellung hinsichtlich der Zuverlässigkeit einer Marke) zerlegt. Die Erfassung der Preiskomponente dient der Umrechnung des Markennutzens in eine monetäre Größe in Form einer konsumentenspezifischen Zahlungsbereitschaft. Als Markenwert kann der Bestandteil des in eine Zahlungsbereitschaft umgerechneten Markennutzens angesehen werden, der nicht auf objektive Produkteigenschaften zurückzuführen ist. Bei alternativer Markenwertdefinition sind entsprechend modifizierte Markenwertberechnungen möglich.

Alternativ zu einer Conjoint-Analyse kann eine Zahlungsbereitschaft für eine Marke im Vergleich zu einer Referenzmarke auch über die direkte Abfrage eines Preispremiums im Rahmen von „Self Explicated"-Modellen erfolgen. Ähnlich zu dem soeben erläuterten Conjoint-Ansatz nehmen Park/Srinivasan (1994) (erweitert durch Srinivasan/Park/Chang, 2005) eine Zerlegung eines direkt abgefragten Preispremiums in verschiedene Komponenten vor und lassen damit eine Interpretation von Ursachen der Markenwertentstehung zu.

Hedonische Preise: Ein alternativer Ansatz zur Ermittlung einer zusätzlichen Zahlungsbereitschaft besteht auf aggregierter Ebene in der Schätzung einer so genannten hedonischen Preisfunktion (Holbrook, 1992; Randall/Ulrich/Reibstein, 1998; Sander, 1994; Sullivan, 1998). Bei einer hedonischen Preisfunktion wird versucht, die am Markt beobachtbaren Preisvariationen verschiedener Produktvarianten einer Produktklasse durch die Unterschiede der diese Produkte beschreibenden Eigenschaften – hier unter anderem die Marke – zu erklären. Hierzu kann eine Regressionsanalyse mit den beobachteten Preisen als abhängige und den Produkteigenschaften als unabhängige Variable(n) eingesetzt werden. Die geschätzten Regressionskoeffizienten für die Marken können dann als durchschnittliche zusätzliche Zahlungsbereitschaft im Vergleich zu einer unbekannten Marke interpretiert werden. Der Ansatz ist allerdings an verschiedene Annahmen gebunden (wie z.B. vollständige Informationen bei Nachfragern und Anbietern sowie unendlich hohe Reaktionsgeschwindigkeiten der Marktpartner), die vielfach nicht gegeben sind (Weber, 1986). Von daher ist dieser Ansatz für eine Markenwertermittlung nur für die Fälle bzw. Warengruppen geeignet, in denen die Annahmen näherungsweise erfüllt sind (z.B. Automobile). Vorteile bestehen in der einfachen und kostengünstigen Datenbeschaffung.

Markenkorrigierter Umsatz: Anstelle eines Umsatzpremiums (bestehend aus Preis- und Absatzpremium) kann bei der Ermittlung markenspezifischer Einzahlungen als Ausgangsbasis auch unmittelbar auf den Umsatz zurückgegriffen werden. Eine solche Vorgehensweise bietet sich insbesondere dann an, wenn davon ausgegangen werden kann, dass ein sehr großer Teil der Umsatzerlöse markenspezifisch ist. Dies ist für markendominierte Produktkategorien, wie z.B. Bier, der Fall (ein Überblick zu empirisch ermittelten Produktkategorien mit hoher Markendominanz findet sich bei Fischer/Meffert/Perrey, 2004). Sattler/Högl/Hupp (2003) schlagen für solche Fälle einen Isolierungsansatz auf Basis von über Paneldaten gemessenen Umsätzen vor. Die Isolierung bzw. Korrektur erfolgt im Hinblick auf nicht markenspezifische Preispromotion- und Distributionseffekte. Wie oben bei der Ermittlung des Preis- und Mengenpremiums bereits angedeutet, besteht ein Problem der Messung von Markenumsätzen darin, dass diese durch stark kurzfristig wirkende Marketing-Mix-Instrumente verzerrt sein können. Die Idee des Ansatzes von Sattler/Högl/Hupp (2003) besteht nun darin, dass man auf Grundlage einer empirisch, d.h. mithilfe von Paneldaten geschätzten Marktreaktionsfunktion diejenigen Umsätze prognostiziert, die sich bei einer über die Produktgruppe durchschnittlichen Preispromotion-Intensität ergeben würden (Sattler/Högl/Hupp, 2003). Entsprechend werden Umsätze von Marken mit unterdurchschnittlichen Preispromotion-Anteilen erhöht und im Falle überdurchschnittlicher Promotionintensität reduziert. Analog werden die Umsätze um Distributionseffekte korrigiert.

Eine andere umsatzbasierte Form der Isolierung wird bei einem von McKinsey entwickelten Instrument vorgenommen, dem so genannten Brand-related Premium Pool – BPP (Bachem/Esser/Riesenbeck, 2001). Der über eine Conjoint-Analyse gemessene BPP drückt aus, welcher Anteil des Umsatzes durch die Marke bedingt wird.

Markenkorrigierter Gewinn: Andere Instrumente setzen bei der markenspezifischen Isolierung unmittelbar am Gewinn bzw. Deckungsbeitrag an, den ein Markenprodukt erzielt hat. Beispielsweise werden beim Interbrand-Modell die Gewinne in Form der Einzahlungsüberschüsse aus einem markierten Produkt für ein bestimmtes Jahr mit einem „Role-of-Brand-Index" multipliziert (Trevillon/Perrier, 1999). Letzterer misst die Bedeutung der Marke, die sie bei verschiedenen Nachfragetreibern (u.a. Preis, Produktqualität, Erhältlichkeit) eines Produkts hat. Sehr ähnlich hierzu gehen die Ansätze von Brand-Finance (Haigh, 2000) und Fischer (2005) bzw. McKinsey vor.

Das Modell von AC Nielsen bzw. Konzept & Markt (Brand Performance System, Franzen, 2004) stellt auch auf einen markenkorrigierten Gewinn ab, bezieht sich allerdings auf das gesamte, langfristig erzielbare Gewinn- bzw. Wertschöpfungspotenzial einer Produktgruppe. Für die zu bewertende Marke und die wichtigsten Marken der relevanten Produktgruppe wird über eine Reihe von „Brand Value Drivers", deren Wirkungsstrukturen kausalanalytisch quantifiziert werden, die relative Markenstärke der zu bewertenden Marke im Verhältnis zu den übrigen Marken bestimmt. Diese relative Markenstärke wird dann mit dem Wertschöpfungspotenzial der Produktgruppe multipliziert und stellt unmittelbar einen langfristig gemessenen Markenwert dar.

Lizenzpreisanalogien: Eine besonders in der Rechnungswesenpraxis verbreitete Form der Isolierung ist die Lizenzpreisanalogie (Castedello/Klingbeil, 2004). Nach diesem auch als „Relief from Royalty"-Methode bezeichneten Verfahren ergibt sich der Wert der Marke aus zukünftigen Lizenzzahlungen, die ein Unternehmen aufwenden müsste, wenn es die Marke von einem Dritten lizenzieren müsste. Die üblicherweise verwendete Bezugsbasis ist der mit der Marke generierte Umsatz. Durch Multiplikation des Lizenzsatzes mit dem Umsatz ergibt sich der Markenwert. Es wird dabei versucht, den Lizenzsatz im Wege eines Analogieschlusses abzuleiten. Zumeist lässt sich nur eine Bandbreite möglicher Lizenzsätze ermitteln. In den meisten Fällen wird nicht ausreichend dem Umstand Rechnung getragen, dass in der Lizenzierungspraxis neben dem umsatzbezogenen Lizenzsatz eine Reihe weiterer Größen eine entscheidende Rolle spielt, wie z.B. die Zahlung von Einmalgebühren und der Ansatz garantierter Umsätze (Böll, 1999).

Um den Ermessensspielraum bei der Auswahl eines geeigneten Lizenzsatzes aus einer Bandbreite möglicher Sätze zu reduzieren, wird verschiedentlich vorgeschlagen, die Auswahl des Lizenzsatzes an der Markenstärke zu orientieren (z.B. Lou/Anson, 2000; Schmusch/Klein-Bölting/Esser, 2004). Danach erhalten Marken mit einer sehr hoch (niedrig) ausgeprägten Markenstärke einen Lizenzsatz am oberen (unteren) Ende der Bandbreite üblicher Lizenzsätze. Notwendige Voraussetzung hierfür ist eine valide Ermittlung der Markenstärke (vgl. Abschnitt 4.2).

Zur Plausibilisierung von Lizenzsätzen lässt sich auch die in der Steuerpraxis anerkannte Knoppe-Formel anwenden (Castedello/Klingbeil, 2004). Danach wird grundsätzlich nicht beanstandet, dass ein Lizenznehmer näherungsweise 25 bis 33 % seiner „earnings before interest and tax" (EBIT) für die Zahlung von Lizenzraten verwendet.

Zusammenfassend ergibt sich bei der Bewertung der bisherigen Ansätze zur Isolierung markenspezifischer Zahlungen folgendes Bild: Die Ermittlung eines Preis- und Mengenpremiums kann unter Validitätsgesichtspunkten am ehesten überzeugen, insbesondere wenn zusätzlich wahlbasierte Conjoint-analytische Instrumente eingesetzt werden. In Abhängigkeit von marken- und produktspezifischen Besonderheiten sowie dem Bewertungszweck kann auf den zusätzlichen Einsatz wahlbasierter Conjoint-Analysen auch verzichtet werden mit entsprechenden Vorteilen bei den Kriterien Einfachheit und Kosten- und Zeitgünstigkeit. Hedonische Preise eignen sich nur für sehr spezifische Anwendungsfelder, sind dann aber im Hinblick auf die Kriterien Objektivierbarkeit und Kosten- und Zeitgünstigkeit positiv ausgeprägt. Verfahren auf Basis markenkorrigierter Umsätze und Gewinne weisen häufig einen erheblichen Ermessensspielraum auf oder sind – etwa bei Verwendung von Paneldaten – sehr aufwendig. Trotz Favorisierung im Rechnungswesenbereich und in der Rechtsprechung weisen auch Lizenzpreisanalogien erhebliche Ermessensspielräume auf.

4.4 Langfristige Prognose markenspezifischer Zahlungen

Verfahren, die eine langfristige Prognose markenspezifischer Zahlungen beinhalten, nehmen typischerweise eine ganzheitliche Markenbewertung vor, indem (implizit) neben dem Prognoseproblem mindestens auch eine Lösung des Isolierungsproblems bereitgestellt wird. Entsprechende Ansätze lassen sich in drei Gruppen unterteilen:

- Kostenorientierte Verfahren
- Marktpreisorientierte Verfahren
- Ertragsorientierte Verfahren

Kostenorientierte Verfahren orientieren sich an der Vorstellung, welcher Betrag aufzuwenden wäre, wenn die betreffende Marke wiedererstellt werden müsste (Barwise et al., 1989; Kapferer, 1992). Hierbei können entweder die Wiederbeschaffungskosten der Marke geschätzt oder die historischen „Herstellungskosten“ ermittelt werden. Indirekt wird hierüber versucht, eine Approximation der zukünftigen markenspezifischen Zahlungen abzuleiten. Allerdings wird vernachlässigt, dass sich die Wirkungen von für die Marke aufgewendeten Kosten (besser: Investitionen) je nach Umsetzung sehr unterschiedlich auf den zukünftigen Erfolg auswirken können. Beispielsweise haben die dreistelligen €-Millioneninvestitionen in die Marke E.ON bislang kaum zusätzliche markenspezifische Zahlungen erbracht. Von daher ist stark anzuzweifeln, ob die alleinige Verwendung historischer Daten ausreicht, um langfristige zukünftige Entwicklungen der Marke adäquat abzubilden.

Marktpreisorientierte Verfahren basieren die Wertermittlung auf einer Analyse von Markttransaktionen und damit verbundenen Transaktionspreisen. Die Marktpreise können sich unmittelbar auf das relevante Unternehmen oder vergleichbare Fälle beziehen. Unternehmensbezogene Marktpreise können z.B. Börsenwerte darstellen. So gehen Simon/Sullivan (1993) davon aus, dass zukünftige markenspezifische Zahlungen vom Finanzmarkt antizipiert werden und damit in den für die langfristige Prognose verwendeten Börsendaten eines Unternehmens enthalten sind. Dabei wird zunächst vom Börsenwert der Wert des materiellen Vermögens, wie er sich aus der Bilanz ergibt, subtrahiert. Der verbleibende immaterielle Wert des Unternehmens wird in drei Komponenten (Markenwert, Wert nicht markenspezifischer Faktoren (z.B. Patente) und Wert branchenspezifischer Faktoren) zerlegt und jeweils geschätzt. Für den Markenwert wird angenommen, dass er eine lineare Funktion des Markenalters, des Markteintrittszeitpunkts, der kumulierten Werbeauszahlungen und des relativen Werbeanteils ist. Selbst wenn eine langfristige Markenwertisolierung aus den Börsendaten gelingt, kann auf diese Art eine Marke nur auf Gesamtunternehmensebene bewertet werden, was nur für Unternehmen Sinn macht, die (im wesentlichen) eine einzige Marke verwenden (z.B. Siemens). Für Deutschland ergeben sich weitere Einschränkungen, da nur relativ wenige Unternehmen an der Börse gehandelt werden.

Marktpreisorientierte Verfahren auf Basis vergleichbarer Transaktionen orientieren sich beispielsweise an Lizenzen (s.o.) oder Earnings-Multiples, die bei markenmotivierten Unternehmensakquisitionen realisiert wurden (Sattler, 2000). Erhebliche Probleme ergeben sich aus dem Nachweis der Vergleichbarkeit des Transaktionsobjekts mit der zu bewertenden Marke.

Ertragsorientierte Verfahren (inklusive Discounted-Cash-Flow-Verfahren) haben aufgrund der genannten Einschränkungen und Probleme alternativer Ansätze eine weitgehende Anerkennung in der Wissenschaft, Praxis und Rechtsprechung erlangt (Castedello/Klingbeil, 2004). Die Grundidee besteht darin, die zukünftigen Erträge einer Marke, d.h. die markenspezifischen Einzahlungsüberschüsse, zu prognostizieren und auf den Bewertungsstichtag zu diskontieren. Die Diskontierung erfordert die Ermittlung eines Kalkulationszinssatzes. Um dem Prognoserisiko Rechnung zu tragen, wird vielfach ein Zinsrisikozuschlag in Ergänzung zu einem risikolosen Zinssatz angewandt (Sattler, 1997).

Ertragsorientierte Markenbewertungsansätze lassen sich in Verfahren untergliedern, welche die zukünftigen markenspezifischen Einzahlungsüberschüsse (oder verwandte Gewinngrößen)

(a) durch pauschalierte Fortschreibung ermitteln,

(b) über explizite Prognosen erfassen oder

(c) unmittelbar aus „Brand Value Drivers“ ableiten.

(a) Pauschalierte Fortschreibung: Der erste Typ von Verfahren ist dadurch gekennzeichnet, dass die markenspezifischen Einzahlungsüberschüsse in die Zukunft pauschal fortgeschrieben werden. Eine häufige Annahme ist, dass sich die Überschüsse zukünftig (ggf. inflationsbereinigt) dauerhaft konstant entwickeln (z.B. Fischer, 2005). In diesem Fall lässt sich der langfristige Markenwert sehr einfach durch Division des kurzfristigen Markenwerts (z.B. isolierte markenspezifische Zahlungen des aktuellen Jahres) durch den Kalkulationszinssatz gemäß der Formel zur Berechnung einer ewigen Rente berechnen. Der Faktor (1/Kalkulationszinssatz) entspricht dann einem Brand-Earnings-Multiple. Teilweise wird direkt an diesem Multiple bei der Prognose angesetzt. So bestimmt das Verfahren „Semion Brand Evaluation“ ein Multiple anhand von sechs Hauptfaktoren im Sinne von „Brand Value Drivers“ (Finanzwert, Markenschutz, Markenstär-

ke, Markenimage, Markeneinfluss, internationale Markenbedeutung), die sich aus insgesamt bis zu 94 Einzelfaktoren zusammensetzen (Frahm, 2004; Kaeuffer, 2004). Aufgrund der willkürlich anmutenden Gewichtung der Faktoren ist dieser Ansatz mit erheblichen Validitätsproblemen behaftet. Das „Brand Rating Modell" (angeboten von Icon und Wieselhuber & Partner) setzt am Kalkulationszinssatz an und bestimmt diesen produktgruppenspezifisch in Abhängigkeit verschiedener Indikatoren, wie z.B. Preis- und Mengenentwicklung und Markenrelevanz (Frahm, 2004). Auch hier ist die Gewichtung kritisch zu sehen. Ein weiteres Problem der Verwendung von Brand-Earnings-Multiples besteht in der Ermittlung des kurzfristigen Markenwerts (typischerweise bezogen auf ein Jahr), da dieser zeitlichen Schwankungen unterliegen kann. Fischer (2005) schlägt deshalb vor, den durchschnittlichen Markenwert der letzten 3 Jahre als Basis zu verwenden. Allerdings können auch hiermit zukünftig stark dynamische Effekte nicht abgebildet werden und schränken den Anwendungsbereich insofern ein. Anstelle der Annahme zukünftig konstanter Entwicklungen wird teilweise auch mit konstanten Wachstumsraten gearbeitet, so zumindest teilweise beim Valmatrix-Ansatz von Consor (Lou/Anson, 2000). Bei langen Prognosezeiträumen führen derartige lineare Wachstumsannahmen häufig zu eklatanten Prognosefehlern. Solche Fehler können durch explizite Prognosen vermieden werden.

(b) Explizite Prognosen: Verfahren mit einer expliziten Prognose zukünftiger markenspezifischer Zahlungen unterteilen typischerweise den Prognosezeitraum in eine Planungs- und eine Postplanungsperiode (Maul/Mussler/Hupp, 2004). In der Planungsperiode sind explizite Prognosen möglich (ca. 3 bis 5 Jahre), in der Postplanungsperiode erfolgt eine pauschalierte Fortschreibung (s.o.), zumeist unter Annahme zukünftig (real) konstanter Entwicklungen. Diesbezügliche Ansätze bieten u.a. BBDO/Ernst & Young (Brand Equity Valuation for Accounting – BEVA, (Schmusch/Klein-Bölting/Esser, 2004), Brand Finance (Haigh, 2000), Interbrand (Stucky, 2004a; Stucky, 2004b), KPMG (Castedello/Klingbeil, 2004), McCann-Erickson/Future Brand (Brand Analytics, Landwehr, 2004) und PwC/GfK/Sattler (Advanced Brand Valuation, Maul/Mussler, 2004; Sattler/Högl/Hupp, 2003) an. Diese Verfahren sind ganz oder in wesentlichen Teilen von der Unternehmenspraxis entwickelt worden.

Grundlage für die Prognose bildet jeweils eine detaillierte Analyse von Daten aus dem internen und externen Rechnungswesen, inklusive historischer Daten und Plangrößen, wie z.B. Planbilanzen oder Geschäftspläne. Beispielsweise werden beim Modell von BBDO/Ernst & Young auf Basis der genannten Daten vom Bewertenden Umsätze für die Planungsperiode geschätzt. Diese Umsätze werden dann gemäß dem oben beschriebenen Isolierungsverfahren (Abschnitt 4.3) mit markenspezifischen Lizenzsätzen multipliziert. Ähnlich hierzu gehen die übrigen genannten Ansätze vor, und zwar unter Berücksichtigung der jeweiligen Besonderheiten des eingesetzten Isolierungsverfahrens. Ergänzend zu den Einschätzungen der Bewertenden werden verschiedentlich Expertenschätzungen verwendet (z.B. bei Interbrand, Stucky, 2004a; Stucky, 2004b) oder PwC/GfK/Sattler (Maul/Mussler/Hupp, 2004; Sattler/Högl/Hupp, 2003). Diese Einschätzungen unterliegen einem erheblichen Ermessensspielraum, wodurch die Objektivierbarkeit und Validität eingeschränkt wird. Wichtig ist, dass die gewählten Vorgehensweisen klar offen gelegt werden. Hier herrscht bei den genannten Verfahren teilweise ungenügende Transparenz. Weiterhin sollten – jenseits der Verwendung eines Risikozuschlags bei der Diskontierung (s.u.) – bei langfristigen Prognosen unvermeidliche Risiken in Form von Sensitivitäts- und Risikoanalysen quantifiziert werden. Dies wird insbesondere beim Ansatz von PwC/GfK/Sattler (Maul/Mussler/Hupp, 2004; Sattler/Högl/Hupp, 2003) realisiert.

Ein auch unter Objektivierungsgesichtspunkten interessanter Vorschlag aus dem Bereich der Wissenschaft ist der so genannte *Momentum-Accounting-Ansatz* (Farquhar/Ijiri, 1993). Ziel ist es, im Zeitablauf beobachtete Veränderungen der mit Marken verbundenen Zahlungsströme (Momentum, z.B. Umsätze) durch bestimmte Faktoren (Impulse, z.B. Werbekampagnen) zu erklären. Ähnlich wie bei materiellen Vermögensgegenständen bestimmte Abschreibungsverläufe beobachtet werden können, versucht das Momentum-Accounting für die mit Marken verbundenen Zahlungsströme bestimmte Muster von Abschreibungs- bzw. Verfallratenverläufen zu bestimmen. Gelingt es, für typische Impulse, die spezifisch auf eine Marke wirken, Standardmuster von Verfallratenverläufen zu ermitteln, so können diese für eine Prognose markenspezifischer Erfolgsgrößen verwendet werden. Wesentlicher Kritikpunkt an dem Verfahren ist, dass der Prognosezeitraum eingeschränkt ist und der Ansatz sich somit für eine langfristige Prognose mit Zeiträumen von 5 und mehr Jahren nur schwer einsetzen lässt.

(c) Unmittelbare Ableitung aus „Brand Value Drivers": Eine unmittelbare Ableitung eines langfristigen Markenwerts aus „Brand Value Drivers" wird z.B. beim oben beschriebenen Ansatz von AC Nielsen bzw. Konzept & Markt vorgenommen (vgl. Abschnitt 4.3), indem die relative Markenstärke mit dem langfristigen Wertschöpfungspotenzial der relevanten Produktgruppe multipliziert wird. Die relative Markenstärke wird hierbei über verschiedene „Brand Value Drivers" definiert (Franzen, 2004). In welchem Maß die gemessene relative Markenstärke allerdings wirklich die zukünftigen markenspezifischen Einzahlungsüberschüsse valide approximieren kann, wird nicht nachgewiesen. Ein solcher Nachweis kann hingegen beim Indikatorenmodell Sattler/GfK erbracht werden (Sattler, 1997). Wie oben erläutert, beruht das Modell auf einer großzahligen Managerbefragung zur Bedeutung von zentralen „Brand Value Drivers" (vgl. Abschnitt 4.2) hinsichtlich der langfristigen Wertschöpfungsmöglichkeiten kurzlebiger Konsumgütermarken. Gegenüber alternativen Ansätzen weist das Verfahren von Sattler/GfK verschiedene Besonderheiten auf:

- erstens erfolgt eine umfassende Validitätsprüfung der ermittelten Ergebnisse,
- zweitens werden Parameter des Indikatorenmodells nicht wie bei vielen bisherigen Verfahren (willkürlich) vorgegeben, sondern *empirisch* über eine umfassende Stichprobe von Expertenurteilen geschätzt und
- drittens erfolgen Bewertungen explizit langfristig, ohne pauschal zukünftig konstante Entwicklungen zu unterstellen (wie dies vielfach bei bisherigen Ansätzen der Fall ist).

Allerdings ist das Modell an relativ enge Rahmenbedingungen gebunden (Sattler, 1997). Sämtliche beschriebenen ertragsorientierten Markenbewertungsverfahren erfordern eine ggf. risikoadjustierte *Diskontierung* der prognostizierten Zahlungen. In Anlehnung an Praktiken der Unternehmensbewertung wird der Kapitalisierungszinssatz vielfach anhand kapitalmarkttheoretischer Modelle abgeleitet. Das gebräuchlichste Modell zur Ermittlung von Eigenkapitalkosten ist das Capital Asset Pricing Modell (CAPM), das – ggf. modifiziert – als Näherungslösung für markenspezifische Kapitalkosten herangezogen wird. Die Diskontierung erfolgt dann häufig mit den so genannten gewichteten durchschnittlichen Kapitalkosten (WACC, z.B. Fischer, 2005; Interbrand, Stucky, 2004a und 2004b; Sattler/Högl/Hupp, 2003). Eine markenspezifische Modifikation bei der Ermittlung der Kapitalkosten erfolgt beispielsweise beim Ansatz von PwC/GfK/Sattler dadurch, dass eine produktgruppenspezifisch ermittelte Bandbreite von Betafaktoren (als Determinante des Risikos) in Abhängigkeit der empirisch bestimmten Markenstärke zu einem markenspezifischen Betafaktor verdichtet wird (Sattler/Högl/Hupp, 2003). Ähnlich gehen auch die Ansätze von Interbrand und Brand Finance vor (Haigh, 2000; Stucky, 2004a; Stucky, 2004b).

Versucht man die Ansätze zur langfristigen Prognose markenspezifischer Zahlungen zusammenfassend zu bewerten, so ist von der alleinigen Verwendung kostenorientierter Verfahren eindeutig abzuraten. Marktpreisorientierte Verfahren eignen sich – von ganz spezifischen Datenkonstellationen abgesehen – typischerweise nur zur Ableitung einer Näherungslösung. Es verbleiben im Wesentlichen ertragsorientierte Verfahren. Sie haben vom Grundsatz her weitgehende Anerkennung in der Wissenschaft, Praxis und Rechtsprechung erlangt. Im Detail ergeben sich bei der Prognose, Diskontierung und Risikoquantifizierung allerdings erhebliche Unterschiede zwischen den vielfältigen Ansätzen. Für spezifische Anwendungskonstellationen sind viel versprechende Lösungen vorgeschlagen worden. Man ist allerdings weit von einem in großen Teilen anerkannten Bewertungsstandard entfernt. Probleme ergeben sich bei der Validität und Objektivierbarkeit, insbesondere bei einfachen und zeit- und kostengünstigen Verfahren.

4.5 Bewertung markenstrategischer Optionen

Markenstrategische Optionen stellen Wertschöpfungspotenziale dar, die mit einer Marke aus *zukünftig durchführbaren* Handlungsmöglichkeiten realisiert werden können.

Abbildung 3 systematisiert die zentralen markenstrategischen Optionen und verdeutlicht deren jeweilige Charakteristika anhand von Beispielen.

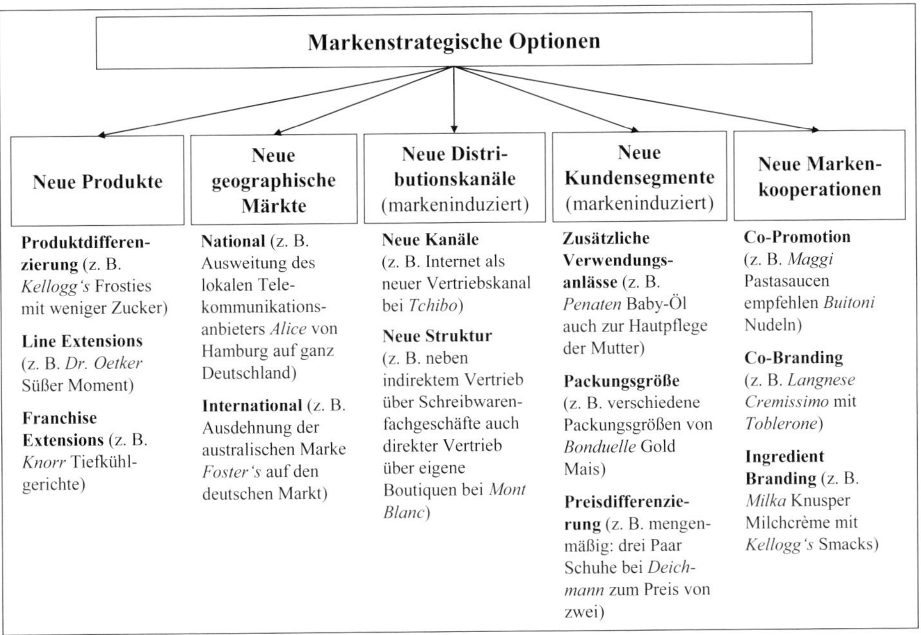

Abbildung 3: Wichtige markenstrategische Optionen

Quelle: Kaufmann/Sattler/Völckner (2006)

Eine Bewertung von markenstrategischen Optionen wird bei den meisten bisher entwickelten Markenbewertungsverfahren nicht vorgenommen, zumeist mit dem Argument einer zu hohen Bewertungsunsicherheit. Dabei muss berücksichtigt werden, dass auch ein Verzicht auf eine Messung einer Bewertung mit 0 entspricht, was in den allermeisten Fällen, insbesondere bei Bewertungen im Rahmen von markenmotivierten Unternehmensakquisitionen, zu groben Fehleinschätzungen führen kann. So zeigt eine umfassende Simulationsanalyse von Sattler (2000) anhand von Earnings-Multiples, dass in vielen Fällen der Wert markenstrategischer Optionen 50 % und mehr des gezahlten Kaufpreises für Unternehmen mit sehr starken Marken ausmacht.

Sofern markenstrategische Optionen im Rahmen bisheriger Markenbewertungsinstrumente berücksichtigt werden, erfolgt dies zumeist nur über einfache Näherungsverfahren (z.B. über ein Scoringmodell für das Markentransferpotenzial im Rahmen der Berechnung eines „Brand Future Score" beim Brand-Rating-Ansatz (Musiol et al., 2004) oder implizit im Rahmen der Messung der Markenstärke (z.B. beim Interbrand-Ansatz, Stucky, 2004a; Stucky, 2004b).

Der bisher umfassendste Versuch, markenstrategische Optionen in Form von Markentransferpotenzialen zu quantifizieren, stammt von Sattler/Högl/Hupp (2003) (siehe auch Sattler, 1998a). Bei der Bewertung wird zunächst durch ein Bewertungsteam eine Auswahl besonders Erfolg versprechender Transfermärkte vorgenommen, auf welche die zu bewertende Marke zukünftig ausgedehnt werden kann. Für jeden dieser Märkte wird dann die Markentransferpotenzialstärke über einen so genannten Stretching-Score ermittelt. Dieser determiniert die Erfolgswahrscheinlichkeit zur Erreichung eines bestimmten Marktanteils auf dem Transfermarkt. Der Stretching-Score wird über ein Punktbewertungsverfahren ermittelt, in das eine Vielzahl von Erfolgsfaktoren von Markentransfers einfließen, u.a. die Ähnlichkeit zwischen Marke und neuem Transferprodukt, die Muttermarkenstärke, der Erfolg und die Breite vorangegangener Markentransfers, die Marketingunterstützung und die Handelsakzeptanz auf dem Transfermarkt. Die Wirkungsstrukturen wurden kausalanalytisch geschätzt (Völckner, 2003).

Ein möglicher Ansatzpunkt bei der monetären Bewertung markenstrategischer Optionen könnte die Anlehnung an die Realoptionstheorie darstellen. Typischerweise muss eine markenstrategische Option nicht sofort ausgeübt werden. Vielmehr besteht die Möglichkeit der Realisierung innerhalb eines bestimmten Zeitraums. Der Markeninhaber kann in dieser Zeitspanne den Markt genau beobachten und zusätzliche Informationen sammeln. Somit vermindert er das Risiko ungünstiger Umweltentwicklungen. Solche Handlungsspielräume haben einen eigenständigen Wert und können analog zu Realoptionen auf Finanzmärkten betrachtet werden. Die Übertragung solcher Überlegungen aus der Realoptionstheorie kann insbesondere bei der Strukturierung des komplexen Bewertungsproblems behilflich sein. Eine konkrete Bewertung markenstrategischer Optionen auf dieser Grundlage scheint hingegen kaum möglich (Kaufmann/Sattler/Völckner, 2006).

Insgesamt kann festgehalten werden, dass der Problembereich einer Bewertung markenstrategischer Optionen von der Literatur bisher zu einem sehr unbefriedigenden Teil gelöst worden ist. Wesentliche Forschungsbeiträge konnten lediglich im Bereich der Abschätzung von Erfolgswahrscheinlichkeiten für spezifische Formen potenziell realisierbarer Markentransfers geliefert werden.

5. Zusammenfassende Beurteilung und zukünftige Forschungsfelder

Eine wertorientierte Markenführung ist aus Sicht der Unternehmenspraxis für eine Vielzahl von Zwecken, wie z.B. für Markentransaktionen, Markenschutz, Markenführung und Markendokumentation, von herausragender Bedeutung. Zur Umsetzung einer solchen wertorientierten Markenführung ist der Einsatz von Markenbewertungsinstrumenten notwendig.

Für die meisten praktisch relevanten Verwendungszwecke einer Markenwertbestimmung bietet sich eine Messung in Form eines Kapitalwerts abgezinster zukünftiger markenspezifischer Einzahlungsüberschüsse an. Bei der Ermittlung eines solchermaßen definierten Markenwerts müssen:

- erstens „Brand Value Drivers" identifiziert und quantifiziert werden,
- zweitens markenspezifische Zahlungen separiert werden (d.h. Isolierung markeninduzierter von nicht markeninduzierten Zahlungen),
- drittens müssen diese Zahlungen langfristig prognostiziert werden und
- viertens muss abgeschätzt werden, welche zukünftigen markenstrategischen Optionen die zu bewertende Marke hat. Dies gilt insbesondere hinsichtlich der Ausdehnung auf neue Produkte und Märkte sowie der Wertsteigerung durch Repositionierungen und Kooperationen.

Der vorliegende Aufsatz hat versucht, einen Überblick zu einer Vielzahl von Verfahren zu geben, die einen Lösungsbeitrag zu den vier Bewertungsproblemen leisten.

Die bisherigen Ansätze zur Identifikation und Quantifizierung von „Brand Value Drivers" sind für Zwecke der Markenbewertung zumeist nur unzureichend validiert und zudem nur eingeschränkt zweckmäßig. Wünschenswert wäre es, zentrale Dimensionen der Markenstärke – insbesondere das Markenimage i.w.S. – aus unterschiedlichen Ansätzen zu integrieren und auf ihre Relevanz hinsichtlich des monetären Wertschöpfungspotenzials zu prüfen.

Am weitesten fortgeschritten sind Ansätze zur Lösung des Isolierungsproblems, insbesondere auf Basis eines Preis- und Mengenpremiums. Hier gilt es, die vorgeschlagenen Verfahren in Abhängigkeit vom jeweiligen Anwendungszweck, den Bewertungserfordernissen und der Datenkonstellation zu beurteilen.

Verfahren zur langfristigen Prognose markenspezifischer Zahlungen konzentrieren sich – von spezifischen Daten- und Bewertungskonstellationen abgesehen – im Wesentlichen auf ertragsorientierte Verfahren. Sie haben vom Grundsatz her weitgehende Anerkennung in der Wissenschaft, Praxis und Rechtsprechung erlangt; Details bei der Prognose, Diskontierung und Risikoquantifizierung weisen allerdings erhebliche Unterschiede auf. Auch aufwendige und komplexe Verfahren weisen Probleme hinsichtlich Validität und Objektivierbarkeit auf. Auffällig ist, dass es bis auf wenige Ausnahmen kaum Vorschläge aus der Wissenschaft zur Lösung des langfristigen Prognoseproblems gibt. Hier ergibt sich unmittelbarer Forschungsbedarf, um nicht ein weiteres Mal – wie zuvor beispielsweise beim Thema Wertschöpfungspartnerschaften im Handel oder Shareholder Value – der Praxis die Lösung eines zentralen betriebswirtschaftlichen Problems zu überlassen.

In der Praxis und der Wissenschaft gleichermaßen vernachlässigt wird das Problem der Wertmessung markenstrategischer Optionen. Mit den bisherigen Ansätzen kann im Wesentlichen lediglich eine Abschätzung von Erfolgswahrscheinlichkeiten für potenziell realisierbare Markentransfers vorgenommen werden.

Darüber hinaus besteht weiterer Forschungsbedarf in der Abgrenzung des Markenwerts vom ökonomischen Wert anderer immaterieller Vermögensgegenstände wie z.B. Kundenbeziehungen oder Distributionsbeziehungen (Krafft, 2002; Srivastava/Shervani/Fahey, 1998). Trotz inhaltlich starker Überschneidungen fehlt es bislang an Versuchen, die verschiedenen marketingbezogenen immateriellen Vermögensgegenstände in einer Gesamtschau jeweils isoliert zu messen.

Angesichts der erheblichen Relevanz des Themas Markenbewertung in Verbindung mit der prinzipiell seit vielen Jahren sehr hohen Forschungspriorität überrascht der vergleichsweise geringe Erkenntnisfortschritt. Man ist weit von einem in großen Teilen anerkannten Bewertungsstandard entfernt. In jüngster Zeit haben sich unter Federführung der Praxis verschiedene Initiativen zur Erarbeitung eines solchen Standards gegründet, u.a. der „Arbeitskreis Markenbewertung" unter dem Dach der Gesellschaft zur Erforschung des Markenwesens (GEM), der „DIN-Arbeitsausschuss zur Markenwertmessung" unter Federführung des Markenverbandes e.V. Bislang liegen keine greifbaren Ergebnisse vor.

6. Literatur

AAKER, D. A. (1991): Managing Brand Equity: Capitalizing on the Value of a Brand Name, New York.

AGARWAL, M. K./RAO,V. R. (1996): An Empirical Comparison of Consumer-Based Measures of Brand Equity, in: Marketing Letters, Vol. 7 (3), S. 237-247.

AILAWADI, K. L./NESLIN, S. A./LEHMANN, D. R. (2003): Revenue Premium as an Outcome Measure of Brand Equity, in: Journal of Marketing, Vol. 67 (4), S. 1-17.

ANDRESEN, T./ESCH, F.-R. (2001): Der Markeneisberg zur Messung der Markenstärke, in: Esch, F.-R. (Hrsg.), Moderne Markenführung, 3. Aufl., Wiesbaden, S. 1081-1103.

BACHEM, R./ESSER, M./RIESENBECK, H. (2001): Mit BPP den Markenwert maximieren, in: akzente, Nr. 20, S. 2-9.

BARWISE, P./HIGSON, C./LIKIERMAN, A./MARASH, P. (1989): Accounting for Brands, London: London Business School.

BÖLL, K. (1999): Merchandising und Licensing, München.

BROCKHOFF, K./SATTLER, H. (1996): Schwartauer Werke. Markenwert und Qualitätszeichen, in: Dichtl, E. und W. Eggers (Hrsg.), Markterfolg mit Marken, München, S. 207-224.

BUCHANAN, L./SIMMONS, C. J./BICKART, B. A. (1999): Brand Equity Dilution: Retailer Display and Context Brand Effects, in: Journal of Marketing Research, Vol. 36 (3), S. 345-355.

CASTELLO, M./KLINGEIL, C. (2004): KPMG-Modell, in: Verlagsgruppe Handelsblatt GmbH (Hrsg.), Die Tank AG, Düsseldorf, S. 147-169.

DAY, G./FAHRHEY, L. (1988): Valuing Market Strategies, in: Journal of Marketing, Vol. 52 (3), S. 45-57.

DOBNI, D./ZINKHAN, G. M. (1990): In Search of Brand Image: A Foundation Analysis, in: Advances in Consumer Research, Vol. 17 (1), S. 110-119.

ESCH, F.-R. (2004): Strategie und Technik der Markenführung, 2. Auflage, München.

FARQUHAR, P. H./IJIRI, Y. (1993): A Dialogue on Momentum Accounting for Brand Management, in: International Journal of Research in Marketing, Vol. 10 (1), S. 77-92.

FISCHER, M. (2005): Markenbewertung unter den Bedingungen kapitalmarktorientierter Rechnungslegung, Manuskript, Christian-Albrechts-Universität Kiel.

FISCHER, M./MEFFERT, H./PERREY, J. (2004): Markenpolitik: Ist sie für jedes Unternehmen gleichermaßen relevant? in: Die Betriebswirtschaft, 64. Jg., S. 333-356.

FRAHM, L.-G. (2004): Markenbewertung - Ein empirischer Vergleich von Bewertungsmethoden und Markenwertindikatoren, Frankfurt a.M.

FRANCOIS, P./MACLACHLAND, D. L. (1995): Ecological Validation of Alternative Customer-Based Brand Strength Measures, in: International Journal of Research in Marketing, Vol. 12 (4), S. 321-332.

FRANZEN, O. (2004): Das Brand Performance System von AC Nielsen: Standardisierte Markenbewertung auf der Grundlage von Marktforschungsdaten, in: Schimansky, A. (Hrsg.), Der Wert der Marke, München, S. 146-167.

GEDENK, K. (2002): Verkaufsförderung, München.

HAIGH, D. (2000): Brand Valuation: Measuring and Leveraging your Brand, Brand Finance (Hrsg.), Toronto: Institute of Canadian Advertising.

HOLBROOK, M. B. (1992): Product Quality, Attributes, and Brand Name as Determinants of Price: The Case of Consumer Electronics, in: Marketing Letters, Vol. 3 (1), S. 71-83.

HUPP, O. (2001): Brand Potential Index, in: Diller, H. (Hrsg.), Vahlens Großes Marketing Lexikon, 2. Aufl, München, S. 191-192.

KAEUFFER, J. (2004): semion brand€valuation, in: Verlagsgruppe Handelsblatt GmbH (Hrsg.), Die Tank AG, Düsseldorf, S. 205-220.

KAPFERER, J.-N. (1992): Die Marke - Kapital des Unternehmens, Landsberg und Lech.

KAUFMANN, G./KURT, K. (2005): Rückwirkungen von Markentransfers auf die Muttermarke: eine empirische Auswertung von Fallbeispielen, in: Research Papers on Marketing and Retailing, Universität Hamburg, Nr. 22.

KAUFMANN, G./SATTLER, H./VÖLCKNER, F. (2006): Markenstrategische Optionen, in: Die Betriebswirtschaft, 66. Jg. (Heft 2), S. 247-251.

KELLER, K. L. (1993): Conceptualizing, Measuring, Managing Customer-Based Brand Equity, in: Journal of Marketing, Vol. 57 (1), S. 1-22.

KRAFFT, M. (2002): Kundenbindung und Kundenwert, Heidelberg.

LANDWEHR, M. (2004): The Big Picture: Roadmap to Effective Communication and Brand Analytics, in: Schimansky, A. (Hrsg.), Der Wert der Marke, München, S. 626-647.

LOU, M./ANSON, W. (2000): Brand Valuation. Die marktorientierte Markenbewertung, in: absatzwirtschaft, Sondernummer Oktober 2000, S. 164-168.

MACKENSTEDT, A./MUSSLER, S. (2004): IFRS 3 regelt Markenbilanzierung neu, in: pwc, November, S. 22-24.

MAUL, K.-H./MUSSLER, S. (2004): ABV - Advanced Brand Valuation, in: Schimansky, A. (Hrsg.), Der Wert der Marke, München, S. 58-83.

MAUL, K.-H./MUSSLER, S./HUPP, O. (2004): Advanced Brand Valuation, in: Verlagsgruppe Handelsblatt GmbH (Hrsg.), Die Tank AG, Düsseldorf, S. 171-204.

MUSIOL, K. G./BERENS, H./SPANNAGL, J./BIESALSKI, A. (2004): icon Brand Navigator und Brand Rating für eine holistische Markenführung, in: Schimansky, A. (Hrsg.), Der Wert der Marke, München, S. 370-399.

PARK, C. S./SRINIVASAN, V. (1994): A Survey-Based Method for Measuring and Understanding Brand Equity and its Extendibility, in: Journal of Marketing Research, Vol. 31 (2), S. 271-288.

PENROSE, N. (1989): Valuation of Brand Names and Trade Marks, in: Murphy, J. (Hrsg.), Brand Valuation: Establishing a True and Fair View, London, S. 32-46.

PWC/GFK/SATTLER, H./MARKENVERBAND (2006): Praxis von Markenbewertung und Markenmanagement in deutschen Unternehmen, PricewaterhouseCoopers AG (Hrsg.), Frankfurt am Main.

PWC/SATTLER, H. (2001): Praxis von Markenbewertung und Markenmanagement in deutschen Unternehmen, (Hrsg.), 2. Auflage, Frankfurt/M.

RANDALL, T./ULRICH, K./REISTEIN, D. (1998): Brand Equity and Vertical Product Line Extent, in: Marketing Science, Vol. 17 (4), S. 356-379.

REINSTROM, C./SATTLER, H./LOU, M. (2006): Lizenzmarkt im Aufschwung, in: absatzwirtschaft, 3/2006 (März), S. 50-53.

RICHTER, M./WERNER, G.(1998): Marken im Bereich Dienstleistungen: Gibt es das überhaupt? in: Tomczak, T., M. Schlögel und E. Ludwig (Hrsg.), Markenmanagement für Dienstleistungen, St. Gallen, S. 24-35.

SANDER, M. (1994): Die Bestimmung und Steuerung des Wertes von Marken. Eine Analyse aus Sicht des Markeninhabers, Heidelberg.

SATTLER, H. (1995): Markenbewertung, in: Zeitschrift für Betriebswirtschaft, 65. Jg., S. 663-682.

SATTLER, H. (1997): Monetäre Bewertung von Markenstrategien für neue Produkte, Stuttgart.

SATTLER, H. (1998a): Beurteilung der Erfolgschancen von Markentransfers, in: Zeitschrift für Betriebswirtschaft, 68. Jg., S. 475-495.

SATTLER, H. (1998b): Der Wert von Handelsmarken. Eine empirische Analyse, in: Trommsdorff, V. (Hrsg.), Handelsforschung 1998/99: Innovation im Handel, Jahrbuch der Forschungsstelle für den Handel Berlin (FfH) e.V, Heidelberg, S. 433-450.

SATTLER, H. (2000): Eine Simulationsanalyse zur Beurteilung von Markeninvestitionen, in: OR Spektrum – Quantitative Approaches in Management, Vol. 22, S. 173-196.

SATTLER, H. (2001): Markenpolitik, Stuttgart et al.

SATTLER, H. (2005a): Markenbewertung: State of the Art, in: Zeitschrift für Betriebswirtschaft, ZfB-Special Issue 2/2005, S. 33-57.

SATTLER, H. (2005b): Präferenzforschung für Innovationen, in: Albers, S. und O. Grassmann (Hrsg.), Handbuch für Technologie- und Innovationsmanagement, Wiesbaden, S. 361-378.

SATTLER, H., S. HÖGL UND O. HUPP (2003): Evaluation of the Financial Value of Brands, in: Excellence in International Research (Hrsg.: ESOMAR – The World Association of Research Professionals), Vol. 4, S. 75-96.

SCHIMANSKY, A. (2004): Der Wert der Marke, München.

SCHMUSCH, M./KLEIN-BÖLTING, U./ESSER, M. (2004): Brand Equity Valuation for Accounting (BEVA), in: Verlagsgruppe Handelsblatt GmbH (Hrsg.), Die Tank AG, Düsseldorf, S. 61-80.

SIMON, C. J./SULLIVAN, M. W. (1993): The Measurement and Determinants of Brand Equity: A Financial Approach, in: Marketing Science, Vol. 12 (1), S. 28-52.

SIMONIN, B. L./RUTH, J. A. (1998): Is a Company Known by the Company it Keeps? Assessing the Spillover Effects of Brand Alliances on Consumer Brand Attitudes, in: Journal of Marketing Research, Vol. 35 (1), S. 30-42.

SRINIVASAN, V./PARK, C. S./CHANG, D. R. (2005): An Approach to the Measurement, Analysis, and Prediction of Brand Equity and its Sources, in: Management Science, Vol. 51 (9), S. 1433-1448.

SRIVASTAVAN, R. K./SHERVANI, T. A./FAHEY, L. (1998): Market-Based Assets and Shareholder Value: A Framework for Analysis, in: Journal of Marketing, Vol. 62 (1), S. 2-18.

STUCKY, N. (2004a): Interbrand Modell, in: Verlagsgruppe Handelsblatt GmbH (Hrsg.), Die Tank AG, Düsseldorf, S. 103-128.

STUCKY, N. (2004b): Monetäre Markenbewertung nach dem Interbrand-Ansatz, in: Schimansky, A. (Hrsg.), Der Wert der Marke, München, S. 430-459.

SULLIVAN, M. W. (1998): How Brand Names Affect the Demand for Twin Automobiles, in: Journal of Marketing Research, Vol. 35 (2), S. 154-165.

SWAIT, J./ERDEM, T./LOUVIERE, J. J./DUBELAAR, C. (1993): The Equalization Price: A Measure of Consumer-Perceived Brand Equity, in: Journal of Research in Marketing, Vol. 10 (1), S. 23-45.

TREVILLON, K./PERRIER, R. (1999): Brand Valuation - A Practical Guide, in: Accountants' Digest (Hrsg.), Issue 405, London.

TROMMSDORFF, V. (2003): Konsumentenverhalten, 5. Auflage, Stuttgart.

VÖLCKNER, F. (2003): Neuprodukterfolg bei kurzlebigen Konsumgütern: Eine empirische Analyse der Erfolgsfaktoren von Markentransfers, Wiesbaden.

WEBER, M. (1986): Der Marktwert von Produkteigenschaften, Berlin.

Dritter Teil

Produktplanung

1. Kapitel:

Neuproduktgestaltung

Udo Wagner
Artur Baldauf

Marktabgrenzung und Marktstrukturierung

1. Einleitung

Märkte zählen traditionell zu den fundamentalen Erkenntnisobjekten des Marketing (Buzzell, 1999). Der besondere Stellenwert von Märkten wird jedoch nicht nur fachspezifisch begründet, sondern äußert sich allgemein auch in der vielfältigen und häufigen Begriffsverwendung. Im wissenschaftlichen wie praktischen Diskurs bezieht man sich beispielsweise auf den Weltmarkt, den Jahrmarkt, den Wiener Naschmarkt, den Arbeitsmarkt, den Getränkemarkt, oder den Biermarkt. Die Bedeutung von Märkten ist darüber hinaus noch durch Aussagen wie „ ... der Markt ist zusammengebrochen" oder „ ... wir haben den falschen Markt bearbeitet" zu erkennen. Wie die obigen Beispiele verdeutlichen, werden Märkte entweder anhand von allgemeinen physischen Merkmalen konkretisiert oder es wird auf eine nähere Begriffsexplikation überhaupt verzichtet, wobei im allgemeinen keine natürlichen Marktgrenzen existieren. Diese Situation ist jedoch sowohl aus wissenschaftlicher Sicht – das wesentliche Erkenntnisobjekt ist nicht exakt definiert – unbefriedigend als auch aus der Perspektive des Managers, der bei seinen Entscheidungen klare Vorgaben benötigt. Die Aufgabe der Marktabgrenzung ist somit von elementarer Bedeutung (Day/Shocker/Srivastava, 1979, Shocker/Stewart/Zahorik, 1990).

Im Marketing bedeutet unternehmerische Marktorientierung die Anwendung des Marketing-Konzeptes (Kotler, 2000) und impliziert somit die Durchführung von Analysen, um Planungen, Entscheidungen und Kontrollen vornehmen zu können. Eine Marktabgrenzung ist nicht nur vor dem Hintergrund von strategischen Entscheidungen, wie der Marktwahl, der Bewertung der Kundenbedürfnisse und der Wettbewerbssituation oder der Bestimmung von Chancen und Risiken bei Neuprodukteinführungen relevant, sondern auch bei taktischen Entscheidungen, wie der Reallokationen des Marketing-Mix aufgrund von sinkenden Marktanteilen (Day/Shocker/Srivastava, 1979, Day, 1981). Informationen zu Marktpotential, -volumen, -wachstum oder -anteil bilden die Basis vieler Entscheidungen des Managements und dementsprechend werden sie auch in den verschiedensten Planungs-, Entscheidungs- und Kontrollmodellen berücksichtigt. Dies verlangt die Abgrenzung von Märkten. Eine adäquate Marktabgrenzung ist auch noch wegen „the tendency of management to manipulate boundaries" vonnöten (Day, 1977). Wie man erkennt, können Managementaktivitäten nicht unabhängig von der Marktabgrenzung interpretiert werden. Außerdem sind damit weitreichende unternehmerische Konsequenzen verbunden, weshalb diese Vorgangsweise zu den elementaren Aufgaben des Managements zählt (Abell, 1980).

Die angesprochene Problematik wird zunehmend durch juristische und technologische Bedingungen verschärft. Eine vorgenommene Marktabgrenzung kann mit rechtlichen Konsequenzen verbunden sein, wenn es seitens der Wettbewerbsbehörde gilt, die Existenz von marktbeherrschenden Unternehmen einzuschränken bzw. zu unterbinden. Technologische Änderungen (z.B. Internet) führen insbesondere zu verkürzten Transport- bzw. Kommunikationswegen. Während historisch der Markt an einem bestimmten Ort zu festgelegten Zeiten (z.B. wöchentlich am Dorfplatz) abgehalten wurde, erlauben jüngste Innovationen beinahe globales, nicht an vorgeschriebene Zeiten gebundenes, Markttreiben.

Märkte repräsentieren komplexe Konstrukte, die mit Hilfe verschiedener Merkmale charakterisiert bzw. durch relevante Kriterien voneinander unterschieden werden. Neben der Bestimmung dieser für die Marktabgrenzung relevanten Dimensionen interessiert aber auch, wie die Kunden das Leistungsangebot wahrnehmen, wer die Mitbewerber sind, wie viele Konkurrenten am Markt existieren und wie sie den Wettbewerb führen. Antworten auf diesbezügliche Fragen liefert die Marktstrukturanalyse. In der Literatur (Bauer, 1989, Shocker/Stewart/Zahorik, 1990) werden deshalb die Begriffe Marktabgrenzung und -strukturierung unterschieden. Während bei der Marktabgrenzung (Marktdefinition) simultan Menschen bzw. Unternehmen, Produkte und situative (In dem vorliegenden Beitrag wird der Begriff ‚situative Einflussfaktoren' in einem umfassenden Sinn verwendet – siehe Unterabschnitt 2.2.1: Im Gegensatz dazu verstehen manche Autoren (etwa Kotler, 2000) darunter bloß alle kurzfristig an der Einkaufsstätte wirksamen Determinanten.). Einflussfaktoren zu bestimmen sind, besteht die Aufgabe bei der Marktstrukturanalyse darin, die Form bzw. Stärke der Beziehungen (des Wettbewerbs) zwischen alternativen Angeboten zu ermitteln (Shocker/Stewart/Zahorik, 1990).

Das Ziel dieses Beitrages besteht vor allem darin, dem Marketing- bzw. Produktmanagement einige Hinweise zu offerieren, auf die es sich bei der Marktabgrenzung und -strukturierung beziehen kann. Im Folgenden erörtern wir zunächst den Prozeß der Marktabgrenzung und dann präsentieren wir verschiedene Ansätze zur Marktstrukturierung im Überblick. Abschließend werden in komprimierter Form Schlußfolgerungen angeboten.

2. Marktabgrenzung

Damit die Bedeutung der Marktabgrenzung den Lesern verständlicher erscheint, beschreiben wir die Formierung und Funktionsweise von Märkten, um auf der Grundlage von diesen Erkenntnissen die Dimensionen zur Marktabgrenzung ableiten zu können und Anhaltspunkte für die Wahl des(r) zu bedienenden Marktes (Märkte) zu erlangen.

2.1 Funktionsweise von Märkten

„Consumption is the sole end and purpose of production; and the interest of the producer ought to be attended to only so far as it may be necessary for promoting that of the consumer" (Adam Smith, 1776)

„,... der ökonomische Ort an dem Angebot und Nachfrage zusammentreffen" (Gabler Wirtschaftslexikon)

„der Bereich wirksamer Konkurrenz" (Kaufer, 1980)

„A closely interrelated group of sellers and buyers ... (that is) all the sellers in any individual industry and all the buyers to whom they sell" (Bain, 1968, S. 7)

„,... individuals who in the past have purchased a given class of products." (Sissors, 1966, S. 17)

„,... the set of products judged to be substitutes, within those usage situations in which similar patterns of benefits are sought, and the customers for whom such usages are relevant" (Day/Shocker/Srivastava, 1979)

„,... the set of substitutes which are perceived to satisfy the needs of a strategically distinct customer segment" (Day, 1981)

... (die) „Beziehung zwischen Käufern und Verkäufern einer bestimmten Ware oder Dienstleistung" (Freter, 1983, S. 18)

„,... [P]roduct markets ... are the bounded arenas in which prices and quantities for substitutable goods and services are negotiated by consumers and products and are separated from other bounded arenas by gaps in demand between the product groupings" (Rosa et al., 1999, S. 4)

Tabelle 1: Beispiele für Marktdefinition

In arbeitsteilig organisierten Wirtschaftssystemen finden zur menschlichen wie auch organisatorischen Knappheitsreduktion Austauschrelationen statt. Auf diesem Gedanken beruht auch das Marketing-Konzept. Vereinfacht dargestellt werden „Werte" ausgetauscht, wobei – der Marketingphilosophie entsprechend – die Bedürfnisse der Kunden

(In dieser Arbeit gelten Kunden, Konsumenten und Nachfrager ebenso wie die Begriffe Unternehmen, Organisationen und Anbieter als Synonyme.) im Zentrum der Betrachtung stehen. Manager sind gefordert, die Kundenbedürfnisse zu erkennen und anhand eines effizienten unternehmerischen Ressourceneinsatzes zur Bedürfnisbefriedigung „wertvolle“ Produkte (Die Begriffe Produkte, Dienstleistungen und Güter werden synonym für Tauschobjekte verwendet. Wir merken an, dass auf bestimmten Märkten, wie dem Arbeitsmarkt, auch „Subjekte“ (z.B. die zur Verfügung gestellte Arbeitskraft) das „Tauschobjekt“ bilden können.) (Nutzenstiftung) bereitzustellen, um langfristig Wettbewerbs- bzw. Erfolgsvorteile zu erlangen. Produkte sind demnach das Resultat des Einsatzes bestimmter Technologien, um einem(r) oder mehreren Kunden(-gruppe(n)) Funktionen zu offerieren (Abell, 1978). Für das Entstehen bzw. die Existenz von in der Regel unvollkommenen Märkten ist das Vorhandensein von Bedürfnissen jedoch nur eine notwendige Bedingung, da aus ökonomischer Sicht die Kunden auch bereit und fähig sein müssen (Kaufkraft), Produkte zu erwerben. Eine Nachfrage resultiert daher erst nach Vorliegen von Bedürfnissen, Kaufbereitschaft und Zahlungsfähigkeit. Auf Käufermärkten können die Nachfrager in der Regel zwischen Leistungen unterschiedlicher Anbieter wählen, wobei ein(e) Produkt (Marke) eines bestimmten Unternehmens nur dann erworben wird, wenn diese(s) in der jeweiligen Verwendungssituation einen im Vergleich zu Alternativen höheren Nutzen bietet (Day/Shocker/Srivastava, 1979). Auf diesem Marktverständnis beruhen auch einzelne in Tabelle 1 von den Autoren exemplarisch ausgewählte Marktdefinitionen.

Die in Tabelle 1 angeführten Definitionen differieren vor allem hinsichtlich von Betrachtungsebenen (z.B. unterschiedlicher Forschungsdisziplinen), Untersuchungsobjekten bzw. -subjekten (z.B. Nachfrager, Anbieter) und Zeithorizonten (z.B. vergangenheits- vs. zukunftsorientiert). Im Zusammenhang mit der Marktdefinition und der Marktabgrenzung sind somit mehrere Aspekte relevant. Demnach sind jene Dimensionen zu bestimmen, nach denen Märkte abgegrenzt werden können. Hinweise für die Marktabgrenzung sind auch den einführend erwähnten Beispielen hinsichtlich der Verwendung des Marktbegriffes zu entnehmen, die auf sachlichen (z.B. Getränkemarkt), räumlichen (z.B. Weltmarkt) oder zeitlichen (z.B. Jahrmarkt) Unterscheidungsgrößen beruhen.

2.2 Dimensionen der Marktabgrenzung

Wie ersichtlich, erfordert die Komplexität des Marktbegriffes eine mehrschichtige Vorgangsweise bei der Marktabgrenzung. Nach Abell (1980) sind Märkte nach den drei Dimensionen *Customer Groups*, *Customer Functions*, und *Technology* abzugrenzen. Buzzell (1978) nennt außerdem noch die geographische Ausrichtung sowie die Stellung des Produktes (Unternehmens) in der Wertkette. Diese fünf Dimensionen, die einzeln oder in verschiedenen Kombinationsformen auch den Marktdefinitionen zu entnehmen sind, fassen wir nach sachlichen, räumlichen und zeitlichen Kriterien zusammen.

In Verbindung mit den in der Folge dargelegten Möglichkeiten zur Marktabgrenzung müssen auch die Marktoperationalisierung und -prognose erwähnt werden. Insbesondere sind für den abgegrenzten Markt das mengen- und wertmäßige Marktvolumen und -potential zu ermitteln, da diese Informationen die Basis vieler anderer Kennzahlen (wie Marktanteile) bilden und somit die zu treffenden Managementmaßnahmen wesentlich beeinflussen. Als Informationsbasis kommen sowohl sekundäre als auch primäre Datenquellen in Betracht. Zur Ermittlung der zukünftigen Marktentwicklung ist dabei vor allem auf verschiedenste qualitative und quantitative Prognoseverfahren zurückzugreifen (Churchill, 1998, Hüttner, 1982).

Sachliche Marktabgrenzung

Die sachliche Marktabgrenzung bezieht sich auf Kunden und Produkte (d.h. Nachfrage und Angebot) (Trotz der Tatsache, dass Marktakteure (Unternehmen oder Kunden) in letzter Konsequenz zumeist Personen repräsentieren, subsumieren wir diese unter den „sachlichen" Abgrenzungskriterien.). Nach Abell (1980) entspricht die Dimension Kunden den *Customer Groups* während die Dimension Produkte sowohl die *Customer Functions* als auch die *Technology* umfaßt.

Kunden(-gruppen). Auf Käufermärkten sind die Bedürfnisse der aktuellen und potentiellen Nachfrager der Ausgangspunkt von Managementaktivitäten. Der Bedürfnisbegriff ist jedoch sehr allgemein. Zumindest ist zwischen einer intra- und einer intermenschlicher Ebene zu unterscheiden und die auftretende Heterogenität zu beachten. Maslov (1954) konzentriert sich auf die erste Gruppe und grenzt allgemein fünf Hierarchien voneinander ab, die von physiologischen Notwendigkeiten (Nahrung, Getränk) bis zur Selbstverwirklichung reichen; hier deuten wissenschaftliche Erkenntnisse auf relativ homogene Strukturen hin, wenn situative Einflussfaktoren (z.B. kulturelle Determinanten) kontrolliert werden.

Für eine problem- bzw. entscheidungsadäquate Marktabgrenzung bedarf es einer näheren Konkretisierung der nachfragebezogenen Merkmale. Arndt (1978) unterscheidet konzeptiv in Bedürfnis, Wunsch und Nachfrage:

- *Bedürfnis.* Bedürfnisse stellen subjektive Mangelerscheinungen dar. Der allgemeine Bedürfnisbegriff impliziert keine spezifische Verhaltensrichtung (beispielsweise kann das physiologische Bedürfnis „Durst" auf unterschiedlichste Arten befriedigt werden).
- *Wunsch.* Im Vergleich zu Bedürfnissen weisen Wünsche eine höhere kognitive Verarbeitung auf: Wünsche werden durch kulturelle wie auch individuelle Einflüsse geformt.
- *Nachfrage.* Den höchsten Spezifikationsgrad in diesem Begriffssystem repräsentiert die Nachfrage, d.h. die Bereitschaft und Fähigkeit von Personen, ein(e) bestimmte(s) Produkt bzw. Marke zu erwerben.

Produkte. Produkte werden mittels bestimmter Technologien (z.B. Produktionsverfahren, Rohmaterialien) hergestellt und sollten geeignet sein, den Kunden in mannigfaltigen Verwendungsmodalitäten Nutzen zu stiften. Ebenso wie der Bedürfnis- ist aber auch der Produktbegriff für die Marktabgrenzung zu allgemein, weshalb eine nähere Konkretisierung vorgenommen wird (Lunn, 1972, Srivastava/Leone/Shocker, 1981):

- *Generische Produkte.* Generische Produkte befriedigen ein allgemeines (sog. generisches) Bedürfnis. Da aufgrund situativer Einflußfaktoren Individuen verschiedenste Bedürfnisse aufweisen, sind generische Produkte häufig sehr heterogen und werden deshalb nur in geringerem Ausmaß substituiert. Als Beispiel diene wieder „Durst", welcher durch „Getränke" befriedigt werden kann (Die Bestimmung generischer Produkte für die Bedürfnisbefriedigung ist auf den unteren Ebenen nach der Maslovschen Hierarchie vergleichsweise einfach, da die Alternativenmenge ziemlich leicht zu bestimmen ist. Betrachtet man beispielsweise soziale Bedürfnisse wie Unterhaltung, so erfordert die Festlegung von geeigneten Produktkategorien schon relativ hohe Kreativität und Anstrengung.).
- *Produktkategorie (-klasse, -typen)* (Auch diese Begriffe werden hier synonym verwendet. Produktkategorien bieten den Individuen bereits spezifischeren Nutzen. Beispielsweise befriedigen alkoholfreie oder alkoholische Getränke zwar das generische Bedürfnis „Durst", sind jedoch sonst durch wesentliche Unterschiede (etwa Alkoholgehalt) gekennzeichnet.
- *Produktvarianten.* Innerhalb von Produktkategorien existieren zumeist Produktvarianten, die auf die Wünsche der Individuen gerichtet sind. Einzelne Produktvarianten sind kurzfristig zumeist stärker substituierbar. Beispielsweise könnten in einer bestimmten Kaufsituation Mineralwasser und Limonaden austauschbar sein. Je nach Komplexität der Produkte (Produktkategorien) ist es möglich, unterschiedliche Konzeptionalisierungen von Produktvarianten vorzunehmen. Außerdem ist zu beachten, dass in reifen Märkten in der Regel eine höhere Anzahl an Produktvarianten existiert (und somit eine höhere Wettbewerbsintensität).
- *Marken.* Den höchsten Spezifikationsgrad innerhalb der Produkthierarchie repräsentieren Marken und unter Produktmarken herrscht in der Regel auch das höchste Ausmaß an Substitution. Innerhalb von Cola-Getränken wird z.B. zwischen Coca-Cola und Pepsi-Cola entschieden.

Zum besseren Verständnis führen wir in Abbildung 1 ein Beispiel einer Produkthierarchie an, welches sich auf das generische Produkt Getränke bezieht. Entlang der Produkthierarchie nimmt mit zunehmender Konkretisierung das Ausmaß der Substitution und somit die direkte Konkurrenz zu (Srivastava/Leone/Shocker, 1981). Es wird auch angenommen, dass Marken innerhalb derselben Partition (z.B. Coca-Cola-Classic und Coca-Cola-Light) einen höheren Substitutionsgrad aufweisen, als Marken in unterschiedlichen Partitionen (z.B. Coca-Cola-Classic mit Seven-Up).

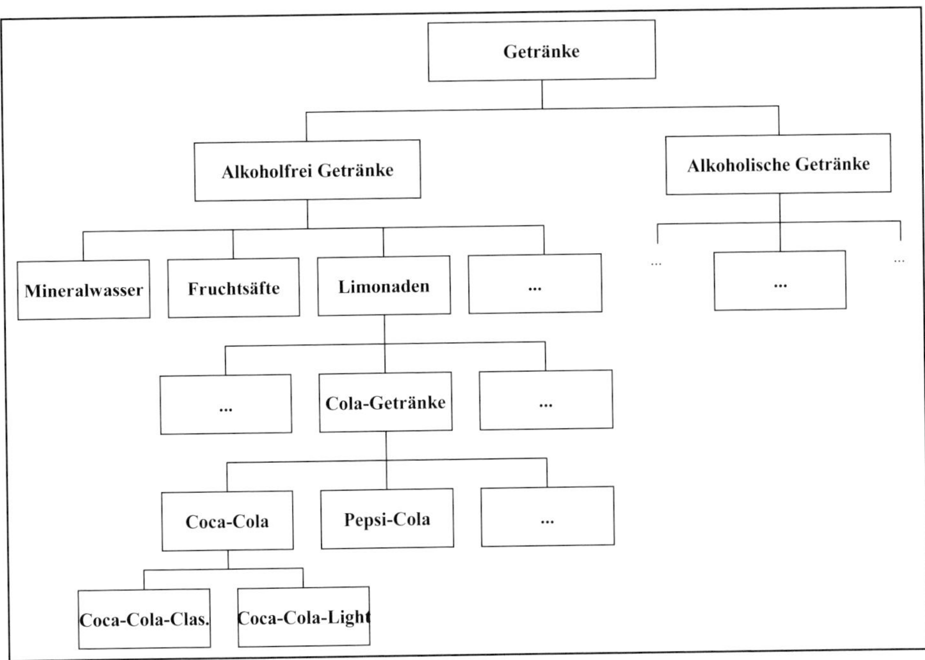

Abbildung 1: Produkthierarchie, exemplarisch dargestellt für das generische Produkt Getränke

Nominale Produkthierarchien, wie in Abbildung 1 dargestellt, bilden auch den Ausgangspunkt vieler Modelle bei der Analyse von konkurrenzorientierten Marktstrukturen (Bettman, 1979, Kalwani/Morrison, 1977). Bei dieser Darstellungsform nimmt man an, dass Kunden ihre Entscheidungen hierarchisch treffen, in dem sie zunächst eine Produktkategorie (z.B. alkoholfreie Getränke) auswählen und dann all jene Produkte (Marken) eliminieren, die nicht ihrem festgelegten Standard entsprechen. Es ist jedoch zu berücksichtigen, dass die, den Kundenentscheidungen unterstellten, Produkthierarchien je nach Konzeptualisierung (beispielsweise bezüglich des Kaloriengehalts oder der Darbietungsform in Dose oder Flasche) differieren können. Wie in Abbildung 1 dargestellt, besteht zwischen Coca-Cola-Classic und Coca-Cola-Light ein höheres Ausmaß an Austauschbarkeit als zwischen Coca-Cola-Classic und Pepsi-Cola (man nennt eine diesbezügliche Darstellungsform auch „brand primary" Hierarchie). Wenn Kunden jedoch eine Rangordnung wahrnehmen, bei der sie letztlich innerhalb der Light-Cola-Getränke unterscheiden (sog. „form primary" Hierarchie), dann würde zwischen Pepsi-Cola-Light und Coca-Cola-Light eine höhere Substitution herrschen. Eine geänderte Situation ergäbe sich auch, wenn anstelle der Einteilung in alkoholfreie bzw. alkoholische Getränke eine Kategorisierung in kalte und warme Durstlöscher erfolgte. Nominale Produkthierarchien sind somit subjektiv, da keine eindeutig begründeten Konstruktionsregeln existieren. Außerdem bilden sie reale Bedingungen in sehr vereinfachender Form ab. Insbesondere wird hierbei nicht berücksichtigt, dass auch Produkte (Marken) aus unterschiedlichen Kategorien (für obiges Beispiel etwa Obst) in die Alternativenmenge aufgenommen werden könnten (Ratneshwar/Pechmann/Shocker, 1996).

Bei der Konkretisierung von Bedürfnissen und Produkten sind noch situative Einflussfaktoren, wie kulturelle, soziale, persönlichkeitsbezogene oder ökonomische Merkmale zu berücksichtigen (Srivastava/Leone/Shocker, 1981). Physiologisch betrachtet, verspürt jedes Individuum das Bedürfnis nach Durst, jedoch wird Durst in Abhängigkeit von kulturellen (z.B. manchen religiösen Gruppen ist der Genuß von Alkohol untersagt) Determinanten unterschiedlich befriedigt werden. Die Konkretisierung des Bedürfnisses Durst zu einem Wunsch unterliegt auch unterschiedlichen Konsum- bzw. Verwendungsgewohnheiten (sog. usage requirements). So wird der Durst nach körperlichen Anstrengungen (z.B. im Sport) wohl kaum durch „harte" alkoholische Getränke (z.B. Schnäpse) gestillt werden. Außerdem beeinflusst die Verfügbarkeit am point-of-sale die konkrete Nachfrage nach einer bestimmten Marke, wenn – wie in manchen Gastronomiebetrieben üblich – anstelle von Coca-Cola nur Pepsi-Cola erhältlich ist.

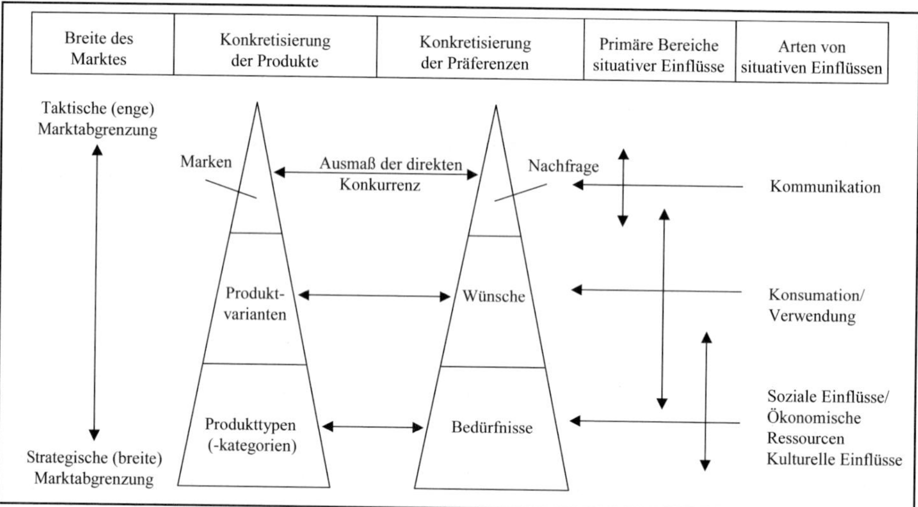

Abbildung 2: Hierarchien der Marktabgrenzung
Quelle (in abgeänderter Form): Arndt, 1978 und Srivastava/Leone/Shocker, 1981

Eine pragmatische Marktabgrenzung wird weiters berücksichtigen, dass Interdependenzen zwischen Märkten bestehen und dementsprechend je nach Produktkategorie, -variante oder Marke unterschiedliche Substitutionsbeziehungen existieren (Cravens, 2000). Außerdem muss das Leistungsangebot beachtet werden: ein Investitionsgüterhersteller (z.B. Airbus) findet hier eine vergleichsweise weniger komplexe Aufgabe vor als ein Konsumgüter- oder Dienstleistungsunternehmen. Die Bezugnahme auf Produkthierarchien bietet aber nicht nur die Möglichkeit, die Kategorisierung nach Produktattributen vorzunehmen, sondern gestattet außerdem die Strukturierung des Kaufentscheidungsprozesses.

Nach der Diskussion von Marktnachfrage und -angebot sowie der Betonung der Bedeutung von situativen Determinanten, werden diese sachlichen Dimensionen zum besseren Verständnis in Abbildung 2 gemeinsam dargestellt (Arndt, 1978, Srivastava/Leone/ Shocker, 1981). Wie dort ersichtlich, sind die hierarchischen Ebenen bei Nachfrage und Angebot unterschiedlich konkretisiert. Man erkennt weiters, dass mit zunehmender Konkretisierung eine höhere Substitution verbunden ist und somit auch eine verstärkte Wettbewerbsintensität vorherrscht. Dies führt zu engeren Marktgrenzen, was vor allem hinsichtlich der jeweils anstehenden Managemententscheidung relevant ist. Während strategische Beschlüsse nach einer breiten Marktabgrenzung verlangen (um Chancen und Risiken zu erkennen), wird für taktische Überlegungen eine enge Marktabgrenzung zu erwägen sein. Deshalb ist zu hinterfragen, ob die ausschließliche Betrachtung von Produkt-Märkten angebracht erscheint. Insbesondere mit Hinblick auf eine Strategiediskussion führt die Produkt-Marktbetrachtung zu verkürzten Sichtweisen des Managements (Hatten, 1979).

Räumliche Marktabgrenzung

Märkte können sich räumlich lokal (z.B. ein Individuum an einem bestimmten Ort) oder global (z.B. Planet Erde) erstrecken. In den Extremfällen besteht der Markt somit entweder aus nur zwei Personen (Personengruppen) oder aus allen qualifizierten Tauschpartnern des Globus. Aus ökonomischer Sicht ist eine geographische Marktabgrenzung vor dem Hintergrund produktbezogener (z.B. Verderblichkeit von Produkten), kostenrelevanter (Fracht- bzw. Transportkosten) und informationstechnischer (z.B. Verfügbarkeit von Marktdaten) Aspekte vorzunehmen.

Zeitliche Marktabgrenzung

Eine einmal durchgeführte Marktabgrenzung ist kein endgültiges, immerwährendes Ergebnis, sondern beinahe bei jeder Entscheidung kritisch zu hinterfragen. Märkte sind laufend neu zu bestimmen und abzugrenzen, da sich sachliche und räumliche Dimensionen (z.B. Wegfall von Grenzen wie in der Europäischen Union) verwandeln können. Änderungen entstehen sowohl seitens der Kunden als auch der Anbieter. Eine Revision der Marktabgrenzung ist anzustreben, wenn sich die Präferenzen der Kunden (beispielsweise infolge von Modeströmungen) oder die Funktionsweise von Produkten nachhaltig weiterentwickeln (z.B. PCs werden nicht bloß zum Schreiben oder Rechnen sondern auch zur Photoausarbeitung und Faxen eingesetzt), sowie Technologien eingeführt bzw. durch neue ersetzt werden (z.B. Schreibmaschine durch PC). Aber auch Aktivitäten von Mitbewerbern erfordern häufig innovatives Vorgehen im Sinne einer Neudefinition von Märkten. Der temporale Betrachtungshorizont ist ebenso wie bei der sachlichen Marktabgrenzung in Beziehung zur Fristigkeit der anstehenden Managemententscheidung zu setzen. Während strategische Überlegungen eine weit vorausschauende Planung verlangen und daher auf potentielle Veränderungen abzielen, wird für taktische Entscheidungen möglicherweise eine gegenwarts- bzw. vergangenheitsbezogene Sichtweise ausreichen.

Die Marktabgrenzung ist auch noch unter Berücksichtigung der Stellung des eigenen Unternehmens (bzw. jene der Mitbewerber) in der Wertkette des (End-)Produktes (d. h. im Produktions-Distributionsprozess) vorzunehmen (Abell, 1978). Unterschiedliche Positionen in der Wertkette und insbesondere ihre Veränderungen im Zeitablauf bestimmen wesentlich die Marktabgrenzung (dies ist auch der Grund für die Einordnung dieses Aspektes in diesem Unterabschnitt). Ein Beispiel lieferte Texas Instruments (TI), wo sich das Management in den siebziger Jahren entschieden hat, das Unternehmen vom Zulieferer von Produkten zum Enderzeuger zu transformieren. Während TI bis zu diesem Zeitpunkt vorwiegend Komponenten (integrierte Bauteile) für die Herstellung von Computern lieferte, entschloß man sich, selbst Taschenrechner zu fertigen. TI war somit gefordert, den Markt aufgrund der veränderten Zielgruppe (Endbenutzer anstelle von Produzenten) als auch des gewandelten Leistungsangebotes neu zu definieren. Um eine mögliche Kurzsichtigkeit („marketing myopia") zu vermeiden, sollten Märkte an den Letztverbrauchern ausgerichtet werden (Cravens 2000).

Beispiel für eine pragmatische Vorgangsweise

Nachdem sachliche, räumliche und zeitliche Kriterien als wesentliche Dimensionen für die Marktabgrenzung erläutert wurden, wird in Abbildung 3 ein sehr vereinfachtes Beispiel angeführt. Dort wird pragmatisch veranschaulicht, wie die gewählten Einflussfaktoren nach verschiedenen Ausprägungen konkretisiert werden könnten, um ein adäquates erstes Marktverständnis zu entwickeln. Wir beschränken uns auf die vorhin beschriebenen sachlichen Abgrenzungskriterien Produkte sowie Kunden und beziehen uns auf die Ebene Produktvarianten bzw. Wünsche – vgl. Abbildung 2. Für den Markt ‚Alkoholfreie Getränke' könnten verschiedene Produkte (z.B. Mineralwasser, Fruchtsäfte, Limonaden) in Betracht gezogen werden, um unterschiedlichen Kunden (segmentiert beispielsweise nach ihrer Verwendungshäufigkeit: ‚stark', ‚durchschnittlich', ‚schwach') Angebote zur Erfüllung alternativer Wünsche (z.B. Durstlöscher, Muntermacher) zu offerieren. Stellt man diese Dimensionen graphisch dar, so ergeben sich 18 (3 x 3 x 2) Zellen. Jeder dieser Zellen bildet einen „Baustein" für die Marktabgrenzung (Buzzell, 1978). (Die stark simplifizierende Betrachtung von bloß drei Dimensionen hat ausschließlich darstellungstechnische und nicht inhaltliche Gründe.)

Es ist nun die Aufgabe des Managements zu beurteilen, auf welcher Betrachtungsebene eine Marktabgrenzung durchgeführt wird. Die jeweils vorgenommene Spezifikation ist insbesondere vor dem Hintergrund situativer Einflußfaktoren und der zu treffenden Managemententscheidung zu überlegen. Dies ist auch deshalb relevant, da daraus die Menge der in die Analyse einzubeziehenden Produkte (Marken) resultiert. Beispielsweise ergeben sich bei der Bezugnahme auf generische Produkte (z.B. Getränkemarkt) im Vergleich zur Betrachtung von Produktmarken unterschiedliche Marktgrenzen. Eine umfassende Marktabgrenzung verlangt vom Management somit die Berücksichtigung mehrerer hierarchischer Ebenen (enge vs. breite Marktabgrenzung).

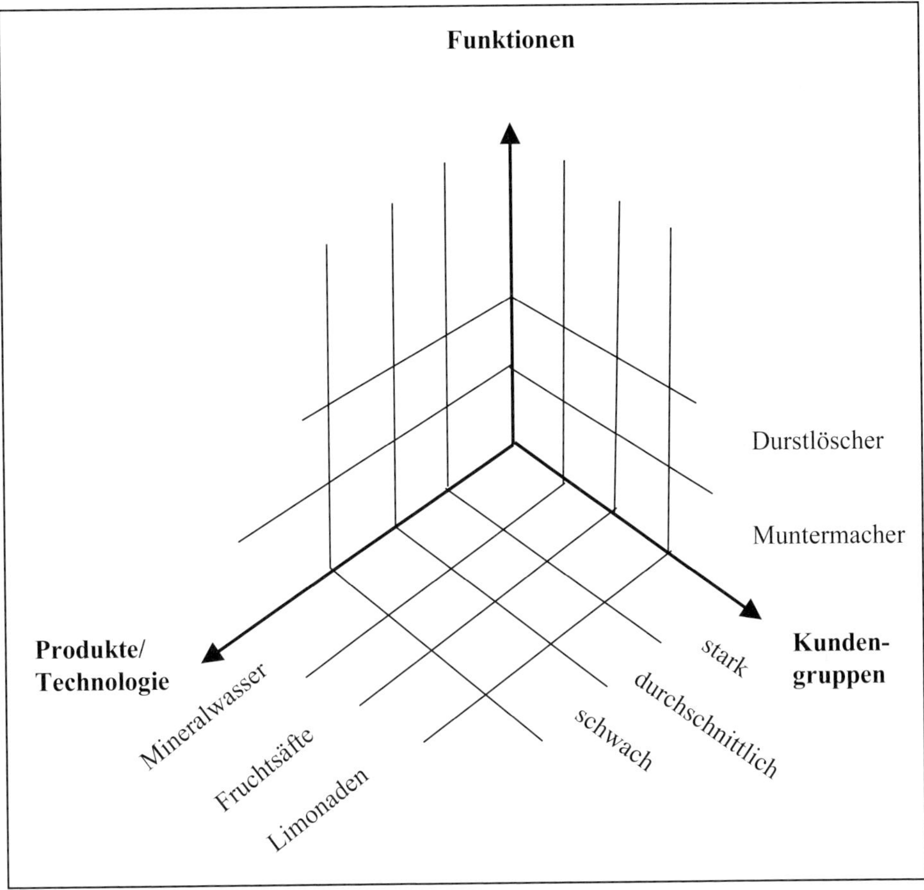

Abbildung 3: Vereinfachtes Beispiel zur Marktabgrenzung

2.3 Auswahl des zu bearbeitenden Marktes

Eng mit den zuvor diskutierten Sachverhalten ist die Zielmarktfestlegung (targeting) verbunden. Wie das in Abbildung 3 dargestellte Beispiel erkennen läßt, kann der Markt grundsätzlich entweder aus einer einzigen Zelle oder aus allen sich ergebenden Marktzellen bestehen. Zu berücksichtigen ist jedenfalls das vorgegebene Betrachtungsniveau.

Die Wahl des zu bedienenden Marktes bereitet aus verschiedensten Gründen Schwierigkeiten. Zunächst ist festzuhalten, dass es keine eindeutigen Richtlinien gibt, nach welchen die Kriterien auszuwählen sind. Außerdem ergeben sich je nach hierarchischer Betrachtungsweise von Bedürfnissen bzw. Produkten unterschiedliche Marktgrenzen. Durch Hinzu- bzw. Wegnahme einzelner Dimensionen entstehen verschiedenste Märkte. Manche Konkurrenten werden unterschiedliche Märkte bearbeiten, womit die zwischen Marken, Produktvarianten etc. bestehenden Substitutionsbeziehungen differieren. Laut Day (1981) wird die Auswahl der zu bearbeitenden Märkte vorwiegend davon beeinflußt, inwiefern

- die angebotenen Produktfunktionen am besten zur Geltung gebracht bzw. wo die Anforderungen der Kunden am leichtesten erfüllt werden können,
- Ressourcen und besondere Kompetenzen innerhalb des Unternehmens zur Verfügung stehen, und
- bereits Markterfahrungen gesammelt wurden.

Quellen	Art der Daten*	Messung der Wettbewerbs-relation	Identifikation der Markt-struktur	Aggregations-niveau	Heterogenität Produkte**	Heterogenität Konsumenten / Unternehmen	Repräsentation der Markt-struktur	Berück-sichtigung des Marketing-Mix
I) NACHFRAGE								
• Verhalten								
Rao, Sabavala 1981	Panel	Markenwechsel	explorativ	Segment	M	Nein	hierarchisch	Nein
Urban et al. 1984	Panel	Auswahlwahrsch.	konfirmatorisch	Markt/Segment	M, P, V	Nein	hierarchisch	Nein
Grover, Dillon 1985	Panel	Markenwechsel	konfirmatorisch	Markt/Segment	PV	Nein	hierarchisch	Nein
Grover, Srinivasan 1987	Panel	Auswahlwahrsch.	explorativ	Markt/Segment	M	Ja	überlappend	Nein
Jain et al. 1990	Panel	Auswahlwahrsch.	konfirmatorisch	Markt/Segment	M, PV	Ja	überlappend	Nein
Kanan, Wright 1991	Panel	Auswahlwahrsch.	konfirmatorisch	Konsument	PK, PV	Ja	hierarchisch	Ja
Novak 1993	Panel	Markenwechsel	konfirmatorisch	Markt/Segment	M, PV	Nein	hierarchisch	Nein
Zenor, Srivastava 1993	Panel	Marktanteil	explorativ	Markt	M	Ja	Gruppenbildung	Ja
Chintagunta 1994	Panel	Auswahlwahrsch.	konfirmatorisch	Haushalt	M	Ja	räumlich	Ja
Cooper, Inoue 1996	Panel	Markenwechsel / -einstellung	konfirmatorisch	Segment	PK, PV	Ja	räumlich	Ja
• Kognition								
Srivastava et al. 1981	Befragung	verwen. Substitute	explorativ	Konsument	PV	Nein	hierarchisch	Nein
Srivastava et al. 1984	Befragung	verwen. Substitute	explorativ	Konsument	PV	Nein	hierarchisch	Nein
Hruschka 1986	Befragung	verwen. Substitute	explorativ	Konsument	M	Nein	überlappend	Nein
Ratneshwar, Shocker 1991	Befragung	Auswahlwahrsch.	explorativ	Konsument	M, PK	Nein	Gruppenbildung	Nein
Elrod, Keane 1995	Panel	Auswahlwahrsch.	konfirmatorisch	Konsument	M	Ja	räumlich	Ja
Ratneshwar et al. 1996	Befragung	Auswahlmenge	explorativ	Konsument	PK, PV	Ja	Gruppenbildung	Ja
II) ANGEBOT								
• Verhalten								
Cool, Schendel 1987	Sekundär/LSD	Nein	explorativ	Unternehmen	Nein	Ja	Gruppenbildung	Ja
Cool, Dierickx 1993	Sekundär/LSD	Rivalitätsindex	explorativ	Unternehmen	Nein	Ja	räumlich	Ja
Olusoga et al. 1995	Compustat/LSD	Nein	explorativ	Unternehmen	Nein	Ja	Gruppenbildung	Ja
Fiegenbaum, Thomas 1995	Compustat/LSD	Referenzpunkte	explorativ	Unternehmen	Nein	Ja	Gruppenbildung	Ja
Houthoofd, Heene 1997	sekundär/LSD	Nein	explorativ	Unternehmen	Nein	Ja	Gruppenbildung	Ja
• Kognition								
Reger, Huff 1993	Befragung	kognitive Struktur	explorativ	Management	Nein	Ja	Gruppenbildung	Nein
Porac et al. 1995	Befragung	kognitive Struktur	explorativ	Management	Nein	Ja	Gruppenbildung	Nein
Rosa et al. 1999	Sekundär/LSD	kognitive Struktur	explorativ	Unternehmen	PK	Nein	Nein	Nein

*) LSD ... Längschnittdaten

**) M ... Marke, PK ... Produktkategorie, PV ... Produktvarianten, P ... Produktattribute, V ... Verwendungssituation

Tabelle 2: Beurteilung von Forschungsprojekten

Die Frage nach dem Ausmaß der Marktabgrenzung ist somit grundsätzlich vor dem Hintergrund der zu lösenden Problemstellung zu beurteilen. Entscheidungen größerer Tragweite werden zumeist von Managern mit hierarchisch höherer Kompetenz getroffen. Je umfassender die Betrachtungsebene ist, desto globaler und langfristiger werden die Handlungsempfehlungen ausfallen, was im wesentlichen einen Wechsel von taktischen auf strategische Überlegungen bedeutet. Im Sinne von Day (1981) ist die Marktwahl daher wohl auf organisationsbezogen höherer Verantwortlichkeit anzusiedeln. Aus ökonomischer Sicht sollten die „besten" Märkte bedient werden; das sind jene, wo langfristig die höchsten Gewinne erwirtschaftet werden können. Aus diesem Grunde wird die Meinung vertreten, dass der Wertschöpfungsanteil ein besseres Erfolgsmaß als der Marktanteil sei (Slywotzki, 1996).

3. Marktstrukturierung

Wie schon in der Einleitung dargelegt, geht es bei der Marktstrukturierung um das Ausmaß des Wettbewerbs zwischen alternativen Anbietern, wobei manche Autoren Märkte gerade über diesen Aspekt definieren (vgl. Tabelle 1). Sind verschiedene Produkte nicht zumindest teilweise substituierbar, dann gehören sie auch nicht zu demselben Markt. Ausgehend von dieser Grundidee haben viele Forscher versucht, auf Basis empirischer Analysen Marktstrukturen zu bestimmen. Im weiteren soll ein Überblick über diese Bemühungen präsentiert werden, der sich nach der Durchsicht des einschlägigen Schrifttums ergibt.

In der Tabelle 2 werden ausgewählte Arbeiten nach verschiedenen Kriterien untersucht, wobei das hierbei gewählte Systematisierungsschema auf folgenden Vorstellungen basiert:

- Es macht einen Unterschied, ob die Marktstrukturierung an der Nachfrage- oder der Angebotsseite ansetzt. Geleitet von der klassischen, aus der Theorie des Kaufverhaltens stammenden, Unterscheidung nach behavioristischen bzw. kognitiven Aspekten nehmen wir bei den verschiedenen Ansätzen aus der Literatur noch eine weiterführende Gliederung vor – daraus resultiert der zeilenweise Aufbau von Tabelle 2.
- Wir haben versucht, wesentliche in den Studien laufend wiederkehrende charakteristische Elemente zu identifizieren – daraus ergibt sich die spaltenweise Anordnung von Tabelle 2.

Im Sinne einer vereinfachten Metaanalyse werden nun die Ergebnisse weiter dargelegt. Die Ausführungen orientieren sich am eben dargelegten Schema, indem zuerst die sich aus der Zeilenstruktur ergebenden Gemeinsamkeiten und dann jene, die aus einer spaltenweisen Betrachtung folgen, abgeleitet werden. Der an einer formalen Darstellung der verwendeten Modelle interessierte Leserkreis wird auf die angeführte bzw. weiterführende Literatur verwiesen (DeSarbo, Manrai und Manrai 1993; Elrod 1991).

3.1 Nachfrage- bzw. angebotsorientierte Betrachtungsweise

Nachfrageorientierte Arbeiten werden primär in Marketingjournalen wie dem Journal of Consumer Research, dem Journal of Marketing, dem Journal of Marketing Research bzw. dem Marketing Science publiziert. Zu den wesentlichen Annahmen dieser Studien zählt zumeist, dass die Käufer einerseits nach Nutzen und nicht nach Produkten an sich suchen und andererseits die Angebote aus der Sicht der jeweiligen Verwendungssituation sowie den zur Verfügung stehenden Alternativen bewerten (Day/Shocker/Srivastava, 1979).

Angebotsorientierte Studien findet man überwiegend in der Managementlehre und daher in Zeitschriften wie dem Administrative Science Quarterly und dem Strategic Management Journal. Dabei wird postuliert, dass die Wettbewerbsstruktur durch das unternehmerische Verhalten bzw. anhand der Wahrnehmungen der Manager abgebildet werden kann. Anbieter mit gleichen bzw. ähnlichen Strategien werden identifiziert und bilden strategische Gruppen. Zwischen diesen bestehen Mobilitätsbarrieren (Caves/Porter 1977), die das Wechseln zwischen den Gruppen erschweren. Ähnlich wie bei der Betrachtung der Nachfrage wird auch hier unterstellt, dass der Wettbewerb innerhalb der so definierten Einheiten intensiver erfolgt als zwischen diesen. Einschlägige Überblicksarbeiten stammen von McGee und Thomas (1986) und Thomas und Venkatraman (1988).

Verhalten versus Kognition. Beobachtete Tatbestände, etwa aus Haushaltspaneldaten, werden vielfach zu Kennzahlen aggregiert und zur Marktstrukturanalyse herangezogen. Solche, das Verhalten repräsentierende, Maße sind beispielsweise Kreuzpreiselastizitäten und prozentuelle Angaben über Markenwechsel. Alternativ werden Informationen aus Befragungen – zumeist Präferenzen – verwendet, die im wesentlichen Ähnlichkeiten bzw. Unterschiede zwischen Marken und/oder Produktkategorien reflektieren. Anhand der ermittelten Wahrnehmungsräume kann die Distanz zwischen den Angeboten als Operationalisierung der Substitutionsbeziehung angesehen werden. Bewertungen einzelner Attribute liefern darüber hinaus noch wertvolle Hinweise in Bezug auf Idealpunkte. Ein wesentlicher Unterschied zwischen diesen beiden Ansätzen besteht darin, dass erstere den „status quo" reflektieren, während letztere auch Einsichten in zukünftige Entwicklungen zulassen (Day/Shocker/Srivastava, 1979).

3.2 Charakteristika der verschiedenen Ansätze

Art der Daten. Die zweite Spalte von Tabelle 2 gibt an, welche Informationen für die empirische Analyse verwendet wurden. In der Gruppe der nachfragebezogenen Studien dienen Paneldaten für die Marktstrukturierung auf der Grundlage von Kaufverhalten, Befragungen werden für kognitiv basierte Modelle herangezogen. Im Vergleich dazu verwendet man bei angebotsorientierten Vorgangsweisen neben primären auch sekundäre Datenquellen, wobei insbesondere letztere vorwiegend für Längsschnittanalysen herangezogen werden.

Messung der Wettbewerbsrelation. Die Operationalisierung der Konkurrenzbeziehung kann auf vielfache Weise erfolgen (Spalte drei von Tabelle 2). Manche Autoren arbeiten mit Substitutionsmaßen wie dem Markenwechselverhalten oder Präferenzdaten sowie Kenngrößen, die sich aus der Auswahlmenge der in Betracht gezogenen Produkte ergeben (nachfrageorientierte Beiträge). Andere Autoren kommen teilweise ohne direkten Bezug auf die Konkurrenten aus oder behelfen sich mit den Wahrnehmungsräumen von Managern (angebotsbezogene Aufsätze).

Identifikation der Marktstruktur (Spalte vier von Tabelle 2). Marktstrukturen werden entweder explorativ oder konfirmatorisch ermittelt. Während bei ersteren Einsichten über die Marktstruktur im Laufe der Untersuchungen gewonnen werden, besteht das Ziel bei letzteren, eine postulierte Konstellation (entweder auf Grund von a priori vorhandenem Wissen oder von vorangestellten Analysen) zu überprüfen. Im Bereich der verhaltensbezogenen, auf der Nachfrage basierenden Modellen, dominiert die konfirmatorische Vorgangsweise, sonst die explorative.

Aggregationsniveau (Spalte fünf von Tabelle 2). Bei der Analyse der Marktstruktur wird einerseits von Informationen auf Mikroebene ausgegangen, um anschließend geeignete Zusammenfassungen vorzunehmen, und andererseits werden Daten auf bereits aggregiertem Niveau untersucht. Es ist unbefriedigend festzustellen, dass manchmal identifizierte Strukturen, dieselben Märkte betreffend, in Abhängigkeit von den herangezogenen Daten variieren. Verhaltensbezogene Nachfragestudien betrachten im wesentlichen aggregierte Einheiten. Demgegenüber beruhen die kognitiven Ansätze dieser Gruppe auf der Analyse von Individuen. Die angebotszentrierten Studien beziehen sich entweder auf das Verhalten von Unternehmen oder auf deren Repräsentation im Wahrnehmungsraum des Managements.

Konkretisierungsgrad der Produkte. In Unterabschnitt 2.2.1 wurde die Bedeutung des Konkretisierungsgrades von Produkten für deren Substituierbarkeit dargelegt. Spalte sechs von Tabelle 2 greift diesen Gedanken auf und differenziert die einzelnen Studien dementsprechend. Nachfragebezogene Modelle berücksichtigen diesen Aspekt, nicht jedoch angebotsorientierte. Dies ist allerdings auf Grund des dort anzutreffenden Schwerpunktes der Erforschung des unternehmerischen Handelns verständlich.

Heterogenität der Konsumenten/Unternehmen (Spalte sieben von Tabelle 2). Bei Untersuchungen, die zunächst auf individuellem Niveau ansetzen, stellt sich regelmäßig das Problem der Heterogenität. Nachfragebezogene Ansätze lösen dies zumeist entweder durch die Bildung mehrerer homogener Segmente oder durch die modellmäßige Berücksichtigung dieses Phänomens. Auf der Angebotsseite werden von allen Forschern die Unternehmen als heterogen betrachtet.

Darstellung der Marktstruktur. Wie Spalte acht von Tabelle 2 belegt, gibt es manche Autoren, die Gruppenbildungen auf Grund von fallspezifischen Bewertungen vornehmen. Andere stützen sich auf methodische Hilfsmittel und unterscheiden grundsätzlich zwischen räumlichen, hierarchischen und überlappenden Gruppierungen. Die erste Repräsentationsform ergibt sich zumeist nach Anwendung von Verfahren der mehrdimensionalen Skalierung, der Faktoren- oder der Diskriminanzanalyse (Einen detaillierten Überblick bieten Elrod, 1991, und Shocker/Stewart/Zahorik, 1990). Das zweite, überwiegend verwendete, graphische Beschreibungsmittel (Baumstruktur) wird bei nachfrageorientierten Ansätzen oft als Ergebnis von komplexen, formalen Modellen eingesetzt (siehe DeSarbo/Manrai/Manrai 1993), bei angebotsorientierten Studien greift man hauptsächlich auf einfache (hierarchische) Clusteranalysen zurück. Schließlich kann eine mehrfache (Teil-)Zuordnung von Produkten (Marken) auf verschiedene Märkte mittels des Instrumentariums der unscharfen Mengen erfolgen (Hruschka, 1986).

Berücksichtigung des Marketing-Mix. Die Marktstruktur bezieht sich zumeist auf Produkt-Marktrelationen. Daneben existieren aber auch noch andere Marketing-Mix Elemente wie Preis oder Distribution. Spalte neun von Tabelle 2 unterscheidet die angeführten Arbeiten nach diesem Merkmal. Man erkennt, dass bei den nachfrageorientierten Studien Marketing-Mix Elemente nicht in dem selben Ausmaß einbezogen werden, wie bei angebotsorientierten. Ein direkter Vergleich dieser Ansätze ist jedoch nur eingeschränkt möglich, da die verstärkte Berücksichtigung von Marketing-Mix Elementen sich bei letzteren Ansätzen daraus ergibt, dass das unternehmerische Verhalten häufig gerade an Hand dieser Determinanten abgebildet wird.

Die hier präsentierte Darstellung verdeutlicht die Vielfalt an verfügbaren Marktstrukturierungsmodellen und impliziert, dass es offenbar keine allgemein akzeptierte Vorgangsweise gibt. Unterschiedliche konzeptionelle und methodische Überlegungen erschweren darüber hinaus den direkten Vergleich der Studien. Demnach ist jeder der Ansätze durch Stärken und Schwächen gekennzeichnet, und die Auswahl ist jeweils unter Beachtung der zu lösenden Problemstellung zu treffen (Shocker/Stewart/Zahorik 1990). Trotz dieser Einschränkungen werden folgende Empfehlungen abgegeben:

- Für strategische Entscheidungen sollte eine breite Marktabgrenzung vorgenommen werden. Aufgrund ihrer langfristigen Orientierung bietet sich die Verwendung kognitiver Maße als Indikatoren der Wettbewerbsrelationen an, was wiederum eine räumliche Repräsentation der Marktstruktur impliziert. Ebenso scheint hier eine simultane Betrachtung sowohl der Nachfrage- als auch der Angebotsseite (Miteinbeziehung der Konkurrenz) anstrebenswert zu sein. Mangels klarer Vorstellungen wird die Marktstruktur in der Regel explorativ zu ermitteln sein.

- Taktische Entscheidungen erlauben eine enge Marktabgrenzung und auf Grund des eher kurzfristigen Zeithorizontes dürften - im Falle der Verfügbarkeit - Substitutionsmaße (z.B. Prozentzahlen über das Markenwechselverhalten) als Indikatoren der Wettbewerbsrelation angebracht sein. Da zumeist auch bestimmte Vorstellungen über den Entscheidungsprozeß vorliegen, kann die Marktstruktur dementsprechend auch hierarchisch repräsentiert und im Sinne einer konfirmatorischen Vorgangsweise ermittelt bzw. überprüft werden.

4. Schlußbemerkungen

In diesem Beitrag wurden nicht nur der komplexe Marktbegriff sondern auch die Marktabgrenzung und -strukturierung diskutiert. Märkte sind abstrakte, komplexe Konstrukte und somit nicht direkt beobachtbar. Eine eindeutige Bestimmung und Repräsentation der Marktabgrenzung bzw. -strukturierung ist deshalb unmöglich (Day 1981; Day/Shocker/ Srivsatava 1979). Märkte sind stets vor dem Hintergrund der jeweiligen Zielsetzungen, der Betrachtungsebene sowie des Zeithorizonts abzugrenzen. Unter Bedachtnahme auf inhaltliche und methodische Überlegungen sind auch die Ansätze zur Marktstrukturierung auszuwählen. Als Folge ergeben sich allerdings in beiden Fällen alternative Vorgangsweisen. Insgesamt ist festzustellen, dass unterschiedliche Informationsbasen und Methoden divergente Ergebnisse implizieren können. Diese sind demnach mit Hinblick auf ihre praktische Relevanz zu validieren. Durchgeführte Marktabgrenzungen sollten durch die simultane Berücksichtigung von verschiedenen Betrachtungsebenen, -objekten, Zeithorizonten, geographischen Bereichen und auch Modellen seriös abgesichert werden. Dadurch kann nicht nur ein besseres Marktverständnis erreicht werden, sondern es sollte auch gelingen, strategische und taktische Fehler zu reduzieren. Die Marktabgrenzung erfordert somit analytische und kreative Fähigkeiten. Wäre sie eindeutig vorzunehmen, dann wählten wohl alle Unternehmen die für sie besten Märkte. Abschließend wird Buzzell (1999, p. 61) zitiert, der fordert: „Hopefully, future marketing scholars and practitioners will devise and use more realistic concepts to analyze the functioning and evolution of markets“.

5. Literatur

ABELL, D. F., Strategic Windows, in: Journal of Marketing, 1978, S. 21-26.

ABELL, D. F., Defining the Business – The Starting Point of Strategic Planning, Englewood Cliffs 1980.

ARNDT, J., How Broad Should the Marketing Concept Be?, in: Journal of Marketing, 1978, S. 101-103.

BAIN, J. S., Industrial Organization, 2. Aufl., New York 1968.

BAUER, H. H., Marktabgrenzung, Berlin 1989.

BETTMAN, J., An Information Processing Theory of Consumer Choice, Boston 1979.

BUZZELL, R. D., Note on Market Definition and Segmentation, in: Harvard Business School Note No. 9-579-083 (überarbeitet February 27, 1987), 1978.

BUZZELL, R. D., Introduction: Market Functions and Market Evolution, in: Journal of Marketing, 1999, S. 61-63.

CAVES, R. E./PORTER, M. E., From Entry Barriers to Mobility Barriers: Conjectural Decisions and Contrieved Deterence to New Competition, in: Quarterly Journal of Economics, 1977, S. 241-261.

CHINTAGUNTA, P. K., Heterogeneous Logit Model Implications for Brand Positioning, in: Journal of Marketing Research, 1994, S. 304-311.

CHURCHILL, G. A. Jr., Sales Force Management, New York 1998.

COOL, K. O./SCHENDEL, D., Strategic Group Formation and Performance, The Case of the U. S. Pharmaceutical Industry, 1963 - 1982, in: Management Science, 1987, S. 1102-1124.

COOL, K./DIERICKX, I., Rivalry, Strategic Groups and Firm Profitability, in: Strategic Management Journal, 1993, S. 47-59.

COOPER, L. G./INOUE, A., Building Market Structures from Consumer Preferences, in: Journal of Marketing Research, 1996, S. 293-306.

CRAVENS, D. W., Strategic Marketing, 6. Aufl., Burr Ridge 2000.

DAY, G. S., Diagnosing the Product Portfolio, in: Journal of Marketing, 1977, S. 29-38.

DAY, G. S., Strategic Market Analysis and Definition – An Integrated Approach, in: Strategic Management Journal, 1981, S. 281-299.

DAY, G. S./SHOCKER, A. D/SRIVASTAVA, R. K., Customer-Orientated Approaches to Identifying Product-Markets, in: Journal of Marketing, 1979, S. 8-19.

DESARBO, W. S./MANRAI, A. K./MANRAI, L. A., Non-Spatial Tree Models for the Assessment of Competitive Market Structure: An Integrated Review of the Marketing and Psychometric Literature, in: Eliashberg, J./Lilien, G.L., (Hrsg.), Marketing – Handbooks in OR & MS, Vol. 5, 1993, S. 193 – 257.

ELROD, T., Internal Analysis of Market Structure: Recent Developments and Future Prospects, in: Marketing Letters, 1991, S. 253-267.

ELROD, T./KEANE, M.P., A Factor-Analytic Probit Model for Representing the Market Structure in Panel Data, in: Journal of Marketing Research, 1995, S. 1-16.

FRETER, H., Marktsegmentierung, Stuttgart 1983.

FIEGENBAUM, A./THOMAS, H., Strategic Groups as Reference Groups: Theory, Modeling and Empirical Examination of Industry and Competitive Strategy, in: Strategic Management Journal, 1995, S. 461-476.

GROVER, R./DILLON, W. R., A Probabilistic Model For Testing Hypothesized Hierarchical Market Structures, in: Marketing Science, 1985, S. 312-335.

GROVER, R./SRINIVASAN, V., A Simultaneous Approach to Market Segmentation and Market Structuring, in: Journal of Marketing Research, 1987, S. 139-153.

HATTEN, K. J., Quantitative Research Methods in Strategic Management, in: Schendel, D./Hofer, C. W., (Hrsg.), Strategic Management, Boston 1979.

HOUTHOOFD, N./HEENE, A., Strategic Groups as Subsets of Strategic Scope Groups in the Belgian Brewing Industry, in: Strategic Management Journal, 1997, S. 653-666.

HRUSCHKA, H., Market Definition and Segmentation Using Fuzzy Clustering Methods, in: International Journal of Research in Marketing, 1986, S. 117-134.

HÜTTNER, M., Markt- und Absatzprognosen, Stuttgart 1982

JAIN, D./BASS, F. M./CHEN, Y. M., Estimation of Latent Class Models with Heterogeneous Choice Probabilities: An Application to Market Structuring, in: Journal of Marketing Research, 1990, S. 94-101.

KALWANI, M. U./MORRISON, D. G., A Parsimonious Description of the Hendry System, in: Management Science, 1977, S. 467-477.

KANAN, P. K./WRIGHT, G. P., Modeling and Testing Structured Markets: A Nested Logit Approach, in: Marketing Science, 1991, S. 58-82.

KAUFER, E., Industrieökonomik, München et al. 1980.

KOTLER, P., Marketing-Management, Englewood Cliffs 2000.

LUNN, T., Segmenting and Constructing Markets, in: Worcester, R. M., (Hrsg.), Consumer Market Research Handbook, Maidenhead 1972.

MCGEE, J./THOMAS, H., Strategic Groups, Theory, Research and Taxonomy, in: Strategic Management Journal, 1986, S. 141-160.

MASLOW, A., Motivation and Personality, New York 1954.

NOVAK, T. P., Log-Linear Trees: Models of Market Structure in Brand Switching Data, in: Journal of Marketing Research, 1993, S. 267-287.

OLUSOGA, S. A./MOKWA, M. P./NOBLE, C. H., Strategic Groups, Mobility Barriers, and Competitive Advantage: An Empirical Investigation, in: Journal of Business Research, 1995, S. 153-164.

O.V., Stichwort: Markt, in: Großes Marketing Lexikon, München 1992.

PORAC, J. F./THOMAS, H./WILSON, F./PATON, D./KANFER, A., Rivalry and the Industry Model of Scottish Knitwear Producers, in: Administrative Science Quarterly, 1995, S. 203-227.

RAO, V. R./SABAVALA, D. J., Inference of Hierarchical Choice Processes from Panel Data, in: Journal of Consumer Research, 1981, S. 85-96.

RATNESHWAR, S./PECHMANN, C./SHOCKER, A. D., Goal-Derived Categories and the Antecedents of Across-Category Consideration, in: Journal of Consumer Research, 1996, S. 240-250.

RATNESHWAR, S./SHOCKER, A. D., Substitution in Use and the Role of Usage Context in Product Category Structures, in: Journal of Marketing Research, 1991, S. 281-295.

REGER, R. K./HUFF, A. S., Strategic Groups, A Cognitive Perspective, in: Strategic Management Journal, 1993, S. 103-124.

ROSA, J. A./PORAC, J. F./RUNSER-SPANJOL, J./SAXON, M. S., Sociocognitive Dynamics in a Product Market, in: Journal of Marketing, 1999, S. 64-77.

SHOCKER, A. D./STEWART, D. W./ZAHORIK, A. J., Determining the Competitive Structure of Product-Markets: Practices, Issues, and Suggestions, in: Journal of Managerial Issues, 1990, S. 127-159.

SISSORS, J. Z., What is a Market? in: Journal of Marketing, 1966, S. 17-21.

SLYWOTZKI, A., Value Migration – How to Think Several Moves Ahead of the Competition, Boston 1995.

SMITH, A., An Inquiry into the Causes and Nature of the Wealth of Nations, 1776, zitiert nach: Jain, S. C., Marketing, Planning & Strategy, 3. Aufl., Cincinnati 1990.

SRIVASTAVA, R. K./ALPERT, M. I./SHOCKER, A. D., A Customer-oriented Approach for Determining Market Structures, in: Journal of Marketing, 1984, S. 32-45.

SRIVASTAVA, R. K./LEONE, R. P./SHOCKER, A. D., Market Structure Analysis: Hierarchical Clustering of Products Based on Substitution-in-use, in: Journal of Marketing, 1981, S. 38-48.

THOMAS, H./VENKATRAMAN, N., Research on Strategic Groups: Progress and Prognosis, in: Journal of Management Studies, 1988, S. 537-555.

URBAN, G. L./JOHNSON, P. L./HAUSER, J. R., Testing Competitive Market Structures, in: Marketing Science, 1984, S. 83-112.

ZENOR, M. J./SRIVASTAVA, R. K., Inferring Market Structure with Aggregate Data: A Latent Segment Logit Approach, in: Journal of Marketing Research, 1993, S. 369-379.

Ingo Balderjahn
Joachim Scholderer

Benefit- und Lifestyle-Segmentierung

1. Das Konzept der Marktsegmentierung

1.1 Ziele und Aufgaben der Marktsegmentierung

Die Marktsegmentierung ist ein zentraler Bestandteil der strategischen Marketingplanung und dient der Entwicklung erfolgreicher Marketingstrategien (Bruhn, 2004, S. 45; Peter et al., 1999, S. 332). Nach einer neueren repräsentativen Unternehmensbefragung gehört die Markt- bzw. Kundensegmentierung zu den zehn wichtigsten Management-Instrumenten (Leendertse, 1999). Dieses klassische Instrument des Marketing wird in Zukunft noch an Bedeutung gewinnen. Ursache dafür sind Individualisierungstendenzen in hoch entwickelten Ländern, die zu einer Pluralisierung (mehrere Lebensstile werden von einer Person gleichzeitig „gelebt“) und Fragmentarisierung (weitere Ausdifferenzierung bisher homogener Lebensstilsegmente) von Lebensstilen führen. Nach einer Analyse von Volkswagen hat sich in den letzten 10 Jahren die Anzahl der Marktsegmente verdreifacht (Clef, 1999). Größere homogene Marktsegmente sind deshalb immer weniger wahrscheinlich.

Ausgangspunkt der Marktsegmentierung ist die Abgrenzung relevanter Märkte und die Festlegung von Geschäftsfeldern. Relevante Märkte und strategische Geschäftsfelder können, insbesondere dann, wenn sie relativ grob abgegrenzt bzw. definiert wurden, weiter zerlegt und unterteilt werden (Benkenstein, 2002, S. 27 ff. und 175 ff.). Ist ein strategisches Geschäftsfeld schon eng ausgelegt und vom Absatzvolumen vergleichsweise klein, so können Marktsegment und strategisches Geschäftsfeld deckungsgleich sein (Hahn, 1997, S. 373). Die Marktsegmentierung ist eine direkte Umsetzung des Prinzips der differenzierten Marktbearbeitung und zielt insbesondere auf die Identifikation neuer Markt- und Produktchancen, die Produktdifferenzierung und -positionierung sowie auf die Verbesserung von Werbekonzepten und die Unterstützung der Werbestreuplanung (Beane/Ennis, 1987, S. 20).

Aufgabe der Marktsegmentierung ist die Identifikation, Bildung und Beschreibung von Teilmärkten (Markterfassung), deren Bewertung und Auswahl (Marktauswahl) sowie die Festlegung von Strategien und Maßnahmen der Marktbearbeitung für einzelne Segmente (Freter, 1983, S. 14, 1995, Sp. 1803 f. und Peter et al., 1999, S. 332 ff.). Im ersten Schritt der Marktsegmentierung, der Markterfassung, erfolgt die Zerlegung eines Marktes bzw. eines strategischen Geschäftsfeldes in Käufergruppen (Marktsegmente), die ähnlich und von den anderen Käufergruppen deutlich unterscheidbar auf den Einsatz marketingpolitischer Instrumente reagieren (Becker, 2002, S. 247, und Peter et al., 1999, S. 332). Zur Bildung von Marktsegmenten werden ausgewählte Merkmale der Käufer, sog. Segmentierungskriterien, verwendet (Freter, 1995, Sp. 1803). Dabei ist zu unterscheiden, ob die gruppenbildenden Kriterien aufgrund von Markterfahrung des Managements der Segmentbildung vorgegeben werden (a-priori-Segmentierung) oder ob Käufer erst aufgrund ihrer Ähnlichkeit hinsichtlich einer Vielzahl von Merkmalen durch Anwendung multivariater Verfahren der Datenanalyse (vgl. Kapitel 4) zu Gruppen zusammengefaßt werden (a-posteriori-Segmentierung; vgl. Stegmüller/Hempel, 1996, S. 25). Zur Beschreibung von Marktsegmenten können sowohl die verwendeten Segmentierungsmerkmale als auch weitere, nicht zur Segmentierung eingesetzte Merkmale der Käufer verwendet werden.

Sind Marktsegmente identifiziert worden, so erfolgt im nächsten Schritt die Bewertung und Auswahl der attraktivsten Käufergruppen zur Marktbearbeitung (Freter, 1992, S. 736). Marktsegmente sollten als größtmögliche Einheiten verhaltenshomogener Käufer, die es sich lohnt, mit einem speziellen Marketing-Mix zu bearbeiten, gebildet werden. In Abhängigkeit von der Marktsegmentauswahl können verschiedene segmentspezifische Marktbearbeitungsstrategien eingeschlagen werden, die sich hinsichtlich der Art und des Grades der Differenzierung der Marktbearbeitung unterscheiden (Marktparzellierungsstrategien; vgl. Becker, 2002, S. 237 ff.).

Abgesehen von der Frage, ob ein Markt überhaupt bearbeitet werden soll oder kann, stellt sich die grundsätzliche Entscheidung darüber, ob die Marktbearbeitung undifferenziert (Massenmarktstrategie) oder differenziert (Marktsegmentierungsstrategie) erfolgen soll. Werden Produkt-Markt-Kombinationen der Strategieauswahl zugrundegelegt, so können fünf Grundformen segmentspezifischer Basisstrategien unterschieden werden: Nischenspezialisierung (Single-Segment-Strategie), Produktspezialisierung, Marktspezialisierung, selektive Spezialisierung (Multiple-Segment-Strategie) und differenzierte Gesamtmarktabdeckung (Benkenstein, 2002, S. 176 ff. und Bruhn, 2004, S. 61 ff.). Ist die Marktsegmentierungsstrategie festgelegt, erfolgt im letzten Schritt der Marktsegmentierung die Ausgestaltung des segmentspezifischen Marketing-Mix.

1.2 Arten der Marktsegmentierung

Die Art der Marktsegmente ergibt sich aus den zu ihrer Identifikation bzw. Klassifikation eingesetzten Segmentierungskriterien. Sehr häufig wird die folgende Unterteilung von Segmentierungskriterien vorgeschlagen (Becker, 2002, S. 251, Bruhn, 2004, S. 60, und Freter, 1995, Sp. 1807 f.):

- demographische Kriterien (incl. sozio-ökonomischer und geographischer Kriterien),
- psychographische Kriterien (allgemein und produktspezifisch) und
- Kriterien des Kauf- und Nutzungsverhaltens.

Peter el al. (1999, S. 335) unterscheiden Segmentierungskriterien danach, ob sie einerseits manifeste (z.B. Alter) oder latente (z.B. Einstellung) und andererseits eher allgemeine, produktübergreifende (z.B. Werthaltungen) oder spezielle, produktspezifische (z.B. Produktnutzen) Aspekte des Käuferverhaltens erfassen.

Im internationalen Kontext ist zwischen Ländersegmentierung (horizontaler Segmentierung), intranationaler (vertikaler Segmentierung) und integraler Marktsegmentierung zu unterscheiden. Im Rahmen der Ländersegmentierung werden auf der Basis länderspezifischer Merkmale (z.B. Investitionsrisiko, Marktpotential, Sprache) homogene Ländergruppen gebildet (Meffert/Bolz, 1998, S. 110 ff.). Während die intranationale Marktsegmentierung auf die Identifikation, Auswahl und Bearbeitung von Käufergruppen innerhalb eines ausgewählten Landes zielt (Berndt et al., 1997, S. 48), versucht die integrale Marktsegmentierung, länder- bzw. kulturübergreifende Käufergruppen (cross-national-groups bzw. cross-cultural-groups) zu erfassen.

Die Auswahl geeigneter Segmentierungskriterien kann durch eine Analyse der Produkt-Konsument-Beziehung unterstützt werden (Peter et al., 1999, S. 333). So ist es möglich, im Rahmen einer Means-End-Analyse Kenntnisse über die dem Produktwahlverhalten zugundeliegenden mentalen Prozesse zu erhalten. Als wichtigstes Entscheidungskriterium zur Auswahl von Segmentierungsmerkmalen für die Markterfassung sollte deren Kaufverhaltensrelevanz herangezogen werden (Peter et al., 1999, S. 345 und, Freter, 1995, Sp. 1807). Auf der Basis ausgewählter Segmentierungskriterien werden Käufer entweder a-priori klassifiziert oder im Rahmen einer empirischen Studie unter Einsatz multivariater Verfahren (vgl. Kapitel 4) einzelnen Gruppen zugeordnet. Neben den (aktiven) Segmentierungskriterien werden in Marktforschungsstudien relativ häufig auch noch weitere (passive) Käufermerkmale erhoben, die zwar nicht zur Segmentbildung, dafür aber zur näheren Segmentbeschreibung benötigt werden. Die Markterfassung sollte mit einer Prüfung der Verhaltensrelevanz der gebildeten Marktsegmente abgeschlossen werden. Von den gebildeten Marktsegmenten bzw. Käufergruppen wird erwartet, daß sie

- mit einem differenzierten Marketing-Mix angesprochen werden können,
- differenziert auf den Einsatz des Marketing-Mix reagieren,
- inhaltlich beschrieben und ihre Größe bzw. ihr Potential ermittelt werden kann,
- für eine wirtschaftliche und profitable Bearbeitung hinreichend groß sind und
- über einen längeren Zeitraum Bestand haben.

Demographische Segmentierungskriterien genießen weiterhin große Beliebtheit. Dazu trägt insbesondere bei, daß ihre Anwendung oft zu leicht meßbaren, wirtschaftlich zu bearbeitenden und zeitlich stabilen Marktsegmenten führt (Freter, 1992, S. 739). Allerdings wird sehr häufig eine zu geringe Kaufverhaltensrelevanz demographischer Segmente beklagt. Von einer psychographischen Segmentierung (Benefit- und Lifestyle-Segmentierung) erhofft man sich dagegen einen stärkeren Verhaltensbezug. Vergleichende Analysen haben gezeigt, daß die Segmentierungsergebnisse abhängig von den zugrundegelegten Kriterien sind (vgl. Dubow, 1992, und Stegmüller/Hempel, 1996, S. 30 f.).

2. Lifestyle-Segmentierung

2.1 Der Lebensstilbegriff

Das Lifestyle-Konzept wurde 1964 von Lazer für das Marketing aufgegriffen. Die Ursprünge dieses theoretischen Konstrukts sind in der Soziologie und in der Psychologie zu finden. Innerhalb der soziologischen Ungleichheitsforschung setzten sich schon relativ früh Max Weber („Formen der Lebensführung"), Georg Simmel („Formen innerer und äußerer Erscheinungen") und Thorstein Veblen („Formen expressiven Verhaltens") mit Lebens- und Konsumstilen auseinander (Wiswede, 1991, S. 314). Auch die *theory of personal constructs* des Psychologen Kelly gilt als Säule der Lebensstilforschung (Banning, 1987, S. 20).

Im Marketing dominieren das *Activities and Attitudes* Lebensstilkonzept (AA-Konzept) von Hustad und Pessemier (1974), insbesondere aber das wohl bekannteste Lebensstilkonzept, der *Activities, Interests and Opinions* Ansatz (AIO-Konzept) von Wells und Tigert (1971). Nach dem AA-Konzept versteht man unter Lebensstil eine Menge miteinander verbundener Einstellungen (z.B. zum Einkaufen, Essen, Wohnen) und Aktivitäten (z.B. in der Freizeit, beim Einkaufen), durch die das Verhalten der Konsumenten ein spezifisches Profil bekommt (Kroeber-Riel/Weinberg, 2003, S. 559). Nach dem klassischen *AIO-Ansatz* drücken sich im Lebensstil die durch Aktivitäten (z.B. in Freizeit, Arbeit, Konsum), Interessen (z.B. für Familie, Beruf, Essen) und Meinungen (z.B. zu Wirtschaft, Politik, Produkten) manifestierten Muster der Lebensführung einer Person aus (Kotler/Bliemel, 1999, S. 319, und Wind/Green, 1974).

Der Lebensstilbegriff ist trotz der relativ langen Forschungstradition bis heute vage und wenig griffig geblieben und wird inhaltlich nicht übereinstimmend in Forschung und Praxis verwendet. Nach Wind und Green (1974, S. 106) beziehen sich Lebensstile auf „*... the overall manner in which people live and spend time and money*" (vgl. auch Engel et al., 1990, S. 342). Im Lebensstil drückt sich demnach aus, wie der einzelne seine Zeit verbringt und wofür er Geld ausgibt. Darüber hinaus werden Lebensstile sowohl als ein individuelles Konstrukt als auch als sozio-kulturelles Phänomen betrachtet (Banning, 1987, S. 75). Insbesondere unterscheiden sich die Auffassungen danach, ob der Lebensstil ausschließlich als latentes Konzept oder als Gemisch von latenten (z.B. Einstellungen) und manifesten Merkmalen (z.B. Produktwahl) definiert werden soll (vgl. Anderson, 1984, S. 406; Antonides/Van Raaij, 1998, S. 376 f., und Peter et al., 1999, S. 337). Während Grunert et al. (1997) einem latenten Konzept folgen und Lebensstil dadurch definieren, „*... how consumers mentally link products to the attainment of life values*", umfaßt der AIO-Ansatz auch das Verhalten. Weiterhin wird die Bedeutung und Funktion von Werten (*values*) im Lebensstilkonzept unterschiedlich gesehen. Werte werden einerseits als integraler Bestandteil von Lebensstilen angesehen (z.B. Engel et al., 1990) und andererseits als Zielgrößen von Lebensstilen aufgefaßt (Grunert et al., 1997, S. 343).

Allgemein wird unterstellt, daß sich Lebensstile im Verlauf der Sozialisation herausbilden und somit als Resultat von kulturellen Einflüssen, Werten und Normen einerseits sowie persönlichen Motiven, Einstellungen, Erfahrungen, Ressourcen und der sozialen Position andererseits angesehen werden können, ohne daß der Zusammenhang zwischen diesen Größen und dem Lebensstil theoretisch ausgearbeitet wird (Wiswede, 1991, S. 316). In Anbetracht dieser Begriffsvielfalt schlagen die Verfasser vor, in Anlehnung an Grunert et al. (1997) Lebensstile als habitualisierte und situationsbezogene Denk- und Wahrnehmungsprozesse zu definieren, die typische, für Individuen bzw. Gruppen charakteristische und von anderen Gruppen abgrenzbare Konsumverhaltensmuster hervorbringen.

2.2 Lifestyle-Theorien und Ansätze der Marktforschung

Die grundlegende Annahme der Lifestyle-Forschung ist, daß der Lebensstil eine der Schlüsselgrößen zur Erklärung des Konsumentenverhaltens ist (Wind/Green, 1974, S. 101). Aus diesem Grund erhofft man sich durch Lebensstilanalysen wertvolle Hinweise auf Möglichkeiten der Produktentwicklung, Produktdifferenzierung und -positionierung, lifestyleorientierter Mehrmarkenstrategien, der Schaffung von Lifestyle-Marken (Swatch, Coca Cola, Joop) und Lifestyle-Betriebstypen des Einzelhandels (Citybank, Benetton, Ikea), einer lifestyle-gerechten Gestaltung von Produktdesign und Verpackung sowie Hinweise zur Werbeplanung (Lingenfelder, 1995, Sp. 1383, und Trommsdorff, 2004, S. 228 ff.). Als Lifestyle-Produkte gelten insbesondere Autos, Kleidung, Uhren, Mobiltelefone, Kosmetikartikel, Kreditkarten, Bier, Urlaubsreisen, Wellness-Angebote und Wohnungseinrichtungen.

Trotz dieser Bedeutung und des unterstellten hohen Nutzens des Lifestyle-Konzepts wird von vielen Wissenschaftlern die schwache theoretische Basis einschlägiger Lebensstilansätze bemängelt (Grunert et al., 1997, S. 337 f., Peter et al., 1999, S. 337, Trommsdorff, 2004, S. 234, und Wiswede, 1991, S. 317). Einzig der klassentheoretische Ansatz von Bourdieu (1982) wird als rühmliche Ausnahme angesehen. In *Bourdieus Modell* vermittelt der Habitus im Sinne eines Wahrnehmungs-, Denk- und Interpretationsschemas zwischen der objektiven Lage (z.B. Verfügbarkeit über Kapital, Beziehungen, Bildung und Geschmack) und dem jeweiligen Lebensstil (Art der Güterverwendung) einer Person (Wiswede, 1991, S. 316 f.). Diesem theoretisch anspruchsvollen Ansatz stehen allerdings erhebliche Probleme der empirischen Prüfung gegenüber.

Die marketingorientierte Lebensstilforschung kann nicht als ein eigenständiges Theoriegebäude angesehen werden (Lingenfelder, 1995, Sp. 1378). Sie ist entstanden als Versuch, die als zu schwach empfundene Verhaltensrelevanz einzelner demographischer Käufermerkmale dadurch zu überwinden, daß möglichst viele Käuferdaten über ein breites Merkmalsspektrum kombiniert der Segmentierung zugrundegelegt werden (Böhler, 1995, Sp. 1103). Diese Philosophie der marketingorientierten Lebensstilforschung kann auch heute noch treffend durch die Auffassung von Plummer (1974, S. 33) beschreiben werden, wonach „*the basic premise of life style research is that the more you know and understand about your customers the more effectively you can communicate and market to them*". Lebensstiltypen werden deshalb überwiegend in Studien kommerzieller Marktforschungsinstitute, Werbeagenturen und Verlage (z.B. Spiegel-Verlag: Outfit; Gruner & Jahr: Brigitte-Frauentypologie), einem *kognitiv-induktiven Ansatz* folgend (Grunert et al., 1997, S. 340) und ohne eine hinreichende theoretische Basis (post hoc), aus einer Vielzahl - teilweise einigen hundert - von „Lebensstilfragen" heraus empirisch erzeugt. Bekannte Vertreter dieser Lifestyle-Richtung sind die Segmentierungsansätze von *Arnold Mitchell* (VALS), *Michael Conrad & Leo Burnett*, *Sinus Sociovision* (SINUS-Milieus®) und vom *Centre de Communication Avancé(CCA)/Europanel-Institut* (Euro-Socio-Styles®).

Der auf Arbeiten von *Arnold Mitchell* zurückgehende und 1978 am Stanford Research Institute (SRI) entwickelte *VALS-Ansatz* (Values and Life-Styles) ist inzwischen zum zweiten Male überarbeitet und verändert worden (SRI 2002). Mit dem Ziel, das Verhalten von Konsumenten möglichst genau aus den Lebensstildefinitionen heraus prognostizieren zu können, wurde Ende der 1980er Jahre die Orientierung auf Einstellungen und Werte der ersten Version von VALS (VALS1) zugunsten einer auf Persönlichkeitsdimensionen (z.B. self-confidence, novelty seeking, leadership) begründeten Segmentierung aufgegeben (VALS2). Im aktuellen VALS-Ansatz (VALS3) wurde zudem die auf soziale Reifung (social maturation) begründete Lebensstilhierarchie von VALS2 durch eine Ressourcendimension ersetzt. Drei primäre Konsummotivationen (Ideals, Achievement und Self-Expression), die sich aus der Persönlichkeit der Konsumenten ableiten lassen, sowie die individuelle Ressourcenlage (hoch bzw. gering), die sich aus demographischen Merkmalen (Alter, Ausbildung, Einkommen) ergibt, bestimmen nach dem aktuellen VALS-Ansatz den individuellen Lebensstil. Für die Englisch sprechende Bevölkerung in USA ab 18 Jahren konnten 8 unterschiedliche Lebensstilgruppen identifiziert werden. Anwendungserfahrungen liegen in den Bereichen Neuproduktentwicklung, Positionierung und Kommunikation vor (SRI 2002).

Michael Conrad & Leo Burnett wollten mit ihren Lebensstilstudien die Werbegestaltung, Medienauswahl und strategische Markenpositionierung auf eine bessere Grundlage stellen (Böhler, 1995, Sp. 1094 f.). Dieser AIO-orientierte Ansatz verwendet ca. 250 Lifestyle-Items, 25 demographische Merkmale und Informationen zum Konsumverhalten in 50 Produktkategorien sowie zur Mediennutzung (Lingenfelder, 1995, Sp. 1389 f.). Als Ergebnis werden elf clusteranalytisch ermittelte und teilweise geschlechtsspezifisch definierte Lebensstiltypen präsentiert (Drieseberg, 1995, S. 149 ff., und Trommsdorff 2004, S. 227 f.).

Der Ende der 1970er Jahre entwickelte *Sinus-Milieus®-Ansatz* begreift Lebensstile als Bestandteil spezifischer sozialer Milieus und beschreibt diese durch Wertorientierungen einerseits und dem sozialen Status andererseits. Empirische Grundlagen dieses Segmentierungsansatzes sind sowohl qualitative Interviews als auch standardisierte Daten, die über den so genannten Sinus-Milieuindikator erhoben werden. Nach mehreren Modellanpassungen umfasst die aktuelle Studie 10 teilweise überlappende Lebensstilmilieus (z.B. „Die Hedonisten“), die sich entlang einer Wertdimension (horizontal) und einer Statusdimension (vertikal) gruppieren (so genannte „Kartoffelgraphik“; Sinus Sociovision 2006). Dieses Modell wurde inzwischen für zahlreiche andere Länder (z.B. Frankreich) übernommen und zu einem integralen, länderübergreifenden Segmentierungsansatz für Westeuropa mit 7 Lebensstilsegmenten weiterentwickelt.

Euro-Socio-Styles® entstand als Lebensstiltypologie in der Zusammenarbeit mehrerer europäischer Marktforschungsinstitute und soll als Basis einer europäischen, integralen Marktsegmentierung herangezogen werden können (Böhler, 1995, Sp. 1097). Diese Lebensstiltypologie beruht auf umfangreichen internationalen Grundlagenstudien in mehr als 15 europäischen Ländern und versucht, den jeweiligen sozio-kulturellen Hintergrund (Wertorientierungen) europäischer Konsumenten zu erfassen und diesen mit dem Kaufverhalten (Konsumpräferenzen) zu verbinden (Anders, 1991, S. 245 ff.). Deutscher Partner von *Euro-Socio-Styles®* ist die *Gesellschaft für Konsumforschung*, Nürnberg (GfK). Die aktuelle Studie identifiziert europaweit acht Lebensstilsegmente (z.B. „Die Träumer“). Diese positionieren sich um die beiden Dimensionen „Haben vs. Sein“ (vertikal) und „Veränderung vs. Beständigkeit" (horizontal; vgl. GfK 2004). Anwendungserfahrungen liegen in zahlreichen Bereichen vor (z.B. Positionierung, Mediaplanung).

Grunert et al. (1997) entwickelten im Sinne eines *kognitiv-deduktiven Modells*, das theoretisch fundiert ist und empirisch bestätigt werden konnte (Brunsø et al., 2004a, 2004b; O’Sullivan et al., 2005; Scholderer et al., 2002, 2004), ein konstruktvalides Instrument zur Messung lebensmittelorientierter Lebensstile (*food-related life styles*). Sie fassen konsumbezogene Lebensstile als Systeme kognitiver Kategorien (wahrgenommene Produktattribute, Konsequenzen des Lebensmittelgenusses, Eßsituation), Fertigkeiten und Skripte (Einkaufs- und Zubereitungsskripte) auf, die Werthaltungen (*values*) mit den jeweiligen Produkten bzw. der Produktwahrnehmung mental verbinden. Auf der Grundlage eines Means-End-Modells umfaßt dieses produktspezifische Lebensstilkonzept 69 Items, die auf 23 Dimensionen zurückgeführt werden. Die Anwendung dieses Instruments in Dänemark, Deutschland, England, Finnland, Franreich, Irland, den Niederlanden, Spanien sowie Australien ergab in der Regel fünf lebensmittelorientierte Lebensstile (z.B. der sorglose – *uninvolved* – Esser; Grunert et al., 2001).

2.3 Resümee

Generelle, produktunspezifische Lebensstiltypologien (z.B. VALS, *Euro-Socio-Styles®*) haben offenbar keinen höheren Erklärungswert hinsichtlich der Produkt-, Marken- und Medienauswahl und keine bessere Trennschärfe als demographisch gebildete Marktsegmente (Böhler, 1995, Sp. 1096 f., und Grunert, 1997, S. 337 f.). Diesbezüglich schneiden produktspezifische Lebensstiltypologien besser ab und stellen somit eine brauchbare

Grundlage zur Marktsegmentierung und Marktbearbeitung dar. Die Lebensstilforschung muß in mehreren Bereichen weiterentwickelt werden. Zum einen ist es erforderlich, den Lebensstilbegriff zu präzisieren und das Konzept theoretisch zu fundieren (Peter et al., 1999, S. 337). Die heute noch dominierenden, eklektisch und theorielos zusammengesetzten induktiv-exploratorischen Lebensstilkonzepte werden den heutigen Ansprüchen und zukünftigen Herausforderungen trennscharfer und prognostisch relevanter Marktsegmentierung immer weniger gerecht. Neben der fehlenden Theoriebasis müssen interkulturell valide Meßinstrumente entwickelt werden. Grunert et al. (1997) haben vorbildlich gezeigt, wie man dazu vorgehen muß. Sofern nicht einmal in Ansätzen ein theoretischer Rahmen, Begriffsdefinitionen und valide Operationalisierungen vorliegen, sind empirische Lebensstiltypologien beliebig und oft kaum reproduzierbar (Konietzka, 1994, S. 162 f.).

3. Benefit-Segmentierung

3.1 Konzept und Bedeutung der Benefit-Segmentierung

Das Konzept der Benefit-Segmentierung wurde von Haley (1968) in die Produktpolitik eingeführt und insbesondere als Entscheidungshilfeverfahren für die Produktliniengestaltung vorgeschlagen. In der weiteren Entwicklung sind auf der Basis von Benefit-Segmentierungen zahlreiche Simulationen zur Optimierung der Produktliniengestaltung durchgeführt worden (Aust, 1996, S. 83 f., Gaul et al., 1995, Green/Krieger, 1989, Herrmann, 1998, S. 502 f., und Kohli/Sukumar, 1990). Zentrale Annahme des Konzeptes ist, daß Kaufentscheidungen kausal durch produktspezifische Nutzenerwartungen der Käufer bestimmt sind. Nutzenerwartungen sind die Vorstellungen der Käufer darüber, welche ihrer Bedürfnisse wie stark durch welche Eigenschaften eines Produktes befriedigt werden. Dementsprechend charakterisieren Beane und Ennis (1987, S. 23) das Ziel der Benefit-Segmentierung als *„to determine why a person buys a product and, therefore, why similar people buy the product if the benefit is communicated to them"*. Wenn Märkte aufgrund dieser direktesten aller möglichen Produkt-Konsument-Beziehungen segmentiert werden können (Wind, 1978), ist der Rückgriff auf demographische oder psychographische Hintergrundvariablen, die nur auf dem Umweg über Nutzenerwartungen mit der Kaufentscheidung verknüpft sind, also prinzipiell nicht erforderlich (Greenberg/MacDonald, 1989). Das Vorgehen bei der Benefit-Segmentierung gliedert sich typischerweise in acht Schritte:

1. Abgrenzung des relevanten Marktes (Benkenstein, 2002, S. 27 f.),
2. Auswahl kaufentscheidungsrelevanter Produktattribute (Steenkamp/van Trijp, 1997),
3. Spezifikation des Meßmodells für die Nutzenerwartungen der Käufer (Green/Srinivasan, 1990; Louviere 1994),
4. Erstellung des Erhebungsdesigns (Brice, 1997 und Weiber/Rosendahl, 1997),

5. Datenerhebung an einer für die Nachfragerpopulation repräsentativen Stichprobe,
6. Schätzung der Attributgewichte und Teilnutzenwerte (Green/Srinivasan, 1978, 1990),
7. Segmentierung durch multivariate Analyse der Ähnlichkeiten zwischen Attributgewichten oder Teilnutzenwerten (Wedel/Kamakura, 1997),
8. Ableitung von Strategien zur Marktbearbeitung, Produktlinien- (Aust, 1996) und Preisgestaltung (Balderjahn, 1993).

3.2 Theorien und Methoden der Nutzenmessung

Meßmodell, Erhebungsdesign und Schätzverfahren verbinden sich zu spezifischen Methoden der Nutzenmessung. Die Gruppe der kompositionellen Verfahren folgt einem „bottom-up"-Ansatz: Spezifische Nutzenerwartungen (*benefits*) bezüglich einzelner Produkteigenschaften werden zu Gesamturteilen zusammengefaßt. Die Gruppe der dekompositionellen Verfahren folgt einem „top-down"-Ansatz: Gesamturteile über Produkte werden in spezifische Nutzenerwartungen bezüglich einzelner Produktattribute zerlegt. Die Gruppe der hybriden Verfahren kombiniert beide Ansätze unter dem Ziel größtmöglicher Erhebungsökonomie.

Kompositionelle Verfahren

Kompositionelle Verfahren beziehen ihre nutzentheoretischen Grundlagen aus der behavioralen Entscheidungstheorie (Huber 1974) und dem multiattributiven Einstellungsmodell von Fishbein (1963) und seinen Erweiterungen. Die individuellen Nutzenfunktionen werden attributweise durch direkte Angabe von Teilnutzenwerten (Nutzenerwartungen je Attribut) erhoben und erst dann zu einem gewichteten Gesamturteil zusammengefaßt. Nach Green et al. (1993) können Teilnutzenwerte im kompensatorischen Meßansatz valide erhoben werden. Die Attributgewichte werden in der Regel durch eine Konstante-Summen-Skala gemessen. Allerdings kann die Anwendung der Konstante-Summen-Skala zu einer Nivellierung der Attributgewichte führen (Jaccard et al., 1986). Srinivasan (1988) schlägt deshalb eine Modifikation vor, in der das wichtigste Attribut als Anker gesetzt wird, zu dem dann für die anderen Attribute nur noch relative Bedeutsamkeiten angegeben werden müssen.

Dekompositionelle Verfahren

Die nutzentheoretischen Grundlagen dekompositioneller Verfahren stammen aus der axiomatischen Meßtheorie (Luce/Tukey, 1964), der Urteilstheorie (Anderson, 1970), der Zufallsnutzentheorie (MacFadden, 1974) und dem mikroökonomischen Nachfragemodell von Lancaster (1966). Nach diesen Verfahren werden Präferenzen für ganze Eigenschaftsbündel (Produkte) erfragt, die im Anschluß daran durch eine individuelle oder segmentweise Nutzenfunktion vorhergesagt werden. Seit Green und Srinivasan (1978, S. 104) werden unter dem Begriff *Conjoint-Analyse* alle dekompositionellen Verfahren zusammengefaßt, die individuelle Nutzenfunktionen bzw. metrische Teilnutzenwerte aus

Trade-off-Daten, Rankingdaten (mittels MONANOVA oder LINMAP) oder Ratingdaten (mittels OLS) ermitteln. Die resultierenden individuell gültigen Teilnutzenwerte müssen normiert werden, um interindividuell vergleichbar zu sein (Backhaus et al., 2006, S. 580, zu den Problemen dieses Vorgehens siehe Wittink/Krishnamurti, 1981). Der Einsatz von Ratings mit anschließender OLS-Schätzung führt zur besten Vorhersage individueller Präferenzen (Darmon und Rouziès, 1994, und Teichert, 1998).

Die *Diskrete Entscheidungsanalyse* (auch als „Choice-based Conjoint" bezeichnet) basiert auf der Zufallsnutzentheorie (Balderjahn, 1993, S. 117 ff., und McFadden, 1974, S. 105 f.). Aus individuellen Wahlurteilen werden hiernach populations- bzw. segmentbezogene Nutzenfunktionen geschätzt. Das zugrundeliegende Zufallsnutzenmodell besteht aus einer deterministischen Komponente, die die Nutzenparameter einzelner Attribute bzw. Attributausprägungen sowie interindividuelle Unterschiede der Konsumenten erfaßt und einer stochastischen Komponente, für die unterschiedliche Verteilungen spezifiziert werden können (Ben-Akiva/Lerman, 1985, S. 42 f.). Eine Analyse von Nutzenerwartungen auf Individualebene, wie sie die Conjoint-Analyse vornimmt, ist hier zwar nicht möglich, wohl aber eine gleichzeitige Schätzung von Segmentierungslösungen und segmentweise gültigen Nutzenfunktionen im Rahmen von Mischverteilungsmodellen (DeSarbo et al., 1992, 1995, und Kamakura et al., 1994; siehe unten).

Hybride Verfahren

Die *Hybride Conjoint-Analyse* (Green, 1984) wurde für umfangreiche Designs mit vielen Attributen und Attributausprägungen entwickelt. Nachdem zunächst Attributgewichte und Teilnutzenwerte direkt erhoben werden, werden die Befragten auf homogene Blocks eines „Master-Designs" verteilt (Green, 1984, S. 156, und Weiber/Rosendahl, 1997, S. 110), innerhalb derer jeweils ein eigener conjoint-analytischer Versuchsplan zur genauen Schätzung der Teilnutzenwerte eingesetzt wird. Eine Abwandlung dieses Verfahrens ist die *Adaptive Conjoint-Analyse* (ACA, Johnson, 1987). Zusätzlich zur direkten Abfrage einzelner Teilnutzenwerte werden vom Probanden nicht-akzeptierbare Eigenschaftsausprägungen aus dem Versuchsplan eliminiert. Attributgewichte werden anhand des „Ankerverfahrens" von Srinivasan (1988) ermittelt. Zur Verbesserung der Schätzung werden dann Paarvergleiche nach dem Trade-off-Ansatz durchgeführt, die anhand der bisherigen Antworten weiter kalibriert werden. Auf diese Art können bis zu 30 verschiedene Produktattribute in einem einzigen Design getestet werden (Brice, 1997, S. 262). Nach Daten von Wittink et al. (1994, S. 44) wurden in Europa in den Jahren 1986 bis 1991 44% aller kommerziellen Conjoint-Befragungen mit ACA durchgeführt.

3.3 Resümee

Verschiedene Autoren (z.B. Greenberg/MacDonald, 1989, und Wind, 1978) bewerten die Benefit-Segmentierung als den praktikabelsten und deshalb wichtigsten Ansatz der Marktsegmentierung. Aus Sicht der Means-End-Theorie kann allerdings eingewendet werden, daß mit attributbezogenen Nutzenerwartungen nur die erste Ebene kognitiver Kategorien, also „nur“ kognitive Oberflächenstrukturen gemessen werden, die als Informationsbasis für strategische Marketingentscheidungen u.U. nicht ausreichen. Das Lebensstilkonzept von Grunert et al. (1997) bietet zu dieser Kritik einen Lösungsvorschlag an. Danach sind es weniger die kognitiven Kategorien (Attribute, Konsequenzen und Werte), sondern vielmehr die Vernetzungen zwischen diesen Ebenen, die den Lebensstil prägen. Ter Hofstede et al. (1999) haben diesen Ansatz auf beeindruckende Weise in eine Segmentierungsmethode umgesetzt. Mit Hilfe eines logistischen Modells werden aus den Datenmatrizen der Musterassoziationstechnik (einer standardisierten Version der Laddering-Technik, vgl. Ter Hofstede et al., 1998) Übergangswahrscheinlichkeiten zwischen Attributen und Konsequenzen einerseits und zwischen Konsequenzen und Werten andererseits geschätzt. Die Segmente werden dann als latente Klassen geschätzt (vgl. Kapitel 4), in denen jeweils homogene Übergangsmatrizen existieren.

4. Quantitative Verfahren der Benefit- und Lifestyle-Segmentierung

4.1 Segmentbildende Verfahren: Clusteranalyse und Latente Klassenanalyse (LCA)

Clusteranalysen sind die wichtigsten Verfahren zur a-posteriori-Segmentierung (Arabie/Hubert, 1994, S. 160, Green/Krieger, 1991, S. 21, und Wind, 1978, S. 317). Ihr Ziel ist die Bildung von Gruppen (Clustern) mit möglichst ähnlichen Mitgliedern, die sich untereinander deutlich unterscheiden (Backhaus et al., 2006, S. 490). Die Anwendungsgebiete sind sehr vielfältig. Clusteranalytisch wurden z.B. Benutzer von Personenbeförderungssystemen (Meffert/Perrey, 1997, S. 13), Touristen (Freter/Obermeier, 1999, S. 747) und Weintrinker (Johnson et al., 1991, S. 26) segmentiert.

Alle Clusteranalysen basieren auf Distanzmaßen (z.B. der euklidischen Distanz). Hierarchische Verfahren der Clusteranalyse ermitteln eine baumartige Struktur von Segmenten. Dabei wird die Homogenität der Cluster entweder schrittweise erhöht (divisive Verfahren) oder verringert (agglomerative Verfahren). Die bekanntesten Verfahren dieser Gruppe sind Single-Linkage, Complete-Linkage sowie das Verfahren von Ward. Im Gegensatz dazu führen partitionierende Verfahren zu nur einer Segmentierungsebene. Das bekannteste Verfahren dieser Gruppe ist k-Means. Darüber hinaus gibt es inzwischen eine Reihe von Verfahren, die überlappende Cluster zulassen (z.B. ADCLUS von Shepherd/Arabie, 1979) oder auf unscharfen Mengen definiert sind (Hruschka, 1986).

Die Anwendung clusteranalytischer Verfahren erfordert eine Reihe von Entscheidungen (vgl. Arabie/Hubert, 1994, S. 175 ff.). Die erste Frage betrifft die Standardisierung der

Daten. So wird gelegentlich empfohlen, die Segmentierungsvariablen vor der Berechnung der Distanzmatrix zu normalisieren, um eine einheitliche Metrik zu erhalten. Milligan und Cooper (1988) konnten jedoch zeigen, daß eine Division aller Variablen durch ihren Range zu besseren Resultaten führt. Das zweite Problem ist die Wahl des Distanzmaßes. Arabie und Hubert (1994, S. 176) empfehlen, bei metrischen Segmentierungsvariablen das Verfahren von Ward und für binäre Variablen den Jaccard-Koeffizienten oder den Simple-Matching-Koeffizienten zu verwenden. Für gemischte Daten ist der Gower-Koeffizient geeignet. Zuletzt ist die Anzahl der Cluster zu bestimmen. Statistische Entscheidungskriterien werden bei Milligan und Cooper (1985) besprochen.

Die von Green et al. (1976) in das Marketing eingeführte *Latente Klassenanalyse* (LCA, Lazarsfeld/Henry, 1968) konnte sich dort insbesondere durch die wegweisende Arbeit von Grover und Srinivasan (1987) als Alternative zur Clusteranalyse etablieren. Anwendungen der LCA zur Marktsegmentierung liegen inzwischen für verschiedene Fragestellungen vor (Green et al., 1976, Grover/Srinivasan, 1987, S. 145, Kamakura et al., 1994, und Yim/Kannan, 1999). Die LCA ist ein Mischverteilungsmodell – es wird angenommen, daß sich die Gesamtverteilung der Daten aus den Verteilungen einzelner Populationen bzw. Segmente zusammensetzt (Everitt/Hand, 1981). Unter dieser Annahme kann die auf die Existenz von Teilpopulationen zurückgehende Heterogenität der Gesamtverteilung durch eine Trennung der Segmente vollständig eliminiert werden. Nach diesem probabilistischen Modell werden für jeden Fall posteriori-Wahrscheinlichkeiten für die Zugehörigkeit zu den einzelnen Segmenten ermittelt.

Während das Basismodell der LCA stochastische Unabhängigkeit innerhalb der Segmente annimmt, sind in den vergangenen Jahren auch Verfahren entwickelt worden, die segmentspezifische Nutzenmodelle zulassen. Das allgemeinste dieser neuen Modelle ist GLIMMIX (Wedel/DeSarbo, 1995). Es geht davon aus, daß innerhalb jedes Segments ein verallgemeinertes lineares Modell (McCullagh/Nelder, 1989) gilt. Als Spezialfälle des verallgemeinerten linearen Modells können lineare Regression, logistische Regression, Poisson-Regression, alle loglinearen Modelle, alle Logit- und alle Probit-Modelle spezifiziert werden. Aust (1996) beschreibt zahlreiche Anwendungen dieser Verfahren in der Benefit-Segmentierung. Die enorme Flexibilität der LCA und des allgemeinen Mischverteilungsansatzes können hier leider nicht vollständig gewürdigt werden. Der interessierte Leser sei auf die umfassenden Reviews von Dillon und Kumar (1994), Wedel und DeSarbo (1994) und Wedel und Kamakura (1997) verwiesen.

Das Prinzip segmentweise geltender Modelle ist auch auf die Clusteranalyse übertragen worden. In einer Monte-Carlo-Studie zur Benefit-Segmentierung vergleichen Vriens et al. (1996) drei dieser Modelle mit LCA-Modellen sowie dem traditionellen zwei-Stufen-Ansatz, bei dem zunächst individuelle Teilnutzenwerte über eine Conjoint-Analyse geschätzt und nachfolgend einer k-Means-Partitionierung unterzogen werden. Die Autoren stellen eine generelle Überlegenheit der simultanen Ansätze fest, wobei die LCA-basierten Verfahren die besten Leistungen erbrachten. Die Unterschiede zu clusteranalytisch fundierten simultanen Ansätzen und auch zum traditionellen zweistufigen Ansatz waren jedoch in keinem Fall so groß, daß sich daraus unterschiedliche Konsequenzen für die Marktbearbeitung ergeben würden.

4.2 Dimensionsreduzierende Verfahren: Faktorenanalyse, Multidimensionale Skalierung und Korrespondenzanalyse

Dimensionsreduzierende Verfahren dienen im Rahmen der Segmentierung der ergänzenden Interpretation und Visualisierung identifizierter Segmente. *Faktorenanalyse* und Hauptkomponentenanalyse sind die klassischen Verfahren der Dimensionsreduktion. Die beobachteten Variablen werden als Linearkombination weniger zugrundeliegender Faktoren dargestellt (Backhaus et al., 2006, S. 278 ff.). Für jeden Fall lassen sich Factor-Scores auf den neuen Dimensionen berechnen. Nach einer Segmentierung anhand der Ursprungsvariablen können die Faktoren verwendet werden, um die Segmente prägnanter zu beschreiben. So segmentierten Brunsø et al. (1996, S. 14) ihre Stichprobe anhand der 69 Items des *Food-related life styles*-Fragebogens (Grunert et al., 1997) und charakterisierten die fünf identifizierten Segmente anschließend anhand ihrer Mittelwerte auf den 23 extrahierten Faktoren. Gelegentlich werden auch Clusteranalysen auf der Basis von Factor-Scores durchgeführt. Dieses Vorgehen ist in den letzten Jahren allerdings zunehmend kritisiert worden: *"Tandem clustering is an outmoded and statistically insupportable practice"* (Arabie/Hubert, 1994, S. 167). So zeigt Chang (1983), daß durch eine Transformation der Segmentierungsvariablen in Factor-Scores die Distanzen zwischen den Segmenten nivelliert werden. Green und Krieger (1996) demonstrieren an neun verschiedenen Datensätzen, daß Clusteranalysen von Factor-Scores die prädiktive Validität der Segmente erheblich vermindern.

Die *multidimensionale Skalierung* (MDS, vgl. Backhaus et al., 2006, S. 619 ff., Borg/Groenen 1997) kann zu denselben Zwecken wie die Faktorenanalyse eingesetzt werden. Im Unterschied zur Faktorenanalyse basiert sie auf Distanzen zwischen den Käufern (beziehungsweise Segmenten), die in einem Raum möglichst niedriger Dimensionalität reproduziert werden sollen. Die *multiple Korrespondenzanalyse* (MCA, vgl. Gifi 1981) kann als Verallgemeinerung von Hauptkomponentenanalyse und MDS verstanden werden. Neben den Segmenten werden hier auch die Antwortkategorien der Segmentierungsvariablen in denselben niedrigdimensionalen Raum abgebildet. Hoffman et al. (1994, S. 284 f.) stellen als besonderen Vorteil der MCA heraus, daß sie keinerlei Vorannahmen über die Linearität der Antwortkategorien trifft. In einem Beispiel zur Segmentierung von Arztpraxen verwenden Green und Krieger (1991, S. 25) die MCA, um Variablen verschiedener Skalenniveaus in eine gemeinsame Metrik zu reskalieren. Die Koordinaten dieser gemeinsamen Konfiguration werden nachfolgend einer k-Means-Clusteranalyse unterzogen.

4.3 Verfahren zur Vorhersage von Segmentzugehörigkeiten: Diskriminanzanalyse und Kontrastgruppenanalyse

Die *lineare Diskriminanzanalyse* (Backhaus et al 2006, S. 155 ff.) geht von bereits bekannter Segmentzugehörigkeit aus und prüft, wie gut sich diese durch eine Linearkombination der Segmentierungsvariablen vorhersagen läßt. Sie ermittelt Klassifikationsfunktionen, mit denen die Ergebnisse eines segmentbildenden Verfahrens validiert werden können. Meffert und Perrey (1997, S. 38) setzen Diskriminanzanalysen ein, um die Trennschärfe ihrer clusteranalytisch ermittelten Bahnkundensegmente zu überprüfen. 96% ihrer Fälle konnten richtig klassifiziert werden. Calantone und Sawyer (1978) verwenden Diskriminanzanalysen in einer anspruchsvollen Kreuzvalidierung clusteranalytisch ermittelter Bankkundensegmente und erreichen eine Trefferrate von 84.5%.

Die *Kontrastgruppenanalyse* (CHAID für *Chi*²-*A*utomatic *I*nteraction *D*etector; vgl. Magidson, 1994) ist ein hierarchisches Verfahren, das die Prinzipien von Segmentbildung und Vorhersage kombiniert. Die Gesamtstichprobe wird anhand der Segmentierungsvariablen solange weiter aufgeteilt, bis sich keine signifikanten Unterschiede mehr auf einer nominalen, ordinalen oder metrischen Kriteriumsvariable finden lassen. Ergebnis des Verfahrens ist eine baumartig verzweigte Struktur, aus deren letzten Verästelungen sich die Segmentierungslösung zusammensetzt. In den 60er Jahren wurde das Vorläuferverfahren AID häufig für rudimentäre Formen der Benefit-Segmentierung eingesetzt. Aufgrund gravierender Schwächen von AID (Einhorn, 1972) wird das Verfahren inzwischen aber kaum noch in der Wissenschaft verwendet. Magidson (1994, S. 120 f.) betrachtet die inferenzstatistischen Probleme zwar als gelöst, führt in seinem Review allerdings keine einzige CHAID-Anwendung im akademischen Marketing auf.

5. Literatur

ANDERS, H.-J., Euro-Verbraucher: Realität oder Fiktion?, in: Szallies, R./Wiswede, G., (Hrsg.), Wertewandel und Konsum, 2. Aufl., Landsberg/Lech 1991, S. 233–256.

ANDERSON, J. R., Kognitive Psychologie, Heidelberg 1996.

ANDERSON, N. H., Functional measurement and psychophysical judgment, in: Psychological Review, 1970, S. 153–170.

ANTONIDES, G./VAN RAAIJ, W. F., Consumer behaviour. A European perspective, Chichester u.a. 1998.

ARABIE, P./HUBERT, L., Cluster analysis in marketing research, in: Bagozzi, R.P., (Hrsg.), Advanced methods of marketing research, Cambridge 1994, S. 160–189.

AUST, E., Simultane Conjointanalyse, Benefit-Segmentierung, Produktlinien- und Preisgestaltung, Frankfurt/Main 1996.

BACKHAUS, K./ERICHSON, B./PLINKE, W./WEIBER, R., Multivariate Analysemethoden, 11. Aufl., Berlin u.a. 2006.

BALDERJAHN, I., Marktreaktionen von Konsumenten. Ein theoretisch-methodisches Konzept zur Analyse der Wirkung marketingpolitischer Instrumente, Berlin 1993.

BANNING, T. H., Lebensstilorientierte Marketing-Theorie, Heidelberg 1987.

BEANE, T. P./ENNIS, D. M., Market segmentation: A review, in: European Journal of Marketing, 1987, S. 20–42.

BECKER, J., Marketing-Konzeption, 7. Aufl., München 2002.

BEN-AKIVA, M./LERMAN, S. R., Discrete choice analysis: Theory and applications to travel demand, Cambridge 1985.

BENKENSTEIN, M., Strategisches Marketing, 2. Aufl., Stuttgart 2002.

BERNDT, R./LTOBELLI, C. F./SANDER, M., Internationale Marketing-Politik, Berlin u.a. 1997.

BÖHLER, H., Käufertypologien, in: Tietz, B./Köhler, R./Zentes, J., (Hrsg.), Handwörterbuch des Marketing, 2. Aufl., Stuttgart 1995, Sp. 1091–1104.

BORG, I./GROENEN, P., Modern multidimensional scaling, Berlin u.a. 1996.

BOURDIEU, P., Die feinen Unterschiede. Kritik der gesellschaftlichen Urteilskraft, Frankfurt/Main 1982.

BRICE, R., Conjoint analysis. A review of conjoint paradigms and discussion of the outstanding design issues, in: Marketing and Research Today, 1997, S. 260–266.

BRUHN, M., Marketing, 7. Aufl., Wiesbaden 2004.

BRUNSØ, K./GRUNERT, K./BREDAHL, L., An analysis of national and cross-national consumer segments using the food-related lifestyle instrument in Denmark, France, Germany and Great Britain, MAPP Working Paper No. 35, Aarhus 1996.

BRUNSØ, K./SCHOLDERER, J./GRUNERT, K. G., Closing the gap between values and behaviour: A means-end theory of lifestyle, in: Journal of Business Research, 2004, S. 665–670.

BRUNSØ, K./SCHOLDERER, J./GRUNERT, K. G., Testing the relationships between values and food-related lifestyles, in: Appetite, 2004, S. 195–205.

CALANTONE, R. J./SAWYER, A. G., The stability of benefit segments, in: Journal of Marketing Research, 1978, S. 395–404.

CHANG, W. C., On using principal components before separating a mixture of two multivariate normal distributions, in: Applied Statistics, 1983, S. 267–275.

CLEF, U., Mehrmarkenstrategie für die Pole-Position, in: Absatzwirtschaft, 1999, S. 72–80.

DARMON, R. Y./ROUZIÈS, D., Reliability and internal validity of conjoint estimated utility functions under error-free versus error-full conditions, in: International Journal of Research in Marketing, 1994, S. 465–476.

DESARBO, W. S./RAMASWAMY, V./COHEN, S. H., Market segmentation with choice-based conjoint analysis, in: Marketing Letters, 1995, S. 137–147.

DESARBO, W. S./WEDEL, M./VRIENS, M./RAMASWAMY, V., Latent class metric conjoint analysis, in: Marketing Letters, 1992, S. 273–288.

DILLON, W. R./KUMAR, A., Latent structure and other mixture models in marketing: An integrative survey and overview, in: Bagozzi, R.P., (Hrsg.), Advanced methods of marketing research, Cambridge 1994, S. 295–351.

DILLON, W. R./KUMAR, A./SMITH DE BORRO, M., Capturing individual differences in paired comparisons: An extended BTL model incorporating descriptor variables, in: Journal of Marketing Research, 1993, S. 42–50.

DRIESEBERG, T. J., Lebensstil-Forschung, Heidelberg 1995.

DUBOW, J. S., Occasion-based versus user-based benefit segmentation: A case study, in: Journal of Advertising Research, 1992, S. 10–18.

EINHORN, H., Alchemy in the behavioral sciences, in: Public Opinion Quarterly, 1972, S. 367–378.

ENGEL, J. F./BLACKWELL, R. D./MINIARD, P. W., Consumer behavior, 6. Aufl., Chicago (IL) u.a. 1990.

EVERITT, B. S./HAND, D. J., Finite mixture distributions, London 1981.

FISHBEIN, M., An investigation of the relationship between beliefs about an object and the attitude toward that object, in: Human Relations, 1963, S. 233–239.

FRETER, H., Marktsegmentierung, in: Diller, H., (Hrsg.), Vahlens großes Marketing Lexikon, München 1992, S. 733–740.

FRETER, H., Marktsegmentierung, in: Tietz, B./Köhler, R./Zentes, J., (Hrsg.), Handwörterbuch des Marketing, 2. Aufl., Stuttgart 1995, Sp. 1802–1814.

FRETER, H., Marktsegmentierung, Stuttgart 1983.

FRETER, H./OBERMEIER, O., Marktsegmentierung, in: Herrmann, A./Homburg, C., (Hrsg.), Marktforschung, Wiesbaden 1999, S. 739–764.

GAUL, W./AUST, E./BAIER, D., Gewinnorientierte Produktliniengestaltung unter Berücksichtigung des Kundennutzens, in: Zeitschrift für Betriebswirtschaft, 1995, S. 835–855.

GFK (GESELLSCHAFT FÜR KONSUMFORSCHUNG), 70 Jahre GfK, in: gfk inside Nr. 2, Nürnberg 2004.

GIFI, A., Nonlinear multivariate analysis, New York 1990.

GREEN, P. E., Hybrid models for conjoint analysis: An expository review, in: Journal of Marketing Research, 1984, S. 155–169.

GREEN, P. E./CARMONE, F. J./WACHSPRESS, D. P., Consumer segmentation via latent class analysis, in: Journal of Consumer Research, 1976, S. 170–174.

GREEN, P. E./KRIEGER, A. M., Alternative approaches to cluster-based market segmentation, in: Journal of the Market Research Society, 1996, S. 221–239.

GREEN, P. E./KRIEGER, A. M., Segmenting markets with conjoint analysis, in: Journal of Marketing, 1991, S. 20–31.

GREEN, P. E./KRIEGER, A. M./AGARWAL, M. K., A cross-validation of four models for quantifying multiattribute preferences, in: Marketing Letters, 1993, S. 369–380.

GREEN, P. E./SRINIVASAN, V., Conjoint analysis in consumer research: Issues and outlook, in: Journal of Consumer Research, 1978, S. 103–123.

GREEN, P. E./SRINIVASAN, V., Conjoint analysis in marketing research: New developments and directions, in: Journal of Marketing, 1990, S. 3–19.

GREEN, P. M./KRIEGER, A. M., Recent contributions to optimal product positioning and buyer segmentation, in: European Journal of Operational Research, 1989, S. 127–141.

GREENBERG, M./MACDONALD, S. S., Successful needs/benefits segmentation: A user's guide, in: Journal of Consumer Marketing, 1989, S. 29–36.

GROVER, R./SRINIVASAN, V., A simultaneous approach to market segmentation and market structuring, in: Journal of Marketing Research, 1987, S. 139–153.

GRUNERT, K. G./BRUNSØ, K./BISP, S., Food-related life style: Development of a cross-culturally valid instrument for market surveillance, in: Kahle, L./Chiagouris, C., (Hrsg.), Values, lifestyles, and psychographics, Mahwah (NJ) 1997, S. 337–354.

GRUNERT, K. G./BRUNSØ, K./BREDAHL, L./BECH, A. C., Food-related lifestyle: A segmentation approach to European food consumers, in: Frewer, L./Risvik, E./Schifferstein, H. (Hrsg.), Food, People and Society: A European Perspective of Consumers' Food Choices, London u.a. 2001, S. 211–230.

HAHN, D., Zweck und Entwicklung der Portfolio-Konzepte in der strategischen Unternehmensplanung, in: Hahn, D./Taylor, B., (Hrsg.), Strategische Unternehmensplanung, Strategische Unternehmensführung, 6. Aufl., Heidelberg 1997.

HALEY, R. I., Benefit segmentation: A decision-oriented research tool, Journal of Marketing, 1968, S. 30–35.

HERRMANN, A., Produktmanagement, München 1998.

HOFFMAN, D. L./DE LEEUW, J./ARJUNJI. R. V., Multiple correspondence analysis, in: Bagozzi, R. P., (Hrsg.), Advanced methods of marketing research, Cambridge (MA) 1994, S. 260–294.

HRUSCHKA, H., Market definition and segmentation using fuzzy clustering methods, in: International Journal of Research in Marketing, 1986, S. 117–134.

HUBER, G. P., Multiattribute utility models: A review of field and field-like studies, in: Management Science, 1974, S. 1393–1402.

HUSTAD, T. P./PESSEMIER, E. A., The development and application of psychographic life style and associated activity and attitude measures, in: Wells, W. D., (Hrsg.), Life style and psychographics, Chicago (IL) 1974, S. 31–70.

JACCARD, J./BRINBERG, D./ACKERMAN, L., Assessing attribute importance: A comparison of six methods, in: Journal of Consumer Research, 1986, S. 463–468.

JOHNSON, L. W./RINGHAM, L./JURD, K., Behavioural segmentation in the Australian wine market using conjoint choice analysis, in: International Marketing Review, 1991, S. 26–31.

JOHNSON, R. M., Adaptive conjoint analysis, in: Sawtooth Software Corporation, (Hrsg.), Sawtooth Software Conference Proceedings, Sun Valley 1987, S. 253–265.

KAMAKURA, W. A./WEDEL, M./AGRAWAL, J., Concomitant latent class models for conjoint analysis, in: International Journal of Research in Marketing, 1994, S. 451–464.

KOHLI, R./SUKUMAR, R., Heuristics for product-line design using conjoint analysis, in: Management Science, 1990, S. 1464–1478.

KONIETZKA, D., Individualisierung, Entstrukturierung und Lebensstile, in: Dangschat, J.S./Blasius, J., (Hrsg.), Lebensstile in den Städten, Opladen 1994, S. 150–168.

KOTLER, PH./BLIEMEL, F., Marketing-Management, 9. Aufl., Stuttgart 1999.

KROEBER-RIEL, W./WEINBERG, P., Konsumentenverhalten, 8. Aufl., München 2003.

LANCASTER, K., A new approach to consumer theory, in: Journal of Political Economy, 1966, S. 132–157.

LAZARSFELD, P. W./HENRY, N. W., Latent structure analysis, Boston 1968.

LAZER, W., Life style concepts and marketing, in: Greyser, S. A., (Hrsg.), Toward scientific marketing, Chicago 1964, S. 243-252.

LEENDERTSE, J., Managementtechniken: Weichen stellen, in: Wirtschaftswoche, 1999, S. 140–152.

LINGENFELDER, M., Lebensstile, in: Tietz, B./Köhler, R./Zentes, J., (Hrsg.), Handwörterbuch des Marketing, 2. Aufl., Stuttgart 1995, Sp. 1377–1392.

LOUVIERE, J. J., Conjoint analysis, in: Bagozzi, R. P., (Hrsg.), Advanced methods of marketing research, Cambridge 1994, S. 223–259.

LUCE, R. D./TUKEY, J. W., Simultaneous conjoint measurement: A new type of fundamental measurement, in: Journal of Mathematical Psychology, 1964, S. 1–27.

MAGIDSON, J., The CHAID approach to segmentation modeling: Chi-squared automatic interaction detection, in: Bagozzi, R. P., (Hrsg.), Advanced methods of marketing research, Cambridge 1994, S. 118–159.

MCCULLAGH, P./NELDER, J. A., Generalized linear models, 2. Aufl., New York 1989.

MCFADDEN, D., Conditional logit analysis of qualitative choice behavior, in: Zarembka, P., (Hrsg.), Frontiers in Econometrics, New York 1974, S. 105–142.

MEFFERT, H./PERREY, J., Nutzensegmentierung im Verkehrsdienstleistungsbereich, in: Tourismus Journal, 1997, S. 13–40.

MEFFERT, H.; BOLZ, J. (1998), Internationales Marketing-Management, 3. Aufl., Stuttgart u.a. 1998.

MILLIGAN, G. W./COOPER, M. C., A study of standardization of variables in cluster analysis, in: Journal of Classification, 1988, S. 181–204.

MILLIGAN, G. W./COOPER, M. C., An examination of procedures for determination of clusters in a data set, in: Psychometrika, 1985, S. 159–179.

O'SULLIVAN, C./SCHOLDERER, J./COWAN, C., Measurement equivalence of the food-related lifestyles instrument (FRL) in Ireland and Great Britain, in: Food Quality and Preference, 2005, S. 1–12.

PETER, J. P./OLSON, J. C./GRUNERT, K. G., Consumer behaviour and marketing strategy. European edition, London u.a. 1999.

PLUMMER, J. T., The concept and application of life style segmentation, in: Journal of Marketing, 1974, S. 33–37.

SCHOLDERER, J./BRUNSØ, K./BREDAHL, L./GRUNERT, K. G., Cross-cultural validity of the food-related lifestyles instrument (FRL) within Western Europe, in: Appetite, 2004, S. 197–211.

SCHOLDERER, J./BRUNSØ, K./GRUNERT, K. G., Means-end theory of lifestyle: A replication in the UK, in: Advances in Consumer Research, 2002, S. 551–557.,

SINUS SOCIOVISION, Sinus-Milieus in Deutschland 2005, http://www.sinus-sociovision.de/2/2-3-1-1.htm vom 23.02.2006.

SHEPHERD, R. N./ARABIE, P., Additive clustering: Representations of similarities as combinations of discrete overlapping properties, in: Psychological Review, 1979, S. 87–123.

SRI (CONSULTING BUSINESS INTELLIGENCE), VALS. How do you create strategies for changing consumer dynamics?, Menlo Park, CA, USA 2002.

SRINIVASAN, V., A conjunctive-compensatory approach to the self-explication of multiattribute preferences, in: Decision Sciences, 1988, S. 295–305.

STEENKAMP, J.-B. E. M./VAN TRIJP, H. C. M., Attribute elicitation in marketing research: A comparison of three procedures, in: Marketing Letters, 1997, S. 153–165.

STEGMÜLLER, B./HEMPEL, P., Empirischer Vergleich unterschiedlicher Marktsegmentierungsansätze über Segmentpopulationen, in: Marketing ZFP, 1996, S. 25–31.

TEICHERT, T., Schätzgenauigkeit von Conjoint-Analysen, in: Zeitschrift für Betriebswirtschaft, 1998, S. 1245–1266.

TER HOFSTEDE, F./AUDENAERT, A./STEENKAMP, J.-B. E. M./WEDEL, M., An investigation into the association pattern technique as a quantitative approach to measuring means-ends chains, in: International Journal of Research in Marketing, 1998, S. 37–50.

TER HOFSTEDE, F./STEENKAMP, J.-B. E. M./WEDEL, M., International market segmentation based on consumer-product relations, in: Journal of Marketing Research, 1999, S. 1–17.

TROMMSDORFF, V., Konsumentenverhalten, 6. Aufl., Stuttgart u.a. 2004.

VRIENS, M./WEDEL, M./WILMS, T., Metric conjoint segmentation methods: A monte carlo comparison, in: Journal of Marketing Research, 1996, S. 73–85.

WEDEL, M./DESARBO, W. S., A mixture likelihood approach for generalised linear models, in: Journal of Classification, 1995, S. 21–56.

WEDEL, M./DESARBO, W., A review of recent developments in latent class regression models, in: Bagozzi, R.P., (Hrsg.), Advanced methods of marketing research, Cambridge 1994, S. 352–388.

WEDEL, M./KAMAKURA, W. A., Market segmentation: Conceptual and methodological foundations, Amsterdam 1997.

WEIBER, R./ROSENDAHL, T., Anwendungsprobleme der Conjoint-Analyse, in: Marketing ZFP, 1997, S. 107–118.

WELLS, W. D./TIGERT, D. J., Activities, interests, and opinions, in: Journal of Advertising Research, 1971, S. 27–35.

WIND, Y., Issues and advances in segmentation research, in: Journal of Marketing Research, 1978, S. 317–337.

WIND, Y./GREEN, P. E., Some conceptual, measurement, and analytical problems in life style research, in: Wells, W. D., (Hrsg.), Life style and psychographics, Chicago 1974, S. 97–126.

WISWEDE, G., Soziologie, 2. Aufl., Landsberg/Lech 1991.

WITTINK, D. R./KRISHNAMURTI, L., Rank-order preference and the part-worth model: Implications for derived attribute importance and choice predictions, in: Keon, J.W., (Hrsg.), Marketing: Measurement and analysis, Providence 1981, S. 3–20.

WITTINK, D. R./VRIENS, M./BURHENNE, W., Commercial use of conjoint analysis in Europe: Results and critical reflections, in: International Journal of Research in Marketing, 1994, S. 41–52.

YIM, C. K./KANNAN, P. K., Consumer behavioral loyalty: A segmentation model and analysis, in: Journal of Business Research, 1999, S. 75–92.

Hartmut H. Holzmüller

Bettina Böhm

Potenzialanalyse

1. Potenzialanalyse und Neuproduktplanung

Im Rahmen der strategischen Unternehmensplanung zählt die Potenzialanalyse zu den Instrumenten, die traditionell zum Einsatz kommen (Kreikebaum, 1999, Hinterhuber, 1996). Dabei wird unter Potenzialanalyse die Analyse der Ressourcen eines Unternehmens unter dem Gesichtspunkt ihrer Verfügbarkeit für strategische Entscheidungen verstanden. Der Begriff Potenzial bezieht sich auf die räumlichen und zeitlichen Möglichkeiten, die einer Unternehmung zur Verfügung stehen und bislang noch nicht ausgeschöpft wurden (Servatius, 1986, S. 30). Der Fokus der jeweiligen Analyse ist vor allem auf die Identifikation und Bewertung unternehmensinterner Potenziale gerichtet und erfolgt entweder funktionsbereichsbezogen, z.B. in den Aufgabenbereichen Produktion, Absatz, Personal, oder wertschöpfungsorientiert, z.B. mittels Wertkettenanalyse (Welge/Al-Laham, 2003, S. 235 ff.).

In der grundlegenden Arbeit von Hofer/Schendel (1978, S. 145) werden finanzielle, physische, menschliche, organisatorische und technologische Ressourcen als die wesentlichen Felder, die das Gesamtpotenzial eines Unternehmens bestimmen, genannt. Die Potenzialanalyse wird eingesetzt, um Möglichkeiten des Ausbaus des Basisgeschäfts unter Einsatz der untersuchten Potenziale bis hin zur Entwicklungsgrenze zu erkennen (Kreikebaum, 1999, S. 42). Wie der Begriff vermuten lässt, kann diese Grenze unter der Annahme dynamischer Marktprozesse kaum jemals erreicht werden. Im Wesentlichen handelt es sich bei der allgemeinen Potenzialanalyse um eine Bestandsaufnahme der elementaren und dispositiven Faktoren eines Unternehmens.

Die Potenzialanalyse im generellen Sinn ist damit im Rahmen der Neuproduktplanung bedeutsam, da sie Information bezüglich der unternehmensinternen Bedingungen der Machbarkeit (interne Feasibilityanalyse) neuer Produktangebote liefert (Herrmann, 1998, S.353). Aber sie ist nicht in der Lage, die im Kontext der Neuproduktplanung unverzichtbare Einbeziehung der Marktorientierung zu leisten. In der Marketingplanung stehen dafür die im Grunde verwandten Verfahren der Ermittlung des Markt- und Absatzpotenzials zur Verfügung, die darauf abzielen Information bezüglich der möglichen Größe des Markts für ein neues Produkt zu liefern (Kotler et al., 2003, S.419).

Das Marktpotenzial ist definiert als die Gesamtheit aller möglichen Absatzmengen bzw. Absatzerlöse eines Marktes für ein bestimmtes Produkt bzw. eine bestimmte Produktkategorie. Damit soll die künftige Aufnahmefähigkeit eines Marktes (Meffert, 2005, S.171) bzw. die erwartete höchstmögliche Marktnachfrage (Kotler, 1989, S. 227, Boyd/Massy, 1972, S. 137) abgebildet werden, und zwar unter Berücksichtigung aller Abnehmer, die grundsätzlich für eine Produktübernahme in Betracht kommen und dafür mit ausreichender Kaufkraft versorgt sind. Unter Absatzpotenzial werden die Absatzmengen bzw. Absatzerlöse eines Produktes verstanden, die ein Unternehmen im Rahmen seiner Möglichkeiten glaubt, maximal erreichen zu können (Meffert, 2005, S. 171).

Markt- bzw. Absatzpotenzial stellen damit letztlich fiktive Größen dar, denen aber im Rahmen der Planung von neuen Produkten zweifache Bedeutung zukommt. Erstens liefert die Schätzung marktbezogener Potenziale konkrete in Zahlen gefasste Mengen- bzw. Preisinformationen, die im Rahmen der ökonomischen Beurteilung (Wirtschaftlichkeitsanalyse) neuer Produktideen unverzichtbar sind (Kotler/Bliemel, 2001, S. 539). Darüber hinaus ist die Potenzialschätzung Basis für eine Fülle von weiteren Marketingentscheidungen im Rahmen der Neuprodukteinführung, wie beispielsweise Strategiefestlegung, Budgetierung und Konzeption des Marketing-Mix. Zweitens erlaubt die marktorientierte Potenzialanalyse die Ableitung entsprechender Mengengerüste, die in anderen Unternehmensbereichen, z. B. für die langfristige Prognose von Zahlungsströmen, für die Produktionsplanung und die Personalbereitstellung, die Planungsgrundlage darstellen (Hammann/Erichson, 2000, S. 420).

Vorrangig sind die Ergebnisse der Markt- und Absatzpotenzialschätzung ein relevanter Dateninput für strategische Entscheidungen im künftig zu realisierenden Vermarktungsprozess der analysierten Produkte. Die Zielsetzung entsprechender Verfahren ist demnach auf die mengen- bzw. wertmäßige Prognose künftiger Marktzustände gerichtet, die durch geänderte Bedingungslagen gekennzeichnet sind, und zwar zum Zweck der Beurteilung von Neuproduktkonzepten und zur Ableitung von entsprechenden Marketingmaßnahmen in der Produkteinführung.

2. Terminologie und Relevanz für die Neuprodukteinführung

Generell akzeptiert ist im Kontext von Nachfrageprognosen die Differenzierung zentraler Begriffe nach manifestierter und zu erwartender Nachfrage und hinsichtlich der Aggregationsebene (Hammann/Erichson, 2000, S. 421, vgl. Abbildung 1).

	Unternehmung	**Markt**
Manifestierte Nachfrage	Absatz(volumen)	Marktvolumen
Nachfragepotenzial	Absatzpotenzial	Marktpotenzial

Abbildung 1: Nachfragekonzepte

Nach Meffert (2005, S. 171) ist das Absatzvolumen die Absatzmenge eines spezifischen Produktes einer Unternehmung. Das Marktvolumen ist die gegenwärtig realisierte Absatzmenge der Produktgattung einer ganzen Branche. Das Absatzpotenzial ist die Absatzmenge eines Produktes, die ein Unternehmen im Rahmen der verfügbaren Möglichkeiten glaubt, maximal erreichen zu können. Während das Marktpotenzial die Gesamtheit möglicher Absatzmengen eines Marktes für eine bestimmte Produktgattung darstellt. Alle angesprochenen Größen sind als Mengenangaben und/oder Wertangaben messbar.

Für Entscheidungen im Rahmen der Neuprodukteinführung sind aus dieser Konzeption eine Reihe von Einsichten ableitbar. Die Relation des Absatzvolumens zum Marktvolumen ergibt den Marktanteil und liefert damit eine Aussage über die gegenwärtige Marktstellung des Unternehmens im spezifischen Teilmarkt. Die Marktdurchdringung ist aus dem Verhältnis des Marktvolumens zum Marktpotenzial ersichtlich und liefert Hinweise auf noch verfügbare Reserven, die künftig ausgeschöpft werden könnten (Becker, 2006, S. 397, vgl. Abbildung 2).

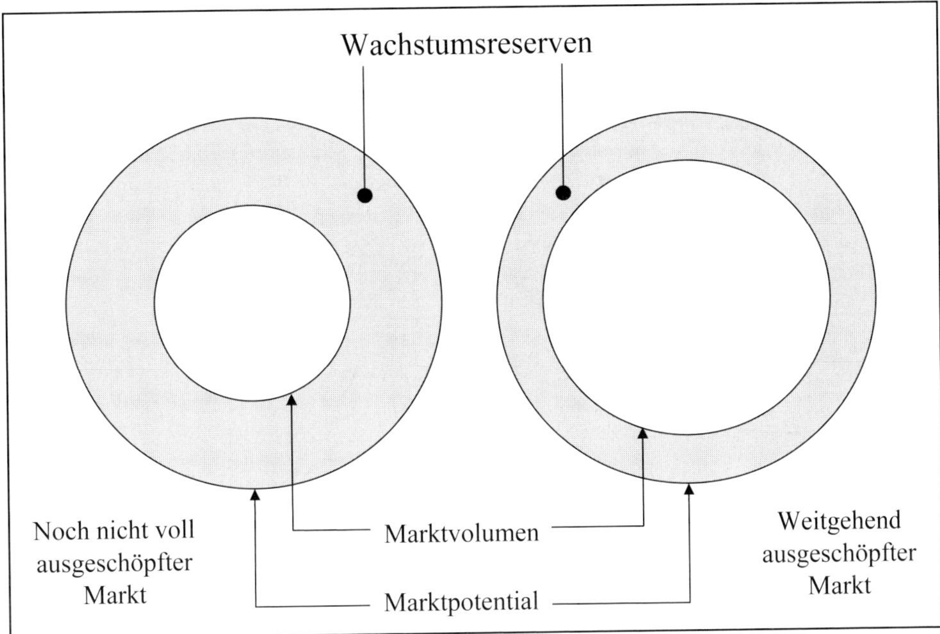

Abbildung 2: Unterschiedliche Marktdurchdringung

Die in einem Markt vorhandenen Marktreserven sind von Merkmalen des Gesamtmarktes, den aktuellen und bisherigen Marketinganstrengungen und der Bedürfnislage der Kunden beeinflusst. Ergänzt um zusätzliche Marktinformation sind sie ein Indikator für den Chancenreichtum eines Marktes, Marktwiderstand, Sättigungstendenzen etc. und damit eine wichtige Determinante für die Planung künftiger Vermarktungsstrategien.

Bislang wurde hier auf die Zeitkomponente nicht explizit eingegangen. Es ist aber unmittelbar einsichtig und kann über diffusionstheoretische Aussagen gestützt werden (Nakicenovic/Grübler, 1991), dass das Marktpotenzial keine stationäre Größe ist. Mit zunehmendem Bekanntheitsgrad eines neuen Produkts, der höheren Diffusionsrate und der damit einher gehenden Verkleinerung des wahrgenommenen Kaufrisikos für Kunden kann sich eine Erhöhung des Marktpotenzials im Zeitablauf ergeben (vgl. Abbildung 3). Die Veränderung des Marktpotenzials kann aber auch durch gesamtwirtschaftliche Dynamik, z.B. den Konjunkturverlauf, oder die spezifischen Marketinganstrengungen eines oder aller Anbieter in einem Markt bedingt sein.

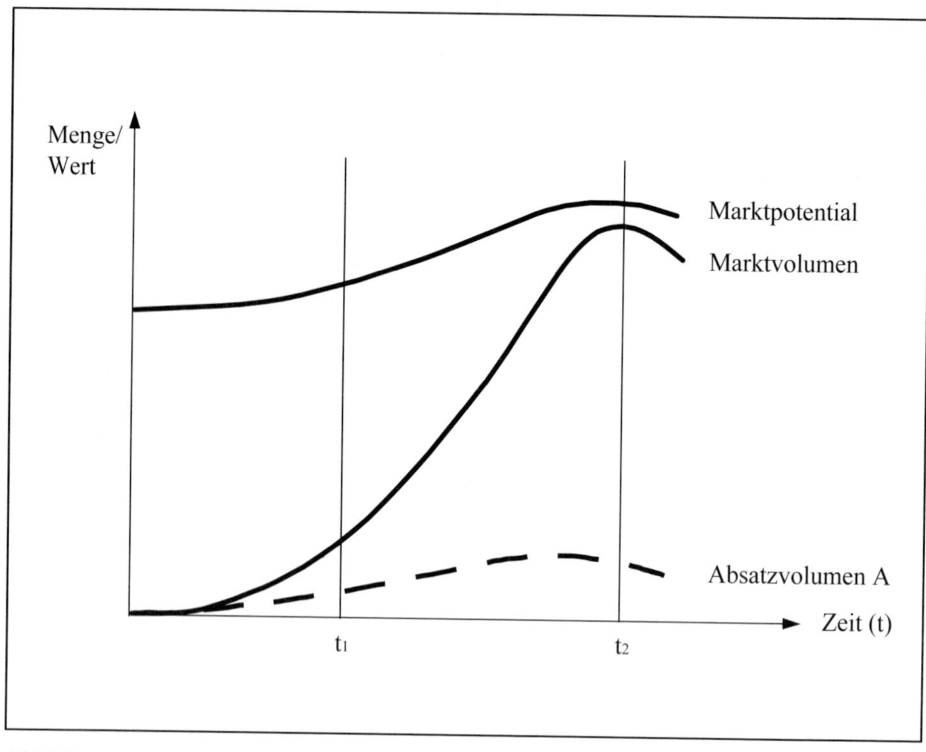

Abbildung 3: Nachfragekonzepte im Zeitablauf

Abbildung 3 zeigt einen möglichen modellhaften Verlauf von Marktpotenzial, Markt- und Absatzvolumen. Vor allem für strategische Marketingentscheidungen mit ihrem kanalisierenden und längerfristigen Fokus sind Prognosen bzw. Projektionen einzelner Nachfragekonzepte relevant. Definitionsgemäß ist das Marktvolumen immer kleiner als das Marktpotenzial. Eine Gesamtausschöpfung des Marktpotenzials ist vermutlich nur in Ausnahmesituationen möglich. Je attraktiver das Marktangebot ist bzw. je intensiver die Marketingbemühungen sind, umso näher wird das Marktvolumen an das Marktpotenzial heranrücken. Von den Anstrengungen in der Marktbearbeitung und entsprechenden Lerneffekten in der Zielgruppe wird zugleich aber auch die Ausweitung des Marktpotenzials stimuliert (Koppelmann, 2001, S. 217).

In Wachstumsmärkten besteht eine große Differenz zwischen Marktpotenzial und Marktvolumen. Die bestehenden Marktreserven erlauben einen Anstieg des Absatzvolumens ohne große Marktanteilsverschiebungen. Die Wettbewerbssituation ist durch einen relativ geringen Konkurrenzdruck gekennzeichnet. In Situationen einer höheren Ausschöpfungsquote des Marktpotenzials sind für das einzelne Unternehmen Absatzsteigerungen nur noch über Verdrängungswettbewerb möglich. Das Marktverhalten wird von einer größeren Aggressivität gekennzeichnet sein. Unternehmen haben dies in der Marketingplanung zu berücksichtigen (Becker, 2006, S. 397).

Analog zu den anderen Nachfragekonzepten ist es erstrebenswert, die zeitliche Entwicklung des Absatzvolumens zu prognostizieren. Es drückt den künftigen Absatz eines Unternehmens aus, liegt somit unter dem Marktvolumen und gibt die projizierte Angebotsqualität und Wettbewerbsstärke gegenüber der Konkurrenz wieder. Zur Prognose des Absatzvolumens stehen eine Fülle von Verfahren zur Verfügung, die idealtypischer Weise in einer weiter fortgeschrittenen Phase des Planungsprozesses für Neuprodukte eingesetzt werden. Sie basieren vor allem auf Daten über reales Kaufverhaltens, das über Testmarktforschung verfügbar gemacht wird, über simuliertes Kaufverhalten und über Konsumentenurteile, die in unterschiedliche Marktmodellierungen, wie z. B. Penetrations-, Wiederkauf- und Prozessmodelle, einfließen (Erichson, 1979).

Ergänzend ist noch festzuhalten, dass auch die zum Planungszeitpunkt realisierten Marktanteile eines Unternehmens wichtige strategische Hinweise für die Entwicklung einer Vermarktungsstrategie liefern. Abhängig von der relativen Marktbedeutung in wachsenden und gesättigten Märkten werden sich unterschiedliche Penetrationswiderstände bei Markteintritt ergeben (Koppelmann, 2001, S. 218), die entweder zur Kundengewinnung von der Konkurrenz (Marktanteilsverschiebungen) oder zur weiteren Abschöpfung des Marktpotenzials führen (Neukundengewinnung).

Bisher wurde unterstellt, das die Schätzungen der angesprochenen Nachfragekonzepte möglich ist. Mit den spezifischen Methodenproblemen und verfügbaren Verfahren zur marktbezogenen Potenzialschätzung befassen sich die nächsten Abschnitte.

3. Methodische Aspekte der Potenzialschätzung

Die Schätzung von Markt- und Absatzpotenzial im Kontext der Neuproduktplanung ist eine Prognosesituation, die von einigen typischen Besonderheiten gekennzeichnet ist. Aus diesen Besonderheiten resultieren spezifische methodische Herausforderungen für die konkrete Aufgabenstellung.

3.1 Grad der Innovation

Das Ausmaß der Innovation eines in Planung befindlichen Produktes kann hinsichtlich des Grades der perzipierten Neuheit für Kunden und des Grades der Neuheit für das entwickelnde Unternehmen differenziert werden (Scheuch/Holzmüller, 1983, S. 226). Entlang beider Dimensionen nimmt die Schwierigkeit der Potenzialschätzung zu. Ist der

Grad der Neuheit aus Kundensicht gering, weil z.B. ein neues Produkt im Rahmen einer etablierten Marke bzw. innerhalb einer Markenfamilie auf den Markt eingeführt werden soll, so kann in relativ großem Umfang auf Vorerfahrungen aus dem spezifischen Angebotsbereich zurückgegriffen werden. Mit zunehmendem Neuheitsgrad eines neuen Produktes für die Kunden, also beispielsweise bei der Einführung von Produkten, die auf neue Marktsegmente abstellen, wird die Abschätzung der Marktreaktion schwieriger. Analog gilt dies für den perzipierten Neuheitsgrad innerhalb der Unternehmung. Produkte, die zwar neu sind, aber von den Produktions- und insbesondere von den Vermarktungsprozessen der vorhandenen Produktpalette entsprechen, führen zu weniger risikoreichen Schätzsituationen. Sind Neuprodukte aber auch hinsichtlich des Vermarktungsprozesses als neuartig einzustufen, also wenn beispielsweise eine andere Vertriebsstruktur als zweckmäßig erscheint oder eine spezifische Kommunikationsstrategie erforderlich ist, steigt der Grad der Unsicherheit.

Abhängig vom Grad der Unsicherheit in der Schätzsituation, die sich aus der Menge der nicht verfügbaren Information für Prognosezwecke ergibt, sind unterschiedliche Vorgangsweisen im Rahmen der Potenzialanalyse einzusetzen, die sich hinsichtlich der Prognoselogik, des Grads der Formalisierung, der Modellorientierung, etc. unterscheiden.

3.2 Komplexes Wirkungsgefüge

Marktbezogene Potenzialanalysen sind dadurch gekennzeichnet, dass unter Berücksichtigung eines vielschichtigen Wirkungsgeflechts singuläre künftige Größen ermittelt werden sollen. Die Komplexität resultiert aus der Struktur des betrachteten Marktes und den entsprechenden Marktprozessen, dem Makroumfeld des Marktes, den künftigen Marketingmaßnahmen des planenden Unternehmens sowie eventuell dadurch ausgelösten neuen Konkurrenzreaktionen. Die genannten Felder, die eine künftige Marktsituation determinieren, stehen zueinander in mehr oder minder starken Interdependenzbeziehungen. Zur Lösung solcher Prognoseaufgaben bieten sich grundsätzlich qualitative Prognoseverfahren, wie z.B. die Szenario- und die Delphitechnik an (Bircher, 1976, Mössner, 1982). Da im vorliegenden Kontext aber ganz spezifische Größen und deren Entwicklungsverlauf abgegrenzt werden sollen, sind diese Verfahren wenig zielführend bzw. nur begrenzt einsetzbar.

3.3 Stufige Beeinflussungsmuster

Das Absatzpotenzial bzw. das Absatzvolumen und das Marktpotenzial sind keine unabhängigen Größen. Je stärker ein Unternehmen versucht das Absatzvolumen z.B. mittels eines höheren Marketingbudgets zu steigern, desto größer werden die Effekte sein, welche die Ausweitung des Marktpotenzials stimulieren. Werden in diesem Zusammenhang auch noch Konkurrenzreaktionen auf eine intensivere Marktbearbeitung berücksichtigt, sind zusätzliche Verstärkereffekte zu vermuten. Umgekehrt könnte die Ausweitung des Marktpotenzials, das beispielsweise über die Ermittlung von Kaufabsichten (Kotler et al., 2003, S 426) an Unternehmen rückgemeldet wird, zu Veränderungen in den Marketingplänen und in der Folge zur weiteren Ausweitung des Marktpotenzial führen. Im Rahmen der marktbezogenen Potenzialanalyse sind Vorgangsweisen zu wählen, die zumindest in Ansätzen die angesprochenen Mechanismen im Rahmen der Schätzung berücksichtigen.

3.4 Marktabgrenzung

Die Problematik der Marktabgrenzung (Wagner, in diesem Band) ist von zentraler Bedeutung für die Schätzung des Markt- und Absatzpotenzials, weil damit die eigentlichen Bezugsfelder festgelegt werden. Grundsätzlich scheint es empfehlenswert zu sein, eine möglichst enge Marktdefinition zu wählen, weil damit für die Marketingplanung Aussagen mit höherer Relevanz generiert werden können (Koppelmann, 2001, S. 218). Diese Empfehlung löst aber nicht das generelle Problem der Marktdefinition und trägt wenig zur Abschätzung von möglichen Absatzerfolgen in außerhalb der Definition liegenden Märkten bei. Zudem existieren anekdotische Hinweise aus der Praxis, die belegen, dass bei manchen Neuprodukten völlig unklar ist, in welchem Markt sie positioniert werden sollen bzw. von potentiellen Kunden künftig subjektiv positioniert werden. Sind also beispielsweise Geruchsentferner für Kleidung in den Markt für Waschmittel, Bügelhilfen oder allgemeine Wäschepflege einzuordnen?

3.5 Methodisches Resümee

Die angesprochenen spezifischen Probleme im Rahmen der Potenzialschätzung bei Neuproduktplanung legen nahe, dass mit methodisch eher bescheidenen Erwartungen an diese Aufgabenstellung herangegangen wird. Vor allem ist davon abzuraten, ausschließlich mit deterministischen Modellvorstellungen zu operieren, die sich mit Hilfe entsprechender Algorithmen auf eindeutige Lösungen hinführen lassen. Die Literatur im einschlägigen Bereich legt nahe, dass heuristische Problemlösungsmethoden (siehe dazu Scheuch, 1996, S. 396 ff.) als grobe Schätzverfahren empfohlen werden. Dies erscheint aufgrund folgender Überlegung durchaus akzeptabel zu sein. Erstens sind Ergebnisse von Potenzialschätzungen Information, welche die Bandbreite der Unsicherheit in einer Neuproduktentscheidung verringern soll, aber nicht völlig ausschließen kann. Vor diesem Hintergrund sind in vielen Fällen Schätzungen, die auf einen Zeitpunkt oder eine knappe Zeitspanne abstellen, ausreichend. Langfristige Verlaufsprognosen, die vielfach in Lehrbüchern dargestellt und damit implizit gefordert werden, sind in vielen Entscheidungssituationen - unabhängig von der zu erwartenden Qualität - nicht zweckmäßig, weil sie zur Entscheidungsfindung in dynamischen Märkten nicht beitragen.

Zweitens ist festzuhalten, dass die Bedeutung von Markt- und Absatzpotenzialanalysen nicht nur aus der Qualität schließlich verfügbarer Ergebnisse resultiert, sondern der Prozess der Schätzung an sich zur Risikoreduktion in der Entscheidungssituation beiträgt. Die Beschaffung und Analyse entsprechender Markt- und Umfelddaten, die Reflexion verfügbarer Einsichten in Marktprozesse sowie schließlich die Argumentation - wenngleich manchmal auch einfacher - Marktmechaniken führt vermutlich in vielen Fällen zu einer besseren Beurteilung der künftigen Marktentwicklung und damit insgesamt zu einer fundierten Einschätzung des zu erwartenden Marktgeschehens.

4. Methoden der marktbezogenen Potenzialanalyse

4.1 Informationsgrundlagen

Aufgrund der Komplexität der Aufgabenstellung scheint es unverzichtbar eine möglichst umfassende Informationsbasis für die Schätzung von Markt- und Absatzpotenzialen zu schaffen. Dabei gilt es, die Bedingungslagen in der Unternehmensumwelt und in der Unternehmung zu erfassen (Benkenstein, 2002, S. 34 ff.). Eine Umfeldanalyse, die geeignet ist entsprechende Chancen und Risiken einer künftigen Entwicklung zu identifizieren, sollte Inhalte aus der Makroumwelt und der Aufgabenumwelt, also bezüglich relevanter Märkte, den entsprechenden Marktteilnehmern und dem eingesetzten Marketinginstrumentarium enthalten (Meffert, 2005, S.28 ff.). Zweckmäßiger Weise ist diese Information über die Sekundäranalyse bereits erhobener Daten zu erarbeiten und gegebenenfalls um auf explorativer Weise erhobene Primäranalysen (z.B. Experteninterviews) zu ergänzen (Perreault/McCarthy, 2005, S.212 ff.).

Im Rahmen der internen Analyse gilt es Stärken und Schwächen zu identifizieren, d.h. die gegenwärtig und zukünftig vorhandenen Ressourcen des analysierten Unternehmens in Relation zu den Ressourcen der Hauptkonkurrenten zu beurteilen (Hinterhuber, 1996). Zu den in die Analyse einzubeziehenden Ressourcen zählen zum Beispiel die Finanzsituation, Verfügbarkeit von Personal und Produktionsmitteln, Forschungs- und Entwicklungspotenzial, Marketing know-how, Qualität der Führungskräfte und -systeme (Bamberger/Wrona, 1996).

4.2 Verfügbare Methoden

In der einschlägigen Literatur besteht keine Übereinstimmung bezüglich der Abgrenzung von Verfahren zur marktbezogenen Potenzialschätzung. Aufgrund sehr heterogener

Ausgangssituationen im Rahmen der Neuproduktplanung, die so unterschiedliche Entscheidungen wie beispielsweise die Diversifikation in neue Produktbereiche und Märkte oder die Produktprogrammabrundung durch ein zusätzliches Produkt beinhalten können, führt dazu, das eine große Bandbreite von Methoden in diesem Kontext einsetzbar sind, die zumeist nicht nur spezifisch für die Potenzialschätzung sind. In der Folge wird ein Überblick über die wesentlichen Verfahrensgruppen gegeben, der nach dem erforderlichen Analyseaufwand für das befasste Management gereiht ist.

Analogien

Eine einfache und vielfach effiziente Form an die Potenzialschätzung heranzugehen stellen Analogien (Armstrong/Brodie, 1999, S. 98) dar, die zu vergleichbaren anderen Marktsituationen gezogen werden. Aufgrund der Komplexität der Planungssituation im Kontext der Neuprodukteinführung liegt die Nutzung entsprechender heuristischer Problemlösungsstrategien nahe (Scheuch, 1996, S. 398). Analogien können in räumlicher, zeitlicher und produktbezogener Hinsicht entwickelt werden. Eine typische räumliche Analogie stellen Ländervergleiche bezüglich des Pro-Kopf-Verbrauchs von beispielsweise Nahrungsmitteln oder Ausstattungsraten mit elektronischen Geräten dar (Becker, 2006, S. 394). Analogien in zeitlicher Hinsicht beziehen sich auf andere Zeitperioden, die von der logischen Konsistenz der aktuellen Planungssituation entsprechen. So könnten beispielsweise Effekte auf die Ausweitung des Marktpotenzials einer Produktsparte durch Einführung eines neuen Produktes in Vorperioden in die laufende Schätzung einfließen. In produktbezogener Hinsicht stellt die Analogie auf vergleichbare Situationen in einem sehr spezifischen Marktfeld ab, wie beispielsweise bei der Einführung des Discman von Sony die Orientierung im Rahmen der Marktpotenzialschätzung an der Jahre zuvor erfolgten Einführung des Walkman denkbar ist.

Voraussetzung für die Nutzung von Analogien ist die Verfügbarkeit von entsprechendem Erfahrungspotenzial im planenden Unternehmen. Wesentlich ist aber auch, dass entsprechende, möglichst datengestützte Korrekturen beim Rückgriff auf analoge Marktsituationen vorgenommen werden, welche gewährleisten, dass Anpassungen an die aktuellen Strukturen des zu analysierenden Marktes erfolgen. Analogien sind demnach nur für grobe Rahmeneinschätzungen verwendbar und sollten mittels weiter Verfahren abgesichert werden.

Expertenbefragungen

Mit ebenfalls vergleichsweise geringem Aufwand lassen sich marktbezogen Potenzialschätzungen durchführen, wenn Experten befragt werden. Grundsätzlich können die Einschätzungen von im Unternehmen tätigen Personen, z.B. Vertriebspersonal und Außendienstmitarbeitern, oder von externen Fachleuten, wie Zulieferern, Marketingberatern, Mitarbeitern von Industrieverbänden, eingeholt werden (Kotler/Bliemel, 2001, S. 237f.). Expertenbefragungen lassen sich als Einzelinterviews durchführen, oder aber so organisieren, dass Abstimmungsprozesse zwischen den einzelnen Personen stattfinden. Individuell ermittelte Schätzwerte können in der Folge zu einem Gesamtwert zusammengefasst werden (Pooling). Im Rahmen von Gruppendiskussionen mit Fachleuten werden entsprechende Einschätzungen ausgetauscht, weiterentwickelt und möglicherweise eine Gruppenmeinung erarbeitet (Tull/Hawkins, 1993, S. 705). Schließlich ist eine wiederholte Einschätzung in Form einer Delphi-Befragung möglich, die den beteiligten Experten erlaubt aufgrund der Rückmeldung der Einschätzungen der anderen Panelteilnehmer die eigene Sichtweise zu revidieren, zu verfeinern oder mit zusätzlicher Argumentation zu untermauern (Dalkey/Helmer, 1963, Häder/Häder, 1998). Eine neuere Form der Nutzung von Expertenmeinungen zu Prognosezwecken stellt das sogenannte „Judgmental Bootstrapping" dar (Armstrong, 2001, S. 171 ff.). Ausgangspunkt ist die Überlegung, dass Expertenurteile zwar häufig zur Ableitung wichtiger Prognosen genutzt werden, diese aber oft nicht die ausreichende Zuverlässigkeit und zeitliche Konsistenz besitzen. So bilden Experten ihre Einschätzungen für gewöhnlich leicht, beurteilen diese bspw. hinsichtlich ihrer Gewichtung aber nicht immer explizit und zeitlich konsistent (O'Connor/Remus/Lim, 2005, S.249). Die Methode des Judgmental Bootstrapping, die in der Literatur auch als „Policy Capturing" bezeichnet wird, zielt auf diese Defizite in der Beurteilung ab (Armstrong, 2001, S.172). Dazu setzt diese Methode bei den geäußerten Expertenprognosen an und bestimmt mittels Regression das Regelset, welches die Experten zur Prognosebildung benutzt haben. Statistisch werden also die entwickelten Prognosen gegen die genutzten Informationen regressiert (Armstrong, 2006, S. 586). Somit erlaubt das Judgmental Bootstrapping das Transferieren subjektiver Einschätzungen in einen objektiven Bewertungsprozess, der es in der Folge ermöglicht, die Prognosegüte im Vergleich zu anderen Formen der Expertenbefragung zu erhöhen.

Generell empfiehlt sich die Ergebnisse von Expertenbefragungen genauen Qualitätsprüfungen zu unterziehen, weil Gruppeninteressen, z.B. von Außendienstmitarbeitern oder Unternehmensberatern, den Schätzprozess beeinflussen können. Der Auswahl von Experten und der Zusammensetzung von Expertenpanels kommt in diesem Zusammenhang wichtige Bedeutung zu (Erichson, 1979, S. 259). Es gilt die Nachteile, die sich aus der individuellen Subjektivität ergeben, mit den Vorteilen des Facettenreichtums der Einschätzungen, der größeren Expertise der Auskunftspersonen, der Aktualität von verfügbaren Beobachtungen, der Sensibilität für schwache Signale hinsichtlich von Veränderungen im Markt etc. auszugleichen.

Strukturierte Schätzverfahren

Kennzeichen dieser Gruppe von Verfahren ist, dass entlang einer unterstellten Strukturierung der marktbezogenen Potenziale in kleineren Schritten bzw. in Segmenten Schätzungen vorgenommen werden, die dann insgesamt zu einer Schätzgröße zusammengeführt werden. Eine typische Vorgangsweise geht von Pro-Kopf-Verbrauchen aus, die auf die Gesamtbevölkerung umgelegt werden. In der einfachsten Form wird das Marktpotenzial in folgender Weise geschätzt:

$$Q = nqp$$

Dabei gilt:

Q = Marktpotenzial des Marktes (ausgedrückt in Geldeinheiten)

n = Anzahl der Käufer in diesem Markt unter Berücksichtigung der angenommen Rahmenbedingungen
q = durchschnittlich gekaufte Menge pro Käufer
p = Durchschnittspreis pro Mengeneinheit

Aufgrund der hohen Aggregationsstufe, auf der das Schätzverfahren abläuft, ist mit nur sehr groben Abschätzungen des Marktpotenzials zu rechnen. Um zu verlässlicheren Einschätzungen zu gelangen, geht die sogenannte Kaufanteilsmethode von der Verkettung stufenweise spezifizierter Durchschnittsanteile aus. Beispielsweise könnte die Schätzung des Marktpotenzials für Home-Kits für die chemische Reinigung von Kleidung im Wäschetrockner auf folgende Weise erfolgen:

Gesamtbevölkerung
x persönlich verfügbares Pro-Kopf-Einkommen,
x durchschnittlicher Anteil der Ausgabe für Reinigungsmittel am verfügbare Gesamteinkommen,
x durchschnittlicher Anteil der Ausgaben für Wäschepflege am insgesamt für Reinigungsmittel ausgegebenen Betrag,
x durchschnittlicher Anteil der Ausgaben für chemische Reinigung am insgesamt für Wäschepflege ausgegebenen Betrag,
x geschätzter Anteil der Ausgaben für chemische Reinigung im Haushalt am insgesamt für chemische Reinigung ausgegebenen Betrag.

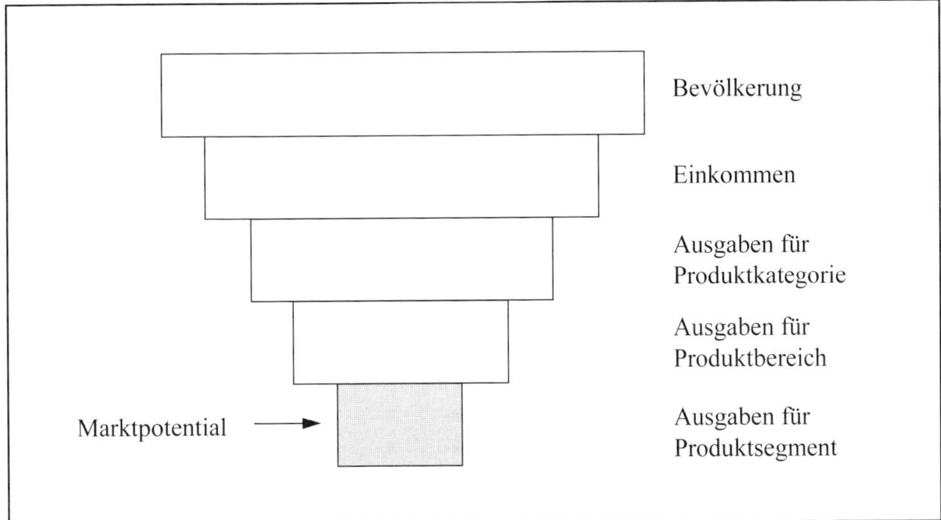

Abbildung 4: Schema der Kaufanteilsmethode

Der Vorteil der Kaufanteilsmethode besteht darin, dass von einem tatsächlich bestehenden Marktumsatzvolumen ausgegangen wird und dann durch schrittweise Eingrenzung der Ausgabenanteile eine Obergrenze des Marktpotenzials ermittelt wird (vgl Abbildung

4). Diese Vorgangsweise eignet sich auch gut zur systematischen und logischen Variation einzelner Ausgabenanteile und kann damit im Sinn einer Sensitivitätsanalyse zu einer Marktpotenzialschätzung unter verschiedenen Annahmen herangezogen werden (Diller, 1998, S. 85).

Die Logik der sogenannten Marktaufbau-Methode besteht darin, dass das Marktpotenzial eines Produktes als Summe der einzelnen Segmentpotenziale ermittelt wird. D.h., dass entsprechende Schätzungen nicht nur logisch stufig, sondern darüber hinaus segmentbezogen durchgeführt werden (siehe Abbildung 5). Durch die Segmentierung, die zusätzlich zur Stufigkeit eingesetzt wird, kann möglicherweise insgesamt eine Verbesserung der Schätzung erreicht werden. Damit wird die Komplexität einzelner Schätzschritte verringert und es sollte dem befassten Management leichter fallen, für einzelne relativ homogene und gut abgegrenzte Segmente differenziertere Aussagen über die Anzahl potentieller Käufer und Mengen zu treffen (Diller, 1998, S. 86). Besonders geeignet erscheint diese Vorgangsweise im Investitionsgütermarketing zu sein, weil hier oftmals die Anzahl vorhandener Abnehmer in einzelnen Segmenten und deren spezifische Nachfrageeigenschaften bekannt sind und damit Potenzialrechnungen auf sehr detaillierter Basis erfolgen können. (Kotler/Bliemel, 2001, S. 244).

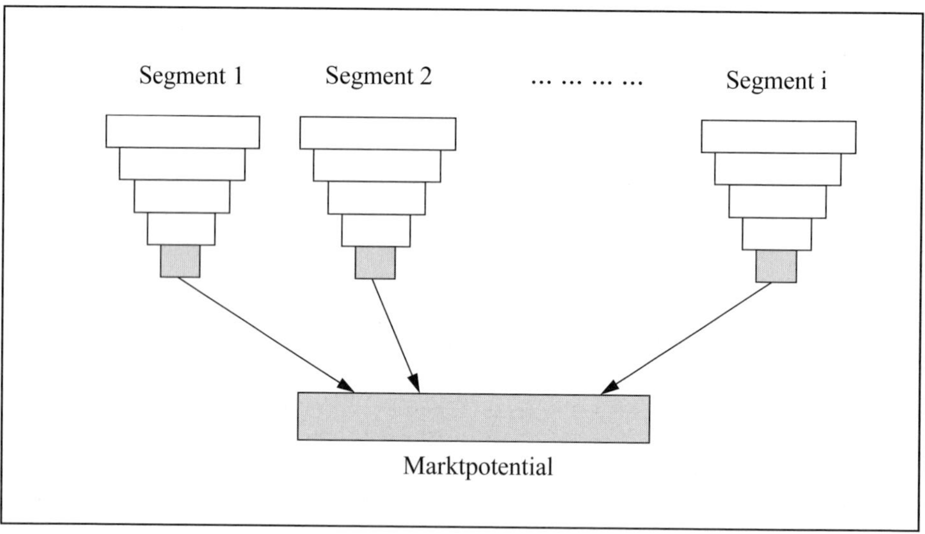

Abbildung 5: Schema der Marktaufbaumethode

Eine andere Variante der Schätzung von Potenzialen in einzelnen Marktsegmenten stellen die Indexmethoden dar. Hier wird von einer geographischen Marktsegmentierung ausgegangen, die Beschreibungsmerkmale heranzieht, wie z.B. den Bevölkerungsanteil am Gesamtmarkt, regionale Kaufkraft, Marktstärke einer Unternehmung in einer Region, und über die entsprechende Gewichtung berücksichtigter Kriterien erlaubt Marktchancen anhand eines Indexes darzustellen. In der Folge können diese Indexzahlen unter Rückgriff auf aktuelle Informationen über das Marktvolumen zur Potenzialschätzung herangezogen werden (Kotler/Bliemel, 2001, S. 246).

Eine weitere Gruppe strukturierter Schätzverfahren stellt auf die Relation zwischen dem zu beurteilenden Markt und anderen damit verbunden Märkten ab. Die Korrelationsmethode geht von Komplementärprodukten aus. Dies sind Marktangebote, die in einem engen Verwendungszusammenhang stehen, so dass das Marktpotenzial eines Produktes mit dem eines anderen Produktes gekoppelt ist. Der Vorteil der Korrelationsmethode ist darin zu sehen, dass in wenig dokumentierten Produktbereichen Informationsdefizite dadurch wettgemacht werden können, dass auf komplementären Produktbereichen, die besser dokumentiert bzw. erforscht sind, zurückgegriffen wird. Eine Variante dieser Vorgangsweise, die sogenannte Korrekturmethode, geht hingegen von Substitutionsbeziehungen aus. In diesem Fall ist es Kunden möglich, aufgrund einer ähnlichen Nutzenstiftung das betrachtete Produkt teilweise oder ganz durch ein anderes Produkt zu ersetzen. Ausgangspunkt für die Potenzialschätzung ist die Ermittlung des Marktvolumens für das zu betrachtende Produkt sowie für das Substitutionsprodukt. Danach gilt es einzuschätzen, ob und in welchem Ausmaß das geplante Produkt in den Markt für Substitutionsprodukte einbrechen kann. Der maximal mögliche Marktanteil, den das Produkt unter optimalen Bedingungen am Markt der Substitutionsprodukte erzielen kann, ist zu bestimmen. Das Marktpotenzial ergibt sich schließlich durch Addition des Marktvolumens im angestammten Markt und des maximal möglichen Marktanteils, der im Markt der Substitutionsprodukte erreicht werden kann (Diller, 1998, S. 87).

Analytische Schätzverfahren

In spezifischen Fällen kann zur Schätzung von Markt- bzw. Absatzpotenzial auf Zeitreihenanalysen und ökonometrische Prognosemodelle zurückgegriffen werden. Generell ist davon auszugehen, dass Verfahren der Trendextrapolation auf der Basis von Vergangenheitsdaten weniger zuverlässig sind, als modellbasierte ökonometrische Prognosen (Armstrong/Brodie, 1999, S. 101). Der Einsatz von Prognoseverfahren, die auf Vergangenheitsdaten beruhen, ist im Kontext der Potenzialschätzung für Neuprodukte problematisch, da Neuprodukeinführungen im Kern beabsichtigte Strukturänderungen am Markt darstellen und oftmals bedingt durch den hohen Innovationsgrad des geplanten Produkts keine brauchbaren Daten aus der Vergangenheit zur Verfügung stehen. Für Situationen in der Neuproduktplanung, die vermutlich zu keinen starken Auswirkungen auf die generelle Marktentwicklung und -struktur führen, scheint eine prinzipielle Einsetzbarkeit möglich zu sein.

Auf Prognosemodellen basierende Potenzialschätzungen (Erichson, 1979) haben den Vorteil, dass sie eine Fülle von Einflussvariablen berücksichtigen können, die beispielsweise Umfeldfaktoren, Marktbedingungen und Marketingmaßnahmen spezifizieren. Damit sind entsprechende Ergebnisse auch unmittelbar relevant für Planungs- und Entscheidungsprozesse. Sie sind aber nur dann zweckmäßig einsetzbar, wenn starke Kausalbeziehungen der Variablen mit den zu prognostizierenden Potenzialgrößen vorliegen, die unterstellten Kausalbeziehungen konzeptionell gut fundiert sind und die Richtung des Zusammenhangs festgelegt werden kann. Realistischer Weise sind solche Analysen im Kontext der Neuproduktplanung nur dann erfolgreich einsetzbar, wenn die entsprechende Unternehmung umfangreiches Know-how in der Marktmodellierung aufgebaut hat, wie dies in einzelnen Bereichen des Markenartikelmarketing für Konsumgüter der Fall ist (z.B. Goligoski, 1986). In solchen Fällen können bestehende und erprobte Erklärungs- bzw. Prognosemodelle auf die anstehende Situation in der Neuproduktplanung adaptiert werden. Weitaus geeigneter sind ökonometrische Prognosemodelle (Erichson, 1979) zur Ermittlung künftiger Markt- bzw. Absatzvolumina.

Kundenreaktionen

Die aus dem Blickwinkel der Datenbeschaffung in vielen Fällen aufwendigste Form der Markt- bzw. Absatzpotenzialschätzung stellt auf die empirische Ermittlung künftiger Kundenreaktionen ab. Die Ermittlung der Kaufabsichten von Verbrauchern mittels Befragung ist eine der naheliegenden Vorgangsweisen, die Unternehmen im Fall der Neuproduktplanung zur Verfügung stehen (Kotler/Bliemel, 2001, S. 254). Häufig werden zu diesem Zweck Kaufwahrscheinlichkeitsskalen herangezogen, an Hand derer Auskunftspersonen den Grad der Sicherheit mit dem sie in einer künftigen Zeitperiode ein bestimmtes Produkt kaufen werden festlegen. Zur Relativierung bzw. besseren Erklärbarkeit der Ergebnisse werden zusätzliche Variable erhoben, wie z.B. gegenwärtige oder künftige persönliche finanzielle Lage der Auskunftspersonen und persönliche Erwartungen bezüglich der volkswirtschaftlichen Entwicklung. Damit kann es gelingen, die Güte von Vorhersagen, die auf Absichtsäußerungen beruhen, zu relativieren und in einem nächsten Schritt zu verbessern.

Grundsätzlich ist die Prognose von Marktpotenzialen, die auf Intentionen beruht, problembehaftet und aus methodischer Sicht in akzeptabler Weise nur schwer realisierbar (Morwitz, 2001). Insbesondere in Produktkategorien wo das Kaufverhalten deutlicher von affektiven Determinanten und weniger stark von kognitiven Mustern geprägt wird, sind die Auskünfte über Kaufabsichten wenig zuverlässig. Wird dennoch auf die Ermittlung von Kundenreaktionen abgestellt, dann bieten sich in diesem Zusammenhang Prognoseverfahren, die auf Conjointanalysen (Wittink/Bergestuen, 2001) oder Testmarktforschung (Erichson, 1996) beruhen. Voraussetzung für den Einsatz dieser Instrumente ist, dass die Realisation der Konzeption des neu geplanten Produkts schon weit gediehen ist. Zum Einsatz in frühen Phasen der Neuproduktplanung sind diese Verfahren, wie auch die bekannten Modelle der ökonometrischen Neuproduktprognose (Erichson, 1979), nicht geeignet.

Resümee

Aus den angesprochenen Vor- und Nachteilen der verfügbaren Methoden zur Markt- und Absatzpotenzialschätzung wird ersichtlich, dass es keine Vorgangsweise gibt, die allen anderen eindeutig überlegen ist. Die Auswahl einer bestimmten Methode ist vor dem Hintergrund der gegebenen situativen Rahmenbedingungen, in denen Neuproduktplanung stattfindet, zu treffen. Wesentliche Bedeutung kommt dabei dem Neuheitsgrad der angestrebten Innovation, dem im Unternehmen verfügbaren Marketing Know-how und der intern abrufbaren Information über die Marktstrukturen im Zielmarkt, der Transparenz von Marktstrukturen sowie dem Erkenntnisstand über die Bedeutung einzelner Umfeldfaktoren zu.

In vielen Fällen liegt der Einsatz mehrerer Methoden bei der marktbezogenen Potenzialschätzung im Rahmen der Neuproduktplanung nahe. In frühen Phasen des Planungsprozesses, also z.B. im Verlauf einer ersten Feasibilityanalyse könnten wenig aufwendige und auf grobe Rahmeninformation abstellende Vorgangsweisen zum Einsatz kommen, während mit zunehmender Konkretisierung des Projekts der Einsatz feiner abgestimmter Analyseinstrumente zweckmäßig erscheint. Darüber hinaus empfiehlt sich aus dem Blickwinkel der Erhöhung der Zuverlässigkeit von Potenzialschätzungen der simultane Einsatz von Methoden, die auf einer sehr unterschiedlichen Logik des Schätzvorgangs beruhen, wie z.B. der weitgehend zeitgleiche Einsatz von Expertenbefragungen und die Messung von Kaufintentionen potentieller Kunden.

5. Zusammenfassung und Ausblick

Die Schätzung von Markt- und Absatzpotenzial im Kontext der Neuproduktplanung ist eine klassische Aufgabenstellung im Marketing, der im akademischen Bereich vergleichsweise wenig Aufmerksamkeit gewidmet wurde. Über die Terminologie und die Bedeutsamkeit der Aufgabe besteht in der Literatur Einigkeit, die methodische Aufarbeitung der Problematik ist aber als eher wenig geschlossen zu beurteilen. Nur vereinzelt finden sich Darstellungen hinsichtlich spezifisch in der Potenzialschätzung einsetzbarer Methoden, die aber bezüglich der methodischen Qualität nicht hinterfragt werden. Die Bedeutung von Verfahren aus der Marketingforschung, so vor allem der neueren Ansätze aus der Testmarktforschung und dem Conjoint Measurement, für marktbezogene Potenzialschätzungen ist kaum untersucht worden. Es ist zu hoffen, dass von der Marketingwissenschaft zu dieser in der Praxis überaus relevanten Aufgabenstellung künftig mehr Beiträge geliefert werden.

Zugleich ist aber auch vor übertrieben Erwartungen an Lösungsansätze in diesem Kontext zu warnen. Die Einschätzung von Marktchancen von Neuprodukten, also die Bestimmung von Markt- und Absatzpotenzial, wird immer besonders risikobehaftet und zu einem guten Teil von der Intuition der Entscheidungsträger geprägt sein.

6. Literatur

ARMSTRONG, J. S., Findings from evidence-based forecasting: Methods for reducing forecast error, in: International Journal of Forecasting, 2006, S. 583-598.

ARMSTRONG, J. S., Judgemental bootstrapping: inferring experts' rules for forecasting, in: Armstrong, J. S., (Hrsg.), Principles of Forecasting: Handbook for Researchers and Practitioners, Boston 2001.

ARMSTRONG, J. S./BRODIE, R. J., Forecasting for Marketing, in: Hooley, G. J/Hussey, M. K., Quantitative Methods in Marketing, 2. Aufl., London 1999.

BECKER, J., Marketing-Konzeption, Grundlagen des ziel-strategischen und operativen Marketing-Managements, 8. Aufl., München 2006.

BENKENSTEIN, M., Strategisches Marketing. Ein wettbewerbsorientierter Ansatz, 2. Aufl., Stuttgart 2002.

BIRCHER, B., Langfristige Unternehmensplanung, Bern 1976.

BOYD, H. W./MASSY, W. F., Marketing Management, New York 1972.

DALKEY, N./HELMER, O., An Experimental Application of the Delphi-Method to the Use of Experts, in: Management Science, 1963, S. 458-467.

DILLER, H., Marketingplanung, 2. Aufl., München 1998.

ERICHSON, B., Methodik der Testmarktforschung, in: Planung und Analyse, 1996, S. 54-57.

ERICHSON, B., Prognose für neue Produkte, Teil I, in: Marketing ZFP, 1979, S. 255-266.

GOLIGOSKI, B., Brand Leaders, Clorox Product Managers, Aided by Decision support Systems, Won a $ 1 Billion Share, in: Business Computer Systems, 1986.

HAMMANN, P./ERICHSON, B., Marktforschung, 4. Aufl., Stuttgart 2000.

HÄDER, M./HÄDER, S., Neuere Entwicklungen bei der Delphi-Methode, ZUMA-Arbeitsbericht, 1998.

HERRMANN, A., Produktmanagement, München 1998.

HINTERHUBER, H., Strategische Unternehmensführung, Band 1, 4. Aufl., Berlin 1996.

HOFER, C. W./SCHENDEL, D., Strategy Formulation: Analytical Concepts, St. Paul 1978.

KOPPELMANN, U., Produktmarketing. Entscheidungsgrundlagen für Produktmanager, 6. Aufl., Heidelberg 2001.

KOTLER, P./BLIEMEL, F., Marketing-Management. Analyse, Planung und Verwirklichung, 10. Aufl., München 2006.

KOTLER, P./ARMSTRONG, G./SAUNDERS, J./WONG, V., Grundlagen des Marketing, 3. Aufl., München 2003.

KOTLER, P., Marketing-Management. Analyse, Planung und Kontrolle, 4. Aufl., Stuttgart 1989.

KREIKEBAUM, H., Strategische Unternehmensplanung, 5. Aufl., Stuttgart 1999.

MEFFERT, H., Marketing. Grundlagen marktorientierter Unternehmensführung, 9. Aufl., Wiesbaden 2005.

MORWITZ, V., Methods for forecasting from intentions and probability data, in: Armstrong, J. S., (Hrsg.), Principles of forecasting: Handbook for Researchers and Practitioners, Boston 2001.

MÖSSNER, G. U., Planung flexibler Unternehmensstrategien, München 1982.

NAKICENOVIC, N./GRÜBLER, A., Diffusion of Technologies and Social Behavior, New York 1991.

O'CONNOR, M./REMUS, W./LIM, K., Improving Judgmental Forecasts with Judgmental bootstrapping and task feedback support, in: Journal of Behavioral Decision Making, 2005, S. 247-260.

PERREAULT, W. D. JR./MCCARTHY, E. J., Basic Marketing. A Global Managerial Approach, 15th ed, New York, 2005.

RAMBERGER, I./ROHNER, D., Der Ressourcenansatz und seine Bedeutung für die strategische Unternehmensführung, in: Zeitschrift für betriebswirtschaftliche Forschung, 1996, S. 130-153.

SCHEUCH, F., Marketing, 5. Aufl., München 1996.

SCHEUCH, F./HOLZMÜLLER, H. H., Innovation- und Produktpolitik. Entscheidungen und Konsequenzen aus absatzwirtschaftlicher Sicht, in: Wirtschaftswissenschaftliches Studium, 1993, S. 225-230.

SERVATIUS, H. G., Methodik des strategischen Technologie-Managements, 2. Aufl., Berlin 1986.

TULL, D. S./HAWKINS, D. I., Marketing Research. Measurement and Method, 6. Aufl., New York [u.a.] 1993.

WELGE, M. K./AL-LAHAM, A., Strategisches Management, Grundlagen-Prozess-Implementierung, 4. Aufl., Wiesbaden 2003.

WITTINK, T. R./BERGESTUEN, T., Forecasting with Conjoint Analysis, in: Armstrong, J. S., (Hrsg.), Principles of Forecasting: Handbook for Researchers and Practitioners, Boston 2001.

Heribert Gierl
Roland Helm

Generierung von Produktideen und -konzepten

1. Einleitung

Um Produktinnovationen, also neue Produkte, zu entwickeln und am Markt anbieten zu können, müssen erst Ideen für solche Innovationen vorhanden sein, diese müssen beurteilt werden, um technische und wirtschaftliche Misserfolge zu vermeiden, und schließlich müssen sie zur Marktreife (z. B. zur Serienreife in Industrieunternehmen) entwickelt werden. Man kann die Entwicklung eines Produkts oder seiner Teile (Komponenten) in verschiedene Phasen unterteilen.

Zunächst existieren Produkte und deren Komponenten nur in Form von Ideen. Von Nachfragern beurteilbare Darstellungen (verbal, grafisch, akustisch, körperlich) dieser Ideen werden als Konzepte bezeichnet. Werden Ideen als geeignet angesehen, zukünftige Bedürfnisse der Nachfrager befriedigen zu können, sind die Ideen verständliche Konzepte, die weiterverfolgt werden sollen.

Ein entscheidendes Kriterium in Käufermärkten ist das wirtschaftliche Potential einer Idee. Dies heißt, die Idee sollte, wenn sie später als Produkt realisiert worden ist, auf ausreichende Akzeptanz bei den Nachfragern stoßen, so dass die Entwicklungskosten durch die am Markt erzielten Deckungsbeiträge mindestens gedeckt sind. Wenn eine Idee in diesem Sinne als tauglich beurteilt werden kann, ist ihre technische Realisierbarkeit (Kosten, Entwicklungszeiten) näher zu betrachten. Weiterhin ist die Idee auch hinsichtlich der Verträglichkeit mit anderen Produktkomponenten zu überprüfen. Ob z. B. eine bestimmte Pkw-Komponente, die hohen Energiebedarf nach sich zieht, in der Zukunft in ein neues Pkw-Modell eingebaut werden kann, hängt davon ab, ob auch erfolgreich eine ausreichende Energieversorgung entwickelt werden kann. Falls auch dies positiv festgestellt wird, liegt Serientauglichkeit vor und die Idee kann Eingang in das Lastenheft finden. Die Produktidee ist nun zur Serienreife zu entwickeln, und die Versorgung mit Zulieferprodukten, deren Qualität sowie die möglichen Arbeitsabläufe sind hier zu planen. Abbildung 1 verdeutlicht diesen idealtypischen Ablauf.

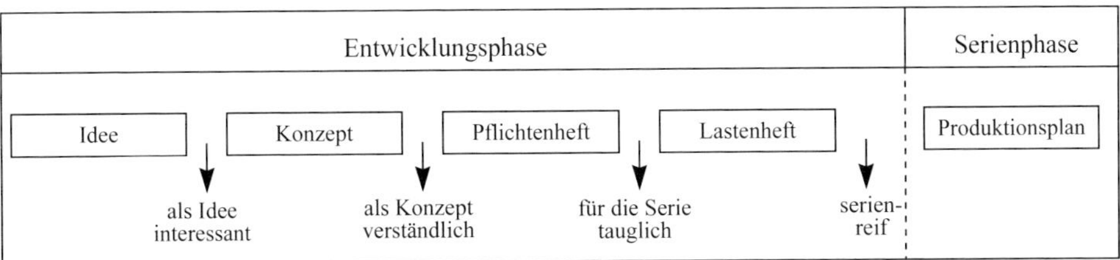

Abbildung 1: Phasen der Entwicklung eines Produkts

Produktideen bilden also den Ausgangspunkt für neue Produkte in ihrer Entwicklungsphase. Ein Produkt oder dessen Komponente liegt nur gedanklich für den Hersteller bzw. die jeweiligen Mitarbeiter vor.

Meist wird eine Idee vom Konzept so abgegrenzt, dass die Idee ein vom Hersteller objektiv beschriebenes Produkt ist und das Konzept eine Darstellung dieser Idee ist, anhand dessen sich Nachfrager einen subjektiven Eindruck von dieser Idee machen können (Kotler/Bliemel, 2001). Eine Idee wird als Konzept dargestellt, wenn grafische Entwürfe, verkleinerte Modelle, ausreichend genaue verbale Beschreibungen oder ähnliche Entwürfe aus der Idee resultieren, die möglichen Kunden zur Beurteilung vorgelegt werden können. Aber auch detaillierte Vorstellungen, welche Eigenschaften ein neues Produkt haben sollte, werden zuweilen bereits als Konzepte bezeichnet (Bauer, 1981, S. 11).

Ein Beispiel für ein Konzept für das Design eines neuen Pkw ist ein Holz- oder Plastikmodell, das von Testpersonen in sogenannten Autokliniken auf Akzeptanz hin überprüft werden kann (Nieschlag/Dichtl/Hörschgen, 1994, S. 271). Ein Konzept für einen Werbespot im TV - das Produkt einer Werbeagentur - könnte darin bestehen, die Idee für den Spot vor dessen Realisierung als Storyboard darzustellen. Hier werden wie in einem Cartoon ca. fünf bis zehn Bilder gezeichnet und mit Texten beschriftet, z. B. mittels Sprechblasen, die den geplanten Spot verdeutlichen sollen (Schweiger/Schrattenecker, 2005, S. 140). Kunden, die sich aufgrund des Cartoons vorstellen könnten, einen entsprechend gestalteten Werbespot zu sehen, können das Konzept beurteilen. Neue Produkte können auch nur verbal beschrieben sein; diese Beschreibungen (Konzepte) können dann von Kunden (z. B. Fokusgruppen, Brainstorming mit potentiellen Kunden) beurteilt werden (McQuarrie/McIntyre, 1986, und Haedrich/Tomczak, 1996, S. 194 f.). Konzepte müssen, ob Plastikmodell, Cartoon, verbale Beschreibung oder ähnliches, von Experten aus Ideen erstellt werden, um sie potentiellen Kunden verständlich zu machen, so dass diese darüber ein Urteil abgeben können (Meffert, 2000).

In diesem Beitrag werden mögliche Quellen und Methoden zur Generierung von Produktideen aufgezeigt. Diese sind über alle Anwendungsbereiche hinweg vergleichsweise ähnlich. Die Frage, wie man Ideen als Konzepte darstellen kann, hängt dagegen stark von den behandelten Problemstellungen und Produkten ab.

2. Quellen für Produktideen

Eine Übersicht über die wichtigsten Ansatzpunkte zur Generierung neuer Produktideen bietet die folgende Abbildung 2.

Häufig wird zwischen Quellen von Produktideen und Methoden zur Anregung solcher Quellen unterschieden (Urban/Hauser, 1993, S. 117, Hüttner/Pingel/Schwarting, 1999,

Koppelmann, 2000, und Meffert, 2000.). Diese Einteilung wird auch nachfolgend beibehalten.

Eine Idee zu einem Produkt bzw. zu einer Produktkomponente kann aus unterschiedlichen Quellen herrühren. Man kann

- Ideen kaufen,
- Ideen selbst entwickeln oder dafür die eigenen Mitarbeiter einsetzen,
- Ideen aus den Produkten der Wettbewerber oder anderer, branchenfremder Unternehmen gewinnen,
- Ideen durch Marktforschung erhalten und
- Ideen aus der Beobachtung von Technologien generieren.

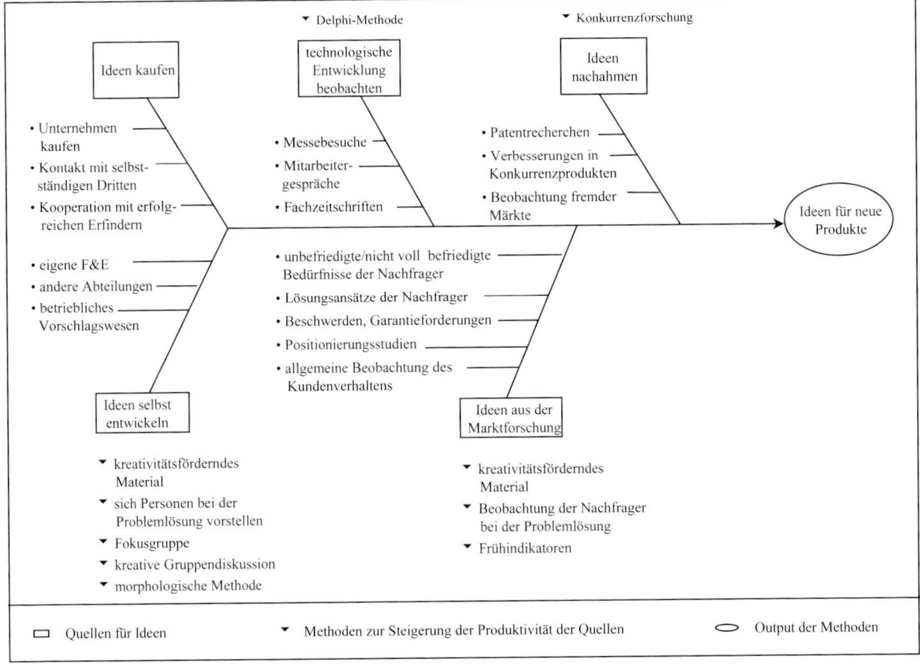

Abbildung 2: Quellen von Produktideen

2.1 Kauf von Ideen

Durch Zukauf innovativer Unternehmen eignet sich das übernehmende Unternehmen auch Ideen, die dort vorhanden sind, an. Manche Pkw-Hersteller haben Elektronikunternehmen erworben, um an deren Ideenpool zur Lösung ihrer Elektronikprobleme zu gelangen. Auch können Kontakte mit selbstständigen Dritten, z. B. sogenannten Trendforschern, die das Verhalten der Bevölkerung in der Zukunft vorhersehen wollen, Ideen für neue Produkte liefern. Wenn diese beispielsweise in Restaurants einen Trend zur afrikanischen Küche feststellen würden, könnte dies für einen Konsumgüterhersteller die Anregung liefern, entsprechende Fertigprodukte zu entwickeln. Auch Kooperationsverträge mit erfolgreichen Erfindern fallen in diese Kategorie. Manche Ingenieurbüros (z. B. tätig im Tunnelbau) verfügen über ein besonders spezifisches Fach-Know how, das einem Hersteller von vor- oder nachgelagerten Produkten (z. B. Entlüftungsanlagen) Anregungen für neue Produkte liefern kann.

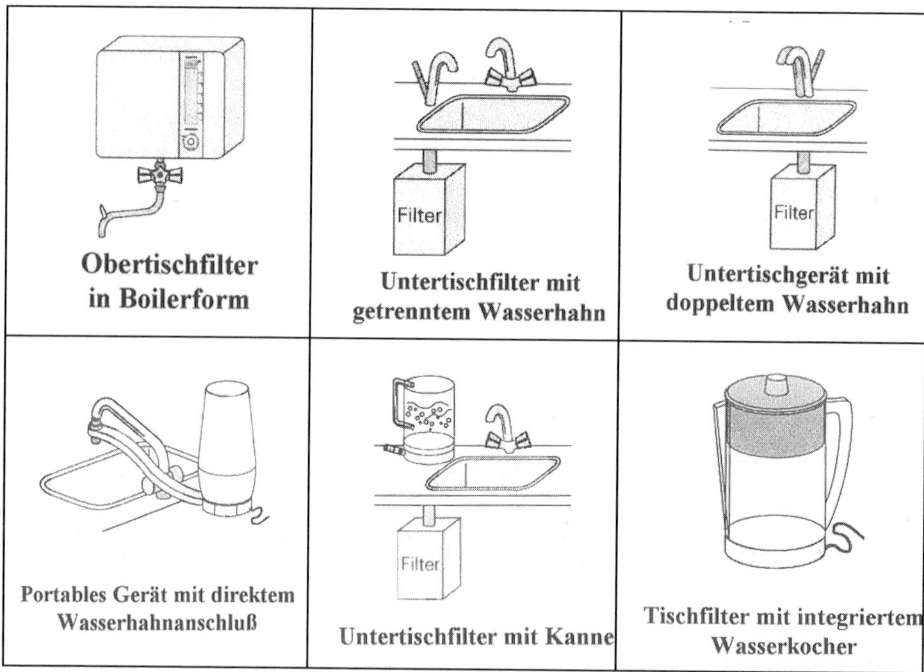

Abbildung 3: Alternative Gestaltungsvarianten für Wasseraufbereiter
Quelle: Siemens AG

2.2 Eigene Entwicklung von Ideen

Viele Unternehmen verfügen über eine eigene Forschungs- und Entwicklungsabteilung. Grundlagenforschung zielt auf die Schaffung neuen Wissens ab. Angewandte Forschung wird betrieben, um Einsatzmöglichkeiten für dieses Wissens zu entdecken, und Entwicklung dient schließlich der Umsetzung dieser Erkenntnisse in Produkte (Brockhoff, 1999a). In aller Regel wird unter F&E die Schaffung von technischem bzw. naturwissenschaftlichem Wissen und dessen Umsetzung in Produkten verstanden. Insbesondere die Forschung soll neue Ideen für Produkte liefern. Wenn die Forschungsabteilung eines Pharmaunternehmens bestimmte Erkenntnisse zur Wirkungsweise einer Substanz auf bestimmte Viren erlangt, dient die Entwicklung dazu, dieses Wissen in ein neues Präparat einfließen zu lassen. Aber auch in der Entwicklungs-, Produktions-, Vertriebs- oder Kundendienstabteilung können neue Produktideen entstehen. Eine Entwicklungsabteilung eines Hausgeräteherstellers kann z. B. Ideen (nachfolgend bereits als Konzepte dargestellt) erarbeiten, wie Gestaltungsvarianten für aus Leitungswasser aufbereitetes Trinkwasser in Haushalten aussehen könnten. Das Gerät soll Leitungswasser von schädlichen Bestandteilen wie z. B. Blei und Nitrat reinigen und von Farb- und Geruchsstoffen befreien. Ferner könnte das gereinigte Wasser direkt im Wasseraufbereiter erhitzt, die benötigte Wassermenge genau dosiert und eventuell sogar mit Mineralien anreichert werden. Ideen für Gestaltungsvarianten könnten dann von Technikern aufgrund ihres Fachwissens entwickelt werden.

Eine institutionelle Form der Gewinnung von Ideen durch die Mitarbeiter ist das betriebliche Vorschlagswesen (Thom, 2003). Mitarbeiter werden unter anderem aufgefordert, neue Produkte bzw. Verbesserungen an aktuellen Produkten vorzuschlagen. Für wertvolle Hinweise erhalten sie ein Honorar oder eine anderweitige Anerkennung.

2.3 Übernahme fremder Ideen

Welche Erfindungen andere Personen oder Unternehmen getätigt haben, lässt sich mittels Patentrecherchen feststellen (Udell, 1990, und Alpert, 1995). Diese Erfindungen können Anregungen für neue Produkte liefern. Unternehmen sind mit ihren Produkten selten konkurrenzlos. Somit können auch neue, verbesserte Produkte der Wettbewerber als Anregungen für eigene Weiterentwicklungen und Verbesserungen fungieren. Auch die Beobachtung fremder Märkte kann Ideenlieferant sein. Wenn etwa festgestellt wird, dass Hersteller für Küchengeräte zu den Herden auch Dunstabzugshauben, Kühlschränke usw. mit einem dazu passenden Design anbieten, könnte dies auch für einen Hersteller von Ausrüstungsgegenständen für Garagen eine Anregung für entsprechende eigene Angebote sein (das Garagentor passt optisch zur Auffahrt etc.).

2.4 Ideen durch Marktforschung

Eine besondere Bedeutung kommt schließlich auch der Gewinnung von Ideen mittels Marktforschung zu. Ideen aus der eigenen Forschung und Entwicklung sind, was ihre technische Realisierbarkeit anbelangt, zwar vielversprechend, diese anbieterorientierte Vorgehensweise (technology push) berücksichtigt aber nicht, dass entwickelte Produkte auch von Nachfragern akzeptiert werden müssen. Insofern ist selbst bei aus der Forschung stammenden Produktideen zusätzliche Marktforschung vonnöten (Brockhoff, 1999b, S. 131 f.).

Mit der Beobachtung unbefriedigter oder noch nicht ausreichend befriedigter Bedürfnisse potentieller Kunden entstehen Ideen für mögliche Produkte (demand pull). Wenn z. B. ein Hersteller von Autositzen durch Marktforschung feststellt, dass in bestimmten Autofahrersegmenten über Rückenschmerzen nach längeren Autofahrten geklagt wird, kann er analysieren, welche Methoden Menschen anwenden, um sich ihrer Rückenschmerzen zu entledigen, und anschließend daraus Ideen ableiten, wie auch seine Sitze dieses Problem lösen könnten. Urban/Hauser (1993, S. 120) verweisen darauf, dass mögliche Kunden oft bereits eigene Ansätze für Problemlösungen entwickelt haben (z. B. Shampoo und Eier zum Haarwaschen, Problemlösung: proteinhaltiges Shampoo), die Ideen für eigene Produkte liefern.

Bitte kreuzen Sie an, welche der Eigenschaften Ihrer Empfindung nach für die folgenden Hotelketten zutreffend sind (Mehrfachnennungen möglich).						
	geräumige Zimmer	guter Komfort	faires Preis-Leistungsverhältnis	freundliches Personal	guter Service	konstantes Leistungsniveau in allen Häusern
Astron	O	O	O	O	O	O
Best Western	O	O	O	O	O	O
Dorint	O	O	O	O	O	O
Holiday Inn	O	O	O	O	O	O
Treff	O	O	O	O	O	O

Tabelle 1: Frageformulierung zur Ermittlung der Images bestehender Hotelketten
Quelle: Eigene Erstellung

Eine weitere Möglichkeit, durch Marktforschungsergebnisse Ideen für neue Produkte abzuleiten, sind Positionierungsstudien (Brockhoff, 1999b, S. 134). Am Beispiel von Hotelketten wird eine hierbei mögliche Vorgehensweise erläutert. Man stelle sich vor, man suche nach Ideen, wie sich eine neue Hotelkette erfolgreich gegenüber den bisher am Markt vorhandenen Hotelketten abgrenzen könnte. An der nachfolgend dargestellten Studie nahmen 827 Personen (häufig geschäftlich Reisende) teil. Sie teilten ihre Eindrücke zu den bestehenden Hotelketten anhand von ja/nein-Antworten mit.

Aus den Antworten der Auskunftspersonen ergab sich folgende Matrix der Anteile der Personen, die den betrachteten fünf Hotelketten die sechs vorgegebenen Eigenschaften beimaßen oder absprachen. Dabei wurden nur die Auskunftspersonen berücksichtigt, die angaben, schon öfters in Hotels der jeweiligen Ketten übernachtet zu haben (Astron: 192; Best Western: 517; Dorint: 586; Holiday Inn: 702; Treff: 152).

		As	BW	Do	HI	Tr	Z	K	F	P	S	L	nZ	nK	nF	nP	nS	nL
Astron	As																	
Best Western	BW	·																
Dorint	Do	·	·															
Holiday Inn	HI	·	·	·														
Treff	Tr	·	·	·	·													
geräumige Zimmer	Z	44.7	22.6	38.7	46.5	24.2												
guter Komfort	K	44.1	46.5	65.2	63.2	39.9	·											
faires Preis-Leistungs-verhältnis	F	63.8	60.0	47.7	42.4	67.1	·	·										
freundliches Personal	P	45.2	42.4	43.2	40.1	42.3	·	·	·									
guter Service	S	26.6	31.9	41.6	41.9	30.2	·	·	·	·								
konstantes Leistungs-niveau	L	34.6	38.8	44.7	52.4	34.9	·	·	·	·	·							
nicht: geräumige Zimmer	nZ	55.3	77.4	61.3	53.5	75.8	·	·	·	·	·	·						
nicht: guter Komfort	nK	55.9	53.5	34.8	36.8	60.1	·	·	·	·	·	·	·					
nicht: faires Preis-Leistungs-Verhältnis	nF	36.2	40.0	52.3	57.6	32.9	·	·	·	·	·	·	·	·				
nicht: freundliches Personal	nP	54.8	57.6	56.8	59.9	57.7	·	·	·	·	·	·	·	·	·			
nicht: guter Service	nS	73.4	68.1	58.4	58.1	69.8	·	·	·	·	·	·	·	·	·	·		
nicht: konstantes Leistungsniveau	nL	65.4	61.2	55.3	47.6	65.1	·	·	·	·	·	·	·	·	·	·	·	

Leseanweisung: 44.7 % der Auskunftspersonen, die Hotels der Kette Astron kennen, schätzen die Zimmer als geräumig ein, 55.3% schätzen sie nicht als geräumig ein.

Tabelle 2: Häufigkeiten, mit denen Hotelketten mit bestimmten Eigenschaften in Verbindung gebracht werden
Quelle: Eigene Erstellung

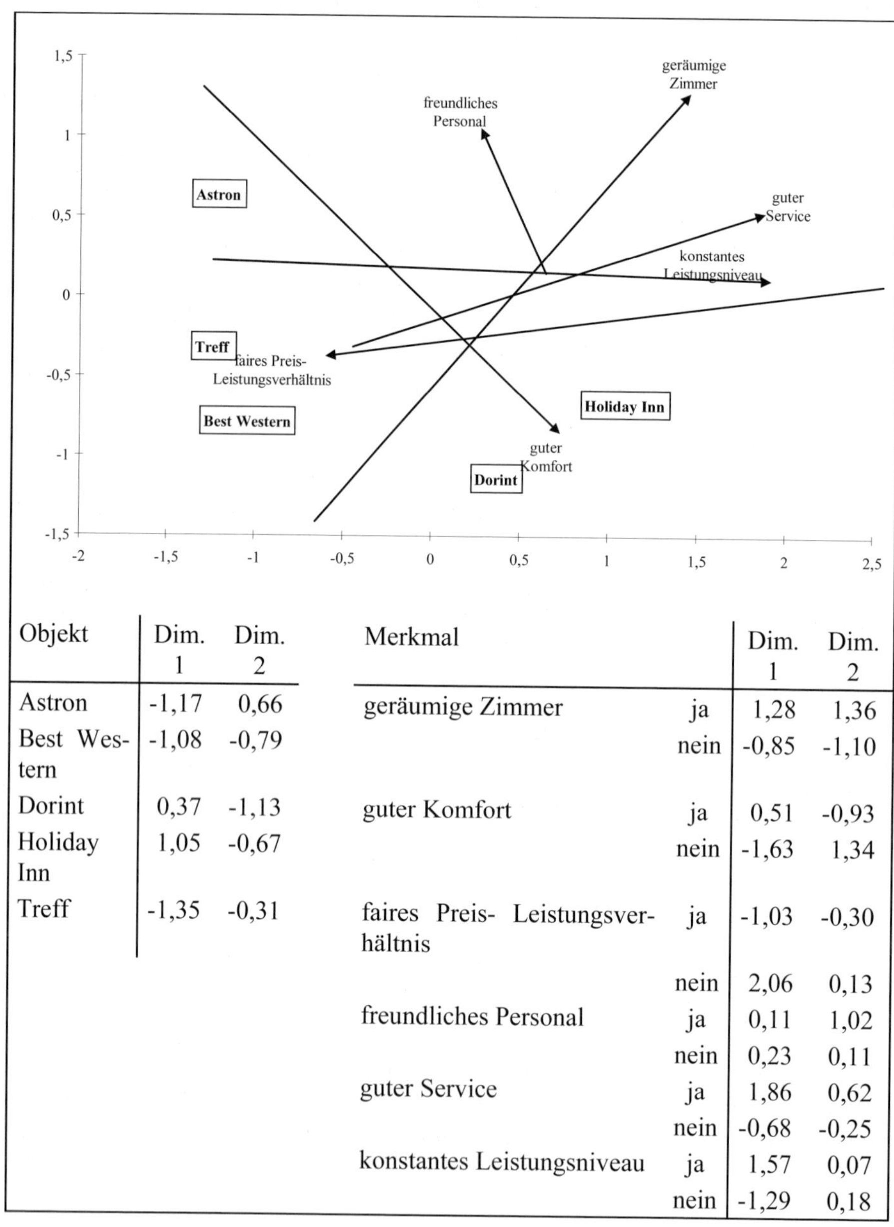

Objekt	Dim. 1	Dim. 2
Astron	-1,17	0,66
Best Western	-1,08	-0,79
Dorint	0,37	-1,13
Holiday Inn	1,05	-0,67
Treff	-1,35	-0,31

Merkmal		Dim. 1	Dim. 2
geräumige Zimmer	ja	1,28	1,36
	nein	-0,85	-1,10
guter Komfort	ja	0,51	-0,93
	nein	-1,63	1,34
faires Preis- Leistungsverhältnis	ja	-1,03	-0,30
	nein	2,06	0,13
freundliches Personal	ja	0,11	1,02
	nein	0,23	0,11
guter Service	ja	1,86	0,62
	nein	-0,68	-0,25
konstantes Leistungsniveau	ja	1,57	0,07
	nein	-1,29	0,18

Abbildung 4: Das Image von Hotelketten
Quelle: Eigene Erstellung

Die Punkte in Tabelle 2 bringen zum Ausdruck, bei welchen Objektpaaren missing values vorliegen. Als Methode zur Visualisierung dieser Daten kann die Ähnlichkeiten-MDS herangezogen werden (zur Vorgehensweise mittels der Prozedur „Nicht-lineare Regression" im Programmpaket SPSS Gierl, 1996, S. 46-50). Dabei werden im Beispiel die Proximitäten zwischen den Hotelketten und ihren Eigenschaften als fehlend betrachtet. Verwendet man die oben angegebenen Anteilswerte als Proximitätswerte, so resultiert folgender Produkt-Raum, in dem simultan die Hotelketten und ihre Eigenschaften eingepasst sind (Stress2=0,13). Die Pfeilspitze eines Merkmals repräsentiert die Ausprägung „Eigenschaft trifft zu", das Pfeilende die Ausprägung „Eigenschaft trifft nicht zu". Einer Hotelkette wird um so häufiger die positive Eigenschaft beigemessen, je näher sie an der Pfeilspitze des jeweiligen Merkmals lokalisiert ist (Euklid-Metrik).

Die Hotelketten Astron, Treff und Best-Western liegen nahe an der Pfeilspitze des Merkmals „faires Preis-Leistungsverhältnis". Dorint und Treff sind nahe an der Pfeilspitze der Eigenschaft "guter Komfort" angesiedelt. Es fällt auf, dass noch keine Hotelkette existiert, die sich aus Sicht der Kunden durch ein besonders freundliches Personal oder durch besonders geräumige Zimmer oder durch einen auffällig guten Service oder durch gleiches Leistungsniveau ihrer Hotels in den verschiedenen Städten auszeichnet. Damit wären vier Ideen für die Positionierung einer neuen Hotelkette entstanden.

Auch die systematische Auswertung eingehender Beschwerden und Garantieansprüche könnte dazu führen, Ideen für mögliche Produktverbesserungen oder gänzlich neue Produkte zu entwickeln (Riemer, 1986, S. 274 ff.).

Durch Marktforschung wird auch ersichtlich, wie Kunden Produkte verwenden. Eventuell wird erkennbar, dass sie Produkte für Verwendungszwecke einsetzen, für die sie gar nicht gedacht waren. Wenn z. B. Hausfrauen Fertigprodukte, die eigentlich als Suppen angeboten werden, dazu nutzen, um damit Fleischgerichte zu verfeinern, ist eine neue Idee für den Hersteller geboren.

2.5 Ableitung von Ideen aus technologischen Entwicklungen

Neue Technologien ermöglichen neue Problemlösungen und Produkte. Die Verbreitung des Internet beispielsweise ermöglicht es, einen neuen Absatzkanal einzusetzen. Die Verfügbarkeit von Personalcomputern mit großem Speicher und leistungsfähigen Prozessoren gestattet die Anwendung komfortabler Textverarbeitungsprogramme. Insofern kann auch die systematische Beobachtung technologischer Entwicklungen anregend für neue Produkte sein.

Dieser Katalog verschiedener Quellen von Ideen für neue Produkte ist sicherlich nicht vollständig. Es kann aber deutlich werden, dass viele unterschiedliche Quellen existieren, aus denen Ideen für neue Produkte abgeleitet werden können. Um diese Quellen produktiv zu machen, können bestimmte Methoden hilfreich sein. Diese werden nachfolgend erläutert.

3. Methoden zur Generierung von Produktideen

Personen haben eine bestimmte Fähigkeit, kreativ zu sein und Ideen für Produkte zu entwickeln. Der Output an Ideen kann durch verschiedene Methoden allerdings erhöht werden (vgl. dazu auch die Möglichkeit der Softwareunterstützung bei Geschka/Kirchhoff, 1994 und Wagner/Hayash, 1994; zur Vorteilhaftigkeit der Softwareunterstützung vgl. Brockhoff, 1999b, S. 131). Die Imagination der Beteiligten lässt sich steigern, wenn

- kreativitätsförderndes Material herangezogen wird,
- man sich die Kunden bei der Problembewältigung vorstellt,
- man den Kunden zusieht, welche Probleme diese haben und wie diese sie lösen,
- in Fokusgruppen diskutiert wird,
- Experten durch die Delphi-Methode technologische Prognosen beisteuern,
- Frühindikatoren verwendet werden,
- kreative Gruppendiskussionen durchgeführt werden,
- die morphologische Methode zum Einsatz kommt oder
- Konkurrenzforschung betrieben wird.

Die angesprochenen Methoden werden nachfolgend genauer vorgestellt.

3.1 Verwendung von kreativitätsförderndem Material

Neue Ideen für Produkte können einfacher generiert werden, wenn den Personen, die diese Aufgabe erfüllen sollen, hierbei anregendes Material zur Verfügung steht. Eine Möglichkeit, sich inspirieren zu lassen, besteht darin, allgemein verfügbare Konsumentenstudien heranzuziehen. Zwei Beispiele sollen dies verdeutlichen.

Im ersten Beispiel sei angenommen, dass sich ein Hersteller von Haushaltsreinigern zu neuen Produkten inspirieren lassen möchte. Eine Studie zu den Einstellungen von Verwendern von Haushaltsreinigern liefert beispielsweise unter anderem folgende Ergebnisse (aus einer langen Liste von Statements).

Angegeben ist der Anteil der Personen, die dem jeweiligen Statement zustimmen. Die Studie wurde in den USA durchgeführt (n=858). Man könnte aus diesem kleinen Ausschnitt der Studie z. B. ableiten, dass es viele Hausfrauen gibt, die eine große Angst vor mangelnder Hygiene in ihrer Wohnung haben und Haushaltsreiniger kaufen würden, die über übliche Reinigungsfunktionen hinausgehend die Wohnung z. B. auch von Bakterien oder Pilzen reinigen. Damit wäre eine Idee für ein neues Produkt geboren. Eine andere Idee könnte sein, der Neigung, alles selbst machen zu wollen, insofern entgegenzukommen, als Komponenten angeboten werden, aus denen sich Hausfrauen jeweils passende Reiniger zusammenmischen.

Statement	Prozent
– Man sollte Desinfektionsmittel nutzen, damit man die Wohnung wirklich sauber bekommt.	58%
– Es beunruhigt mich, wenn meine Wohnung nicht völlig sauber ist.	64%

Tabelle 3: Einstellungen von Hausfrauen zu ihrer Wohnung
Quelle: Plummer, 1971, S. 295

Im zweiten Beispiel soll angenommen werden, dass ein Handelsunternehmen, das bisher nur Süßwaren im Sortiment führt, darüber nachdenkt, sein Sortiment um die Warengruppe Zimmerpflanzen zu ergänzen, und nach Ideen sucht, wie die bisherige Zielgruppe zu Käufen aus der zweiten Warengruppen angeregt werden könnte. Die in Konsumententypologien reflektierten Menschentypen könnten auf Bedürfnisse hinweisen, die mit der Warengruppe befriedigt werden könnten. Die nachfolgenden Ergebnisse stammen aus einer Gruppendiskussion auf der Grundlage einer Darstellung von Typen der Werbeagentur Leo Burnett (Steinhausen/Steinhausen, 1977). Von den dort skizzierten acht Frauentypen seien exemplarisch drei Typen, die sogenannte Anneliese, die Uschi und die Barbara, angeführt.

Typ	Kurzbeschreibung
Anneliese, die überzeugte Hausfrau und Mutter	Sie akzeptiert ihre Rolle als Hausfrau und Mutter auf eine konservative Art und findet in dieser Rolle auch ihre Erfüllung. Sie glaubt an die traditionelle Rollentrennung von Frau und Mann, erzieht ihre Kinder streng, konservativ, aber nicht lieblos. Sie ist gegen die Gleichberechtigung der Frau und hält Frauen für weniger klug. Sie ist religiös und glaubt an höhere Werte, daher hält sie Moral für etwas Absolutes, sie ist puritanisch und pflichtbewußt und plant und kontrolliert ihr Leben. Sie ist aktiv und praktisch veranlagt und tut viele Dinge selbst (...). Ihr und ihrer Familie geht es gut. Sie achtet auf ihre Gesundheit, die sie auf natürliche Weise pflegt. Zigaretten rauchen lehnt sie daher ab.
Uschi, die unfertige Amüsierfreudige	Sie liebt die Atmosphäre der Großstadt, ist fröhlich, unbekümmert und geht gerne aus. In ihrem Leben muß immer etwas los sein. Sie liebt Kirmes, Schützenfeste, Gaststätten, Diskotheken, Tanzen, Sportveranstaltungen. Sie zeigt einen starken Hang zum Narzißmus und legt größten Wert auf äußerlich modische Aufmachung. Überhaupt nimmt sie Äußerlichkeiten sehr wichtig. Sie ist überhaupt nicht intellektuell, macht sich wenig Gedanken über die Welt, über soziale und politische Fragen. Ihre Ansichten sind wenig durchdacht und entsprechen ihrer eher konservativen und traditionellen Umwelt. Sie lebt für heute und versucht, das Leben in einem mittleren Niveau zu genießen. Im allgemeinen ist sie optimistisch und leicht zu beeinflussen. Sie hat zwar gerne Leute um sich, aber nur wenige echte mitmenschliche Beziehungen. Ihr Vorausplanen erschöpft sich im Lesen von Horoskopen und beim Lottospielen. Trotz allgemein starkem Sicherheitsbedürfnis "spielt sie gern mit dem Feuer". Bei fast allen alkoholischen Getränken findet man sie unter den Intensivverwendern, ebenso beim Konsum von Zigaretten.
Barbara, die positiv Emanzipierte	Sie ist jung, ausgeglichen, denkt modern, hat Sinn für neue Dinge, Ungewohntes und Fremdes. Sie strebt danach, neue Erfahrungen zu machen. Sie ist im positiven Sinne, d. h. ohne "intellektuelle Aggressionen" gegen die Männer oder die ältere Generation, emanzipiert. Über Erziehung, Moral, Gesellschaft und Politik hat sie moderne, liberale Ansichten. (...) Entsprechend ihrer besseren Ausbildung geht sie einem besseren Beruf nach und strebt hier nach Erfolg und Leistung. Obwohl sie auf gutes, besonderes Essen und Trinken großen Wert legt, kocht sie selbst nicht gerne, denn sie hat kein Interesse für ein Dasein als Hausfrau und Mutter. Sie ist gesellig und fühlt sich auch für ihre Mitmenschen verantwortlich, ihre Freunde sucht sie sich sehr sorgfältig aus. Ihre sachliche und realistische Weltanschauung hindert sie nicht daran, ihre Gefühle zu zeigen und wichtig zu nehmen. Sie kann es sich leisten, moderne und qualitativ hochwertige Produkte zu verwenden.

Tabelle 4: Ausgewählte Frauentypen

Eine Gruppendiskussion auf der Basis solcher Typen lieferte relativ rasch sehr viele Ideen. Die Ergebnisse sind in nachfolgender Tabelle 5 kurz zusammengefasst.

	Anneliese	Uschi	Barbara
Leistungsmerkmale:			
haltbare Pflanzen			
pflegeleichte Pflanzen	x		
verpackte Pflanzen			
blühende Pflanzen		x	
ästhetische Pflanzen	x		
Pflanzen mit Symbolgehalt		x	
„schutzlose" Pflanzen	x		
vermehrbare Pflanzen			
modische/exotische Pflanzen		x	x
schnell wachsende Pflanzen		x	x
Nutzenversprechen:			
als Wohnungsinventar	ja	Dekoration	
Angstvermeidung	experimentierfreudig		
Einsamkeitsvermeidung			
soziale Beziehungen	Mann Freude machen	auffallen	als Geschenk
Lebensverschönerung	ja	Duft	
Lust, Freude am Leben		sich ausdrücken	
Natur im Haus	Lehrmaterial für die Kinder		selbst züchten

Tabelle 5: Mögliche Bedürfnisse ausgewählter Frauentypen

Quelle: Eigene Erstellung

Eine ableitbare Anregung wäre es beispielsweise, das Sortiment in Geschenke, in sozial besonders auffällige Produkte und in Produkte zum selbst Experimentieren einzuteilen. Ob solche Ideen verwirklicht werden sollen oder nicht, ist selbstverständlich noch zu prüfen; wie bei allen hier dargestellten Ansatzpunkten besteht das Ziel darin, Ideen zu entwickeln und nicht, sie von vorneherein kritisch zu beurteilen.

3.2 Sich Kunden bei der Problembewältigung vorstellen

Dahl/Chattopadhyay/Gorn (1999) zeigen in einem Experiment, wie Ingenieur-Studenten Ideen für Wagenheber entwickelten, die sich nicht nur als originell, sondern auch als nützlich erwiesen. Sie erläutern, wie Möglichkeiten geschaffen werden können, dass der Entwickler während des Entwicklungsprozesses an die potentiellen Anwender seines Produkts denkt. Dabei weisen sie darauf hin, dass der Entwickler nicht nur im Auge haben sollte, wie eine Zielperson seinen Lebenserfahrungen zufolge mit dem aus seiner Idee resultierenden Produkt umgehen wird (gedächtnisbasierte Images des Konstrukteurs), sondern wie er damit umgehen könnte (auf der reinen Vorstellungskraft basierende visuelle Images). Ideenwettbewerbe bei zukünftigen Ingenieuren, die bei ihrer Entwicklungsarbeit instruiert werden, entsprechend an die potentiellen Nutzer ihrer Produkte zu denken, könnten somit wertvolle Ideen generieren.

3.3 Beobachtung des Kunden bei der Problembewältigung

Eine interessante Marktforschungstechnik zur Generierung von Produktideen wenden japanische Unternehmen an, die sich mit Europa oder Nordamerika kulturell von ihrem Heimatland unterscheidende Zielmärkte für ihre Produkte ausgewählt haben. Sie lassen ihre (Marktforschungs-) Mitarbeiter einige Zeit in typischen, kooperationsbereiten Haushalten (Unternehmen) mit leben (mitarbeiten). Diese sind während dieser Zeit akzeptierte Angehörige dieses Haushalts (Unternehmens). Sie erleben, wie mit den vorhandenen Produkten umgegangen wird, worüber man sich freut und welche Schwierigkeiten zu bewältigen sind. Die möglichen Kunden müssen die ihnen nicht immer voll bewussten Bedürfnisse nicht explizit artikulieren, da dies von den Marktforschungsmitarbeitern durch deren Beobachtungen in Erfahrung gebracht wird. Durch standardisierte, quantitative Marktforschungsmethoden wären viele Ideen für neue Produkte, die auf diese Weise zustande kamen, nicht entstanden.

3.4 Diskussion mit Fokusgruppen

Fokusgruppen sind ausgewählte, vergleichsweise sachkundige Verwender eines Produkts oder Nutzer einer Dienstleistung, die in vergleichsweise unveränderter Zusammensetzung immer wieder über ein bestimmtes Thema diskutieren. Unter Anleitung eines Diskussionsleiters erörtern sie ein ihnen vorab präzisiertes Problem und entwickeln selbst Ideen (Calder, 1977, bzw. Geschka, 1994, zur Verwendung von Bildern bei dieser

Technik). Im nachfolgend vorgestellten Anwendungsbeispiel hatten etwa zehn Personen die von einem Pkw-Hersteller vorgegebene Aufgabe, Ideen für Telematik-Produkte in Pkw-Modellen der Zukunft zu entwickeln. Diese Diskussionsrunde lieferte innerhalb ihrer Sitzung immerhin 56 Produktideen, wie z. B.

- Adressen-Zielführung
- Amüsierbetriebe-Führer
- Apotheken-Notdienst
- Ärzte-Notdienst
- Bezahlung im Fahrzeug
- Blumen-Dienst
- elektronischer Einkaufszettel
- elektronisches Fahrtenbuch
- Fahrzeug-Suchdienst
- Mobiles Office
- Nachtsichtanimation
- Pannen-Notdienst
- Parkplatzreservierung
- Tankdienst bei fast leerem Tank
- Unfallmanagement
- Zimmerbuchungsservice

Sicherlich mögen heute einige angedachte Produkte als unrealistisch anmuten (z. B. die Überwachung des Hauses während der Abwesenheit durch Übertragung von Signalen auf ein Bildtelefon im Auto; der zuhause abgestellte Pkw fordert im Falle eines nahezu leeren Tankes automatisch einen mobilen Tankservice zum Standort des Pkw an). Während der Diskussion die Entwicklung von Ideen durch ihre sofortige kritische Bewertung zu behindern, würde die Produktivität solcher Arbeitsgruppen verringern. Schließlich wohnt gerade exotischen Ideen auch ein gewisses Erfolgspotential inne, so dass ihre Artikulation nicht von vornherein verhindert werden sollte.

3.5 Technologische Prognosen durch die Delphi-Methode

Die eben dargestellten Methoden zielten in erster Linie darauf ab, unbefriedigte Nachfragerbedürfnisse zu erkennen. Daneben können auch Methoden angewendet werden, um mögliche technische Entwicklungen in der Zukunft vorhersehen zu können. Neue technische Möglichkeiten können zu neuen Produkten anregen.

Ein Verfahren zur Prognose von (technischen) Entwicklungen ist die Delphi-Methode. Man arbeitet dabei mit einer Reihe von Experten auf den interessierenden Gebieten zusammen. Diese werden aufgefordert, den betreffenden Sachverhalt zu beurteilen, z. B. den Zeitpunkt, zu dem Leiterplatinen mit sehr geringem elektrischen Widerstand auch unter normalen Temperaturen entwickelt sein werden, und deren Preise. Die Einschätzungen werden anonym und unabhängig voneinander getroffen. Ein Moderator fasst die Urteile als Häufigkeitsverteilung zusammen und leitet dieses Ergebnis wieder an dieselben Experten weiter. Diese können dann auf dieser Grundlage ihre Einschätzung revidieren, oder aber auch darauf beharren. Diese neuerlichen Ergebnisse werden wieder zusammengefasst und den Experten eventuell wieder zur Beurteilung vorgelegt. Auf solchen Expertenurteile basierend können Produktideen entwickelt werden.

3.6 Einsatz von Frühindikatoren

Frühindikatoren beinhalten Informationen, denen mit zeitlicher Verzögerung rechtzeitig und mit hoher Wahrscheinlichkeit die vorhergesagte Umwelt folgt. Dies bedeutet, dass ein theoretisch begründeter Zusammenhang zwischen dem Frühindikator und dem vorhergesagten Ereignis besteht. Frühindikatoren sind demzufolge nicht reine Trendberechnungen, sondern sie können auch Diskontinuitäten der Entwicklung (sprunghafte Veränderungen) vorhersagen. Ein Frühindikator für den Bedarf an privaten Rentenversicherungen besteht beispielsweise in der Beobachtung der Entwicklung der demografischen Zusammensetzung der Bevölkerung. Insofern liefert das Wissen über die Verteilung des Alters der Bevölkerung im Zeitablauf eine Anregung zu dem angesprochenen Produkt. Das Besucherinteresse für bestimmte Produkte auf Messen und Ausstellungen zeigt eine zukünftige Nachfrage nach gewissen Produkten an. Insofern bietet das Interesse des Publikums auch Anregungen für eigene Produkte.

3.7 Kreative Gruppendiskussionen

Ein große Bedeutung für die Generierung neuer Produktideen wird Gruppendiskussionen beigemessen. Typische Beispiele für die kreative Gruppenarbeit (Geschka, 1986b) sind Brainstorming und Synektik. Solche Gruppen können sich regelmäßig treffen, z. B. als Qualitätszirkel (Steinmann/Schreyögg, 2000), oder sie können nur fallweise zusammenkommen. Die beiden angesprochenen Methoden Brainstorming und Synektik werden nachfolgend genauer dargestellt.

Brainstorming (Osborn, 1963) findet in Denkteams statt, in denen Experten und unbefangene Laien ein vorgegebenes Problem zu lösen versuchen und demzufolge Ideen entwickeln sollen. Wie lange eine solche Diskussion dauern soll und wie viele Teilnehmer daran teilnehmen sollen, ist allgemein schwierig zu beantworten. Wichtig erscheint es, dass die Teilnehmer zur Vermeidung von Konformitätszwängen zueinander nicht in einem starken Vorgesetzten-Untergebenen-Verhältnis stehen.

Die Teilnehmer sollen einander zuhören, die guten Aspekte einer geäußerten Idee erkennen und selbst weiterentwickeln. Ein Protokollant notiert die Beiträge der Teilnehmer, ein Moderator präzisiert das Problem, regt passive Teilnehmer zu Beiträgen für die Diskussion an und achtet auf die Einhaltung von folgenden Regeln:

- Die Ideen werden während der Diskussion nicht kritisch bewertet.
- Freie Gedankenspiele sind willkommen. Der Phantasie soll freier Lauf gelassen werden.
- Es sind viele Ideen zu produzieren. Je größer die Menge der Ideen ist, um so größer ist die Chance, dass sich darunter eine gute Idee befindet.

- Ideen von Teilnehmern sollen von den anderen aufgegriffen, weiterentwickelt, eventuell zu neuen kombiniert werden.

Synektik (Gordon, 1961) ist eine Vorgehensweise bei der Ideenfindung, bei der man sich von der Problemstellung möglichst weit entfernt. Es werden im Wesentlichen drei Schritte durchlaufen (vgl. die genauere Analyse bei Berndt, 1995):

- Das Problem wird den Teilnehmern der Gruppe genau definiert und verständlich gemacht.
- Das Problem wird verfremdet, d. h. man stellt sich die Frage, wo ähnliche Problemstellungen auftreten, z. B. in der Natur, in der Technik, in der Kunst. Man sucht nach Analogien.
- Die in den anderen Bereichen vorhandenen Problemlösungen werden wieder mit der eigentlichen Problemstellung in Verbindung gebracht.

Anhand von zwei Beispielen soll die Vorgehensweise verdeutlicht werden (Rohrbach, 1968).

Ein Hersteller von Dachziegeln will ein neues, besseres Dach entwickeln (Problem). Die Diskussionsrunde präzisiert das Problem in der Form, dass Dachziegel konstruiert werden sollen, die sich bei Sonneneinstrahlung hell färben und ansonsten aber dunkel bleiben, um die Aufheizung der Räume bei hohen Außentemperaturen zu verringern. Eine von der Runde gefundene Analogie in der Natur könnte eine bestimmte Flunder sein. Dieser Fisch färbt sich auf hellem Untergrund hell, auf dunklem entsprechend dunkel. Überträgt man dessen Problemlösung auf das Dach, so könnte die Idee lauten, dass in schwarzen Dachziegeln weiße Kugeln enthalten sind, die sich bei hohen Temperaturen ausdehnen, so dass die Ziegel hell werden, und sich bei geringen Temperaturen wieder kontrahieren.

Im zweiten Beispiel soll versucht werden, den Prozess des Lehrens und Lernens zu verbessern (Problem). Die Diskussionsrunde soll Ermüdungserscheinungen bei den Lernvorgängen als eine konkrete Ursache für Defizite bei der Wissensvermittlung ansehen. Eine Analogie dieses Problems findet sich in der Technik, speziell beim Bogenschießen. Ein Bogen, der immer gleichmäßig gespannt ist, verliert an Elastizität und ermüdet. Wird er dagegen häufig ge- und entspannt, bleibt er lange Zeit voll funktionsfähig. Überträgt man diese Problemlösung für Bogen auf Lehrmethoden, so könnte man die Idee ableiten, auf Zeiten starker Anspannung auch jeweils eine Zeit der Entspannung folgen zu lassen, anstatt dem zu vermittelnden Lehrstoff gleichmäßig auf den Unterrichtszeitraum zu verteilen.

Viele weitere Varianten und Abwandlungen von Brainstorming und Synektik werden in der einschlägigen Literatur erörtert. Die entscheidende Annahme dabei ist, dass die Kreativität einer Gruppe größer ist als die Summe der Kreativität der isolierten Einzelpersonen.

3.8 Morphologische Methode

Die morphologische Methode (Zwicky, 1966) kann von einer Einzelperson oder einer Personengruppe zur Ideengenerierung eingesetzt werden. Man definiert das Problem, zerlegt es in Teilprobleme, die grundsätzlich unabhängig voneinander gelöst werden können, sucht für alle Teilprobleme schon bekannte und eventuell noch mögliche Teillösungen, wobei man sich gedanklich vom zu lösenden Problem trennt, und kombiniert diese Teillösungen wieder zu neuartigen Gesamtlösungen für das Problem. Durch die vom Problem losgelöste Suche nach Lösungen für die Teilprobleme entfernt sich der Anwender vom Ausgangsproblem, er wird kreativ. Weiterentwicklungen der Methode, um insbesondere die resultierende große Vielfalt der möglichen Kombinationen zu verringern, sind z. B. bei Schlicksupp (1983) dargestellt.

Ein Beispiel soll die grundsätzliche Vorgehensweise verdeutlichen. Eine Person oder Personengruppe steht vor der Aufgabe, Ideen für neue Zimmeruhren zu entwickeln. Zimmeruhren bestehen aus verschiedenen Teilen, wie Energieversorgung, Anzeige von Messwerten, Farbe und Design, Befestigung, akustischen Signalen usw. Die Arbeitsgruppe löst sich vom Problem "Zimmeruhr", indem überlegt wird, welche Möglichkeiten es für Energieversorgung, Messwertanzeigen, Farbe und Design, Befestigungen sowie akustische Signale generell gibt.

Teilproblem	mögliche Lösungen					
Energieversorgung	Feder	Gewichte	Batterien	Sonnenkollektor	usw.	
Anzeige und Messwerte	Uhrzeiger	digital	barometerartig	Leuchtdioden	usw.	
Farbe und Design	schwarze Farbe	durch Computerprogramm täglich wechselndes Design	mehrere Varianten (Swatch-Konzept)	usw.		
Befestigung	Schnur und Nagel	selbstklebend	Saugnäpfe	Magnete	Schiene an der Decke und Drähte	usw.
Ton	keiner	freundliche vorgegebene Stimme	verschiedene Varianten programmiert	Sprache der "besten Freundin" (Mikrofon-Lösung)	usw.	
usw.						

Abbildung 5: Ein morphologischer Kasten (Ausschnitt) für eine Zimmeruhr
Quelle: Eigene Erstellung

Kombinationen dieser Teillösungen sind Ideen für die neu zu konzipierende Zimmeruhr. Darunter befindet sich z. B. die „Geschenkidee“, eine Uhr mit der Sprache des Schenkenden, der/die die Zeitansage einspeichert, oder eine Uhr, deren Design täglich wechselt (Farben, Formen), deren optische Zeitanzeige durch eine Art Messstab erfolgt und die an der Zimmerdecke mit Saugnäpfen befestigt wird.

3.9 Konkurrenzforschung

Wettbewerb ist dem menschlichen Verhalten nicht fremd. Egal, ob man sich um einen Arbeitsplatz, um Beförderung, um einen Lebenspartner oder um Positionen in Vereinen bemüht, häufig trifft man auf Konkurrenz, und dies um so mehr, je attraktiver das Objekt der Begierde ist.

In einem Unternehmen möchte man naturgemäß nicht, dass die Wettbewerber Produkte fertig entwickeln und auf dem Markt einführen, und erst dann mit eigenen Entwicklungsarbeiten beginnen. Denn ansonsten könnten die Wettbewerber die Marktnachfrage mit ihren Produkten abschöpfen. Aus wirtschaftlichen Überlegungen heraus erscheint es vielmehr sinnvoll, Prozesse der Neuproduktentwicklung bei den Wettbewerbern für die Generierung eigener Ideen für neue Produkte zu nutzen. Produkte, mit deren Entwicklung die Wettbewerber gerade beschäftigt sind, stellen folglich auch Ideen für eigene Produkte dar. Man kann, wenn man die Ideen der Wettbewerber positiv beurteilt, durch unmittelbar einsetzende eigene Entwicklungsarbeiten eventuell mit der Konkurrenz gleichziehen, so dass diese keinen Wettbewerbsvorteil auf dem Markt erlangen kann, weil auch das eigene Unternehmen mit einem vergleichbaren Produkt auf dem Markt vertreten sein wird. Man will also in aller Regel wissen, welche Ideen für neue Produkte die Wettbewerber haben und welche sie weiterverfolgen.

Ein gravierendes Problem der Konkurrenzforschung besteht darin, dass Wettbewerber im Vergleich zu Kunden oder anderen Absatzmittlern hinsichtlich der Weitergabe der angesprochenen Informationen normalerweise nicht kooperationsbereit sein werden. Allerdings sollte der Datenbedarf auch nicht durch Industriespionage oder ein anderweitiges, moralisch verwerfliches Verhalten befriedigt werden. Brezski (1993, S. 95 f.) gibt hierzu folgende Empfehlungen:

- Kontakte zu Mitarbeitern der Konkurrenten sollen nicht dazu genutzt werden, um sie zum Verrat von Betriebsgeheimnissen zu verleiten.
- Im Rahmen von Kooperationen mit Wettbewerbern vorliegende Unterlagen sollten nicht unbefugt verwertet werden.
- Gemeinsame Kunden und Lieferanten sollten nicht verleitet werden, ihnen von Konkurrenten anvertraute Geheimnisse preiszugeben.

Allerdings werden diese Auffassungen nicht von allen Autoren geteilt (Porter, 1992b, S. 143). Die Erfahrung lehrt, dass das, was als moralisch akzeptabel erachtet wird, häufig von der jeweiligen Branche abhängt, in der das Unternehmen tätig ist.

Im Rahmen der Konkurrenzforschung ist aber nicht nur die Frage wichtig, aus welchen Quellen man Konkurrenzdaten auf legalem und moralisch akzeptablem Weg erhalten kann. Entscheidend ist auch die Frage, wer diese Daten beschaffen soll (Porter, 1992a, S. 107, und Ghoshal/Westney, 1991). Simon unterscheidet folgende idealtypische Möglichkeiten (Simon, 1988, S. 6):

- Stabsstelle: Ein (oder mehrere) Mitarbeiter sammelt alle konkurrenzrelevanten Informationen und verdichtet sie für das Management.
- Spiegelorganisation: In jeder Funktion des Unternehmens (z. B. Marketing, F&E, Kundendienst, Produktion, Vertrieb) gibt es einen Spezialisten, der für die Konkurrenzforschung bzgl. dieser Funktion zuständig ist und hierfür als Ansprechperson fungiert.
- Schatten: Für jeden Konkurrenten gibt es einen Gesamtverantwortlichen, der diesen systematisch beobachtet.
- Arbeitsgruppe: Für jeden Konkurrenten wird eine Gruppe gebildet, die in periodisch einberufenen Workshops eine Strategie bzw. spezielle Maßnahmen in bestimmten Funktionsbereichen (z. B. technische Entwicklung bestimmter Teile, Produktqualität, Ausstattungsdetails der Produkte) für den Wettbewerber erarbeitet und sich auf diese Weise in dessen Situation hineinversetzt.

Will man diese idealtypischen Formen der Konkurrenzforschung bewerten, so sollte bedacht werden, dass es vorteilhaft ist, wenn Konkurrenzforschung von denjenigen Personen verantwortet wird, die diese Information für Entscheidungen in ihrem Verantwortungsbereich benötigen. Die Adäquanz dieses Kriteriums lässt sich wie folgt begründen:

- Die genannten Personen haben den erforderlichen Sachverstand, um das diesbezügliche Konkurrenzverhalten analysieren zu können (z. B. ein F&E-Mitarbeiter bei der Zerlegung des Produkts des Wettbewerbers in seine Bestandteile).
- Gerade diese Mitarbeiter haben die Sachkenntnis, welche Daten relevant, welche Quellen glaubwürdig, wo die Daten zu beschaffen, wie sie zu interpretieren und wie sie in die eigene Planung einzubeziehen sind.
- Selbst erhobene Information erscheint schließlich von höherem Wert als Information aus dritter Hand (z. B. aus einer Stabsstelle für Konkurrenzforschung).

Insofern dürften Stabsstellen oder die Schattenorganisation eher ungeeignete Organisationsformen für die Konkurrenzforschung sein. Ein Problem der Spiegelorganisation dürfte darin liegen, dass Mitarbeiter Konkurrenzinformation auch abwehren werden, wenn daraus Folgen entstehen, die für den Mitarbeiter selbst nachteilig sind (z. B. wenn er sein eigenes Entwicklungsprojekt zurückstellen müsste). Auch die oben erläuterten Arbeitsgruppen dürften nicht unproblematisch sein, da den Teilnehmern nicht immer klar sein dürfte, welche konkreten Konsequenzen für das Unternehmen aus ihrer Tätigkeit erwartet werden.

Realistischer und der Problemstellung „Konkurrenzforschung" angemessener erscheint folgende Vorgehensweise. Dieser Ansatz ist in seinen Grundzügen auch in erfolgreich mit Konkurrenzforschung umgehenden Unternehmen zu beobachten.

- Die Geschäftsleitung teilt die Aktivitäten des Unternehmens in eine Art Würfel ein, bestehend aus den drei Dimensionen Produkt (oder Geschäftsbereich), Absatzsegment (z. B. nach Key Accounts, Absatzländern oder Abnehmerbranchen gegliedert) und Funktion (Vertrieb, Kundendienst, Produktion, Logistik, F&E usw.). Die sinnvoll zu interpretierenden Zellen dieses Würfels werden von der Geschäftsleitung nach einem A/B/C-Schema bewertet (A=sehr wichtig, B=mäßig wichtig, C=weniger wichtig).
- In Arbeitsgruppen pro Zelle dieses Würfels, die je nach Bewertung dieser Zelle häufiger oder seltener tagen, werden die konkurrenzrelevanten Themen identifiziert, analysiert, es wird weiterer Datenbedarf festgestellt, es werden Aufgaben verteilt und Lösungsvorschläge für die Geschäftsleitung erarbeitet. Die Teilnehmer einer Arbeitsgruppe sollten die Mitarbeiter des Unternehmens sein, die in gerade diesem Bereich tätig sind und auch dort operative Entscheidungen fällen, eventuell ergänzt um Experten, die nicht dem eigenen Unternehmen angehören.
- Die Vorbereitung, Moderation, Dokumentation, Kontrolle der Aufgabenerledigung und die Aufbereitung der Ergebnisse für das Management kann von Moderatoren durchgeführt werden, die als Stabsstelle bei der Geschäftsleitung angesiedelt sind.

Auf diese Weise dürfte es zumindest organisatorisch gut möglich sein, Ideen für eigene Produkte aus einer Konkurrenzanalyse - verstanden als eine systematische und kontinuierliche Beschaffung von Informationen über die Konkurrenz und deren Analyse - abzuleiten.

4. Bewertung

Diese Darstellung behandelte die Frage, wie man zu Ideen für neue Produkte gelangt. Durch die vorgestellten Verfahren können Probleme gründlich analysiert und die Kreativität von Personen angeregt werden (Geschka, 1986a, S. 148, und Haedrich/Tomczak, 1996, S. 189). Ob allerdings die zustande gekommenen Ideen brauchbar sind oder nicht, ist anschließend noch zu bewerten. Die vorgestellten Quellen und Methoden liefern nicht zwangsläufig einen brauchbaren Output für eine vorgegebene Problemstellung. Insofern erscheint es auch wichtig, verschiedene Ansätze zu wählen, um aus vielfältigen Anregungen für neue Produkte eine Wahl treffen zu können. Beispielsweise setzt ein führender deutscher Haushaltsgerätehersteller kontinuierlich folgende Methoden ein und wertet die Anregungen systematisch aus.

– Rückmeldungen aus den Vertriebszentren und dem Kundendienst: Die Zentrale wird von den Vertriebszentren über Häufungen von Anfragen, Problemen und Störfällen unterrichtet. – Anwenderinnen-Fachgespräch (Fokusgruppe): Ein fester Stamm von Mitgliedern der Gesprächsrunde diskutiert über vorgegebene und selbst ausgedachte Neu- und Weiterentwicklungen. – Hotlines Kunde - Hersteller: Kunden können direkt Ideen an den Hersteller weitergeben. – Kundenbefragung: Mittels Kundenbefragungen werden bestimmte Überzeugungen erhoben (z. B. zur Verständlichkeit der Bedienungsanleitung) und Verbesserungsvorschläge eingeholt. – top-Vorschläge (betriebliches Vorschlagswesen): Mitarbeiter und deren Angehörige können Vorschläge einreichen, und sie erhalten entsprechend der Qualität ihrer Ideen ein Honorar. – Haushaltserprobung (Inhome test): Mitarbeiter erhalten zur praktischen Erprobung Geräte für ein bis zwei Jahre zur Verfügung gestellt. Im Erfahrungsbericht sollen die Teilnehmer vorgegebene Beurteilungsmerkmale und Erlebnisse mit dem Produkt darlegen.

Tabelle 6: Kontinuierlich eingesetzte Methoden zur Generierung von Produktideen eines Haushaltsgeräteherstellers
Quelle: Eigene Erstellung

Ideen werden bei einer systematischen und kontinuierlichen Anwendung der oben skizzierten Verfahren vermutlich in einer großen Fülle vorliegen. Daher dürfte es am Fehlen von Ideen für neue Produkte kaum liegen, wenn Unternehmen wenig erfolgreich sind. Entscheidend erscheint es daher zu sein, wertvolle, d. h. technisch und wirtschaftlich sinnvolle Ideen rasch zu erkennen, sie vor Imitation durch Wettbewerber zu schützen und als interessant beurteilte Ideen auch weiterzuentwickeln.

Ideenarbeit sollte letztlich Konsequenzen nach sich ziehen. Für gut befundene Ideen sollten in die Hände von dafür Verantwortlichen gegeben werden, so dass man sich mit diesen Ideen, auch wenn sie noch nicht endgültig positiv oder negativ bewertet worden sind, weiter beschäftigt. Ein gutes Beispiel hierfür liefert ein deutsches Industrieunternehmen. Es teilt jungen, hoffnungsvollen Mitarbeitern die Aufgabe zu, jeweils die Patenschaft für eine ihnen vorgegebene Idee zu übernehmen. Sie sind zuständig dafür, dass Expertenmeinungen zur Produktidee eingeholt werden, explorative Marktstudien durchgeführt werden, die Wettbewerbssituation untersucht wird usw., so dass die Grundlagen für die Entscheidung über die Idee systematisch vorbereitet werden.

Die Institutionalisierung eines permanenten Ideengenerierungsprozesses wie auch das eben angeführte Beispiel der Weiterverfolgung von brauchbar erscheinenden Konzepten in einem Unternehmen dürfte jedoch nur dann möglich sein, wenn dies von einem Machtpromotor aus der obersten Hierarchieebene (technischer Geschäftsführer oder ähnliche Position) unterstützt wird. Dieser hat beispielsweise dafür Sorge zu tragen, dass den beteiligten Mitarbeitern hinsichtlich dieser Aufgabe genügend zeitlicher Freiraum bleibt bzw. dass die Ergebnisse dieser Techniken von anderen Instanzen des Unternehmens akzeptiert werden (Buckler/Zien, 1996, S. 396, und Geschka, 1986a, S. 159). In der Unternehmenshierarchie weiter unten angesiedelte Mitarbeiter wie Produktmanager haben für diese Aufgabe vielfach nicht die Durchsetzungskompetenz.

5. Literatur

ALPERT, F., Patents: A Managerial Perspective, in: Journal of Product Innovation Management, 1995, S. 252-253.

BAUER, E., Produkttests in der Marketingforschung, Göttingen 1981.

BERNDT, R., Marketing 2: Marketingpolitik, 3. Aufl., Berlin 1995.

BREZSKI, E., Konkurrenzforschung im Marketing, Wiesbaden 1993.

BROCKHOFF, K., Forschung und Entwicklung: Planung und Kontrolle, 5. Aufl., München 1999a.

BROCKHOFF, K., Produktpolitik, 4. Aufl., Stuttgart 1999b.

BUCKLER, S. A./ZIEN, K. A., The Spirituality of Innovation: Learning from Stories, in: Journal of Product Innovation Management, 1996, S. 391-405.

CALDER, J. B., Focus Groups and the Nature of Qualitative Marketing Research, in: Journal of Marketing Research, 1977, S. 353-364.

DAHL, D. W./CHATTOPADHYAY, A./GORN, G. J., The Use of Visual Mental Imagery in New Product Design, in: Journal of Marketing Research, 1999, S. 18-28.

GESCHKA, H., Kreativitätstechniken, in: Staudt, E., (Hrsg.), Das Management von Innovationen, Frankfurt/Main 1986a, S. 147-160.

GESCHKA, H., Creativity Workshops in Product Innovation, in: Journal of Product Innovation Management, 1986b, S. 48-56.

GESCHKA, H., Visual Confrontation - Developing Ideas from Pictures, in: Geschka, H./Moger, S./Rickards, T., (Hrsg.), Creativity and Innovation - The Power of Synergy, Darmstadt 1994, S. 151-157.

GESCHKA, H./KIRCHHOFF, G., Fluvius - An Idea Management Software System, in: Geschka, H./Moger, S./Rickards, T., (Hrsg.), Creativity and Innovation - The Power of Synergy, Darmstadt 1994, S. 141-149.

GHOSHAL, S./WESTNEY, D. E., Organizing Competitor Analysis Systems, in: Strategic Management Journal, 1991, S. 17-31.

GIERL, H., Arbeitsbuch Marketing, Stuttgart 1996.

GORDON, W. J. J., Synectics: The Development of Creative Capacity, New York 1961.

HAEDRICH, G./TOMCZAK, T., Produktpolitik, Stuttgart 1996.

HÜTTNER, M./PINGEL, A./SCHWARTING, U., Marketing-Management, 2. Aufl., München 1999.

KOPPELMANN, U., Produktmarketing, 6. Aufl., Berlin 2000.

KOTLER, PH./BLIEMEL, F., Marketing-Management, 10. Aufl., Stuttgart 2001.

MCQUARRIE, E. F./MCINTYRE, S. H., Focus Groups and the Development of New Products by Technologically Driven Companies: Some Guidelines, in: Journal of Product Innovation Management, 1986, S. 40-47.

MEFFERT, H., Marketing, 9. Aufl., Wiesbaden 2000.

NIESCHLAG, R./DICHTL, E./HÖRSCHGEN, H., Marketing, 17. Aufl., Berlin 1994.

OSBORN, A. F., Applied Imagination, New York 1963.

PLUMMER, J. T., Life Style and Advertising: Case Studies, in: Allvine, F. C., (Hrsg.), Combined Proceedings of the American Marketing Association, Chicago 1971, S. 290-295.

PORTER, M. E., Wettbewerbsstrategie, 7. Aufl., Frankfurt/Main 1992a.

PORTER, M. E., Wettbewerbsvorteile, 3. Aufl., Frankfurt/Main 1992b.

RIEMER, M., Beschwerdemanagement, Frankfurt/Main 1986.

ROHRBACH, F., Synektik hilft Probleme lösen, in: Führungstechnik, 1968, S. 39-43.

SCHLICKSUPP, H., Innovation, Kreativität und Ideenfindung, 3. Aufl., Würzburg 1983.

SCHWEIGER, G./SCHRATTENECKER, G., Werbung, 6. Aufl., Stuttgart 2005.

SIMON, H., Management strategischer Wettbewerbsvorteile, in: Simon, H., (Hrsg.), Wettbewerbsvorteile und Wettbewerbsmanagement, Stuttgart 1988, S. 1-17.

STEINHAUSEN, D./STEINHAUSEN, J., Cluster-Analyse als Instrument der Zielgruppendefinition der Marktforschung, in: Späth, H., (Hrsg.), Fallstudien Clusteranalyse, München 1977, S. 3-36.

STEINMANN, H./SCHREYÖGG, G., Management, 5. Aufl., Wiesbaden 2000.

THOM, N., Betriebliches Vorschlagswesen, 6. Aufl., Bern 2003.

UDELL, G. G., It's Still Caveat, Inventor, in: Journal of Product Innovation Management, 1990, S. 230-243.

URBAN, G. L./HAUSER, J. R., Design and Marketing of New Products, 2. Aufl., Englewood Cliffs 1993.

WAGNER, C./HAYASHI, A., A New Way to Create Winning Product Ideas, in: Journal of Product Innovation Management, 1994, S. 146-155.

ZWICKY, F., Entdecken, Erfinden, Forschen im morphologischen Weltbild, München 1966.

Volker Trommsdorff

Produktpositionierung

1. Grundlagen

1.1 Der Positionierungsbegriff

Produkte sind Bündel von subjektiv wahrgenommenen nutzenstiftenden Eigenschaften. Der Kunde kauft das Produkt, wenn ihm dieses Merkmalsbündel einen positiven Nettonutzen verspricht und es ihm gegenüber subjektiv relevant erscheinenden (im Consideration-set enthaltenen) Konkurrenzprodukten überlegen erscheint. Um dieses eigentliche Ziel einer Positionierung zu erreichen, müssen Nutzenerwartungen kommuniziert und physische Eigenschaften in wahrgenommene Produktmerkmale so übersetzt werden, dass möglichst viele Zielkunden diese Marke unter den konkurrierenden Marken bevorzugen. Mit zunehmender physischer Austauschbarkeit der Produkte steigt der Stellenwert dieser Marketingaufgabe und die Bedeutung sozio-emotionaler Positionierungsmerkmale, denn eine Marke kann unter physisch ähnlichen Produkten kaum mehr mit technischen Qualitätsmerkmalen profiliert werden.

Eine bestehende Produktposition sollte betriebswirtschaftlich bewertet werden. Das wirtschaftliche Ziel ist bei gegebenem Marketingbudget ein maximaler Markenwert, ersatzweise ein hoher wertmäßiger Marktanteil oder ein hoher Umsatz. Dieser setzt sich aus einer Mengen- und einer Preiskomponente zusammen. Selbstverständlich hängt die Mengenkomponente von der Bevorzugung der Marke vor den Wettbewerbermarken ab, aber auch die Preiskomponente, denn die Preisbereitschaft der Kunden ist eine Funktion der Präferenzstärke. Somit ist die entscheidende Steuerungsgröße für den wirtschaftlichen Erfolg einer Marke die Bevorzugung vor den Wettbewerbermarken. Diese gilt es, durch Positionierung strategisch zu steuern, um Erfolgspotentiale im Wettbewerb aufzubauen und zu sichern, denn eine günstige Positionion verleiht Wettbewerbsvorteile und schafft monopolistischen Spielraum.

Eine Positionierungsstrategie zu entscheiden, ist erfolgsentscheidend und komplex. Diese Entscheidung durch wissenschaftliche Analysen und Modelle zu unterstützen, lohnt. Der vorliegende Beitrag konzentriert sich auf die Positionierungs*analyse* und auf die *psychische* Seite der Positionierungs*entscheidung*, während der Beitrag von Albers (1989) auf die Optimierung der physischen Seite der Positionierungsentscheidung abzielt (Produktgestaltung).

1.2 Benachbarte Begriffe

„Qualität“, „Einstellung“, „Image“ und „Präferenz“ hängen eng mit der Produktpositionierung zusammen.

Für Marketingaufgaben ist *Qualität* nicht aus Anbietersicht objektiv, sondern aus Zielkundensicht subjektiv zu definieren. Zu den Vorstellungen, die ein Zielkunde von der

Marke hat, gehören *auch* seine Qualitätsvorstellungen. Die subjektiv wahrgenommene, nicht die objektiv nachweisbare, Qualität ist kaufentscheidend und damit Erfolgsindikator für die Positionierung (Esch/Andresen, 1996, S. 79). Solange es noch nicht um die operationale Produktpolitik bzw. die Umsetzung einer Positionierung durch Verbesserung einer Qualitätseigenschaft geht, sondern zunächst um die Positionierungsstrategie, solange wird der objektivistische Qualitätsbegriff eigentlich nicht benötigt.

Eine *Einstellung* ist der Zustand einer gelernten und dauerhaften Bereitschaft, in einer entsprechenden Situation gegenüber dem betreffenden Objekt (der Marke) mehr oder weniger stark positiv oder negativ zu reagieren (Trommsdorff, 2004, S. 159). Sie ist die wertende Prädisposition des Zielkunden gegenüber der Marke auf der Dimension „gut – schlecht" und erklärt sich aus der kommunikativen und Erfahrungsgeschichte des Zielkunden in Bezug auf die Marke. Einstellungen sind an der Ausprägung von Präferenzen, Verhaltensabsichten und Kaufverhalten beteiligt. Eine *Präferenz* ist eine relative Einstellung, etwa der Grad der Bevorzugung einer Marke vor einer anderen.

Ein *Image* ist die ganzheitliche Grundlage einer Einstellung, also die komplex-mehrdimensionale kognitiv-emotionale Basis einer Einstellung (Trommsdorff, 2004, S. 168). Es besteht aus mehr oder weniger wertenden Eindrücken von der Marke, die zu einem „Bild" verbunden sind. Imageeigenschaften sind somit subjektiv, durchaus nicht voll bewusst, aber mehr oder weniger bewusst zu machen, nicht nur sprachlich codiert, sondern auch bildhaft, sensorisch, episodisch, metaphorisch. Da das Image Einstellungen, Präferenzen und Kaufverhalten beeinflusst, ist es das Basiskonstrukt der Positionierungsanalyse.

Präferenz ist die Bevorzugung einer Marke vor einer oder mehreren anderen, also eine relative Einstellung.

1.3 Positionierungsanlässe

Anlass einer Positionierung kann die Planung einer neuen Marke (oder die geplante Übertragung der Marke eines anderen Produkts auf das zu positionierende Produkt) sein, oder eine vorhandene Marke soll lediglich günstiger positioniert werden oder sogar nur in ihrer bestehenden Position gefestigt werden. Wenn eine Umpositionierung auf einen neuen Start der Marke hinausläuft, spricht man von „Relaunch". Den Positionierungsanlass kann eine proaktive Marketingstrategie geben oder eine Wettbewerberpositionierung, auf die zu reagieren ist, z.B. mit dem Ziel, sich von dieser Wettbewerberposition zu differenzieren.

So sind folgende praktisch bedeutende Positionierungsarten zu unterscheiden (Esch, 1999, S. 247 f., Haedrich/Tomczak, 1990, S. 105 ff.):

- *Erstpositionierung* einer Produktneuheit. Die Positionierungsentscheidung hat im Rahmen der Produktinnovation höchsten Stellenwert. Auf wettbewerbsintensiven Märkten geht es vornehmlich darum, der Marke über Produktqualität und Kommunikation Alleinstellung zu verschaffen. Spätere Änderungen sind aufwendig und können Kunden verunsichern.

- *Transfer* einer bestehenden Marke auf ein Produkt ohne (starke) Marke. Durch die Imageübertragung einer bestehenden Markenposition auf Produktvarianten oder auf ganz andere Produkte soll das aufgebaute Markenkapital besser genutzt werden.
- *Umpositionierung* einer bestehenden Produktposition (inklusive Relaunch), insbesondere zur Vergrößerung des eigenen Marktpotentials oder zur Differenzierung der Marke von Wettbewerbern. Die Umpositionierung kann von abnehmenden Ergebnissen bzw. Sättigungserscheinungen ausgelöst werden oder von Hinweisen aus der Marktforschung über verbesserte Imagepotentiale. Die bestehende Position wird durch Veränderungen am Produkt und/oder der Kommunikation verschoben.
- *Positionsverstärkung* der bestehenden Marke, eine gegenüber dem Wettbewerb eher defensive Strategie. Hier gilt es, das Markenprofil durch Marketingmaßnahmen zu erhalten und Angriffen der Konkurrenz auf die eigene Position entgegenzutreten.

1.4 Positionierungsstrategien, -analysen und -modelle

Strategien sind grundsätzliche komplexe Entscheidungen mit langer Bindungsdauer. Bei *Positionierungsstrategien* sind das grundsätzlichen Entscheidungen für das Produktmanagement zur gezielten Veränderung (einschließlich Schaffung, Übertragung und Verstärkung) einer Produktposition durch Kommunikations-, Qualitäts- und Angebotsmaßnahmen. Informationsgrundlage hierfür ist die Positionierungsanalyse.

Positionierungsanalysen liefern dem Produktmanagement Informationen über das im Wettbewerb verbundene Markensystem in Form von einstellungsrelevanten subjektiven Merkmalen von subjektiv (im Consideration-set) konkurrierenden Marken. Positionierungsanalysen sollen diese Marken identifizieren und ihre Ausprägungen auf möglichst wenigen - aber auf allen wettbewerbsrelevanten - Imagedimensionen messen. Konkurrierende Marken können über ihre Produkteigenschaften meist mehrdimensional zueinander in Beziehung gesetzt werden.

Positionierungsmodelle (Ergebnisdarstellungen von Positionierungsanalysen) sind vereinfachte Abbilder des im Wettbewerb verbundenen Markensystems. Oft werden Positionierungsmodelle nicht nur quantitativ-formal dargestellt, sondern leicht fassbar visualisiert. Marken werden dazu als Ausprägungen (Positionen) im System der Imagedimensionen abgebildet, bei nur zwei (drei) Dimensionen als Punkte in einer flächigen (räumlichen) Graphik. Solche geometrischen Modelle unterstellen diverse Prämissen (metrische Messbarkeit, Unabhängigkeit, Vereinbarkeit in einem gemeinsamen Raum), die mit den genannten Imageeigenschaften nicht immer im Einklang stehen. Ansonsten zeigt die Struktur der Positionen strategisch relevante Eigenschaften des Wettbewerbs unter den Marken an. So werden ihre Interdistanzen als Wettbewerbsintensitäten interpretiert: Je näher Marken beieinander sind, desto ähnlicher sind ihre

Images, desto wahrscheinlicher werden die Marken als austauschbar wahrgenommen. Viele Positionierungsmodelle sollen nicht nur wesentliche Eigenschaften der Images repräsentieren, sondern auch ihre Wirkung auf Einstellungen und Präferenzen erfassen.

Im Folgenden werden zunächst kurz grundsätzliche Positionierungsstrategien und dann ausführlicher Ansätze der Positionierungsanalyse und entsprechende Positionierungsmodelle vorgestellt, verglichen und konstruktiv in Form des WISA-Modells kritisiert.

2. Positionierungsstrategien

Grundsätzlich kommen zur Positionierung die Beeinflussung der Wahrnehmung der eigenen (realen) Marke oder der (idealen) Vorstellungen der Zielkunden in Betracht. Auf die „Idealpositionierung" gehen wir hier nicht ein, weil dieser Fall einer grundlegenden Bedürfnisbeeinflussung besonders schwierig ist und praktisch selten vorkommt. Innerhalb der „Realpositionierung" kommen zwei Strategien in Betracht:

1. Marktausschöpfungsstrategie: Positionierung der Marke möglichst ins Zentrum der Idealvorstellungen der Zielkunden bzw. eines starken Marktsegments.
2. Differenzierungsstrategie: möglichst weit weg von den Positionen der Wettbewerber. Die Differenzierungsstrategie kann im vorliegenden Imageraum verfolgt werden, indem man die Marke auf einer oder mehreren wettbewerbsbedeutsamen Dimensionen „wegpositioniert", man kann aber die Marke auch auf einer ganz anderen Dimension profilieren und so aus dem Imageraum „herauspositionieren".

Marktpotential- und Differenzierungsziele stehen potentiell im Konflikt, nämlich wenn auch Wettbewerber Marktpotentialziele verfolgen und deshalb eine Positionierung nahe dem Zentrum der Idealvorstellungen zugleich eine Positionierung nahe den Wettbewerbern ist (Carpenter/Nakamoto, 1989 S. 285 ff., und 1994, S. 570). Dieser Zielkonflikt kann auf der Ebene des übergeordneten Ziels „Marktanteilsmaximierung" gelöst werden, wenn die Wirkungsbeziehungen von Distanzen zwischen einer potentiellen Position und den Wettbewerberpositionen einerseits und den idealen Zielkundenpositionen andererseits als Kaufwahrscheinlichkeiten interpretiert werden können. Die Position mit dem größten Marktanteil ist im Allgemeinen weder mit der Position im Zentrum der Idealvorstellungen identisch noch mit der Position maximaler Distanz zum Wettbewerb. Über die Marktanteilsmaximierung hinaus kann auch das Ziel „Gewinnmaximierung" verfolgt werden. Dazu müssen die Kosten für die physische Realisierung (Produktgestaltung) unterschiedlicher Positionen ermittelt werden (Albers, 1989 und seinen Beitrag in diesem Band).

Ein besonderer Fall unter den Positionierungsstrategien liegt vor, wenn die Position der „besten" Marke schon besetzt oder hart umkämpft ist und eine Profilierung mit etablierten Eigenschaften nicht zur Erfolgsposition führt, weil sich die Basisnutzen der Marken nicht unterscheiden und sich kein Wettbewerber Qualitätsdefizite erlaubt. Das ist bei technisch homogenen Produkten wie Kaffee, Benzin, Zigaretten, aber auch bei Autos,

PCs, Kühlschränken etc. vielfach der Fall. Hier werden Alleinstellungen auf einer einzigartigen, eher emotionalen Dimension angestrebt, insbesondere wenn die Zielkunden kaum involviert sind, d.h. nicht zu technischer Informationsaufnahme bereit sind.

Eine solche Positionierung auf einer ganz anderen, alleinstellenden, Dimension (Herauspositionieren) heißt „Positioning“ (Ries/Trout, 1993), im Sinne einer „Unique Selling Proposition“ (USP). Positioning besagt, dass man über inzwischen selbstverständliche Qualitätsmerkmale nicht redet, sondern zur Wettbewerbsprofilierung mit einer möglichst einfach zu kommunizierenden alleinstellenden Aussage auftritt, möglichst als erster am Markt. Die Patt-Situation im Wettbewerb unter homogenen Marken kann man also umgehen, indem man die Marken psychisch vom Wettbewerb weg und hinein in eine eigenständige Dimension bewegt (Trommsdorff, 2004, S. 171).

„Positioning“ hat vier Merkmale:

- USP (Unique Selling Proposition, Konkurrenzvorteil),
- KISS (keep it simple and stupid: leichte Verständlichkeit),
- FIRST (damit als Erster am Markt auftreten und durchsetzen) und
- VOICE (mit großer „Lautstärke“ im Sinne von Werbedruck).

Innovatives Positioning versucht, eine für die Kaufentscheidung wichtige, dem Kunden aber (noch) nicht als relevant geläufige Eigenschaftsdimension in einzigartiger Weise zu besetzen; um einen USP zu realisieren. Positioning kann entweder „Outside-In“ vorgehen: Latente Bedürfnisse werden identifiziert und besetzt; oder „Inside-Out“: eine innovative Dimension wird kreiert und dann den Zielkunden als Bedürfnis nahegebracht (Tomczak/Roosdorp, 1996, S. 29).

Durch Positioning bestehen auch auf homogenisierten, informations- und werblich überfluteten und gesättigten Märkten noch Chancen zur Markenprofilierung.

3. Positionierungsanalysen

Am Anfang jeder Positionierungsanalyse steht die Darstellung der von Zielkunden wahrgenommenen Ist-Position der betreffenden Marke im Umfeld der Wettbewerbsmarken. Im Rahmen einer solchen Ist-Analyse ist folgende Vorgehensweise ratsam:

1. Bestimmung des relevanten Marktes (Marktabgrenzung, Definition der Wettbewerbsmarken) bzw. der relevanten Marktsegmente,
2. Bestimmung der Dimensionen des Positionierungsmodells,
3. Messung der Ausprägungen auf diesen Imagedimensionen.

3.1 Marktabgrenzung und Segmentierung

Die *Abgrenzung des relevanten Marktes* ist identisch mit der Ermittlung der über Images miteinander konkurrierenden Marken. In Betracht kommen also genau diejenigen Marken, die in der Vorstellung der Zielkunden Alternativen darstellen (Consideration-set). Zu deren Bestimmung werden die von Kunden wahrgenommenen Marktalternativen – die im Consideration-set der Kunden befindlichen Marken – ermittelt. Das Consideration-set umfasst alle Marken einer Produktkategorie, die vom Zielkunden als Alternativen in Betracht gezogen werden. Man kann z.B. bei der Befragung die eigene Marke vorgeben und erheben, ob sie vom Befragten als Kaufalternative bezeichnet wird, um dann als Ersatz akzeptierte (potentiell substitutive) Marken abzufragen. Diese bilden, ggf. gemeinsam mit der eigenen Marke, das Consideration-Set (Herrmann, 1992, S. 41). Ersatzweise für dieses relativ aufwendige empirische Verfahren kann der relevante Markt auch durch Expertenbefragung bestimmt werden.

Marktsegmentierung bedeutet die Einteilung der Zielkunden eines Marktes in Gruppen, die in sich homogen und untereinander heterogen sind. Segmentierung ist nicht nur nach soziodemographischen und Verhaltensmerkmalen möglich, sondern auch nach Imagemerkmalen, insbesondere nach den Idealvorstellungen der Zielkunden vom Produkt. Produktpositionierung und Marktsegmentierung gehen also Hand in Hand. Während die Positionierung Marken als Untersuchungsobjekt im Fokus hat, geht es bei der Segmentierung um die Zielkunden. In unseren Ausführungen über Marktpotential- und Differenzierungsstrategien ist das bereits angeklungen: Segmentierungsüberlegungen können einer Positionierung vorausgehen (segmentspezifische Positionierung), denn vielleicht haben unterschiedliche Segmente verschiedene Real- und Idealimages. Eine Marktsegmentierung kann aber auch der Positionierungsanalyse folgen, z.B. wenn sich herausstellt, dass eine einheitliche Positionierung für den Gesamtmarkt ökonomisch unhaltbar oder psychologisch nicht durchsetzbar ist (Marktsegmentierung nach Image-Idealpunkten).

3.2 Bestimmung der Dimensionen

Um die positionierungsrelevanten Imagedimensionen zu bestimmen, sollte ebenfalls empirisch-kundenorientiert vorgegangen werden, ersatzweise können Expertenwissen und vorliegende Werbeaussagen zu relevanten Marken (Inhaltsanalyse) herangezogen werden. Bei der Zielkundenbefragung können die Imagedimensionen mittels Fragebogen oder durch qualitative Verfahren wie Gruppendiskussionen oder Tiefeninterviews exploriert werden. Dabei sind indirekte Erhebungen der Imagedimensionen über Präferenzen, Ähnlichkeiten oder Substitutionsmöglichkeiten dem direkten Abfragen vorzuziehen, um rationalisierte Antworten zu vermeiden. Experten können jedoch auch direkt befragt werden. Die empirisch gewonnenen dimensionsbeschreibenden Begriffslisten (Itembatterien) sind meist sehr redundant. Deshalb sind anschließend Methoden zur Selektion oder Kompression der Items auf wenige relevante Dimensionen anzuwenden. Diese Imagedimensionen sollten folgende Anforderungen erfüllen:

- Verhaltensrelevanz: Die Dimensionen müssen Bedeutung für Einstellungen, Präferenzen, Kaufintentionen und Kaufverhalten haben.
- Instrumentalbezug: Die Dimensionen müssen durch Marketinginstrumente beeinflussbar sein.
- Diskriminanz: Eine Dimension, auf der alle Marken gleich wahrgenommen werden, ist positionierungsstrategisch kaum relevant, weil es nicht gelingt, eine Marke von ihren Konkurrenten abzuheben.

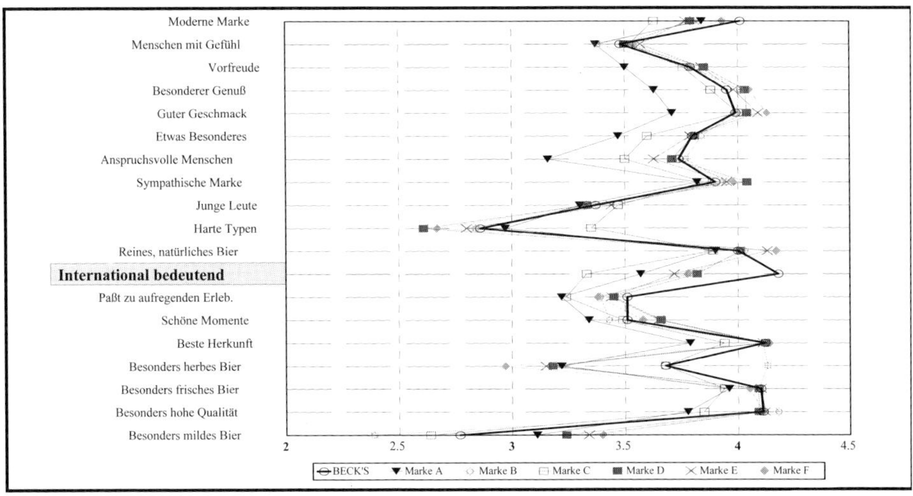

Abbildung 1: Imagedifferential im Premium-Pilsmarkt

3.3 Messung der Imageausprägungen

Die klassische Methode der Messung von Images ist das Ratingverfahren (Imageprofil, Imagedifferenzial). Je Imagedimension werden mehrere Aussagen (Items) formuliert und als Ratings zur Beurteilung der Marken (gegebenenfalls einschließlich der Idealmarke) formuliert. Wie die Bestimmung der Dimensionen durch direktes Abfragen hat auch die direkte Messung der Imageausprägungen Gültigkeitsprobleme zur Folge. Daher sind wiederum indirekte Erhebungsformen zu erwägen, z.B. Globalurteile über Ähnlichkeiten, Präferenzen oder Substitutionen. Dazu werden keine Eigenschaften vorgegeben, sondern Vergleiche zwischen zwei oder mehr Marken verlangt. Die indirekte Abfrage entspricht der ganzheitlichen Wahrnehmung besser und vermeidet Rationalisierungen, ist aber erhebungstechnisch aufwendiger sowie schwieriger auszuwerten und zu interpretieren. Methodische Varianten, verhaltenstheoretische Modelle und Messprobleme erörtert Trommsdorff (1995).

Die wahrgenommenen Ausprägungen der relevanten Merkmale können – über alle Befragten oder über eine Teil-Zielgruppe aggregiert – als Durchschnittsprofil abgebildet oder komprimiert, um Redundanzen bereinigt, auf wenigen Dimensionen räumlich abgebildet werden. Profilvergleiche informieren je Merkmal über die Positionsunterschiede. Abbildung 1 zeigt das etwas überladene und wegen der Redundanzen unter den Items diffus wirkende Imagedifferential von sieben Premium-Pilsmarken. Das Imagedifferential zeigt wenig mehr, als dass sich Beck´s auf dem Item „international bedeutend" von den Wettbewerbern absetzen kann. Dieses Ergebnis reflektiert die Werbeplattform von Beck´s („Spitzenpilsener von Welt", „Grünes Segelschiff"), sagt jedoch nichts darüber aus, ob und wie sich diese Positionierung als Wettbewerbsvorteil gegenüber welchen anderen Marken auswirkt (Trommsdorff/Paulssen, 1999, S. 1075 f.).

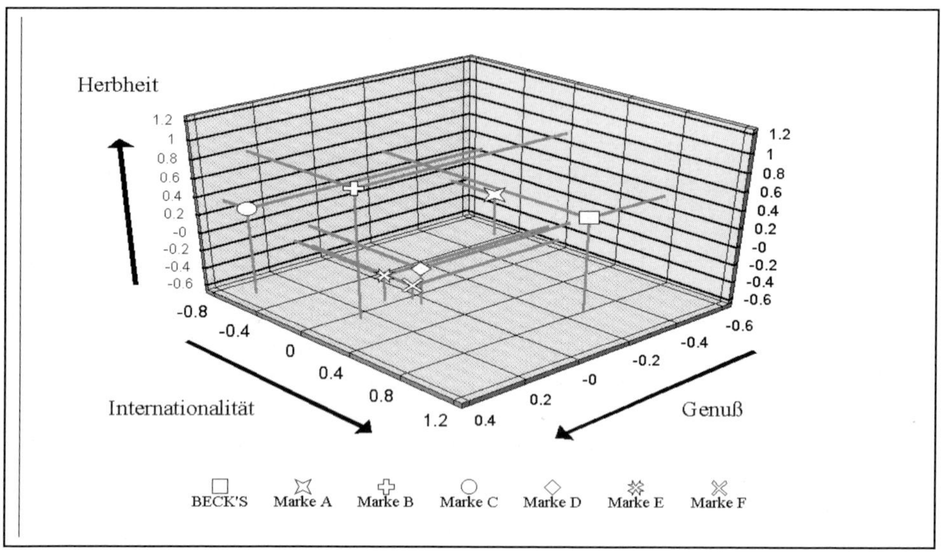

Abbildung 2: Positionierungsmodell im Premium-Pils-Markt

Ein übersichtlicheres weil redundanzarmes Bild ergibt sich nach Komprimierung der Items auf wenige Dimensionen (z.B. durch Faktorenanalyse), so dass eine räumliche Abbildung der Positionen möglich wird. Bei weniger als vier Dimensionen kann diese Abbildung in einer einzigen Graphik repräsentiert werden (vgl. Abbildung 2).

Die Dimensionen des Merkmalsraumes sollen wettbewerbsrelevant und möglichst unabhängig voneinander sein. Die Koordinaten der (realen und gegebenenfalls der idealen) Marken sollen den Ausprägungen auf den imagerelevanten Dimensionen entsprechen.

Die punktweise Darstellung der Marken im Imageraum erleichtert die Diskussion wettbewerbsstrategischer Entscheidungen. Der Imageraum in diesem Beispiel zeigt, dass Internationalität die für Beck´s herausragende Positionierungsdimension ist. In welchem Maß Internationalität Beck´s einen Wettbewerbsvorteil verschafft, bleibt mit dieser Methodik allerdings noch offen.

	FA	MDS	CM
Verfahren	Komponierend	Dekomponierend	Dekomponierend
Input	Eigenschaftsbeurteilungen	Ähnlichkeits-, Präferenz-, Substituierbarkeitsdaten	Präferenz-Rangwerte
Datenniveau	Mindestens Intervallniveau	Mindestens binäres Ordinalniveau	Mindestens Ordinalniveau
Vorteile	Einfach in der Anwendung, Dimensionen sind interpretiert	Kein Detailwissen über Marken erforderlich, Vergleich mit menschlicher Wahrnehmung	Auch fiktive Marken beurteilbar, daher innovationsgeeignet
Nachteile	Vorheriges Wissen über die Marken und Eigenschaften erforderlich	Mindestens sieben Marken, Interpretationsprobleme bzgl. der Dimensionen	Wissen über die Eigenschaften notwendig, unrealistische Marken stören

Tabelle 1: Vergleich wichtiger Statistikmethoden für die Positionierung

Bei der Positionierungsanalyse sind mehrere *multivariate Analyseverfahren* nützlich. Mit der Clusteranalyse können Zielkunden oder Marken zu Segmenten oder Strategischen Gruppen zusammengefasst werden, mit der Faktorenanalyse (FA) und der Diskriminanzanalyse (DA) können Image-Itemwerte zu Image-Dimensionswerten verdichtet werden, mit der Mehrdimensionalen Skalierung (MDS), mit Conjoint Measurement (CM) und der Korrespondenzanalyse (KA) können globale Ähnlichkeits- und Präferenzdaten zu Dimensionswerten dekomponiert werden. Die Regressionsanalyse (RA) und die Strukturgleichungsanalyse (v.a. LISREL) schätzen multivariate Einflussstärken von Imageausprägungen auf Einstellungen und Verhalten. Im Falle nichtmetrisch skalierter abhängiger Variablen, z.B. „Kaufen / Nicht kaufen“, ist wiederum die DA wertvoll (Backhaus et al., 11. Auflage, 2006, S. 7 ff.).

Die genannten Verfahren dienen also 1) im Entdeckungszusammenhang der Ermittlung verhaltensrelevanter Positionierungsmerkmale, 2) deskriptiv – und damit für die Positionierungsanalyse zentral – der Messung der relativen Positionen der Marken auf diesen Merkmalen sowie 3) explikativ der Quantifizierung der Imageeinflüsse auf Marketingzielgrößen. Die zentrale Aufgabe der Positionsmessung kann kompositionell sein (vgl. auch Tabelle 1), d.h. (über FA oder DA) vom Einzelurteil zum Gesamturteil führen oder dekompositionell, d.h. durch Zerlegen von Globalurteilen (über Ähnlichkeits- oder Präferenzrelationen zwischen Marken) in die dahinter stehenden Komponenten (mit MDS oder CM).

Multivariate Analyseverfahren finden in der Positionierung unterschiedlich Anwendung. Die drei praktisch für die Positionierungsanalyse wichtigsten Verfahren werden nachstehend vergleichend gegenübergestellt (Tabelle 1).

4. Positionierungsmodelle

Modelle sollen die Realität überschaubar und für strategische Entscheidungen kommunizierbar machen. Jede Abbildung einer komplexen Positionierung ist eine modellhafte Vereinfachung der Realität. Positionierungsmodelle spiegeln unterschiedliche Annahmen über das Zustandekommen, die Strukturen und die Wirkungen von Images wider. Mit einem Positionierungsmodell wird die Bewertung strategischer Optionen einfach, aber je nach Übereinstimmung zwischen Modell und Realität auch kritisch.

Ehe ausgewählte Positionierungsmodelle vorgestellt werden, deren Grundlage die genannten multivariaten Analyseverfahren sind, sollen die betreffenden Datenbasen erörtert werden, denn von den Inputdaten hängt die Anwendbarkeit der Modelle maßgeblich ab.

4.1 Dateninput

Sollen Ähnlichkeits- oder Präferenzdaten erhoben werden, sind Vergleiche zwischen mindestens sieben Marken erforderlich. Der mit der Markenzahl exponentiell steigende Erhebungsaufwand von n*[n-1]/2 Paarvergleichen - bei sieben Marken schon 21 abzufragende Urteile - muss eventuell durch reduzierte Erhebungspläne eingegrenzt werden. Idealerweise stimmt die Auswahl genau mit dem Consideration-set der Befragten überein, das in der Regel auf einige wenige Marken beschränkt ist. Am besten befragt man also Consideration-set-spezifische Marktsegmente bzw. Befragtengruppen (Paulssen, 1999).

Ähnlichkeit entspricht Nähe, Unähnlichkeit entspricht Distanz. Die Positionen zweier Marken werden als nahe beieinander gelegen abgebildet, wenn sie als einander ähnlich wahrgenommen werden. Die Verwendung von Ähnlichkeitsdaten beruht auf der verhaltens-realisitischen Annahme, dass Zielkunden Ähnlichkeiten von Markenpaaren anhand ihrer impliziten Images beurteilen, so dass sich die hinter einem Ähnlichkeits-Datensatz stehenden Images daraus rekonstruieren lassen (Medin et al., 1993, S. 256). Redundante ordinale Ähnlichkeitsdaten können nämlich durch MDS und CM in metrische Distanzen überführt werden. Diese sind als Basis der räumlichen Positionierung zu verwenden. Gebräuchlichste Distanzmaße sind die euklidische und die City-Block-Distanz. Beide Maße sind plausibel, und es gibt noch keine verallgemeinerbaren Erkenntnisse über die empirische Überlegenheit der einen oder anderen Metrik. Ähnlichkeits-basierte Positionierungsräume enthalten noch keine Bewertungsinformationen. Diese können aber durch die plausible Annahme eingeführt werden, dass große Distanzen zur Idealposition als negativ bewertet werden, kleine dagegen positiv.

*Präferenz*urteile hingegen sind bereits wertend. Sie können multivariatenanalytisch in einen gemeinsamen Präferenzraum (joint space) überführt werden. Solche Positionierungsbilder erlauben direkt Aussagen über die relative Bevorzugung einer Marke vor einer anderen und damit über die Marktanteilsverteilung unter den positionierten Marken.

Zunächst weiß man nicht, was die auf Ähnlichkeits- oder Präferenzbasis gewonnenen Positionierungsdimensionen inhaltlich bedeuten. Meistens genügt jedoch externes Wissen, um aus dem Gesamtbild auf die Bedeutung der Dimensionen zu schließen. Ein anderer, von den Befragten selbst gelieferter Weg zur Interpretation der Dimensionen ist die zusätzliche Abfrage von Imageratings. Diese Items können als Variablenvektoren neben den Markenpositionen in dem Positionierungsraum abgebildet werden (property fitting, z.B. mit dem Programm PROFIT, vgl. Chang/Carroll, 1969). Ihre Lage zu den Dimensionen erlaubt deren Interpretation: Die Bedeutung einer Dimension des Raumes erschließt sich aus jenen Itemvektoren, die mit kleinen Winkeln ungefähr in die Richtung der Dimension weisen.

Die als ideal wahrgenommene Marke kann als Idealpunkt abgebildet werden oder als Idealvektor. Beim Idealpunktmodell wird zusätzlich eine fiktive „ideale" Marke neben den realen Marken im Imageraum positioniert. Die Einstellungswerte der Marken entsprechen ihren Distanzen zum Idealpunkt. Im Idealvektormodell geben Vektoren die Richtung der Präferiertheit der Merkmalskombinationen an. Die Projektion einer Marke auf diesen Vektor entspricht ihrem Einstellungswert, die Abstände zwischen diesen Werten entsprechen Präferenzen. Bei Verwendung der euklidischen Distanz stellen konzentrische Kreise (im dreidimensionalen Fall Kugeln usw.) „Isopräferenzkreise" dar. Marken auf einem Isopräferenzkreis mögen die Zielkunden gleich gern. Es ist möglich, die Dimensionen unterschiedlich zu gewichten, falls ihnen für die Einstellungs- und Präferenzbildung unterschiedliche Bedeutung zukommt.

Modelleigenschaften wie „single-choice" (die höchst präferierte Marke wird gewählt) oder „probabilistic-choice" (Markenwahl-Wahrscheinlichkeit abhängig vom Präferenzabstand) bezeichnen Annahmen über das Markenwahlverhalten der Zielkunden in Abhängigkeit von ihrer Präferenzstruktur (Albers, 1989, S. 196 f.). Die Substitutionsneigung bezeichnet die Bereitschaft der Zielkunden, eine Marke durch eine andere zu ersetzen. Der Proband hat die Aufgabe, zu vorgegebenen Marken substitutive Marken zu nennen. Ergebnis ist eine Matrix mit Substitutionsdaten (Bauer, 1989, S. 134 f.). Die Substituierbarkeit sagt etwas über die relative Attraktivität der Marken aus. Damit ist diese Methode noch näher am Wahlverhalten orientiert, als es schon die Präferenzmethode gegenüber der Ähnlichkeitsmethode ist.

Damit ist jedoch wenig über die relative Gültigkeit der Modelle gesagt. Die Häufigkeit der Anwendung der Methoden in der Praxis macht im Gegenteil den Eindruck, dass die besonders gern angewendete Ähnlichkeitsdaten-Positionierung die höchste Akzeptanz hat, und Akzeptanz wird ja auch als „Validierungskriterium" angesehen.

4.2 Standard-Modelle

Die Entwicklung verlief, nach einer Welle von FA-Modellen in den 60er Jahren, über viele neue MDS-Modelle in den 70er und 80er Jahren zu CM-Algorithmen wie zuerst

ZIPMAP und zu kausalanalytischen Modellen wie seit 1985 WISA. Bestand haben hauptsächlich mehrere Positionierungsmodelle auf Basis von FA, MDS, und CM. Im Kommen sind kausalanalytische (LISREL- u.a.) Modelle.

Zur ersten für das Marketing ausgereiften Modellgeneration von Positionierungsmodellen gehört PERCEPTOR (Urban, 1975). Es unterstützt vor allem die Bewertung und Verfeinerung von Neuprodukten des täglichen Bedarfs. Die Positionen existierender und idealer Produkte im Marktraum werden wahlweise komponierend durch FA oder dekomponierend durch MDS ermittelt. Heterogene Wahrnehmungen von existierenden Marken werden durch die Bildung homogener Untergruppen berücksichtigt, für die jeweils ein eigener Wahrnehmungsraum konstruiert wird. Differenziert wird auch nach der zuletzt gekauften Marke, dem Umfang des Consideration-set oder nach zeitabhängigen Variablen. Die Annahmen bei der Berechnung der Kaufwahrscheinlichkeiten und die Unterstellung der Gewinnmaximierung bei der Suche nach der optimalen Markenposition waren Mittelpunkt der Diskussionen über dieses Modell. Die Diskussion führte zu neuen Modellen. Exemplarisch sind PROPOSAS (Albers, 1989), Horsky und Nelson (1992), TRINODAL (Keon, 1983) und DEFENDER (Hauser/Shugan, 1983).

PROPOSAS sucht die gewinnmaximale Position eines Neuprodukts. Ausgangspunkt ist ein mit MDS aus Ähnlichkeitsdaten ermittelter Imageraum, in dem existierende Marken und die Idealmarken abgebildet werden. In einem ersten Schritt wird in diesem Wahrnehmungsraum die absatzmaximale Position des Neuproduktes bestimmt. Zur Berücksichtigung der positionsabhängigen Stückdeckungsbeiträge wird ein zweiter Positionierungsraum erstellt, ein technischer Eigenschaftsraum, der Informationen über die positionsabhängigen Kosten und Erlöse der Marke liefert (Albers, 1989, S. 194). Zur Bestimmung der gewinnmaximierenden Position werden beide Positionierungskonzepte durch eine Transformationsfunktion verknüpft. Eine eindeutige Zuordnung technischer und psychologischer Eigenschaften ist jedoch selten möglich, da hinter einer psychologischen Eigenschaft mehrere technische Eigenschaften stehen können. Die Ermittlung der gewinnmaximalen Position erfolgt deshalb approximativ. Das Approximationsverfahren scheint die Aufgabe gut zu lösen.

Das Modell von Horsky & Nelson (1992) beruht auf der Annahme, dass bei Eigenschaften, denen die Präferenzfunktion „je mehr, desto besser“ zugrunde liegt, ein Zielkonflikt zwischen Nutzenmaximierung der Zielkunden und Kostenminimierung des Unternehmens besteht. Ziel dieses Modells ist daher die Ermittlung gewinnmaximierender Preis- und Eigenschaftskonzepte für hochpreisige, selten gekaufte Neuprodukte. Reaktionen der Konkurrenten werden durch eine Anwendung der Spieltheorie berücksichtigt. Der Dateninput besteht aus Eigenschaftsbeurteilungen und einer Präferenzrangfolge der Marken. Ziel ist zunächst die Schätzung von Marktanteilen. Um zur gewinnmaximalen Position zu gelangen, müssen abschließend die eigenschaftsabhängigen Kosten integriert werden. Die Schätzung der Kostenfunktion erfolgt über Informationen zu bestehenden Marken, was als wenig realitätsnah kritisiert wird. Das Modell hat noch weitere Schwachpunkte.

Ein anderes Ziel verfolgt Keon (1983) mit der Entwicklung von TRINODAL. Hier wird der Erfolg von Werbestrategien durch den Vergleich der Positionierungen von Werbeimages einerseits und der Marke andererseits untersucht. Es soll primär den Repositionierungsprozess einer Marke unterstützen, wird jedoch auch bei Neueinführungen angewendet. TRINODAL ermöglicht die Darstellung von Marken- und Werbe-Imagepositionen sowie Idealpunkten in einem Modell. Markenimagepositionen und Idealpunkte werden durch MDS ermittelt, Werbeimages aus Substituierbarkeitsdaten bei anonymisierten Werbemitteln. Grundgedanke ist, dass die Anzahl der richtigen Identifizierungen von Anzeigen als Indikator für die Distanz zu der betreffenden Marke verwendbar ist. Durch den Vergleich der Werbeimages mit den Produktimages sei erkennbar, ob eine Repositionierung anzuraten ist, und welche Zielposition ggf. anzustreben ist.

Mit DEFENDER haben Hauser & Shugan (1983) ein Modell entwickelt, das die Konkurrenzreaktionen auf den Eintritt einer neuen Marke beachtet. DEFENDER soll Entscheidungshilfen für den Einsatz der Marketinginstrumente als Antwort auf den Markteintritt eines neuen Wettbewerber zu geben. Das Modell ermittelt Positionen existierender Marken und der neu in den Markt getretenen Marke mittels FA. Zur Berücksichtigung des Preises werden die Marken in einem „per-Dollar-Marktraum" positioniert. Seine Dimensionen sind die Eigenschaften, welche die Zielkunden pro Geldeinheit beim Kauf einer bestimmten Marke zu erhalten meinen. Eine Positionsänderung der Marken kann somit über eine Änderung der Eigenschaftszusammensetzung oder über eine Preisänderung erreicht werden. DEFENDER beruht auf dem Idealvektorprinzip.

5. Wettbewerbs-Image-Struktur-Analyse WISA

5.1 Schwächen bisheriger Positionierungsmodelle

Die angeführten Positionierungsmodelle haben nach heutigem Wissen über Images und Zielkundenverhalten grundsätzliche Schwächen. Vor allem: dass alle Wettbewerbsmarken nach denselben Kriterien beurteilt werden, entspricht mehr einer restriktiven Theorie als der Praxis des Marketing. Tatsächlich profilieren sich Wettbewerber oft auf ganz unterschiedlichen Dimensionen. Der eine betont eine technische Innovation, der andere konditioniert seine Marke mit erotischen Emotionen, der dritte stellt den Preis heraus usw. Der starke Wettbewerb homogener Marken wird unterlaufen, indem die Marken psychisch vom Wettbewerb weg in eigenständige Dimensionen hineinbewegt werden.

Von einem gemeinsamen Imageraum im Wettbewerb kann in einem solchen Markt nicht die Rede sein. Herkömmliche Positionierungsmodelle können Alleinstellungspositionierungen schlecht abbilden, weil die betreffende Imagedimension für keine andere oder nur einige wenige andere Marken relevant ist. Die Wettbewerbsbeziehungen lassen sich nicht mehr durch einfache Distanzen im euklidischen Raum beschreiben.

Über diese Basiskritik hinaus ist die Restriktion der klassischen Modelle „keine Korrelation zwischen Imagedimensionen" unrealistisch. Es gibt komplexe Wirkungsbeziehungen zwischen Markenimages, Einstellungen und Verhalten, die in Positionierungsmodellen nicht vernachlässigt werden sollten.

5.2 Anforderungen an wettbewerbsorientierte Positionierungsmodelle

Folgende über klassische Verfahren hinausgehende Anforderungen sind an eine realistisch modell- und analytisch gestützte wettbewerbsorientiertes Imagestruktur-Analyse (WISA) zu stellen:

- *Wettbewerbsorientierung:* Auf den ersten Blick beziehen zwar traditionelle Positionierungsstudien den Wettbewerb mit ein, denn Wettbewerbermarken werden mitpositioniert. Für die strategische Planung muss aber über solche globalen Wettbewerbspositionen hinaus im einzelnen bekannt sein, welche Beziehungen zwischen bestimmten Wettbewerber-Imagemerkmalen bestehen und wie sie zur Stärkung der eigenen Wettbewerbsposition verändert werden können.
- *Positioning:* Image-Wettbewerbspotentiale werden nicht auf allen Imagedimensionen zugleich aufgebaut, sondern auf einer oder wenigen Dimensionen, die im Rahmen der Strategie dazu bestimmt wurden. Im Extremfall muss ein Positionierungsmodell die eindimensionale Markenprofilierung auf einer eigenen, einzigartigen Dimension abbilden.
- *Differenzierung:* Eine Imagedimension muss nicht bei allen Marken dieselbe Relevanz haben, wie es klassische Positionierungsmodelle unterstellen. Die relevanten Wettbewerbseffekte müssen jedoch in ihrer wechselseitig differenzierten Bedeutung erfasst werden.
- *Querwirkungen:* Eigenschaften einer Marke beeinflussen nicht nur die eigene Erfolgsposition, sondern auch den Erfolg und Misserfolg von Wettbewerbermarken. Diese Wettbewerbswirkungen müssen durch ein Positionierungsmodell abgebildet werden. Insbesondere sollten Einflüsse von Imagemerkmalen einer Marke auf Einstellungen und Kaufintentionen auch zu anderen Marken abgebildet und geschätzt werden.

- *Entscheidungsunterstützung:* Folgende Fragen sollen beantwortet werden:
    1. Welche eigenen Imagemerkmale sind bisher die Erfolgsfaktoren?
    2. Welche Wettbewerber-Imagemerkmale sind deren Erfolgsfaktoren?
    3. Wie interagieren konkurrierende Wettbewerbs-Image-Positionen?
    4. Welche Umpositionierung könnte einen Wettbewerbsvorteil bringen?
    5. Wie werden Wettbewerber – mit welchem Erfolg – darauf reagieren?
- *Zukunftsorientierung:* Die beiden letztgenannten Fragen verlangen Zukunftsaussagen. Strategische Prognosen komplexer Systeme wie das einer Marktstruktur sind zwar unmöglich und können nicht das Ziel sein, wohl aber realistisch gestützte Zukunftsanalysen für strukturierte und nachvollziehbare Strategiediskussionen. Zwar stammen die Daten einer Positionierungsanalyse aus Gegenwart und Vergangenheit, aber sie dienen als Entscheidungshilfen für Positionierungsstrategien. Ein brauchbares Modell sollte entsprechende Auswirkungs- und Zukunftsanalysen ermöglichen, etwa in Form von simulativen What-if-Analysen.

5.3 Realisierung

Diese komplexen Fragen können mit Hilfe der WISA (Wettbewerbs-Image-Struktur-Analyse) kausalanalytisch beantwortet werden. WISA versucht, den praktischen Bedarf an vernetzter Information für komplexe strategische Entscheidungen zu erfüllen. Sie orientiert sich an den Realitäten des Käuferverhaltens, indem sie den Imagewettbewerb in den Köpfen der Zielkunden abbildet. Daher werden bei einer WISA (wie allerdings auch schon bei einigen der oben beschriebenen Modelle) zunächst die Consideration-sets der Zielgruppen erhoben.

Wie Einstellungen von heute das Verhalten von morgen prägen, so prägen Imagepositionen von heute Marktanteile von morgen. Zukunftsorientierung liefert die WISA durch eine potentialorientierte Abbildung strategischer Imagedimensionen und durch ein Simulationstool, mit dem computergestützt What-if-Analysen für potentielle Positionierungsstrategien während der Strategiesitzung durchgespielt werden können.

Im Gegensatz zu herkömmlichen Positionierungsmodellen kann WISA auch eine eindimensionale Markenprofilierung auf einer eigenen, einzigartigen Dimension abbilden. Ferner wird über globale Wettbewerbsrelationen hinaus untersucht, welche Beziehungen zwischen bestimmten Wettbewerber-Images bestehen und wie sie zur Stärkung der eigenen Wettbewerbsposition verändert werden können. Das zeigt vereinfacht (noch ohne Wechselwirkungen zwischen den Imagekomponenten) Abbildung 3.

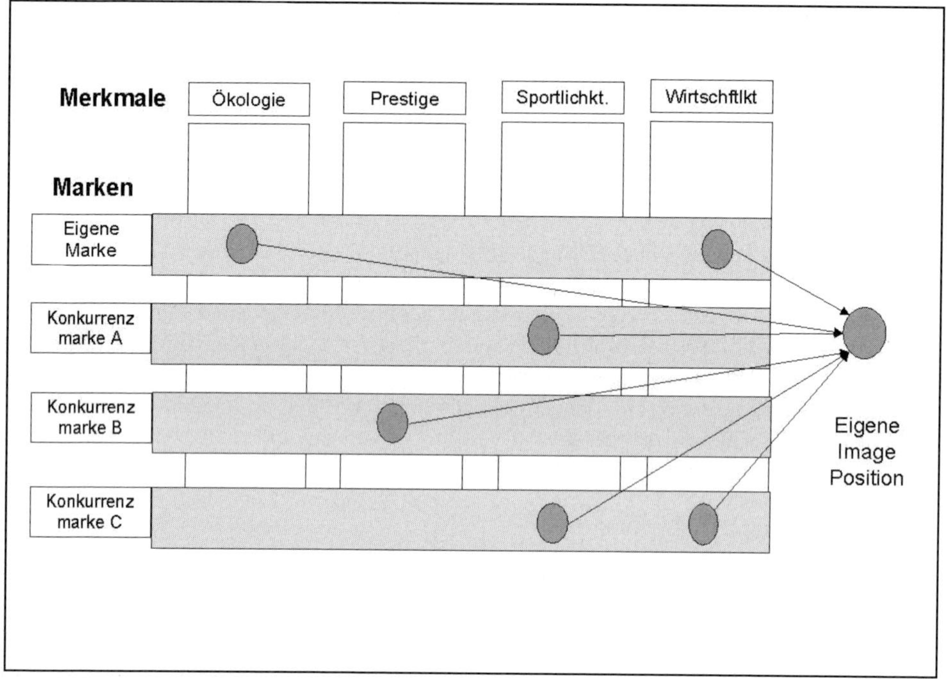

Abbildung 3: WISA - fiktives Beispiel

Die WISA wird der Tatsache gerecht, dass eine Imagedimension nicht bei allen Marken die gleiche Relevanz hat, indem sie alle relevanten Wettbewerbseffekte einzeln, aber auch in ihrem Zusammenwirken, analysiert und somit in ihrer wechselseitig differenzierten Bedeutung erfasst. Sie bildet auch die praktisch wichtigen Wettbewerbswirkungen von Imagekomponenten einer Marke auf Imagekomponenten, Einstellungen und Kaufabsichten einer anderen Marke ab, wie das nachstehend abgebildete Teilergebnis einer WISA-Studie im Automarkt zeigt.

Die Pfade des WISA-Kausalmodells können als Effektstärken des Imagewettbewerbs interpretiert werden. Sie beantworten die Frage, wie stark bedeutsame eigene und fremde Wettbewerbspositionen auf den Erfolg jeder Marke wirken und drücken für alle konkurrierenden Marken und alle wettbewerbsrelevanten Dimensionen wechselseitige Wettbewerbsintensitäten aus.

Die Auswertung einer WISA kann notfalls konventionell durch multiple Faktorenanalyse und anschließende Regressionsanalyse erfolgen oder – valider und anspruchsvoller – durch linearstrukturelle Strukturgleichungsanalyse (z.B. mit LISREL). Dabei werden die Kausalstruktur (Einfluss eigener und fremder Imagemerkmale auf das Wettbewerbspotential) und die Gültigkeit der Operationalisierungen der Imagemerkmale (Items) simultan geschätzt und getestet (vgl. Abbildung 4).

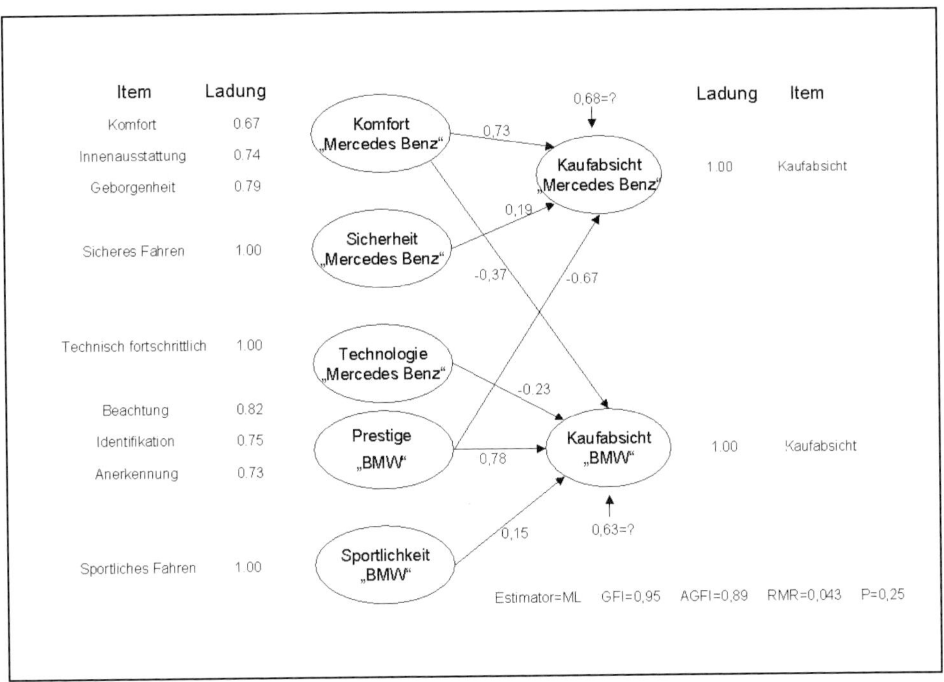

Abbildung 4: Wettbewerbs-Image-Teilstruktur im Premium-Pilsmarkt

Das Ergebnis ist ein bestmögliches Einflussmodell, welches das Erfolgspotential einer Marke aus wenigen wettbewerbsentscheidenden Einflüssen eigener und konkurrierender Imagemerkmale erklärt. Somit erhält der Entscheider Aufschluss über die eigenen und die von Wettbewerbern kontrollierten Image-Erfolgsfaktoren und regt damit konkrete, wettbewerbsstrategische Maßnahmen an. Zum Beispiel kann der Marktforscher, ausgehend von der zukünftigen Positionierung in den Köpfen der Zielkunden und den Positionen des Wettbewerbs, die Features eines neu zu entwickelnden Produktes vorschlagen und damit zum Schnittstellenmanagement zwischen Marketing und F&E sowie so zur Innovationsmarktforschung beitragen.

Die Ergebnisse der WISA sind als Abbild der gegenwärtigen Marktsituation Grundlage der weiteren Entwicklung einer Marke. Die Analyseergebnisse können zur Strategieableitung als Input für **W**hat-**I**f-Analysen (WISA-WI) verwendet werden. Durch Simulation von Positionierungsstrategien werden die voraussichtlichen Konsequenzen von erwogenen Positionierungskonzepten aufgezeigt. Dieses Vorgehen ersetzt nicht, aber unterstützt und versachlicht notwendige Strategiediskussionen. Einzelheiten zur Anwendung der WISA- und WISA-WI-Methodik finden sich bei Trommsdorff (1995), Trommsdorff/Zellerhoff (1994), Weber (1995), Harms (1998) und Paulssen (1999). Der Autor gibt auf Anfrage gern weitere Informationen.

6. Vergleich exemplarischer Positionierungsmodelle

Abschließend sollen die in diesem Beitrag erwähnten Positionierungsmodelle nach für den Anwender wichtigen Kriterien verglichen werden (Tabelle 2).

	PERCEPTOR	PROPOSAS	HORSKY & NELSON	TRINODAL	DEFENDER	WISA(WI)
Zielsetzung	Bewertung von Produktzufriedenheit und Marketingkonzepten bei Neuprodukten und Relaunches	Bestimmung eines gewinnmaximalen Produktkonzepts	Bestimmung eines gewinnmaximalen Produktkonzepts unter Einbeziehung der Konkurrenz	Überprüfung von Werbestrategien und Unterstützung bei Repositionierung	Marketingstrategien für existierende Produkte bei Einführung einer neuen Wettbwerbsmarke (Verteidigungsstrategien)	Erfassung der Einflüsse von eigenen und Wettbewerber-Imagekomponenten (auch USPs) auf Erfolg; Strategiefolgeabschätzung
Zielgröße	Marktanteil	Gewinn	Gewinn	Werbeprofil	Absatzmenge	Marktanteil
Dateninput	Eigenschaftsratings oder Ähnlichkeitsurteile	Ähnlichkeiten und ordinale Präferenzen	Präferenzen und Eigenschaftsratings	Ähnlichkeiten, Substituierbarkeit, Präferenzen	Eigenschaftsratings	Eigenschaftsratings und Präferenzen
Verfahren	Faktorenanalyse oder MDS	MDS	Nutzenfunktion, ähnlich CA, MDS, und Faktorenanalyse	MDS	Faktorenanalyse	LISREL und vorlaufende multivariate Analysen, Simulation
Bestimmung der Positionen	Faktorenwerte oder euklidische Distanzen	Euklidische Distanzen	Nutzenwerte	Euklidische Distanzen, Distanz Werbeimages	Faktorwerte	Kausale Image-Zusammenhänge
Idealmodell	Idealpunktmodell	Idealpunktmodell	Idealvektormodell	Idealpunktmodell	Idealvektormodell	Keine Idealvorstellungen
Merkmalsgewichtung	Gleichgewichtung	Flexible Gewichtung	Flexible Gewichtung	Gleichgewichtung	Flexible Gewichtung	Sehr flexible Gewichtung
Berücksichtigung von Marktheterogenität	Bildung homogener Untergruppen	Unterschiedliche Idealpunkte	In der Nutzenfunktion	Unterschiedliche Idealpunkte	Considerati-on-sets und Präferenzfunktion	Considerati-on-sets und Präferenzfunktion

Tabelle 2: Tabellarischer Vergleich von Positionierungsmodellen

7. Literatur

ALBERS, S., Gewinnorientierte Neuproduktpositionierung in einem Eigenschaftsraum, Zeitschrift für betriebswirtschaftliche Forschung, 1989, S. 186-209.

BACKHAUS, K./ERICHSON, B./PLINKE, W./WEIBER, R., Multivariate Analysemethoden, 11. Aufl., Berlin u.a. 2006.

BAUER, H. H., Marktabgrenzung, Berlin 1989.

CARPENTER, G. S./NAKAMOTO, K., Consumer Preference Formation and Pioneering Advantage, in: Journal of Marketing Research, 1989, S. 285-298.

CARPENTER, G. S./NAKAMOTO, K., Reflections on Consumer Preference Formation and Pioneering Advantage, in: Journal of Marketing, 1994, S. 570-573.

CHANG, J. J./CARROLL, J. D., How to use PROFIT, a Computer Program for Property Fitting by Optimizing Nonlinear or Linear Correlation, Bell Telephone Laboratories, Murray Hill, N.J 1969.

ESCH, F.-R./ANDRESEN. T., 10 Barrieren für eine erfolgreiche Markenpositionierung und Ansätze zu deren Überwindung, in: Tomczak, T./Rudolph, T./Roosdorp, A., (Hrsg.), Positionierung – Kernentscheidung des Marketing, St. Gallen 1996, S. 78-94.

ESCH, F.-R., Markenpositionierung als Grundlage der Markenführung, in: Esch, F.-R., (Hrsg.), Moderne Markenführung, Wiesbaden 1999, S. 233-265.

HAEDRICH, G./TOMCZAK, T., Strateghische Markenführung, Bern, Stuttgart 1990.

HARMS, B., Unterstützung strategischer Entscheidungen in der Imagepositionierung mit Hilfe simulationsgestützter WHAT-if-Analysen, Dissertation TU Berlin 1998.

HAUSER, J. R./SHUGAN, S. M., Defensive Marketing Strategies, Marketing Science, 1983, S. 319-360.

HERRMANN, A., Produktswahlverhalten, Stuttgart 1992.

HORSKY, D./NELSON, P., New Brand Positioning and Pricing in an Oligopolistic Market, Marketing Science, 1992, S. 133-153.

KEON, J. W., TRINODAL Mapping of Brand Images, Ad Images, and Consumer Preference, Journal of Marketing Research, 1983, S. 380-392.

MEDIN, D./GOLDSTONE, R./GENTNER, D., Respects for Similarity, in: Psychological Review, 1993, S. 254-278.

PAULSSEN, M., Individual Goal Hierarchies as Antecedents of Market Structure, Diss. TU Berlin 1999.

RIES, A./TROUT, J., Positioning, New York 1993.

TOMCZAK, T./ROOSDORP, A., Positionierung – Neue Herausforderungen verlangen neue Ansätze, in: Tomczak, T./Rudolph, T./Roosdorp, A., (Hrsg.), Positionierung – Kernentscheidung des Marketing, St. Gallen 1996, S. 26-42.

TROMMSDORFF, V./ZELLERHOFF, C., Produkt- und Markenpositionierung, in: Bruhn, M., (Hrsg.), Handbuch Markenartikel, Band 1, Stuttgart 1994.

TROMMSDORFF, V., Positionierung, in: Tietz, B., (Hrsg.), Handwörterbuch des Marketing Bd. 4., 2. Aufl., 1995, Sp. 2055-2068.

TROMMSDORFF, V., Konsumentenverhalten, 6. Aufl., Stuttgart 2004.

TROMMSDORFF, V./PAULSSEN, M, Messung und Gestaltung der Markenpositionierung, in: Esch, F.-R., (Hrsg.), Moderne Markenführung, Wiesbaden 1999, S. 1069-1088.

URBAN, G. L., PERCEPTOPR: A Model for Produkt Positioning, Management Science, 1975, 858-871.

WEBER, G., Vernetztes Denken in der strategischen Marktforschung, Dissertation TU Berlin 1995.

Der Autor dankt besonders Andrea Bookhagen und Constanze Hess für ihre Mitwirkung.

Sönke Albers

Optimale Auswahl von Produkteigenschaften

1. Einleitung

Produkte und Dienstleistungen kann man einerseits als ganzheitliches Angebot oder als Bündel von Produkteigenschaften auffassen. Im ersteren Fall verstehen wir ein Produkt als Marke mit einem bestimmten ganzheitlichen Design und Image. Die Gestaltung einer Marke und die Messung seines Wertes sind in den Beiträgen von Esch und Sattler in diesem Handbuch ausführlich beschrieben. Will man sich konkret mit der Gestaltung von Produkten oder Dienstleistungen beschäftigen, so sollte man diese in ihre Eigenschaften dekomponieren, deren Ausprägungen man zu einer Vielzahl unterschiedlicher Produkte und Dienstleistungen bündeln kann (Brockhoff 1999, S. 13). Bei einem solchen Verständnis geht es nicht um die Entwicklung völlig neuartiger Produkte, sondern um das Auffinden neuer Kombinationen von Eigenschaftsausprägungen, die vom Markt oder einzelnen Segmenten besser nachgefragt werden als bisher verfügbare Kombinationen. Eine solche Analyse setzt zwingend voraus, dass die Eigenschaften, die eine bestimmte Produktklasse beschreiben, bereits bekannt und etabliert sind. Ein Notebook wird z.B. nach solchen Eigenschaften wie interner Speicherplatz (256 Mega RAM), Prozessorgeschwindigkeit (850 MHz), Größe der Festplatte (6,4 Gigabyte), Bildschirmgröße (17 Zoll) und Gewicht (2,5 Kilogramm) beurteilt. Dagegen steht der Preis, den man auch als eine Eigenschaft auffassen kann. In ähnlicher Weise könnte man bei einem Industriegut wie einer Flaschenabfüllanlage solche Eigenschaften wie Kapazität gemessen in Flaschen pro Minute, Anzahl verarbeitungsfähiger Flaschenformate, Kompatibilität mit vor- und nachgelagerten automatisierten Prozessen, Wartungskosten, Schulungsaufwand und Reparatur- bzw. Ersatzteilservice heranziehen. Die Vorstellung besteht nun darin, dass die Ausprägungen dieser Eigenschaften bei den Nachfragern präferenzbildend sind und damit über die erzielbare Absatzmenge entscheiden.

Schwieriger wird es, wenn die Eigenschaften nicht aus objektiven Eigenschaften, wie eben dargestellt, bestehen, sondern erst festgestellt werden muss, welche Eigenschaftsdimensionen der Nachfrager wahrnimmt und wie dann Produkte in diesem wahrgenommenen Eigenschaftsraum positioniert sind (siehe dazu auch den Beitrag von Trommsdorff in diesem Handbuch). Dann besteht für ein Unternehmen, das ein optimales Bündel von Eigenschaftsausprägungen auswählen möchte, das Problem darin, dieses nach Maßgabe von objektiven, meist technisch determinierten Eigenschaften festzulegen, dabei aber zu berücksichtigen, dass der Nachfrager nicht nach objektiven Eigenschaftsausprägungen, sondern nach seinen Wahrnehmungen entscheidet. Kennt man nun die Wirkungen der Eigenschaften auf die Präferenz und schließlich die Absatzmenge, so kann man unter Beachtung des Wettbewerbsverhaltens und der mit den einzelnen Produkteigenschaftsbündeln zu erzielenden Stückdeckungsbeiträge ein deckungsbeitragsmaximales Bündel von Eigenschaftsausprägungen auswählen. Die soweit beschriebenen Zusammenhänge sind in Abb. 1 grafisch dargestellt.

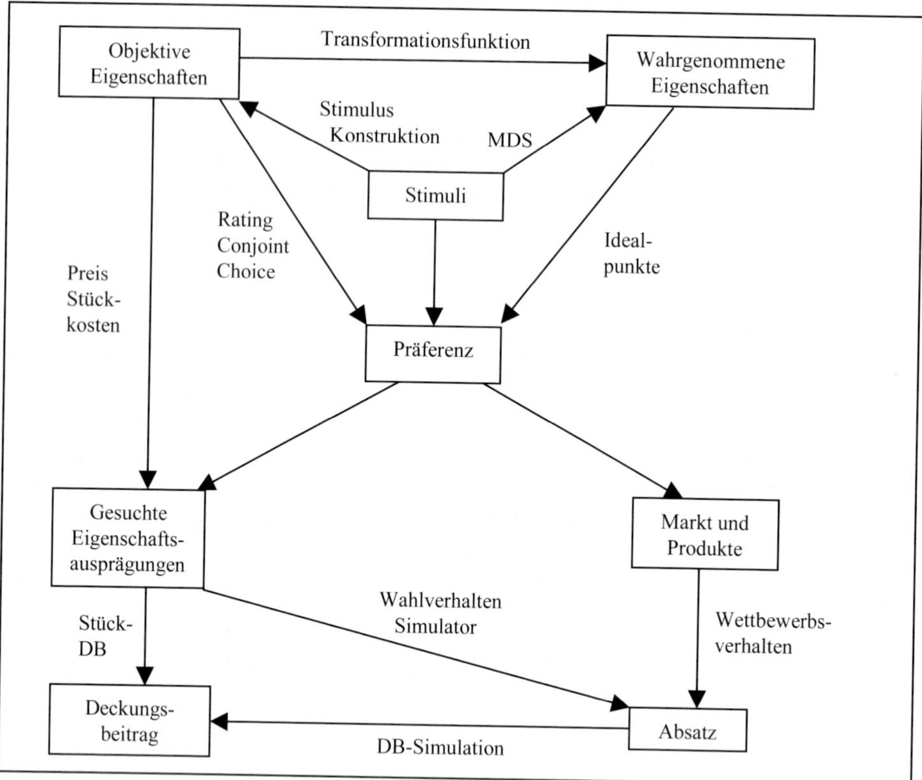

Abbildung 1: Planungskomponenten bei der optimalen Auswahl von Produkteigenschaften

Die in Abb. 1 dargestellten Zusammenhänge dienen gleichzeitig zur inhaltlichen Gliederung dieses Beitrages. Da es im Marketing nicht darauf ankommt, welche Eigenschaften ein Produkt tatsächlich hat, sondern wie der Nachfrager ein Produkt wahrnimmt, soll im zweiten Abschnitt zunächst dargestellt werden, wie man den Raum der wahrgenommenen Eigenschaften und die Positionen der existierenden Produkte darin ermitteln kann. Dieser Abschnitt ist insbesondere für die Anwendung auf Konsumgüter von Bedeutung. In einem dritten Abschnitt sollen die Probleme der Auswahl für die Planung heranzuziehender objektiver Eigenschaften behandelt werden, d.h. wie viele der Eigenschaften mit welcher Spanne von Ausprägungen explizit berücksichtigt werden sollen. Wenn man es sowohl mit wahrgenommenen als auch mit objektiven Eigenschaftsdimensionen zu tun hat, so stellt sich das Problem, welche funktionale Beziehung zwischen beiden besteht. Im vierten Abschnitt werden deshalb geeignete Transformationsfunktionen diskutiert.

In den nächsten beiden Abschnitten wird sowohl auf der Basis von wahrgenommenen als auch von objektiven Eigenschaften beschrieben, wie man Präferenzfunktionen von Nachfragern in Abhängigkeit von diesen Eigenschaften bestimmen kann. In einem wahrgenommenen Eigenschaftsraum bestimmt man dazu üblicherweise die Positionen von Idealpunkten, was detaillierter im fünften Abschnitt dargestellt wird. Will man direkt eine Präferenzfunktion in Abhängigkeit von objektiven Eigenschaften ermitteln, so bestimmt man in der Regel Teilnutzenfunktionen, mit denen die Nutzenbeiträge einzelner Eigenschaftsausprägungen angegeben werden. Dazu wird üblicherweise das Instrument der Conjoint-Analyse eingesetzt, wofür sehr viele unterschiedliche Varianten vorgeschlagen worden sind. Die für den Produktmanager besonders relevanten Verfahren werden im sechsten Abschnitt diskutiert.

Hat man einmal die Präferenzfunktionen für individuelle Nachfrager oder für Segmente, so stellt sich das Problem, wie sich diese Präferenzen in Marktanteile und Absatzmengen sowie schließlich in Deckungsbeiträge übersetzen. Dazu braucht man zunächst einen sogenannten Choice-Simulator, mit dem bestimmt werden kann, mit welcher Wahrscheinlichkeit ein Nachfrager ein bestimmtes Produkt in Abhängigkeit von den Produkteigenschaften wählt. Daraus kann man dann im Aggregat Marktanteile ableiten. Die Ausgestaltung solcher Choice-Simulatoren wird ausführlich im siebten Abschnitt diskutiert. Marktanteile kann man nur bestimmen, wenn man auch das Wettbewerbsverhalten berücksichtigt. Im achten Abschnitt wird deshalb dargestellt, welche Auswirkungen konkurrierende Produkte auf den Marktanteil haben und welche Reaktion man von Wettbewerbern auf neueingeführte Produkte zu erwarten hat. Insbesondere wird dabei auf das in der Theorie häufig verwendete Nash-Theorem eingegangen. Ist der Markt sinnvoll eingegrenzt und kennt man sein gesamtes Volumen, so kann man auch die Absatzmenge bestimmen. Wie man auf der Basis dieser Informationen zu erlösmaximalen Bündeln von Produkteigenschaftsausprägungen kommt, wird im neunten Abschnitt gezeigt. Eigentlich sollte das Ziel in einer Deckungsbeitragsmaximierung bestehen, so dass auch diskutiert wird, welche Kostenwirkungen von der Wahl bestimmter Produkteigenschaftsausprägungen ausgehen und wie der Preis in geeigneter Weise in die optimale Auswahl von Produkteigenschaftsausprägungen eingeht.

2. Wahrgenommener Eigenschaftsraum

Wahrgenommene Eigenschaften sind nicht direkt beobachtbar, sondern müssen geeignet hergeleitet werden. Dazu sind bisher in der Literatur zwei grundsätzliche Wege vorgeschlagen worden. Der erste Weg verwendet Urteile zur Ähnlichkeit von existierenden Produkten und schließt daraus auf Positionen in einem Eigenschaftsraum. Bei dem zweiten Weg werden Urteile über die Ausprägungen vieler Eigenschaften erhoben und dann zu den dahinter stehenden Wahrnehmungsdimensionen verdichtet.

Der erste Weg der Erhebung von globalen Ähnlichkeitsurteilen und Positionierung der Produkte in einem Eigenschaftsraum mit Hilfe der Multidimensionalen Skalierung ist bereits seit den sechziger Jahren bekannt und wird seitdem angewandt. Die Idee besteht darin, dass die subjektiv wahrgenommenen Ähnlichkeiten von Produkten möglichst gut räumlich durch Distanzen zwischen den Produkten in einem Eigenschaftsraum reproduziert werden. Bereits in den sechziger Jahren standen dafür verschiedene eigenständige

Programme zur Verfügung (Kruskal 1964, Torgerson 1965). Heute sind entsprechende Verfahren in bekannten Statistik-Programmpakten, wie z.B. SPSS, implementiert. Einen Vergleich der heute verfügbaren Programme geben Bijmolt/Wedel (1999).

Die resultierenden Eigenschaftsräume sind kontinuierlicher Art. Wie man unschwer erkennen kann, bestehen grundsätzlich unendlich viele Möglichkeiten der Positionierung von Produkten. Insofern lassen sich die Koordinaten der einzelnen Produkte um so präziser und reliabler bestimmen, je größer die Anzahl der zu positionierenden Produkte und damit die Anzahl der erhobenen Ähnlichkeitsurteile ist. Auf der anderen Seite nimmt mit zunehmender Anzahl von Produkten die Gefahr zu, dass die Befragten wegen der Befragungsdauer nicht mehr bereit sind, an einer solchen Befragung teilzunehmen, oder kognitiv nicht mehr in der Lange sind, wirklich differenzierte Ähnlichkeitsurteile in verlässlicher Weise abgeben zu können. Insofern hat sich in praktischen Anwendungen ein Intervall von 10 bis 18 zu berücksichtigenden Produkten als sinnvoll herausgestellt.

Die Erfragung der Ähnlichkeiten kann in unterschiedlicher Weise erfolgen. Zum einen kann man alle Paare von Produkten auf einer Rating-Skala nach ihrer wahrgenommenen Ähnlichkeit beurteilen lassen. Während dies bei 10 Produkten mit (10-1)*10/2 = 45 Urteilen noch überschaubar ist, ergeben sich bei 18 Produkten mit (18-1)*18/2 = 153 Produktpaaren schon sehr viele Urteile. Erhebt man dagegen die Ähnlichkeit über Rating-Skalen, so besteht das Problem darin, dass die Anzahl der Skalenpunkte darüber entscheidet, inwieweit die Ähnlichkeiten ausdifferenziert werden können. Bei einer 7er-Skala können eben nur 7 Klassen von Ähnlichkeiten vorkommen, was die eindeutige Positionierung von Produkten sehr stark beeinträchtigt. Insofern hat man auch häufig versucht, die Ähnlichkeiten aller Paare in einer Rangfolge zu erfragen, wobei man allerdings festgestellt hat, dass dann die Befragten zur Kategorisierung neigen (Johnson/Lehmann/Horne 1990). Außerdem muss man eingestehen, dass komplette Rangfolgen für z.B. 153 Produktpaare völlig undenkbar sind. Insofern hat sich insbesondere die sogenannte Ankerpunktmethode als sinnvolle Erhebungsmethode herausgestellt. Bei dieser Methode bekommt der Befragte eine Matrix vorgelegt, in der die Produkte sowohl in den Zeilen als auch in den Spalten auftauchen. In den Spalten ist das Ankerprodukt angegeben, zu dem alle anderen Produkte hinsichtlich ihrer Ähnlichkeit in eine Rangfolge zu bringen sind, d.h. man gibt dann in der Spalte die Rangplätze der Produkte an. Wenn man dies für alle Spalten durchgeführt hat, liegen genügend Urteile vor, um eine multidimensionale Skalierung durchführen zu können (s. Abb. 2).

Ein weiteres grundsätzliches Problem besteht in dem zu wählenden Aggregationsniveau. Soweit beschrieben, hat man individuelle Urteile von potentiellen Nachfragern erfragt. Aus der Sicht des Unternehmens, das optimale Produkteigenschaftsausprägungen auswählen möchte, würde sich jedoch ein sehr kompliziertes Problem ergeben, wenn es mit verschiedenen Eigenschaftsräumen zu tun hätte. Glücklicherweise hat sich herausgestellt, dass Nachfrager in aller Regel bezüglich ihrer Wahrnehmungen relativ homogen sind und sich nur in ihren Präferenzen unterscheiden. Insofern besteht die Aufgabe darin, aus den individuellen Urteilen auf einen gemeinsamen wahrgenommenen Eigenschaftsraum zu schließen.

	Achille Lauro	Ausonia	Berlin	Dimitri Schostakovich	Eugenio C.	Europa	Estonia	Fedor Schaljapin	Ivan Franko	Kazakhstan	Maxim Gorki	Mermoz	Odessa	Romanza	Vistafjord
Achille Lauro	■					8									
Ausonia		■				9									
Berlin			■			3									
Dimitri Schostakovich				■		14									
Eugenio C.					■	5									
Europa						■									
Estonia						13	■								
Fedor Schaljapin						11		■							
Ivan Franko						12			■						
Kazakhstan						6				■					
Maxim Gorki						2					■				
Mermoz						4						■			
Odessa						7							■		
Romanza						10								■	
Vistafjord						1									■

Abbildung 2: Beispiel für Ankerpunktmethode

Dazu kann man die erhobenen Wahrnehmungsurteile entweder direkt auf Mittelwerte oder Mediane reduzieren und auf diese dann die Multidimensionale Skalierung anwenden. Eine Reihe von Verfahren lässt es aber auch zu, dass man zunächst alle individuellen Einzelurteile in die Analyse eingehen lässt und dann nach gemeinsamen Produktpositionen sucht, die über alle Befragten hin die Ähnlichkeitsurteile möglichst gut reproduzieren. Dabei muss man nur beachten, dass der Fit, den man in der Multidimensionalen Skalierung mit dem Stress misst, bei einer solchen Analyse wesentlich schlechter ausfällt, als wenn man die Urteile von vornherein gemittelt hätte.

Ein alternativer Weg besteht darin, die subjektiv wahrgenommenen Eigenschaften von Produkten direkt in möglichst vielen Aspekten zu erheben. Da ein Nachfrager nicht alle diese Eigenschaften in seinen Kalkül einbeziehen kann, besteht die Aufgabe darin, die Daten zu einzelnen vorgegebenen Eigenschaften auf grundlegende Wahrnehmungsdimensionen zurückzuführen. Dies kann man mit Hilfe der Faktorenanalyse durchführen. Man erhält dann eine Matrix von Faktorladungen, aus denen man auf die Zusammengehörigkeit einzelner Eigenschaften schließen kann.

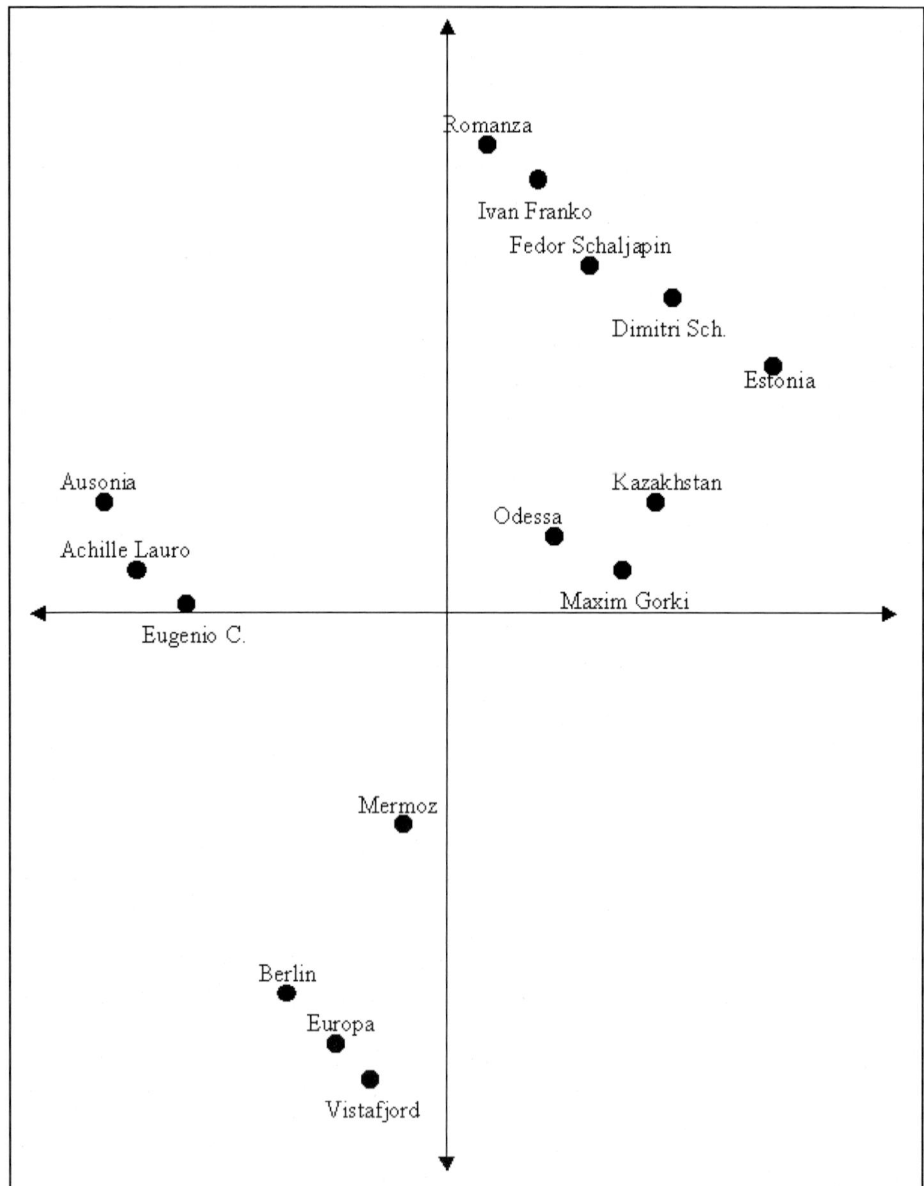

Abbildung 3: Wahrgenommener Eigenschaftsraum mit Positionen real existierender Produkte

Man kann nun über die Bestimmung von Faktorwerten die Ausprägungen der einzelnen wahrgenommenen Eigenschaftsfaktoren pro Person bestimmen. Auch hier stellt sich das Problem, dass man mit individuellen Wahrnehmungen nicht sinnvoll weiterarbeiten kann, so dass dann die Faktorwerte über die einzelnen Personen zu aggregieren sind, indem man den Mittelwert oder Median bestimmt. Einen Vergleich beider Methoden liefern Hauser/Koppelman (1979). Ein Beispiel für einen resultierenden Eigenschaftsraum mit Positionen real existierender Produkte gibt Abb. 3.

Die hier vorgestellten Methoden sind ausführlich bezüglich ihrer Reliabilität und Validität untersucht worden (Malhotra 1987, Malhotra/Jain/Pinson 1988). Dabei hat man immer wieder herausgefunden, dass Eigenschaftsräume bei einer genügend großer Anzahl von Produkten verlässlich bestimmt werden können. Vergleicht man die beiden hier vorgestellten Methoden, so besitzt die Multidimensionale Skalierung den Vorteil, dass man keine einzelnen Eigenschaften vorgeben muss, so dass sich die Wahrnehmungsdimensionen ausschließlich aus globalen Ähnlichkeitsurteilen herleiten und man bedeutende Eigenschaften nicht übersehen kann. Allerdings braucht man hier eine genügend große Anzahl von Produkten, um zu verlässlichen Urteilen zu kommen. Bei der Faktorenanalyse dagegen ist man nicht unbedingt auf eine hohe Anzahl von Produkten angewiesen. Hier müssen nur als Objekte genügend Personen mit Urteilen zu Produkten vorliegen. Dafür besteht allerdings die Gefahr, dass man einzelne bedeutende Eigenschaften übersieht und durch die Aufnahme von Eigenschaften in die Faktorenanalyse implizit die resultierende Faktorstruktur beeinflusst.

3. Objektiver Eigenschaftsraum

Entscheidungen über Positionen in einem Wahrnehmungsraum sind zwar erforderlich, um Nachfrager gemäß ihren Wahrnehmungen beeinflussen zu können, doch muss das Unternehmen neben diesen eher kommunikativen Elementen auch die Eigenschaften der anzubietenden Produkte und Dienstleistungen in technischer Hinsicht festlegen. Da die Ausprägungen solcher Eigenschaften objektiv messbar sind, spannen sie den sogenannten objektiven Eigenschaftsraum auf. Es gibt jedoch auch viele Produkte und Dienstleistungen, bei denen die Aspekte der Wahrnehmung eine untergeordnete Rolle spielen. Dies ist z.B. bei Bürogeräten, einigen Dienstleistungen und industriellen Produkten der Fall. Bei einem Fotokopiergerät oder einem Bildschirmprojektor schauen die Beschaffer in aller Regel auf die objektiv messbaren technischen Eigenschaften. Bei Bank- und Versicherungsleistungen spielen der Leistungsumfang, die Länge der Servicestunden und vor allem die Preise, alles objektiv messbare Eigenschaften, eine Rolle. Bei einem Baufahrzeug spielen die Einsatzmöglichkeiten, die Betriebskosten, eventuelle Reparatur- und Wartungskosten sowie der Preis eine Rolle. Insofern wird bei diesen Produkten versucht, direkt eine Beziehung zwischen der Präferenz und den Eigenschaftsausprägungen herzustellen.

Wenn man die Eigenschaften festlegen will, die man für die Bildung einer Präferenzfunktion verwenden will, steht man vor dem Problem, abzuschätzen, inwieweit von dieser Auswahl Einflüsse auf die Präferenzbildung ausgehen. Zunächst einmal steht man aber vor dem Dilemma, dass Befragte meist mehr als 6 Eigenschaften nicht mehr gegeneinander abwägen können (Green/Srinivasan 1990, S. 8), was in aller Regel Vorerhebungen der Bedeutung von Eigenschaften erfordert. Grundsätzlich besteht dabei die Gefahr, dass man wichtige Eigenschaften von vornherein übersieht. Zusätzlich tritt das Problem auf, dass Nachfrager unterschiedliche Präferenzen für Eigenschaften und Eigenschaftsausprägungen haben. Die für einen Nachfrager ermittelten wesentlichen Eigenschaften müssen nicht auf einen anderen zutreffen. Auf der anderen Seite braucht das Unternehmen einen gemeinsamen Eigenschaftsraum, um sinnvolle Entscheidungen treffen zu können. Als Folge muss man sich entweder auf die für die Mehrheit der Befragten wichtigsten Eigenschaften verständigen oder individuell Urteile zu Eigenschaftsausprägungen je nach individueller Bedeutung erheben und später dann aggregiert zusammenführen (Boecker/Schweikl 1988).

Ist es nicht möglich, die Eigenschaften auf eine Anzahl von 6 oder weniger zu reduzieren, so sind spezielle Designs erforderlich, mit denen der Prozess des Abwägens erfasst werden kann. Dazu zählt das hierarchische Design, bei dem man technische Eigenschaften zu einigen wenigen Faktoren verdichtet, deren globale Ausprägungen mit bestimmten technischen Eigenschaftsausprägungen der dahinter stehenden Eigenschaften verbunden sind (Louviere/Gaeth 1987). Dann kann man zunächst den Abwägprozess auf der Basis der Faktoren erheben, um zusätzlich eine Ebene darunter Designs mit aggregierten Eigenschaftsfaktoren und disaggregierten Eigenschaften zu gestalten. Man kann auch sogenannte Brückendesigns gestalten, bei denen immer Submengen von Eigenschaften herausgesucht werden, deren Eigenschaftsausprägungskombinationen beurteilt werden müssen, wobei wenigstens eine Eigenschaft in allen Submengen gleichermaßen enthalten ist und dann als Brücke für die Designs dient (Green/Srinivasan 1990, S. 9). Nach meinen Erfahrungen gelingt das solange gut, wie die Brückeneigenschaft subjektiv als wichtig eingeschätzt wird. Schließlich werden noch Hybride Verfahren angeboten, die direkte Urteile zur Präferenz von Eigenschaftsausprägungen mit dem Prozess des Abwägens zwischen Alternativen kombinieren (Green 1984).

Viel Aufmerksamkeit hat die Problemstellung erfahren, welche Spannweite von Eigenschaftsausprägungen man in Erhebungen zu Grunde legen soll (zusammenfassend dazu Sattler 2006, S. 160ff.). Hier steht man vor dem Problem, dass eine Einengung der Spannweite auf derzeit existierende Ausprägungen es nur ermöglicht, Aussagen über optimale Ausprägungen innerhalb dieses Intervalls machen zu können. Wählt man dagegen die Spannweite breiter, so werden die Präferenzurteile unglaubwürdiger, so dass ebenfalls der Rückschluss problematisch wird, dann sogar auch für den Bereich der existierenden Eigenschaftsausprägungen. In vielen Erhebungen ist es erforderlich, Eigenschaftsausprägungen in diskreten Niveaus vorzugeben, selbst wenn die eigentliche Eigenschaft kontinuierlich skaliert sein sollte. Dann ist zu beachten, dass von der Anzahl der diskreten Niveaus einer Eigenschaft ein Einfluss auf die Urteile von Befragten ausgeht. Je mehr Eigenschaftsausprägungen für eine Eigenschaft existieren, desto höher messen die Befragten ihr ein Gewicht zu (Wittink/Krishnamurthi/Nutter 1982). Vermeiden kann man solche Verzerrungen dadurch, dass man für alle Eigenschaften immer 3 Niveaus wählt.

4. Transformationsfunktion zwischen wahrgenommenem und objektivem Eigenschaftsraum

Existiert ein wahrgenommener Eigenschaftsraum mit Positionen der bereits existierenden Produkte, so stellt sich für das Unternehmen spätestens dann, wenn man eine Position für ein optimales Neuprodukt in diesem Raum gefunden hat, die Frage, welche technischen Eigenschaftsausprägungen damit verbunden sind. Es muss deshalb eine funktionale Beziehung zwischen den Eigenschaftsausprägungen im wahrgenommenen Eigenschaftsraum mit den Eigenschaftsausprägungen im objektiven Eigenschaftsraum gefunden werden. Hat man den wahrgenommenen Eigenschaftsraum mit Hilfe der Faktorenanalyse bestimmt, so liegt die funktionale Beziehung bereits fest. Nach dem Dekompositionsprinzip der Faktorenanalyse gilt:

$$(1) \quad \text{Faktorwert}_{ij} = \sum_{k \in K} \text{Faktorladung}_{ik} * \text{Eigenschaftsausprägung}_{jk}$$

i: Index (I: Indexmenge) für wahrgenommene Eigenschaftsdimensionen,
j: Index (J: Indexmenge) für Produkte,
k: Index (K: Indexmenge) für objektive Eigenschaften.

Hat man den wahrgenommenen Eigenschaftsraum mit Hilfe der Multidimensionalen Skalierung bestimmt, so liegt die Transformationsfunktion noch nicht fest. Dafür ist die Methode PROFIT (Property fitting) entwickelt worden (Dichtl/Schobert 1979, S. 29ff.), bei der von den Probanden Urteile über die Ausprägungen von Produkten hinsichtlich möglichst vieler objektiver Eigenschaften erfragt werden. Diese werden dann wieder durch Heranziehen des Mittelwertes oder Medians über alle Befragten aggregiert. Nun werden mit Hilfe einer Regressionsanalyse gemäß Gleichung (2) Bedeutungsgewichte für die einzelnen wahrgenommenen Eigenschaftsdimension statistisch bestimmt.

$$(2) \quad z_{jk} = a_{0k} + \sum_{i \in I} a_{ik} * y_{ij} \qquad (k \in K)$$

z_{jk}: Ausprägung des j-ten Produktes hinsichtlich der k-ten objektiven Eigenschaft,
y_{ij}: Ausprägung des j-ten Produkts hinsichtlich der i-ten wahrgenommenen Eigenschaft,
a_{0k}, a_{ik}: Zu schätzende Regressionskoeffizienten für die k-ten objetiven Eigenschaft.

Das Ergebnis eines solchen Property fitting kann man in Abb. 4 grafisch erkennen, wenn man die Bedeutungsgewichte der beiden wahrgenommenen Eigenschaftsdimensionen als Strahl in die Abbildung einzeichnet. Grafisch gesehen liegen dann alle Produkte mit ihrem Lot auf diesen Strahl bezüglich ihrer Ausprägung der objektiven Dimensionen.

Ein solches Verfahren erlaubt zwar die Interpretation der gefundenen Wahrnehmungsdimensionen, gibt jedoch keine Transformationsfunktionen an, denn dafür braucht man die umgekehrte Beziehung, nämlich wie sich Koordinaten der Produkte im Eigenschaftsraum durch Ausprägung ihrer objektiven Eigenschaften ergeben. Solche Transformationsfunktionen sind allerdings nur schätzbar, wenn man mehr Beobachtungen als zu schätzende Parameter hat, d.h. die Anzahl der Produkte größer ist als die Anzahl der objektiven Eigenschaften, was meist selten der Fall ist (Albers 1989, S. 193).

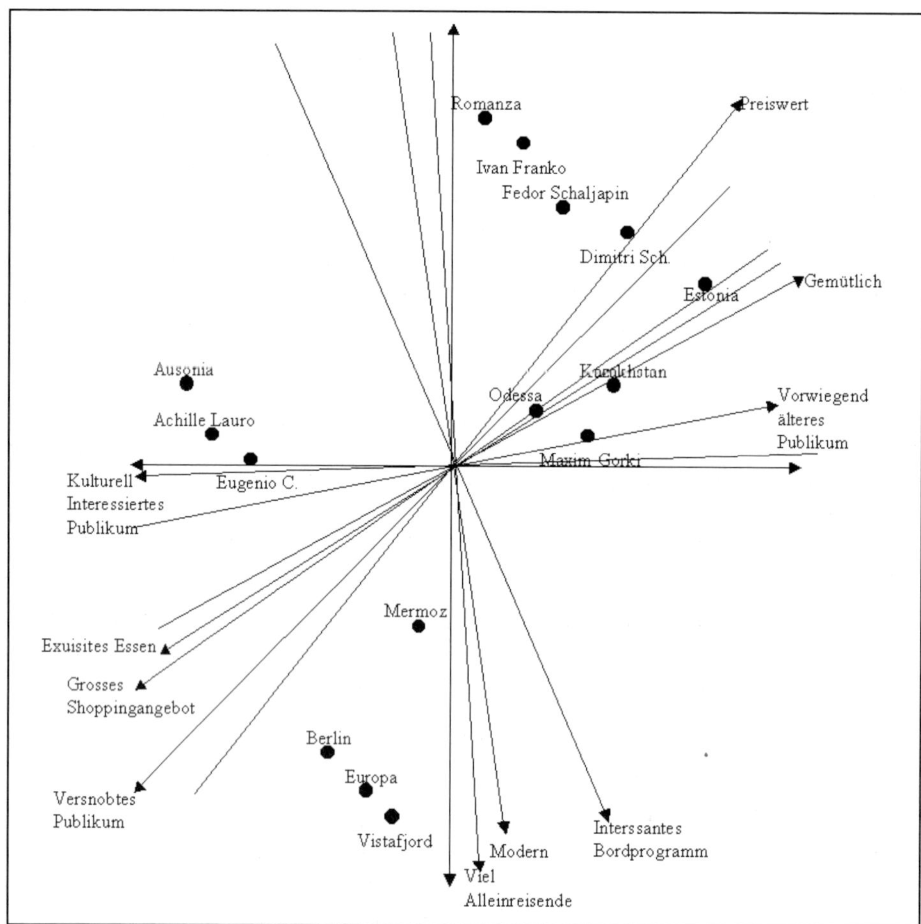

Abbildung 4: Ergebnis eines Property fittings für das Beispiel aus Abbildung 3

Bei diesen Transformationsfunktionen wurde ohne weitere Diskussion unterstellt, dass die Transformationsbeziehungen immer linearer Natur sind. Aus dem Bereich der Psychophysik ist bekannt (Albers 1989, S. 192), dass Personen Eigenschaftsausprägungen nicht linear wahrnehmen, sondern mit abnehmenden Grenzzuwächsen. Wünschenswert wäre es, solche in Laborversuchen ermittelten Gesetzmäßigkeiten in entsprechende Transformationsfunktionen einfließen zu lassen. In aller Regel reichen allerdings die Freiheitsgrade nicht aus, nichtlineare Transformationsfunktionen statistisch zu schätzen.

5. Bestimmung von Idealpunkten

Kennt man in einem wahrgenommenen Eigenschaftsraum die Positionen von existierenden Produkten, so benötigt man von den Nachfragern diejenigen Positionen, die ihren Idealprodukten am nächsten kommen. Mit dieser Information lassen sich dann optimale Positionen für Neuprodukte finden. So wie die wahrgenommenen Positionen der existierenden Produkte nicht direkt erfragt werden können, so kann man dies noch weniger für Idealpositionen tun. Man ist deshalb darauf angewiesen, diese Positionen aus Präferenzangaben der Nachfrager rückzuschließen. Dazu haben Shocker/Srinivasan (1973) das Programm LINMAP entwickelt. Hier werden die Nachfrager zusätzlich zu den wahrgenommenen Ähnlichkeiten existierender Produkte danach befragt, in welche Präferenzrangfolge sie die existierenden Produkte bringen. Danach wird nach einem Punkt im wahrgenommenen Eigenschaftsraum gesucht, zu dem die Distanzen der Positionen der existierenden Produkte die gleiche Rangfolge wie die erfragte Präferenzrangfolge ergeben. Kann kein solcher Punkt gefunden werden, bei dem beide Rangfolgen exakt identisch sind, so wird das Ausmaß der Verletzung minimiert. Das Problem kann als Goal-Programming-Ansatz formuliert und mit Hilfe von Standardprogrammen der Linearen Programmierung gelöst werden. Nach Durchführung der Optimierung erhält man eine Landkarte des homogen wahrgenommenen Eigenschaftsraums mit den Positionen der existierenden Produkte und den heterogenen, individuellen Idealpunkten der Befragten wie in Abb. 5.

Wie bereits bei der Multidimensionalen Skalierung ist es auch hier erforderlich, von einer genügenden Anzahl von Produkten auszugehen, weil sonst die Position des Idealpunktes nicht eindeutig bestimmt werden kann. Auch hier stellen 10 Produkte die Untergrenze dar, wobei Präferenzrangfolgen auch für bis zu 25 Produkte angegeben werden können. Allerdings stellt hier die Anzahl der Produkte für die MDS mit 18 den beschränkenden Faktor dar (Shocker/Srinivasan 1979).

Neben dem hier vorgestellten Programm LINMAP sind noch andere Methoden zur Bestimmung von Idealpunkten entwickelt worden. LINMAP stellt letztendlich einen sequentiellen Ansatz dar, bei dem zunächst einmal die Realpunkte positioniert werden und dann in einem zweiten Schritt Idealpunkte bestimmt werden. Es ist auch vorgeschlagen worden, beide Schritte simultan durchzuführen, wofür z.B. die Programme INDSCAL, PREFMAP (Carroll/Chang 1970) und GENFOLD (DeSarbo/Rao 1986) entwickelt worden sind. Hier ergeben sich allerdings aus technischen Gründen auch manchmal neben Idealpunkten Anti-Idealpunkte, welche für Zwecke der optimalen Neuproduktpositionierung nicht sinnvoll verarbeitet werden können. Umfangreiche Erkenntnisse zur Validität und Reliabilität von PREFMAP als bedeutendster Methode bieten Brockhoff/Waldeck (1984). Einen Überblick über alle verfahren bieten Kaul/Rao (1995).

Baier und Gaul (1999) haben vorgeschlagen, aus Präferenzvergleichen von Produkten direkt probabilistische Idealpunkte für Segmente abzuleiten, um nach der gleichen Logik auch später optimale Neuprodukte zu positionieren.

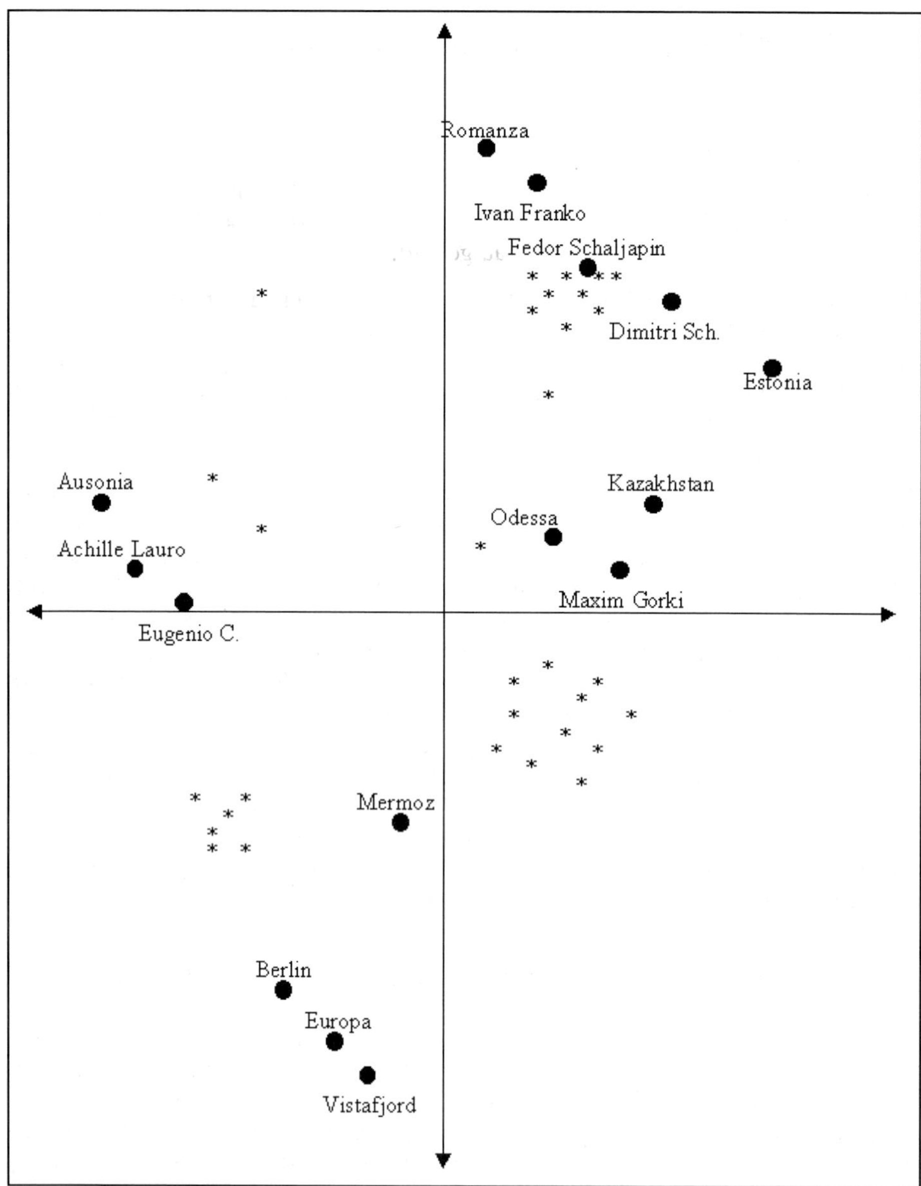

Abbildung 5: Eigenschaftsraum mit Positionen von Realprodukten (•) und Idealpunkten (*)

6. Bestimmung von Teilnutzenfunktionen

Hat man die relevanten Produkteigenschaften und die interessierenden Ausprägungen pro Eigenschaft bestimmt, so interessiert der Teilnutzen, der einzelnen Eigenschaftsausprägungen von den Nachfragern entgegengebracht wird. Erst dann wird man in die Lage versetzt, Aussagen über resultierende Absatzmengen machen zu können. Die dafür vorgeschlagenen Verfahren sind in Abb. 6 aufgeführt.

Wie man Abb. 6 entnehmen kann, unterteilt sich die Menge der in Frage kommenden Verfahren zunächst einmal in solche, die Einzelurteile erfragen und dann kompositorisch zu Global-Präferenzen zusammensetzen, und Verfahren, die dekompositorisch vorgehen, d.h. global Präferenzen in ihre Bestandteile zerlegen. Beide Verfahrenstypen lassen sich auch kombinieren. Man erhält dann die Klasse der sogenannten hybriden Verfahren.

Der einfachste kompositorische Weg besteht darin, die Bedeutung von Eigenschaftsausprägungen für die Präferenz direkt abzufragen. Dies leisten die sogenannten Self-explicated-Verfahren, bei denen die Präferenz für Eigenschaften und ihre Ausprägungen auf 5er, 7er oder 9er Rating-Skalen erfragt werden. Die Erhebung solcher Self-explicated judgements ist vergleichsweise einfach und deshalb in der Praxis beliebt. Allerdings besteht das Problem darin, dass solche Rating-Skalen nur ein geringes Ausdifferenzierungspotential bieten. Meist sind viele Eigenschaften, insbesondere der Preis, den Befragten wichtig, ohne dass man erkennen kann, welche Eigenschaft bzw. Ausprägung einer anderen gegenüber als wichtiger eingeschätzt wird. Außerdem beeinflusst die Anzahl der aufgenommenen Einzel-Eigenschaften in starkem Maße die Bildung der gesamten Präferenz (Green/Srinivasan 1990, S. 9ff.). Trotz dieser Probleme konnte aber in empirischen Vergleichen keine Unterlegenheit des Self-explicated-Ansatzes gefunden werden (Sattler/Hensel-Börner 2000). Lediglich gegenüber der später noch dargestellten Choice-based Conjoint Analysis erweist sie sich als leicht unterlegen (Sattler 2006, S.169).

Meist gibt es bei den Nachfragern eine Hierarchie von Zielen, die man mit dem Kauf von Produkten und ihren Eigenschaften erreichen will. Sobald die einzelnen Produkteigenschaften in eine solche Ziel-Hierarchie gebracht werden können, erweist sich das Verfahren AHP (Analytic Hierarchy Process) von Saaty (1980) als vorteilhaft. Hier muss man zunächst einmal die Hierarchie der einzelnen Eigenschaften bei der Präferenzbildung strukturieren, wobei die Ausprägungen zu einzelnen Eigenschaften die unterste Hierarchiestufe darstellen. In dem AHP-Verfahren wird der Befragte nun aufgefordert anzugeben, um wie viel wichtiger ihm eine Eigenschaft oder Ausprägung (in der Sprache des AHP ist das ein Ziel) gegenüber einer anderen Eigenschaft bzw. Ausprägung ist. Saaty kann zeigen, dass sich die ergebenen Gewichte als Eigenwerte der erhobenen Bedeutungsmatrizen bestimmen lassen. Man erhält pro Zielebene Bedeutungsgewichte für die einzelnen Ziele. Übertragen auf unseren Kontext kann man dann den Teilnutzen einer Eigenschaftsausprägung durch Multiplikation der Bedeutungsgewichte der zugehörigen Hierarchie-Ebenen erzielen. Tscheulin (1991) hat dieses Verfahren für die Erhebung von Präferenz-Funktionen von Mittelmeer-Kreuzfahrten eingesetzt und hohe Validitäten und Reliabilitäten erzielt. Für das Verfahren AHP gibt es mit dem Programmpaket Expert Choice eine kommerziell verfügbare Software.

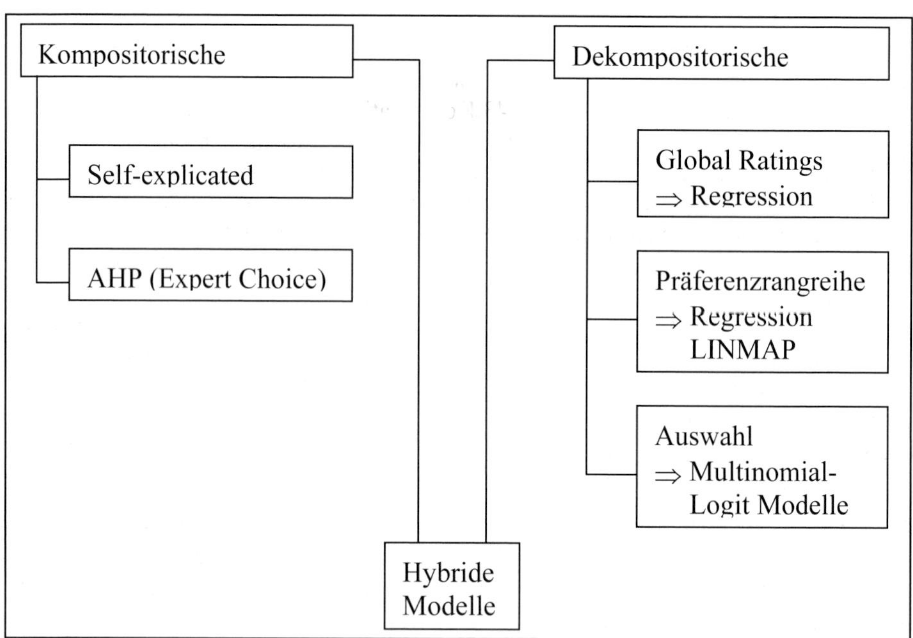

Abbildung 6: Verfahren zur Bestimmung von Teilnutzenfunktionen

Kompositorische Verfahren sind kritisiert worden, weil der Befragte alles als wichtig angeben kann, dabei insbesondere die Bedeutung des Preises überschätzt und eventuell für sozial erwünschte Produkte wie den öffentlichen Personennahverkehr hohe Präferenzen angibt, auch wenn dies gar nicht der Fall ist. Besser ist es, den Befragten in eine Situation zu bringen, in der er Bedeutungen von Eigenschaften bzw. Ausprägungen gegeneinander abwägen muss (Albers 1983). Dies findet bei dem AHP-Verfahren in gewisser Weise schon statt. Stärker ausgeprägt ist dieses Element bei den dekompositorischen Verfahren, bei denen aus der Gesamtpräferenz für bestimmte Produkte, die als Bündel von Eigenschaftsausprägungen präsentiert werden, gemäß (3) auf die Teilnutzen einzelner Produkteigenschaftsausprägungen rückgeschlossen wird. Dies stellt die sogenannte Conjoint-Analyse dar (Green/Srinivasan 1978).

$$(3) \quad X_j = \sum_{k \in K} \sum_{r \in R_k} b_{kr} * h_{jkr} \qquad (j \in J)$$

X_j: Gesamtpräferenz für das j-te Produkt,

h_{jkr}:Dummy-Variable, die angibt, ob das j-te Produkt hinsichtlich der k-ten objektiven Eigenschaft die r-te Ausprägung besitzt ($h_{jkr} = 1$) oder nicht ($h_{jkr} = 0$),

b_{kr}: Zu schätzender Teilnutzen für die r-te Ausprägung der k-ten objektiven Eigenschaft,
R_k: Indexmenge der Ausprägungen der k-ten objektiven Eigenschaft.

Hierzu ist es erforderlich, den Befragten eine Menge von Stimuli (Bündel von Produkteigenschaftsausprägungen) vorzulegen und bezüglich der Präferenz beurteilen zu lassen. Dabei steht man vor dem Problem, dass man in aller Regel nicht zu allen Eigenschaftsausprägungskombinationen Urteile abgeben kann, weil die Anzahl der Kombinationsmöglichkeiten exponentiell wächst. Schon bei fünf Eigenschaften mit je drei Ausprägungen ergeben sich $3^5 = 243$ Kombinationsmöglichkeiten, die gemäß einem fraktionierten Design auf eine geringere Anzahl von zu präsentierenden Stimuli zurückzuführen sind. Dabei geht man üblicherweise so vor, dass man sogenannte orthogonale Designs bestimmt, mit denen die Bestimmung von Haupteffekten, d.h. Teilnutzen für einzelne Produkteigenschaftsausprägungen, verzerrungsfrei bestimmen kann, allerdings unter Inkaufnahme der Tatsache, dass man Interaktionen zwischen Produkteigenschaften nicht schätzen kann. In Ausnahmefällen kann man für ausgewählte Interaktionseffekte ebenfalls orthogonale Designs zusammenstellen (Green/Srinivasan 1990, S. 5). In der letzten Zeit sind orthogonale Designs kritisiert worden, weil sie nicht effizient sind und verschiedene konfundierende Effekte besitzen (Kuhfeld/Tobias/Garratt 1994 und Teichert 1998). Sobald man Interaktionen schätzen will, steigt allerdings die Anzahl der benötigten Stimuli. Nach den Forschungsergebnissen hat sich offenbar eine Obergrenze von 25 Stimuli als sinnvoll herausgestellt (Green/Srinivasan 1978, S. 109).

Am schwächsten ist der Abwägprozess beim Erfragen von globalen Ratings für die einzelnen Stimuli ausgeprägt. Kodiert man die einzelnen Produkteigenschaftsausprägungen, wenn sie in diskreten Niveaus in die Analyse eingegangen sind, als Dummy-Variablen, so kann man grundsätzlich mit Hilfe der Dummy-Variablen-Regression die Teilnutzen der einzelnen Eigenschaftsausprägungen bestimmen. Globale Ratings sind deswegen kritisiert worden, weil sie nur eine geringe Ausdifferenzierungsmöglichkeit bieten, insbesondere wenn die Rating-Skala nur über wenige Skalenpunkte verfügt. Es hat sich deshalb als üblich eingestellt, dass man die Präferenzen für die Stimuli aus einem fraktionierten Design über Rangreihen erfragt. Dies stellt den Standardfall der sogenannten Conjoint-Analyse dar (Green/Srinivasan 1978, S. 112). Während die Anwendung einer Dummy-Variablen-Regression bei globalen Rating-Urteilen unproblematisch ist, da ja das Präferenzurteil auf einer Intervall-Skala abgefragt worden ist, erweist sich dies bei Präferenz-Rangdaten zunächst als problematisch. Srinivasan/Shocker (1973) hatten deswegen zunächst das Programm LINMAP entwickelt, mit dem auch Teilnutzen bestimmt werden können, und zwar so, dass paarweise vorgezogene Stimuli auch immer den höheren Gesamtnutzen erhalten. Ist dies nicht möglich, so wird das Ausmaß der Verletzung minimiert. Das Schätzprinzip ist bereits im fünften Kapitel bei der Bestimmung der Idealpunkte erläutert worden. Statt der speziellen Präferenzfunktion von Distanzen von Idealpunkten muss man lediglich Teilnutzenfunktionen einsetzen und kann nach einem ähnlichen Prinzip die Teilnutzen statistisch bestimmen. Da die entsprechende Software nur einem bestimmten Kreis von Forschern zugänglich war, ist auch immer wieder die Dummy-Variablen-Regression angewendet worden, wobei die Rangurteile als intervallskalierte Präferenzdaten interpretiert worden sind. Auch wenn eine solche

Vorgehensweise theoretisch nicht zulässig ist, so haben Simulationen immer wieder gezeigt, dass diese Methode durchaus angemessen und häufig sogar den anderen Methoden überlegen ist (Darmon/Rouziès 1994). Die Methode der Conjoint-Analyse, von anderen Autoren auch als Conjoint Measurement oder Verbundanalyse bezeichnet, stellt heute eines der wichtigsten Instrumente zur Neuproduktplanung dar. Ursprünglich in den siebziger Jahren durch Green/Rao (1971) in die Community der Marketing-Wissenschaftler eingeführt, hat es 15-20 Jahre gedauert, bis sie ihren Durchbruch in der Praxis erleben konnte (Cattin/Wittink 1982, Wittink/Cattin 1989 und Wittink/Vriens/-Burhenne 1994). Einen Überblick über Publikationen, die über den Einsatz der Conjoint-Analyse berichten, geben Voeth (1999), Green/Krieger/Wind (2001) und Sattler (2006).

Auch wenn Untersuchungen der Reliabilität immer wieder ergeben haben, dass die traditionelle Conjoint-Analyse verlässliche Ergebnisse liefert (Malhotra 1982, Reibstein/Bateson/Boulding 1988), hat man auch einige gravierende Nachteile festgestellt. Das Erfragen von Rangreihen ist ein komplexer Prozess. Häufig sind die Befragten überfordert, eine vollständige Rangreihe anzugeben. Vielfach sind die Urteile der besonders und der überhaupt nicht präferierten Stimuli verlässlich, während insbesondere die Präferenzen für als mittelmäßig eingeschätzte Stimuli nicht verlässlich geschätzt werden können; ihre Rangreihung hat aber einen entscheidenden Einfluss auf die Bestimmung der Teilnutzenwerte. Nur durch die Angabe von Präferenzen kann man nicht erkennen, ob ein Befragter dieses Produkt dann auch tatsächlich wählen würde. Dazu ist schon seit langem vorgeschlagen worden, die Teilnutzen so zu normieren, dass alle Stimuli, die man kaufen würde, einen positiven Nutzenwert zugewiesen bekommen, während alle Produkte, die man nicht kaufen würde, einen entsprechenden negativen Gesamtnutzen erhalten. Eine entsprechende Limit-Conjoint-Analyse ist von Voeth/Hahn (1998) vorgeschlagen worden.

Als Alternative ist deshalb vorgeschlagen worden, Präferenzfunktionen aus tatsächlichen Auswahlentscheidungen abzuleiten (Louviere/Woodworth 1983). Dazu werden dem Befragten 2 bis 4 Alternativen vorgelegt, von denen eine meistens den Nichtkauf darstellt. Er wird lediglich gebeten zu entscheiden, welche Alternative er von den vorgelegten wählen würde. Dem Befragten werden dann entsprechende Submengen von Alternativen (z.B. achtmal) vorgelegt, so dass er insgesamt 8 Auswahlentscheidungen trifft. Einfache und schnell zu erstellende Designs für die Auswahl der Alternativen und der Auswahlsets sind von Street/Bourgess/Louviere (2005) vorgeschlagen worden. Aus diesen Daten wird dann eine Multinomial-Logit-Funktion als Präferenzfunktion geschätzt. Dabei ergibt sich die Wahlwahrscheinlichkeit aus dem Gesamtnutzen einer betrachteten Alternative dividiert durch die Summe der Gesamtnutzen aller verglichenen Alternativen wie folgt:

$$(4)\quad P_c = \frac{e^{\left(\sum\limits_{k \in K}\sum\limits_{r \in R_k} b_{kr} * h_{ckr}\right)}}{e^{\left(\sum\limits_{k \in K}\sum\limits_{r \in R_k} b_{kr} * h_{ckr}\right)} + \sum\limits_{j \in J} e^{\left(\sum\limits_{k \in K}\sum\limits_{r \in R_k} b_{kr} * h_{jkr}\right)}} \qquad (j \in J)$$

P_c: Wahrscheinlichkeit für das untersuchte Produkt c,
c: Index für untersuchtes Produkt.

Die Parameterwerte dieser Präferenzfunktion werden dann mit Hilfe der Maximum-Likelihood-Methode geschätzt. Dabei ist, wie in Formel (5) dargestellt, das Produkt der Wahrscheinlichkeiten über alle getroffenen Auswahlen zu maximieren, dass man die angegebene Alternative ausgewählt hat.

$$(5)\quad \prod_{s \in S} \prod_{l^* \in L_s} \left(\frac{e^{X_{sl^*}}}{\sum\limits_{l \in L_s} e^{X_{sl}}} \right)^{W_{sl^*}} \left(1 - \frac{e^{X_{sl^*}}}{\sum\limits_{l \in L_s} e^{X_{sl}}} \right)^{(1 - W_{sl^*})}$$

X_{sl}: Präferenzwert für den l-ten Stimulus im s-ten Choice-Set,
l^*: Index für den untersuchten Stimulus,
L_s: Indexmenge der Stimuli im s-ten Choice-Set,

$$W_{sl}: \begin{cases} 1 & \text{wenn Proband den 1-ten Stimulus im s-ten Choice-Set gewählt hat,} \\ 0 & \text{sonst.} \end{cases}$$

Auf der Basis dieser Methode kann auch die Signifikanz von Bedeutungsgewichten bzw. Teilnutzen abgeschätzt werden. Gleichzeitig erhält man dezidierte Angaben darüber, ob bestimmte alternative Kombinationen von Produkteigenschaftsausprägungen überhaupt gewählt werden. Eine umfassende Darstellung dieser Gruppe von Methoden findet sich bei Louviere/Hensher/Swait (2000).

Kritisch an dem letzten Verfahren dieser sogenannten Choice-based Conjoint Analysis ist die Anzahl der Freiheitsgrade. Hier kann sich das Problem ergeben, dass man aus zu wenigen Urteilen auf zu viele Parameter rückschließen möchte, so dass die Kalibrierung von individuellen Präferenzfunktionen nicht mehr möglich ist. Grundsätzlich ist diesem Problem dadurch begegnet worden, dass man hybride Modelle angewendet hat, bei denen man einen Teil der Parameterwerte mit Hilfe kompositorischer Ansätze, insbesondere dem Self-explicated, und nur den besonders kritischen Teil der Teilnutzenwerte mit Hilfe der Conjoint-Analyse bestimmt hat (Green 1984). Hierzu sind auch Verfahren vorgeschlagen worden, die wie die Adaptive Conjoint Analysis (ACA) individuelle Schätzdesigns verwenden (Agarwal/Green 1991 und Green/Krieger 1995). Als besonders viel versprechend hat sich dabei die Fast Polyhedral Hybrid Conjoint Analysis herausgestellt (Toubia/Hauser/Simester 2004). Dieses Verfahren wählt solche Wahlentscheidungen aus, die besonders schnell zu stabilen Schätzungen der Präferenzfunktion führen.

Als Alternative ist immer wieder vorgeschlagen worden, Präferenzfunktionen auf aggregiertem Niveau über alle Befragten zu bestimmen. Hierzu ist zunächst einmal zu bemerken, dass das Vorliegen von individuellen Nutzenfunktionen immer vorteilhaft ist, da Präferenzen bekanntlich heterogen sind und sich nur deshalb unterschiedliche Produkte für ein- und demselben Zweck am Markt etablieren können. Insofern ist streng davon abzuraten, aggregierte Nutzenfunktionen zu schätzen oder aus individuellen Teilnutzen aggregierte Mittelwerte zu bestimmen. Dies wird leicht ersichtlich, wenn man einmal zwei Gruppen von Nachfragern betrachtet, von denen die eine Gruppe eine Präferenz für saure Drops und die andere für süße Drops hat. Bei einer Mittelwertbetrachtung würde man auf den Gedanken kommen, süßsaure Drops anzubieten, die aber möglicherweise keiner präferiert.

Aus dieser Betrachtung wird gleichzeitig deutlich, dass es nicht unbedingt erforderlich ist, Nutzenfunktionen von jedem Individuum zu erhalten. Vielmehr reicht es, diese auf Segmentebene zu schätzen, weil Produkte, abgesehen von den Formen des sogenannten One-to-One-Marketing, üblicherweise auf Segmente hin positioniert werden. Liegen nun nicht genügend Daten für eine individuelle Schätzung vor, so kann man versuchen, Teilnutzenfunktionen für Segmente zu schätzen. Dafür sind zwei verschiedene Wege vorgeschlagen worden. Mit dem Latent-Class-Ansatz werden für eine vorher festgelegte Anzahl von Segmenten Teilnutzen und simultan Wahrscheinlichkeiten für die Zugehörigkeit der Individuen zu den einzelnen Segmenten bestimmt (Kamakura 1988). Dafür ist insbesondere die Software GLIMMIX von Wedel und Kamakura (1998, S. 106) entwickelt worden und wird inzwischen kommerziell angeboten. Populärer ist inzwischen die Software LATENT GOLD (www.statisticalinnovations.com) von Magidson und Vermunt geworden, die leichter zu bedienen ist.

Als Alternative gewinnt immer mehr die hierarchische Bayes-Schätzung an Bedeutung. Hier wird der Heterogenität der Individuen dadurch Rechnung getragen, dass man für die Teilnutzen einzelner Produkteigenschaftsausprägungen Verteilungen spezifiziert und dann die Verteilungen dieser Teilnutzenfunktionen bestimmt. Auch aus den Verteilungen kann auf individuelle Wahlwahrscheinlichkeiten von Stimuli rückgeschlossen werden (Allenby/Arora/Ginter 1995, Lenk/DeSarbo/Green/Young 1996). Hierzu und auch zu den meisten anderen Verfahren existiert kommerzielle Software von Sawtooth (www.sawtoothsoftware.com). Einen Überblick über die Güte der Verfahren in prognostischer Hinsicht gibt Sattler (2006).

Am Schluss sei darauf hingewiesen, dass die mit Hilfe einer Conjoint-Analyse erfragten Urteile unter Umständen verzerrt sein können, weil mit den Antworten keine Konsequenzen verbunden sind. Dies ist insbesondere dann problematisch, wenn der Preis als Produkteigenschaft in die Analyse eingegangen ist und die Zahlungsbereitschaft für verschiedene Produkte bestimmt werden soll. Es ist deshalb vorgeschlagen worden, die Conjoint-Analyse Anreiz kompatibel zu gestalten, in dem einige Befragte ausgelost werden, die das von ihnen meist präferierte Produkt tatsächlich kaufen müssen. Ding/Grewal/Liechty (2005) und Völckner (2006) zeigen, dass man damit bessere Ergebnisse erzielt. Allerdings kann man diese Methode kaum kommerziell anwenden, weil es nach dem Ethik-Kodex der Marktforschungsunternehmen nicht zulässig ist, dass man den Verkauf von Produkten unter dem Vorwand der Marktforschung betreibt.

7. Choice Simulator

Hat man einmal die Präferenzfunktionen aller Individuen erhoben, entweder in Form von Distanzen zu Idealpunkten im wahrgenommenen Eigenschaftsraum oder in Form von Teilnutzen im objektiven Eigenschaftsraum, so muss man danach aus den Präferenzen auf die sich ergebenen Marktanteile schließen. Kennt man dazu das Marktvolumen, so kann man auch die Absatzmenge ausrechnen. Letztendlich muss man die Wahrscheinlichkeit bestimmen, mit der ein Befragter ein bestimmtes Bündel von Produkteigenschaftsausprägungen im Vergleich zu am Markt sonst erhältlichen Alternativen wählt. Dazu sind in der Literatur zwei Klassen von Verfahren vorgeschlagen worden, nämlich deterministische und stochastische Ansätze.

Beim deterministischen Ansatz wird unterstellt, dass der Befragte die Alternative mit dem höchsten Nutzen oder der geringsten Distanz zum Idealpunkt wählt. Die Wahlwahrscheinlichkeit für diese Alternative beträgt also 100%, während sie für alle anderen Alternativen implizit 0% beträgt. Aggregiert man diese Zahlen über alle Befragten, so erhält man einen Marktanteil. Eine Anwendung auf den Bereich des Öffentlichen Personen-Nahverkehrs beschreibt Albers (1983). Kritisch an dieser sogenannten First-Choice-Regel ist zum einen, dass man aus der Tatsache, dass eine Alternative den höchsten Präferenzwert aufweist, noch nicht auf deren Kauf schließen kann. Bei Anwendung der Limit-Conjoint-Analyse könnte man zusätzlich heranziehen, ob der Nutzen größer null ist. Ansonsten müsste man zusätzlich erfragen, welches Produkt der Befragte bisher oder zuletzt gekauft hat. Diese Zahlen könnte man dann mit dem prognostizierten Marktanteil bei Simulationen der nur gegenwärtig im Markt befindlichen Produkte abgleichen. Noch gravierender ist allerdings die Annahme, dass ein Befragter völlig rational die einzelnen Gesamtnutzenwerte der Alternativen ausrechnet und dann seine Entscheidung fällt. Vielmehr müssen wir annehmen, dass dem Befragten seine eigene Nutzenfunktion nur prinzipiell klar ist, aber nicht so detailliert, dass er selbst rechnen könnte. Dann aber wird er sich auch mit einer gewissen Wahrscheinlichkeit für die nach dem Gesamt-Nutzenwert weniger attraktiven Produkte entscheiden. Solche Fälle bilden die Klasse der stochastischen Wahlmodelle (Green/Krieger 1988). Welches Modell zutreffen wird, hängt entscheidend von der Art des Produktes ab. Bei Industriegütern kann man am ehesten davon ausgehen, dass der Nachfrager, meist ein Buying Center eines Unternehmens, intensive Vergleiche zwischen den Produkten vornimmt und auch den Versuch unternimmt, die einzelnen Alternativen quantitativ zu bewerten. Hier bietet sich in der Tat die First-Choice-Regel an. Je mehr allerdings das Produkt Konsumgütercharakter besitzt und nicht einem intensiven Entscheidungsprozess unterliegt, desto stärker ist die Tendenz, intuitiv zu entscheiden, wofür das stochastische Modell geeignet ist (Albers/Brockhoff 1979).

Bei den stochastischen Wahlmodellen wird von der Annahme ausgegangen, dass die Wahlwahrscheinlichkeit proportional zu den Präferenzwerten der untersuchten Alternativen ausfällt. Wenn sich im Idealpunktmodell die Präferenz nach Maßgabe der Distanz bildet, beide aber im umgekehrten Verhältnis zueinander stehen, bietet es sich an, die inverse Distanz gemäß (6) als Präferenzwert heranzuziehen (Shocker/Srinivasan 1974):

$$(6) \qquad X_j = \frac{1}{\sum_{i \in I} b_i * (v_i - y_{ij})^2} \qquad (j \in J)$$

v_i: Koordinate des Idealpunktes hinsichtlich der i-ten Eigenschaft,
y_{ij}: Ausprägung des j-ten Produktes hinsichtlich der i-ten wahrgenommenen Eigenschaft,
b_i: Bedeutungsgewicht der i-ten wahrgenommenen Eigenschaft.

Die Wahlwahrscheinlichkeit ergibt sich dann proportional zu den Gesamtpräferenzwerten (alternativ nach (3) oder (6)) aller Angebote gemäß Formel (7) (Meyer/Johnson 1995):

$$(7) \qquad P_c = \frac{X_c}{X_c + \sum_{j \in J} X_j}$$

In der Praxis hat sich herausgestellt, dass sich Nachfrager weder eindeutig nach der First-Choice-Regel noch nach der stochastischen Wahlwahrscheinlichkeit richten. Insofern ist auch vorgeschlagen worden, die Formel für die Wahlwahrscheinlichkeit gemäß (8) mit einem Exponenten bezüglich der Gesamt-Präferenzwerte der einzelnen Alternativen zu versehen.

$$(8) \qquad P_c = \frac{(X_c)^\beta}{(X_c)^\beta + \sum_{j \in J} (X_j)^\beta}$$

Ist in den Wahlwahrscheinlichkeiten gemäß (8) der Exponent $\beta = 1$, so resultiert das normale stochastische Modell. Nimmt der Exponent einen sehr hohen Wert ein, so wird die First-Choice-Regel approximiert, wobei dieser Effekt meist schon bei Exponenten ab dem Wert 6 eintritt. Insofern haben Green/Krieger (1992) in verschiedenen Anwendungen immer β-Werte zwischen 2 und 4 gewählt und diese so bestimmt, dass sich die resultierenden Wahlwahrscheinlichkeiten an die tatsächlichen Marktanteile bestmöglich anpassen.

Hat man von vornherein Teilnutzenfunktionen nach Maßgabe der Choice Based Conjoint-Analyse erhoben und gemäß (4) und (5) die Parameterwerte eines Multinomial-Logit-Modells optimal pro Individuum bestimmt, so kann man dieses bereits als Formel für die Wahlwahrscheinlichkeit heranziehen (Meyer/Johnson 1995). Weitere Modifikationen sind dann nicht nötig.

Den stochastischen Modellen gemein ist die problematische Annahme der Abhängigkeit von irrelevanten Alternativen, die letztendlich dazu führt, dass bei Einführung eines neuen Produktes, das einem bisher angebotenen sehr ähnlich ist, auf Grund der Tatsache, dass nun der Wert doppelt im Nenner auftritt, beiden Produkten gemeinsam deutlich mehr Marktanteil zufällt als einem einzelnen. Plausibel wäre jedoch, dass ein sehr ähnliches Produkt sich eher um den Marktanteil des bisherigen Produktes streitet, statt weitere Marktanteile von anderen Produkten abzuziehen. Solche Effekte lassen sich nur beseitigen, wenn man die paarweisen Verbundbeziehungen berücksichtigt und Formel (3) oder (6) entsprechend modifiziert (Meyer/Johnson 1995). Dazu ist insbesondere von Skiera (1996) ein Vorschlag unterbreitet worden.

In ähnlicher Weise erhält man verzerrte Parameterschätzungen, wenn man im Nenner zu viele Produkte berücksichtigt, die in Konkurrenz stehen. Entscheidend ist nämlich nicht, welche Produkte am Markt in Wettbewerb zueinander stehen, sondern welche Produkte von den Befragten in ihre Auswahlentscheidung aufgenommen werden. Dies ist unter dem Stichwort „Consideration Sets" bereits seit langem behandelt worden. Problematisch ist allerdings, wie man diese gewinnt. Eine Möglichkeit besteht darin, die Wahrscheinlichkeit dafür wiederum mit Hilfe eines Multinomial Choice Model zu schätzen (Fotheringham 1988). Bei Online Shops besitzt man mehr Daten und kann auch aus dem Click-Verhalten auf den Auswahlprozess zurück schließen. Wu und Rangaswamy (2003) zeigen, wie man aus solchen Daten simultan den Consideration Set und die Präferenzfunktion schätzen kann.

Aus eigenen Anwendungserfahrungen ist bekannt, dass die sinnvolle Konstruktion des Choice-Simulators in sehr starkem Maße darüber entscheidet, inwieweit dem gesamten Modell externe Prognose-Validität zukommt (Green/Krieger 1988). Unter Umständen müssen in den Choice-Simulator auch Spezifika des Marktes eingebaut werden, wenn z.B. ein Wechsel trotz höherer Präferenzwerte nicht möglich ist, weil z.B. langfristige Verträge wie im Funktelefonmarkt bestehen oder das Produkt erst nach mehreren Jahren wiedergekauft wird.

Da in allen Modellen keine Neuheit analysiert wird, bei der völlig neue Produkteigenschaften auftreten, ist es plausibel anzunehmen, dass das Marktvolumen über die Zeit stabil sein wird. Multipliziert man dieses Marktvolumen mit dem prognostizierten Marktanteil, so erhält man eine Prognose für die Absatzmenge.

8. Wettbewerbsverhalten

Bei der Darstellung des Choice-Simulators ist von einer gegebenen Menge von bereits im Markt befindlichen Alternativen ausgegangen worden. Die Eigenschaftsausprägungen dieser Produkte sind durch Beobachtung leicht feststellbar bzw. bei Unterstellung eines wahrgenommenen Eigenschaftsraumes durch die Positionen bereits bekannt. Eine solche Annahme impliziert, dass die Wettbewerber auf die Einführung eines neuen Bündels von Produkteigenschaften nicht reagieren werden, was in der Praxis durchaus anzutreffen ist. Wenn sie dagegen reagieren, können sie ihre bereits existierenden Produkte durch Wahl neuer Eigenschaftsausprägungen repositionieren oder zusätzlich Konkurrenzprodukte herausbringen, die z.B. dem neu eingeführten Produkt sehr ähnlich sind. Dabei kann man einerseits so vorgehen, dass man für bestimmte Bündel von Eigenschaftsausprägungen des neu einzuführenden Produktes alternative Wettbewerbsreaktionen in Szenarien durchspielt. Man wählt dann diejenige Eigenschaftsausprägungs-Kombination, die in den verschiedensten Szenarien zu dem wahrscheinlich besten Ergebnis und gleichzeitig in keiner Konstellation zu erheblichen Verlusten führt.

Man kann aber auch Wettbewerbsreaktionen unterstellen, die nach bestimmten Prinzipien ablaufen. Aus der Spieltheorie ist bei Zwei-Personen-Nullsummenspielen bekannt, dass sich rationale Wettbewerber nach dem Nash-Theorem verhalten sollten. Bei einem solchen Verhalten werden sich Lösungen einstellen, bei denen sich kein Wettbewerber mehr besser stellen kann, ohne dass dadurch ein anderer Wettbewerber schlechter gestellt wird (Marks 1994). Will man ein solches Prinzip anwenden, so muss man zunächst festlegen, ob der Wettbewerb mit Repositionierung oder neuen Produkten arbeiten wird. Danach wendet man die Optimierung des neu einzuführenden Produktes sequentiell mit der Optimierung der Wettbewerbsreaktionen an. Nachdem man z.B. für das eigene Unternehmen eine optimale Produkteigenschaftsausprägungs-Kombination gefunden hat, optimiert man die Wettbewerbsreaktionen. Danach wird für dieses Szenario wieder die optimale Produkteigenschaftsausprägungskombination gesucht und dies dann auch für den Wettbewerber wieder durchgeführt. Dieser Prozess wird iterativ so lange fortgesetzt, wie sich kein Wettbewerber mehr verbessern kann, ohne dass er den anderen schlechter stellt. Solche Lösungen stellen Gleichgewichtspunkte dar, die sich in entsprechenden Spielen ergeben.

Das Nash-Theorem ist bereits vielfältig in Modellen zur optimalen Neuproduktpositionierung oder zur Auswahl von optimalen Eigenschaftsausprägungs-Kombinationen auf der Basis von mit Hilfe der Conjoint Analyse erhobenen Teilnutzen angewendet worden (z.B. Choi/De Sarbo/Harker (1990), Horsky/Nelson 1992, Ansari/Economides/Ghosh 1994, Steiner/Hruschka 2000). Diese Annahme ist allerdings nicht unproblematisch, gibt es doch eine gewisse Anzahl empirischer Belege dafür, dass Wettbewerber häufig härter reagieren, als es das Nash-Theorem vorhersagt, und zwar auch auf Kosten des eigenen Gewinns (Leeflang/Wittink 1996). Dieses Ergebnis kann Marks (1994) aus der Anwendung eines Positionierungsspiels in Experimenten mit Studenten ebenfalls bestätigen. Er findet insbesondere heraus, dass die Spieler danach trachten, vorhandene Asymmetrien zwischen den Ergebnissen der Spieler abzubauen. Hat ein Wettbewerber z.B. eine starke Stellung erreicht, dann reagiert ein anderer Wettbewerber so stark, dass sich der relative Abstand verringert, aber für beide auch die absoluten Gewinne geringer ausfallen. Marks/Albers (2001) können sogar zeigen, dass mit einer Kombination von Nash und Minimierung von Asymmetrien die höheren Wettbewerbsintensitäten nachgebildet werden können.

Während unter dem Gesichtspunkt der Praktikabilität die Anwendung des Nash-Theorems zwar die Optimierung verkompliziert, aber trotzdem algorithmisch implementierbar ist, sollte man zusätzlich Szenarien rechnen, um auch auf härtere Wettbewerbsreaktionen vorbereitet zu sein. In jedem Fall steht und fällt die Prognose-Validität mit der richtigen Einschätzung der Wettbewerbsreaktionen.

9. Erlös- versus Deckungsbeitragsmaximierung

Hat man eine Präferenzfunktion auf der Basis von Teilnutzen kalibriert, so ist das Auffinden optimaler Produkteigenschaftsausprägungskombinationen vergleichsweise einfach. Teilnutzenmodelle werden ja insbesondere dann angewandt, wenn diskrete Eigenschaftsausprägungen vorliegen. Auf Grund der Tatsache, dass bei der Kalibrierung der Präferenzfunktionen nicht beliebig viele Eigenschaften und Ausprägungen pro Eigenschaften gewählt werden können, ist es in aller Regel möglich, eine Total-Enumeration durchzuführen, d.h. für jede Produkteigenschaftsausprägungs-Kombination den Marktanteil (über welches Wahlmodell auch immer) zu bestimmen und dann die optimale Kombination auszuwählen. Eine solche Vorgehensweise stellen bereits Green/Carroll/-Goldberg (1981) dar. Das bekannteste Beispiel für eine Praxis-Anwendung stellt die Entwicklung der Courtyard-by-Marriott-Hotels dar (Wind/Green/Shifflet/Scarbrough 1989). Für den Fall, dass bei vielen Eigenschaften die Anzahl der Kombinationen von Eigenschaftsausprägungen außerordentlich hoch ist, beschreiben Kohli/Krishnamurti (1987) eine effiziente Heuristik. Einen noch besseren Ansatz auf der Basis eines genetischen Algorithmus schlagen Balakrishnan/Jacob (1996) und Shi/Olafsson/Chen (2000) vor. Chen/Hausman (2000) zeigen dann, dass trotz des kombinatorischen Charakters der Optimierungsaufgabe das Problem automatisch eine ganzzahlige Lösung hat, selbst wenn es als nichtlineares Optimierungsaufgabe mit Variablen formuliert ist, deren Wertebereich nur zwischen 0 und 1 beschränkt ist. Später beschreiben Camm/Cochran/-Curry/Kannan ein effizientes Verfahren, mit dem auch das komplexere Problem des optimalen Produktdesign gefunden werden kann, selbst wenn das Wahlverhalten vorsieht, dass der Befragte nur dann ein Produkt auswählt, wenn sein Nutzen eine bestimmte Hürde überschreitet. Green/Carroll/Goldberg (1981) berücksichtigen auch Kosten und Preise in einem generellen Ansatz. Offenbar ohne Kenntnis davon stellen Bauer/Herrmann/-Menges (1994) einen entsprechenden Ansatz Conjoint + Cost noch einmal vor. Solange die Kosten entweder diskret pro Produktdesign oder für diskrete Eigenschaftsausprägungen spezifiziert werden können und nicht von der Menge abhängen, lassen sich optimale Produktdesigns auch mit der nicht kombinatorischen Methode von Chen/Hausman (2000) lösen.

Schwieriger wird die Situation nur dann, wenn Interaktionen zwischen den einzelnen Eigenschaften bestehen. Dann schlagen Green/Carroll/Goldberg (1981) vor, eine Response-Surface-Funktion zu schätzen und diese mit Hilfe der totalen Enumeration zu lösen. Ebenfalls schwierig wird es, wenn man die optimalen Eigenschaften einer gesamten Produktlinie finden will. Dann entsteht ein kombinatorisches Problem, das nur mit spezialisierten Algorithmen gelöst werden kann. Dazu siehe den Beitrag von Decker in diesem Buch.

Die eben beschriebene einfache Optimierung bei Vorliegen von Teilnutzenfunktionen ist nicht mehr möglich, wenn man es mit kontinuierlichen Eigenschaftsausprägungen zu tun hat. Dann ergeben sich nichtlineare Optimierungsprobleme, die leider kein globales Maximum mehr haben. Für die First-Choice-Regel sind dafür Algorithmen von Brockhoff/Albers (1977) und Albers (1979) vorgeschlagen worden. Dafür und für die probabilistischen Wahlmodelle hat Albers (1982) entsprechende Software zur Verfügung gestellt. Eine Anwendung auf politische Parteien in den Niederlanden zeigt Albers (1982). Da die Anzahl der Wahrnehmungsdimensionen typischerweise gering ausfällt, ist es vermutlich am besten, mit Hilfe einer Grid-Search-Routine nach dem Optimum zu suchen (Shocker/Srinivasan 1974). Dazu unterteilt man den wahrgenommenen Eigenschaftsraum in ein Gitter von Punkten ein, für das man jeweils den Erlös bestimmt. In der Region der besten Punkte wird dann ein feineres Netz von Gitterpunkten gespannt und die Suche jeweils fortgesetzt, bis durch Verfeinerung der Gitterpunktnetze keine Lösungsverbesserung mehr erreicht wird. Mit diesem universellen Prinzip lassen sich Idealpunktmodelle mit beliebigen Choice-Regeln optimieren. Daneben sind weitere speziellere Algorithmen vorgeschlagen worden, deren Leistungsfähigkeit von Sudharshan/May/Shocker (1987) einem detaillierten Vergleich unterzogen worden ist. Eine vergleichende Übersicht bieten auch Kaul/Rao (1994).

Schwieriger wird das Problem erst dann, wenn nicht der Erlös, sondern der Deckungsbeitrag optimiert werden soll. Dann ist nämlich ein Rückschluss auf die objektiven Eigenschaftsausprägungen notwendig, weil die Kosten nur in Abhängigkeit der technischen Eigenschaften spezifiziert werden können. In gleicher Weise kann der Preis als technische Eigenschaft angesehen werden. Nun muss man davon ausgehen, dass die Anzahl der Eigenschaftsdimensionen im wahrgenommenen Eigenschaftsraum immer sehr gering ist, da Personen nur eine begrenzte Anzahl von Eigenschaften gegeneinander abwägen können. Die Dimensionalität des technischen Eigenschaftsraumes kann dagegen sehr hoch sein. Sind beide Räume kontinuierlich, so ist ein Rückschluss von einer Position im wahrgenommenen Eigenschaftsraum auf eine bestimmte Position im objektiven Eigenschaftsraum grundsätzlich nicht eindeutig möglich, da im technischen Eigenschaftsraum immer eine unendliche Anzahl von Positionen existieren muss, die alle zur gleichen Wahrnehmung im Wahrnehmungsraum führt. Insofern müsste man bei der Optimierung des Deckungsbeitrages für jede Position im wahrgenommenen Eigenschaftsraum zunächst die kostenminimale oder bei Einbezug des Preises die stückdeckungsbeitragsmaximale Position im technischen Eigenschaftsraum finden. Eine solche Vorgehensweise wird unter Rechenzeitgesichtspunkten selbst bei Anwendung einer Grid-Search-Technik niemals möglich sein. Man ist deshalb darauf angewiesen, nach Heuristiken zu suchen.

Albers kann in einer Simulationsstudie zeigen (1989, S. 201ff.), dass bei linearen Transformationsfunktionen der Stückdeckungsbeitrag einer beliebigen Position im Wahrnehmungsraum durch die mit den Distanzen zu diesem Punkt gemittelten Stückdeckungsbeiträge der Idealpunkte aller Befragten approximiert werden kann. Durch diese Erkenntnis lassen sich dann wieder spezielle Algorithmen anwenden, die Albers (1979) für die First-Choice-Regel vorgeschlagen hat. Grundsätzlich wäre auch wieder die Grid-Search-Technik anwendbar.

Neben der reinen Suche nach dem Optimum wird man für praktische Anwendungen immer auch versuchen herauszufinden, welche Bündel von Produkteigenschaftsausprägungen noch vielversprechend sind (Albers/Brockhoff 1985), da mit jeder Positionierung Entscheidungsaspekte verbunden sein können, die man nicht im Rahmen einer solchen Modellierung explizit erfassen kann. Ein Praktiker wird dann immer unter Würdigung aller Aspekte seine Entscheidung treffen.

10. Zusammenfassung

Dieser Beitrag beschäftigt sich mit dem Problem, neue Bündel von Produkteigenschaftsausprägungen zu finden, die eine höhere Akzeptanz im Markt finden als bisher angebotene Eigenschaftsausprägungs-Kombinationen. Dabei wird davon ausgegangen, dass sich bereits ein Markt etabliert hat, in dem die Produkteigenschaften festliegen. Untersucht werden also keine Produktinnovationen mit völlig neuen Eigenschaften, sondern nur bessere Zusammenstellungen von Eigenschaftsausprägungen. Zum Auffinden derartiger Produktkonzepte ist es erforderlich, Präferenzen für Eigenschaften bzw. Ausprägungen zu ermitteln. Dafür ist das Instrument der Conjoint-Analyse entwickelt worden, das inzwischen zum Standardinstrumentarium der Marktforschungsinstitute und größerer Teile der Industrie gehört. Hierbei wird das Produkt in seine bedeutendsten technischen Eigenschaften zerlegt. Aus globalen Präferenzurteilen wird auf die Teilnutzen von einzelnen Produkteneigenschaftsausprägungen rückgeschlossen. Schwieriger wird es bei Produkten, die nicht auf der Basis von technischen, sondern wahrgenommenen Eigenschaftsausprägungen beurteilt werden. Hier besteht die gängige Vorgehensweise darin, mit Hilfe der Multidimensionalen Skalierung Positionen von existierenden Produkten in einem wahrgenommenen Eigenschaftsraum zu bestimmen und danach auf der Basis von Angaben zur Präferenz dieser Produkte auf Position von Idealpunkten rückzuschließen. Hat man diese Präferenzfunktionen ermittelt, so gilt es, daraus auf den Marktanteil zu schließen. Dafür ist der Einsatz von Choice-Simulatoren notwendig, die ein bestimmtes Wahlverhalten in Abhängigkeit von den Präferenzen für die am Markt angebotenen Produkte angeben. Hierfür gibt es eine Reihe von Verhaltensannahmen, die für unterschiedliche Situationen sinnvoll sind. Eine gute Prognose-Validität erzielt ein Choice-Simulator aber nur, wenn man auch zukünftige Wettbewerbsreaktionen richtig einschätzt und in das Modell einbezieht. Dabei muss davon ausgegangen werden, dass sich Wettbewerber nicht nach dem Nash-Theorem verhalten, sondern aggressiver nach vorteilhaften relativen Ergebnissen trachten. Das Auffinden eines Produktkonzeptes mit maximalem Deckungsbeitrag ist solange leicht, wie man mit Teilnutzenfunktionen arbeitet. In diesem Fall kann man die Werte für alle Eigenschaftsausprägungs-Kombinationen total enumerieren und das beste Konzept aussuchen. Schwieriger wird es bei Problemen mit kontinuierlichen Eigenschaftsdimensionen, wie sie für wahrgenommene Eigenschaftsräume üblich sind. Hier hilft eine Grid-Search-Technik, mit der man den Lösungsraum letztendlich wieder diskretisiert und dann das Prinzip der Total-Enumeration anwendet.

Insgesamt liegt eine Vielzahl von anwendbaren Entscheidungsmodellen vor, mit denen man in etablierten Märkten nach besseren Kombinationen von Eigenschaftsausprägungen suchen kann, so dass Entscheidungen über neue Produktkonzepte nicht mehr allein rein aus dem Bauch getroffen werden müssen.

11. Literatur

AGARWAL, M.K./GREEN, P.E., Adaptive Conjoint Analysis versus self-explicated models: Some empirical results, in: International Journal of Research in Marketing, 1991, 141-146

ALBERS, S., An extended algorithm for optimal product positioning, in: European Journal of Operational Research, 1979, 222-231

ALBERS, S., PROPOPP: A Program Package for Optimal Positioning of a New Product in an Attribute Space, in: Journal of Marketing Research, 1982a, 606-608

ALBERS, S., Optimal Positioning of Political Parties, in: B. Fleischmann et al. (Hrsg.): Operations Research Proceedings 1981, Berlin et al. 1982b, 322-328

ALBERS, S., Schätzung von Nachfragereaktionen auf Variationen des Tarif- und Leistungsangebots im öffentlichen Personennahverkehr, in: Zeitschrift für Verkehrswissenschaft, 1983, 207-230

ALBERS, S., Gewinnorientierte Neuproduktpositionierung in einem Eigenschaftsraum, in: Zeitschrift für betriebswirtschaftliche Forschung, 1989, 186-209

ALBERS, S./BROCKHOFF, K., A procedure for new product positioning in an attribute space, in: European Journal of Operational Research, 1977, 230-238

ALBERS, S./BROCKHOFF, K., A Comparison of two Approaches to the Optimal Positioning of a New Product in an Attribute Space, in: Zeitschrift für Operations Research, 1979, 127-142

ALBERS, S./BROCKHOFF, K., Die Gültigkeit der Ergebnisse eines Testmarktsimulators bei unterschiedlichen Daten und Auswertungsmethoden, in: Zeitschrift für betriebswirtschaftliche Forschung, 1985, 191-217

ALLENBY, G.M./ARORA, N./GINTER, J.L., Incorporating Prior Knowledge into the Analysis of Conjoint Studies, in: Journal of Marketing Research, 1995, 152-162

ANSARI, A./ECONOMIDES, N./GHOSH, A., Competitive Positioning in Markets With Nonuniform Preferences, in: Marketing Science, 1994, 248-273

BALAKRISHNAN, P.V./JACOB, V.S., Genetic Algorithms for Product Design, in: Management Science, 1996, 1105-1117

BAIER, D./GAUL, W., Optimal product positioning based on paired comparison data, in: Journal of Econometrics, 1999, 365-392

BAUER, H.H./HERRMANN, A./MENGES, A., Eine Methode zur gewinnmaximalen Produktgestaltung auf der Basis des Conjoint Measurement, in: Zeitschrift für Betriebswirtschaft, 1994, 81-94

BIJMOLT, T.H.A./WEDEL, M., A comparison of multidimensional scaling methods for perceptual mapping, in: Journal of Marketing Research, 1999, 277-285

BOECKER, F./SCHWEIKL, H., Better preference prediction with individualized sets of relevant attributes, in: International Journal of Research in Marketing, 1988, 15-24

BROCKHOFF, K., Produktpolitik, 4. Aufl., Stuttgart 1999

BROCKHOFF, K./WALDECK, B., The robustness of PREFMAP-2, in: International Journal of Research in Marketing, 1984, 215-233

CAMM, J.D./COCHRAN, J.J./CURRY, D.J./KANNAN, S., Conjoint Optimization: An Exact Branch-and-Bound Algorithm for the Share-of-Choice Problem, in: Management Science, 2006, 435-447

CARROLL, J.D./CHANG, J.J., Analysis of Individual Differences in Multidimensional Scaling via an N-way Generalization of Eckart-Young Decomposition, in: Psychometrika, 1970, 283-319

CATTIN, PH./WITTINK, D.R., Commercial Use of Conjoint Analysis: A Survey, in: Journal of Marketing, Summer 1982, 44-53

CHEN, K.D./HAUSMAN, W.H., Technical Note: Mathematical Properties of the Optimal Product Line Selection Problem Using Choice-Based Conjoint Analysis, in: Management Science, 2000, 327-332

CHOI, S.C./DESARBO, W.S./HARKER, P.T., Product Positioning Under Price Competition, in: Management Science, 1990, 175-199

DARMON, R.Y./ROUZIÈS, D., Reliability and internal validity of conjoint estimated utility functions under error-free versus error-full conditions, in: International Journal of Research in Marketing, 1994, 465-476

DESARBO, W.S./RAO, V.R., A Constrained Unfolding Methodology for Product Positioning, in: Marketing Science, 1986, 1-19

DICHTL, E./SCHOBERT, R., Mehrdimensionale Skalierung, München 1979

DING, M./GREWAL, R./LIECHTY, J., Incentive-Aligned Conjoint Analysis, Journal of Marketing Research, 2005, 67-82.

FOTHERINGHAM, A.S., Consumer Store Choice and Choice Set Definition, in: Marketing Science, 1988, 299-310

GREEN, P.E., Hybrid Models for Conjoint Analysis: An Expository Review, in: Journal of Marketing Research, 1984, 155-169

GREEN, P.E./CARROLL, J.G./GOLDBERG, ST.M., A General Approach to Product Design Optimization via Conjoint Analysis, in: Journal of Marketing, Summer 1981, 17-37

GREEN, P.E./KRIEGER, A.M., Choice Rules and Sensitivity Analysis in Conjoint Simulators, in: Journal of the Academy of Marketing Science, Spring 1988, 114-127

GREEN, P.E./KRIEGER, A.M., An Application of a Product Positioning Model to Pharmaceutical Products, in: Marketing Science, 1992, 117-132

GREEN, P.E./KRIEGER, A., Individualized Hybrid Models for Conjoint Analysis, in: Management Science, Vol. 42 (June 1996), 850-867

GREEN, P.E./KRIEGER, A.M./WIND, Y., Thirty Years of Conjoint Analysis: Reflections and Prospects, Interfaces, Vol. 31, No. 3, Part 2 of 2, May-June 2001, S56-S73

GREEN, P.E./RAO, V.R., Conjoint Measurement for Quantifying Judgmental Data, in: Journal of Marketing Research, 1971, 355-363

GREEN, P.E./SRINIVASAN, V., Conjoint Analysis in Consumer Research: Issues and Outlook, in: Journal of Consumer Research, Vol. 5 (1978), 103-123

GREEN, P.E./SRINIVASAN, V., Conjoint Analysis in Marketing: New Developments With Implications for Research and Practice, in: Journal of Marketing, October 1990, 3-19

HAUSER, J.R./KOPPELMAN, F.S., Alternative Perceptual Mapping Techniques: Relative Accuracy and Usefulness, in: Journal of Marketing Research, 1979, 495-506

HORSKY, D., NELSON, P., New Brand Positioning and Pricing in an Oligopolistic Market, in: Marketing Science, Vol. 11 (1992), 133-153

JOHNSON, M.D./LEHMANN, D.R./HORNE, D.R., The effects of fatigue on judgments of interproduct similarity, in: International Journal of Research in Marketing, 1990, 35-43

KAMAKURA, W.A., A Least Squares Procedure for Benefit Segmentation with Conjoint Experiments, in: Journal of Marketing Research, Vol. 25, May 1988, 157-167

KAUL, A./RAO, V.R., Research for product positioning and design decisions: An integrative review, in: International Journal of Research in Marketing, 1995, 293-320

KOHLI, R., KRISHNAMURTI, R., A Heuristic Approach to Product Design, in: Management Science, Vol. 33 (1987), 1523-1533

KRUSKAL, J.B., Multidimensional Scaling: A Numerical Method, in: Psychmetrika, 1964, 115-129

KUHFELD, W.F./TOBIAS, R.D./GARRATT, M., Efficient Experimental Design with Marketing Research Applications, in: Journal of Marketing Research, 1994, 545-557

LEEFLANG, P.S.H./WITTINK, D.R., Competitive Reaction versus Consumer Response: Do Managers Overreact?, in: International Journal of Research in Marketing, 1996, 103-119

LENK, P.J./DESARBO, W.S./GREEN, P.E./YOUNG, M.R., Hierarchical Bayes Conjoint Analysis: Recovery of Partworth Heterogeneity from Reduced Experimental Designs, in: Marketing Science, 1996, 173-191

LOUVIERE, J.J./HENSHER, D.A./SWAIT, J.D., Stated Coice Methods. Analysis and Applications, Cambridge 2000

LOUVIERE, J.J./GAETH, G.J., Decomposing the determinants of retail facility choice using the method of hierarchical information integration: a supermarket illustration, in: Journal of Retailing, 1987, 25-48

LOUVIERE, J.J./WOODWORTH, G., Design and Analysis of Simulated Consumer Choice or Allocation Experiments: An Approach Based on Aggregate Data, in: Journal of Marketing Research, 1983, 350-367

MALHOTRA, N.K., Structural Reliability and Stability of Nonmetric Conjoint Analysis, in: Journal of Marketing Research, 1982, 199-207

MALHOTRA, N.K., Validity and Structural Reliability of Multidimensional Scaling, in: Journal of Marketing Research, 1987, 164-173

MALHOTRA, N.K./JAIN, A.K./PINSON, C., The Robustness of MDS Configurations in the Case of Incomplete Data, in: Journal of Marketing Research, 1988, 95-102

MARKS, U.G., Neuproduktpositionierung in Wettbewerbsmärkten, Wiesbaden 1994

MARKS, U.G./ALBERS, S., Experiments in Competitive Product Positioning - Actual Behavior versus Nash Solutions, Schmalenbach Business Review, 2001, 150-174

MEYER, R./JOHNSON, E.J., Empirical Generalizations in the Modelling of Consumer Choice, in: Marketing Science, 1995, G180-G189

REIBSTEIN, D./BATESON, J.E.G./BOULDING, W., Conjoint Analysis Reliability: Empirical Findings, in: Marketing Science, 1988, 271-286

SAATY, T.L., The Analytic Hierarchy Process. Planning, Priority Setting, Resource Allocation, New York 1980

SATTLER, H., Methoden zur Messung von Präferenzen für Innovationen, Zeitschrift für betriebswirtschaftliche Forschung, Sonderheft 54/2006, 154-176

SATTLER, H./HENSEL-BÖRNER, S., A Comparison of Conjoint Measurement with Self-explicated Approaches, in: Gustafsson, A./Herrmann, A./Huber, F., Conjoint Measurement. Methods and Applications, Berlin et al. 2000, 121-133

SHI, L./OLAFSSON, S./CHEN, Q., An Optimization Framework for Product Design, Management Science, 2000, 1681-1692

SHOCKER, A.D./SRINIVASAN, V., A Consumer-based Methodology for the Identification of New Product Ideas, in: Management Science, 1974, 921-937

SHOCKER, A.D./SRINIVASAN, V., Multiattribute Approaches for Product Concept Evaluation and Generation: A Critical Review, in: Journal of Marketing Research, 1979, 159-180

SKIERA, B., Implikationen des allgemeinen Probit-Modells für die Marketingplanung, in: Zeitschrift für Betriebswirtschaft, 1996, 191-198

SRINIVASAN, V., SHOCKER, A.D., Linear Programming Techniques for Multidimensional Analysis of Preferences, in: Psychometrika, 1973, 731-756

STEINER, W./HRUSCHKA, H., Conjointanalyse-basierte Produkt(linien)gestaltung unter Berücksichtigung von Konkurrenzreaktionen, OR Spektrum, 2000, 71-95

STREET, D.J./BURGESS, L./LOUVIERE, J.J., Quick and easy choice sets: Constructing optimal and near-optimal stated choice experiments, in: International Journal of Research in Marketing, 2005, 459-470

SUDHARSHAN, D./MAY, J.H./SHOCKER, A.D., A Simulation Comparison of Methods for New Product Location, in: Marketing Science, 1987, 182-207

TEICHERT, T., Schätzgenauigkeit von Conjoint-Analysen, in: Zeitschrift für Betriebswirtschaft, 1998, 1245-1266

TORGERSON, W.S., Theory and methods of Scaling, 5th printing, New York 1965

TOUBIA, O./HAUSER, J.R./SIMESTER, D.I., Polyhedral Methods for Adaptive Choice-based Conjoint Analysis, in: Journal of Marketing Research, 2004, 116-131

TSCHEULIN, D.K., Ein empirischer Vergleich der Eignung von Conjoint-Analyse und AHP zur Neuproduktplanung, in: Zeitschrift für Betriebswirtschaft, 1991, 1267-1280

VÖLCKNER, F., An Empirical Comparison of Methods for Measuring Consumers' Willingness to Pay, Marketing Letters, 2006, 137-149

VOETH, M./HAHN, C., Limit Conjoint-Analyse, Marketing - Zeitschrift für Forschung und Praxis, 1998, 119-132.

VOETH, M., 25 Jahre conjointanalytische Forschung in Deutschland, in: Zeitschrift für Betriebswirtschaft, Ergänzungsheft 2/1999, 153-176

WEDEL, M./KAMAKURA, W.A., Market Segmentation: Conceptual and Methodological Foundations, Boston et al. 1998

WIND, J., GREEN, P.E., SHIFFLET, D., SCARBROUGH, M., Courtyard by Marriott: Designing a Hotel Facility with Consumer-based Marketing Models, in: Interfaces, Vol. 19 (Jan.-Feb. 1989), 25-47

WITTINK, D.R./CATTIN, PH., Commercial Use of Conjoint Analysis: An Update, in: Journal of Marketing, July 1989, 91-96

WITTINK, D.R./KRISHNAMURTHI, L./NUTTER, J.B., Comparing Derived Importance Weights Across Attributes, in: Journal of Consumer Research, 1982, 471-474

WITTINK, D.R./VRIENS, M./BURHENNE, W., Commercial use of conjoint analysis in Europe: Results and critical reflections, in: International Journal of Research in Marketing, 1994, 41-52

WU, J./RANGASWAMY, A., A Fuzzy Set Model of Search and Consideration with an Application to an Online Market, in: Marketing Science, 2003, 411-434

Bernd Erichson

Prüfung von Produktideen und -konzepten

1. Einleitung

Die Prüfung von Produktideen und -konzepten ist ein Prozeß, der sich über alle Phasen der Entwicklung und Einführung neuer Produkte erstrecken muß. Dieser ist von hoher praktischer Relevanz, da die Entwicklung und Einführung neuer Produkte (Marktneuheiten, Produktverbesserungen oder neue Marken) einerseits mit hohen Kosten und andererseits mit extremer Unsicherheit verbunden ist. Prüfungen von Produktideen können sich auf deren technische Realisierbarkeit wie auch auf deren wirtschaftlichen Erfolg beziehen. Hier soll nur der zweite Aspekt behandelt werden, wobei wir uns insbesondere auf Konsumgüter beschränken. Die kritische Größe bei der Prüfung des wirtschaftlichen Erfolges bildet die Akzeptanz bei den Konsumenten und die daraus resultierende Absatzmenge. Ihre Schätzung bzw. Prognose erfordert i.d.R. Markforschung. Nachfolgend sollen die gebräuchlichen Prüf- und Testverfahren behandelt werden.

2. Das Risiko bei der Einführung neuer Produkte

Abbildung 1 zeigt die Sterblichkeitskurve von Ideen für neue Produkte (Booz/Allen/Hamilton, 1968, S. 9). Die Realisierung einer Produktidee über Entwicklung, Test und Markteinführung ist meist mit Aufwendungen in zwei- bis dreistelliger Millionenhöhe verbunden, die im Falle eines Flops verloren gehen. Beispiele für besonders spektakuläre Flops bilden der Edsel, der das Unternehmen Ford rund eine Mrd. DM kostete, oder das jüngst gescheiterte Iridium-Satelliten-Telefon, welches Motorola und dessen Partnern einen Verlust von 10 Mrd. DM beschert. Zu den finanziellen Verlusten kommt oft noch ein nicht zu unterschätzender Image-Schaden.

Von der Vielzahl der unternommenen Neuproduktprojekte gelangen nur wenige bis zur Marktreife, und die Mehrzahl derjenigen Projekte, die schließlich in den Markt gelangt, scheitert dort. Der überwiegende Anteil aller Aufwendungen für neue Produkte entfällt auf Flops, d.h. auf Produkte, die im Markt scheitern. Eine neuere Studie aus den USA (Miller, 1993) nennt folgende Zahlen: Nur 8% aller Neuproduktprojekte erreicht Marktreife, von denen wiederum 83% im Markt scheitern, so daß letztlich von 100 Projekten nur eines erfolgreich ist (Clancy et al., 1994, S. 6 ff.). Auch in Deutschland sieht die Situation nicht viel besser aus (Huppert, 1980, Madakom, 1999). Wenngleich derartige Untersuchungen zur Erfolgs- bzw. Mißerfolgsrate mit großen Schwierigkeiten verbunden und folglich deren Ergebnisse nie ganz genau sein können, so verdeutlichen sie dennoch das Problem. Eine Übersicht über Studien, die sich mit der hohen Flop-Rate neuer Produkte und deren Ursachen befassen, geben Crawford (1977) wie auch Urban/Hauser (1993, S. 53 ff.). Die häufigsten Ursachen sind: zu geringer Neuigkeitsgrad der Produktkonzeption (kein hinreichender Produktvorteil), zu hoher Preis, Überschätzung des Martktpotentials, Qualitätsmängel, falsche Positionierung, mangelhafte Werbekonzeption und zunehmend auch ungenügende Distribution.

Da die Kosten für die Realisierung einer Produktidee über die Zeit von der Ideengewinnung bis zur Markteinführung ansteigen (vgl. Abbildung 2), ist es von Vorteil, wenn Flops möglichst früh erkannt und eliminiert werden. Andererseits aber ist auch die Prognose des Produkterfolges in einem frühen Entwicklungsstadium besonders schwierig und unsicher, und es besteht somit die Gefahr, daß fälschlich ein potentiell erfolgreiches Produktprojekt abgebrochen wird. Tests an der Schwelle zur Markteinführung (Roll-Out) besitzen daher besondere Wichtigkeit, da einerseits hier die Prognosegüte am höchsten ist und andererseits für die meisten Konsumgüter an dieser Stelle die Kosten besonders stark ansteigen (vgl. Abbildung 2). Mit der Markteinführung werden hohe Aufwendungen für die Schaffung von Produktionskapazitäten, Distribution und Bekanntheit erforderlich. Allein für die Werbestreuung zur Bekanntmachung neuer Produkte bzw. Marken sind zweistellige Millionenbeträge keine Ausnahme. Hinzu kommen Listungsgelder an den Handel in z.T. ähnlicher Höhe. Insgesamt werden damit oft die technischen Entwicklungskosten eines Produktes um ein Vielfaches von den Einführungskosten überschritten.

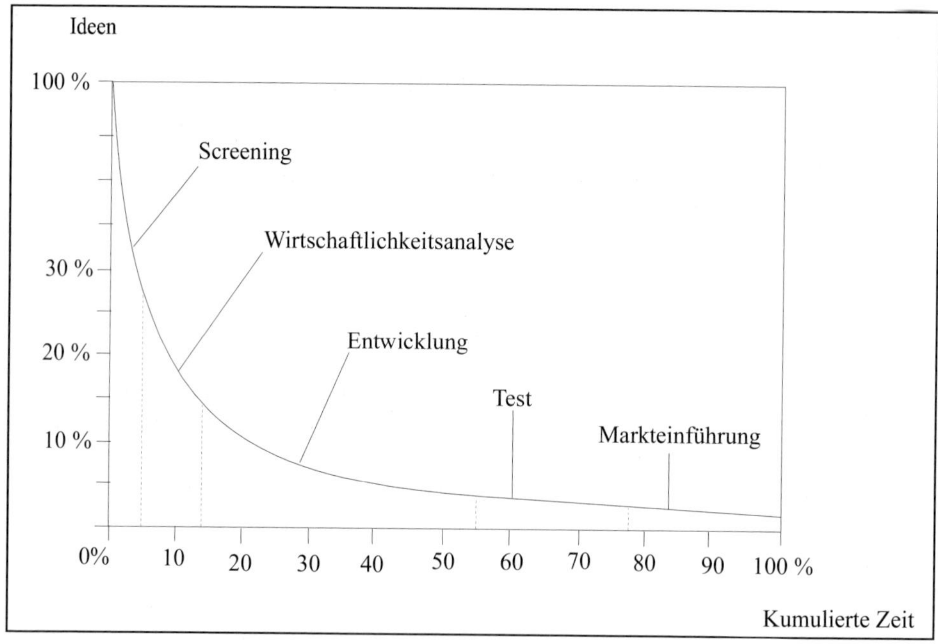

Abbildung 1: Sterblichkeitskurve von Ideen für neue Produkte
nach Booz, Allen & Hamilton 1968, S. 9

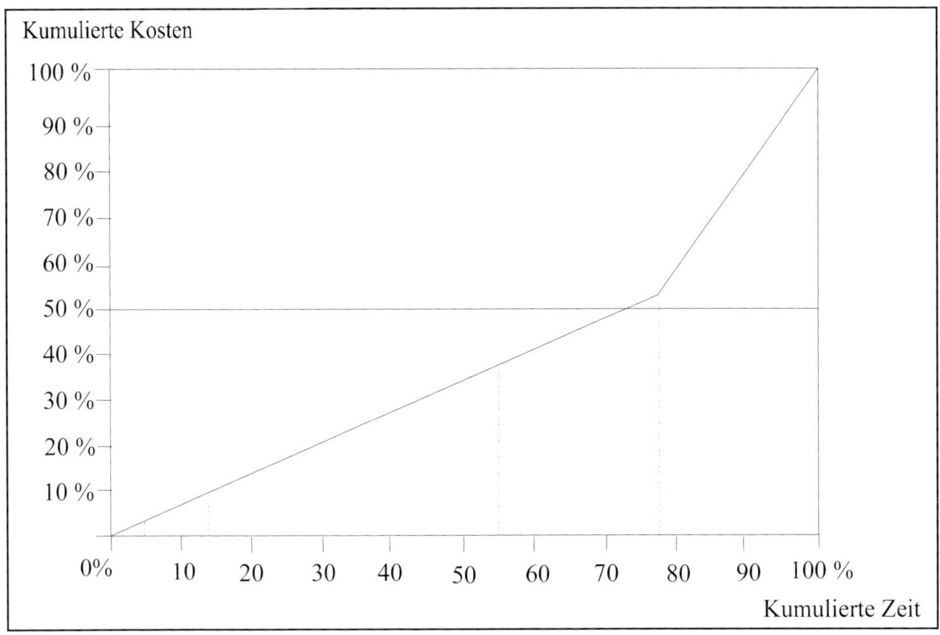

Abbildung 2: Kosten für die Einführung eines neuen Produktes
nach Booz, Allen & Hamilton 1968, S. 10

3. Der Einführungsprozeß neuer Produkte

Der Einführungsprozeß neuer Produkte wird zweckmäßigerweise in Phasen gegliedert. In der Literatur finden sich unterschiedliche Phasenschemata, die meist sowohl gestalterische Maßnahmen wie auch Prüf- und Testverfahren umfassen. Wir wollen hier den Einführungsprozeß nach gestalterischen Maßnahmen in vier Phasen gliedern:

- Ideenfindung,
- Konzeptionsphase,
- Entwicklungsphase,
- Markteinführung.

Die Suche nach Ideen für neue Produkte bildet den Beginn des Einführungsprozesses neuer Produkte. Den Anstoß hierfür können Bedürfnisse und Probleme der Konsumenten (demand pull) oder die Entwicklung neuer Technologien (technology push) geben. In der Konzeptionsphase erfolgt die Spezifizierung einer erfolgversprechenden Idee, d.h. die detaillierte Beschreibung des Produktes hinsichtlich Benefit, Zielgruppe, Positionierung im Konkurrenzumfeld und Produkteigensschaften (Konstruktion, Design, Markie-

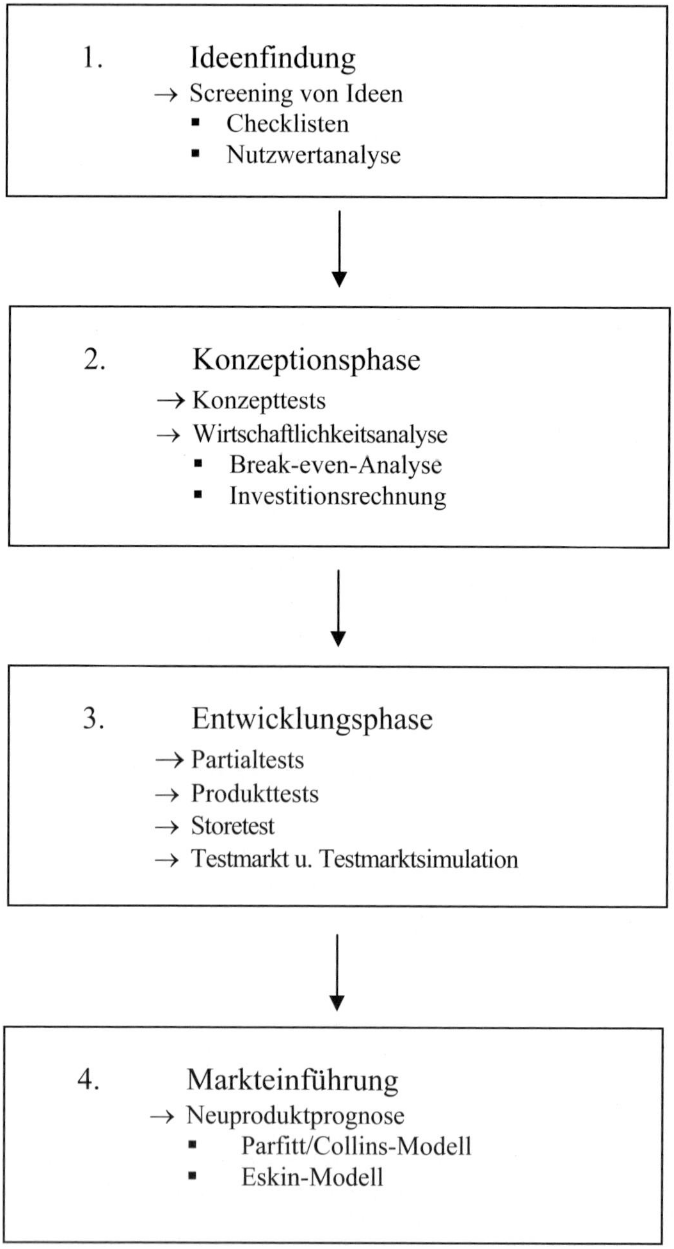

1. Ideenfindung
→ Screening von Ideen
- Checklisten
- Nutzwertanalyse

↓

2. Konzeptionsphase
→ Konzepttests
→ Wirtschaftlichkeitsanalyse
- Break-even-Analyse
- Investitionsrechnung

↓

3. Entwicklungsphase
→ Partialtests
→ Produkttests
→ Storetest
→ Testmarkt u. Testmarktsimulation

↓

4. Markteinführung
→ Neuproduktprognose
- Parfitt/Collins-Modell
- Eskin-Modell

Abbildung 3: Der Einführungsprozeß neuer Produkt und Prüfverfahren

rung). In der nachfolgenden Entwicklungsphase erfolgt die Fertigung eines Prototyps bzw. einer Nullserie. Parallel dazu muß eine Marketingstrategie entwickelt werden. Mit der Markteinführung wird die Distribution des Produktes aufgebaut und dessen Verkauf kommunikativ unterstützt.

Den einzelnen Phasen lassen sich jeweils Prüf- und Testverfahren zuordnen, wie in Abbildung 3 dargestellt. Als Testverfahren bezeichnen wir hier solche Prüfverfahren, bei denen durch Primärforschung, d.h. die Beobachtung und/oder Befragung von Konsumenten, eine Hypothese bezüglich der Akzeptanz oder des Absatzvolumens eines neuen Produktes überprüft werden soll. Nachfolgend sollen nur Prüf- und Testverfahren für die drei ersten Stufen des Einführungsprozesses behandelt werden. Zur Neuproduktprognose nach Markteinführung siehe z.B. Hammann/Erichson (1994, S. 378 ff.).

4. Prüfung von Produktideen

Die Prüfung von Ideen für neue Produkte wird auch als Screening (Filterung) bezeichnet. Bei der Ideengewinnung wird versucht, eine möglichst große Zahl von Ideen für neue Produkte zu generieren, ohne die Kreativität allzusehr durch praktische Erwägungen einzuengen. Das Screening besitzt daher die Aufgabe, jetzt die Spreu vom Weizen zu trennen, d.h. die erfolgversprechendsten Ideen auszuwählen, ohne allzu kostspielig zu sein. Aufwendige Konsumentenbefragungen scheiden daher an dieser Stelle aus.

Das Sreening ist von kritischer Bedeutung, da einerseits die Weiterverfolgung schlechter Ideen unnötige Kosten verursacht, andererseits aber die fälschliche Aussonderung einer guten Idee Opportunitätskosten (entgangene Gewinne) zur Folge hat.

Zur Durchführung des Screening werden oft *Checklisten* verwendet, die relevante Fragen (Kriterien) umfassen, deren Beantwortung durch das Produktmanagement oder ein Projektmanagement erfolgt. Beispiele für derartige Fragen sind:

- Ist der Markt, in den das neue Produkt eingeführt werden soll, hinreichend groß?
- Besitzt das neue Produkt einen Leistungsvorteil gegenüber konkurrierenden Produkten?
- Besteht Zugang zu erforderlichen Vertriebskanälen?
- Sind die technischen Voraussetzungen für die Produktion gegeben?
- Ist die Finanzierung des Projektes gesichert?
- etc.

Eine systematischere Vorgehensweise, die ein quantitatives Ergebnis liefert, ermöglicht die Anwendung von *Scoring-Modellen* (Punktbewertungsmodellen), die sich für die Prüfung von Produktideen bewährt haben (O'Meara, 1961, Kreilkamp, 1977). Vereinfacht ausgedrückt gelangt man zu einem Scoring-Modell, indem man die einzelnen Kriterien einer Checkliste mit Gewichten versieht und die Produktideen bezüglich dieser Kriterien jeweils auf einer Punkte-Skala beurteilen läßt. Durch Multiplikation der Punkte mit dem jeweiligen Gewicht des Kriteriums und Summation über die Kriterien erhält man einen Scoring-Wert (Gesamtpunktzahl) für die Beurteilung einer Produktidee.

Ein Beispiel für die Bewertung einer Produktidee mittels eines Scoring-Modells zeigt Tabelle 1. Zwecks besserer Übersichtlichkeit wurde in Ober- und Unterkriterien gegliedert. Die Wichtigkeit eines Oberkriteriums, die jeweils in Klammern angegeben ist, ergibt sich aus der Summe der Gewichte der zugehörigen Unterkriterien. Aus Sicht des Anwenders besitzt hier der Aspekt der Vermarktung mit einem Gewicht von 40 die größte Wichtigkeit. Die Gewichte wurden so gewählt, daß sie sich zu 100 addieren.

Kriterien **Haupt- und Unterkriterien**	**Gewichte** **w**	**Bewertung** **Punkte** **x**	 **w · x**
1. Marktpotential (20)			
a) Größe des Marktes: Zahl der potentiellen Käufer, Bedarfsintensität	8	5	40
b) Vorhandene Kaufkraft	6	6	36
c) Wachstum des Marktes	4	3	12
d) Saison- und/oder Konjunktur-abhängigkeit (-)	2	7	14
2. Vermarktung (40)			
a) Vorteil gegenüber konkurrierenden Produkten: USP, Preisvorteil	16	2	32
b) Zugang zu Vertriebskanälen	12	2	24
c) Konkurrenzintensität (-)	8	1	8
d) Sortimentseffekte: positiver Absatzverbund, Kannibalisierung (-)	4	3	12
3. Produktionsbedingungen (20)			
a) Benötigtes Know-how vorhanden	8	7	56
b) Produktionsanlagen vohanden			
c) Benötigte Rohstoffe verfügbar	6	4	24
	6	5	30
4. Finanzielle Aspekte (20)			
a) Investitionsvolumen (-)	12	5	60
b) Finanzierungsmöglichkeiten	8	7	56
Σ	**100**		**404**

Tabelle 1: Bewertung einer Produktidee mittels Scoring-Modell

Für die Bewertung der Produktidee wurde eine 7-stufige Punkte-Skala mit den Polen 1 = „sehr schlecht" und 7 = „sehr gut" verwendet. Da die Summe der Gewichte 100 ist, beträgt somit der maximale Scoring-Wert 700. Alternativ könnte auch eine Skala mit 5 oder 10 Stufen verwendet werden.

Wie man sieht, bestehen für die Umsetzung der beurteilten Produktidee gute technische und finanzielle Voraussetzungen, und auch der Markt wird als hinreichend groß beurteilt. Ein Erfolg aber scheint zweifelhaft, da die Konkurrenz auf dem Markt stark und der Konkurrenzvorteil des neuen Produktes gering ist.

Analog können weitere Produktideen bewertet werden. Sodann sind diese miteinander (oder auch mit einem kritischen Wert) zu vergleichen und die Alternative(n) mit dem höchsten Scoring-Wert auszuwählen.

Bei der Konstruktion eines Scoring-Modells ist darauf zu achten, daß die Kriterien möglichst unabhängig voneinander sind, um zu vermeiden, daß bestimmte Aspekte doppelt erfaßt werden. Andererseits sollten die berücksichtigten Kriterien vollständig sein, d.h. alle wichtigen Aspekte abdecken.

Bei der Punktvergabe sollten folgende Grundsätze beachtet werden:

- Die Punkte-Skala sollte für alle Ziele (Kriterien) gleich breit sein, um eine implizite Gewichtung zu vermeiden.
- Die Breite der Punkte-Skala sollte dem Differenzierungsvermögen des Beurteilers angepaßt sein.
- Die Bewertungsrichtung muß bei allen Kriterien gleich sein.

Bezüglich des letzten Punktes ist darauf hinzuweisen, daß das Scoring-Modell in Tabelle 1 auch negative Kriterien enthält, die durch „(-)“ gekennzeichnet sind. Hier ist die Bewertungsrichtung umzukehren, d.h. eine höhere Ausprägung muß mit einer niedrigeren Punktzahl bewertet werden. So bedeutet im Beispiel die 7, das keine Saison- oder Konjunkturabhängigkeit besteht, und die 1, daß die Konkurrenzintensität hoch ist.

Bei dem obigen Scoring-Modell handelt es sich um ein additives Scoring-Modell, das kompensatorische Eigenschaft besitzt (was bei multiplikativen Modellen nicht der Fall ist). Das heißt, daß die negative Bewertung eines Kriteriums durch die positive Bewertung eines anderen Kriteriums ausgeglichen werden kann. Deshalb muß im Vorfeld geprüft werden, ob eine Produktidee bezüglich aller Kriterien ein gefordertes *Anspruchsniveau* erreicht. Nur Produktideen, die diese *Vorselektion* passieren, werden sodann mittels eines Scoring-Modells evaluiert.

Scoring-Modelle gehören zum Bereich der *Nutzwertanalyse*. Bezüglich näherer Ausführungen hierzu siehe z.B. Brockhoff (1999, S. 182 ff.), Diller (1980, S. 44 ff.), Green/Wind (1973, S. 33 ff.).

5. Verfahren zur Prüfung von Produktkonzepten

5.1 Konzepttest

Im Konzepttest wird die spezifizierte Idee für ein neues Produkt durch Befragung von potentiellen Konsumenten überprüft. Ziel ist es, Auskunft über die Akzeptanz des Konzeptes und eventuelle Schwächen und/oder Verbesserungsmöglichkeiten zu erhalten. Häufig geht es auch darum, unter alternativen Konzepten das beste auszuwählen.

Die Präsentation des Konzeptes erfolgt in Form einer verbalen Beschreibung und/oder einer bildlichen Darstellung. In neuerer Zeit werden hierzu auch *Virtual-Reality-Techniken* verwendet, die die realitätsnahe dreidimensionale Darstellung eines Produktes in „Lebensgröße" und aus verschiedenen Perspektiven ermöglichen. Erforderlich ist hierzu lediglich, daß die Konstruktionsdaten im Computer vorliegen (vgl. Erdmann, 1999). Hieraus eröffnen sich Möglichkeiten, in Zukunft auch das Internet für Konzepttests zu nutzen.

Die praktische *Durchführung eines Konzepttests* umfaßt die repräsentative Auswahl von etwa 200 Testpersonen aus der Zielgruppe des Produktes sowie deren Befragung zu folgenden Aspekten:

1. Verständlichkeit / Kommunizierbarkeit:
   Ist das Produktkonzept klar und glaubhaft und kann es den Konsumenten in einfacher Form vermittelt werden ?
2. Vorteilhaftigkeit / Einzigartigkeit:
   Besitzt das neue Produkt einen Vorteil gegenüber existierenden Produkten?
3. Preisbeurteilung / Wertschätzung:
   Welchen Preis würden Sie für angemessen halten?
4. Likes / Dislikes:
   Was gefällt besonders und was nicht?
5. Kaufbereitschaft / Kaufabsicht:
   Diese wird meist auf einer 5-stufigen verbalisierten Skala abgefragt:
   - Kaufe ganz bestimmt,
   - Kaufe wahrscheinlich,
   - Bin unentschieden,
   - Kaufe wahrscheinlich nicht,
   - Kaufe bestimmt nicht.
6. Kaufhäufigkeit und Kaufmenge (bei Verbrauchsgütern):
   Wie oft und in welcher Menge würden Sie das Produkt kaufen.

Zu weiteren Aspekten, die in Konzepttests geprüft werden, siehe z.B. Salcher (1995, S. 215 ff.). Ein standardisiertes Verfahren für Konzepttests ist BASES von Infratest Burke (vgl. Burke 1989). Während von den meisten Firmen oder Forschungsinstituten nur die Top-Box (z.B. Annahme des Konzeptes, wenn mindestens 40 % das Produkt „ganz bestimmt" kaufen wollen) oder die Top-2-Boxes berücksichtigt werden, wird in BASES ein Transformationssystem verwendet, das alle Stufen der Kaufbereitschaftsskala berücksichtigt. Die hierfür verwendeten Faktoren wurden empirisch ermittelt und variieren zwischen Warengruppen und Ländern. Darauf basierend wird versucht, eine quantitative Prognose des Markt- oder Absatzvolumens zu erstellen.

Häufig werden Konzepttests auch in Form von *Gruppendiskussionen* durchgeführt, in denen der Diskussionsleiter das Konzept mit 8-10 Testpersonen diskutiert, um Stärken und Schwächen des Konzeptes aufzudecken. Um Hinweise zur optimalen Gestaltung eines Konzeptes zu erhalten, findet die *Conjoint Analyse* heute zunehmend Verwendung (Backhaus u.a. 1996, S. 496 ff., Schubert 1991, S. 132 ff.). Zur Kontrolle der Positionierung eines Produktkonzeptes wurden z.B. von Urban (1975) das Verfahren PERCEPTOR und von Albers (1982) das Programm PROPOPP entwickelt.

5.2 Wirtschaftlichkeitsprüfung

In der Wirtschaftlichkeitsanalyse werden Kosten und Erlöse des neuen Produktes betrachtet, um Aussagen über den wirtschaftlichen Erfolg einer Markeinführung treffen zu können. Die hierbei angewendeten Verfahren der Break-even-Analyse und der Investitionsrechnung können selbstverständlich auch in der oder den nachfolgenden Phasen des Einführungsprozesses Anwendung finden.

Break-even-Analyse

Bei der Break-even-Analyse (BEA) wird der Gewinn in Abhängigkeit von der Absatzmenge betrachtet. Da die Schätzung der Absatzmenge das größte Problem bei der Prüfung von Produktideen bildet, wird dieses hier umgangen. Stattdessen wird der sog. Break-even-Punkt ermittelt, d.h. diejenige Absatzmenge, ab der eine Gewinnerzielung möglich ist. Dieser ergibt sich im Schnittpunkt von Kosten und Erlösen (vgl. Abbildung 4). Sodann wird gefragt, ob man es für wahrscheinlich hält, das diese Menge erreicht oder überschritten werden kann. Das Problem der Unsicherheit wird somit aus dem Kalkül ausgelagert.

Die BEA berücksichtigt die Zusammensetzung der Kosten aus fixen und variablen Kosten (Grenzkostenrechnung) und macht die Abhängigkeit des Gewinns von der Menge deutlich. Die Beantwortung der kritischen Frage aber, ob die BE-Menge erreichbar ist, muß außerhalb der BEA erfolgen.

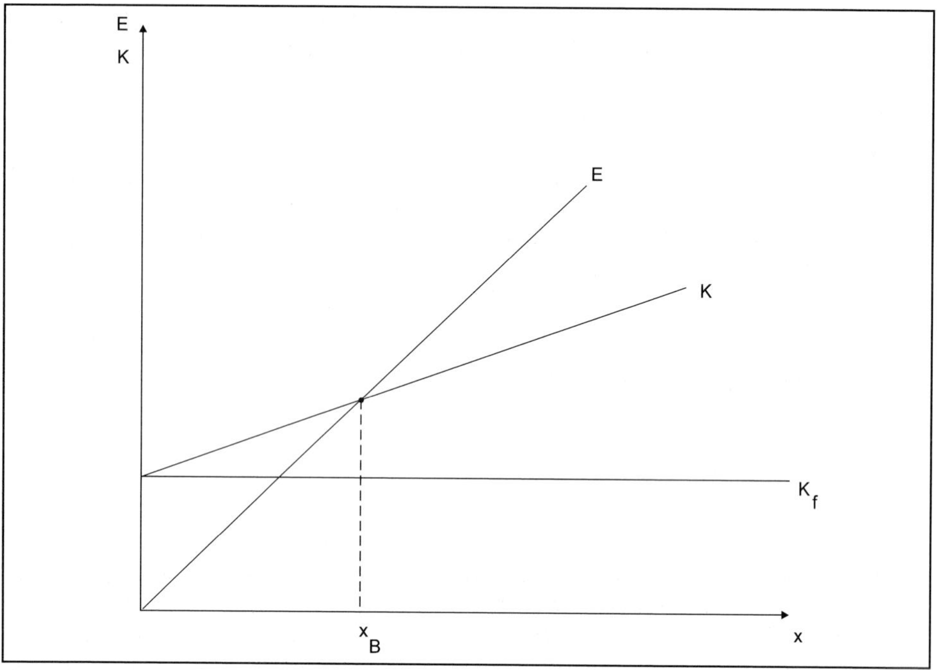

Abbildung 4: Break-even-Diagramm

Investitionsrechnung

Bei den Verfahren der Investitionsrechnung wird unterstellt, daß die Absatzmengen und damit die resultierenden Ein- und Auszahlungsströme geschätzt werden können. Generell wird zwischen statischen und dynamischen Verfahren unterschieden (vgl. z.B. Schierenbeck, 1989, S. 304 ff., Blohm/Lüder, 1995). *Statische Verfahren* sind z.B.:

- Rentabilitätsrechnung $$R = \frac{\varnothing \text{ Gewinn}}{\varnothing \text{ Kapitaleinsatz}}$$

- Amortisationsrechnung $$T_A = \frac{\text{Investition}}{\varnothing \text{ cash flow}}$$

Mittels der Rentabilitätsrechnung können alternative Projekte verglichen oder ein einzelnes Projekt geprüft werden, ob es eine vorgegebene Mindestrentabilität erreicht. Die Amortisationsrechnung dient darüber hinaus zur Abschätzung des Risikos.

Ein Mangel der statischen Verfahren ist die Vernachlässigung des Zeitfaktors, d.h. es werden nur Durchschnittswerte betrachtet und somit die zeitlichen Unterschiede von

Ein- und Auszahlungen nicht berücksichtigt. Dieser Mangel wird bei den *dynamischen Verfahren* behoben. Erwähnt werden soll hier nur die Kapitalwertmethode:

- Kapitalwertmethode $K_0 = \sum_{t=0}^{T} (E_t - A_t) \cdot \frac{1}{(1+i)^t}$

Unter Verwendung des Kalkulationszinsfußes i werden die Ein- und Auszahlungen auf die Gegenwart diskontiert und aufaddiert. Das Projekt ist vorteilhaft, wenn sich ein positiver Kapitalwert K_0 ergibt. Weitere dynamische Verfahren sind die Annuitätenmethode und die Methode des internen Zinsfußes.

6. Produkttest und Storetest

6.1 Produkttest

Im Produkttest wird das fertige (marktreife) Produkt getestet. Insbesondere wird hier die subjektive Qualität (Beurteilung) des fertigen Produktes bei einer repräsentativen Auswahl von Konsumenten aus der Zielgruppe überprüft, was in Form eines Studiotests oder Home-use-Tests erfolgen kann. Hiervon zu unterscheiden sind technische Qualitätstests des Herstellers oder Warentests von unabhängigen Institutionen, die die objektive Qualität betreffen. Meist vorgeschaltet werden Partialtests einzelner Produktkomponenten (z.B. Markenname, Verpackung, Geschmack, Handhabung) durchgeführt.

Die praktische Durchführung eines Produkttests erfordert zunächst eine Auswahl von etwa 200 - 400 Testpersonen, die repräsentativ für die Zielgruppe sein sollten. Die Testpersonen können speziell für den Test angeworben oder aus einem bestehenden Produkttest-Panel ausgewählt werden. Letzteres ist häufig der Fall, wenn der Produkttest nicht vom Hersteller selbst, sondern von einem beauftragten Marktforschungsinstitut durchgeführt wird. Gemessen werden sodann mittels geeigneter Befragungs- und Skalierungsverfahren insb. Präferenzen, Einstellungen und Kaufabsichten. Durch offene Fragestellung wird außerdem ermittelt, was an dem Testprodukt besonders gefällt oder mißfällt (likes und dislikes).

Nach Art des Testortes wird unterschieden zwischen *Studio-Test* und *Home-Use-Test*. Als Teststudio wird häufig ein Restaurant in der Stadtmitte oder ein entsprechend hergerichteter Autobus verwendet. Die Befragung erfolgt gewöhnlich durch Interviewer. Beim Home-Use-Test kann die Testperson das Testprodukt zu Hause in gewohnter Umgebung und über einen längeren Zeitraum ausprobieren. Die Befragung erfolgt hier zumeist schriftlich, verbunden mit einer postalischen Übermittlung von Fragebogen und Testprodukt.

Nach der Anzahl der Produkte, die einer Testperson dargeboten werden, unterscheidet man zwischen *monadischem Test* (Einzeltest) und *Vergleichstest*. Beim Vergleichstest wird oft weiter differenziert zwischen Paarvergleichstest, triadischem Test und multiplem Test. Ein Vergleichstest erweist sich als zweckmäßig, wenn alternative Produktvarianten verfügbar sind. Er kann aber auch bei nur einem Testprodukt eingesetzt werden, wobei als Vergleichsprodukte die führende Marke, die Stammarke der Testperson oder alle relevanten Marken aus dem betreffenden Markenfeld herangezogen werden. Allein aus meßtechnischen Gründen ist der Vergleichstest, soweit anwendbar, dem monadischen Test vorzuziehen.

Nach Art der Darbietung des Produktes wird zwischen *Blindtest* und *identifiziertem Test* unterschieden. Beim Blindtest erhält die Testperson das Produkt in neutraler Aufmachung. Dieser wird eingesetzt, um die eigentliche Leistung eines Produktes, unbeeinflußt durch Verpackung, Markierung und Image des Herstellers, zu testen. Letztlich handelt es sich dabei immer um einen Partialtest. Realistischer ist der identifizierte Test, der ein Gesamterlebnis von Produkt und Marke ermöglicht. Dennoch hat auch der Blindtest seine Berechtigung, insbesondere im Rahmen von Vergleichstests, da er hinsichtlich der Wahrnehmung von Produktkomponenten eine größere Trennschärfe als der identifizierte Test besitzt.

Der Produkttest bildet im Rahmen der Einführung neuer Produkte eines der wichtigsten und am häufigsten eingesetzten Testinstrumente. Insbesondere zur Aufdeckung von Schwächen bei einem neuen Produkt sowie zur Auswahl zwischen alternativen Produktentwicklungen ist der Produkttest unverzichtbar. Nicht geeignet ist der Produkttest zur Ableitung von quantitativen Marktprognosen.

6.2 Storetest

Beim Storetest wird in ausgewählten Testgeschäften die Wirksamkeit von Marketingmaßnahmen geprüft, die sich hinsichtlich dieser Testgeschäfte differenzieren lassen. Hierzu gehören z.B. alternative Produktverpackungen, Preise, Regalgestaltungen oder Maßnahmen der Verkaufsförderung am PoS für ein bestimmtes Produkt. Infolge guter Kontrollierbarkeit der Bedingungen in den Testgeschäften eignet sich der Store-Test besonders zur Durchführung von Experimenten. A. C. Nielsen bietet z.B. Storetests unter dem Namen „Nielsen Kontrollierter Markttest“ an.

Die Durchführung eines Store-Tests erfolgt gewöhnlich in 10-20 Testgeschäften, die meist einem Handelspanel angeschlossen sind. Die Verkaufsmengen von Testprodukt und Konkurrenzprodukten werden in kurzen Zeitabständen durch Bestandskontrolle oder mittels Scanning erhoben. Hinsichtlich Testaufbau und –auswertung kann auf die allgemeinen Methoden zur Durchführung von Experimenten zurückgegriffen werden (Hammann/Erichson, 1994, S. 154 ff.). Die Erfassung der Verkaufsmengen kann durch Befragungen von Konsumenten im Geschäft ergänzt werden.

7. Testmarkt und Testmarktalternativen

7.1 Regionaler Testmarkt

Als Testmarkt bezeichnet man die probeweise Einführung eines neuen Produktes in einem lokal oder regional abgegrenzten Teilmarkt (ebenfalls als Testmarkt wird das Gebiet bezeichnet, in dem der Test durchgeführt wird). Er bildet das klassische Verfahren für Tests von neuen Produkten. Zur Unterscheidung von neueren Testmarktverfahren spricht man daher auch von „klassischem Testmarkt".

Der Testmarkt ermöglicht einen Test der gesamten Marketingkonzeption, die neben dem neuen Produkt auch die übrigen Elemente des Marketing-Mix umfaßt. Primär dient er der Prognose des Markterfolges auf dem Gesamtmarkt und somit der Entscheidung, ob das Testprodukt national eingeführt oder wieder zurückgezogen werden soll. Zusätzlich soll der Testmarkt auch diagnostische Informationen liefern, die zur Beseitigung eventueller Schwachstellen in der Marketingkonzeption vor Beginn der nationalen Einführung dienen können (Cadbury, 1975, Urban/Hauser, 1993, S. 494 ff., Brockhoff, 1999, S. 217 ff.).

Nach der geographischen Erstreckung unterscheidet man zwischen dem regionalen und dem lokalen Testmarkt. Der *Regionale Testmarkt* erstreckt sich gewöhnlich über ein Bundesland (z.B. Hessen, Saarland). Der *Lokale Testmarkt* dagegen beschränkt sich oft auf eine Stadt (bevorzugt werden z.B. die Stadtländer Berlin und Bremen oder auch Kiel herangezogen) oder auch auf mehrere Städte. Die lokalen Testmärkte werden häufig von Zeitungsverlagen angeboten, die auch Printwerbung in den Testorten zu günstigen Konditionen ermöglichen.

Das Testmarkt-Gebiet sollte nach Möglichkeit folgende Kriterien erfüllen:

- Repräsentanz hinsichtlich Bevölkerungs- und Bedarfsstruktur, Handelsstruktur und Konkurrenzsituation,
- Isolierbarkeit hinsichtlich Distribution, Werbestreuung und Einkauf der Konsumenten,
- Meßbarkeit des Kaufverhaltens (z.B. mittels Verbraucher- oder Handelspanel) und möglicher Einflußfaktoren.

Nach dem Testaufbau läßt sich zwischen dem projektiven Testmarkt und dem experimentellen Testmarkt unterscheiden. Der *projektive Testmarkt* dient zur Überprüfung einer Marketingkonzeption, deren Ergebnis sodann auf den Gesamtmarkt projiziert (hochgerechnet) wird. Als Erfolgskriterium dienen das Absatzvolumen oder der Marktanteil (wert- oder mengenmäßig) im Testgebiet. Die erforderlichen Daten werden der Absatzstatistik des Herstellers oder besser einem Handels- oder Haushaltspanel entnommen.

Die Dauer sollte wenigstens, je nach Kauffrequenz in der betreffenden Warengruppe, zehn bis 16 Monate betragen. Die Reliabilität eines Testmarktes kann mit abnehmender Dauer sehr schnell sinken. Die (externe) Validität eines projektiven Testmarktes hängt weniger von der Größe des Testgebietes als vielmehr von dessen Repräsentanz hinsichtlich Bevölkerungs-, Handels- und Medienstruktur ab.

Ähnlichkeit mit dem projektiven Testmarkt besitzt die stufenweise Markteinführung (Regional Rollout). Da dabei jedoch die Regionen meist nicht unter dem Gesichtspunkt der Repräsentanz ausgewählt werden, ist eine projektive Eignung selten gegeben (Wind, 1982, S. 403).

Liegen Haushaltspaneldaten vor, so sind mit Hilfe spezieller Verfahren frühzeitige Prognosen sowie die Gewinnung zusätzlicher diagnostischer Informationen möglich (Hammann/Erichson, 1994, S. 378 ff., Brockhoff, 1993, S. 242 ff., Narasimhan/Sen, 1983). Diese Verfahren bzw. Modelle nutzen die Möglichkeit einer Unterscheidung zwischen Erst- und Wiederkäufen, was jedoch nur bei Vorliegen von Individualdaten möglich ist. Bekannte Modelle sind die von Fourt/Woodlock (1960), Parfitt/Collins (1969) und Eskin (1973) oder das Modell NEWS/Market (Pringle/Wilson/Brody, 1982). Die praktische Anwendung dieser Modelle scheitert aber meist, zumindest außerhalb der USA, an zu geringen Fallzahlen im Testmarkt. Besser geeignet sind sie daher für frühzeitige Prognosen der Absatzentwicklung nach der nationalen Markteinführung.

Bei einem *experimentellen Testmarkt* werden die Wirkungen alternativer Marketingkonzeptionen, z. B. bezüglich Preis, Werbung oder Verkaufsförderung, getestet. Andere Marketing-Mix-Elemente, wie z.B. Verpackung, Werbemittel oder das Produkt selbst, sollten bereits vor Durchführung eines Testmarktes hinreichend getestet worden sein. Die Variation der experimentellen Variablen kann über Teilgebiete erfolgen (z.B. um die Wirkung von Probenverteilungen oder Werbemedien zu testen) oder über ausgewählte Geschäfte im Testgebiet (z.B. wenn alternative Preise oder Verkaufsförderungsmaßnahmen am Kaufort getestet werden sollen). Bezüglich Testaufbau und –analyse kann auf die allgemeinen Methoden zur Durchführung von Experimenten (Experimental Design, Varianzanalyse etc.) zurückgegriffen werden. Zur Auswahl vergleichbarer Testgebiete oder Testgeschäfte läßt sich mit Vorteil die Clusteranalyse anwenden (Hammann/Erichson, 1994, S. 215 ff.).

Hinsichtlich seiner Realitätsnähe kann der Testmarkt, insbesondere der regionale Testmarkt, prinzipiell von keinem anderen Testverfahren (für neue Produkte) übertroffen werden. Er bildet das einzige Verfahren, in welchem die Gesamtheit aller Marketingvariablen simultan getestet werden kann. Allerdings ist seine praktische Anwendung mit zunehmenden Schwierigkeiten verbunden. Gründe hierfür sind:

Die Durchführung eines Testmarktes macht die Mitwirkung des Handels erforderlich, um hinreichende Distribution zu erzielen. Infolge der Knappheit des Regalplatzes und der Zentralisation des Bestellwesens ist dieser häufig nicht oder nur gegen Vergütung bereit, ein neues Produkt regional zu listen. Die Überregionalität der Medien, insbesondere auch die Dominanz des Fernsehens für die Bekanntmachung neuer Produkte, machen eine Werbestreuung im Testmarkt, wie sie für den nationalen Markt geplant ist, oft unmöglich.

Durch diese Faktoren wird die Validität des Testmarktes und damit seine Aussagekraft heute meist stark eingeschränkt. Die aktuelle Situation durch die Wiedervereinigung verhindert überdies die Repräsentanz eines einzelnen Testmarktes für den nationalen Markt, da z.T. gravierende Unterschiede im Konsumverhalten zwischen alten und neuen Bundesländern auch heute noch bestehen. Weiterhin kann die Validität durch Störmaßnahmen der Konkurrenz (z.B. Preisnachlässe, Sonderkonditionen, verstärkte Werbung) vermindert werden.

Infolge der schwerwiegenden Nachteile, mit denen die Durchführung eines Testmarktes verbunden ist, ist dessen Einsatz stark zurückgegangen. Statt dessen werden heute alternative Verfahren, wie insbesondere der Elektronische Testmarkt (ETM) und der Simulierte Testmarkt (STM) bevorzugt.

7.2 Mini-Testmarkt

Der Mini-Testmarkt, auch Mikro-Testmarkt, stellt eine Weiterentwicklung des Store-Tests dar. Es handelt sich hier um einen Store-Test, der durch ein angeschlossenes Haushaltspanel ergänzt wird und somit auch Individualdaten zu liefern vermag.

Ein in Deutschland von der GfK-Testmarktforschung angebotener Mini-Testmarkt ist das *GfK-ERIM-Panel*, dessen Konzeption Anfang der 70er Jahre von dem französischen Institut Emploi Rationel de l'Informatique en Marketing S.A. (ERIM) entwickelt wurde. Es umfaßt vier räumlich verteilte Verbrauchermärkte (in Berlin, Hamburg, Nürnberg und Waiblingen) mit jeweils 6000 angeschlossenen Panelhaushalten aus der Stammkundschaft des betreffenden Geschäfts (store based household panel). Diese insgesamt 2400 Testhaushalte sollen eine repräsentative Stichprobe aller Haushalte in West-Deutschland bilden (GfK 1994). Die Einkäufe dieser Haushalte werden durch *PoS-Scanning* mit ID-Karte erfaßt, d.h. die Haushalte sind mit scannerlesbaren Identifikationskarten ausgestattet, die sie beim Einkauf an der Kasse vorlegen. Auf diese Weise lassen sich die Einkaufsdaten dem betreffenden Haushalt zuordnen, und es läßt sich so über die Zeit verfolgen, welche Artikel wann und zu welchem Preis gekauft wurden. Alle Panelhaushalte erhalten außerdem kostenlos eine Programmzeitschrift (HÖRZU), in die sich Werbeanzeigen für ein Testprodukt einmontieren lassen.

Vorteilhaft gegenüber einem einfachen Store-Test ist, daß auch Individualdaten erfaßt werden. Dadurch ergeben sich verbesserte prognostische und diagnostische Auswertungsmöglichkeiten. Über Anzeigen in der HÖRZU lassen sich die Testhaushalte auf ein neues Produkt aufmerksam machen. Insgesamt aber sind damit die Möglichkeiten einer werblichen Unterstützung des Testproduktes sehr begrenzt (z.B. keine Fernsehwerbung). Auch können die vier Verbrauchermärkte kaum Anspruch auf Repräsentanz erheben. Die Eignung für Tests von neuen Produkten ist somit eingeschränkt. Bessere Eignung besteht dagegen zum Testen einzelner Elemente des Marketing-Mix, wie Preisänderungen, Verpackungsgestaltungen oder Verkaufsförderungsmaßnahmen.

7.3 Elektronischer Testmarkt

Der Elektronischer Testmarkt (ETM) bildet eine Weiterentwicklung des Mini-Testmarkts. Formal handelt es sich hier um einen lokalen Testmarkt, bei dem die Testgestaltung und Datenerfassung durch eine Kombination aus Haushalts- und Handelspanel erfolgt. Die Haushalte sind mit scannerlesbaren *ID-Karten* ausgestattet und die Erfassung ihrer Einkäufe erfolgt durch *PoS-Scanning*. Dadurch wird es nach dem Zusammenführen der Daten aus den Testgeschäften ermöglicht, die Einkäufe eines Haushalts komplett, d.h. über die Zeit und über verschiedene Einkaufsstätten, aufzuzeichnen. Im Gegensatz dazu erfaßt der Mini-Testmarkt nur die Einkäufe von Haushalten in jeweils einem einzelnen Geschäft.

Ein Beispiel für ein derartiges System ist GfK-BehaviorScan in Haßloch bei Ludwigshafen, das dort 1985 installiert wurde. Es werden hier durch PoS-Scanning mit ID-Karte die Einkäufe von 3000 Haushalten in sechs von neun dort vorhandenen Geschäften umfaßt. Damit wird eine Abdeckung von 90-95 % LEH-Umsatz im Testort erreicht.

Die Kombination aus Haushalts- und Handelspanel, die noch durch Erfassung von Mediadaten ergänzt wird (z.B. Erfassung von Fernsehverhalten durch TV-Meter), ermöglicht umfassende Informationen über Kaufverhalten aus einer Quelle (Single-Source-Ansatz). So vermag z.B. auch ein konventionelles Haushaltspanel keine Information darüber zu liefern, welche Konkurrenzsituation beim Einkauf eines Produktes bestand, d.h. welche Konkurrenzprodukte zum Zeitpunkt des Einkaufs im Geschäft angeboten wurden, welche Preise diese hatten oder welche Verkaufsförderungsmaßnahmen stattfanden.

Eine weitere Einrichtung von GfK-Behavior-Scan, die dieses zu einem Paradebeispiel für „High-Tech-Marktforschung“ macht, bildet *Targetable TV*. 2000 oder 3000 Panelhaushalte sind mit Kabelanschluß und der sogenannten GfK-Box am Fernsehgerät ausgestattet. Damit ist es möglich, Werbespots aus einem institutseigenen Fernsehstudio gezielt an einzelne Haushalte zu senden. Für Testzwecke wird mittels dieser Technologie ein regulärer Werbespot durch einen Testspot gleicher Länge überblendet, was für den Zuschauer nicht bemerkbar ist. Aus den Einkaufsdaten der Haushalte ist sodann ersichtlich, ob und wie sich das Kaufverhalten der Haushalte, die den Testspot empfangen haben, von dem der übrigen Haushalte unterscheidet. Infolge der individuellen Ansteuerung der Testhaushalte lassen sich strukturgleiche Testgruppen bilden, zwischen denen die Werbung hinsichtlich Art und/oder Einschaltfrequenz variiert werden kann. Die Auswahl und Ansteuerung der Haushalte übernimmt dabei ein Computer. Es ergeben sich damit einzigartige Möglichkeiten zum Testen von Werbemaßnahmen, aber auch zum Testen von neuen Produkten unter Berücksichtigung weiterer Marketing-Variablen (Litzenroth, 1986, 1991, Stoffels, 1989, Hehl/Wildner, 1990).

Ein zweites BehaviorScan wurde von der GfK inzwischen in Frankreich aufgebaut. In Deutschland wird ein ähnliches System von A. C. Nielsen unter dem Namen Telerim angeboten. Es umfaßt die Testorte Bad Kreuznach und Buxtehude mit jeweils 1000 Panelhaushalten. Die Firma IRI (Chicago), die das Konzept für BehaviorScan entwickelt hat, führt in den USA zehn derartige Testmärkte. Weitere elektronische Testmärkte werden dort von SAMI/Burke (AdTel) und A. C. Nielsen (ERIM) angeboten.

Der ETM ermöglicht durch die Einbeziehung von TV-Werbung den Test kompletter Marketing-Konzeptionen, aber natürlich auch einzelner Elemente des Marketing-Mix. Bezüglich der Realitätsnähe ist er mit dem klassischen Testmarkt vergleichbar. Er ermöglicht aber eine bessere Kontrolle der Testsituation, ist schneller und billiger als ein regionaler Testmarkt und liefert detaillierte Informationen.

Nachteilig ist die begrenzte Verfügbarkeit des ETM. Es kann in einem Testmarkt je Warengruppe nur ein Kunde akzeptiert werden, damit sich die Testmaßnahmen nicht stören. Dieser belegt dann meist die Warengruppe langfristig und blockiert sie so für Konkurrenten. Ein anderes Problem ist, daß die Stichproben von Haushalten und Geschäften kaum repräsentativ für den nationalen Markt sein dürften, was die Möglichkeit der Hochrechnung beeinträchtigt.

7.4 Simulierter Testmarkt

Ein gänzlich anderer Weg zum Testen von neuen Produkten wird beim Simulierter Testmarkt (STM) eingeschlagen. Die Prognose des zu erwartenden Marktanteils sowie die Gewinnung weiterer diagnostischer Informationen erfolgen hier auf Basis von Daten, die in einem Teststudio erhoben werden, sowie mittels geeigneter Methoden und Modelle.

Das Erhebungsverfahren des STM bildet eine Kombination aus Studio- und Home-Use-Test. Hierzu wird ein temporäres Teststudio (z.B. in einem Hotel oder Restaurant) in einer Gegend eingerichtet, in der sich eine repräsentative Stichprobe aus der Zielgruppe des Testproduktes gewinnen läßt. Bei Bedarf können auch Teststudios simultan an mehreren Orten laufen. Zur Vermeidung von Übertestung sollten ohnehin zahlreiche Fazilitäten zur Verfügung stehen, zwischen denen gewechselt werden kann.

In der Umgebung des Teststudios werden im Normalfall 300-400 Personen aus der Zielgruppe des Testproduktes angeworben und einzeln ins Teststudio geladen. Dort wird für jede Testperson quasi der Adoptionsprozeß des neuen Produktes (Wahrnehmung → Erstkauf → Einstellungsbildung → Wiederkauf) simuliert. Stellvertretend für verschiedene Testmarktsimulatoren wird nachfolgend der Ablauf von *TESI*, dem Testmarktsimulator der GfK beschrieben, der seit Anfang der 80er Jahre eingesetzt und mit inzwischen mehr als 500 Anwendungen zu den verbreitetsten Systemen zählt. In groben Zügen gestaltet sich der Durchlauf einer Testperson wie folgt (Erichson 1981, 1998, 1999):

A. Erster Studio-Test:

- *Hauptinterview:* Erfragung von Markenbekanntheit, Markenverwendung, Kaufverhalten, Präferenz- und Einstellungsdaten für Marken der Produktklasse, in die das neue Produkt eingeführt werden soll, sowie sozio-demographischen Merkmalen der Testperson. Dabei wird auch das sog. Relevant Set der Testperson ermittelt, d.h. diejenige Menge von Marken aus der Produktklasse, die für sie bei einer Kaufentscheidung von Relevanz sind. Nur für diese Marken werden Präferenz- und Einstellungsdaten erhoben.
  → Das Hauptinterview dient der Kalibrierung eines Modells zur Abbildung des existierenden Marktes.

- *Werbesimulation:* Mittels Video wird jeder Testperson ein Werbeblock vorgeführt, in den neben Werbung für die wichtigsten Konkurrenzprodukte auch ein Werbespot für das neue Produkt einmontiert ist. Zwecks Vermeidung von Stellungseffekten wird die Reihenfolge der Spots variiert.
  → In der Werbesimulation erfolgt eine erste Wahrnehmung des neuen Produktes durch die Testperson.

- *Kaufsimulation:* In einem nachgebildeten Verkaufsraum (im Studio) erhalten die Testpersonen anschließend Gelegenheit, in der Produktklasse einzukaufen. Neben den etablierten Produkten wird hier auch das neue Produkt angeboten. Jeder Testperson wurde hierfür bereits beim Empfang im Studio ein Geldbetrag ausgehändigt, der den Preis des teuersten Produktes übersteigt. Damit ist die erforderliche Kaufkraft sichergestellt.
  Nach dem Kauf wird die Testperson gefragt, welches Produkt sie gewählt hätte, wenn die zuvor gewählte Marke nicht vorhanden gewesen wäre. Dies wird so oft wiederholt, wie die Person Marken in ihrem Relevant Set hat. Hierdurch wird u.a. die unterschiedliche Markentreue der Konsumenten berücksichtigt.
  → Die Kaufsimulation dient primär zur Schätzung der Erstkaufrate (Penetration) des neuen Produktes.

B. Home-Use-Test:

- Testpersonen, die das Testprodukt nicht gekauft haben, erhalten es als Geschenk, während alle anderen die an zweiter Stelle gewählte Marke als Geschenk erhalten. Die Testpersonen wissen nicht, daß ein neues Produkt getestet wird, geschweige denn, welches das Testprodukt ist. Sie verwenden die erhaltenen Produkte zu Hause über einen Zeitraum von ein bis mehreren Wochen, der abhängig ist von der Verbrauchsdauer bzw. Kauffrequenz in der Produktklasse.
  → Der Home-Use-Test gibt jeder Testperson Gelegenheit, das neue Produkt unter realen Bedingungen kennenzulernen und eine Einstellung zu diesem zu entwickeln.

C. Zweiter Studio-Test

- *Nachinterview:* Die Präferenz- und Einstellungsmessungen werden in gleicher Weise, wie im ersten Studio-Test, unter Einschluß des Testproduktes wiederholt. Außer-

dem werden ganz am Ende des Tests offene Fragen zu Verwendungserfahrungen sowie Likes & Dislikes gestellt.
→ Diese Messungen dienen der Prognose des Wiederkaufverhaltens wie auch der Diagnose von Stärken und Schwächen des neuen Produktes.

Um aus den durch das Erhebungsverfahren der Testmarktsimulation gewonnenen Daten Marktanteilsprognosen zu ermitteln, sind Modelle und Methoden erforderlich. Insbesondere werden der Marktanteil des Testproduktes sowie die Marktanteilsverluste der existierenden Marken, die durch die Einführung des neuen Produktes bewirkt werden (Substitutionseffekte), geschätzt (vgl. Abbildung 5). Damit lassen sich auch Kannibalisierungseffekte erkennen, falls der Anbieter des Testproduktes bereits mit anderen Marken bzw. Produkten im Markt vertreten ist. Das Bild wird durch diagnostische Informationen abgerundet, mittels derer sich die prognostischen Ergebnisse erklären lassen und die gegebenenfalls zur Verbesserung der Marketing-Konzeption genutzt werden können. Hierzu gehören Stärken/Schwächen-Analysen, Positionierungsanalysen, Präferenzanalysen, Segmentierungsanalysen sowie Likes & Dislikes.

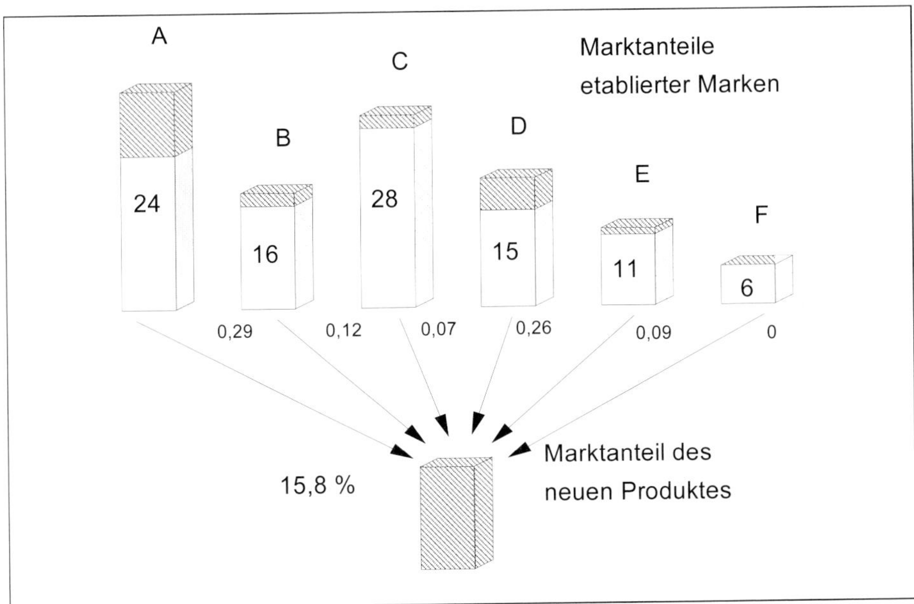

Abbildung 5: Marktanteilsprognose und Substitutionseffekte

Die Grundstruktur des Modells, das der Schätzung des Marktanteils für das Testprodukt zugrundeliegt, entspricht dem bekannten Modell von Parfitt / Collins (1968). Danach ergibt sich der *Gleichgewichtsmarktanteil* M, d.h. derjenige Marktanteil, den das neue Produkt nach Stabilisierung des Penetrationsprozesses erreichen wird, durch:

$$M = R \cdot W \cdot Q$$

Dabei bezeichnet R den Grenzwert der Penetration, W die Wiederkaufrate und Q einen Kaufindex (relative Kaufintensität) für das neue Produkt. Diese Komponenten, deren Schätzung im Parfitt/Collins-Modell mittels Haushaltspaneldaten erfolgt, müssen hier auf Basis der Daten aus dem Erhebungsverfahren der Testmarktsimulation ermittelt.

In Europa werden außer TESI (GfK) folgende Verfahren angeboten: MICROTEST (Research International), BASES (Infratest Burke) und DESIGNOR (Novaction). DESIGNOR ist identisch mit dem in den USA führenden Verfahren ASSESSOR (Silk / Urban 1978), das sich dort inzwischen im Besitz der Firma IRI befindet. Eingeleitet wurde die Entwicklung der Testmarktsimulation durch den Laboratory Test Market von Daniel Yankelovich (New York) in den 70er Jahren, der wiederum auf dem Theatertest von Horace Schwerin, einem Werbemitteltest aus den 50er Jahren, basiert.

Die praktische Anwendung des STM erstreckt sich, wie auch die der anderen Testmarktverfahren, primär auf Verbrauchsgüter des täglichen Bedarfs. Getestet wird immer das fertige Produkt inklusive Packung, Preis und Werbung im Umfeld aller konkurrierenden Marken. Nicht erfassen lassen sich Variationen des Werbedrucks oder Verkaufsförderungsmaßnahmen am PoS. Natürlich kann auch die Akzeptanz des Produktes beim Handel nicht getestet werden, wofür aber auch die anderen Testmarktverfahren nicht oder wenig geeignet sind.

Der STM erlaubt auch Anwendungen, die ansonsten nicht möglich oder wirtschaftlich kaum vertretbar wären. So kann ein Anbieter auch das neue Produkt eines Konkurrenten testen, z.B. wenn dieses im Testmarkt erhältlich ist, um so seine Gegenmaßnahmen besser planen zu können. Er kann auch zahlreiche alternative Produkte testen oder die Auswirkungen einer Elimination von Produkten untersuchen.

Durch zahlreiche Anwendungen ist das Vertrauen in die prognostische Validität der Testmarktsimulation gefestigt worden (Urban / Katz 1983; Clancy et al. 1994, S. 46 f.). In bestimmten Fällen aber kann die Validität eingeschränkt sein. So ist in der Kaufsimulation die Preisempfindlichkeit z.T. schwächer als in der Realität, während Prestige und/oder sozialer Druck sich stärker auswirken. Generell ist die Validität um so höher, je besser sich der relevante Markt für das neue Produkt abgrenzen läßt und je höher die Kauffrequenz in diesem Markt ist. Es existieren aber auch Ansätze, den Anwendungsbereich der Testmarktsimulation auf langlebige Güter zu erweitern, so z.B. auf Autos (Urban/Hauser/Roberts, 1990, Urban/Hulland/Weinberg, 1993).

Gegenüber allen anderen Testmarktverfahren besitzt der STM erhebliche Vorteile hinsichtlich Kosten und Schnelligkeit der Durchführung. Er ist auch das einzige Verfahren, das eine Geheimhaltung des Testproduktes vor der Konkurrenz ermöglicht. Überdies besitzt er ein größeres diagnostisches Potential als andere Verfahren. Ein weiterer Vorteil, der mit der zunehmenden Internationalisierung des Marketing an Bedeutung gewonnen hat, ist die nahezu unbegrenzte zeitliche und räumliche Verfügbarkeit. Eine Testmarktsimulation kann ohne allzu große Schwierigkeiten in jedem Land durchgeführt werden, da keine Abhängigkeit von der dortigen Infrastruktur besteht. So erfolgt z.B. ein Großteil aller Anwendungen von TESI im Auftrag deutscher Hersteller im Ausland. Ein aktuelles Anwendungsfeld betrifft dabei die Überprüfung der Globalisierung von Markenstrategien (Morwind 1992).

7.5 Vergleich der Testmarktverfahren

Tabelle 2 gibt einen vergleichenden Überblick über die drei wichtigsten Testmarktverfahren für neue Produkte, den Regionalen Testmarkt, den Elektronischen Testmarkt und den Simulierten Testmarkt.

Kriterien	**Regionaler Testmarkt (RTM)**	**Elektronischer Testmarkt (ETM)**	**Testmarktsimulation (STM)**
Marketing-Mix-Elemente, die getestet werden können	alle (Distribution eingeschränkt)	alle, außer Distribution	Produkt, Preis, Verpackung, Werbemittel
Messung	reales Kaufverhalten	reales Kaufverhalten	simuliertes Kaufverhalten und Psychometrie
Validität	theoretisch sehr gut, aber praktisch meist sehr eingeschränkt	sehr gut, aber eingeschränkt durch Stichprobe	gut, in bestimmten Fällen durch Laborsituation eingeschränkt
Rehabilität	sehr hoch	hoch	abhängig von Stichprobenumfang
Verfügbarkeit	begrenzt	sehr begrenzt	unbegrenzt
Kosten	sehr teuer	billig	sehr billig
Zeitbedarf	sehr langsam	langsam	sehr schnell
Geheimhaltung	nein	nein	ja
Internationale Einsetzbarkeit	gering	gering	sehr gut
Diagnostisches Potential	gering (zusätzliche Erhebung erforderlich)	gering, da Einfrage ins Panel nicht möglich	sehr hoch

Tabelle 2: Vergleich von Testmarktverfahren

8. Zusammenfassung

Die Einführung neuer Produkte ist nicht nur von essentieller Wichtigkeit für das Wachstum von Unternehmen, sondern zunehmend auch infolge der Verkürzung von Produktlebenszyklen für deren Existenzerhaltung. Da andererseits die Einführung von neuen Produkten mit großen Risiken verbunden ist, befinden sich die Unternehmen hier in einem Dilemma.

Einen Ausweg aus diesem Dilemma bieten Prüf- und Testverfahren für Produktideen, wie sie hier behandelt wurden. Bislang vernachlässigen noch zu viele Unternehmen die bestehenden Möglichkeiten und sparen an der falschen Stelle. Viele Produktideen müßten bei adäquater Prüfung nicht als Flop enden. Völlig ausschalten aber läßt sich das Risiko nicht. Der Erfolg eines neuen Produktes ist immer abhängig vom Verhalten vieler Menschen, und menschliches Verhalten ist immer mit Ungewißheit behaftet. Mittels geeigneter Verfahren aber läßt sich das Risiko kalkulierbar machen und einschränken. Und dies funktioniert auf Basis der statistischen Gesetzmäßigkeiten um so besser, je größer die Zahl der Menschen, d.h. der potentiellen Käufer ist, die den Produkterfolg determinieren.

9. Literatur

ALBERS, S., PROPOPP, A Program Package for Optimal Product Positioning of a New Product in an Attribute Space, in: Journal of Marketing Research, 1982, S. 606-608.

ALBERS, S., Gewinnorientierte Neuproduktpositionierung in einem Eigenschaftsraum, in: Zeitschrift für betriebswirtschaftliche Forschung, 1989, S. 186-209.

BACKHAUS, K./ERICHSON, B./PLINKE, W./WEIBER, R., Multivariate Analysemethoden. 8. Aufl., Berlin u.a. 1996.

BAUER, E., Produkttests in der Marketingforschung, Göttingen 1981.

BOOZ, ALLEN & HAMILTON INC., (Hrsg.), Management of New Products, Chicago/Ill. 1968.

BOOZ, ALLEN & HAMILTON INC., (Hrsg.), New Products Management for the 1980's, New York 1982.

BROCKHOFF, K., Produktpolitik, 3. Aufl., Stuttgart et al. 1993.

BURKE, (Hrsg.), BASES – Ein valides Absatzprognosesystem für innovative Produkte, Sortimentserweiterungen und Neupositionierungen, o. O. 1989.

CADBURY, N. D., When, where and how to test market, in: Harvard Business Review, 1975, S. 96-101.

CLANCY, K. J./SHULMAN, R. S./WOLF M. M., Simulated Test Marketing, New York 1994.

CRAWFORD, C. M., Marketing Research and the New Product Failure Rate, in: Journal of Marketing, 1977, S. 51-61.

DILLER, H., (Hrsg.), Marketingplanung, München 1980.

ERDMANN, A., Verminderung des Produkteinführungsrisikos durch Virtual Reality-unterstützte Konzepttests, Lohmar, Köln 1999.

ERICHSON, B., TEST, Ein Test- und Prognoseverfahren für neue Produkte, in: Marketing-ZFP, 1981, S. 201-207.

ERICHSON, B., Dimensionen der Testmarktsimulation. In: Erichson, B./Hildebrandt, L., (Hrsg.), Probleme und Trends in der Marketing-Forschung, Stuttgart 1998, S. 115-149.

ERICHSON, B., Testmarktsimulation. In: Herrmann, A./Homburg, C., (Hrsg.), Marktforschung, Wiesbaden 1999, S. 789-808.

ESKIN, G. J., Dynamic Forecasts of New Product Demand Using a Depth of Repeat Model, in: Journal of Marketing Research, 1973, S. 115-129.

GFK, (Hrsg.), GfK-BehaviorScan, Nürnberg 1995.

GFK, (Hrsg.), GfK-ERIM-Panel, Nürnberg 1994.

GREEN, P./WIND, Y., Multiattribute Decisions in Marketing: A Measurement Approach, Hinsdale 1973.

HAMMANN, P./ERICHSON, B., Marktforschung, 3. Aufl., Stuttgart et al. 1994.

HEHL, K./WILDNER, R., Mehr Marketing-Effizienz durch High-tech, in: Jb. Marketing, Wiesbaden 1990.

HUPPERT, E., Der Erfolg von Produktinnovationen im Handel – eine Bestandsaufnahme im Lebensmittelmarkt, in: Pfeiffer, S./Huppert, E., (Hrsg.), Akzeptanz von Produktinnovationen im Handel, Veröffentlichung der Arbeitsgemeinschaft für Rationalisierung des Landes Nordrhein-Westfalen, Dortmund 1980.

KREILKAMP, E., Praxisorientierte Entwicklung eines Scoring-Modells, in: Haedrich, G., (Hrsg.), Operationale Entscheidungshilfen für die Marketingplanung, Berlin, New York 1977, S. 79-92.

LITZENROTH, H., Neue Perspektiven für die Panelforschung durch hochentwickelte Technologien, in: Jahrbuch der Absatz- und Verbrauchsforschung, 1986, S. 212-240.

MADAKOM GMBH/ LEBENSMITTELPRAXIS, Innovationsreport: Die Dokumentation, Forschungsbericht, Köln, Neuwied 1999.

MORWIND, K., Standardisierung im internationalen Marketing – am Beispiel des internationalen Wasch- und Reinigungsmittelmarktes in Europa, in: Jahrbuch der Werbung, Düsseldorf et al. 1992, S. 84-93.

NARASIMHAN, C./SEN, S. K., New Product Models for Test Market Data, in: Journal of Marketing, 1983, S. 11-24

A. C. NIELSEN GMBH, (Hrsg.), Testmarketing – Von der Produktidee bis zum Relaunch, Frankfurt/Main 1993.

O'MEARA, J. T., Selecting Profitable Products, in Harvard Business Review, 1961, S. 83-89.

PARFITT, J. H./COLLINS, B. J. K., Use of Consumer Panels for Brand Share Prediction, in: Journal of Marketing Research, 1968, S. 131-145.

PRINGLE, L. G./WILSON, R. D./BRODY, E. I., NEWS: A Decision-Oriented Model for New Product Analysis and Forecasting, in: Marketing Science, 1982, S. 1-29.

REHORN, J., Markttests, Neuwied 1977.

SALCHER, E. F., Psychologische Marktforschung, 2. Aufl., Berlin, New York 1995.

SCHIERENBECK, H., Grundzüge der Betriebswirtschaftslehre, 10. Aufl., München, Wien 1989.

SCHUBERT, B., Entwicklung von Konzepten für Produktinnovationen mittels Conjoint Analyse, Stuttgart 1991.

SILK, A. J./URBAN, G. L., Pre-Test-Market Evaluation of New Packaged Goods, in: Journal of Marketing Research, 1978, S. 171-191.

STOFFELS, J., Der elektronische Minimarkttest, Wiesbaden 1989.

URBAN, G., PERCEPTOR: A Model for Product Positioning, in: Management Science, 1975, S. 858-871.

URBAN, G. L./HAUSER, J. R./ROBERTS, J. H., Prelaunch Forecasting of New Automobiles, in: Management Science, 1990, S. 401-421.

URBAN, G. L./HAUSER, J. R., Design and Marketing of New Products, 2. Aufl., New Jersey 1993.

URBAN, G. L./HULLAND, J. S./WEINBERG, B. D., Pre-Market Forecasting for New Consumer Durable Good, in: Journal of Marketing, 1993, S. 47-63.

URBAN, G. L./KATZ, G. M., Pre-Test-Market Models, in: Journal of Marketing Research, 1983, S. 221-234.

WIND, Y. J., Product Policy: Concepts, Methods, and Strategy, Reading 1982.

Holger Ernst

Management der Neuproduktentwicklung

1. Einführung

Die kontinuierliche Entwicklung und Einführung neuer Produkte ist für ein nachhaltiges und profitables Unternehmenswachstum unverzichtbar (Brockhoff, 1999b; Urban/Hauser, 1993). Ferner deuten empirische Befunde auf einen positiven Zusammenhang zwischen der Einführung neuer Produkte und dem Unternehmenserfolg hin (Han/Kim/Srivastava, 1998; Zhou/Yim/Tse, 2005). Gleichwohl ist zu vermerken, dass den Chancen durch neue Produkte in erheblichem Umfang Risiken gegenüberstehen. Risiken bestehen insbesondere in technischer, verwendungsbezogener, zeitlicher und finanzieller Hinsicht (Brockhoff, 1999a). Zahlreiche empirische Studien verdeutlichen, dass die Misserfolgsrate neuer Produkte relativ hoch ist (Crawford, 1987). Nach Angaben des „Wall Street Journal" erreichten 90% der 16.000 im Jahre 1991 eingeführten Produkte nicht die mit ihnen angestrebten ökonomischen Ziele (o.V., 1992).

Daher ist es verständlich, dass das Management großes Interesse daran hat, die erfolgsbestimmenden Faktoren der Neuproduktentwicklung zu erfahren. Sofern diese im Einflussbereich des Managements liegen, existieren dort Ansatzpunkte, den Prozess der Neuproduktentwicklung erfolgsfördernd zu verbessern. Die Identifikation dieser erfolgsbeeinflussenden Faktoren auf empirischem Wege ist die Zielsetzung der sogenannten Erfolgsfaktorenforschung für neue Produkte. Zahlreiche zusammenfassende Aufsätze und Meta-Analysen (Ernst, 2002; Hauschildt, 1993; Henard/Szymanski, 2001; Montoya-Weiss/Calantone, 1994) sind Ausdruck dafür, dass bisher zahlreiche empirische Arbeiten auf diesem Gebiet erschienen sind. Es zeigt sich, dass der Erfolg neuer Produkte von einer Vielzahl von Faktoren beeinflusst wird. Wesentliche Einflussdimensionen sind u.a. der Neuproduktentwicklungsprozess (NPE-Prozess), die Organisation der Neuproduktentwicklung, die Innovationskultur, die Strategie der Neuproduktentwicklung, die Unterstützung durch das Top-Management, Anreizsysteme, Kommunikation etc. (Ernst, 2002). Zahlreiche empirische Arbeiten stellen wiederholt die herausragende Bedeutung des NPE-Prozessmanagements für den Erfolg neuer Produkte fest (Cooper/Kleinschmidt, 1995; Ernst, 2002; Montoya-Weiss/Calantone, 1994). Daher wollen wir uns im folgenden Abschnitt 2 ausschließlich mit dem Prozess der Neuproduktentwicklung beschäftigen. Dabei beschränken wir uns bei der Darstellung auf diejenigen Aspekte des NPE-Prozesses, die in empirischen Arbeiten wiederholt als erfolgsrelevant identifiziert wurden. Abschnitt 3 widmet sich getrennt dem aktuellen Thema, wie das Internet den Prozess der Neuproduktentwicklung im Hinblick auf wesentliche Erfolgsfaktoren unterstützen kann. Der Beitrag schließt mit einer kurzen Zusammenfassung in Abschnitt 4.

2. Erfolgsrelevante Faktoren der Neuproduktentwicklung

2.1 Qualität des Neuproduktentwicklungsprozesses

Die Befunde zahlreicher empirischer Arbeiten zeigen übereinstimmend, dass die Existenz eines formalen NPE-Prozesses, der vollständig ist und sich in allen Prozessschritten durch Professionalität auszeichnet, den Erfolg neuer Produkte positiv beeinflusst (Cooper/Kleinschmidt, 1995; Ernst, 2001; Griffin, 1997; Song/Parry, 1996). Abb. 1 zeigt Ablauf und Inhalte eines idealtypischen NPE-Prozesses.

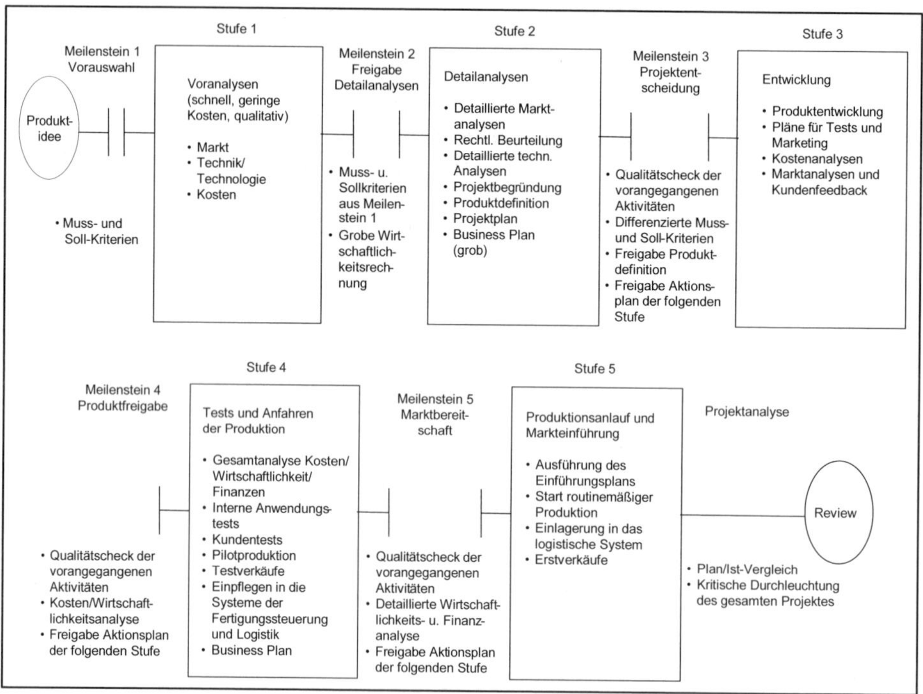

Abbildung 1: Ablaufphasen des Neuproduktentwicklungsprozesses
Quelle: Kleinschmidt/Geschka/Cooper (1996), S. 52

Nach dieser Vorstellung durchlaufen NPE-Projekte verschiedene Phasen von der Idee bis zur Markteinführung. Am Ende jeder Phase ist an sogenannten Meilensteinen zu entscheiden, ob das jeweilige NPE-Projekt abgebrochen oder weitergeführt wird. Dieser Prozess wird auch als „Stage-Gate-Process" bezeichnet (Cooper/Kleinschmidt, 1987). Im Hinblick auf das Phasenschema ist anzumerken, dass dies nicht in einer stringenten, sequentiellen Form verstanden werden kann, sondern stattdessen Überlappungen und parallele Abläufe, in Form des „concurrent oder simultaneous engineering", in der Neuproduktentwicklung vorkommen (Brockhoff, 1999b). Trotzdem besitzt die Phasenvorstellung eine konzeptionelle Bedeutung, indem sie Aktivitäten und deren Inhalte im Verlauf der Neuproduktentwicklung strukturiert (Hauschildt, 2004).

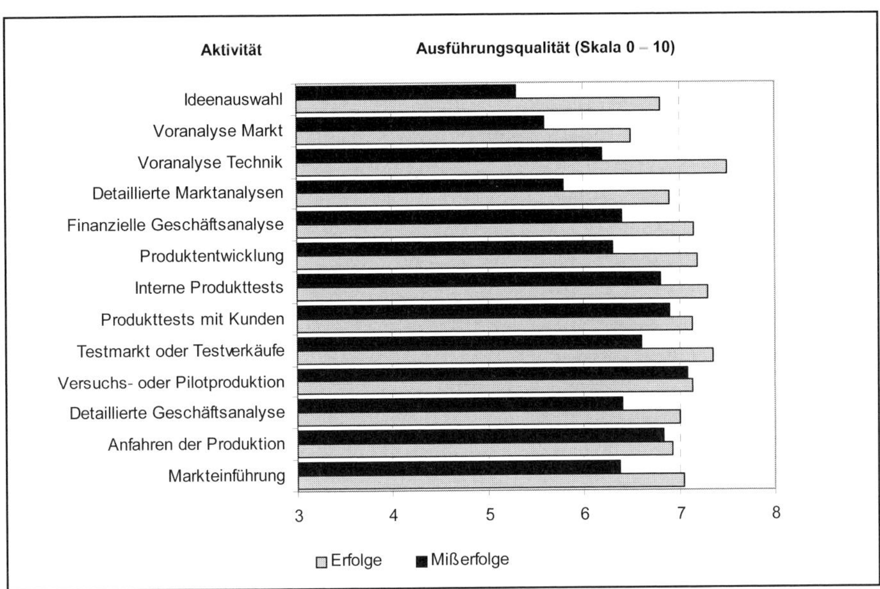

Abbildung 2: Qualität des NPE-Prozesses und Innovationserfolg
Quelle: Kleinschmidt/Geschka/Cooper (1996), S. 34

Abb. 2 und zahlreiche empirische Studien verdeutlichen, dass insbesondere die Güte der Planungsqualität vor Eintritt in die Entwicklungsphase entscheidend für den Erfolg neuer Produkte ist (Cooper/Kleinschmidt, 1987; Cooper/Kleinschmidt, 1995; Cooper/Edgett/Kleinschmidt, 2004a; Barczak, 1995; Calantone/Schmidt/di Benedetto, 1997; Dwyer/Mellor, 1991a/b; Mishra/Kim/Lee, 1996; Song/Parry, 1997). Die notwendigen projektvorbereitenden Arbeiten umfassen insbesondere die erste grobe Bewertung von Ideen, die Durchführung technischer und marktbezogener Machbarkeitsstudien und eine kommerzielle Bewertung des NPE-Projektes. Ferner sind das Produktkonzept, der Zielmarkt und der relative Nutzenzugewinn für den Kunden durch das neue Produkt gegenüber Wettbewerbsprodukten klar zu beschreiben. Die Qualität der projektvorbereitenden Arbeiten wirkt sich zum einen positiv auf die Profitabilität neuer Produkte (Ernst, 2001) aus. Zum anderen wird die absolute Neuproduktentwicklungszeit reduziert (Cooper/Kleinschmidt, 1994). Dies wird im wesentlichen durch eine Priorisierung der Projekte und eine entsprechende Allokation von Ressourcen erreicht.

Aus der fundamentalen Bedeutung der frühen Phasen des NPE-Prozesses leiten sich unmittelbar wesentliche Erfolgsfaktoren der Neuproduktentwicklung ab, die Gegenstand der weiteren Ausführungen sind. Die effektive Priorisierung von Projekten erfordert die

Anwendung geeigneter Bewertungsverfahren. Neben der Bewertung am Ende der projektvorbereitenden Arbeiten sind die NPE-Projekte im Sinne des „Stage-Gate"-Ansatzes (vgl. Abb. 1) im Prozessverlauf kontinuierlich zu bewerten. Dies ist Aufgabe der Projektsteuerung (Abschnitt 2.2). Für die kontinuierliche Bewertung von NPE-Projekten sind adäquate Informationsgrundlagen zu schaffen. Es ist unmittelbar ersichtlich, dass Markt- bzw. Kundenanforderungen (Abschnitt 2.3), insbesondere in den frühen, aber auch in den späten Phasen des NPE-Prozesses, vorliegen müssen. Sie sind wichtige Grundlagen für Entscheidungen über Projektabbruch bzw. -fortführung. Die Einhaltung von Zeitzielen in der Neuproduktentwicklung erfordert neben der Priorisierung von NPE-Projekten insbesondere auch ein effizientes Projektmanagement (Abschnitt 2.3).

2.2 Projektbewertung und -steuerung

Die kommerzielle Bewertung eines NPE-Projektes im Prozessverlauf ist ein wesentlicher Erfolgsfaktor neuer Produkte (Ernst, 2001; Dwyer/Mellor, 1991b; Parry/Song, 1994; Song/Parry, 1996). Dies kann im Sinne einer prozessbegleitenden Steuerung des NPE-Portfolios die Grundlage für Projektabbruchentscheidungen bilden, deren konsequente Anwendung ebenfalls als Erfolgskriterium identifiziert wurde (Cooper/Kleinschmidt, 1995; Cooper/Edgett/Kleinschmidt, 2004a). Entscheidend ist dabei insbesondere die Auswahlentscheidung vor Beginn der eigentlichen Entwicklungsphase (Rothwell et al., 1974; Song/Parry, 1996).

Ausgangspunkt der Projektbewertung sollte die Strategie des Unternehmens sein. Die Verzahnung von Unternehmens- und Neuproduktentwicklungsstrategie ist ein wichtiger Erfolgsfaktor (Cooper/Kleinschmidt, 1995). Die Verbindung kann durch die Anwendung integrierter Bewertungsverfahren hergestellt werden, wobei in der Literatur eine Vielzahl von Bewertungsansätzen zu finden ist (Brockhoff, 1999a), auf die an dieser Stelle nicht umfassend eingegangen werden kann. Auf der Ebene der strategischen Planung finden insbesondere Portfoliotechniken häufig Anwendung. Empirische Arbeiten zeigen, dass ein systematisches Portfolio-Management den Erfolg neuer Produkte positiv beeinflusst (Cooper/Edgett/Kleinschmidt, 2001). Bei der strategischen NPE-Planung kommt es insbesondere auf die Integration von Markt- und Technologieaspekten an, um einseitige Dominanzen zu vermeiden (Brockhoff, 1999a; 1989). Abb. 3 zeigt ein integriertes Markt- und Technologieportfolio, was die Ableitung marktorientierter F&E-Strategien ermöglicht. Die Besonderheit dieses Portfolio-Ansatzes liegt darin, dass beide Portfolios auf objektiven Markt- und Patentdaten beruhen, um Verzerrungen durch subjektive Bewertungen und Gewichtungen zu vermeiden (Ernst/Soll, 2003). Aus der Portfoliodarstellung können Unternehmen unmittelbar erkennen, welche Technologien für attraktive Märkte zu entwickeln sind und aus welchen Technologien sich das Unternehmen zurückziehen sollte. Nach der Harmoniehypothese des strategischen Managements sollten Markt- und Technologiestrategie abgestimmt sein, um den Unternehmenserfolg zu steigern (Brockhoff, 1989; z.B. Produkt 1 in Abb. 3).

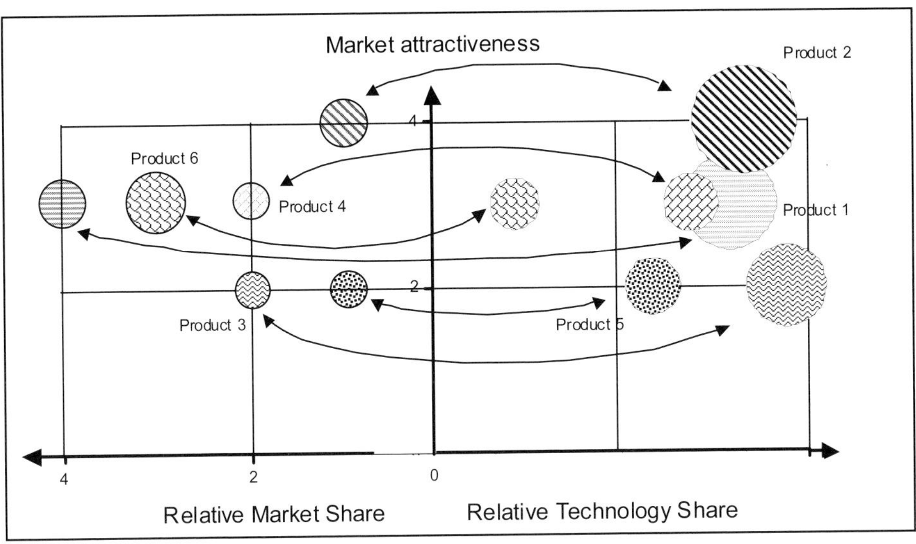

Abbildung 3: Integriertes Markt- und Technologieportfolio
Quelle: Ernst/Soll (2003), S. 550

Aus den strategischen Überlegungen sind NPE-Projekte abzuleiten, in denen die notwendigen Technologien bzw. Produkte entwickelt und in den Zielmarkt eingeführt werden. Auf der Projektebene sind ebenfalls zahlreiche Bewertungsverfahren anwendbar (Brockhoff, 1999a). Bekannte, nicht monetäre Bewertungsverfahren sind Nutzwertmodelle, Projektportfolios sowie empirisch-fundierte Prognosemodelle. Abb. 4 zeigt ein exemplarisches Projektportfolio. Veränderungen der Positionen im Projektverlauf können Anhaltspunkte für eine Projektabbruchentscheidung liefern (Lange, 1993). Ein empirisch fundiertes Prognosemodell ist NewProd, welches auf den Ergebnissen der Erfolgsfaktorenforschung für NPE-Projekte beruht (Cooper, 1992). Projekte werden nach festgelegten, erfolgsrelevanten Kriterien bewertet, und daraus wird eine Erfolgswahrscheinlichkeit errechnet (Kleinschmidt/Geschka/Cooper, 1996). Unternehmen können dieses Verfahren durch eine Re-Analyse eigener Projekte selbst entwickeln und anwenden. NewProd eignet sich insbesondere für die grundsätzliche Entscheidung über den Projektbeginn in den frühen Phasen des NPE-Prozesses.

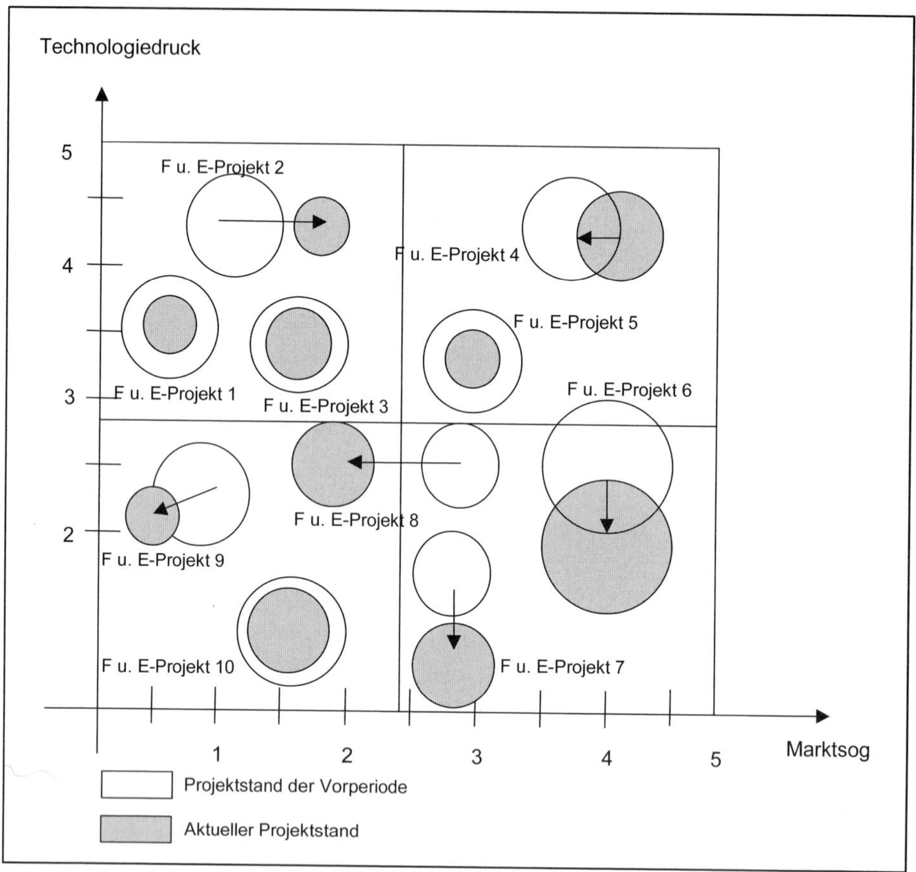

Abbildung 4: Das F&E-Projekt-Portfolio
Quelle: Möhrle/Voigt (1993), S. 977

Ferner können monetäre Bewertungsverfahren zur Projektbewertung und –steuerung eingesetzt werden. Bekannte Ansätze sind das Kapitalwertverfahren, die „Shareholder Value" Methode sowie der Realoptionsansatz (Reinhardt, 1997). Derartige Verfahren können Grundlage einer Projektergebnis- oder Innovationserfolgsrechnung sein (Brockhoff, 1999a; Hauschildt, 2004). Abb. 5 zeigt den Aufbau einer Projektergebnisrechnung. Während die Projektergebnisrechnung in den frühen Phasen den Charakter einer Investitionsrechnung hat, entwickelt sie sich im Projektverlauf zunehmend zu einer Einnahmen/Ausgaben-Rechnung. Problematisch bei monetären Bewertungsverfahren ist, dass insbesondere in den frühen Phasen oft keine verlässlichen Daten vorliegen oder Zahlungsströme nicht prognostiziert werden können. An dieser Stelle werden Simulationen empfohlen, um Unsicherheitsaspekte der Zahlungsströme berücksichtigen zu können (Brockhoff, 1999a). In der Regel findet man in Unternehmen ein abgestuftes Vorgehen, bei dem nicht monetäre Verfahren in den frühen Phasen des NPE-Prozesses mit Projektfortschritt zunehmend durch monetäre Verfahren ergänzt bzw. abgelöst werden.

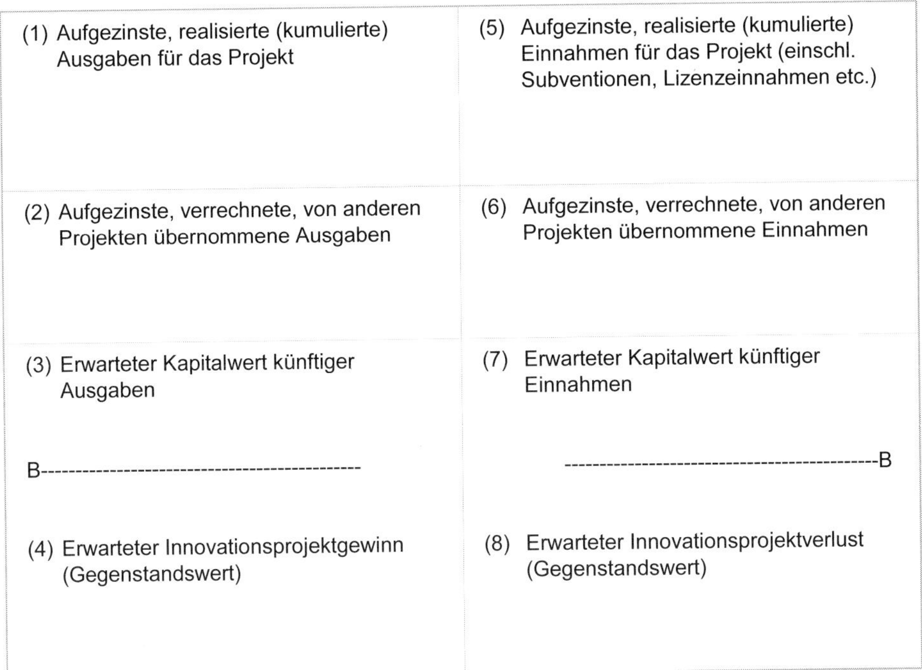

Abbildung 5: Die Projektergebnisrechnung
Quelle: Brockhoff (1999a), S. 357

Der Bewertung von Projekten im Prozessverlauf muss konsequenterweise auch eine Entscheidung über den Projektfortgang folgen. Derartige „Go-Kill"-Entscheidungen stellen einen wichtigen Erfolgsfaktor dar (Cooper/Kleinschmidt, 1995). Empirische Befunde und praktische Erfahrungen zeigen, dass der Projektabbruch in vielen Unternehmen mit großen Schwierigkeiten verbunden ist. Boulding/Morgan/Staelin (1997) weisen auf der Basis theoretischer Überlegungen und anschließender empirischer Tests nach, dass leitende Manager zu lange an erfolglosen Neuprodukten festhalten. Dies stellen die Autoren selbst für den Fall fest, dass den Entscheidern in der Unternehmensleitung detaillierte Informationen über den tatsächlichen Misserfolg des neuen Produktes vorliegen. Von den im experimentellen Design der Studie enthaltenen potentiellen Maßnahmen zur Verhinderung dieses Verhaltens erweist sich einzig das „pre-commitment" zu einer vordefinierten Entscheidungsregel als teilweise wirksam (Boulding/Morgan/Staelin, 1997). Bei NPE-Prozessen könnten dies vorab festgelegte Abbruchkriterien sein. Beim Projektabbruch liegen - insbesondere unter Opportunitätsüberlegungen - hohe Effektivitäts- und Effizienzpotentiale, wenn unvorteilhafte Projekte in frühen und auch in späteren Phasen konsequent abgebrochen werden. Folglich könnte man überlegen, geeignete Anreize für den Projektabbruch einzuführen.

2.3 Markt- und Kundenorientierung

Die Orientierung des NPE-Prozesses an den Anforderungen des Marktes ist ein Erfolgsfaktor für neue Produkte (Atuahene-Gima, 1995; Narver/Slater/MacLachlan, 2004; Souder/Buisson/Garrett, 1997). Dies betrifft insbesondere die Qualität der Marktforschung im Hinblick auf die Erfassung und Bewertung von Kundenwünschen (Cooper/Edgett/Kleinschnidt, 2004a; Mishra/Kim/Lee, 1996; Parry/Song, 1994; Schmalen/Wiedemann, 1999), die akkurate Prognose von Marktpotentialen (Balbontin et al., 1999; Maidique/Zirger, 1984), die Beobachtung des Wettbewerbs (Mishra/Kim/Lee, 1996), die Durchführung von Testmärkten (Dwyer/Mellor, 1991a/b) etc. Idealerweise sind diese Informationen im Prozessverlauf zu aktualisieren (Rothwell et al., 1974).

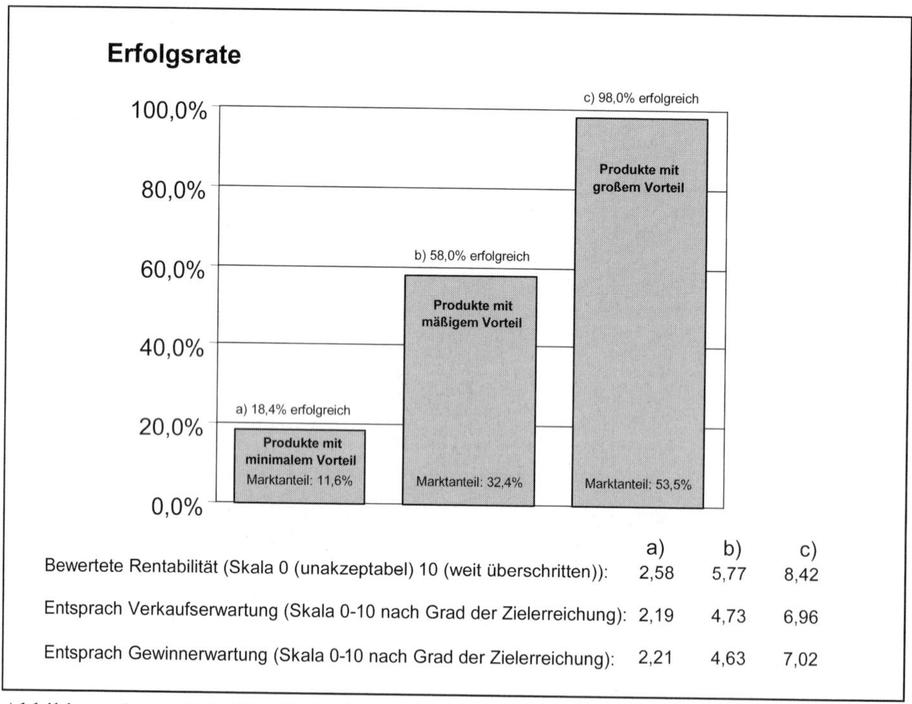

	a)	b)	c)
Bewertete Rentabilität (Skala 0 (unakzeptabel) 10 (weit überschritten)):	2,58	5,77	8,42
Entsprach Verkaufserwartung (Skala 0-10 nach Grad der Zielerreichung):	2,19	4,73	6,96
Entsprach Gewinnerwartung (Skala 0-10 nach Grad der Zielerreichung):	2,21	4,63	7,02

Abbildung 6: Relativer Produktvorteil und Innovationserfolg
Quelle: Kleinschmidt/Geschka/Cooper (1996), S. 11

Abb. 6 zeigt, dass neue Produkte mit einem relativen Produktvorteil wirtschaftlich erfolgreicher sind als reine „me-too“ Produkte. Der relative Produktvorteil kann entweder durch ein differenziertes Produktangebot bei gleichen Preisen oder unveränderten Produkteigenschaften bei niedrigeren Preisen erreicht werden. Zahlreiche empirische Arbeiten auf der Projektebene haben diesen relativen Produktvorteil als Erfolgsfaktor neuer Produkte identifiziert (Montoya-Weiss/Calantone, 1994). Dies impliziert, dass der angestrebte relative Produktvorteil bereits in den frühen Phasen des NPE-Prozesses durch qualifizierte Marktforschung abzutesten ist. Zu diesem Zweck stehen verschiedene Instrumente der Marktforschung zur Verfügung, wobei insbesondere die Conjoint-Analyse bei innovativen Produktkonzepten geeignet ist (Brockhoff, 1999b). Die Conjoint-Analyse kann u.a. Informationen über die Wichtigkeit von Produkteigenschaften sowie zur Zahlungsbereitschaft von potenziellen Kunden liefern.

Im Entwicklungsprozess besteht dann nach dem Konzept des „Target Costing" die Möglichkeit, die Kostenstrukturen aktiv zu beeinflussen, um die vom Markt vorgegebenen Preise für das Endprodukt zu realisieren (Horvath, 1993). Kernelement des „Target Costing" ist die Zielkostenspaltung (Abb. 7). Komponente A ist relativ zur Bedeutung für den Kunden zu teuer, während Komponente B relativ zur Bedeutung für den Kunden zu preiswert ist. Prinzipiell sollten die Punkte in der Zielkostenzone liegen. Dort entsprechen sich Kundennutzen und Entwicklungsaufwand für eine Produktkomponente (Abb. 7; Horvath, 1993).

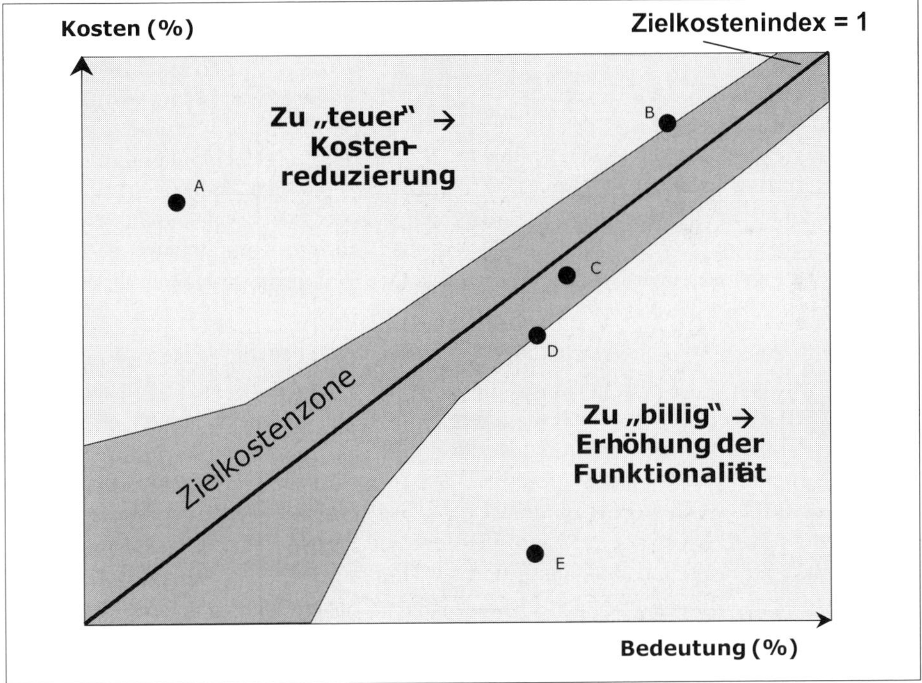

Abbildung 7: Zielkostenspaltung im Ansatz des Target Costing
Quelle: Horvath (1993), S. 15

Um die von potenziellen Kunden wahrgenommenen Produkteigenschaften in technische, durch F&E direkt beeinflussbare Merkmale zu „übersetzen", kann z.B. das House of Quality (Quality Function Deployment) herangezogen werden (Hauser/Clausing, 1988).

Die Anwendung von QFD fördert die Kommunikation zwischen Mitarbeitern aus verschiedenen Funktionsbereichen während des NPE-Prozesses (Griffin/Hauser, 1996; Nijssen/Frambach, 2000) und ist somit auch ein wichtiges Instrument zur Überwindung inter-funktionaler Schnittstellen (Brockhoff, 1994).

Zwischen Marktorientierung und Kundeneinbindung in die Neuproduktentwicklung ist zu differenzieren. Die Messvorschriften für die Kundenorientierung lassen vermuten, dass in den meisten empirischen Arbeiten im Prinzip die Ausrichtung der NPE-Aktivitäten an den Bedürfnissen des Kunden bzw. Marktes gemeint ist. Somit ist zu vermuten, dass die durchweg positiven Befunde ein Spiegelbild der zuvor diskutierten Marktorientierung sind (Maidique/Zirger, 1984; Rothwell et al., 1974). Im Sinne der Systematik nach Brockhoff (1997), der Kunden nach ihren unterschiedlichen Beiträgen zur Neuproduktentwicklung klassifiziert, werden Kunden in den genannten Studien als Nachfrager aufgefasst, die im klassischen Sinne der Marktforschung Bedürfnisse erkennen lassen und Ideen für die Produktentwicklung liefern. Eine explizite Einbindung sogenannter Pilotkunden in den NPE-Prozess als aktive Mitgestalter oder Lösungsgeber - etwa im Sinne eines „Launching Customer“ oder eines „Lead User“ - wird dadurch nicht erfasst (Brockhoff, 1997).

Neuere empirische Arbeiten zeigen, dass der Zusammenhang zwischen der Profitabilität neuer Produkte und dem Grad der Einbindung von Kunden in die Neuproduktentwicklung nicht linear ist, d.h. ab einem optimalen Niveau der Kundeneinbindung nimmt die Profitabilität neuer Produkte ab (Ernst, 2001). Dies lässt sich u.a. dadurch erklären, dass durch eine zu starke Kundeneinbindung Nischenprodukte sowie Abhängigkeiten entstehen, der „design-freeze“ im NPE-Prozess verpasst wird, die Kommunikation zwischen den Partnern gestört ist oder mit den falschen Kunden zusammengearbeitet wird (Brockhoff, 1997).

Kunden, die bei erfolgreichen NPE-Projekten mitgewirkt haben, zeichnen sich durch drei Merkmale aus: Sie haben (1) eine hohe wirtschaftliche Attraktivität, (2) Eigenschaften eines „Lead-Users“, und sie unterhalten (3) enge Geschäftsbeziehungen zum Hersteller (Gruner/Homburg, 1999). Ferner zeigt sich, dass die Einbindung von Kunden in frühen und späteren Phasen der Neuproduktentwicklung positiv auf den Erfolg wirkt. Während es in den frühen Phasen darum geht, das Produktkonzept am Markt abzusichern, gewinnen in den späteren Phasen der Test von Prototypen und die Unterstützung bei der Markteinführung an Bedeutung (Gruner/Homburg, 1999). Schließlich kommt es bei erfolgreichen NPE-Projekten auf eine intensive Kommunikation zwischen NPE-Team beim Hersteller und dem Anwendungsbereich des neuen Produktes beim Kunden („area of usage“) an (Kirchmann, 1994). Die Befunde machen deutlich, dass keine pauschale Aussage zur Wirkung der Einbindung von Kunden in den NPE-Prozess auf den Erfolg neuer Produkte getroffen werden kann (Brockhoff, 1997; Hauschildt, 1993).

„Lead user“ oder besonders fortschrittliche Kunden sind als Quellen für Produktideen oder Partner für die Neuproduktentwicklung besonders interessant, weil sie Bedürfnisse früh erkennen, die erst später durch die Masse von Kunden wahrgenommen werden, und sie eigene Anstrengungen unternehmen, Lösungen für diese Bedürfnisse zu entwickeln

(Morrison/Roberts/Midgley, 2004; v. Hippel, 1986). „Lead User" zeichnen sich durch zwei dominierende Eigenschaften aus, welche unmittelbar herangezogen werden können, sie zu identifizieren. „Lead User" haben ein großes persönliches Interesse an dem betroffenen Produkt, und sie sind mit dem momentanen Produktangebot unzufrieden (Lüthje, 2000). Daraus entsteht der Antrieb, eigene Entwicklungen voranzutreiben. Klassisches Beispiel ist die Medizintechnik, wo Ärzte neue Instrumente oder Apparaturen entwickeln, weil bestehende Produkte als unzureichend betrachtet werden. Diese Gruppe von Ärzten ist für Hersteller derartiger Produkte sehr interessant, so dass in Unternehmen der Medizintechnik, z.B. bei Aesculap oder 3M ESPE, intensiv mit Ärzten während der Neuproduktentwicklung kooperiert wird.

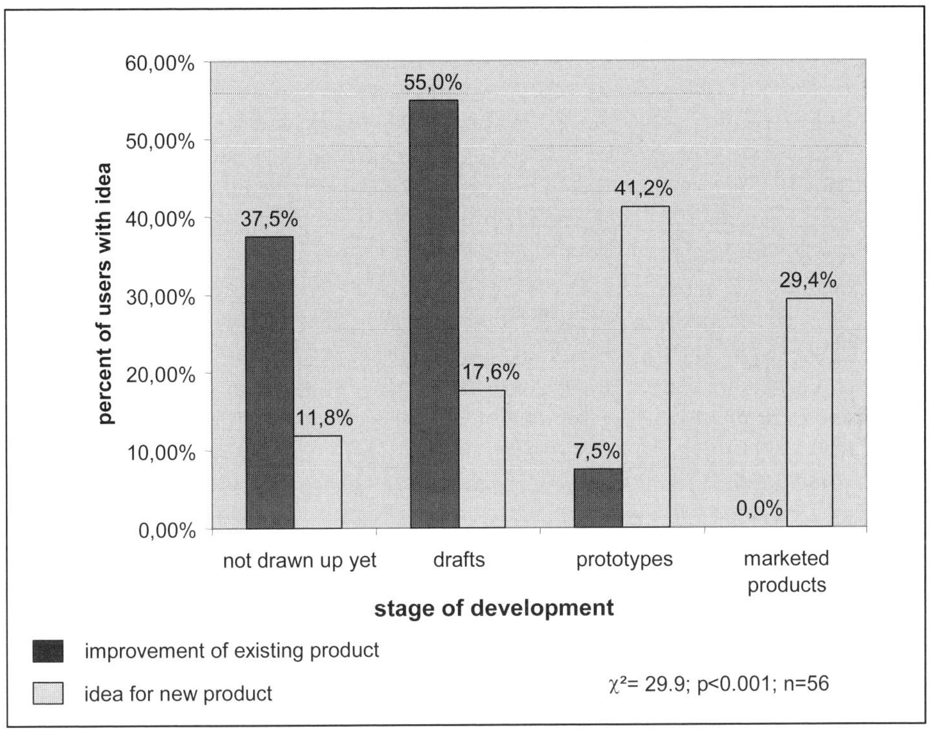

Abbildung 8: Stage of Development and Newness of Idea

Quelle: Lüthje (2000), S. 11

In jüngster Zeit ist der „Lead-User"-Ansatz auch auf Konsumgütermärkte übertragen worden (Lüthje, 2000). In einer Studie im Bereich der Freizeitindustrie wurde beobachtet, dass ca. 37% der befragten Personen bereits eine Idee für eine Innovation hatten. Von diesen Personen hatten 70% eine Idee, um ein bestehendes Produkt zu verbessern und 30% hatten die Idee für ein völlig neues Produkt (Lüthje, 2000). Abb. 8 zeigt das Entwicklungsstadium der Idee in Abhängigkeit des Innovationsgrades. Es zeigt sich, dass Personen mit einer völlig neuen Idee signifikant häufiger einen Prototypen bzw. ein marktreifes Produkt entwickelt haben. Daraus lässt sich folgern, dass „Lead-User" auch in Konsumgütermärkten zu finden sind und eine wichtige Zielgruppe für Unternehmen im Hinblick auf die Neuproduktentwicklung darstellen. Bei der Kundeneinbindung in die Neuproduktentwicklung muss es daher grundsätzlich darauf ankommen, fortschrittliche Kunden mit „Lead-User"-Eigenschaften zu identifizieren und diese in den frühen Phasen des NPE-Prozesses einzubinden. Mit „Lead-Usern" entwickelte Konzepte sind im Verlauf des NPE-Prozesses durch systematische Marktforschung mit Kunden aus dem Zielsegment zu testen. Somit greifen Marktorientierung und Kundeneinbindung in der Neuproduktentwicklung ineinander.

2.4 Multifunktionales Projektmanagement

Empirische Befunde ergeben ein konsistentes Bild über fünf wesentliche organisatorische Erfolgsfaktoren neuer Produkte: (1) multifunktional zusammengesetzte NPE-Teams, (2) Existenz eines starken und verantwortlichen Projektleiters, (3) Verantwortung des NPE-Teams für den gesamten NPE-Prozess, (4) Einsatz und Engagement des Projektleiters und der Teammitglieder für das NPE-Projekt und (5) intensive Kommunikation zwischen den Teammitgliedern im Prozessverlauf. Diese Punkte sind nicht unabhängig voneinander. Im Kern geht es um die Stellung und Ausgestaltung einer Projektorganisation für die Neuproduktentwicklung im Unternehmen.

Zahlreiche Arbeiten belegen, dass das Projektteam aus Mitgliedern verschiedener Funktionsbereiche zusammengesetzt sein sollte, die maßgebliche Beiträge zur Neuproduktentwicklung leisten (Cooper/Edgett/Kleinschmidt, 2004b; Griffin 1997; Song/Montoya-Weiss/Schmidt, 1997; Song/Parry, 1997). Vornehmlich handelt es sich dabei um Mitarbeiter aus F&E, dem Marketing und der Produktion (Gerwin/Barrowman, 2002; Song/Montoya-Weiss/Schmidt, 1997). Die Bildung multifunktionaler Projektteams kann als ein strukturierendes und persönliches Instrument des Managements zur Überbrückung organisatorischer Schnittstellen aufgefasst werden (Brockhoff, 1994). Multifunktionale Projektteams fördern die inter-funktionale Kommunikation und Zusammenarbeit, welche ebenfalls erfolgsfördernd wirken (Balbontin et al., 1999; Maidique/Zirger, 1984; Yap/Souder, 1994). Folglich wirken multifunktionale Projektteams sowohl direkt als auch indirekt auf den Erfolg neuer Produkte.

Dem Projektleiter kommt offenbar eine wichtige Funktion zu (Keim, 1997). Er muss eine entsprechende Qualifikation aufweisen (Balbontin et al., 1999; Madhavan/Grover, 1998), über ausreichende Befugnisse verfügen (Schmalen/Wiedemann, 1999) und sich dem Projekt in ausreichendem Maße widmen können (Cooper/Kleinschmidt, 1995). Die Befugnisse des Projektleiters spiegeln sich insbesondere darin wider, inwieweit der Zugriff auf einzelne Mitarbeiter aus den Funktionsbereichen gelingt und Entscheidungsverantwortung auf die Projektebene delegiert wird.

Eng mit dem letztgenannten Aspekt verknüpft ist die Autonomie bzw. der Verantwortungsbereich des NPE-Teams einschließlich des Projektleiters. Einige Studien zeigen, dass sich weitgehende Autonomie des NPE-Teams positiv auf die Teamleistung und den Erfolg des NPE-Projektes auswirkt (Gerwin/Moffat, 1997; Thamhain, 1990). Das Team sollte die Verantwortung für den gesamten NPE-Prozess und nicht nur für Teilabschnitte tragen (Cooper/Kleinschmidt, 1995). Einsatz und Engagement des Projektleiters und der Teammitglieder für das NPE-Projekt beeinflussen ebenfalls den Erfolg (Thamhain, 1990). Die Motivation der Teammitglieder kann durch sich am Projektergebnis orientierender Anreizsysteme gefördert werden (Leptien, 1996).

Erfolgreiche NPE-Projekte zeichnen sich durch intensive Kommunikations- und Interaktionsbeziehungen (z.B. Informationstransfer und Projekttreffen) zwischen den Mitgliedern des NPE-Teams aus (Rothwell et al., 1974; Souder/Chakrabarti, 1978; Thamhain, 1990). Die Kommunikation kann durch den Einsatz entsprechender Design-Tools, z.B. QFD, verbessert werden (Griffin/Hauser, 1996).

Es stellt sich die Frage, durch welche Form der Projektorganisation die zuvor diskutierten Aspekte am besten erreicht werden können. In der Arbeit von Larson und Gobeli (1988) erscheint sowohl die Matrix-Projektorganisation als auch das „Task-Force"-Modell als geeignet, während in der Arbeit von Barczak (1995) ausschließlich letztere Organisationsform positiv auf den Erfolg neuer Projekte wirkt. Ausschlaggebend für den Befund von Barczak (1995) könnte sein, dass in der untersuchten Telekommunikationsindustrie die Erzielung von Zeitvorsprüngen von elementarer Wichtigkeit ist. In diesem Fall zeigt sich das „Task-Force"-Modell als überlegene Form der Projektorganisation für die Neuproduktentwicklung (Hauschildt, 2004). Ferner kann sich ein Herauslösen des Teams aus der bestehenden Organisation empfehlen, wenn neue, „disruptive" Technologien entstehen, die auf großen Widerstand innerhalb der etablierten Geschäftsbereiche stoßen (Bower/Christensen, 1995). Eine Variante dieses „Task-Force"-Ansatzes stellt das interne „Venturing", eine Form des Corporate Venture Capital, dar (Chesbrough, 2000).

Abb. 9 fasst die Erfolgsfaktoren multifunktionaler NPE-Teams zusammen. Man erkennt, dass die Effektivität multifunktionaler Teams von zahlreichen Aspekten abhängt und der Neuprodukterfolg von weiteren Kontextfaktoren beeinflusst wird. Im Hinblick auf die unternehmensinternen Variablen ist insbesondere auf die Rolle des Top-Managements hinzuweisen. Empirisch ist in einem Pfadmodell gezeigt worden, dass die positive Wirkung der Unterstützung durch das Top-Management auf den Erfolg neuer Produkte insbesondere dadurch zum Ausdruck kommt, dass Projektleiter und NPE-Team vor den Einflüssen der Organisation geschützt werden, d.h. dass der Projektorganisation in Konfliktfällen mit Fachbereichsinteressen Priorität durch das Management eingeräumt wird (Lechler, 1997). Dies kann insbesondere für den Fall einer Matrix-Struktur gelten, wo der Konflikt zwischen Projekt und Fachbereichen offenkundig wird. Setzt sich dabei die Projektorganisation durch, dann spricht man von einer sogenannten projektdominierten Matrix bzw. einem „heavy weight project team" (Clark/Wheelwright, 1992).

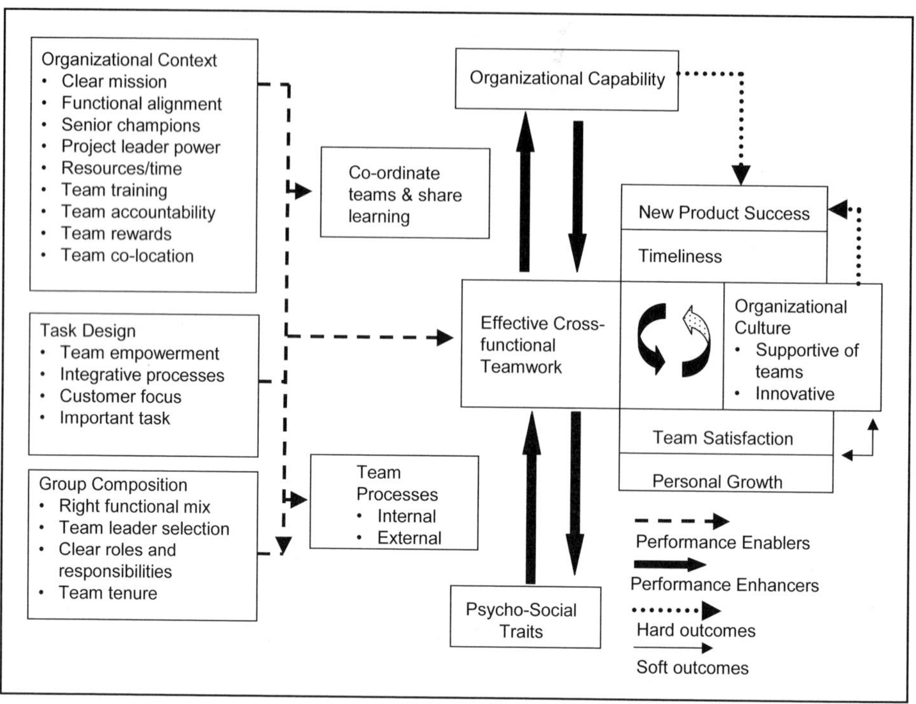

Abbildung 9: Erfolgsfaktoren multifunktionaler NPE-Teams
Quelle: Holland/Gaston/Gomes (2000), S. 250

3. Kundeneinbindung in die Neuproduktentwicklung im Internet

In Abschnitt 2.3 ist bereits ausgeführt worden, dass die erfolgreiche Einbindung von Kunden in die Neuproduktentwicklung im Wesentlichen von drei Aspekten abhängt: (1) Einbindung innovativer (fortschrittlicher) Kunden („Lead User“), (2) Einbindung von Kunden in frühen Phasen des NPE-Prozesses und (3) Ausmaß der formalen und informellen Kommunikation zwischen NPE-Team und „Area of Usage“ beim Kunden. Diese Erfolgsfaktoren beruhen auf empirischen Arbeiten in der Investitionsgüterindustrie (Gruner/Homburg, 1999; Kirchmann, 1994). Die Realisierung dieser Erfolgsfaktoren erscheint in Konsumgütermärkten ungleich schwerer, da die Distanz zwischen Hersteller und Konsument (Kunde) höher ist und sich der Hersteller einer Vielzahl von Konsumenten gegenübersieht. Dieser Umstand trägt sicherlich dazu bei, dass in der Konsumgüterindustrie wesentlich höhere Flopraten als in der Investitionsgüterindustrie beobachtet werden (Crawford, 1987). Hier bietet das Internet neue Möglichkeiten, die Distanz zwischen Konsument und Hersteller zu reduzieren und Kunden effektiver und effizienter in den Prozess der Neuproduktentwicklung zu integrieren als in der Vergangenheit (Dahan/Hauser, 2002; Ernst, 2004; Nambisan, 2002).

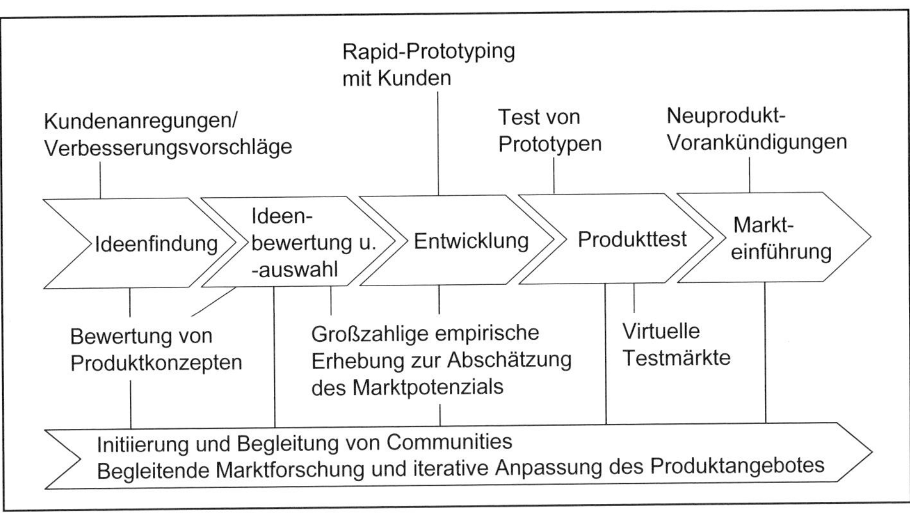

Abbildung 10: Möglichkeiten der internetbasierten Kundeneinbindung in den NPE-Prozesses

Einige Merkmale des Internets machen es zu einem interessanten Medium für die Kundeneinbindung im Internet (Dahan/Hauser, 2002, S. 333): „Communication: from slow to simultaneous communication; Concept: from verbal descriptions to rich media; Computation: from fixed designs to adaptive response.“ Insbesondere die multimediale Darstellung von Produktkonzepten im Internet kann dazu führen, dass dem Konsumenten der Nutzen neuer Produkte mit hohen Innovationsgraden besser kommuniziert wird (Ernst, O., 2001). Dadurch würde ein wesentliches Problem der Marktforschung, dass Kunden das Potenzial radikaler Innovationen nicht erkennen und daher nicht bewerten können (Brockhoff, 1999b), reduziert. Eine weitere vorteilhafte Eigenschaft des Internets ist, dass die Kommunikationsbeziehungen nicht bilateral auf Hersteller und Konsument beschränkt bleiben, sondern auch die direkte Interaktion zwischen Konsumenten möglich wird. Abb. 10 verdeutlicht die Möglichkeiten der virtuellen Kundeneinbindung entlang des gesamten NPE-Prozesses.

Das Internet kann dazu genutzt werden, Ideen von Konsumenten zur Verbesserung bestehender Produkte oder zur Entwicklung neuer Produkte zu erhalten (Ernst, 2004). Es stehen neue Techniken, z.B. die sogenannte „Information Pump“, zur Verfügung, um in virtuellen Fokusgruppen in frühen Phasen des NPE-Prozesses über Ideen zu diskutieren (Dahan/Hauser, 2002). Produktkonzepte können mit klassischen Verfahren der Marktforschung im Internet getestet werden. Verschiedene Verfahren der Präferenzmessung, z.B. die Conjoint-Analyse, wurden bereits im Internet angewendet (Dahan/Srinivasan, 2000; Ernst/Sattler, 2000). Während des Entwicklungsprozesses können Kunden mit

Hilfe virtueller Verfahren kontinuierlich eingebunden werden (Ernst, 2004). Beim „User Design" stellen Kunden Produkte- oder Produktkonzepte selbst zusammen und bewerten diese anschließend (Dahan/Hauser, 2002). Daraus lassen sich insbesondere Informationen zur Bedeutung von Produkteigenschaften und der Zahlungsbereitschaft von Kunden gewinnen. Im Sinne des „Rapid-Prototyping" kann es zu einer wiederholten Interaktion zwischen Hersteller und Kunde kommen. Aufgrund erheblicher Zeit- und Kostenvorteile kann der Hersteller zusätzliche Testoptionen realisieren, wodurch sich das Marktrisiko vermindert. In späteren Phasen des NPE-Prozesses kann das Marktpotenzial von Prototypen abgeschätzt werden (Ernst, 2004). Zu diesem Zweck können „On-line"-Börsen, wie z.B. „Stock Trading User Interface" (Dahan/Hauser, 2002) und „Internet-based Virtual Stock Markets" (Spann/Skiera, 2001) eingesetzt werden. Zur kontinuierlichen und dauerhaften Einbindung von Kunden in die Neuproduktentwicklung kann der Aufbau spezieller „On-Line-Communities" interessant sein (Kozinets, 2002). „On-Line-Communities" können ferner zum Zweck der Produktvorankündigung eingesetzt werden. Dadurch kann eine besonders ausgeprägte Kundenbindung erreicht werden, die entsprechend positive Impulse für das Kaufverhalten erwarten lässt (Ernst, 2004). Auf den Webseiten einiger Unternehmen, z.B. Procter&Gamble lassen sich bereits einige Varianten der virtuellen Kundeneinbindung in die NPE beobachten.

- Individuelle Produktgestaltung für und individuelle Ansprache von Kunden (mass customization)
- Aktualisierung von Kundenpräferenzen und kontinuierliche Einbindung in den Neuproduktenwicklungsprozess
- Generierung erheblicher Effizienzvorteile (insb. Zeit und Kosten)
- Mehr Testoptionen
- Reduktion der Marktrisiken (Vorbereitung des Marktes; niedrigere Flopraten)
- Imagepflege als Technologieführer
- Kundenbindung
- Schaffung von Pull-Effekten in Märkten mit starken Intermediären (Handel)
- Weitere Anwendungsmöglichkeiten des Internets in der Produktpolitik (z.B. Produkteliminationsentscheidungen; Relaunch)

Abbildung 11: Vorteile der virtuellen Kundeneinbindung in die Neuproduktentwicklung

Insgesamt lässt sich festhalten, dass das Internet die Möglichkeit bietet, aktuelle Kundenanforderungen in allen Phasen des NPE-Prozesses berücksichtigen zu können. Somit wird die intensive Kommunikation zwischen NPE-Team und „Area of Usage" (Konsument) möglich, was sich positiv auf den Erfolg neuer Produkte auswirkt (Ernst, 2004). Dieser Ansatz ist Grundlage des „mass customization", wobei neue Produkte auf die individuellen Bedürfnisse von Konsumenten zugeschnitten werden ohne weitgehend auf die Vorteile der Massenfertigung verzichten zu müssen (Piller, 2000): „Why should I trust these companies with my information? Because they're ... going to give me something of value in return: the products, the services, the marketing messages that I want. Not just tailored to some ill-defined market ‚segment' but created just for me, a market for one." (Zellner, 2000, S. 139). Abb. 11 fasst die Vorteile der virtuellen Kundeneinbindung aus Sicht des Herstellers zusammen.

4. Zusammenfassung

Neue Produkte können den Unternehmenserfolg nachhaltig positiv beeinflussen. Dies setzt voraus, dass das Management des NPE-Prozesses entscheidende Erfolgsfaktoren beachtet. Diese sind, insbesondere in den frühen Phasen, ein qualitativ hochwertiger Neuproduktentwicklungsprozesses, eine systematische Projektbewertung und –steuerung, die Markt- und Kundenorientierung über alle Phasen des NPE-Prozesses und ein starkes multifunktionales Projektmanagement. Zur Realisierung der Erfolgspotenziale kommt es weniger auf die Anwendung bestimmter „Tools" als auf die prinzipielle Umsetzung der inhaltlichen Anforderungen an. Einige, potenziell anwendbare Verfahren, z.B. für die Projektbewertung, sind erläutert worden. Offenkundig ist die Bedeutung der Marktorientierung und der differenzierten Kundeneinbindung entlang des NPE-Prozesses für den Erfolg neuer Produkte. Hier bietet das Internet - insbesondere in Bereichen mit großer Distanz zwischen Hersteller und Kunde - neue Möglichkeiten, die Potenziale der Kundeneinbindung in die Neuproduktentwicklung besser zu nutzen.

5. Literatur

ATUAHENE-GIMA, K., An Exploratory Analysis of the Input of Market Orientation on New Product Performance. A Contingency Approach, in: Journal of Product Innovation Management, Bd. 12, 1995, S. 275-293.

BALBONTIN, A./YAZDANI, B./COOPER, R./SOUDER, W.E., New Product Development Success Factors in American and British Firms, in: International Journal of Technology Management, Bd. 17, Nr. 3, 1999, S. 259-279.

BARCZAK, G., New Product Strategy, Structure, Process, and Performance in the Telecommunications Industry, in: Journal of Product Innovation Management, Bd. 12, 1995, S. 224-234.

BOULDING, W./MORGAN, R./STAELIN, R., Pulling the Plug to Stop the New Product Drain, in: Journal of Marketing Research, Bd. 34, Nr. 1, 1997, S. 164-176.

BOWER, J.L./CHRISTENSEN, C.M., Disruptive Technologies: Catching the Wave, in: Harvard Business Review, Bd. 73, Nr. 1, 1995, S. 43-53.

BROCKHOFF, K., Forschung und Entwicklung. Planung und Kontrolle, 5. Auflage, 1999a, München.

BROCKHOFF, K., Produktpolitik, 4. Auflage, 1999b, Stuttgart.

BROCKHOFF, K., Wenn der Kunde stört - Differenzierungsnotwendigkeiten bei der Einbeziehung von Kunden in die Produktentwicklung, in: Bruhn, M. und Steffenhagen, H. (Hrsg.), Marktorientierte Unternehmensführung, 1997, Wiesbaden, S. 183-202.

BROCKHOFF, K., Management organisatorischer Schnittstellen - unter besonderer Berücksichtigung der Koordination von Marketingbereichen mit Forschung und Entwicklung, Berichte aus den Sitzungen der Joachim Jungius-Gesellschaft der Wissenschaften e.V., Hamburg, Jg. 12, Heft 2, 1994, Hamburg.

BROCKHOFF, K., Schnittstellen-Management. Abstimmungsprobleme zwischen Forschung und Entwicklung und Marketing, 1989, Stuttgart.

CALANTONE, R.J./SCHMIDT, J.B./DI BENEDETTO, C.A., New Product Activities and Performance: The Moderating Role of Environmental Hostility, in: Journal of Product Innovation Management, Bd. 14, 1997, S. 179-189.

CHESBROUGH, H., Designing Corporate Ventures in the Shadow of Private Venture Capital, in: California Management Review, Bd. 42, Nr. 3, 2000, S. 31-49.

CLARK, K./WHEELWRIGHT, S., Organizing and Leading „Heavyweight“ Development Teams, in: California Management Review, Spring 1992, S. 11-28.

COOPER, R.G., The NewProd System. The Industry Experience, in: Journal of Product Innovation Management, Bd. 9, 1992, S. 113-127.

COOPER, R.G./KLEINSCHMIDT, E.J., Benchmarking the Firm's Critical Success Factors in New Product Development, in: Journal of Product Innovation Management, Bd. 12, 1995, S. 374-391.

COOPER, R.G./KLEINSCHMIDT, E.J., Determinants of Timeliness in Product Development, in: Journal of Product Innovation Management, Bd. 11, Nr. 5, 1994, S. 381-396.

COOPER, R.G./KLEINSCHMIDT, E.J., New Products: What Separates Winners from Losers, in: Journal of Product Innovation Management, Bd. 4, Nr. 3, 1987, S. 169-184.

COOPER, R.G./EDGETT, S.J./KLEINSCHMIDT, E.J., Benchmarking Best NPD Practices – III, in: Research Technology Management, Bd. 47, Nr. 6, 2004a, S. 43-55.

COOPER, R.G./EDGETT, S.J./KLEINSCHMIDT, E.J., Benchmarking Best NPD Practices – I, in: Research Technology Management, Bd. 47, Nr. 1, 2004b, S. 31-43.

COOPER, R.G./EDGETT, S./KLEINSCHMIDT, E.J., Portfolio Management for New Product Development: Results of an Industry Practices Study, in: R & D Management, Bd. 31, Nr. 4, 2001, S. 361-380.

CRAWFORD, C.M., New Product Failure Rates: A Reprise, in: Research Management, Bd. 30, Nr. 4, 1987, S. 20-24.

DAHAN, E./HAUSER, J., The Virtual Consumer, in: Journal of Product Innovation Management, Bd. 19, Nr. 5, 2002, S. 332-353.

DAHAN, E/SRINIVASAN, V., The Predictive Power of Internet-based Product Concept Testing using Visual Depiction and Animation, in: Journal of Product Innovation Management, Bd. 17, Nr. 2, 2000, S. 99-109.

DWYER, L./MELLOR, R., Organizational Environment, New Product Process Activities, and Project Outcomes, in: Journal of Product Innovation Management, Bd. 8, 1991a, S. 39-48.

DWYER, L./MELLOR, R., New Product Process Activities and Project Outcomes, in: R&D Management, Bd. 21, Nr. 1, 1991b, S. 31-42.

ERNST, H., Virtual Customer Integration – Maximizing the Impact of Customer Integration on New Product Performance, in: Albers, S. (Hrsg.), Cross-Functional Innovation Management, 2004, Wiesbaden, S. 191-208.

ERNST, H., Success Factors of New Product Development: A Review of the Empirical Literature, in: International Journal of Management Reviews, Bd. 4, Nr. 1, 2002, S. 1-40.

ERNST, H., Erfolgsfaktoren neuer Produkte. Grundlagen für eine valide empirische Forschung, DUV-Verlag, „Braune Reihe“, 2001, Wiesbaden.

ERNST, H./SOLL, J.H., An Integrated Portfolio Approach to Support Market-Oriented R&D Planning, in: International Journal of Technology Management, Bd. 26, Nr. 5/6, 2003, S. 540-560.

ERNST, O., Multimediale versus abstrakte Produktpräsentationsformen bei der Adaptiven Conjoint-Analyse, 2001, Frankfurt.

ERNST, O./SATTLER, H., Multimediale versus traditionelle Conjoint-Analysen: Ein empirischer Vergleich alternativer Produktpräsentationsformen, in: Marketing ZFP, Heft 2, 2000, S. 161-172.

GERWIN, D./BARROWMAN, N.J., An Evaluation of Research on Integrated Product Development, in: Management Science, Bd. 48, Nr. 7, 2002, S. 938-953.

GERWIN, D./MOFFAT, L., Withdrawal of Team Autonomy During Concurrent Engineering, in: Management Science, Bd. 43, Nr. 9, 1997, S. 1275-1287.

GRIFFIN, A., PDMA Research on New Product Development Practices: Updating Trends and Benchmarking Best Practices, in: Journal of Product Innovation Management, Bd. 114, 1997, S. 429-458.

GRIFFIN, A./HAUSER, J.R., Patterns of Communication Among Marketing, Engineering, and Manufacturing – A Comparison between two Product Teams, in: Management Science, Bd. 38, Nr. 3, 1996, S. 360-373.

GRUNER, K./HOMBURG, C., Innovationserfolg durch Kundeneinbindung. Eine empirische Untersuchung, in: Zeitschrift für Betriebswirtschaft, Ergänzungsheft 1/1999, 1999, S. 119-142.

HAN, J.K./KIM, N./SRIVASTAVA, R.K., Market and Organizational Performnace: Is Innovation the Missing Link, in: Journal of Marketing, Bd. 62, Nr. 4, 1998, S. 30-45.

HAUSCHILDT, J., Innovationsmanagement, 3. Auflage, 2004, München.

HAUSCHILDT, J., Innovationsmanagement – Determinanten des Innovationserfolges, in: Hauschildt, J., Grün, O. (Hrsg.), Ergebnisse empirischer betriebswirtschaftlicher Forschung: Zu einer Realtheorie der Unternehmung, Stuttgart, 1993, S. 295-326.

HAUSER, J.R./CLAUSING, D., The House of Quality, in: Harvard Business Review, Bd. 66, 1988, S. 63-73.

HENARD, D.H./SZYMANSKI, D.M, Why Some New Products are More Successful than Others, in: Journal of Marketing Research, Bd. 38, Nr. 3, 2001, S. 362-375.

HIPPEL V. E., Lead Users: Source of Novel Product Concepts, in: Management Science, Bd. 32, 1986, S. 791-805.

HOLLAND, S./GASTON, K./GOMES, J. Critical Success Factors for Cross-Functional Teamwork in: New Product Development, International Journal of Management Reviews, Bd. 2, Nr. 3, 2000, S. 231-259.

HORVATH, P., Target Costing. Marktorientierte Zielkosten in der deutschen Praxis, 1993, Stuttgart.

KEIM, G., Projektleiter in der industriellen Forschung und Entwicklung: Anforderungen und Erfolg, 1997, Wiesbaden.

KIRCHMANN, E., Innovationskooperationen zwischen Herstellern und Anwendern, 1994, Wiesbaden.

KLEINSCHMIDT, E./GESCHKA, H./COOPER, R.G., Erfolgsfaktor Markt. Kundenorientierte Produktinnovation, Springer Verlag, 1996, Berlin.

KOZINETS, R.V., The Field Behind the Scene: Using Netnography for Marketing Research in Online Communities, in: Journal of Marketing Research, Bd. 34, 2002, S. 61-72.

LANGE, E., Abbruchentscheidung bei F&E-Projekten, 1993, Wiesbaden.

LARSON, E.W./GOBELI, D.H., Organizing for Product Development Projects, in: Journal of Product Innovation Management, Bd. 5, 1988, S. 180-190.

LECHLER, T., Erfolgsfaktoren des Projektmanagements, 1997, Frankfurt.

LEPTIEN, C., Anreizsysteme im Bereich der industriellen Forschung und Entwicklung, 1996, Wiesbaden.

LÜTHJE, C., Characteristics of Innovating Users in a Consumer Goods Field – An Empirical Study of Sport-related Product Consumers, Working Paper Nr. 8, TUHH, 2000, Hamburg.

MADHAVAN, R./GROVER, R., From Embedded Knowledge to Embodied Knowledge – New Product Development as Knowledge Management, in: Journal of Marketing, Bd. 62, Nr. 4, 1998, S. 1-12.

MAIDIQUE, M.O./ZIRGER, B.J., A Study of Success and Failure in Product Innovation: The Case of the U.S. Electronics Industry, in: IEEE Transactions on Engineering Management, Bd. EM-31, Nr. 4, 1984, S. 192-203.

MISHRA, S./KIM, D./LEE, D.H., Factors Affecting New Product Success: Cross-Country Comparisons, in: Journal of Product Innovation Management, Bd. 13, 1996, S. 530-550.

MÖHRLE, M./VOIGT, I., Das Fu.E-Programm-Portfolio in praktischer Erprobung, in: Zeitschrift für Betriebswirtschaft, Bd. 63, 1993, S. 973-992.

MONTOYA-WEISS, M./CALANTONE, R., Determinants of New Product Performance: A Review and Meta-Analysis, in: Journal of Product Innovation Management, Bd. 11, 1994, S. 397-417.

MORRISON, P.D./ROBERTS, J.H./MIDGLEY, D.F., The Nature of Lead Users and Measurement of Leading Edge Status, in: Research Policy, Bd. 33, Nr.2, 2004, S. 351-362.

NAMBISAN, S, Designing Virtual Customer Environments for New Product Development: Toward a Theory, in: Academy of Management Review, Bd. 27, Nr. 3, 2002, S. 392-413.

NARVER, J.C./SLATER, S.F./MACLACHLAN, D.L., Responsive and Proactive Market Orientation and New-Product Success, in: Journal of Product Innovation Management, Bd. 21, 2004, S. 334-347.

NIJSSEN, E.J./FRAMBACH, R.T., Determinants of the Adoption of New Product Development Tools by Industrial Firms, in: Industrial Marketing Management, Bd. 29, 2000, Nr. 2, S. 121-131.

o.V., New-Product Troubles have Firms Cutting Back, The Wall Street Journal, 13.1.1992, S. B1.

PARRY, M.E./SONG, X.M., Identifying New Product Successes in China, in: Journal of Product Innovation Management, Bd. 11, Nr. 1, 1994, S. 15-30.

PILLER, F., Mass Customization, in: Albers, S., Herrmann, A. (Hrsg.), Handbuch Produktmanagement, 2002, Wiesbaden, S. 929-955.

REINHARDT, H.C., Kapitalmarktorientierte Bewertung industrieller F&E-Projekte, 1997, Wiesbaden.

ROTHWELL, R./FREEMAN, C./HORLSEY, A./JERVIS/V.T.P./ROBERSTON, A.B./TOWNSEND, J., SAPPHO updated – project SAPPHO phase II, in: Research Policy, Bd. 3, 1974, S. 258-291.

SCHMALEN, H./WIEDEMANN, C., Erfolgsdeterminanten von Neuprodukten deutscher Hochtechnologieunternehmen, in: Zeitschrift für Betriebswirtschaft, Ergänzungsheft 1/99, 1999, S. 69-89.

SONG, X. M./PARRY, M. E., A Cross-National Comparative Study of New Product Development Processes: Japan and the United States, in: Journal of Marketing, Bd. 61, 1997, S. 1-18.

SONG, X. M./PARRY, M. E., What Separates Japanese New Product Winners from Losers, in: Journal of Product Innovation Management, Bd. 13, 1996, S. 422-439.

SONG, X. M./MONTOYA-WEISS, M.M./SCHMIDT, J.B., Antecedents and Consequences of Cross-Functional Cooperation: A Comparison of R&D, Manufacturing, and Marketing Perspectives, in: Journal of Product Innovation Management, Bd. 14, 1997, S. 35-47.

SOUDER, W.E./CHAKRABARTI, A.K., The R&D/Marketing Interface: Results from an Empirical Study of Innovation Projects, in: IEEE Transactions on Engineering Management, Bd. EM-25, Nr. 4, 1978, S. 88-93.

SOUDER, W.E./BUISSON, D./GARRETT, T., Success Through Customer-Driven New Product Development: A Comparison of U.S. and New Zealand Small Entrepreneurial High Technology Firms, in: Journal of Product Innovation Management, Bd. 14, 1997, S. 459-472.

SPANN, M./SKIERA, B., Design, Application and Validation of Internet-Based Virtual Stock Markets for Corporate Planning Problems, Working Paper, Johann Wolfgang Goethe-Universität, 2001, Frankfurt.

THAMHAIN, H.J., Managing Technologically Innovative Team Efforts toward New Product Success, in: Journal of Product Innovation Management, Bd. 7, 1990, S. 5-18.

URBAN, G.L./HAUSER, J.R., Design and Marketing of New Products, 2. Auflage, 1993, Upper Saddle River, NJ.

YAP, C.M./SOUDER, W.E., Factors Influencing New Product Success and Failure in Small Entrepreneurial High-Technology Electronic Firms, in: Journal of Product Innovation Management, Bd. 11, 1994, S. 418-432.

ZELLNER, W., Hey, are you listening to me?, in Business Week, 28.8.2000, S. 138-140.

ZHOU, K.Z./YIM, C.K./TSE, D.K., The Effects of Strategic Orientations on Technology- and Market-Based Breakthrough Innovations, in: Journal of Marketing, Bd. 69, Nr. 2, 2005, S. 42-60.

Mark Heitmann
Manuela Lippuner

Präferenzkonstruktion: Wie Kunden Präferenzen bilden und Kaufentscheidungen fällen

1. Präferenzen und Produktmanagement

Nahezu allen produktpolitischen Aktivitäten liegt die Vorstellung zugrunde, dass Individuen die Evaluation und Selektion eines Produkts auf Basis klarer und eindeutiger Präferenzen vornehmen, die im Zeitverlauf stabil sind und bezüglich aller "features and functions" existieren. Die deskriptive Entscheidungsforschung zeigt hingegen, dass Präferenzen für bestimmte Produktfacetten gar nicht bestehen oder zeitlich instabil sind. Diese Erkenntnis ist für das Produktmanagement von zentraler Bedeutung, weil der Kunde bei der Produktauswahl einen Entscheidungsprozess durchläuft, in dessen Verlauf sich Präferenzen neu bilden oder bestehende Präferenzen verändern. Insofern bedarf es einer Verzahnung der deskriptiven Entscheidungstheorie mit den Aufgaben des Produktmanagements um aufzuzeigen, wie einzelne entscheidungstheoretische Effekte wirksam werden. Hieraus ergeben sich Ansatzpunkte für das Produktmanagement, um das Kaufentscheidungsverhalten der Kunden zu beeinflussen.

2. Existenz, Stabilität und Relevanz von Präferenzen

Eine Erörterung der Bedeutung der Präferenzkonstruktion im Rahmen des Produktmanagements setzt voraus, dass Einigkeit über den Präferenzbegriff besteht. Präferenzen lassen sich als komparative Beurteilungen von Entitäten definieren (McFadden 1999). Es handelt sich um mentale Bevorzugungsstrukturen, die sich mit Hilfe numerischer Nutzenwerte beschreiben lassen, sofern sie den klassischen mikroökonomischen Axiomen der Exklusivität, der Invarianz, der Dominanz und der Transitivität genügen. Präferenzen können gegenüber Produktgattungen (Joghurt), einzelnen Produkten (Müller Erdbeer-Joghurt) oder einzelnen Produktattributen bzw. –eigenschaften (fettarmer Müller Erdbeer-Joghurt) bestehen. Während Produkte individuell beurteilt werden können, beziehen sich Präferenzen stets auf zwei oder mehr Handlungsoptionen. Bei jeder Wahlentscheidung bedarf es Präferenzen, da Alternativen sich gegenseitig ausschließen. Selten wird ein Kunde zwei verschiedene Marken Waschmittel für ein und denselben Zweck kaufen. Egal ob ein Auto, ein Computer oder eine Sonnenbrille erstanden wird, der Kunde muss ein Produkt aus einer Reihe von Angeboten auswählen.

In diesem Zusammenhang ist es erforderlich, zwischen Einstellungen und Präferenzen zu differenzieren. Einstellungen bilden Menschen in der Regel, ohne auf deren interne Konsistenz zu achten. Einstellungen gegenüber Subjekten und Objekten sind multidimensional und oft nicht konsistent untereinander. Neuste psychologische Erkenntnisse zeigen, dass Individuen mitunter gegenüber ein und demselben Sachverhalt gegenläufige Einstellungen besitzen (Cohen/Reed 2005). Beispielsweise erfreut sich eine Person an Autos aus Gründen der Flexibilität, bemängelt jedoch die damit verbundene Umweltverschmutzung. Jede dieser Einstellungen kann in einem unterschiedlichen Kontext abgerufen werden, ohne dass dies dem Individuum Stress bereitet. Muss ein Kunde jedoch eine Kaufentscheidung treffen, ist es erforderlich, derartige Inkonsistenzen aufzulösen, Ziele gegeneinander abzuwägen und eine einzige, überlegene Alternative zu identifizieren.

Das Herunterbrechen produktlosgelöster, oftmals inkonsistenter Einstellungen auf konkrete Produktpräferenzen bezeichnen Bettman/Luce/Payne (1998) als Präferenzkonstruktion. Sie zeigen, dass Individuen in der Regel keine Präferenzstrukturen aus dem Gedächtnis abrufen (wie es die klassische Mikroökonomie unterstellt), sondern diese abhängig von Umweltfaktoren konstruieren. Für diese Sichtweise spricht, dass Menschen nur beschränkte Ressourcen besitzen, die es oftmals nicht erlauben, eine konsistente Präferenzstruktur für jedes Entscheidungsproblem aufrecht zu erhalten (March 1978). Zudem werden in der Regel mehrere Ziele mit einer Kaufentscheidung verfolgt, die es untereinander abzuwägen gilt. Dies führt dazu, dass sich Präferenzen u. a. durch die Art der Produktbeschreibung (Levin/Gaeth 1988), durch den Kontext verfügbarer Alternativen (Simonson/Tversky 1992) und durch den Typ der Wahlentscheidung (Park/Jun/MacInnis 2000) beeinflussen lassen.

Auf der anderen Seite existieren auch solche Präferenzen, die Menschen direkt aus dem Gedächtnis abrufen. Beispielsweise kann ein Fußballfan jederzeit sein Lieblingsteam nennen, ohne dass er erst eine Präferenzstruktur für Fußballvereine konstruieren müsste. Verhaltenswissenschaftler bezeichnen jedoch den überwiegenden Teil der Konsumpräferenzen als eben nicht "fest verdrahtet", sondern als "gestaltbar" (Bettman/Luce/Payne 1998). Je weniger ein Individuum über ein Produkt weiß, desto stärker werden seine Präferenzen durch die Umstände der Kaufhandlung beeinflusst (Payne/Bettman/Johnson 1993). Zudem weisen Kunden oftmals nur schwach ausgeprägte Präferenzen für Produkte und Produktattribute auf, wohingegen sie die bevorzugte Produktkategorie eindeutig und kontextinvariant benennen können (Simonson 2005). Beispielsweise mag die Vorliebe eines Konsumenten für Joghurt zeitlich stabil sein, während die bevorzugte Geschmacksrichtung und Marke in Abhängigkeit vom Entscheidungskontext variiert. Zudem herrscht heute ein noch nie da gewesenes Maß an Variantenvielfalt, so dass der Kunde einem regelrechten Entscheidungsmarathon ausgesetzt wird (Heitmann/ Herrmann 2006a). Es ist daher zu erwarten, dass Nachfrager bei der Wahl eines Produkts zunehmend seltener „fest verdrahtete" Präferenzen aufweisen.

3. Phasen der Präferenzkonstruktion im Überblick

Unter Verhaltenswissenschaftlern besteht Einigkeit darüber, dass jede Wahlentscheidung in multiple, interagierende Stadien zerfällt (McFadden 1999; Payne/Bettman/Schkade 1999). Sind Konsumenten mit einer Reihe von Alternativen konfrontiert, reagieren sie nicht unmittelbar mit der Auswahl einer Option. Die Menge verfügbarer Produkte muss zunächst mental repräsentiert, verarbeitet und interpretiert werden, bevor eine Entscheidung fällt. Hierbei kommt es neben den kognitiven Prozessen des Wahrnehmens, des Abwägens und dem Zugriff auf das Gedächtnis zu affektiven Zuständen, die aus der kognitiven Verarbeitung resultieren und in diese wiederum eingreifen (Kroeber-Riel/Weinberg 2003). Die folgenden drei Phasen lassen sich voneinander unterscheiden und ermöglichen eine Einordnung bestehender Erkenntnisse zur Präferenzkonstruktion:

Die *Problemrepräsentation* beschreibt das mentale Modell, das Nachfrager von einer Entscheidungssituation entwickeln. Ein solches Abbild ist die Grundlage für Bewertungen und Abwägungen bei der Auswahl eines Produkts. Im Kopf der Konsumenten werden in Anbetracht dieses Abbilds latent bestehende Beurteilungskriterien salient (z. B. PS-Zahl beim Kauf eines Autos) und oft unbewusst miteinander verzahnt (z. B. mit dem Benzinverbrauch).

Existiert das mentale Abbild des Entscheidungsproblems, sind einzelne *Informationsbestandteile* zu *kombinieren* und zu *evaluieren*. Im Zuge dessen müssen Einstellungen und Konsumziele gegeneinander abgewogen und präzisiert werden. So muss ein Konsument z. B. im Rahmen des Autokaufs bei der Ökologie Abstriche machen, will er ein sportliches Fahrzeug fahren. Derartige Beziehungen zwischen Produktattribute muss der Nachfrager identifizieren sowie sich mit dem Gedanken abfinden, bei einzelnen Zielen Abstriche machen zu müssen. Es zeigt sich, dass genau dieses Abwägen zwischen verschiedenen Zielen Konsumenten besonderes Kopfzerbrechen bereitet. In der Konsequenz ist die Gewichtung einzelner Produkteigenschaften durch gezielte Maßnahmen des Produktmanagements sowie durch spontane Affekte beeinflussbar.

Abschließend muss der Kunde die Beurteilung in eine *Verhaltensreaktion* umsetzen. Dabei wird je nach Art und Zeitpunkt der Wahlhandlung in variierender Intensität auf das Präferenzsystem rekurriert. Folglich weicht das beobachtbare Wahlverhalten oftmals von den konstruierten Präferenzen ab. Muss ein Kunde sich bei einem Brillenkauf für einen zusätzlichen Sonnenbrillenaufsatz entscheiden, wirkt sich dies anders auf den Absatz von Sonnenbrillenaufsätzen aus, als wenn die Brille schon mit einem derartigen Aufsatz angeboten wird und der Kunde sich gegen dieses Extra entscheiden kann.

Es ist zu beachten, dass Individuen diese drei Phasen in der Realität nicht immer idealtypisch sequentiell durchlaufen, sondern zwischen den Phasen vor- und zurückspringen bzw. vorherige Einschätzungen überdenken. Die Phaseneinteilung ermöglicht es jedoch, die zentralen Konzepte der verhaltenswissenschaftlichen Entscheidungstheorie einzuordnen und zu diskutieren (Abb. 1).

Problemrepräsentation

Konzepte	Zentrale Arbeiten
Priming	Bettman/Sujan 1987; Meyers-Levy 1989; Russo et al. 1998; Mandel/Johnson 2002; Brendl et al. 2003; Tybout et al. 2005
Primacy	Russo et al. 1996; Pham 1998; Russo et al. 1998; Meloy 2000; Adaval 2001; Yeung/Wyer Jr. 2004

Informationsevaluation und -kombination

Konzepte	Zentrale Arbeiten
Dominanz-effekt	Huber et al. 1982; Huber/Puto 1983; Ratneshwar et al. 1987; Simonson 1989; Simonson/Tversky 1992; Mishra/Umesh 1993; Pan/Lehmann 1993; Heath/Chatterjee 1995; Prelec et al. 1997; Fitzsimons 2000; Dhar/Simonson 2003; Priester et al. 2004
Kompromiss-effekt	Simonson 1989; Simonson/Tversky 1992; Wernerfelt 1995; Prelec et al. 1997; Dhar et al. 2000; Dhar/Simonson 2003; Chernev 2004; Dholakia/Simonson 2005
Kompromiss-schwierigkeit	Dhar 1997; Luce et al. 1997; Huffman/Kahn 1998; Luce 1998; Luce et al. 1999; Luce et al. 2003; Drolet/Luce 2004
Irrelevante Informationen	Simonson et al. 1993; Carpenter/Nakamoto 1994; Simonson et al. 1994; Dhar/Sherman 1996; Chernev 1997; Brown/Carpenter 2000; Chernev 2001
Überlastung	Jacoby et al. 1974a; Jacoby et al. 1974b; Malhotra 1982; Malhotra et al. 1982; Keller/Staelin 1987; Simonson 1990; Kahn/Lehmann 1991; Broniarczyk et al. 1998; Kahn 1998; Iyengar/Lepper 2000; Chernev 2003; Iyengar et al. 2003; Lurie 2004; Herrmann et al. 2005; Levav et al. 2005

Verhaltensreaktion

Konzepte	Zentrale Arbeiten
Opting In und Opting Out	Park et al. 2000; Bellmann et al. 2001; Johnson et al. 2002; Levin et al. 2002

Abbildung 1: Integrativer Bezugsrahmen zur deskriptiven Entscheidungsforschung

4. Mechanismen der Präferenzkonstruktion

4.1 Phase der Problemrepräsentation

Jedes Entscheidungsproblem muss zunächst von Kunden mental erfasst werden, bevor es einer Lösung zugänglich ist. Dieses mentale Abbild ist eine individuelle Repräsentation der Wirklichkeit, die von vielerlei Determinanten abhängt. Im Folgenden sollen Effekte diskutiert werden, die einen Einfluss auf die Problemrepräsentation ausüben und im Zusammenhang mit dem Produktmanagement gezielte Implikationen erlauben.

4.1.1 Priming

In der Phase der Problemrepräsentation kommt es zu zahlreichen Gedächtniszugriffen, die vielfach unbewusst und automatisch ablaufen. Dabei lassen sich einige Inhalte schnell und mühelos abrufen, andere hingegen bedürfen erheblicher Anstrengungen. Wird die Frage gestellt, ob es mehr Worte gibt, die mit K beginnen, oder mehr bei denen K an dritter Stelle steht, wird von den meisten Personen nach kurzer Überlegung ersteres als Antwort gegeben. In solchen Fällen wird das Urteil davon beeinflusst, wie verfügbar dieses Ereignis oder Beispiele ähnlicher Ereignisse im Gedächtnis sind. So können Worte, die mit K beginnen einfacher aus dem Gedächtnis abgerufen werden, als solche bei denen K an dritter Stelle steht, obwohl hier jegliche Worte zum Zuge kommen, also solche die mit A-Z beginnen. Allgemein gilt: Ereignisse, an die Individuen sich sehr leicht erinnern, scheinen ihnen wahrscheinlicher zu sein als Ereignisse, an die sie sich nur schwer erinnern können (Tversky/Kahneman 1974). In ähnlicher Weise neigen Individuen dazu, im Gedächtnis leicht verfügbare Konsumziele stärker zu gewichten als schwer verfügbare (Tybout/Sternthal/Malaviya/Bakamitsos/Park 2005). Derartige Verfügbarkeitsdifferenzen lassen sich durch externe Stimulation steuern. So sind spezifische Inhalte immer dann leicht abrufbar, wenn Individuen kurz zuvor auf verwandte Informationen zurückgreifen konnten (Roedinger/Guynn 1996). Beim Priming wird dieser Zusammenhang ausgenutzt. Hier werden spezifische Gedächtniselemente mit externen Stimuli gezielt aktiviert, um damit deren unmittelbare Verfügbarkeit zu erhöhen.

Mandel/Johnson (2002) baten beispielsweise in ihrem Experiment zwei Probandengruppen zwischen Sofas in einem neutral gehaltenen Webshop zu wählen. Wurden auf der Startseite des Online-Systems Wolken als Bildschirmhintergrund gezeigt, wählten die Probanden später im neutral gehaltenen Webshop eher weiche Sofas, präsentierte man vor der Entscheidung Münzen, entschieden sie sich eher für günstige Sofas. Dabei konnte das Auswahlverhalten unabhängig vom Wissens- und Erfahrungsstand des Individuums je nach "prime" in Richtung bequemer bzw. günstiger Sofas beeinflusst werden.

Priming-Effekte treten an vielen Stellen auf. Produktattribute und Entscheidungskriterien lassen sich mit Abbildungen, Texten aber auch Klängen oder Gerüchen im Gedächtnis aktivieren. Bei der Wahl eines Fahrzeugs könnte etwa das Bild einer Familie mit Kindern die Verfügbarkeit von Erkenntnissen zur Sicherheit von Autos erhöhen und die Abbildung eines Rennwagens oder der Klang eines Motors Assoziationen zur Sportlichkeit wecken. Darüber hinaus können Produktoptionen selbst Gedächtnisstrukturen aktivieren, von denen wiederum ein Einfluss auf Folgeentscheidungen ausgeht. Entscheidet sich ein Autokunde für Winterreifen und danach über Sitzheizungen, stimulieren eben die durch die Winterreifen ausgelösten Priming-Effekte seine Gedanken an Schnee und Kälte. Auch in Bezug auf den Preis sind derartige Sequenzen relevant. Entscheiden Konsumenten an erster Stelle über eine relativ teure Option, so erscheinen ihnen später Optionen mit mittlerem Preisniveau relativ günstig. Werden an den Anfang relativ günstige Produkte gestellt, erscheinen mittlere Produkte relativ teuer (Sherman/Ahlm/Berman/Lynn 1978; Kardes 1986; Dhar/Nowlis/Sherman 1999). Bei Produkten, die aus mehreren Komponenten konfiguriert werden, ist dies von großer Bedeutung. Bei dem Direktverkauf von PCs über das Internet, lassen sich beispielsweise teure und aufwendige Grafikkarten im Zusammenhang mit ebenfalls relativ teuren Basismodulen, wie Mainboard oder Prozessor, leichter verkaufen als im Zusammenhang mit niedrig bepreisten Komponenten wie einer Computermaus.

4.1.2 Primacy

Bei Primacy-Effekten verändern gegenwärtige Informationen die Bewertung darauf folgender Informationen (Yeung/Wyer 2004), wobei zwei Arten solcher Effekte zu unterscheiden sind. Einerseits werden Informationen, die früh im Entscheidungsprozess zu verarbeiten sind, gegenüber später erscheinenden übergewichtet. Zum anderen können Informationen in einer frühen Phase die Verarbeitung später auftauchender Informationen stören, sofern das Individuum an der anfänglich gebildeten Meinung festhält (Wallsten/Barton 1982). Zudem zeigt sich, dass Individuen automatisch (ohne Instruktion) verfügbare Produktinformationen evaluieren und in Form vorläufiger Präferenzen speichern. Je höher das Vertrauen in diese vorläufigen Präferenzen ist, desto mehr verändert sich die Einschätzung der späteren Informationen (Russo/Medvec/Meloy 1998). Diese Primacy-Effekte lassen sich verstärken, sofern man Kunden etwa durch ein unerwartetes Geschenk oder eine ansprechend gestaltete Einkaufsumgebung in eine positive Stimmung versetzt (Meloy 2000). In diesem Fall sind die Individuen ganz besonders daran interessiert, ihre gute Stimmung aufrecht zu erhalten und nicht geneigt, einmal geformte Einschätzungen zu überdenken. In wie fern Kunden dem ersten Eindruck folgen, hängt folglich nicht zuletzt von ihrer Stimmung ab. So wird ein und derselbe Nachfrager je nach Kontext verschiedene Entscheidungsprozesse durchlaufen. Wählt er etwa eine Digitalkamera an einem Urlaubsort in positiver Stimmung aus, ist es sehr viel wahrscheinlicher, dass er sich von wenigen besonders hervorstechenden Eigenschaften – etwa dem Design oder dem Gewicht – leiten lässt. Wird die Entscheidung am Ende eines Arbeitstages in einem überfüllten Kaufhaus in belastender Stimmung getroffen, zählt der erste Eindruck deutlich weniger und die Bedeutung hervorstechender Eigenschaften sinkt.

Ferner weist Adaval (2001) nach, dass Individuen zwischen Produkten wählen, indem sie die Affekte, die mit den zur Wahl stehenden Erzeugnissen verbunden sind, abschätzen (Shiv/Fedorikhin 1999; Pham 1998). Sind diese affektiven Projektionen ähnlich zum affektiven Zustand während der Wahlentscheidung, gelten die affektiven Produkteindrücke als zuverlässig und erfahren eine besondere Gewichtung. Im Fall einer solchen emotionalen Kongruenz kann bei der Kaufentscheidung der Preis als Kriterium völlig in den Hintergrund treten. Werden etwa durch die Marke Häagen-Dazs oder den Schokoladen-Geschmack von Speiseeis positive Affekte ausgelöst, werden diese vom Konsumenten stärker gewichtet als Preisinformationen, wenn der Konsument in einer positiven Stimmung ist. Ferner hat die Kongruenz zwischen Hintergrundstimmung und produktbezogenen Emotionen die Konsequenz, dass Individuen stärker von ihren eigenen Präferenzen überzeugt sind (Adaval 2001). Massnahmen wie aufheiternd gestaltete Internetseiten, Sonderaktionen oder Verlosungen können sich nach den entscheidungstheoretischen Ergebnissen bei emotionaler Kongruenz positiv auf das Kaufverhalten auswirken und dazu genutzt werden, die Zahlungsbereitschaft positiv zu beeinflussen.

4.2 Phase der Informationsevaluation und -kombination

Unabhängig von den Zielen, mit denen die Individuen die einzelnen Entscheidungen angehen, erfordert jede Entscheidung eine mentale Rangreihung von verfügbaren Optionen. Dazu müssen die einzelnen Produktbeschreibungen evaluiert und miteinander verglichen werden. Im nächsten Abschnitt gilt daher das Augenmerk Ansätzen, um die Informationsevaluation und -kombination während des Wahlprozesses zu steuern.

4.2.1 Dominanzeffekt

Vergleichen Individuen die Attraktivität verschiedener Alternativen, lassen sie sich von der Menge und Art der angebotenen Optionen leiten. Insbesondere kann die Wahl zwischen zwei attraktiven Alternativen durch eine dritte unattraktive Option beeinflusst werden. Dem asymmetrischen Dominanzeffekt zufolge lassen sich die Anteile der Produkte in einem bestehenden Angebot durch die Ergänzung einer Option verändern, sofern diese von lediglich einer der bestehenden Optionen eindeutig dominiert wird (Abb. 2a).

Während Option X die beste Ausprägung beim Merkmal B aufweist, dominiert Y beim Attribut A. Z wird asymmetrisch dominiert, da es sowohl beim Merkmal A als auch beim Merkmal B schlechter als X abschneidet und gegenüber Y nur bei A unterliegt. Huber/Payne/Puto (1982) konfrontierten Individuen mit einer Produktmenge gemäß diesem Schema, in der alle drei Alternativen verfügbar waren. Zwei Wochen später baten sie ihre Probanden, erneut zu wählen, dieses Mal nur noch zwischen X und Y. Die Individuen wechselten bei ihren Entscheidungen über Bier, Autos, Restaurants, Lotterien, Filmen und Fernsehgeräten häufiger von X nach Y als von Y nach X, wurde Z entfernt. Huber/Puto (1983) ergänzten diese Erkenntnisse, indem sie zeigten, dass auch Alternativen, die nicht eindeutig von X dominiert werden, zu ähnlichen Konsequenzen führen. Ist Z im Vergleich zu X beim Merkmal B deutlich unterlegen und beim Merkmal A nur geringfügig, nehmen Individuen X als besseres Angebot nicht nur im Verhältnis zu Z, sondern auch zu Y wahr. Die Autoren bezeichnen dieses allgemeingültige Phänomen als Anziehungseffekt, da eine unterlegene Alternative Z die Nachfrage von Option Y zu Option X verlagert.

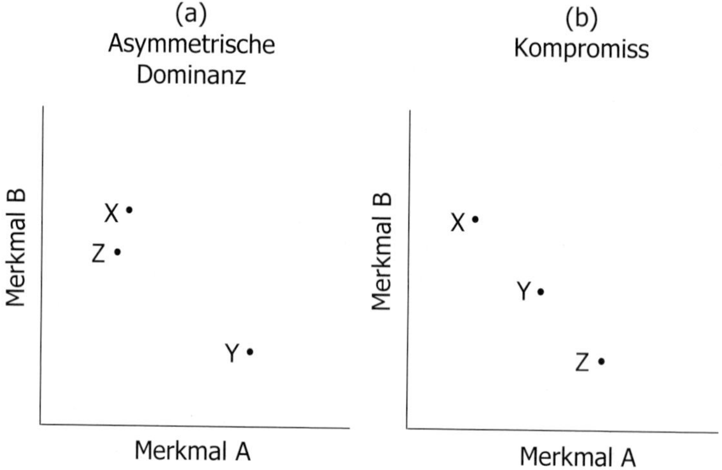

Abbildung 2: Schematische Darstellung von Kontexteffekten

Wollen Konsumenten bei der Entscheidung zwischen externen Festplatten sowohl einen günstigen Preis wie eine hohe Kapazität, so müssen sie zwischen beiden Zielen abwägen, da diese sich aus technischen Gründen ausschließen. Nehmen wir an, die Produkte A und B der Hersteller X und Y verkaufen sich beide gleich gut. Während B lediglich das Produkt Y mit 100 GB Speicherplatz für 90 Euro anbietet, vertreibt A ein Produkt X mit 60 GB für 80 Euro und ein Produkt Z mit 65 GB für 90 Euro. Verkauft sich Z nicht kostendeckend, könnte es ein fataler Irrtum von A sein, dieses aus dem Markt zu nehmen. Dem Anziehungseffekt zu Folge wirkt Z nämlich als „Köder", durch den X besonders günstig erscheint. Ohne Z im Markt würde Anbieter A daher Gefahr laufen, bei dem bislang gut laufenden Produkt X Absatzeinbussen hinnehmen zu müssen.

Absichtlich Produktlinien im Markt zu behalten, die nur sehr geringe Zusatzleistungen bieten, obgleich ein substanzieller Aufpreis verlangt wird, kann im Produktmanagement sehr nützlich sein. Als Erklärung führen Simonson/Tversky (1992) sowie Huber/Payne/Puto (1982) den Anziehungseffekt an; durch die "überteuerte" Alternative wirken günstiger positionierte Angebote im Vergleich zur Konkurrenz attraktiver. Dabei ist zu beachten, dass Kunden mit höherer Zahlungsbereitschaft immer dann besonders stark reagieren, werden mittels Dominanzeffekt hochwertige Produkte gefördert. Kunden mit niedriger Zahlungsbereitschaft reagieren stärker bei günstigen Produkten (Heath/Chatterjee 1995). Entsprechend sollte eine betriebswirtschaftliche Nutzung des Dominanzeffekt auch an die Merkmale des adressierten Kundensegments angepasst werden.

Obwohl eine Reihe von Erklärungen für den Dominanz- und Anziehungseffekt vorgeschlagen wurden (u. a. Mishra/Umesh 1993; Prelec/Wernerfelt/Zettelmeyer 1997; Ratneshwar/Shocker/Stewart 1987) ist heute die Ansicht von Simonson (1989) am weitesten verbreitet. In Abb. 2a entscheidet man sich mit Blick auf Merkmal A für Alternative Y, interessiert vordergründig Merkmal B, wählt man Alternative X, d. h. die Begründung für die Wahl einer der beiden Angebote hängt von der subjektiven Gewichtung der Merkmale ab. Hingegen spricht sowohl Merkmal A wie Merkmal B für X, sofern es um den Vergleich zwischen X und Z geht. Hier können Kunden eine eindeutige Argumentation vorlegen, wenn sie später von Bekannten nach den Gründen für ihre Wahl gefragt werden. Entsprechend zeigt Simonson (1989), dass der Dominanzeffekt in besonderem Ausmaß auftritt, sofern Individuen den Eindruck besitzen, sich später für ihr Verhalten rechtfertigen zu müssen.

Für das Produktmanagement bedeutet dies, dass asymmetrisch dominierte Alternativen besonders dann eingesetzt werden können, wenn Kunden ein hohes Rechfertigungsbedürfnis verspüren und es primär darum geht, den Absatz eines spezifischen Produkts zu verbessern. Zudem muss bei einer Bereinigung des Sortiments darauf geachtet werden, dass nicht ein asymmetrisch dominiertes Produkt ausgewählt wird, dessen indirekter Nutzen übersehen werden könnte.

4.2.2 Kompromisseffekt

Simonson (1989) weist darauf hin, dass Individuen nicht nur dominierende Alternativen besonders attraktiv erscheinen, sondern auch solche, die als mittlere Optionen auf einem Merkmalsspektrum positioniert sind. In Abb. 2b verkörpert Y eine Kompromissalternative zwischen X und Z. Der Autor begründet die Wahl von Y neuerlich mit dem Rechtfertigungsanliegen eines Individuums. So kann die Wahl von Z oder X nur mit einer besonderen Gewichtung von Merkmal A bzw. B begründet werden. Dafür muss auf

Präferenzen rekurriert werden, die schwer nach außen zu vertreten sind (Simonson/Tversky 1992). Die Wahl von Y kann hingegen stets mit der Gleichgewichtung beider Merkmale in Zusammenhang gebracht werden. Entsprechend zeigt sich, dass Individuen Y dann häufig wählen, wenn sie erwarten, ihre Wahl später vertreten zu müssen (Simonson 1989). In einem kleinen Sortiment mit extremen Ausprägungen der jeweiligen Produktmerkmale, kann es von Vorteil sein, ein Kompromissprodukt einzuführen, um vor allem jene Kunden zu gewinnen, die einen hohen Rechtfertigungsanspruch erheben.

Zumindest teilweise lässt sich der Kompromisseffekt aber auch mit Hilfe der Verlustaversion von Individuen erklären (z.B. Tversky/Kahneman 1991; Hardie/Johnson/Fader 1993). Von X aus betrachtet bedeutet die Wahl von Z einen deutlichen Verlust im Merkmal B. Von Z aus betrachtet, bedeutet X einen Verlust im Merkmal A. Y wirkt attraktiv, da hier die geringsten Verluste in Merkmal A und in Merkmal B hingenommen werden müssen. Simonson/Tversky (1992) können nachweisen, dass durch die Ergänzung qualitativ hochwertiger Produkte eher ein Kompromisseffekt ausgelöst werden kann, als durch günstige, in der Qualität minderwertige Produkte. Dies deckt sich mit neueren Untersuchungen zur Loss Aversion, nach denen Konsumenten weniger verlustaversiv auf Preiserhöhungen reagieren als auf Qualitätsverschlechterungen (Hardie/Johnson/Fader 1993; Park/Jun/MacInnis 2000; Novemsky/Kahneman 2005). Somit kann bei qualitativ hochwertigen Produkten, dem Konsumenten die Entscheidung durch ein Kompromissprodukt erleichtert werden. Da er dadurch in keinem Merkmal extreme Verluste hinnehmen muss.

Ferner wird der Kompromisseffekt durch die Vergleichbarkeit der angebotenen Offerten moderiert. Bei einem Kauf eines Notebooks, sind unterschiedliche Festplattengrößen mit 40, 60 oder 80 Gigabyte leicht miteinander vergleichbar. Dagegen ist ein Notebook mit Bluetooth, Firewire und USB schwer mit einem anderen, das WLAN und USB aufweist, zu vergleichen. Im zweiten Fall muss der Kunde eine mentale Metrik entwickeln, um die Angebote einander gegenüber zu stellen. Der zusätzliche Aufwand führt dazu, dass Nachfrager mit einfachen "all or nothing"-Heuristiken vorgehen und dazu neigen, die teuerste oder die günstigste Option zu wählen. Mit Hilfe von Autokonfiguratoren konnten Herrmann/Schaffner/Heitmann (2005) nachweisen, dass bei hoher Vergleichbarkeit extreme Optionen vermieden werden, bei niedriger Vergleichbarkeit extreme Optionen hingegen attraktiv erscheinen.

Der Kompromisseffekt lässt sich bei der Gestaltung des Produktangebots nutzen. Sind verschiedene Produktlinien für den Kunden vergleichbar, z. B. durch eine Kategorisierung wie Basic, Medium, Premium, erhöht dies die Nachfrage nach der mittleren Option. Gibt man zu einzelnen Merkmalen Bewertungen an, erscheinen ausgeglichen bewertete Optionen ebenfalls als Kompromiss, was Nachfrage anzieht (Chernev 2004). Liegt das Interesse jedoch nicht in der Förderung des Kompromissprodukts, unterstützen unübersichtliche Bezeichnungen oder schwer vergleichbare Merkmale den Absatz extremer Optionen.

4.2.3 Kompromissschwierigkeit

Die bisher diskutierten Phänomene der Informationsevaluation und -kombination verstehen Nachfrager als rein kognitiv agierende Entscheider. Da Individuen sich nicht nur durch Kognitionen, sondern auch durch Emotionen auszeichnen, ist zu erwarten, dass auch das Abwägen zwischen Alternativen emotional geprägt wird (Loewenstein/Schkade 1999; Loewenstein/Weber/Hsee/Welch 2001). Interessiert sich ein Konsument für ein neues Fahrzeug, so muss er unter Umständen zwischen Attributen abwägen, die geschützte Ziele betreffen, von denen er nicht abweichen möchte (Baron/Spranca 1997; Irwin/Baron 2001). Luce/Payne/Bettman (1999) führen dies am Beispiel von Autos mit den Attributen Umweltverträglichkeit und subjektivem Sicherheitsempfinden aus. Demnach erscheinen große Autos Konsumenten sicherer, aber gleichzeitig auch weniger umweltverträglich. Nachfrager, die den Zielen Sicherheit und Umweltverträglichkeit hohe Bedeutung beimessen, stehen folglich bei der Wahl zwischen großen und kleinen Fahrzeugen vor einem schwierigen Konflikt. Die Auswahl eines großen Fahrzeugs ist eine Entscheidung gegen die Umweltverträglichkeit, die eines kleinen, gegen die subjektive Sicherheit. In der Folge kommt es zu entscheidungsbedingten negativen Emotionen.

Nachfrager prüfen primär, welche Konsumziele von einem Kompromiss betroffen sind und sekundär, welche Optionen und Möglichkeiten ihnen bleiben, um den negativen emotionalen Zustand zu beheben (Luce/Bettman/Payne 1997). Um mit negativen Affekten umzugehen, bieten sich Individuen zwei Strategien. Sie können entweder direkt die negativen Emotionen bekämpfen – etwa durch die Uminterpretation oder die Vermeidung des Konflikts – oder indirekt die Konfliktursachen aus dem Weg räumen, indem sie intensiver abwägen (Folkman/Lazarus 1988; Luce 1998). Subjektiv schwierige Kompromisse führen demnach zu erhöhten negativen Affekten, intensivierten Prüfungen von Entscheidungsproblemen und der vermehrten Wahl konfliktvermeidender Optionen (Luce/Bettman/Payne 2001). Hierzu zählt der Status Quo, also die Wiederwahl der zuletzt gewählten Option, der Entscheidungsaufschub oder die Wahl einer Dominanz- bzw. Kompromissoption (Luce 1998).

Ob Kompromisse als schwierig wahrgenommen werden, hängt von den betroffenen Attributen und von der Deutlichkeit der Relation zu den Konsumzielen des Nachfragers ab. Befunde von Luce/Payne/Bettman (1999) zeigen, dass Individuen die Kompromissschwierigkeit einzelner Attribute unabhängig von deren Wichtigkeit beurteilen. So mag ein Kunde bei einem Autokauf der Motor-/ Getriebevariante die gleiche Bedeutung beimessen wie den verfügbaren Sicherheitspaketen. Gleichzeitig werden in der Regel Kompromisse beim Merkmal Sicherheit schwerer fallen als solche bei den Motoren. Dies führt dazu, dass Attribute mit hoher Kompromissschwierigkeit einen positiven Effekt auf die Zahlungsbereitschaft ausüben können, unabhängig davon wie bedeutsam ein Attribut für den Kunden ist. Die Kompromissschwierigkeit wird dabei nicht zuletzt davon bestimmt, wie leicht sich Individuen ein Bild von den Konsumkonsequenzen einzelner Attribute machen können. Werden Attribute etwa mental bildlich eingeordnet, erhöht dies die Kompromissschwierigkeit (Luce 1998). So können die Konsequenzen bei einem Unfall mit einem Fahrzeug ohne Airbag, Seitenaufprallschutz oder weiteren sicherheitstechnischen Komponenten schnell und einfach aufgezeigt und bildlich vorgestellt werden. In der Konsequenz, kann sich das Individuum nur schwer gegen sicherheitsrelevante Attribute entscheiden. Der gegensätzliche Effekt geht von kognitiver Erschöpfung aus. Konsumenten, denen die kognitiven Ressourcen zur Visualisierung von Konsumkonsequenzen fehlen, nehmen geringere Kompromissschwierigkeiten und weniger negative Affekte wahr als weniger erschöpfte Individuen (Drolet/Luce 2004). Dies kann im vorangehenden Beispiel dazu führen, dass die Konsequenzen nicht erkannt und bedacht werden und somit weniger Wert auf sicherheitsrelevante Komponenten gelegt wird.

Ergebnisse von Huffman/Kahn (1998) zeigen, dass es bei hohem Konfliktpotential häufig zum Kaufaufschub kommt. Während Kunden bei der Wahl eines neuen Autos zwischen Motoren mit unterschiedlicher Stärke, Spitzengeschwindigkeit, Elastizität und Preis entscheiden müssen, können Nachfrager bei der Wahl eines PCs pro Attribut über Festplattengröße, Hauptspeicher oder die Geschwindigkeit von DVD-Laufwerken entscheiden. Im ersten Fall sind Individuen gezwungen zwischen im Konflikt stehenden Attributen abzuwägen, im zweiten müssen sie lediglich ein präferiertes Attributniveau ermitteln. Ist eine derartige Zerteilung von Produkten in einzelne Module möglich, so ist eine attributweise Darstellung gegenüber dem Kunden vorzuziehen. Dies zeigen empirische Studien, nach denen sich der Absatz durch Mass Customization System bei gleicher Angebotsvielfalt erhöhen lässt. Deren sequentielle, attributweise Entscheidungsfindung führt zu einem deutlich geringeren Maß an negativen Emotionen sowie einer höheren Zufriedenheit und Kaufbereitschaft (Huffman/Kahn 1998).

Wie Dhar (1997) zeigt, geht die Gefahr des Kaufaufschubs aber nicht nur von Konflikten aus. Zu fein abgestufte Sortimente können ebenfalls zu einer verstärkten Wahl der „no-choice“ Option führen, wenn dadurch ein Mindestniveau an Attraktivitätsunterschieden unterschritten wird. Der Autor konfrontierte Probanden mit Optionen mit unterschiedlichen Stärken und Schwächen. Wurden die Alternativen so gewählt, dass sie von den Probanden als insgesamt ähnlich attraktiv angesehen wurden, wollten substantiell weniger Individuen einen Kauf tätigen, als wenn klare Differenzen in der Gesamtattraktivität vorlagen. Die Anzahl der im Konflikt stehenden Merkmale hatte keinen Einfluss auf den Effekt. Belastende Kompromisse scheiden in diesem Fall als Erklärung für den verstärkten Kaufaufschub aus. Individuen lassen offenbar Entscheidungen auch dann aus, wenn die Attraktivitätsunterschiede zwischen Optionen zu gering werden. Dies spricht dafür, in der Sortimentspolitik darauf zu achten, dass der Sortimentsumfang überschaubar bleibt und Attraktivitätsunterschiede zwischen den einzelnen Produktlinien für den Kunden ersichtlich zu gestalten.

4.2.4 Irrelevante Informationen

Häufig verwenden Unternehmen irrelevante Attribute zur Positionierung ihrer Erzeugnisse. Persil, so pries man an, wäre durch "Megaperls" noch effektiver; die Firma Creative beschreibt ihren MP3-Player mit Attributen wie "harmonic response output". Obgleich diese Merkmale keine nachvollziehbaren oder für die Entscheidung relevanten Informationen beinhalten, üben sie einen Einfluss auf das Entscheidungsverhalten aus (und sind damit insofern relevant). Carpenter/Glazer/Nakamoto (1994) zeigen empirisch, dass Kunden dazu tendieren, solche Attribute auf Basis ihrer pragmatischen Komponente zu interpretieren. Danach vermuten Individuen, dass Firmen nicht ohne Grund Produkteigenschaften entwickeln und kommunizieren. Man spricht diesen Eigenschaften einen differenzierenden Wert zu, selbst dann, wenn dieser tatsächlich nicht vorhanden ist.

Werden Individuen darauf hingewiesen, dass sie ihre Entscheidung später rechtfertigen müssen, entsteht jedoch ein negativer Effekt (Simonson/Carmon/O`Curry 1994). Denn die Wahl eines Produkts mit einer nutzlosen Eigenschaft, kann Individuen anfällig für Kritik machen. Die Auswahl einer solchen Option könnte andere Nachfrager vermuten lassen, Individuen würden das bedeutungslose Attribut schätzen. Hingegen lässt sich eine kritische Haltung leichter nach aussen vertreten. So sollte vor allem bei öffentlichen Gütern, bei denen zu erwarten ist, dass Konsumenten glauben, sich rechtfertigen zu müssen, Information auf entscheidungsrelevante Eigenschaften beschränkt und nicht auf irrelevante Eigenschaften ausgedehnt werden. Dies gilt auch für ausgeprägt hedonische Produkte. Bei Freude generierenden Produkten ist der Nutzen, aufgrund der Natur des Produktes nicht so schnell ersichtlich wie bei Nutzen generierenden Produkten. Entsprechend neigen Individuen bei der Konsumation hedonischer Produkte zu Schuldgefühlen und zeigen stärkere Tendenzen sich rechtfertigen zu müssen (Okada 2005).

Unter welchen Bedingungen mit welchem Einfluss von irrelevanten Attributen zu rechnen ist, hängt nach Brown/Carpenter (2000) ferner vom Entscheidungskontext ab. Sie konstatieren, dass ein positiver Effekt immer dann vorliegt, wenn ein bedeutungsloses Attribut zum Alleinstellungsmerkmal einer Alternative wird. Die empirischen Befunde zeigen, dass eine negative Wirkung dominiert, sofern mehrere Optionen irrelevante Merkmale aufweisen oder lediglich zwei Alternativen verfügbar sind. Produktmanager sollten entsprechend nur dann versuchen, den Absatz mit Hilfe irrelevanter Merkmale zu erhöhen, wenn das eigene Produkt das einzige mit derartigen Eigenschaften ist.

Von Interesse ist in diesem Zusammenhang, ob und inwieweit auch gemeinsame Attribute, die in gleicher Ausprägungen bei mehreren Alternativen vorliegen, einen Einfluss auf das Entscheidungsverhalten ausüben. Die deskriptive Entscheidungstheorie deutet auf zwei gegensätzliche Effekte hin. Zum einen zeigen Experimente, dass Individuen durch beurteilungsirrelevante Informationen von Optionsunterschieden abgelenkt werden können (Nisbett/Zukier/Lemley 1981). Ist es von Interesse bei verschiedenen Produkten eines Sortiments einen stabilen Absatz zu erzielen, obwohl bei einigen Produkten

Schwächen bestehen, kann durch irrelevante Informationen von den Schwächen dieser Produkte abgelenkt werden. Werden z. B. mehrere Weine einer Region und eines Jahrgangs angeboten, so können Anbieter etwaigen Wettbewerbsnachteilen weniger Gewicht verleihen, indem die Produktgemeinsamkeiten in Form von Jahrgang und Region in den Vordergrund gerückt werden. Obwohl diese objektiv betrachtet für den Entscheidungsvorgang unerheblich sein sollten, zeigt die Forschung doch, dass derartige Informationen zu gemeinsamen Attributen erhebliche Aufmerksamkeit auf sich ziehen und Kunden von den (eigentlich zentralen) Unterschieden ablenken (Mellers/Biagini 1994; Chernev 1997).

4.2.5 Überlastung

Eine Vielzahl von Studien widmet sich der Beantwortung der Frage nach dem Umfang an Informationen, den Individuen verarbeiten können und nach den Konsequenzen einer potenziellen Überlastung für das Entscheidungsverhalten (Lurie 2004). Den Pionierarbeiten von Jacoby und Kollegen (Jacoby/Speller/Berning 1974; Jacoby/Speller/Kohn 1974) zu Folge nimmt die Güte einer Entscheidung mit zunehmender Menge an Informationen ab. Kunden fühlen sich bei steigender Attributs- und Alternativenzahl überfordert und neigen daher zu suboptimalen Entscheidungen (Malhotra 1982). Obwohl heute weitgehend Einigkeit darüber besteht, dass Konsumenten mit zu vielen Angeboten überlastet werden können (Payne/Bettman/Johnson 1993), ist der genaue Effekt der Variantenvielfalt differenzierter zu betrachten (vgl. ausführlich Heitmann/Herrmann 2006b).

Umfangreiche verhaltenswissenschaftliche Erkenntnisse zeigen, dass Individuen das Gefühl haben, ihre eigenen Wünsche besser verwirklichen zu können, sofern ihnen viele Optionen zur Auswahl stehen (Taylor/Brown 1988). Viele Optionen sind deshalb attraktiv, weil sie Kunden Flexibilität bei der Kaufentscheidung einräumen sowie zukünftiges Variety Seeking ermöglichen (Ratner/Kahn/Kahneman 1999). Zudem zeigen Studien, dass Nachfrager Entscheidungen verschieben, sofern ihnen nur wenige Varianten vorliegen und sie befürchten, wichtige Alternativen ausser Acht zu lassen (Greenleaf/Lehmann 1995).

Derartige Studien beschäftigen sich in der Regel mit zwölf und weniger Optionen. Steigt die Variantenvielfalt darüber hinaus stark an, kann sich dieses Prinzip umkehren. Iyengar/Lepper (2000) präsentierten in einem Supermarkt sechs neue Marmeladensorten mit der Folge, dass 12% jener Personen, die eine Produktprobe verköstigten, gleich eine dieser neuen Sorten kauften. In einem weiteren Experiment erhöhten die Autoren die Anzahl der neuen Marmeladensorten auf 24 und nur noch 2% der interessierten Probanden erwarben eines dieser Produkte. Die meisten Autoren führen diesen Effekt auf eine erhöhte emotionale Belastung zurück. Bei jeder Option muss sich der Entscheider fragen, ob es nicht ein Fehler wäre, diese auszuschlagen. In der Folge führen viele Optionen zur Befürchtung, Regret nach dem Kauf zu erleben (Schwartz/Ward/Monterosso/Lyubomirsky/White/Lehman 2002). Solange die Vielfalt somit nicht Überhand nimmt, bevorzugen Kunden mehr gegenüber weniger Auswahl. Steigt die Zahl der Optionen stark an, besteht jedoch die Gefahr, dass Individuen Kaufentscheidungen verschieben oder sogar auslassen.

Die emotionalen Kosten der Entscheidungsfindung steigen jedoch nicht immer mit der Variantenvielfalt. Fällt es Individuen leicht, ein Produkt zu bestimmen, das ihren Präferenzen nahe kommt, so kann sich der Zusammenhang wiederum umkehren. Chernev (2003) zeigt etwa, dass Konsumenten, die über einen klaren Idealpunkt im Sinne einer optimalen Attributkombination verfügen, stärkere Präferenzen für eine Option entwickeln, wenn viele Alternativen angeboten werden. Stehen Ihnen wenige Angebote zur Auswahl, fällt es ihnen schwerer, ein Produkt zu finden, das ihrem Idealpunkt ausreichend nahe kommt und sie sind weniger überzeugt von ihrer Selektion. Für Individuen ohne Idealpunkt steigen die emotionalen Kosten jedoch durch überhöhte Vielfalt. Ist eine grosse Variantenvielfalt vorhanden, ist es wichtig, anhand gezielter Massnahmen, wie z. B. einem kundenorientierten Verkaufsgespräch, den Kunden dabei zu unterstützen einen klaren Idealpunkt zu finden. Diese Massnahme sollte sehr früh angesetzt werden, bevor sich der Kunde orientierungslos in der Variantenvielfalt verliert und sich durch das Gefühl der Überforderung für die "no-choice"-Option entscheidet.

4.3 Phase der Verhaltensreaktion: Opting In und Opting Out

Ist die Phase der Informationsevaluation und -kombination abgeschlossen, stehen Individuen vor der Herausforderung, ihre konstruierten Präferenzen in eine Entscheidung umzusetzen. Auch dann, wenn es Kunden gelingt, Präferenzen unabhängig von den zuvor aufgeführten Kontextfaktoren zu konstruieren, können die Verhaltensreaktionen durch die Art der Optionsselektion beeinflusst werden.

Opting In bedeutet, dass ein Kunde z. B. bei einem Autokauf eine Ausstattungsoption (etwa ein Schiebedach) wählen muss. Dagegen wird eine bewusste Abwahl einer Option als Opting Out verstanden. Beispielsweise muss in vielen europäischen Ländern im Reisepass vermerkt sein, dass man im Todesfall nicht zur Organspende herangezogen werden möchte (Johnson/Bellmann/Lohse 2002). Der Unterschied im Auswahlmechanismus (Opting In versus Opting Out) hat substanzielle Folgen für das Entscheidungsverhalten (Johnson/Hershey/Meszaros/Kunreuther 1993).

Ähnliche Konstellationen finden sich auch beim Produktmanagement. Bei dem Kauf eines PCs bei www.dell.de kann sich der Kunde für einen Flachbildschirm entscheiden (Opting In), aber auch gegen andere Optionen wie eine Computer-Maus oder eine Garantiezeit von drei Jahren (Opting Out). Während sich im ersten Fall der Kaufpreis für den Nachfrager erhöht, kann er ihn im zweiten Fall durch Opting Out reduzieren. In einer Studie von Levin/Schreiber/Lauriola/Gaeth (2002) konnte gezeigt werden, dass Konsumenten beim Opting Out deutlich aufwendigere und teurere Produkte und Dienstleistungen bestellen, während sie beim Opting In weniger Extras wählen. Der Effekt wird allgemein durch die Verlustaversion von Individuen erklärt (Park/Jun/MacInnis 2000). Optionen ohne die Nachfrager nur schwer leben können, entfalten daher einen besonders starken Effekt. Dazu gehören vor allem sicherheitsrelevante Features, wie z. B. Airbags bei einem Auto, aber auch besonders hedonische Leistungsaspekte wie etwa der Meerblick bei einem Urlaubspaket. Bei derartigen Produktmerkmalen kann mit einem Wechsel von einer Opting In zu einer Opting Out Darstellung besonders viel zusätzlicher Absatz generiert werden.

5. Zusammenfassung

Im Hinblick auf die Implikationen ist neben dem bereits Diskutierten zu konstatieren, dass die Art und Weise der Produktdarbietung systematische Effekte auf das Wahlverhalten der Individuen hat. Damit ist die Vorstellung zu korrigieren, Kunden würden über vollständige Präferenzstrukturen verfügen, die sie invariant gegenüber den jeweiligen Entscheidungstatbeständen äussern. Im Gegenteil, eine Reihe vermeintlich unbedeutender Charakteristika während der Problemrepräsentation, dem Kombinieren und Evaluieren von Informationen und während der Verhaltensreaktion determinieren das Produktwahlverhalten. Dabei werden in heute vielfach umfangreichen Wahlprozessen kognitive und emotionale Ressourcen des Kunden verbraucht, was zu einem Entscheidungsverhalten mit immer einfacheren Regeln führt und Heuristiken begünstigt.

Es ist zu berücksichtigen, dass Konsumenten bei der Produktwahl vielfach zahlreiche Entscheidungen in Folge treffen müssen. Wie die deskriptive Entscheidungsforschung zeigt, ist es von Bedeutung, über welche Produkte an welcher Stelle zu entscheiden ist. Individuen tendieren dazu, Attribute nach vorangehenden "primes" zu gewichten. Dabei werden durch das Priming spezifische Gedächtniselemente aktiviert, was deren Verfügbarkeit erhöht. Gegenwärtige Informationen können die Bewertung folgender Informationen beeinflussen, so dass vorangehende Information übergewichtet wird oder Interferenz entsteht. Auch die Stimmung des Konsumenten greift entscheidend in den Wahlprozesses ein. Bei emotionaler Kongruenz zwischen affektivem Zustand des Konsumenten und dem affektiven Produkteindruck, können positive Affekte dazu führen, dass Konsumenten weniger preissensibel reagieren und gleichzeitig stärker von ihren Präferenzen überzeugt sind.

Die Mehrheit der identifizierten Ansätze zeigt, dass Individuen besondere Schwierigkeiten mit Kompromissen haben. Stehen Ziele im Konflikt zueinander, so fällt es Nachfragern schwer, kontextinvariante Priorisierungen ihrer Konsumziele vorzunehmen. Eine Vielzahl entscheidungstheoretischer Phänomene, von Dominanz- und Kompromisseffekte über negative Affekte bis hin zur Überlastung, können als Konsequenzen solcher Konflikte aufgefasst werden. Sie zeigen aber auch Gestaltungswerkzeuge für das Produktmanagement auf. Beim Dominanzeffekt wird durch eine dritte unattraktive Option bzw. ein asymmetrisch dominiertes Produkt die Wahl zwischen zwei attraktiven Alternativen beeinflusst. Die unattraktive Option löst einen Anziehungseffekt auf ein besser positioniertes Produkt aus. Somit wird das Wahlverhalten von Konsumenten in Richtung eines spezifischen Produkts verstärkt. Ebenso gelten nach dem Kompromisseffekt mittlere Alternativen als attraktive Lösung im Konfliktdilemma. Der Konsument hat die Möglichkeit verschiedene Präferenzen gleich zu gewichten und ist zu keiner Polarisierung gezwungen, was vor allem für Individuen mit hohem Rechtfertigungsanspruch vorteilhaft erscheint. Bei diesen Konsumenten entsteht hingegen ein negativer Effekt, werden irrelevante Produkteigenschaften zur Absatzförderung verwendet. Ein umfangreiches Sortiment, gibt Konsumenten das Gefühl, ihre eigenen Wünsche besser verwirklichen zu können. Dieser positive Effekt ergibt sich jedoch nur dann, wenn Nachfrager über einen klaren Idealpunkt verfügen. Ist dies nicht der Fall, kann eine grosse Auswahl zu einer erhöhten emotionalen Belastung führen, was die Befürchtung, nach dem Kauf Regret zu erleben erhöht und Nachfrager veranlasst, Kaufentscheidungen aufzuschieben oder im schlimmsten Fall ganz auszulassen.

Ferner wird das Entscheidungsverhalten davon beeinflusst, ob der Konsument sich anhand von Opting In oder Opting Out entscheiden muss. Einerseits lässt sich durch Opting Out die Zahlungsbereitschaft erhöhen, da der Konsument Extras aktiv abwählen muss, andererseits kann es aber auch zur Auslassung des Kaufentscheids führen, wenn der Vorgang des Abwählens negative Emotionen hervorruft.

Zusammenfassend bleibt zu konstatieren, dass die deskriptive Entscheidungsforschung nützliche Implikationen für das Produktmanagement liefert, auf deren Basis sich Maßnahmen identifizieren lassen, die zu erhöhter Kundenzufriedenheit, Kundenloyalität und nicht zuletzt höherer Zahlungsbereitschaft führen.

6. Literatur

ADAVAL, R. Sometimes It Just Feels Right: The Differential Weighting of Affect-Consistent and Affect Inconsistent Product Information, in: Journal of Consumer Research, Vol. 28, No. 1, 2001, S. 1-17.

BARON, J./SPRANCA, M. D. Protected Values, in: Organizational Behavior and Human Decision Processes, Vol. 70, No 1, 1997, S. 1-16.

BETTMAN, J. R./LUCE, M. F./PAYNE, J. W. Constructive Consumer Choice Processes, in: Journal of Consumer Research, Vol. 25, No. 3, 1998, S. 187-217.

BETTMAN, J. R./SUJAN, M. Effects of Framing on Evaluation of Comparable and Non-comparable Alternatives by Expert and Novice Consumers, in: Journal of Consumer Research, Vol. 14, No. 2, 1987, S. 141-154.

BRENDL, C. M./MARKMAN, A. B./MESSNER, C. The Devaluation Effect: Activating a Need Devalues Unrelated Objects, in: Journal of Consumer Research, Vol. 29, No. 4, 2003, S. 463-473.

BRONIARCZYK, S. M./HOYER, W., D/MCALISTER, L. Consumers' Perceptions of the Assortment Offered in a Grocery Category: The Impact of Item Reduction, in: Journal of Marketing Research, Vol. 35, No. 2, 1998, S. 166-176.

BROWN, C. L./CARPENTER, G. Why is the Trivial Important? A Reason-Based Account for the Effects of Trivial Attributes on Choice, in: Journal of Consumer Research, Vol. 26, No. 4, 2000, S. 373-386.

CARPENTER, G./GLAZER, R./NAKOMOTO, K. Meaningful Brands From Meaningless Differentiation: The Dependence on Irrelevant Attributes, in: Journal of Marketing Research, Vol. 31, No. 3, 1994, S. 339-350.

CARPENTER, G. S./NAKOMOTO, K. Reflections on Consumer Preference Formation and Pioneering Advantage, in: Journal of Marketing Research, Vol. 31, No. 4, 1994, S. 570-573.

CHERNEV, A. The Effect of Common Features on Brand Choice: Moderating Role of Attribute Importance, in: Journal of Consumer Research, Vol. 23, No. 4, 1997, S. 304-310.

CHERNEV, A. The Impact of Common Features on Consumer Preferences: A Case of Confirmatory., in: Journal of Consumer Research, Vol. 27, No. 4, 2001, S. 475-488.

CHERNEV, A. When More is Less and Less is More: The Role of Ideal Point Availability and Assortment in Consumer Choice, in: Journal of Consumer Research, Vol. 30, No. 2, 2003, S. 170-183.

CHERNEV, A. Extremeness Aversion and Attribute-Balance Effects in Choice, Journal of Consumer Research, Vol. 31, No. 2, 2004, S. 249-263.

COHEN, J. B./REED, A. Multiple Attitudes as Guides to Behavior, Working Paper, University of Florida 2005.

DHAR, R. Consumer Preference for a No-Choice Option, in: Journal of Consumer Research, Vol. 24, No. 2, 1997, S. 215-231.

DHAR, R./NOWLIS, S. M./SHERMAN, S. J. Comparison Effects on Preference Construction, in: Journal of Consumer Research, Vol. 26, No. 3, 1999, S. 293-306.

DHAR, R./NOWLIS, S. M./SHERMAN, S. J. Trying Hard or Hardly Trying: An Analysis of Context Effects in Choice, in: Journal of Consumer Psychology, Vol. 9, No. 4, 2000, S. 189-200.

DHAR, R./SHERMAN, S. J. The Effect of Common and Unique Features in Consumer Choice, in: Journal of Consumer Research, Vol. 23, No. 3, 1996, S. 193-203.

DHAR, R./SIMONSON, I. The Effect of Forced Choice on Choice, in: Journal of Marketing Research, Vol. 39, 2003, S. 146-160.

DHOLAKIA, U. M./SIMONSON, I. The Effect of Explicit Reference Points on Consumer Choice and Online Bidding Behavior, in: Marketing Science, Vol. 24, No. 2, 2005, S. 206-217.

DROLET, A./LUCE, M. F. The Rationalizing Effects of Cognitive Load on Emotional-Based Trade-off Avoidance, in: Journal of Consumer Research, Vol. 31, No. 1, 2004, S. 63-77.

FITZSIMONS, G. J. Consumer Response to Stockouts, in: Journal of Consumer Research, Vol. 27, No. 2, 2000, S. 249-266.

FOLKMAN, S./LAZARUS, R. S. Coping as a Mediator of Emotion, in: Journal of Personality and Social Psychology, Vol. 54, No. 3, 1988, S. 466-475.

GORN, G. J./GOLDBERG, M. E./BASU, K. Mood, Awareness and Product Evaluation, in: Journal of Consumer Psychology, Vol. 2, No. 3, 1993, S. 237-256.

GREENLEAF, E. A./LEHMANN, D. R. Reasons for Substantial Delay in Consumer Decision Making, in: Journal of Consumer Research, Vol. 22, No. 2, 1995, S. 186-199.

HARDIE, B. G. S./JOHNSON, E. J./FADER, P. S. Modeling Loss Aversion and Reference Dependence Effects on Brand Choice, in: Marketing Science, Vol. 12, No. 4, 1993, S. 378-394.

HEATH, T. B./CHATTERJEE, S. Asymmetric Decoy Effects on Lower-Quality Versus Higher-Quality Brands: Meta-Analytic and Experimental Evidence, in: Journal of Consumer Research, Vol. 22, No. 3, 1995, S. 268-284.

HEITMANN, M./ HERRMANN, A. Die Zufriedenheit mit dem Entscheidungsprozess als Determinante der Kundenbindung, erscheint in: Zeitschrift für betriebswirtschaftliche Forschung 2006a.

HEITMANN, M./ HERRMANN, A. Providing More or Providing Less? Accounting for Cultural Differences in Consumer Preference for Variety, in: International Marketing Review , Vol. 23, No. 1, 2006b, S. 7-24.

HERRMANN, A./SCHAFFNER, D./HEITMANN, M. Individuelles Entscheidungsverhalten bei Variantenvielfalt - die Wirkung der "attribute alignability", Working Paper, Universität St. Gallen 2005.

HUBER, F./PUTO, C. Market Boundaries and Product Choice: Illustrating Attraction and Substitution Effects, in: Journal of Consumer Research, Vol. 10, No. 1, 1983, S. 31-44.

HUBER, J./PAYNE, J. W./PUTO, C. Adding Asymmetrically Dominated Alternatives: Violations of Regularity and the Similarity Hypothesis, in: Journal of Consumer Research, Vol. 9, No. 1, 1982, S. 90-97.

HUFFMAN, C./KAHN, B. E. Variety for Sale: Mass Customization or Mass Confusion?, in: Journal of Retailing, Vol. 74, No. 4, 1998, S. 491-513.

IRWIN, J./BARON, J. Values and Decisions, in: S. H. Hoch/H. G. Kunreuther/R. E. Gunther (Hrsg.), Wharton on Making Decisions, Wiley, New York 2001, S. 243-257.

IYENGAR, S. S./JIANG, W./HUBERMAN, G. How Much Choice is Too Much? Contributions to 401(k) Retirement Plans, Pension Research Counsil, The Wharton School, University of Pensylvania 2003.

IYENGAR, S. S./LEPPER, M. R. When Choice is Demotivating: Can One Desire Too Much of a Good Thing?, in: Journal of Personality and Social Psychology, Vol. 79, No. 6, 2000, S. 995-1006.

JACOBY, J./SPELLER, D. E./BERNING, C. K. Brand Choice Behavior as a Function of Information Load: Replication and Extension, in: Journal of Consumer Research, Vol. 1, No. 1, 1974a, S. 33-42.

JACOBY, J./SPELLER, D. E./KOHN, C. A. Brand Choice Behavior as a Function of Information Load, in: Journal of Marketing Research, Vol. 11, No. 1, 1974b, S. 63-69.

JOHNSON, E. J./BELLMANN, S./LOHSE, G. L. Defaults, Framing and Privacy: Way Opting in - Opting Out, in: Marketing Letters, Vol. 13, No. 1, 2002, S. 5-15.

JOHNSON, E. J./HERSHEY, J. C./MESZAROS, J./KUNREUTHER, H. G. (1993) Framing, Probability Distortions, and Insurance Decisions, Journal of Risk and Uncertainty, 7, 35-51.

KAHN, B. E. Dynamic Relationships with Customers: High Variety Strategies, in: Journal of the Academy of Marketing Science, Vol. 26, No. 1, 1998, S. 45-53.

KAHN, B. E./LEHMANN, D. R. Modeling Choice Among Assortments, in: Journal of Retailing, Vol. 67, No. 3, 1991, S. 274-289.

KARDES, F. R. Effects of Initial Product Judgments on Subsequent Memory-Based Judgment, in: Journal of Consumer Research, Vol. 13, No. 1, 1986, S. 1-11.

KELLER, K. L./STAELIN, R. Effects of Quality and Quantity on Decision Effectiveness, in: Journal of Consumer Research, Vol. 14, No. 3, 1987, S. 200-213.

KROEBER-RIEL, W./WEINBERG, P. Konsumentenverhalten, Vahlen, München 2003.

LEVAV, J./HEITMANN, M./IYENGAR, S. S./HERRMANN, A. The Effect of Attribute Order and Variety on Choice Demotivation: A Field Experiment on German Car Buyers, Annual Meeting of the Society for Judgment and Decision Making, Toronto 2005.

LEVIN, I. P./GAETH, G. J. How Consumers are Affected by the Framing of Attribute Information Before and After Consuming the Product, in: Journal of Consumer Research, Vol. 15, No. 3, 1988, S. 374-378.

LEVIN, I. P./SCHREIBER, J./LAURIOLA, M./GAETH, G. J. A Tale of Two Pizzas: Building Up from a Basic Product Versus Scaling Down from a Fully-Loaded Product, in: Marketing Letters, Vol. 13, No. 4, 2002, S. 335-344.

LOEWENSTEIN, G. F./WEBER, E. U./HSEE, C. K./WELCH, N. Risk and Feelings, in: Psychological Bulletin, Vol. 127, No. 2, 2001, S. 267-286.

LOEWENSTEIN, G./SCHKADE, D. Wouldn't it be Nice? Predicting Future Feelings, in: D. Kahneman/E. Diener/N. Schwarz (Hrsg.), Well-Being: the Foundations of Hedonic Psychology, Russel Sage Foundation, New York 1999, S. 85-108.

LUCE, M. F. Choosing to Avoid: Coping with Negatively Emotion-Laden Consumer Decisions, in: Journal of Consumer Research, Vol. 24, No. 4, 1998, S. 409-433.

LUCE, M. F./BETTMAN, J. R./PAYNE, J. W. Choice Processing in Emotionally Difficult Decisions, in: Journal of Experimental Psychology: Learning, Memory and Cognition, Vol. 23, No. 2, 1997, S. 384-405.

LUCE, M. F./BETTMAN, J. R./PAYNE, J. W. Emotional Decisions: Tradeoff Difficulty and Coping in Consumer Choice, University of Chicago Press, Chicago 2001.

LUCE, M. F./JIA, J./FISCHER, G. W. How Much Do You Like It? Within-Alternative Conflict and Subjective Confidence in Consumer Judgments, in: Journal of Consumer Research, Vol. 30, No. 3, 2003, S. 464-472.

LUCE, M. F./PAYNE, J. W./BETTMAN, J. R. Emotional Trade-Off Difficulty and Choice, in: Journal of Marketing Research, Vol. 36, No. 2, 1999, S. 143-159.

LURIE, N. H. Decision Making in Information-Rich Environments: The Role of Information Structure, in: Journal of Consumer Research, Vol. 30, No. 4, 2004, S. 473-486.

MALHORTA, N. K. Information Load and Consumer Decision Making, in: Journal of Consumer Research, Vol. 8, No. 1, 1982, S. 419-430.

MALHORTA, N. K./JAIN, A. K./LAGAKOS, S. W. The Information Overload Controversy: An Alternative Viewpoint, in: Journal of Marketing, Vol. 46, No. 2, 1982, S. 27-37.

MANDEL, N./JOHNSON, E. J. When Web Pages Influece Choice: Effects of Visual Primes on Experts and Novices, in: Journal of Consumer Research, Vol. 29, No. 2, 2002, S. 235-245.

MARCH, J. G. Bounded Rationality, Ambiguity, and the Engineering of Choice, in: Bell Journal of Economics, Vol. 9, No. 2, 1978, S. 587-608.

MCFADEN, D. Rationality for Economists?, in: Journal of Risk and Uncertainty, Vol. 19, No. 1, 1999, S. 73-105.

MELLERS, B. A./BIAGINI, K. Similarity and Choice, in: Psychological Bulletin, Vol. 101, No. 4, 1994, S. 505-518.

MELOY, M. G. Mood-Driven Distortion of Product Information, in: Journal of Consumer Research, Vol. 27, No. 3, 2000, S. 345-359.

MEYERS-LEVY, J. Priming Effects on Product Judgements: A Hemispheric Interpretation, in: Journal of Consumer Research, Vol. 16, No. 1, 1989, S. 76-86.

MISHRA, S./UMESH, U. N. Antecedents of the Attraction Effect: An Information-Processing Approach, in: Journal of Marketing Research, Vol. 30, No. 3, 1993, S. 331-349.

NISBETT, R. E./ZUKIER, H./LEMLEY, R. E. The Dilution Effect: Nondiagnostic Information Weakens the Implications of Diagnostic Information, in: Cognitive Psychology, Vol. 13, 1981, S. 248-277.

NOVEMSKY, N./KAHNEMAN, D. The Boundaries of Loss Aversion, in: Journal of Marketing Research, Vol. 42, No. 2, 2005, S. 119-128.

OKADA, E. M. Justification Effects on Consumer Choice of Hedonic and Utilitarian Goods, in: Journal of Marketing Research, Vol. 42, No. 1, 2005, S. 43-53.

PAN, Y./LEHMANN, D. R. The Influence of New Brand Entry on Subjective Brand Judgments, in: Journal of Consumer Research, Vol. 20, No. 1, 1993, S. 76-86.

PARK, C. W./JUN, S. Y./MACINNIS, D. J. Choosing What I Want Versus Rejecting What I do not Want: An Application of Decision Framing to Product Option Choice Decisions, in: Journal of Marketing Research, Vol. 37, No. 2, 2000, S. 187-202.

PAYNE, J. W./BETTMAN, J. R./JOHNSON, E. J. The Adaptive Decision Maker, Cambridge University Press, Cambridge 1993.

PAYNE, J. W./BETTMAN, J. R./SCHKADE, D. A. Measuring Constructed Preferences: Towards a Building Code, in: Journal of Risk and Uncertainty, Vol. 19, No. 1, 1999, S. 243-270.

PHAM, M. T. Representatives, Relevance, and the use of Feelings in Decision Making, in: Journal of Consumer Research, Vol. 25, No. 2, 1998, S. 144-159.

PRELEC, D./WERNERFELT, B./ZETTELMEYER, F. The Role of Inference in Context Effects: Inferring What you Want from What is Available, in: Journal of Consumer Research, Vol. 24, No. 1, 1997, S. 118-125.

PRIESTER, J. R./DHOLAKIA, U. M./FLEMING, M. A. When and Why the Background Contrast Effect Emerges: Thought Engenders Meaning by Influencing the Perception of Applicability, in: Journal of Consumer Research, Vol. 31, No. 3, 2004, S. 491-501.

RATNER, R. K./KAHN, B. E./KAHNEMAN, D. Choosing Less-Preferred Experiences for the Sake of Variety, in: Journal of Consumer Research, Vol. 26, No. 2, 1999, S. 1-15.

RATNESHWAR, S./SHOCKER, A. D./STEWART, D. W. Toward Understanding the Attraction Effect: The Implications of Product Stimulus Meaningfulness and Familiarity, in: Journal of Consumer Research, Vol. 13, No. 4, 1987, S. 520-533.

ROEDINGER, H. L./GUYNN, M. J. Retrieval Processes, in: E. L. Bjork/R. A. Bjork (Hrsg.), Memory, San Diego 1996, S. 197-236.

RUSSO, E. J./MEDVEC, V. H./MELOY, M. G. The Distortion of Information During Decisions, in: Organizational Behavior and Human Decision Processes, Vol. 66, No. 1, 1996, S. 102-110.

RUSSO, J. E./MELOY, M. G./MEDVEC, V. H. Predecisional Distortion of Product Information, in: Journal of Marketing Research, Vol. 35, No. 4, 1998, S. 438-452.

SCHWARTZ, B./WARD, A./MONTEROSSO, J./LYUBOMIRSKY, S./WHITE, K./LEHMAN, D. R. Maximizing versus Satisficing: Happiness is a Matter of Choice, in: Journal of Personality and Social Psychology, Vol. 83, No. 5, 2002, S. 1178-1197.

SCHWARZ, N./CLORE, G. L. Mood, Misattribution, and Judgments of Well-Being: Informative and Disrective Functions of Affective States, in: Journal of Personality and Social Psychology, Vol. 45, No. 5, 1983, S. 513-523.

SHERMAN, S. J./AHLM, K./BERMAN, L./LYNN, S. Contrast Effects and Their Relationship to Subsequent Behavior, in: Journal of Experimental Social Psychology, Vol. 14, No. 4, 1978, S. 340-350.

SHIV, B./FEDORIKHIN, A. (1999) Heart and Mind in Conflict: The Interplay of Affect and Cognition in Consumer Decision Making, in: Journal of Consumer Research, Vol. 26, No. 3, S. 278-292.

SIMON, H. A. Invariants of Human Behavior, in: Annual Review of Psychology, Vol. 41, 1990, S. 1-19.

SIMONSON, I. Choice Based on Reasons: The Case of Attraction and Compromise Effects, in: Journal of Consumer Research, Vol. 16, No. 2, 1989, S. 158-174.

SIMONSON, I. Determinants of Customers' Responses to Customized Offers: Conceptual Framework and Research Propositions, in: Journal of Marketing, Vol. 69, No. 1, 2005, S. 32-45.

SIMONSON, I./CARMON, Z./O' CURRY, S. Experimental Evidence of the Negative Effect of Product Features and Sales Promotions on Brand Choice, in: Marketing Science, Vol. 13, No. 1, 1994, S. 23-41.

SIMONSON, I./NOWLIS, S. M./SIMONSON, Y. The Effect of Irrelevant Preference Arguments on Consumer Choice, in: Journal of Consumer Psychology, Vol. 2, No. 3, 1993, S. 287-306.

SIMONSON, I./TVERSKY, A. Choice in Context: Tradeoff Contrast and Extremeness Aversion, in: Journal of Marketing Research, Vol. 29, No. 3, 1992, S. 281-295.

TAYLOR, S. E./BROWN, J. D. Illusion and Well-Being: A Social Psychological Perspective on Mental Health, in: Psychological Bulletin, Vol. 103, No. 2, 1988, S. 193-210.

TVERSKY, A./KAHNEMAN, D. Judgment under uncertainty: Heuristics and biases, in: Science, Vol. 185, No. 4157, 1974, S. 1124-1131.

TVERSKY, A./KAHNEMAN, D. Loss Aversion in Riskless Choice: A Reference-Dependent Model, in: The Quarterly Journal of Economics, Vol. 106, No. 4, 1991, S. 1039-1061.

TYBOUT, A. M./STERNTHAL, B./MALAVIYA, P./BAKAMITSOS, G. A./PARK, S.-B. Information Accessibility as a Moderator of Judgments: The Role of Content versus Retrieval Ease, in: Journal of Consumer Research, Vol. 32, No. 1, 2005, S. 76-85.

WALLSTEIN, T. S./BARTON, C. Processing Probabilistic Multidimensional Information for Decisions, in: Journal of Experimental Psychology: Learning, Memory and Cognition, Vol. 8, No. 5, 1982, S. 361-384.

WERNERFELT, B. A Rational Reconstruction of the Compromise Effect: Using Market Data to Infer Utilities, in: Journal of Consumer Research, Vol. 21, No. 1, 1995, S. 627-633.

WRIGHT, P. Marketplace Metacognition and Social Intelligence, in: Journal of Consumer Research, Vol. 28, No. 1, 2002, S. 677-682.

YEUNG, C. W. M./WYER JR., R. S. Affect, Appraisal, and Consumer Judgment, in: Journal of Consumer Research, Vol. 31, No. 2, 2004, S. 412-424.

2. Kapitel:

Management existierender Produkte

Torsten Tomczak
Sven Reinecke
Silke Mühlmeier
Philomela Kaetzke

Konzept zur Gestaltung und zum Controlling existierender Leistungen

1. Der aufgabenorientierte Ansatz als Rahmen für die Pflege existierender Leistungen

Im Rahmen des *aufgabenorientierten Ansatzes* (Tomczak/Reinecke, 1996) wird Leistungspflege neben Kundenakquisition, Kundenbindung und Leistungsinnovation als eine der vier Kernaufgaben des Marketing identifiziert (vgl. Abbildung 1).

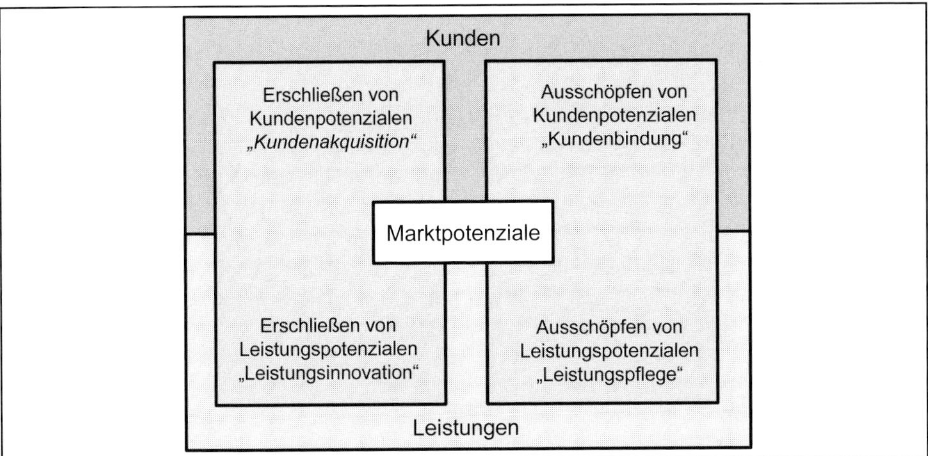

Abbildung 1: Die vier Kernaufgaben im Marketing
Quelle: in Anlehnung an Tomczak/Reinecke, 1999, S. 308

Eine repräsentative branchenübergreifende empirische Studie (Tomczak et al., 1998) ergab, dass Unternehmen der Pflege bestehender Leistungen eine hohe Bedeutung beimessen. Die Studie zeigte auf, dass insbesondere Konsumgüterhersteller den Schwerpunkt ihrer Marketingtätigkeiten auf das Management bereits erfolgreich am Markt eingeführter Produkte legen. Die meisten der befragten Unternehmen gaben auch an, in Zukunft die Aufgaben Kundenakquisition, Kundenbindung und Leistungsinnovation gegenüber der Leistungspflege stärker gewichten zu wollen. Dies ist jedoch nicht als Hinweis für die abnehmende Relevanz der Leistungspflege zu verstehen, sondern vielmehr als Indiz dafür, dass die Leistungspflege bei zahlreichen Unternehmen eine dominierende Rolle einnimmt und ein Großteil der Ressourcen für das Management eingeführter Leistungen verwendet wird. Die Leistungspflege wird weiterhin eine tragende Rolle für den Unternehmenserfolg spielen, jedoch werden die Unternehmen auch verstärkt in das Erschließen neuer Leistungspotenziale sowie in das Erschließen und Ausschöpfen von Kundenpotenzialen investieren. Somit gilt es, den Einsatz der Ressourcen, die für das Management bereits erfolgreich am Markt eingeführter Leistungen gebunden sind, möglichst effektiv und effizient zu gestalten. Der vorliegende Beitrag stellt hierzu ein Rahmenmodell sowie mögliche Lösungsansätze dar.

Als *Leistungen* werden im Folgenden nicht nur tangible Objekte bezeichnet; der Begriff „Leistung" umfasst vielmehr sowohl Produkte als auch Dienstleistungen und Rechte. Zudem wird der Auffassung von Engelhard/Kleinaltenkamp/Reckenfelderbäumer gefolgt, die davon ausgehen, dass am Markt angebotene Leistungen stets Kombinationen aus Sach- und Dienstleistungen darstellen. „Am Markt werden somit niemals nur einzelne Leistungen abgesetzt, sondern eine vermarktete Leistung ist immer ein Bündel von Teilleistungen" (Engelhard/Kleinaltenkamp/Reckenfelderbäumer, 1993, S. 407, zudem Belz, 1991 und Belz et al., 1997 zum Leistungssystem-Ansatz; ähnlich Brockhoff, 1999, S. 13).

Der hier zugrunde gelegte Begriff des *Potenzials* lehnt sich an die Definition von Pümpin an, konzentriert sich jedoch auf Potenziale, die sich im Markt erschließen und ausschöpfen lassen (Pümpin, 1989, S. 47, Pümpin, 1992, S. 19 ff.). „Als Potenzial ist eine im Markt und/oder im Unternehmen latent oder effektiv vorhandene Konstellation zu bezeichnen, die sich durch Aktivitäten des Unternehmens zum Auf- und Ausbau von Wettbewerbsvorteilen nutzen lässt" (Pümpin, 1989, S.47). Während es beim Erschließen von Potenzialen darum geht, „(...) eine im Markt und/oder im Unternehmen latent oder effektiv vorhandene Konstellation zu erkennen und in einen strategischen Wettbewerbsvorteil umzusetzen (Pümpin, 1989, S. 47), umfasst das Ausschöpfen „(...) das systematische und wiederholte Erschließen eines vorhandenen Potenzials" (Pümpin, 1989, S. 102).

Innerhalb des aufgabenorientierten Ansatzes wird *Leistungspflege* definiert als „Ausschöpfen von Leistungspotenzialen" bzw. „sämtliche Maßnahmen, die zu einer möglichst nachhaltigen Marktpräsenz eines Angebotes führen" (Tomczak/Reinecke, 1999, S. 309). Hat ein Unternehmen mit erfolgreichen Neuprodukten Leistungspotenziale erschlossen, so geht es im Rahmen der Leistungspflege darum, dieses Potenzial langfristig auszuschöpfen. Das Ziel besteht darin, dass das Angebot des Unternehmens möglichst nachhaltig im Markt erfolgreich präsent ist und somit dauerhaft Werte generiert. Mit anderen Worten: Im Rahmen der Kernaufgabe Leistungspflege sollen Maßnahmen ergriffen werden, die dazu beitragen, den Lebenszyklus von Marktleistungen zu verlängern und in dem Sinn zu optimieren, dass das den Marktleistungen zugrunde liegende Potenzial beispielsweise durch Erweiterung um Varianten nachhaltig ausgeschöpft wird (Pümpin, 1989, S. 103).

Bezüge zur Leistungspflege lassen sich unter anderem in den Themenkomplexen „Produktlebenszyklus" (Becker, 2001, S. 723 ff., Day, 1981, Kotler/Bliemel, 1999, S. 563 ff.), „Markenmanagement" (Aaker, 1996, Haedrich/Tomczak/Kaetzke, 2003, Kapferer, 2004, Esch, 2005, Meffert/Burmann/Koers 2005) und „Positionierung" (Roosdorp, 1998a, Tomczak/Rudolph/Roosdorp, 1996) erkennen. Bisher fehlt jedoch ein theoretisches Rahmenmodell der Leistungspflege.

In der Praxis legt eine Reihe von Unternehmen den strategischen Schwerpunkt auf die Leistungspflege, dazu zählen vor allem klassische Markenartikler wie z. B. Beiersdorf oder Coca-Cola und Traditionsunternehmen wie z. B. Steiff oder Bosch (Tomczak/Reinecke et al., 1998, S. 116 f.). Demgegenüber fehlt einigen Unternehmen, vor allem in jungen Wachstumsbranchen, das Bewusstsein für die Relevanz der Leistungspflege. Zudem werden zwar häufig einzelne Instrumente der Leistungspflege eingesetzt, der strategischen Reichweite des Ausschöpfens von Leistungspotenzialen wird jedoch teilweise zuwenig Rechnung getragen. Die Verbesserung bestehender Leistungen gewinnt an Bedeutung, da es tendenziell immer weniger „echte" Innovationen gibt (Booz-Allen & Hamilton, 1982, zitiert nach Cooper, 1998, S. 22 ff.). Zudem führen kürzer werdende Produktlebenszyklen dazu, dass Leistungen immer schneller durch veränderte Versionen der Produkte oder verbesserte Technologien ersetzt werden oder dass das Potenzial der bereits am Markt vorhandenen Leistungen durch den Eintritt in neue Märkte genutzt wird.

Anhand dreier Beispiele wird im Folgenden das Kontinuum möglicher Aufgaben im Feld der Leistungspflege skizziert: Wachstum mit bestehenden Leistungspotenzialen kann beispielsweise durch Line Extensions realisiert werden. 2004 ist dies Henkel mit der Dehnung der Marke Perwoll gelungen. Da längst Colorfein- und Schwarzwaschmittel das größte und lukrativste Segment bildeten und die saisonalen Absatzschwankungen ausgeglichen werden sollten (im Sommer ist Wollwaschmittel weniger gefragt), entschied sich Henkel für ein Brand Stretching der Marke Perwoll. So wurde das klassische Perwoll (Perwoll Classic) um die drei Varianten Perwoll Color Magic, Perwoll Fresh Magic und Perwoll Black Magic erweitert. Die Magic-Range erzielte schnell gute Ergebnisse. Es konnte nicht nur das „Sommerloch" im Umsatz geschlossen werden, sondern auch der Umsatz der Marke Perwoll stieg um mehr als 25 Prozent und der Marktanteil nahm um mehr als 15 Prozent zu (Berdi, 2005).

Ein weiteres Beispiel für das Ausschöpfen von Leistungspotenzialen ist der Relaunch von BMW mit dem New Mini. 2001 wurde eine Neuauflage des Minis lanciert. Seit Markteinführung wurden bereits mehr als 730.000 Minis abgesetzt (BMW Geschäftsbericht, 2005). Auch Updates bzw. Aktualisierungen von Produkten gehören in das Feld der Leistungspflege. Im Konsumgüterbereich, z. B. bei Waschmitteln, werden häufig bestehende Produkte durch neue Versionen dieser Produkte ersetzt. Dies liegt zum einen darin begründet, dass infolge ständiger technischer Weiterentwicklung, aber auch aufgrund externer Einflüsse (z. B. Umweltschutzbestimmungen) Waschmittel bzgl. Inhaltsstoffen und Konsistenz in den letzten Jahren kontinuierlich weiterentwickelt und verändert worden sind. Bei Konsumgütern sind aber Produktwechsel (z. B. mit dem Vermerk „neue Generation der Reinheit") auch deshalb häufig, weil regelmäßige „Updates" von den Konsumenten gefordert werden. Damit ist nicht nur gemeint, dass sich die Bedürfnisse der Konsumenten ändern und deshalb Produkte durch neue substituiert werden müssen. Verkündet ein Hersteller in regelmäßigen zeitlichen Abständen, das Produkt sei verbessert und durch ein neues ersetzt worden, so lässt dies aus Konsumentensicht den Schluss zu, dass der Hersteller kontinuierlich an der Güte und der Funktionalität seiner Produkte arbeitet; somit stellen die Substitute einen Indikator für Qualität dar (Kaetzke, 2003, S. 2 f.).

Der vorliegende Beitrag soll somit ein erstes Rahmenmodell für das Ausschöpfen von Leistungspotenzialen liefern und gliedert sich wie folgt:

- Leistungspotenzialanalyse (*welche* Potenziale *welcher* Leistungen sollen ausgeschöpft werden?),
- Strategische Stoßrichtungen der Leistungspflege (basierend auf *welcher strategischen Stoßrichtung* lassen sich die Potenziale bestehender Leistungen ausschöpfen?),
- Umsetzung der Leistungspflege (*wie* soll das Ausschöpfen der Potenziale bestehender Leistungen konkret erfolgen?),
- Controlling der Pflege existierender Leistungen (Grundprinzipien, Instrumente),
- Zusammenfassung und Ausblick.

2. Ausschöpfen von Leistungspotenzialen

Im Folgenden wird dargestellt, wie sich Leistungspotenziale systematisch ausschöpfen lassen. Zunächst werden im Rahmen der Leistungspotenzialanalyse relevante Potenziale identifiziert und ausgewählt. Basierend auf dieser Analyse bieten sich mehrere strategische Stoßrichtungen, um die Potenziale nachhaltig zu nutzen. Nach der Festlegung der strategischen Stoßrichtungen erfolgt die Umsetzung. Schließlich gilt es, Controllingmaßnahmen für die verfolgten strategischen Stoßrichtungen einschließlich ihrer Umsetzung einzuleiten (vgl. Abbildung 2).

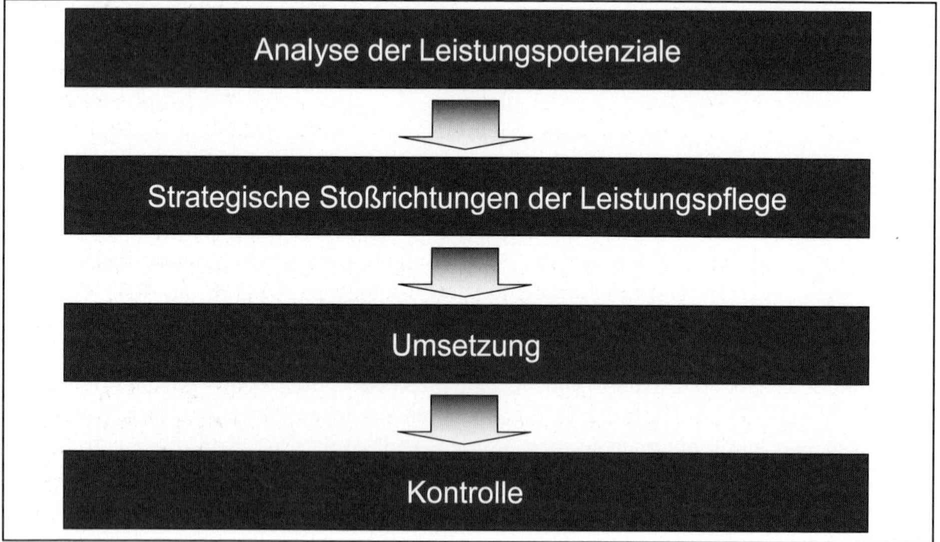

Abbildung 2: Ablauf der Leistungspflege

2.1 Potenzialanalyse

Die Pflege bereits am Markt eingeführter Leistungen bindet beträchtliche Ressourcen. Um diese optimal einzusetzen, muss laufend oder in bestimmten zeitlichen Abständen überprüft werden, über welche Potenziale die einzelnen Leistungen (noch) verfügen, z. B. in welchem Stadium des Produktlebenszyklus sie sich befinden, welche Positionierung sie einnehmen usw. Zur Durchführung derartiger Analysen werden vielfach Portfoliomodelle eingesetzt (Becker, 2001, S. 422 ff., Haedrich/Tomczak, 1996, S. 111 ff.). Mögliche Konsequenzen der *Analyse des gesamten Leistungsportfolios* sind die Beibehaltung der Leistung durch gezieltes Ausschöpfen von Leistungspotenzialen oder die Elimination der Leistung. Bei der Entscheidung für oder gegen die Elimination einer Leistung werden vorrangig quantitative Bewertungsverfahren, z. B. aus der Investitionsrechnung, eingesetzt, aber auch qualitative Größen, z. B. im Rahmen von Scoringmodellen herangezogen (Herrmann, 1998, S. 545 ff.).

Der Aufbau, die regelmäßige Aktualisierung und die gezielte Nutzung einer breiten Informationsbasis ist unbedingt erforderlich zur *Identifikation der Potenziale einzelner Leistungen* wie auch für die Entscheidung, welche strategische(n) Stoßrichtung(en) beim Ausschöpfen von Leistungspotenzialen verfolgt werden sollen (Haedrich/Tomczak, 1996, S. 230 ff.). Es gilt, relevante Veränderungen rechtzeitig zu erkennen. Diese Veränderungen können die Leistung selbst (oder das gesamte Leistungsspektrum), die Technologie, die Kunden (vor allem ihre Bedürfnisse), die Konkurrenz oder die Rahmenbedingungen (rechtlich, sozial etc.) betreffen. Ähnlich wie zum Generieren von Leistungsinnovationen sollte auch im Bereich der bestehenden, bereits am Markt eingeführten Leistungen ein regelmäßiges „Monitoring" stattfinden. Im Rahmen der Leistungsinnovation eingesetzte Methoden lassen sich modifiziert auch auf bestehende Leistungen anwenden (Haedrich/Tomczak, 1996, S. 159 ff.). Ziel muss es sein, relevante Veränderungen in den genannten Bereichen umfassend und rechtzeitig zu identifizieren und dahingehend zu bewerten, welche Strategien und Maßnahmen im Rahmen der Leistungspflege zu verfolgen sind.

Die *Auswahl relevanter Potenziale* impliziert, dass die Leistungen des Unternehmens möglicherweise tragfähige Potenziale aufweisen, die sich zur Erhaltung der nachhaltigen Präsenz der Leistung am Markt nutzen ließen, dass das Unternehmen dies aber aus strategischen Gründen nicht anstrebt. Beispielsweise spricht die Leistung eine angestammte ältere Zielgruppe mit konservativer Grundhaltung an, das Unternehmen entschließt sich aber dazu, durch Modifikation der Leistung in Zukunft stärker jüngere Kunden zu akquirieren. Oder aber ein Unternehmen setzt bei der Modifikation seiner Produkte eine technologische Entwicklung nicht um, sondern lässt diesen Schritt bewusst aus, um stattdessen weiterhin verstärkt in Forschung und Entwicklung zu investieren, und setzt erst die nächsten, weitergehenden technologischen Neuerungen in Form von Produktmodifikationen und -verbesserungen um. Es ist davon auszugehen, dass Leistungen meist mehrere Potenziale von unterschiedlicher Tragweite aufweisen, so dass in dieser

Phase entschieden werden muss, welche davon in erster Linie genutzt werden sollten. Es können auch mehrere Potenziale gleichzeitig im Fokus der Leistungspflege stehen. Dies hat zur Folge, dass beim Ausschöpfen der Leistungspotenziale parallel unterschiedliche strategische Stoßrichtungen verfolgt werden.

2.2 Strategische Stoßrichtungen

Im Rahmen der Leistungspflege geht es darum, bereits erfolgreich erschlossene Leistungspotenziale langfristig auszuschöpfen. Diese Leistungspotenziale stellen für das Unternehmen bestehende Leistungen dar. Sie weisen daher für selbiges einen in der Regel geringeren Neuheitsgrad auf als beispielsweise radikale Leistungsinnovationen. Je nach Veränderung (Modifikation) der bestehenden Leistung kann jedoch der Neuheitsgrad variieren. Somit lassen sich grundsätzlich zwei strategische Stoßrichtungen unterscheiden (hierzu auch Verhage/Waalewijn/van Weele, 1981, S. 75; Picot/Reichwald/Nippa, 1988, S. 121): Unternehmen können zum einen gravierende Veränderungen an bestehenden Leistungen vornehmen oder zum anderen die Leistung kaum verändern, d. h. die Leistung, abgesehen von kleinen Verbesserungen bzw. Aktualisierungen, konstant auf dem Markt weiterführen. Diese beiden Optionen sind dabei nicht als sich gegenseitig ausschließende Alternativen anzusehen, sondern können auch gleichzeitig verfolgt werden (vgl. Abbildung 3).

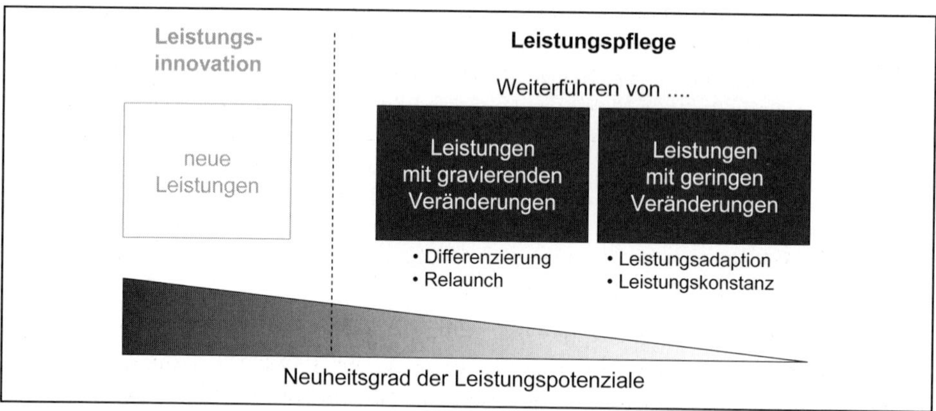

Abbildung 3: Strategische Stoßrichtungen der Leistungspflege

Zum *Weiterführen von Leistungen mit geringen Veränderungen* lassen sich zwei Optionen anführen:

- Bei der *Leistungskonstanz* befindet sich die Leistung derzeit am Markt und wird unverändert, u. U. durch Optimierung und Verbesserung des Produktionsprozesses effizienter, weitergeführt.

- Bei der *Adaption* bestehender Leistungen sind sowohl unternehmensinterne als auch unternehmensexterne Impulse als Auslöser denkbar. Es handelt sich hierbei um marginale Anpassungen der bereits am Markt eingeführten Leistung, wobei die Leistung jedoch insgesamt weitgehend unverändert bleibt. Als Beispiele für eine Adaption sind etwa die Aktualisierung bzw. Verjüngung eines Logos oder eine Verpackungsänderung aufgrund neuer gesetzlicher Bestimmungen zu nennen.

Leistungen mit geringen Veränderungen werden zum Beispiel im Rahmen von *kontinuierlichen Wiederkäufen* abgesetzt. Hierbei wird versucht, reine Wiederholungskäufe bzw. ähnliche Auftragserteilungen im Zuliefer- und Anlagengeschäft zu erzeugen bzw. zu erhöhen. Die Erhöhung von solchen Wiederholungskäufen kann durch Steigerung der Kaufintensität, d. h. Kauf einer größeren Menge, oder der Kauffrequenz erreicht werden. Beispielsweise sind die Zahnbürste Oral-B Indicator oder die Rasierklingen von Gillette mit Indikatoren ausgestattet, die anzeigen, wann die Zahnbürste bzw. Rasierklinge gewechselt werden sollte.

Werden bestehende Leistungskonzepte unverändert oder mit marginalen Anpassungen wiederholt und systematisch auf neue Märkte angewendet, so spricht man von *Multiplikation* (von Krogh/Cusumano 2001, die diese Strategie mit den Begriffen „Skalieren" und „Duplizieren" charakterisieren). Hierdurch lassen sich aufgrund der Lern- und Erfahrungskurveneffekte Zeitvorteile erzielen. Maßnahmen im Rahmen der Multiplikation sind beispielsweise das Erschließen neuer Verwendungsmöglichkeiten, etwa in der Pharmabranche durch neue Indikationsbereiche von Medikamenten, oder die geographische Multiplikation, etwa durch Markteintritt in Nachbarländern. Typische Beispiele für die Multiplikation sind die internationalen Franchisegeber Starbucks und McDonald's (Tucher von Simmelsdorf, 1994). Ihr Ziel ist es, das Potenzial einer erfolgreichen Idee weltweit auszuschöpfen. Dazu müssen mit bestehenden Leistungspotenzialen neue Kundenpotenziale erschlossen werden, wie folgende Aussage des CEO von McDonald's belegt: „The 120 countries in which we operate represent 95 percent of the world's purchasing power. Yet, we feed less than 1 percent of the world's population on any given day." (Greenberg, 2001, S. 3). So eröffnete McDonald's von 1995 bis zum Jahr 2000 weltweit 10'408 Restaurants (gesamt Ende 2005: 31'886); gut alle vier Stunden wuchs das McDonald's-Filialnetz somit um eine Niederlassung.

Leistungen mit großen Veränderungen werden in der einschlägigen Literatur auch als inkrementelle bzw. evolutionäre Leistungsinnovationen bezeichnet. Hierunter werden Produktlinienerweiterungen bzw. Leistungsdifferenzierungen sowie Relaunches existierender Leistungen gefasst (Yoon/Lilien, 1985, S. 135; Debruyne et al., 2002, S. 161). Die bestehende Leistung wird entweder um eine Variante erweitert (Leistungsdifferenzierung) oder durch ein Nachfolgemodell ersetzt (Relaunch):

- Bei der *Differenzierung* geht es darum, eine bestehende Leistung um ähnliche (zusätzliche) Leistungen zu erweitern. So werden neben der bereits am Markt befindlichen Version einer Leistung weitere Versionen (Varietäten) dieser Leistung eingeführt (zum Beispiel die unterschiedlichen Typen der BMW 3er-Reihe). Darunter sind

Maßnahmen wie z. B. Brand Extensions (Aaker, 1990) oder Sortimentserweiterungen zu subsumieren. Das Bundling stellt eine spezielle Form der Differenzierung dar und basiert auf dem Leistungssystem-Ansatz von Belz (vgl. zu den folgenden Ausführungen Belz, 1991, Belz et al., 1997, S. 14 ff.). Leistungssysteme zielen darauf ab, die Probleme der Kunden umfassender oder wirtschaftlicher als bisher zu lösen. Hierzu ist es erforderlich, die (bisherige) Kernleistung sowie (Zusatz-)dienstleistungen zu strukturieren, die aus Kundensicht relevanten Kombinationen dieser Teilleistungen zu entwickeln und den Kunden entsprechend zu kommunizieren. Maßnahmen im Rahmen des Bundlings sind beispielsweise Produktanreicherungen (z. B. Updates bei Softwarepaketen in Verbindung mit Schulungen) oder Kombinationen bereits eingeführter Produkte mit komplementären Produkten oder mit (Zusatz-)dienstleistungen. Bei der Konzeption von Leistungspaketen durch Bundling spielt die Preisgestaltung eine wichtige Rolle. So lässt sich möglicherweise ein höherer Preis am Markt durchsetzen, wenn dem Kunden durch die Kombination mehrerer Teilleistungen zu einer spezifischen Problemlösung ein erhöhter Nutzen geboten wird

Mit Maßnahmen der Leistungsdifferenzierung wird versucht, durch das zeitliche parallele Angebot mehrerer Produktvarianten gezielt auf die Bedürfnisse unterschiedlicher Zielgruppen bzw. auf (ähnliche) zusätzliche Bedürfnisse eines Kunden abzustimmen (Diller, 1995, S. 39 f.; Meffert, 2000, S. 439). Durch Leistungsdifferenzierungen können somit insbesondere Verbundkäufe (Folgekäufe und Cross Selling) und Up Selling gefördert werden. Folgekäufe können sich aufgrund direkter Kaufverbunde zwischen dem Erstprodukt und einer anderen Leistung ergeben (wie z. B. Kauf einer Barbie-Puppe und anschließender Kauf von weiteren Puppen und Accessoires). Unter Cross-Selling sind Zusatzkäufe zu verstehen (z. B. Verkauf einer Lebensversicherung an einen Assekuranzkunden, der bisher lediglich Sachversicherungen wie Hausrats- und Automobilversicherungen gekauft hat). Beim *Upselling* wird versucht, die Wertschöpfung zu erhöhen, indem anstelle von bisher verkauften Grundversionen teurere Varianten abgesetzt werden (beispielsweise Ersetzen von Nivea-Créme durch eine höherwertige Nivea-Gesichtscréme).

- Zum *Relaunch* einer Leistung führen in erster Linie unternehmensexterne Faktoren. Die Leistung befindet sich derzeit am Markt, in der Regel in einer späten Phase des Produktlebenszyklus, oder ist bereits nicht mehr am Markt. Die Leistung verfügt jedoch noch über ein genügend großes Potenzial (z. B. hoher Bekanntheitsgrad, Markenwert) und wird daher neu lanciert. Die Weiterentwicklung des Golfs seit über dreißig Jahren ist ein klassisches Beispiel hierfür. Werden vorhandene Werte wieder belebt, so spricht man auch von *Revitalisierung* (vgl. z. B. New Beetle von VW oder Mini von BMW).

Sowohl bei einer Leistungsdifferenzierung als auch bei einem Relaunch stellt sich die Frage, wie vertraut der Kunde und das Unternehmen mit einer neuen Leistungsklasse sein müssen, um diese als eine Erweiterung bzw. neue Generation einer bestehenden

Leistung eines Unternehmens anzusehen. Handelt es sich um eine derart umfangreiche Veränderung gegenüber der ursprünglichen Leistung, dass der Leistungskern neu definiert wird, kommt die Leistung einer echten Leistungsinnovation nahe (Koppelmann, 1997, S. 95; Mascitelli, 2000, S. 181).

2.3 Umsetzung

Sind die relevanten Leistungspotenziale identifiziert und basierend darauf die strategischen Stoßrichtungen für die Leistungspflege festgelegt, geht es in einem nächsten Schritt um die Umsetzung. Stehen mehrere Leistungspotenziale gleichzeitig im Fokus der Leistungspflege, so erfolgt eine parallele Umsetzung der Strategien für die einzelnen Leistungspotenziale. Hierbei ist zu beachten, dass die verschiedenen strategischen Stoßrichtungen unterschiedliche Kompetenzen und Fähigkeiten erfordern. Eine quantitativ-empirische Untersuchung zum aufgabenorientierten Ansatz hat gezeigt, dass sich Unternehmen, die mit Leistungsadaptionen oder -konstanz Wettbewerbsvorteile erzielen möchten, insbesondere auf eine effektive und effiziente Produktion der Leistung konzentrieren sollten. Demgegenüber sollten Unternehmen für einen erfolgreichen Relaunch oder eine erfolgreiche Produktlinienerweiterung gleichermaßen über Fähigkeiten und Kompetenzen entlang des gesamten Produktentwicklungsprozesses verfügen, d. h. sowohl in den kreativen Phasen, wie Ideengenerierung und Gestaltung/Entwicklung, als auch in der Produktionsphase (Mühlmeier, 2004).

3. Controlling der Pflege existierender Leistungen

Controlling wird im Folgenden nicht lediglich als Kontrolle mit dem Ziel der Abweichungsanalyse, sondern als umfassenderer Managementbegriff im Sinne einer Steuerungshilfe verstanden (Köhler, 2001, S. 13 f. und die dort zitierte Literatur; zum Controlling allgemein auch Horváth, 1998). Köhler (1996, S. 521) unterscheidet folgende Aufgaben des Marketingcontrolling: Bereitstellen und Koordination von Informationen

- für die strategische und operative Marketingplanung,
- für verschiedene Marketing-Organisationseinheiten,
- zur Mitarbeiterführung im Marketingbereich sowie
- zur Kontrolle und Überwachung des Marketing.

Das Controlling der Pflege existierender Leistungen (ausführlich in Reinecke, 2004) muss somit diesen vielen Aufgaben gerecht werden. Im Vordergrund der folgenden Ausführungen steht eine kennzahlengestützte Informationskoordination für die Planung sowie die Kontrolle der Leistungspflege. Für eine umfassende Controllingbetrachtung wäre es jedoch unerlässlich, auch auf Aspekte der Mitarbeiterführung – in diesem Fall insbesondere der Product Manager – sowie auf die spezifischen Bedürfnisse unterschiedlicher Marketing-Organisationseinheiten, beispielsweise nationaler Marktorganisationen, einzugehen.

Die Leistungspflege ist – wie angesprochen – eine der vier Kernaufgaben im Marketing (Tomczak/Reinecke, 1996). Sowohl Planung als auch Controlling einer einzelnen Kernaufgabe müssen daher mit den anderen Kernaufgaben abgestimmt werden. Wichtig ist dabei insbesondere die Frage, welches Kernaufgabenprofil Unternehmen anstreben, d. h. in welchen Bereichen sie prioritär Marktwert schaffen möchten (Tomczak/Reinecke, 1999, S. 316 ff.). In neuen und dynamischen Märkten wie der Telekommunikation stehen für neue Anbieter beispielsweise eher Kundenakquisition und Leistungsinnovation im Zentrum der Marketingplanung, während sich viele Großbanken eher auf ihre bestehenden Potenziale fokussieren möchten und daher primär danach streben, Kunden- und Leistungspotenziale auszuschöpfen, d. h. Kundenbindung und Leistungspflege stark zu gewichten. Das Controlling muss den unterschiedlichen Informationsbedürfnissen der verschiedenen Kernaufgabenprofile gerecht werden. Kommt beispielsweise – wie bei den Potenzialausschöpfern – der Leistungspflege eine zentrale Rolle zu, so sollte diese Kernaufgabe auch stärker geplant und intensiver kontrolliert werden. Die Grundzüge eines integrierten aufgabenorientierten Marketingcontrollings wurden bereits an anderer Stelle erläutert (siehe gesamthafte Darstellung bei Reinecke, 2004). Im Folgenden wird primär auf die Besonderheiten des Controllings der Leistungspflege eingegangen.

Beim kennzahlengestützten Controlling der Leistungspflege kann in Anlehnung an die klassische Einteilung zwischen Potenzial-, Prozess- und Ergebnisorientierung unterschieden werden (Donabedian, 1980, Corsten, 1988, S. 18, Hilke, 1984, S. 17 ff., Meffert/Bruhn, 1995, S. 24 f.). Prozesse und Ergebnisse werden wiederum hinsichtlich Effektivität und Effizienz analysiert (vgl. Abbildung 4):

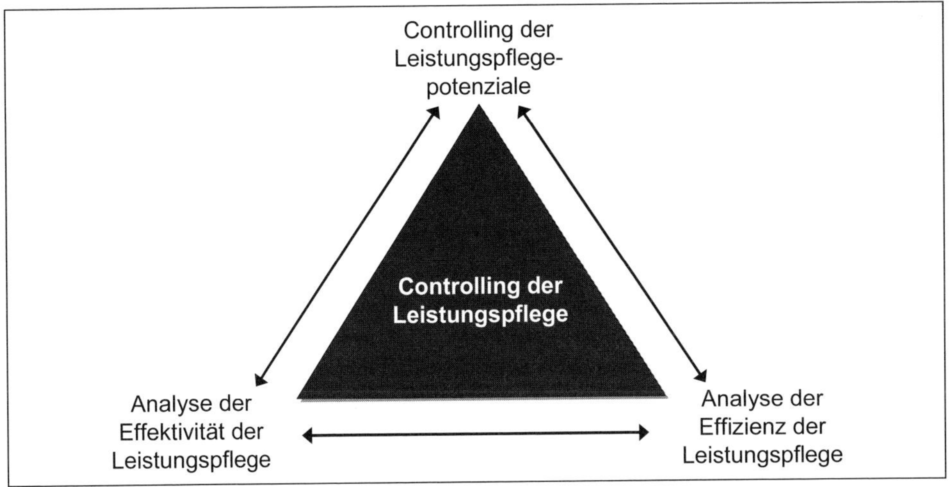

Abbildung 4: Controlling der Leistungspflege

3.1 Controlling der Leistungspotenziale

Die beiden Kernaufgaben Leistungsinnovation und Leistungspflege streben danach, Leistungspotenziale aufzubauen bzw. auszuschöpfen. Nimmt man an, dass ein Unternehmen bereits über gewisse Leistungspotenziale verfügt, so stellt sich zunächst die Frage der Bewertung dieser Potenziale. Z. B. spielt die Position der verschiedenen Leistungen im Rahmen des Produktlebenszyklus eine wichtige Rolle (Haedrich/Tomczak, 1996, S. 232 ff.). Eine zentrale Bedeutung kommt vor allem auch dem Markenwert zu (Esch/Andre-sen, 1994; Bekmeier, 1997): Wird der Markenwert als Gesamtpotenzial einer Marke verstanden und sowohl kunden- als auch unternehmensorientiert gemessen, so umfasst er neben der Markenstärke (aktive und passive Markenbekanntheit, kognitives und emotionales Image) auch den Markengewinn. Für die Leistungspflege ist es z. B. relevant, ob eine Marke noch Potenzial für eine Ausweitung bzw. einen Markentransfer hat.

Die Beurteilung der Leistungspotenziale dient insbesondere dazu, Priorisierungs-, Selektions- und Eliminationsentscheidungen unter Berücksichtigung der Konkurrenzsituation (Haedrich/Tomczak, 1996, S. 240 ff.) zu treffen. Das Controlling der Potenziale darf sich aber nicht nur auf die Leistungen richten, sondern muss auch weitere Ressourcen berücksichtigen, die im Rahmen der Leistungspflege erforderlich sind. Hervorzuheben sind diesbezüglich die finanziellen Mittel für die Leistungspflege. Hierbei geht es z. B. um die Fragen, welcher Anteil am Gesamtentwicklungsaufwand für die Produkt- und Modellpflege zur Verfügung steht oder wie viel für die Bereitstellung von Marktinformationen für das Weiterführen bestehender Leistungen finanziell aufgewendet werden kann. Zudem sind auch aufgabenspezifische Aspekte des Human- und Strukturkapitals besonders wichtig. Darunter wird die personelle Basis, die Fähigkeiten dieser Mitarbeiter sowie der Strukturierungsgrad, Standardisierungsgrad, verfügbare Distributionskanäle etc. gefasst.

3.2 Analyse der Effektivität der Leistungspflege

Bei der Effektivität der Leistungspflege lassen sich drei Teilaspekte unterscheiden: die Wirksamkeit des Leistungspflegeprozesses, die Beurteilung der einzelnen Marktleistungen sowie die Analyse der Gesamtheit der vorhandenen Marktleistungen.

Effektivität des Leistungspflegeprozesses

Im Gegensatz zur Innovation stehen bei der Leistungspflege deutlich weniger spezifische Kenntnisse beispielsweise aufgrund von Erfolgsfaktorenforschungen zur Verfügung. Dies kann u. a. darauf zurückgeführt werden, dass die Leistungspflege kein Prozess mit einem definierten Ende ist. Aufgrund der Breite der im Rahmen der Leistungspflege zu verfolgenden Konstanz-, Adaptions-, Differenzierungs- und Relaunchziele ist eine Vielzahl von Managemententscheidungen zu treffen. So muss allein bezüglich der Leistungsmodifikationen u. a. über folgende Aspekte entschieden werden: Ablösezeitpunkt, Frequenz und Kadenz von Produktvariationen, regelmäßige oder unregelmäßige Produktdifferenzierungen, Timing von Produktdifferenzierungen sowie angestrebten Differenzierungsgrad. Diese zahlreichen Managemententscheidungen lassen sich nicht abschließend und vollumfänglich mit Hilfe einer standardisierten Kennzahlenliste abbilden. Die Effektivität des Leistungspflegeprozesses kann somit kaum mit sinnvollen Kenngrössen maßgeblich unterstützt werden; hier offenbaren sich deutlich die Grenzen eines kennzahlengestützten Controllings. Zur Analyse und Steuerung der nachfolgend dargestellten leistungsbezogenen Effektivität sind Kennzahlen allerdings wiederum hilfreich.

Einzelleistungsbezogene Effektivität

Bei der Analyse der einzelleistungsbezogenen Effektivität steht nicht der Prozess der Leistungspflege im Mittelpunkt, sondern der Erfolg einzelner Marktleistungen, vor allem aus Kundensicht im Vergleich zu Konkurrenzangeboten. Da der traditionelle Marketingmix eher am Produkt orientiert ist, kommen hierbei insbesondere die „klassischen" Marketingkenngrößen zum Einsatz. Gemäß der so genannten PIMS-Erfolgsstudie ist die Qualität der Produkte und Dienstleistungen im Vergleich zu den Konkurrenten auf lange Sicht der wichtigste Erfolgsfaktor (Buzzell/Gale, 1989, S. 7). Abbildung 5 zeigt diese und weitere ausgewählte Kennzahlen zur Erfolgsbeurteilung auf Einzelleistungsebene.

Eine interessante, in Konsumgütermärkten häufig eingesetzte, aber auch für Industriegütermärkte sinnvolle Größe ist der „First Choice Buyer-Anteil": Diese Kennzahl drückt den Anteil der Käufer aus, der mit der Marktleistung im Konkurrenzvergleich die höchste Bedarfsdeckung erzielt. Beispielsweise betrug die Käuferreichweite der Marke Jacobs in Deutschland im Jahr 1999 49 Prozent; der First Choice Buyer-Anteil lag bei 42 Prozent. Die Bedeutung der First Choice Buyer zeigt sich daran, dass ihr Anteil am Umsatz von Jacobs immerhin 78 Prozent betrug (Hupp, 2000, S. 60 f.) (= First Choice Value (Högl/Hupp, 2001, S.22)). Marken mit hohem First Choice Value weisen einen deutlich ruhigeren Marktanteilsverlauf auf (Högl/Hupp, 2001, S. 23).

- **relative Qualität der Marktleistung:** Bewertung der Qualität der Leistung im Konkurrenzvergleich (z.B. durch unabhängiges Verbraucher- oder Marktforschungsinstitut); ggf. auch Indikatoren wie „Anzahl fehlerhafter Produkte" oder „Anzahl produktbezogener Reklamationen"
- **relatives Preis-/Leistungsverhältnis:** Einschätzung des Preis/Leistungsverhältnisses aus Kundensicht (im Konkurrenzvergleich)
- **Produktmarkenbekanntheit:** (un)gestützte Bekanntheit der jeweiligen Marktleistung
- **Akzeptanz:** Sympathiewerte von Käufern und Nichtkäufern gegenüber der Leistung
- **Distributionsgrad:** (Umsatz-)Anteil der produktführenden Geschäfte an der Gesamtzahl (bzw. dem Gesamtumsatz) aller die Warengruppe führenden Geschäfte
- **Gesamtkundenanzahl:** Anzahl der Kunden, die die Leistung regelmäßig erwerben
- **(relativer) Marktanteil bzw. Segmentanteil** am relevanten Markt, gegebenenfalls zerlegt in: Penetrationsrate x Wiederkaufrate x Adoptionsrate x Kauffrequenz zur Beurteilung von Gebrauchshäufigkeit und Durchschnittsverbrauch
- **effektiv erzieltes Preispremium** im Vergleich zu Konkurrenzangeboten
- **(relative) Kundenzufriedenheit mit der Marktleistung:** Kundenzufriedenheitsindex, wenn möglich im Vergleich zu ähnlichen Marktleistungen der Hauptkonkurrenten
- **First Choice Buyer-Anteil:** Anteil der Käufer, der mit der Marktleistung die höchste Bedarfsdeckung im Vergleich zu den Konkurrenzleistungen erzielt
- **First Choice Value:** Umsatzanteil, den die First Choice Buyer zum Gesamtumsatz der Marktleistung beitragen
- **Absatz und Umsatz der Marktleistungen**

Abbildung 5: Kennzahlenbeispiele der einzelleistungsbezogenen Effektivität

Gesamtleistungsbezogene Effektivität

Neben der Analyse der einzelnen Marktleistungen ist das Marktleistungsprogramm bzw. das Sortiment insgesamt zu analysieren. Dabei stehen die Beurteilung der Anzahl von Änderungen einerseits sowie der Sortimentsstruktur andererseits im Mittelpunkt. Abbildung 6 zeigt eine Auswahl möglicher Kennzahlen auf.

- **Anzahl von Leistungsmodifikationen:** Anzahl erfolgreicher Leistungsvariationen, -überarbeitungen und -verbesserungen, -relaunches und -revitalisierungen sowie von Leistungsdifferenzierungen, ggf. unterschieden nach Märkten sowie möglichst relativ zur Konkurrenz
- **Sortimentstiefe und -breite:** Indizes zu Sortiments- bzw. Programmtiefe und -breite, beispielsweise Sortimentsvollständigkeitsindex (Grad der Abdeckung der relevanten Teilmärkte mit eigenen Leistungsangeboten im Konkurrenzvergleich) oder Kannibalisierungsgrad im eigenen Angebot (unterteilt in geplante Substitution und ungeplante Kannibalisierung)
- **durchschnittliches Alter der Leistungsangebote:** durchschnittliches Alter der wichtigsten Marktleistungsangebote
- **Markenstärkeindex:** Index qualitativer, den Markenwert beeinflussender Kenngrößen
- **Absatz- bzw. Umsatzanteil „alter" Marktleistungen:** prozentualer Absatz- bzw. Umsatzanteil von Marktleistungen, die älter als x Jahre sind
- **Deckungsbeitragsanteil „alter" Marktleistungen:** prozentualer Deckungsbeitragsanteil von Marktleistungen, die älter als x Jahre sind
- **Dienstleistungsanteil:** Anteil von Dienstleistungen am erzielten Umsatz- bzw. Deckungsbeitrag

Abbildung 6: Kennzahlenbeispiele der gesamtleistungsbezogenen Effektivität

Besonders erfolgreiche Unternehmen im Bereich der Leistungspflege setzen zahlreiche Größen ein; so spielen z. B. für Volkswagen im Rahmen der Leistungspflege des Volkswagen Golf insbesondere folgende Größen eine hervorgehobene Rolle: Erlöse, Marktanteil/Segmentanteil, Kundenzufriedenheit, Sympathiewerte (Markensympathie, Kaufbereitschaft), Image und Produktmarkenbekanntheit (ungestützt/gestützt) (Klumpp/Roosdorp, 1998, S. 263 f.). Coca-Cola fokussiert dagegen für die Marke „Coke" auf drei zentrale Größen: Availability (Distributionspenetration bzw. „Überallerhältlichkeit"), Affordability (Preis-/Leistungsverhältnis) und Akzeptanz (positive Kaufabsicht) (Roosdorp, 1998b, S. 250.).

3.3 Analyse der Effizienz der Leistungspflege

Nachfolgend sollen die Wirtschaftlichkeit bzw. das Verhältnis von Ertrag zu Aufwand bei der Leistungspflege beurteilt werden (vgl. Abbildung 7). Gerade beim Ausschöpfen von Potenzialen kommt Effizienzgesichtspunkten eine besondere Bedeutung zu.

- **Leistungspflegeeffizienz:** Verhältnis von Leistungspflegeertrag zu -aufwand direkte Produktprofitabilität: Produktgewinn zu Vollkosten
- **Modifikationserfolgsrate:** Anteil der variierten oder differenzierten Marktleistungen, die nach einer definierten Zeit die definierten Erfolgskriterien erfüllen
- **Frequenz der Einführung von Leistungsmodifikationen:** Anzahl eingeführter Variationen und Differenzierungen pro Zeiteinheit
- **Sortimentserweiterungsrate:** Anzahl zusätzlicher Leistungsmodifikationen im Verhältnis zur Anzahl eliminierter Leistungsvarianten
- **Floprate der Modifikationen:** Anteil der eingeführten Marktleistungsvariationen und -differenzierungen, die die Erfolgskriterien nach einer bestimmten Zeit nach Markteinführung nicht erfüllen (= 1 – Modifikationserfolgsrate)
- **Entwicklungseffizienz:** (durchschnittlicher) Anteil der Leistungspflegeentwicklungskosten an den Gesamtentwicklungskosten; Wiederverwendungs- bzw. „Re-Use"-Rate von Funktionskomponenten; Multiplikationsrate von Marktleistungskonzepten
- **Produktionseffizienz:** Fertigungsstückkosten, Durchlaufzeiten, Produktionsmittelauslastung
- **Distributionseffizienz:** Warenumschlaghäufigkeit, Distributionskosten pro Einheit, Lagerkosten pro Einheit, Kosten(anteil) von Out-of-Stock-Situationen
- **Kostenabweichungen:** Entwicklungs-, Anlauf-, Herstell-, Qualitäts-, Lager-, Distributions- und Entsorgungskostenabweichungen
- **Umsatzanteil des Leistungspflegeaufwands**
- **Amortisationsperiode:** (durchschnittliche) Pay off- bzw. Pay back-Periode von Leistungspflegemaßnahmen
- **Kapitalbindung:** Kapitalumschlag mit bestehenden Marktleistungen

Abbildung 7: Beispiele für Effizienzkennzahlen

Effizienzbetrachtungen im Rahmen der Leistungspflege offenbaren einen grundsätzlichen Trade-off zwischen kundenindividueller Bedürfnisbefriedigung einerseits und wirtschaftlicher Leistungserstellung andererseits (Piller, 2000, S. 901 ff.). Produktdifferenzierungen können zwar höhere Umsätze bewirken, steigern aber in der Regel gleichzeitig die Produktionskosten. Wildemann (1990, S. 573) spricht von einem umgekehrten Erfahrungskurvengesetz: Mit jeder Verdoppelung der Variantenanzahl steigen die Kosten um 20 bis 30 Prozent. Kosteneffekte des Variantenmanagement beruhen insbesondere auf sprungfixen Kosten, induzierter Teilekomplexität, Reibungsverlusten, erhöhten Durchlaufzeiten, Qualitätsschwankungen und Opportunitätskosten in Forschung und Entwicklung (Herrmann/Seilheimer, 2000, S. 613 ff). Diesen Kosteneffekten kann mit Maßnahmen des Komplexitätsabbaus (Modularisierung, Produktbündelung, Plattform- und Gleichteilstrategien, Elimination von Zielgruppen) sowie der Multiplikation von Marktleistungskonzepten entgegengewirkt werden.

Die Fertigungsstückkosten dienen dazu, die erzielten Economies of Scale (Skalenvorteile), Economies of Scope (Verbundvorteile) und Economies of Learning (Lerneffekte) (Piller, 2000, S. 901 ff.) zu beurteilen. Gegebenenfalls können diese Effekte mit Hilfe von Regressionsrechnungen bestimmt werden. Zur Effizienzbeurteilung sind zusätzlich

Controllinginstrumente erforderlich, die die ökonomischen Auswirkungen der Komplexität berücksichtigen (Adam/Johannwille, 1998, S. 9). Hierzu sind Investitionsrechnungen wichtig (Adam, 1998, S. 55 f..), weil sie auch Fixkosten berücksichtigen. Neben der Produktions- sind auch die Entwicklungs- und Distributionseffizienz sowie die Kapitaleffizienz im Rahmen der Leistungspflege zu beurteilen.

Aus den Ausführungen wurde deutlich, dass ein Controlling der Leistungspflege auf mehreren Ebenen ansetzen muss. Keine der drei Ebenen reicht als Informationsquelle aus; vielmehr bestehen zwischen ihnen maßgebliche Interdependenzen: Die Potenziale (z. B. Markenwert) beeinflussen das Ergebnis (Marktanteil). Andererseits beeinflusst der Marktanteil wiederum den Markenwert. Somit ist es wichtig, ein integriertes Controllingsystem zu etablieren, das insbesondere auch Ursache-Wirkungsbeziehungen transparent macht. Dazu benötigt man kennzahlengestützte Informationssysteme, die aufgrund zahlreicher Timelags in den Ursache-Wirkungsbeziehungen insbesondere Längsschnittanalysen visualisieren sollten.

4. Zusammenfassung

Der vorliegende Beitrag zeigte die strategische Relevanz des Ausschöpfens von Leistungspotenzialen auf. Dabei wird das Ziel verfolgt, eine möglichst nachhaltige Marktpräsenz der betreffenden Leistung zu erreichen. Innerhalb des aufgabenorientierten Ansatzes wird das Ausschöpfen von Leistungspotenzialen („Leistungspflege“) – neben dem Erschließen („Kundenakquisition“) und Ausschöpfen von Kundenpotenzialen („Kundenbindung“) sowie dem Erschließen von Leistungspotenzialen („Leistungsinnovation“) - als eine der vier Kernaufgaben definiert. Das Spektrum des Managements eingeführter Leistungen in der Praxis reicht von Leistungskonstanz über Verpackungsänderungen bis zu Relaunches und Line Extensions.

Um Leistungspotenziale systematisch auszuschöpfen, müssen zunächst die Potenziale des gesamten Leistungsportfolios eines Unternehmens und der einzelnen Leistungen analysiert und bewertet werden. Im Anschluss daran erfolgt die Auswahl relevanter Potenziale. Sind diese identifiziert, bieten sich mehrere strategische Möglichkeiten an, mit Hilfe derer eine möglichst nachhaltige Marktpräsenz der betreffenden Leistung erreicht werden kann. Die strategischen Optionen schließen sich gegenseitig nicht aus, sondern sind je nach Ausgangslage und Zielsetzung kombiniert zu verfolgen. Hierbei ist jedoch zu beachten, dass die Umsetzung der einzelnen strategischen Optionen unterschiedliche Fähigkeiten und Kompetenzen erfordert. Schließlich muss das Controlling der Leistungspflege auf mehreren Ebenen ansetzen. Es sind sowohl die Leistungspotenziale als auch die Effektivität und Effizienz der Leistungspflege zu betrachten.

Der vorliegende Beitrag stellt somit ein erstes umfassendes Rahmenmodell für das Ausschöpfen von Leistungspotenzialen vor.

5. Literatur

AAKER, D., Brand Extensions: The Good, the Bad, and the Ugly, in: Sloan Management Review, 1990, S. 47-56.

AAKER, D., Building Strong Brands, New York 1996.

ADAM, D., Produktions-Management, 9. Auflage, Wiesbaden 1998.

ADAM, D./JOHANNWILLE, U., Die Komplexitätsfalle, in: Adam, D. (Hrsg.): Komplexitätsmanagement, Wiesbaden 1998, S. 5-28.

BECKER, J., Marketing-Konzeption, Grundlagen des zielstrategischen und operativen Marketing-Managements, 7. Aufl., München 2001.

BEKMEIER, S., Marktorientierte Markenbewertung – eine marktpreisorientierte Bewertung von Marken aus konsumenten- und unternehmensorientierter Perspektive, Wiesbaden 1997.

BELZ, CH., Erfolgreiche Leistungssysteme, Stuttgart 1991.

BELZ, CH./SCHUH, G./GROOS, S. A./REINECKE, S., Industrie als Dienstleister, St. Gallen 1997.

BERDI, C., Magisches Brand Stretching, in: Absatzwirtschaft, Marken 2005, S. 108-110.

BROCKHOFF, K., Produktpolitik, 4. Aufl., Stuttgart 1999.

BUZZELL, R. D./GALE, B. T., Das PIMS-Programm – Strategien und Unternehmenserfolg, Wiesbaden 1989.

COOPER, R. G., Product Leadership, Reading 1998.

CORSTEN, H., Betriebswirtschaftslehre der Dienstleistungsunternehmungen, München 1988.

DAY, G., The Product Life Cycle: Analysis and Application Issues, in: Journal of Marketing, 1981, S. 60-67.

DEBRUYNE, M.; MOENAERT, R.; GRIFFIN, A.; HART, S.; HULTINK, E. J.; ROBBEN, H., The Impact of New Product Launch Strategies on Competitive Reaction in Industrial Markets, in: Journal of Product Innovation Management, Vol. 19, No. 2, 2002, S. 159-170.

DILLER, H., Kundenbindung als Zielvorgabe im Beziehungs-Marketing, Arbeitspapier Nr. 40, Institut für Marketing, Universität Nürnberg-Erlangen, Nürnberg 1995.

DONABEDIAN, A., The Definition of Quality and Approaches to its Assessment and Monitoring, Vol. 1, Ann Arbor 1980.

ENGELHARD, W. H./KLEINALTENKAMP, M./RECKENFELDERBÄUMER, M., Leistungsbündel als Absatzobjekte, in: Zeitschrift für betriebswirtschaftliche Forschung, 1993, S. 395-426.

ESCH, F.-R. (Hrsg.), Moderne Markenführung: Grundlagen – innovative Ansätze – praktische Umsetzungen, 4. Aufl., Wiesbaden 2005.

ESCH, F.-R./ANDRESEN, T., Messung des Markenwerts, in: Tomczak, T./Reinecke, S., (Hrsg.), Marktforschung, Fachbuch für Marketing, St. Gallen 1994, S. 212-230.

GREENBERG, J. M., Letter to the Shareholders, in: McDonald's 2000 Annual Report, Oak Brook (IL) 2001, S. 1-4.

HAEDRICH, G./TOMCZAK, T., Produktpolitik, Stuttgart 1996.

HAEDRICH, G./TOMCZAK, T./KAETZKE, P., Strategische Markenführung: Planung und Realisierung von Markenstrategien, 3. Aufl., Bern 2003.

HERRMANN, A., Produktmanagement, München 1998.

HERMANN, A./SEILHEIMER, C., Variantenmanagement, in: Albers, S./ Herrmann, A. (Hrsg.): Handbuch Produktmanagement, Wiesbaden 2000, S. 607-637.

HILKE, W., Dienstleistungsmarketing aus Sicht der Wissenschaft, Diskussionsbeiträge des Betriebswirtschaftlichen Seminars der Universität Freiburg, Freiburg 1984.

HORVÁTH, P., Controlling, 7. Aufl., München 1998.

HÖGL, S./HUPP, O., Neue und weitergehende Wege in der Markensteuerung, in: Markenartikel, 63, H. 4, 2001, S. 22-26.

HUPP, O., Markenwert und Markenführung, in: Planung & Analyse, 27, H. 6, 2000, S. 60-63.

KAETZKE, P., Marketing für Nachfolgeprodukte und neue Produktgenerationen – eine Analyse aus Kundensicht, Dissertation Universität St. Gallen 2003.

KAPFERER, J.-N., The New Strategic Brand Management, 3rd ed., London 2004.

KLUMPP, T./ROOSDORP, A., Volkswagen: VW Golf – Leistungspflege durch evolutionäre Markenführung, in: Tomczak, T./Reinecke, S. (Hrsg.): Best Practice in Marketing – Erfolgsbeispiele zu den vier Kernaufgaben im Marketing, St. Gallen/Wien 1998, S. 253-265.

KÖHLER, R., Marketing-Controlling: Konzepte und Methoden, in Reinecke, S./Tomczak, T./Geis, G., (Hrsg.), Handbuch Marketingcontrolling, Marketing als Motor von Wachstum und Erfolg, St. Gallen/Wien 2001, S. 12-31.

KÖHLER, R., Marketing-Controlling, in Schulte, C., (Hrsg.), Lexikon des Controlling, München 1996, S. 520-524.

KOPPELMANN, U., Produktmarketing, 5. Aufl., Heidelberg 1997.

KOTLER, PH./BLIEMEL, F., Marketing-Management, 9. Aufl., Stuttgart 1999.

MASCITELLI, R., From Experience: Harnessing Tacit Knowledge to Achieve Breakthrough Innovation, in: Journal of Product Innovation Management, Vol. 17, No. 3, 2000, S. 179-193.

MEFFERT, H., Marketing, 9. Aufl., Wiesbaden 2000.

MEFFERT, H./BRUHN, M., Dienstleistungsmarketing, Grundlagen – Konzepte – Methoden, Wiesbaden 1995.

MEFFERT, H./BURMANN, C./KOERS, M., Markenmanagement. Grundfragen der identitätsorientierten Markenführung, 2. Aufl., Wiesbaden 2005.

MÜHLMEIER, S., Der aufgabenorientierte Ansatz – Kompetenzen im Marketing, Dissertation Universität St. Gallen 2004.

PICOT, A./REICHWALD, R./NIPPA, M., Zur Bedeutung der Entwicklungsaufgabe für die Entwicklungszeit – Ansätze für die Entwicklungszeitgestaltung, in: Brockhoff, K./Picot, A./Urban C. (Hrsg.), Zeitmanagement in Forschung und Entwicklung, Zeitschrift für betriebswirtschaftliche Forschung, Sonderheft 23, 1988, S. 112-137.

PILLER, F. T., Mass Customization, in: Albers, S./Herrmann, A. (Hrsg.): Handbuch Produktmanagement, Wiesbaden 2000, S. 883-907.

PÜMPIN, C., Das Dynamik-Prinzip, Düsseldorf 1989.

PÜMPIN, C., Strategische Erfolgspositionen: Methodik der dynamischen strategischen Unternehmensführung, Bern 1992.

REINECKE, S., Marketing Performance Measurement: Empirisches Fundament und Konzeption für ein integriertes Marketingkennzahlensystem, Wiesbaden 2004.

ROOSDORP, A., Positionierungspflege – Phänomen, Herausforderungen und Konzept, Dissertation Universität St. Gallen 1998a.

ROOSDORP, A., Coca-Cola: Leistungspflege durch agile Marktkommunikation, in: Tomczak, T./Reinecke, S. (Hrsg.): Best Practice in Marketing – Erfolgsbeispiele zu den vier Kernaufgaben im Marketing, St. Gallen/Wien 1998b, S. 241-251.

TOMCZAK, T./REINECKE, S., Der aufgabenorientierte Ansatz, St. Gallen 1996.

TOMCZAK, T./REINECKE, S., Der aufgabenorientierte Ansatz als Basis eines marktorientierten Wertmanagements, in: Grünig, R./ Pasquier, M., (Hrsg.), Strategisches Management und Marketing, Festschrift für Richard Kühn, Bern 1999, S. 293-327.

TOMCZAK, T./REINECKE, S./KARG, M./MÜHLMEYER, J., Best Practice in Marketing: Empirische Erfolgsstudie zum aufgabenorientierten Ansatz, St. Gallen 1998.

TOMCZAK, T./RUDOLPH, TH./ROOSDORP, A. (HRSG.), Positionierung – Kernentscheidung des Marketing, St. Gallen 1996.

TUCHER VON SIMMELSDORF, F. W., Die Expansion von McDonald's Deutschland Inc., Wiesbaden 1994.

VERHAGE, B./WAALEWIJN, P./VAN WEELE, A. J., New Product Development in Dutch Companies: The Idea Generation Stage, in: European Journal of Marketing, Vol. 15, No. 5, 1981, S. 73-85.

VON KROGH, G./CUSUMANO, M. A., Das Unternehmen soll wachsen – aber nach welchem Plan? in: Harvard Business Manager, 23. Jg., Nr. 4, 2001, S. 88-100.

WILDEMANN, H., Kostengünstiges Variantenmanagement, in: io Management Zeitschrift, 59, H. 11, 1990, S. 37-41.

YOON, E./LILIEN, G. L., New Industrial Product Performance: The Effect of Market Characteristics and Strategy, in: Journal of Product Innovation Management, Vol. 3, No. 2, 1985, S. 134-144.

Lutz Hildebrandt
Daniel Klapper

Wettbewerbsanalyse

1. Einführung

Unter dem Begriff „Wettbewerbsanalyse“ wird eine Vielzahl von Techniken subsummiert, die mit dem Ziel eingesetzt werden, die grundlegende Situation eines Wettbewerbers in Relation zu seinen Hauptkonkurrenten zu erfassen. Dabei bestimmt die Untersuchungsebene im Allgemeinen die Art der eingesetzten Technik. In der strategischen Marketingplanung kommen z. B. qualitative Analysen durch Befragung von Schlüsselpersonen im Management und quantitative Analysen von Branchen oder Unternehmensdaten mit ökonometrischen Modellen zur Anwendung, die Hinweise auf Wettbewerbssituation und Wettbewerbsvorteile liefern. In der produktbezogenen operativen Marketingplanung dominieren Methoden, die auf der Basis von Konsumentenurteilen die Wettbewerbsstrukturen in Konsumgütermärkten durch Produktpositionierungen aufdecken. Die räumliche Nähe von Produkten in einer Positionierungsanalyse mit einem Wettbewerbsraum (etwa bei Anwendung einer Mehrdimensionalen Skalierung) wird im Allgemeinen als Indikator für die Intensität des Wettbewerbs interpretiert, Alleinstellung als Vorhandensein eines Wettbewerbsvorteils, sofern hinter einer Wettbewerbsposition ein tragfähiges Käufersegment steht.

Die Positionierungsmodelle haben allerdings den Nachteil, dass sie von einer Symmetrie der Wettbewerbsbeziehungen ausgehen, was wenig realistisch ist. Eine Lösung bieten neue Datenquellen. Auf der Ebene der Marken werden heute neben Daten aus Konsumentenbefragungen vor allem Daten des realen Kaufverhaltens über Scanner am Point of Sales (PoS) erfasst. Sie schaffen die Möglichkeit einer Analyse unter Berücksichtigung asymmetrischer Wettbewerbsbeziehungen auf der Marken- oder Artikel-Ebene. Besonders von Interesse sind dabei die Wettbewerbseffekte, die durch die Marketingmaßnahmen (Preisaktion oder Promotion) erzeugt werden. Informationen über die Wettbewerbseffekte unterschiedlicher Marketing-Mix-Intensitäten erlauben dann eine Optimierung des Instrumentaleinsatzes.

Kern der im Folgenden dargestellten Methodik zur Wettbewerbsanalyse ist die Schätzung von Marktanteilselastizitäten der Marketing-Instrumente relevanter Wettbewerber eines Marktes und die Aufdeckung von Wettbewerbseffekten (Marktanteilsgewinne und -verluste) über die Zeit. Scannerdaten des Handels bilden die notwendige Datengrundlage für die Schätzung von asymmetrischen Marktanteilsmodellen des Attraktionstyps, der es erlaubt, dass die Eigeneffekte der Marketingmaßnahmen und der Kreuzeffekte zwischen den Marken im Wettbewerb quantifiziert werden. Die sich aus der Schätzung ergebene Parametermatrix kann in eine Matrix von Elastizitäten überführt werden. Diese ist allerdings äußerst komplex, da sie gleichzeitig die Wettbewerbswirkungen der Instrumente zwischen den Wettbewerbern und über die Zeit abbildet. Zur Interpretation ist deshalb eine Verdichtung der Information durch Faktorisierung der Matrix der Elastizitäten notwendig, um die vorhandenen Einzelinformationen interpretierbar zu machen und die ökonomischen Effekte (Gewinne und Verluste) zu berechnen. Zur Anwendung kommen dazu Ansätze aus der dreimodalen Datenanalyse. Das dabei entstehende System von Analyseverfahren kann als ein Steuerungsinstrument für die Durchführung von Preis- und Promotionmaßnahmen im Handel verwendet werden. Die notwendigen Analysemodule wurden in Standard-Statistiksoftware implementiert.

Der Beitrag liefert zunächst einen Einblick in die Modellvarianten zur Schätzung der Wirkung von Marketing-Instrumenten unter Berücksichtigung von asymmetrischen Wettbewerbseffekten auf der Grundlage von Scannerdaten. Unter Wettbewerbseffekten werden dabei die unterschiedlichen Instrumentalwirkungen - auf die eigenen Abverkäufe und auf die der Wettbewerber - konkurrierender Anbieter in einem Markt verstanden. Es wird aufgezeigt, welche Formen von Analysen zur Aufdeckung von Wettbewerbseffekten (Marktanteilsgewinne und -verluste) über die Zeit möglich sind. In Abhängigkeit von der Art der analysierten Daten werden dabei zwei Ansätze unterschieden. Zum einen Ansätze, die auf der Grundlage haushaltsspezifischer Daten die Effekte der Marketing-Instrumente auf das individuelle Kaufverhalten messen und prognostizieren (z. B. Guadagni & Little, 1983). Zum anderen Ansätze zur Analyse von Scannerdaten aus dem Handel, die wochenweise aggregiert aus den Verkaufsstätten vorliegen und mit denen Umsatz- bzw. Marktanteilseffekte erfasst werden (Cooper & Nakanishi, 1988). Die dargestellten Wettbewerbsmodelle beruhen auf dem zweiten Ansatz zur Analyse von Handels-Scannerdaten, der eine valide Schätzung der Marketing-Mix-Effekte auf die Marktanteile bei gleichzeitiger Berücksichtigung der Wettbewerbermaßnahmen der Konkurrenzmarken erlaubt.

Dazu werden unterschiedliche Ansätze bei den Marktanteilsmodellen vorgestellt, die die Messung von asymmetrischen Wettbewerbsbeziehungen bei den Marketing-Instrumenten ermöglichen. Daran anschließend erfolgt eine Diskussion von Analysemethoden zur Aufdeckung der latenten Wettbewerbsstrukturen der Marktanteilselastizitäten auf der Grundlage eines Ansatzes von Carpenter, Cooper, Hanssens und Midgley (1988) verbunden mit einer dreimodalen Komponentenanalyse. Die vorgestellte Analyse ermöglicht eine fundierte Bewertung der Wettbewerbsinteraktionen der Marktteilnehmer für spezifische Marketing-Instrumente. Der Beitrag schließt mit einem Anwendungsbeispiel und einer Diskussion der erzielten Kernergebnisse.

2. Modellansätze zur Analyse der Wettbewerbseffekte von Marketing-Instrumenten

Die Methodenforschung zur Analyse von Scanner-Panel-Daten und zur Schätzung von Wettbewerbsreaktionen auf Marketingmaßnahmen beruht auf zwei unterschiedlichen Modellansätzen, die aber der gleichen Logik folgen, dem multinomialen Logitmodell und dem Attraktionsmodell (Hildebrandt, 1998).

Das multinomiale Logitmodell (Ben-Akiva & Lerman, 1985, McFadden, 1973, Guadagni & Little, 1983) ist der verbreitetste Modelltyp für die Analyse individueller Daten, der relativ einfach zu handhaben ist, den Wettbewerb berücksichtigt und erlaubt, auf der Grundlage von individuellen Wahlhandlungen, d. h. disaggregierten Daten, die Response auf Marketing-Instrumente zu schätzen. Das Ergebnis der Analyse von Kaufverhaltensdaten mit dem Logitmodell sind individuelle Wahlwahrscheinlichkeiten, die sich aus Nutzenrelationen ergeben und bei homogenen Stichproben äquivalent zu den Marktanteilen in der zugrunde liegenden Population sind. Dieser Ansatz wird insbesondere zur Aufdeckung latenter Strukturen in Käuferschaften sowie zur Erklärung von Markenwahl, Einkaufszeitpunkt und Einkaufsmenge verwendet. Heute wird an Erweiterungen des Modells zur Integration von latenten Variablen gearbeitet (Ben-Akiva et al., 2002; Walker & Ben-Akiva, 2002; Dannewald, Kreis & Silberhorn, 2007).

Das Attraktionsmodell hat sich als grundlegender Modellansatz zur Berücksichtigung von Wettbewerbseffekten bei der Analyse aggregierter Daten durchgesetzt. Es folgt der Logik des Logitmodells, beruht auf den Marketingrelationen zwischen den Wettbewerbern (Cooper & Nakanishi, 1988) und erlaubt markenspezifisch sowohl den direkten Einfluss der Marketing-Instrumente auf den eigenen Marktanteil zu schätzen (den differentiellen Effekt), als auch die Wettbewerbswirkung (Kreuzeffekte) der Marketing-Instrumente auf die Marktanteile der Wettbewerber zu berücksichtigen.

Die strukturelle Logik des Attraktionsmodells wird von Kotler (1984) als Fundamental-Theorem des Marktanteils bezeichnet. Die Axiomatik für das Modell liefern Bell, Keeney und Little (1975). Danach ergibt die Attraktion der eigenen Marke im Verhältnis zur Attraktion aller Marken in einem gegebenen Markt einen Schätzer für den Marktanteil. Die Attraktion wird als Ergebnis des Marketingaufwands aufgefasst.

(1)
$$MA_{it} = \frac{A_{it}}{\sum_{j=1}^{m} A_{jt}}$$

$$A_{it} = \exp(\alpha_i + \varepsilon_{it}) \prod_{k=1}^{K} \left[f_{kt}(X_{kit}) \right]^{\beta_{ki}}$$

MA_{it} : Marktanteil der Marke i in Periode t

A_{it} : Attraktion der Marke i in Periode t

X_{kit} : Ausprägung des k – ten Marketing-Instruments der Marke i in Periode t

α_i : Zeitkonstante Attraktion der Marke i

β_{ki} : Differentieller Effekt des k – ten Marketing-Instruments der Marke i

ε_{it} : Stochastische Störgröße der Marke i in Periode t

m : Anzahl der Marken

K : Anzahl der Marketing-Instrumente

Zur Spezifikation des Attraktionsmodells werden zwei generelle Möglichkeiten vorgeschlagen, z. B. in der Form des MCI (Multiplicative Competitive Interaction)-Modells oder des MNL (Multinomial Logit)-Modells (Cooper & Nakanishi, 1988). Falls $f_{kt}(\cdot)$ eine monotone Transformation von X_{kit} beinhaltet, liegt das Attraktionsmodell in Gleichung (1) als MCI-Modell vor, wenn $f_{kt}(\cdot)$ in Gleichung (1) eine Exponential-Funktion ist, liegt das Attraktionsmodell als MNL vor. Beide Modelle (MCI und MNL) können durch eine einfache logarithmische Transformation linearisiert und mit einfachen Methoden geschätzt werden.

In der hier dargestellten Form sind die Modelle symmetrisch, d. h. die Änderung des Marktanteils aufgrund des Marketing einer Marke führt zur symmetrisch verteilten Änderung der Marktanteile aller anderen Marken. In der realen Marketingsituation aber muss von Asymmetrien im Wettbewerb ausgegangen werden. Asymmetrien bedeuten, dass bei einem Paar von Marken die relative gegenseitige Wirkung der Marketing-Instrumente zwischen den Wettbewerbern unterschiedlich sein kann. Das heißt z. B. bei Preismaßnahmen, dass eine temporäre Preissenkung bei Marke A zu einer stärkeren oder schwächeren Wettbewerbswirkung (z. B. Umsatz- oder Marktanteilsänderung) bei Marke B führen kann als im umgekehrten Fall Preissenkungen der Marke B bei Marke A. Entstehungsursachen sind z. B. spezifische Eigenschaften, die einzelne Marken gegenüber den Aktionen der Wettbewerber besonders schützen oder aber besonders angreifbar machen. Modelltypen, die der Asymmetrie im Wettbewerb Rechnung tragen, bilden deshalb die Realität realistischer ab als symmetrische Modelle. Auch hier existieren mehrere Modellvarianten, die jeweils auf anderen Lösungswegen beruhen. Dies wird im nächsten Abschnitt verdeutlicht.

3. Modelle zur Analyse asymmetrischer Wettbewerbsbeziehungen

Die zur Modellierung des asymmetrischen Wettbewerbs in aggregierten Marktanteilsmodellen vorliegenden Ansätze unterscheiden sich insbesondere in der Parametrisierung. Grundlage ist jeweils das vollständig erweiterte Kreuzeffekt-Modell (McGuire, Weiss & Houston, 1977), in dem das Modell (1) so erweitert wird, dass alle Kreuzeffekte der Instrumente auf die Wettbewerbsmarken erfasst werden können.

Das vollständig erweiterte Kreuzeffekt-Modell operationalisiert die Attraktion einer Marke i in der Periode t über

$$(2) \qquad A_{it} = \exp(\alpha_i + \varepsilon_{it}) \prod_{k=1}^{K} \prod_{j=1}^{m} f_{kt}(X_{kjt})^{\beta_{kij}}$$

mit identischen Variablendefinitionen wie in Gleichung (1) sowie mit β_{kij} als Wirkung des k-ten Marketing-Instruments der Marke j auf den Marktanteil der Marke i. Bei m Marken und K Instrumenten sind dann im vollständig erweiterten Kreuzeffekt-Modell insgesamt $([m^2 \cdot K] + m)$ Parameter zu schätzen.

Da im Allgemeinen Marketing-Instrumente kombiniert eingesetzt werden und im Wettbewerb häufig eine Vielzahl von Instrumenten bei mehreren Marken zum Einsatz kommt, treten üblicherweise zwei Probleme auf: Multikollinearität und Überparametrisierung. Diese Probleme werden von den Forschern unterschiedlich gelöst. Das bedeutet, die vorliegenden Modellansätze haben zwar die Struktur des vollständigen Kreuzeffekt-Modells, unterscheiden sich aber in der Modellierung der Asymmetrie, der Vorgehensweise zur Bewältigung der Schätzung der komplexen Parameterstruktur und der Lösung des Multikollinearitätsproblems.

Vier Modellansätze stehen dem Analytiker zur Wahl: eine zweistufige Modellvariante von Carpenter, Cooper, Hanssens und Midgley (1988), das Cluster-Asymmetrische Modell von Vanden Abeele, Gijsbrechts und Vanhuele (1990), das hierarchische Modell von Foekens, Leeflang und Wittink (1992) und die Wettbewerbskomponentenanalyse von Cooper, Klapper und Inoue (1996).

3.1 Das CCHM-Modell

Als praktikabler Ansatz hat sich bisher der von Carpenter, Cooper, Hanssens und Midgley (1988) entwickelte und als CCHM-Modell bezeichnete Lösungsansatz gezeigt. Das Modell beruht auf der Struktur eines vollständig erweiterten Kreuzeffekt-Modells. Die Attraktion einer Marke ergibt sich aber im CCHM-Modell aus den Wirkungen der eigenen Marketing-Instrumente und einer Teilmenge von Kreuzeffekten, die von den Instrumenten der Konkurrenten ausgehen, so dass die Attraktion jetzt definiert ist über

$$(3) \qquad A_{it} = \exp(\alpha_i + \varepsilon_{it}) \prod_{k=1}^{K} \left[f_{kt}(X_{kit}) \right]^{\beta_{ki}} \prod_{(k^* j^*) \in C_i} \left[f_{kt}\left(X_{k^* j^* t}\right) \right]^{\beta_{k^* ij^*}}$$

wobei $\beta_{k^* j^* t}$ der Kreuzeffektparameter des k^*-ten Marketing-Instruments der Marke j^* auf den Marktanteil der Marke i ist und C_i die Menge potenzieller Kreuzeffekte.

Zur Schätzung der Parameter benötigt das CCHM-Modell keine a priori Strukturierung des Marktes. Allerdings empfiehlt es sich den periodisch unterschiedlichen Einsatz der Marketing-Instrumente durch Variablentransformation explizit zu modellieren. Die zulässige Transformation muss positiv und ratio-skaliert sein, so dass für qualitative Variablen, wie z. B. Display oder Feature, der „index of distinctiveness“ (Nakanishi, Cooper & Kassarjian, 1974) verwendet werden kann, der sich durch

$$(4) \qquad X_{kit} = \begin{cases} m / m_{kt} & \text{falls Marke } i \text{ in einer qualitativen Aktion ist} \\ 1 - m_{kt} / m & \text{sonst} \end{cases}$$

berechnet, wobei m_{kt} die Anzahl der Aktionsmarken des k-ten Marketing-Instruments in Periode t angibt. Für metrische Variablen, wie z. B. Preis oder Distributionsgrad, kommen standardisierte Variablen (Z_{kit}) oder Zeta-Werte in Frage. Die Zeta-Transformation ergibt sich durch $\varsigma_{kit} = (1 + Z_{kit}^2)^{\frac{1}{2}}$ falls $Z_{kit} \geq 0$ und durch $\varsigma_{kit} = (1 + Z_{kit}^2)^{-\frac{1}{2}}$ falls $Z_{kit} \leq 0$ ist, mit $Z_{kit} = (X_{kit} - X_{k.t}) / \sigma_{X_{k.t}}$ sowie $X_{k.t}$ als Mittelwert des k-ten Marketing-Instruments in der Periode t und $\sigma_{X_{k.t}}$ als der zugehörigen Standardabweichung (Cooper & Nakanishi, 1983).

Das Ergebnis der Schätzung ist aufgrund der o. g. Variablentransformationen zunächst nur eingeschränkt interpretierbar. Es liefert aber die Grundlage zur Berechnung von interpretierbaren Elastizitäten und Kreuzelastizitäten als Indikatoren der Wettbewerbsbeziehungen.

$$x_{ijt}^{(k)} = \overbrace{\beta_{ki} s_{ijt}^{(k)} - \sum_{i'=1}^{m} MA_{i't} \beta_{ki'} s_{i'jt}^{(k)}}^{\text{Direkter Effekt}} + \overbrace{\sum_{(kj')\in C_{i'}} \beta_{kij'} s_{j'jt}^{(k)} - \sum_{i'=1}^{m} MA_{i't} \sum_{(kj')\in C_{i'}} \beta_{ki'j'} s_{j'jt}^{(k)}}^{\text{Kreuzeffekt}} \tag{5}$$

$$s_{ijt}^{(k)} = \frac{\partial f_{kt}(X_{kit})}{\partial X_{kjt}} \cdot \frac{X_{kjt}}{f_{kt}(X_{kit})}$$

Die geschätzten Elastizitäten des CCHM-Modells bilden einen komplexen dreidimensionalen bzw. dreimodalen Datenkörper für jedes Marketing-Instrument, wobei die unterschiedlichen Modi die Stärken der Marken, die Verwundbarkeiten der Marken und die Entwicklung der Wettbewerbsbeziehungen über die Zeit erfassen. Die Interpretation ist aufgrund der Komplexität der Beziehungen häufig außerordentlich schwer und uneindeutig. Sie beschränkt sich meist auf die Wettbewerbswirkungen eines Instruments.

Cooper (1988) schlägt deshalb die Anwendung einer dreimodalen Hauptkomponentenanalyse (Tucker, 1966, Kroonenberg, 1983) auf den Datenkörper der Elastizitäten vor, um die charakteristischen Wettbewerbskomponenten zu extrahieren und die Marktkräfte aufzudecken. Zum Einsatz der Methode auf eine Elastizitätenmatrix existieren bisher allerdings nur wenige Studien. In der bei Cooper (1988) dokumentierten Form ist die Vorgehensweise rein explorativ-deskriptiv und es werden keine A-priori-Informationen über Wettbewerbseffekte mit in die Schätzung einbezogen. Hinzu kommt, dass verschiedene Ansätze für dreimodale Analysen existieren, die unterschiedliche Eigenschaften haben und von unterschiedlichen Annahmen ausgehen. Dem Untersucher bleibt es deshalb überlassen, welche Methode er für welche Fragestellung als geeignet erachtet (im Überblick Kroonenberg, 1994, Hildebrandt & Klapper, 1994, Harshman & Lundy, 1994).

3.2 Das Cluster-Asymmetrische Modell

Im CCHM-Modell wird die Anzahl der zu schätzenden Kreuzeffekte im Marketing-Mix-Modell empirisch, d. h. über statistische Kriterien reduziert. Im Gegensatz dazu geht das Cluster-Asymmetrische Modell von Vanden Abeele, Gijsbrechts und Vanhuele (1990) davon aus, dass ein untersuchter Markt a priori durch Bildung von Clustern nach zwei oder mehr Kriterien (wie z. B. Marke, Produktform, Verpackung) vorstrukturiert werden kann. Einzelne Cluster sollen eine spezifische Wettbewerbssituation erfassen, mit der Annahme, dass der Wettbewerb innerhalb der Cluster stärker ist als zwischen den Clustern. Das Cluster-Asymmetrische Modell erhält so bei der Schätzung der Marketing-Mix-Effekte die Struktur eines genesteten Logitmodells. Weiter wird die Annahme getroffen, dass die Attraktion einer Wahlalternative auf alternativenspezifische (intrinsische und kontextfreie) Anteile (hier werden die Wirkungen der eigenen Instrumente auf die eigene Attraktion erfasst), auf Anteile, die aus dem Kontext der Wettbewerbssituation herrühren (z. B. Marken im evoked set), oder auf Anteile, die sich aus einem weiteren Wettbewerbskontext ergeben (z. B. Verpackung), zurückzuführen ist.

Das Modell hat die folgende Struktur (Vanden Abeele, Gijsbrechts & Vanhuele, 1990):

(6)
$$MA_{sb,t} = \frac{A_{sb,t} \cdot AB_{sb,t}^{\beta_B} \cdot AS_{sb,t}^{\beta_S}}{\sum_{j=1}^{B} \sum_{i=1}^{M} A_{ij,t} \cdot AB_{ij,t}^{\beta_B} \cdot AS_{ij,t}^{\beta_S}}$$

$$A_{sb,t} = \prod_{k=1}^{K} X_{ksb,t}^{\beta_{ksb}}$$

$MA_{sb,t}$: Marktanteil des Produkts mit dem Markennamen b und der Packungsgröße s der Periode t

$A_{sb,t}$: Kontextunabhängige Attraktion des Produkts mit dem Markennamen b und der Packungsgröße s der Periode t

$X_{ksb,t}$: Ausprägung des k – ten Marketing-Instruments des Produkts mit dem Markennamen b und der Packungsgröße s der Periode t

$AB_{sb,t}$: Korrekturfaktor der kontextunabhängigen Attraktion $A_{sb,t}$ für den Einfluss des Markenclusters

$AS_{sb,t}$: Korrekturfaktor der kontextunabhängigen Attraktion $A_{sb,t}$ für den Einfluss der Packungsgröße

β : Zu schätzende Parameter

Das Cluster-Asymmetrische Modell berücksichtigt die Wettbewerbseinflüsse über Cluster-spezifische Korrekturfaktoren für jeden Wettbewerbskontext. Auf diese Weise wird die Anzahl der zu schätzenden Parameter im Vergleich zu dem vollständigen

Kreuzeffekt-Modell wesentlich verringert. Allerdings liegen nur die Schätzwerte für die symmetrischen (direkten) Effekte der jeweiligen Marketing-Instrumente vor. Die Parameter für die Wettbewerbsasymmetrien beziehen sich auf die Cluster und sind damit für das Marketing-Mix-Management kaum interpretierbar.

3.3 Das Hierarchische Modell

Das Hierarchische Modell von Foekens, Leeflang und Wittink (1992, 1997) ist eine Alternative zu den beiden bisher dargestellten Ansätzen und soll Anwendung finden, wenn asymmetrische Wettbewerbseffekte in Attraktionsmodellen mit einer großen Zahl von Marken und Varianten zu schätzen sind. In dieser Situation steigt die Zahl der möglichen Kreuzeffekte sehr schnell an. Multikollinearitäten lassen sich dann trotz einer Transformation der Variablen nicht beseitigen, was häufig zur Folge hat, dass eine große Zahl von nicht plausiblen Parameterwerten auftritt. Die Autoren greifen deshalb Befunde aus der Käuferverhaltensforschung auf, bei denen eine hierarchische Wahlsituation zugrunde liegt, z. B. dass bei Kunden zunächst eine Wahl zwischen Packungsgrößen, dann zwischen Varianten usw. erfolgt. Die hierarchische Wahlstruktur wird verwendet, um die Parametrisierung zu vereinfachen.

Die Grundstruktur des Modellansatzes wird durch Foekens, Leeflang und Wittink (1997) an einem Beispiel mit m Marken und M_b Packungsgrößen (bei einer Marke b) für die Produkthierarchie erläutert, in der zuerst die Marke und dann die Packungsgröße gewählt wird.

$$(7) \qquad MA_{sb,t} = MA_{b,t} \cdot MA_{s|b,t}$$

$$(8) \qquad MA_{s|b,t} = \frac{A_{s|b,t}}{\sum_{j=1}^{S_b} A_{j|b,t}}$$

$$(9) \qquad A_{s|b,t} = \exp\left(\beta_{sb} + \sum_{r=1}^{M_b} \sum_{k=1}^{K_{rb}} \beta_{krb,t} X_{krb,t} + \varepsilon_{s|b,t} \right)$$

$MA_{sb,t}$: Marktanteil der Marke b in der Packungsgröße s in Periode t

$MA_{b,t}$: Marktanteil der Marke b in allen Packungsgrößen in der Periode t mit $b = 1,\ldots,m$

$MA_{s|b,t}$: Bedingter Marktanteil der Packungsgröße s bei einer gegebenen Markenwahl b in einer Periode t, mit $s = 1,\ldots,M_b$

$A_{s|b,t}$: Attraktion der Packungsgröße s bei einer gegebenen Marke b, berechnet sich über Gleichung (9)

$X_{krb,t}$: Ausprägung des k-ten Marketing-Instruments der Marke b in der Packungsgröße r in Periode t, mit $k = 1,\ldots,K_{rb}$

β_{krsb} : Response des Marktanteils auf $X_{krb,t}$

β_{sb} : Absolutglied der Attraktionsgleichung

$\varepsilon_{s|b,t}$ Messfehler

Für die Schätzung der Markenwahl ohne Berücksichtigung der Packungsgröße (erste Hierarchieebene) wird dann ein Attraktionsmodell spezifiziert, das den Marktanteil der Marke b aus der Attraktion dieser Marke in allen Packungsgrößen im Verhältnis zur Gesamtattraktion aller Marken unabhängig von der Packungsgröße schätzt. Das Ergebnis der Schätzung des hierarchischen Modells sind die Wirkungsparameter der Marketing-Instrumente für jede Hierarchieebene. Das Modell liefert ähnlich komplexe Ergebnisse wie das CCHM-Modell. Nach vorliegenden Modelltests sind die Schätzwerte der Parameter bei einer großen Zahl von Item-Varianten im Wertebereich aber „plausibler" (Foekens, Leeflang & Wittink, 1992).

3.4 Die Wettbewerbskomponentenanalyse

Cooper, Klapper und Inoue (1996) formulieren mit der Wettbewerbskomponentenanalyse (Competitive Component Analysis) einen Modellansatz, der über ein mehrstufiges Verfahren das vollständig erweiterte Kreuzeffekt-Modell in Gleichung (2) schätzt. Der Anwendungsschwerpunkt des Wettbewerbskomponentenanalyse beruht auf der Analyse der Wettbewerbsbeziehungen in Produktkategorien mit sehr vielen Marken (EANs) und der Analyse mehrerer Marketing-Instrumente. Marktanteilsanalysen auf der Grundlage von Attraktionsmodellen sind in diesen Märkten bisher nur dann möglich, wenn einzelne EANs weggelassen oder aggregiert werden. Sehr häufig lässt sich bei dokumentierten Studien beobachten, dass die EANs eines Herstellers zu einer Dachmarke zusammengefasst sind, weil man so die Anzahl zu analysierender Marken deutlich reduzieren möchte. Eine differenzierte Wettbewerbsanalyse, welche sich auf nach Geschmacksrichtungen und/oder Packungsgrößen unterschiedene Marken (EANs) bezieht, ist dann nicht mehr möglich. Dadurch wird aber der Aufbau einer an den konkreten Wettbewerbsbedingungen orientierten Markenstrategie erschwert bzw. unmöglich gemacht.

Die Wettbewerbskomponentenanalyse eignet sich außerdem für die Modellkalibrierung bei mehreren Marketing-Instrumenten, insbesondere dann, wenn die Scannerdaten von einer hohen Detailliertheit sind und z. B. die Informationen über Display-Aktionen dahingehend aufgeschlüsselt sind, in welcher Position sich das Display im Warenhaus befindet. Das Problem besteht dabei nicht in der Anzahl von beobachteten Instrumenten, sondern darin, dass einige Marketing-Maßnahmen nur sehr selten und/oder nur bei einigen wenigen Marken eingesetzt werden. Es ist noch nicht abschließend geklärt, ob es aus schätztechnischen Gründen angebracht ist, diese Instrumente aus der Analyse zu streichen, zusammenzufassen oder einzeln zu modellieren.

Die Wettbewerbskomponentenanalyse setzt a priori keine Hypothesen über die Struktur des zu analysierenden Wettbewerbsmarkts. Das bedeutet, dass zunächst keine Marken aggregiert bzw. keine Marketing-Instrumente gestrichen werden. Vielmehr wird die Datenmatrix, welche den Instrumentaleinsatz der Marken über die Zeit enthält, mit Hilfe der dreimodalen Faktorenanalyse (Tucker, 1966, Kroonenberg, 1983) in ihre Basiskomponenten zerlegt. Die geschätzten Komponentenmatrizen bilden schließlich die Grundlage zur Berechnung sogenannter Komponentenwerte, die wiederum der Input einer reduzierten multivariaten Regression sind. Auf der Grundlage inverser Transformationen lassen sich dann die Parameter und die Standardfehler des vollständig erweiterten Kreuzeffekt-Modells berechnen.

Mit der Wettbewerbskomponentenanalyse wird ein gangbarer Weg aufgezeigt, wie die Parameter des vollständig erweiterten Kreuzeffekt-Modells auf Märkten mit sehr vielen EANs und Marketing-Instrumenten bei fehlender A-priori-Aufteilung oder Reduzierung der Daten zu schätzen sind. Der Ansatz lässt sich deshalb auch ohne detaillierte Marktkenntnisse anwenden, Aggregationen nach Plausibilität des Analytikers sowohl auf der EAN-Ebene als auch auf der Ebene der Marketing-Instrumente können umgangen und durch die empirisch gegebene Zusammenhangsstruktur in den Daten ersetzt werden.

3.5 Die Beurteilung der Modelle

Die hier vorgestellten Modelle zur Analyse der asymmetrischen Wettbewerbseffekte des Marketing-Mix beruhen alle auf dem in Gleichung (2) spezifizierten vollständigen Kreuzeffekt-Modell. Sie unterscheiden sich aber in der Vorgehensweise zur Lösung der Komplexitätsprobleme bei der Parametrisierung. Alle Modellansätze gehen von einer umfangreichen Aufbereitung der Rohdaten aus, sie verwenden eine Modellspezifikation in Form des Attraktionsansatzes und liefern differenzierte Informationen über die Effekte der Marketing-Instrumente in der Analyseperiode (pro Zeiteinheit). Die geschätzten Parameter (β_{kij}) des jeweiligen Marktanteilsmodells sind allerdings nur hinsichtlich ihrer Vorzeichen, ihrer relativen Größe bei spezifischen Marketing-Instrumenten und ihrer Signifikanz interpretierbar, so dass eine quantitative Beurteilung der Wirkungen nur über den Weg der Berechnung von Elastizitäten möglich ist. Die Modellergebnisse sind dann von großer Differenziertheit und zugleich großer Komplexität, da die Elastizitäten die Informationen über Asymmetrien pro Instrument, EAN bzw. Marke und pro Zeiteinheit enthalten.

Eine Anwendung der Modellansätze für die Marketing-Mix-Planung verlangt vom Analytiker die Auswahlentscheidung, welcher Ansatz für seinen spezifischen Markt am ehesten geeignet ist. Vergleicht man die Modelle hinsichtlich Komplexität der Modellspezifikation, Plausibilität bei der Modellierung von Kreuzeffekten, Interpretation der Ergebnisse und der praktischen Einsetzbarkeit zur Steuerung des Marketing-Mix, dann scheinen das CCHM-Modell und die Wettbewerbskomponentenanalyse für den praktischen Einsatz zur Marketing-Mix-Planung im Wettbewerb die größten Potentiale zu haben (vgl. Tabelle 1).

Kriterien	**Das CCHM-Modell**	**Das Cluster-Asymmetrische Modell**	**Das Hierarchische Modell**	**Die Wettbewerbskomponentenanalyse**
Komplexität der Modellspezifikation	Hohe Komplexität, zweistufiges Vorgehen	Eingeschränkte Komplexität durch Clusterbildung	hohe Komplexität trotz hierarchischen Vorgehens	Komplexität gemindert durch Komponentenanalyse
Plausibilität der Modellierung von Kreuzeffekten	auf empirischer Grundlage - ohne theoretische Begründung	auf der Grundlage von A-priori-Wissen Clusterbildung, Plausibilität fraglich	auf empirischer Grundlage, theoretische Begründung durch Wahlhierarchien	auf empirischer Grundlage, ohne theoretische Begründung
Interpretation der Ergebnisse	eindeutig, aber evtl. zu große Komplexität	Interpretation auf der Clusterebene unklar, sonst eindeutig	Eindeutig, aber zu große Komplexität	eindeutig, aber evtl. zu große Komplexität
Praktische Einsetzbarkeit zur Steuerung des Marketing-Mix	großes Potential: Schätzung von Instrumentalbeiträgen, Aufdeckung von Kannibalismus und Markenkraft	nur Informationen über die direkten Effekte des Marketing ohne Asymmetrien bei den Instrumenten	Großes Potential: Schätzung von Instrumentalbeiträgen, Aufdeckung von Kannibalismus und Asymmetrien auf jeder Hierarchieebene	großes Potential: Schätzung von Instrumentalbeiträgen, Aufdeckung von Kannibalismus und Markenkraft

Tabelle 1: Ein Vergleich der asymmetrischen Marktanteilsmodelle

Die Reduzierung der zu schätzenden Parameter im Kreuzeffekt-Modell erfolgt bei diesen Modellen nach statistischen Kriterien und nicht nach Plausibilitäten oder Ad-hoc-Theorien. Die Ergebnisinterpretation ist bei allen Modellen durch die Komplexität der Beziehungen (im Zeitverlauf) schwierig, allerdings lassen sich (sieht man vom Cluster-Asymmetrischen Modell ab) Wettbewerbseffekte eindeutig auf die Instrumente beziehen, Kannibalismus wird quantifizierbar, ebenso Phänomene, wie z. B. Wettbewerbsdominanz durch Markenstärke. Weitergehende Interpretationsmöglichkeiten entstehen durch Einsatz der von Cooper (1988) vorgeschlagenen dreimodalen Faktorenanalyse auf die Elastizitäten zur Aufdeckung von typischen Wettbewerbssituationen und deren Wettbewerbsstrukturen. Dies wird im folgenden Abschnitt aufgezeigt.

4. Die Analyse von Wettbewerbsstrukturen

Der dreidimensionale Datenkörper der Elastizitäten, der nach Schätzung eines Kreuzeffekt-Modells zu berechnen ist und z. B. bei der Analyse mit dem CCHM-Modell entsteht, repräsentiert alle Wettbewerbsbeziehungen zwischen den Marken oder EANs über einen vorgegebenen Analysezeitraum. Eine Zeitscheibe dieses Datenkörpers enthält z. B. die direkten Effekte und Kreuzeffekte der Marken einer bestimmten Wettbewerbssituation, wobei die Koeffizienten in den Zeilen der Matrix die Verwundbarkeiten und in den Spalten die Stärken der Marken quantifizieren, diese können aufgrund der Asymmetrien des Wettbewerbs unterschiedlich sein. Die Lagen sind durch die Modalität der Wochen bzw. Wettbewerbssituationen charakterisiert. Analysiert man beispielweise ein Jahr, so erhält man 52 Scheiben (Wettbewerbssituationen). Sinnvoll wäre hier eine Reduktion oder Zusammenfassung gleicher Wettbewerbssituationen. Die Interpretation der Elastizitäten ist ohne eine Verdichtung des Datenkörpers auf die relevanten Kerninformationen außerordentlich mühsam.

4.1 Die Verdichtung der Information mit Komponentenanalysen

Aufgrund der dreidimensionalen, aber auch dreimodalen Struktur des Datenkörpers können Verfahren zur Analyse von dreimodalen Daten herangezogen werden (Cooper, 1988, Hildebrandt & Klapper, 1994, 1999), wobei hier das Tucker3-Modell Anwendung findet. Es ist eine Generalisierung der Hauptkomponentenanalyse für dreidimensionale und dreimodale Daten. Vereinfacht kann man sich das Grundprinzip derart vorstellen, dass für jede Modalität des dreidimensionalen Datenkörpers eine Hauptkomponentenanalyse durchgeführt wird. Die Dimensionen des dreidimensionalen Datenkörpers von Elastizitäten korrespondieren entsprechend den vorangegangenen Ausführungen in den Zeilen mit den Schwächen (Verwundbarkeiten) der Marken, in den Spalten mit den Stärken der Marken und in den Lagen des Datenkörpers mit unterschiedlichen Wettbewerbssituationen. Das Tucker3-Modell fasst nun die Zeilen des Datenkörpers zu Schwächekomponenten, die Spalten zu Stärkekomponenten und die Lagen zu Wettbewerbsbedingungen zusammen. Die Informationen über die Beziehungen und die Interaktionen zwischen den Komponenten der drei Komponentenmatrizen (Markenschwäche, Markenstärke und Wettbewerbskomponenten) stellt die sogenannte Kernmatrix bereit. Diese Matrix ist selbst eine dreidimensionale Matrix und repräsentiert die stark verdichteten Kerndimensionen des Wettbewerbs.

Algebraisch hat das Tucker3-Modell die folgende Struktur, wobei x_{ijt} ein Eintrag des dreidimensionalen Elastizitätenarrays ist.

$$x_{ijt} = \sum_{p=1}^{P} \sum_{q=1}^{Q} \sum_{r=1}^{R} a_{ip} b_{jq} c_{tr} g_{pqr} + e_{ijt} \quad (10)$$

Die Koeffizienten a_{ip}, b_{jq} und c_{tr} sind Elemente der $(I \times P)$-, $(J \times Q)$- und $(T \times R)$-dimensionalen Komponentenmatrizen $\mathbf{A}$, $\mathbf{B}$ und $\mathbf{C}$.

g_{pqr} ist ein Element der dreidimensionalen Kernmatrix **G**, deren Dimension sich aus der Anzahl der Komponenten in den Modi A, B und C ergibt.

e_{ijt} ist ein Element der dreidimensionalen Fehlermatrix, welche die Abweichung des geschätzten Elements (i, j, t) von dem tatsächlichen Elastizitätenwert angibt.

Ein Fehler ergibt sich immer dann, wenn der dreidimensionale Datenkörper der Elastizitäten in weniger Komponenten als die Anzahl der Level (Marken, Wettbewerbssituationen) in jedem Modus zerlegt wird, so dass $P < I$, $Q < J$ und $R < T$ gilt. Die Schätzung der drei Komponentenmatrizen und der Kernmatrix kann mit dem Programm 3WAYPACK von Kroonenberg (1996) und einem Algorithmus von Kroonenberg und de Leeuw (1980) erfolgen.

Entsprechend den vorangegangenen Ausführungen repräsentieren die P Komponenten, der Matrix **A** die Basisinformationen über die Verwundbarkeit der Marken. Ähnliche Komponentenladungen von Marken in einer Komponente der Matrix **A** belegen, dass die Marken einem vergleichbaren Wettbewerbsdruck ausgesetzt sind. Die Matrix **B** enthält alle Informationen über die relevanten Dimensionen der Wettbewerbsstärken der Marken. Die Marken, die einen vergleichbaren Wettbewerbsdruck auf den Umsatz oder den Marktanteil der Wettbewerber ausüben, bilden die Komponenten der Matrix **B** für die Stärken.

Von besonderem Interesse ist jedoch die Komponentenmatrix **C**. Die einzelnen Spalten dieser Matrix korrespondieren mit charakteristischen Wettbewerbsbedingungen. Die Matrix **C** repräsentiert jene Wochen in einer Wettbewerbskomponente, welche sich im Einsatz des Marketing-Instrumentariums ähnlich sind und eine vergleichbare Wirkung auf die Elastizitätenstruktur haben. So ist es denkbar, dass die Wochen, in denen der Marktführer eine Aktion durchführt, eine Komponente der Matrix **C** bilden. Eine Spalte der Matrix wird also deutlich von Null abweichende Ladungswerte für die Wochen aufweisen, die charakteristisch für diese Komponente und dominierend in dem analysierten Markt sind.

4.2 Die Repräsentation des Wettbewerbs mit der Komponentenanalyse

Neben der Interpretation der quantitativen Modellergebnisse ist es außerdem möglich, die Stärken und Schwächen der Marken für spezifische Wettbewerbsbedingungen zu berechnen und zu visualisieren. Grundlage dieser Überlegungen ist, dass die r-te Komponente der Matrix **C** und die r-te Scheibe der dreimodalen Kernmatrix mit genau einer der R Wettbewerbsbedingungen korrespondieren. Die Kernmatrixscheibe $\mathbf{G}_r$ misst den

Zusammenhang von Stärken und Verwundbarkeiten der Marken für die r-te Wettbewerbsdimension. Auf der Basis einer Singulärwertzerlegung der Kernmatrixscheibe $\mathbf{G}_r$ und der anschließenden Gewichtung der Komponentenmatrizen **A** und **B** mit den linken bzw. rechten Singulärvektoren und der Quadratwurzel der Singulärwerte können sogenannte Joint-Plot-Koordinatenmatrizen $\tilde{\mathbf{A}}_r$ und $\tilde{\mathbf{B}}_r$ für die Elemente der Modi A und B für die r-te Komponente der Matrix **C** (r-te Wettbewerbsbedingung) berechnet werden. Damit wird es möglich, die Informationen in einem zwei- oder dreidimensionalen Raum adäquat, d. h. ohne größeren Informationsverlust zu repräsentieren.

Außerdem lassen sich für bestimmte Wettbewerbssituationen oder für bestimmte charakteristische Wettbewerbsbedingungen idealisierte Elastizitäten berechnen. Die mathematisch-statistischen Überlegungen hierzu beruhen auf Arbeiten zur Faktorenanalyse bzw. zur mehrdimensionalen Skalierung. Ziel ist es, die besonders typischen/charakteristischen Personen in einer Faktorenanalyse oder einer mehrdimensionalen Skalierung in dem berechneten Faktorraum oder dem Wahrnehmungsraum abzubilden. Für die Übertragung dieses Konzepts in die Wettbewerbsanalyse auf der Basis von Elastizitäten findet sich eine umfassende Diskussion bei Klapper (1998). Die idealisierten Elastizitäten sind demzufolge Prototypen-Elastizitäten, die die real zu erwartenden Elastizitäten in der Abwesenheit von Störeinflüssen angeben. Sie eignen sich damit besonders gut, die tatsächlichen Wettbewerbsinteraktionen der Marken zu bewerten und eine differenzierte Analyse der Wettbewerbsbeziehungen der Marken zu erbringen. Darüber hinaus ist es möglich, die Wettbewerbsinteraktionen mittels der Biplot-Technik (Gabriel, 1981) in niedrig dimensionierten Wettbewerbsräumen zu visualisieren.

Außerdem lassen sich für die geschätzten idealisierten Elastizitäten und den korrespondierenden Wettbewerbsbedingungen auch „idealisierte" Marktanteile berechnen (Klapper, 1998). Die idealisierten Marktanteile ermöglichen eine Quantifizierung des Markterfolgs der analysierten Marken bei charakteristischen Wettbewerbsbedingungen. Sie zeigen an, unter welchen Wettbewerbsbedingungen eine Marke eine vorteilhafte Marktstellung einnimmt.

Die bis hierher dargestellte rein explorative Vorgehensweise der Marktstrukturanalyse ist dann zweckmäßig, wenn das Marketing-Management keine fundierten Kenntnisse über die Kerndeterminanten des Wettbewerbs bzw. die Stärken und Schwächen der Wettbewerbsbeziehungen zwischen konkurrierenden Marken hat. Auf der Basis der Tucker3-Lösung erlauben dann die Ergebnisse eine umfassende Bewertung der Wettbewerbsbeziehungen. Über die explorative Vorgehensweise hinaus kann es jedoch vorteilhaft sein, a priori festgelegte Wettbewerbsbedingungen zu analysieren und für diese benutzerdefinierten Wettbewerbszenarien idealisierte Elastizitäten und Marktanteile zu berechnen (vgl. hierzu auch Hildebrandt & Klapper, 2001, Klapper, 1998). Benutzerdefinierte Marktstrukturanalysen sind insbesondere dann einzusetzen, wenn die Wettbewerbskomponenten (festgehalten in der Komponentenmatrix **C**) schwierig zu interpretieren sind oder wenn entscheidungsrelevante Wettbewerbsdimensionen nicht mit der explorativen Analyse zu identifizieren sind.

5. Anwendungsbeispiel

5.1 Die Ausgangsdaten

Die Potentiale der rein explorativen Wettbewerbsstrukturanalyse sollen am Beispiel von Scannerdaten aus dem Nahrungsmittelmarkt verdeutlicht werden. Insgesamt umfassen die verfügbaren Scannerdaten 102 Wochen eines großen Verbrauchermarktes. Sie enthalten Informationen zu den Abverkäufen und dem Marketing-Instrumentaleinsatz (Preis, Display, Feature) von 8 Marken (M1, ..., M8). Diese acht Marken repräsentieren über 90 % des in der Produktkategorie abgesetzten Volumens. Die Tabelle 2 enthält die mengenmäßigen Marktanteile, die durchschnittlichen (relativen) Preise sowie den durchschnittlichen Index der Display- und Featureaktivitäten. Zu allen Maßen sind auch deren Standardabweichungen spezifiziert.

Marke	*Marktanteil*		*Rel. Preis*		*Display-Index*		*Feature-Index*	
	M	S	M	S	M	S	M	S
M1	31.72	11.93	2.34	.38	1.60	1.89	1.70	1.79
M2	17.19	14.04	1.12	.17	2.04	2.42	1.99	2.16
M3	10.33	7.92	2.19	.36	1.20	1.27	1.71	1.94
M4	3.64	3.80	1.31	.15	1.25	1.21	1.23	1.20
M5	2.45	1.35	3.16	.24	.97	.44	1.47	1.78
M6	10.54	4.40	2.51	.17	1.09	1.03	1.07	.98
M7	5.15	3.21	1.74	.12	1.08	1.03	1.07	.75
M8	18.99	13.58	1.04	.15	1.79	2.23	1.32	1.27

Tabelle 2: Deskriptive Statistiken der Beispieldaten (M=Mittelwert, S=Standardabweichung)

5.2 Die Schätzung der Wettbewerbseffekte

Im ersten Schritt der explorativen Wettbewerbsstrukturanalyse wird das CCHM-Modell kalibriert. Dazu soll hier die Spezifikation des CCHM-Models als MNL-Modell gewählt werden, wobei die Preise z-transformiert und die qualitativen Marketing-Instrumente mit dem „index of distinctiveness“ transformiert eingehen. Die Modellkalibrierung erfolgt auf der Grundlage aller zur Verfügung stehenden 102 Wochen. Diese Vorgehensweise ist gerechtfertigt, da das primäre Untersuchungsziel in der Aufdeckung der latenten Wettbewerbsbeziehungen der Marken liegt.

Das CCHM-Modell in Gleichung (3) lässt sich mit Hilfe einer Log-Zentrierung linearisieren und anschließend mit Hilfe der Methode der generalisierten kleinsten Quadrate schätzen (Carpenter, Cooper, Hanssens & Midgley, 1988; Klapper, 1998), wobei das

Vorliegen von Heteroskedastizität und Autokorrelation bei der Schätzung berücksichtigt wird.

Das linearisierte CCHM-Modell enthält 142 Parameter (8 markenspezifische Intercepts, 101 Wochen-Dummies sowie 12 Preis-, 11 Display- und 10 Feature-Parameter). Mit einer erklärten Varianz von 97,31 % [F(142;674)=172,009] ergibt sich für das geschätzte CCHM-Modell eine sehr gute Anpassung des Modells an die Daten. Die Preiskoeffizienten des CCHM-Modells dienen zu Berechnung von periodischen, d. h. wöchentlichen, Kreuzpreiselastizitäten nach Gleichung (5), deren Durchschnittswerte in der Tabelle 3 dargestellt sind.

	M1	*M2*	*M3*	*M4*	*M5*	*M6*	*M7*	*M8*
M1	-1.52	.12	.25	-.19	.87	.45	-.11	.12
M2	.66	-2.21	.29	.60	-.82	.08	.47	.93
M3	.83	.17	-2.18	-.14	.79	.44	-.07	.17
M4	.84	.89	.43	-3.43	-.40	.29	.50	.88
M5	.98	-.30	.26	-.60	-1.75	.69	.54	.16
M6	.92	-.66	.38	.07	.63	-1.83	.12	.37
M7	.81	.35	.29	.04	.44	.37	-2.63	.35
M8	.52	1.42	.14	.35	-.70	-.02	.23	-1.93

Tabelle 3: Die durchschnittlichen Kreuzpreiselastizitäten der Beispieldaten

Die höchsten direkten Preiselastizitäten haben die Marken M4 und M7. Für sie ist die richtige Preisstellung im Markt außerordentlich wichtig, da bereits kleine Preisänderungen zu starken Marktanteilsveränderungen führen können.

5.3 Die Analyse der Wettbewerbsbeziehungen mit Komponentenanalyse

Die differenzierte Analyse der 56 durchschnittlichen Kreuzpreiselastizitäten ist überaus komplex und soll deshalb hier nicht ausgeführt werden. Vielmehr sollen die Wettbewerbsbeziehungen der acht Marken direkt aus den nicht-aggregierten Kreuzpreiselastizitäten abgeleitet werden. Hierzu wird das Tucker3-Modell zur Identifikation der Kernbeziehungen des Wettbewerbs aus den Kreuzpreiselastizitäten eingesetzt. Voranalysen zeigen, dass die dreidimensionale Matrix der Elastizitäten in sechs Komponenten der Schwächen/Verwundbarkeiten und sechs Stärkekomponenten sowie sieben charakteristische Wettbewerbsbedingungen zusammenzufassen ist. Die nachfolgende Tucker3-Analyse erklärt 93,86 % der Varianz in den Daten und belegt die sehr gute Anpassung des Modells an die Daten. Ein Interpretation der differenzierten Informationen der drei Komponentenmatrizen und der Kernmatrix soll hier nicht geführt werden, vielmehr konzentriert sich die nachfolgende Diskussion direkt auf die Interpretation der idealisierten Elastizitäten und der idealisierten Marktanteile. Hierzu muss jedoch zunächst die inhaltliche Bedeutung der sieben identifizierten Wettbewerbsbedingungen festgelegt werden. Die Auswertung dieser Komponentenmatrix identifiziert die folgenden Kernbeziehungen im analysierten Markt:

1. Wettbewerbskomponente: Nicht-aktionierte Preise aller Marken
2. Wettbewerbskomponente: Preisaktionen der Marke M2
3. Wettbewerbskomponente: Preisaktionen der Marke M8
4. Wettbewerbskomponente: Preisaktionen der Marke M3
5. Wettbewerbskomponente: Häufige Preisaktionen der Marke M4 und einige Preisaktionen der Marke M1
6. Wettbewerbskomponente: Preisaktionen der Marken M1 und M5
7. Wettbewerbskomponente: Preisaktionen der Marke M6

5.4 Die Bewertung und Visualisierung der Wettbewerbsinteraktionen

Nachdem die wichtigsten Kerndeterminanten des Wettbewerbs identifiziert worden sind, können jetzt die Wettbewerbsbeziehungen der acht Marken entsprechend den theoretischen Diskussionen im vierten Abschnitt für die sieben Wettbewerbskomponenten differenziert dargelegt werden. Es sind folglich die idealisierten Elastizitäten der sieben besonders charakteristischen Wettbewerbsbedingungen und die damit korrespondierenden idealisierten Marktanteile zu berechnen. Eine differenzierte Diskussion der Wettbewerbsbeziehungen wird jedoch an dieser Stelle nur für die erste Wettbewerbskomponente „Nicht-aktionierte Preise aller Marken" geführt.

Der Wettbewerbsraum in Abbildung 1 visualisiert in einer drei- und einer zweidimensionalen Darstellung die Wettbewerbsbeziehungen der Marken. Jede von ihnen wird durch zwei Vektoren repräsentiert, deren Endpunkte als Symbol in der Abbildung eingetragen sind. Fettgedruckte Symbole charakterisieren die Stärke einer Marke, im Normaldruck kennzeichnen sie hingegen deren Verwundbarkeit. Zur Vereinfachung der Interpretation sind Hilfslinien in den Wettbewerbsraum eingeführt. In der dreidimensionalen Darstellung wird die Ausprägung jedes Symbols auf der dritten Dimension angezeigt, in der zweidimensionalen Darstellung sind die Stärken der Marken als Vektoren aus dem Ursprung des Koordinatenkreuzes eingezeichnet. Außerdem wird explizit auf die Abbildung der Marke M3 verzichtet. Ihre Koordinatenwerte sind auf allen drei Dimensionen relativ niedrig, so dass sich der Wettbewerbsraum ohne deren explizite Figurierung vereinfacht darstellen lässt.

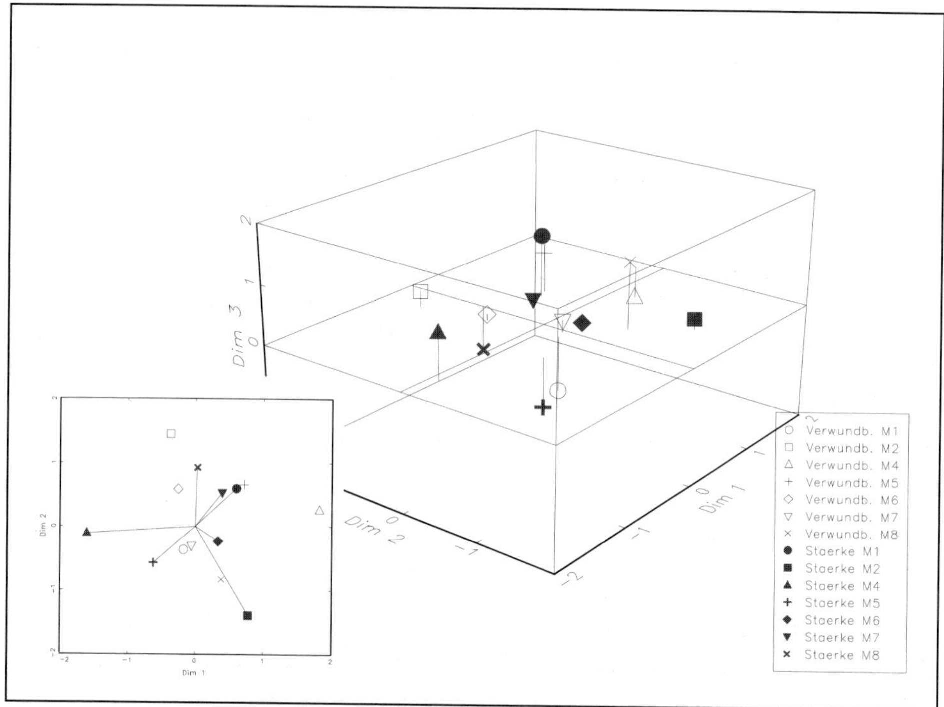

Abbildung 1: Wettbewerbsraum der idealisierten Elastizitäten der ersten Wettbewerbsbedingung: „Nicht-aktionierte Preise aller Marken"

Der dreidimensionale Wettbewerbsraum erklärt 66,36 % der Varianz der idealisierten Elastizitäten aus Tabelle 4, der zweidimensionale Raum kann immerhin noch 50,03 % der Varianz erklären. Abbildung 1 veranschaulicht, dass die Marken M1, M2 und M3 bei nicht-aktionierten Preisen einen hohen Wettbewerbsdruck auf die Konkurrenzmarken

	M1	*M2*	*M3*	*M4*	*M5*	*M6*	*M7*	*M8*
M1	-1.48	.17	.24	-.32	.86	.43	-.28	.38
M2	.84	-2.33	.19	.69	-.99	-.08	.47	1.21
M3	1.12	.19	-2.44	-.13	.68	.53	-.05	.09
M4	.95	.99	.44	-3.47	-.60	.26	.67	.78
M5	1.12	-.33	.26	-.53	-1.93	.74	.60	.08
M6	1.09	-.75	.36	.13	.62	-1.99	.19	.35
M7	.98	.38	.32	.11	.15	.38	-2.52	.20
M8	.68	1.76	-.01	.41	-.89	-.21	.21	-1.95

Tabelle 4: Die idealisierten Elastizitäten der ersten Wettbewerbsbedingung: „Nicht-aktionierte Preise aller Marken"

ausüben. Die Stärkekomponente von M1 liegt in räumlicher Nähe zu den Verwundbarkeitskomponenten von M2, M4, M5 und M8, wobei der stärkste Wettbewerbsdruck auf die Marke M5 wirkt. Damit ist offensichtlich, dass der Marktführer M1 bei nicht-aktionierten Marktpreisen vor allem die marktanteilsmäßig stärksten Konkurrenzmarken M2 und M8 angreift. Betroffen ist aber auch die relativ kleine Marke M5. Die zweitstärkste Marke M8 (auf der Basis des mengenmäßigen Marktanteils) attackiert vor allem die Marktanteile von M2, M4 und M6. Die Marke M2 weist ein ähnlich großes Verkaufsvolumen wie M8 auf. M4 und M6 sind hingegen relativ kleine Marken. Marktführer M1 ist dagegen wenig gefährdet von den regulären Preisen der Marke M8. Mit Blick auf M2 lässt sich festhalten, dass diese Marke in einer intensiven Wettbewerbsbeziehung zu M8 steht. Bei nicht-aktionierten Preisen stehen diese beiden Marken im Wettbewerb zueinander, wobei die Preiswirkung von M2 auf M8 etwas stärker ausfällt als die von M8 auf M2.

Bedingung	*M1*	*M2*	*M3*	*M4*	*M5*	*M6*	*M7*	*M8*
R. Preise	33.23	14.61	8.51	5.34	2.99	12.97	8.60	13.75
M2	23.42	47.31	6.88	1.26	2.16	8.31	2.64	8.02
M8	27.76	3.66	5.22	.71	2.06	9.17	3.61	47.81
M3	26.10	11.18	25.00	2.67	2.91	10.03	5.12	16.99
M4 & M1	39.30	13.03	6.60	10.17	1.33	7.02	2.98	19.57
M1 & M5	52.92	21.96	5.04	1.96	4.27	3.79	3.36	6.70
M6	40.97	11.36	6.96	.50	1.46	21.03	3.78	13.96

Tabelle 5: Die idealisierten Marktanteile der 7 Wettbewerbsbedingungen

Hinsichtlich der kleinen Marken M4, M5 und M7 lässt sich festhalten, dass M7 über die geringste Wettbewerbskraft bei regulären Preisen verfügt. Allerdings wird bei nicht-aktionierten Preisen das Marktpotential dieser Marke auch nur geringfügig angegriffen. Die Marke M4 verfügt über eine hohe Wettbewerbskraft, die allerdings primär die eigene Marktposition betrifft. M4 kann durch kleine Veränderungen im Basispreis relativ große Marktanteilsgewinne oder auch –verluste realisieren. M5 ist hingegen der relativ schärfste Konkurrent des Marktführers bei nicht-aktionierten Preisen.

Die Ergebnisse der Wettbewerbskomponentenanalyse werden abschließend zur Prognose idealisierter Marktanteile der sieben Wettbewerbsbedingungen verwendet. Tabelle 5 gibt die Marktanteilsprognosen wieder. Die Marktanteile der Wettbewerbsbedingung nicht-aktionierter Preise kann der ersten Wettbewerbsbedingung entnommen werden. Sie dienen als Referenzwerte und erlauben es, die relativen Gewinne und Verluste der einzelnen Marken in den weiteren charakteristischen Wettbewerbsbedingungen dieses Marktes zu berechnen. Auffällig ist hierbei bspw. dass in der Wettbewerbsbedingung „M4 und M1 zu Angebotspreisen“ beide Marken Marktanteilsgewinne realisieren, der proportionale Gewinn bei M4 jedoch sehr viel stärker ausfällt als bei M1. Ist der Marktführer M1 hingegen in einer gemeinsamen Preisaktion mit M5, realisiert M1 Zugewinne von fast 20 % gegenüber dem Basismarktanteil.

6. Zusammenfassung

Die vorgestellte Wettbewerbsanalyse auf der Grundlage von aggregierten Scannerdaten liefert einen Ansatz, um Wettbewerbsbeziehungen auf (Konsumgüter-)Märkten zu analysieren und einer Bewertung durch das Marketing-Management zugänglich zu machen. Ausgangspunkt der Analyse sind Scannerdaten des Handels, die auf Geschäftsebene erhoben werden und den Dateninput für die Schätzung von asymmetrischen Marktanteilsmodellen bilden. Sie erlauben die Quantifizierung der Wettbewerbsbeziehungen durch Marktanteilselastizitäten über die Zeit.

Die vorgestellten Modelle zur Schätzung der Parameter bei asymmetrischen Wettbewerbsbeziehungen auf der Grundlage des Attraktionsansatzes sind von größerer logischer Konsistenz und Realitätsnähe als die Modellansätze zum Marketing-Mix früherer Dekaden. Die dokumentierten Ergebnisse über Modellanwendungen lassen auf hinreichende Validität für spezifische Marketing-Mix-Analysen (z. B. auf der Markenebene) schließen.

Der Einsatz von datenreduzierenden Verfahren der dreimodalen Datenanalyse auf die Elastizitäten ermöglicht eine differenzierte Bewertung der Marktstrukturen der analysierten Marken. Den methodischen Kern dieser Analyse bildet der TUCKALS3-Modellansatz, der die Schätzung von Wettbewerbsräumen, idealisierten Elastizitäten und idealisierten Marktanteilen für besonders charakteristische Wettbewerbsdimensionen im analysierten Markt ermöglicht. Für den praktischen Einsatz im Marketing-Mix-Management liefert das CCHM-Modell mit der Verdichtung der geschätzten Elastizitätenmatrix über eine dreimodale Hauptkomponentenanalyse einen tragfähigen Ansatz zur Wettbewerbsanalyse.

7. Literatur

BELL, D. E./KEENEY, R. L./LITTLE, J. D. C., A Market Share Theorem, in: Journal of Marketing Research 12(2), 1975, S. 136-141.

BEN-AKIVA, M./LERMAN, S. R., Discrete Choice Analysis: Theory and Application to Travel Demand, Cambridge 1985.

BEN-AKIVA, M./MCFADDEN, D./TRAIN, K./WALKER, J. L./BHAT, C./BIERLAIRE, M./BOLDUC, D./BOERSCH-SUPAN, A./BROWNSTONE, D./BUNCH, D. S./DALY, A./DEPALMA, A./GOPINATH, D./KARLSTROM, A./MUNIZAGA, M. A., Hybrid Choice Models: Progress and Challenges, in: Marketing Letters 13(3), 2002, S.163-175.

CARPENTER, G. S./COOPER, L. G./HANSSENS, D. M./MIDGLEY, D. F., Modeling Asymmetric Competition, in: Marketing Science 7(4), 1988, S. 393-412.

COOPER, L. G., Competitive Maps: The Structure Underlying Asymmetric Cross Elasticities, in: Management Science 34(6), 1988, S. 707-723.

COOPER, L. G./KLAPPER, D./INOUE, A., Competitive-Component Analysis: A New Approach to Calibrating Asymmetric Market-Share Models, in: Journal of Marketing Research 33(2), 1996, S. 224-238.

COOPER, L. G./NAKANISHI, M., Standardizing Variables in Multiplicative Choice Models, in: Journal of Consumer Research 10(1), 1983, S. 96-108.

COOPER, L. G./NAKANISHI, M., Market Share Analysis: Evaluating Competitive Marketing Effectiveness, Boston Massachusetts 1988.

DANNEWALD, T./KREIS, H./SILBERHORN, N., Das Hybride Wahlmodell und seine Anwendung im Marketing, Working Paper, Humboldt-Universität zu Berlin, 2007.

FOEKENS, E. W./LEEFLANG, P. S. H./WITTINK, D. R., Asymmetric Market Share Modelling with many Competitive Items Using Market Level Scanner Data, Papers 471, Groningen State, Institute of Economic Research, 1992.

FOEKENS, E. W./LEEFLANG, P. S. H./WITTINK, D. R., Hierarchical Versus Other Market Share Models for Markets with Many Items, in: International Journal of Research in Marketing 14(4), 1997, S. 359-378.

GABRIEL, K. R., Biplot display of multivariate matrices for inspection of data and diagnosis. In: Barnett, V., (Hrsg.), Interpreting multivariate data, Chicester 1981, S. 147-173.

GUADAGNI, P. M./LITTLE, J. D. C., A Logit Model of Brand Choice Calibrated on Scanner Data, in: Marketing Science 2(3), 1983, S. 203-238.

HARSHMAN, R. A./LUNDY, M. E., PARAFAC: Parallel Factor Analysis, in: Computational Statistics & Data Analysis 18(1), 1994, S. 39-72.

HILDEBRANDT, L., Marketing-Mix-Modelle und Wettbewerbsstruktur-Analysen, in: Erichson, B./Hildebrandt, L., (Hrsg.), Probleme und Trends in der Marketing-Forschung, Stuttgart 1998, S. 95-114.

HILDEBRANDT, L./KLAPPER, D., The Analysis of Three-Way Three-Mode Data: A Program Based on GAUSS, in: Faulbaum, F., (Hrsg.), SoftStat'93: Advances in Statistical Software 4, Stuttgart 1994, S. 527-534.

HILDEBRANDT, L./KLAPPER, D., The analysis of price competition between corporate brands, in: International Journal of Research in Marketing 18(1-2), 2001, S. 139-159.

HILDEBRANDT, L./KLAPPER, D., Möglichkeiten zur Analyse dreimodaler Daten für die Marktforschung mit Komponentenanalyse, in: Marketing ZFP, Heft 4, 1999, S. 313-327.

KLAPPER, D., Die Analyse von Wettbewerbsbeziehungen mit Scannerdaten, Heidelberg 1998.

KOTLER, P., Marketing Management, 5. Aufl., Englewood Cliffs 1984.

KROONENBERG, P. M., Three-Mode Principal Component Analysis: Theory and Application, Leiden 1983.

KROONENBERG, P. M., The TUCKALS Line. A Suite of Programs for Three-Way Data Analysis, in: Computational Statistics & Data Analysis, 1994, S. 73-96.

KROONENBERG, P. M., 3WAYPACK user's manual, version 2, Rijks Universiteit Leiden 1996.

KROONENBERG, P. M./DE LEEUW, J., Principal Component Analysis of Three-Mode Data by Means of Alternating Least Squares Algorithms, in: Psychometrika 45(1), 1980, S. 69-97.

MCFADDEN, D., Conditional Logit Analysis of Qualitative Choice Behavior, in: Zarembka, P., (Hrsg.), Frontiers in Econometrics, New York 1973, S. 105-142.

MCGUIRE, T. W./WEISS, D. L./HOUSTON, F. S., Consistent Multiplicative Market Share Models, in: Greenberg, B. A./Bellinger, D. N., (Hrsg.), Contemporary Marketing Thought, Chicago 1977, S. 129-134.

NAKANISHI, M./COOPER, L. G./KASSARJIAN, H. H., Voting for a political candidate under conditions of minimal information, in: Journal of Consumer Research 1(2), 1974, S. 36-43.

TUCKER, L. R., Some Mathematical Notes on Three Mode Factor Analysis, in: Psychometrika 31(3), 1966, S. 279-311.

VANDEN ABEELE, P./GIJSBRECHTS, E./VANHUELE, M., Specification and Empirical Evaluation of a Cluster-Asymmetry Market Share Model, in: International Journal of Research in Marketing 7(4), 1990, S. 223-247.

WALKER, J./BEN-AKIVA, M., Generalized random utility model, in: Mathematical Social Sciences 43, 2002, S. 303-343.

Harald Hruschka

Wirksamkeit der Marketinginstrumente

1. Grundlagen

Der vorliegende Beitrag befaßt sich mit den Wirkungen der Marketinginstrumente Preis, Verkaufsförderung, Werbung und Persönlicher Verkauf auf diverse abhängige Variablen, die Nachfrage entweder aggregiert für den Gesamtmarkt oder ein Marktsegment oder disaggregiert für einzelne Käufer betrachten.

Abhängige Variablen für die aggregierte Nachfrage umfassen:

- Absatz (mengenmäßig) einer Marke,
- Umsatz (wertmäßig) einer Marke,
- Marktvolumen als Absatz- bzw. Umsatzvolumen (Absatz- oder Umsatzsumme) aller Marken eines Marktes,
- mengenmäßiger (wertmäßiger) Marktanteil einer Marke als Quotient aus Absatz (Umsatz) und Absatzvolumen (Umsatzvolumen).
- Zu den abhängigen Variablen der disaggregierten Nachfrage gehören:
- Markenwahl aus einer Menge alternativer Marken,
- Kauf einer Produktgruppe,
- Kaufmenge.

Die Messung der Effekte von Marketinginstrumenten kann mit Hilfe objektiver oder subjektiver Schätzmethoden erfolgen. Bei den objektiven Schätzmethoden überwiegt der Einsatz ökonometrischer Methoden (Greene, 1997). Geringe Streuung bei Marketinginstrumenten (z.B. wegen seltener Preisänderungen), Fehlen von Daten zu eigenen bzw. fremden Marketingentscheidungen, sowie Kosten, Zeitbedarf und Störeffekte experimenteller Untersuchungen zur Generierung objektiver Daten für die Beurteilung eines neuartigen Instrumentaleinsatzes können den Einsatz oder die Ergänzung durch subjektive Schätzverfahren erforderlich machen (Hruschka, 1995), von denen der Decision-Calculus-Ansatz (Little, 1970) am verbreitetsten ist. Dieser basiert auf der Erhebung der von Entscheidungsträgern bei vorgegebenen Marketingpolitiken erwarteten Absatzmengen, Marktanteilen usw.

2. Wirkungsmaße und Effekttypen

Grundsätzlich kann man die Wirkung eines Marketinginstruments als marginale Reaktion (Grenzertrag) oder als Elastizität operationalisieren. Die marginale Reaktion entspricht der partiellen Ableitung erster Ordnung nach dem jeweiligen Instrument. Die

(Punkt-)Elastizität ε_x eines Marketinginstruments x bezüglich der Nachfragegröße D lautet:

$$(1) \qquad \varepsilon_x = \frac{\partial D}{\partial x}\frac{x}{D}$$

Da der Absatz Q sich als Produkt aus Absatzvolumen QV und Marktanteil M ergibt, erhält man für den Grenzabsatz hinsichtlich des Instruments x:

$$(2) \qquad \frac{\partial Q}{\partial x} = M\frac{\partial QV}{\partial x} + QV\frac{\partial M}{\partial x}$$

Durch Umformung folgt die Absatzelastizität als Summe aus Marktanteilselastizität $\varepsilon_{M,x}$ und

Absatzvolumenselastizität $\varepsilon_{QV,x}$

$$(3) \qquad \varepsilon_x = \varepsilon_{M,x} + \varepsilon_{QV,x}$$

Falls das Absatzvolumen durch das Instrument x nicht beeinflußt wird, sind Absatz- und Marktanteilselastizität demnach identisch. Die meisten empirischen Befunde bekräftigen, daß die Effekte von Marketinginstrumenten auf Absatzvolumina (v.a. bei kurzlebigen Konsumgütern) geringer sind als die Effekte auf Marktanteile (Hanssens et al., 1990).

Statische Effekte bezeichnen die Auswirkung des in einer Periode eingesetzten Aktivitätsniveaus eines Marketinginstruments auf die abhängige Variable in derselben Periode. Haupteffekte bezeichnen die Auswirkungen jeweils eines Marketinginstruments (z.B. Preis) auf die Nachfrage. Bei Kreuzeffekten geht es um die Auswirkung des Marketinginstruments einer anderen Marke auf die Nachfrage. Steigt die Nachfrage mit dem Aktivitätsniveau spricht man von einer komplementären, andernfalls von einer substitutiven Beziehung. Interaktionseffekte liegen vor, falls die Auswirkung eines Instruments (z.B. Preis) vom Einsatz mindestens eines anderen Instruments (z.B. Werbung) abhängt.

Dynamische Effekte beziehen sich auf Auswirkungen in Perioden, die zeitlich nach dem Einsatz des jeweiligen Aktivitätsniveaus liegen. Dabei lassen sich folgende Typen dynamischer Effekte unterscheiden (Hruschka, 1996):

Carryover-Effekte, bei denen Marketingmaßnahmen zeitverzögert wirken. Customer-Holdover-Effekte, bei denen Marketingmaßnahmen sich indirekt (über Wiederholungskäufe oder Mund-zu-Mund Werbung) auf die Nachfrage künftiger Perioden auswirken.

Hysteresis-Effekte werden durch gegenläufige Marketingmaßnahmen nur teilweise aufgehoben, z.B. falls trotz einer Budgetreduktion nach einer Phase intensiver Marketinganstrengungen die Nachfrage auf einem höheren Niveau durch Gewinnung treuer Neukunden oder wirksame Mund-zu-Mund Werbung auf einem höheren Niveau verbleibt (Simon, 1995).

Erwartungseffekte bezeichnen Wirkungen erwarteter künftiger Marketingmaßnahmen auf die aktuelle Nachfrage (z.B. geringere Käufe bei Erwartung einer Preissenkung, Hortungskäufe bei erwarteten Preissteigerungen u.ä.).

Persistente dynamische Effekte liegen vor, falls Änderungen bei Marketinginstrumenten in Zukunft permanente Nachfrageänderungen nach sich ziehen (z.B. falls ein Teil der durch eine temporäre Maßnahme angesprochenen Personen bei der Marke bleibt). Bei einer Meta-Analyse weisen 54 % von 213 Zeitreihen persistente Effekte auf (Dekimpe/Hanssens, 1995b). Weiters zeigt sich in dieser Untersuchung, daß Persistenz häufiger bei Absatz oder Umsatz (68 %) als beim Marktanteil (9 %) auftritt. Dies läßt sich als Beleg dafür interpretieren, daß Marketingausgaben von Konkurrenzmarken einander ausgleichen, es sei denn das Marktvolumen entwickelt sich. Ein offenes Forschungsproblem bildet die Frage nach den Bedingungen der Abhängigkeit des Marktvolumens von Marketingmaßnahmen oder externen Größen.

Zur Operationalisierung von Interaktionen zwischen Marketinginstrumenten auf der Basis von Marktreaktionsfunktionen kann man marginale Reaktionsinteraktionen bzw. Elastizitätsinteraktionen verwenden (Hruschka, 1991). Das Maß für die marginale Reaktionsinteraktion zwischen zwei unterschiedlichen Marketinginstrumenten entspricht der partiellen Ableitung zweiter Ordnung der Reaktionsfunktion nach beiden Instrumenten. Sie gibt an, wie stark die Änderung der Nachfrage durch eine marginale Änderung des Instruments ihrerseits von einer marginalen Änderung eines anderen Instruments abhängt. Als Maß der Elastizitätsinteraktion läßt sich in analoger Weise die Ableitung der Elastizität eines Instruments nach einem anderen Instrument definieren. Sie gibt die Änderung der Elastizität eines Instruments bei einer marginalen Änderung des anderen Instruments an.

3. Spezifikation statischer Effekte

In der Literatur herrscht die Spezifikation von Effekten durch strikte parametrische Funktionsformen vor. Diese Vorgangsweise ist optimal, falls sich die wahre unter den untersuchten Funktionsformen befindet. Da dies häufig nicht zutreffen dürfte, besteht die Gefahr systematisch falscher Parameterschätzungen und damit von Fehleinschätzungen der Effekte von Marketinginstrumenten.

Zunehmende Bedeutung könnten in Zukunft semiparametrische Methoden gewinnen (z.B. auf Grundlage Künstlicher Neuronaler Netze, von Splines oder Kerndichten), die sich durch höhere Flexibilität auszeichnen, freilich auch höhere Anforderungen an Datenquantität und -qualität stellen (zu Marketinganwendungen derartiger Methoden vgl. Boztug/Hildebrandt, 1998, Heerde et al., 1998, Hruschka,1993a,1999a bis d, Hruschka et al., 1999a, Natter/Hruschka, 1997, Rust, 1988).

3.1 Aggregierte Nachfrage

Es folgt ein Überblick über wichtige Funktionsformen aggregierter Nachfragefunktionen (weitere Funktionsformen und Details finden sich bei Hruschka, 1996).

Die lineare Funktion besitzt die Eigenschaft des konstanten Grenzertrags, d.h. gleich große Änderungen des eigenen Marketinginstruments x führen immer zu einer gleich großen Änderung bei der Nachfrage. Die Elastizität eines Marketinginstruments steigt ohne Beschränkung mit dem Wert von x. Im Regelfall wird diese Funktionsform nur approximativ für einen eingeschränkten Wertebereich des Marketinginstruments gelten.

(4) $$D = \alpha_0 + \alpha_1 x$$

Für viele Marketinginstrumente valider erscheinen konkave Funktionsformen, die degressiv steigende Grenzerträge (die Änderung der abhängigen Variablen geht mit steigenden Werten der unabhängigen Variablen zurück) wiedergeben. Weitverbreitet ist das multiplikative Modell, das für $0 < \alpha_1 < 1$ konkav verläuft.

(5) $$D = \alpha_0 x^{\alpha_1}$$

Die Elastizitäten von Marketinginstrumenten sind beim multiplikativen Modell konstant und entsprechen dem jeweiligen Koeffizienten. Dies erleichtert zwar die Interpretation des Modells, es ist jedoch zweifelhaft, ob Elastizitäten vom Einsatzniveau der Instrumente unabhängig sind.

Beim semilogarithmischen Modell führen konstante prozentuelle Steigerungen des Inputs zu gleich großen absoluten Änderungen der Absatzmenge. Die Elastizität sinkt mit steigenden Werten der Absatzmenge.

(6) $$D = \alpha_0 + \alpha_1 \ln x$$

Bei der modifizierten Exponentialfunktion wirken zwei entgegengesetzte Tendenzen auf die Elastizität. Sie nimmt zunächst mit steigendem Einsatzniveau zu, geht aber mit der Annäherung an das Marktpotential D_{max} zurück.

(7) $$D = D_{max}\left(1 - e^{-\alpha_1 x}\right)$$

Die ADBUDG-Funktion (Little 1970) verläuft konkav für $\beta_1 < 1$. Mit steigenden (sinkenden) Werten von x geht sie gegen D_{max} (D_{min}). In der Regel steigen die Elastizitäten zunächst an und gehen dann zurück.

(8) $$D = D_{min} + \left(D_{max} - D_{min}\right)\frac{x^{\beta_1}}{\beta_2 + x^{\beta_1}}$$

S-förmige Funktionen bestehen aus zwei Abschnitten. Den ersten Abschnitt charakterisieren steigende Grenzerträge, den zweiten Abschnitt (nach dem Wendepunkt) hingegen abnehmende Grenzerträge. S-förmige Funktionen approximieren einen Maximalwert der abhängigen Variablen. Aus Platzgründen werden nur die logistische und die ADBUDG Funktion behandelt.

Der Wendepunkt der logistischen Funktion liegt beim halben Potential D_{max}. Elastizitäten steigen zunächst mit dem Einsatzniveau, gehen später zurück.

$$(9) \qquad D = \frac{D_{\max}}{1 + e^{-(\alpha_0 + \alpha_1 x)}}$$

Die oben behandelte ADBUDG-Funktion (vgl. Gleichung 8) verläuft S-förmig, falls der Parameter β_1 größer als eins ist. Die Elastizität nimmt zunächst mit dem Einsatzniveau stark zu, später aber relativ rasch ab.

Nachfragefunktionen mit der abhängigen Variablen Marktanteil können die zuvor erörterten Funktionsformen aufweisen. Diese Funktionsformen garantieren im Gegensatz zu den nun erörterten Attraktivitätsmodellen freilich nicht, daß geschätzte Marktanteile Werte zwischen null und eins annehmen und die Summe der geschätzten Marktanteile aller (relevanten) Marken kleiner gleich eins ist. Attraktivitätsmodelle unterstellen, daß sich der Marktanteil einer Marke als Quotient aus der Attraktivität dieser Marke und der Summe der Attraktivitäten aller Marken ergibt (vgl. auch zum folgenden Cooper/Nakanishi, 1988). Die Attraktivität einer Marke ist eine Funktion der eigenen (und evtl. fremder) Marketinginstrumente. Allgemein läßt sich ein Attraktivitätsmodell wie folgt formulieren:

$$(10) \qquad M_i = \frac{A_i}{\sum A_i}$$

M_i Marktanteil der Marke i
A_i Attraktivität der Marke i

Die wichtigsten Funktionsformen von Attraktivitätsmodellen stellen das multiplikative Interaktionsmodell (MCI) und das multinomiale Logitmodell (MNL) dar. Die Grundversionen dieser beiden Funktionsformen erlauben nur Effekte der markeneigenen Instrumente auf die Markenattraktivität. Außerdem sehen sie gleich hohe Parameterwerte eines Marketinginstruments für alle Marken vor. Erweiterungen lassen markenspezifische Parameter bzw. darüber hinaus Effekte der Marketinginstrumente anderer Marken auf die Attraktivität einer Marke zu.

Die Grundformen des MCI-Modells bzw. des MNL-Modells lauten:

$$(11) \qquad A_i = e^{\alpha_i} \prod_k \left(x_{ik}^{\beta_k} \right)$$

Bei beiden Modellen wirkt ein Sättigungseffekt auf die Elastizität, je mehr sich der Marktanteil der i-ten Marke der Obergrenze von eins annähert. Dieser Sättigungseffekt wird beim MCI-Modell mit einer Konstanten multipliziert, d.h. die Elastizität geht mit steigenden Werten des Instruments zurück.

Hruschka (1999b) entwickelt eine semiparametrische Verallgemeinerung dieser parametrischen MNL- und MCI-Modelle. Der nichtparametrische Teil besteht aus adaptiven nichtlinearen Funktionen (in Form kubischer Glättungssplines) für metrische Marketinginstrumente (wie z.B. für den Preis). Bei einer anderen semiparametrische Erweiterung, ANNAM (Artificial Neural Network Attraction Model), approximiert ein Künstliches Neuronales Netzwerk mit verborgenen Einheiten den gesamten nichtlinearen Teil der logarithmierten Markenattraktivitäten (Hruschka, 1999a).

3.2 Disaggregierte Nachfrage

Der Effekt von Marketinginstrumenten auf die Entscheidung eines Abnehmers über den Kauf einer Produktkategorie (einer Marke) läßt sich mit Hilfe binomialer (multinomialer) stochastischer Wahlmodelle feststellen (Gensch/Recker, 1979, McFadden, 1986, Meier/Weiss, 1990, Balderjahn, 1993). Die Kaufwahrscheinlichkeit einer Person j für eine Produktgruppe (eine Marke i) ist äquivalent zur Wahrscheinlichkeit, daß der Nutzen des Kaufs größer ist als der Nutzen eines Nichtkaufs (des Kaufs anderer Marken). Der Nutzen setzt sich additiv aus einer deterministischen Komponente V_{ij} und einer Störgröße zusammen, wobei der deterministische Nutzen meist als lineare Funktion u.a. von Marketinginstrumenten spezifiziert wird.

Im Marketing am verbreitetsten ist das bedingte multinomiale Logitmodell (MNL), das sich für extremwertverteilte Störgrössen ergibt, mit folgendem Ausdruck der Kaufwahrscheinlichkeit von Person i für Marke j:

$$(12) \quad P_{ij} = \frac{e^{V_{ij}}}{\sum_l e^{V_{il}}}$$

Eine Beschränkung des MNL-Modells bildet die Eigenschaft der Independence of Irrelevant Alternatives (IIA), wonach das Verhältnis der Kaufwahrscheinlichkeiten zweier Marken unabhängig von den Merkmalen anderer Marken ist. Diese Eigenschaft erweist sich bei unterschiedlicher Ähnlichkeit der Marken als problematisch, da die Kaufwahrscheinlichkeiten für ähnliche Alternativen zu hoch ausfallen. Etwas flexibler ist das Nested Logitmodell (NMNL), das mindestens zwei Hierarchieebenen, z.B. Produktform und Marke, aufweist. Im Gegensatz zum MNL-Modell gilt die IIA-Eigenschaft nur für Marken derselben Produktform. Bei Annahme normalverteilter Störterme ergibt sich das Probitmodell. Das Probitmodell unterliegt nicht der IIA-Eigenschaft, falls man Korrelation der Störgrößen diverser Marken zuläßt (Maier/Weiss, 1990).

Gupta (1988) betrachtet Kaufzeitpunkt, Markenwahl und Kaufmenge als Teilentscheidungen eines Käufers, die er getrennt modelliert. Zur Darstellung der Markenwahl dient ein MNL-Modell. Hinsichtlich des Kaufintervalls unterstellt Gupta eine Erlang-2 Verteilung. Ein kumulatives Logitmodell repräsentiert die Entscheidung des Abnehmers über die Kaufmenge. Da sich der Absatz multiplikativ aus der Kaufwahrscheinlichkeit der Produktgruppe, der Markenwahlwahrscheinlichkeit und der Kaufmenge zusammensetzt, ergibt sich die Absatzelastizität als Summe der jeweiligen Teilelastizitäten.

Guadagni/Little (1987) analysieren sowohl den Kauf einer Produktgruppe als auch den Kauf einer Marke der Produktgruppe mit Hilfe eines NMNL-Modells. Die erste Hierarchieebene betrachtet den Kauf der Produktgruppe, die zweite Ebene die Markenwahl. Das Markenwahlmodell umfaßt an unabhängigen Variablen Marken- und Packungsgrößenloyalität, Aktionen und Preisreduktionen, den regulären Preis und teilweise markenspezifische Konstanten.

Jedidi et al. (1999) untersuchen die Markenwahl mit Hilfe eines heteroskedastischen Probitmodells und die Mengenentscheidung mit Hilfe eines heteroskedastischen Regressionsmodells. Beide Modelle besitzen variierende Parameter, die linear u.a. von langfristigen Marketingvariablen (Werbung, Verkaufsförderung) abhängen. Langfristige Marketinginstrumente werden in Analogie zum Koyck-Modell (vgl. Abschnitt 4) als geometrische Reihe vergangener Aktivitätsniveaus operationalisiert.

Bentz/Merunka (1996) sowie Hruschka et al. (1999a) ersetzen die übliche lineare Funktionsform des Nutzens im MNL-Modell durch eine nichtlineare Formulierung, die durch ein Künstliches Neuronales Netz mit verborgenen Einheiten bestimmt wird. Hruschka et al. bezeichnen dieses Modell als ANN-MNL-Modell (Artificial Neural Net Multinomial Logit). In ihrer Untersuchung weisen umfangreiche Kreuzvalidierungen bessere Anpassungwerte der nichtlinearen Spezifikation für Haushaltsscannerpaneldaten nach.

4. Spezifikation dynamischer Effekte

Unterstellt man, daß Marketingmaßnahmen unendlich lange in die Zukunft wirken, so weist die entsprechende Marktreaktionsfunktion unendlich viele Parameter auf. Da die Bestimmung unendlich vieler Parameter ausscheidet, kann stattdessen ein endlicher maximaler Lag von T Perioden eingeführt werden. Die Variable x_{t-k} bezeichnet das Einsatzniveau des Marketinginstruments in Periode t-k (vgl. zu diesem Abschnitt Hanssens et al., 1990, Greene, 1997):

$$(13) \quad D_t = \alpha_0 + \sum_{k=0}^{T} \alpha_{k+1} x_{t-k}$$

Dieses Vorgehen führt zum Problem der Festlegung dieses maximalen Lags, zu einem u.U. hohen Verbrauch an Freiheitsgraden bzw. zu Multikollinearität zwischen den verzögerten Werten eines Marketinginstruments. Alternativ kann man die Lagstruktur als diskrete Wahrscheinlichkeitsverteilung auffassen und dadurch die Anzahl der Parameter beschränken.

Für eine geometrische Reihe erhält man das Koyck-Modell:

(14) $$D_t = \beta_0 + \beta_1 x_t + \cdots + \beta_3 x_{t-2} + \cdots mit \frac{\beta_{i+1}}{\beta_i} = \lambda \forall i 0 < \lambda < 1$$

bzw.

(15) $$D_t = \beta_0 + \beta(1-\lambda)\sum_{k=0}^{\infty} \lambda^k x_{t-k}$$

Der Quotient der Wirkungsparameter unmittelbar aufeinanderfolgender Perioden entspricht λ. Da diese Größe zwischen null und eins liegt, wird die Wirkung eines Inputs umso schwächer, je weiter man in die Zukunft geht. Die maximale Wirkung erreicht das Instrument in der aktuellen Periode seines Einsatzes.

Der langfristige Effekt einer einmaligen Änderung eines Marketinginstruments läßt sich generell durch den Gleichgewichtswert der Nachfrage messen. Wie sich leicht zeigen läßt, entspricht dieser beim Koyck-Modell dem Parameter β. In der aktuellen Periode erreicht das Koyck-Modell nur das (1-λ)-fache dieser langfristigen Wirkung.

Flexiblere Lagstrukturen erlauben die Polynomial-Lag Regression (Greene, 1997, Hruschka 1983) oder ARMAX-Modelle mit zeitverzögerter Nachfrage, zeitverzögerten unabhängigen Variablen und Moving-Average Störgrößen (Greene, 1997, Hanssens et al., 1990).

5. Preis

Eine Meta-Analyse (Tellis, 1988) statischer Preiselastizitäten bezüglich der Absatzmenge liefert einen Mittelwert von 1,76 und einen Modalwert von 1,50 (unter Preiselastizität soll hier immer der Absolutbetrag verstanden werden). Die Preiselastizität ist danach bei Waschmitteln relativ hoch, liegt bei langlebigen Produkten dazwischen und ist bei Lebensmitteln am niedrigsten. Absatzvolumina sind weniger preiselastisch (oft unelastisch) als der Absatz einzelner Marken (Hanssens et al., 1990).

30 % der von Tellis (1988) betrachteten 367 Studien verwenden eine lineare, 59 % eine multiplikative Funktion und 11 % ein Attraktivitätsmodell (d.h. das MCI- oder MNL-Modell).

MCI- und MNL-Modell weisen drei Abschnitte unterschiedlicher marginaler Reaktion auf, die am stärksten im mittleren Bereich ausfällt, in dem relativ kleine Preisunterschiede große Marktanteilsverschiebungen auslösen (Simon, 1992, Hruschka, 1996). Derartige Effekte erscheinen angebracht, falls keine starken Unterschiede der subjektiven Qualitätswahrnehmung der Marken bestehen (Diller, 1991).

Das Gutenberg-Modell dagegen sieht überproportionale zusätzliche Nachfrageeffekte vor, je mehr der Preis einer Konkurrenzmarke p_j über dem Preis p_i der Marke i liegt. Ein Wechsel zur Marke i ist dann für viele Kunden der Konkurrenzmarke vorteilhaft, da der damit verbundene Nutzenverlust unter der Preisdifferenz liegt (Albach, 1973). Das Modell weist drei Bereiche auf, jeweils für niedrige, mittlere bzw. hohe Preise, wobei der mittlere Preisbereich eine geringe (absolute) Steigung, hohe und geringe Preise dagegen eine hohe (absolute) Steigung aufweisen. Die Größe dieses mittleren Preisintervalls steigt mit der Kundentreue und nimmt mit der Substituierbarkeit der Marken, der Warenkenntnis und Markttransparenz ab (Gutenberg, 1984). Eine Formalisierung des Gutenberg-Modells als kontinuierliche, doppelt gekrümmte Funktion ist (Albach, 1973):

$$(16) \quad D_i = \alpha_0 - \alpha_1 p_i + \alpha_2 \sinh\left[\alpha_3 \left(p_j - p_i\right)\right]$$

Bei der exponentiellen Funktion entspricht die (Kreuz-) Elastizität dem Produkt aus Koeffizient und Einsatzniveau des Instruments.

Bei der semilogarithmischen Preisabsatzfunktion geht der Absatz einer Marke mit steigenden eigenen Preisen zwar zurück, die Abnahme wird jedoch schwächer. Analog steigt der Absatz mit den Konkurrenzpreisen, die Zunahme wird jedoch für höhere Konkurrenzpreise geringer (Simon, 1992, Hruschka, 1997).

Hruschka (1997) untersucht unterschiedliche Spezifikationen diverser Preisabsatzfunktionen, nämlich linear, multiplikativ, logistisch, exponentiell, Gutenberg-Modell, semilogarithmisch und nichtlinear stückweise. Letztere besteht aus einem Abschnitt, in dem Preiseffekte mit der Absatzmenge zunehmen (entspricht einer exponentiellen Funktion), sowie einem zweiten Abschnitt mit stärkeren Preiseffekten bei geringerer Absatzmenge (entspricht einer modifizierten Exponentialfunktion). Diese stückweise Preisabsatzfunktion schneidet am besten ab, gefolgt von der logistischen und der exponentiellen Preisabsatzfunktion, während lineare Funktionen die schlechtesten Anpassungswerte erreichen.

Hruschka (1999) wendet semiparametrische Regressionsmodelle mit kubischen Glättungssplines auf outletspezifische Absatz- und Preisdaten an. Bei sieben von elf untersuchten Marken zeigt sich in Übereinstimmung mit dem Gutenberg-Modell ein mittlerer Preisbereich mit schwacher Preissensitivität.

In einer Studie erzielt die semiparametrische Verallgemeinerung des MNL-Attraktivitätsmodells durch Splines bessere kreuzvalidierte Anpassungsmaße als konventionelle MNL- oder MCI-Modelle (Hruschka, 1999). Die dabei identifizierten marginalen Effekte sind für hohe Preise deutlich schwächer. Die Preiselastizitäten als Funktionen der Preise weisen ein oder zwei lokale Maxima auf (bei den konventionellen Modellen steigen sie dagegen monoton).

Für andere Daten führt die Erweiterung des MNL-Attraktivitätsmodells in Form des ANNAM-Modells zu besseren kreuzvalidierten Anpassungswerten (Hruschka 1999). Hier zeigen sich stärkere marginale Effekte bei niedrigen, schwache bei hohen Preisen, während das konventionelle MNL-Modell ziemlich konstante marginale Effekte ergibt. Außerdem sind die (Kreuz-) Preiselastizitäten geringer als beim MNL-Modell.

In der neueren Literatur enthalten Preisreaktionsmodelle neben beobachteten Preisen oft auch Ankerpreise (Referenzpreisen), d.s. interne Preise, die Käufer mit beobachteten Preisen vergleichen. Abnehmer bewerten über dem Ankerpreis liegende Preise negativ, unter dem Ankerpreis liegende beobachtete Preise dagegen positiv („Gewinne“). Erstere führen zu einem geringeren Absatz, letztere zu einem höheren Absatz. Nach der Prospect Theory sollten Gewinne stärker als Verluste wirken (Winer, 1988, Hruschka, 1996).

Eine Reihe unterschiedlicher Theorien zur Bildung von Ankerpreisen basieren auf erkennbaren Mustern vergangener Preise (Kalwani et al., 1990, Lattin/Bucklin, 1989, Winer, 1985 und 1986):

1. Adaptive Erwartungen
   Der neue Ankerpreis ergibt sich aus dem Ankerpreis der Vorperiode und einem Teil der Differenz zwischen dem beobachteten Preis der Vorperiode und dem Ankerpreis der Vorperiode.

2. Extrapolative Erwartungen
   Die Abnehmer nehmen an, daß Preise einem Zeitreihenmodell (z.B. einem autoregressiven Modell) folgen.

3. (Quasi-) Rationale Erwartungen
   Typischerweise bestehen Modelle mit rationalen Erwartungen aus zwei Gleichungen, wovon eine die Preiserwartung der Abnehmer und die andere die eigentliche Preisreaktion und damit auch den Effekt einer Abweichung des aktuellen Preises vom erwarteten Preis (Surprise Effect) beschreibt. Die Preiserwartungen von Abnehmern ergeben sich aus Entscheidungsregeln, die sie den Anbietern zusprechen (indem sie z.B. annehmen, daß die Anbieter Preise als Funktion des Marktanteils und eines Trendterms festlegen). Man setzt also die Preiserwartung mit einem aufgrund einer Regressionsgleichung vorhergesagten Preis gleich.

Kalyanaram/Little (1994) spezifizieren ein MNL-Modell für Markenkäufe auf Grundlage diverser Theorien. Sie postulieren Ankerpreisbildung gemäß adaptiven Erwartungen, einen mittleren Preisbereich entsprechend der Assimilations-Kontrast Theorie, in dem Abnehmer weniger preissensitiv reagieren, sowie Effekte nach der Prospect Theory. Die Ergebnisse bekräftigen die Annahmen mit Ausnahme der Effekte nach der Prospect Theory.

Natter/Hruschka (1997) führen Ankerpreiseffekte in aggregierte Preisabsatzfunktionen ein. Sie spezifizieren Ankerpreise alternativ als adaptive Erwartungen, extrapolative Erwartungen, (Quasi-) Rationale Erwartungen sowie dynamische latente Variablen. Letztere werden durch geeignet aufgebaute Künstliche Neuronale Netzwerke bestimmt. Als beste Form erweist sich eine asymmetrische logistische Funktion. Im Gegensatz zur Prospect Theory wirken Preisgewinne wie bei Greenleaf (1995) höher als Preisverluste. Außerdem werden Effekte von Konkurrenzpreisen und Konkurrenzankerpreisen nachgewiesen. Bei den Modellen mit Ankerpreisen als dynamische latente Variablen erweist es sich als vorteilhaft, neben dem eigenen und einem Durchschnittsankerpreis auch Ankerpreise der Konkurrenten zu berücksichtigen.

Anwendungen des ANN-MNL-Modells auf Markenkäufe verschiedener Produktgruppen zeigen, daß der Nutzen invers S-förmig bezüglich des Preises verläuft und keineswegs linear, wie dies üblicherweise unterstellt wird (Hruschka et al., 1999a). Durchschnittliche Preiselastizitäten unterscheiden sich deutlich von jenen eines konventionellen MNL-Modells mit linearem Nutzen, so differieren sie bei einer Produktgruppe stärker zwischen hoch- und niedrigpreisigen Marken.

6. Verkaufsförderung

Im Mittelpunkt der meisten Verkaufsförderungsmaßnahmen stehen kurzfristige Absatzeffekte. Derartige Wirkungen sind vor allem bei markierten kurzlebigen Konsumgütern belegt (Moriarty, 1985, Blattberg/Wisniewski, 1987). Verkaufsförderungsmaßnahmen, insbesondere Preisreduktionen, Feature und Display, führen zum Absatzzuwachs bei der promoteten Marke selbst (Blattberg/Wisniewski, 1987, Kumar/Leone, 1988, Bolton, 1989). Der Effekt von Preisreduktionen dürfte mit deren Häufigkeit abnehmen (Bolton, 1989, Raju, 1992). Einen umfassenden Überblick und eine einschlägige empirische Untersuchung findet man bei Schmalen et al. (1996).

In der Literatur findet man Befunde über Schwelleneffekte, d.s. Mindestwerte (Gupta/Cooper, 1992), Sättigungseffekte (Gupta/Cooper, 1992) und Signaleffekte (Inman et al., 1990, Mayhew/Winer, 1992). Im letzten Fall reagieren Konsumenten auf Signale (z.B. Flugzettelwerbung) für eine Verkaufsförderungsaktion (z.B. Preisreduktion), auch wenn die Aktion selbst nicht stattfindet. Das semiparametrische Modell auf der Grundlage von Kerndichten von Heerde et al. (1998) belegt eine inverse S-Form für Preisreduktionen und damit Schwellen- und Sättigungseffekte (ähnlich auch Bentz/Merunka, 1996). Heerde et. al. erhalten für Preisreduktionen der Konkurrenzmarken eine S-Form (d.h. schwache marginale Kreuzeffekte für hohe und niedrige Preisreduktionen).

Die Wahrscheinlichkeit des Kaufs einer Marke läßt sich als Funktion der aktuellen Verkaufsförderungsmaßnahmen und der Kaufgeschichte des Kunden darstellen. Empirische Untersuchungen zeigen, daß die Kaufwahrscheinlichkeit steigt, falls für die jeweilige Marke eine Verkaufsförderung erfolgt bzw. die Marke bei der letzten Kaufgelegenheit beschafft wurde. Allerdings sinkt die Kaufwahrscheinlichkeit häufig, falls beim letzten Mal die promotete Marke gekauft wurde (Promotional Usage Effect). Die Wahrscheinlichkeit eines Wiederholungskaufs ist somit geringer, falls der Kauf während einer Promotion erfolgt als nach einem Kauf ohne Promotion. Dieser Effekt kann durch Ansprechen einer großen Zahl von Kunden mit geringen Kaufwahrscheinlichkeiten ohne Promotion bedingt sein (Blattberg/Neslin, 1990).

Das bereits in Abschnitt 3.2 erörterte Mikromodell von Gupta (1988) zeigt für eine Produktgruppe, daß Promotions primär die Markenwahl beeinflussen. Die Elastizitäten hinsichtlich Kaufmenge und Kaufintervall bleiben demgegenüber gering. Nach der Untersuchung von Jedidi et al. (1999) gelten diese Aussagen kurzfristig, während auf lange Sicht Preisreduktionen primär die Kaufmenge beeinflussen.

Blattberg/Wisniewski (1987 und 1989) entdecken asymmetrische kurzfristige Wirkungen der Verkaufsförderung, wonach eine Aktion bei einer höherpreisigen Marke auf den Absatz einer niedrigpreisigen Marke stärker wirkt als umgekehrt. Bronnenberg/Wathieu (1996) erklären asymmetrische Effekte durch von Käufern vorgenommene Vergleiche der Qualitäts- und Preisdifferenzen von Markenpaaren. Falls bei diesem Vergleich eine Hochpreismarke einen bestimmten Schwellenwert überschreitet, ergibt sich der oben angesprochene asymmetrische Effekt zwischen Marken verschiedener Preislagen. Der Ansatz von Bronnenberg/Wathieu wird durch geeignet spezifizierte MNL-Modelle unterstützt.

Ob Elastizitäten von Preisaktionen generell höher sind als reguläre Preiselastizitäten bleibt aufgrund vorliegender empirischer Befunde unklar (Blattberg/Wisniewski, 1987, Guadagni/Little, 1983). Nach Jedidi et al. (1999) gilt dies nur für kurzfristige Elastizitäten, langfristig seien reguläre Preiselastizitäten höher.

Verkaufsförderungsmaßnahmen ziehen bei substitutiven Marken derselben Produktgruppe einen Absatzrückgang nach sich, dessen Bedeutung von der Produktkategorie abhängen dürfte (Blattberg/Wisniewski, 1987). Deighton et al. (1994) spezifizieren und schätzen ein MNL-Modell, das neben der Kaufgeschichte Preise, Feature, Display und die Anzahl der TV-Werbekontakte berücksichtigt. Diese Untersuchung zeigt, daß Markenwechselwahrscheinlichkeiten starken Effekten von Verkaufsförderungsmaßnahmen unterliegen.

Verkaufsförderung kann zu einer Steigerung des Absatzes der gesamten Produktgruppe führen (nach der Untersuchung von Hruschka et al., 1999 z.B. für die Produktgruppen Salz/Essig und Katzenfutter).

An Untersuchungen über die Wirkung von Verkaufsförderungsmaßnahmen auf andere Produktgruppen, insbesonders hinsichtlich komplementärer Effekte, herrscht Mangel. Walters (1991) und Mulhern/Leone (1991) weisen asymmetrische Kreuzeffekte nach. Schmalen et al. (1996) analysieren Kreuzeffekte von Verkaufsförderungsmaßnahmen für ein Lebensmittelsortiment. Sie finden relativ wenige und umsatzmäßig kaum bedeutsame Beziehungen.

Nach Hruschka et al. (1999) können Verkaufsförderungsmaßnahmen komplementäre Effekte bei anderen Produktgruppen steigern (z.B. bei Gemüsekonserven bezüglich Teigwaren bzw. Trockenfrüchten bezüglich Backwaren).

Jedidi et al. (1999) stellen fest, daß sich langfristige Verkaufsförderungseffekte auf 40 % der kurzfristigen Effekte belaufen. Kurzfristig erweist sich das Ausmaß von Verkaufsförderungsmaßnahmen als wichtiger, langfristig dagegen deren Häufigkeit. Während sich nach Boulding et al. (1994) Verkaufsförderung langfristig sowohl positiv als auch negativ auswirken kann, belegt die Untersuchung von Jedidi et al. (1999) langfristige negative Effekte auf die Markenwahl.

7. Werbung

Die überwiegende Mehrheit empirischer Befunde für aggregierte Werbewirkungsmodelle mit der Nachfragegröße Absatz und der unabhängigen Variablen Werbebudget bekräftigt einen konkaven Verlauf (d.h. mit der Budgethöhe abnehmende Grenzerträge). Dies könnte damit begründet werden, daß Unternehmen Budgets optimieren und daher im konkaven Teilabschnitt der S-förmigen Werbewirkungsfunktion nach dem Wendepunkt operieren. In diesem Fall fehlen Daten über den ersten konvexen Abschnitt und der Nachweis der S-Form scheitert. Dieser Auffassung kann man allerdings entgegenhalten, daß auch die Mehrzahl einschlägiger Labor- und Feldexperimente mit großer Variation des Werbeinputs abnehmende Grenzerträge belegen (Simon/Arndt, 1980).

Laut einer Meta-Analyse von Assmus et al. (1984) für 128 Werbewirkungsmodelle aus 22 veröffentlichten Studien liegt die kurzfristige Werbeelastizität im Mittel bei 0,221 mit einer relativ hohen Standardabweichung von 0,264. Für Lebensmittel ergibt sich eine höhere Werbeelastizität. Diese Kennzahlen sprechen aber auch dafür, daß das Konfidenzintervall der kurz- und langfristigen Elastizitäten den Wert null einschließt und somit fehlende Werbewirkung aufgrund dieser Durchschnittsbetrachtung nicht ausgeschlossen werden kann.

Es erscheint naheliegend, daß die Absatzwirkung nicht allein von der Höhe der Werbeausgaben, sondern auch von der Werbequalität diverser Werbemaßnahmen abhängt. Grundsätzlich können nichtökonomische Werbewirkungsmaße als Qualitätsindikatoren dienen. Arnold et al. (1987) berücksichtigen Werbequalität, indem sie das Werbebudget mit einem aus einzelnen Indikatoren gebildeten multiplikativen Werbequalitätsindex gewichten. Es stellt sich heraus, daß die Elastizitäten der Werbequalität um ein Vielfaches über jener des Budgets liegen. Freilich muß man kritisch einwenden, daß der verwendete Qualitätsindikator von Experten und nicht von Konsumenten stammt und außerdem ex post (d.h. nach Einsatz einer Werbekampagne) erhoben wurde.

Nach einer Meta-Analyse von TV-Werbeexperimenten durch Lodish et al. (1994) führt höhere Werbung bei lediglich 33% von 207 etablierten Produkten zu mehr Absatz als niedrige Werbung (bei neu eingeführten Marken gilt dies für 55 % von 85 Marken). Insgesamt zeigt sich, daß Absatzsteigerung nur halb so wahrscheinlich ist wie keine Absatzsteigerung. Hingegen erhöhen Änderungen der Werbeinhalte bzw. der Werbeträger die Wahrscheinlichkeit einer Absatzsteigerung.

Nach der Meta-Analyse von Assmus (1984) entspricht die langfristige Werbewirkung im Durchschnitt dem 1,88-fachen der kurzfristigen Werbewirkung. Bei kurzlebigen Produkten und auf stabilen Märkten werden 90 % der gesamten Werbewirkung nach sechs bis neun Monaten erreicht (Bass/Leone, 1983). Bei langlebigen Produkten (wie PKWs oder Maschinen) scheinen (Vielfache von) Jahreswerte(n) dagegen angebracht. Givon/Horsky (1990) stellen für vier Produktgruppen zwar Customer-Holdover, jedoch keine Carryover-Effekte der Werbung fest.

Lodish et al. (1995) untersuchen die langfristige Wirkung von TV-Werbung bei 42 etablierten Marken, bei denen eine Erhöhung der Werbung im ersten Jahr des Experiments zu einer statistisch signifikanten Absatzsteigerung führt. In der Kontrollgruppe wird Werbung ein Jahr erhöht, in den nächsten zwei Jahren aber wieder auf das übliche Nivau reduziert. Die Autoren erhalten deutliche, im Zeitablauf abnehmende Carryover-Effekte. Durchschnittlich werden im zweiten Jahr 68 (69) % , im dritten Jahr 38 (31) % der Absatzsteigerung (Marktanteilssteigerung) des ersten Jahres erreicht.

Die meisten dynamischen Werbewirkungsmodelle unterstellen, daß eine einmalige Steigerung der Werbeausgaben zu keiner dauerhaften Änderung der Absatzwerte führt, d.h. mit zunehmender Zeit nähern sich die Absatzmengen den Werten vor dem Werbeimpuls. Dekimpe/Hanssens (1995a) dagegen testen auf dauerhafte Effekte von Werbeausgaben mit Hilfe vektorautoregressiver Modelle. Nach dieser Pilotstudie führt eine zusätzliche Geldeinheit bei den Werbeausgaben zu einer langfristigen Umsatzsteigerung um 0,086 Geldeinheiten. Dies kann man auch als Beleg für Hysteresis auffassen.

Nach der in Abschnitt 6 bereits erörterten Untersuchung von Deighton et al. (1994) beeinflussen aktuelle TV-Werbekontakte den Kauf einer Marke positiv, allerdings schwächer als Verkaufsförderungsmaßnahmen. Vergangene Werbekontakte erweisen sich als nicht signifikant. Aktuelle und vergangene Werbekontakte üben in der Regel keinen Einfluß auf Wiederholungskäufe aus. Befunde von Jedidi et al. (1999) belegen jedoch langfristige positive Effekte der Werbung auf die Markenwahl.

8. Persönlicher Verkauf

Im Bereich des Persönlichen Verkaufs wurden positive Elastizitäten für die Größe des Außendienstes oder den Besuchsaufwand nachgewiesen (Hanssens/Parsons, 1993). Auf Grundlage der wissenschaftlichen Zeitreihendatenbasis des PIMS-Projekts ermittelt Hruschka (1993b) zwischen 0,35 und 0,55 liegende Absatzelastizitäten für Verkaufsbudgets in diversen Branchen.

Turner (1971) untersucht Kundenumsätze als multiplikative Funktion von Besuchszeit und den Kundenmerkmalen Erklärungsbedarf und Konkurrenzeinfluß. Die Ausprägungen der beiden zuletztgenannten unabhängigen Variablen wurden durch Befragung der Reisenden gewonnen. Es zeigt sich ein starker Einfluß der Besuchszeit, die Elastizität beträgt ca. 0,6.

Beswick (1977) spezifiziert den Umsatz einer Kundengruppe als multiplikative Funktion der unabhängigen Variablen Besuchszeit und Umsatzpotential. Weitere Einflußgrößen werden als relative Größen bezogen auf den jeweiligen arithmetischen Durchschnitt über alle Absatzgebiete gemessen. Es handelt sich um durchschnittliche Kundengröße (Arbeitsbelastung), Vorperiodenmarktanteil, Beschäftigungsdauer des Verkaufsleiters sowie Beschäftigungsdauer des Reisenden. Zu den wichtigeren Einflußgrößen zählt nach Umsatzpotential und Vorperiodenmarktanteil die Besuchszeit mit einer Elastizität von 0,217.

9. Interaktionseffekte

Falls Werbung als Informationsquelle wirkt, nimmt die Preiselastizität mit der Höhe der Werbeausgaben zu (Lambin, 1976). Werbung kann aber auch der Differenzierung von Produkten dienen. Die Preiselastizität sinkt in diesem Fall mit steigenden Werbeausgaben (Comanor/Wilson, 1967).

Multiplikative und exponentielle Funktionsformen schließen Elastizitätsinteraktionen aus. Lineare, logistische und Attraktivitätsmodelle implizieren positive Interaktionen. Sie ermöglichen daher nur die Wiedergabe von als Mittel zur Produktdifferenzierung wirkenden Werbeausgaben (Hruschka, 1991). Hruschka (1991) erweitert das multiplikative Model, indem er die Elastizität als logarithmische Funktion eines anderen Instruments darstellt. Boulding et al. (1992) spezifizieren die Preiselastizität als lineare Funktion diverser sonstiger Marketinginstrumente. Beide Erweiterungen erlauben es, sowohl die Wirkung von Werbung als Informationsquelle als auch als Mittel zur Produktdifferenzierung zu modellieren.

In der empirischen Untersuchung von Hruschka (1991) ergeben sich je nach Marke positive bzw. negative Preiselastizitätsinteraktionen. Bei Boulding et al. (1992) reduzieren Werbeausgaben (ebenso wie Ausgaben für den Persönlichen Verkauf) die Preissensitivität, Verkaufsförderungsausgaben dagegen steigern sie. Diese Ergebnisse stimmen mit zahlreichen Untersuchungen überein, nach denen preisorientierte Werbung die Preissensitivität erhöht, nicht-preisorientierte Werbung sie jedoch reduziert (vgl. die Übersicht bei Kaul/Wittink, 1995).

10. Literatur

ALBACH, H., Das Gutenberg-Oligopol, in: Koch, H., (Hrsg.), Zur Theorie des Absatzes, Wiesbaden 1973.

ARNOLD, S. J./OUM, T. H./PAZDERKA, B., Advertising Quality in Sales Response Models, in: Journal of Marketing Resarch, 1987, S. 106-113.

ASSMUS, G./FARLEY, J. U./LEHMANN, D. R., How Advertising Affects Sales, in: Journal of Marketing Research, 1984, S. 65-74.

BALDERJAHN, I., Marktreaktionen von Konsumenten, Berlin 1993.

BASS, F. M./LEONE, R. P., Temporal Aggregation, the Data Interval Bias, and Empirical Estimation of Bimonthly Relations from Annual Data, in: Management Science, 1983, S. 1-11.

BENTZ, Y./MERUNKA, D., La mod'elisation du choix des marques par le mod`ele multinomial logit et les r'eseaux de neurones artificiels: proposition d'une approche hybride, in: Recherche et Applications en Marketing, 1996, S. 43-61.

BESWICK, C. A., Allocating Selling Effort via Dynamic Programming, in: Management Science, 1977, S. 667-678.

BLATTBERG, R. C./BRIESCH, R./FOX, E., How Promotions Work, in: Marketing Science, 1995, S. G122-G132.

BLATTBERG, R. C./NESLIN, S. A., Sales Promotion, Englewood Cliffs 1990.

BLATTBERG, R. C./WISNIEWSKI, K. J., Price-Induced Patterns of Competition, in: Marketing Science, 1987, S. 291-309.

BLATTBERG, R. C./WISNIEWSKI, K. J., How Retail Price Promotions Work: Empirical Results, Working Paper, University of Chicago, Chicago 1989.

BOLTON, R. N., The Relationship Between Market Characteristics and Promotional Price Elasticities, in: Marketing Science, 1989, S. 153-169.

BOULDING, W./LEE, E./STAELIN, R., The Long-Term Differentiation Value of Marketing Communication Actions, Working Paper, Marketing Science Institute, Cambridge 1992.

BOULDING, W. E./LEE, E./STAELING, R., Mastering the Mix. Do Advertising, Promotion and Sales Force Lead to Differentiation, in: Journal of Marketing Research, 1994, S. 159-172.

BOZTUG, Y./HILDEBRANDT, L., Nicht- und semiparametrische Markenwahlmodelle im Marketing, Discussion Paper No. 99, Sonderforschungsbereich 373, Humboldt-Universität zu Berlin, Berlin 1998.

BRONNENBERG, B. J./WATHIEU, L., Asymmetric Promotion Effects and Brand Positioning, in: Marketing Science 1996, S. 379-394.

CHEVALIER, M./CURHAN, R. C., Retail Promotions as a Function of Trade Promotions: A Descriptive Analysis, in: Sloan Managment Review, 1976, S. 19-32.

COMANOR, W. S./WILSON, T. A., Advertising Market Structure and Performance, in: The Review of Economics and Statistics, 1967, S. 423-440.

COOPER, L. G./NAKANISHI, M., Market-Share Analysis, Boston 1988.

DEIGHTON, J./HENDERSON, C. M./NESLIN, S. A., The Effects of Advertising on Brand Switching and Repeat Purchasing, in: Journal of Marketing Research, 1994, S. 28-43.

DEKIMPE, M. G./HANSSENS, D. M., Empirical Generalizations about Market Evolution and Stationarity, in: Marketing Science, 1995a, S. G109-G121.

DEKIMPE, M. G./HANSSENS, D. M., The Persistence of Marketing Effects on Sales, in: Marketing Science, 1995b, S. 1-21.

DILLER, H., Preispolitik, 2. Aufl., Stuttgart 1991.

GENSCH, D. H./RECKER, W. W., The Multinomial Multiattribute Logit Choice Model, in: Journal of Marketing Research, 1979, S. 124-132.

GREENE, W. H., Econometric Analysis, 3. Aufl., Upper Saddle River 1997.

GREENLEAF, E., The Impact of Reference Price Effects on the Profitability of Price Promotions, in: Marketing Science, 1995, S. 82-104.

GROVER, R./SRINIVASAN, V., Evaluating the Multiple Effects of Retail Promotions on Brand Loyal and Brand Switching Segments, in: Journal of Marketing Research, 1992, S. 76-89.

GUADAGNI, P. M./LITTLE, J. D. C., A Logit Model of Brand Choice Calibrated on Scanner Data, in: Marketing Science, 1983, S. 203-238.

GUPTA, S., Impact of Sales Promotions in When, What, and How Much to Buy, in: Journal of Marketing Research, 1988, S. 342-356.

GUPTA, S./COOPER, L. G., The Discounting of Discounts and Promotion Thresholds, in: Journal of Consumer Research, 1992, S. 401-411.

GUTENBERG, E., Grundlagen der Betriebswirtschaftslehre, Der Absatz, 17. Aufl., Berlin 1984.

HANSSENS, D. M./PARSONS, L. M., Econometric and Time-Series Market Response Models, in: Eliashberg, J./Lilien, G. L., (Hrsg.), Marketing. Handbooks in Operations Research and Management Science, Volume V. Amsterdam 1993, S. 409-464.

HANSSENS, D. M./PARSONS, L. J./SCHULTZ, R. L., Market Response Models, Boston 1990.

HRUSCHKA, H., Folgegeschäfte. Die Bestimmung der asymmetrischen zeitverschobenen Umsatzverbundenheit von Haupt- und Zusatzprodukten mit Hilfe der Polynomial-Lag-Regression, in: Marketing-ZFP, 1983, S. 165-169.

HRUSCHKA, H., Marktreaktionsfunktionen mit Interaktionen zwischen Marketinginstrumenten, in: Zeitschrift für Betriebswirtschaft, 1991, S. 339-355.

HRUSCHKA, H., Determining Market Response Functions by Neural Network Modeling. A Comparison to Econometric Techniques, in: European Journal of Operational Research, 1993a, S. 27-35.

HRUSCHKA, H., Die Bestimmung von Absatzreaktionsfunktionen auf der Grundlage von PIMS-Daten, in: Zeitschrift für Betriebswirtschaft, 1993b, S. 253-265.

HRUSCHKA, H., Using Extraneous Information to Estimate Time Series Models. A Review of Approaches Applied in Market Response Modeling, in: Url, T./Würgatter, A. (Hrsg.), Econometrics of Short and Unreliable Time Series, Heidelberg 1995, S. 73-86.

HRUSCHKA, H., Marketingentscheidungen, München 1996.

HRUSCHKA, H., Schätzung und normative Analyse ausgewählter Preis-Absatz-Funktionen, in: Zeitschrift für Betriebswirtschaft, 1997, S. 845-864.

HRUSCHKA, H., ANNAM. An Artificial Neural Net Attraction Model to Analyze Market Shares, Working Paper, Adaptive Information Systems and Modelling in Economics and Management Science, Vienna University of Economics and Business Administration, Vienna 1999a.

HRUSCHKA, H., Estimation of General Attraction Models. A Semi-Parametric Additive Modeling Approach, Regensburger Diskussionsbeiträge zur Wirtschaftswissenschaft, Regensburg 1999b.

HRUSCHKA, H., Neuronale Netze, in: Herrmann, A./Homburg, C., (Hrsg.), Marktforschung, Wiesbaden 1999c, S. 661-683.

HRUSCHKA, H., Spezifikation, Schätzung und empirische Bewährung der Gutenberg Preisabsatzfunktion, in: Albach, H./Eymann, E./Luhmer, A./Steven, M., (Hrsg.), Die Theorie der Unternehmung in Forschung und Praxis, Berlin 1999d, S. 353-373.

HRUSCHKA, H./FETTES, W./PROBST, M., Analyzing Brand Choice Using ANN-MNL: A Combined Artificial Neural Net - Multinomial Logit Model, Regensburger Diskussionsbeiträge zur Wirtschaftswissenschaft, Regensburg 1999a.

HRUSCHKA, H./LUKANOWICZ, M./BUCHTA, C., Cross-Category Sales Promotion Effects, in: Journal of Retailing and Consumer Services, 1999b, S. 99-105.

INMAN, J./MCALISTER, L./HOYER, W. D., Promotion Signal: Proxy for Price Cut, in: Journal of Consumer Research, 1990, S. 74-81.

JEDIDI, K./MELA, C. F./GUPTA, S., Managing Advertising and Promotion for Long-Run Profitability, in: Marketing Science, 1999, S. 1-22.

KALWANI, M. I./YIM, C. K/RINNE, H. J./SUGITA, Y., A Price Expectations Model of Customer Brand Choice, in: Journal of Marketing Research, 1990, S. 251-262.

KALYANARAM, G./LITTLE, J. D. C., An Empirical Analysis of Latitude of Price Acceptance in Consumer Package Goods, in: Journal of Consumer Research, 1994, S. 408-418.

KAUL, A./WITTINK, D. R., The Impact of Advertising on Price Sensitivity and Price, in: Marketing Science, 1995, S. G151-G160.

KUMAR, V./LEONE, R. P., Measuring the Effect of Retail Store Promotions on Brand and Store Substitution, in: Journal of Marketing Research, 1988, S. 178-185.

LAMBIN, J. J., Advertising, Competition and Market Conduct in Oligopoly over Time, Amsterdam 1976.

LATTIN, J./BUCKLIN, R. E., Reference Effects of Price and Promotion on Brand Choice Behavior, in: Journal of Marketing Research, 1989, S. 299-310.

LITTLE, J. D. C., Models and Managers, The Concept of A Decision Calculus, in: Managment Science, 1970, S. 466-485.

LODISH, A. G./ABRAHAM, M./KALMENSON, S./LEVELSBERGER, J./LUBETKIN, B./ RICHARDSON, B./STEVENS, M. E., How TV Advertising Works: A Meta-Analysis of 289 Real World Split Cable TV Advertising Experiments, Working Paper, The Wharton School of the University of Pennsylvania, Philadelphia 1994.

LODISH, A. G./LEVELSBERGER, J./LUBETKIN, B./RICHARDSON, B./STEVENS, M. E., The Long Term Effect of TV Advertising, in: Marketing Science, 1995, S. G133-G140.

MAYHEW, G. E./WINER, R. S., An Empirical Analysis of Internal and External Reference Prices Using Scanner Data, in: Journal of Consumer Research, 1992, S. 62-70.

MCFADDEN, D., The Choice Theory Approach to Market Research, in: Marketing Science, 1986, S. 275-297.

MEIER, G./WEISS, P., Modelle diskreter Entscheidungen, Wien 1990.

MORIARTY, M. M., Retail Promotional Effects on Intra- and Interbrand Sales Performance, in: Journal of Retailing, 1985, S. 27-47.

MULHERN, F. J/LEONE, R. P., Implicit Price Bundling of Retail Products: A Multiproduct Approach to Maximizing Store Profitability, in: Journal of Marketing, 1991, S. 63-76.

NATTER, M./HRUSCHKA, H., Ankerpreise als Erwartungen oder dynamische latente Variablen in Marktreaktionsmodellen, in: Zeitschrift für betriebswirtschaftliche Forschung, 1997, S. 747-764.

RAJU, J. S., The Effect of Price Promotions on Variability in Product Category Sales, in: Marketing Science, 1992, S. 207-220.

RUST, T., Flexible Regression, in: Journal of Marketing Research, 1988, S. 10-24.

SCHMALEN, H./PECHTL, H./SCHWEITZER, W., Sonderangebotspolitik im Lebensmitteleinzelhandel, Stuttgart 1996.

SIMON, H., Preismanagement, 2. Aufl., Wiesbaden 1992.

SIMON, H., Hysterese in Marketing und Wettbewerb, in: Zeitschrift für Betriebswirtschaft, 1995, S. 1155-1182.

SIMON, J. L./ARNDT, J., The Shape of the Advertising Function, in: Journal of Advertising Research, 1980, S. 11-28.

TELLIS, G. J., The Price-Elasticity of Selective Demand, in: Journal of Marketing Research, 1988, S. 331-341.

TURNER, R. E., Market Measures from Salesmen. A Multidimensional Scaling Approach, in: Journal of Marketing Research, 1971, S. 165-172.

VAN HEERDE, H. J./LEEFLANG, P. S. H./WITTINK, D. R., Semiparametric Analysis to Estimate the Deal Effect Curve, Manuscript, 1998.

WALTERS, R. G., Assessing the Impact of Retail Promotions on Product Substitution, Complementary Purchase, and Inter-Store Sales Displacement, in: Journal of Marketing, 1991, S. 17-28.

WINER, R. S., A Price Vector Model of Demand for Consumer Durables. Preliminary Developments, in: Marketing Science, 1985, S. 74-90.

WINER, R. S., A Reference Price Model of Brand Choice for Frequently Purchased Products, in: Journal of Consumer Research, 1986, S. 250-256.

WINER, R. S., Behavioral Perspective on Pricing, in: Devinney, T. M., (Hrsg.), Issues in Pricing, Lexington 1988, S. 35-57.

Dieter K. Tscheulin
Bernd Helmig

Markentreue, Wiederkauf- und Wechselverhalten

1. Markenloyalität als Forschungsparadigma

Ein zentrales Anliegen von Produktherstellern besteht darin, die *Markentreue* der Kunden zu erfassen, um diese zielgerichtet beeinflussen zu können (Matthes, 1967, Bauer/Herrmann/Huber, 1994). Der Kenntnis eines Herstellers über die Determinanten des Kaufverhaltens kommt insbesondere in Zeiten zunehmender Sättigung auf vielen Märkten eine existentielle Bedeutung zu, da Strategien zur Kundenerhaltung überlebensnotwendig werden (Weinberg, 1976). Infolgedessen sind Untersuchungen zur Erfassung und Erklärung der Markentreue und seines „Pendants“ (Bauer, 1983), des Markenwechsels, seit über vier Jahrzehnten fester Bestandteil der Marketingforschung.

Zunächst standen *verhaltenswissenschaftliche Erklärungsversuche* im Vordergrund um herauszufinden, warum ein Teil der Verbraucher seine Käufe in einem überzufälligen Ausmaß auf eine oder wenige Marken einer Produktgattung konzentriert (Brown, 1952/1953, Cunningham, 1956). Insbesondere bis etwa Mitte der 1970er Jahre beschäftigte sich eine Vielzahl von Publikationen von – insbesondere angelsächsischen – Marketingforschern mit dem Phänomen der Markentreue (Farley, 1964, Jacoby, 1971, McConnell, 1968, Tucker, 1964, Jacoby/Chestnut 1978), während in Deutschland vor allem die Kroeber-Riel-Schule das Phänomen der Markentreue einer intensiven Betrachtung unterzog (Weinberg, 1976, 1977 und 1980, Krober-Riel/Weinberg, 1996).

In den 1980er Jahren verkümmerte dieser Forschungszweig allerdings mehr und mehr, ohne daß ein befriedigender Erkenntnisstand erreicht worden wäre (Bauer, 1983). Diese Abkehr von der verhaltenswissenschaftlich orientierten Betrachtung der Loyalitätsforschung ging einher mit der Vertiefung des allgemeineren, präferenztheoretisch orientierten und methodisch anspruchsvolleren Markenwahl-Konzepts „*brand choice approach*“ (Brockhoff, 1979, Jeuland, 1979, Bass et al., 1984, Lattin, 1987, Albers, 1989, Bawa, 1990, Kalwani et al., 1990, Bucklin/Lattin, 1991, Chintagunta, 1992, Hardie/Johnson/Fader, 1993) bzw. Kaufentscheidungs-Konzept „*buying decision approach*“ (Belk, 1974, Pedrick/Zufryden, 1991, Krishna, 1992).

Ging man seit Beginn der Loyalitätsforschung von der Vorstellung aus, daß damit im Sinne einer einfachen Negation auch das Markenwechselverhalten erklärt ist (Bauer, 1983), so hat sich in der jüngeren Vergangenheit diese Einsicht dahingehend gewandelt, als nun das Phänomen der Markenwahl aus einer allgemeineren Sichtweise heraus unter Einbeziehung einer Vielzahl weiterer Aspekte und Variablen betrachtet wurde.

Damit ist eine weitgehende Abkehr vom enggefaßten Konstrukt „Markentreue“ als zentralem Forschungsansatz verbunden. Seit etwa zehn Jahren wird das Thema in der Literatur wieder zögerlich in Einzelbeiträgen aufgegriffen (Schiller, 1986, Bernemann, 1989, Bauer/Herrmann/Huber, 1994, DuWors/Haines, 1990, Raju/Srinivasan/Lal, 1990, Krishnamurti/Raj, 1991, Grover/Srinivasan, 1992, Gierl/Marcks, 1993, Gedenk/Neslin, 1998), jedoch ohne daß man von einem wirklich großen Fortschritt oder gar Durchbruch sprechen kann. Es drängt sich der Gedanke auf, daß die Konzentration auf die „Markentreue" als zentrale Denk- und Gestaltungskategorie für die absatzwirtschaftliche Praxis – insbesondere im Bereich von Produktbereichen, in denen die Angebote weitgehend substituierbar sind, wie z. B. im Segment habitualisierter Güter – die wissenschaftliche Diskussion nicht mehr gravierend voranbringen kann.

Diese Entwicklung innerhalb der Marketingforschung deutet sich in jüngeren Arbeiten zum Thema durch einen Wechsel der Forschungsperspektive an: Man geht nun – zumindest im Bereich der Verbrauchsgüter – nicht mehr vom Konstrukt der „Markentreue" aus, um das Markenwahlverhalten erklären, prognostizieren und beeinflussen zu können. Vielmehr steht nun zunehmend der Markenwechsel (*„brand switching"*) im Mittelpunkt des Forschungsinteresses (Vilcassim/Jain, 1991, Deighton/Henderson/Neslin, 1994, Herrmann/Gutsche, 1994, Tscheulin, 1994, Johnson/Herrmann/Gutsche, 1995, Keaveney, 1995, Sambandam/Lord, 1995, Helmig, 1997, Seetharaman/Chintagunta, 1998, Chintagunta, 1999, Helmig, 1999).

Scheinbar ist – versteht man das Markenwahlverhalten zunächst einmal vereinfacht in einer behavioristischen Sichtweise als Kontinuum mit den Endpunkten „vollständige Markentreue" im Sinne von „Monoloyalität" und „ständiger Markenwechsel" – die Annäherung an diese Verhaltensweise der Konsumenten von der Seite des „ständigen Markenwechsels" fruchtbarer als umgekehrt. Dies mag daran liegen, daß in vielen Produktgruppen – insbesondere des Konsumgütersektors – inzwischen der Anteil der markenwechselnden Konsumenten weitaus höher ist, als der Anteil derjenigen Nachfrager, die regelmäßig dieselbe Marke erwerben (Tscheulin, 1994, Helmig, 1997 und 1999). Dies kann unter anderem auf den *tiefgreifenden Wertewandel* (Schmalen, 1994) sowie auf einschlägige Trends – wie z. B. das *zunehmende Individualitätsstreben* der Konsumenten (Litzenroth, 1995) sowie deren zunehmend *kritische und fordernde Haltung* gegenüber den zur Bedürfnisbefriedigung angebotenen Produkten (Schmitz, 1994) – mit gravierenden Auswirkungen auf das Kaufverhalten der Konsumenten zurückgeführt werden (Wiedmann, 1987, Sabel/Weiser, 1995, S. 19).

Da zudem viele Konsumgütermärkte durch starke *Sättigungstendenzen* gekennzeichnet sind, gewinnt die langfristige Umsatz- und Marktanteilssicherung als marketingpolitisches Ziel immer mehr an Bedeutung (Meffert, 1983, Kroeber-Riel, 1984). So müssen einerseits Strategien zur Kundenerhaltung entwickelt werden im Sinne einer „Bindung" von Kunden an das eigene Unternehmen (Beeinflussung der Nachfrager hinsichtlich ihrer Markentreue) und andererseits die Nachfrager anderer Marken (sowohl markentreue Käufer von Konkurrenzprodukten als auch wechselfreudige Konsumenten) zum Erwerb der eigenen Marken ermuntert werden (Weinberg, 1976, Gierl, 1995, S. 277 ff.).

Deshalb ist eine markenspezifische Kundenpflege insbesondere für die Anbieter sogenannter „convenience goods", also (meist kurzlebige) Güter des täglichen Bedarfes, von großer Relevanz. Gerade bei solcherlei Gütern (wie z. B. Haarshampoo, Joghurt, Schokoriegel, Soft-Drinks etc.), die auch als „habitualisierte Güter" bezeichnet werden, sind die *Wiederholungskäufer die zentrale Zielgruppe* (Straßburger, 1991, S. 20 ff.). Die habitualisierten Güter sind dabei insbesondere dadurch gekennzeichnet, daß sie von den Konsumenten gewohnheitsmäßig erworben werden, im *Preis* (in Relation zum verfügbaren Einkommen) *niedrig* liegen und die Kaufsituation als solche durch eine nur *geringe kognitive Belastung* gekennzeichnet ist, da beim Kaufentscheidungsprozeß nur in geringem Maße Information verarbeitet wird (Weinberg, 1981, S. 119 ff.). So ist vor allem in den 1980er Jahren die Gewinnung von markentreuen Käufern als Kernproblem zur Erlangung und Erhaltung von Marktanteilen erkannt worden (Brand/Bungard, 1982).

2. Begriffliche Grundlagen

Ganz allgemein versteht man unter der *Markentreue* den wiederholten Kauf ein und derselben Marke innerhalb einer Produktgruppe und innerhalb eines bestimmten Zeitraumes aufgrund tatsächlich gegebener oder auch nur subjektiv wahrgenommener Vorteile dieser Marke (Brown, 1952/1953, Day, 1969). Der *Markenwechsel* wird in der Regel komplementär zur Markentreue definiert (Weinberg, 1980, Bauer, 1983). Je nach der Problemstellung hängt dann ab, nach welcher Anzahl von Käufen derselben Marke ein Nachfrager als treu bezeichnet und ab wann er als Markenwechsler kategorisiert wird. Die Beschränkung auf eine einzige Marke muß dabei nicht zwingend sein, nach Nolte (1976, S. 119) ist der Begriff der „*Mehrmarkentreue*" (oder auch „Markenharem") durchaus sinnvoll und empirisch nachgewiesen (Cunningham, 1956, Jacoby, 1971). So kann ein Markenwechsel beispielsweise dadurch hervorgerufen werden, daß der – an sich markentreue – Konsument für verschiedene Verwendungszwecke (z. B. für den Eigenverbrauch oder als Geschenk) unterschiedliche Marken in seinem „evoked set" vorrätig hat oder daß die Kaufsituation ihn zu einem Ausweichkauf inspiriert (z. B. infolge Nichterhältlichkeit der Lieblingsmarke oder Sonderangebotsaktion der Marke der zweiten Präferenz).

Aus der Sicht der Verhaltenspsychologie versteht man Markentreue als Ergebnis eines evaluativen Entscheidungsprozesses eines Konsumenten, der diejenige Marke wiederkauft, die unter Anwendung seiner Entscheidungskriterien und deren Gewichtung die bestmögliche Bedürfnisbefriedigung erwarten läßt (Bauer, 1983). Dieser Entscheidungsprozeß kann dabei allerdings auch sehr rudimentär (d. h. bspw. in Form einer habitualisierten Entscheidung) ablaufen, bei der sich der Bewertungsprozeß auf die Erkennung einer einzigen Marke beschränkt (Weinberg, 1977).

Hieraus ergibt sich allerdings das Problem, daß man es dem Kaufakt selbst nicht ansieht, ob dieser auf einer rationalen Überlegung oder aber auf Zufallsverhalten (z. B. auf impulsivem Kaufverhalten) basiert. Wenn jedoch die Erfassung der Markentreue am Kaufakt anknüpft, so erfaßt man Wiederholungsverhalten, das aus Treue- und Zufallsverhalten besteht. Bauer (1983, S. 16) sieht darin einen Grund dafür, warum die Erklärung der Markentreue Anfang der 1980er Jahre auf einem unbefriedigenden Niveau stand – eine Einschätzung, die sicherlich auch heute noch Gültigkeit besitzt.

3. Messung von Markentreue, Wiederkauf- und Wechselverhalten

Der oben genannte Definitions- und gleichzeitige Operationalisierungsversuch von Markenwahlverhalten basiert auf *Kauffolgen* und findet in der (eher verhaltenswissenschaftlich orientierten) Literatur am häufigsten Anwendung (Weinberg, 1980). Von diesem – auch als *Kaufreihenfolgenkonzept* bezeichneten – Ansatz existieren drei Varianten, nämlich die *ungeteilte Markentreue* (mit der Kauffolge A-A-A-A-A-A), die *geteilte Markentreue* (mit der Kauffolge A-B-A-B-A-B) und die *instabile Markentreue* (mit der Kauffolge A-A-A-B-B-B) (Brown, 1952/53, Nolte, 1976, Tichelli, 1979, Bauer, 1983). Diesem Ansatz fehlt jedoch eine eindeutige Meßvorschrift hinsichtlich der zur Ermittlung der Markentreue notwendigen Kauffolgelänge und eine Fixierung der Struktur der Abfolge der Markenwahlhandlungen (da eine Vielzahl von Kombinationen möglich ist). Zudem werden die Variablen Kaufmenge und Kaufrhythmus völlig vernachlässigt.

Aus der Kritik an diesem Kaufreihenfolgekonzept wurde ein Definitions- und Erklärungsansatz entwickelt, der Kaufanteile als Basis nimmt. Im Rahmen dieses sogenannten *Kaufanteils*- oder auch *Marktanteilskonzeptes* (Cunningham, 1956, Nolte, 1976) berechnet sich die Markentreue aus dem mengen- oder wertmäßigen Anteil einer Marke an allen Käufen innerhalb einer Produktgruppe innerhalb eines bestimmten Zeitraums. Dabei bleibt jedoch auch im Rahmen dieses Ansatzes die Kritik an der fehlenden Einbeziehung der Wechselwirkungen von Kaufmenge und Kaufhäufigkeit bestehen. Je geringer der Marktanteil der am meisten präferierten Marke an den Gesamtkäufen der Kaufhistorie ist, desto stärker ist das Markenwechselverhalten nach dem Marktanteilskonzept ausgeprägt. Das Marktanteilskonzept ist damit ein inverses Wechselmaß, da – im Gegensatz zu den oben dargestellten Koeffizienten – geringere Werte ein stärkeres Markenwechselverhalten ausdrücken. Formal-mathematisch muß für jede einzelne Marke der Anteil an den Gesamtkäufen innerhalb der betrachteten Kaufhistorie ermittelt werden. Demnach ergibt sich der Marktanteil jeder Marke *i* aus:

$$MA_i = (AK_i / AK) \times 100$$

mit: AK_i = Anzahl der Käufe der Marke i in der gesamten Kaufhistorie,

AK = Anzahl der Käufe während der Kaufhistorie insgesamt.

Maßgebend ist sodann der auf diese Weise errechnete Anteil der am meisten präferierten Marke. Es gilt: je geringer der Marktanteil, desto größer ist die Markenwechselneigung. Im Rahmen von Untersuchungen zur Thematik verwendeten beispielsweise Feinberg/Kahn/McAlister (1992), Kahn/Isen (1993) sowie Helmig (1997 und 1999) diesen Ansatz.

Des weiteren ist noch das sogenannte *Markenanzahlkonzept* von Bedeutung (Farley, 1964, Nolte, 1976). Hierbei ist die Anzahl in einem bestimmten Zeitraum gekaufter verschiedener Marken ein Indikator für die Markentreue. Dem Konzept liegt dabei die Annahme zugrunde, daß mit abnehmender Größe der Anzahl unterschiedlicher erworbener Marken die Stärke der von einem Konsumenten offenbarten Markentreue zunimmt (Helmig, 1997 und 1999). Auch im Rahmen der Markenwechselforschung findet dieser Ansatz Verwendung. Menon/Kahn (1995) bezeichnen diesen Ansatz als SWITCH, wohingegen Van Trijp/Steenkamp (1990) diese Methode als NUM benennen.

Formal-mathematisch ergibt sich der Wechselkoeffizient $[0 \leq S \leq 1]$ wie folgt:

$$S = AM / AK \qquad \text{für } AM > 0$$

$$S = 0 \qquad \text{für } AM = 1$$

mit: AM = Anzahl unterschiedlicher gekaufter Marken in der gesamten Kaufhistorie,

AK = Anzahl der Käufe während der Kaufhistorie insgesamt.

Ein Wechsel liegt dabei jedesmal dann vor, wenn bei einem Kauf eine Marke gewählt wird, die in der bisherigen Kaufhistorie überhaupt noch nicht erworben wurde. Im Rahmen der Untersuchung des Markenwechselverhaltens wurde dieser Ansatz beispielsweise in den Arbeiten von Faison (1977), Pessemier (1985), Simonson (1990), Kahn/Isen (1993), Menon/Kahn (1995) sowie Helmig (1997 und 1999) zugrundegelegt. Eine größere Anzahl Wechselakte bzw. unterschiedlicher gekaufter Marken induziert dabei ein stärker ausgeprägtes Wechselverhalten. So ergibt sich bei der Kaufhistorie A-B-A-B ein Wert von 0,5, wohingegen die Historie A-B-C-D einen Wert von 1 ergibt.

SWITCH ist der einfachste Wechselkoeffizient, dessen Einsatz aufgrund seiner Einfachheit auch mit gravierenden Nachteilen verbunden ist. Diese Nachteile lassen sich anhand eines simplen Beispieles verdeutlichen:

Man betrachtet zwei Probanden; der eine kauft aus dem gesamten Set der 26 am Markt verfügbaren Marken innerhalb der betrachteten Periode (Untersuchungszeitraum) von 3 Monaten insgesamt 5 Marken, davon 4 verschiedene. Der andere Proband tätigt hingegen 20 Käufe und erwirbt hierbei 10 verschiedene Marken. Im ersten Fall ergibt sich ein Wechselkoeffizient von 0,8, im zweiten Fall von 0,5. Vergleicht man nun die Koeffizienten der zwei Versuchspersonen, so wird der Anschein erweckt, Person 1 würde – im Gegensatz zu Person 2 – ein stark ausgeprägtes Wechselverhalten an den Tag legen. Dabei hat Proband 2 bei jedem zweiten Kauf (eben nur einmal) eine Marke erworben, die er zuvor bereits einmal konsumiert hatte. Plausibilitätsüberlegungen lassen jedoch den Schluß zu, daß er im Falle einer Fortführung seiner Konsumhistorie mehrere andere Marken, die er zuvor noch nicht konsumiert hat, ausprobieren wird. Insofern ist SWITCH nicht in der Lage, bei alleiniger Verwendung aussagefähige Ergebnisse über die Abwechslungsneigung von Probanden zu geben, wenn diese unterschiedlich lange Kaufhistorien aufweisen, die sich nur auf einen abgegrenzten Zeitraum beziehen.

Aber auch im seltenen Fall der Betrachtung von mehreren, gleich viele Konsumakte beinhaltenden, Kaufhistorien ergeben sich Probleme. So gibt eine solche Methode keinerlei Aufschluß hinsichtlich der Motivation der Markenwechsel. Beispielsweise kann der Grund eines Wechsels in der Nichtverfügbarkeit der ursprünglich gewünschten Marke (Ausweichkauf), in einer Preisänderung oder in einer Geschmacksveränderung seit dem letzten Konsum liegen. Zwischen diesen Markenwechselphänomenen zu differenzieren ist SWITCH – ebenso wie die anderen, ausschließlich auf Kaufhistorien basierenden Meßansätze – nicht in der Lage.

Letztlich wurde noch der Koeffizient SUCCESSIVE SWITCH entwickelt (Menon/Kahn, 1995). Hier zählt der Markenwechsel jedesmal dann, wenn bei einer Kaufgelegenheit eine andere Marke, als bei der unmittelbar vorhergehenden Kaufgelegenheit erworben wurde. Formal-mathematisch ergibt sich der Wechselkoeffizient $[0 \leq SS \leq 1]$ wie folgt:

$$SS = AAM / AK\text{-}1$$

mit: AAM = Anzahl (unmittelbar) aufeinanderfolgender Markenwechsel,

AK = Anzahl der Käufe während der Kaufhistorie insgesamt.

Auch hier gilt: je größer die Anzahl Markenwechsel bei direkt aufeinanderfolgenden Käufen ist, desto stärker ist das Markenwechselverhalten ausgeprägt.

Auch bei diesem Konzept gelten ähnliche Einschränkungen hinsichtlich Aussagefähigkeit in bezug auf Messungen zur Markenwechselneigung: So kann diese Methode quantitativ nicht zwischen den Kaufhistorien A-B-A-B und A-B-C-D unterscheiden, in beiden Fällen ist der errechnete Wert 1, also maximal hoch. Dabei unterscheiden sich die beiden Konsumhistorien im Hinblick auf die Abwechslungssuche jedoch gravierend voneinander, da der erste Proband sein Abwechslungsbedürfnis durch den ständigen Wechsel zwischen nur zwei unterschiedlichen Marken befriedigt, wohingegen die zweite Versuchsperson wesentlich eher neuen Alternativen aufgeschlossen ist. Daneben gilt auch hier die bereits oben genannte Einschränkung hinsichtlich der mangelnden Information über die Motivationen der Markenwechsel und die fehlende Berücksichtigung der Länge der Kaufhistorie. Bei den beiden beschriebenen Fällen handelt es sich um „variety-seeking-behavior“, einen Spezialfall des Markenwechsels, auf den im anschließenden Abschnitt 4 explizit eingegangen wird.

„Variety-seeking-behavior“ wird als das Phänomen definiert, daß der Käufer bei wiederholtem Produktkauf die gewählte Marke nicht aufgrund von veränderten Präferenzen wechselt, sondern vielmehr deshalb, weil der Markenwechsel als solcher – unabhängig von der gewählten Marke – einen Nutzen für ihn darstellt (Givon, 1984). Deutlich hiervon abzugrenzen sind andere Motive des Markenwechselverhaltens, die durch Unzufriedenheit oder Geschmacksveränderungen bedingt sind (McAlister/Pessemier, 1982).

Aufgrund der Tatsache, daß die drei oben beschriebenen Meßmethoden zur Erfassung des „variety-seeking-behavior“ allesamt – trotz ihrer weit verbreiteten Anwendung in der wissenschaftlichen Forschung – Defizite vor allem dahingehend aufweisen, als sie aufgrund ihrer reinen Kaufhistorienbasis keinerlei Aussagen hinsichtlich *Markenwechselmotivationen* treffen können, entwickelte Helmig (1997 und 1999) einen neuen Wechselkoeffizienten. So wurden im Rahmen der von Helmig vorgenommenen empirischen Analysen nicht nur Daten in bezug auf Kauffrequenzen, Anzahl Stück pro Einkauf, Einkaufsstätten usw. erhoben, sondern zu jedem einzelnen Kaufakt hatten die Probanden auch Angaben zu ihren Kaufmotiven zu machen. Auf der Grundlage dieser Informationen wurde ein neuer Markenwechselkoeffizient entwickelt, der dieses Hauptdefizit der anderen Koeffizienten beseitigt. Dieser Ansatz ergibt sich im zusammenhangsspezifischen Kontext bei Helmig aus der Anzahl Markenwechsel mit zugrundeliegendem Motiv „Suche nach Abwechslung“ in Relation zur Anzahl der gesamten Käufe innerhalb des Untersuchungszeitraumes. Es wird also erhoben, wie oft ein Proband insgesamt die Marke gewechselt und dabei als Motiv angegeben hat, daß er nach Abwechslung sucht. Mit anderen Worten beinhaltet der neue Koeffizient nichts anderes als die Anzahl der unmittelbar aufeinanderfolgenden Wechselakte – auf die gleiche Weise ermittelt, wie der Koeffizient SUCESSIVE SWITCH. Dabei werden Wechselakte allerdings ausschließlich dann als Wechsel gezählt, wenn als – zusätzlich zu jedem Kauf durch die Probanden anzugebende – Kaufmotivation „Suche nach Abwechslung“ angegeben wurde. Dementsprechend steht dieser Koeffizient „VSS“ für „Variety-Seeking-SWITCH“, also ein Markenwechsel einzig allein aus dem Motiv der Suche nach Abwechslung heraus.

Formal-mathematisch ergibt sich der Wechselkoeffizient, der mit VSS $[0 \leq VSS \leq 1]$ bezeichnet werden soll, wie folgt:

VSS = VSAM / AK-1

mit: VSAM = Anzahl Markenwechsel mit zugrundeliegendem Motiv „variety-seeking-behavior“,

AK = Anzahl der Käufe während der Kaufhistorie insgesamt.

Durch diese Form der Erfassung des Markenwechselverhaltens ist gewährleistet, daß alle Markenwechsel, denen die Motivation „Suche nach Abwechslung“ zugrundeliegt, auch wirklich erfaßt und von denjenigen Wechseln abgegrenzt werden, die auf anderen Intentionen beruhen.

Nachteilig an dieser Methode ist, daß Konsumhistorien um eine Erfassung von Kaufmotivationen ergänzt werden müssen und solche ergänzend erhobenen Kaufmotivationen in der Literatur bislang noch nicht vorliegen. Insofern ist die Vergleichbarkeit mit Ergebnissen bereits vorliegender Studien zum Thema nicht uneingeschränkt möglich. Für zukünftige Arbeiten zum Markenwechselverhalten ergibt sich daraus die Forderung, daß Daten mit ebensolchem Informationsgehalt (in bezug auf zugrundeliegende Markenwechselmotivationen) wie in der Studie von Helmig erhoben werden sollten. Dies führt jedoch zu einem größeren Erhebungsaufwand, da – normalerweise aus Panel-Erhebungen vorliegende – Kaufhistorien alleine keine Berechnung des VSSWITCH-Koeffizienten erlauben.

Außerdem von Bedeutung bei der Analyse von Markenwahlverhalten sind *Ansätze auf der Basis von Wiederkaufwahrscheinlichkeiten.* Die Markentreue-/Markenwechselneigung wird dabei durch die Wahrscheinlichkeit des Wiederholungskaufes einer bestimmten Marke ausgedrückt. Ausgangspunkt für die Ermittlung der Wahrscheinlichkeit ist die Reihenfolge der einzelnen Wahlakte in der Vergangenheit, die mit Hilfe einer Panelerhebung ermittelt wird. Hierbei geht es überwiegend um die Diffusion neuer Produkte, d. h. um deren Beschreibung und Erklärung sowie um die Prognose der daraus resultierenden Marktanteilsentwicklung. Die verhaltenswissenschaftlich fundierte Erklärung steht dabei jedoch im Hintergrund. Gerade eine Vielzahl von jüngeren Arbeiten zur individuellen Markenwechselneigung nimmt – wie oben bereits angedeutet – in großem Ausmaß eine stochastische Modellierung des Wiederkaufverhaltens vor (Böcker/Achter, 1981, Herrmann/Gutsche, 1994, Trivedi/Bass/Rao, 1994, Seetharaman/Chintagunta, 1998, Chintagunta, 1999), was unter anderem auf den erhöhten marketingstrategischen Bedarf an Prognosen über den Erfolg oder Mißerfolg neuer Produkte zurückzuführen ist. Zur Abbildung der Markenloyalität werden dabei vor allem einfache Bernoulli-Modelle, homogene Markoff-Modelle sowie lineare Lernmodelle eingesetzt. Bei allen drei Modelltypen geht es darum, den Einfluß des Kaufverhaltens in der Vergangenheit auf die Wiederkaufwahrscheinlichkeit für eine oder mehrere Marken zu ermitteln (Weinberg, 1980). Solcherlei Modelle zeichnen sich besonders durch die Einbeziehung vergleichsweise weniger und einfach zu beschaffender Variablen aus (z. B. aus Scannerdaten), um unter Berücksichtigung marketingpolitischer Aktivitäten den konsumentenspezifischen Loyalitätsgrad in der Zukunft zu prognostizieren.

Aus der Vielzahl der Modellierungsansätze sei exemplarisch ein durch Gedenk/Neslin 1998 spezifiziertes Logit-Modell zur Erfassung der Wirkung von Preis- und Nicht-Preis-Promotions auf die Markenloyalität auf der Basis des in der Literatur weit verbreiteten Ansatzes von Guadagni/Little (1983) präsentiert, um die grundsätzliche Modellstruktur darzustellen:

$$(1) \quad P_{iht} = \frac{e^{V_{iht}}}{\sum_{j \in I} e^{V_{jht}}} \qquad (i \in I, h \in H, t \in T)$$

mit:

P_{iht} = Kaufwahrscheinlichkeit des h-ten Haushalts für die i-te Marke bei der t-ten Kaufgelegenheit

V_{iht} = Nutzen des h-ten Haushalts für die i-te Marke bei der t-ten Kaufgelegenheit

I = Indexmenge der Produkte

H = Indexmenge der Haushalte

T = Indexmenge der Kaufgelegenheiten

$$(2) \quad V_{iht} = \alpha_i + \beta_1 \cdot PREIS_{it} + \beta_2 \cdot PP_{it} + \beta_3 \cdot NPP_{it} + \beta_4 \cdot BLOY_{iHt} \qquad (i \in I, h \in H, t \in T)$$

mit:

α_i = Markenwahlkonstante für die i-te Marke

$PREIS_{it}$ = Nutzen des h-ten Haushalts für die i-te Marke bei der t-ten Kaufgelegenheit

PP_{it} = Preis-Promotion-Dummy (1, wenn für die i-te Marke bei der t-ten Kaufgelegenheit eine Preis-Promotion vorliegt, 0 sonst)

NPP_{it} = Nicht-Preis-Promotion-Dummy (1, wenn für die i-te Marke bei der t-ten Kaufgelegenheit eine Nicht-Preis-Promotion vorliegt, 0 sonst)

$BLOY_{iHt}$ = Markenloyalität („Brand Loyalty") des h-ten Haushalts für die i-te Marke bei der t-ten Kaufgelegenheit

β_i = Response-Parameter

Die Markenloyalität wird bei Gedenk/Neslin (1998) ebenso wie bei Guadagni/Little (1983) folgendermaßen modelliert:

(3) $$BLOY_{iht} = \lambda \cdot BLOY_{ih,t-1} + (1 - \lambda) \cdot KAUF_{ih,t-1} \qquad (i \in I, h \in H, t \in T)$$

mit:

λ = Glättungsparameter

$KAUF_{iht}$ = Kauf-Dummy (1, wenn der h-te Haushalt die i-te Marke bei der t-ten Kaufgelegenheit kauft, 0 sonst)

Dementsprechend ist die Loyalität des Haushalts h für die Marke i bei der Kaufgelegenheit t abhängig von den vergangenen Markenwahlentscheidungen. Konkret ist sie ein exponentiell geglätteter Durchschnitt vergangener Käufe. Der erste Term der Funktion drückt aus, wie diejenigen Marken, die bei der letzten Kaufgelegenheit nicht gewählt wurden, an Markenloyalität verlieren. Das Ausmaß dieses Verlustes ist im Guadagni/Little-Modell dabei durch den Glättungsparameter λ gegeben. Je größer λ ist, desto stabiler bleibt die Markenloyalität von einem Kauf zum nächsten. Der zweite Teil der Funktion erklärt hingegen, daß die beim letzten Kauf gewählte Marke in Höhe von $(1 - \lambda)$ an Markenloyalität gewinnt. Somit summiert sich die Markenloyalität über alle Marken hinweg zu eins. Damit handelt es sich plausiblerweise um ein relatives Konzept, denn wenn die Loyalität einer betrachteten Einheit (z. B. ein Konsument oder ein Haushalt) gegenüber einer Marke steigt, so muß deren Loyalität gegenüber den anderen Marken derselben Produktgruppe sinken (Gedenk/Neslin, 1998).

Während die verhaltenswissenschaftlich geprägte Marketingforschung solcherlei Ansätze aufgrund der (vermeintlich) mangelnden theoretischen Fundierung als kaum geeignet für die Erklärung des Treueverhaltens von Konsumenten ansieht (z. B. Weinberg, 1980, S. 164), so finden die modelltheoretisch orientierten Arbeiten – vor allem im angelsächsischen Schrifttum – auch weiterhin zunehmende Verbreitung. Inwieweit dieser Forschungszweig in der Lage sein wird, die Erkenntnisse der Konsumentenloyalität entscheidend voran zu bringen, bleibt abzuwarten.

4. „Variety-seeking-behavior" als Spezialfall des Markenwechselverhaltens

Wie in Abschnitt 3 bereits angedeutet, repräsentiert „variety-seeking-behavior" das Phänomen, daß der Konsument die Marke nicht aus Unzufriedenheit wechselt, sondern vielmehr bedingt durch die Tatsache, daß der Markenwechsel als solcher einen Nutzen für ihn darstellt.

Eine zentrale Rolle bei der Erklärung und Analyse des „variety-seeking-behavior" spielt in der Literatur zum Thema das Konzept des „Optimum Stimulation Level" (OSL) (Menon/Kahn, 1995, S. 286). Diese Ansätze gehen auf Berlyne (1960 und 1963) sowie Fiske/Maddi (1961) zurück, die theoretische Erklärungen für das Markenwahlverhalten aus dem Grunde der Langeweile heraus unter Einbeziehung des Konzeptes des „arousal potential" entwickelten. Nach diesem Konzept tritt beim Konsumenten Langeweile auf, wenn ein bestimmtes „Arousal-Niveau" unterschritten wird, so daß die innere Spannung gegen Null tendiert (Berlyne, 1960 und 1963, Fiske/Maddi, 1961). Der Konsument strebt nach diesem Ansatz also danach, ein bestimmtes Erregungsniveau aufrechtzuerhalten und vermeidet infolgedessen reizarme Situationen ebenso wie reizüberflutende Situationen. Dieser Arousal-Ansatz wird durch den sogenannten „Komplexitätsansatz" dahingehend ergänzt, daß die relevanten Umweltmerkmale, wie z. B. die Informationsmenge, die Informationskonflikte oder ähnliches, zu der Struktur und den Fähigkeiten des kognitiven Systems des Konsumenten in Beziehung gesetzt werden (Nieschlag/Dichtl/Hörschgen, 1997).

So gibt es beispielsweise Nachfrager, die eine extensive Informationsbeschaffung an den Tag legen, alleine deshalb, weil sie durch diese Tätigkeit bereits Befriedigung erlangen, also ein vergleichsweise hohes Arousal-Niveau aufweisen. Andere Konsumenten hingegen verfügen über ein niedriges Arousal-Niveau und werden durch ein hohes Maß an Produktinformationen eher verwirrt, als daß sie einen Nutzen aus zusätzlichen Informationen ziehen können. In der jüngeren Literatur zur Konsumentenverhaltensforschung wird das Arousalkonzept auch als Konzept des „Optimum Stimulation Level (OSL)" - insbesondere im Zusammenhang mit der Analyse und Erklärung des sogenannten „exploratory behavior" – bezeichnet (Steenkamp/Baumgartner, 1992). Die grundlegende Annahme aller OSL-Theorien ist dabei, daß der Zusammenhang zwischen der Stimulation, die durch Umwelteinflüsse oder durch interne Gründe hervorgerufen wird und der affektiven Reaktion einer Person auf diese Stimulation durch eine umgekehrte (inverse) U-Funktion abgebildet werden kann, wobei die mittleren Stimulus-Ausprägungen als die am meisten befriedigenden wahrgenommen werden (Steenkamp/Baumgartner, 1992). Trotz einer Vielzahl grundlegend unterschiedlicher theoretischer Ansätze zum Thema „Optimum Stimulation Level" besteht weitgehende Übereinstimmung dahingehend (Berlyne, 1960, Fiske/Maddi, 1961),

- daß sich das optimale Ausmaß an Stimulation bzw. Erregung auf einem (nicht näher spezifizierten) mittleren Niveau befindet,
- daß es für jedes Individuum einen jeweils spezifischen Ideal-Level seines Erregungsniveaus gibt, der relativ stabil ist,
- daß Abweichungen von diesem idealen Erregungsniveau dazu führen, daß - zur Erlangung des Optimalniveaus - die Stimulation erhöht respektive gesenkt wird und
- daß bei hoher Ausprägung eines optimalen Erregungsniveaus ein stärker ausgeprägtes „variety-seeking-behavior" vorkommt, also eine positive Korrelation zwischen der Suche nach Abwechslung bei der Produktwahl und der jeweiligen Ausprägung des „Optimum Stimulation Level" besteht (Raju, 1984, McAlister/Pessemier, 1982).

Zur Messung des OSL ist eine Vielzahl unterschiedlicher Ansätze entwickelt worden, die auch großen Einfluß auf die Meßtechniken zur Erfassung des „variety-seeking-behavior" besitzen. Hierzu zählen unter anderem die „Arousal Seeking Tendency Scale (AST)" (Mehrabian/Russel, 1973), der „Change Seeker Index (CSI)" (Garlington/Shimota, 1964), die „Sensation Seeking Scale (SSS)" (Zuckerman, 1979) sowie die „Novelty Experiencing Scale (NES)" (Pearson, 1970). Trotz der unterschiedlichen Bezeichnungen messen alle diese Ansätze jedoch nichts anderes als den „Optimum Stimulation Level" (McReynolds, 1971). Der Zusammenhang zwischen „variety-seeking-behavior" und dem OSL-Konzept besteht nun darin, daß – beispielsweise im Falle habitualisierter Kaufentscheidungen - Konsumenten durch die Vereinfachung ihres Kaufentscheidungsprozesses in eine Situation der Langeweile geraten, die durch ein suboptimales Erregungsniveau der Kaufsituation hervorgerufen wird. Konsequenterweise wird in einer solchen Situation der Konsument versuchen, die Kaufsituation zur Steigerung seines Erregungsniveaus komplexer zu gestalten, indem er zum Beispiel „variety-seeking-behavior" an den Tag legt. Generell wird in einer Produktwahlsituation, die durch ein geringes Erregungsniveau - unterhalb des Optimal-Levels - gekennzeichnet ist, ein Nachfrager gelangweilt sein und den Wunsch nach einer Erhöhung des Erregegungsniveaus verspüren. Dieses Bedürfnis führt in einer Produktwahlsituation zu einem Verhalten im Sinne von „Erforschung" („exploration" bzw. „exploratory behavior") neuer Marken oder Produkte, im Sinne von „Suche nach Neuem" („novelty-seeking") oder zur „Suche nach Abwechslung" („variety-seeking"), wobei ein Nachfrager sein Erregungsniveau durch eine beliebige Quelle im Umfeld seiner Kaufentscheidungssituation zu steigern versucht.

Umgekehrt wird ein Konsument im Falle einer Kaufentscheidungssituation, die durch ein zu hohes Stimulus-Niveau oberhalb des Optimal-Levels gekennzeichnet ist (z. B. durch Reizüberflutung, Lärm, Gedränge etc.) versuchen, die Situation zu vereinfachen bzw. Komplexität zu reduzieren. Im konkreten Beispiel der Produktwahlsituation, beispielsweise einem Einkauf in einem überfüllten Supermarkt inmitten der Innenstadt an einem späten Samstag-Vormittag kurz vor Schließung der Geschäfte, wird ein Nachfrager, der möglichst noch etwas Freizeit im Anschluß an seinen obligatorischen Lebensmittel-Einkauf an seinem Wochenende realisieren will versuchen, so schnell wie möglich den Supermarkt verlassen zu können. In einer solchen Einkaufssituation wird er auf bewährte Problemlösungsmuster bzw. ebensolche Produkte beim Einkauf zurückgreifen, da er keine Muße hat, Preise zu vergleichen und sich Gedanken über ein Ausprobieren neuer Produkte zu machen. Er versucht vielmehr, schnellstmöglich den Einkaufsort zu verlassen, da sein optimales Erregungsniveau durch die geschilderte Situation überschritten ist. Dies wird dazu führen, daß das vereinfachte Einkaufsverhalten im Sinne von Zurückgreifen auf Bewährtes ein „variety-seeking“-, „novelty-seeking“- oder „sensation-seeking-behavior“ unterdrückt, denn ein solches würde zu einem Ansteigen des Stimulations-Levels führen (Menon/Kahn, 1995, S. 286).

In jüngeren Arbeiten zum Thema „variety-seeking-behavior“ wird das Konzept des „Optimum Stimulation Level“ (OSL) als die zentrale erklärende Theorie angesehen. In diesem Verständnis fungiert das Ziel des Nachfragers, ein optimales Erregungsniveau zu erreichen, als primärer Motivationsmechanismus im Rahmen des Markenwahlverhaltens. Dabei wird davon ausgegangen, daß die wiederholte Wahl einer Marke zu einer Reduzierung deren Stimulus-Potentials für den Käufer führt (insbesondere bei relativ geringwertigen Konsumgütern des täglichen Bedarfes) , da diese Marke nunmehr weder neu, noch in irgendeiner Art und Weise komplex ist (Steenkamp/Baumgartner, 1992). Dies führt zu wahrgenommener Langeweile bzw. dem Fehlen von Erregung und führt bei dem Nachfrager dazu, daß dieser seine – ch den Produktkauf induzierte – mulation steigert, indem er zu einer anderen oder zu einer neuen Marke wechselt. Dabei kann von „variety-seeking-behavior“ auch das Hin- und Herwechseln zwischen bereits bekannten Alternativen innerhalb einer Produktgruppe den individuellen Stimulus-Level steigern (Venkatesan, 1973, Faison, 1977, Rogers, 1979). Zum Zusammenhang zwischen OSL und dem „variety-seeking-behavior“ kann festgehalten werden (Hoyer/Ridgway, 1984, S. 114 ff., Van Trijp/Hoyer/Inman, 1996, S. 282 f.),

- daß Nachfrager mit einem hohen OSL ein stärkeres „variety-seeking-behavior“ innerhalb einer Produktgruppe an den Tag legen als Individuen mit einem niedrigeren OSL und
- daß der Erwerb einer Marke zu einem Absinken des Erregungspotentials dieser Marke führt und damit ein Absinken der Wahrscheinlichkeit eines Wiederkaufs derselben Marke bei der unmittelbar darauffolgenden Kaufgelegenheit bewirkt.

Das zuvor beschriebene Phänomen wurde in einer Vielzahl von Studien empirisch überprüft. Ein Überblick hierzu findet sich beispielsweise bei Helmig (1999, S. 109). Jeuland (1978) entwickelte ein Modell für „variety-seeking“, das zeigt, daß der Nutzen einer Marke mit ansteigender Markenerfahrung abnimmt. Der Markenwechsel erfolgt zu dem Zeitpunkt, an dem der Nutzen der ursprünglich meist präferierten Marke aufgrund gestiegener Erfahrung mit dieser Marke unterhalb des Nutzens einer anderen Marke abfällt. McAlister (1982) bestätigte diese Ergebnisse in dem von ihr entwickelten Sättigungsmodell, anhand dessen detaillierter gezeigt wird, wie der Nutzen einer Produkteigenschaft eine Funktion des Sättigungsgrades bezüglich dieser Produkteigenschaft darstellt. McAlister/Pessemier (1982) untersuchen den Einfluß demographischer Faktoren auf „variety-seeking-behavior“. Sie konstatieren, daß das Phänomen bei Männern und jüngeren Menschen stärker ausgeprägt ist, als bei Frauen und älteren Menschen. Weiter bestätigen sie die bereits im generellen Zusammenhang mit Markenwechselverhalten festgestellten Trends (Weinberg, 1980), wonach „variety-seeking-behavior" bei Konsumenten höheren Bildungsniveaus und höherer Einkommensgruppe stärker ausgeprägt ist. Lattin/McAlister (1985) entwickeln ein „variety-seeking"-Modell zur Identifizierung substitutiver und komplementärer Beziehungen zwischen konkurrierenden Produkten. Kahn/Kalwani/Morrison (1986) untersuchen das unterschiedliche Ausmaß von „variety-seeking-behavior" in verschiedenen (ausnahmslos dem Bereich habitualisierter Kaufentscheidungen zugehöriger) Produktkategorien. Kahn/Louie (1990) testen die Wirkung von Preisänderungen auf „variety-seeking"- und „last-purchase-loyal"-Kunden am Beispiel von Haarshampoos. Simonson (1990), Simonson/Winer (1992) modellieren den Einfluß von Kaufmenge und Kaufhäufigkeit auf das Phänomen „variety-seeking-behavior". Sie zeigen, daß eine stärkere Tendenz zu „variety-seeking-behavior" besteht, wenn der Konsument eine größere Stückzahl eines Produkts bei einem Einkauf erwirbt. Der Einfluß von „variety-seeking-behavior" auf die Entwicklung von Marktanteilen von Produktmarken im Zeitablauf ist schließlich Gegenstand einer empirischen Studie von Feinberg/Kahn/McAlister (1992). Tscheulin (1994) und Herrmann/Gutsche (1994) zeigten, daß „variety-seeking-behavior" vor allem attributspezifisch ist. Am Beispiel von Seereisen als nicht-habitualisiertem Kaufentscheidungstyp zeigt Tscheulin (1994), daß „variety-seeking-behavior" einen bedeutenden Aspekt zur Erklärung des Konsumentenverhaltens darstellt. Ein überwiegender Anteil der Kunden zieht eine Reisebuchung bei wechselnden Veranstaltern gegenüber einem Markentreueverhalten vor. Unter anderem wird gezeigt, daß

- „variety-seeking-behavior" bei Kunden männlichen Geschlechts und gehobenen Einkommensklassen stärker ausgeprägt ist, als bei Kunden weiblichen Geschlechts und niedrigerer Einkommenklassen und daß
- die Vermutung eines schwächer ausgeprägten „variety-seeking-behavior" bei älteren Kunden nicht bestätigt werden kann.

Tscheulin (1994) zeigt weiter, daß sich trotz stärker ausgeprägtem „variety-seeking-behavior" in höheren Einkommensschichten kein Einfluß des Marketinginstrumentes Preis hinsichtlich der Kaufentscheidung zwischen „variety-seekers" und markentreuen Stammkunden ergibt. Im Gegensatz ermitteln Kahn/Louie (1990) am Beispiel von Haarshampoos als habitualisiertem Kaufentscheidungstyp eine relativ schwächere Preissensitivität für „variety-seekers". Am Beispiel von Soft-Drinks zeigen Herrmann/Gutsche (1994), daß vier verschiedene Typen von „variety-seekers" unterschieden werden können und daß das Phänomen des „variety-seeking-behavior" einen signifikanten Varianzanteil des Produktauswahlverhaltens erklärt. Helmig (1997 und 1999) untersucht den Einfluß der Ausgabe unentgeltlicher Produktproben auf das „variety-seeking-behavior". Einerseits zeigt er, daß „variety-seekers" signifikant stärker auf Sonderangebote reagieren, andererseits wird ermittelt, daß „non-variety-seekers" durch die Ausgabe von Gratis-Produktproben dazu verleitet werden können, ihre Markentreue zu durchbrechen.

Zusammenfassend kann festgehalten werden, daß Konsumenten auf sehr unterschiedliche Art und Weise markentreu sein können. Im vorliegenden Beitrag werden verschiedene diesbezügliche Meßkonzepte vorgestellt. Markenwechselverhalten als Pendant des Markentreueverhaltens kann wiederum sehr unterschiedlich motiviert sein. Auf der Grundlage der Theorie des Optimum Stimulation Level wurde erläutert, daß das Konzept des „variety-seeking-behavior" einen bedeutenden Beitrag zur Erklärung des Markenwechselverhaltens liefert. Die immer noch große Anzahl von Beiträgen zum Thema Markentreue-/Markenwechselverhalten im wissenschaftlichen Schrifttum belegt die nach wie vor hohe Relevanz und Aktualität des Themas für Marketingtheorie und –praxis.

5. Literatur

ALBERS, S., Gewinnorientierte Neuproduktpositionierung in einem Eigenschaftsraum, in: Zeitschrift für betriebswirtschaftliche Forschung, 1989, S. 186-209.

BASS, F. M./GIVON, M. M../KALWANI, M. U./REIBSTEIN, D./WRIGHT, G. P., An Investigation into the Order of the Brand Choice Process, in: Marketing Science, 1984, S. 267-287.

BAUER, H. H., Die Determinanten der Markentreue beim Automobilkauf, in: Dichtl, E./Raffée, H./Potucek, V., (Hrsg.), Marktforschung im Automobilsektor, Frankfurt/Main 1983, S. 15-38.

BAUER, H. H./HERRMANN, A./HUBER, F., Die Erfassung der Markentreue im Automobilmarkt mit loglinearen Modellen, Wirtschaftswissenschaftliches Studium, 1994, S. 434-439.

BAWA, K., Modeling Inertia and Variety Seeking Tendencies in Brand Choice Behavior, in: Marketing Science, 1990, S. 263-278.

BELK, R. W., An Exploratory Assessment of Situational Effects in Buyer Behavior, in: Journal of Marketing Research, 1974, S. 156-163.

BERLYNE, D. E., Conflict, Arousal and Curiosity, New York 1960.

BERLYNE, D. E., Motivational Problems Raised by Exploratory and Epistemic Behavior, in: Koch, S., (Hrsg.), Psychology: A Study of Science, New York 1963, S. 284-364.

BERNEMANN, T., Die Markentreue privater Neuwagenkäufer. Eine theoretische und empirische Untersuchung der Beiträge verschiedener Konsumentenverhaltenstheorien zur Erklärung der Markentreue beim privaten Neuwagenkauf, Essen 1989.

BÖCKER, F./ACHTER, D., Stochastische Prozeßmodelle des Markenwahlverhaltens. Ein Vergleich einiger Verhaltens- und einiger Entscheidungsmodelle, in: Zeitschrift für Betriebswirtschaft, 1981, S. 831-853.

BRAND, H. W./BUNGARD, W., Markentreue. Theoretische Überlegungen und empirische Daten zu ihrer rationalen Rechtfertigung, in: Jahrbuch der Absatz- und Verbrauchsforschung, 1982, S. 265-288.

BROCKHOFF, K., Alternative Approaches for Optimal Product Positioning, in: Shocker, A. D., (Hrsg.), Analytic Approaches to Product and Marketing Planning, Proceedings of Workshop Cosponsored by American Marketing Association, Marketing Science Institute, and University of Pittsburgh, Graduate School of Business, Report No. 79-104, Marketing Science Institute, Cambridge, Massachusetts 1979, S. 115-123.

BROWN, G. H., Brand Loyalty - Fact or Fiction?, in: Advertising Age, 1952, S. 75-76.

BUCKLIN, R. E./LATTIN, J. M., A Two-State Model of Purchase Incidence and Brand Choice, in: Marketing Science, 1991, S. 24-39.

CHINTAGUNTA, P. K., Estimating a Multinomial Probit Model of Brand Choice Using the Method of Simulated Moments, in: Marketing Science, 1992, S. 386-407.

CHINTAGUNTA, P. K., Variety Seeking, Purchase Timing, and the „Lightning Bolt" Brand Choice Model, in: Management Science, 1999, S. 486-498.

CUNNINGHAM, R. M., Brand Loyalty - What, Where, How much?, in: Harvard Business Review, 1956, S. 116-128.

DAY, G. S., Two-Dimensional Concept of Brand Loyalty, in: Journal of Advertising Research, 1969, S. 29-35.

DEIGHTON, J./HENDERSON, C./NESLIN, S. A., The Effects of Advertising on Brand Switching and Repeat Purchasing, in: Journal of Marketing Research, 1994, S. 28-43.

DUWORS, R. E./HAINES, G. H., Event History Analysis Measures of Brand Loyalty, in: Journal of Marketing Research, 1990, S. 485-493.

FAISON, E. W. J., The Neglected Variety Drive: A Useful Concept for Consumer Behavior, in: Journal of Consumer Research, 1977, S. 172-175.

FARLEY, J. U., Why does „Brand Loyalty" Vary over Products?, in: Journal of Marketing Research, 1964, S. 9-14.

FEINBERG, F. M./KAHN, B. E./MCALISTER, L., Market Share Response when Consumers Seek Variety, in: Journal of Marketing Research, 1992, S. 227-237.

FISKE, D. W./MADDI, S., (Hrsg.), Functions of Varied Experience,5. Aufl., Homewood 1971.

GARLINGTON, W. K./SHIMOTA, H. E., The Change Seeker Index: A Measure of the Need for Variable Stimulus Input, in: Psychological Reports, 1964, S. 919-924.

GEDENK, K./NESLIN, S., Die Wirkung von Preis- und Nicht-Preis-Promotions auf die Markenloyalität, Manuskripte aus den Instituten für Betriebswirtschaftslehre der Universität Kiel, 1998, erscheint demnächst in: Zeitschrift für betriebswirtschaftliche Forschung.

GIERL, H., Marketing, Stuttgart u. a. 1995.

GIERL, H./MARCKS, M., Der Einsatz von Modellen zur Markentreue-Messung, in: Marketing ZFP, 1993, S. 103-108.

GIVON, M., Variety Seeking Through Brand Switching, in: Marketing Science, 1984, S. 1-22.

GROVER, R./SRINIVASAN, V., Evaluating the Multiple Effects of Retail Promotions on Brand Loyal and Brand Switching Segments, in: Journal of Marketing Research, 1992, S. 76-89.

GUADAGNI, P. M./LITTLE, J. D. C., A Logit Model of Brand Choice Calibrated on Scanner Data, in: Marketing Science, 1983, S. 203-238.

HANSEN, F., Consumer Choice Behavior, New York 1972.

HARDIE, B. G. S./JOHNSON, E. J./FADER, P. S., Modeling Loss Aversion and Reference Dependence Effects on Brand Choice, in: Marketing Science, 1993, S. 378-394.

HELMIG, B., Variety-seeking-behavior im Konsumgüterbereich, Wiesbaden 1997.

HELMIG, B., Der Einfluß der Ausgabe unentgeltlicher Produktproben auf das „variety-seeking-behavior", Marketing ZFP, 1999, S. 105-120.

HERRMANN, A./GUTSCHE, J., Ein Modell zur Erfassung der individuellen Markenwechselneigung, Zeitschrift für betriebswirtschaftliche Forschung, 1994, S. 63-80.

HOYER, W. D./RIDGWAY, N. M., Variety Seeking as an Explanation for Exploratory Purchase Behaviour: A Theoretical Model, in: Kinnear, T. C., (Hrsg.), Advances in Consumer Research, 1984, Provo, UT: Association for Consumer Research, S. 114-119.

JACOBY, J. A., A Model of Multi-Brand Loyalty, in: Journal of Advertising Research, 1971, S. 25-31.

JACOBY, J. A./CHESTNUT, R. W., Brand Loyalty. Measurement and Management, New York u. a. 1978.

JEULAND, A. P., Brand Preference Over Time: A Partially Deterministic Operationalization of the Notion of Variety Seeking, in: S. Jain, (Hrsg.), AMA Research Frontiers in Marketing: Dialogues and Directions, Educator's Proceedings, Series No. 43, 1978, S. 33-37.

JEULAND, A. P., Brand Choice Inertia as one Aspect of the Notion of Brand Loyalty, in: Management Science, 1979, S. 671-682.

JOHNSON, M. D./HERRMANN, A./GUTSCHE, J., A Within-Attribute Model of Variety Seeking Behavior, in: Marketing Letters, 1995, S. 235-243.

KAHN, B. E./ISEN, A. M., The Influence of Positive Affect on Variety Seeking among Safe, Enjoyable Products, in: Journal of Consumer Research, 1993, S. 257-270.

KAHN, B. E./KALWANI, M. U./MORRISON, D. G., Measuring Variety-Seeking and Reinforcement Behaviors Using Panel-Data, in: Journal of Marketing Research, 1986, S. 89-100.

KAHN, B. E./LOUIE, T., Effects of Retraction of Price Promotions on Brand Choice Behavior for Variety-Seeking and Last-Purchase-Loyal Consumers, in: Journal of Marketing Research, 1990, S. 279-289.

KALWANI, M. U./YIM, C. K./RINNE, H. J./SUGITA, Y., A Price Expectations Model of Customer Brand Choice, in: Journal of Marketing Research, 1990, S. 251-262.

KEAVENEY, S. M., Customer Switching Behavior in Service Industries: An Exploratory Study, in: Journal of Marketing, 1995, S. 71-82.

KRISHNA, A., The Normative Impact of Consumer Price Expectations for Multiple Brands on Consumer Purchase Behavior, in: Marketing Science, 1992, S. 266-286.

KRISHNAMURTHI, L./RAJ, S. P., An Empirical Analysis of the Relationship Between Brand Loyalty and Consumer Price Elasticity, in: Marketing Science, 1991, S. 172-183.

KROEBER-RIEL, W., Zentrale Probleme auf gesättigten Märkten, in: Marketing ZFP, 1984, S. 210-214.

KROEBER-RIEL, W./WEINBERG, P., Konsumentenverhalten, 8. Aufl., München 2003

LATTIN, J. M., A Model of Balanced Choice Behavior, in: Marketing Science, 1987, S. 48-65.

LATTIN, J. M./MCALISTER, L., Using a Variety-Seeking Model to Identify Substitute and Complementary Relationships among Competing Products, in: Journal of Marketing Research, 1985, S. 330-339.

LITZENROTH, H. A., Dem Verbraucher auf der Spur - quantitative und qualitative Konsumtrends -, in: Jahrbuch der Absatz- und Verbrauchsforschung, 1995, Spezialausgabe „Konsumtrends", S. 213-305.

MATTHES, D., Die Markentreue. Eine Analyse ihres Wesens und ihrer Bestimmungsfaktoren, Erlangen-Nürnberg 1967.

MCALISTER, L., A Dynamic Attribute Satiation Model of Variety Seeking Behavior, in: Journal of Consumer Research, 1982, S. 141-150.

MCALISTER, L./PESSEMIER, E., Variety Seeking Behavior: An Interdisciplinary Review, in: Journal of Consumer Research, 1982, S. 311-322.

MCCONNELL, D. J., The Development of Brand Loyalty: An Experimental Study, in: Journal of Marketing Research, 1968, S. 13-19.

MEFFERT, H., Strategische Planungskonzepte in stagnierenden und gesättigten Märkten, in: Die Betriebswirtschaft, 1983, S. 193-209.

MEHRABIAN, A./RUSSELL, J. A., A Measure of Arousal-Seeking Tendency, in: Environment and Behavior, 1973, S. 315-333.

MENON, S./KAHN, B. E., The Impact of Context on Variety Seeking in Product Choices, in: Journal of Consumer Research, 1995, S. 285-295.

NIESCHLAG, R./DICHTL, E./HÖRSCHGEN, H., Marketing, 19. Aufl., Berlin 2002.

NOLTE, H., Die Markentreue im Konsumgüterbereich, Bochum 1976.

PEARSON, P. H., Relationships Between Global and Specified Measures of Novelty Seeking, in: Journal of Consulting and Clinical Psychology, 1970, S. 199-204.

PEDRICK, J. H./ZUFRYDEN, F. S., Evaluating the Impact of Advertising Media Plans: A Model of Consumer Purchase Dynamics Using Single-Source Data, in: Marketing Science, 1991, S. 111-130.

PESSEMIER, E. A., Varied Individual Behavior: Some Theories, Measurement Methods and Models, in: Multivariate Behavioral Research, 1985, S. 69-94.

RAJU, P. S., Exploratory Brand Switching: An Empirical Examination of its Determinants, in: Journal of Economic Psychology, 1984, S. 210-221.

RAJU, P. S./SRINIVASAN, V./LAL, R., The Effects of Brand Loyalty on Competitive Price Promotional Strategies, in: Management Science, 1990, S. 276-304.

ROGERS, R. E., Commentary on „The Neglected Variety Drive", in: Journal of Consumer Research, 1979, S. 88-91.

SABEL, H./WEISER, C., Dynamik im Marketing: Umfeld - Strategie - Struktur - Kultur, 3. Aufl., Wiesbaden 2000.

SAMBANDAM, R./LORD, K. R., Switching Behavior in Automobile Markets: A Consideration Sets Model, in: Journal of Marketing, 1995, S. 57-65.

SCHILLER, K., Analyse von markentreuem Kaufverhalten mit loglinearen Modellen, in: Operations Research Proceedings, Berlin u. a. 1986, S. 366-374.

SCHMALEN, H., Das hybride Kaufverhalten und seine Konsequenzen für den Handel, in: Zeitschrift für Betriebswirtschaft, 1994, S. 1221-1240.

SCHMITZ, W., Trends im Konsumentenverhalten, BBE-Praxisleitfaden München 1994.

SEETHARAMAN, P. B./CHINTAGUNTA, P., A Model of Inertia and Variety-Seeking with Marketing Variables, International Journal of Research in Marketing, 1998, S. 1-17.

SIMONSON, I., The Effect of Purchase Quantity and Timing on Variety-Seeking Behavior, in: Journal of Marketing Research, 1990, S. 150-162.

SIMONSON, I./WINER, R. S., The Influence of Purchase Quantity and Display Format on Consumer Preference for Variety, in: Journal of Consumer Research, 1992, S. 133-138.

STEENKAMP, J.-B. E. M./BAUMGARTNER, H., The Role of Optimum Stimulation Level in Exploratory Behavior, in: Journal of Consumer Research, 1992, S. 434-448.

STRAßBURGER, H., Wiederkaufverhalten, Berlin u. a. 1991.

TICHELLI, M.-A., Markentreue von Konsumenten beim Kauf von Konsumgütern, St. Gallen 1979.

TRIVEDI, M./BASS, F. M./RAO, R. C., A Model of Stochastic Variety-Seeking, in: Marketing Science, 1994, S. 274-297.

TSCHEULIN, D. K., „Variety-seeking-behavior“ bei nicht-habitualisierten Konsumentenentscheidungen, Zeitschrift für betriebswirtschaftliche Forschung, 1994, S. 54-62.

TUCKER, W. T., The Development of Brand Loyalty, in: Journal of Marketing Research, 1964, S. 32-35.

VAN TRIJP, H. C. M./HOYER, W. D./INMAN, J., Why Switch? Product Category-Level Explanations for True Variety-Seeking Behavior, in: Journal of Marketing Research, 1996, S. 281-292.

VAN TRIJP, H. C. M./STEENKAMP, J.-B. E. C. M., An Investigation into the Validity of Measures for Variation in Consumption used in Economics and Marketing, in: European Review of Agricultural Economics, 1990, S. 19-41.

VENKATESAN, M., Cognitive Consistency and Novelty Seeking, in: Ward, S./Robertson, H. H., (Hrsg.), Consumer Behavior: Theoretical Sources, Englewood Cliffs 1973, S. 355-384.

VILCASSIM, N. J./JAIN, D. C., Modeling Purchase-Timing and Brand-Switching Behavior Incorporating Explanatory Variables and Unobserved Heterogeneity, in: Journal of Marketing Research, 1991, S. 29-41.

WEINBERG, P., Produktspezifische Markentreue von Konsumenten, Zeitschrift für betriebswirtschaftliche Forschung, 1976, S. 276-297.

WEINBERG, P., Die Produkttreue der Konsumenten, Wiesbaden 1977.

WEINBERG, P., Markentreue und Markenwechsel, in: Hoyos, C. (u.a.) (Hrsg.), Wirtschaftspsychologie in Grundbegriffen, 2.Aufl., Studienausgabe, München 1990, S. 162-168.

WEINBERG, P., Das Entscheidungsverhalten der Konsumenten, Paderborn u. a. 1981.

WIEDMANN, K.-P., Zum Stellenwert der „Lust-auf-Genuß-Welle“ und des Konzepts eines erlebnisorientierten Marketing, in: Marketing ZFP, 1987, S. 207-220.

ZUCKERMAN, M., Sensation Seeking: Beyond the Optimal Level of Arousal, Hillsdale 1979.

3. Kapitel:

Produktprogrammplanung

Carsten Lurse

Produktmodifikation

1. Einleitung

Kennzeichnend für die Produktmodifikation ist die auf bestimmte Eigenschaften beschränkte Veränderung bereits am Markt befindlicher Produkte. Die Modifikation umfasst sowohl die Differenzierung als auch die Variation. Während die Differenzierung Produktprogramme komplementär erweitert, substituiert die Variation mindestens ein Produkt des Produktprogramms (siehe dazu auch den Beitrag von Büschken und von Thaden in diesem Handbuch).

Der Vielfalt an Gestaltungsoptionen zur Veränderung des Eigenschaftsbündels von Produkten steht die vielzitierte begrenzte Informationsverarbeitungskapazität des Konsumenten bei der Verarbeitung von Reizbündeln gegenüber (vgl. z.B. Kroeber-Riel u. Weinberg, 1996, S. 266 f.). Nicht die objektiven Produkteigenschaften prägen deshalb das Entscheidungsverhalten, sondern deren imaginäre Repräsentation, die von den geistigen Strukturen des Konsumenten abhängig ist (siehe dazu auch die Beiträge von Albers und Trommsdorff in diesem Handbuch).

In diesem Beitrag wird gezeigt, wie mit der Theorie geplanten Verhaltens die Beziehung zwischen der internen Repräsentation des Produktes beim Konsumenten und den objektiven Produkteigenschaften strukturiert werden kann. Darüber hinaus wird eine Methode skizziert, wie man diese messen kann.

Ziel ist es, den Entscheidern im Produktmanagement eine Hilfestellung zu geben, rechtzeitig Veränderungen von Marktbedingungen zu diagnostizieren und darauf aufbauend die Erlöspotenziale von Produkten durch gezielte Modifikationen besser auszuschöpfen.

2. Grundzüge der Theorie geplanten Verhaltens

Das Konsumentenverhalten ist nach der Theorie geplanten Verhaltens das Ergebnis eines Entscheidungsprozesses, der die Einstellungen und Normen des Konsumenten ebenso berücksichtigt wie dessen persönliche Einschätzung hinsichtlich der Verfügbarkeit von Ressourcen zur Realisierung des Konsums (Ajzen, 1991).

Einstellungen stehen für die vom Konsumenten eingeschätzte Vorteilhaftigkeit des Produktkaufs, während Normen den Wunsch des Konsumenten zum Ausdruck bringen, den Verhaltensvorstellungen der Referenzgruppe nachzukommen. Die Einschätzung hinsichtlich der Verfügbarkeit von Ressourcen kann sowohl aus eigenen Erfahrungen resultieren als auch auf belegbaren Informationen, Beobachtungen oder Gerüchten fußen.

Einstellungen, Normen und die wahrgenommene Ressourcenverfügbarkeit begründen sich im Wissen des Konsumenten, mit definierten Produkten spezifische Bedürfnisse befriedigen zu können. Jede seiner Überzeugungen besitzt dabei annahmegemäß assoziierte Emotionen.

Emotionen verkörpern Lust und Euphorie genauso wie Verzweiflung und Angst und verleihen Handlungen Nachdruck, wobei Konsumenten die Neigung besitzen, auf bestimmte Überzeugungen gewohnheitsmäßig zu reagieren (Ulich u. Mayring, 1992, S. 28ff.).

Diese Verhaltenskomponenten machen den Konsumenten für das Produktmanagement berechenbar. Je positiver die Einstellung zum Produktkauf, je größer die Kompatibilität des Produktkaufs zum Normensystem und je besser die Einschätzung hinsichtlich der Verfügbarkeit der notwendigen Ressourcen ist, desto größer ist die Wahrscheinlichkeit, dass der Konsument dieses Produkt kaufen wird, vorausgesetzt: die kognitiven Überzeugungen weisen eine gewisse Beständigkeit auf.

Daraus resultiert das erste zentrale Problem der Theorie geplanten Verhaltens aus der Perspektive des Produktmanagements: Es ist fraglich, ob die ermittelten Überzeugungen tatsächlich die unterstellte Beständigkeit über einen gewissen Zeitraum haben.

Die Theorie geplanten Verhaltens erklärt Konsumentenverhalten ausschließlich in genau spezifiziertem situativem Umfeld und unterscheidet sich damit von anderen Ansätzen der Präferenzforschung. Unter situativen Einflüssen werden diejenigen Wirkungen zusammengefasst, die über die personenbezogenen Eigenschaften der Konsumenten und über die Produkteigenschaften hinaus einen Beitrag zur Erklärung des Konsumentenverhaltens leisten.

Hansen (1972, S. 53) unterscheidet die Kommunikationssituation, die Kaufsituation und die Besitz- und Verwendungssituation. Aus der Perspektive der Theorie geplanten Verhaltens erlangt insbesondere die Besitz- und Verwendungssituation Bedeutung. Sie umfasst alle begleitenden Umstände des Produktgebrauchs und -besitzes, die eine Wirkung auf die Eignung des Produktes haben und konkretisiert damit die Erwartungen des Konsumenten im Vorfeld der Kaufentscheidung.

Daraus resultiert das zweite zentrale Problem der Theorie geplanten Verhaltens aus der Perspektive des Produktmanagements: Aussagen über das Verhalten in spezifischen Situationen werden aus der Bewertung des Verhaltens in genau diesen spezifischen Situationen abgeleitet. Es fehlen Aussagen hinsichtlich der Verzahnung der konkreten Produkteigenschaften mit den abstrakten Überzeugungen. Damit bleibt unklar, durch welche Modifikationen am Produkt das Konsumentenverhalten positiv beeinflusst werden kann.

In den folgenden Abschnitten wird deshalb untersucht,

- inwiefern davon ausgegangen werden kann, dass die kognitiven Überzeugungen eine gewisse zeitliche Beständigkeit aufweisen (Abschnitt 3),
- ob, wie und in welchem Umfang Beziehungen zwischen den konkreten Produkteigenschaften und den abstrakten Überzeugungen bestehen (Abschnitt 4),
- wie die Beziehung zwischen den konkreten Produkteigenschaften und den abstrakten Überzeugungen gemessen werden kann (Abschnitt 5).

3. Zur Stabilität von Überzeugungen

Ergebnisse aus der Konfliktforschung zeigen, dass negative Aspekte von Entscheidungen im Verhältnis zu positiven Aspekten von Entscheidungen um so bedeutsamer werden, je näher der betreffende Entscheidungszeitpunkt heranrückt. Deshalb unterscheidet Gold (1993) konsequenterweise zwischen online und offline ablaufenden Kognitionen (Jonas u. Doll, 1996, S. 26).

Online ablaufende Kognitionen beschreiben die Kognitionen, die in unmittelbarer Gegenwart einer bestimmten Reizsituation aktiviert werden, offline ablaufende Kognitionen dagegen diejenigen Kognitionen, die im Falle einer nur imaginär gegenwärtigen Reizsituation aktiviert werden.

Zwei Argumentationen sprechen für die Annahme, dass in Situationen der Produktmodifikation, bei der bereits im Markt ein gewisser Grad an Produkterfahrung vorhanden ist, Offline- und Online-Kognitionen konvergieren und damit die Einwände der Konfliktforschung von geringer Bedeutung sind:

- Erstens: Konsumentscheidungen sind von der Tragweite und den Parametern begrenzt. Mit zunehmender Produkterfahrung weiß der Konsument, auf welche Produkteigenschaften geachtet werden muss. Die Differenz zwischen Offline- und Online-Kognitionen hätte damit ihren Ursprung in der sequentiellen Erfassung der relevanten Reizsituation, die Konvergenz ihren Ursprung in der begrenzten Anzahl entscheidungsrelevanter Sachverhalte.
- Zweitens: Anhand des Modells von Klauer (1991) kann nachgewiesen werden, dass Konsumenten das Bestreben haben, stabile Überzeugungen auszubilden.

Klauer versucht mit seinem Modell, die Rolle der Emotionen im Rahmen der kognitiven Urteilsbildung aufzuzeigen. Basierend auf einer umfassenden Literatursichtung und empirischen Fundierung gelangt er zu dem Schluss, dass die grundsätzliche Zustimmung und Ablehnung von Objekten Einfluss hat auf die Eigenschaften, die dem Objekt zugesprochen werden, insbesondere dann, wenn nur in geringem Maße relevante Informationen zur Verfügung stehen.

Konkret wird unterstellt, dass Menschen nach Kenntnisnahme des zu beurteilenden Sachverhaltes sehr schnell und automatisch eine zustimmende oder ablehnende Hypothese generieren. Diese sog. A-Priori-Hypothese wird dann in einem nachfolgenden Prozess durch die aktuell verfügbaren Detailinformationen über den Sachverhalt relativiert und in die sog. A-Posteriori-Hypothese überführt:

Je mehr Detailinformationen zur Verfügung stehen, desto weniger Einfluss hat die A-Priori-Hypothese auf das resultierende Urteil. Stehen auf der anderen Seite kaum relevante Detailinformationen zur Verfügung, so erfährt die A-Priori-Hypothese keine kritische Relativierung. Das kognitive Urteil wird dann maßgeblich von der A-Priori-Hypothese geprägt.

Von Interesse ist dabei, dass die A-Priori-Hypothese weniger kognitiven, sondern vielmehr emotionalen Charakter besitzt: Es wird angenommen, dass die A-Priori-Hypothese in zustimmender Richtung ausfällt, wenn die Bewertung des Objektes und die Bewertung der zuzuschreibenden Eigenschaft (Zieldimension) konsistent sind (beide positiv, beide negativ). Entsprechend wird vermutet, dass die A-Priori-Hypothese in ablehnender Richtung ausfällt, wenn die Werte inkonsistent sind (einer positiv, einer negativ). Klauer formalisiert diese Zusammenhänge durch die folgende Gleichung.

(1) $H2 = K + H1$

H2: A-Posteriori-Hypothese,
K: Hypothese auf Basis aktueller Detailinformationen,
H1: A-Priori-Hypothese.

Mit einer Vielzahl von Stimuli, Vorlagetechniken und Emotionsindizes konnte ferner gezeigt werden, dass eine zunehmende Präferenz für bestimmte (psychologische) Objekte durch die bloße wiederholte Konfrontation mit diesen erzeugbar ist (Klauer 1991, S. 16).

Eine Erweiterung des Ansatzes von Klauer lässt vermuten, dass mit zunehmender Produkterfahrung Offline- und Online-Kognitionen weitestgehend identisch sind.

Unter der Annahme, dass erstens die A-Priori-Hypothese im Zeitpunkt t der A-Posteriori Hypothese im Zeitpunkt t-1 entspricht und zweitens die wiederholte Konfrontation die Präferenz gegenüber einem Objekt verstärkt, kann das Klauer-Modell wie folgt umgeschrieben werden:

(2) $H2_t = K_t + \alpha \cdot H2_{t-1}$

α: Verstärkungsfaktor $\alpha > 1$,
t: Zeitindex.

Das modifizierte Klauer-Modell zeigt, dass Detailinformationen, die gegenläufig zur Produkterfahrung (A-Posteriori-Hypothese in t-1) sind, in ihrer Wirkung auf das Urteil geschwächt werden.

Das Urteil des Konsumenten wird quasi durch die Produkterfahrung stabilisiert. Dieser Effekt ist umso größer, je ausgeprägter der Verstärkungsfaktor ist. Im Bereich der Produktmodifikation können deshalb vermutlich relativ stabile Überzeugungsmuster unterstellt werden.

4. Die Beziehung zwischen Überzeugungen und Produkteigenschaften

Kaum ein anderes Gebiet zeigt in den letzten Jahren eine derartige Dynamik wie die Erforschung des menschlichen Gehirns. Trotzdem stehen ersten Erkenntnissen noch immer zahlreiche unbeantwortete Fragen gegenüber. Bekannt ist jedoch, dass das menschliche Gehirn die Fähigkeit besitzt, aus einem begrenzten Vorrat unvollständiger Informationen eine relativ gute Reproduktion der ursprünglichen Erinnerung zu erstellen und dass einwirkende Reize unterschiedliche Speicherbereiche aktivieren (Kandel u. Kupfermann, 1995, S. 683). Deshalb wird davon ausgegangen, dass Gedächtnisinhalte vernetzt sind.

Wie dieses erfolgt, ist weitestgehend unklar, jedoch mangelt es nicht an Hypothesen, wie diese Vernetzung gestaltet sein könnte. Gute Gründe sprechen für die Annahme, dass die Speicherung von Wissen ähnlich funktioniert wie semantisch positionale Netzwerke (Für eine detaillierte Begründung vgl. Lurse, 1999, S. 19ff.). Diese speichern Wissen in mehreren Teilspeichern, die durch Informationsbrücken miteinander vernetzt sind. Die Inhalte der Teilspeicher sowie die Ausbildung der Informationsbrücken erfolgt nicht unbedingt in logisch stringenter Weise, sondern resultiert aus der Ontogenese des Konsumenten.

Hieraus erwächst das Schlüsselproblem der Produktmodifikation. Die Verzahnung der Überzeugungen des Konsumenten mit den vom Anbieter veränderbaren Produkteigenschaften ist unter Umständen stark fragmentiert.

Darüber hinaus kann diese Verzahnung nur bedingt mit Hilfe von Konsumenten-Befragungen offengelegt werden, weil die Gedächtnisinhalte häufig unbewusst sind. Konsumenten erlangen das Wissen über sich selbst weniger aus dem unmittelbaren Zugang zu ihren inneren Prozessen, sondern verschaffen es sich von „außen“ durch Beobachtung und Interpretation des eigenen Verhaltens (Forgas, 1994, S. 91).

Entsprechend dieser auf Kelley (1967) zurückgehenden These ist die Verzahnung von Überzeugungen und Produkteigenschaften nur dann in Befragungen zuverlässig ermittelbar, wenn der Konsument durch systematische Selbstbeobachtung eine profunde Erkenntnis über sich selbst entwickelt hat.

Aufbauend auf diesen Hypothesen kann gezeigt werden, dass durch das exponentielle Wachstum von Produkteigenschaftskombinationen die Konsumenten deutlich leichter ein Verständnis dafür entwickeln, welche Produkteigenschaften von Bedeutung sind, als zu beurteilen, wie groß das exakte Bedeutungsgewicht der einzelnen Produkteigenschaften ist. Dies gilt insbesondere dann, wenn Wechselbeziehungen zwischen Produkteigenschaften auftreten.

Dementsprechend überraschen Studien wenig, die eine geringe Korrespondenz zwischen tatsächlichen und artikulierten Wichtigkeiten im Rahmen von Bewertungsaufgaben nachweisen (Nisbett u. Wilson, 1977, S. 254).

Die vorangegangene Argumentation verdeutlicht die Herausforderungen für das Management von Produktmodifikationen:

- Es kann nicht davon ausgegangen werden, dass logisch stringente Beziehungen zwischen jeder einzelnen Produkteigenschaft und den Überzeugungen der Kaufentscheidung existieren.
- Es muss berücksichtigt werden, dass Konsumenten vor allem darüber Auskunft geben können, welche spezifischen Produkteigenschaften die entscheidungsrelevanten Überzeugungen prägen. Hingegen kann die Beziehung zwischen einzelnen Produkteigenschaften und den Überzeugungen nur sehr begrenzt durch direkte Befragungen der Konsumenten ermittelt werden. Gleiches gilt für die Beziehung zwischen den verschiedenen Überzeugungen und der Kaufentscheidung.

5. Implikationen für das Produktmanagement

In den vorangegangenen Ausführungen wurde erstens aufgezeigt, dass das Konsumentenverhalten nach der Theorie geplanten Verhaltens das Ergebnis eines Entscheidungsprozesses ist, der Einstellungen und Normen des Konsumenten ebenso berücksichtigt wie dessen persönliche Einschätzung hinsichtlich der Verfügbarkeit von Ressourcen zur Realisierung des Konsums.

Zweitens wurde festgestellt, dass Einstellungen, Normen und die wahrgenommene Ressourcenverfügbarkeit sich auf stabile Überzeugungsmuster des Konsumenten gründen, mit definierten Produkten spezifische Bedürfnisse befriedigen zu können. Die mit diesen Überzeugungen fest assoziierten Emotionen provozieren beim Konsumenten die Neigung, gewohnheitsmäßig zu reagieren.

Ferner wurde drittens festgestellt, dass die Beziehungen zwischen den konkreten Produkteigenschaften und den abstrakten Überzeugungen der Kaufentscheidung unter Umständen fragmentiert sind.

Schließlich wurde viertens festgestellt, dass Konsumenten zwar die für sie relevanten Überzeugungen und Produkteigenschaften kennen, aber wenig auskunftsfähig sind im Hinblick auf das exakte Bedeutungsgewicht im Kaufentscheidungsprozess.

Es ist deshalb ein Weg zu finden, wie die für die Kaufentscheidung relevanten Überzeugungen und Produkteigenschaften ermittelt werden können und wie die Beziehung zwischen den Überzeugungen und der Kaufentscheidung sowie die Beziehung zwischen den Überzeugungen und den Produkteigenschaften zu quantifizieren sind.

Die Erhebung der für die Kaufentscheidung relevanten Überzeugungen und Produkteigenschaften unterliegt der Herausforderung, dass Erinnerungsvorgänge keine absolut getreuen Reproduktionen der ursprünglich gespeicherten Information sind. Erinnerungen sind vielmehr das Ergebnis bewusster und unbewusster Prozesse wie Vergleiche,

Schlussfolgerungen, Annahmen und Vermutungen, um eine in sich stimmige und zusammenhängende Erinnerung zu erzeugen (Kupfermann u. Kandel, 1995, S. 671).

Grunert (1990, S. 24 ff.) weist zu Recht darauf hin, dass die mangelnde Trennung von Struktur und Prozess bei der Erhebung von Kognitionen dazu führt, dass erstens weniger gespeichertes als vielmehr reproduziertes Wissen erfragt wird und zweitens der Messvorgang selbst unter Umständen die Kognitionen verändert. Dies gilt insbesondere dann, wenn der Proband mit Kognitionen konfrontiert wird, die bislang nicht Inhalt seines Kognitionssystems waren und diese entsprechend der Logik der Befragungssituation plausibel integriert.

Das, was in einer Befragung gemessen wird, ist also immer das Resultat der Interaktion einer Kognition mit einem kognitiven Prozess. Es ist daher wenig verwunderlich, dass empirische Belege existieren, die im Hinblick auf minimal erscheinende Variationen der Fragetechnik eine Empfindlichkeit der Befragungsergebnisse diagnostizieren (Schnell, Hill, Esser, 1995, S. 299 ff.).

Im folgenden wird kurz skizziert, wie mit Hilfe einer Abwandlung des "product-by-uses"-Ansatzes die relevanten Überzeugungen und Produkteigenschaften ermittelt werden könnten. Der vorgeschlagene Ansatz bietet im Vergleich zu alternativen Verfahren die Vorteile, dass er effizient ist und den Probanden in der Befragungssituation nur in geringem Maße fremde kognitive Strukturen aufzwingt.

Der "product-by-uses"-Ansatz (vgl. z.B. Bauer, 1989, S. 110ff.) verfolgt das Ziel, Assoziationen zwischen Verwendungszwecken und Produkten zu erzeugen: In einem ersten Schritt wird der Proband unter Vorgabe eines bestimmten Produktes aufgefordert, Verwendungs-Assoziationen zu bilden, in der zweiten Runde werden ihm dann die assoziierten Verwendungen vorgelegt mit der Aufforderung, alle für diese Verwendung geeigneten Produkte anzugeben. Unter Wiederholung dieser Schritte wird das Verfahren solange fortgesetzt, bis keine weiteren Produkte mehr genannt werden können.

Analog kann dieses Verfahren genutzt werden, um die für die Kaufentscheidung relevanten Überzeugungen und Produkteigenschaften zu ermitteln. Hierfür wird der Proband aufgefordert, unter Vorgabe eines bestimmten Produktes Überzeugungen zu nennen, die seine Einstellungen, Normen und die wahrgenommene Ressourcenverfügbarkeit begründen. In einer zweiten Runde werden dem Probanden dann die artikulierten Überzeugungen mit der Aufforderung vorgelegt, Produkteigenschaften zu benennen, anhand derer diese Überzeugungen festgemacht werden können. Das Verfahren wird solange fortgesetzt, bis keine weiteren Überzeugungen und Produkteigenschaften genannt werden.

Mit Hilfe des abgewandelten "product-by-uses"-Ansatzes können die für die Kaufentscheidung relevanten Überzeugungen und Produkteigenschaften ermittelt werden. Darauf aufbauend ist mit Hilfe indirekter Befragungsmethoden – wie etwa einer Variation des auf Louviere (1984) zurückgehenden Conjoint-Verfahrens der hierarchischen Informationsintegration - die Beziehung zwischen den Überzeugungen und der Kaufentscheidung sowie die Beziehung zwischen den Überzeugungen und den Produkteigenschaften zu quantifizieren.

6. Literatur

AJZEN, I., The theory of planned behavior, in: Organizational Behavior and Human Decision Processes, Vol. 50 (1991), S. 179-211.

BAUER, H.H., Marktabgrenzung: Konzeption und Problematik von Ansätzen und Methoden zur Abgrenzung und Strukturierung von Märkten unter besonderer Berücksichtigung von marketingtheoretischen Verfahren, Berlin: Duncker u. Humblot, 1989.

FORGAS, J.P., Soziale Interaktion und Kommunikation: eine Einführung in die Sozialpsychologie, 2. Aufl., Weinheim: Psychologie-Verl.-Union, 1994.

GOLD, R.S., On the need to mind the gap: On-line versus off-line cognitions underlying sexual risk taking. In: D.J. Terry, C. Gallois, M. McCamish (Hrsg.): The theory of reasoned action: Its application to AIDS-preventive behaviour, Oxford, 1993, S. 227-252.

GRUNERT, K.G., Kognitive Strukturen in der Konsumforschung: Entwicklung und Erprobung eines Verfahrens zur offenen Erhebung assoziativer Netzwerke, Heidelberg: Physica, 1990.

HANSEN, F., Consumer Choice Behavior. A Cognitive Theory, New York u.a., 1972.

JONAS, K., DOLL, J., Eine kritische Bewertung der Theorie überlegten Handelns und der Theorie geplanten Verhaltens, in: Zeitschrift für Sozialpsychologie, Vol. 27 (1996), 1, S. 18-31.

KELLEY, H.H., Attribution theory in social psychology, in: D. Levin (Hrsg.): Nebraska symposium on motivation, Bd. 15., Lincoln: University of Nebraska Press, 1967.

KANDEL, E.R., KUPFERMANN, I., Emotionale Zustände, in: E.R. Kandel, J.H. Schwartz, T.M. Jessel (Hrsg.): Neurowissenschaften: eine Einführung, Berlin u.a.: Spektrum, 1995, S. 607-624.

KLAUER, K.C., Einstellungen: Der Einfluß der affektiven Komponente auf das kognitive Urteilen, Göttingen: Hofgrefe, 1991.

KROEBER-Riel, W., WEINBERG, P., Konsumentenverhalten, 6., völlig überarb. Aufl., München: Vahlen, 1996.

KUPFERMANN, I., KANDEL, E., Lernen, Sprache und Gedächtnis, in: E.R. Kandel, J.H. Schwartz, T.M. Jessel (Hrsg.): Neurowissenschaften: eine Einführung, Berlin u.a.: Spektrum, 1995, S. 643-685.

LOUVIERE, J.J., Hierarchical Information Integration: A New Method for the Design and Analysis of Complex Multiattributive Judgement Problems, in: T.C. Kinnear (Hrsg.), Advances in Consumer Research, Vol. 11, Provo: Association for Consumer Research, 1984, S. 148-155.

LURSE, C., Produktmodifikation: Instrumente zur Zielbildung bei höherwertigen Konsum- und Gebrauchsgütern, Wiesbaden: DUV, 1999.

NISBETT, R.E., WILSON, T.D., Telling More Than We Can Know - Verbal Reports on Mental Processes, in: Psychological Review, Vol. 84 (1977), 3, S. 231-259.

SCHNELL, R., HILL, P.B., ESSER, E., Methoden der empirischen Sozialforschung, 5. Aufl., München u.a.: Oldenbourg, 1995.

Ulich, D., Mayring, P., Psychologie der Emotion, Stuttgart: Kohlhammer, 1992.

Reinhold Decker
Claudia Bornemeyer

Produktliniengestaltung

1. Einleitung und Motivation

Die Ausgestaltung einer Produktlinie gilt als eines der zentralen Probleme des Marketing (Dobson/Kalish, 1988). Eine Produktlinie kann nach Meffert (1998, S. 449) verstanden werden als „eine Gruppe von Produkten, die aufgrund bestimmter Kriterien (Bedarfszusammenhang, produktionstechnischer Zusammenhang) in enger Beziehung zueinander stehen". Produktlinien setzen sich somit aus Einzelprodukten zusammen und können beispielsweise PKWs mit unterschiedlicher Motorisierung/Ausstattung, Hautcremes für unterschiedliche Hauttypen oder Computer mit unterschiedlichen Prozessoren umfassen.

Produktlinienentscheidungen haben in den letzten Jahren aufgrund stärker segmentierter Produktmärkte und höheren Wettbewerbsdrucks stark an Bedeutung gewonnen. Differenzierte Produktlinien bieten den Anbietern die Möglichkeit, ihr Angebot an heterogene Käuferpräferenzen anzupassen (Steiner 1999). Die Entscheidungstatbestände im Rahmen der Produktliniengestaltung zeichnen sich dabei im Vergleich zu Einzelproduktentscheidungen u.a. durch eine höhere Komplexität aus. Zentrale Problemstellung im Rahmen der Produktliniengestaltung ist die vorbereitende Evaluation von Produktergänzungen und -eliminierungen unter Berücksichtigung von Interaktionen zwischen den Produkten einer Linie (beispielsweise Substitutionalitäts- und Komplementaritätseffekte sowie Kostensynergien) (Green/Krieger, 1985).

Die Forschungsaktivitäten im Bereich der Produktliniengestaltung können in qualitativ ausgerichtete Beschreibungsansätze und quantitativ orientierte Optimierungsansätze unterteilt werden (Aust, 1996). In Abschnitt 2 werden zunächst Basisstrategien im Rahmen einer qualitativ orientierten Produktliniengestaltung vorgestellt, während die Betrachtung alternativer Optimierungsansätze Gegenstand von Abschnitt 3 ist.

2. Qualitativ orientierte Produktliniengestaltung

Im Rahmen der Produktliniengestaltung ergeben sich verschiedene Handlungsoptionen, die im folgenden zunächst kurz skizziert und sodann anhand der Produktlinie *NIVEA Bath Care* illustriert werden sollen. Zu nennen sind hier:

- die Produktlinienerweiterung,
- die Modernisierung einer Produktlinie,
- die Produktlinienaufwertung durch Herausstellung einzelner Produkte und
- die Bereinigung einer Produktlinie.

2.1 Handlungsoptionen im Rahmen der Produktliniengestaltung

Eine bereits existierende Produktlinie kann zum einen durch eine Ausweitung und zum anderen durch ein Auffüllen erweitert werden. Die *Ausweitung einer Produktlinie* kann in zwei Richtungen erfolgen, um Bereiche des relevanten Marktes abzudecken, die von den bisherigen eigenen Produkten im Markt nicht erreicht werden. Im Rahmen der Diskussion von Produktlinienausweitungen werden diese Marktbereiche über die Qualität und den Preis der Produkte voneinander abgegrenzt, wobei unterstellt wird, daß beide Produktmerkmale positiv korreliert sind. Bei Einführung günstiger Grundmodelle spricht man in diesem Zusammenhang von einem „Trading-Down“ (Aust, 1996). Gründe für eine solche Vorgehensweise können starke Konkurrenz und/oder langsames Wachstum im oberen Qualitätsbereich oder auch ein vermutetes Wachstum im unteren Qualitätsbereich darstellen. Des weiteren bietet ein Trading-Down die Möglichkeit, eine Marktlücke zu schließen, die sonst möglicherweise neue Konkurrenten zu einem Markteintritt bewegen könnte (Kotler/Bliemel, 1999). Ein Trading-Down kann jedoch auch zu Problemen führen. Hervorzuheben ist hier insbesondere das Problem der Kannibalisierung. Durch ein preisgünstigeres Angebot aus der Produktlinie in einem Niedrigqualitätssegment geht der Absatz häufig im oberen Qualitätssegment zurück, d.h. die Konsumenten ersetzen ein Produkt der Produktlinie aus dem oberen Preisbereich durch ein preisgünstigeres Produkt aus der gleichen Produktlinie. Zudem besteht die Gefahr, daß ein Trading-Down negative Auswirkungen auf das Image der Produkte im oberen Qualitätssegment ausübt.

Bei der Erweiterung einer etablierten Produktlinie um höherwertige Produkte spricht man analog von einem „Trading-Up“ (Aust, 1996). Gründe hierfür können ein vermutetes höheres Wachstum, eine geringere Wettbewerbsintensität oder eine höhere Gewinnspanne in oberen Qualitätssegmenten darstellen (Meffert, 1998). Zudem bietet ein Trading-Up die Möglichkeit, die gesamte Produktlinie durch die Ergänzung um ein qualitativ hochwertiges Produkt aufzuwerten. Ein häufig auftretendes Problem des Trading-Up liegt in der mangelnden Überzeugung der Kunden von der Befähigung des Anbieters, fortan ein Produkt höherer Qualität anbieten zu können. Des weiteren besteht die Gefahr, daß die Konkurrenz im oberen Qualitätssegment ihrerseits ein Trading-Down vornimmt (Kotler/Bliemel, 1999).

Das *Auffüllen einer Produktlinie* umfaßt die Aufnahme neuer Produkte in eine Produktlinie, um interne Lücken im Programm zu schließen und somit auch bisher unbefriedigte Konsumentenwünsche erfüllen zu können. Dabei können Kannibalisierungseffekte auftreten, wenn es dem Unternehmen nicht gelingt, wahrnehmbare Unterschiede zu bestehenden Produkten zu kommunizieren.

Die schrittweise oder totale *Modernisierung einer Produktlinie* kann erforderlich werden, wenn sie in Funktion und/oder Erscheinungsbild veraltet wirkt und somit im Wettbewerb moderner gestalteten Produktlinien unterliegt. Ein schrittweises Vorgehen bietet den Vorteil, daß die Kunden- und Handelsreaktionen beobachtet und bei weiteren Modernisierungsschritten berücksichtigt werden können (Kotler, 1999). Zudem verteilt sich die finanzielle Belastung, die im Zuge der Modernisierung entsteht, auf einen längeren Zeitraum. Problematisch ist, daß auch die Konkurrenz die schrittweise Umstellung beobachten und entsprechend darauf reagieren kann.

Wird ein Produkt aus einer Produktlinie durch den verstärkten Einsatz von Marketingmaßnahmen für dieses Produkt besonders hervorgehoben, so spricht man von der *Aufwertung einer Produktlinie durch Herausstellung einzelner Produkte*. Zum einen kann ein „Preisschlager" aus dem unteren Qualitätssegment hervorgehoben werden, um die Aufmerksamkeit der Kunden auch auf die höherwertigen Produkte der Produktlinie zu lenken. Zum anderen besteht die Möglichkeit, ein Produkt aus dem gehobenen Bereich der Linie („Flaggschiff") herauszustellen, um der gesamten Produktlinie ein höherwertiges Image zu verleihen (Kotler/Bliemel, 1999).

Unter der *Bereinigung einer Produktlinie* schließlich versteht man die Eliminierung einzelner, weniger erfolgreicher Produkte. An dieser Stelle sei auf allgemeine Überlegungen zur Produkteliminierung verwiesen.

2.2 Die Produktlinie *NIVEA Bath Care*

Ein Beispiel für erfolgreiches Produktlinienmanagement stellt die Produktlinie *NIVEA Bath Care* der Marke *NIVEA* der *Beiersdorf AG* dar (Bei Herrn Jürgen Sell von der *Beiersdorf AG* bedanken wir uns an dieser Stelle für die freundliche Bereitstellung entsprechenden Informationsmaterials.). Die im Jahr 1987 zunächst aus Dusch- und Schaumbad bestehende Produktlinie wurde kontinuierlich erweitert. Im Jahr 1993 wurden die Kategorienbezeichnungen *NIVEA Dusche*, *NIVEA Bad* und *NIVEA Seife* eingeführt, die 1995 unter dem Begriff *NIVEA Bath Care* zusammengefaßt wurden. Innerhalb der Produktlinie kann zwischen klassischen Produkten (z.B. Duschbad und Schaumbad) und Spezialitäten (z.B. Dusch-Peeling und Cremebad Milch & Honig) unterschieden werden. Zielsetzung der Aktivitäten im Bereich der Produktliniengestaltung ist der Ausbau der Marktposition durch Produktlinienerweiterung und Innovation. Die Produkte der Linie sind im mittleren Preissegment angesiedelt und verbleiben langfristig nur dann in der Produktlinie, wenn sie einen gewissen Mindestumsatz erzielen.

Die bisherigen Erweiterungen der Produktlinie können als *Auffüllen der Produktlinie* verstanden werden. Die Produktlinie wurde beispielsweise im Jahr 1989 um die *NIVEA Pflegedusche for men* erweitert. Ausgangspunkt waren u.a. Trends im Verbraucherverhalten, insbesondere das steigende Pflegebewußtsein, wachsende Qualitätsansprüche und die zunehmende Individualität des Pflegebedürfnisses im Männersegment. Auch wurde dieses Segment im Körperpflege- und Kosmetikmarkt als nachhaltig dynamisch und expansiv eingeschätzt. Durch das Auffüllen der Produktlinie sollte eine neue Verwenderschaft gewonnen und das verstärkte Wachstum des Duschbadmarktes ausgeschöpft werden. Im Jahr 1998 wurde die Produktlinie *NIVEA Bath Care* um Shampoo/Duschgel und ein Schaumbad speziell für Kinder erweitert. Markt- und Verbraucheranalysen signalisierten im Vorfeld ein hohes Potential für Kinder-Produkte in diesem Bereich, so daß eine Erweiterung des Angebotes auch für dieses Segment erfolgversprechend schien. Diese und weitere Erweiterungen der Produktlinie zeichnen sich hinsichtlich Qualität und Preis durch eine hohe Affinität zu den etablierten Produkten aus, d.h. es wurden keine Ausweitungen in höhere oder niedrigere Qualitäts- bzw. Preissegmente im Sinne eines Trading-Up oder Trading- Down vorgenommen.

Eine *Modernisierung der Produktlinie* erfolgte u.a. im Jahr 1993. *NIVEA* sollte zum einen als die Marke mit der größten Pflegekompetenz im Markt der Dusch- und Badezusätze etabliert werden und zum anderen sollte das Markenimage aktualisiert werden. Unter Beibehaltung des bisherigen Sortiments wurde beispielsweise das Design hochwertiger und aufmerksamkeitsfördernder gestaltet und die Rezeptur für Duschen und Bäder, das Logo sowie die Flaschenform erfuhren eine gezielte Überarbeitung. Eine weitere Modernisierung der Produktlinie erfolgte im Jahr 1998. Wie bereits 1993 wurden das Design und die Rezeptur der Produkte der Linie überarbeitet. Die Abbildungen 1 und 2 zeigen Beispiele der Produktlinie *NIVEA Bath Care* nach der Überarbeitung im Jahr 1998.

Abbildung 1: Elemente der Produktlinie *NIVEA Bath Care* aus dem Bereich Bad

In dem hier betrachteten Zeitraum (1987-1999) kam es in zwei Fällen zu einer *Bereinigung der Produktlinie*. Im Jahr 1993 wurde das 1991 eingeführte Badekonzentrat und im Jahr 1999 die erst 1994 eingeführte Bade-Milk aus der Produktlinie herausgenommen.

Abbildung 2: Elemente der Produktlinie *NIVEA Bath Care* aus dem Bereich Dusche

3. Optimierung der Produktliniengestaltung

Optimierungsansätze im Kontext der Produktliniengestaltung zielen auf die Bestimmung geeigneter Produktprofile von Neuprodukten ab, die (häufig ergänzend zu bereits etablierten Bestandteilen) in eine Produktlinie aufgenommen werden sollen, um den Marktanteil oder den Gewinn zu maximieren (Aust, 1996). Schwerpunkt der folgenden Ausführungen sind Ansätze zur gewinnorientierten Produktliniengestaltung, während marktanteilsorientierte Entscheidungsmodelle vernachlässigt werden sollen.

Den methodischen Hintergrund der Ansätze bildet in den meisten Fällen die *Conjoint-Analyse* oder die *Multidimensionale Skalierung (MDS),* wobei Ansätze auf Basis der Conjoint-Analyse bisher in der Literatur mehr Beachtung gefunden haben und daher auch hier im Vordergrund stehen sollen.

Die im Rahmen der Produktliniengestaltung entwickelten Optimierungsansätze zeichnen sich zum Teil durch eine beachtliche Komplexität aus. Aus diesem Grund wird zunächst auf Basis der Grundgleichungen eines bereits etablierten Entscheidungsmodells zur *gewinnoptimalen Produktliniengestaltung* von Green/Krieger (1985, 1987) die grundsätzliche Vorgehensweise demonstriert und anhand eines einfachen Datenbeispiels illustriert. Anschließend wird auf Erweiterungen und neuere Entwicklungstendenzen eingegangen.

3.1 Gewinnmaximierungsansatz nach Green/Krieger

Der zweistufige Ansatz von Green/Krieger (1985, 1987) geht von einer vorgegebenen Menge von Kandidaten zur Aufnahme in eine zu gestaltende Produktlinie aus. In einem ersten Schritt wird zunächst eine Menge von erfolgversprechenden Produktkandidaten ausgewählt, aus denen dann in einem zweiten Schritt die optimale Zusammensetzung der Produktlinie bestimmt wird. Die Modellierung erfolgt auf der Produktebene. Alternativ ist aber auch eine Modellierung auf Merkmalsausprägungsebene denkbar, wie sie beispielsweise von Kohli/Sukumar (1990) vorgeschlagen wird (siehe Abschnitt 3.3). Green/Krieger (1985, 1987) betrachten zum einen den Nutzen der Konsumenten (im Sinne der Wohlfahrt) und zum anderen den Nutzen des Anbieters (im Sinne des Gewinns) als Zielgröße. Letzteres steht im Mittelpunkt der weiteren Ausführungen. Der im folgenden dargestellte Ansatz umfaßt das Grundmodell von Green/Krieger (1985) sowie die von Green/Krieger (1985) vorgeschlagenen Modellerweiterungen zur Berücksichtigung individueller Kaufkraftgewichtungen für die Individuen und Markteinführungskosten, wie sie später bei Gaul/Aust/Baier (1995) und Steiner (1999) integriert wurden.

Für eine Aufnahme in die zu gestaltende Produktlinie stehen für den Anbieter die Produktkandidaten $j = 1,...,J$ zur Auswahl. Das Produkt $j = 0$ ist das Produkt, das von den Konsumenten bisher gekauft wurde, und wird auch als „Status-Quo-Produkt" bezeichnet (Steiner, 1999). Der Nutzen, den der Produktkandidat j für das Individuum i ($i = 1,...,I$) stiftet, wird durch u_{ij} repräsentiert. Des weiteren werden zwei binäre Entscheidungsvariablen benötigt. Die Variable y_j nimmt den Wert 1 an, falls der Produktkandidat j in die Produktlinie aufgenommen wird, und den Wert 0 sonst. Die Variable x_{ij} nimmt den Wert 1 an, falls Individuum i den Produktkandidaten j kauft, und den Wert 0 sonst.

Gegenstand der Optimierung ist die Deckungsbeitragsdifferenz $\widetilde{d}_{ij} = d_{ij} - d_{i0}$, die sich aus dem individuenspezifischen Deckungsbeitrag d_{ij} des Produktkandidaten j und dem Deckungsbeitrag d_{i0} des Status-Quo-Produktes ergibt. Dies ermöglicht die Berücksichtigung von Kannibalisierungseffekten, falls das Status-Quo-Produkt ($j = 0$) von Individuum i auch ein Produkt des betrachteten Anbieters ist. Dann gilt $d_{i0} \neq 0$ und der Deckungsbeitrag aus dem Kauf des Produktkandidaten j durch Individuum i wird um d_{i0} reduziert. Für den Fall, daß Individuum i bis dato das Produkt eines anderen Anbieters gekauft hat, gilt entsprechend $d_{i0} = 0$. Weiterhin bezeichne w_i die Wichtigkeit des Individuums i für den Anbieter im Sinne der bei ihm im betrachteten Zeitraum potentiell erzielbaren Absatzmenge. In der Zielfunktion werden darüber hinaus für jeden Produktkandidaten j, der in die Produktlinie aufgenommen wird, fixe Markteinführungskosten f_j berücksichtigt. Der Optimierungsansatz läßt sich damit wie folgt formulieren:

(1) $$\max \sum_{i=1}^{I} \sum_{j=1}^{J} w_i x_{ij} \tilde{d}_{ij} - \sum_{j=1}^{J} y_j f_j$$

u.d.N

(2) $x_{ij} y_j u_{ij} \geq x_{ij} y_{j'} u_{ij'} \forall i, j \neq j'$

(3) $\sum_{j=0}^{J} y_j \leq R+1$

(4) $x_{ij} \leq y_j \forall i, j$

(5) $y_0 = 1$

(6) $x_{ij}, y_j \in \{0,1\} \forall i, j$

Es wird also nach derjenigen Produktkonstellation gesucht, die den mit der Produktlinie zu erzielenden Gewinn maximiert. Dieser ergibt sich aus den Deckungsbeiträgen multipliziert mit den potentiellen Absatzmengen summiert über alle Produktkandidaten und alle Individuen, abzüglich der fixen Markteinführungskosten. Die erste Ungleichung beschreibt die sogenannte „First-Choice-Situation". Individuum i wählt von den in die Produktlinie aufgenommenen Produkten jenes mit dem individuell höchsten Nutzen. Die zweite Nebenbedingung beschränkt die Anzahl der in die Produktlinie aufzunehmenden Produktkandidaten auf eine maximale Anzahl von *R*. Die dritte Ungleichung stellt sicher, daß nur solche Produkte gekauft werden, die zuvor auch in die Produktlinie aufgenommen wurden. Die vierte Nebenbedingung stellt die Verfügbarkeit des bisher gekauften Produktes $j = 0$ sicher und sorgt somit dafür, daß das Status-Quo-Produkt von den Abnehmern für einen Vergleich mit den Produktkandidaten herangezogen werden kann.

Zur Lösung dieses Optimierungsproblems bietet das System LINEOP (LINE OPtimization) von Green/Krieger (1987) verschiedene Greedy-Heuristiken. Alternative heuristische Verfahren zur Bestimmung von Produktkandidaten sind z.B. in der Software DESOP (DESign OPtimization) implementiert. Eine exakte analytische Lösung des Optimierungsproblems ist indes nicht möglich (Green/Krieger, 1985, und Gutsche, 1995).

3.2 Lösungsansatz und Anwendungsbeispiel

Der vorgestellte Optimierungsansatz soll anhand eines fiktiven, an Gaul/Aust/Baier (1995) angelehnten Anwendungsbeispiels illustriert werden.

Ein Hersteller von Körperpflegeprodukten, der bisher keine Gesichtscreme im Angebot hatte, plane die Aufnahme dieser Produktkategorie in sein Produktprogramm. Im Rahmen der Produktliniengestaltung gilt es zu untersuchen, welche Eigenschaften eine solche Gesichtscreme aufweisen und aus wie vielen Produkten die neu zu etablierende Produktlinie bestehen sollte, damit der Hersteller einen maximalen Gewinn realisieren kann. Eine Gesichtscreme sei hierbei durch die Merkmale Hauttyp des Verwenders (mit den Ausprägungen Normal (N) und Trocken (T)), Parfümierung (mit den Ausprägungen ja/nein) und Preis (4 DM, 5 DM oder 7 DM) gekennzeichnet. Die potentiellen Kunden lassen sich in vier homogene Segmente einteilen.

Tabelle 1 gibt die segmentspezifischen Teilnutzenwerte u_{ilk} bezüglich der Ausprägungen l ($l = 1,...,L_k$) bei den Merkmalen k ($k = 1,...,K$) und die potentiellen Absatzmengen in den Segmenten i ($i = 1,...,4$) ausgedrückt durch die Segmentgewichte w_i (in **M**engen**E**inheiten pro **Z**eit**E**inheit) wieder.

Segment i	Segment-gewicht w_i	Teilnutzenwert u_{ilk}						
		Hauttyp (k=1)		Parfümierung (k=2)		Preis (k=3)		
		N (l=1)	T (l=2)	nein (l=1)	ja (l=2)	4 DM (l=1)	5 DM (l=2)	7 DM (l=3)
1	2 000 ME/ZE	0,00	0,06	0,00	0,44	0,33	0,17	0,00
2	1 000 ME/ZE	0,00	0,06	0,44	0,00	0,33	0,17	0,00
3	500 ME/ZE	0,05	0,00	0,14	0,00	0,55	0,27	0,00
4	1 000 ME/ZE	0,00	0,53	0,00	0,27	0,13	0,07	0,00

Tabelle 1: Segmentspezifische Teilnutzenwerte und Gewichte

Am Markt seien bisher zwei Anbieter mit insgesamt vier Gesichtscremes präsent. Tabelle 2 zeigt die hierfür geltenden segmentspezifischen Nutzenwerte auf Produktebene. Die Werte berechnen sich gemäß dem additiven Teilnutzenwertmodell der Conjoint-Analyse durch Addition der Teilnutzenwerte u_{ilk} der für das jeweilige Produktprofil relevanten Merkmalsausprägungen aus Tabelle 1.

Segment i	Produktnutzenwert u_{ij}				Status-Quo-Produkt j=0
	Anbieter I		Anbieter II		
	(T, ja, 7)	(N, ja, 4)	(N, ja, 4)	(N, nein, 5)	
1	0,50	**0,77**	**0,77**	0,17	(N, ja, 4)
2	0,06	0,33	0,33	**0,61**	(N, nein, 5)
3	0,00	**0,60**	**0,60**	0,46	(N, ja, 4)
4	**0,80**	0,40	0,40	0,07	(T, ja, 7)

Tabelle 2: Status-Quo-Produkte und segmentspezifische Produktnutzenwerte

i	Produktnutzenwerte u_{ij}					
	(N, nein, 4) j=1	(N, nein, 5) j=2	(N, nein, 7) j=3	(N, ja, 4) j=4	(N, ja, 5) j=5	(N, ja, 7) j=6
1	0,33	0,17	0,00	0,77	0,61	0,44
2	0,77	0,61	0,44	0,33	0,17	0,00
3	**0,74**	0,46	0,19	0,60	0,32	0,05
4	0,13	0,07	0,00	0,40	0,34	0,27
i	Produktnutzenwerte u_{ij}					
	(T, nein, 4) j=7	(T, nein, 5) j=8	(T, nein, 7) j=9	(T, ja, 4) j=10	(T, ja, 5) j=11	(T, ja, 7) j=12
1	0,39	0,23	0,06	**0,83**	0,67	0,50
2	**0,83**	0,67	0,50	0,39	0,23	0,06
3	0,69	0,41	0,14	0,55	0,27	0,00
4	0,66	0,60	0,53	**0,93**	0,87	0,80

Tabelle 3: Mögliche Produktprofile und segmentspezifische Produktnutzenwerte

Die Konsumenten in Segment 1 und 3 kaufen demzufolge momentan eine der Gesichtscremes, die für normale Haut gedacht sind, eine Parfümierung aufweisen und 4 DM kosten. Segment 4 entscheidet sich für die höherwertige Creme, die für trockene Haut geeignet ist, eine Parfümierung aufweist und zum Preis von 7 DM angeboten wird. Analog entscheiden sich die Konsumenten aus Segment 2 für die ihren Nutzen maximierende Creme. An dieser Stelle können Zuordnungsprobleme auftreten. Zum einen bieten beide Anbieter Produkte mit identischen Produktprofilen an, zum anderen besteht auch die Möglichkeit, daß unterschiedliche Produktprofile denselben, auf Basis des additiven Teilnutzenwertmodells ermittelten Nutzen aufweisen (Gaul/Aust/Baier, 1995). Basis der Produktlinienentscheidung sind nun alle möglichen Produktprofile, die sich aus der Kombination möglicher Merkmalsausprägungen ergeben. Im Beispiel sind gerade 2·2·3 Produktprofile denkbar. Diese und die zugehörigen, durch entsprechende Addition berechneten segmentspezifischen Produktnutzenwerte u_{ij} sind in Tabelle 3 dargestellt.

Tabelle 4 schließlich zeigt die für einzelne Merkmalsausprägungen exemplarisch unterstellten Teildeckungsbeiträge. Die unterschiedlichen Teildeckungsbeiträge der Ausprägungen des Merkmals Preis sind unmittelbar einsichtig. Hinsichtlich des Merkmals Parfümierung läßt sich der geringere Teildeckungsbeitrag bei Vorliegen dieser Eigenschaft (Ausprägung „ja") beispielsweise durch höhere Herstellkosten aufgrund eines zusätzlichen Inhaltsstoffes motivieren. Analog kann für das Merkmal Hauttyp argumentiert werden.

Zudem wären (dem Modell streng folgend) Fixkosten für den Markteintritt zu berücksichtigen, die jedoch aus Gründen der Übersichtlichkeit in diesem Beispiel als vernachlässigbar angenommen werden.

	Hauttyp (k=1)		Parfümierung (k=2)		Preis (k=3)		
	N (l=1)	T (l=2)	nein (l=1)	ja (l=2)	4 DM (l=1)	5 DM (l=2)	7 DM (l=3)
Teildeckungsbeiträge $d_{ilk} \forall i$ [DM/ME]	2,00	0,00	1,00	0,00	0,00	1,00	3,00

Tabelle 4: Segmentunabhängige Teildeckungsbeiträge der Merkmalsausprägungen

Die Produktlinie soll zunächst um maximal zwei Produkte ($R = 2$) erweitert werden. Im ersten Schritt werden aus den möglichen Produktprofilen aus Tabelle 3 die erfolgversprechenden Produktkandidaten ausgewählt. Im zweiten Schritt werden dann die tatsächlich in die Produktlinie aufzunehmenden Kandidaten bestimmt.

Die Auswahl der Menge erfolgversprechender Produktkandidaten M_P aus der Menge aller möglichen Produktprofile M erfolgt auf Basis der sogenannten *Best-In-Heuristik* (Green/Krieger, 1987, und Steiner, 1999). Mit Hilfe des Parameters ε wird eine geeignete Nutzenumgebung für das individuell nutzenmaximale Produkt festgelegt. Für jedes Segment wird nun das nutzenmaximale Produktprofil in die Menge der erfolgversprechenden Produktkandidaten aufgenommen, es sei denn, ein bereits aufgenommenes Produkt stiftet für das betrachtete Segment einen Nutzen, der innerhalb der mittels des Parameters ε definierten Nutzenumgebung liegt. Zu Beginn gilt $M_P(0) = \emptyset$, d.h. die Menge der erfolgversprechenden Produktkandidaten ist leer. Formal läßt sich die Best-In-Heuristik wie folgt darstellen:

Schritt i ($i = 1,...,I$)

$u_{ij*} := \max_{j \in M}(u_{ij})$	Der Nutzen u_{ij*} ist der größte Nutzenwert aller möglichen Produktprofile aus M für das Segment i, d.h. $j*$ ist das Produktprofil mit dem größten Nutzen für das Segment i. (Dieser Wert kann aus Tabelle 3 entnommen werden. Es ist der höchste Wert in der zu Segment i gehörenden Zeile.)
Wenn	Wenn
$u_{ij*}(1-\varepsilon) > \max_{j \in M_P(i-1)}(u_{ij})$	der maximale Nutzen der bisherigen Produkte aus der Menge der erfolgversprechenden Produktkandidaten M_P für Segment i außerhalb der mit Hilfe des Parameters ε bestimmten Nutzenumgebung von $j*$ liegt,
dann	dann
$M_P(i) := M_P(i-1) \cup \{j*\}$	wird $j*$ in die Menge der erfolgversprechenden Produktkandidaten M_P aufgenommen,
sonst	sonst
$M_P(i) := M_P(i-1)$	bleibt die Menge der erfolgversprechenden Produktkandidaten M_P unverändert.

Zu beachten ist, daß die Zusammensetzung der Menge erfolgversprechender Produktkandidaten stark von der Reihenfolge abhängt, in der die Individuen respektive Segmente betrachtet werden. Es sollte daher zusätzlich geprüft werden, ob möglicherweise der Nutzen später in die Menge aufgenommener Produkte innerhalb der Nutzenumgebung von zu Beginn betrachteten Individuen respektive Segmenten liegt und somit eventuell aufgenommene Produkte wieder aus der Menge M_P eliminiert werden können.

Der Umfang der Menge erfolgversprechender Produktkandidaten kann über die Wahl des Parameters ε gesteuert werden. Höhere ε-Werte führen aufgrund sinkender segmentspezifischer Mindestnutzenvorgaben zu weniger Elementen in der Menge. Der Umfang dieser Menge wird zudem vom Homogenitätsgrad der Nutzenwerte der Abnehmer bestimmt, da bei homogenen Präferenzstrukturen die Mindestnutzenvorgaben durch eine kleinere Menge an Produktkandidaten abgedeckt werden können. Hauptkritikpunkt dieser und anderer von Green/Krieger (1987) zur Auswahl erfolgversprechender Produktkandidaten vorgeschlagener Heuristiken ist die Beschränkung auf eine Auswahl der Produktkandidaten anhand von Nutzenüberlegungen. Die Gewinnwirksamkeit wird in diesem ersten Schritt vernachlässigt.

Wählt man für das Anwendungsbeispiel den Parameter $\varepsilon = 0{,}01$, so führt dies auf die in Tabelle 5 dargestellten Resultate.

i	$u_{ij*} := \max_{j\in M}(u_{ij})$		$u_{ij*}(1-\varepsilon) > \max_{j\in M_P(i-1)}(u_{ij})$	$M_P(i)$
1	u_{ij*}=0,83 mit	j^*=10	0,83 (1-0,01)=0,8217>0	{10}
2	u_{ij*}=0,83 mit	j^*=7	0,83 (1-0,01)=0,8217>0,39=$u_{2,10}$	{10, 7}
3	u_{ij*}=0,74 mit	j^*=1	0,74 (1-0,01)=0,7326>0,69=$u_{3,7}$ und 0,74 (1-0,01)=0,7326>0,55=$u_{3,10}$	{10, 7, 1}
4	u_{ij*}=0,93 mit	j^*=10	Produktkandidat j=10 befindet sich bereits in M_P	

Tabelle 5: Berechnungen im Rahmen der Best-In-Heuristik

Die Menge der erfolgversprechenden Produktkandidaten ergibt sich somit nach der Best-In-Heuristik als M_P={(N, nein, 4), (T, nein, 4), (T, ja, 4)}. Eine nachträgliche Prüfung der Menge wie oben beschrieben zeigt, daß kein Element dieser Menge eliminiert werden kann.

Für die ausgewählten Produktprofile werden nun zur Ermittlung der gewinnmaximalen Produktlinie die Deckungsbeiträge $\tilde{d}_{ij}$ benötigt, die sich additiv aus den Teildeckungsbeiträgen der einzelnen Merkmalsausprägungen aus Tabelle 4 ergeben und in Tabelle 6 zusammengestellt sind (da das Status-Quo-Produkt im vorliegenden Fall ein Konkurrenzprodukt ist, gilt $\tilde{d}_{ij} = d_{ij}$).

i	Deckungsbeiträge $\tilde{d}_{ij}$ [DM/ME]		
	(N, nein, 4), j=1	(T, nein, 4), j=7	(T, ja, 4), j=10
1,...,4	3,00	1,00	0,00

Tabelle 6: Deckungsbeiträge der erfolgversprechenden Produktkandidaten

Die Auswahl jener Produktkandidaten, die tatsächlich in die Produktlinie aufgenommen werden sollen, erfolgt sodann auf Basis der sogenannten *Seller's Greedy Heuristik* (Green/Krieger, 1985). Die Menge der im s-ten Schritt ($s = 0,\ldots,R-1$) der Heuristik aufzunehmenden Kandidaten wird mit $M_{neu}(s)$ bezeichnet. Zu Beginn gilt $M_{neu}(0) := \varnothing$. In den folgenden Schritten wird jeweils das Produkt in die Produktlinie aufgenommen, welches den höchsten Gewinnzuwachs verspricht. Das Verfahren bricht ab, falls kein Gewinnzuwachs mehr möglich ist bzw. falls die maximal in die Produktlinie aufzunehmende Anzahl an Produkten (R) erreicht ist.

Zur formalen Beschreibung der Seller's Greedy Heuristik werden zwei Binärvariablen x_{ij} und v_{ij} benötigt. Die Variable x_{ij} nimmt den Wert 1 an, falls Segment i ein Produkt aus der Menge $\mathrm{M}_{neu}(s) \cup \{0\}$, d.h. aus der Menge der in Schritt s neu einzuführenden Produkte vereinigt mit dem Status-Quo-Produkt, kauft. Die Variable v_{ij} nimmt den Wert 1 an, falls Segment i ein Produkt j aus der Menge $\mathrm{M}_{neu}(s) \cup \{0, j\}$, d.h. aus der Menge der in Schritt s neu einzuführenden Produkte vereinigt mit der aus dem Status-Quo-Produkt und einem möglicherweise in die Produktlinie aufzunehmenden Produkt bestehenden Menge, kauft.

Der Gewinnzuwachs bei Aufnahme eines Produktes $j \in \mathrm{M}_P \setminus \mathrm{M}_{neu}(s)$ (d.h. eines Produktes, das Element der Menge erfolgversprechender Produktkandidaten ist, aber in Schritt s noch nicht in die Produktlinie aufgenommen wurde) in die Menge $\mathrm{M}_{neu}(s+1)$ (d.h. in die Menge der in die Produktlinie aufzunehmenden Produkte) läßt sich beschreiben durch

(7) $$z(j) := \sum_{i=1}^{I} v_{ij} \left(w_i d_{ij} - \sum_{j' \in \mathrm{M}_{neu}(s) \cup \{0\}} w_i x_{ij'} d_{ij'} \right) - f_j .$$

Der Gewinnzuwachs $z(j)$ ergibt sich aus der Differenz zwischen dem Deckungsbeitrag des aufzunehmenden Produktes j multipliziert mit dem jeweiligen segmentspezifischen Gewicht und dem Deckungsbeitrag aus dem bisher gekauften, bereits in die Produktlinie aufgenommenen Produkt j' multipliziert mit dem segmentspezifischen Deckungsbeitrag summiert über alle Segmente i, abzüglich der in unserem Datenbeispiel vernachlässigten Fixkosten (d.h. im Beispiel gilt: $f_j = 0 \forall j$). Die Seller's Greedy Heuristik läßt sich dann wie folgt formal darstellen:

Schritt s ($s = 0,\ldots,R-1$)

$v_{ij'} = \begin{cases} 1, \; falls \;\; u_{ij'} > u_{ij} \, \forall j \in \mathrm{M}_{neu}(s) \cup \{0\} \\ 0, \; sonst \end{cases}$	Das Produkt j' wird gekauft, wenn der Nutzen von j' größer ist als der aller anderen angebotenen Produkte.
$j^* \in \{ j' \in \mathrm{M}_P \setminus \mathrm{M}_{neu}(s) \mid z(j') = \max_{j \in \mathrm{M}_P \setminus \mathrm{M}_{neu}(s)} (z(j)) \}$	j^* ist das Produkt aus der Menge erfolgversprechender Produktkandidaten mit dem höchsten Gewinnzuwachs, das noch nicht in die Produktlinie aufgenommen wurde.

Falls $z(j^*) \leq 0$	Falls der Gewinnzuwachs von j^* nicht positiv ist,
dann STOP, sonst	dann wird der Vorgang abgebrochen, sonst
$M_{neu}(s+1) := M_{neu}(s) \cup \{j^*\}$	wird j^* in die Produktlinie aufgenommen und x_{ij} wird aktualisiert:
$x_{ij} = \begin{cases} 1, \; falls \; j = j^* und v_{ij^*} = 1, \\ 0, \; falls \; j \neq j^* und v_{ij^*} = 1, \\ x_{ij}, \; falls \; v_{ij^*} = 0 \end{cases}$	falls $v_{ij^*} = 1$, gilt $x_{ij} = 1$ für $j = j^*$ und $x_{ij} = 0$ für alle $j \neq j^*$, d.h. Segment i kauft Produkt j^* und keines der übrigen Produkte $j \neq j^*$; falls $v_{ij^*} = 0$ gilt, bleibt x_{ij} unverändert.

Die vorgestellte Heuristik kann allerdings unter gewissen Voraussetzungen zu stark suboptimalen Lösungen führen. Dies gilt insbesondere, falls die für die Anbieter erzielbaren Stückdeckungsbeiträge d_{ij} und die für die Kaufentscheidung der Abnehmer relevanten Gesamtnutzenwerte u_{ij} stark negativ korreliert sind, wie dies z.B. im IT-Bereich häufiger der Fall ist (Steiner 1999). Eine Verbesserung der mittels Greedy-Heuristik ermittelten Lösung kann nach Green/Krieger (1985) durch die Anwendung der *Greedy-Interchange-Heuristik* auf die ermittelte Lösung erreicht werden. Durch den sequentiellen Austausch einzelner Elemente von M_{neu}, d.h. der Menge der in die Produktlinie aufzunehmenden Produkte, durch Produktprofile aus M_P, die bislang nicht in M_{neu} enthalten sind, wird versucht, eine in bezug auf die Zielfunktion bessere Zusammensetzung der Produktlinie zu finden.

i	Produktnutzenwerte u_{ij}				Deckungsbeitrag multipliziert mit der Absatzmenge $w_i d_{ij}$			
	j=0	*j=1*	*j=7*	*j=10*	*j=0*	*j=1*	*j=7*	*j=10*
1	0,77	0,33	0,39	0,83	0	6 000	2 000	0
2	0,61	0,77	0,83	0,39	0	3 000	1 000	0
3	0,60	0,74	0,69	0,55	0	1 500	500	0
4	0,80	0,13	0,66	0,93	0	3 000	1 000	0

Tabelle 7: Produktnutzenwerte und Gewinnerwartung der erfolgversprechenden Produktkandidaten

Schritt $s = 0$		
j=1	Nutzenvergleich:	Die Segmente 2 und 3 werden vom Status-Quo-Produkt $j = 0$ zu Produkt 1 wechseln, da ihnen dieses einen höheren Nutzen stiftet.
	Gewinnzuwachs:	Die Segmente 1 und 4 verändern sich nicht; Segment 2 liefert durch den Wechsel einen Gewinnzuwachs von 3 000 DM, Segment 3 einen Gewinnzuwachs von 1 500 DM: $z(1) = 0 + 3000 + 1500 + 0 = 4500$
j=7	Nutzenvergleich:	Die Segmente 2 und 3 wechseln zu Produkt 7.
	Gewinnzuwachs:	$z(7) = 0 + 1000 + 500 + 0 = 1500$
j=10	Nutzenvergleich:	Die Segmente 1 und 4 wechseln zu Produkt 10.
	Gewinnzuwachs:	$z(10) = 0 + 0 + 0 + 0 = 0$ (D.h. es tritt keine Gewinnänderung ein.)

Tabelle 8: Erster Schritt der Seller's Greedy-Heuristik

Für das vorliegende Beispiel wird die Seller's Greedy Heuristik auf Basis der nachfolgenden Tabelle 7 illustriert. Der linke Teil der Tabelle enthält die Produktnutzenwerte der erfolgversprechenden Produktkandidaten für die vier Segmente, der rechte Teil die Deckungsbeiträge multipliziert mit den erwarteten Absatzmengen. Der erste Schritt ($s = 0$) der Seller's Greedy-Heuristik für das Anwendungsbeispiel ist in Tabelle 8 dargestellt.

Der maximale Gewinnzuwachs wird bei Aufnahme von Produktkandidat j*=1 mit $z(1) = 4500 > 0$ in die Produktlinie erreicht. Es ergibt sich daraus eine neue Konstellation hinsichtlich der momentan von den Segmenten präferierten Produkte, der erreichten Nutzenwerte und der realisierten Deckungsbeiträge, die in Tabelle 9 dargestellt ist. Im nächsten Schritt werden ausgehend von der neuen Konstellation die erwarteten Gewinne bei Aufnahme eines weiteren Produktes in die Produktlinie betrachtet.

i	1	2	3	4
j	0	1	1	0
u_{ij}	0,77	0,77	0,74	0,80
$w_i d_{ij}$	0	3 000	1 500	0

Tabelle 9: Konstellation nach dem ersten Schritt der Seller's Greedy Heuristik

Schritt $s = 1$		
j=7	Nutzenvergleich:	Segment 2 würde zu Produkt 7 wechseln.
	Gewinnzuwachs:	$z(7) = 0 + (1000 - 3000) + 0 + 0 = -2000$
		(Der Wechsel von Segment 2 zu Produkt 7 führt dazu, daß der Gewinnzuwachs durch den Wechsel von Segment 2 zu Produkt 1 im ersten Schritt hinfällig wird.)
j=10	Nutzenvergleich:	Die Segmente 1 und 4 würden zu Produkt 10 wechseln.
	Gewinnzuwachs:	$z(10) = 0 + 0 + 0 + 0 = 0$ (D.h. es tritt keine Gewinnänderung ein.)

Tabelle 10: Zweiter Schritt der Seller's Greedy-Heuristik für das Anwendungsbeispiel

An dieser Stelle bricht das Verfahren ab, da kein Gewinnzuwachs mehr möglich ist ($z(j^*) \leq 0$). Die gewinnoptimale Produktlinie umfaßt somit lediglich das Produkt $j = 1$, d.h. eine Gesichtscreme, die für normale Haut geeignet ist, keine Parfümierung aufweist und zum Preis von 4 DM angeboten wird. Eine Anwendung der Greedy-Interchange-Heuristik ist in diesem Fall nicht sinnvoll, da die Menge M_{neu} nur ein Element enthält. Gemäß der Annahme der First-Choice-Situation werden die Segmente 2 und 3 das neu einzuführende Produkt kaufen. Der erwartete Gesamtgewinn beträgt 4 500 DM/ZE.

3.3 Erweiterungen und aktuelle Entwicklungstrends

Optimierungsansätze im Rahmen der Produktliniengestaltung können in simultane (d.h. es wird gleichzeitig eine optimale Festlegung aller Produkte einer Produktlinie angestrebt) und sequentielle Ansätze (d.h. die Produkte werden nacheinander in mehreren Optimierungsläufen bestimmt) unterschieden werden. Aufgrund ihrer besonderen

Bedeutung sollen im folgenden verschiedene ein- und zweistufige simultane Ansätze zur optimalen Produktliniengestaltung skizzenhaft vorgestellt werden.

Der Ansatz von Green/Krieger (1985, 1987) ist, wie bereits ausgeführt, den zweistufigen Ansätzen zuzurechnen, da die Gesamtmenge der möglichen Produktprofile zunächst auf eine kleinere Menge erfolgversprechender Produktkandidaten reduziert wird, um anschließend aus dieser Referenzmenge eine optimale Menge von Produktkandidaten zur Aufnahme in die Produktlinie zu bestimmen (Steiner, 1999). Eine Weiterentwicklung des Partialansatzes von Green/Krieger (1985) stellt der Ansatz von Dobson/Kalish (1988, 1993) dar. Auch hier wird eine zweistufige Vorgehensweise verfolgt. Ergänzend zum Ansatz von Green/Krieger (1985, 1987) werden Preise und variable Kosten einbezogen, so daß die maximale Anzahl der in die Produktlinie aufzunehmenden Produkte (R) nicht exogen vorgegeben, sondern ausgehend von Marketing- und Produktionskosten endogen bestimmt wird (Dobson/Kalish, 1993). Die Nutzenbewertung eines Individuums für einen Produktkandidaten erfolgt auf Basis der Differenz zwischen der maximalen Zahlungsbereitschaft des Individuums und dem geforderten Produktpreis. Weitere Unterschiede zu Green/Krieger (1985, 1987) liegen in der Einführung eines fiktiven Produktes, das den Nichtkauf ermöglicht, und der fehlenden Berücksichtigung von Kannibalisierungseffekten (Steiner 1999).

Im Gegensatz dazu ermöglichen einstufige Ansätze die direkte Einbeziehung aller denkbaren Produktprofile in den Optimierungsansatz. Ein früher einstufiger Ansatz zur optimalen Produktliniengestaltung geht auf Kohli/Sukumar (1990) zurück. Die Modellierung erfolgt hier jedoch nicht auf Produkt-, sondern auf Eigenschaftsausprägungsebene. In einem einzigen Schritt werden auf Basis der Teilnutzenwerte der Abnehmer die optimalen Produktprofile zur Aufnahme in die Produktlinie konstruiert. Die explizite Vorgabe der Anzahl denkbarer Produktkandidaten entfällt, da sich diese gerade aus den möglichen Merkmalsausprägungskombinationen ergibt. Bereits einfache Beispiele zeigen, daß einstufige Optimierungsansätze im vorliegenden Kontext zu deutlich verbesserten Zielfunktionswerten führen können (Gaul/Aust/Baier, 1995, und Herrmann, 1998).

Gaul/Aust/Baier (1995) schlagen einen einstufigen Produktlinienansatz namens PROLIN (PRObabilistische ProduktLINiengestaltung) vor, der auf einer probabilistischen Kaufverhaltensmodellierung basiert. Bei Zugrundelegung der First-Choice-Annahme kann ein Produktkandidat bereits durch einen marginalen Zusatznutzen gegenüber den anderen Alternativen deren gesamten Marktanteil auf sich ziehen, was allerdings zu einer Überschätzung der Marktanteile solcher Produkte führen kann. Der Ansatz von Gaul/Aust/Baier (1995) ersetzt die First-Choice-Situation durch die Modellierung der Wahrscheinlichkeit p_{ij}, daß sich ein Individuum i für Produktkandidat j entscheidet, auf Basis des verallgemeinerten Bradley/Terry/Luce- (BTL-) Modells:

(8) $$p_{ij'} = \frac{\left(\sum_{k=1}^{K}\sum_{l=1}^{L_k} x_{lkj'} u_{ilk}\right)^{\alpha}}{\sum_{j=1}^{F+E+N}\left(\sum_{k=1}^{K}\sum_{l=1}^{L_k} x_{lkj} u_{ilk}\right)^{\alpha}} \forall i, j',$$

wobei x_{lkj} den Wert 1 annimmt, falls das Produkt j die l-te Ausprägung im k-ten Merkmal aufweist. Für $\alpha = 1$ erhält man das einfache BTL-Modell, in dem sich die Kaufwahrscheinlichkeit eines Produktkandidaten j' durch das Individuum i aus dem Verhältnis des Nutzens von Produktkandidat j' zu der Nutzensumme der Fremdprodukte (F), der auf dem Markt befindlichen Eigenprodukte (E) und der einzuführenden Produktkandidaten (N) ergibt. Werte für den Marktparameter α können zum einen auf Basis von Expertenurteilen vorgegeben werden, zum anderen besteht die Möglichkeit, α auf Basis von Marktanteilsdaten zu schätzen (Gutsche, 1995). Für $\alpha \to \infty$ läßt sich die First-Choice-Situation als Spezialfall annähern.

Ein wesentlicher Kritikpunkt an den bisher vorgestellten Produktlinienansätzen liegt in der Vernachlässigung von Konkurrenzreaktionen auf die veränderte Situation. Über das Status-Quo-Produkt oder die Berücksichtigung von Konkurrenzangeboten wird lediglich ein passives Konkurrenzverhalten berücksichtigt. Steiner (1999) schlägt deshalb einen neuen, auf der Conjoint-Analyse basierenden Ansatz zur wettbewerbsorientierten Produktliniengestaltung vor. Als Optimierungsverfahren wird u.a. ein Genetischer Algorithmus zur Diskussion gestellt.

Neben den bisher diskutierten Ansätzen auf Basis der Conjoint-Analyse liegen noch zwei simultane, MDS-basierte und auf eine Marktanteilsmaximierung abzielende Produktlinienmodelle von Albers (1977) und Sudharshan/May/Gruca (1988) vor. Ausgehend von der First-Choice-Annahme formuliert Albers (1977) ein deterministisches Entscheidungsmodell namens SILOP (SImultaneously LOcating new Products) zur simultanen Positionierung mehrerer Produktvarianten. Sudharshan/May/Gruca (1988) hingegen erweitern den probabilistischen Einzelproduktansatz von Sudharshan/May/Shocker (1987) zu einem probabilistischen Produktlinienmodell namens DIFFSTRAT (DIFFerentiated STRATegy). Dieses erlaubt neben der Einführung zusätzlicher Produktvarianten auch die Neupositionierung bereits vorhandener Produkte des betrachteten Anbieters. Bislang liegen nach Kenntnis der Autoren jedoch noch keine gewinnorientierten MDS-basierten Produktlinienmodelle vor, wie sie zur Entscheidungsunterstützung in praktischen Anwendungsfällen hin und wieder gefordert werden (Aust, 1996, und Steiner, 1999).

4. Literatur

ALBERS, S., A mixed integer nonlinear programming procedure for simultaneously locating multiple products in an attribute space, in: Henn et al., (Hrsg.), Operations Research Verfahren, 1977, S. 899-909.

AUST, E., Simultane Conjointanalyse, Benefitsegmentierung, Produktlinien- und Preisgestaltung, Frankfurt/Main 1996.

DOBSON, G./KALISH, S., Positioning and pricing a product line, Marketing Science, 1988, S. 107-125.

DOBSON, G./KALISH, S., Heuristics for pricing and positioning a product-line using conjoint and cost data, Management Science, 1993, S. 160-175.

GAUL, W./AUST, E./BAIER, D., Gewinnorientierte Produktliniengestaltung unter Berücksichtigung des Kundennutzens, Zeitschrift für Betriebswirtschaft, 1995, S. 835-855.

GREEN, P./KRIEGER, A., Models and heuristics for product line selection, Marketing Science, 1985, S. 1-19.

GREEN, P./KRIEGER, A., A consumer-based approach to designing product line extensions, Journal of Product Innovation Management, 1987, S. 21-32.

GUTSCHE, J., Produktpräferenzanalyse, Berlin 1995.

HERRMANN, A., Produktmanagement, München 1998.

KOHLI, R./SUKUMAR, R., Heuristics for product-line design using conjoint analysis, Management Science, 1990, S. 1464-1478.

KOTLER, P./BLIEMEL, F., Marketing-Management, 9. Aufl., Stuttgart 1999.

KOTLER, P., Grundlagen des Marketing, 2. Aufl., München 1999.

MEFFERT, H., Marketing, 8. Aufl., Wiesbaden 1998.

STEINER, W., Optimale Neuproduktplanung, Wiesbaden 1999.

SUDHARSHAN, D./MAY, J./GRUCA, T., DIFFSTRAT: An analytical procedure for generating optimal new product concepts for a differentiated-type strategy, European Journal of Operational Research, 1988, S. 50-65.

SUDHARSHAN, D./MAY, J./SHOCKER, A., A simulation comparison of methods for new product location, Marketing Science, 1987, S. 182-201.

Joachim Büschken
Christian von Thaden

Produktvariation, -differenzierung und -diversifikation

1. Einführung

Märkte und Konsumenten sind in der Realität *nicht* - wie häufig in ökonomischen Modellen unterstellt - *homogen*. Insbesondere haben Konsumenten *unterschiedliche Präferenzen*. Daraus folgt, daß ein Unternehmen mit einem Durchschnittsprodukt nur einen Teil des relevanten Marktes (d.h. nur einen Teil der potentiellen Kunden) „optimal" versorgen kann: Der Rest würde ein (etwas) anderes Produkt bevorzugen. Weiterhin sind die Präferenzen von Konsumenten über die *Zeit nicht stabil*. Will ein Unternehmen mit einem bestimmten Produkt über einen längeren Zeitraum erfolgreich sein, ergibt sich aus der Änderung von Konsumentenpräferenzen die Notwendigkeit, das Produkt anzupassen bzw. ein neues zu entwickeln. Für den Fall, daß ein *Bedürfnis weggefallen* ist, stellt sich einem Unternehmen die Aufgabe, sich mit einem neuen Produkt einen neuen Markt zu erschließen. Bereits *Ansoff* weist darauf hin, daß ein Unternehmen, das seine *relative Wettbewerbsposition halten* will, sich und damit auch seine Produktpolitik *kontinuierlich verändern* muß (Ansoff, 1957, S. 113).

Die Gründe zur Änderung des Produktionsprogramms können wie folgt systematisiert werden:

- Eine Unternehmung identifiziert bei seinen Kunden ähnliche, aber nicht gleiche Präferenzen in bezug auf ein bestimmtes Bedürfnis. In diesem Fall kommt eine *Produktdifferenzierung* in Frage.
- Eine Unternehmung identifiziert, daß sich Präferenzen geändert haben und es dadurch zu einem „misfit" zwischen den Bedürfnissen der Konsumenten und ihren eigenen Produkten kommt. In diesem Fall kommt eine Produktvariation in Betracht.
- Entwickelt eine Unternehmung ein neues Produkt, mit dem es ein neues Bedürfnis befriedigen kann, spricht man von *Produktdiversifikation*.

Produktdifferenzierung und *Produktvariation* sind beide Unterarten der *Produktmodifikation* und können wie folgt voneinander abgegrenzt werden: Bei der *Produktdifferenzierung* wird ein bestehendes Produkt um *Varianten* ergänzt (statische Betrachtung), bei der *Produktvariation* hingegen wird ein bestehendes Produkt durch ein variiertes Produkt - früher oder später - *ersetzt* (dynamische Betrachtung).

2. Produktvariation

Die Notwendigkeit sich mit Produktvariation zu beschäftigen, ergibt sich aus dem Phänomen, daß es bei Produkten i.d.R. nicht zu einem andauernden Wachstum des Umsatzes kommt, sondern daß vielmehr ein sog. *Produktlebenszyklus* zu beobachten ist. Dieses Modell gibt es in mehreren Variationen, hier sei ein fünf-phasiges Modell verwendet (vgl. Abbildung 1, Becker, 1998, S. 726).

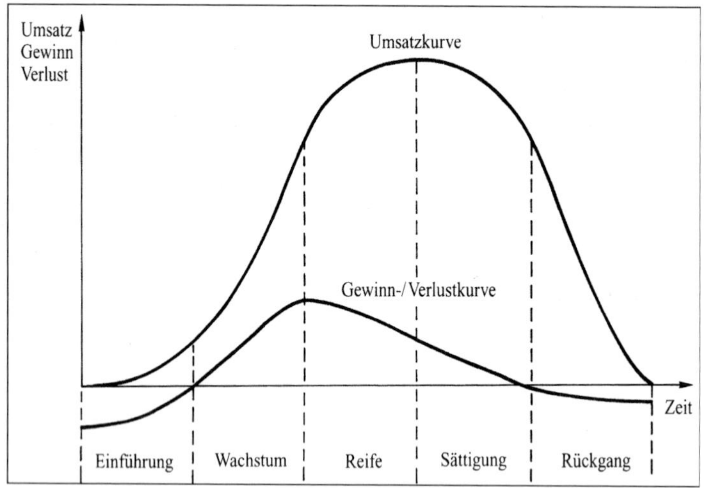

Abbildung 1: Der Produktlebenszyklus

Klar ist, daß eine Unternehmung bemüht sein sollte, die Phase des *Rückgangs* und damit des Verlusts zu vermeiden. Daher besteht spätestens in der Phase *Sättigung* schon Handlungsbedarf. Eine häufig genutzte Möglichkeit an dieser Stelle ist die Produktvariation (teilweise auch als *Relaunch* bezeichnet).

2.1 Einsatzbedingungen der Produktvariation

Ein Anlaß zur Produktvariation ergibt sich dann, wenn das ursprüngliche Produkt am Markt nicht mehr den gewünschten Erfolg hat. Das kann auf verschiedene Gründe zurückzuführen sein. Neben der *geplanten Obsolenz*, wie sie z.B. in der Modebranche vorkommt, können folgende Gründe eine Produktvariation notwendig machen:

- Anspruchsänderungen der Konsumenten: Die Ansprüche, die Konsumenten an ein Produkt in bezug auf die Befriedigung ihrer Bedürfnisse stellen, sind nicht über die Zeit stabil. In der Regel ist davon auszugehen, daß die Konsumenten anspruchsvoller werden, was die Hersteller zu kontinuierlichen Verbesserungen zwingt, wollen sie nicht ihre (relative) Marktposition verlieren.
- Technischer Fortschritt: Vor allem bei Autos führen die mehrjährig durchgeführten Modellwechsel zu technisch besseren Fahrzeugen, entsprechend der inzwischen entwickelten Möglichkeiten (z.B. in bezug auf einen geringeren Benzinverbrauch, eine höhere Sicherheit o.ä.). Behält ein Hersteller ein bestimmtes Automobil zu lange im Programm, wirkt es im Vergleich zur Konkurrenz veraltet, was in der Regel zu Absatzproblemen führen wird.
- Rechtliche Änderungen: Insbesondere bei umweltbelastenden Gütern erzwingen neue gesetzliche Regelung häufig eine Variation von Produkten. So bestand z.B. die Notwendigkeit Deo-Sprays ohne FCKW herzustellen, nach dem dieses 1991 in Deutschland verboten wurde. Im einem solchen Fall muß die anbietende Unternehmung ihre Produkte anpassen, will sie weiter am Markt aktiv sein.
- Konkurrenzaktivitäten: Kommt ein Konkurrenzunternehmen mit einem ähnlichen, aber in den Augen potentieller Käufer besseren Produkt auf den Markt, kann auch das ein Grund sein, das Produkt zu variieren.

Mitunter ist es schwierig, die *Produktvariation* von der *Produktneuentwicklung* trennscharf abzugrenzen (Röttgen, 1980, S. 10 ff.). Kennzeichen des variierten Produktes ist, daß es

- in seiner Qualität verbessert ist und
- einen Vorgänger im Markt oder Unternehmen hat (Priemer, 1970, S. 23).

In diesem Verständnis ist der Wechsel vom *VW Golf 3* zum *VW Golf 4* eine Produktvariation. Ob aber der *New Beetle* im Vergleich zum alten *Käfer* auch lediglich eine Produktvariation ist, darf angezweifelt werden, soll an dieser Stelle aber nicht vertiefend diskutiert werden. Auch die häufig anzutreffende Abgrenzung danach, ob der *Produktkern im wesentlichen unverändert* geblieben ist (Diller, 1994, S. 967) hilft hier letztlich nicht weiter.

2.2 Bestimmung der notwendigen Informationen

Für eine Produktvariation braucht man *zwei verschiedene Arten von Informationen*. Zum einen benötigt man

1. Informationen darüber, daß *Handlungsbedarf* besteht und zum anderen
2. Informationen darüber, in *welche Richtung* Handlungsbedarf besteht.

Punkt (a) bedeutet, rechtzeitig zu erkennen, daß das bisherige Produkt nicht mehr die gewünschte Performance im Markt aufweist. Es geht hier also um ein *Frühwarnsystem.* Da eine Produktvariation mit *Entwicklungszeit* verbunden ist, reicht es i.d.R. nicht aus, erst dann zu reagieren, wenn eine negative Situation eingetreten ist.

Punkt (b) behandelt die Frage, in welche Richtung das Produkt zu variieren ist, d.h. herauszufinden, *welche Eigenschaften* für die schlechte Entwicklung verantwortlich sind bzw. zu ermitteln, *wie* das Produkt zu modifizieren ist.

Erkennen, daß Handlungsbedarf besteht

Der unter 2.1 beschriebene Produktlebenszyklus kann ein Instrument zur Prognose der Produktentwicklung sein. Er ist aber nicht unproblematisch. Unter 2.1 wurde er verwendet, um die Entwicklung von Produkten *ex post* zu erklären, soll er aber verwendet werden, um die Entwicklung eines Produktes *ex ante* zu *prognostizieren*, sind mit ihm einige grundsätzliche Probleme verbunden. Zum einen gibt es nicht *den einen* Produktlebenszyklus, sondern es gibt eine Reihe von produkt- bzw. branchenspezifischen Produktlebenszyklen, so daß zunächst einmal genaue Kenntnis darüber notwendig ist, welcher Produktlebenszyklus in einem bestimmten Fall anzuwenden ist. Weiterhin ist die Entwicklung eines Produktes in einem Markt von externen Einflüssen, v.a. dem Verhalten der Konkurrenz und auch dem eigenen, abhängig. Wenn *VW* eine neue Version des *Golf* auf den Markt bringt, hat das unmittelbare Auswirkungen auf die Verkäufe der Konkurrenz von *Opel (Astra)* oder *Ford (Focus)*. Man kann somit nicht per se einen idealtypischen Verlauf des Produktlebenszyklusses annehmen.

Über dieses Problem hinaus bestehen Schwierigkeiten, die zur Beurteilung notwendigen Informationen zu erheben. Diese Daten müssen im *Markt* erhoben werden. Produktionszahlen oder Rentabilitätswerte helfen in diesem Fall nicht weiter. Noch einmal sei betont, daß man den Handlungsbedarf so rechtzeitig erkennen muß, daß man reagieren kann, *bevor* die Phase des Verlusts relevanter Wettbewerbspositionen eintritt. In der Automobilbranche handelt es sich dabei z.B. um Jahre. Vorteilhaft in der Automobilbranche ist dagegen, daß man über den Verkauf von Vertragshändlern und die Zahlen des Kraftfahrtbundesamtes recht gut über die aktuellen Verkaufszahlen am Markt informiert ist. Verfügt man nicht über solche Informationsquellen muß man auf andere Methoden der *Marktforschung* zurückgreifen. Problematisch ist das regelmäßig bei *indirekten Vertriebsformen*, wo die Handelsstufen zwischen Hersteller und Verbraucher dazu führen können, daß der Hersteller erst verzögert bemerkt, daß seine Produkte in den Regalen liegen bleiben. Gute Dienste leisten hier *Kosumenten- und Handelspanels*. Indikatoren können dann sein:

- Sinkende absolute Verkaufszahlen,
- sinkender (relativer) Marktanteil oder auch schon
- abnehmendes Wachstum des Umsatzes.

Zu unterscheiden ist hier zwischen absoluten und relativen Indikatoren: Es kann sein, daß es nicht das Produkt sondern ein schwacher Markt allgemein dafür verantwortlich ist, daß die Verkaufszahlen sinken, wenn z.B. eine gesamtwirtschaftlich schwache Konjunktur die Ursache ist. Eine Produktvariation kann aber nicht nur die relative Position eines Produktes im Markt verbessern, sondern unter Umständen auch auf das Marktvolumen stimulierend wirken (Priemer, 1970, S. 58).

Um insgesamt Handlungsbedarf in bezug auf eine Produktvariation zu erkennen, bedarf es somit zum einen Informationen aus dem Markt und zum anderen eines Modells als Prognosegrundlage. Es wird deutlich, daß hierfür von Seiten der verantwortlichen Manager ein hohes Maß an Erfahrung und Wissen über den Markt notwendig ist, in dem sie tätig sind.

Ermittlung der zu variierenden Eigenschaften

Hat man erkannt, daß in bezug auf ein bestimmtes Produkt Handlungsbedarf besteht, existieren verschiedene Möglichkeiten der Reaktion. Neben den hier interessierenden Möglichkeiten der Produktvariation kommen auch kommunikative und distributive Instrumente zum Einsatz.

Nachdem in einer Unternehmung die Entscheidung zur Produktvariation gefallen ist, gilt es im nächsten Schritt herauszufinden, welche *Eigenschaften* des Produkts zu variieren sind. Insbesondere der Vergleich zu einem *Idealprodukt* im Rahmen einer empirischen Untersuchung kann hier hilfreich sein. Die Marktforschung stellt hierzu insbesondere das Verfahren der *Multidimensionalen Skalierung (MDS)* zur Verfügung. Die MDS positioniert Objekte (z.B. Produkte) so in einem mehrdimensionalen Raum, daß die Entfernungen zwischen den Objekten die von den potentiellen Käufern wahrgenommene Ähnlichkeit zwischen diesen ausdrückt. Zudem kann auch ein (hypothetisches) Idealprodukt integriert werden.

Erhoben werden im Rahmen der MDS lediglich die subjektiv empfunden Ähnlichkeiten zwischen den Objekten, eine Vorentscheidung über die relevanten Eigenschaften ist nicht notwendig. Als Ergebnis erhält man eine Aussage darüber, wie nah ein Produkt dem Marktführer bzw. dem hypothetischen Idealprodukt kommt. Zusammen mit unabhängig erhobenen Informationen über die Eigenschaften der Produkte kann man dann gezielt Abweichungen erkennen bzw. diejenigen Eigenschaften ermitteln, die verbessert werden müssen, um den Präferenzen der potentiellen Kunden besser zu entsprechen. Dabei ist die Ermittlung der Eigenschaften von Bedeutung, da es hier nicht automatisch um die *physischen Merkmale* der Produkten geht, sondern um die von den potentiellen Kunden *wahrgenommenen* und für *relevant* erachteten Eigenschaften (Backhaus et al., 1994, S. 434 ff. und Berekoven et al., 1996, S. 233 ff.).

2.3 Probleme bzw. Erfolgsbedingungen

Im vorstehenden Kapitel wurde deutlich, daß die Produktvariation zunächst ein *Informationsproblem* darstellt. Doch selbst wenn es gelingt, die notwendigen Informationen in der notwendigen Qualität zu beschaffen, ist das Problem erst zum Teil gelöst. Als weiterer notwendiger Schritt ist ein *Entscheidungskalkül* zu entwickeln. Es müssen diejenigen Bedingungen aufgezeigt werden, unter denen eine Produktvariation sinnvoll ist. Dazu ist es notwendig, auch die *Alternativen* zu einer Produktvariation ins Kalkül einzubeziehen. Unter Umständen kann die abnehmende Marktstellung eines Produkts auch über kommunikations- oder distributionspolitische Maßnahmen verbessert werden, was eventuell effizienter ist. Eine weitere Frage ist, ob eine Produktvariation ausreichend ist oder ob nicht vielmehr eine *Neuentwicklung* notwendig ist, als historisches Beispiel kann der Wechsel bei *VW* vom *Käfer* zum *Golf* herangezogen werden.

Folgende *Faustregeln* können dazu herangezogen werden:

- Das in Frage stehende Produkt befindet sich in einer der unter 2.3 skizzierten Situationen, die eine Produktvariation notwendig machen.
- Das variierte Produkt ist in der Lage den gewünschten Markterfolg herbeizuführen (sonst: Produktneuentwicklung).
- Es gibt keine effizienteren (bzw. preisgünstigeren) Methoden, die das Problem auch lösen, sonst wären diese zu wählen.

3. Produktdifferenzierung

3.1 Theoretische Grundlagen

Produktdifferenzierung kann auf zwei Arten betrachtet werden, die teilweise in der Literatur nicht scharf getrennt werden (Dickson/Ginter, 1987, S. 1 ff.). Zum einen kann man unter Produktdifferenzierung die *Differenzierung des Produktes eines bestimmten Herstellers* von denen der Wettbewerber im Markt (insbesondere im Fall von Commodities) verstehen. Zum anderen kann man aber auch, wie unter 1, darunter verstehen, daß ein Hersteller *ein bestimmtes Produkt in verschiedenen Varianten* auf den Markt bringt. Für beide Fälle gelten allerdings ähnliche theoretische Überlegungen. Als Ausgangspunkt dient das (einfache) Modell eines monopolistischen Anbieters bei linearer Nachfragefunktion (vgl. Abbildung 2).

In diesem Fall wird das jeweilige Gut zum Preis p_0 in der Menge x_0 verkauft, der Umsatz beträgt entsprechend $x_o \cdot p_0$. Das hat folgende Konsequenzen: Diejenigen Nachfrager, die nur einen Preis kleiner als p_0 akzeptieren, bleiben unerreicht. Es gibt aber andererseits auch Nachfrager, die bereit gewesen wären mehr als p_0 zu bezahlen. Dieser Teil der *Konsumentenrente* (Dreieck ABp_0) wird nicht abgeschöpft, es verbleibt *Zahlungsbereitschaft* im Markt, von der die anbietende Unternehmung nicht profitiert. Um diese Konsumentenrente abzugreifen, ist es notwendig, die Annahme der Homogenität des Marktes aufzugeben bzw. die *Nachfrage zu spalten*: Die Produktdifferenzierung ist ein hierzu grundsätzlich geeignetes Mittel. Schon anhand dieses einfachen Modells wird somit deutlich, daß eine Produktdifferenzierung ökonomisch vorteilhaft sein kann.

Eine weitere theoretische Überlegung, die in diesem Zusammenhang anzustellen ist, ist die Frage nach der *Marktstruktur*. Wenn man die vereinfachende Annahme des homogenen Nachfrageverhaltens fallen läßt, ergeben sich u.U. verschiedene *Marktsegmente*. Wenn man weiterhin davon ausgeht, daß verschiedene Anbieter (mehr oder weniger) homogene Produkte herstellen, kann man mit *Dickson/Ginter* die drei folgenden Fälle unterscheiden: Produktdifferenzierung

(a) bei gleichmäßig verteilten Präferenzen,
(b) bei unimodal verteilten Präferenzen und
(c) bei multimodal verteilten Präferenzen.

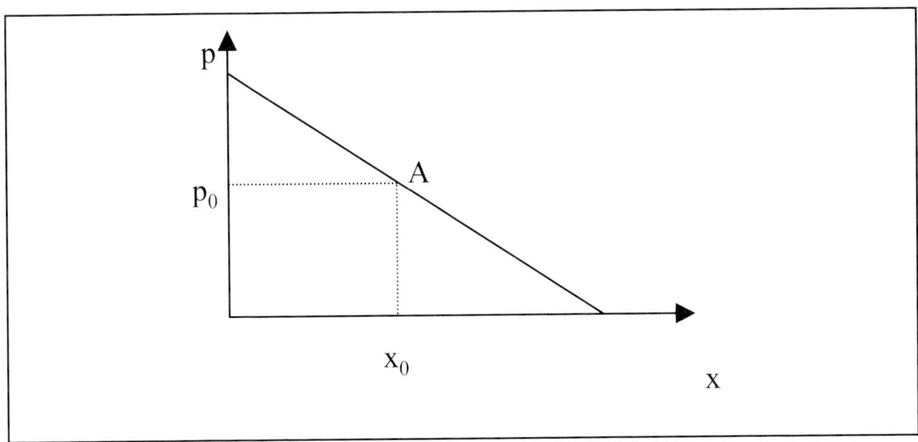

Abbildung 2: Die Nachfragefunktion

Gleichmäßig verteilte Präferenzen

In einer Situation, in der es weder Marktsegmente noch differenzierte Güter gibt, entfällt auf jeden der n Anbieter im Markt der gleiche Anteil, nämlich ($1/n$). Abbildung 3 verdeutlicht diese Situation:

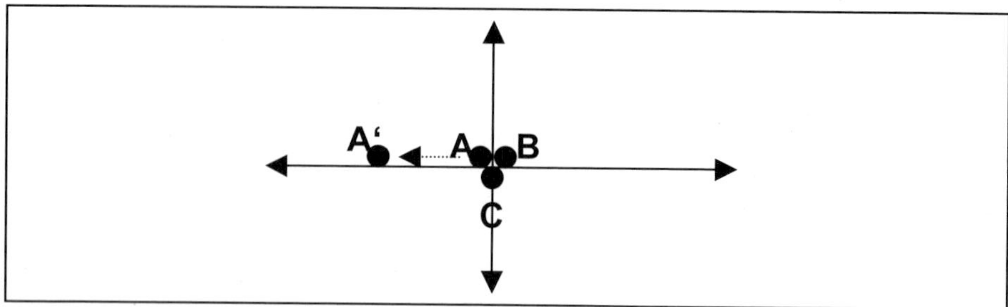

Abbildung 3: Zweidimensionaler Präferenzraum

Es wird angenommen, daß sich die Produkte in einem *zweidimensionalen Präferenzraum* darstellen lassen. Die gepunktete Fläche zeigt die gleichmäßige Verteilung indivudeller Idealpunkte bzw. Idealprodukte in diesem Raum auf.

Solange Anbieter A, B und C nah beieinander liegen, entfällt auf jeden ungefähr ein Drittel des Marktes. Bewegt sich aber A z.B. in Richtung A‘ kommt er an einen Teil der Idealpunkte näher heran als die anderen: Er vergrößert seinen Anteil am Markt. Diese Überlegungen zeigen, daß nicht zwingend Marktsegmente existieren müssen, damit eine Produktdifferenzierung sinnvoll ist. Das gleiche gilt, wenn ein Unternehmen sein Produkt in zwei Varianten anbietet. Es kann für ein Unternehmen durchaus sinnvoll sein, A *und* A‘ anzubieten, hierbei ist der Fokus auf den insgesamt erreichbaren Marktanteil zu richten, denn der Marktanteil von A‘ geht dann auch zu Lasten von A.

Unimodal verteilte Präferenzen

Sind die Präferenzen in einem Markt *normal verteilt*, d.h. je näher man an die „Mitte" der Verteilung herankommt, desto höher ist der Marktanteil, ergibt sich ein anderes Bild (Abbildung 4 in Anlehnung an Dickson/Ginter, 1987, S. 7):

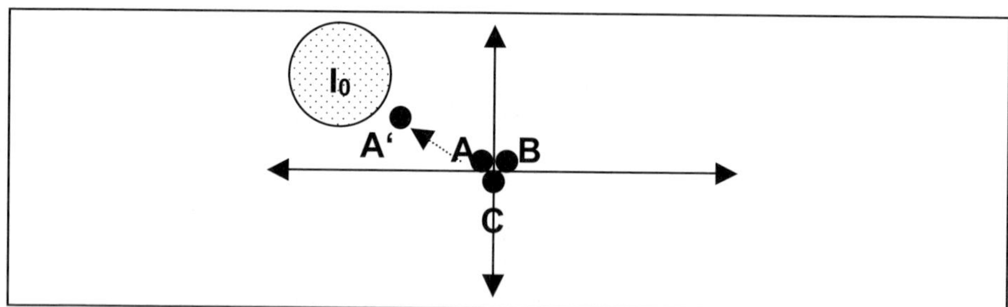

Abbildung 4: Präferenzraum mit unimodal verteilten Präferenzen

In diesem Fall ist damit zu rechnen, daß alle Anbieter versuchen werden, möglichst nah an das Zentrum I_0 heranzukommen. Zu diesem Zweck macht es Sinn, sich vom Wettbewerb so zu differenzieren, daß man dem Idealpunkt näher kommt. Können alle Anbieter sich in gleicher Weise „differenzieren", ändert sich an den Marktanteilen nichts. In dieser Situation kann also eigentlich nicht mehr von Produktdifferenzierung gesprochen werden. Insbesondere macht es für einen Anbieter wenig Sinn, mit zwei Varianten auf den Markt zu kommen. Er sollte sich auf die Variante konzentrieren, die I_0 am nächsten kommt (*Dickson/Ginter* sind hier anderer Ansicht und verweisen darauf, daß dieser Wettbewerb der Hersteller zu einer besseren Befriedung der Konsumentenwünsche führt und infolge zu einem höheren Preisniveau auf dem Markt. Ihrer Ansicht nach ist auch in diesem Fall Produktdifferenzierung für eine Unternehmung sinnvoll, Dickson/Ginter 1987, S. 7).

Multimodal verteilte Präferenzen

Hierbei handelt es sich um den klassischen Fall eines *segmentierten Marktes*. Im Fall der nachfolgenden Abbildung liegen drei Marktsegmente vor, also drei Gruppen von Nachfragern, die untereinander homogene Präferenzen und zwischen den Gruppen heterogene Präferenzen aufweisen (Abbildung 5 in Anlehnung an Dickson/Ginter, 1987, S. 7).

Existieren solche Marktsegmente, besteht für die Anbieter die Möglichkeit, ihre Produkte dergestalt zu differenzieren, daß sie nicht mehr den besten *fit* in bezug auf den Gesamtmarkt aufweisen, sondern sich auf *Segmente zu konzentrieren*, um auf diesem Weg einen höheren Marktanteil zu erreichen. Wichtig ist dabei, die Segmente zuvor auf ihre *Tragfähigkeit* in bezug auf Größe, Stabilität und Zahlungsbereitschaft zu überprüfen. In einer solchen Marktsituation können mehrere Varianten eines Produktes von einem Hersteller erfolgreich nebeneinander positioniert werden, jeweils mit bezug auf ein Segment. Nimmt man z.B. an, daß A ein Automobil der Kompaktklasse ist und I_0 sind Singles und I_1 Familienväter, so wäre es möglich als Variante A_0 ein Coupé anzubieten und als Variante A_1 einen Kombi.

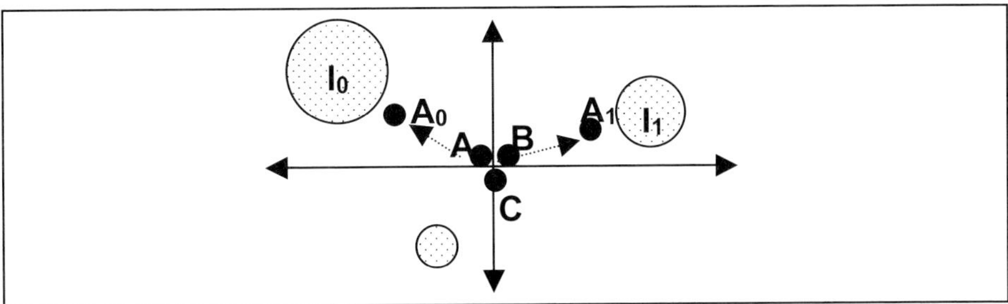

Abbildung 5: Präferenzraum mit multimodal verteilten Präferenzen

3.2 Einsatzbedingungen der Produktdifferenzierung

Im vorstehenden Abschnitt wurden die unterschiedlichen Szenarien, unter denen eine Produktdifferenzierung sinnvoll sein kann, aufgezeigt. Um aber zu entscheiden, daß sie auch *ökonomisch* sinnvoll ist, sind weitere Überlegungen anzustellen. Insbesondere die *Tragfähigkeit* (Hammann/Erichson, 1994, S. 223) einer Produktvariante ist zu beachten, denn die Erhöhung der Variantenzahl geht zumeist mit einem starken Anstieg der Kosten einher (*Wildemann* hat hier ein „umgekehrtes Erfahrungskurvengesetz" ausgemacht: „Mit jeder Verdoppelung der Varianten steigen die Kosten um 20-30%.", Wildemann, 1990, S. 37). Eine Produktdifferenzierung ist aber nur dann sinnvoll, wenn damit der Gewinn des Unternehmens gesteigert wird, d.h. wenn die *Mehrerlöse die Mehrkosten übersteigen.* Nimmt man als Extrembeispiel die unter 3.1 beschriebene Variante gleichmäßig verteilter Präferenzen, wäre ohne Kostenüberlegungen eine „unendliche" Differenzierung sinnvoll. Die Frage der optimalen Produktdifferenzierung wird damit auch zu einer *Frage der Kostenrechnung*, insbesondere die *Prozeßkostenrechnung* ist in diesem Zusammenhang bedeutsam (Wüpping, 1998, S. 223). Während die Marketingliteratur sich zumeist ausführlich mit den Instrumenten der Produktdifferenzierung (z.B. Kotler/Bliemel, 1992, S. 459 ff.) beschäftigt, kommt die Verbindung zu den Kostenaspekten häufig zu kurz. Dabei ist die Zusammenführung der Informationen aus den verschiedenen Bereichen in diesem Fall unabdingbar um, zu beurteilen, ob eine Produktdifferenzierung *ökonomisch sinnvoll* ist oder nicht. Deren Kosten hängen stark von der *Art der Differenzierung* ab. Daher sollen im folgenden Abschnitt die verschiedenen Arten, ein Produkt zu differenzieren näher beleuchtet werden.

3.3 Arten der Produktdifferenzung

Es gibt verschiedene Möglichkeiten, ein Produkt zu differenzieren, selbst Produkte die eigentlich hoch standardisiert sind, können - wie im folgenden aufgezeigt wird - am Markt differenziert werden. Kotler/Bliemel *(1992)* unterscheiden folgende Gruppen der Differenzierung:

- Differenzierung durch das *Produkt,*
- Differenzierung durch *Serviceleistungen,*
- Differenzierung durch die *Mitarbeiter,*
- Differenzierung durch Unternehmens- oder *Markenimage,*
- Differenzierung durch das Produkt.

Bei der Differenzierung durch das Produkt geht es vor allem um die Frage, mit welchen Ausstattungsmerkmalen ein Produkt vermarktet wird: Handelt es sich dabei um die „nackte" Grundleistung (*generisches Produkt*; Kotler/Bliemel, 1992, S. 622) oder werden zusätzliche Ausstattungsmerkmale angeboten. Dabei muß es sich nicht um die Leistung verbessernde Maßnahmen handeln (wie z.B. eine besonders ergonomische PC-Tastatur) sondern es kann sich auch um das Design handeln. So hat z.B. *Vobis* eine Zeit lang seine sonst baugleichen PCs in verschiedenen Farben angeboten. Obwohl es sich bei PCs um ein in bezug auf die technischen Spezifikationen sehr stark standardisiertes Produkt handelt, konnte es somit dennoch differenziert werden. Die auf dem Weg der Veränderung des Produkts selbst entstehenden Differenzierungen werden im allgemeinen *Varianten* genannt.

Differenzierung durch Serviceleistungen

Neben den die Eigenschaften des Produkts direkt beeinflussenden Möglichkeiten, gewinnen in zunehmendem Maße Dienstleistungen in Verbindung mit dem eigentlichen Produkt an Bedeutung. Diese Möglichkeit besteht auch dann, wenn sich am Produkt (z.B. Sand einer bestimmten Norm) keine Differenzierungen vornehmen lassen. Ein Beispiel einer solchen Dienstleistung ist bei Computer (-zubehör) die erweiterte Garantie auf „Ein Jahr vor Ort“. Ein ansonsten baugleicher PC wird somit im Nutzen für den Nachfrager differenziert.

Differenzierung durch Mitarbeiter

Auch die Qualität der Kaufberatung kann ein Mittel der Differenzierung sein, das unter Umständen auch von einem Hersteller für ein bestimmtes Produkt genutzt wird. Das funktioniert aber nur, wenn sich am Markt dafür auch ein höherer Preis realisieren läßt. Ein Beispiel zu solchen Versuchen stellen die Direktbanken insbesondere im Bereich der Aktiengeschäfte dar. Wer über die *Bank 24* Aktien kauft, zahlt weniger Gebühren als beim Mutterhaus *Deutsche Bank*, muß aber dafür auf einen „qualifizierten“ Ansprechpartner verzichten.

Differenzierung durch Image

Der klassische Fall dieser Differenzierung liegt bei sogenannten *Zweitmarken* vor. Ein Hersteller verkauft das gleiche Produkt unter zwei verschiedenen Marken zu unterschiedlichen Preisen. Dabei handelt es sich zumeist um Konsumgüter. Zum Beispiel verkauft die Firma *Felix* ihre Erdnüsse auch unter dem Namen *Griff* zu einem niedrigeren Preis.

3.4 Bestimmung der notwendigen Informationen

Wie schon unter 3.2 erwähnt, kommt es bei der Gestaltung von *Produktvarianten* darauf an, Informationen aus dem Markt (über die Präferenzen und Zahlungsbereitschaft der Konsumenten) und der Kostenrechnung zusammenzuführen. Informationen über die Präferenzen von Konsumenten lassen sich mit Hilfe der *Conjoint Analyse* ermitteln. Eine Zusammenführung mit den Kosten ergibt sich im *Target Costing*.

Conjoint Analyse zur Marktsegmentierung

Wie unter 3.1 gesehen, setzt der Hauptfall der Produktdifferenzierung das Vorhandensein von Marktsegmenten voraus. Eine gute Möglichkeit, solche Segmente zu ermitteln, stellt die Kombination einer *Conjoint Analyse* mit einer *Cluster Analyse* dar. Im Rahmen der Conjoint Analyse wird (zunächst auf individueller Ebene) ermittelt, welchen Beitrag einzelne Eigenschaften (bzw. Komponenten) eines Produkts für die Bewertung des Gesamtprodukts liefern. Als Ergebnis liefert die Conjoint Analyse sog. *Teilnutzenwerte* für die einzelnen Ausprägungen einer Eigenschaft, auf deren Grundlage die Bedeutung der Eigenschaft selbst bestimmt werden kann. Nimmt man z.B. ein Auto und beschreibt dieses durch die vier Eigenschaften Motor, Fahrwerk, Innenraum und Optik, so könnte das Ergebnis sich für verschiedene befragte Individuen wie folgt darstellen (vgl. Tabelle 1).

	Proband 1	Proband 2	...	Proband n
Motor	30%	20%		
Fahrwerk	30%	15%		
Innenraum	20%	35%		
Optik	20%	30%		

Tabelle 1: Verteilung der Präferenzen über Pkw-Merkmale

Die Tabelle gibt an, zu welchen Anteilen (vom Hundert) die Probanden sich in ihrer Präferenzbildung nach den jeweiligen Eigenschaften richten. Beim Vergleich von Proband 1 und 2 wird deutlich, daß es sich hierbei um *unterschiedliche Käufertypen* handelt, während Proband 1 mehr auf die technischen Eigenschaften sieht, scheint es Proband 2 vor allem auf das Design anzukommen. Über alle Probanden kann man dann versuchen, mit Hilfe von Verfahren zur Gruppenbildung (*Cluster Analyse*) Gruppen von ähnlichen Präferenzen zu identifizieren, die Grundlage einer Marktsegmentierung sein können (Backhaus et al., 1994, S. 498 ff., und siehe zur Conjoint Analyse: Büschken, 1994, S. 72 ff.).

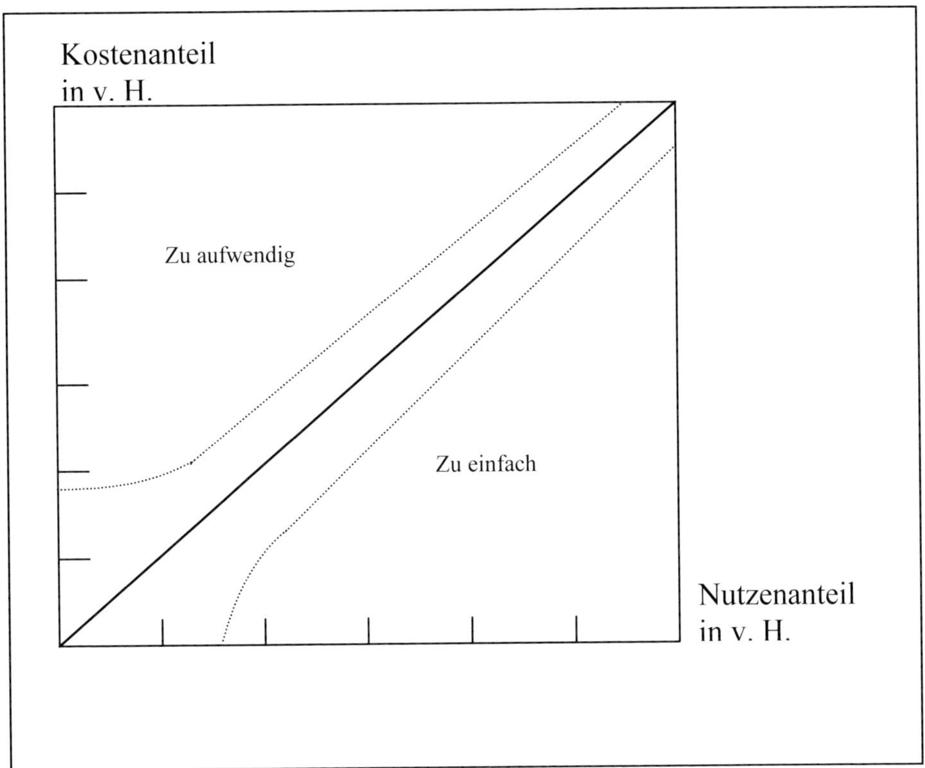

Abbildung 6: Der Zielkorridor

Target Costing

Um eine Produktvariante genau auf eine ermitteltes Segment zuzuschneiden, kann das Instrument des *Target Costing* angewendet werden. Die Qualität des Ergebnisses hängt dabei von der Homogenität des Segments ab. Das Target Costing setzt auf den Informationen der Marktforschung auf. Neben den Informationen, welche die Conjoint Analyse liefert, benötigt man auch den *Zielpreis* für das Produkt, d.h. den gerade noch am Markt für das Produkt durchsetzbaren Preis. Im nächsten Schritt wird dann ermittelt, welchen Beitrag die einzelnen Komponenten (bzw. Eigenschaften) eines Produkts an den Kosten haben. Ziel ist eine *Gegenüberstellung* vom Nutzen den eine Komponente in den Augen der Konsumenten stiftet und den Kosten, den sie verursacht. Die Grundidee kann in der folgenden Grafik, dem sog. *Zielkostenkontrolldiagramm*, veranschaulicht werden (Abbildung 6 in Anlehnung an Coenenberg, 1997, S. 466):

Oberhalb der Diagonalen liegen dann jene Komponenten, die in bezug auf ihren Nutzenbeitrag zu aufwendig sind (m.a.W. zu teuer) und unterhalb der Diagonalen liegen diejenigen Komponenten die zu einfach sind (m.a.W. zu billig im Vergleich zu dem Nutzen den sie stiften). Liegen Komponenten außerhalb des *Zielkorridors* besteht Handlungsbedarf.

Auf Grundlage dieser Informationen sollen Produktgestaltung und *Kosten gezielt beeinflußt* werden, so daß sie möglichst gut auf das ermittelte Segment zugeschnitten werden (Coenenberg, 1997, S. 454 ff.).

4. Produktdiversifikation

4.1 Theoretische Vorüberlegungen

Im Gegensatz zur Produktdifferenzierung und Produktvariation setzt die *Produktdiversifikation* nicht unmittelbar an einem bestehenden Produkt an. Es handelt sich nach gängiger Literaturmeinung um ein „neues Produkt in einem neuen Markt" (Becker 1998, S. 149; Diese Definition geht auf *Ansoff* und seine vier grundlegenden Produkt-Markt-Kombinationen zurück. Da sich Produktdifferenzierung und Produktvariation nicht ohne weiteres in dieses „Ansoff-Schema" einfügen lassen, wird es an dieser Stelle nicht vertiefend betrachtet). Unterschieden wird die Diversifikation allerdings zumeist nach dem Bezug zum bisherigen Produktionsprogramm (Diller, 1994, S. 223):

- *Horizontale Diversifikation* bezeichnet die Erweiterung des bisherigen Produktionsprogrammes um ein Produkt *derselben Produktionsstufe*, z.B. Joghurt und Kefir.
- *Vertikale Diversifikation* bezeichnet entsprechend die Aufnahme von *vor- oder nachgelagerten Produktionsstufen*, z.B. vom Joghurt zur Milch oder umgekehrt.
- *Laterale Diversifikation* liegt vor, wenn kein Zusammenhang vorliegt, z.B. Joghurt und Kekse.

Die laterale Diversifikation bereitet dabei grundsätzliche Schwierigkeiten: Wenn die „neuen Produkte mit den bisherigen in keinerlei sachlichem Zusammenhang mehr stehen" (Becker, 1998, S. 165), ist Produktdiversifikation die Aufnahme eines *beliebigen* anderen Produkts ins Produktionsprogramm. Daraus resultieren u.a. folgende Fragen: Warum fällt die Wahl ausgerechnet auf dieses Produkt und nicht auf ein beliebiges anderes? Ist die Unternehmung für den neuen Markt und das neue Produkt überhaupt kompetent?

Es stellt sich somit die Frage nach einem *nicht sachlichen* Zusammenhang, der nicht direkt am Produkt festgemacht werden kann. Aus einer Vielzahl von möglichen Gründen für eine Diversifikation kommt zwei Gründen besondere empirische Bedeutung zu (Becker, 1998, S. 165 f., Diller, 1994, S. 223 und Schüle, 1992, S. 14 ff.):

Erstens der Versuch, daß *Risiko zu streuen*, indem eine Unternehmung mit unterschiedlichen Produkten auf verschiedenen Märkten aktiv wird.

Zweitens der Versuch über die Diversifikation den *Ertrag* durch Nutzung von *Synergien* (2+2=5) *zu steigern*, z.B. Verwendung eines gemeinsamen Vertriebswegs.

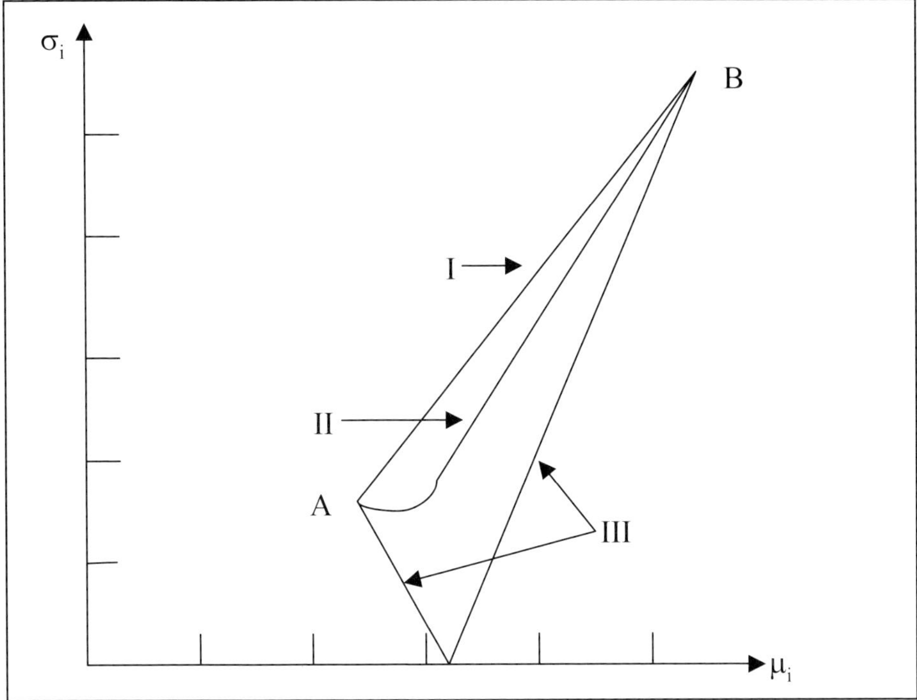

Abbildung 7: Risiko und Rendite von Produkten

Risikostreuung

Die Idee hinter der Risikostreuung ist, den Unternehmenserfolg *situationsunabhängiger* werden zu lassen. Nimmt man den Extremfall des Einproduktunternehmens, dann hängt der Erfolg des Unternehmens am Erfolg dieses einen Produkts. Hat ein Unternehmen aber mehr als ein Produkt im Produktionsprogramm und weisen diese *unabhängige Risiken* auf, verteilt sich das Unternehmensrisiko entsprechend auf die verschiedenen Produkte. Weisen die Produkte sogar *negativ korrelierte* Risiken auf, kann das Risiko durch eine entsprechende Aufteilung zwischen den Produkten verringert werden. Die entsprechenden theoretischen Grundlagen der *Portefeuilletheorie* wurden von *Markowitz* (1952) bzw. *Sharpe/Lintner* (1964) für Wertpapiere entwickelt. Die Übertragung auf Produkte ist, insbesondere aufgrund der Annahmen (hier vor allem die beliebige Teilbarkeit), problematisch. Dennoch liefert die Portefeuilletheorie auch hier grundsätzliche Einsichten und wird daher an dieser Stelle behandelt (Busse von Colbe/Lassmann, 1990, S. 215 ff.).

Wenn ein Unternehmen zwei Produkte A und B produzieren kann, die sich in bezug auf den Erwartungswert und die Streuung der Rendite unterscheiden, wobei ein höherer Erwartungswert mit einer höheren Streuung (d.h. einem höheren Risiko) einhergeht, kann man das grafisch wie folgt veranschaulichen (Abbildung 7 in Anlehnung an Busse von Colbe et al., 1990, S. 222).

Auf den Achsen ist mit μ_i der Erwartungswert der Rendite von Produkt *i* abgetragen und mit σ_i die Streuung der Renditen um den Erwartungswert. Im Punkte A wird nur Produkt A produziert und im Punkt B entsprechend nur B. Man sieht, daß B einen höheren Erwartungswert hat, der aber auch mit einer höheren Streuung, d.h. einem höheren Risiko, erkauft werden muß. Nimmt man nun an, daß eine Unternehmung ihr gesamtes Produktionsprogramm beliebig zwischen den beiden Produkten aufteilen kann, können auch Punkte zwischen A und B realisiert werden und zwar abhängig von der *Korrelation der Risiken* von A und B (Busse von Colbe/Lassmann, 1990, S. 221 f.):

Für r_{AB}=1 gilt die Linie I, das Risiko kann durch Diversifikation nicht vermindert werden.

Für r_{AB} =0 gilt die Linie II, das Risiko steigt nicht mehr linear entsprechend der Anteile, sondern beschreibt einen Bogen.

Von besonderem Interesse ist der Fall r_{AB} = -1 bzw. die Linie III, da es in diesem Fall einen Punkt gibt, an dem σ = 0 wird, d.h. in diesem Fall konnte das Risiko vollständig „wegdiversifiziert" werden.

Die Idee *Produktdiversifikation zur Risikostreuung* fußt also auf der Idee, daß wenn zwei Produkte in bezug auf ihr Risiko negativ korreliert sind, man mit einer geschickten Aufteilung zwischen den beiden Produkten das Risiko – im theoretischen Idealfall – „wegdiversifizieren" kann.

Ertragssteigerung durch Nutzung von Synergien

Mit horizontaler und vertikaler Diversifizierung verbindet sich zumeist die Hoffnung auf Wettbewerbsvorteile durch *Economies of Scope* oder *Economies of Scale*. Die Quellen, aus denen solche Synergievorteile hervorgehen können sind (Zanger, 1995, S. 526 f.):

- Synergien im Management und der Organisation,
- Synergien im Beschaffungs-, Produktions- und Absatzbereich,
- Synergien im F&E-Bereich und
- finanzwirtschaftliche Synergien.

Für die laterale Diversifikation gilt das Ziel der Realisierung von Synergien hingegen explizit nicht. Kritisch anzumerken bleibt in bezug auf Synergien, daß sich die damit verbundenen Hoffnungen häufig nicht erfüllen. So kommen *Mahajan/Wind* zwar zu einem insgesamt positiven Zusammenhang zwischen Synergie und Ertragssteigerung, warnen aber vor Verallgemeinerungen in bezug auf die jeweilige Branche und die Art der Synergien (Mahajan/Wind, 1988, S. 64 f.).

Der grundlegende Anlaß für eine Diversifikation, der auch die laterale Diversifikation einschließt, liegt in den freien Ressourcen, die eine Unternehmung hat. Die freien Ressourcen können dabei auch finanzieller Art sein. So ist der Einstieg der Energieerzeuger in den Telekommunikationsmarkt weniger auf die Nutzung etwa vorhandener Netzinfrastruktur zurückzuführen, als vielmehr in der finanziellen Potenz dieser Unternehmen, die sich auf diesem Weg ein Ertrag versprechendes, zweites Standbein aufbauen.

Bestimmung der notwendigen Informationen

Die grundlegende Frage, die einer Diversifikation vorangeht ist: Welche Ressourcen sind in meinem Unternehmen vorhanden, wo können diese eingesetzt werden. Um diese Frage zu beantworten, ist eine grundsätzliche Analyse des Unternehmens bzw. seiner Produkte im Vergleich zu den Anforderungen des Marktes notwendig. Dazu bietet sich vor allem eine sog. *SWOT-Analyse* (Strengths, Weaknesses, Opportunities, Threats) an, die aus der Verknüpfung einer *Chancen-/Risiken-Analyse* und einer *Ressourcenanalyse* besteht (Meffert, 1998, S.61 ff.).

Chancen-/Risiken-Analyse

Bei der Chancen-/Risiken-Analyse geht es darum, diejenigen *unternehmensexternen Einflüsse* zu erkennen, die für das Unternehmen von strategischer Bedeutung sind. Zentral ist dabei, die Entdeckung von *strategischen Diskontinuitäten*, bei denen es sich um schwer vorhersehbare Ereignisse handelt, aus denen zum einen Gefahren (bis hin zum Konkurs) für das Unternehmen entstehen können, die aber andererseits auch zu Chancen für das Unternehmen führen können.

Ressourcenanalyse

Die Ressourcenanalyse richtet den Blick auf die strategische Nutzung der gegenwärtigen und zukünftigen Ressourcen des Unternehmens. Dazu empfiehlt sich ein dreistufiges Vorgehen:

- *Erstellung eines Ressourcenprofils:* Ermittlung der vorhandenen Ressourcen (finanziell, physisch, organisatorisch und technologisch).
- *Ermittlung der Stärken und Schwächen:* Vergleich der Anforderungen des Marktes mit dem im ersten Schritt ermittelten Ressourcenprofil, um die Stärken und Synergiepotentiale des Unternehmens zu ermitteln.
- *Ermittlung der spezifischen Kompetenzen:* Vergleich der im zweiten Schritt ermittelten Stärken und Schwächen mit denen der Konkurrenz (Meffert, 1998, S. 64).

Diese Informationen werden dann z.B. in einer solchen Tabelle 2 zusammengefaßt (Macharzina, 1995, S. 277):

	Stärken/ Strenths (S)	**Schwächen/ Weaknesses (W)**
	Auflisten der Stärken	Auflisten der Schwächen
Gelegenheiten/ Opportunities (O)	**SO-Strategien**	**WO-Strategien**
Auflisten der Gelegenheiten	Einsatz von Stärken zur Nutzung von Gelegenheiten	Überwindung der eigenen Schwächen durch Nutzung von Gelegenheiten
Bedrohungen/ Threats (T)	**ST-Strategien**	**WT-Strategien**
Auflisten der Bedrohungen	Nutzung der eigenen Stärken zur Abwehr von Bedrohungen	Einschränkung der eigenen Schwächen und Vermeidungen von Bedrohungen

Tabelle 2: Stärken/Schwächen- sowie Gelegenheiten/Bedrohungen-Analyse

Ziel ist es, in dieser Matrix die Umweltchancen und -gefahren auf der einen Seite den Unternehmensstärken und -schwächen auf der anderen Seite gegenüberzustellen. Die Ergebnisse der *internen* und *externen* Betrachtung werden dann analysiert, um im Matrixkern geeignet erscheinende *strategische Stoßrichtungen* abzutragen. Dabei muß jede externe und interne Entwicklung von mindestens einer der strategischen Stoßrichtungen erfaßt werden.

Durch den Checklisten-Charakter der SWOT-Analyse soll weitgehend sichergestellt werden, daß alle wichtigen internen und externen Veränderungen berücksichtigt werden. Nachteilig zu bewerten ist, daß die Analyse nicht untersucht, welche *Wirkungsbeiträge* von einzelnen Veränderungen ausgehen und daß sie dem Anwender nicht sagt, *wie* er zu den strategischen Stoßrichtungen kommt (Macharzina, 1995, S. 276 f.).

Im vorliegenden Fall einer Diversifikationsentscheidung hilft eine solche Analyse, ungenutzte Stärken des Unternehmens zu erkennen, die es zu einer Diversifikation nutzen kann.

4.2 Probleme bzw. Erfolgsbedingungen

Wie zuvor festgestellt, geht es bei Diversifikation zumeist um die Nutzung von Synergien und die Verteilung von Risiken.

Die Nutzung von geplanten Synergien hängt davon ab, ob die *erwarteten* Synergien auch tatsächlich eintreten. Das ist in vielen Fällen fraglich. Es handelt sich hierbei um ein zweistufiges Problem: Identifizierung möglicher Synergien und Umsetzung der Synergien durch Implementierung einer entsprechenden Synergie.

Der Punkt 1 befaßt sich mit der Frage, ob *Synergiepotentiale* vorhanden sind, erst in der zweiten Stufe erweist sich aber, ob aus den Potentialen auch wirkliche Vorteile gewonnen werden können. Die Gründe, die für oder gegen eine erfolgreiche Implementierung sprechen, sind dabei sehr vielfältig, insbesondere wenn eine Diversifizierung durch die Übernahme eines anderen Unternehmens erfolgt, ergeben sich Gefahren, die z.B. aus unterschiedlichen Unternehmenskulturen herrühren.

5. Literatur

ANSOFF, I.H., Strategies for Diversification, in: Harvard Business Review, 1957, S. 113-124.

BACKHAUS, K. ET AL., Multivariate Analysemethoden, 8. Aufl., Berlin 1996.

BECKER, J., Marketing-Konzeption, 6. Aufl., München 1998.

BEREKOVEN, L. ET AL., Marktforschung, 7. Aufl., Wiesbaden, 1996.

BÜSCHKEN, J., Conjoint-Analyse – Methodische Grundlagen und Anwendungen in der Marktforschungspraxis, in: Thexis-Fachbuch für Marketing, 1994, S. 72-89.

BUSSE VON COLBE, W./LAßMANN, G., Betriebswirtschaftstheorie 3, Berlin 1990.

CHURCHILL, G. A., Marketing Research – Methodological Foundations, 6. Aufl., Fort Worth 1995.

COENENBERG, A. G., Kostenrechnung und Kostenanalyse, 3. Aufl., Landsberg 1997.

DICKSON, P. R./GINTER, J. L., Market Segmentation, Product Differentation, and Marketing Strategy, in: Journal of Marketing, 1987, S. 1-10.

DILLER, H. (Hrsg.), Vahlens Großes Marketing Lexikon, München 1994.

HAMMANN, P./ERICHSON, B., Marktforschung, 3. Aufl., Stuttgart 1994.

KOTLER, P./BLIEMEL, F., Marketing-Management, Berlin 1992.

MACHARZINA, K., Unternehmensführung – das internationale Managementwissen, Wiesbaden 1995.

MAHAJAN, V./WIND, Y., Business Synergy Does Not Always Pay Off, in: Longe Range Planning, 1988, S. 59-65.

MEFFERT, H., Marketing: Grundlagen marktorientierter Unternehmensführung, 8. Aufl., Wiesbaden 1998.

PRIEMER, W., Produktvariation als Instrument des Marketing, Berlin 1970.

RÖTTGEN, W.-A., Produktvariation als Marketing-Strategie zur Erhaltung des Angebotserfolgs, Köln 1980.

SCHÜLE, F. M., Diversifikation und Unternehmenserfolg: eine Analyse empirischer Forschungsergebnisse, Wiesbaden 1992.

WILDEMANN, H., Kostengünstiges Variantenmanagement, in: io Management Zeitschrift, 1990, S. 37-41.

WÜPPING, J., Ergebnisorientiertes Variantenmanagement – Sortimentsumstrukturierungen durch Variantencontrolling, in: Kostenrechnungspraxis, 1998, S. 221-225.

ZANGER, C., Diversifikation, in: Tietz, B., (Hrsg.), Handwörterbuch des Marketing, 2. Aufl., Stuttgart 1995, S. 515-530.

Frank Huber
Anke Kopsch

Produktbündelung

1. Zur Relevanz der Bündelung von Produkten

Bei der Gestaltung einer marktfähigen Leistung fassen immer mehr Anbieter ihre Erzeugnisse im Hinblick auf einen möglichen Verwendungszweck zu einem Paket zusammen und verkaufen dieses zu einem Bündelpreis (vgl. v.a. Adams/Yellen 1976, S. 475 ff.; Bauer/Huber/Adam 1999, S. 2; Dichtl/Raffée/Beeskow/Köglmayer 1983, S. 173 ff.; Diller 1993, S. 271 f.; Eppen/Hanson/Martin 1991, S. 7 ff.; Herrmann/Bauer/Huber 1996, S. 164; Janiszewski/Cunha 2004, S. 534ff.; Koschat/Putsis 2002, S. 263; Nieschlag/Dichtl/Hörschgen 1994, S. 400 ff.; Olderog/Skiera 2000, S. 137ff.; Simon 1992, S. 442).

Besonders populär ist die *Produktbündelung* im Dienstleistungsbereich (vgl. Agarwal/Chatterjee 2003, S. 358f.; Bauer/Herrmann/Jung 1996, S. 85; Simon 1992, S. 442). Beispielsweise bündeln Banken unterschiedliche Finanzdienstleistungen, Fußballvereine oder Museen kombinieren Eintrittskarten mit Fahrkarten öffentlicher Verkehrsmittel, Reiseveranstalter bieten Pauschalreisen an, die neben dem Flug und dem Hotel auch einen Mietwagen und ein abendliches Rahmenprogramm umfassen, Theater- und Konzertveranstalter verknüpfen unterschiedliche Aufführungen zu einem Abonnement und Restaurants offerieren Menüs bestehend aus Vorspeise, Hauptgang und Dessert. Als Mittel zur Bündelung von Leistungen eignen sich ferner Service- und Kreditkarten. So erweiterte Mitte der 90er Jahre die Deutsche Bahn im Rahmen der "besseren Bahn-Card" die Rabattfunktion um eine Kredit- und Zahlungsfunktion. In der Softwareindustrie bietet Microsoft seit einigen Jahren Softwarepakete wie das "Microsoft Office Paket" an. Der gleiche Anbieter verkauft ferner das Betriebssystem Windows mit dem Web-Browser Internet Explorer seit 1996 als Leistungspaket und erhöhte auf diese Weise seinen Anteil im Markt für Web-Browser von 7% im Jahre 1996 auf 38% im Jahre 1997 (Simon/Wuebker 1999, S. 14). Auch der Lebensmittelhandel stellt z.B. Weingebinde und Fertiggerichte als Bündel zusammen. Selbst Hersteller von Industriegütern wie Werkzeugmaschinen, elektronische Bauteile und chemische Substanzen bieten ihre Leistungen häufig im Verbund mit einem Dienstleistungskranz (z.B. Beratung und Schulung) zu einem Systempreis an. Eine besondere Relevanz besitzt das Bündeln von Erzeugnissen auch in der Automobilindustrie. Dort bilden einzelne Sonderausstattungskomponenten die Basis für die Konzeption einer Vielzahl von Paketen, die z.B. unter den Begriffen "young edition" und "sport line" die Attraktivität der Pkw-Marke steigern (vgl. Bauer/Huber/Adam 1999, S. 2; Bauer/Herrmann/Jung 1996, S. 85; Bauer/Huber/Keller 1998, S. 4; Herrmann/Bauer/Huber 1996, S. 164; Soman/Gourville 2001, S. 30ff.; Wübker 1997, S. 2; Yadav/Monroe 1993, S. 350).

Die zunehmende Bedeutung der *Produktbündelung* in Theorie und Praxis lässt sich auf eine Vielzahl von Gründen zurückführen. Erstens bieten die gesättigten Märkte moderner Volkswirtschaften mit einer nicht zuletzt aufgrund des zunehmenden Kostendrucks weitgehenden Homogenisierung und Standardisierung der Produkte Anbietern immer weniger Möglichkeiten sich gegenüber den Wettbewerbern zu differenzieren. Auf der

Nachfragerseite ist demgegenüber eine ansteigende Individualisierung und damit verbunden eine große Heterogenität der Nachfragerbedürfnisse zu beobachten. Ein einziges Angebot reicht somit oft nicht mehr aus, um die heterogenen und immer anspruchsvoller werdenden Bedürfnisse der Nachfrager zu befriedigen. Unternehmen stehen immer häufiger in einem Spannungsfeld zwischen kundenbezogener Leistungsindividualisierung einerseits und kostenorientierter Leistungsstandardisierung andererseits (vgl. Hünerberg/Hiese/Hoffmeister 1995, S. 18). Das *bundling* von Leistungen bietet einen Ausweg aus diesem Dilemma. Mit verhältnismäßig geringen Mitteln gelingt es der Unternehmung auf diese Weise, Produktlinien für spezifische Segmente aufzubauen, die sich aus Produkten auf unterschiedlichem Leistungs- und Preisniveau zusammensetzen. Da für die verschiedenen Bündel zum Teil dieselben Komponenten benötigt werden, lassen sich finanzielle Vorteile in der Beschaffung und in der Produktion realisieren. Mit Hilfe der Strategie der Produktbündelung gelingt somit das Spagat zwischen Standardisierung einerseits und Individualisierung andererseits.

Zweitens repräsentiert die Bündelung von Leistungen ein probates Mittel, um als Unternehmung auf das gestiegene Preisbewusstsein der Nachfrager zu reagieren. Die Strategie der Produktbündel führt, wie Mallardi (1989) zeigt, zu einer Reduzierung der Preiselastizität, also einer weniger sensiblen Reaktion der Kunden auf eine Preissteigerung.

Drittens erwartet der Nachfrager von den am Markt angebotenen Leistungen mittlerweile eine umfassende Lösung seines Problems. Diese ganzheitliche Lösung gelingt oft nur, wenn ihm das Kernprodukt in Verbindung mit zusätzlichen Dienstleistungen die Produktverwendung erleichtern oder in vielen Fällen erst ermöglichen. Durch das gebündelte Angebot von Leistungen erfüllt die Unternehmung dem Nachfrager nicht nur den Wunsch einer ganzheitlichen Problemlösung. Vielmehr bewahrt ein Leistungsbündel, welches von Experten zusammengestellt wurde, zudem den Kunden vor Fehlern, weil er möglicherweise Leistungen kombinieren möchte, die nicht kompatibel sind. Für den Nachfrager sinkt somit das Kaufrisiko.

In Anbetracht der skizzierten Relevanz des Bündelns von Produkten steht dieser Ansatz zunehmend im Zentrum zahlreicher Forschungsarbeiten. Das gestiegene Interesse führte allerdings zu einer babylonischen Verwirrung hinsichtlich der Verwendung des Begriffs. Im Mittelpunkt des Interesses steht daher zunächst die Definition und Abgrenzung des Begriffs Produktbündelung sowie einer Klassifizierung der verschiedenen Erscheinungsformen. Anschließend werden Ziele erläutert, deren Realisierung die Manager vor Augen haben, wenn sie sich für diese produktpolitische Variante entscheiden. Im vorletzten Abschnitt richtet sich dann das Augenmerk auf kaufverhaltenstheoretische und psychologische Ansätze, die eine Erklärung dafür liefern, weshalb Nachfrager Produktbündel erwerben.

2. Zur Abgrenzung des Begriffs Produktbündelung

Setzt man sich mit der Literatur zur Bündelung von Produkten auseinander, fällt auf, dass einige Autoren die Begriffe Bündelung ("bundling") (vgl. Nagle 1984; Braden 1993; Geng et al. 2005; Drumwright 1992; Priemer 1995; Yadav 1994; Yadav/Monroe 1993) und Preisbündelung synonym zum Ausdruck Produktbündelung verwenden (vgl. Phillips 1980; Guiltinan 1987; Nagle 1987; Monroe 1990; Friege 1995). Außerdem stößt man auf Termini wie beispielsweise Kopplungsverkauf (vgl. Burtsien 1960; Telser 1965), Güterbündelung (Adams/Yellen 1976; Schmalensee 1984; Tacke 1989), "packaging" (vgl. Paroush/Peles 1981) und Paketpreislösung (vgl. Diller 1993), die ebenfalls das interessierende Phänomen beschreiben. Diese Vielzahl von Begriffen resultiert vor allem aus der schier unbegrenzten Zahl von möglichen Formen der Bündelung von Leistungen.

Vor diesem Hintergrund leistet die von Wübker (1997, S. 10 ff.) vorgeschlagene Abgrenzung zur Einordnung der Begriffe Produktbündelung, Preisbündelung sowie Bündelung wertvolle Dienste. Nach ausführlicher Sichtung der Arbeiten zum Thema Bündelung steht nach Auffassung des Autors bei der *Preisbündelung*, die in den Arbeiten von Adams/Yellen (1976), Phillips (1980), Schmalensee (1984), Guiltinan (1987), Simon (1992), Venkatesh/Mahajan (1993), Chung/Rao (2003) und Jedidi et al. (2003) eine zentrale Rolle spielt, die Preisbestimmung der Produkte und Bündel im Zentrum des Erkenntnisfortschritts. Ausgehend von einer vorgegebenen Bündelkonfiguration interessiert die Ermittlung eines optimalen Preises bzw. einer optimalen Preispolitik (vgl. Wübker 1997, S. 10). Wübker legt in seiner Definition der Preisbündelung besonderen Wert auf die Heterogenität der im Bündel angebotenen Produkte. Schnürt bspw. ein Anbieter aus mehreren heterogenen Leistungen ein Bündel (Paket) und verlangt für dieses einen Gesamtpreis (Bündelpreis), so verfolgt der Verkäufer nach Ansicht des Autors die Strategie der Preisbündelung (vgl. Wübker 1997, S. 12 oder auch Stremersch/Tellis 2002, S. 57). Der Gesamtpreis muss dabei nicht unbedingt niedriger als die Summe der Einzelpreise sein. Im Hinblick auf das zunehmende Preisbewußtsein der Nachfrager und dem wünschenswerten Sonderangebotscharakters der Bündel ist dies jedoch meistens der Fall. Stiften die Bündelkomponenten alleine nur einen sehr geringen Nutzen, kann der Bündelpreis durchaus höher liegen als die Summe der Einzelpreise (vgl. Wübker 1997, S. 12; Simon 1992, S. 443).

Im Mittelpunkt der Arbeiten von Kinberg/Sudit (1979), Goldbergh et al. (1984), Bojanic (1988) und Herrmann et al. (1996) die sich mit der *Produktbündelung* auseinandersetzen, steht die Identifikation von Merkmalen, die ein optimales Bündel konstituieren. Bei diesen Studien spielt die Wahrnehmung und Beurteilung des Produktbündels durch die Nachfrager eine entscheidende Rolle. Das Augenmerk richtet sich vor allem auf die Klärung der Frage nach der optimalen Anzahl der Komponenten sowie auf die Lösung der Frage nach der Zusammensetzung, d.h. nach den Komponenten. Die Festlegung einer optimalen Preispolitik wird vernachlässigt (vgl. Herrmann 1998, S. 550; Wübker 1997, S. 10).

Der Begriff der *Bündelung* dient als Oberbegriff der Produkt- und Preisbündelung (vgl. Stremersch/Tellis 2002, S. 57). Zum Ausdruck kommt dies in den Arbeiten von Hanson/Martin (1990), Ansari et al. (1996), Chung/Rao (2003), Fürderer (1996), Fürderer/Huchzermeier (1997) und Venkatesh/Kamakura (2003). Die genannten Forscher beschäftigen sich sowohl mit der Bestimmung der optimalen Preispolitik für das Bündel als auch mit der optimalen Bündelzusammensetzung (vgl. Wübker 1997, S. 10 ff.). Adams und Yellen (1976), die den Begriff des "*bundling*" maßgeblich prägten, interpretieren den Ausdruck im Sinne einer Zusammenstellung von einzelnen Komponenten (zwei oder mehreren Gütern) zu einer Verkaufseinheit (Paket) mit einem einheitlichen Bündelpreis (vgl. Adams/Yelen 1976, S. 475 ff.; Eppen et al. 1990; Guiltinan 1987, S. 74; Yadav/Monroe 1993, S. 350; Yadav 1994, S. 342).

Eine ausführlichere Begriffsbestimmung liefert Priemer (1999), die ein Bündel, als Paket identifizierter Einzelgüter, das als vorgefertigtes Standardpaket einem größeren Kundenkreis angeboten wird, definiert. Nach Priemer (1999) liegt ein Bündel nur vor, wenn die Komponenten folgende Merkmale erfüllen:

- sie sind prinzipiell *einzeln verkäuflich* bzw. werden tatsächlich auch *gesondert angeboten*,
- sie sind im Angebot *ausdrücklich aufgeführt*,
- sie besitzen einen *impliziten oder explizit ausgewiesenen eigenen Preis*,
- sie besitzen eine *Preis*, der in Relation zum Gesamtpreis *nicht vernachlässigbar* ist und
- sie sind *wichtige Kaufentscheidungskriterien* (vgl. Priemer 1999, S. 29).

Da nach Auffassung von Priemer das Bündel ganz spezielle Bedürfnisse befriedigt, die die Einzelkomponenten nicht zu befriedigen vermögen, repräsentiert für die Autorin ein Bündel ein eigenständiges Produkt (vgl. Priemer 1999, S. 19).

3. Ansätze zur Konzeption und Erscheinungsformen von Produktbündeln

3.1 Techniken zur Konzeption von Produktbündel

Um die Zufriedenstellung der Nachfragerbedürfnisse durch ein Leistungspaket zu gewährleisten, haben sich unterschiedliche Techniken zur Zusammenstellung eines Produktbündels bewährt. Zum einen können Bündel durch die physische Zusammenfassung von Einzelprodukten, beispielsweise in der Produktion, durch gemeinsame Verpackung oder durch gemeinsame Präsentation der Einzelkomponenten, entstehen. Zum anderen besteht die Möglichkeit Bündel nur ‚auf dem Papier' zu konzipieren. Auf Preis- und Angebotslisten werden denkbare Bündel und ihre Preise dem Nachfrager vorgestellt, die Zusammenfügung des konkreten Bündels findet jedoch erst beim Kauf statt (z.B. Computer). Eine weitere Bündelungstechnik repräsentiert das "cross-couponing". Beim Cross-couponing erhält der Nachfrager beim Kauf eines Produktes einen Gutschein (Kreuzcoupon) für den preisgünstigeren oder kostenlosen Erwerb eines anderen Produktes (vgl. Dhar/Raju 1998, S. 1501). Erwirbt der Nachfrager beide Produkte beim selbem Kaufakt, stellt das "cross-couponing" auch eine Technik des "bundling" dar. Während das Kreuzcouponieren in den USA vor allem zur Bekanntmachung neuer Produkte häufig verwendet wird, ist dieses Instrument in Deutschland aus wettbewerbsrechtlichen Gründen verboten (vgl. Priemer 1999, S. 13 ff.; Wübker 1997, S.33 f.; Simon 1992, S. 443).

3.2 Erscheinungsformen von Produktbündeln

Die mit Hilfe der genannten Techniken zusammengestellten Bündel können die Anbieter dann den Nachfragern in unterschiedlichen Varianten offerieren. Zur Systematisierung der verschiedenen *Bündelungsformen* lassen sich nach der Auffassung von Priemer acht verschiedene Dimensionen heranziehen (vgl. Tab. 1). Auf der Basis dieser Klassifizierungskriterien lassen sich die Formen der Produktbündelung kategorisieren. Die wichtigsten Erscheinungsformen sollen eine kurze Erläuterung erfahren.

Die reine Produktbündelung ("*pure bundling*") und die gemischte Produktbündelung ("*mixed bundling*") stellen die Grundformen der Produktbündelung dar. Die Bezeichnungen dieser Basis-Strategien stammt von Adams und Yellen (1976), die auch das gesonderte Angebot der Einzelprodukte bzw. Einzeldienstleistungen ("*pure components*") als Bündelform sehen. Bei der reinen Bündelung bietet das Unternehmen ausschließlich das Paket an, so dass der Erwerb der einzelnen Bündelkomponenten nicht möglich ist. Der Konsument kann lediglich zwischen Kauf und Nichtkauf entscheiden. Die reine Produktbündelung stellt eine Form des *Kopplungsverkaufs* dar, bei dem der Kauf eines Gutes vom gleichzeitigen und/oder späteren Erwerb eines anderen Gutes, das jedoch auch gesondert handelbar sein muss, abhängt. Im Gegensatz dazu hat ein Konsument bei der gemischten Bündelung die Möglichkeit, sowohl das Paket als auch die Einzelkomponenten getrennt zu erwerben (vgl. Drumwright 1992, S. 311; Geng et al. 2005, S. 662f.; Herrmann 1998, S. 553; Olderog/Skiera 2000, S. 141; Priemer 1999, S. 37; Simon 1992, S. 444; Stremersch/Tellis 2002, S. 57; Wübker 1997, S. 29; Yadav/Monroe 1993, S. 351).

Bei der reinen Bündelung entsteht durch das Paket ein neues Produkt. Der Preis für diese Produkt bzw. der Bündelpreis muss so gesetzt werden, dass die Konsumentenrente einer Bündelkomponente auf eine andere transferiert wird und der Anbieter dadurch mehr Konsumentenrente abschöpfen kann. Bei dieser Bündelart besteht der Markt lediglich aus zwei Nachfragersegmenten, den Käufern und den Nichtkäufern, d.h. die reine Bündelung reduziert die Heterogenität der Nachfrager (vgl. Simon 1992, S. 447 f.).

Dimension	Bundling-Formen
Zugehörigkeit zu einer Basis-Strategie des „bundling"	▪ pure components ▪ pure bundling ▪ mixed/optional bundling ▪ mixed components
Grad der Verschiedenheit der Bündelkomponenten	▪ multiple bundles/multiple packages ▪ multiple-product bundling ▪ variety bundles
Verwendungszusammenhang zwischen den Bündelkomponenten	▪ complementary bundling (beschränkt/streng) ▪ substitutional bundling ▪ independent bundling
Anzahl der am „bundling" beteiligten Unternehmen	▪ intra firm bundling ▪ inter firm bundling
Art der beteiligten Unternehmen	▪ producer bundles ▪ retailer bundles ▪ service bundles
Dauer der geplanten Marktpräsenz des Bündels	▪ long-term bundles ▪ short-term bundles
Zugehörigkeit zu bestimmten Sonderformen des „bundling"	▪ brand-/cross-bundling ▪ quality bundling ▪ blind bundling
Ausgestaltung der Preisbündelung (Preisbündelung)	▪ additive bundles ▪ superadditive bundles ▪ subadditive bundles (joint bundle pricing, leader bundle pricing, composite bundles pricing)

Tabelle 1: Systematisierung der verschiedenen Formen des „bundling"

Die gemischte Bündelung verbindet die Vorteile der reinen Bündelung mit den Vorteilen des ausschließlichen Verkaufs der Einzelkomponenten. Durch diese Art der Bündelung, die einige Autoren auch als "optimal bundling" bezeichnen, wird die Marktsegmentierung verfeinert und eine höhere Konsumentenrente abgeschöpft (vgl. Yadav/Monroe 1993, S. 351). Studien zeigen (Tab. 2) die höhere Profitabilität der gemischte Bündelung im Vergleich zur reinen Produktbündelung (Simon/Wuebker 1999, S. 21).

Obschon die Ergebnisse der aufgeführten Studien und die Argumente von Yadav/Monroe den Eindruck erwecken, die gemischte Bündelung weist gegenüber anderen Formen der Bündelung Vorteile auf sei (vgl. dazu auch die Studien von Ansari et al. 1996; Lan/Kanafani 1993 sowie die formalen Überlegungen von McAfee et al. 1989; Chae 1992. Im Gegensatz dazu Chen 1997 oder Carbajo et al. 1990) an dieser Stelle darauf hingewiesen, dass es eine allgemeingültige Antwort auf die Frage, welche Art der Bündelung der Unternehmung die größten finanziellen Vorteile bringt oder ob eventuell der Hersteller besser nur Einzelkomponenten verkaufen soll, nicht gibt. Die Entscheidung ist jeweils nur im konkreten Einzelfall möglich.

Autor	Anwendung	Anzahl der gebündelten Leistungen	Gewinnsteigerung aufgrund gemischter Bündelung im Vergleich zur Einzelpreisstellung (%)
Eppen et al. 1991	Software	4	45
Simon 1992	Maschinenteile Computer	2 3	20 8
Venkatesh/Mahajan 1993	Tickets	10	32
Fuerderer et al. 1994	Automobil	5	33
Simon 1995	Automobil	2	20
Ansari et al. 1996	Tickets	6	28
Huchzermeier/ Fuerderer 1997	Automobil	3	17
Wuebker	Nahrung	3	10

Tabelle 2: Gewinnsteigerung aufgrund gemischter Bündelung im Vergleich zur Einzelpreisstellung

Bei der Festlegung der Bündelform spielt beispielsweise der Wettbewerb (Matutes/Regibeau 1992), aber auch die Lebenszyklusphase in der sich ein Leistungsbündel befindet, eine Rolle (vgl. Abb. 1). So eignet sich das pure bundling während der Einführung eines neuen Gutes in den Markt, weil es für den Anbieter in dieser Phase darum geht, vornehmlich Laien zu bedienen, die eher zu vorgefertigten Bündeln greifen werden (vgl. Priemer 1999, S. 22). Hat sich das Bündel am Markt etabliert, lässt sich oftmals ein hoher Anteil an Kennern ausmachen, die eine eigenständige Komposition präferieren.

Lebenszyklusphase	**Kunden-Know-how**	**Bundling-Strategie**
Einführungsphase	gering	Pure Bundling
Wachstumsphase	heterogen	Mixed Bundling
Reifephase	hoch	Pure Components

Abbildung 1: Anpassung der Formen der Produktbündelung an die Phase im Produktlebenszyklus

Ganz allgemein gesprochen, lässt sich sagen, dass der Verkauf von einzelnen Produkten (pure components), d.h. keine Produktbündelung vorteilhafter, wenn eine sehr starke Präferenz für ein Produkt besteht, während die anderen Bündelkomponenten nur einen sehr geringen Nutzen stiften. Sind die Präferenzen für beide Produkte und damit auch für das Bündel sehr hoch, bietet sich die reine Bündelung (pure bundling) an. Existieren sowohl Segmente mit extremen Präferenzen als auch Segmente mit ausgewogenen Segmenten, ist eine gemischte Bündelung tendenziell sinnvoller (vgl. Simon 1992, S. 448 ff.).

Neben diesen klassischen Basisformen existieren in der Praxis Angebote von Einzelprodukten und Bündeln, wobei mindestens eine der Bündelkomponenten, nicht aber alle nur im Bündel erhältlich ist. Diese Strategie wird als "*mixed components*" bezeichnet und ist wiederum eine Art Kopplungsverkauf (vgl. Priemer 1999, S. 40 f.).

Eine spezielle Form der "mixed components"-Strategie ist das sogenannte "**a***dd on bundling*". Der Anbieter verknüpft das Kernprodukt oder die Kernleistung mit einem oder mehreren heterogenen Zusatzprodukten oder -leistungen ("add-on products"). Die Zusatzprodukte und -leistung lassen sich dabei in der Regel nicht selbständig verkaufen, da sie in einem direkten technischen oder wirtschaftlichen Zusammenhang mit dem Basisprodukt bzw. der Basisleistung steht. Der Nachfrager kann folglich die Nebenprodukte nur erwerben, wenn er das Hauptprodukt ("lead product") vom selben Anbieter bezieht (vgl. Herrmann 1998, S. 554).

Unterscheiden lassen sich ferner nach dem Grad der Verschiedenheit der gebündelten Produkte Mehrfachpackungen des gleichen Produktes ("*multiple bundles*"), die Bündelung unterschiedlicher Produkte ("*multi-product bundling*"), die jedoch meistens in einem angebots- oder nachfragerseitigen Zusammenhang stehen und die Bündelung von Varianten des gleichen Produktes ("*variety bundles*"), die beispielsweise in Form, Farbe oder Größe variieren (vgl. Priemer 1999, S. 42 ff.).

Zur Systematisierung eignet sich darüber hinaus der Verwendungszusammenhang der Bündelkomponenten, wobei eine Unterscheidung zwischen der Komplementarität, der Substitutionalität und der Unabhängigkeit der Bündelkomponenten sinnvoll erscheint. Im Hinblick auf die Realisierung von Wettbewerbsvorteilen durch Differenzierung spielt vor allem die beschränkte Komplementarität der Komponenten eine wichtige Rolle. Bei *beschränkter Komplementarität* der Bündelkomponenten erhöht die eine Komponente den Nutzen einer anderen, ohne dass diese Komponente für die Nutzung unbedingt erforderlich ist. Bedarf es bei der Nutzung des Leistungsbündels dagegen beider Komponenten, bezeichnet man dies auch als *strenge Komplementarität.* Die Nachfrager setzen in diesem Fall die Bündelung voraus, so dass keine Möglichkeit besteht sich durch die Gewährung eines Zusatznutzen gegenüber den Wettbewerbern zu differenzieren (vgl. Priemer 1999, S. 46 ff.).

Zu den wichtigen Sonderformen gehört das "*cross-bundling*", bei dem eine etablierte Marke mit einem unbekannten oder wenig bekannten Produkt gebündelt wird, um den Bekanntheitsgrad zu steigern und von einem Imagetransfer zu profitieren. In der Praxis zielen Anbieter auch darauf ab, von einer etablierten Marke eines anderen Anbieters ein positives Image auf das eigene Produkt zu transferieren ("brand alliance", "joint branding", "co-branding").

4. Von Anbieterseite verfolgte Ziele beim Einsatz der Produktbündelung

Ausgehend von der beschriebenen Vielfalt an Produktbündelvarianten stellt sich als nächstes die Frage, weshalb die genannten Erscheinungsformen der Produktbündelung bei den Anbietern so oft zur Anwendung kommen. Erörtert werden also Motive, weshalb sich die Unternehmen für diese Strategie entscheiden. Zur Systematisierung der Beweggründe dienen sieben Kategorien. Einige ausgewählte Gesichtspunkte von besonderer Relevanz für die Unternehmen seien im folgenden skizziert.

- Kosten: Bei der Wahl zugunsten einer Bündelstrategie besitzen die Produktionskosten für die Anbieter eine elementarer Bedeutung. Diese reduzieren sich durch die Verknüpfung mehrerer Produkte zu einem Bündel in einem erheblichen Ausmaß. Diese Kostenreduktion eröffnet den Anbietern vor allem einen größeren preispolitischen Spielraum, die Erschließung neuer Marktsegmente und die Verlängerung der Produktlebenszyklen.

- Absatz: Die Bündelung von Leistungen ermöglicht der Unternehmung ferner eine Steigerung der abgesetzten Menge. Wie eine Studie von Drumwright zeigt, ruft die Produktbündelung Entscheidungsanomalien bei den Nachfragern hervor, die dazu führen, dass diese mehr kaufen und konsumieren, als sie ursprünglich beabsichtigten (vgl. Drumwright 1992, S. 311). Begründet wird dieses Phänomen oft mit dem Absinken der Preiselastizität der Nachfrager und durch die steigende Preisintransparenz (vgl. Priemer 1999, S. 71, Wübker 1997). Ferner repräsentiert das Leistungsbündel eine produktpolitische Antwort auf das gestiegene Preisbewusstsein der Nachfrager in zahlreichen Märkten. Da die Angebotspakete zumeist billiger zu erwerben sind, als die einzelnen Komponenten, entsteht beim Nachfrager ein Transaktionsnutzen (Monroe/Chapman 1987), den die Käufer wahrnehmen und entsprechend eine Entscheidung zugunsten des Produktes treffen.

- Qualität: Eine besondere Relevanz besitzt für die Unternehmen ferner die Erweiterung des eigentlichen Kernprodukts um einen Kranz aus Dienstleistungen. Die ergänzenden Dienste erlauben vor allem bei weitgehend homogenen und standardisierten Produkten eine Differenzierung der eigenen Leistung von den Angeboten der Konkurrenz. Außerdem sind bei sehr komplexen und erklärungsbedürftigen Produkten begleitende Dienstleistungen erforderlich, um dem Nachfrager eine optimale Nutzung des Kernproduktes zu gewährleisten.

- Konkurrenz: Unter Berücksichtigung wettbewerblicher Gesichtspunkte erscheint der von Carbajo et al. (1990) untersuchte Sachverhalt zur Begründung des Einsatzes einer Bündelungsstrategie von Interesse. Die Autoren gehen von der Annahme aus, ein Anbieter verteidige in einem Markt erfolgreich seine monopolistische Stellung, wohingegen er in einem anderen im Wettbewerb zu einem anderen Unternehmen steht. Kombiniert der Monopolist seine zwei Produkte nicht, sinken die Preise in dem umkämpften Markt bis auf Grenzkostenniveau. Entscheidet sich hingegen der Monopolist zur Bündelung der Leistungen, differenziert er sein Angebot von dem des Wettbewerbers. Dies impliziert eine geringere Aggressivität zwischen den Anbietern. Ein Preiswettkampf wird somit unwahrscheinlich.

- Markt- bzw. Branchenstruktur: Die Strategie Produkte in Bündeln anzubieten, dient häufig auch der Bindung der Nachfrager an die Unternehmung bzw. als Markteintrittschranke gegenüber Newcomern. Zur Illustration dient in diesem Zusammenhang das bereits eingangs erwähnte Beispiel der Softwarefirma Microsoft, die durch die Bündelung des Internet-Browsers mit dem Betriebssystem neuen Anbietern von Browsern den Zugang versperrte.
- Produkt und Sortiment: Auch handelt es sich bei der Produktbündelung um eine kostengünstige und risikoverminderte Alternative der Neuproduktgestaltung, bei der aus bestehenden Produkten ein neues Angebot entsteht. Zweckdienlich erscheint diese Strategie aber auch zur Segmentierung von und Positionierung in Märkten sowie zur Abschöpfung von Konsumentenrente von Nachfragern mit heterogenen Präferenzen.
- Marke: Die Strategie der Bündelung von markierten Objekten verfolgt der Hersteller erstens vor dem Hintergrund, dass Konsumenten einer bekannten Marke vertrauen und diese zur Reduktion des wahrgenommenen Kaufrisikos nutzten. Zweitens besteht für die Unternehmung die Möglichkeit über die gebündelte Marken Qualität zu dokumentieren, was wiederum den Informationsbeschaffungs- und –verarbeitungsprozess beim Nachfrager verkürzt. Drittens fördern gebündelte Markenprodukte Versuchskäufe, da der Konsument den Markennamen als entscheidungsfördernde Heuristik ansieht. Viertens kann die Unternehmung spillovers der Werbung für andere, mit dem Bündel in Zusammenhang stehende Produkte nutzen.

Zielebene	**Motiv**	**Autor**
Kosten	▪ „economies of scale", ▪ Erfahrungskurveneffekt, ▪ „economies of scope", ▪ Senkung der Komplexitätskosten, ▪ Senkung der Transaktionskosten für den Nachfrager	Coase 1960; Demsetz 1968; Adams/Yellen 1976; Paroush/Peles 1981; Densby/Conrad 1984; Guiltinan 1987; Eppen et al. 1991; Lawless 1991; Venkatesh/Mahjan 1993; Kohli/Park 1994; Anderson/Naurus 1995; Herrmann/Bauer/Huber 1996; Herrmann 1998
Absatz	▪ Steigerung durch Erhöhung der Abnahmemenge („multiple bundles" oder „variety bundles") oder des Erwerbs zusätzlicher Erzeugnisse („multi-product bundles"),	Schmalensee 1984; Bell 1986; Gaeth et al. 1990; Drumwright 1992;

	▪ Steigerung durch Transaktionsnutzen, ▪ Gewinnung von Neukunden durch Abwerben von den Wettbewerbern,	Herrmann/Bauer/Huber 1996; Herrmann 1998 Soman/Gourville 2001 Naylor, Frank 2001
Qualität Qualität (Fortsetzung)	▪ „system integration", d.h. Optimierung des Bündels aus Nachfragersicht durch Kompensierung der Schwächen einer Systemkomponente durch die Stärken der anderen und optimaler Abstimmung von Schnittstellen zwischen Elementen, ▪ „system modularity", d.h. Erweiterung des Bündels um Zusatzelemente, die den individuellen Bedürfnissen der Nachfrager entsprechen, ▪ Ersetzen des i.d.R. vor allem bei erklärungsbedürftigen, komplexen Erzeugnissen fehlenden Expertenwissen der Konsumenten zur optimalen Bündelzusammenstellung	Herrmann 1998; Herrmann/Bauer/Huber 1996; Owen/Cooper 1991; Guiltinan 1987.
Konkurrenz	▪ Stärkung der eigenen Marktstellung gegenüber den Wettbewerbern und ▪ Realisierung von Wettbewerbsvorteilen durch ▪ Produktdifferenzierung, Nischenstrategie und „unique selling proposition".	Carbajo et al. 1990 ; Martin 1999
Markt- bzw. Branchenstruktur	▪ Ausbau der monopolistischen Stellung ▪ Aufbau von Markteintrittsbarrieren, ▪ Reduzierung des Wettbewerbs.	Burstein 1960 Warhit 1980 Whinston 1990
Produkt und Sortiment	▪ Produktdifferenzierung (Aufbau einer Produktlinie, Variety Seeking), ▪ Neuproduktpolitik (Risikoreduktion, Kostensenkung, Zeitgewinn), ▪ Produktmodifikation (Flexibilität).	Eppen et al. 1990 Guiltinan 1987 Diller 1993; Schmalensee 1984; Simon/Fassnacht 1993; Herrmann/Bauer/Jung 1996; Sarin/Sero/ Chanvarasuth 2003
Marke	▪ Spillovereffekte nutzen ▪ Vertrauen aufbauen ▪ Versuchskäufe stimulieren ▪ Steigerung des Markenwerts	Alba/Hutchinson 1987 Sullivan 1990 Bellizzi/Martin 1982

Tabelle 3: Die Beweggründe für den Einsatz der Bündelungsstrategie im Überblick

In manchen Branchen ist jedoch bei einzelnen Anbietern, ein Trend zur *Entbündelung* zu konstatieren. Beispielsweise verkaufte die Firma SPSS ihre Analysesoftware zur Auswertung von empirischen Daten vor einigen Jahren nur als Bündel. Mittlerweile können Interessenten einzelne Module der Analysesoftware aber auch separat erwerben. Folgende Gründe sprechen für diese Strategie (vgl. Herrmann 1998, S. 554 f.; Paun 1993; Yadav/Monroe 1993, S. 350; Wilson/Weiss/John 1990):

- *Erschließung neuer Märkte* durch den Verkauf der Bündelkomponenten als eigenständige Erzeugnisse,
- *Erhöhung des Gewinns*, wenn die Einzelkomponenten eine geringere Preiselastizität aufweisen, da beispielsweise der Bündelpreis durch die Weiterentwicklung eines Systems sehr hoch geworden ist und
- Nachfrager haben in Märkten mit weitgehend *standardisierten und kompatiblen Produkten* die Möglichkeit, leicht selber Systeme durch den Kauf einzelner Elemente zusammenzustellen und so die reine Bündelung zu unterlaufen. Im Laufe des Lebenszyklus und *Reifung des Marktes* gewinnt die Entbündelung an Bedeutung.
- In vielen Branchen *verschieben* sich im Laufe der Zeit die *Wertschöpfungsanteile*. Dienstleistungen wie Schulungen, Beratungen und andere Serviceleistungen gewinnen gegenüber dem eigentlichen Kernprodukt an Bedeutung. Traditionell fand jedoch keine gesonderte Abrechnung dieser begleitenden Dienstleistungen statt. Viele Nachfrager berücksichtigen bei ihrer Entscheidung jedoch nur das eigentliche Kernprodukt, so dass sie Angebote mit weniger kostenintensiven Dienstleistungen vorziehen. Die Entbündelung fördert in diesem Fall die Leistungs- und Preistransparenz (vgl. Herrmann 1998, S. 555; Priemer 1999, S. 21; Simon 1992, S. 456 ff.).

Wie die Ausführungen zeigen, bedarf die Entscheidung über die Kombination von Produkten immer der Abwägung einer speziellen Situation. Vor diesem Hintergrund vereinfachen die von Biswas (1989) und Zerr (1995) formulierten allgemeinen Richtlinien zur Entscheidung über das Bundling von Produkten die Komplexität der Entscheidung zu sehr und können lediglich als Orientierungsstütze dienen. Um vielmehr die Situation adäquat zu erfassen, ist eine genaue Analyse der Bedürfnisse der Abnehmer der Leistung erforderlich. Geht man davon aus, dass der Erfolg eines Bündels am Markt von den Wahrnehmungen und Präferenzen der Nachfrager abhängt, interessieren daher insbesondere die Gründe und die kaufverhaltentheoretischen Grundlagen des Bündelkaufs.

5. Kaufverhaltenstheoretische Grundlagen der Produktbündelung

5.1 Gründe für die Nachfrage von Produktbündeln

Ganz allgemein formuliert, entscheidet sich der Nachfrager für den Erwerb eines Bündels, wenn seine Einschränkung der Wahlfreiheit durch einen höheren Nutzen und/oder geringere Kosten ausgeglichen wird. Bei der Ermittlung der Kostenvorteile zieht der Nachfrager zwei Kostengrößen in Betracht. Zum einen spielt der eigentliche Kaufpreis des Bündels bzw. der Einzelkomponenten eine Rolle, zum anderen interessieren den Nachfrager aber auch die anfallenden Transaktionskosten. Darunter sind vor allem Kosten der Information und der Kommunikation für die Anbahnung, Vereinbarung, Abwicklung, Kontrolle und Anpassung eines Leistungsaustausches zu verstehen (vgl. Kroeber-Riel 1992, S. 282; Bauer/Huber/Keller 1998, S. 5). Bietet das Bündel dem Nachfrager einen Sparanreiz oder realisiert er Zeitersparnisse dadurch, weil er nunmehr die zu erwerbenden Produkte nicht einzeln kaufen, sondern als angebotene Leistungsbündel offeriert bekommt, dann entscheidet sich das Individuum für das Produktpaket.

Ein zweites wichtiges Motiv für den Kauf eines Bündels stellt die *Nutzensteigerung* dar, die der Nachfrager durch den Kauf des Bündels im Vergleich zum Kauf eines einzelnen Produktes oder mehrerer Einzelprodukte erfährt. Wie verschiedene Studien zum Konsumentenverhalten belegen, wählt ein Nachfrager jenes Produkt, das am ehesten seiner verinnerlichten und handlungsleitenden Motivstruktur entspricht. Eine hohe Kongruenz zwischen den durch das Produkt vermittelten und den individuell internalisierten Wertvorstellungen belohnt der Kunde zudem mit einer höheren Wiederkaufabsicht (vgl. Herrmann/Bauer/Huber 1997; Bauer/Huber/Keller 1998, S. 4). Bietet ein Automobilhersteller bspw. eine passende 'Line' an, so schafft diese Unternehmung die Voraussetzung dafür, dass ein Kunde die Entscheidung zugunsten eines Pkw zielgenauer auf der Basis seiner internalisierten Wertvorstellungen trifft. Rangiert bspw. 'Lebensqualität' in der Hierarchie der Werte eines Individuums besonders weit oben, fällt ihm die Kaufentscheidung leicht, wenn ein „Untermodell" mit einer entsprechend luxuriösen Innenausstattung, Klimaanlage und einem Hifi-System, welches ihm eine besondere Klangqualität bietet, unter dem Label 'Elegance' zur Wahl steht. Anstelle zeitaufwendiger Abwägungen, welche der Ausstattungen zusammenpassen, wählt ein Kunde nur noch eine von bspw. vier 'Lines'. Nachfragern, die beim Produktkauf und -konsum nach Abwechslung suchen ("variety seeking"), ermöglicht ein Bündel durch die Kombination verschiedener Produkte und Dienstleistungen einen zusätzlichen Nutzen, der aus dieser Bereitstellung der gewünschten Abwechslung resultiert. Dadurch reduziert die Produktbündelung das Wechselverhalten der Nachfrager, verstärkt die Kundenbindung und dient als Wechselbarriere (vgl. Bauer/Huber/Keller 1998, S. 5).

In der Literatur bisher keine Aufmerksamkeit hat bisher eine weitere Form des Nutzens gefunden, die dem Nachfrager ebenfalls die Entscheidung zugunsten des Bündelangebots erleichtert. Faßt man die bisherigen genannten Größen zusammen, so resultiert die Nettopräferenz des Bündelkaufs aus dem Preisnutzen (Sparanreiz), dem Produktnutzen (umfassende Befriedigung der Bedürfnisstruktur) sowie dem Transaktionsnutzen (Zeitersparnis, sinkende Informationsbeschaffungskosten, etc.). Der Erwerb eines Produktbündels zeichnet sich aber ferner dadurch aus, dass der Nachfrager möglicherweise einen Integrationsnutzen realisiert. Diese Form des Nutzens sei an einem einfachen Beispiel verdeutlicht. Hat ein Fahrzeugführer die Möglichkeit, bei der Beschaffung eines Neuwagens nicht nur den Pkw, sondern auch die Hifi-Anlage in einem Leistungspaket zu erwerben, so stiftet ihm dies einen Integrationsnutzen deshalb, weil er ansonsten selber die Löcher für die Antenne in die Karosserie bohren, bzw. selber die Innenverkleidung für die Lautsprecherboxen präparieren müsste. Wird dies von ungeübter Hand gemacht, besteht im erstgenannten Fall besteht die Möglichkeit des Durchrostens, im zweiten Fall die Gefahr der Beschädigung der Verkleidung. Die Nettopräferenz (NP) ergibt sich also aus:

(1) NP= f(PN; PrN; TN; IN) mit

PN = Produktnutzen;
TN = Transaktionsnutzen;
PrN = Preisnutzen;
IN = Integrationsnutzen.

5.2 Ansätze zur Erklärung des Bündelkaufs

Die voranstehenden Ausführungen verdeutlichen, dass für die Nachfrager das Bündelprodukt zahlreiche Bedürfnisse zufrieden stellt. Als nächstes interessiert die Beantwortung der Fragen, welche Faktoren im einzelnen der Nachfrager wertschätzt und wie diese einzeln oder in kombinierter Form auf das Kaufverhalten der Nachfrager wirken. Erst die Kenntnis, dass zum Beispiel die Anzahl der Element eines Bündels und die Höhe des Preisnachlasses auf das Paket im Vergleich zur Summe der Einzelpreise die Kaufentscheidung der Nachfrager auch tatsächlich beeinflussen, erlaubt es, Hinweise für eine marktgereichte Bündelpolitik zu vermitteln. Zur Erklärung der Entscheidung zugunsten eines Bündelproduktes leisten vor allem die Volkswirtschaftslehre und die Psychologie wertvolle Dienste (vgl. Yadav/Monroe 1993, S. 350; Drumwright 1992, S. 312; Adams/Yellen 1976; Priemer 1997, S. 187 ff.; Dansby/Conrad 1984; Schmalensee 1984; Stigler 1961). Nach Drumwright lassen sich die Untersuchungsziele der beiden Forschungsrichtungen in Bezug auf die Erklärung des Bündelkaufs folgendermaßen charakterisieren:

- "Both theories predict that consumers will purchase more with bundling than they would if the products were offered individually."
- "Economic theory predicts that consumers will purchase only bundles with positive consumer surplus and decline all bundles with negative consumer surplus."
- "Behavioral theory predicts that bundles create contexts that prompt consumers to cancel losses against gains, making desirable bundles that otherwise would not be attractive, Under some conditions, consumers will purchase bundles with negative, albeit slightly negative, consumer surplus." (Drumwright 1992, S. 314).

Im Verlauf dieses Abschnittes erfahren die wichtigsten psychologischen Grundlagen zur Erklärung der Bündelbewertung durch die Nachfrager eine detaillierte Erörterung. Einen Überblick über Studien, die auf unterschiedlichen kaufverhaltenstheoretische Ansätze basieren, liefert Tab. 2. Begründen lässt sich Fokussierung auf diese Konzepte mit den recht abstrakten Annahmen, die den Modellen der volkswirtschaftlichen Ansätzen zugrunde liegen. Um ferner einen Einblick in die Mechanismen der Informationsverarbeitung bei Nachfragern zu erhalten, leisten die volkswirtschaftlichen Modelle keinen wesentlichen Beitrag, da als Analyseeinheit das Aggregat im Mittelpunkt des Interesses steht.

Im Unterschied zur Einproduktwahl geht es bei der Entscheidung über den Kauf eines Bündels nicht nur um die Aufnahme und Entschlüsselung eines von anderen Komponenten isolierten Reizes, sondern auch um die gedankliche Verknüpfung der einzelnen Elemente und der damit verbundenen inhaltlichen Identifikation des Produktbündels. Zur Beschreibung dieses Phänomens leistet die Prospekt-Theorie wertvolle Dienste.

Autoren/Jahr	**Theorien bzw. Erklärungsansätze**
Biswas (1989)	Prospekt-Theorie und Mental Accounting
Yadav (1990)	Anchoring and Adjustment Prospekt-Theorie und Mental Accounting
Gaeth, Levin, Chakroborty und Levin (1990)	Information Integration-Theorie
Drumwright (1992)	Prospekt-Theorie und Mental Accounting vs. Ökonomische Theorie
Munger (1992)	Prospekt-Theorie
Mazumdar und Jun (1993)	Prospekt-Theorie und Mental Accounting
Kaicker und Bearden (1993)	Prospekt-Theorie und Mental Accounting
Yadav, Monroe (1993)	Prospekt-Theorie
Diller (1993)	Prospekt-Theorie
Steger (1994)	Interaktionen in der Produktbewertung
Yadav (1995)	Prospekt-Theorie und Mental Accounting
Heath, Chatterjee, France (1995)	Prospekt-Theorie und Mental Accounting
Kaicker, Bearden, Manning (1995)	Prospekt-Theorie und Mental Accounting
Kaiker et al. (1995)	Prospekt-Theorie
Simonin und Ruth (1995)	Information-Integration-Theorie
Suri und Monroe (1995)	Anchoring and Adjustment Prospekt-Theorie und Mental Accounting
Harlam et al. (1995)	Prospekt-Theorie und Mental Accounting
Herrmann et al. (1996)	Anchoring and Adjustment Integration Information-Theorie
Herrmann und Bauer (1996)	Prospekt-Theorie
Wübker (1997)	Prospekt-Theorie
Yadav (1994)	Prospekt-Theorie und Mental Accounting
Johnson; Hermann und Bauer (1999)	Information-Integration Theorie

Tabelle 4: Kaufverhaltensforschung im Rahmen der Bündelung

Die *Prospekt-Theorie*, die maßgeblich von Kahneman und Tversky (1979) entwickelt wurde, ersetzt die bis dahin zur Erklärung von Entscheidungen unter Risiko verwendete Erwartungswerttheorie. Auf einen Satz gebracht, besagt der letztgenannte Ansatz, dass Entscheidungsträger jene Alternative wählen, die den größten Nutzen, gewichtet durch die Wahrscheinlichkeit des Eintreffens dieses Nutzens bringen kann. Annahmegemäß ist der Nutzen einer bestimmten Alternative unabhängig von der jeweiligen Situation, vom Nutzen der anderen Alternativen und von der Wahrscheinlichkeit des Nutzens. Der zentrale Unterschied, wodurch sich die Prospekt-Theorie von der Erwartungsnutzentheorie differenziert, liegt in der Einführung einer Editierungsoperation bzw. der Berücksichtigung des framing von Ergebnissen.

In der Editierphase findet die vorbereitete Analyse der zur Auswahl stehenden Alternativen ("prospects") statt. Entgegen der traditionellen ökonomischen Vorstellung werden mögliche zukünftige Ereignisse, dies können auch Ergebnisse aufgrund von Entscheidungen sein, kaum in absoluten Begriffen und Maßen abgebildet. Für ökonomische Maße heißt dies, dass eine Person ein Ergebnis nicht als absolute Erhöhung bzw. Verringerung von Reichtum, sondern als Gewinn bzw. als Verlust erlebt. In der zweiten Phase werden die Alternativen durch die subjektive Bewertung der Abweichungen vom Referenzpunkt in Form von Gewinnen und Verlusten ausgewählt. Die Wertefunktion stellt die Bewertung der Gewinne und Verluste eines Individuums gegenüber einem Referenzpunkt dar (vgl. Abb. 2). Mit Hilfe der Wertfunktion läßt sich nun feststellen, welche Wertschätzung ein Individuum einzelnen Ereignissen entgegenbringt (vgl. Wübker 1997, S. 86 f.).

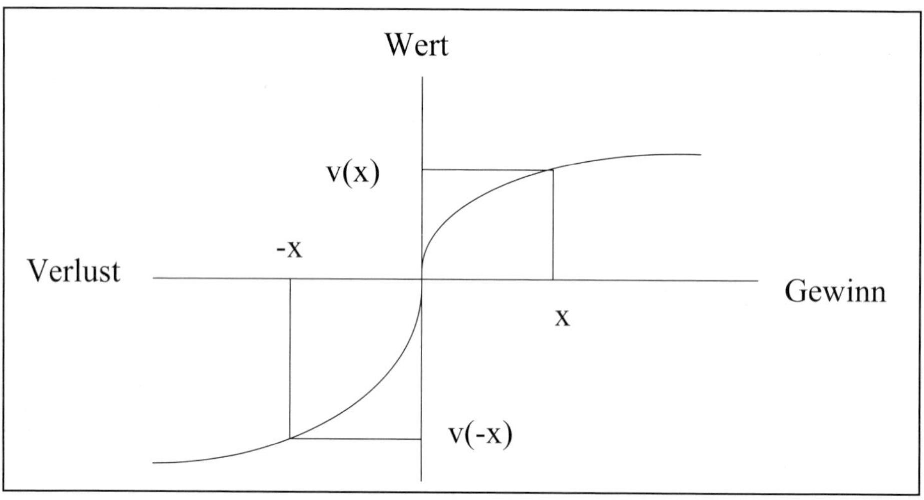

Abbildung 2: Wertfunktion der Prospekt-Theorie

Dem Verlauf der Wertfunktion liegen folgende Annahmen zugrunde:

1. **Referenzpunktbezogenheit**: Die Funktion ist über positive und negative Abweichungen von einem Referenzpunkt definiert (Gewinne und Verluste), wobei der Punkt, an dem weder Gewinne noch Verluste entstehen als Ankerpunkt dient. Dieser Referenzpunkt, der den Zustand unveränderten Wohlstands repräsentiert und somit einen Wert von Null hat, befindet sich im Ursprung der Wertfunktion. Die Bewertung der Alternativen erfolgt nicht bezogen auf den erreichten Endpunkt, sondern bezogen auf die Veränderungen gegenüber dem Referenzpunkt. Die Lage des Referenzpunktes ist somit für die Präferenzordnung verantwortlich. Für die Produktbün-

delung bedeutet dies, daß Individuen beispielsweise Bündel bestehend aus dem Kernprodukt und einer Zugabe als Anreiz den Bonus als normalen Bestandteil sehen und ihren Urteilsanker verschieben. Wir die Zusatzleistung nicht mehr im Bündel angeboten nehmen die Nachfrager dies als Verlust wahr.

2. **Abnehmende Sensitivität**: Die Wertfunktion besitzt in der Gewinnzone einen konkaven und in der Verlustzone einen konvexen Verlauf. Dies bedeutet, daß der Unterschied zwischen 10 DM und 20 DM als größer wahrgenommen wird als der Unterschied zwischen 1010 DM und 1020 DM.
3. **Verlustaversion**: Die Wertfunktion weist für negative Abweichungen vom Referenzpunkt einen steileren Verlauf auf, als für positive Abweichungen. Dies ergibt sich aus der Tatsache, dass Individuen einen Verlust stärker bewerten als einen gleich großen Gewinn, d.h. risiko- und verlustavers sind.

Als Ansatz zur Erklärung des Nachfragerverhaltens hat die Prospekt-Theorie in den letzten Jahren an Bedeutung gewonnen. Überwiegend steht jedoch der Preis als relevante Größe im Mittelpunkt der Betrachtungen (vgl. Herrmann 1998, S. 114 ff.; Priemer 1999, S. 227 ff.; Wübker 1997, S. 86 ff.). Thaler (1985) zeigt in den 80er Jahren die Eignung dieser Theorie zur Begründung der Reaktion von Individuen auf Preisänderungen für Güter des täglichen Bedarfs sowie zur Darstellung des Entscheidungsverhaltens bei der Wahl risikobehafteter Produkte. Im Rahmen der Produktbündelung hilft die Prospekt-Theorie bei der Beantwortung der Frage, "how are buyers´ perceptions of value formed when they evaluate a bundle offer?" (Yadav/Monroe 1993, S. 351).

Eine Erweiterung der Prospect-Theorie stellt das "**mental accounting**" von Thaler (1985) dar, das auch bei Einzelgütern mit mehreren Urteilsdimensionen sowie Güterbündel bestehend aus mehreren Komponenten anwendbar ist. Nach der Auffassung von Thaler kodieren Individuen Alternativen so, dass sie möglichst attraktiv bzw. wenig unangenehm erscheinen ("hedonic editing hypothesis"). Allerdings hat auch die Präsentationsform einer Alternative einen Einfluß auf die Kodierung durch die Individuen. Im Prinzip geht es um die Entscheidung, den Wert einer zweidimensionalen Alternative (x, y) zu integrieren ($v(x + y)$) oder zu segregieren ($v(x) + v(y)$) (Drumwright 1992, S. 131 f.). Folgende Fälle, die für die Produktbündelung von Bedeutung sind, lassen sich unterscheiden:

1. "*multiple gain*": Durch den konkaven Verlauf der Wertfunktion folgt für zwei Gewinne:

   $$[v(x) + v(y)] > [v(x + y)], \text{ für } x, y > 0,$$

   wobei x bzw. y = Gewinn und v(x) bzw. v(y) = Wert des Gewinns von x bzw. y.

   Dies bedeutet, dass ein Individuum nach der "hedonic editing hypothesis" die segregierte Kodierung präferiert. Die beiden Einzelgewinne x und y besitzen einen größeren Wert als deren Verknüpfung zu einem Gesamtgewinn. Mehrere gute Produkteigenschaften sowie die Einzelkomponenten eines Güterbündels sollten dementsprechend getrennt voneinander gezeigt werden, damit der Nutzen jeder Komponenten sichtbar wird.

2. "*multiple loses*": Aufgrund des konvexen Verlauf der Wertfunktion in der Verlustzone erscheint einem Individuum die Integration mehrere Verluste weniger vorteilhafter als der Gesamtverlust.

   $[v(-x) + v(-y)] < [v(x - y)]$, für $x, y > 0$,

   wobei -x bzw. -y = Verlust und v(-x) bzw. v(-y) = Wert des Verlusts -x bzw. –y.

   Zwei einzelne Verluste wiegen folglich schwerer als deren Kombination zu einem Gesamtverlust. Für den Produktmanager impliziert dies die Empfehlung, ein Bündel zu schnüren, wenn die von ihm angebotenen Güter hochpreisige Leistungen beinhalten.

   Bei einem gleichzeitigen Verlust und Gewinn ergeben sich zwei Fälle.
3. "*mixed gain*": Übersteigt die positive Abweichung die negative, nimmt das Individuum deren Kombination, d.h. die Integration als besser wahrgenommen. Ein stark verbilligtes Gut und ein teures Gut sollten deshalb in einem Bündel angeboten werden..
4. "*mixed loss*": Überwiegt dagegen der Verlust, stellt sich die Kombination von Gewinn und Verlust als nachteilig heraus. In den meisten Fällen erscheint die Segregation vorteilhafter. Basierend auf dieser Erkenntnis, lässt es sich leicht nachvollziehen, dass es vorteilhafter ist, einem Pkw-Käufer ein kostenloses Radio zu überlassen, anstatt einen Nachlass in der Höhe des Preises der Radios auf den Listenpreis des Fahrzeugs zu gewähren.

Auf der Basis der Erkenntnisse des "mental accounting" läßt sich die Handlungsempfehlung für die Produktbündelung ableiten, dass Bündelkomponenten getrennt präsentiert werden sollten, da der Nachfrager so den Nutzen der einzelnen Bündelkomponenten wahrnimmt ("multiple gains") (vgl. Primer 1999, S. 242). Für die Preisbündelung ergeben sich folgende weitere Handlungsempfehlungen:

- Die Kaufbereitschaft gegenüber dem Einzelangebot eines Gutes erhöht sich, wenn das Gut im Bündel zu einem Gesamtpreis mit einem zweiten Gut angeboten wird, das der Nachfrager ohnehin kaufen wollte,
- Da Nachfrager einen integrierten Verlust als weniger stark empfinden, ist es sinnvoll, einen gemeinsamen Bündelpreis auszuweisen ("multiple losses"). Allerdings besteht die Gefahr, dass der Gesamtpreis eine Preisunterschwelle bzw. die Preisbereitschaft der Kunden übersteigt.
- Preisreduktionen sollten auf die im Bündel enthaltenen Komponenten verteilt werden ("multple gains").
- Der Nachfrager nimmt ein Bündel als umso attraktiver wahr, je weiter die ausgewiesenen Einzelpreise der Bündelelemente bei gleichem Gesamtpreis auseinanderliegen.
- Ein preisreduziertes Angebot nimmt der Nachfrager als attraktiv wahr, wenn der Anbieter den ursprünglichen Preis und den Reduktionspreis getrennt ausweist (vgl.

Herrmann 1998, S. 116 f.; Priemer 1999, S. 236 ff.; Wübker 1997, S. 88 ff.; Drumwright 1992, S. 317 f.).

Ein anderer Ansatz zur Erklärung der gedanklichen Vorgänge bei der Beurteilung von Produktbündeln kommt bei Gaeth et al. (1991) zur Anwendung. Nach der Auffassung des Forschergespanns eignet sich zur Erklärung des interessierenden Phänomens die sogenannte *"information integration"-Theorie*. Dieser Ansatz basiert auf vier Komponenten. Den Stimuli, der Urteilsdimension, der Verknüpfungsfunktion und dem Ergebnis der Informationintegration.

Die Stimuli P_1 bis P_k repräsentieren beispielsweise die Ausprägungen der Produkteigenschaften eines Pkws. Ein Individuum transformiert diese wahrgenommenen Ausprägungen in subjektive Teilurteile auf der Grundlage der Urteilsdimensionen S_1 bis S_k ("valuation"). Mittels einer Integrationsfunktion lassen sich diese Teilurteile zu einem Gesamturteil verknüpfen ("integration") und münden anschließend in eine Reaktion, d.h. in den Kauf bzw. Nicht-Kauf. Die "information integration-Theorie" beschäftigt sich also mit der Frage, wie aus Einzeleindrücken ein Gesamturteil entsteht und nach welchen Mustern der Integrationsprozess stattfindet. Bei der Produktbündelung kommt noch eine weitere Stufe, nämlich die Integration über die für das Individuum relevanten Bündelkomponenten hinzu. Diese Integration kann auf zwei Arten erfolgen:

- *"adding"*: Nachfrager verknüpfen die Teilurteile auf linear-additive Weise zu einem Gesamturteil, d.h. jede Information über eine positive Eigenschaft führt zu einer besseren Bewertung des Urteilobjektes.
- *"averaging"*: Vielfach besitzen alle Produktattribute die gleiche Wichtigkeit für die Nachfrager. Eine Aufwertung erfolgt in diesem Fall nur, wenn das weitere Merkmal dem bisherigen Urteil zumindest gleichwertig ist (vgl. Priemer 1999, S. 243 ff.; Herrmann 1998, S. 127).

In der Literatur herrscht trotz zahlreicher empirischer Studien keine Einigkeit darüber, welche Integrationsregel die Realität besser abbildet. Die Mehrzahl der empirischen Studien stützt jedoch das "averaging". Dies bedeutet für die Produktbündelung, dass ein geringwertiges Zusatzprodukt die Attraktivität des gesamten Bündels reduziert. Eine neue Bündelkomponenten muss dementsprechend als mindestens gleichwertig bewertet werden (vgl. Priemer 1999, S. 252). Darüber hinaus lassen sich nach Priemer folgende Hypothesen ableiten:

- "Die Bewertung eines Bündels aus zwei Gütern liegt auf allen Imagedimensionen zwischen den Beurteilungen der Einzelgütern." (1999, S. 272).
- "Durch Hinzubündeln unterschiedlicher Nebengüter zu demselben Hauptgut können Bündel mit jeweils unterschiedlichen Images entstehen." (1999, S. 273).
- "Bei Personen, die ein Gut bereits kennen, ist der Image-Veränderungseffekt durch Hinzubündeln eines Nebengutes schwächer als bei Personen, die das Gut noch nicht kennen." (1999, S. 274).

- Für die Preisbestimmung für das Bündel ergeben sich daraus folgend zwei Hypothesen:
- "In die Bündelbewertung geht das im Rahmen des Bündelpreises bedeutsamere Hauptgut mit stärkerem Gewicht ein als das Nebengut." (1999, S. 273).
- "Das Gewicht, mit dem das Nebengut in das Bündelurteil eingeht, kann größer sein als die Bedeutung des Nebengutes im Rahmen des Bündelpreises." (1999, S. 273).

Zur Erklärung der gedanklichen Vorgänge bei der Beurteilung von Produktbündeln eignet sich ferner die *Adaptationsniveau-Theorie* ("adaptation level theory") von Helson (1969). Nach der Auffassung des Forschers ist jede Reaktion eines Individuums durch einen Anpassungsprozeß charakterisiert. Erhält ein Individuum neue Informationen ("Folkalstimuli"), vergleicht er diese mit den bereits verarbeiteten und gespeicherten Informationen. Das aufgrund früherer Erfahrungen gebildete Urteil über das Urteilsobjekt dient als Adaptionsniveau, das gegebenenfalls durch die neuen Informationen angepasst wird. In der Literatur finden sich hierfür auch die Begriffe "*anchoring and adjustment*" (vgl. Herrmann/Bauer/Huber 1996, S. 167; Johnson et al. 1999; Yadav 1994, S. 343 ff.). Nach dem Kaufverhaltensmodell von Lopez (1982), das zur Beschreibung der Entscheidung über den Kauf eines Bündels dient, lassen sich drei Phasen der Wahrnehmung unterscheiden:

1. "*scanning*": gedankliches Erfassen der einzelnen Bündelelemente ohne Beurteilung der einzelnen Items,
2. "*anchoring*": Festlegung des Items, das für ihn die größte Bedeutung zur Kaufentscheidung besitzt als Ankeritems und
3. "*adjustment*": funktional-inhaltliche Anpassung der anderen Elemente des Bündels an diesen Ankerpunkt.

Mittels einer Umbewertung und Verdrängung einzelner Produktattribute versucht der Nachfrager einen möglichst großen Zusammenhang zwischen den einzelnen Bündelkomponenten herzustellen. Je schneller dies geschieht, umso stärker etabliert sich das Produktbündel im Bewußtsein des Nachfragers (vgl. Yadav 1994, S. 324 ff.; Yadav/Monroe 1993, S. 350 ff.; Herrmann 1998, S. 556; Priemer 1999, S. 246 ff.; Herrmann/Bauer/Huber 1996, S. 167). Daraus lassen sich folgende Hypothesen zur Produktbündelung ableiten:

- Mit zunehmender funktionaler Zusammengehörigkeit der Bündelelemente, steigt die Kaufbereitschaft der Nachfrager für ein Produktbündel.
- Mit steigender Anzahl der Bündelelemente sinkt die Bereitschaft der Nachfrager zum Bündelkauf, da ihre Informationsverarbeitungs- und -aufnahmekapazität beschränkt ist (vgl. Simon 1987, S. 25 ff.; Herrmann 1992, S. 197 ff.; Herrmann/Bauer/Huber 1996, S. 168 ff; Herrmann 1998, S. 556 ff.).

Die funktionale Zusammengehörigkeit der Bündelelemente spielt bei der Gestaltung eines Servicebündels eine größere Bedeutung als bei der Gestaltung eines Sachgüterpakets, bei dem der Preisnachlass auf das Bündel im Vergleich zur Summe der Itempreise im Vordergrund steht. Jedoch ist auch bei der Gestaltung eines Sachgüterbündels der Aspekt der funktionalen Zusammengehörigkeit nicht zu vernachlässigen (vgl. Herrmann/Bauer/Huber 1996, S. 181).

6. Abschließende Bemerkungen unter besonderer Berücksichtigung ausgewählter Verfahren zur Gestaltung von Produktbündeln

Im Anschluss an die Ausführungen über die beim Nachfrager stattfindenden Informationsverarbeitungsprozesse bietet sich schließlich noch an, einige Methoden zu erläutern, die eine erfolgversprechende Zusammenstellung eines Leistungsbündels ermöglichen.

Um die Leistungen für ein nachfrageoptimales Bündel zu identifizieren, bietet sich der Einsatz qualitativer und quantitativer Verfahren der Marktforschung an. Wertvolle Dienste leistet in diesem Zusammenhang bspw. das laddering-Interview (Gutman/Reynolds 1988, Olson/Reynolds 1983; Herrmann 1998). Das Anliegen dieser nichtstandardisierten Befragung besteht darin, die verhaltensprägenden Kräfte der Individuen bei der Wahl zugunsten einer Leistung zu erforschen. Methodisch gesehen dienen mehrere aufeinanderfolgende "Warum"-Fragen dazu, dass eine Auskunftsperson bestimmte Facetten ihrer Vorstellungswelt preisgibt, angefangen von den Eigenschaften die sie an der angebotenen Leistung wertschätzt bis zu den Werthaltungen. Den Ausgangspunkt bildet die Frage, weshalb eine bestimmte konkrete Eigenschaft wie z.B. die Schnelligkeit eines Personal Computers bei der Entscheidung für diesen Anbieter eine Rolle spielt. Diese unterste Stufe des laddering-Interviews repräsentiert die Kernleistung – mit ihren sichtbaren, nachweislich vorhandenen Merkmalen. In diesem Bereich kennen sich zwar die Anbieter der Leistungen aus, der Nachfrager hat hingegen meist nur ein begrenztes Wissen von den offerierten Angeboten, weil er sich nicht die Zeit nimmt, um alle Details der Leistung in Erfahrung zu bringen. Weitaus mehr interessiert sich der Käufer dafür, was ein Produkt leistet und nicht, wie es funktioniert. Für die Zusammenstellung eines Leistungsbündels erscheint es daher zentral, dass bei der Konzeption nicht die Maxime vom Verkauf von „Produkten oder Leistungen", sondern vom Verkauf von „Lösungen oder Nutzenversprechen" im Mittelpunkt steht. Übertragen auf unser Personal Computer-Beispiel bedeutet dies, dass der Anbieter sich als Unternehmung zur Unterstützung von Mobilität, Zeitersparnis, Convenience und zusätzlicher Freiheit positioniert und entsprechende Leistungen in einem Bündel kombiniert, die der Realisierung dieser Größen dienen. Um bspw. dem Conveniencegedanken Folge zu leisten, bietet sich bspw. die Kombination des Personal Computers mit einem Reparaturhol- und -bringservice an.

Die für den Nachfrager relevanten Nutzendimensionen ergeben sich ebenfalls aus dem laddering Interview. Differenzieren von der Konkurrenz können sich die Manager, indem sie überlegen, wie sie in ihren Angeboten Emotionen und Werthaltungen der Nachfrager zum Ausdruck bringen können. Was empfinden Kunden, wenn sie die praktischen Vorzüge eines Leistungspaktes kennen lernen? Und welche Werthaltungen werden durch die Leistung zufriedengestellt? Ist es Selbstverwirklichung oder soziales Ansehen, soziales Glück, Lebensfreude oder Achtung und Schutz nachfolgender Generationen?

Wie zahlreiche Studien belegen eignet sich für eine nutzenorientierte Gestaltung von Produktbündeln auch das Conjoint Measurement (vgl. hierzu z.B. Gustafsson/Herrmann/Huber 2000; Nieschlag/Dichtl/Hörschgen 1994). Dieser Ansatz umfasst eine Reihe von psychometrischen Verfahren, die dazu dienen, aus empirisch erhobenen globalen Urteilen über multiattributive Alternativen (z.B. verschiedene Leistungen eines Hotels) die partiellen Beiträge einzelner Attribute (z.B. Zimmerausstattung, Art und Weise des Check-In) zum Zustandekommen des Globalurteils (z.B. Präferenz für ein bestimmtes Leistungspaket) zu ermitteln (vgl. Bauer/Herrmann/Mengen 1996). Die zu bewertenden Alternativen resultieren aus einer systematischen Kombination von mehreren als bedeutsam erkannter Attribute im Rahmen eines experimentellen Designs. Es werden also nicht attributspezifische Einzelurteile zu einem Gesamturteil zusammengefaßt (kompositioneller Ansatz), sondern umgekehrt aus den Gesamturteilen der jeweilige Beitrag der einzelnen Attribute bzw. deren Ausprägungen herauspartialisiert (dekompositioneller Ansatz) (vgl. Bauer/Huber/Keller 1998, S. 16).

Mit Hilfe der Conjoint Analyse läßt sich ermitteln, welche Leistungen zur Kaufentscheidung bezüglich eines Bündels beitragen und welche Erfolgsaussichten verschiedene Produktbündel besitzen (vgl. Bauer/Huber/Adam 1999 ,S. 33 f.). Obschon die beiden Methoden jeweils auch separat zum Einsatz kommen können, postulieren Bauer/Huber/Keller den kombinierten Einsatz. Mit Hilfe eines *laddering Interviews* erhält der Forscher u.a. Auskunft auf die Frage, welche Produkteigenschaften ein Kundensegment als kaufentscheidungsrelevant erachtet. Die Frage, welche konkreten Ausprägungen diese Merkmale annehmen sollen, lässt sich hingegen mit den Ergebnissen der Conjoint-Analyse beantworten (vgl. Bauer/Huber/Keller 1998, S. 14).

Im Anschluss an die Identifikation der relevanten Nutzen- und Wertdimensionen, die aus Sicht des Kunden den genetischen Code eines Leistungspaketes repräsentieren, gilt es diesen mit den von der Unternehmung wirklich angebotenen Nutzen- und Wertdimensionen zu überprüfen. Nach der Festlegung, welche Dimensionen von der Nachfrageseite gewünscht und welche tatsächlich zufriedengestellt werden, gilt es die Segmente zu ermitteln, für die ein Werteversprechen abgegeben und gehalten werden kann. Im Anschluss daran sollten sich die Entscheider vor Augen führen, worin ihr Werteversprechen besteht und welche Funktionsbereiche des Unternehmens zur Einlösung des gegebenen Versprechens wertvolle Dienste leisten. Wichtig ist ferner die Kontrolle, inwieweit die Einlösung des Wertversprechens erfolgt. Die mit der Konzeption von Leistungsbündeln betrauten Personen sollten daher eine jährliche Messung und Analyse der Kundenzufriedenheit anstreben und genauestens beobachten, ob Zufriedenheit auch zu Loyalität führt.

Zu konstatieren bleibt, dass die Auseinandersetzung mit dem Produkt, dem Gegenstand der Vermarktung eines Unternehmens, und dem Angebotsprogramm, der Gesamtheit aller produktbezogenen absatzwirtschaftlichen Aktivitäten, den Kern der unternehmerischen Aktivitäten (vgl. Lehmann/Winer 1997, S. 5 ff.) bildet. In Gütern konkretisieren sich die Wünsche und Vorstellungen der Nachfrager vor dem Hintergrund eines bestimmten Verwendungszwecks (vgl. Urban/Hauser 1993, S. 11 ff.). Ein Anbieter hat daher darauf zu achten, dass die Nutzenstiftung seines Produkts möglichst exakt den Nutzenerwartungen der Nachfrager entspricht. Die konsequente Orientierung der Unternehmensleistung an den Nutzenvorstellungen der Nachfrager führt daher häufig zu einer Bündelung verschiedener Leistungen. Wie die Ausführungen zeigen, bieten die zahlreichen Erscheinungsformen der Produktbündelung etliche Möglichkeiten, um den von Nachfragerseite gehegten Wunsch nach einer ganzheitlichen Problemlösung zu entsprechen.

Ob beziehungsweise inwieweit ein Angebot den Erwartungen des Konsumenten entspricht, geht aus dem Wahrnehmungs- und Bewertungsverhalten hervor. Somit determiniert nicht das reale Produkt, sondern die Wahrnehmung und Beurteilung das Kauf- und Konsumverhalten der Individuen. Insofern bildet die Analyse des Informationsaufnahme- und -verarbeitungsprozesses eine zentrale Aufgabe im Rahmen des Produktmanagement. Im Unterschied jedoch zur Einproduktwahl geht es bei der Entscheidung über den Kauf eines Bündels nicht nur um die Aufnahme und Entschlüsselung eines von anderen Komponenten isolierten Reizes, sondern auch um die gedankliche Verknüpfung der einzelnen Elemente und der damit verbundenen inhaltlichen Identifikation des Produktbündels. Die zur Beschreibung dieses Phänomens erläuterten Ansätze leisten hierzu wertvolle Dienste. Auf der Basis der gewonnenen Erkenntnisse gelang es ferner Gestaltungsvorschläge zu formulieren, die dem Management als Richtlinien für die Konzeption von Leistungsbündel dienen können.

7. Literatur

ADAMS, W. J./YELLEN, J. L., Commodity Bundling and the Burden of Monopoly, in: Quaterly Journal of Economics, 1976, S. 270-275.

AGARWAL, M. K./CHATTERJEE, S., Complexity, Uniqueness, and Similarity in between-bundle Choice, in: Journal of Product and Brand Management, Vol. 12, Iss. 6/7, 2003, S. 358-376.

ALBA, J. W./HUTCHINSON, J. W., Dimensions of Consumer Expertise, in: Journal of Consumer Research, 1987, S. 311-454.

ANSARI, A./SIDDARTH, S./WEINBERG, C. B., Pricing a Bundle of Products or Services: The Case of Nonprofits, in: Journal of Marketing Research, Vol. XXXIII, 1996, S. 86-93.

BAUER, H. H., Marktabgrenzung: Konzeption und Problematik von Ansätzen und Methoden zur Abgrenzung und Strukturierung von Märkten unter besonderer Berücksichtigung von marketingtheoretischen Verfahren, Berlin 1989.

BAUER, H. H./HERRMANN, A./JUNG, S., Wettbewerbsvorteile durch Preisbündelung, in: Markt&Marktforschung, 1996, S. 85-88.

BAUER, H. H./HERRMANN, A./MENGEN, A., Eine Methode zur Gewinnmaximalen Produktgestaltung auf der Basis des Conjoint Measurements, in: Zeitschrift für Betriebswirtschaft, 1996, S. 81-94.

BAUER, H. H./HUBER, F./ADAM, R., Utility oriented design of service bundles in the hotel industry based on the conjoint measurement method, in: Fuerderer, R./Herrmann, A./Wuebker, G., (Hrsg.), Optimal Bundling – Marketing strategies for improving economic performance, Berlin et al. 1999, S. 269-297.

BAUER, H. H./HUBER, F./BRÄUTIGAM, F., Determinanten der Kundenloyalität im Automobilsektor: Eine empirische Studie im Neu- und Gebrauchtwagenmarkt, Arbeitspapier des Instituts für Marketing, Universität Mannheim, 1997.

BAUER, H. H./HUBER, F./KELLER, T., Wertorientierte Gestaltung von ′lines′ als produktpolitische Option im Automobilmarketing, in: Jahrbuch der Absatz- und Verbraucherforschung, 1998, S. 4-24.

BELL, M. L., Some Strategic Implications of a Matrix Approach to the Classification of Marketing Goods and Services, in: Journal of the Academy of Marketing Science, 1986, S. 13-20.

BELLIZZI, J./MARTIN, W. S., The Influence of National versus Generic Branding on Taste Perceptions, in: Journal of Business Research, 1982, S. 385-396.

BISWAS, A., Bundling in Marketing, University Microfilm International, Ann Arbor 1989.

BRADEN, D. J., Bundling with Competitively Priced Goods, Marketing Science Working Paper Series 93-01, University of Rochester 1993.

BURSTEIN, M. L., A Theory of Full-Line Forcing, in: The Northwestern University Law Review, 1960, S. 62-95.

BURSTEIN, M. L., The Economics of Tie-In Sale, in: Reviews of economics and statistics, 1960, S. 68-73.

CARBAJO, J./DE MEZA, D./SEIDMAN, D.J, A Strategic Motivation for Commodity Bundling, in: Journal of Industrial Economics, Vol. 38, 1990, S. 283-298.

CHAE, S., Bundling Subscription TV Channels: A Case of Natural Bundling, in: International Journal of Industrial Organization, Vol. 10, 1992, S. 213-230.

CHEN, Y., Equilibrium Product Bundling, in: Journal of Business, Vol. 70, 1997, S. 85-103.

CHUNG, J./RAO, V. R., A general choice model for bundles with multiple-category products: Application to market segmentation and optimal pricing for bundles, in: Journal of Marketing Research, 2003, S. 115-130.

COASE, R. H., The Problem of Social Cost, in: The Journal of Law&Economics, 1960, S. 1-44.

DANSBY, R. E./CONRAD, C., Commodity Bundling, in: American Economic Review, 1984, S. 377-381.

DEMSETZ, H., The Cost of Transaction, in: Quarterly Journal of Economics, 1968, S. 33-53.

DICHTL, E./RAFFÉE, H./BEESKOW, W./KÖGLMAYER, H.-G., Das faktische Bestellverhalten als Grundlage einer optimalen Ausstattungspolitik bei Pkw-Modellen, in: Dichtl, E./Rafée, H./Potucek, V., (Hrsg,), Marktforschung im Automobilsektor, Nr. 41 der Schriftenreihe des Verbandes der Automobilindustrie, Frankfurt/Main 1983, S. 88-107.

DILLER, H., Preisbaukästen als preispolitische Option, in: Wirtschaftswissenschaftliches Studium, 1993, S. 270-275.

DRUMWRIGHT, M. E., A Demonstration of Anomalies in Evaluation of Bundling, in: Marketing Letters, 1992, S. 311-321.

EPPEN, G. D./HANSON, W. A./MARTIN, R. K., Bundling - New Product, New Markets, Low Risk, in: Sloan Management Review, 1991, S. 7-14.

FRIEGE, C., Economies of Scope als Entscheidungsgrundlage für Angebotbund Zusammenstellung von Leistungsverbunden, Deutsche Betriebswirtschaft, 1995, S. 743-760.

FRIEGE, C., Preispolitik für Leistungsverbunde im Business-to-Business-Marketing, Wiesbaden 1995.

GAETH, G. J./LEVIN, I. P./CHAKRABARTY, G./LEVIN, A. M., Consumer Evaluation of Multi-Product Bundles: An Information Integration Analysis, in: Marketing Letters, 1990, S. 47-57.

GENG, X./STINCHCOMBE, M. B./WHINSTON, A.B., Bundling Information Goods of Decreasing Value, in: Management Science, 2005, S. 662-667.

GOLDBERG, S. M./GREEN, P. E./WIND, Y., Conjoint Analysis of Price Premiums for Hotel Amentities, in: Journal of Business, 1984, S. 111-132.

GRAUMANN, C.-F./WILLIG, R., Wert, Wertung, Werthaltung, in: Thomae, H., (Hrsg.), Enzyklopädie der Psychologie, Themenbereich C, Serie IV, Band 1, Theorien und Formen der Motivation, Göttingen 1983, S. 313-396.

GREEN, P. E./SRINIVASAN, V., Conjoint Analysis in Consumer Research: Issues and Outlook, in: Journal of Consumer Research, 1978, S. 103-123.

GREEN, P. E./SRINIVASAN, V., Conjoint Analysis in Marketing: New Developments With Implications for Research and Practice, in: Journal of Marketing, 1990, S. 3-19.

GRUNERT, K. G., Kognitive Strukturen in der Konsumforschung - Entwicklung und Erprobung eines Verfahrens zur offenen Erhebung assoziativer Netzwerke, Heidelberg 1990.

GUILTINAN, J. P., The Price Bundling of Services: A Normative Framework, in: Journal of Marketing, 1987, S. 74-85.

GUSTAFSSON, A./HERRMANN, A./HUBER, F. Issues and developments in Conjoint analysis, in: Gustafsson, A./Herrmann, A./Huber, F., (Hrsg.), Conjoint Measurement - Methods and applications, Wiesbaden 2000, S. 1-39.

GUTSCHE, J., Produktpräferenzanalyse, Berlin 1995.

HARLAM, B. A./KRISHNA, A./LEHMANN, D. R./MELA, C., Impact of Bundle Type, Price Framing and Familiarity on Purchase Intention for the Bundle, in: Journal of Business Research, 1995, S. 57-66.

HEATH, T. B./CHATTERJEE, S./FRANCE, K. R., Mental Accounting and Change in Price: The Frame Dependence of Reference Dependence, in: Journal of Consumer Research, 1995, S. 90-97.

HELSON, H., Adaptation-Level Theory, New York 1964.

HERRMANN, A., Produktwahlverhalten: Erläuterung und Weiterentwicklung von Modellen zur Analyse des Produktwahlverhaltens aus marketingtheoretischer Sicht, Stuttgart 1992.

HERRMANN, A., Produktmanagement, München 1998.

HERRMANN, A./BAUER, H. H., Ein Ansatz zur Preisbündelung auf der Basis der „prospect"-Theorie, in: Zeitschrift für betriebswirtschaftliche Forschung, 1996, S. 675-694.

HERRMANN, A./BAUER, H. H./HUBER, F., Die Gestaltung von Produkt- und Servicebündeln bei Pkw, in: Jahrbuch der Absatz- und Verbrauchsforschung, 1996, S. 164-183.

HÜNERBERG, R./HEISE, G./HOFFMEISTER, M., Internationales Marketing für die Automobilwirtschaft - Eine Einführung, in: Hünerberg, R./Heise, G./Hofmeister, M., (Hrsg.), Internationales Automobilmarketing, Wiesbaden 1995, S. 5-25.

JANISZEWSKI, C./CUNHA, M., The Influence of Price Discount Framing on the Evaluation of a Product Bundle, in: Journal of Consumer Research, 2004, Vol. 30, S. 534-546.

JEDIDI, K./JAGPAL, S./MANCHANDA,P., Measuring Heterogeneous Reservation Prices for Product Bundles, in: Marketing Science, Vol. 22, Iss. 1, S. 107-130.

JOHNSON, M. D., Consumer Choice Strategies for Comparing Noncomparable Alternatives, in: Journal of Consumer Research, 1984, S. 741 -753.

JOHNSON, M. D./HERMANN, A./BAUER, H. H., The effects of price bundling on consumer evaluations of product offerings, in: International Journal of Research in Marketing, Vol. 16, 1999, S. 129-142.

KAHNEMAN, D./TVERSKY, A., Prospect Theory: An Analysis of Decision under Risk, in: Econometrica, 1979, S. 236-291.

KAICKER, A., Product Bundling and Consumer Perceptions of Value: Test across Alternative Purchase Scenarios, University of Michigan Microfilms International, Ann Arbor 1993.

KAICKER, A./BEARDEN, W. O., Product Bundling and Consumer Perceptions of Value: Test across gain and loss situations, Paper presented at the Winter Educators` Conference, American Marketing Association Proceedings, 1993.

KAICKER, A./BEARDEN, W. O./MANNING, K. C., Component versus Bundle Pricing: The Role of Selling Price Deviations from Price Expectations, in: Journal of Business Research, 1995, S. 231-239.

KOSCHAT, M. A./PUTSIS JR, W. P., Audience Characteristics and Bundling: A Hedonic Analysis of Magazine Advertising Rates, in: Journal of Marketing, 2002, S. 262-273.

KROEBER-RIEL, W., Konsumentenverhalten, 5. Aufl., München 1992.

LAN, L. W./KANAFANI, A., Economics of Park-and-Shop Discounts: A Case of Bundled Pricing Strategy, in: Journal of Transport Economics and Policy, Vol. 27, 1993, S. 291-303.

LAWLESS, M. W., Commodity bundling for competitive advantage: strategic implications, in: Journal of Management Studies, 1991, S. 267-280.

LEHMANN, D. R./WINER, R., Product Management, Chicago 1997.

LOPEZ, L. L., Toward a Procedural Theory of Judgement, Arbeitspapier Nr. 17, University of Wisconsin, Madison 1982.

MALLARDI, V., Demand makers: ideas keep their phones ringing, in: American Printer, 1989, S. 38-39.

MARTIN, S., Strategic and welfare implications of bundling, in: Economics Letters, 1999, S. 371-376.

MATUTES, C./REGIBEAU, P., Compatibility and Bundling of Complementary Goods in a duopoly, in: The Journal of Industrial Economics, Vol. 25, March, 1992, S. 37-54.

MAZUMDAR, T./JUN, S. Y., Consumer Evaluations of Multiple vs. Single Price Change, in: Journal of Consumer Research, 1993, S. 441-450.

MCAFFEE, R. P./MCMILAN, J./WHINSTON, M. D., Multiproduct Monopoly, Commodity Bundling, and Correlation of Values, in: Quarterly Journal of Economics, Vol. 53, 1989, S. 371-383.

MONROE, K. B., Pricing: Making Profitable Decisions, 2. Aufl., New York 1990.

MONROE, K. B./CHAPMAN, J. D., „Framing Effects on Buyers Subjective Product Evaluations", in: Wallendorf, M./Anderson, P. (Hrsg.), Advances in Consumer Research, Vol. 14, Provo, UT: Association for Consumer Research, 1987, S. 193-197.

MUNGER, J. L., An Experimental Application of Prospect Theory to the Pricing of Bundled Products, Dissertation: The Ohio State University, University Microfilms International, Ann Arbor 1992.

NAGLE, T. T., Economic Foundations for Pricing, in: Journal of Business, 1984, S. 3-26.

NAGLE, T. T., The Strategy and Tactics of Pricing - A Guide to Profitable Decision Making, 2. Aufl., Englewood Cliffs 1987.

NAYLOR, G./FRANK, K.E., The effect of price bundling on consumer perceptions of value, in: Journal of Services Marketing, 2001, S. 270-281.

NIESCHLAG, R./DICHTL, E./HÖRSCHGEN H., Marketing, 17. Aufl., Berlin 1994.

OLDEROG, T./SKIERA, B., The Benefits of Bundling Strategies, in: Schmalenbach Business Review, Vol. 1, 2000, S. 137-160.

OLSON, J./REYNOLDS, T., Understanding Consumer Cognitive Structures: Implications for Advertising Strategy, in: Percy, L./Woodside, A., (Hrsg.), Advertising and Consumer Psychology, Lexington 1983, S. 77-90.

OWEN, R. S./COOPER, M. C., The Role of Bundled Maintenance Warranties, in: King, R./Gables C., (Hrsg.), Development in Marketing Science, New York 1991.

PAUN, D., When to bundle or unbundled products, in: Industrial Marketing Management, 1993, S. 29-34.

PAROUSH, J./PELES, Y. C., A Combined Monopoly and Optimal Packaging, in: European Economic Review, 1981, S. 373-383.

PEPELS, W., Einführung in das Dienstleistungsmarketing, München 1995.

PHILLIPS, O. R., Product Bundling and Optimal Selling Strategies for a Two-Product Firm, University Microfilms International, Ann Arbor 1980.

PRIEMER, V. M., Bundling im Marketing - Potentiale, Strategien und psychologische Ansätze zur Erklärung der Bündelwahrnehmung, empirisch untersucht bei spanischen Automobilkäufern, Dissertation Sozial- und Wirtschaftswissenschaftliche Fakultät der Universität Wien, Wien 1997.

RAFFÉE, H./WIEDMANN, K-P., Der Wertewandel als Herausforderung für Marketingforschung und Marketingpraxis, in: Marketing ZFP, 1988, S. 198-210.

REYNOLDS; T. J./GUTMAN, J., Laddering Theory, Methods, Analysis, and Interpretation, in: Journal of Advertising Research, 1988, S. 11-31.

ROCKEACH, M., The Nature of Human Values, New York 1973.

SARIN, S./SEGO, T./CHANVARASUTH, N., Strategic use of bundling for reducing consumer's perceived risk associated with the purchase of new high-tech products, in: Journal of Marketing Theory and Practice, 2003, S. 71-83.

SCHMALENSEE, R., Commodity Bundling by Single-Product Monopolies, in: Journal of Law and Economics, 1982, S. 67-72.

SCHMALENSEE, R., Gaussian Demand and Commodity Bundling, in: Journal of Business, 1984, S. 211-230.

SIMON, H., Preismanagement, 2. Aufl., Wiesbaden 1992.

SIMON, H., Rationality in Psychology and Economics, in: Hogarth, R. M./Reder, M. W., (Hrsg.), Rational Choice: The contrast between economics and psychology, New York 1987, S. 25-40.

SIMON, H./FASSNACHT, M., Price Bundling, in: European Management Journal, 1993, S. 403-411.

SIMON, H./WUEBKER, G., Bundling – a powerful method to better exploit profit potential, in: Fuerderer, R./Herrmann, A./Wuebker, G., (Hrsg.), Optimal Bundling – Marketing strategies for improving economic performance, Berlin et al. 1999, S. 7-29.

SIMONIN, B. L./RUTH, J. A., Is a Company Known by the Company it Keeps? Assessing the Spillover Effects of Brand Alliances on Consumer Brand Attitudes, in: Journal of Marketing Research, 1998, S. 30-42.

SIMONIN, B. L./RUTH, J. A., Bundling as a Strategy for New Product Introduction: Effects on Consumers' Reservation Prices for the Bundle, the New Product, and its Tie-in, in: Journal of Business Research, 1995, S. 219-230.

SOMAN, D./GOURVILLE, J. T., Transaction Decoupling: How price bundling affects the decision to consume, in: Journal of Marketing Research, 2001, S. 30-44.

STEGER, G., Einsatzmöglichkeiten von Bundling, untersucht an Fallbeispielen aus der Praxis und einer Konsumentenbefragung im Sportbereich, unveröffentlichte Diplomarbeit, Universität Wien, Wien 1994

STREMERSCH, S./TELLIS, G. J., Strategic Bundling of Products and Prices: A New Synthesis for Marketing, in: Journal of Marketing, Vol. 66, 1, 2002, S. 55-72.

STIGLER, G. J., United States v. Loews'Inc.: A Note on Block Booking, in: Kurland, P. B., (Hrsg.), The Supreme Court Review, University of Chicago Press, Chicago 1961, S. 152-157.

SULLIVAN, M. W., Measuring Image Spillovers in Umbrella-Branded Products, in: Journal of Business, 1990, 309-329.

SURI, R./MONROE, K. B., Effects of Consumers' Purchase Plans on the Evaluation of the Bundle Offers, in: Advances in Consumer Research, 1995, S. 588-593.

TACKE, G., Nichtlineare Preisbildung: Theorie, Messung und Anwendung, Wiesbaden 1989.

TELSER, L. G., Abusing Trade Practices: An Economic Analysis, Law and Contemporary Problems, 1965, S. 488-505.

TELSER, L. G., A Theory of Monopoly of Complementary Goods, in: Journal of Business, 1979, S. 211-230.

THALER, R., Mental Accounting and Consumer Choice, in: Marketing Science, 1985, S. 199-214.

TVERSKY, A./HEMENWAY, K., Objects, Parts, and Categories, in: Journal of Experimental Psychology, 1984, S. 169-193.

URBAN, G. L./HAUSER, J. R., Design and Marketing of New Products, 2. Aufl., Englewood Cliffs 1993.

VENKATESH, R./MAHAJAN, V., A probabilistic approach to pricing a bundle of products or services, in: Journal of Marketing Research, 1993, S. 494-508.

VENKATESH, R./KAMAKURA,W., Optimal Bundling and Pricing under a Monopoly: Contrasting Complements and Substitutes from Independently Valued Products, in: Journal of Business, 2003, S. 211-231.

VERSHOFEN, W., Die Marktentnahme als Kernstück der Wirtschaftsforschung, Berlin 1959.

WARHIT, E., The economics of tie-in sales, In: Atlantic Economic Journal, 1980, S. 81-88.

WHINSTON, M. D., Tying, foreclosure, and exclusion, in: American Economic Review, 1990, S. 837-859.

WILSON, L. O./WEISS, A. M./JOHN, G., Unbundling of Industrial Systems, in: Journal of Marketing Research, 1990, S. 123-138.

WÜBKER, G., Preisbündelung: Formen, Theorie, Messung und Umsetzung, Dissertation Fachbereich Rechts- und Wirtschaftswissenschaften der Johannes Gutenberg-Universität Mainz, Mainz 1997.

YADAV, M. S., An Examination of how Buyers Subjectively Perceive and Evaluate Product Bundles, Diss., Virginia Polytechnic Institute and State University, 1990.

YADAV, M. S., How Buyers Evaluate Product Bundles: A Model of Anchoring and Adjustment, in: Journal of Consumer Research, 1994, S. 342-353.

YADAV, M. S., Bundle Evaluation in Different Market Segments: The Effects of Discount Framing and Buyers´ Preference Heterogeneity, in: Journal o the Academy of Marketing Science, Vol. 23, 3, 1995, S. 206-215.

YADAV, M. S./MONROE, K. B., How Buyers Perceive Savings in a Bundle Price: An Examination of a Bundles´ Transaction Value, in: Journal of Marketing Research, 1993, S. 350-358.

ZERR, K., Die Serviceplanung als Instrument des Leistungssystemmarketing, in: Jahrbuch der Absatz- und Verbrauchsforschung, 1995, S. 134-158.

ZERR, K., Systemmarketing: die Gestaltung integrierter informationstechnologischer Leistungssysteme, Wiesbaden 1994.

Andreas Herrmann
Klaus Peine

Variantenmanagement

1. Zur Bedeutung des Variantenmanagements

Was wäre wohl dem Tayloristen Ford dazu eingefallen? In den 90ern lief der Audi 80 noch in zehn verschiedenen Schattierungen vom Band - sein Nachfolger, der Audi A4, schillert heute in über 60 Farben. Auch die Zahl der Modelle wächst beharrlich: Gab es in den 80ern im Wesentlichen den Audi 80 und den Audi 100, so erstreckt sich das Modellspektrum im Jahr 2006 vom Audi A3 über den A4, A6, A8 sowie den Audi TT bis hin zum Audi Q7. Dabei drängen heute allein zehn Derivate aus der 6er-Reihe in diejenige Position im Angebotsraum, die noch vor 20 Jahren ausschließlich vom Audi 100 eingenommen wurde. Mit einer regelrechten Variantenflut überschwemmte auch der Automobilhersteller BMW in den 80er Jahren den Markt. Die Zahl seiner Pkw-Varianten ist Legion: Sie stieg binnen einer Dekade um 460 Prozent - von etwas mehr als 100 auf weit über 500. Dieser automobilen Variantenvielfalt liegen heute über eine Million kundenseitig konfigurierbare Kombinationsmöglichkeiten zugrunde.

Die fortschreitende Varianteninflation kommt jedoch nicht nur bei langlebigen Gebrauchsgütern zum Vorschein, sondern auch bei Verbrauchsgütern und Dienstleistungen. So wuchs beispielsweise die Zahl der Zahnpastamarken in Deutschland zwischen 1950 und 2000 von 14 auf 93. In den USA existieren in dieser Produktkategorie rund 100 Artikel allein der Marke Crest - sie zu zählen, geschweige denn auseinander zu halten, bereitet große Mühe (Kahn 1998a, S. 49). Darüber hinaus offerieren viele US -Supermärkte bis zu 200 verschiedene Sorten von Frühstückscerealien, und der britische Anbieter Coffee Republic stellt potenzielle Kunden vor die Qual der Wahl zwischen nicht weniger als 6.000 Kaffeezubereitungen. Dagegen mutet das Angebotsportefeuille von DWS im Umfang von mehr als 200 Investmentfonds geradezu übersichtlich an - trotz einer Zunahme um ca. 30 Prozent allein im Börsenjahr 1999. Auch die Telekommunikationsdienstleisterin MCI zeigt sich rührig: Zwischen 1993 und 2003 schuf sie 388 neue Leistungen. Dies entspricht einer Steigerung um den Faktor 33.

Wie diese Beispiele darlegen, ist Variantenvielfalt ein ubiquitäres Phänomen (Lingnau 1994b, S. 178 f.): Konsumenten sehen sich - heute mehr denn je - Myriaden verschiedener, zum Teil penibel differenzierter Produktvariationen gegenüber. Aber weshalb gibt es überhaupt verschiedene Varianten des gleichen Produkts? Warum existieren zehn Derivate des Audi A6? Anders gefragt: Weshalb entscheiden sich Unternehmen bewußt gegen die vollumfängliche Realisierung von Spezialisierungsgewinnen? In der Literatur werden dazu die folgenden nachfrage- und angebotsseitigen Erklärungsmuster diskutiert:

Nachfrageseitige Erklärungen

- Heterogene Konsumentenpräferenzen: Variantenvielfalt erlaubt eine Ausrichtung des Angebots an den unterschiedlichen Geschmäckern - und situativen Vorlieben - der Konsumenten. Dies gestattet die Bedürfnisbefriedigung einer breiten Käuferschaft - mit entsprechend positivem Umsatzeffekt (Kahn/Morales 2001, S. 64).

- Variety-Seeking: Viele Konsumenten ziehen einen beträchtlichen Nutzen aus dem Abwechslungsreichtum ihrer Kauf- und Konsumerfahrungen im Zeitablauf. Variantenvielfalt kann somit dazu beitragen, die Markenwechselneigung zu reduzieren (Kahn 1995, S. 140 f. und Kahn/Morales 2001, S. 64).
- Preisdiskriminierung: Konsumenten zeigen unterschiedlich hohe Zahlungsbereitschaften für verschiedene Kombinationen von Produkteigenschaften, so dass sich durch Variantenvielfalt Konsumentenrente abschöpfen lässt (Ulrich 2006, S. 6).
- Transaktionskostensenkung: Mit der Ausweitung der Anzahl der Bezugsquellen steigen die (Opportunitäts-)Kosten des Konsumenten. Solche Transaktionskosten lassen sich unter anderem durch Variantenvielfalt senken, indem verschiedene Leistungen (im Zeitablauf) aus einer Hand bezogen werden können (Ulrich 2006, S. 6). Auch dieser Effekt dämpft die Markenwechselneigung.
- Regalflächen-Effekt: In empirischen Untersuchungen erweist sich der Umsatz einer Marke als weitgehend proportional zur relativen Größe der Regalfläche (Ulrich 2006, S. 8). Somit besteht ein Anreiz, den eigenen Anteil an der Regalfläche durch größere Variantenvielfalt auszudehnen.
- Scatter shot-Effekt: In einigen Industrien (zum Beispiel in der Mode oder in bestimmten Sparten der Unterhaltungselektronik) können die Marktforschungskosten der Präferenzenthüllung sehr hoch sein. Unternehmen erfahren die Konsumentenpräferenzen relativ kostengünstig, indem sie zunächst eine höhere als die mittelfristig angestrebte Produktvielfalt anbieten und dann beobachten, welche Varianten von den Konsumenten tatsächlich angenommen werden (Lancaster 1998, S. 16).

Angebotsseitige Erklärungen

- Verminderung des Wettbewerbsdrucks: Anbieter kreieren Produktvielfalt, um sich gegenüber Wettbewerbern zu differenzieren und einem Preiswettbewerb zu entziehen (Lancaster 1990, S. 191 f.). Gerade in rezessiven Zeiten und/oder bei geringem betrieblichem Erfolg verlegen sich Unternehmen auf Produktnischen.
- Markteintrittsbarrieren: Die proaktive Besetzung verschiedener Positionen im Angebotsraum erhöht die Markteintrittsbarrieren für andere Multiprodukt-Firmen (Lancaster 1998, S. 15); dies kann die Entstehung von Wettbewerb verhindern.
- Technischer Fortschritt: Die Grenzkosten der Variantenerzeugung werden durch technischen Fortschritt gesenkt. Die relative Vergünstigung der Herstellung zusätzlicher Varianten fördert somit ausufernde Produktvielfalt (Lancaster 1998, S. 9).
- Globalisierung: Im Zuge der Erschließung internationaler Märkte müssen Produkte häufig an lokale Auflagen und Präferenzen angepasst werden (Ulrich 2006, S. 17). Ein weiteres Motiv für Variantenvielfalt in multiplen nationalen Märkten besteht in der Verhinderung grenzüberschreitender Kannibalisierung. Werden Produkte schwerer vergleichbar, steigen die Arbitragekosten der Konsumenten.

- Oil pool-Effekt: Risikoaverse Firmen lokalisieren ihr Angebot - in Unkenntnis der wahren Verteilung der Konsumentenpräferenzen entlang des virtuellen Produktspektrums - in der Nähe absatzstarker, etablierter Erzeugnisse. Dies hat eine hohe Variantenzahl bei geringer substanzieller Produktvielfalt zur Folge (Lancaster 1998, S. 16).

Das resultierende Standardargument für die Erhöhung der Variantenvielfalt lässt sich auf diese Formel bringen: 'Angebot erweitern, Kundennutzen steigern, Marktanteile hinzugewinnen und somit erfolgreicher werden'. Indes stützen empirische Untersuchungen den theoretischen Einwand, dass eine Ausweitung der Produktvielfalt den Unternehmenserfolg nicht zwangsläufig mehrt: Es existieren viele überdurchschnittlich erfolgreiche Unternehmen mit relativ geringer Variantenvielfalt, und in einigen Branchen überflügeln sie gar Konkurrenten, die eine vergleichsweise große Fülle verschiedener Varianten anbieten (Coenenberg/Prillmann 1995, S. 1235 f. und Schuh/Schwenk, 2001).

Dieser scheinbare Widerspruch wird traditionell kostenseitig erklärt: Zunehmende Variantenvielfalt erhöht zwar den Kundennutzen, verursacht aber gleichzeitig immense Komplexitätskosten. Dabei unterscheiden sich Unternehmen in ihrer Fähigkeit, die drohende Kostensteigerung durch effektives Variantenmanagement abzuwenden. Hingegen gibt es eine zweite, umsatzseitige (und damit komplementäre) Erklärung für den differenziellen Einfluss der Variantenvielfalt auf den Unternehmenserfolg. Sie hat bislang äußerst geringe Beachtung gefunden und rückt die Erlösseite stärker in den Fokus des Variantenmanagements: Eine Ausweitung der Variantenvielfalt erhöht zwar zunächst den Kundennutzen, aber eine zu starke Steigerung der Produktvielfalt kann ihn sogar reduzieren. Dabei schlägt sich der negative Einfluss überbordender Variantenvielfalt auf den Kundennutzen in Kaufzurückhaltung, d. h. Umsatzeinbußen, nieder (Riemenschneider 2006, S. 13). Diese Erklärung stellt die implizite, axiomatische Annahme der kostenseitigen Erklärung in Frage, dass größere Produktvielfalt den Kundennutzen bzw. den Umsatz nur steigern - und niemals senken - kann.

In einem globalisierten Käufermarkt mit sich beschleunigenden Produktlebenszyklen ist effektives Variantenmanagement ein zentraler Wettbewerbsvorteil - und eine Herausforderung für Unternehmen, die auftragsspezifisch variantenreiche Produkte anbieten. Das Ziel des Variantenmanagements besteht darin, die gewinnmaximale Variantenvielfalt zu realisieren: Die von den Konsumenten präferierte Leistungsfülle (die exogene Komplexität) ist kostenminimal, d. h. bei möglichst geringer unternehmensinterner Vielfalt (endogener Komplexität), zu produzieren. Somit ist ein Verständnis der Kosten- und Erlöswirkung variantenbezogener Entscheidungen die Voraussetzung für erfolgreiches Variantenmanagement. In diesem Sinn gibt Abschnitt 2 einen Überblick über die Determinanten der vielfaltinduzierten Kosten- und Erlöseffekte. Darauf aufbauend, beschäftigt sich Abschnitt 3 mit verschiedenen Ansatzpunkten des Variantenmanagements.

2. Gewinnwirkung der Variantenvielfalt

2.1 Das variantenbezogene Optimierungskalkül

Variantenbezogene Entscheidungen verändern simultan Kosten und Erlöse: Wenn zum Beispiel Audi ein neues Modell einführt (zu denken ist an den Audi Q7), dann wird - trotz etwaiger Kannibalisierungseffekte - vermutlich zusätzlicher Umsatz generiert. Gleichzeitig steigen aber auch die Kosten - und zwar nicht nur im Produktionsbereich. Dabei wird ein rational agierendes Unternehmen die Variantenvielfalt nur solange ausweiten, bis die zusätzlichen Erlöse komplett von den zusätzlichen (totalen) Kosten aufgezehrt werden (Lancaster 1990, S. 191 f.). Abbildung 1 stellt dieses Optimierungskalkül vereinfachend dar, indem von weiteren Einflussgrößen der Erlös- und Kostenwirkung abstrahiert wird.

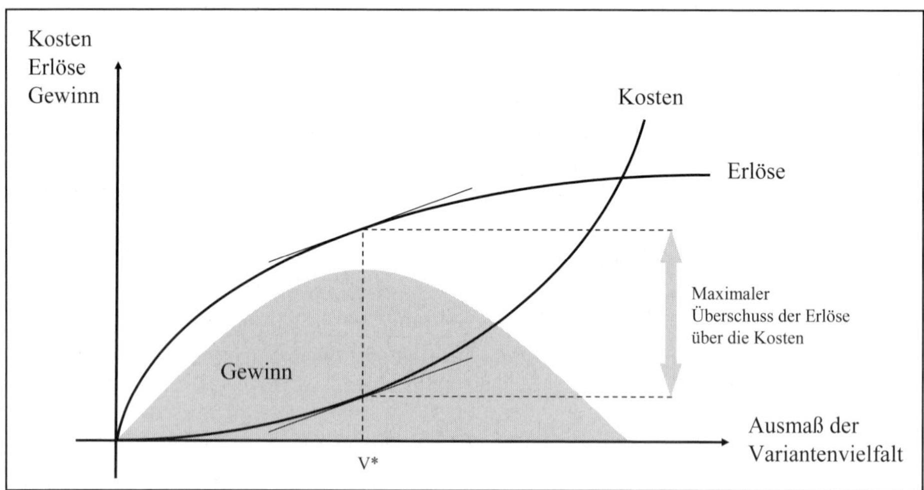

Abbildung 1: Das variantenbezogene Optimierungskalkül
in Anlehnung an: Rathnow, 1993, S. 44

Hier wird unterstellt, dass mit der Ausweitung der Variantenvielfalt (i) die Erlöse unterproportional zunehmen, während (ii) die Kosten überproportional anwachsen. Dies entspricht der Annahme fallender, indes nicht-negativer Grenzerlöse sowie steigender Grenzkosten. Die optimale Variantenvielfalt V* ist durch die Identität von Grenzkosten und Grenzerlösen gekennzeichnet. In der Entscheidung, eine zusätzliche Variante herzustellen, kommt somit die Überzeugung des Anbieters zum Ausdruck, dass die gewinnmaximale Produktvielfalt bislang noch nicht realisiert worden ist.

Wie lassen sich nun die Lage und Form der Kosten- und Erlöskurven erklären? Welche realwirtschaftlichen Phänomene auf Seiten des Unternehmens - und welche verhaltenswissenschaftlichen Effekte auf Seiten des Konsumenten - sorgen dafür, dass die Erlöse bei zunehmender Variantenvielfalt abebben, während die Kosten ausufern?

2.2 Kostenwirkung der Variantenvielfalt

Wenn ein Unternehmen erkennt, dass die vom Markt geforderte die derzeit angebotene Leistungsfülle wesentlich übersteigt, wird es weitere Varianten produzieren. Eine solche Anpassung der Variantenvielfalt an die wahrgenommene exogene Komplexität erhöht die endogene Komplexität: Je mehr Varianten erzeugt werden, desto komplizierter gestaltet sich der Leistungserstellungsprozess. Die direkten und indirekten Aufwendungen, die durch den Auswuchs der unternehmensinternen Komplexität verursacht werden, heißen Komplexitätskosten. Sie steigen mit zunehmender Variantenvielfalt überproportional an und befallen grundsätzlich alle Unternehmensfunktionen über den gesamten Produktlebenszyklus hinweg (Adam/Rollberg 1995, S. 667 und MacDuffie et al., 1996, S. 360 f.). Im Folgenden werden die Komplexitätskostentreiber entlang der (unternehmensinternen) Wertschöpfungskette aufgezeigt (Rathnow 1993, S. 24).

Entwicklung und Konstruktion. Im Entwicklungs- und Konstruktionsbereich müssen zunächst neue technische Unterlagen und Stücklisten erstellt sowie Stammdaten angelegt werden. In der Folge sind diese neu geschaffenen Informationen zu pflegen. Darüber hinaus können beträchtliche Designkosten anfallen - wie zum Beispiel in der Automobilindustrie. Insbesondere führt die Ausweitung der Variantenvielfalt zu erhöhter Komponenten- bzw. Teilevielfalt (Lingnau 1994a, S. 309). Die zusätzlichen Komponenten sind häufig in komplexe technische Subsysteme zu integrieren. Um dabei unerwünschte Interdependenzen zwischen bestehenden und neuen Komponenten zu vermeiden, steigt der Abstimmungsbedarf zwischen den verschiedenen Entwicklungs- und Konstruktionsabteilungen erheblich. Typischerweise erfordert die Veränderung bzw. das Hinzufügen einer Komponente mehrmalige Anpassungen anderer Komponenten. Dies verursacht hohe Änderungskosten. Schließlich müssen im Zuge des Entwicklungsprozesses Muster- und Neuteile beschafft sowie zusätzliche Prototypen und Nullserien konstruiert werden. Sobald die neu geschaffenen Varianten zumindest auf dem Reißbrett frei von Kinderkrankheiten sind, stehen unter Umständen ausführliche Markttests an (Rathnow 1993, S. 24).

Schwerwiegender als die oben genannten Kosten sind möglicherweise sogar die Opportunitätskosten der Variantenvielfalt - gerade im Entwicklungsbereich: Wer sich mit der Anpassung existierender Produkte an die vermeintlichen Kundenwünsche befasst, kann nicht gleichzeitig die Entstehung innovativer Technologien und neuer Produkte vorantreiben. In diesem Sinn ist ausartende Variantenvielfalt durchaus geeignet, die künftige Wettbewerbsfähigkeit eines Unternehmens zu unterminieren.

Einkauf. Zunehmende Variantenvielfalt führt zu erhöhter Teilekomplexität (Adam 1998, S. 36). Somit müssen zunächst zusätzliche Teile in bestehende Rahmenvereinbarungen aufgenommen und möglicherweise neue Bezugsquellen ausfindig gemacht werden. Gerade die Suche nach neuen Lieferanten sowie deren Auswahl verursachen erhebliche Transaktionskosten. Infolge der erhöhten Teilevielfalt steigt die Anzahl der Bestellungen und Lieferdispositionen. Die resultierenden vermehrten Wareneingänge erfordern zusätzlichen Aufwand für Qualitäts- und Rechnungsprüfung und erhöhen die Gefahr von Fehldispositionen, so dass die Abwicklungskosten der Beschaffungsvorgänge insgesamt stark zunehmen. Darüber hinaus lässt Variantenvielfalt - ebenfalls durch den Mechanismus erhöhter Teilekomplexität - die durchschnittliche Bestellmenge schrumpfen: Mengenrabatte fallen dementsprechend bescheidener aus. Nicht-lineare Preisbildung (d. h. mengenbezogene Preisstaffelung) im B2B-Bereich, Mindermengenzuschläge und Eilbestellungen sorgen weiterhin dafür, dass die Einstandskosten überproportional ansteigen, wenn die Produktvielfalt zunimmt (Lingnau 1994a, S. 309).

Schließlich müssen die zusätzlich beschafften Komponenten gelagert werden, bevor sie in die Produktion einfließen. Ungünstige Komponenten mit geringem Commonality Index, d. h. vorwiegend idiosynkratischer Verwendung, weisen zum Teil lange Wiederbeschaffungszeiten auf und erfordern größere Sicherungsbestände, um Fehlmengen und Produktionsunterbrechungen zu vermeiden (Martin et al. 1998, S. 109). Auf diesem Weg steigert die erhöhte, vielfaltinduzierte Teilekomplexität den durchschnittlichen Lagerbestand (Lingnau 1994a, S. 309). Der resultierende Anstieg der Lagerkosten nimmt zwei Formen an. Erstens steigen Flächen- und Personalbedarf sowie Aufwendungen für Lagerinfrastruktur, Versicherungen und Inventur. Zweitens erhöhen sich die Kapitalbindungskosten in Form höherer kalkulatorischer Zinsen für ein umfangreicheres betriebsnotwendiges Kapital.

Produktion und Logistik. Weil die Fertigungskosten empfindlich auf eine Erhöhung der Variantenzahl reagieren, offenbaren sich die Auswirkungen gestiegener endogener Komplexität besonders eindrücklich im Produktions- und Logistikbereich. Mehr Varianten führen zu komplexeren und schwerer beherrschbaren Produktionsprozessen - mit einer größeren Fülle von potenziellen Störeinflüssen (Adam/Rollberg 1995, S. 667). Dabei repräsentiert die Anzahl verschiedener Fertigungsaufträge den wesentlichen Komplexitätskostentreiber.

Produktionstechnische Spezialisierungsgewinne - d. h. Economies of Scale - sind ein wesentlicher Grund dafür, dass die Kundenindividualisierung des Angebots in der Realität unvollständig bleibt. Die Antizipation nachfrageseitiger Kannibalisierungseffekte im eigenen Sortiment hat jedoch zur Folge, dass erhöhte Variantenvielfalt typischerweise mit einer Verkleinerung der durchschnittlichen Losgröße, d. h. der Produktionsmenge pro Variante, einhergeht (Ulrich 2006, S. 11). Dadurch lässt der stückkostendämpfende Einfluss der Economies of Scale - in Form verminderter Lernkurven- und Fixkostendegressionseffekte - mitunter beträchtlich nach. In diesem Zusammenhang ist sogar von einem umgekehrten Erfahrungskurveneffekt die Rede (Wildemann 1990a, S. 617 f.): Die sinkende Wiederholhäufigkeit der Fertigungsprozesse reduziert die Effizienz der Produktion durch eine geringere Anzahl von Lernvorgängen. Gemessen am Variantendurchschnitt, kann eine Verdopplung der Variantenzahl somit zu einer Steigerung der Stückkosten um bis zu 20 bis 30 Prozent führen. Abb. 2 veranschaulicht diesen Zusammenhang schematisch. Dabei stellt das Fehlen flexibler Fertigungssysteme einen Vulnerabilitätsfaktor für die Entstehung überbordender Komplexitätskosten im Produktions- und Logistikbereich dar (Ramdas 2003, S. 89 f. und Ulrich 2006, S. 11).

Ausgehend von der Erkenntnis, dass eine Ausweitung der Variantenvielfalt die Zahl der verschiedenen Fertigungsaufträge erhöht, werden die Planungs- und Steuerungsaufgaben insgesamt komplexer (Schulte 1991, S. 19). Ferner kann es erforderlich sein, neue Betriebsmittel (zum Beispiel Werkzeuge) zu erwerben. Heterogene Losgrößen und unterschiedliche Bearbeitungszeiten führen indes nicht nur zu einer kostenintensiven Veränderung der Arbeitsabläufe. Auch die Häufigkeit der Rüstvorgänge nimmt zu (Lingnau 1994a, S. 310 f.). Die resultierenden erhöhten Rüstkosten manifestieren sich in verschiedenen Bereichen. Erstens führt die zeitweise Stilllegung der Betriebsmittel für den Zeitraum der Umrüstung zu Opportunitätskosten in Form entgangener Deckungsbeiträge. Zweitens können Umstellungsvorgänge zu anlaufbedingten Qualitätsschwankungen, d. h. qualitativen Mängeln, führen. Der anfallende Ausschuss, die erforderliche Intensivierung der Qualitätskontrolle sowie etwaige Nachbesserungen verursachen ihrerseits Kosten. Drittens erhöht sich durch häufigere Rüstvorgänge die Durchlaufzeit. Dies kann längere Lieferzeiten und verminderte Termintreue zur Folge haben - mit negativen Auswirkungen auf die Kundenzufriedenheit (Rathnow 1993, S. 35f.). Verlängerte Durchlaufzeiten sind gerade in Produktkategorien mit kurzen Produktlebenszyklen sowie für Unternehmen, die eine Pionierstrategie verfolgen, als problematisch anzusehen.

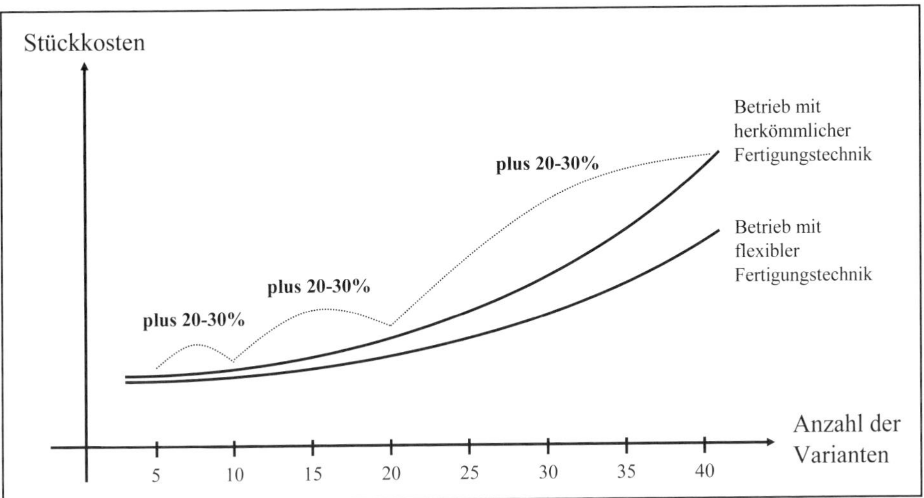

Abbildung 2: Der umgekehrte Erfahrungskurveneffekt
in Anlehnung an: Wildemann, 1990b, S. 37

Schließlich führt hohe Variantenvielfalt typischerweise zu wechselnden Fertigungsengpässen, so dass in einem Teil der Produktion stets Leerkosten anfallen (Lingnau 1994a, S. 310). Die Gründe hierfür liegen in einer komplexen Struktur der Lagerentnahmen, Verwechslungsgefahr von Komponenten, schlechter Materialverfügbarkeit, einer komplizierten Austaktung des Montagebandes, veränderten Produktionsreihenfolgen sowie Abweichungen des Tagesproduktionsprogramms von geschätzten Werten. Dies kann sich in beträchtlichen Fehlmengen - mit entsprechender Stockung in der Montage - äußern. Neben den Stillstands- und Wiederanlaufkosten sowie Aufwendungen für den Einsatz hoch qualifizierter Springer entstehen häufig zusätzliche Kosten durch intensitätsmäßige oder zeitliche Anpassung der Produktion bzw. durch die kurzfristige Fremdvergabe von Fertigungsaufträgen, wenn Konventionalstrafen vermieden werden sollen.

Marketing und Vertrieb. Durch zunehmende Variantenvielfalt gewinnt auch der Marketing-Mix an Komplexität. Im Bereich der Produktpolitik besteht die Herausforderung darin, bislang unbefriedigte Konsumentenbedürfnisse und neuartige Kaufgründe aufzuspüren. Mit erheblichem Aufwand werden dazu nicht nur Fokusgruppen befragt, sondern auch sophistizierte multivariate Marktforschungsmethoden - wie zum Beispiel die Conjoint- und Cluster-Analyse oder die Multidimensionale Skalierung - zur Anwendung gebracht (Herrmann/Homburg 2000). Die variantengetriebene Marktforschung ist aus zwei Gründen sehr kostspielig - und geht möglicherweise mit steigenden Grenzkosten einher. Erstens wird es mit zunehmender Produktdifferenzierung immer schwieriger, neue Konsumbedürfnisse und unerschlossene Zielsegmente zu identifizieren. Zweitens erfordern die genannten Marktforschungsmethoden den zeitintensiven Einsatz hoch qualifizierten Personals - oder aber den Rückgriff auf spezialisierte Beratungsunternehmen.

Im Rahmen der Preispolitik müssen für jede Variante Preise kalkuliert und aufeinander abgestimmt werden. Die Ermittlung des gewinnmaximalen Preisgefüges repräsentiert ein interdependentes Entscheidungsproblem, das erhebliche Koordinationskosten verursachen kann (Lingnau 1994a, S. 312). Neben den direkten Preisen sind auch Rabatte, Skonti und Boni - sowie gegebenenfalls Preise für Produktbündel - festzuschreiben (Fuerderer et al. 1998). Dabei gilt es, die Positionierungsziele der neu geschaffenen Varianten, die Preis-Leistungs-Koordinaten der Konkurrenzprodukte sowie das überlappende Produktlinien-Pricing unter preispsychologischen Gesichtspunkten zu berücksichtigen. Wenn - wie beispielsweise in der Automobilindustrie - zusätzlich segment -spezifische Arbitragekosten und länder-spezifische Mehrwertsteuersätze zur Verhinderung grenzüberschreitender Kannibalisierung in die Preissetzung einfließen sollen, steigen die Komplexitätskosten in diesem Bereich rasant an.

Die Kommunikationspolitik verfolgt das Ziel, die variantenbezogenen Informationen in das jeweilige Zielsegment zu tragen. Dabei ist nicht nur die Verfügbarkeit neuer Produktvarianten, sondern vor allem ihre Einzigartigkeit im Produktspektrum zu kommunizieren - anderenfalls drohen Kannibalisierungseffekte. Dass dieses Unterfangen mit steigenden Grenzkosten verbunden sein kann (Lingnau 1994a, S. 312), lässt sich auch wahrnehmungspsychologisch - unter Rückgriff auf Erkenntnisse aus dem Bereich der Reizdiskrimimierung - begründen: Wird einem relativ homogenen Sortiment ein weiteres, ähnliches Produkt hinzugefügt, fällt den Konsumenten die Wahrnehmung der Unterschiede zwischen den angebotenen Varianten zunehmend schwerer. Man denke hier insbesondere an den Oil pool-Effekt. Soll die Kommunikationspolitik dennoch ihre gewünschte Wirkung erzielen, muss die Segmentansprache effektiver gestaltet oder aber ihre Frequenz erhöht werden - möglicherweise sogar in multiplen Medien.

Zunehmende Variantenvielfalt führt auch im Distributionsbereich zu einem massiven Kostenanstieg. Neben der variantenspezifischen Umformung bestehender Absatzkanäle sind möglicherweise weitere Händler und Absatzmittler zu gewinnen - oder sogar gänzlich neue Distributionswege zu erschließen. Beispielsweise war der Aufbau einer eigenen Händlerkette für den Vertrieb des Smart überaus kostspielig. Mit der Zunahme der Variantenvielfalt steigt typischerweise auch die Kundenvielfalt. Dies verursacht nicht nur zusätzliche Kosten bei der Abwicklung der Kundenaufträge, sondern sorgt auch für größere Fehleranfälligkeit bei der Auftragsbearbeitung, höhere Verwechslungsgefahr sowie verminderte Lieferfähigkeit und -qualität - mit den entsprechenden negativen Auswirkungen auf die Kundenzufriedenheit. Verschärft wird diese Problematik, indem steigende Varianten- und Kundenvielfalt die Absatzprognose verschlechtert (Randall/Ulrich 2001, S. 1588 f.). Um den Verlust von Deckungsbeiträgen durch drohende Lieferunfähigkeit dennoch zu verhindern, werden steigende Lagerkosten in Form höherer Bestände an Fertigerzeugnissen in Kauf genommen. Auch der Außendienst wirkt als Kostentreiber (Lingnau 1994a, S. 312). Neben der Erstellung neuer Prospekte sowie Preis- und Bestelllisten müssen Schulungen durchgeführt werden. Insbesondere aber kann Variantenvielfalt zu Opportunitätskosten im Außendienstbereich führen: Die Effektivität der Absatzmittlung wird nämlich nicht zuletzt durch die Anzahl der zu betreuenden Produkte bestimmt. Wenn die Variantenvielfalt ansteigt, werden längere Besuchszeiten pro Kunde erforderlich. Ein Unternehmen steht somit vor der Entscheidung, entweder das Personal zu verstärken oder eine verminderte Wirksamkeit des Außendienstes infolge reduzierter Besuchshäufigkeit hinzunehmen. Schließlich verursacht die Ersatzteilbevorratung Komplexitätskosten im Kundendienst: Oft müssen Ersatzteile (zum Beispiel bei Automobilen) über einen Zeitraum von fünf bis zehn Jahren nach Produktauslauf vorgehalten werden (Rathnow 1993, S. 24).

In einer arbeitsteiligen Wirtschaft sind jedoch nicht nur die unternehmensinternen Komplexitätskosten von Bedeutung. Variantenvielfalt wirkt sich auch auf Lieferanten und Absatzkanäle aus (Schulz 1994, S. 131). Die Optimierung der Schnittstellen zu vor- und nachgelagerten Wertketten ist eine später zu analysierende Aufgabe des operativen Variantenmanagements. An dieser Stelle möge folgender Hinweis genügen: Der Versuch, die Erzeugung von Variantenvielfalt einfach an Lieferanten oder Händler zu delegieren, ist in den wenigsten Fällen von Erfolg gekrönt. Die im Upstream- und Downstream-Bereich anfallenden Komplexitätskosten treffen das Unternehmen später beim zwischenbetrieblichen Leistungsaustausch in Gestalt höherer Preise.

Bislang ist lediglich der kostentreibende Effekt steigender Variantenvielfalt diskutiert worden. Vereinfachend lässt sich dieser Effekt durch abnehmende Skalenvorteile (d. h. Economies of Scale) bei größerer Produkt- und Teilevielfalt erklären (Lancaster 1990, S. 192). Variantenreichtum entfaltet jedoch auch einen schwachen kostendämpfenden Effekt in Form von Verbundvorteilen, d. h. Economies of Scope (Lancaster 1998, S. 13 f.). Eine solche synergiebedingte Kostensenkung wird im Allgemeinen auf die gemeinsame, nicht rivalisierende Nutzung von Ressourcen zurückgeführt (Becker 1992, S. 173): Economies of Scope entstehen, wenn zumindest ein Teil der Skalenvorteile von ähnlichen - aber nicht identischen - Produkten geteilt werden kann. Sie sind typisch für Großserienfertigung und fallen insbesondere bei kontinuierlichen Produktionsprozessen an. In der Automobilindustrie erlaubt beispielsweise die computergestützte Fertigungssteuerung in Kombination mit flexiblen Fertigungssystemen eine beachtliche Variation des Outputs. Economies of Scope fallen aber auch im Marketing, vor allem im Distributionsbereich, an - beispielsweise bei Konsumgütern mit hohem Markenwert. In jedem Fall liefern Economies of Scope einen Anreiz für Multiprodukt-Firmen, die Variantenvielfalt auszuweiten. Zusammenfassend ist jedoch festzuhalten, dass die kostentreibenden Effekte der Variantenvielfalt stark dominieren. Auch wenn die exakte Ermittlung der vielfaltinduzierten Aufwendungen praktisch unmöglich ist, weisen Untersuchungen darauf hin, dass die Variantenkosten sehr hoch sein können. Coenenberg und Prillmann (1995, S. 1237) beziffern den auf die Wertschöpfung bezogenen Anteil der Komplexitätskosten auf über 40 Prozent.

Weshalb tappen Unternehmen nun in die oben beschriebene Komplexitätskostenfalle (Adam/Johannwille 1998, S. 6 f.)? Der wesentliche Grund hierfür liegt in einer verzerrten Wahrnehmung - und systematischen Unterschätzung - der Komplexitätskosten. Sie wird durch drei Umstände begünstigt: (i) Die Art und Weise der Entstehung von Komplexitätskosten, (ii) die Unzulänglichkeit traditioneller Kostenrechnungsverfahren sowie (iii) eine Überschätzung der Erlöswirkung zunehmender Variantenvielfalt.

Entstehung von Komplexitätskosten. Eine marginale Zunahme der Variantenzahl lässt sich meist mit den bestehenden Mitarbeitern und Betriebsmitteln bewältigen. Hingegen erfordert das Überschreiten einer kritischen Schwelle der Variantenvielfalt - neben der Rekrutierung und Schulung zusätzlichen Personals - Investitionen in flexible Fertigungstechniken, aufwendige EDV-Systeme oder umfangreichere Marketingressourcen (Rathnow 1993, S. 23 f.). Somit führt erhöhte Variantenvielfalt zu einem zeitverzögerten und sprunghaften Anstieg der Komplexitätskosten (Schulz 1994, S. 131 f.). Darüber hinaus fallen die Komplexitätskosten nur selten in voller Höhe dort an, wo sie verursacht worden sind: Kostenverursacher sind nicht immer in vollem Umfang Kostenträger. Beispielsweise wird die Herstellung zusätzlicher Varianten häufig vom Marketing- und Vertriebsbereich forciert, während die resultierenden Komplexitätskosten - zumindest teilweise - auf andere Ressorts wie Produktion und Logistik überwälzt werden können. Schließlich ist zu bedenken, dass von der Zu- und Abnahme der Variantenvielfalt eine asymmetrische Wirkung auf die Veränderung der Komplexitätskosten ausgeht: Die oben genannten Fix- bzw. Gemeinkosten belasten das Unternehmen auch noch lange nach einem Rückbau der Variantenstruktur. Ein solcher Sperrklinkeneffekt wird auch als Kostenremanenz bezeichnet; er geht typischerweise mit einem kurz- bis mittelfristigen Ertragsausfall einher.

Die beschriebenen zeitlichen und räumlichen Muster der Entstehung von Komplexitätskosten verhindern eine effektive und effiziente Steuerung der Unternehmensaktivitäten. Dies lässt sich lernpsychologisch begründen: Infolge der zeitlichen und räumlichen Entkopplung von vielfaltbezogenen Entscheidungen einerseits sowie resultierenden Veränderungen der Komplexitätskosten andererseits wird das Erlernen des kausalen Zusammenhangs zwischen zunehmender Variantenvielfalt und überbordenden Kosten maßgeblich erschwert. Dabei beeinträchtigt das Feedback in Form eines (zu) schwachen und zeitlich verzögerten Kostensignals die effektive Verhaltenssteuerung der Entscheider, d. h. organisationale Selbstregulation im Sinne eines proaktiven Variantenmanagements. Analog gilt dies für die Reduktion der Variantenvielfalt: Entscheider erleben sich möglicherweise als wenig selbstwirksam, wenn ihre Bemühungen kurzfristig nicht den gewünschten Kostensenkungseffekt zeigen. Im Sinne erfahrener Hilflosigkeit könnte dies zu der (unbewussten) Überzeugung führen, dass sich eine Reduktion ausufernder Variantenvielfalt nicht (unmittelbar für sie) bezahlt macht. Auch diese kostenseitigen verhaltenswissenschaftlichen Effekte leisten der Varianteninflation Vorschub.

Traditionelle Kostenrechnungsverfahren. Einzelkosten bilden die vielfaltinduzierten Kosten nur unvollständig ab. Der Löwenanteil der Komplexitätskosten schlägt sich vielmehr in höheren Gemeinkosten nieder. Werden das Controlling und die Variantenkostenrechnung als unternehmensinternes Perzeptionssystem betrachtet, führen die traditionelle Zuschlagskalkulation sowie die Deckungsbeitragsrechnung zu einer verzerrten Kosten- und Rentabilitätswahrnehmung (Rathnow 1993, S. 211). Während die Deckungsbeitragsrechnung nur variable Kosten berücksichtigt, werden die Gemeinkosten im Rahmen der Zuschlagskalkulation proportionalisiert: Standardprodukten mit hohem Materialwert oder großen Fertigungsvolumina werden viele Gemeinkosten zugeschlagen, obwohl Exoten - d. h. Varianten mit kleinen Losgrößen und/oder teilweise geringem Materialwert - einen überproportionalen Gemeinkostenanstieg verursachen. Indem Standardprodukte zu stark und Exoten zu schwach mit Gemeinkosten belastet werden, überschätzt die Zuschlagskalkulation die Rentabilität der Exoten, während sie die Wirtschaftlichkeit der Standardprodukte unterschätzt (Adam/Rollberg 1995, S. 668). Dies entspricht de facto einer Quersubventionierung der Exoten durch Standardprodukte. Sie bildet den Einstieg in einen Teufelskreis der vielfaltinduzierten Fehlallokation (Schulz 1994, S. 133): Das Unternehmen produziert mehr von den vermeintlich rentablen Exoten, und die zeitlich verzögert anfallende Gemeinkostensteigerung wird fälschlicherweise erneut überproportional auf Standardprodukte verrechnet. Dabei schlägt sich der resultierende Kostenanstieg im Rahmen des Mark up-Pricing in höheren Preisen für Standardprodukte nieder und vermindert deren Attraktivität aus Sicht der Konsumenten. Das Unternehmen verliert auf diesem Weg Marktanteile bei Standardprodukten, erliegt dem steigenden Differenzierungsdruck und fertigt zusätzliche Exoten. Auch die verzerrte Kosteninformation ist Teil einer ineffektiven Rückkopplungsschleife im Sinne der organisationalen Selbstregulation - mit möglicherweise weit reichenden Konsequenzen für die Wettbewerbsfähigkeit eines Unternehmens. Wiederum ist es aufgrund des gestörten Feedbacks nicht möglich, die Kontingenz zwischen ausufernder Variantenvielfalt und Kostenexplosion korrekt zu erfassen - geschweige denn die Unternehmenssteuerung daraufhin abzustimmen (Adam/Johannwille 1998, S. 9).

Dabei stellt die Prozesskostenrechnung ein mögliches Korrektiv dar: Hier basiert die Gemeinkostenverrechnung auf der zeitlichen bzw. mengenmäßigen Beanspruchung der Unternehmensressourcen durch die Varianten (Adam/Johannwille 1998, S. 19). Die diskutierten Probleme - systematische Kalkulationsfehler, Fehlallokation und Quersubventionierung - sind hier weniger virulent. Auch wenn die Prozesskostenrechnung überproportionale Komplexitätskosten nur unzureichend abbildet, verbessert sie die Qualität variantenbezogener Entscheidungen durch höhere Transparenz der Variantenkosten maßgeblich. Die dynamischen Effekte der Variantenvielfalt können hingegen nur im Rahmen der Investitionsrechnung adäquat nachvollzogen werden (Adam 1998, S. 56).

Überschätzung der Erlöswirkung. Das obige Standardargument für die Ausweitung der Variantenvielfalt ('Angebot erweitern, Kundennutzen steigern, Marktanteile hinzugewinnen und somit erfolgreicher werden') bedeutet, dass Entscheider ihren kognitiven Fokus auf die positive Erlöswirkung der Produktvarietät richten. Infolge begrenzter Rationalität stehen ihnen somit weniger kognitive Kapazitäten zur Verarbeitung wichtiger Kosteninformationen zur Verfügung. Dieser Effekt wird dadurch verstärkt, dass Einstellungen und Überzeugungen im Sinne stärkerer Top-down-Verarbeitung die Wahrnehmung konsistenter Informationen (d. h. eine mäßige Kostensteigerung infolge größerer Variantenvielfalt) erleichtern, während sie die Wahrnehmung inkonsistenter Informationen (d. h. eine massive Kostensteigerung infolge größerer Variantenvielfalt) erschweren: Wenn Entscheider davon überzeugt sind, dass höhere Produktvielfalt - und der damit einhergehende mechanisch unterstellte positive Umsatzeffekt - den Unternehmenserfolg steigern wird, werden sie die ohnehin schwer fassbaren Komplexitätskosten als weniger salient erleben. Folglich werden sie den Komplexitätskosten bei variantenbezogenen Entscheidungen weniger Gewicht beimessen. Umso bedeutsamer ist also eine realistische Einschätzung der Erlöswirkung der Variantenvielfalt.

2.3 Erlöswirkung der Variantenvielfalt

Worin besteht eigentlich die wahre von den Nachfragern präferierte Variantenvielfalt? Gilt grundsätzlich 'Mehr ist besser', oder liegen die Dinge vielleicht doch komplizierter? Die Grundlage für die Quantifizierung der Erlöswirkung der Variantenvielfalt bilden die Konsumenten: Sie treffen die Kaufentscheidung - letztendlich bestimmt also allein ihr Verhalten den Umsatz. Dabei lässt sich der vorliegende Abschnitt von der Erkenntnis leiten, dass Variantenvielfalt aus der Perspektive der Konsumenten nicht nur Nutzen stiftet, sondern auch Kosten verursacht (Riemenschneider 2006, S. 42). Diese positiven und negativen Aspekte des Variantenreichtums, die gemeinsam über den Wert der Produktvielfalt aus Sicht der Konsumenten entscheiden, entfalten ihrerseits eine erlössteigernde bzw. erlösdämpfende Wirkung.

Nutzen größerer Variantenvielfalt. Der wahrgenommene Nutzen der Variantenvielfalt speist sich aus zwei Quellen: (i) Customization und (ii) Variety-Seeking (Kahn/Morales 2001, S. 64). In differenzierten, fragmentierten Märkten mit heterogenen Konsumentenpräferenzen bezieht sich Customization auf die Abkehr vom Massenmarketing und beschreibt eine Hinwendung zum Segmentmarketing. Jeder Zielgruppe soll durch die Schaffung zusätzlicher Varianten möglichst das gewünschte Produkt angeboten werden - auch unter Rückgriff auf einen Kranz produktbegleitender Dienstleistungen. Im Extremfall bearbeiten Unternehmen gleichzeitig eine beachtliche Zahl von 'Segments of one'. Mit Blick auf die Customization-Funktion hat größere (substanzielle) Variantenvielfalt aus Sicht der Konsumenten sowohl utilitaristische als auch hedonistische Nutzenaspekte.

Die utilitaristische Nutzenkomponente der Customization-Funktion wird durch das Credo der rationalen Entscheidungstheorie begründet (Tversky/Shafir 1992, S. 358): 'Mehr ist besser'. Größere Variantenvielfalt erhöht - gerade bei seltenen Käufen mit umfassender kognitiver Beteiligung - die Wahrscheinlichkeit, genau dasjenige Produkt zu finden, das den eigenen Präferenzen am besten entspricht (Kahn 1998a, S. 46); dies steigert den antizipierten Produktnutzen. Gleichzeitig beflügelt ein umfangreicheres Sortiment die Erwartung, den Kaufprozess erfolgreich, d. h. mit dem Erwerb eines stark präferierten Produktes, abzuschließen (Iyengar/Lepper 2000, S. 996); dies mehrt den antizipierten Kaufprozessnutzen. Somit ist von einem positiven Zusammenhang zwischen Variantenvielfalt und (erwartetem) utilitaristischem Sortimentsnutzen auszugehen (Kahn/Wansink 2004, S. 529).

Die hedonistische Nutzenkomponente der Customization-Funktion lässt sich wie folgt erklären: Höhere Variantenvielfalt geht mit größerer wahrgenommener Entscheidungsfreiheit und Selbstbestimmtheit, einer zunehmend internalen Kontrollüberzeugung, größerer intrinsischer Motivation sowie stärkerem Vertrauen in die Qualität der eigenen Kaufentscheidung einher (Riemenschneider 2006, S. 116 f.). Darüber hinaus ziehen Konsumenten nicht nur Nutzen aus der Erfahrung, im Zuge der Inspektion eines großen Sortiments ihrer eigenen Präferenzen gewahr zu werden, sondern auch aus der mentalen Simulation, viele verschiedene Produkte aus dem betrachteten Sortiment zu besitzen. Schließlich antizipieren Konsumenten die Zufriedenheit, die in der Nachkaufphase aus höherem Produkt- und Kaufprozessnutzen erwachsen wird. Somit führen umfangreichere Sortimente zu einer hedonistischen Shopping-Erfahrung im Sinne gesteigerter Zufriedenheit sowie eines vermehrten Erlebens von positivem Affekt - selbst ohne den Vollzug einer Kaufhandlung (Desmeules 2002, S. 8 und Kahn/Wansink 2004, S. 521).

Variety-Seeking bezieht sich auf das Bedürfnis nach Variantenvielfalt bei habituellen Käufen mit eher schwacher kognitiver Beteiligung (Kahn/Morales 2001, S. 64): Die meisten Konsumenten erleben die Variabilität ihrer Kauf- und Konsumerfahrungen im Zeitablauf als nutzenstiftend. Auch mit Blick auf die Variety-Seeking-Funktion kann zwischen utilitaristischen und hedonistischen Nutzenaspekten unterschieden werden.

Dabei erklärt sich die utilitaristische Nutzenkomponente des Variety-Seeking folgendermaßen: Viele Konsumenten antizipieren, dass ihre Kauf- und Konsumentscheidungen situationsspezifischen bzw. zeitabhängigen Präferenzen unterliegen (Kahn 1998b, S. 22). Anstatt situationsübergreifende Vorlieben abzurufen, werden Präferenzen ad hoc konstruiert - zum Beispiel in Abhängigkeit der Saison, Tageszeit, der Anwesenheit anderer Personen oder der Verfügbarkeit von Substituten und Komplementen. Das implizite Wissen des Konsumenten darum, dass das Angebot eines Unternehmens seinen verschiedenen situationsabhängigen Präferenzen genügen wird, stiftet Nutzen. Ferner sind Konsumenten häufig der Überzeugung, dass ein einziges Produkt ihre Bedürfnisse nicht vollumfänglich befriedigen wird. Sie sind deshalb geneigt, ein Variantenportefeuille zu erwerben. Vor dem Hintergrund situationsabhängiger Konsumwünsche kann dieses Kaufverhalten auch als Hedging-Strategie gegen ungewisse zukünftige Präferenzen interpretiert werden. Empirische Untersuchungen stützen in der Tat die Annahme, dass viele Konsumenten keine wohlgeordnete, zeitlich stabile Präferenzstruktur besitzen (Tversky 1996, S. 17).

Die hedonistische Nutzenkomponente des Variety-Seeking ist folgenden Ursprungs: Nach der Hypothese der optimalen Stimulation befriedigt Variantenvielfalt das intrinsische Bedürfnis des Konsumenten nach Stimulation und Exploration in einem Zustand konsumbezogener Langeweile (Kahn 1998b, S. 21); die Auflösung dieses Sättigungszustandes erzeugt positiven Affekt. Ferner empfinden Konsumenten die Erfahrung, durch zeitlich variable Konsumerlebnisse mehr über ihre eigenen Präferenzen zu erfahren, als belohnend (Kahn 1998b, S. 29). Schließlich stellt das Bedürfnis nach globaler Maximierung von Konsumsequenzen im Zeitablauf ein mächtiges Motiv für Variety-Seeking dar (Kahn 1998b, S. 23 f.): Anstatt - wie bei der lokalen Maximierung - jeweils den Nutzen in einem gegebenen Zeitpunkt zu maximieren, bezieht sich globale Maximierung auf die Realisierung einer nutzenstiftenden Sequenz von Konsumerlebnissen. Erstens bevorzugen Konsumenten Sequenzen von Konsumereignissen, die sich über die Zeit verbessern. Im Sinne der Adaptationstheorie erleben sie die Realisierung von kontinuierlich zunehmenden Nutzenniveaus im Zeitablauf per se als belohnend. Zweitens besagt die Kontrasttheorie, dass Konsumenten zunächst Varianten konsumieren, die ihren Präferenzen nur in geringem Maße entsprechen, um den Konsum der stark präferierten Varianten später als noch wohltuender zu empfinden. Drittens dient die selbst gewählte Variabilität der Konsumerfahrung im Zeitablauf der hedonistischen Optimierung des retrospektiven Gedächtnisses. Konsumenten ziehen Nutzen aus der Rückschau auf eine Konsumsequenz, und empirische Befunde legen nahe, dass die Erinnerung an Konsumvariabilität als angenehmer empfunden wird als der Nachklang konsumbezogener Monotonie.

Wie lässt sich nun eine Brücke zwischen vielfaltinduziertem Nutzen und Erlösen schlagen? Mit Blick auf die Customization-Funktion führt Produktvarietät zu einer besseren Erfüllung der Kundenwünsche: Der aus Variantenvielfalt resultierende Nutzen steigert somit den Bruttonutzen eines Produkts aus Konsumentensicht (Iyengar/Lepper 2000, S. 997). Dies führt zu größerer Zahlungsbereitschaft, vermehrter positiver Mundpropaganda, höherer Wiederkaufwahrscheinlichkeit, gesteigerter Kundenzufriedenheit, stärkerer Kundenbindung und umfangreicheren Abnahmemengen. Im Hinblick auf die Variety -Seeking-Funktion hat Variantenvielfalt ebenfalls zur Folge, dass das Angebot stärker auf die Kundenwünsche zugeschnitten ist. Dies äußert sich nicht nur in einer reduzierten Markenwechselneigung, sondern auch in den oben genannten erlössteigernden Phänomenen (McAlister/Pessemier 1982, S. 214). Somit ist von einem positiven Zusammenhang zwischen vielfaltinduziertem Nutzen des Konsumenten und Erlösen auszugehen.

Dieser positive Zusammenhang ist jedoch näher zu qualifizieren. Vielfach hoffen Händler, durch großen Variantenreichtum ihre wahrgenommene Sortimentskompetenz zu steigern. In der Tat zeigen empirische Untersuchungen, dass die Sortimentsvielfalt nach Lage und Preisniveau das drittwichtigste Kriterium der Einkaufsstättenwahl darstellt (Hoch et al. 1999, S. 535 f.). Demgegenüber setzen Hersteller vor allem auf den Partizipationseffekt der Variantenvielfalt: Durch die Lancierung zusätzlicher Produktvarianten sollen Konsumenten, die bislang Konkurrenzprodukte erworben bzw. gar keine Anschaffung getätigt haben, zum Kauf animiert werden. Dabei ist jedoch zu bedenken, dass der Absatz einer neuen Variante in den meisten Fällen zu Lasten der Umsatzzahlen bestehender Varianten geht: Das Randsortiment kannibalisiert das Kernsortiment (Adam/Johannwille

1998, S. 11 und Schulz 1994, S. 132). Somit hat eine Zunahme der Variantenvielfalt meist eine unterproportionale Ausweitung der Kundenbasis zur Folge: Je höher die Substitutionsneigung unter den bestehenden Kunden, desto bescheidener fällt das inkrementelle Verkaufsvolumen aus. Die zusätzlich umgesetzte Gesamtstückzahl eines Unternehmens bleibt folglich hinter dem Absatz der neuen Varianten zurück. Zusammenfassend lässt sich konstatieren: Der vielfaltinduzierte Nutzen, den Konsumenten empfinden, steigert die Erlöse - jedoch lediglich mit fallenden Raten.

Kosten größerer Variantenvielfalt. Die Kostenwirkung größerer Variantenvielfalt resultiert letztendlich aus der beschränkten Rationalität der Konsumenten: Sie möchten optimale Kaufentscheidungen treffen, verfehlen dieses Ziel jedoch, weil ihre Informationsverarbeitungskapazität natürlichen Grenzen unterliegt. In diesem Zusammenhang unterscheidet Loewenstein (1999, S. 2 f.) drei Arten von Kosten, die durch umfangreichere Wahlmöglichkeiten zwischen Produktvarianten verursacht werden. Erstens beziehen sich 'Time costs' auf die Opportunitätskosten, die durch den Entscheidungsprozess hervorgerufen werden: Wer sich mit einem Entscheidungsproblem befasst, kann nicht gleichzeitig anderen geschätzten Aktivitäten nachgehen. Diese 'Time costs' sind im Übrigen eine direkte Funktion des mentalen Aufwandes, den eine Entscheidungssituation verlangt. Zweitens beschreiben 'Error costs' diejenigen Kosten, die Konsumenten dadurch entstehen, dass sie trotz umfassender Suche und erheblicher kognitiver Bemühungen eine suboptimale Entscheidung treffen. Drittens beziehen sich die 'Psychic costs' auf den emotionalen Entscheidungskonflikt sowie das (antizipierte) Bedauern einer getroffenen Entscheidung. Vereinfachend können die 'Time costs' und 'Error costs' als kognitive Kosten und die 'Psychic costs' als emotionale Kosten der Variantenvielfalt aufgefasst werden. Wie aber kommen diese kognitiven und emotionalen Kosten zustande?

Mit Blick auf die kognitiven Kosten der Variantenvielfalt ist die Menge der zu verarbeitenden Informationen von zentraler Bedeutung. Sie steigt mit der Fülle der verfügbaren Produkte sowie deren Anzahl an Attributsausprägungen (Riemenschneider 2006, S. 18). Je mehr Produktvarianten vorliegen, desto größer ist der kognitive Aufwand für Screening, Vorauswahl und Auswahl der Alternativen. Wollen Konsumenten bei größerer Produktvielfalt eine gleich bleibende Entscheidungsqualität realisieren, müssen sie mehr Informationen wahrnehmen, enkodieren, speichern, abrufen und interpretieren. Dies bedeutet, dass der Auslastungsgrad des Informationsverarbeitungssystems mit zunehmender Variantenvielfalt drastisch ansteigt. Somit werden Konsumenten von einem umfangreicheren Informationsangebot - in Form eines größeren Sortiments - nur solange profitieren, wie die Kapazität ihrer Informationsverarbeitung nicht überschritten wird. Ceteris paribus gilt, dass die kognitiven Kosten der Variantenvielfalt mit der Anzahl der zu vergleichenden Produkte - sowie der Zahl ihrer Eigenschaftsausprägungen - ansteigen (Riemenschneider 2006, S. 131 f.). Dabei ist jedoch anzunehmen, dass die als aversiv erlebten kognitiven Kosten umso geringer ausfallen, je größer die verfügbaren kognitiven Kapazitäten sind - beispielsweise infolge größerer Aufmerksamkeitsressourcen oder höherer Intelligenz.

Die Theorie der Präferenzunsicherheit besagt zudem, dass die kognitiven Kosten immer dann besonders hoch sein werden, wenn die zu bewertenden Varianten nur geringe Nutzenunterschiede aufweisen, d. h. etwa gleich attraktiv sind und somit relevante Optionen zur Bedürfnisbefriedigung darstellen (Dhar 1997, S. 226). Wenn die Zahl ähnlich attraktiver Varianten steigt, nimmt die Homogenität des betrachteten Variantenportefeuilles zu. Gleichzeitig verringert sich die wahrgenommene Dominanz einzelner Produkte über andere. Somit begünstigt das Fehlen einer klaren produktseitigen Dominanzstruktur in einem gegebenen Sortiment das Erleben von Präferenzunsicherheit. Dieser Befund lässt sich auch wahrnehmungspsychologisch im Sinne erschwerter Reizdiskriminierung deuten.

Empirische Untersuchungen zeigen, dass Konsumenten zu Kaufaufschub bzw. -verzicht neigen, wenn ihnen mehrere, etwa gleich attraktive Produktvarianten zur Wahl stehen (Riemenschneider 2006, S. 65). Insbesondere konnte Dhar (1997, S. 218) beobachten, dass die Kaufintention für das Zielprodukt sinkt, wenn einem Auswahlset mit einer Alternative eine zweite - etwa gleich attraktive - hinzugefügt wurde. Interessanterweise stieg die Kaufabsicht jedoch, als eine zweite, klar unterlegene Variante ergänzt wurde. Offenbar waren sich die Konsumenten ihrer Präferenz für das dominierende Produkt im zweiten Fall sicherer. Diese Befunde legen nahe, dass die negative Wirkung überbordender Produktvielfalt auf das Konsumentenverhalten durch die wahrgenommenen Nutzenunterschiede zwischen den Varianten moderiert wird (Riemenschneider, 2006, S. 133): Sind die Nutzenunterschiede relativ groß (klein), fallen die kognitiven Kosten der Konsumenten vergleichsweise gering (hoch) aus. Dabei ist folgender Umstand zu bedenken: Die meisten Produkte werden in Wettbewerbsmärkten gehandelt, wodurch größere Leistungshomogenität - und somit das Erleben von Präferenzunsicherheit - begünstigt wird.

Die kognitiven Kosten werden jedoch nicht nur durch globale Attraktivitätsunterschiede auf Produktebene, sondern auch durch lokale Ausprägungsunterschiede auf Attributsebene beeinflusst. Hier steht das Konzept der 'attribute alignability' im Zentrum der Betrachtung (Markman/Medin 1995, S. 117 f.): Produktvarianten werden als leicht vergleichbar ('alignable') bezeichnet, wenn all diese Varianten eine bestimmte Ausprägung auf einer gemeinsamen, kompensatorischen Attributsdimension aufweisen. Zum Beispiel repräsentieren Klimaanlagen mit unterschiedlicher Kühlkapazität ein leicht vergleichbares Sortiment. Demgegenüber gelten Produktvarianten als schwer vergleichbar ('non -alignable'), wenn jede Variante ein diskretes, nicht-kompensatorisches Attribut aufweist, das die anderen Varianten jeweils nicht besitzen. Beispielsweise stellen verschiedene Laptops, die mit einem Floppy-, CD-Rom- oder Zip-Laufwerk bestückt sind, ein schwer vergleichbares Sortiment dar (Gourville/Soman 2005, S. 385).

Dabei zeigt sich, dass die Verarbeitung schwer vergleichbarer Sortimentsunterschiede eine besonders hohe kognitive Belastung erzeugt (Markman/Gentner 1997, S. 363 f.). Bei leicht vergleichbaren Sortimenten können die Konsumenten entlang der gleichen Dimension abwägen: Dies ist ein (kognitiv) leichter Trade-off. Zum Beispiel müssen sie lediglich ihre Zahlungsbereitschaft für eine Produkteigenschaft, etwa zusätzliche Kühlkapazität, bestimmen. Bei schwer vergleichbaren Sortimenten wird den Konsumenten hingegen ein Abwägen zwischen Ausprägungen auf unterschiedlichen Attributsdimensionen abverlangt: Dies ist ein (kognitiv) schwieriger Trade-off. In diesem Fall müssen sie - jeweils vor dem Hintergrund der Opportunitätskosten des vollumfänglichen Verlustes der restlichen Alternativen - ihre Zahlungsbereitschaft für drei Produkteigenschaften, nämlich Floppy-, CD-Rom- und Zip-Laufwerk, eruieren und bewerten. Empirische Untersuchungen legen nahe, dass der Einfluss zunehmender Variantenvielfalt auf das Kaufverhalten durch die 'attribute alignability' moderiert wird: Sind die zusätzlichen Varianten leicht (schwer) vergleichbar, steigt (sinkt) der Marktanteil bzw. die Kaufintention (Gourville/Soman 2005, S. 386 f. und Herrmann et al. 2005, S. 317 f.). Diese Befunde entsprechen der Trade-off-Avoidance-Hypothese. Dabei ist zu bedenken, dass eine Zunahme des Differenzierungswettbewerbs den Anteil schwer vergleichbarer Sortimente tendenziell erhöht.

Darüber hinaus scheinen die kognitiven Kosten der Variantenvielfalt als umso salienter erlebt zu werden, (i) je bedeutsamer die Kaufentscheidung aus Sicht des Konsumenten - d. h. je stärker seine kognitive Beteiligung - ist und (ii) je geringer die Expertise des Konsumenten ausfällt (Riemenschneider 2006, S. 132). Dies lässt den Schluss zu, dass die kognitiven Kosten bei Variantenvielfalt, die vorwiegend der Customization-Funktion dient, stärker ausgeprägt sein werden als bei Variantenvielfalt, welche in erster Linie die Variety-Seeking-Funktion unterstützt. Ferner empfinden Konsumenten mit besserem Produktwissen und umfangreicherer Kauferfahrung vermutlich geringere kognitive Kosten (Mitchell et al. 2005, S. 145 f.).

Die emotionalen Kosten größerer Variantenvielfalt werden durch einen Entscheidungskonflikt verursacht: Der Konsument ist gefordert, sich für eine Variante zu entscheiden und damit (meistens) - zumindest kurzfristig - alle anderen Varianten zu verwerfen. Ein solcher Entscheidungskonflikt äußert sich in gesteigertem negativem Affekt (Luce et al. 2000, S. 275). Konsumenten empfinden bei zunehmender Variantenvielfalt nicht nur Verwirrung, kognitive Dissonanz, geringeres Vertrauen in die Qualität der eigenen Kaufentscheidung und moderate Angst vor einer möglicherweise suboptimalen Kaufhandlung, sondern sie antizipieren vor allem ihr späteres Bedauern einer solchen Entscheidung (Riemenschneider 2006, S. 154 f.). Ceteris paribus gilt, dass die emotionalen Kosten der Variantenvielfalt mit der Zahl der verfügbaren Produktalternativen steigen.

Mit Blick auf die emotionalen Kosten ist das antizipierte Bedauern von zentraler Bedeutung. Zunehmende Variantenvielfalt begünstigt die Entstehung von antizipiertem Bedauern aus drei Gründen (Herrmann et al. 2003, S. 225 f.). Erstens nehmen Konsumenten bei größerer Sortimentsvielfalt eine höhere Wahrscheinlichkeit für eine Fehlentscheidung wahr: Je umfangreicher ein Sortiment, desto leichter fällt es ihnen, eine Vielzahl so genannter 'prefactuals' zu generieren. Dabei handelt es sich um mentale Simulationen des Besitzes und Konsums der jeweils nicht gewählten Alternative. Je mehr 'prefactuals' mental verfügbar sind, als desto schwerwiegender empfinden Konsumenten die Opportunitätskosten ihrer bevorstehenden Entscheidung. Zweitens tendieren Konsumenten bei großer Produktvielfalt dazu, besonders hohe Erwartungen an ihre Entscheidungsqualität zu stellen und sich unrealistisch hohe Ziele mit Blick auf den Nutzen, den das gewählte Produkt stiften soll, zu setzen. Drittens vermittelt größere Wahlfreiheit ein stärkeres Gefühl der persönlichen Verantwortung für die Produktselektion und deren Folgen. In allen drei Fällen werden die Konsequenzen einer möglichen Fehlentscheidung als besonders salient erlebt. Dies ist der ideale Nährboden für ausgeprägtes antizipiertes Bedauern.

Dabei zeigt sich ferner, dass die emotionalen Kosten - insbesondere in Form antizipierten Bedauerns - umso höher sind, je geringer die wahrgenommenen Nutzenunterschiede zwischen den Varianten ausfallen (Zeelenberg 1999, S. 102). Dies entspricht der Justification-Hypothese: Je größer die Leistungshomogenität eines Sortiments, desto weniger stichhaltige Argumente lassen sich zur Rechtfertigung der getroffenen Produktwahl gegenüber sich selbst - und anderen Menschen - anführen (Tversky/Shafir 1992, S. 358). In ähnlicher Weise ist das antizipierte Bedauern bei schwer vergleichbaren Sortimenten aufgrund der unbequemeren Trade-offs stärker ausgeprägt als bei leicht vergleichbaren Sortimenten (Riemenschneider 2006, S. 154). Dies lässt sich auch im Sinne der Theorie der Verlustaversion erklären: Die Kompromisse im Rahmen schwer vergleichbarer Sortimente bedeuten die totale Substitution - d. h. den vollumfänglichen Verlust - bestimmter Attribute (Herrmann et al. 2005, S. 318). Zusammenfassend lässt sich festhalten: Je homogener und schwerer vergleichbar ein Sortiment, desto höher ist die Wahrscheinlichkeit, dass Konsumenten antizipiertes Bedauern empfinden (Riemenschneider 2006, S. 170 f.). Dabei ist zu berücksichtigen, dass das antizipierte Bedauern in der Vorkaufphase leicht in tatsächliches Bedauern in der Nachkaufphase übergehen kann.

Wie lässt sich nun eine Verbindung zwischen den Kosten größerer Variantenvielfalt und den Erlösen knüpfen? Konsumenten erleben die kognitiven und emotionalen Kosten als aversiv und versuchen dementsprechend, sie zu vermeiden. Dabei wenden sie Reduktionsstrategien an, die kurzfristig entweder in den (i) Nicht-Kauf oder aber den (ii) Kauf einer Produktvariante münden können (Payne et al. 1993, S. 2 ff.; Riemenschneider, 2006, S. 155; Tversky/Shafir 1992, S. 358).

Erstens tendieren Konsumenten bei überbordenden mentalen Kosten dazu, den Status Quo beizubehalten, d. h. den Kaufprozess abzubrechen und sich ganz von der Kaufentscheidung zurückzuziehen. Ferner besteht eine Kostenvermeidungsstrategie darin, den Kaufprozess nur kurzzeitig zu unterbrechen und den Kauf in die Zukunft zu verschieben. Dabei können es Konsumenten durchaus vorziehen, einen anderen Anbieter aufzusuchen oder Leapfrogging zu betreiben. In jedem Fall wirken diese Reduktionsstrategien dämpfend auf den Gegenwartswert der Erlöse.

Zweitens reagieren Konsumenten auf zunehmende Variantenvielfalt, indem sie Strategien anwenden, die ihre Entscheidungskosten zwar senken, aber dennoch zum Kauf führen. So greifen sie auf Heuristiken zurück und entscheiden sich zum Beispiel für die vorgegebene Produktalternative (d. h. den Default), die erste zufrieden stellende Produktvariante im Sinne des Satisficing oder besonders saliente (d. h. dominierende und/oder extreme) Produktvarianten. Ferner tendieren Konsumenten zur Delegation ihrer Kaufentscheidung - zum Beispiel an das Verkaufspersonal oder an eine Bezugsperson. Dabei ist unklar, ob und in welchem Ausmaß dem Unternehmen Opportunitätskosten in

Form entgangener Deckungsbeiträge entstehen. Aber selbst wenn Konsumenten kurzfristig den Kauf vollziehen, können kognitive und emotionale Kosten mittel- bis langfristig einen nachfragedämpfenden Einfluss ausüben: Werden die mentalen Kosten in der Vorkaufphase als besonders aversiv erlebt, empfinden Konsumenten in der Nachkaufphase nicht nur geringeres Vertrauen in die eigene Kaufentscheidung, sondern vor allem reduzierte Produkt- und Kaufprozesszufriedenheit (Herrmann et al., 2005, S. 331; Riemenschneider, 2006, S. 132). Dieser Effekt unterminiert die Kundenloyalität und setzt die Wiederkaufwahrscheinlichkeit herab. Offenbar entfalten die kognitiven und emotionalen Kosten der Variantenvielfalt sowohl in der Vorkauf- als auch in der Nachkaufphase einen erlösmindernden Einfluss. Somit ist insgesamt von einem negativen Zusammenhang zwischen vielfaltinduzierten Kosten des Konsumenten und Erlösen auszugehen.

Dieser negative Zusammenhang lässt sich indes näher qualifizieren. Mit zunehmender Variantenvielfalt wächst die Anzahl der erforderlichen Paarvergleiche überproportional an, so dass auch die kognitiven Grenzkosten der Produktvarietät - durch eine stärkere Beanspruchung des Kurzzeitgedächtnisses - zunehmen. Gleichzeitig steigt bei umfangreicherer Variantenvielfalt die Wahrscheinlichkeit, dass sich Konsumenten einem schwer vergleichbaren Sortiment gegenübersehen. Darüber hinaus legt die Interdependenz von Kognition und Affekt einen Aufschaukelungseffekt nahe: Beispielsweise wird ein Konsument, der sein antizipiertes Bedauern durch die Identifikation einer dominierenden Alternative zu reduzieren sucht, die verfügbaren Produktvarianten nicht nur mit höherem kognitiven Aufwand inspizieren, sondern womöglich auch zusätzliche Varianten in Erwägung ziehen. Der resultierende erhöhte kognitive Aufwand wird wiederum als aversiv erlebt und steigert gleichzeitig die Salienz der Trade-offs zwischen schwer vergleichbaren Attributsausprägungen. Solche unbequemen Kompromisse binden kognitive Kapazitäten und fördern zusätzlich das antizipierte Bedauern. Zusammenfassend lässt sich feststellen: Die vielfaltinduzierten Kosten, die Konsumenten empfinden, reduzieren die Erlöse - und zwar tendenziell mit zunehmenden Raten.

2.4 Die gewinnmaximale Variantenvielfalt

Die Analyse der Kostenwirkung hat gezeigt, dass zunehmende Variantenvielfalt durch den parziellen Verzicht auf Economies of Scale sowie die Realisierung von Economies of Scope sowohl kostentreibende als auch moderat kostendämpfende Effekte zeitigt. Wie in Abbildung 3 dargestellt, lässt sich der Nettokosteneffekt als Resultierende aus diesen kostentreibenden [K(+)] und kostendämpfenden [K(-)] Effekten auffassen. Analog hat die Analyse der Erlöswirkung ergeben, dass vermehrte Variantenvielfalt durch die Steigerung des Nutzens und der Kosten des Konsumenten simultan sowohl erlössteigernde als auch erlösdämpfende Wirkungen entfaltet. Auch hier kann der Nettoerlöseffekt als Resultierende aus den erlössteigernden [E(+)] und erlösdämpfenden [E(-)] Einflüssen interpretiert werden.

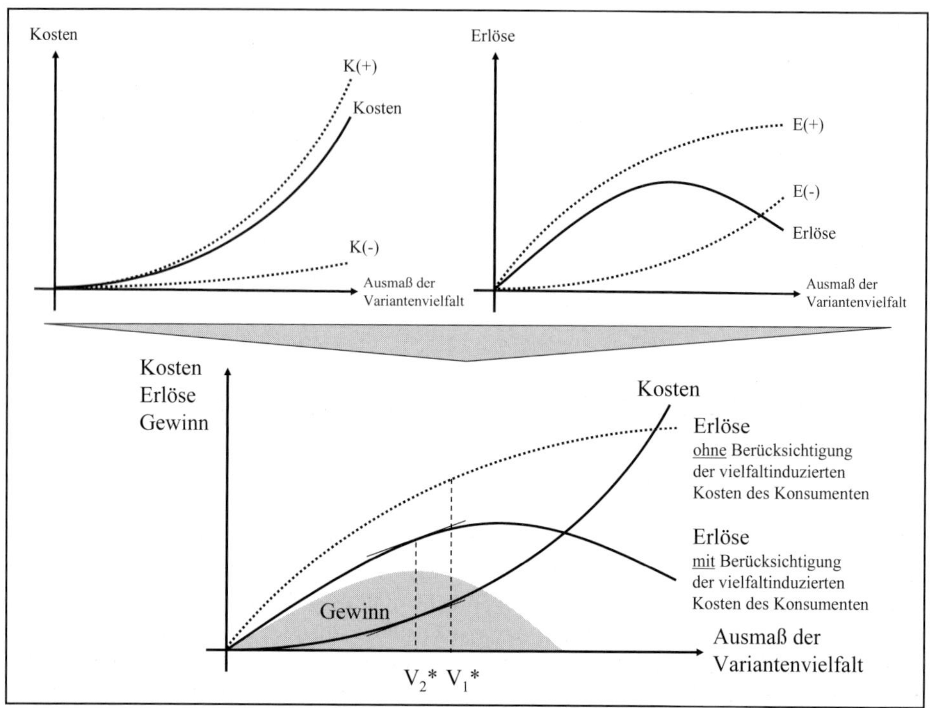

Abbildung 3: Die gewinnmaximale Variantenvielfalt

Die Betrachtung der Erlösseite verdeutlicht, dass die Berücksichtigung der vielfaltinduzierten Kosten des Konsumenten wichtige Konsequenzen für die Bestimmung der gewinnmaximalen Variantenvielfalt hat. Die rationale Entscheidungstheorie stellt die Existenz dieser vielfaltinduzierten Kosten implizit in Abrede. Sie geht von fallendem - jedoch niemals negativem - Grenznutzen aus. Somit werden über das gesamte Spektrum der Variantenvielfalt hinweg positive Grenzerlöse unterstellt: 'Mehr ist besser' - gewissermaßen zwangsläufig. Demgegenüber werden die vielfaltinduzierten Kosten des Konsumenten von der verhaltenswissenschaftlichen Entscheidungstheorie explizit anerkannt. Dies bedeutet, dass Konsumenten nur bis zu einem bestimmten, kritischen Punkt von zunehmender Variantenvielfalt profitieren. Wird dieser Punkt überschritten, dominieren die Grenzkosten den Grenznutzen der Produktvielfalt: Der Wert der Variantenvielfalt aus Konsumentensicht nimmt also zunächst zu, erreicht ein interindividuell variierendes Maximum und fällt danach bei überbordender Vielfalt wieder ab (Riemenschneider 2006, S. 90). Dies schlägt sich in abnehmenden - und durchaus negativen - Grenzerlösen nieder. Aus Sicht der Konsumenten kann also auch gelten: 'Mehr ist schlechter'. Man denke an die Entscheidung zwischen über 250 am Markt verfügbaren Digitalkameras oder rund 6.000 Kaffeezubereitungen.

In Abbildung 3 repräsentiert V_1* die gewinnmaximale Variantenvielfalt ohne Berücksichtigung der vielfaltinduzierten Kosten des Konsumenten. Wird die Verhaltenswirksamkeit dieser kognitiven und emotionalen Kosten hingegen in Rechnung gestellt, sinkt die gewinnmaximale Variantenvielfalt auf V_2*. Gleichzeitig schrumpft der maximal erzielbare Gewinn im Vergleich zu jener unrealistischen Situation, in der dem Konsumenten als Homo Oeconomicus überhaupt keine vielfaltinduzierten mentalen Kosten entstehen. Dieser Zusammenhang lässt sich verallgemeinern: Je höher die vielfaltinduzierten Kosten des Konsumenten, desto (i) geringer ist die gewinnmaximale Variantenvielfalt und (ii) desto kleiner fällt der maximale, durch Realisierung der optimalen Vielfalt erzielbare Unternehmensgewinn aus. Dabei hieße die Verleugnung der vielfaltinduzierten Kosten des Konsumenten, seine begrenzte Rationalität in Frage zu stellen. Auch für das Variantenmanagement scheint somit zu gelten: Ne quid nimis - nichts im Übermaß.

3. Ansatzpunkte des Variantenmanagements

3.1 Strategisches Variantenmanagement

Aufbauend auf den übergeordneten Unternehmenszielen legt das strategische Variantenmanagement in wiederkehrenden Planungszyklen die langfristig angestrebte Variantenvielfalt fest - und schafft somit die Rahmenbedingungen für das operative Variantenmanagement. Grundsätzlich sollten Unternehmen Variantenvielfalt durch Variation derjenigen Produkteigenschaften realisieren, die nicht bereits von Konkurrenten gewinnbringend variiert werden (Ulrich et al. 1998, S. 190). Dabei gilt 'Mehr ist besser' jedoch nur bis zu einem bestimmten kritischen Punkt. Insbesondere das strategische Variantenmanagement ist somit gefordert, die vielfaltinduzierten Kosten des Konsumenten in seine Entscheidungen einfließen zu lassen.

Die generischen Strategien Porters (1988) bilden einen Ansatzpunkt für die Bestimmung der optimalen Variantenstrategie: Will ein Unternehmen reüssieren, muss es entweder preisgünstiger oder leistungsstärker als seine Konkurrenten sein. Für die Verfolgung einer generischen Strategie spricht, dass die vielfaltinduzierten Komplexitätsaufwendungen das Streben nach Kostenführerschaft konterkarieren, während Leistungsführerschaft ein breites Angebotsspektrum erfordert. Dies scheint zu implizieren, dass sich Unternehmen zwischen Preiswettbewerb - d. h. einer schlanken Variantenstruktur - und Differenzierungswettbewerb - d. h. einer üppigen Variantenstruktur - entscheiden müssen. Hingegen stützen empirische Befunde die Simultanitätshypothese, der zufolge sich Differenzierung und Kostenführerschaft nicht nur gleichzeitig realisieren lassen - wie zum Beispiel im Rahmen der kundenindividuellen Massenfertigung -, sondern sogar einen strategischen Erfolgsfaktor begründen: Viele überdurchschnittlich erfolgreiche Unternehmen - beispielsweise Toyota oder Sony - vermochten die generischen Strategien sinnvoll im Zeitablauf zu kombinieren und sogar gleichzeitig zu verfolgen (Piller 2002, S. 934 f.). Folglich hat das strategische Variantenmanagement auch darüber zu befinden, wie sich die Produktvielfalt über die Zeit entwickeln soll (Ramdas 2003, S. 82).

Im Variantenmanagement gilt ein Grundsatz: 'Erst Vielfalt vermeiden und reduzieren, dann Vielfalt beherrschen'. Gerade die Vermeidung und Reduktion unrentabler Produktvielfalt fällt in den Kompetenzbereich des strategischen Variantenmanagements. Dementsprechend besteht eine große Herausforderung in der Prävention Wert vernichtenden Variantenreichtums. Dabei sollte die langfristige Optimierung der Variantenvielfalt bereits auf der Ebene der Produktfamilien ansetzen - nicht erst auf der Ebene der Einzelvarianten. Dies erfordert eine bereichsübergreifende Planung der Variantenvielfalt. Darüber hinaus muß ein bestehendes Variantenportefeuille häufig verschlankt werden: Wie der Teufelskreis der vielfaltinduzierten Fehlallokation gezeigt hat, kann die Entstehung von Variantenvielfalt ein sich selbst verstärkender Prozess sein. Zur Entschlackung des Produktprogramms bietet sich die deckungsbeitragsorientierte ABC-Analyse an (Wildemann, 1999 S. 32 f.). Diejenigen Varianten, die nur einen geringen Beitrag zum Unternehmenserfolg leisten - aber gleichzeitig hohe Bestände binden und/oder stark gemeinkostentreibend wirken -, sind potenzielle Kandidaten für die Elimination. Dabei sind jedoch komplexe Wirkungsgefüge zu beachten: Die Eliminationsentscheidung muss sich zum Beispiel auch von Verbund- und Kostenwirkungen, der langfristigen Marktattraktivität sowie den kurzfristigen Auswirkungen auf die Konsumentenwahrnehmung leiten lassen.

3.2 Operatives Variantenmanagement

Das operative Variantenmanagement betrachtet die Variantenvorgabe des strategischen Variantenmanagements als Datum und versucht, sie zu beherrschen, d. h. kostenminimal zu realisieren. Dabei lassen sich produktbasierte und prozessbasierte Ansätze unterscheiden: Im Idealfall greifen sie unterstützend ineinander.

Produktbasierte Ansätze. Zu den produktbasierten Ansätzen zählen (i) Produktaufwertung, (ii) Produktbündelung, (iii) Modularisierung sowie (iv) Standardisierung.

- Produktaufwertung: Durch die standardmäßige Integration von Zusatzausstattungen lassen sich die Kosten bei gleichzeitiger Steigerung des Kundennutzens senken. Diese Bildung von Top-Varianten hat sich vor allem in der Automobilindustrie durchgesetzt: Ausstattungsvarianten, die von vielen Kunden nachgefragt werden (zum Beispiel ABS, Airbag oder elektrische Fensterheber), sind serienmäßig integriert. Die Produktaufwertung setzt darauf, dass die zusätzlichen Kosten der umfangreicheren Leistung durch die Reduktion der Komplexitätskosten überkompensiert werden.

- Produktbündelung: Die Komplexität im Entwicklungs-, Produktions- und Vermarktungsprozess lässt sich durch die Bündelung von Produkten reduzieren. Aus einer überschaubaren Zahl von Input-Produkten kann - bei moderaten Komplexitätskosten - eine beachtliche Zahl von Endprodukten entstehen (Herrmann 1998, S. 570).

- Modularisierung: Zusätzliche Varianten lassen sich ohne hohe Komplexitätswirkung anbieten, indem Kunden nach dem Baukastensystem bestimmte Bausteine hinzufügen oder entfernen können. Komplexe Produkte gehen somit aus mehreren, separat entwickelten und unterschiedlich kombinierbaren Teilsystemen hervor (Martin et al. 1998, S. 107). Dabei liegt die Herausforderung darin, die Produktfunktionen in verschiedenen - möglichst kunden- und auftragsneutralen - Modulen mit einheitlichen Schnittstellen zusammenzufassen (Ramdas 2003, S. 93 f.). Eine Vorfertigung und spätere Kombination von Modulen zeigt sich beispielsweise im Bereich der kundenindividuellen Massenfertigung (Piller 2002, S. 930 ff.). Die relativ moderate Komplexitätskostenwirkung der Modularisierung resultiert aus einer vergleichsweise geringen Teile- und Baugruppenvielfalt. Viele Unternehmen haben die Modularisierungsstrategie erfolgreich umgesetzt, wie beispielsweise der Computeranbieter Dell, der Büromöbelhersteller USM Haller oder der Spielwarenproduzent Lego.

- Standardisierung: Das Streben nach Standardisierung schlägt sich häufig in einer Plattform- bzw. Gleichteilestrategie nieder (Fisher et al. 1999, S. 297 f.). Die Verwendung von Gleichteilen reduziert die Teilevielfalt beträchtlich und unterstützt somit nicht nur die Rückgewinnung von Skalenvorteilen in der Produktion, sondern auch den Rückbau überbordender Komplexität in den benachbarten Wertschöpfungsstufen. Beispielsweise wird in der Automobilindustrie die gleiche Bodengruppe für verschiedene Modelle verwendet, aber auch Motoren, Getriebe und Elektronik - sowie viele andere Komponenten - sind häufig identisch. Die Achillesferse der Plattform- und Gleichteilestrategie ist jedoch die unbewusste Erzeugung von Doppelgängerprodukten, welche die vielfaltinduzierten Kosten des Konsumenten durch erschwerte Reizdiskriminierung besonders stark erhöhen. Somit liegt es nahe, schlecht sichtbare bzw. wenig saliente Komponenten (beispielsweise die Bremsen) zu standardisieren und gut sichtbare bzw. saliente Komponenten (zum Beispiel das Interieur) zu differenzieren (Kahn 1998b, S. 31). Darüber hinaus kann die Gleichteilestrategie auch eine stückkostentreibende Wirkung entfalten: Die standardisierten Komponenten müssen nämlich auch in der High-end-Variante zuverlässig funktionieren, so dass die Qualität des neu zu fertigenden Gleichteils tendenziell über der durchschnittlichen Qualität der Vorgängerkomponenten liegen wird (Fisher et al. 1999, S. 299; Ramdas, 2003, S. 86 f.).

Prozessbasierte Ansätze. Zu den prozessbasierten Ansätzen gehören (i) die Postponement-Strategie, (ii) die Implementierung flexibler Fertigungstechniken sowie (iii) die Optimierung der vertikalen Integration.

- Postponement-Strategie: Das Ziel der Postponement-Strategie besteht darin, den Punkt der Produktdifferenzierung so nah wie möglich an das Ende der Wertschöpfungskette zu verlagern (Lee/Tang, 1997, S. 41 f.; Ramdas, 2003, S. 82 f.). Dieses Vorgehen unterstützt die Gleichteilestrategie. Je länger die gemeinsame, auftragsunabhängige Wegstrecke der späteren Varianten im Wertschöpfungsprozess, desto geringer ist die Komplexitätswirkung der Produktvielfalt. Eine erfolgreiche Postponement-Strategie äußert sich in einem schlanken Stamm des Variantenbaums (siehe Abbildung 4). Idealerweise erfolgt die Differenzierung erst beim Händler oder beim Kunden selbst (Kahn, 1998b, S. 32). Indes ist die Realisierung einer Postponement

-Strategie nicht kostenlos: Möglicherweise sind erhebliche Investitionen in Prozessoptimierung oder Produkt-Redesign vonnöten (Whang/Lee, 1998, S. 77).

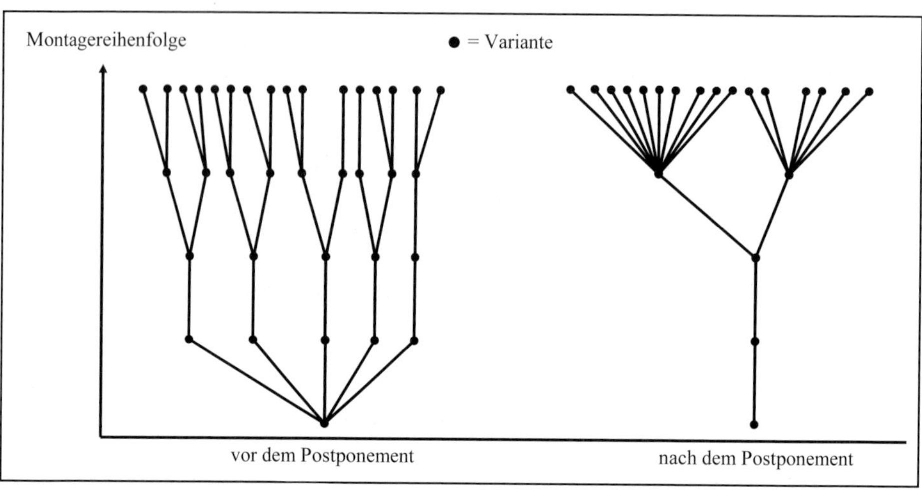

Abbildung 4: Auswirkung der Postponement-Strategie auf den Variantenbaum
in Anlehnung an: Eversheim/Kümper, 1993, S. 234

- Flexible Fertigungstechniken: Die Investition in flexible Fertigungstechniken dient vor allem der Bewältigung vielfaltinduzierter Wechsel. Flexible Fertigungssysteme, Computer Integrated Manufacturing und Lean Production erlauben eine nahezu wechselfreie Variantenfertigung bei verlässlicher Qualität und großer Prozesssicherheit (Adam 1998, S. 99). Durch numerisch gesteuerte Maschinen und integrierte Rechnersteuerung, vollautomatischen Just in Time-Materialfluss, dezentrale Organisation der Produktionsabläufe sowie Automatisierung vieler Arbeitsgänge werden wichtige Ziele erreicht: Die Umrüstkosten und Durchlaufzeiten sinken durch den Abbau von Schnittstellenproblemen, die Auslastung der Betriebsmittel ist gleichmäßig hoch, und die Lieferbereitschaft verbessert sich bei verminderter Kapitalbindung. Gleichzeitig entstehen aber auch neuartige betriebswirtschaftliche Planungsprobleme. Zum Beispiel entfallen Umrüstzeiten nur für Varianten, die mit dem aktuellen Satz an Werkzeugen bearbeitet werden können. Ist hingegen ein Wechsel des Werkzeugsatzes erforderlich, können erhebliche Umrüstkosten resultieren (Adam 1998, S. 92 f.).

- Vertikale Integration: Durch die Fremdvergabe komplexitätstreibender Wertschöpfungsaktivitäten an Zulieferer (und Abnehmer) steigt der Anteil der variablen Kosten im eigenen Unternehmen. Dadurch verringert sich die Abhängigkeit vom Auslastungsgrad der Produktionsfaktoren (Rathnow 1993, S. 106). Indes wird die Wettbewerbsposition durch Outsourcing nicht zwangsläufig gestärkt. Erstens entfaltet sich die Komplexitätswirkung des Variantenreichtums sowohl im Upstream- als auch im Downstream-Bereich; dies schlägt sich in höheren Preisen beim zwischenbetrieblichen Leistungsaustausch nieder. Zweitens zeigt sich, dass das reibungslose Zusammenspiel mit den vor- und nachgelagerten Wertketten umso bedeutsamer wird, je höher der Anteil der unternehmensexternen Wertschöpfung ausfällt: Werden beispielsweise nur einige Aktivitäten an Zulieferer delegiert - und wird die Koordinationsleistung intern erbracht -, steigen die Komplexitätskosten typischerweise an. Hingegen kann das Outsourcing von kompletten Arbeitspaketen einen spürbar kostendämpfenden Einfluss ausüben (Wildemann 1990b, S. 39). Dabei ist drittens die strategische Bedeutung der auszulagernden Wertschöpfungsaktivität zu berücksichtigen: Auch wenn Outsourcing die endogene Komplexität reduzieren kann, begibt sich ein Unternehmen bei der Fremdvergabe strategisch wichtiger Komponenten in eine gefährliche Abhängigkeit. Die Hold-up-Risiken in Form von Materialverknappung, Nachverhandlung von Vertragsklauseln oder opportunistischer Preiserhöhung können beträchtlich zunehmen.

3.3 Implementierung des Variantenmanagements

Die Implementierung des Variantenmanagements muss Schnittstellenprobleme zwischen den Unternehmensfunktionen sowie Partikularinteressen ihrer Vertreter in Rechnung stellen. Das strategische Variantenmanagement ist eine wiederkehrende, aber keine permanente Herausforderung, die sich im Rahmen einer temporären Projektorganisation bewältigen lässt. Dabei erscheint eine interdisziplinäre Besetzung des Projektteams unter Einbindung aller von der Variantenstrategie direkt betroffenen Personen als vorteilhaft: Dieses Vorgehen erlaubt nicht nur einen Interessenausgleich, sondern auch den Entwurf eines ganzheitlichen Bildes der ökonomischen Wirkung sich verändernder Variantenvielfalt.

Demgegenüber ist das operative Variantenmanagement eine permanente Aufgabe, so dass sich die feste Zuordnung zu einer Abteilung empfiehlt. Das Controlling als unternehmensinternes Perzeptions- und Feedbacksystem ist als besonders geeignet für diese Rolle anzusehen (Rathnow 1993, S. 203 f.): Im Controlling werden sowohl Kosten- als auch Erlösinformationen gebündelt. Darüber hinaus erscheint das Controlling infolge seiner originär funktionsübergreifenden Perspektive weniger von Partikularinteressen getrieben zu sein als beispielsweise das Marketingressort oder der Produktionsbereich. Die Implementierung des Variantenmanagements wird umso größeren Erfolg nach sich ziehen, je besser es gelingt, das Bewusstsein für die Kosten- und Erlöswirkung der Variantenvielfalt entlang der gesamten Wertschöpfungskette nachhaltig zu steigern.

4. Literatur

ADAM, D., Produktions-Management, 9. Aufl., Wiesbaden 1998.

ADAM, D./JOHANNWILLE, U., Die Komplexitätsfalle, in: Adam, D., (Hrsg.), Komplexitätsmanagement, Wiesbaden 1998, S. 5-28.

ADAM, D./ROLLBERG, R., Komplexitätskosten, in: Die Betriebswirtschaft, 1995, S. 667-670.

BECKER, W., Komplexitätskosten, in: krp - Kostenrechnungspraxis, 1992, S. 171-173.

COENENBERG, A. G./PRILLMANN, M., Erfolgswirkung der Variantenvielfalt und Variantenmanagement, in: Zeitschrift für Betriebswirtschaft, 1995, S. 1231-1253.

DESMEULES, R., The Impact of Variety on Consumer Happiness: Marketing and the Tyranny of Freedom, in: Academy of Marketing Science Review [Online], Vol. 12, S. 1-17. http://www.amsreview.org/articles/desmeules12-2002.pdf, Abruf: 26.09.2006.

DHAR, R., Consumer Preference for a No-Choice Option, in: Journal of Consumer Research, 1997, S. 215-231.

EVERSHEIM, W./KÜMPER, R., Variantenmanagement durch ressourcen-orientierte Produktbewertung, in: krp - Kostenrechnungspraxis, 1993, S. 233-238.

FISHER, M. L./RAMDAS, K./ULRICH, K. T., Component Sharing in the Management of Product Variety: A Study of Automotive Braking Systems, in: Management Science, 1999, S. 297-315.

FUERDERER, R./HERRMANN, A./WÜBKER, G., (Hrsg.), Optimal Bundling, New York u. a. 1998.

GOURVILLE, J. T./SOMAN, D., Overchoice and Assortment Type: When and Why Variety Backfires, in: Marketing Science, 2005, S. 382-395.

HERRMANN, A., Produktmanagement, München 1998.

HERRMANN, A./HOMBURG, C., (Hrsg.), Marktforschung, 2. Aufl., Wiesbaden 2000.

HERRMANN, A./HUBER, F./SEILHEIMER, C., Die Qual der Wahl: Antezedenzien und Konsequenzen des Regret, in: Zeitschrift für betriebswirtschaftliche Forschung, 2003, S. 224-249.

HERRMANN, A./SCHAFFNER, D./HEITMANN, M., Individuelles Entscheidungsverhalten bei Variantenvielfalt - die Wirkung der "attribute alignability", in: Zeitschrift für Betriebswirtschaft, 2005, S. 309-337.

HOCH, S. J./BRADLOW, E. T./WANSINK, B., The Variety of an Assortment, in: Marketing Science, 1999, S. 527-546.

IYENGAR, S. S./LEPPER, M. R., When Choice is Demotivating: Can One Desire Too Much of a Good Thing? in: Journal of Personality and Social Psychology, 2000, S. 995-1006.

KAHN, B. E., Consumer Variety-Seeking Among Goods and Services, in: Journal of Retailing and Consumer Services, 1995, S. 139-148.

KAHN, B. E., Dynamic Relationships with Customers: High-variety Strategies, in: Journal of the Academy of Marketing Science, 1998a, S. 45-53.

KAHN, B. E., Variety: From the Consumer's Perspective, in: Ho, T.-H./Tang, C. S., (Hrsg.), Product Variety Management: Research Advances, Boston 1998b, S. 19-37.

KAHN, B. E./MORALES, A., Choosing Variety, in: Hoch, S. J./Kunreuther, H. C./Gunther R. E., (Hrsg.), Wharton on Making Decisions, New York 2001, S. 63-77.

KAHN, B. E./WANSINK, B., The Influence of Assortment Structure on Perceived Variety and Consumption Quantities, in: Journal of Consumer Research, 2004, S. 519-533.

LANCASTER, K., The Economics of Product Variety: A Survey, in: Marketing Science, 1990, S. 189-207.

LANCASTER, K., Markets and Product Variety Management, in: Ho, T.-H./Tang, C. S., (Hrsg.), Product Variety Management: Research Advances, Boston 1998, S. 1-18.

LEE, H. L./TANG, C. S., Modelling the Cost and Benefits of Delayed Product Differentiation, in: Management Science, 1997, S. 40-53.

LINGNAU, V., Kostenwirkung der Variantenvielfalt, in: krp - Kostenrechnungspraxis, 1994a, S. 307-315.

LINGNAU, V., Variantenmanagement, Berlin 1994b.

LOEWENSTEIN, G., Is More Choice Always Better? in: Social Security Brief: National Academy of Social Insurance, 1999, S. 1-8.

LUCE, M. F./PAYNE, J. W./ BETTMAN, J. R., Coping with Unfavorable Attribute Values in Choice, in: Organizational Behavior and Human Decision Processes, 2000, S. 274-299.

MACDUFFIE, J. P./SETHURAMAN, K./FISHER, M. L., Product Variety and Manufacturing Performance: Evidence from the International Automotive Assembly Plant Study, in: Management Science, 1996, S. 350-369.

MARKMAN, A. B./GENTNER, D., The Effects of Alignability on Memory, in: Psychological Science, 1997, S. 363-367.

MARKMAN, A. B./MEDIN, D. L., Similarity and Alignment in Choice, in: Organizational Behavior and Human Decision Processes, 1995, S. 117-130.

MARTIN, M./HAUSMAN, W./ISHII, K., Design for Variety, in: Ho, T.-H./Tang, C. S., (Hrsg.), Product Variety Management: Research Advances, Boston 1998, S. 103-122.

MCALISTER, L./PESSEMIER, E. A., Variety Seeking Behavior: An Interdisciplinary Review, in: Journal of Consumer Research, 1982, S. 213-224.

MITCHELL, V.-W./WALSH, G./MO, Y., Towards a Conceptual Model of Consumer Confusion, in: Advances in Consumer Research, 2005, S. 143-150.

PAYNE, J. W./BETTMAN, J. R./JOHNSON, E. J., The Adaptive Decision Maker, Cambridge 1993.

PILLER, F. T., Mass Customization, in: Albers, S./Herrmann, A., (Hrsg.), Handbuch Produktmanagement, 2. Aufl., Wiesbaden 2002, S. 929-957.

PORTER, M. E., Wettbewerbsstrategie: Methoden zur Analyse von Branchen und Konkurrenten, 5. Aufl., Frankfurt/Main u. a. 1988.

RAMDAS, K., Managing Product Variety: An Integrative Review and Research Directions, in: Production and Operations Management, 2003, S. 79-101.

RANDALL, T./ULRICH, K. T., Product Variety, Supply Chain Structure, and Firm Performance: Analysis of the U.S. Bicycle Industry, in: Management Science, 2001, S. 1588-1604.

RATHNOW, P. J., Integriertes Variantenmanagement: Bestimmung, Realisierung und Sicherung der optimalen Produktvielfalt, Göttingen 1993.

RIEMENSCHNEIDER, M., Der Wert der Produktvielfalt: Wirkung großer Sortimente auf das Verhalten der Konsumenten, Wiesbaden 2006.

SCHUH, G./SCHWENK, U., Produktkomplexität managen: Strategien - Methoden - Tools, München 2001.

SCHULTE, C., Aktivitätsorientierte Kostenrechnung: Eine Strategie zur Variantenreduktion, in: Controlling, 1991, S. 18-23.

SCHULZ, S., Komplexität in Unternehmen: Eine Herausforderung an das Controlling, in: Controlling, 1994, S. 130-139.

TVERSKY, A., Contrasting Rational and Psychological Principles of Choice, in: Zeckhauser, R. J./Keeney R. L./Sebenius J. K., (Hrsg.), Wise Choices: Decisions, Games, and Negotiations, Boston 1996, S. 5-21

TVERSKY, A./SHAFIR, E., Choice Under Conflict: The Dynamics of Deferred Decision, in: Psychological Science, 1992, S. 358-361.

ULRICH, K. T., Variety, in: Ulrich, K.T., (Hrsg.), Design: Creation of Artifacts in Society [Online], S. 1-18. http://opim.wharton.upenn.edu/~ulrich/documents/ulrich-variety.pdf, Abruf: 25.09.2006.

ULRICH, K. T./RANDALL, T./FISHER, M./REIBSTEIN, D., Managing Product Variety, in: Ho, T.-H./Tang, C. S., (Hrsg.), Product Variety Management: Research Advances, Boston 1998, S. 177-205.

WHANG, S./LEE, H., Value of Postponement, in: Ho, T.-H./Tang, C. S., (Hrsg.), Product Variety Management: Research Advances, Boston 1998, S. 65-84.

WILDEMANN, H., Die Fabrik als Labor, in: Zeitschrift für Betriebswirtschaft, 1990a , S. 611-630.

WILDEMANN, H., Kostengünstiges Variantenmanagement, in: Management Zeitschrift, 1990b, S. 37-41.

WILDEMANN, H., Komplexität: Vermeiden oder Beherrschen, in: Harvard Business Manager, 1999, S. 30-42.

ZEELENBERG, M., Anticipated Regret, Expected Feedback and Behavioral Decision Making, in: Journal of Behavioral Decision Making, 1999, S. 93-106.

Martin Spann
Stefan Mang

Versioning

1. Problemstellung

Mit dem Begriff „Versioning“ wird das Anbieten verschiedener Produktversionen zu in der Regel unterschiedlichen Preisen verstanden. Dabei umfasst die Strategie des Versioning sowohl die Aspekte der Preis- als auch die der Produktdifferenzierung. Durch das dadurch entstehende differenzierte Angebot soll den unterschiedlichen Präferenzen der Konsumenten Rechnung getragen und eine möglichst hohe Konsumentenrente abgeschöpft werden (Shapiro/Varian 1998, S. 110 und Skiera/Spann 2000, S. 543 f.). Versioning gewinnt heutzutage vor allem im Bereich des Internets im Zusammenhang mit digitalen Produkten zunehmend an Bedeutung, da sich in diesem Bereich die Umsetzung von differenzierbaren Eigenschaften einfacher verwirklichen lässt (Skiera/Spann 2000, S. 543 f.). Aber die Strategie des Versioning ist keines Wegs auf das Internet beschränkt, sondern wird auch bei nicht digitalen Produkten in herkömmlichen Märkten verbreitet eingesetzt.

Grundlegende Voraussetzung für die Anwendung des Versioning ist das Vorliegen heterogener Präferenzen der Konsumenten, die sich zu unterschiedlichen Zahlungsbereitschaften auswirken. Mittlerweile trifft dies auf nahezu alle Märkte zu, da Märkte mit homogenen Präferenzen nur mehr vereinzelt zu finden sind (Büschken/vonTahden 2002, S. 595). Wird in einem Markt mit heterogenen Zahlungsbereitschaften nur ein Produkt zu einem einheitlichen Preis angeboten, so wird aus Sicht des Anbieters Konsumentenrente verschenkt, welche eigentlich durch Versioning abgeschöpft werden könnte.

Insbesondere die Kostenstruktur digitaler Produkte begünstigt die Anwendung des Versioning. Digitale Produkte zeichnen sich durch hohe fixe (Bereitstellungs-) Kosten, (sehr) niedrige Vervielfältigungs- und Distributionskosten sowie niedrige variable Kosten aus. Diese Kostenstruktur ist ein Grund dafür, dass derartige Produkte häufig nur durch eine Preis- oder Produktdifferenzierung gewinnbringend am Markt vertrieben werden können (Skiera 2001b, S. 268). Durch die Strategie des Versioning kann zumindest ein Teil des Absatzes zu deutlich höheren Preisen als die variablen Kosten verkauft werden und zu einer Deckung der fixen (Bereitstellungs-) Kosten beitragen.

Das Ziel dieses Beitrags ist die Darstellung der Grundlagen, Ausgestaltungsformen und Einsatzmöglichkeiten des Versioning. Dazu werden einleitend in Abschnitt zwei die Grundidee und die Anwendungsvoraussetzungen für das Versioning dargestellt. Im dritten Abschnitt erfolgt die Einordnung des Versioning in die Klassifizierung der Preisdifferenzierung und außerdem wird aufgezeigt, anhand welcher Dimensionen Versioning erfolgen kann und welche Umsetzungsstrategien angewandt werden können. Darüber hinaus sollen im vierten Abschnitt neben den normativen Grundlagen auch verhaltenswissenschaftliche Aspekte beim Einsatz des Versioning diskutiert werden. Der Beitrag schließt mit einer Zusammenfassung.

2. Grundidee und Definition des Versioning

In der betriebswirtschaftlich relevanten Literatur sind Shapiro und Varian (1998) die Ersten, die den Begriff Versioning verwenden. Dabei richten die Autoren das Hauptaugenmerk auf Versioning im Bereich digitaler Produkte. Nach Varian (1996) kennzeichnen sich digitale Produkte dadurch, dass sie in digitaler Form vertrieben werden können und eine besondere Kostenstruktur besitzen: Die Produktion der ersten Kopie ist in der Regel verhältnismäßig teuer, die Kosten für die Herstellung weiterer Kopien sind jedoch relativ gering (Shapiro/Varian 1998, S. 107). Bücher, Filme, Musiktitel, Softwareprodukte, Spiele, Webseiten oder Klingeltöne fallen beispielsweise in die Kategorie der digitalen Produkte. Aufgrund dieser Kostenstruktur ist eine grenzkostenbasierte Preisbildung bei derartigen Produkten nicht unbedingt sinnvoll. Die Preisgestaltung sollte daher vielmehr auf die Zahlungsbereitschaft der Kunden ausgerichtet werden. Hierfür stellt die Strategie des Versioning eine Möglichkeit dar.
Shapiro und Varian (1998) verstehen unter dem Begriff Versioning das Anbieten von mehreren Produktversionen in der Form, dass sich die verschiedenen Konsumententypen selbst auf die zu unterschiedlichen Preisen angebotenen Produktversionen segmentieren. Durch diese Selbstselektion der verschiedenen Konsumententypen kann der Anbieter zusätzlich Konsumentenrente abschöpfen (Shapiro/Varian 1998, S. 110 und Shapiro/Varian 1999, S. 54). Sowohl Shapiro und Varian (1999) als auch andere Autoren (vgl. hierzu beispielsweise Belleflamme (2005)) verwenden den Begriff Versioning gleichbedeutend mit Preisdifferenzierung zweiten Grades.

Unserer Auffassung nach ist diese Interpretation der Strategie des Versioning zu breit gefasst und muss genauer eingegrenzt werden. Im Rahmen dieses Beitrages wollen wir eine enger formulierte Definition treffen. Die Strategie des Versioning liegt unserer Definition nach vor, falls die drei folgenden Bedingungen erfüllt sind:

- Es liegt eine Produktdifferenzierung vor.
- Diese Differenzierung des Produktes wird auf die Präferenzen bzw. die Zahlungsbereitschaften der unterschiedlichen Konsumententypen in der Form ausgerichtet, dass eine Selbstselektion auf die verschiedenen Produktversionen erfolgt.
- Die Preisdifferenz zwischen den Produktversionen wird nicht ausschließlich mit den Kostendifferenzen der Produktversionen begründet.

Dabei gehen wir von der grundlegenden ökonomischen Annahme aus, dass Konsumenten versuchen, beim Kauf von Produkten ihren Nettonutzen zu maximieren. Dieser Nettonutzen entspricht der Konsumentenrente, die dem aufsummierten Geldbetrag, der über den anfallenden Preis hinaus vom Konsumenten maximal bezahlt werden würde, gleichkommt (Skiera 1999, S. 34 f.). Somit ist die Konsumentenrente als Differenz zwischen Zahlungsbereitschaft und den dazugehörigen Ausgaben definiert.

Unter der ersten Bedingung Produktdifferenzierung wird verstanden, dass Produktvarianten entstehen, die sich hinsichtlich ihres Leistungsumfanges, ihrer Leistungsfähigkeit und/oder ihrer Zusatzleistungen unterscheiden (Skiera/Spann 1998, S. 278). Würde in einem Markt mit heterogener Nachfragestruktur nur ein Einheitsprodukt zum Preis p_0 (siehe linke Grafik in Abb. 1) angeboten werden, so würde aus Sicht des Anbieters Konsumentenrente (gepunktete Fläche) verschenkt werden (Kosten werden in Abbildung 1 vernachlässigt). Einen Teil dieser Konsumentenrente kann der Anbieter durch das Angebot unterschiedlicher Produktversionen (siehe rechte Grafik in Abb. 1), ausgerichtet an den Präferenzen der Nachfrager, abschöpfen. So kann der Anbieter für die Produktversion 2 einen hohen Preis p_2 verlangen und für die Produktversion 1 einen niedrigeren Preis p_1.

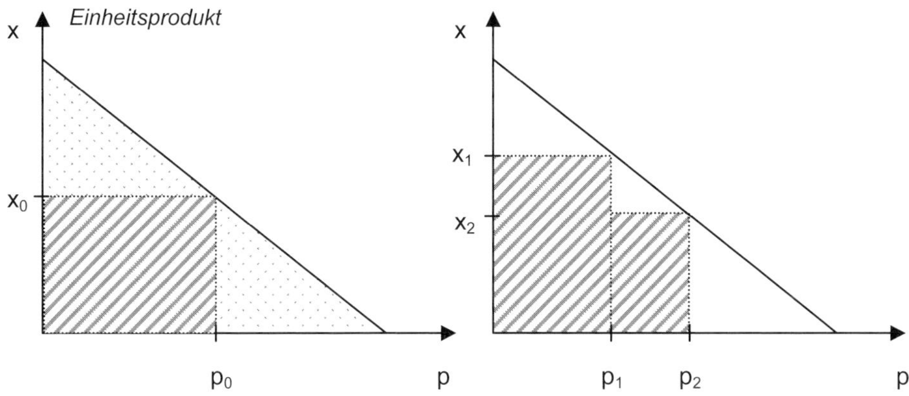

Abbildung. 1: Berücksichtigung einer heterogenen Nachfragestruktur

Gemäß der zweiten Bedingung innerhalb der Strategie des Versioning ist die Gestaltung der Produktvarianten also so zu wählen, dass sich die Konsumenten gemäß ihrer Zahlungsbereitschaft bzw. Konsumentenrente selbst selektieren und nur gewünschte Kannibalisierungseffekte auftreten. Gewünschte Kannibalisierungseffekte bedeuten dabei, dass Konsumenten zu einem Produkt wechseln, das dem Anbieter einen höheren Deckungsbeitrag stiftet. Bei unerwünschten Kannibalisierungseffekten hingegen würde sich ein Konsument trotz höherer Zahlungsbereitschaft für eine günstigere Produktvariante entscheiden (Skiera (2001b, S. 273). Verdeutlicht anhand Abb. 1 bedeutet dies, das die Produktversionen so gestaltet werden müssen, dass ein Teil der Nachfrager einen höheren Nutzen durch Produkt 1 erfährt, der andere Teil einen höheren Nutzen durch Produkt 2.

Die Gestaltung der Produktversionen soll allerdings unerwünschte Kannibalisierungsseffekte vermeiden (Skiera 2001b, S. 273).

Die letzte Bedingung, die im Rahmen des Versioning vorliegen muss, besagt, dass die Produktversionen zu Preisen angeboten werden, die nicht ausschließlich mit den durch Qualitätsveränderung entstehenden Kosten begründet werden (Philips 1981, S. 206). Diese Bedingung stellt in diesem Fall auch konkrete Anforderungen an die Kostenstruktur des Produktes. Für die Strategie des Versioning eignen sich vorrangig Produkte, die sich durch hohe fixe (Bereitstellungs-) Kosten und niedrige variable Kosten kennzeichnen. Am Produkt werden Eigenschaften modifiziert, entfernt oder mit dem Ziel hinzugefügt, dass dadurch die Selbstselektion zwischen den Produktvarianten bestmöglich erfolgt und damit möglichst viel Konsumentenrente abgeschöpft werden kann. Dadurch findet keine kostenbasierte Preispolitik der Produktvarianten statt, sondern eine auf die Konsumenten ausgerichtete marktorientierte Preispolitik.

Ein Beispiel soll an dieser Stelle das generelle Prinzip des Versioning verdeutlichen:

Die Deutsche Bahn bietet einem Reisenden grundsätzlich die Möglichkeiten, in der 1. Klasse zu einem teueren Preis oder in der 2. Klasse zu einem vergleichsweise günstigen Preis zu fahren. Bei näherer Betrachtung liegt hier ein klarer Fall des Versioning vor. Im vorliegenden Beispiel findet eine Selbstselektion aufgrund unterschiedlicher Konsumentenpräferenzen statt. So gibt es zum Beispiel Geschäftsreisende, die für eine Bahnfahrt 1. Klasse trotz höheren Preises eine höhere Zahlungsbereitschaft und somit eine höhere Konsumentenrente haben im Vergleich zu den meisten Urlaubsreisenden, deren Konsumentenrente sehr wahrscheinlich in der 2. Klasse höher als in der 1.Klasse liegen dürfte. Die unterschiedlichen Zahlungsbereitschaften der Reisenden führen folglich zu deren Selbstselektion auf die zwei Beförderungskategorien. Die Preise für die 1. Klasse liegen in der Regel circa 50 bis 60 Prozent über den Preisen der 2. Klasse. Zwar fallen für den Service der 1. Klasse höhere Kosten an, aber diese begründen nicht alleine den Preisunterschied zur 2. Klasse. Demnach ist auch die dritte Bedingung der oben aufgestellten Definition erfüllt.

3. Formen des Versioning

3.1 Dimensionen im Bereich des Versioning

Für die Umsetzung des Versioning sind geeignete Dimensionen zur Angebotsdifferenzierung zu finden, die von Konsumentenseite unterschiedlich bewertet werden. Nach Pigou (1962) werden drei unterschiedliche Arten der Preisdifferenzierung unterschieden: Preisdifferenzierung ersten, zweiten und dritten Grades (Pigou 1962) oder Simon 1992, S. 381 f.). Dabei umfasst der Begriff Preisdifferenzierung neben den unterschiedlichen

Preisen eines Produktes auch dessen Angebot in verschiedenen Produktvarianten hinsichtlich unterschiedlicher Dimensionen (Fassnacht 1996, S. 25 f.). Skiera (1999) unterscheidet die in Abb. 2 dargestellten verschiedenen Implementierungsformen der Preisdifferenzierung. In die Gestaltungsformen ohne Selbstselektion fallen hierbei die Preisdifferenzierung 1. und 3. Grades (oder auch wie bei Shapiro/Varian 1999) „Personalized Pricing“ und „Group Pricing“ genannt). Die Strategie des Versioning kann dem zweiten Ast, der Preisdifferenzierung mit Selbstselektion, zugeordnet werden. Die Preisdifferenzierung mit Selbstselektion kann anhand der vier Dimensionen der leistungsbezogenen, mengenbezogenen, zeitbezogenen und suchkostenbezogenen Differenzierung erfolgen. Hierbei fallen die leistungsbezogene und suchkostenbezogene Preisdifferenzierung eindeutig unter die Strategie des Versioning, zeitbezogene und mengenbezogene Preisdifferenzierung hingegen nur zum Teil.

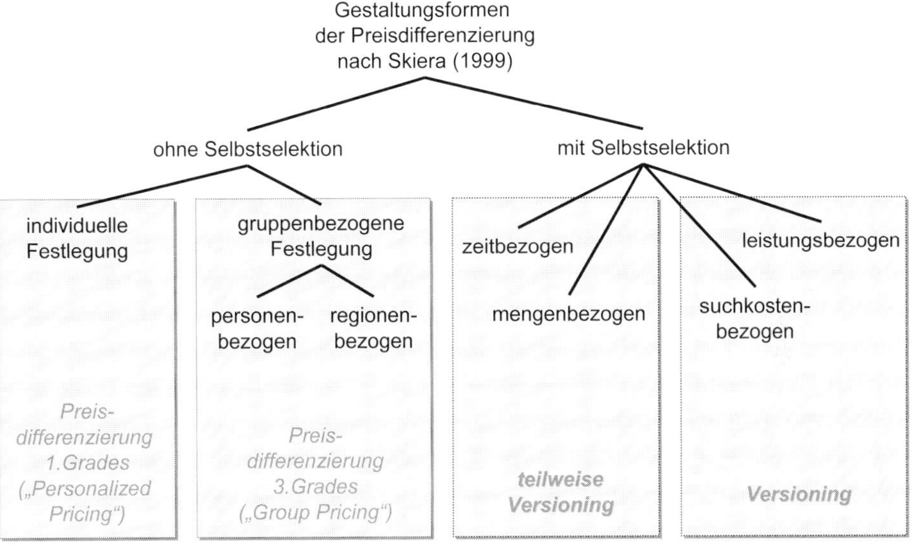

Abbildung 2: Einordnung des Versioning in die Gestaltungsformen der Preisdifferenzierung

Bei der *zeitbezogenen Dimension* im Rahmen des Versioning besteht der Unterschied zwischen den Produktversionen und zugeordneten Preisen hinsichtlich des Nachfragezeitpunktes. Eine zeitbezogene Dimension ist dann zu empfehlen, wenn die Zahlungsbereitschaften der Konsumenten zu unterschiedlichen Zeitpunkten unterschiedlich hoch sind und zudem zwischen den Konsumenten variieren. So wird zum Beispiel bei Büchern häufig zeitbezogenes Versioning betrieben. Zuerst erscheint eine teuere Hardcover

Version eines Buches und erst später die günstigere Taschenbuchversion. Somit kaufen die Konsumenten mit hoher Zahlungsbereitschaft die teure Version und die Konsumenten, die noch warten können und eine niedrigere Zahlungsbereitschaft haben, kaufen die später erscheinende günstigere Taschenbuchversion. Zeitbezogenes Versioning kann zum Beispiel auch hinsichtlich der Priorität erfolgen. Dabei würde eine Produktversion, beispielsweise Expressversand bei einem Paketdienstleister, welche einen höheren Preis hat, schneller bearbeitet werden als eine Version mit einem niedrigeren Preis (Skiera 2001b, S. 273 und Skiera/Spann 1998, S. 703).

Allerdings fällt die zeitliche Preisdifferenzierung aufgrund häufig fehlender Produktdifferenzierung nicht gänzlich unter die Strategie des Versioning. Besonders bei der klassischen Variante der zeitlichen Preisdifferenzierung in Form des Peak-Load-Pricing ist dies nicht der Fall. So liegt bei der zeitlichen Differenzierung von Telefontarifen (Beispielsweise nach Haupt- und Nebenzeit) kein Versioning vor, weil hier die Bedingung der Produktdifferenzierung nicht erfüllt ist.

Ähnlich wie die zeitliche Dimension ist die *mengenbezogene Dimension* nicht gänzlich der Strategie des Versioning zuzuordnen. So ist das mengenbezogene Versioning von der nichtlinearen Preisbildung abzugrenzen. Bei der nichtlinearen Preisbildung sinkt der Preis pro Einheit mit zunehmender Bezugsmenge, wie zum Beispiel beim Mengenrabatt (Simon 1992, S. 44). Mengenbezogenes Versioning liegt hingegen beispielsweise vor, wenn sich die Produktversionen danach unterscheiden, wie häufig sie sich speichern, kopieren oder ausdrucken lassen (Shapiro/Varian 1999, S. 59). Ein solches mengenbezogenes Versioning wird zum Beispiel beim Video Streaming über das Internet angeboten. Hier kann unterschieden werden, ob der User das Video nur anschauen oder aber auch auf seinem Computer abspeichern kann. Auch bei Musikdownloads kann mengenbezogenes Versioning vorliegen, indem bei den einzelnen Produktversionen die Digitale Rechteverwaltung unterschiedlich gestaltet ist. So kann bei günstigen Angeboten ein sehr restriktiver Datenschutz (zum Beispiel maximal 3mal auf CD brennbar) und bei etwas teureren Angeboten ein großzügigerer Datenschutz vorliegen (zum Beispiel bis zu 7mal auf CD brennbar).

Bei der *suchkostenbezogenen Dimension* wird der Aspekt berücksichtigt, dass Konsumenten unterschiedlich hohe Suchkosten haben (Tellis 1986). So kann ein Anbieter die Strategie des Versioning betreiben, in dem er seinen Kunden unterschiedlichen Bedienungskomfort anbietet. Bei Reiseangeboten ist am Markt zum Beispiel eine sehr starke Preisintransparenz vorhanden. Viele Reisebüros bieten, so zum Beispiel LTUR, gleichzeitig eine Online-Plattform sowie traditionelle Reisebüros mit individueller Kundenberatung an. Kunden mit hohen Suchkosten werden eher ins Reisebüro zum Kundenberater gehen, der auf die jeweiligen Präferenzen des Kunden das passende Angebot herausfinden wird, wohingegen Kunden mit niedrigen Suchkosten das beste Angebot auf der Online Plattform durch eigene Recherche suchen werden.

Suchkostenbezogenes Versioning betreiben zum Beispiel auch Verkäufer auf Ebay, wenn Sie Produkte in einer Auktion sowie mit einer „Sofort Kaufen"-Option anbieten.

Der Preis des Sofort-Kaufes liegt meist geringfügig über dem des erwarteten Auktionsendpreises, trotzdem werden Kunden mit hohen Suchkosten den Sofort-Kauf wählen und Kunden mit niedrigen Suchkosten das Schnäppchen in einer Auktion suchen.

In einer ähnlichen Form betreibt der Onlinehändler Amazon suchkostenbezogenes Versioning. Kunden können hierbei Bücher zu höheren Preisen neu, oder in der Regel auch zu günstigeren Preisen gebraucht erwerben. Die Käufer mit niedrigen Suchkosten werden versuchen, unter den verschiedenen Gebrauchtangeboten das Beste herauszusuchen und zwischen Qualität und Preis abwägen. Käufer mit hohen Suchkosten werden hingegen aufgrund der Qualitätsunsicherheit bei gebrauchten Büchern eine höhere Konsumentenrente bei neuen Büchern trotz deren höherer Preise realisieren.

Die *leistungsbezogene Dimension* innerhalb der Strategie des Versioning betrifft insbesondere den Leistungsumfang, die Leistungsfähigkeit und mögliche Zusatzleistungen (Skiera 2001a). Das leistungsbezogene Versioning steht in enger Beziehung zur Produktlinien-Politik (Skiera/Spann 2000, S. 553), in der verschiedene Produkte vertrieben werden, die gleichartige Sachansprüche erfüllen (Brockhoff 1999, S. 25 f.). Da bei der leistungsbezogenen Preisdifferenzierung immer die qualitative Differenzierung vorhanden ist, fällt diese auch gänzlich in den Bereich des Versioning.

Das Unternehmen 1&1 bietet zum Beispiel für Webhosting verschiedene Pakete mit unterschiedlichem Leistungsumfang (siehe Abb. 3) an. So werden sich Privatnutzer am „Home" oder „Business" Tarif orientieren, wohingegen für Unternehmen eher die beiden Produktmodelle „Business Pro" oder „Professional" interessant sind.

Abbildung 3: Leistungsbezogenes Versioning bei 1&1 Webhosting

Als weitere mögliche Differenzierungseigenschaft gewinnt beim leistungsbezogenen Versioning die Komponente Flexibilität zunehmend an Bedeutung. So bietet zum Beispiel die deutsche Fluggesellschaft dba einen günstigen Spar- und einen teuren Flexitarif an. Der Flexitarif unterscheidet sich vom Spartarif in flexibleren Rahmenbedingungen, wie Umbuchungsmöglichkeiten, Verfügbarkeit und Erstattbarkeit.

Jede Branche bietet im Rahmen des Versioning branchenspezifische in die eben genannten Dimensionen einordenbare Unterscheidungsmerkmale, mit denen sich die verschiedenen Konsumentengruppen untereinander trennen lassen. Diese Dimensionen müssen im Rahmen der Versioning-Strategie identifiziert werden, damit mit Hilfe geeigneter Umsetzungsstrategien, die im nächsten Abschnitt vorgestellt werden, aus Produzentensicht möglichst viel Konsumentenrente abgeschöpft werden kann.

3.2 Umsetzungsstrategien

Wie im vorangegangenen Abschnitt dargestellt kommt den zur Angebotsdifferenzierung verwendeten Dimensionen bei einer Versioning-Strategie eine entscheidende Rolle zu. Sind diese Dimensionen ermittelt, können geeignete Umsetzungsstrategien für das Versioning entwickelt werden.

In diesem Beitrag werden zwei Kategorien von Umsetzungsstrategien unterschieden: Umsetzungsstrategien nach dem Prinzip der Kombinierung und nach dem Prinzip der Qualitätsunterschiede (vgl. Übersicht in Abb. 4). In der Praxis kommt es allerdings häufig vor, dass die Umsetzungsstrategien nicht immer eindeutig nach dieser Einteilung zu klassifizieren sind, sondern auch in Mischformen vorliegen.

Abbildung 4: Umsetzungsstrategien bei Versioning

3.2.1 Prinzip der Kombinierung

Die Umsetzungsstrategie nach dem Prinzip der Kombinierung beruht auf der Zusammensetzung von unterschiedlichen Produktversionen bzw. Teilprodukten. Diese kann in Form einer Modularisierung oder in Form einer Bündelung umgesetzt werden.

Bei der *Modularisierung* können ähnlich einer Art Baukastensystem Bausteine hinzugefügt oder weggelassen werden (Herrmann/Seilheimer 2002, S. 668). Ein wesentlicher Vorteil der Modularisierung liegt in der Erzeugung großer Vielfalt bei gleichzeitiger Kontrolle und Reduktion der Komplexitätswirkung (Schulz 1994, S. 136). Durch diese Gestaltungsmöglichkeit kann leistungsbezogenes, suchkostenbezogenes oder mengenbezogenes Versioning umgesetzt werden.

Ein Beispiel im Bereich der modularen Kombination von Bausteinen ist das statistische Analyseprogramm SPSS. Das Programm besteht aus einer Basis-Version und Zusatz-Modulen. Zusätzlich zum Basis-Modul können Anwender, die spezielle Softwarekomponenten benötigen, Zusatz-Module hinzukaufen. In diesem Fall dient die Strategie des Versioning dazu, die Kunden, die mit nur einfachen SPSS-Anwendungs-möglichkeiten arbeiten, von denjenigen zu trennen, die spezielle Werkzeuge benötigen. So kann ein Kunde die Basis-Version (SPSS14.0 für 1.589 €) im Vergleich zu den einzelnen Modulen vergleichsweise günstig erwerben, muss allerdings für eventuell benötigte speziellere Module relativ viel bezahlen (größtenteils 849€ und mehr je Modul). Würde SPSS hingegen die Strategie des Versioning nicht anwenden und lediglich eine teure Version mit allen Funktionsmöglichkeiten anbieten, so würden Kunden mit einer niedrigen Zahlungsbereitschaft ausgeschlossen werden.

Die Umsetzungsstrategie der Modularisierung kann zudem aus zwei verschiedenen Sichten betrachtet werden: aus der Sicht der Angebotsseite und der Sicht der Produktionsseite. Diese zwei Betrachtungsweisen lassen sich leicht an einem Beispiel verdeutlichen. In Chinarestaurants kann der Kunde meist zwischen einer Vielzahl von Speisen wählen. Diese Speisen setzen sich in der Regel aus wenigen Grundzutaten zusammen, wie Rindfleisch, Hühnerfleisch, Reis oder Gemüse. Genau diese Grundzutaten stellen in diesem Beispiel die Bausteine dar. Aus Produktionssicht hat die Modularisierung den Vorteil, dass Vorratshaltung in Grenzen gehalten und damit Kosten eingespart werden können. Aus Sicht der Angebotsseite können aber trotzdem viele Versionen von Gerichten mit geringem Komplexitätsaufwand zubereitet werden (Herrmann/Seilheimer 2002, S. 669).

Eine weitere Umsetzungsstrategie innerhalb des Prinzips Kombinierung ist die *Bündelung*. Unter dem Begriff Bündelung (Huber/Kopsch 2002 oder Olderog/Skiera 2000), der sowohl die Preis- als auch die Produktbündelung umfasst, wird grundsätzlich der Verkauf von zwei oder mehreren separaten Produkten in einem Paket verstanden (Stremersch/Tellis 2000, S. 56). Bei der Preisbündelung erhöht sich die Konsumentenrente für das Bündel nur durch den Preisnachlass, hingegen bei der Produktbündelung (zumindest für einen Teil der Konsumenten) auch durch die nutzensteigernde zusätzliche Integration der verschiedenen Produkte im Bündel (Stremersch/Tellis 2002, S. 56 f.). Bündelprodukte werden gewöhnlich zu einem günstigeren Preis als die Summe der einzelnen Produktelemente verkauft (Huber/Kopsch 2002, S. 619). Ziel innerhalb des Versioning ist es, mit einer Bündelung Teilprodukte oder Produktversionen so zu kombinieren, dass Kunden statt eines einzelnen Produktes ein Produktpaket erwerben, das dem Unternehmen einen größeren Deckungsbeitrag stiftet. So bietet bekanntlich das Unternehmen Microsoft seine Office Software nicht nur in Einzelversionen an, sondern auch in Paketen. Darüber hinaus sollten Kunden bei Bündelprodukten davon ausgehen können, dass die Produkte im Bündel auch funktionstechnisch optimal zusammenpassen (Shapiro/Varian 1999, S. 74). Ein weiteres Beispiel für Bündelung innerhalb des Versioning sind Dauerkarten eines Fußballvereins. Die Dauerkarte umfasst alle Spiele der Saison. Mit dem Verkauf einer Dauerkarte kann der Verein auch zu einem gewissen Teil die Unsicherheit (uninteressante Spiele oder schlechte Witterung) abtreten. Ähnlich werden in der Filmindustrie unattraktive und attraktive Filme an die Kinobetreiber in Form einer Blockbuchung verkauft.

3.2.2 Prinzip der Qualitätsunterschiede

Für die Umsetzung der Strategie des Versioning kommen im Rahmen des Prinzips der Qualitätsunterschiede zwei Möglichkeiten in Betracht: Die Erweiterung der Produktversionen durch Qualitätsverbesserung oder aber auch durch Qualitätsverminderung.

Eine *Qualitätsverbesserung* kann durch die Einführung einer Premiumproduktversion zur bestehenden Standardversion umgesetzt werden. Ein Teil der Konsumenten hat mit dem Kauf der Premiumproduktversion eine höhere Konsumentenrente als bei der Standardversion. Der Vorteil bei der Premiumproduktversion liegt für den Anbieter in der Regel im höheren Deckungsbeitrag gegenüber der Standardversion.

Zum Beispiel wird häufig bei DVDs neben der Standardversion eine teurere „Exklusive Edition" angeboten, die neben dem Film weiteres Material wie Dokumentation, Remake oder Drehpannen enthält. In diesem Fall ist die Bedingung des Versioning, dass die Preisdifferenzierung nicht aufgrund von Kostendifferenzen entsteht, besonders gut ersichtlich. Die zusätzlichen DVD Features fallen in der Regel im Zuge der Produktion an und werden nicht extra produziert. Es wird also aus einem Abfallprodukt ein Mehrwert für die DVD geschaffen.

Qualitätsverbesserungen innerhalb der Versioning-Strategie können allerdings auch in Form eines technischen Kundendienstes vorliegen. So wird eine Standardversion zu einer Premiumproduktversion aufgewertet, indem die Kundendienst- oder Serviceleistungen im Vergleich zum Standardprodukt verbessert werden.

Meist ist jedoch wegen der leichteren Umsetzung die umgekehrte Strategie, d.h. Versioning durch Verringerung der Qualität, interessanter für Unternehmen.

Bei der *Qualitätsverringerung* soll durch das Angebot einer einfacher gestalteten Version zusätzlich Nachfrage geschaffen werden. Hierbei muss allerdings beachtet werden, dass keine Konsumenten von der attraktiveren Produktversion, die in der Regel einen höheren Deckungsbeitrag beinhaltet, zur einfachen Version wechseln. Dies bedeutet, dass die Ausgestaltung der einfachen Version nicht zu attraktiv werden darf. Hierzu stehen verschiedene Umsetzungsformen zur Verfügung, beispielsweise Verzögerung (delay) und Änderung der Funktionsweise.

Die Umsetzungsstrategie der Verzögerung (delay) kann als zeitbezogenes als auch leistungsbezogenes Versioning interpretiert werden. Durch Verzögerung einer Produktleistung können unterschiedliche Präferenzen von Konsumenten selektiert werden. So bietet zum Beispiel www.chip.de für Internet-User im Downloadbereich zwei unterschiedliche Möglichkeiten zum Softwaredownload: einen Gratisdownload (kostenlos) und einen Highspeed-Download (7 Tage 0,49€). Beim Gratisdownload wird allerdings die Downloadrate absichtlich verlangsamt. Am Beispiel in Abb. 5 dauert der Download trotz einer 1 MBit-DSL-Verbindung 10 Minuten. Besitzt der User allerdings den kostenpflichtigen Highspeed-Download Zugang kann er die Datei in weniger als einer Minute auf den Rechner laden.

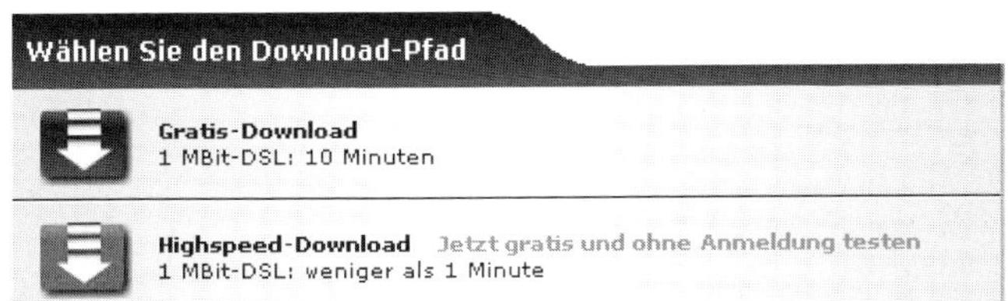

Abbildung 5: Versioning durch verschiedene Download-Geschwindigkeiten bei www.chip.de

Ähnlich dem Beispiel von www.chip.de wird bei Finanzdienstleistungen häufig zwischen Realtime-Aktienkursen und verzögerten Kursen unterschieden. So bekommen Kunden, die eine höhere Gebühr zahlen, die Kurse im Realtime-Modus, die anderen Kunden die Kurse hingegen mit Zeitverzögerung (z.B. 15 Minuten).

Eine weitere Möglichkeit innerhalb des Versioning ist die funktionale Herabsetzung (Shapiro/Varian 1999, S. 63 f.), auch als „Damage Strategy" oder „Crimping the Product Strategy" bezeichnet (Deneckere/McAfee 1996, S. 149 oder Hahn 2002, S. 1 f.). Bei dieser Umsetzung von Versioning werden aus einem bestehenden Produkt eine oder mehrere Produktvarianten geschaffen, indem die Qualität des Produktes herabgesetzt wird. Diese Form der Umsetzung des Versioning kann in allen vier Dimensionen erfolgen.

Beispiele für Versioning durch funktionale Herabsetzung sind vor allem im Bereich E-lektronik und Computer-Hardware zu finden. Der Elektronikhersteller Sony trat Anfang der 90er Jahre mit verschiedenen MiniDisc-Versionen in den Audio-Markt ein. Es wurde eine Mini Disc mit 60-Minuten Speicherdauer zum Preis von $13,99 und eine mit 74-Minuten zum Preis von $16,99 angeboten. Beide MiniDiscs waren baugleich, nur bei der 60-Minuten MiniDisc war im Lead-in eine Information hinterlegt, der die Speicherdauer der MiniDisc von 74 auf 60-Minuten verkürzte. Das klassische Beispiel der funktionalen Herabsetzung stammt vom Computer-Hardware-Hersteller IBM. Das Unternehmen IBM verkaufte 1990 einen Laserdrucker, der 10 Seiten pro Minute druckte. Ein baugleiches Modell von IBM unterschied sich lediglich durch den geringeren Preis und einen eingebauten Chip. Der Chip hatte als einzige Funktion den günstigeren Drucker von 10 Seiten auf 5 Seiten pro Minute zu verlangsamen. IBM hatte durch funktionale Herabsetzung somit zwei Versionen geschaffen: eine günstige langsame und eine teure schnelle Version (Jones 1990 und Deneckere/McAfee 1996). In diesem Beispiel wird auch deutlich, dass die funktionale Herabsetzung durch den eingebauten Chip durchaus auch mit zusätzlichen Kosten verbunden sein kann. Allerdings bleibt bei dieser Art des Versioning offen, welche Wirkung das eventuelle Bekannt werden einer solchen funktionalen Herabsetzung, zum Beispiel durch Testberichte in Zeitschriften, auf die Käufer und potentiellen Käufer hat.

Ähnlich dem Fall der Premium-Variante kann Versioning auch mit Einführung einer kostenlosen Version umgesetzt werden. Diese Art des Versioning kann zum Beispiel eingesetzt werden, um Käufern die Qualitätsunsicherheit zu nehmen, Folgekäufe (Follow-On-Sales) zu induzieren oder die Bekanntheit bzw. den Marktanteil zu steigern (Shapiro/Varian 1998, S. 108 f.). Der Softwarehersteller Adobe konnte zum Beispiel durch seine kostenlos zur Verfügung gestellte Software Acrobat Reader, mit dem allerdings nur Dokumente gelesen und ausgedruckt werden können, den Markanteil erheblich ausbauen. Allerdings müssen Verwender für die Nutzung umfassenderer Funktionen, wie zum Beispiel Erstellung und Verwaltung von Dokumenten, zusätzliche Programme kaufen.

4. Verhaltenswissenschaftliche Aspekte beim Versioning

Innerhalb des Versioning wird vor allem das langfristige Angebot von Produktvarianten festgelegt. Hierbei spielt die Anzahl der angebotenen Versionen, die ein Unternehmen am Markt anbieten soll, eine wichtige Rolle. Neben den normativen Überlegungen zum ökonomischen Auswahlverhalten von Konsumenten müssen beim Versioning auch verhaltenswissenschaftliche Aspekte zur Produktlinienbreite beachtet werden. In diesem Beitrag werden zwei wichtige, in der Literatur diskutierte verhaltenswissenschaftliche Aspekte anhand von Beispielen dargestellt und deren Wichtigkeit aufgezeigt: Eine mentale Überforderung bei großer Produktlinienbreite und die Beeinflussung der Kaufentscheidung aufgrund von Extremeness Aversion.

4.1 Mentale Überforderung bei großer Produktlinienbreite

Durch Erhöhung der Produktlinienbreite wird grundsätzlich die Zahl der Alternativen eines Produktes größer. Allerdings werden auch in den meisten Fällen die Unterschiede zwischen den Alternativen kleiner, so dass die Kaufentscheidung des Konsumenten schwieriger wird (Iyengar/Lepper 2000, S. 995 f.).

Eine große Anzahl an Auswahlmöglichkeiten kann beim Konsumenten dazu führen, dass die individuellen Entscheidungskonflikte größer und somit Entscheidungen hinausgezögert werden (Iyengar/Lepper 2000). Häufig sucht dieser aufgrund der Entscheidungskonflikte noch weiter nach zusätzlichen Alternativen, zieht aber wegen zu hoher Informationsmenge für seine Entscheidung weniger Informationen heran (Hauser/Wernerfelt 1990). Es kann aber durch diese mentale Überforderung und wegen der damit entstehenden Verunsicherung auch vorkommen, dass vom Konsumenten letztendlich gar kein Produkt gewählt wird (Dhar 1997, Shafir/Simonson/Tversky 1993 und Shafir/Tversky 1992).

So untersuchten zum Beispiel Iyengar/Lepper (2000) in einem Feldexperiment die Wirkung einer großen Anzahl an Auswahlmöglichkeiten auf Konsumenten. Hierzu standen in einem Supermarkt den Konsumenten (n=754) jeweils unterschiedliche Marmeladensorten zur Auswahl. Bei einer Experimentgruppe (n=368) standen sechs Sorten im Verkaufsregal, bei der anderen Experimentgruppe (n=386) 24 Sorten. Ivengar/Lepper (2000) kommen zum Ergebnis, dass die größere Auswahl zwar auffälliger ist (es blieben mehr Leute bei der größeren Auswahl stehen), aber die Kaufquote lag bei der geringeren Auswahl an Marmeladensorten wesentlich höher. Bei der eingeschränkten Auswahl kauften insgesamt 30 % und bei der großen Auswahl nur 3% der Personen, die am Regal stehen geblieben sind. Aus diesem und einer Reihe von anderen Experimenten (Ivengar/Lepper 2000) schließen die Autoren, dass eine größere Anzahl an Auswahlmöglichkeiten nicht zwingend positiv auf den Absatz wirken muss.

Übertragen auf die Strategie des Versioning können zu viele Produktversionen also eine mentale Überforderung des Konsumenten bedeuten. Diese Überforderung beeinträchtigt die Selbstselektion der einzelnen Kundengruppen und somit das Ziel der möglichst hohen Abschöpfung der Konsumentenrente (Shapiro/Varian 1999, S. 71 f.).

4.2 Beeinflussung der Kaufentscheidung: Extremeness Aversion

Die Kaufentscheidung der Konsumenten kann durch die Gestaltung der Produktversionen und deren Preise auch unter Ausnutzung irrationaler Verhaltensweisen beeinflusst werden.

Extremeness Aversion ist ein verhaltenswissenschaftlicher Effekt, der im Marketing häufig ausgenutzt wird, um die Kaufentscheidung der Konsumenten zu beeinflussen. Unter dem Begriff Extremeness Aversion wird das Vermeidungsverhalten von Konsumenten bezüglich extremer Produktvarianten bzw. Alternativen verstanden (Shapiro/Varian 1999, S. 71 f. und Simonson/Tversky 1992, S. 281 f.). So werden bei unsicheren Entscheidungen in der Regel Ergebnisse unterhalb eines Referenzpunktes stärker gewichtet als Ergebnisse oberhalb. Dadurch tendieren Konsumenten häufig zu einer Durchschnittslösung und vermeiden Extremlösungen (Simonson/Tversky 1992, S. 281 f.).

Simonson und Tversky (1992) untersuchten in einem Experiment, wie es sich am Markt auswirkt, wenn zu zwei vorhanden Produktvarianten eine dritte Premiumproduktvariante hinzukommt. Die Auswirkung auf die Absatzanteile wurde am Verkauf von Mikrowellenherden getestet. In der ersten Untersuchungsgruppe des Experiments hatten die Konsumenten zwei Mikrowellenherde zur Auswahl. Ein „Schnäppchen“ für \$109.99 und ein normales Angebot für \$179.99. In der zweiten Untersuchungsgruppe wurde zusätzlich zu den zwei bestehenden Mikrowellenherden eine hochpreisige Variante zu \$199.99 angeboten. Durch Hinzufügen der hochpreisigen Variante erhöhte sich der Absatzanteil der mittleren Variante der Mikrowellenherde (für \$179.99) von 45 auf 60 Prozent.

Im vorliegenden Beispiel dient die hochpreisige Variante vor allem als Referenz für die in ihrer Entscheidung unsicheren Konsumenten. Diese wählten, um die Extremlösungen zu vermeiden, die mittlere Variante.

Dieses Beispiel verdeutlicht, dass selbst die Anzahl der Produktversionen die Kaufentscheidung der Konsumenten beeinflussen und so der Absatz bzw. Deckungsbeitrag optimiert werden kann.

5. Zusammenfassung

Der vorangegangene Beitrag hat die Strategie des Versioning definiert, klassifiziert und erläutert. Anhand von zahlreichen Beispielen wurde die Idee, die hinter der Gestaltung der Produktversionen einhergeht, dargestellt, und deutlich gemacht, dass Versioning eine weite Verbreitung in der Praxis findet. Durch die Anwendung einer Versioning-Strategie lassen sich nicht nur das Produktangebot attraktiver gestalten, sondern auch die Umsatz- und Gewinnmöglichkeiten deutlich steigern. Besonders durch zunehmende Heterogenität der Märkte und immer neuere technische Möglichkeiten gewinnt die Strategie des Versioning an Bedeutung. Allerdings dürfen bei der Umsetzung des Versioning die Bedürfnisse der Konsumenten nicht außer Acht gelassen werden. Insbesondere auch verhaltenswissenschaftliche Aspekte wie beispielsweise eine mögliche mentale Überforderung der Konsumenten sollten bei der Umsetzung einer Versioning-Strategie berücksichtigt werden.

6. Literatur

BELLEFLAMME, P., Versioning in the Information Economy: Theory and Applications, in: CESifo Economic Studies, 2005, Vol. 51, S. 329-358.

BROCKHOFF, K., Produktpolitik, 4. Aufl., Stuttgart 1999.

BÜSCHKEN, J./VON THADEN, CH., Produktvariation, -differenzierung und -diversifikation, in: Albers, S. /Herrmann A. (Hrsg.), Handbuch Produktmanagement, Wiesbaden 2002, S. 593-614.

CHOI, S.-Y./STAHL, D.O./WHINSTON, A.B., The Economics of Electronic Commerce, Indianapolis 1997.

DENECKERE, R./MCAFEE, R.P., Damaged Goods, in: Journal of Economics & Management Strategy, 1996, Vol. 5, S. 149-174.

DHAR, R., Consumer Preference for a No-Choice Option, in: Journal of Consumer Research, 1997, Vol. 24, S. 215-231.

FASSNACHT, M., Preisdifferenzierung bei Dienstleistungen: Implementationsformen und Determinanten, Wiesbaden 1996.

FASSNACHT, M., Preisdifferenzierung, in: Diller, H./ Herrmann, A. (Hrsg.), Handbuch Preispolitik, Wiesbaden 2003, S. 483-502.

HAHN, J.H., Damage Durable Goods, in: Keele Economics Research Papers, Keele 2002.

HAUSER, J.R./WERNERFELT, B. (1990), An Evaluation Cost Model of Consideration Sets, in: Journal of Consumer Research, Vol. 16, S. 393-408.

HERRMANN, A./SEILHEIMER, CH., Variantenmanagement, in: Albers, S. /Herrmann, A. (Hrsg.), Handbuch Produktmanagement, Wiesbaden 2002, S. 647-677.

HUBER, F./KOPSCH, A., Produktbündelung, in: Albers, S. /Herrmann, A. (Hrsg.), Handbuch Produktmanagement, Wiesbaden 2002, S. 615-646.

IYENGAR, S.S./LEPPER, M.R., When Choice is Demotivating: Can One Desire Too Much of a Good Thing?, in: Journal of Personality and Social Psychology, 2002, Vol. 79, S. 995-1006.

JONES, M., Low-Cost IBM Laser Printer E Beats HP LaserJet IIP on Performance and Features, in: PC Magazine, 1990, Vol. 8, Nr.10, S. 33-36.

OLDEROG, T./SKIERA, B., The Benefits of Bundling Stratgies, in: Schmalenbach Business Review, 2000, Vol. 52, S. 137-159.

PHLIPS, L., The Economics of Price Discrimination, Cambridge 1981.

PIGOU, A., The Economics of Welfare, 4th reprinted edition, Great Britain 1962.

SCHULZ, S., Komplexität in Unternehmen: Eine Herausforderung an das Controlling, in: Controlling, 1994, S. 130-139.

SIMON, H., Preismanagement, 2. Aufl., Wiesbaden 1992.

SIMONSON, I./TVERSKY, A., Choice in Context: Tradeoff Contrast and Extremeness Aversion, in: Journal of Marketing Research, 1992, Vol. 29, S. 281-295.

SHAFIR, E./SIMONSON, I./TVERSKY, A., Reason-based Choice, in: Cognition, 1993, Vol. 49, S. 11-36.

SHAFIR, E./TVERSKY, A., Thinking Through Uncertainty: Non-Consequential Reasoning and Choice, in: Cognitive Psychology, 1992, Vol. 24, S. 449-474.

SHAPIRO, C./VARIAN, H.R., Versioning: the Smart Way to Sell Information, in: Harvard Business Review, 1998, Vol. 76, November-December, S. 106-114.

SHAPIRO, C./VARIAN, H.R., Information Rules – a Strategic Guide to the Network Economy, Boston, Massachusetts 1999.

SKIERA, B., Mengenbezogene Preisdifferenzierung bei Dienstleistungen, Wiesbaden 1999.

SKIERA, B. (2001a), Wie teuer sollen die Produkte sein? –Preispolitik, in: Albers, S. / Clement, M./ Peters, K./ Skiera, B. (Hrsg.), eCommerce. Einstieg, Strategie und Umsetzung im Unternehmen, 3. Aufl., Frankfurt am Main, S. 97-110.

SKIERA, B., Preisdifferenzierung, in: Albers, S. et al. (Hrsg.), Marketing mit Interaktiven Medien, 3. Aufl., Frankfurt am Main 2001b, S. 267-281.

SKIERA, B./SPANN, M., Gewinnmaximale zeitliche Preisdifferenzierung für Dienstleistungen, in: Zeitschrift für Betriebswirtschaft, 1998, Vol. 68, S. 703-718.

SKIERA, B./SPANN, M., Flexible Preisgestaltung im Electronic Business, in: Weiber, R. (Hrsg.), Handbuch Electronic Business, Wiesbaden 2000, S. 539-558.

STREMERSCH, S. /TELLIS G.J., Strategic Bundling of Products and Prices: A New Synthesis for Marketing, in: Journal of Marketing, 2002, Vol. 66, S. 55-72.

TELLIS, G.J., Beyond the Many Faces of Price: An Integration of Pricing Strategies, in: Journal of Marketing, 1986, Vol. 50, S. 146-160.

VARIAN, H.R. (1996), Pricing Electronic Journals, in: D-Lib Magazine, June 1996.

Vierter Teil

Organisation und Kontrolle

1. Kapitel:

Organisation des Produktmanagement

Ralf Schmidt
Hartwig Steffenhagen

Quality Function Deployment

1. Einführung

Das erstmals 1966 durch J. Akao in Japan vorgestellte und 1972 in der Schiffswerft der Mitsubishi Heavy Industries Kobe angewandte Qualitätsentwicklungskonzept des Quality Function Deployment (QFD) ist erst seit Ende der siebziger Jahre unter dieser Bezeichnung bekannt (Akao, 1992, S. 13, ASI, 1989). Es dient als eine die gesamte Produktentstehung begleitende Methode der Umsetzung von Kundenanforderungen in ein Produkt sowie in die zu seiner Herstellung erforderlichen Prozesse, wobei Kundenanforderungen in alle Bereiche des Unternehmens „transportiert" und dort verständlich gemacht werden sollen (Schöler, 1990, S. 131, Griffin, 1992, S. 173 und Eversheim et al., 1994). Obwohl die Methode nicht auf die Entwicklung technischer Konzepte für Sachgüter beschränkt ist - sie läßt sich auch auf die Umsetzung von Serviceanforderungen bzw. auf Dienstleistungen anwenden (Brown, 1990, Stauss, 1993, Gogoll, 1995, Call, 1997 und Fischer/Schiffers, 1998) - soll im folgenden die Entstehung eines industriell gefertigten Sachguts im Vordergrund stehen. In diesem Anwendungsfeld besteht die Kernaufgabe des QFD in der „Übersetzung der Sprache des Kunden in die der Technik bzw. die des Ingenieurs" (Kamiske et al., 1994, S. 182 f.). Vor dem Hintergrund dieser Aufgabe hat das QFD in den letzten Jahren auch Eingang in die Marketing-Literatur gefunden (Griffin/Hauser, 1992, dieselben 1993, Specht/Schmelzer, 1992, Stauss, 1994, Schmidt, 1996, Call, 1997 und Herrmann, 1997, derselbe 1998).

Obwohl das QFD bereits in vielfältigen Varianten diskutiert wird, sind allen Interpretationen einige Merkmale gemeinsam (Schröder/Zenz, 1996, Sp. 1698):

- QFD zeichnet sich - im Sinne eines subjektiven Qualitätsverständnisses - durch eine konsequente Ausrichtung auf Kundenanforderungen aus.
- QFD verknüpft - im Sinne eines objektiven Qualitätsverständnisses - Kundenanforderungen mit meßbaren technischen Qualitätsmerkmalen.
- QFD wird durch multifunktionale, konsensverpflichtete Teams durchgeführt.
- Instrumentelle Basis für den Planungsprozeß ist eine Folge von Planungs- und Kommunikationsmatrizen, bezeichnet als Houses of Quality.

Das Quality Function Deployment dient somit als eine Methode der Qualitätsplanung dem präventiven Qualitätsmanagement. Aufgrund seiner bereichsübergreifenden Zielsetzung einer den Kundenanforderungen entsprechenden Produktentwicklung besteht im QFD eine in multidisziplinären Entwicklungsteams umzusetzende Methode zur Unterstützung einer markt- und technikorientierten Produktentstehung.

Das Kernstück des QFD, das House of Quality, sei zum näheren Verständnis der gesamten Methodik im folgenden beschrieben.

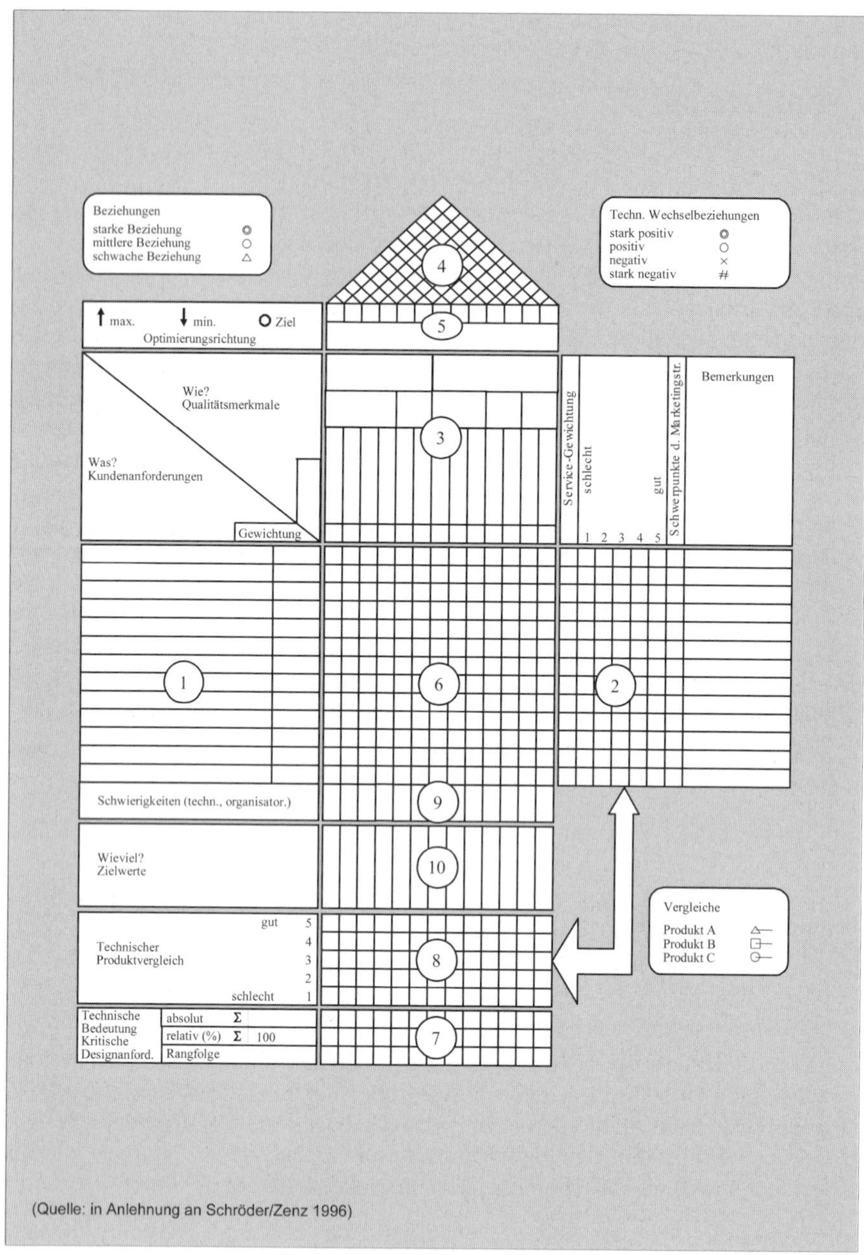

Abbildung 1: Allgemeine Struktur des House of Quality

2. Das House of Quality (HoQ)

Der typische Aufbau eines HoQ wird in Abbildung 1 für die Erarbeitung eines Produktkonzepts veranschaulicht (Schröder/Zenz, 1996, Sp. 1701 f. und Call, 1997, S. 86). Die eingetragene Numerierung kennzeichnet eine Abfolge von Arbeitsschritten.

Schritt 1:

Die *Kundenanforderungen* an das Produkt - in primäre, sekundäre, und tertiäre Anforderungen strukturierbar (Schmidt, 1996, S. 147) - sind zu erfassen und mit einer Gewichtung zu versehen, die den Stellenwert der erwünschten Produktattribute für die Produktwahl des Käufers zum Ausdruck bringen soll. Die Generierung relevanter Attribute und die Messung deren relativer Bedeutsamkeit bedarf sorgfältiger, verwendersegmentorientierter Marktforschung (vgl. den Überblick dazu bei Schmidt, 1996, S. 127 ff., zur Problematik dieses Schritts Engelhardt/Freiling, 1997a). Im Falle eines Windrads können u.a. die Attribute hohe Lebensdauer, geringe Betriebskosten, hoher Wirkungsgrad, ansprechendes Design und umweltfreundlicher Betrieb zu beachtende Kundenanforderungen beschreiben (Schmidt, 1996, S. 359, und das dort dargestellte HoQ).

Schritt 2:

Im „rechten Flügel" des HoQ ist Raum vorgesehen, um existierende Produkte, an denen sich das entstehende Produkt aus Sicht der Verwender messen lassen müßte, auf den Kundenanforderungen einzustufen (*Wettbewerbervergleich*). Ferner besteht die Möglichkeit, eigene strategische Gewichtungen bzw. Vorgaben bezüglich zu erfüllender Kundenanforderungen einzutragen. Auf diese Weise fließt die geplante Produktpositionierung in das Arbeitsschema ein.

Schritt 3:

Es sind diejenigen *technischen Leistungsmerkmale* zu identifizieren, welche die an das Produkt gerichteten Kundenanforderungen erfüllen helfen. Diese Merkmale sollen „lösungsneutral" definiert sein, d.h. noch keine spezielle technische Problemlösung vorwegnehmen; vielmehr sollen sie das Auffinden eines technischen Produktkonzepts erleichtern. Der Übergang von Kundenanforderungen (Zeilen des HoQ) in technische Leistungsmerkmale (Spalten des HoQ) ist somit der zentrale Übersetzungsschritt des QFD (siehe Schritt 6). Am Beispiel des Windrads könnten z.B. die Merkmale Korrosionsbeständigkeit, Verschleiß, Anteil Normteile, Zugänglichkeit von Bauteilen, Unwucht, Dämpfung, dynamische Belastbarkeit, Staub- und Wasserdichtigkeit, Temperaturbeständigkeit und Betriebsstoffverbrauch wichtige Leistungsmerkmale sein. Auch die technischen Leistungsmerkmale lassen sich hierarchisch in primäre, sekundäre und tertiäre Merkmale gliedern (Schröder/Zenz, 1996, Sp. 1700). Die einzubeziehenden Merkmale sollen in ihren Ausprägungen prinzipiell objektiv meßbar und im Rahmen der Produktentwicklung auch beeinflußbar sein. Sie mögen lediglich mit einer einzigen oder - was der häufigere Fall sein wird - mit mehreren Kundenanforderungen korrespondieren (Saatweber, 1994, S. 454).

Schritt 4:

Technische Leistungsmerkmale sind in ihren möglichen Ausprägungen nicht immer beliebig gestaltbar, da es zwischen ihnen zu beachtende, technisch bedingte Wechselbeziehungen gibt. Solche *Interdependenzen zwischen technischen Merkmalen* sind im Dach des HoQ erfaßbar und in ihrer Erscheinungsform aufzeigbar. Zwischen stark bzw. leicht positiven Interdependenzen (Komplementaritäten) und stark bzw. leicht negativen Interdependenzen (Konflikten) ist grob zu unterscheiden.

Beispielsweise besteht zwischen dem Merkmal 'Betriebsstoffverbrauch' und 'dynamische Belastbarkeit' eines Windrads eine konfliktäre Beziehung. Dagegen zeigen die Merkmale 'Festigkeit' und 'dynamische Belastbarkeit' eine komplementäre Beziehung: Eine Verbesserung der Ausprägung des einen Merkmals ist mit einer Verbesserung des anderen Merkmals mühelos vereinbar.

Die jeweilige Beziehungstypik zwischen technischen Leistungsmerkmalen ist im Dach des HoQ durch eine einfach Symbolik zu veranschaulichen (siehe den Kasten oben rechts in Abbildung 1). Die Symbole werden am jeweiligen Kreuzungspunkt der diagonal verlängerten Spalten des Hauses vermerkt. Als Dreiecksmatrix erlaubt es somit das Dach des Hauses, jedes technische Merkmal mit jedem anderen kombiniert zu betrachten.

Schritt 5:

Ob zwei technische Leistungsmerkmale miteinander komplementär oder konfliktär realisierbar sind, hängt von deren sog. Optimierungsrichtung ab. Die dynamische Belastbarkeit eines Windrads sollte z.B. möglichst hoch ausfallen, während der Betriebsstoffverbrauch möglichst gering sein sollte. *Die Optimierungsrichtung einzelner Merkmale* wird ebenfalls im Dach des HoQ im Kopf einer jeden Spalte zum Ausdruck gebracht. Anstelle der Extremierung eines Merkmals ist es denkbar, hier Bandbreiten im Sinne weder zu überschreitender noch zu unterschreitender Toleranzwerte oder sogar punktuell präzisierte Zielvorgaben festzuhalten. Da man bei der Bearbeitung eines HoQ bereits im Schritt 4 auf diese Fragestellung stößt, kann die Reihenfolge des vierten und fünften Schritts gegebenenfalls umgekehrt werden.

Schritt 6:

Die *Korrespondenz zwischen Kundenanforderungen und technischen Leistungsmerkmalen* wird im Zentrum des HoQ zum Ausdruck gebracht. Dieser Teil des Hauses wird deshalb als Beziehungsmatrix bezeichnet. Diese soll Auskunft darüber geben, ob zwischen einer Kundenanforderung und einem technischen Leistungsmerkmal eine Wirkungsbeziehung existiert und wie intensiv diese ausfällt. Trägt ein technisches Leistungsmerkmal (z.B. 'dynamische Belastbarkeit') stark zur Erfüllbarkeit einer Kundenanforderung (z.B. 'lange Lebensdauer') bei, so wird dies durch ein geeignetes

Symbol in der jeweiligen Matrixzelle ebenso vermerkt wie gegebenenfalls eine schwache Beziehung. In Verbindung mit der Optimierungsrichtung eines technischen Merkmals kann eine Beziehung als positiv (fördernd) oder als negativ (behindernd) interpretiert werden. Die Stärke der Beziehung wird i.a. mit einer dreigestuften Rangordnung (stark, mittel, schwach) oder einer Metrik (z.B. mit den Werten 9, 3, 1) erfaßt und mittels einer passenden grafischen Symbolik im HoQ festgehalten (siehe Kasten oben links in Abbildung 1). Bei fehlender Korrespondenz bleibt die jeweilige Zelle leer. So weisen leere oder lediglich mit schwachen Korrespondenzen besetzte Zeilen des Hauses auf fehlende, leere Spalten dagegen auf überflüssige technische Leistungsmerkmale hin (Marsh et al., 1991, S. 112 ff.).

Schritt 7:

In diesem Schritt wird die *Bedeutsamkeit einzelner technischer Leistungsmerkmale* für die Erfüllung der Kundenanforderungen ermittelt. Dies ist unter multiplikativer und summativer Verrechnung von Gewichtungswerten bezüglich der Kundenanforderungen (Schritt 1) und Werten der Beziehungsstärke zwischen Kundenanforderungen und technischen Leistungsmerkmalen (Schritt 6) möglich. Neben einem absoluten Gewichtungswert pro jeweiligem technischen Merkmal lassen sich auch relative Gewichte ableiten (Schmidt, 1996, S. 306). Die Gewichte betonen jene technischen Merkmale, denen in der Produktentwicklung besondere Aufmerksamkeit gelten muß.

Schritt 8:

Es ist ein *Vergleich existenter Produkte anhand technischer Leistungsmerkmale* durchzuführen, dessen Ergebnis in ein „Kellergeschoß" des HoQ eingetragen wird. Die auf die technischen Leistungsmerkmale bezogenen Ratings der einbezogenen Produkte sind durch Experten zu erstellen. Dabei kann z.B. auf die in Reverse-Engineering-Prozessen und durch wertanalytische Untersuchungen der Wettbewerberprodukte gewonnenen Erkenntnisse zurückgegriffen werden (zur Wertanalyse vgl. Schröder, 1994, S. 154 ff.).

Schritt 9:

Das in diesem Schritt zu ermittelnde *Maß der technischen Schwierigkeit* gibt für jedes Qualitätsmerkmal an, wie das QFD-Team die Schwierigkeit einschätzt, eine Veränderung des Merkmals in der im fünften Schritt bestimmten Optimierungsrichtung vorzunehmen. Dabei wird allerdings nicht explizit berücksichtigt, daß der Schwierigkeitsgrad entscheidend von dem erst im letzten Schritt festgelegten Zielwert abhängt (Schröder/Zenz, 1996, Sp. 1704).

Schritt 10:

Nachdem Kundenanforderungen, verstanden als subjektive Qualitätsmerkmale (Was will der Kunde?), in technische Qualitätsmerkmale tranformiert wurden (Wie oder wodurch lassen sich die Kundenanforderungen erfüllen?), erfolgt nun die *Bestimmung von Zielwerten für die technischen Leistungsmerkmale* (Wieviel muß in jedem technischen Merkmal erreicht werden?). Diese Zielwerte liefern spezifische Vorgaben für nachgelagerte Arbeitsschritte im Sinne des Deployment-Prozesses. Um eine den Kundenanforderungen gerecht werdende Produktqualität auch zu späteren Zeitpunkten der Planung überprüfen zu können, werden die Zielwerte in quantitativ meßbaren Größen angegeben und ebenfalls in einem Kellergeschoß des HoQ festgehalten (Call, 1997, S. 91).

3. Der mehrstufig-sequentielle Charakter des QFD

QFD dient nicht allein - wie obige Erläuterung des HoQ suggerieren könnte - einer systematischen Entwicklung von Produktkonzepten. Darüber hinaus bietet es auch den konzeptionellen Rahmen zur Verzahnung nachfolgender Phasen der Produktentstehung, wie z.B. einer Komponenten/Baugruppen/Teile-Planung, einer qualitätsorientierten Fertigungsprozeßplanung sowie einer Produktionsmittel- und Prüfplanung. Die Verzahnung dieser Phasen erfolgt methodisch mittels einer hintereinander geschalteten Arbeit mit auf die jeweilige Phase ausgerichteten Houses of Quality, wobei Resultate eines vorangehenden HoQ zur Eingangsinformation des nachfolgenden HoQ wird (Akao, 1992, S. 19 f., Schöler, 1990, S. 132 f., Saatweber, 1994, S. 449, Wunderlich, 1994, S. 8, und Schmidt, 1996, S. 309 ff.). Beispielsweise liefert ein auf das Produktkonzept bezogenes HoQ 1 mit den abgeleiteten Zielwerten und Gewichtungen für technische Leistungsmerkmale den Input für die Zeilen eines HoQ 2, das sich auf Produktkomponenten/Baugruppen/Teile des Produkts richtet. Im HoQ 2 werden folglich kritische bzw. wichtige Komponentenmerkmale identifiziert, was ein auf diese Merkmale ausgerichtetes technisches Designkonzept erarbeiten helfen soll. Ein HoQ 3 greift Merkmale des Designkonzepts auf und leitet daraus Anforderungen an den Fertigungsprozeß ab usw.

Die Methodik, die Probleme und die Bewältigbarkeit dieser Probleme des Sequentialkonzepts des QFD seien hier nicht detaillierter erörtert (Schmidt, 1997). Vielmehr seien zentrale Aspekte der Leistungsfähigkeit des QFD im Folgenden in den Vordergrund gerückt.

4. Die Leistungsfähigkeit des QFD

Dem QFD werden häufig in werbewirksamer Form beachtliche Erfolge zugeschrieben. Hierzu zählen u.a.

- Entwicklungszeitverkürzungen in Höhe von 33 % bis 50 %,
- Reduzierung der Anlaufkosten für die Produktlinie von bis zu 60 % und
- Reduzierung der erforderlichen Produktänderungen um 50 %

bei gleicher oder verbesserter Produktqualität (ASI, 1989, Sektion 2, S. 3 ff., Griffin/Hauser, 1992, S. 363, und Kamiske et al., 1994, S. 183). Diese Erfolge kennzeichnen jedoch eher Ausnahmefälle als die Regel. Zusätzlich stellen sich die Erfolge keineswegs sofort ein. Vielmehr benötigte Toyota beispielsweise 4 Jahre zur Implementierung des QFD und 7 Jahre, um die oben aufgeführten Kosteneinsparungen in Höhe von 60 % zu erreichen (Kamiske et al., 1994, S. 183).

Im Gegensatz zu Beschreibungen des methodischen Vorgehens des QFD sind kritische Auseinandersetzungen mit dieser Methode der präventiven Qualitätsmanagements eher selten (Ausnahmen: Schmidt, 1996, S. 313 ff., Engelhardt/Freiling, 1997a und den dadurch ausgelösten Dialog). Deshalb sei versucht, Stärken bzw. Potentiale und erkennbare Schwächen bzw. offene Probleme des QFD zu resümieren.

4.1 Stärken bzw. Potentiale des QFD

Dem QFD wird vor allem eine Verbesserung der internen funktionsübergreifenden Kommunikation nachgesagt, die empirisch teilweise bestätigt wurde (Griffin, 1992, S. 179). Die teamorientierte Anwendung des QFD erfordert die Zusammenarbeit aller an der Produktentstehung beteiligten Bereiche und Funktionen und intensiviert auf diesem Wege die interne funktionsübergreifende Kommunikation. Damit verbunden ist häufig die erforderliche Aufhebung der starren Bereichsgrenzen funktionaler Organisationsstrukturen zugunsten einer integrierten Produktentstehung.

Die dem QFD immanente Dokumentationsstruktur erfordert in den einzelnen Planungsschritten einen Konsens der beteiligten Mitarbeiter, die sich darüber hinaus der gleichen Sprache bedienen. Die dadurch gegebene Unterstützung der Erarbeitung gemeinsamer Zielsetzungen und deren transparente Dokumentation hat zusätzlich eine erhöhte Motivation der Mitarbeiter zur Folge. Die komprimierte und standardisierte Informationsaufbereitung des QFD ist nach dessen Einführung für alle an der Entwicklung beteiligten Bereiche verständlich.

Die durch das QFD geforderte Strukturierung des Planungsablaufs bietet den Beteiligten in den frühen Phasen der Produktentstehung eine eindeutige Orientierungshilfe. Als Prozeßstrukturierungshilfe leistet das QFD außerdem einen Beitrag zur Verbesserung bestehender Entwicklungsprozesse sowie zur vereinfachten Einarbeitung neuer Teammitglieder in ein laufendes Entwicklungsprojekt.

Unter der Voraussetzung, daß die Kundenanforderungen valide gemessen wurden (Engelhardt/Freiling, 1997a, S. 10 ff.), unterstützt das QFD eine kundenorientierte Produktentwicklung. Auch Handlungen und Entscheidungen später Produktentstehungsphasen sind dann auf die Kundenanforderungen rückführbar, und das Verständnis aller an der Produktentstehung beteiligten Bereiche wird in seiner Kundenorientierung erhöht.

Die Vorteile des QFD stellen jedoch keine „logischen Konsequenzen" des QFD-Einsatzes dar. Sie beschreiben vielmehr das dieser Methode zuzuschreibende Potential, das sich in der Regel nur langfristig und nicht in jedem Fall erschließen läßt.

4.2 Schwächen bzw. offene Probleme des QFD

Den genannten Potentialen des QFD stehen einige Unzulänglichkeiten dieser Methode gegenüber, deren Einsatz kurzfristig sogar zu erhöhten Produktentstehungszeiten führen kann, wenn bisher isolierte Funktionsbereiche eines Unternehmens im Rahmen des QFD-Einsatzes erstmalig zusammenarbeiten. Entwicklungszeitverkürzungen sind dagegen dann wahrscheinlich, wenn ein gewisses Maß an Integration der an der Produktentstehung beteiligten Bereiche bereits vollzogen ist und sich die Teammitglieder mit dem integrativen Vorgehen des QFD identifizieren (Griffin, 1992, S. 181 f.).

Zunächst ist mit internen Widerständen gegenüber der QFD-Einführung zu rechnen, da der Einsatz des QFD häufig eine Veränderung organisatorischer Strukturen bewirkt und dadurch zu Veränderungen bestehender Machtverhältnisse führen kann. Der kurzfristig hohe zusätzliche Arbeitsaufwand macht es unternehmensinternen Gegnern des QFD zudem recht einfach, dessen Einführung zu blockieren oder zu verzögern. QFD bedarf deshalb bei seiner Einführung der Unterstützung durch die Unternehmensleitung sowie der Überzeugung der betroffenen Mitarbeiter. Der erforderliche hohe Trainingsaufwand, für den jedoch kaum qualifizierte Trainer zur Verfügung stehen, wird hierbei häufig unterschätzt.

Ein Hauptproblem der QFD-Methodik ist dessen Komplexität. Anders als bei den in Veröffentlichungen häufig verwendeten, wirtschaftlich kaum relevanten und trivialen Beispielen, wie z.B. Mausefallen, Kugelschreibern, Geldbörsen oder Kaffeetassen, werden die Qualitätstabellen des QFD bei realen Anwendungen schnell unübersichtlich. Dies führt zu der Forderung, sich auf die Kundenforderungen und Qualitätsmerkmale zu beschränken, die wichtig sind und zwischen den Wettbewerbern differenzieren. So gilt das Setzen von Prioritäten als eine der wichtigsten Aufgaben bei der QFD-Anwendung (Akao, 1992, S.21). Von dem Komplexitätsproblem ist vor allem die zweite Qualitätstabelle des ASI-QFD-Ansatzes betroffen, die eine Spezifikation der Baugruppen- und Teilemerkmale zum Ziel hat.

In dieser zweiten Qualitätstabelle fallen zudem gravierende konzeptionelle Schwächen auf. So bleiben auf einzelne Produktkomponenten bezogene Kundenanforderungen unberücksichtigt. In der Realität bezieht sich jedoch ein hoher Teil der Kundenanforderungen ausschließlich auf eine oder wenige Komponenten eines Produkts. Solche Kundenanforderungen, wie z.B. die Blendfreiheit des Außenspiegels eines Kfz, die übersichtliche Anordnung der Armaturen in einem Pkw oder die Korrosionsbeständigkeit des Sägeblatts einer Kettensäge, werden bei der traditionellen QFD-Vorgehensweise ausgeblendet und vernachlässigt (Hartung, 1994, S. 16 f., und Stauss, 1994, S. 154).

Bei der Umsetzung der häufig unzureichend gemessenen Kundenanforderungen in Qualitätsmerkmale fehlen Hilfestellungen für die auf die technischen Leistungsmerkmale bezogene Zielwertfestlegung. Auch die Skalierung des Zusammenhangs zwischen Kundenanforderung und technischem Qualitätsmerkmal ist als problematisch anzusehen. Die in der Literatur alternativ empfohlenen Skalierungen (z.B. 9-3-1 vs. 3-2-1) führen jeweils zu unterschiedlichen Ergebnissen.

In der Vernachlässigung von Unsicherheiten des Projektteams bei der Skalierung des Zusammenhangs zwischen Kundenanforderungen und technischen Leistungsmerkmalen mag ein weiterer Grund dafür bestehen, daß die Methode häufig als „subtil" oder „dubios" empfunden wird. Hinzu kommt das Problem, daß die mechanisch anmutende Vorgehensweise bei der Umsetzung von Kundenanforderungen in technische Leistungsmerkmale zu einer Fehlinterpretation der gewonnenen Erkenntnisse führen kann (Bruhn, 1997, S. 279).

Zusätzlich führt die in der linear-additiven Rechenregel der Qualitätstabelle implizit vorausgesetzte Kompensatorik der Kundenanforderungen dazu, daß das QFD keine zwingend zu erfüllenden Kundenanforderungen (Knock-Out- oder Basisfaktoren) abbilden kann. Zudem ist das QFD auch nicht in der Lage, bestehende Interaktionen zwischen verschiedenen Kundenanforderungen zu berücksichtigen (Homburg, 1997, S. 283 f.). Zwar werden in dem Dach der Qualitätstabelle die zwischen den technischen Merkmalen bestehenden Abhängigkeiten gekennzeichnet. Wie die durch negative Beziehungen gekennzeichneten Konflikte zu handhaben sind, wird jedoch ebenfalls nicht weiter thematisiert.

Eine weitere grundlegende Schwäche des QFD besteht darin, daß die Festlegung auf ein kundenbezogenes und technisches Grobkonzept vernachlässigt wird. Die Umsetzung von Kundenanforderungen beschränkt sich ausschließlich auf ausprägungslose, gewichtete Eigenschaften. Ein kundenbezogenes und durch konkrete Eigenschaftsausprägungen definiertes Grobkonzept wird in der Vorgehensweise des QFD dagegen nicht festgelegt, obwohl gerade in den frühen Produktentstehungsphasen, in denen das QFD zum Einsatz kommt, eine derartige Festlegung zielführend ist (Schmidt, 1996, S. 35 ff.).

5. Potentielle Weiterentwicklungen des QFD

Die anschließend vorgestellten Weiterentwicklungen des QFD lassen sich folgenden Punkten zuordnen:

- Vorschaltung einer Grobkonzept-Festlegung,
- Verbesserung der Skalierung des Zusammenhangs zwischen Kundenanforderung und technischen Merkmalen sowie Berücksichtigung diesbezüglicher Unsicherheiten,
- Berücksichtigung komponentenbezogener Kundenanforderungen und
- Reduzierung der Komplexität der Houses of Quality.

Die im traditionellen QFD nicht erkennbare *Vorauswahl eines technischen Grobkonzepts* für das zu entwickelnde Produkt läßt sich mit einfachen Mitteln erleichtern. Diese Auswahl kann in Form eines vorgeschalteten HoQ anhand der bestehenden Kundenanforderungen erfolgen. Abbildung 2 zeigt dies am Windrad-Beispiel.

Zunächst werden die drei alternativen technischen Grobkonzepte des Windrads (H-Rotor, Darrieus und Horizontalachsenanlage) durch das Projektteam anhand der (in diesem Falle übergeordneten und ausprägungslos gewichteten) Kundenanforderungen bewertet (Abbildung 2). Es wird deutlich, daß die Horizontalachsenanlage aus Sicht des Projektteams am ehesten den Kundenanforderungen gerecht wird, während der Darrieus im Hinblick auf die Kundenanforderungen am schlechtesten bewertet wird. Neben den Kundenanforderungen sind auch interne Anforderungen an das zu entwickelnde Produkt von Bedeutung. Hierunter ist die zusammenfassende Bewertung im Hinblick auf das unternehmensintern für die Entwicklung, Fertigung und Vermarktung zur Verfügung stehende Know how in Relation zu den Fähigkeiten der Wettbewerber zusammengefaßt. Diese Anforderungen lassen sich bewertend mit der Berücksichtigung der Kundenanforderungen verbinden, was hier nicht detailliert dargestellt sei (Schmidt, 1997).

Die *Skalierung des Zusammenhangs zwischen Kundenanforderung und technischem Leistungsmerkmal* läßt sich verbessern, indem die bei der Angabe der Korrespondenzwerte innerhalb des Projektteams bestehenden Unsicherheiten berücksichtigt werden. Hierzu bietet sich eine Nutzung der Fuzzy Set Theorie an, die auch die Festlegung auf eine bestimmte Skalierungsart vermeidet. Bei einem solchen Fuzzy QFD (dazu Fischer, 1998) können die Korrespondenzen durch das Projektteam in Form von Zugehörigkeitsfunktionen abgebildet und mit den Gewichtungen der Kundenanforderungen verrechnet werden. Dies hat zur Folge, daß das QFD nicht zu scharfen Werten für die Gewichtung der technischen Merkmale führt, sondern die Bedeutung dieser Merkmale ebenfalls in Form von Zugehörigkeitsfunktionen wiedergibt. Diese unscharfen und dadurch valideren Werte lassen sich im weiteren Vorgehen des QFD vor der Übergabe an ein folgendes HoQ bei Bedarf defuzzyfizieren.

Ein weiteres Verbesserungspotential des QFD liegt in der *Berücksichtigung komponentenbezogener Kundenanforderungen*. Bestehen solche auf eine Komponente bezogenen Kundenanforderungen oder sind solche auf eine Komponente beziehbaren Kundenanforderungen aus den auf das gesamte Produkt bezogenen Ansprüchen ableitbar, so kann für diese Komponente das gleiche HoQ Anwendung finden wie für das Gesamtprodukt. Die auf die Komponente bezogenen Kundenanforderungen werden in der oben beschriebenen Vorgehensweise in komponentenbezogene technische Merkmale (incl. Gewichtung und Zielwertfestlegung) überführt.

Anders als beim Gesamtprodukt sollte die Bewertung alternativer technischer Grobkonzepte einer Produktkomponente neben internen Anforderungen jedoch nicht immer anhand der auf die Komponente bezogenen Kundenanforderungen erfolgen. Während bei dem Gesamtprodukt eine direkte Bewertung unterschiedlicher technischer Grobkonzepte anhand der Kundenanforderungen in der Regel möglich ist, steht das Projektteam bei den Produktkomponenten häufig vor größeren Schwierigkeiten. Beispielsweise ist es für

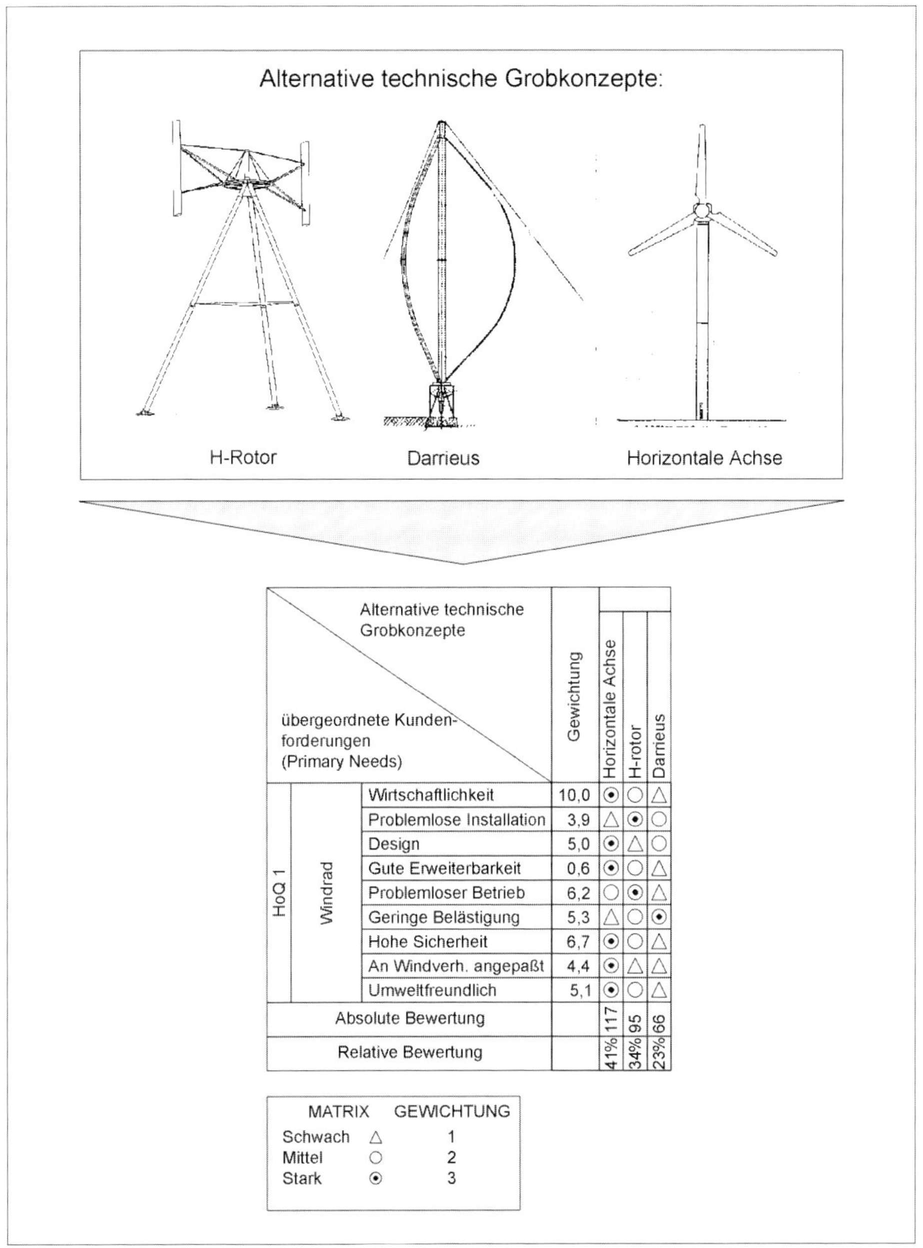

Alternative technische Grobkonzepte / übergeordnete Kundenforderungen (Primary Needs)			Gewichtung	Horizontale Achse	H-rotor	Darrieus
HoQ 1	Windrad	Wirtschaftlichkeit	10,0	⊙	○	△
		Problemlose Installation	3,9	△	⊙	○
		Design	5,0	⊙	△	○
		Gute Erweiterbarkeit	0,6	⊙	○	△
		Problemloser Betrieb	6,2	○	⊙	△
		Geringe Belästigung	5,3	△	○	⊙
		Hohe Sicherheit	6,7	⊙	○	△
		An Windverh. angepaßt	4,4	⊙	△	△
		Umweltfreundlich	5,1	⊙	○	△
Absolute Bewertung				117	95	66
Relative Bewertung				41%	34%	23%

Abbildung 2: Alternative technische Grobkonzepte des Windrads und deren Bewertung anhand übergeordneter Kundenforderungen

das Projektteam schwierig, die unterschiedlichen technischen Grobkonzepte eines Windradgetriebes anhand der Kundenanforderungen zu bewerten. Obwohl beispielsweise feststeht, daß aus Sicht der Kunden eine hohe Lebensdauer eines in hohem Maße wartungsarmen und mit geringer Lärmbelästigung verbundenen Getriebes zu erreichen ist, fällt dem Projektteam eine Beurteilung der technischen Grobkonzepte „Stirnradgetriebe", „Hydraulikgetriebe" oder „Planetengetriebe" anhand der Kundenanforderungen (hohe Lebensdauer, wartungsarm, geringe Lärmbelästigung) sicherlich schwerer als die Bewertung der Varianten anhand der auf Basis der Kundenanforderungen gewichteten technischen Merkmale des Getriebes (wie z.B. Unwucht, Dämpfung, Spiel etc.).

Die *Komplexität* des traditionell zweiten HoQ des QFD wird durch getrennte Häuser für die einzelnen Produktkomponenten *reduziert*. Allerdings ergibt sich dann die Notwendigkeit, einen Abgleich der isoliert für die einzelnen Produktkomponenten erstellten Häuser zu schaffen. Ebenso ist eine Abstimmung hinsichtlich der Zielwertfestlegung für das Gesamtprodukt und die Produktkomponenten erforderlich. Die Optimierungsrichtungen eines auf das Gesamtprodukt und eines auf die Produktkomponente bezogenen technischen Merkmals können sich widersprechen. Eine möglichst sichere und deshalb hohe Schmierung des Windradgetriebes kann beispielsweise die möglichst geringe ökologische Bedenklichkeit des gesamten Windrades beeinträchtigen. Solche Konfliktfelder sind durch das Projektteam aufzudecken und bei der Produkt- und Komponentendefinition zu berücksichtigen.

Es wird deutlich, daß die hier aufgezeigten Verbesserungsmöglichkeiten des traditionellen QFD schnell zu einer Abfolge vielfältiger HoQ und Diagnoseschritte führen. Die Darstellung einer solchen, zwangsläufig sehr komplexen Prozeßstrukturierungshilfe würde an dieser Stelle jedoch zu weit führen.

Auch ohne die detaillierte Darstellung aller Schrittfolgen einer solchen an anderer Stelle im Detail dokumentierten Prozeßstrukturierungshilfe (Schmidt, 1996, S. 324 ff., derselbe 1997, S. 296 ff.) wird ein Problem solcher Weiterentwicklungen des traditionellen QFD offensichtlich. Zwar erfolgt eine Komplexitätsreduzierung in einzelnen Häusern des traditionellen QFD (speziell im zweiten HoQ). Auch erfolgt eine Kopplung von QFD, Produktkonzeptfindung und Produktdefinition. Allerdings ist eine erhöhte „Tiefe" und Komplexität der durch das QFD abgedeckten Planungsschritte die Folge, um die erforderliche Genauigkeit einzuhalten (Engelhardt/Freiling, 1997b, S. 292). Hieraus ergibt sich ein im Vergleich zum traditionellen QFD erhöhter Arbeitsaufwand, dessen Sinnhaftigkeit zum Zeitpunkt seines Entstehens für die Beteiligten nicht direkt einsichtig ist. Dies kann Motivationsprobleme zur Folge haben. Allerdings wird sich der in den frühen Phasen erhöhte Arbeitsaufwand in den späteren Produktentstehungsphasen auszahlen, in denen mit deutlich weniger Rückkopplungsschritten zu rechnen ist als beim traditionellen Vorgehen. Iterationen und Änderungen beschränken sich deshalb eher auf die Bereiche der Produktentstehung, die mit relativ geringen Kosten verbunden sind. In diesem Sinne entsprechen die hier vorgestellten QFD-Verbesserungen den Anforderungen der integrierten Produktentstehung und des Simultaneous Engineering.

6. Zusammenfassung

Im Rahmen der präventiven Qualitätsplanung besteht im Quality Function Depoloyment (QFD) eine mittlerweile etablierte Methode, deren methodische Vorgehensweise in der Literatur bisher zwar häufig beschrieben, aber selten kritisch durchleuchtet wurde. Nach einer im wesentlichen auf das House of Quality beshränkten Erläuterung der Vorgehensweise des QFD erfolgte in diesem Beitrag die Diskussion der Stärken und Potentiale sowie der Schwächen dieses Ansatzes. Zu den Stärken des QFD zählen u.a. die Verbesserung der internen Kommunikation sowie die Strukturierung des Planungsablaufs in frühen Phasen der durch das QFD verstärkt kundenorientierten Produktentstehung.

Den im Beitrag erläuterten Unzulänglichkeiten der Methodik, wie z.B. der hohen Komplexität, der fehlenden Berücksichtigung gezielt auf einzelne Produktkomponenten bezogenen Kundenanforderungen oder der Beschränkung der Kundenanforderungen auf ausprägungslose gewichtete Eigenschaften, werden anschließend Verbesserungsvorschläge gegenübergestellt.

7. Literatur

AKAO, Y., QFD - Quality Function Deployment. Wie die Japaner Kundenwünsche in Qualität umsetzen, Landsberg/Lech 1992.

ASI, (Hrsg.), Quality Function Deployment. Kundenorientierte Produkt-Entwicklung und -Fertigung. Workshop-Handbuch, American Supplier Institute (ASI), Quality Systems, Milton Keynes 1989.

BROWN, M. G., Service Quality Deployment. Defining Customer Requirements, in: The Journal for Quality and Participation, 1990, S. 98-104.

BRUHN, M., Quality Function Deployment als Grundlage eines integrierten Qualitätsmanagements - Problemfelder und Erweiterungsbedarf. Stellungnahme zu: Werner H. Engelhardt / Jörg Freiling, Marktorientierte Qualitätsplanung - Probleme des Quality Function Deployment aus Marketing-Sicht", in: Die Betriebswirtschaft, 1997, S. 278-279.

CALL, G., Entstehung und Markteinführung von Produktneuheiten, in: Meffert, H./Steffenhagen, H./Freter, H., (Hrsg.), Schriftenreihe Unternehmensführung und Marketing, Band 33, Wiesbaden 1997.

ENGELHARDT, W. H./FREILING, J., Marktorientierte Qualitätsplanung: Probleme des Quality Function Deployment aus Marketing-Sicht, in: Die Betriebswirtschaft, 1997a, S. 7-19.

ENGELHARDT, W. H./FREILING, J., Zusammenfassende Stellungnahme zu den Dialogbeiträgen von Hans H. Bauer/Thomas Herrmann, Manfred Bruhn, Ursula Hansen/Birgitt

Pollmann, Christian Homburg, Arnold Picot und Horst Wildemann zum Thema Marktorientierte Qualitätsplanung, in: Die Betriebswirtschaft, 1997b, S. 290-292.

EVERSHEIM, W./SCHMIDT, R./SARETZ, B., Systematische Ableitung von Produktmerkmalen aus Marktbedürfnissen, in: io-Management Zeitschrift, 1994, S. 66-70.

FISCHER, J., Fuzzy Quality Function Deployment (Fuzzy-QFD), Arbeitsbericht Nr. 98/10 des Lehrstuhls für Unternehmenspolitik und Marketing (RWTH Aachen), Aachen 1998.

FISCHER, J./SCHIFFERS, B., Konzeptfindung für Produkt- und Serviceleistungsbündel mittels ProSerF, Arbeitsbericht Nr. 98/08 des Lehrstuhls für Unternehmenspolitik und Marketing (RWTH Aachen), Aachen 1998.

GOGOLL, A., Service QFD: Quality Function Deployment für den Dienstleistungsbereich, in: Hansen, W./Jansen, H./Kamiske, G., (Hrsg.), Qualitätsmanagement im Unternehmen, 1995, S. 1-19.

GRIFFIN, A., Evaluating QFD´s Use in US Firms as a Process for Developing Products, in: Journal of Product Innovation Management, 1992, S. 171-187.

GRIFFIN, A./HAUSER, J. R., Patterns of Communication Among Marketing, Engineering and Manufacturing - A Comparison Between Two New Product Teams, in: Management Science, 1992, S. 360-373.

GRIFFIN, A./HAUSER, J. R., The Voice of the Customer, in: Marketing Science, 1993, S. 1-27.

HARTUNG, S., Methoden des Qualitätsmanagements für die Produktplanung und –entwicklung, in: Eversheim, W./König, W./Pfeifer, T./Weck, M., (Hrsg.), Berichte aus der Produktionstechnik, Band 9/94, Aachen 1994 (zugl. Dissertation, RWTH Aachen 1994).

HERRMANN, A., Marktorientiertes Qualitätsmanagement - eine Erweiterung des Quality Function Deployment-Ansatzes aus marketingtheoretischer Sicht, in: Zeitschrift für Planung, 1997, S. 185-195.

HERRMANN, A., Produktmanagement, München 1998.

HOMBURG, C., TQM: Eine Herausforderung für die Marketing-Wissenschaft. Stellungnahme zu: Werner H. Engelhardt und Jörg Freiling: Marktorientierte Qualitätsplanung - Probleme des Quality Function Deployment aus Marketing-Sicht, in: Die Betriebswirtschaft, 1997, S. 283-285.

KAMISKE, G. F./HUMMEL, T. G. C./MALORNY, C./ZOSCHKE, M., Quality Function Deployment - oder das systematische Überbringen der Kundenwünsche. Qualitätsplanungs- und Kommunikationsinstrument zwischen Marketer und Ingenieur, in: Marketing ZFP, 1994, S. 181-190.

MARSH, S./MORAN, J. W./NAKUI, S./HOFFHERR, G., Facilitating and Training in Quality Function Deployment, Methuen 1991.

SAATWEBER, J., Quality Function Deployment (QFD), in: Masing, W., (Hrsg.), Handbuch Qualitätsmanagement, 3. Aufl., München u.a. 1994, S. 445-468.

SCHMIDT, R., Marktorientierte Konzeptfindung für langlebige Gebrauchsgüter: Messung und QFD-gestützte Umsetzung von Kundenforderungen und Kundenurteilen. In: Meffert, H./Steffenhagen, H./Freter, H, (Hrsg.), Schriftenreihe Unternehmensführung und Marketing, Band 29, Wiesbaden 1996.

SCHMIDT, R., The implementation of simultaneous engineering in the stage of product concept development: A process orientated improvement of quality function deployment, in: European Journal of Operational Research, 1997, S. 293-314.

SCHÖLER, H., Quality Function Deployment - eine Methode zur qualitätsgerechten Produktgestaltung, in: VDI-Zentrum Wertanalyse, (Hrsg.), Qualität gestalten - Wert erhöhen: Zukunft sichern, Wertanalyse-Kongreß 1990, Tagung Mannheim, 8. und 9. Mai 1990, VDI-Berichte 829, Düsseldorf 1990, S. 129-141.

SCHRÖDER, H.-H., Wertanalyse als Instrument optimierender Produktgestaltung, in: Corsten, H., (Hrsg.), Handbuch Produktmanagement: Strategie-Führung-Technologie-Schnittstellen, Wiesbaden 1994, S. 151-169.

SCHRÖDER, H.-H./ZENZ, A., QFD (Quality Function Deployment), in: Kern, W./Schröder, H.-H./Weber, J., (Hrsg.), Handbuch der Produktionswirtschaft, Stuttgart 1996, S. 1697-1711.

SPECHT, G./SCHMELZER, H. J., Instrumente des Qualitätsmanagements in der Produktentwicklung, in: Zeitschrift für betriebswirtschaftliche Forschung, 1992, S. 531-547.

STAUSS, B., Service Problem Deployment: Transformation of Problem Information into Problem Prevention Activities, in: International Journal of Service Industry Management, 1993, S. 41-62.

STAUSS, B., Total Quality Management und Marketing, in: Marketing ZFP, 1994, S. 149-159.

WUNDERLICH, M., Quality Function Deployment, Zwischenbericht des Sonderforschungsbereichs 361 der RWTH Aachen: Modelle und Methoden zur Integrierten Produkt- und Prozeßgestaltung, Teilprojekt B1, Aachen 1994.

Axel Johne
Sören Salomo

Organisation der Produktinnovation

1. Einleitung

Die Organisation der Produktinnovation ist eine komplexe, aber für den Erfolg von Produktinnovationen zentrale Aufgabe. Wir folgen hier einem weit gefassten Verständnis von Organisation, das neben klassischen formalen Strukturentscheidungen auch Gestaltungsansätze zur informalen Organisation umfasst. Um optimal Produktinnovationen organisieren zu können, bedarf es eines differenzierten betrieblichen Innovationssystems, dessen Elemente entsprechend den individuellen Bedingungen dynamisch angepasst werden. Die Organisation der Produktinnovation muss besonders den angestrebten und realisierten Innovationsgrad neuer Produkte berücksichtigen. Entsprechend entwickeln wir einen Ansatz zur Bestimmung des Neuigkeitsgrades, der sowohl dem mehrdimensionalen Charakter des Problems als auch unterschiedlicher Produktkomplexität gerecht wird. Wir nennen Unternehmen, die auf den Marktwandel reagieren „reagierende Unternehmen", hingegen Unternehmen, die dem Marktwandel antizipierend und gestaltend mit Produktinnovationen begegnen „proaktiv innovierende Unternehmen". In diesem Beitrag vergleichen und kontrastieren wir die organisationalen Herausforderungen in reagierenden und proaktiv innovierenden Unternehmen, um daraus Hinweise für Innovation anstrebende Unternehmen abzuleiten.

2. Organisation der Produktinnovation: Das betriebliche Innovationssystem

Die betriebswirtschaftliche Forschung beschäftigt sich seit vielen Jahren mit Einflussfaktoren auf erfolgreiche Produktinnovation (Cooper/Kleinschmidt, 1987, 1993, Poulton/Barclay, 1998, Johne/Storey, 1998, Hauschildt/Gemünden, 1999 und Hauschildt/Salomo, 2007). Diese lassen sich empirisch-quantitativ oder heuristisch-qualitativ kategorisieren. Ein von Peters & Waterman (1982) popularisiertes qualitatives Kategoriensystem ist das 7-S-Schema von McKinsey. Unter den sieben Stichwörtern im McKinsey-Schema ist „Strategie" eine besonders wichtige Fähigkeit. Sie differenziert die Produktinnovationstypen nach strategischem Gleichgewicht und Komplexität. „Stil" (Führungsstil) spiegelt insbesondere die Art wider, wie das Management Produktinnovationen lenkt. Gemeinsames Selbstverständnis („Werte") steht für Unterstützung der Produktinnovation durch die gesamte Organisation. „Struktur" bezieht sich auf die Organisation im engeren Sinne und umfasst besonders die hierarchische Positionierung und aufbauorganisatorische Gestaltung der Innovationsaufgabe. „Systeme" für Arbeitsabläufe betreffen die Regeln und Koordinationsverfahren zum Vollzug von Aktivitäten. „Stammpersonal" bezeichnet das Spektrum von funktionellen Fachleuten. Letztlich stellen „Spezialkenntnisse" die Fähigkeiten dar, die zur Produktinnovation benötigt werden (Johne/Davies, 1999). Neben diesen qualitativen, aus Einzelbeobachtungen der Praxis resultierenden Empfehlungen liegt eine große Zahl an quantitativ empirischen Studien zu kritischen Erfolgsfaktoren der Produktinnovation vor. Die Erkenntnisse dieser Studien werden in einer Reihe an zusammenfassenden Meta-Analysen zu Bündeln an Erfolgsfaktoren kategorisiert (Balachandra/Friar, 1997, Montoya-Weiss/Calantone 1994, Henard/ Szymanski, 2001). Neben markt- und technologiebezogenen Faktoren werden Eigenschaften der Organisation einheitlich als relevante Faktoren des Produktinnovationserfolges bestimmt. So erweisen sich:

- die Kooperations- und Koordinationsfähigkeiten,
- die Strukturbildung,
- die Fähigkeit zum professionellen Projektmanagement und hier insbesondere die strategische Projektplanung,
- eine innovationsfreundliche Unternehmenskultur, die arbeitsteilige Leistung anerkennt und fördert
- sowie der engagiert Einsatz von erfahrenen Schlüsselpersonen

als zentrale Erfolgstreiber (Hauschildt/Salomo, 2007, van der Panne/van Beers/ Kleinknecht, 2003).

Die Organisation der Produktinnovation regelt also die Kommunikation und Interaktion der beteiligten und betroffenen Personen und bestimmt das Positions- und Kompetenzgefüge im Sinne eines Organisationssystems (Hübner, 2002). Dabei ist zu beachten, dass in innovativen Situationen Interaktion und Kommunikation häufig spontaner Natur sind. Sie entziehen sich zu großen Teilen der traditionellen ex-ante Regelung und sind nur in begrenztem Umfang formalisierbar. Nicht zuletzt aus dieser Perspektive sind die Nennung von innovationsorientierter Unternehmenskultur (Ernst, 2003) und die erfolgskritische Aktivität von Schlüsselpersonen oder Promotoren (Hauschildt/Gemünden, 1999) in der obigen Aufzählung einleuchtend.

Informale Organisation gewinnt in der innovativen Situation, in der Ziele häufig erst im Prozess definiert werden können und in der Problemkontur und -struktur ungewiss sind, im Vergleich zur formalen Organisation, die in der Routine dominiert, an Bedeutung. Insofern schlagen Hauschildt & Salomo (2007) vor, an Stelle von Organisation von einem „betrieblichen Innovationssystem" zu sprechen. Dieses muss als ein „offenes" System konzipiert werden, dass Selbstorganisation in weiten Teilen zulässt, sich in der Regelungstiefe beschränkt und Möglichkeiten bietet, spontane Interaktion aufzugreifen, auszuprobieren, auszubauen und gegebenenfalls zeitlich und sachlich beschränkt zu institutionalisieren. Die Gestaltung der Organisation der Produktinnovation betrifft also weniger die Festlegung von definierter Aufbau- und Ablauforganisation, sondern vielmehr die Sicherung eines innovationsorientierten Gestaltungsrahmens. Dies erlaubt fortlaufende Koordination der Beteiligten und Betroffenen und reicht von der Ausrichtung auf eine innovationsorientierte Kultur bis zur ständigen oder fallweisen Institutionalisierung der Innovationsaktivitäten (siehe Abbildung 1).

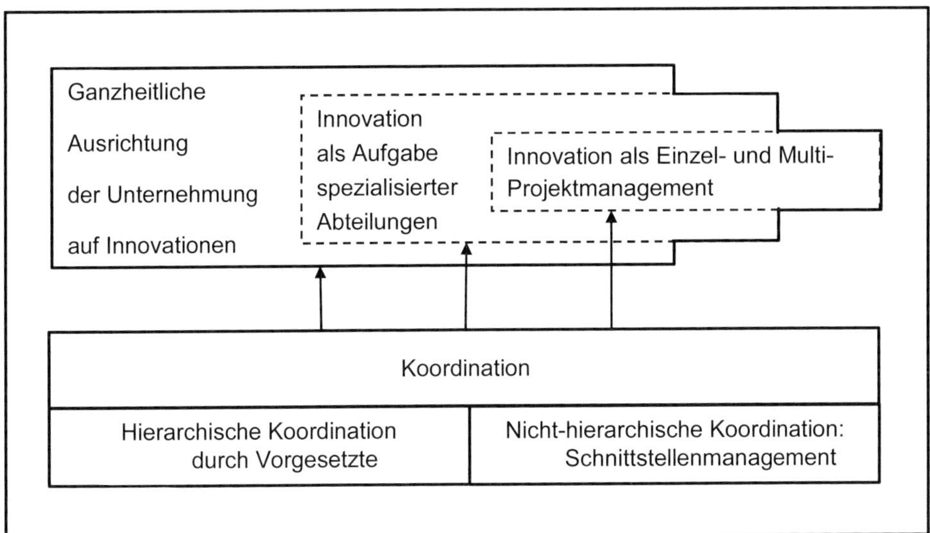

Abbildung 1: Strukturvarianten des Innovationssystems
Quelle: Hauschildt/Salomo, 2007

Eine Organisation der Produktinnovation im Sinne eines betrieblichen Innovationssystems fußt zentral auf Projektmanagement. Die Entwicklung neuer Produkte ist eine befristete, inhaltlich spezifisch bestimmte Aufgabe, für die sich folglich eine Projektorganisation anbietet. Unternehmen, die mehrere Produktinnovationen gegebenenfalls auch parallel anstreben, stehen damit vor der Herausforderung des Multi-Projektmanagements (Dammer/Gemünden/Lettl, 2006, Hauschildt/Salomo, 2007). Die Projektlandschaft muss mit Blick auf die strategischen Ziele der Unternehmung ausgerichtet werden und die richtigen Ressourcen müssen entsprechend den Prioritäten zum richtigen Zeitpunkt zugeteilt werden. Unternehmen, die Produktinnovationen weit außerhalb ihrer aktuellen Kerngeschäfte anstreben, bilden häufig einen spezifischen Ressourcenpool, auf den das Multi-Projektmanagement zugreifen kann. Diese „Innovation Hubs" (Leifer et al., 2000) vereinigen insbesondere Mitarbeiter mit spezifischer Innovationskompetenz und umgehen so typische Kompetenz- und Motivationsprobleme von Linienmitarbeitern (Brockhoff, 2005). Multi-Projektmanagement muss zudem relevante Projektinformationen sammeln, aufbereiten und verteilen (Cooper/Edgett/Kleinschmidt, 2001). Gerade diese Informationsfunktion ermöglicht erst, Synergiepotentiale zwischen Projekten zu erkennen und auszuschöpfen. Hier bedarf es der Zusammenarbeit zwischen Projekten, dessen Förderung ebenfalls Aufgabe des Multi-Projektmanagements ist. Sie wird besonders dann relevant, wenn Teilprojekte zu einem Gesamtprojektergebnis beitragen sollen. Entsprechend können Högl/Weinkauf/Gemünden (2004) an einem Beispiel aus der Automobilindustrie zeigen, wie die Qualität der Koordination und Zusammenarbeit zwischen Teams in frühen Phasen eines Gesamtprojektes den späteren Teilprojekterfolg erklären.

Die Degussa AG liefert mit ihren „Projekthäusern“ ein interessantes Beispiel für die Ausgestaltung eines Multi-Projektmanagements für Innovationsvorhaben (Brockhoff, 2005). Ein Projekthaus konzentriert sich auf einen Technologiebereich (z.B. Nano-Technologie), umfasst mehr als ein Projekt und ist prinzipiell befristet. Ihre Finanzierung obliegt einzelnen Geschäftsbereichen, der Konzernzentrale und ist nicht zuletzt durch Projekte der öffentlichen Hand mitgefördert. Das Multiprojektmanagement übergibt erfolgreich abgeschlossene Projekte je nach realisiertem Innovationsgrad dem internen Business-Venturing oder sichert die Überführung in existierende Geschäftsbereiche.

Eine Projektorganisation der Produktinnovation schließt die Spezialisierung und formelle Institutionalisierung der Innovationsaktivitäten zum Beispiel in einer F&E-Abteilung nicht aus. Besonders wenn Produktinnovationen laufend, systematisch und kostenintensiv betrieben werden sollen, wählen Unternehmen häufig diese Form der Organisation. Eine zentrale Frage hierbei ist der Umfang an Zentralisierung bzw. Dezentralisierung dieser Funktion. Neben der Zentralisation der F&E als Linienfunktion auf Hauptabteilungsebene (Kern/Schröder, 1988) finden sich in vielen Unternehmen auch hybride F&E-Strukturen, bei denen Forschung und Entwicklung in Divisionen dezentralisiert ist, die aber durch eine zentrale Koordination ergänzt wird (Argyes/Silverman, 2004). Wir kommen später unter dem Stichwort „föderale Struktur“ auf diese Gestaltungsvariante zurück. In welchem Umfang Unternehmen ihre Innovationsfunktion zentralisieren, ist abhängig von einer Vielzahl an Entscheidungsparametern (Hauschildt/Salomo, 2007). Dabei spielen die Notwendigkeit zur Spezialisierung, die häufig mit einem „kritische Masse“-Argument verknüpft ist, die Frage der Unabhängigkeit vom Tagesgeschäft und von dominierenden (Groß-)Kunden, der angestrebte Innovationsgrad, die Zahl der Kerntechnologien und nicht zuletzt die Divisionalisierung der Gesamtorganisation eine zentrale Rolle.

Das Konzept eines betrieblichen Innovationssystems geht jedoch über die Frage der Institutionalisierung der Innovationsfunktion hinaus (vgl. Abbildung 1). Es lässt zu, dass Innovationen auch außerhalb von spezialisierten Abteilungen initiiert und verfolgt werden. Diese ganzheitliche Ausrichtung der Unternehmung auf Innovation zielt auf die Frage einer innovationsorientierten Unternehmenskultur ab. Bruns und Stalker unterschieden bereits 1961 zwischen „mechanistischen“ und „organischen Managementsystemen“. Wobei das mechanistische System Züge der bürokratischen Organisation aufweist, während die organische Variante gekennzeichnet ist von Flexibilität in der Aufgabenzuordnung sowie von Denken in Problemlösungen. Delegation und Kontrolle folgt hier eher einem vernetzten System als hierarchischer Struktur. Die später formulierte „Loose-Tight-Hypothese“, dass organische Systeme besonders in frühen Phasen der Entstehung von Innovationen erfolgreich sind, während mechanistische Organisation in späteren Phasen zum Erfolg führen, lässt sich empirisch jedoch nicht eindeutig bestätigen (Albers/Eggers, 1991, Lukas/Menon/Bell, 2002).

Organisationskultur ist jedoch eine relevante Hintergrundgröße, die Innovationserfolg nachhaltig beeinflussen kann. Ein Klima, das unternehmerisches Handeln fördert, Initiativen anregt, Fehler in gewissen Umfang toleriert und vor allem auf intrinsische Motivation der Beteiligten setzt sowie diese an der Entwicklung durch „information sharing“ teilhaben lässt, fördert Innovationserfolg (Salomo/Kleinschmidt/de Brentani, 2005, Sundgren et al., 2005). Dabei gilt jedoch nicht ein Einfaches „je mehr, desto besser“. Organisationen, die Risikobereitschaft, unternehmerische Orientierung und Dynamik übertreiben, verlieren offensichtlich den notwendigen Effizienz- und Effektivitätsbezug (Ernst, 2003). Mit anderen Worten, es gilt die Vorteile der mechanistischen Organisation zu nutzen, diese jedoch gezielt durch innovationsförderliche Elemente zu erweitern (Hauschildt/Salomo, 2007). Der Einzelne braucht Freiraum, um innovative Aufgaben außerhalb der delegierten Kompetenzen verfolgen zu können. Das Anreizsystem muss dem folgen und innovatives Handeln belohnen. Dies schließt ein, dass Unternehmen akzeptieren, dass Innovation mit Unsicherheit einhergeht und daher Fehler nicht automatisch bestraft werden dürfen. Wer meint, auf Gestaltung einer innovationsbewussten Kultur verzichten zu können, da sich intrinsisch motivierte Mitarbeiter über „Bootlegging“ ihre Freiräume selbst schaffen, überlässt Innovation allerdings in weiten Teilen dem Zufall. Im Übrigen kann Augsdorfer (2005) die gängige Folklore relativieren, dass Bootlegging häufig auftritt und zu radikalen Innovationen führt – das Gegenteil ist der Fall.

Die verschiedenen Elemente eines Innovationssystems stehen nicht als organisatorische Gestaltungsansätze exklusiv nebeneinander, sondern stellen ein Möglichkeitsspektrum dar, aus dem ein Unternehmen je nach individueller Situation geeignet auswählen und kombinieren muss. Jede individuell angepasste Konstellation der Spezialisierung der Innovationstätigkeit bedarf jedoch der Koordination. Beteiligte und Betroffene müssen auf ein gemeinsames Ziel ausgerichtet werden, wobei Konflikte zu regulieren sind. Eine hierarchische Koordination durch Vorgesetzte ist besonders unter dem Aspekt der Top-Management-Unterstützung relevant. Innovation bedarf des Schutzes durch machtvolle Instanzen. Spätestens wenn radikale Innovationen umgesetzt werden sollen, die eine Anpassung der Unternehmensstrategie erfordern, muss die oberste Unternehmensleitung involviert sein.

Die hierarchische Koordination reicht jedoch vielfach nicht aus. Nicht-hierarchische Koordinationsinstrumente sind im Fall von Innovationen häufig sogar überlegen und die Methoden der Wahl. Dies gilt besonders, da Kommunikations- und Interaktionsbeziehungen bei innovativen Aufgaben in der Regel quer zu Abteilungsbereichen verlaufen, aber zwingend notwendig sind und mit Konflikten einhergehen, die nicht durch einen gemeinsamen Vorgesetzten reguliert werden können. In diesen Situationen ist Schnittstellenmanagement (Brockhoff/Hauschildt, 1993) durch Verbindungspersonen, Lenkungsausschüsse und insbesondere durch funktionsübergreifende Teams notwendig.

Ressortübergreifend besetzte Teams, in denen Mitarbeiter aus F&E, Marketing und Produktion simultan zusammenarbeiten, sind das Gegenmodell zum „over-the-wall-approach“ (Specht/Beckmann/Amelingmeyer, 2002), in der Arbeitspakete sukzessiv in verschiedenen Abteilungen abgearbeitet werden. Empirische Ergebnisse von Olson et al. (2001) und Salomo/Cratzius (2005) legen jedoch nahe, dass der Umfang Erfolg fördernder cross-funktionaler Integration mit dem Innovationsgrad und damit zusammenhängender Engpassstellung spezifischer Ressorts variiert. Nur, wenn zum Beispiel Produktinnovationen auch umfangreiche Änderungen der Fertigung erfordern, ist die Integration von Fertigungsspezialisten im Innovationsteam sinnvoll. Eine nicht an die Bedürfnisse angepasste funktionale Vielfalt hat bestenfalls keine oder sogar negative Erfolgswirkungen (Ancona/Caldwell, 1992, Sethi/Smith/Park, 2001).

Wie das Beispiel der funktionsübergreifenden Teams zeigt, wirkt organisatorische Gestaltung der Produktinnovation nicht einheitlich auf den Innovationserfolg. Die genaue Wirkung jeder Gestaltungsoption im Produktinnovationsentscheidungsprozess kann weder dogmatisch definiert werden, noch sind die empirischen Ergebnisse verschiedener Studien ausreichend einheitlich, um grundsätzliche Muster der Erfolgswirkung gesichert behaupten zu können. Die Wirkung hängt vielmehr von vielen kritischen Randbedingungen ab, unter denen Produktinnovationen in Unternehmen ablaufen. So erfordern Produktinnovationen hohen Innovationsgrades im Gegensatz zu kleineren Produktmodifikationen eine intensivere Beteiligung der Managementspitze und auch andere Organisationsstrukturen. Auf diese, dem Innovationsgrad angepasste, Gestaltung des betrieblichen Innovationssystems kommen wir später zurück. Zuerst werden die verschiedenen Produktinnovationstypen identifiziert.

3. Produktinnovationstypen

Produktinnovationen sind als neuartige Zweck-Mittel-Kombinationen, die auf einen Markt eingeführt werden, definiert (Hauschildt/Salomo, 2007). Diese Definition umschließt sowohl eine Marktperspektive – der Wunsch der Nachfrager nach der Erfüllung neuer Zwecke – als auch eine Technologieperspektive, in der Technologieentwicklung neue Mittel zur Bedürfnisbefriedigung anbietet. Die Neuartigkeit eines Produktes in einer oder beiden Dimensionen ist durch das wahrgenommene Ausmaß der Veränderung im Vergleich zu existierenden Produkten bestimmt. Damit wird klar, dass die Neuartigkeit von der Perspektive abhängt, aus der Veränderungen wahrgenommen werden.

Kunden und Hersteller können zu ganz unterschiedlichen Einschätzungen der Neuartigkeit kommen. Ein anspruchsvoller Kunde könnte z.B. ein neues Produkt als nicht besonders neu einschätzen, während ein Hersteller mit wenig fundierter Kenntnis der Basistechnologie das gleiche neue Produkt als sehr innovativ bewertet und für eine große Herausforderung hält. Für das Management der Produktinnovation sind beide Sichtweisen relevant. Die Neuartigkeit aus Kunden- oder Marktsicht bestimmt u.a., welche Methoden der Kundenintegration zur Produktentwicklung geeignet sind (Trommsdorff/Steinhoff, 2007), welches Management der Markteintrittsbarrieren notwendig wird (Talke, 2005) und wie das Instrumentarium des Marketing-Mix sinnvoll eingesetzt werden kann. Wenn es jedoch spezifisch um die Gestaltung der Organisation für Produktinnovation geht, wird die Herstellereinschätzung zum Ausmaß der Neuartigkeit besonders wichtig. Neuartigkeit aus Herstellersicht bedingt das Konfliktniveau innerhalb der Organisation und bestimmt den Bedarf an notwendiger Integration in die Gesamtorganisation. Entsprechend muss die Gestaltung der Organisation der Produktinnovation dieser internen Wahrnehmung der Neuartigkeit gerecht werden.

Die Frage der Perspektive sagt noch nichts über das Ausmaß der Neuartigkeit. Die Produktinnovationspraxis verwendet hier häufig Gruppeneinteilungen. So konzentriert sich Black & Decker (Graber, 1996) auf drei verschiedene Produktentwicklungstypen. Erstens „Produktauffrischung", die kleine Verschönerungen mit geringer Funktionsverbesserung einschließt. Zweitens „verbesserte Versionen", die komplett neue Entwürfe der bisherigen Produkte bedeuten, einschließlich Verbesserung im Aussehen, in der Leistung und Qualität wie auch in den Kosten. Drittens „neue Produkte", d.h. neu entwickelte Produkte, die bisher noch nicht geliefert wurden. Entscheidend für eine eindeutige Klassifizierung ist dabei die vollständige und korrekte Bestimmung des Innovationsgrades neuer Produkte. Die Literatur schlägt hier eine mehrdimensionale Messung vor, die neben Markt- und Technologieneuartigkeit auch den Umfang an notwendigen Änderungen in der Organisation und Ressourcenausstattung des Innovators (interner Ressourcenfit) sowie den Änderungsbedarf im externen Umfeld (z.B. Infrastrukturanpassungen) umfassen (Danneels/Kleinschmidt, 2001, Salomo, 2003, Calantone/Chan/Cui, 2006).

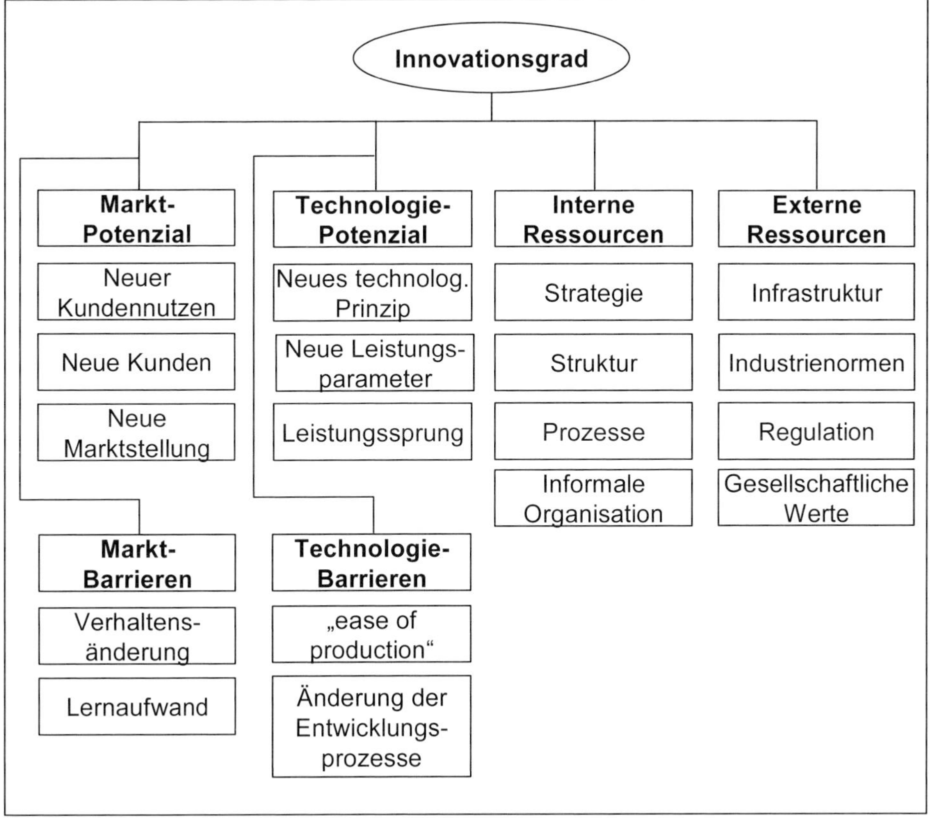

Abbildung 2: Dimensionen der Neuartigkeit von Produktinnovationen

Entsprechend der Systematik aus Abbildung 2 bietet es sich dabei an, die Markt- und Technologiedimension in Potenziale und Barrieren zu unterteilen. Potenziale beschreiben die neuartigen Eigenschaften von Produktinnovationen, die Wettbewerbsvorteile versprechen. Veränderungen zu existierenden Produkten, gehen jedoch häufig auch mit Problemen einher. So kann sich Neuartigkeit im notwendigen Lernaufwand auf Seiten der Kunden oder in der begrenzten Möglichkeit existierender Produktionsanlagen zur Fertigung der Produktinnovation ausdrücken. Letztere Überlegung findet sich in der Praxis unter dem Stichwort der „Ease of Production".

Diese Vorstellung der Neuartigkeit von Produktinnovationen muss jedoch zumindest für komplexe Produkte ergänzt werden. Besteht ein Produkt, wie z.B. ein PKW, aus mehreren Komponenten, ist Neuartigkeit des Produktes als (gewichtete) Summe der Neuartigkeit der Komponenteninnovationen zu bestimmen. Dies umschließt modulare Produktinnovationen, bei denen neuartige Komponenten ergänzt werden. Wenn man zusätzlich die Verzahnung der Komponenten berücksichtigt, kann sich Neuartigkeit auch aus einer Veränderung der Beziehung zwischen den Komponenten ergeben. Ein Phänomen, das als „Architectural Innovation" bekannt ist (Henderson/Clark, 1990). Dieses Verständnis von Produktinnovation als Systemverbund wird auch deshalb zunehmend an Bedeutung gewinnen, da technisch basierte Produkte immer häufiger mit Dienstleistungen kombiniert werden. So meint Johann Weihen, Vorsitzender der Geschäftsführung der IBM Deutschland GmbH: „Technologie und Dienstleistung bedingen und befördern einander. RFID, Spracherkennung, Computer-Grids und Logistik sind hierfür gute Beispiele" (Partner für Innovation, 2006). Diese Erweiterung von Kernleistungen oder Ergänzung durch Zusatzleistungen ist bei der Bestimmung des Produktinnovationsgrades zu berücksichtigen.

Die Bestimmung der Neuartigkeit von Produkten ist von hoher Relevanz für die Organisation der Produktinnovation. Zunächst erlaubt die Einordnung des Innovationsgrades im Vergleich zu einem, individuell bestimmten, kritischen Schwellenwert der Neuartigkeit zu Beginn einer Neuproduktentwicklung, eine bewusste Entscheidung, ob das erwartete Ergebnis als Innovation einzustufen ist oder nicht. Im Fall eines ausreichenden Innovationsgrades ist die Produktinnovation der „Routine" zu entziehen. Dies sichert Effizienz und Effektivität der Organisation von Produktinnovation. Nur die Innovationen, die ausreichend vom normalen Geschäftsgang abweichen, werden mit dem besonderen Instrumentarium des Innovationsmanagements behandelt. Alle anderen Projekte sollten sinnvoll den dafür definierten Routineabteilungen überlassen werden. Die möglichst frühzeitige Bestimmung und laufende Kontrolle des angestrebten und realisierten Innovationsgrades sichert zudem, dass Organisationen nicht in Produktinnovation „hineinstolpern" und Neuigkeitsgrade realisieren, die u.U. weit über die eigenen Fähigkeiten und weit über die Aufnahmefähigkeit des Marktes hinausgehen (Hauschildt/Salomo, 2007).

Die Bestimmung des Innovationsgrades ist zudem eine wichtige Basis für strategische Entscheidungen von Unternehmen. Viele Unternehmen setzen sich strategische Leistungsziele für ihr Neuproduktportfolio, das wie im Beispiel von Black & Decker anhand des Innovationsgrades in strategische Gruppen eingeteilt werden kann. Dies dient zum einen dem gezielt dosierten Einsatz von Methoden des Innovationsmanagements je Produktinnovationstyp. Zum anderen geht es um die „richtige Portfolio-Mischung“ an Produktinnovationen mit unterschiedlichen Unsicherheitsgraden und unterschiedlichen Erfolgspotenzialen. Hier setzt die nachfolgende Betrachtung an, die zwischen Unternehmen unterscheidet, die mit dem Ziel der Marktgestaltung proaktiv ihr Neuproduktportfolio organisieren und Unternehmen, die Produktinnovation lediglich als Reaktion auf Marktänderungen betreiben. Beide Gruppen an Unternehmen stehen vor besonderen Herausforderungen und sind durch spezifische betriebliche Innovationssysteme gekennzeichnet.

4. Herausforderungen in reagierenden Unternehmen

Wir konzentrieren uns zuerst auf Unternehmen, die typischerweise auf den Marktwandel reagieren, statt antizipierend und gestaltend mit Produktinnovationen den Marktwandel selbst herbeizuführen. In solchen Unternehmen unterstützt die Organisationsstruktur oft eingefahrene Prozesse und bestehende Machtverhältnisse durch bürokratisches „Erdrosseln”. Oft steht die Trägheit der gewohnten Prozesse Änderungsversuchen im Weg. In reagierenden Unternehmen wird die Innovation nicht durch das Innovationssystem gefördert, sondern gegen ihren Widerstand betrieben (Hauschildt, 1999). Innovationen höheren Grades, d.h. vollkommen neue Produkte, können nur mit größter Schwierigkeit bewältigt werden und entstehen häufig ungeplant.

Wenn im Unternehmen die strategische Absicht für Innovation fehlt, wird vorrangig um Ressourcen gekämpft. Oft behindern funktionelle „Herzogtümer” informelle Kommunikation und freiwillige Mitarbeit – absolut notwendige Bestandteile effektiver Teamarbeit. Wenn es in reagierenden Unternehmen Teams gibt, arbeiten diese oft ineffektiv (Langerak et al., 1997, Gemünden/Helfert, 1997, Lechler/Gemünden, 1998, Högl/Gemünden, 1999). Das Innovationssystem von reagierenden Unternehmen ist für Märkte geeignet, die sich langsam verändern. Strategische Prioritäten werden oft auf Basis politischer Zweckdienlichkeit gesetzt. Die Arbeit in Teams unterliegt meist strengen Regeln und Vorschriften. Trotz vieler Verfahrensregeln sind geschäftliche Verantwortlichkeiten nicht klar bestimmt, und deshalb mischen sich die Managementspitze und andere machtvolle Instanzen oft in die Arbeit ihrer Mitarbeiter ein (Donnellon, 1993, Frischer, 1993, Homburg/Schneeweiss, 1997).

Bestenfalls werden verschiedene Strukturmechanismen für die drei Produktinnovationstypen - Produktauffrischung, verbesserte Versionen und neue Produkte - eingesetzt. Für Produktauffrischung hat oft der Produktmanager die Verantwortung. Mit verbesserten Versionen wird ein Neuproduktmanager beauftragt, da dieser Typ von Produktinnovation oft zur Kannibalisierung von bestehenden Produkten führt. Ganz neue Produkte werden vielfach einer speziellen Projektgruppe übertragen, die außerhalb der formellen Organisationsstruktur arbeitet. Die verschiedenen formalen Strukturmechanismen sind in Abbildung 3 zu ersehen.

1. *Funktionale Spezialisierung: z.B. Produktmanager*
   Die hauptsächlich betroffene Fachabteilung (oft Marketing) übernimmt die Steuerung des Entscheidungs- und Durchsetzungsprozesses. Die Aktivitäten können auch durch die F&E-Abteilung gesteuert werden.
   Geeignet für: Produktauffrischungen.

2. *Gremien oder Komitees*
   Der Vorteil ist, dass mehrere Abteilungen mitwirken. Der Nachteil besteht darin, dass die Mitarbeiter oft nicht die erforderliche Konzentration und Zeit aufbringen.
   Geeignet für: Produktauffrischungen.

3. *Neuproduktmanager*
   Um das bestehende Unternehmen nicht zu sehr durch Produktinnovation zu stören, wird die Innovationsaufgabe an einen (Stabs-)Spezialisten delegiert.
   Geeignet für: Verbesserte Versionen.

4. *Mini-Matrix Projekt-Team*
   Eine Arbeitsgruppe wird unter einem Projektleiter zusammengestellt. Das Team ist einer projektorientierten Fachabteilung, z.B. Marketing, zugeordnet.
   Geeignet für: Verbesserte Versionen.

5. *Maxi-Matrix Projekt-Team*
   Eine Arbeitsgruppe wird unter einem Projektleiter zusammengestellt, die neben der funktionalen Spezialisierung existiert. Diese Organisationsform weicht bewusst von der klassischen Regel der "Einheit der Auftragserteilung" ab. Sie unterstellt Team-Mitglieder ihren (i) Projektleitern und (ii) Fachvorgesetzten. Der Konflikt um die Verteilung der Arbeitskapazität wird bewusst in Kauf genommen, um eine möglichst gute Interaktion und Kommunikation zwischen Projektteam und spezialisierten Fachabteilungen zu erreichen.
   Geeignet für: Verbesserte Versionen und neue Produkte.

6. *Task-Force/Venture Team*
   Eine Arbeitsgruppe wird unter einem Projektleiter zusammengestellt, die völlig unabhängig von der Funktionalorganisation fungiert. Der Task-Force werden aus den funktionalen Abteilungen vollamtlich einzelne Mitarbeiter so lange voll abgeordnet, bis die Spezialaufgabe erfüllt ist. Idealerweise schließt der Projektleiter einen "Vertrag" mit der Geschäftleitung ab. Dort werden Zeitvorgaben, Kosten, Ressourcen und Messkriterien zur Beurteilung des Projekterfolgs festgehalten (Wheelwright/Clark 1992).
   Geeignet für: Neue Produkte.

Abbildung 3: Formelle Strukturmechanismen für Produktinnovation
Quellen: Larson/Gobeli, 1988, Wheelwright/Clark, 1992, Hauschildt/Salomo 2007, Schmelzer, 1992

Manchmal erteilt die Managementspitze einer Arbeitsgruppe einen besonderen Status. In reagierenden Unternehmen bleiben die Mitglieder solcher Gruppen aber oft Einzelkämpfer. Derart nominal modern organisierte Produktinnovationen sind jedoch anfällig für Misserfolge, wenn die Leistungen der Projektgruppe nicht strategisch mit anderen Teilen der Organisation verbunden sind (Pleschak/Sabisch/Wupperfeld, 1994, Gerpott/Winzer,

1996, Specht/Beckmann/Amelingmeyer, 2002). Höhergradige Produktinnovationen müssen in reagierenden Unternehmen mit den größten Hürden rechnen. Produktinnovationen müssen aber nicht unterbleiben. Sie werden gelegentlich von Enthusiasten durchgeführt, oft ohne formelle Managementunterstützung. So können 'Produktchampions' auch im Kontext einer nicht-innovativen Kultur ungebeten und erfolgreich um ihre Ideen kämpfen. Solche Leistungen können von 'Macht- und Prozess-Promotoren' profitieren, die versuchen, notwendige Ressourcen zur Verfügung zu stellen und Unterstützung zu leisten (Dougherty/Hardy, 1996, Hauschildt/Schewe, 1997, Hauschildt/Gemünden, 1999, Markham, 1999).

Die größte Herausforderung für Unternehmen mit einer reaktiven Innovationsstrategie liegt im Initiieren von Produktinnovationen (Mensel, 2004). Eine Untersuchung in etablierten Unternehmen ist in dieser Hinsicht besonders aufschlussreich (Johne/Davies, 1999). Sie vergleicht Versicherungsgesellschaften, in denen Innovationen mit Erfolg durchgeführt wurden - 'Schrittmacher' genannt -, mit innovativ weniger erfolgreichen Gesellschaften. Die Initiative zu Produktinnovation war in allen Unternehmen ein kritischer Erfolgsfaktor. Das Top-Management in Schrittmacherunternehmen benutzte unkonventionelle Methoden, um die Mitarbeiter zum Handeln zu bewegen, und zwar durch ein subtiles Zusammenspiel zwischen strukturellen und anderen Variablen. In Schrittmacherunternehmen stellte das Top-Management bestehende Strategien systematisch in Frage. Zur gleichen Zeit änderte es Organisationsstrukturen, um etablierte, auf sich selbst fokussierte, Machtbasen auszuschalten und klare Verantwortung für Innovationserfolge zu etablieren. Das Management setzte damit wichtige Signale für die Relevanz von Initiativen zur Innovation.

Keines der reaktiv orientierten und damit auch weniger innovativen Unternehmen führte in seinen formellen Organisationsstrukturen derlei Änderungen durch. Man nahm an, dass Strukturänderungen den Strategieänderungen logisch folgen würden. Zum Beispiel wurde in einem weniger innovativen Unternehmen lediglich ein kleines Strategieteam etabliert, von einem Außenberater geführt, um Strategien zu überprüfen. Alle der weniger erfolgreichen Unternehmen hielten an alt-erfahrenen Managern fest, die eine neue strategische Richtung zu formulieren hatten. Der Unterschied zwischen Schrittmachern und den weniger innovativen Unternehmen war in dieser Hinsicht enorm: Schrittmacher-Vorstandsvorsitzende wählen einen ikonoklastischen, diktatorischen Führungsstil. Sie lösen bestehende Organisationsstrukturen auf und riskieren die Auflösung des gemeinsamen Wertesystems, indem sie einen kämpferischen Führungsstil demonstrierten. Tushman und O'Reilly (1997) beschreiben diesen Vorgang als „das Schaffen einer neuen Kultur durch Setzen von Signalen". Nach einer Phase der „Auflösung" adoptieren Top-Manager in Schrittmacher-Unternehmen einen „Aufbau-Modus". In diesem Modus werden wichtige sekundäre Änderungen eingeführt. Diese weiteren Änderungen ermöglichen es Schrittmachern, kontinuierlich Innovationen durchzuführen. Neue Fachleute werden eingestellt. Gleichzeitig wird der diktatorische Führungsstil zu einem kooperativen Führungsstil verändert.

Diese Ergebnisse von Johne und Davies (1999) sind für das Innovationsmanagement wichtig. Sie zeigen, dass das Top-Management zu gegebener Zeit Strukturen niederreißen muss, um etablierte Werte und Machtbasen zu überwinden. Sie machen zugleich deutlich, dass Organisation der Produktinnovation ein komplexes Gefüge unterschiedlicher formaler und informaler Gestaltungsansätze ist, deren Erfolg nicht nur in der Anwendung, sondern auch durch das Timing der Dosierung bestimmt ist. Mit anderen Worten, reagierende Unternehmen weisen ein statisches, in etablierten Strukturen verharrendes und auf Einzelaktionen angewiesenes Innovationssystem auf. Sie erreichen zwar von Zeit zu Zeit eine für sie bedeutende Innovation. Laufende Initiative zu Produktinnovationen unterschiedlichen Neuartigkeitsgrades und damit nachhaltig „gefüllte“ Innovationspipelines wird man in diesen Unternehmen jedoch selten finden. Dies wird zum Beispiel in dem von Peters (1992) analysierten Fall deutlich, der die Durchführung einer erfolgreichen Produktinnovation in einem 120-jährigen Maschinenbauunternehmen beschrieb. Als das gleiche Unternehmen einige Jahre später besucht wurde, waren alle anschließenden Versuche misslungen; unter anderem weil im Unternehmen die Akzeptanz für notwendige Änderungen fehlte (Dougherty/Hardy, 1996).

5. Herausforderungen in proaktiv innovierenden Unternehmen

Wir befassen uns jetzt mit strukturellen Herausforderungen in Unternehmen, die sich bewusst in schnell verändernden Märkten bewegen. Es sind Unternehmen, die sich darum bemühen, dass die eigene Produktlinie veraltet, bevor es die Konkurrenten tun. Sich schnell ändernde Märkte zwingen Unternehmen zu einem ununterbrochenen Strom von Produktinnovationen. Althergebrachte bürokratische Strukturen leisten unter diesen Umständen schlechte Dienste. Bürokratie bremst den Entscheidungsprozeß und verringert die Risikobereitschaft. Bürokratisch organisierte Unternehmen können zwar vorhersehbare Fehler vermeiden, aber ihr Schwachpunkt liegt in der Nichtwahrnehmung von Chancen. In sich schnell ändernden Märkten, in denen Geschäftschancen nur für kurze Zeit gegeben sind, können reagierende Unternehmen die Vorteile kaum wahrnehmen, als erste oder schnelle Folger auf den Markt zu kommen (Schmelzer, 1992, Trommsdorff/Steinhoff, 2007, Hauschildt/Salomo, 2007).

Strategien innovativer Unternehmen in sich schnell ändernden und stark wettbewerbsbetonten Märkten befassen sich oft mit der Entwicklung von kurzfristigen Konkurrenzvorteilen. Ein erfolgreiches wettbewerbsorientiertes Unternehmen versucht, nicht nur die Überlegenheit seiner Konkurrenten zu überwinden, sondern auch immer wieder seine eigene Überlegenheit in Frage zu stellen und neu aufzubauen (D'Aveni, 1994). Stark wettbewerbsorientierte Unternehmen brauchen ein Innovationssystem, um mit dieser Herausforderung zurechtzukommen. Sie müssen mit Organisationstypen jenseits bürokratischer Strukturen experimentieren. Mit diesen neuen Organisationstypen wollen wir uns nachstehend befassen.

Neue Organisationstypen erregen momentan in Forschung und Praxis großes Interesse. Zahlreiche neue Organisationstypen laufen unter Bezeichnungen wie 'flach', 'horizontal', 'New-Style', 'Parallel' (Nonaka/Takeuchi, 1995), 'Platform' (Ciborra, 1996), 'New-Form' (Osborn, 1998), 'Spinnwebe' (Quinn, 1992), 'Kleeblatt' (Handy, 1995), 'Semi-Structures' (Eisenhardt/Brown, 1998), 'Self-Designing Organisations' (Sampler/ Short, 1998), 'unternehmerische Netzwerke' (Chakravarthy/Gargiulo, 1998), 'Co-owned' (Law, 1998). Zu ihren Eigenschaften gehören eine interaktive Führungskontrolle mit hoher Selbständigkeit der Mitarbeiter sowie halbformelle Informationssysteme, die auf eine lockere Hierarchie und auf starke Betonung informeller Kommunikationen angewiesen sind.

Volberda (1999) behauptet, dass die neuen Organisationstypen Ermächtigungsstrukturen anbieten, in der die Mitarbeiter motiviert werden, direkt auf Kundenwünsche einzugehen, anstatt auf Anweisungen des Spitzenmanagements zu warten. Es ist die Rolle der Managementspitze, motivierende Visionen festzulegen und deren Umsetzung zu unterstützen. Diese Arbeitsmethode ist ganz anders als die einer bürokratischen Organisation, wo strategische Entscheidungen zentralisiert sind und Mitarbeiter nur als Ausführende betrachtet werden. Lewin und Stephens (1993) haben diese Attribute unter dem Typ „Effective Postindustrial Organisations" zusammengefasst (siehe Abbildung 4).

Overall Effectiveness Attributes:

Global; hyperflexible and adaptive; continuously improving and innovative; stakeholder focused; tolerance for uncertainty.

Structural Characteristics:

Flatter; decentralized: Networked, self-organizing, control through culture and values. Permeable boundaries: Internally "boundary-less", blurred external boundaries, fit between structure and task processes.

Information Processing:

Virtual electronic organizations: Integration of telecommunications, office automation, data processing and video technologies; integration of planning and flow processes of work.

Job Design:

Individual/group empowerment: Self-control and self-designed responsibility, intraentrepreneurship, multiple organization memberships. Cross functional: Continuous learning, cross training.

Management:

Leadership without control: Less demanding, directing, evaluating or organizing; more facilitating, communicating and networking; tolerance for ambiguity; trust in people, and cosmopolitan.

Abbildung 4: Attributes of Effective Postindustrial Organisations
Quelle: Lewin/Stephens, 1993

Um in sich schnell verändernden Märkten mit Erfolg zu konkurrieren, brauchen Unternehmen Flexibilität und Stabilität. Flexibilität ist nötig, um eine schnelle Reaktion auf

Angriffe der Konkurrenz zu ermöglichen, während Stabilität notwendig ist, um die Ausnutzung interner Kompetenzen effektiv zu ermöglichen. Bürokratisch organisierte Unternehmen behandeln Herausforderungen hierarchisch. Dies geschieht durch vertikale Kommunikationsformen innerhalb stabil spezialisierter Funktionen. Die neuen Organisationstypen betonen horizontale Ansätze. Sie erreichen Flexibilität durch Strukturen, die funktionale Grenzen übersteigen. Stabilität wird durch Wissensmanagement erreicht, um unternehmensinterne Sachkenntnisse effizient zu verteilen.

Eine kennzeichnende Eigenschaft innovativer Unternehmen ist die Fähigkeit, projektorientiert zu organisieren, anstatt spezialisierten funktionalen Interessen zu folgen. Prozesse, die Aufgaben zur Schaffung von Wettbewerbsvorteilen unterstützen, werden zum Schwerpunkt. Dazu müssen die Beteiligten kontinuierlich informiert werden. Eine Aufgabe, deren Bedeutung zunimmt, wenn Unternehmen in mehreren Standorten aktiv sind.

Unternehmen, die heutzutage global konkurrieren, müssen besonders innovativ sein. Viele ehemals dezentral organisierte Unternehmen wie Citibank, Johnson und Johnson, ABB und General Electric sind dazu übergegangen, Produktinnovation föderalistisch zu betreiben. Sie haben festgestellt, dass es nicht mehr ausreicht, wenn ihre lokalen halbunabhängigen Schwestergesellschaften große globale Kunden bedienen, wenn diese zentral einkaufen. Zugleich müssen manche zentralisierte Unternehmen ihren regionalen Töchtern hinsichtlich Produktinnovation mehr Unabhängigkeit geben, um flexibel auf Kundenwünsche einzugehen (Quinn, 1992). Die strukturelle Herausforderung besteht darin, für die Entwicklung geeigneter Angebote so viel örtliche Autonomie wie möglich zu erlauben und zugleich die notwendige zentrale Kontrolle über Kosten und Qualität zu erhalten.

Der föderalistische Ansatz der Produktinnovation in großen Unternehmen benötigt eine adäquate Führung. Eine besondere Herausforderung besteht in der Koordinierung der innovativen Aktivitäten von Projektteams, die an bedeutenden Produktinnovationen arbeiten. Solche Teams - manchmal 'Self-Designing Organisations' oder 'virtuelle Firmen' genannt - sind zeitbegrenzte Organisationsstrukturen. Sie sind die experimentelle Antwort innovativer Unternehmen auf die Herausforderung von Produktinnovation unter den Bedingungen von hoher Markt- und Technologieturbulenz (Mankin et al., 1996, Volberda, 1999, Leifer et al., 2000). Es ist zweifelhaft, ob diese Organisationsexperimente, ohne moderne IT überhaupt möglich wären (Farris et al., 2003, van der Bij et al., 2003). Besonders wichtig ist dabei die interaktive Kontrolle von Informationen mit Produktinnovationsteams. Interaktive Informationskontrolle ist notwendig, weil sie potenziell die Verbindung zwischen formeller Strategieentwicklung und Strategieimplementierung umkehren kann. Sie stellt die Mittel zur Verfügung, Strategievorschläge von Mitarbeitern einzubeziehen und auf diese rasch zu reagieren.

6. Hinweise für Innovationen anstrebende Unternehmen

Bis jetzt wurden strukturelle Herausforderungen einerseits für reagierende, anderseits für proaktiv innovative Unternehmen erläutert. In der Praxis stehen die meisten Unternehmen irgendwo dazwischen. Innovationen anstrebende Unternehmen sind solche, die innovativer werden wollen. Ob es für sie hilfreich ist, die Organisationsformen von proaktiv innovativen Unternehmen zu übernehmen, ist eine äußerst grundsätzliche Entscheidung der Managementspitze. Die Frage ist, wer in einem Unternehmen die Verantwortung für Produktinnovation erhalten soll.

Eine „traditionelle" Sichtweise betrachtet die Managementspitze als Unternehmer und Ressourcenverteiler, das mittlere Management als administrative Kontrolleure und die operativen Mitarbeiter als Vollzugspersonal. Innovation liegt dann in der Verantwortung der Managementspitze. Ein alternatives Modell ordnet der Managementspitze nur die Aufgabe zu, Standardverfahren zu etablieren und Konflikte zu lösen, während das mittlere Management als Innovationsbefürworter fungiert und operative Mitarbeiter Initiatoren für Innovation und innovative Problemlöser sind.

Aus der Perspektive des Geschäftsmodells wird die skizzierte Alternative dezentraler unternehmerischer Verantwortung durch Vermögensdezentralisierung und Verantwortungsdelegation gestützt und verstärkt. Die Organisation beruht nicht so sehr auf separaten Abteilungen, die von der Managementspitze geführt und koordiniert werden, sondern auf dem Konzept abgeschlossener und überschaubarer Einheiten mit Einblick der Spitze ('self-contained and managable units with overview'). Dies entspricht dem Modell einer föderal organisierten Unternehmung. Jede Einheit hat seine eigene Finanzabteilung, einschließlich Geld- und Devisenmanagement und Verantwortung für Kreditaufnahmen. Soweit möglich ist jede Einheit rechtlich selbständig, damit Mitarbeiter nicht 'mit einem falschen Anspruch auf Sicherheit als Angehörige eines großen Konzerns' operieren (Barham/Heimer, 1998). Diese Selbständigkeit der Einheiten schließt auch die Verantwortung für die eigene mittel- und langfristige Zukunft ein. Die Aktivitäten des zentralen Top-Managements gehen jedoch weit über das Finanzmonitoring hinaus. Es muss eine zentrale Aufgabe der Geschäftleitung sein, gemeinsames Engagement zu klar definierten Marktzielen aufzubauen.

Um die Implementierung einer föderalistischen Vision zu sichern, sind spezifische Strukturen und Systeme zu schaffen. Die zentrale Leitung muss sich umorientieren, vom Fokus auf Kapitalorientierung zur Konzentration auf das Organisieren von Wissen und Lernen. Diese Geschäftsphilosophie beruht letztlich auf der Annahme, dass die Ziele des Unternehmens besser auf der Basis mehrerer kleiner Einheiten und anschließender Zusammenfassung dieser Einheiten von unten nach oben ('bottom-up') entwickelt werden, statt auf Teilung und Dezentralisierung von Ressourcen von oben ('top-down') zu vertrauen. Im Gegensatz zur klassischen multidivisionalen Verfahrensweise, wo Kontrolle über Ressourcen auf der Konzernebene ausgeübt wird, werden Ressourcen dezentral verteilt. Ob diese neue Verfahrensweise höhere Renditen langfristig und kontinuierlich erreichen lässt, ist noch offen. Es genügt hier zu betonen, dass die „new-style" dezentralisierten Organisationsstrukturen ganz neue Geschäftsmöglichkeiten identifizieren lassen.

Vielleicht die wichtigste Eigenschaft erfolgreicher innovativer Unternehmen ist, dass Produktinnovationsstrategien nach Marktchancen gesteuert werden. Dies ermöglicht den Vorteil, dass die Geschäftsleistung auf Marktpotentiale und nicht auf frühere Leistungen hin eingeschätzt wird (Johne, 1999). Innovative Unternehmen wollen dabei nicht nur gelegentlich, sondern ständig erfolgreich sein (Dougherty/Hardy, 1996). Sie beteiligen sich deshalb an Produktinnovationen in einem zeitlich angepassten Tempo, abhängig von den Aktivitäten der Kunden, den Reaktionen der Konkurrenz und ihren eigenen Fähigkeiten und Kapazitäten. Für sie ist das Produktinnovationstempo von kritischer Bedeutung. Im Idealfall ist die Geschwindigkeit an die Unternehmensphilosophie angepasst. Wenn sich ein Unternehmen engagiert mit dieser Frage befasst, werden Produktinnovationsprojekte nicht ad hoc, sondern in einem geeigneten Tempo initiiert und weitergeführt (Eisenhardt/Brown, 1998).

Um kontinuierliche Innovation zu verwirklichen, ist in Innovation anstrebenden Unternehmen eine fundamentale Umschichtung der Macht erforderlich. Wenn ein Unternehmen es akzeptiert hat, marktorientiert zu sein, spielen interaktive Informationen 'von unten nach oben' eine große Rolle. Projekte werden darauf abgestellt, klar verständliche und erreichbare Marktnachfrage zu erfüllen. Wenn dieser Geschäftsentwicklungsansatz akzeptierte Praxis ist, erhalten Projektmanager größere Kompetenz als funktionelle Fachleute (Abbildung 3). Diese Entwicklung wird auch als „turning project management inside out" bezeichnet (Mankin et al., 1996). Unter diesen Umständen übernehmen die Managementspitze und funktionale Spezialisten eine unterstützende statt einer Pionierrolle.

Produktinnovationsprozesse durch marktbezogene Geschäftschancen statt durch Spezialistenfunktionen zu organisieren, bringt eine beträchtliche Herausforderung mit sich. Funktionelle Fachleute, die traditionsgemäß die größte Macht ausübten, müssen viel Macht an andere abgeben, besonders an Projektleiter zukünftiger Geschäfte. Dies zu erreichen, ist aus politischen Gründen nicht einfach, wird aber zur wesentlichen Voraussetzung, um Produktinnovations-Teamarbeit wirklich produktiv zu machen.

Während die wohl größte Herausforderung in einem Innovation anstrebenden Unternehmen die Neukonfiguration von Machtverhältnissen ist, sind weitere Änderungen nötig. Sie beruhen größtenteils auf der Vision, Unterstützung und Ermutigung der Managementspitze. Was die Strategie betrifft, wird die Unternehmensleitung klarstellen müssen, dass nicht nur einmalige, sondern ständige Produktinnovation erwünscht ist und Vorschläge aus allen Ebenen des Unternehmens willkommen sind, vor allem von Mitarbeitern mit direktem Kundenkontakt. Den Projektleitern wird dann nicht nur Verantwortung gegeben, sondern auch die Kompetenz, gewählte Entwicklungen auf eigene Art weiter zu verfolgen, abhängig nur von einem geeigneten Informationsaustausch mit der Unternehmensleitung und mit anderen Projekten.

Um diesen flexibleren und offeneren Projektführungsstil zu erreichen, müssen Innovation anstrebende Unternehmen kommunikationsintensive Verfahren installieren, nicht nur im Rahmen des Projekts, sondern auch projektübergreifend. Nur so können Projekte schnellstens durchgeführt und nahtlose Wechsel von einem Projekt zum andern erreicht werden. Diese Verfahrensweise unterscheidet sich grundsätzlich vom abrupten Wechsel von Projekt zu Projekt ('punctuated change'). Dazu werden Systeme benötigt, die es erlauben, eine wirklich lernende Organisation aufzubauen.

Einmal zu einer lernenden Organisation geworden, wird regelmäßige Produktinnovation als eine Notwendigkeit betrachtet und nicht als eine lästige Pflicht. In innovativ dynamischen Unternehmen wird Produktinnovation als eine persönliche Entwicklungsmöglichkeit im Rahmen einer wachsenden oder zumindest sich verjüngenden Organisation angesehen. Produktinnovation wird als Mittel zur Vereinigung persönlicher und organisatorischer Erwartungen betrachtet. Die größte Herausforderung für diese Unternehmen ist die Erkenntnis, dass sie sich nie wieder in einem andauernden Gleichgewicht befinden werden. Änderungen, vor allem Produktinnovationen, sind der bestimmende Modus Operandi.

7. Literatur

ALBERS, S./EGGERS, S., Organisatorische Gestaltungen von Produktinnovations-Prozessen – Führt der Wechsel des Organisationsgrades zu Innovationserfolg? in: Zeitschrift für betriebswirtschaftliche Forschung, 1991, S. 44-64.

ANCONA, D. G./CALDWELL, D. F., Bridging the boundary: External activity and performance in organizational teams, in: Administrative Science Quarterly, 1992, S. 634-665.

ARGYRES, N. S./SILVERMAN, B. S., R&D, organization structure, and the development of corporate technological knowledge, in: Strategic Management Journal, 2004, S. 929-958.

AUGSDORFER, P., Bootlegging and path dependency, in: Research Policy, 2005, S. 1-11.

BALACHANDRA, R./FRIAR, J. H., Factors for success in R&D projects and new product innovation: A contextual framework, in: IEEE Transactions on Engineering Management, 1997, S. 276-287.

BROCKHOFF, K., Organisation angewandter Forschung in Unternehmen, in: Amelingmeyer, J./Harland, P. E. (Hrsg.), Technologiemanagement & Marketing: Herausforderungen eines integrierten Innovationsmanagements, Festschrift für G. Specht, Wiesbaden, 2005, S. 29-43.

BROCKHOFF, K./HAUSCHILDT, J., Schnittstellen-Management – Koordination ohne Hierarchie, in: zfo Zeitschrift für Organisation, 1993, S. 396-403.

BURNS, T./STALKER, G.M., The management of innovation, London 1961.

CALANTONE, R./CHAN, K./CUI, A. S., Decomposing product innovativeness and its effects on new product success, in: Journal of Product Innovation Management, 2006, S. 408-421.

CHAKRAVARTHY, B./GARGIULO, M., Maintaining leadership legitimacy in the transition to new organisational forms, in: Journal of Management Studies, 1998, S. 437-455.

CIBORRA, C. U., The platform organization: Recombining strategies, structures, and surprises, in: Organization Science, 1996, S. 103-118.

COOPER, R. G./EDGETT, S. J./KLEINSCHMIDT, E. J., Portfolio management for new products, 2. Aufl., Cambridge, Mass., 2001.

COOPER, R. G./KLEINSCHMIDT, E. J., New products: what separates winners from losers? in: Journal of Product Innovation Management, 1987, S. 169-184.

COOPER, R. G./KLEINSCHMIDT, E. J., Major new products: What separates winners in the chemical industry, in: Journal of Product Innovation Management, 1993, S. 90-111.

DAMMER, H./GEMÜNDEN, H. G./LETTL, C., Qualitätsdimensionen des Multiprojektmanagements, Entwicklung eines Messkonzepts, in: zfo Zeitschrift für Organisation, 2006, S. 148-156.

DANNEELS, E./ KLEINSCHMIDT, E. J., Product innovativeness from the firm's perspective: Its dimensions and their relation with project selection and performance, in: Journal of Product Innovation Management, 2001, S. 357-373.

D'AVENI, R. A., Hypercompetition: Managing the dynamics of strategic manoeuvring, New York 1994.

DONNELLON, A., Crossfunctional teams in product development: Accommodating the structure to the process, in: Journal of Product Innovation Management, 1993, S. 377-392.

DOUGHERTY, D./HARDY, C., Sustained product innovation in large, mature, organizations: Overcoming innovation-to-organization problems, in: Academy of Management Journal, 1996, S. 1120-1153.

EISENHARDT, K. M./BROWN, S. L., Time pacing: competing in markets that won't stand still, in: Harvard Business Review, 1998, S. 59-69.

ERNST, H., Unternehmenskultur und Innovationserfolg – Eine empirische Analyse, in: Zeitschrift für betriebswirtschaftliche Forschung, 2003, S. 23-44.

FARRIS, G. F./HARTZ, C. A./KRISHNAMURTHY, K./MCILVAINE, B./POSTLE, S. R./TAYLOR, R. P./WHITWELL, G. E., Web-enabled innovation in new product development., in: Research-Technology Management, 2003, S. 24-35.

FRISCHER, J., Empowering management in new product development units, in: Journal of Product Innovation Management, 1993, S. 393-401.

GEMÜNDEN, H. G./HELFERT, G., Hypothesen zum Einsatz von Teams bei Kundengeschäftsbeziehungen, in: Marketing Zeitschrift für Forschung und Praxis, 1997, S. 247-258.

GEMÜNDEN, H. G./RITTER, T./HEYDEBRECK, P., Network configuration and innovation success: An empirical analysis in German high-tech industries, in: International Journal of Research in Marketing, 1996, S. 449-462.

GERPOTT, T. J./WINZER, P., Simultaneous Engineering: Kritische Analyse eines Planungs- und Organisationsansatzes zur Erfolgsverbesserung industrieller Produktinnovationen, in: Zeitschrift für Planung, 1996, S. 131-150.

GRABER, D. R., How to manage global product development, in: Industrial Marketing Management, 1996, S. 483-489.

HANDY, C., The Age of Unreason, London 1995.

HAUSCHILDT, J./SALOMO, S., Innovationsmanagement, München 2007.

HAUSCHILDT, J., Opposition to innovations – destructive or constructive? in: Brockhoff, K./Chakrabarti, A.K./Hauschildt, J., (Hrsg.), The Dynamics of Innovation, Berlin 1999.

HAUSCHILDT, J./SCHEWE, G., Gatekeeper und Promotoren: Schlüsselpersonen in Innovationsprozessen in statischer und dynamischer Perspektive, in: Die Betriebswirtschaft, 1997, S. 506-516.

HAUSCHILDT, J./GEMÜNDEN, H. G., Promotoren: Champions der Innovation, Wiesbaden 1999.

HENARD, D. H./SZYMANSKI, D. M., Why some new products are more successful than others, in: Journal of Marketing, 2001, S. 362-375.

HENDERSON, R. M./CLARK, K. B., Architectural Innovation: The reconfiguration of existing product technologies and the failure of established firms, in: Administrative Science Quarterly, 1990, S. 9-30.

HÖGL, M./GEMÜNDEN, H. G., Determinanten und Wirkung der Teamarbeit in innovativen Projekten: Eine theoretische und empirische Analyse, in: Zeitschrift für Betriebswirtschaft, 1999, S. 35-61.

HÖGL. M./WEINKAUF, K./GEMÜNDEN, H. G., Interteam coordination, project commitment, and teamwork in multiteam R&D projects: A longitudinal study, in: Organization Science, 2004, S. 38-55.

HOMBURG, C./SCHNEEWEISS, C., Hierarchisch-partizipative Koordinationsprozesse in dezentralen Organisationen, in: Zeitschrift für Betriebswirtschaft, 1997, S. 759-780.

HÜBNER, H., Integratives Innovationsmanagement – Nachhaltigkeit als Herausforderung ganzheitlicher Erneuerungsprozesse, Berlin, 2002.

JOHNE, A., Using market vision to steer innovation, in: Technovation, 1999, S. 203-207.

JOHNE, A./DAVIES, R., Approaches to stimulating innovation in mature insurance companies, in: British Journal of Management, 1999, S.101 - 121.

JOHNE, A./STOREY, C., New service development: A review of the literature and annotated bibliography, in: European Journal of Management, 1998, S.184-251.

KERN, W./SCHRÖDER, H. H., Forschung und Entwicklung, Organisation der, in: Grochla, E. (Hrsg.), Handwörterbuch der Organisation, 2. Aufl., Stuttgart, 1988, Sp. 707-719.

LARSON, E. W./GOBELI, D. H., Organizing for product development projects, in: Journal of Product Innovation Management, 1988, S.180-190.

LANGERAK, F./PEELEN, E./COMMANDEUR, H., Organizing for effective new product development, in: Industrial Marketing Management, 1997, S. 281-289.

LAW, A., Open Minds: 21st Century business lessons and innovations from St. Luke's, London 1998.

LECHLER, T./GEMÜNDEN, H. G., Kausalanalyse der Wirkungsstruktur der Erfolgsfaktoren des Projektmanagements, in: Die Betriebswirtschaft, 1998, S. 435-450.

LEIFER, R./MCDERMOTT, C. M./O'CONNOR, G. C./PETERS, L. S./RICE, M. P. / VERYZER, R. W., Radical Innovation – How mature companies can outsmart upstarts, Boston 2000.

LEWIN, A. Y./STEPHENS, C. U., Epilogue, in: Huber, G. P./Glick, W. H., (Hrsg.), Designing postindustrial organizations: Combining theory and practice, New York 1993.

LUKAS, B. A./MENON, A./BELL, S. J, Organizing for new product development speed and the implications for organizational stress, in: Industrial Marketing Management, 2002, S. 349-355.

MANKIN, D./COHEN, S. G./BIKSON,T. K., Teams and Technology: Fulfilling the promise of the new organization, Boston 1996.

MARKHAM, S. K., A longitudinal examination of how champions influence others to support their projects, in: Brockhoff, K./Chakrabarti, A. K./ Hauschildt, J., (Hrsg.), The Dynamics of Innovation: Strategic and Managerial Implications, Berlin 1999.

MENSEL, N., Organisierte Initiativen für Innovationen, Wiesbaden 2004.

MONTOYA-WEISS, M. M./CALANTONE, R., Determinants of new product performance: A review and meta-analysis, in: Journal of Product Innovation Management, 1994, S. 397-417.

NONAKA, I./TAKEUCHI, H., The Knowledge-Creating Company, New York 1995.

OLSON, E./WALKER, O. C./RUEKERT, R. W./BONNER, J. W., Patterns of cooperation during new product development among marketing, operations and R&D: Implications for project performance, in: Journal of Product Innovation Management, 2001, S. 258-271.

OSBORN, C. S., Systems for sustainable organizations: Emergent strategies, interactive controls and semi-formal information, in: Journal of Management Studies, 1998, S. 481-509.

PARNTER FÜR INNOVATION, Broschüre des Impulskreis Dienstleistungen, Berlin 2006.

PETERS, T., Liberation management: Necessary disorganisation for the nanosecond nineties, New York 1992.

PETERS, T./WATERMAN, R., In Search of excellence, New York 1982.

PLESCHAK, F./SABISCH, H./WUPPERFELD, U., Innovationsorientierte kleine Unternehmen: Wie sie mit neuen Produkten neue Märkte erschließen, Stuttgart 1994.

POULTON, J./BARCLAY, I., New product development: from past research to future applications, in: Industrial Marketing Management, 1998, S.197- 212.

QUINN, J. B., Intelligent Enterprise, New York 1992.

SALOMO, S., Konzept und Messung des Innovationsgrades – Ergebnisse einer empirischen Studie zu innovativen Entwicklungsvorhaben, in: Schwaiger, M./Harhoff, D. (Hrsg.), Empirie und Betriebswirtschaft, Entwicklungen und Perspektiven, Stuttgart 2003, S. 399-427.

SALOMO, S./ CRATZIUS, M., Integration von Marketing und Fertigung als Erfolgsfaktoren der Neuproduktentwicklung: Die moderierende Wirkung des Innovationsgrades, in: Zeitschrift für Betriebswirtschaft, 2005, S. 71-95.

SALOMO, S./KLEINSCHMIDT, E. J./DE BRENTANI, U., Unternehmenskultur und Top Management Commitment in der Neuproduktentwicklung für internationale Märkte, in: Die Unternehmung, 2005, S. 237-262.

SAMPLER, J. L./SHORT, J. E., Strategy in dynamic information-intensive environments, in: Journal of Management Studies, 1998, S. 428-435.

SCHMELZER, H. J., Organisation und Controlling von Produktentwicklungen – Praxis des wettbewerbsorientierten Entwicklungsmanagement, Stuttgart 1992.

SETHI, R./SMITH, D. C./PARK, C. W., Cross-functional product development teams, creativity, and the innovativeness of new consumer products, in: Journal of Marketing Research, 2001, S. 73-85.

SPECHT, G./BECKMANN, C./AMELINGMEYER, J., F&E-Management – Kompetenz im Innovationsmanagement, 2. Aufl., Stuttgart 2002.

SUNDGREN, M./DIMENÄS, E./GUSTAFSSON, J.-E./SELART, M., Drivers of organizational creativity: a path model of creative climate in pharmaceutical R&D, in: R&D Management, 2005, S. 359-374.

TALKE, K., Einführung von Innovationen – Marktorientierte strategische und operative Aktivitäten als kritische Erfolgsfaktoren, Wiesbaden 2005.

TROMMSDORFF, V./STEINHOFF, F., Innovationsmarketing, München 2007.

TUSHMAN, M. L./O'REILLY, C. A., Winning through innovation, Boston 1997.

VAN DER BIJ, H./SONG, M./WEGGEMAN, M., An empirical investigation into the antecedents of knowledge dissemination at the strategic business unit level, in: Journal of Product Innovation Management, 2003, S. 63-179.

VAN DER PANNE, G./VAN BEERS, C./KLEINKNECHT, A., Success and failure of innovation: A literature review, in: International Journal of Innovation Management, 2003, S. 309-338.

VOLBERDA, H. W., Building the flexible firm, Oxford 1999.

WHEELWRIGHT, S. C./CLARK, K. B., Revolutionizing product development, New York 1992.

Richard Köhler

Organisation des Produktmanagement

1. Anforderungen an die Organisation des Produktmanagement

Das Produktmanagement kann einerseits als ein *System von Zielen und Aufgaben*, andererseits als *Institution* betrachtet werden. Im ersten Fall stehen die Handlungsmöglichkeiten im Mittelpunkt, die geeignet sind, Markterfolge für Unternehmensleistungen zu sichern (Kapferer, 1997, Baker/Hart, 1998, Herrmann, 1998, Koppelmann, 2001). Die Institutionalisierung betrifft hingegen die Frage, welche Aufgabenträger für diese produkt- und marktgerichteten Tätigkeiten zuständig sein sollen.

Der vorliegende Beitrag konzentriert sich auf den zweiten Gesichtspunkt, der aber nicht unabhängig vom Ziel- und Aufgabenzusammenhang behandelt werden kann; denn „Organisation“ bedeutet „ein System von Regelungen, die eine zielentsprechende Erfüllung von Aufgaben ermöglichen sollen“ (Köhler, 1995, Sp. 1636). Im folgenden wird daher zunächst auf den Bedingungsrahmen eingegangen, aus dem sich Anforderungen an die Organisation des Produktmanagement ergeben.

1.1 Konzeption und Ziele des Produktmanagement

Der Grundgedanke des Produktmanagement besagt, daß Sach- oder Dienstleistungen letztlich die Erfolgsträger eines Unternehmens sind und deshalb Gegenstand einer objektbezogenen Planung, Marktbearbeitung und Kontrolle sein sollten. Damit verbindet sich das Erfordernis der sogenannten *Querschnittskoordination*, d.h. der übergreifenden Abstimmung verschiedener Aufgabenbereiche im Hinblick auf bestimmte Produkte. Beim Brand Management geht es dabei um Produkte, die einen spezifischen Markennamen tragen.

Mit der ausdrücklichen Orientierung an Erfolgsträgern – statt z.B. an abgegrenzten Funktionstätigkeiten – wird versucht, das Marketingdenken und eine unternehmerische Sichtweise zu fördern. So ist bei *Procter & Gamble*, wo nach Vorüberlegungen seit Ende der zwanziger Jahre die formelle Einrichtung eines Produktmanagement 1931 stattfand (laut Low/Fullerton, 1994, S. 180), seinerzeit betont worden, daß durch die verantwortliche Zuständigkeit für einzelne Marken *„Mini-Unternehmer“* im Unternehmen entstehen.

Mit dieser Konzeption wird vor allem das *Ziel* verfolgt, den Erfolgsbeitrag der einzelnen Produkte und deren Markenwert sowie die Erfolgssituation des Unternehmens insgesamt zu verbessern. Dies setzt eine produktindividuelle Gestaltung der Beziehungen zu Nachfragern und Konkurrenten voraus, wozu die Abgrenzung der jeweils anzusprechenden Verwendergruppen und eine eigenständige Produktpositionierung gehören. Unter dem Erfolgsgesichtspunkt sind die Schaffung eines besonderen Verwendernutzens (Herrmann, 1998, S. 4 und S. 27) sowie die Erlangung von Wettbewerbsvorteilen wesentliche *Teilziele*. Deshalb schließt das Produktmanagement zwingend die Endkundenorientierung als konzeptionelles Merkmal ein (Homburg/Workman jr./Jensen, 1998, S. 13), aber auch die Beachtung aller sonstigen Marktbedingungen, die die Wettbewerbsposition bestimmter Produkte beeinflussen.

Die *organisatorischen Regelungen* zur Verankerung des Produktmanagement sind daraufhin zu prüfen, inwieweit sie den konzeptionellen Grundsätzen und den erwähnten Zielen entsprechen.

1.2 Aufgabenschwerpunkte

Grundsätzlich schließt das Produktmanagement Informations-, Planungs-, Kontroll- und Koordinationsaufgaben ein (Meffert, 1987, Sp. 1732). Diller hat, im Rahmen einer empirischen Erhebung über das Tätigkeitsfeld von Produktmanagern, die *Informationsaufgaben* nach allgemeiner Marktbeobachtung, Analyse und Prognose des Produkterfolges sowie Sonderaufgaben wie die Erschließung neuer produktrelevanter Informationsquellen spezifiziert (Diller, 1975, S. 67 ff.). Die *Planungsfunktionen* beinhalten im wesentlichen den Entwurf einer produktbezogenen Marketingstrategie und der erforderlichen Umsetzungsschritte, außerdem die Erfolgsplanung bzw. Budgetierung (s. zu Detailinhalten des „Product Plan" auch Morse, 1998). Die *Kontrollaufgaben* umfassen sowohl Ablaufkontrollen, z.B. Terminüberwachungen, als auch Ergebniskontrollen im Anschluß an die Erfolgsplanung. Große Bedeutung kommt den *Koordinationstätigkeiten* zu, da die produktpolitischen Vorstellungen nur im Zusammenwirken mit anderen internen Bereichen – etwa Forschung und Entwicklung – und externen Partnern wie Werbeagenturen verwirklicht werden können (Wild, 1972, S. 71 f., Kotler/Bliemel, 2006, S. 1244).

Neuere empirische Untersuchungen bestätigen die hohe Bedeutung, die beim Produktmanagement den Aufgaben der Analyse, Konzeptionsentwicklung, Planung, Strategieumsetzung und Koordination zukommt (Hüttel, 1993, S. 95, Schuh/Dohrau, 1995, S. 89, Gruner/Garbe/Homburg, 1997, S. 244 f.). Für die *organisatorische Gestaltung* entstehen besondere Anforderungen aus dem Kommunikations- und Abstimmungsbedarf, der sich bei der nötigen Querschnittskoordination mit anderen Unternehmenseinheiten und bei Kooperationsbeziehungen nach außen ergibt.

1.3 Kontextbedingungen

Die zweckmäßige organisatorische Verankerung des Produktmanagement hängt nicht allein vom grundsätzlichen Denkansatz des produktindividuellen Marketing sowie von den entsprechenden Zielen und Aufgaben ab, sondern außerdem von einer Reihe inner- und außerbetrieblicher *Situationsmerkmale*. Diese sind dafür maßgebend, ob die erfolgbringende Betreuung einzelner Absatzobjekte nur mit oder ohne gesonderte Stellen für Produktmanager möglich ist, und mit welchen anderen Organisationseinheiten Abstimmungen herbeizuführen sind.

Kontextbedingungen außerhalb des Unternehmens sind durch die gesellschaftlich-ökonomische, technologische und rechtliche Umwelt gegeben (Meffert, 1979b, S. 280 f.). Diese Umweltmerkmale lassen sich großenteils zu den zwei Dimensionen „*Komplexität*" und „*Dynamik*" zusammenfassen (Josten, 1979, S. 44), wie sich bei empirischen Datenauswertungen unter Einsatz der Faktorenanalyse gezeigt hat (Köhler, 1984, S. 586).

Je höher – besonders in großen Unternehmen – die Komplexität und Dynamik der inner- und außerbetrieblichen Beziehungen ist, desto gezielter muß die *organisatorische Ausrichtung* auf einzelne Objekte (wie Produkte) oder Objektgruppen sein, weil ausschließlich funktionale Zuständigkeiten bei dieser Vielfalt überfordert wären (Frese, 2005, S. 375 f., Backhaus/Brzoska/Theile, 2002, S. 643f.).

1.4 Effizienzkriterien

Eine Organisationsform läßt sich unter *Effizienzgesichtspunkten* danach beurteilen, inwieweit sie hilft, bestimmte angestrebte Zustände kostengünstig zu erreichen. Aus den vorstehenden Punkten 1.1 – 1.3 leiten sich folgende Wirkungsaspekte zur Organisationsbeurteilung ab (Köhler, 1993, S. 158, Bauer, 1993, Sp. 2735):

Koordinationsfähigkeit (d.h. Eignung, die erforderlichen Querschnittsabstimmungen herbeizuführen, einschließlich der damit verbundenen Informationsflüsse),

Marktanpassungsfähigkeit (d.h. Eignung zur Förderung der Kundenorientierung und zur Erzielung von Wettbewerbsvorteilen unter wechselnden Bedingungen, einschließlich der Innovationsfähigkeit),

Förderung aussagefähiger *Kontrollmöglichkeiten.*

Hinzu kommt die *Motivationsfähigkeit*, d.h. die Eignung organisatorischer Regelungen, den Mitarbeitern Leistungsanreize zu vermitteln und letztlich Mitarbeiterzufriedenheit herbeizuführen.

Hinsichtlich der organisationsbedingten *Kosten* unterscheidet Frese Kosten des Einsatzes von Ressourcen – mit spezieller Nennung des Zeiteinsatzes – und Autonomiekosten, wie sie bei arbeitsteiligen Einzelentscheidungen im Vergleich zu einer optimalen Gesamtentscheidung entstehen können (Frese, 2005, S. 324).

Verschiedene *Organisationsmöglichkeiten* für das Produktmanagement sind daraufhin zu überprüfen, inwieweit sie hinsichtlich der genannten Effizienzkriterien Vor- oder Nachteile aufweisen. Die Abbildung 1 veranschaulicht zusammenfassend die Gesichtspunkte, aus denen sich Anforderungen an die Organisation des Produktmanagement ergeben.

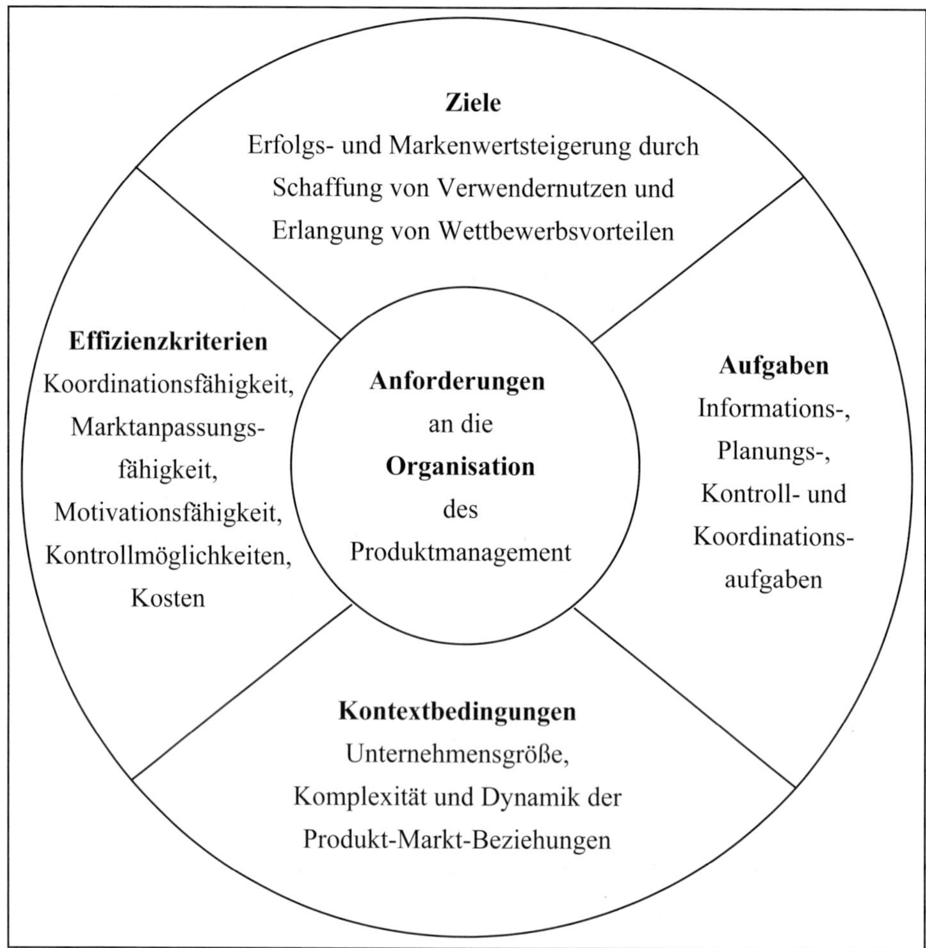

Abbildung 1: Bedingungsrahmen für die Organisation des Produktmanagement

2. Verankerung in der Strukturorganisation

Die in Abschnitt 1. vorgenommene Kennzeichnung der Ziele, Aufgaben, Rahmenbedingungen und Effizienzanforderungen läßt noch offen, wie die konkrete organisatorische Einbindung des Produktmanagement zweckmäßig erfolgt. Die Praxis hat im Laufe der

Zeit verschiedene Gestaltungsformen entwickelt, die anhand der oben aufgezeigten Gesichtspunkte kritisch verglichen werden können.

2.1 Produktbezogene Zuständigkeiten in der funktionalen Absatzorganisation

Auch wenn ein Unternehmen im Abteilungsaufbau primär nach Tätigkeitsarten gegliedert ist, können innerhalb der Funktionseinheiten Kompetenzen für bestimmte Produkte festgelegt werden. In diesem Fall sind der Verkauf, die Werbung, die Verkaufsförderung, die Absatzplanung usw. in Stellen unterteilt, die sich jeweils auf Produkte oder Produktgruppen spezialisieren (z.B. „Verkauf Tenside", „Werbung Marke X"). Dies ist in größeren Unternehmen, wenn sie vorrangig nach Funktionsbereichen organisiert sind, ein ansatzweiser Versuch, Heterogenitäten des Produktprogramms durch Arbeitsteilung Rechnung zu tragen. Low/Fullerton sprechen diesbezüglich von „Brand management by functionally specialized professional managers", nennen ausdrücklich den „Advertising Manager" sowie den „Sales Manager" und sehen diese Regelung für die USA als typisch bis zum Beginn der dreißiger Jahre an (Low/Fullerton, 1994, S. 177).

Diese Organisationsform hat den *Nachteil*, daß unterschiedliche Teile der Produktverantwortlichkeit bei mehreren Stellen liegen, was erhebliche Koordinationsschwächen nach sich zieht, den Erfordernissen einer raschen Anpassung an Marktveränderungen zu wenig entspricht und die Motivation begrenzt. Mangels einheitlicher Zuständigkeit sind auch die Kontrollmöglichkeiten beeinträchtigt. Die Zielausrichtung und die Aufgaben der Produktbetreuung werden nicht gebündelt genug verfolgt.

Produktmanagement im wohlverstandenen Sinne verlangt eine eindeutig *objektbezogene Aufgabenintegration*.

2.2 Das Produktmanagement als objektorientierte Organisationsform

Objektorientierung heißt, daß die betreffende Organisationseinheit nicht nach einer Verrichtungsart (wie Marktforschung) abgegrenzt ist, sondern nach einem unternehmenspolitischen Entscheidungsgegenstand. Dabei kann es sich – außer um Produkte – beispielsweise um Kunden, Verkaufsgebiete, Absatzwege oder Projekte handeln. Mit Bezug auf diesen Entscheidungsgegenstand ist dann die Mitwirkung anderer Zuständigkeitsbereiche, soweit ihr Beitrag für den Objekterfolg benötigt wird, zu koordinieren. Dies wurde bereits im Abschnitt 1. als *Querschnittskoordination* bezeichnet.

Für die Umsetzung dieses Grundgedankens sind mehrere praktische Gestaltungsvarianten entwickelt worden, deren Wirksamkeit im folgenden zu erörtern ist.

Produktmanagement als Stabseinheit der Marketing- oder Geschäftsleitung

Als *Stab* hat das Produktmanagement keine formellen Weisungsbefugnisse. Es arbeitet vielmehr mit seinen Analysen und Konzeptionsentwürfen einer Linieninstanz zu, der aufgrund offizieller Autorität die Entscheidung und die Umsetzung der Pläne obliegen. In der Regel ist dies die Marketingleitung. Eher in kleineren Unternehmen kommt es vor, daß eine Stabseinheit Produktmanagement direkt der Geschäftsleitung zugeordnet ist (Schwarting, 1993, S. 141). Die Abbildung 2 zeigt ein allgemeines Beispiel für die Einordnung des Produktmanagement als Stab der Marketingleitung, wobei die gestrichelten Linien andeuten, daß trotz der fehlenden Weisungskompetenz Abstimmungen und faktische Einflußnahmen gegenüber manchen absatzwirtschaftlichen Linieneinheiten stattfinden (Bliemel/Fassott, 1995, Sp. 2125/2126, Koppelmann, 1993, S. 5).

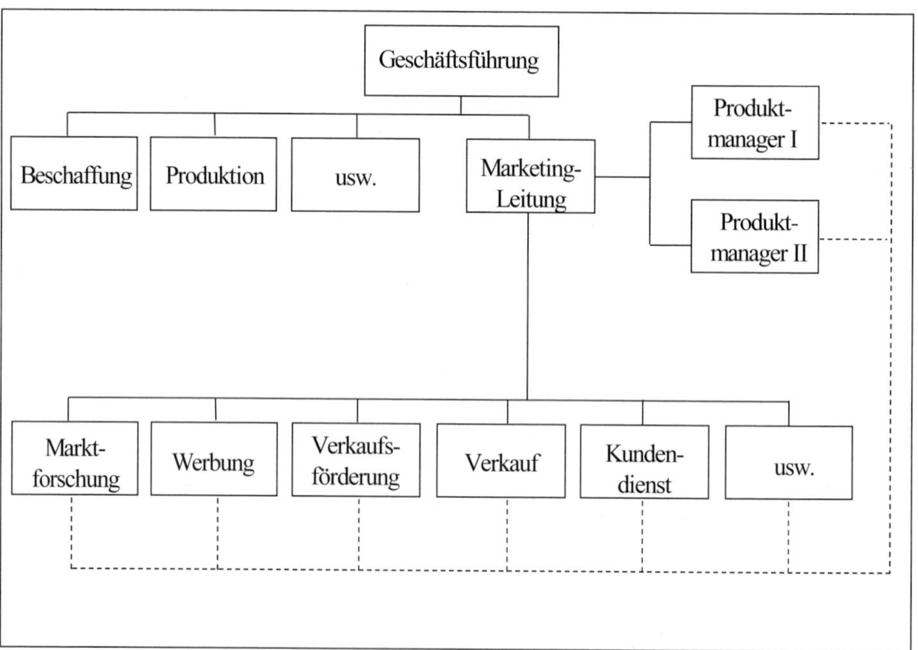

Abbildung 2: Produktmanagement als Stab der Marketingleitung
Quelle: Bliemel/Fassot, 1995, Sp. 2125/2126

Arnold sieht noch 1984 eine „Faktische Dominanz der Stabslösung" (Arnold, 1984, S. 438). Dem stehen allerdings Erhebungsergebnisse aus dieser Zeit entgegen (Köhler/Tebbe/Uebele 1983, S. 102; demnach kam die reine Stabsstellenlösung nur in rund 28 % der erfaßten Fälle des Produktmanagement vor). Spätere empirische Untersuchungen zeigen ebenfalls, daß andere Regelungen als die Stabsbildung überwiegen (Hüttel, 1989, S. 54, Schuh/Dohrau, 1995, S. 90: „Die Stelle des PM wird eher als Linienfunktion angesehen").

Die Bündelung produktbezogener Konzeptions- und Planungsaufgaben bei speziell beauftragten Personen, auch wenn diese lediglich eine Stabsrolle haben, ist sicherlich bereits ein Fortschritt gegenüber rein funktionalen Organisationsformen ohne umfassende Produktzuständigkeit. Ein *Problem* besteht jedoch in der offiziell fehlenden Entscheidungskompetenz, wie sie Stäbe definitionsgemäß kennzeichnet. Dies kann zu einer starken Inanspruchnahme der formal entscheidungsbefugten Linieninstanz führen, die durch Produktmanager ja eigentlich entlastet werden sollte. Für den Stabsmitarbeiter selbst entsteht ein Dilemma, weil Aufgabeninhalte und Produktverantwortung nicht der Ausstattung mit formaler Kompetenz entsprechen, was eine Verletzung des sogenannten *Kongruenzprinzips* darstellt (Schwarting, 1993, S. 61, Gruner/Garbe/Homburg, 1997, S. 237).

Die eigenständigen Koordinations- und Kontrollmöglichkeiten sind beim Produktmanagement in Form von Stäben sehr eingeschränkt, was die Motivation nicht sonderlich fördert. Die Linieninstanz, die in allen Angelegenheiten den Entscheidungsvorbehalt hat, ist möglicherweise zeitlich überfordert, was wiederum die Marktanpassungsfähigkeit bei sehr dynamischen Umweltbedingungen beeinträchtigt.

Produktmanagement als Linieneinheit innerhalb des Marketingbereiches

Die Eingliederung des Produktmanagement in die Linienstruktur des Absatzbereiches überwiegt in der Praxis (Schwarting, 1993, S. 134 in Verbindung mit S. 167 f.). Dabei fällt das Ausmaß der Linienkompetenzen sehr unterschiedlich aus, je nachdem, ob der Produktmanager nur in seinem engsten Mitarbeiterkreis (Junior Produktmanager, Produktassistent etc.) Weisungsbefugnis hat oder in gewissem Umfang auch auf andere Organisationseinheiten Einfluß nehmen kann. Im ersteren Fall erscheint das Produktmanagement „häufig auch als eine Mischform von Linien- und Stabsfunktion" (Schuh/Dohrau, 1995, S. 90).

Als typisch für die Linienlösung mit begrenzter Weisungskompetenz kann das vereinfacht dargestellte Praxisbeispiel der Abbildung 3 angesehen werden: Bei der *Nestlé Chocoladen GmbH*, Frankfurt am Main, gibt es unmittelbar unter der Marketingleitung mehrere produktorientierte Organisationseinheiten, bei denen es sich um ein Produktgruppenmanagement handelt. In der nachgeordneten Stufe finden sich die Brand Manager für bestimmte Marken. Entscheidungskompetenzen bestehen hinsichtlich der für die Produktgruppe/Marken zu entwickelnden Konzeptions- und Handlungsalternativen. Dies geschieht allerdings bei Grundsatzfragen in Abstimmung mit der Marketingleitung, für strategisch besonders wichtige Marken sogar mit der Geschäftsführung.

Im Produktmanagement ist hier ebenfalls die Aufgabe der *Neuproduktplanung* verankert, und zwar in einer gesonderten Organisationseinheit. Die Betrauung von Produktmanagern mit der Gestaltung von Produktneuerungen ist eine unter vielen Möglichkeiten der Innovationsorganisation (Brockhoff, 1999, S. 336 f.). Sie biet[illegible] entwicklungen innerhalb der bisherigen Sortimentsabgrenzung an, s[illegible] den Fall, kaum aber für grundlegende Programmerweiterungen durch Diversifikation. Hierfür sind Planungsgruppen aus mehreren Unternehmensteilbereichen geeigneter, bei denen keine zu enge Bindung an eine bisherige Produktart vorliegt.

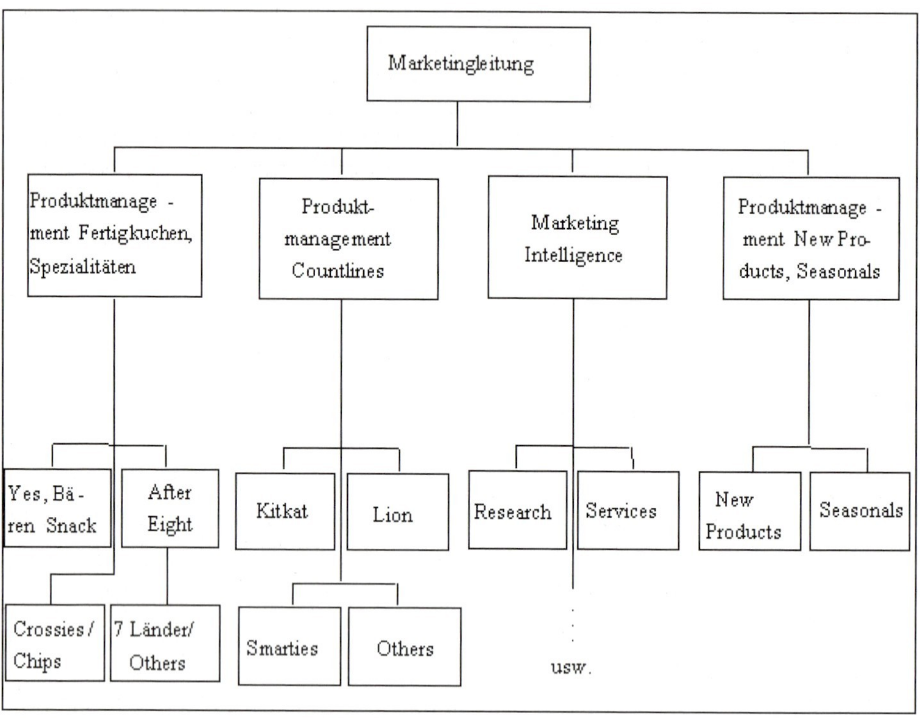

Abbildung 3: Produktmanagement in der Linie unterhalb der Marketingleitung
vgl. Nestlé Chocoladen GmbH, Stand 1999, vereinfachte Darstellung

Aus dem Organigramm der Abbildung 3 geht nicht näher hervor, wie die *Beziehungen des Produktmanagement zu anderen absatzwirtschaftlichen Abteilungen* (wie Werbung, Verkaufsförderung, Verkauf, Kundendienst usw.) geregelt sind. Lediglich die Stellung gegenüber der gleichrangig eingeordneten „Marketing Intelligence" (der systematischen Informationsversorgung für das Marketing) ist ausdrücklich dargestellt. Insoweit wird ersichtlich, daß die Marketinginformationsdienste dem Produktmanagement nicht unterstellt sind, sondern eine Kooperationsbeziehung mit ihm aufweisen. Dies ist auch im Verhältnis zu den übrigen Funktionsabteilungen im Marketingbereich der praktisch übliche Fall.

Die Vorstellung, daß jedem einzelnen Produkt(gruppen)manager Stellen für Marktforschung, Werbung etc. unter seiner Leitung zugeordnet werden könnten, ist in aller Regel nicht realisierbar (Köhler, 1993, S. 177, Koppelmann, 1993, S. 5, Bliemel/Fassott, 1995, Sp. 2127-2128). Die Kosten hierfür wären unter Effizienzgesichtspunkten zu hoch; es sei denn, daß die verschiedenen Produkte oder Produktgruppen besonders heterogen sind und ein so großes Verkaufsvolumen aufweisen, daß die dezentrale Zuordnung eigener Funktionsstellen tragbar erscheint.

Üblich ist deshalb eine matrixähnliche Beziehung zwischen den Produktmanagern und funktionalen Organisationseinheiten des Marketing wie Marktforschung, Werbung, Verkaufsförderung usw. (Meffert, 1979b, S. 121). Hierbei hängt es allerdings ganz von der formalen Kompetenzausstattung des Produktmanagers ab, ob eine wirklich gleichrangige (und möglicherweise konfliktträchtige) Kompetenzüberlappung in der Matrix vorliegt oder lediglich ein Abstimmungsversuch aufgrund von Sachargumenten und persönlicher Überzeugungskraft.

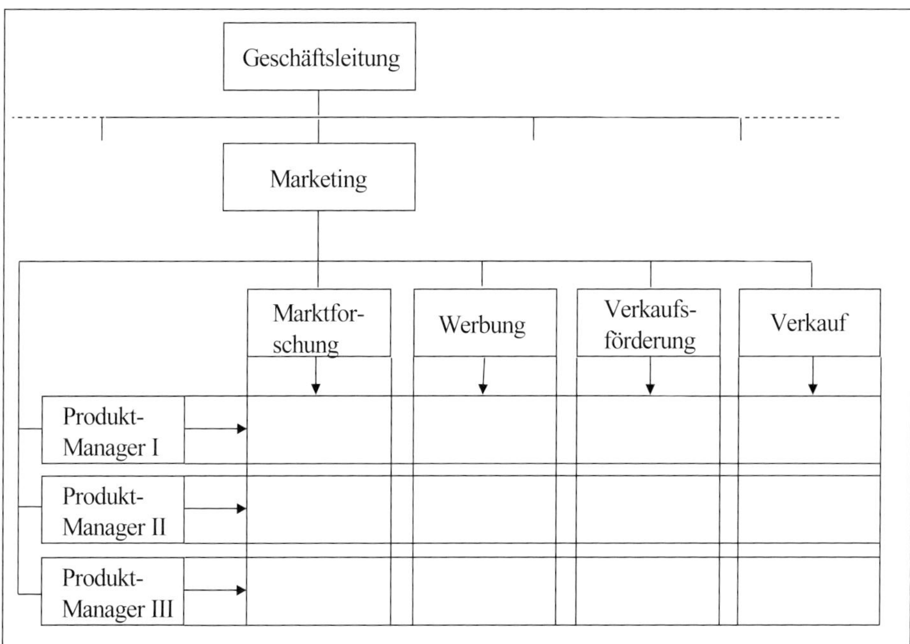

Abbildung 4: Matrixartige Beziehung zwischen Produktmanagement und Funktionsabteilungen des Marketing
Quelle: Köhler, 1993, S. 178

Der letztgenannte Fall scheint in der Praxis zu überwiegen. Der in der Abbildung 4 gezeigte zweidimensionale Organisationsaufbau nach Funktionen einerseits und Objekten (Produkten) andererseits entspricht dann zwar formal einer *Matrixorganisation*, läßt aber inhaltlich die „annähernde Gleichverteilung der Entscheidungsbefugnisse" vermissen, wie sie „den Idealtyp der Matrixorganisation“ kennzeichnen würde (Fink, 1992, S. 30).

Das der Marketingleitung unterstellte Produktmanagement mit begrenzten Linienkompetenzen trägt insbesondere in größeren Unternehmen dazu bei, daß Informations-, Planungs- und Kontrollaufgaben für Produkte konsequent objektbezogen wahrgenommen werden. Hoher Komplexität und Dynamik des Entscheidungsfeldes kann damit grundsätzlich besser entsprochen werden als ohne diese gezielte Aufgabenbündelung. Inwieweit aber tatsächlich die Koordination quer über die Funktionsbereiche gelingt, hängt bei eingeschränkten Anweisungsrechten sehr von der Persönlichkeit des Produktmanagers und von der Kooperationswilligkeit seiner Ansprechpartner ab.

Produktmanagement als bereichsungebundene Linieninstanz

Innerhalb des Marketing oder anderer Abteilungen sind die Produktmanager, wie erwähnt, meist nur mit eingeschränkten Linienbefugnissen ausgestattet, soweit es sich nicht ohnehin um Stabspositionen handelt. Andererseits setzt die konzeptionell vorgesehene Querschnittskoordination Einflußmöglichkeiten voraus, die zumindest offiziell nicht gegeben sind. Dies wird schon am Beispiel der „Quasimatrix“ gemäß Abbildung 4 deutlich. Noch schwerwiegender ist das *Koordinationsdilemma*, wenn Abstimmungen mit Funktionsabteilungen außerhalb des Marketingbereiches erfolgen sollen, weil sie für die Durchsetzung einer Produktkonzeption unerläßlich sind. So ist in einer bildhaften Darstellung von Kotler/Bliemel der Produktmanager wie eine „Spinne im Netz“ charakterisiert. Er hat Arbeitsbeziehungen mit den Organisationseinheiten Marktforschung, Beschaffung, F&E, Produktion, Verpackungstechnik, Werbung, Verkaufsförderung, Public Relations, Logistik, Finanzen und Recht, außerdem zu Koordinationspartnern außerhalb des Unternehmens, wie Werbeagenturen (Kotler/Bliemel, 2006, S. 1244).

Um hierbei zu einer *vollberechtigten Mitwirkung* des Produktmanagers *in einer Matrixorganisation* zu gelangen, wird manchmal vorgeschlagen, ihn als uneingeschränkte Linieninstanz unterhalb der Geschäftsleitung oder (bei divisionalisierten Unternehmen) der Spartenleitung vorzusehen. Der Unterschied zur Abbildung 4 besteht dann darin, daß die Einordnung auf einer höheren Ebene erfolgt und eine stärker autorisierte Wechselbeziehung mit Funktionsbereichen auch außerhalb des Marketing vorgesehen ist (Wild, 1972, S. 210, Köhler, 1993, S. 179, Schwarting, 1993, S. 144, Koppelmann, 1993, S. 6, Bliemel/Fassott, 1995, Sp. 2127/2128). Man muß aber feststellen, daß diese Regelung – wonach das Produktmanagement sehr weitreichende, bereichsübergreifende Koordinationsbefugnisse hat und der Marketingleitung nicht unterstellt ist – praktisch kaum vorkommt. Die Aussage Arnolds, die sich auf das Produktmanagement als Instanz mit horizontaler Einwirkungsmöglichkeit gegenüber der gesamten Unternehmensorganisation bezieht, gilt wohl auch heute noch: „Die dem Idealmodell angemessene Variante ... kommt so gut wie gar nicht vor“ (Arnold, 1984, S. 438).

Besonderheiten des internationalen Produktmanagement

Für international tätige Unternehmen stellt sich die Frage, inwieweit die Aufgaben des Produktmanagement beim Stammhaus *zentralisiert* oder in den einzelnen Ländern *dezentralisiert* werden sollten (Wild, 1972, S. 214 ff., Köhler, 1993, S. 179 f., Köhler, 2002, S. 28 f.). Dies hängt insbesondere davon ab, wie unterschiedlich in den einzelnen Regionen die Bedarfsmerkmale der Nachfrager und die Gestaltungsanforderungen an das Marketing-Mix sind. International weitgehend homogenes Nachfragerverhalten bezüglich der betreffenden Produktart erleichtert die umfassende Markenführung durch ein zentrales Produktmanagement. Der Fall einer völligen Dezentralisierung auf die Ländereinheiten käme nur dann in Betracht, wenn die regionalen Gegebenheiten so grundlegend heterogen wären, daß sich nicht einmal eine einheitliche Kernpositionierung und die Vorgabe bestimmter strategischer Grundsätze durch das Stammhaus anbieten würden. Das nationale Produktmanagement müßte dann jeweils vollständig mit allen für das regionale Marketing nötigen Ressourcen ausgestattet werden, was eine erhebliche Multiplikation von Kosten bedeutete.

Näherliegend ist, soweit eine volle Zentralisierung ausscheidet, die *Mischform* zwischen einem zentralen Produktmanagement, das die Gestaltungsrichtlinien der Produktpolitik und Marktbearbeitung entwickelt, und einem mit der Umsetzung und eventuellen Anpassung betrauten nationalen Produktmanagement, das hierfür nur begrenzte Ressourcen benötigt (Schuh/Dohrau, 1995, S. 89, mit empirischen Belegen). Crippen/Tng/Mulready, die auf das internationale Produktmanagement im Industriegütersektor am Beispiel *DuPont* eingehen, konstatieren: „Firms seeking to build new international brands should consider an integrated approach to global brand management before allowing regions or countries to gain control of their advertising planning and budgets" (Crippen/Tng/Mulready, 1995, S. 36).

So ist beispielsweise in der Sparte cosmed der *Beiersdorf AG* ein International Brand Management jeweils für die Bedarfsfelder Skin Care, Face Care und Personal Care verankert, das direkt an den Vorstand berichtet. Es befaßt sich mit der strategischen internationalen Markenführung (Konzeptentwicklung, Pricing, Kommunikation) und ist mehrstufig nach Produktgruppen und Markenartikeln gegliedert. Dezentral gibt es in manchen Länderbereichen Regional Product Managers. Eine Sonderrolle nimmt Deutschland als bedeutendste Absatzregion ein, die – wiederum untergliedert in Produktzuständigkeiten für Skin Care, Face Care und Personal Care – ebenfalls direkt an den Vorstand berichtet.

In der Kosmetiksparte von Henkel (*Schwarzkopf & Henkel*) ist das Zusammenspiel von International Brand Management und National Brand Management nach ausdrücklichen Richtlinien geregelt. Ersteres entwickelt Produkt- und Marktstrategien unter Einschluß der Werbekampagnen, der Mediaplanung, der Packungspolitik sowie des Pricing. Für das National Brand Management ergeben sich zwei Aufgabenbereiche: Zum einen wirkt es bei der länderspezifischen Umsetzung der Strategien für internationale Marken mit. Zum anderen hat es weiterreichende Zuständigkeiten (einschließlich der Produktpositionierung) in den Fällen, wo es um ausgesprochen nationale Marken geht. Dennoch versucht auch hier das International Brand Management, kostensparende Synergien zu eröffnen, nämlich durch Vorschläge hinsichtlich länderübergreifender Standardisierungsbausteine, z.B. bei der Produktpackung.

Für grundlegende Abstimmungen zwischen dem *internationalen* und dem *nationalen* Produkt- bzw. Brand Management können fallweise tätig werdende *Teams* gebildet werden. Auch bei *Schwarzkopf & Henkel* sind solche internationalen Projektteams explizit vorgesehen. Die heutigen Kommunikationstechniken, wie Videokonferenzen, erleichtern diese Gruppenarbeit über größere räumliche Distanzen.

3. Grenzen der Koordinationsfähigkeit des Produktmanagement

In idealtypischer Sichtweise wird das Produktmanagement „als Schaltstelle im Marketing-Prozeß" gekennzeichnet (Bliemel/Fassott, 1995, Sp. 2129). Hervorgehoben wird die grenzübergreifende Rolle der Produktmanager im Sinne einer Querschnittskoordination („boundary-spanning role"; Katsanis/Pitta, 1995, S. 56) und das Erfordernis der horizontal integrierten Wertkette („integrated brand value chain"; Knox, 1994, S. 624).

Die Ausführungen im Abschnitt 2. lassen aber erkennen, daß diese umfassende Einflußnahme, besonders wenn sie über den Marketingbereich hinausreichen soll, im offiziellen *Kompetenzbild* des Produktmanagers (s. ein vielzitiertes Beispiel bei Wild, 1972, S. 88) nicht enthalten ist. Der stets wiederholte Hinweis, daß es eben auf stichhaltige Sachargumente oder die persönliche Überzeugungskraft des Produktmanagers ankomme, löst das Problem zumeist nicht wirklich.

Der in Abbildung 5 gezeigte Fall IV., den Arnold im eigentlichen Sinne als „Produktmanager" hervorhebt, hat bestenfalls Seltenheitswert (Produktmanager als Instanz mit produktbezogener Koordinationsbefugnis quer über die gesamte Unternehmensorganisation). Die Fälle I. – III. derselben Abbildung lassen aber Kompetenzlücken erkennen.

Alle Zeichen deuten darauf hin, daß das Konzept des Produktmanagement organisatorisch zu *umfassenderen Teamlösungen* erweitert werden muß (Meffert, 1979b, S. 331 f., der damals schon auf das erforderliche Zusammenwirken von Produktmanagern, Verkaufsmanagern, Handelskontaktmanagern und sonstigen Funktionsmanagern hinwies). Die Informations-, Planungs-, Kontroll- und Koordinationsaufgaben werden dadurch vollständiger verknüpft, um komplexen Produkt-Markt-Beziehungen und der Umweltdynamik besser entsprechen zu können. Die Ziele einer Nutzenstiftung für die Produktverwender und der Schaffung von Wettbewerbsvorteilen können von Produktmanagern allein nicht wirkungsvoll genug verfolgt werden. Die Produktmanager orientieren sich zwar an Studien zur Marktsegmentierung und an eingehenden Zielgruppenanalysen, aber sie haben in vielen Branchen nur wenig direkten Kontakt zu den Produktverwendern. Bei indirektem Absatz sind Handelsunternehmen die unmittelbaren Kunden, die aber vorwiegend vom Vertrieb oder Verkauf kontaktiert und konzeptionell vom Trade Marketing betreut werden. Die Organisationsform des Produktmanagement ist, für sich genommen und ohne weitere innerbetriebliche Kooperationslösungen, nur *bedingt kundenorientiert* (Köhler, 1998, S. 6), auch wenn viele deutsche Unternehmen – übrigens im Gegensatz zu amerikanischen – dem Produktmanagement die Fähigkeit zur Erhöhung der Kundennähe zuschreiben (Lehmann, 1995, S. 108, mit empirischen Daten). In den USA dominiert in dieser Hinsicht die Einrichtung kundenbezogener Koordinationsausschüsse.

Kompetenz / Organisationsebene	PM als Stab	PM als Linie
Horizontale Koordination der Marketingabteilung	I. Produktreferent (Produktplaner)	II. Produkt-Markt-Manager
Horizontale Koordination der Unternehmensorganisation	III. Produktkoordinator	IV. Produktmanager

Abbildung 5: Kompetenz- und Koordinationsregelungen im Produktmanagement
Quelle: Arnold, 1984, S. 438

Da dem *Kongruenzprinzip* bei der Kompetenzausstattung der Produktmanager in der Regel nur teilweise entsprochen wird, kann auch lediglich eine eingeschränkte Zuweisung von *Gewinnverantwortung* erfolgen. Für die Einhaltung einzelner Budgetpositionen mag ein Produktmanager zwar verantwortlich gemacht werden. Anders als beim Leiter einer autonomen Produktsparte liegt aber keine eindeutige Beeinflussungsmöglichkeit sämtlicher Erfolgsbestandteile vor und dementsprechend auch keine umfassende Zurechenbarkeit auf das Produktmanagement (Wild, 1972, S. 103). Dessen „Gewinnverantwortung hat größtenteils den Charakter einer Verantwortung, die gemeinsam mit anderen Stellen getragen wird“ (Schwarting, 1993, S. 88).

4. Neuere integrative Entwicklungen des Produktmanagement

Das Produktmanagement als System der in Abbildung 1 genannten Ziele und Aufgaben verlangt Organisationsformen, die produktbezogene Stellen eng mit anderen Struktureinheiten verknüpfen, soweit diese eine ausgeprägte Orientierung am Verwendernutzen und an Wettbewerbsvorteilen aufweisen. Es kommt damit zu einer stärkeren Integration der produkt-, verwender-, handels- und konkurrenzgerichteten Sichtweisen (von der Oelsnitz, 2000, S. 67). Diese Entwicklung zeichnet sich in jüngerer Zeit in verschiedenen Spielarten ab.

4.1 Beziehungen zwischen Produktmanagement und Category Management

Das *Category Management* ist ursprünglich ab Mitte der achtziger Jahre bei *Procter & Gamble* als eine Organisationsregelung eingeführt worden, die zur besseren strategischen Abstimmung zwischen mehreren Brand Managern innerhalb ein und derselben Produktart (wie z.B. Waschmittel) führen soll. Damit bei dem internen Wettbewerb zwischen gegenseitig substituierbaren Marken nicht die Unternehmensgesamtziele aus dem Auge verloren werden, entstanden Stellen für Category Manager, „who were responsible for co-ordinating the efforts of brand managers in a particular product line and sharpening its strategic focus“ (Martinsons/Martinsons, 1994, S. 27). Diese Koordinationsaufgabe obliegt in vielen anderen Unternehmen dem Produktgruppenmanagement, so daß man hierfür nicht unbedingt einen neuen Ausdruck prägen müßte.

In einem weiter verstandenen Sinne beinhaltet das Category Management aber auf der Handels- wie auf der Herstellerstufe die Betreuung einer Mehrzahl komplementärer (unter Umständen technisch durchaus verschiedenartiger) Produkte, die aus Verwendersicht zu einem Bedarfszusammenhang gehören, wie etwa Haarpflegebedarf oder Partybedarf. Hierbei steht der Gesichtspunkt der *Kundenorientierung* im Vordergrund (Köhler, 1998, S. 9).

Produktmanager und Category Manager haben im letztgenannten Fall durchaus verwandte, aber nicht identische Objektzuständigkeiten, wie man aus der Abbildung 6 ersieht. „Mundhygiene“ (im Rahmen des Produktmanagement) findet sich im Beispiel von *Schwarzkopf & Henkel* in der weitergefaßten Category „Körper/Mund“ wieder. Der im Bereich Handelsservice angesiedelte Category Manager ist auf die Absatzmittler und die mit ihnen – letztlich konsumentenbezogen – erreichbaren Wettbewerbsvorteile fokussiert. Die vom Bedarfszusammenhang her betroffenen Produktmanager kooperieren zweckmäßigerweise mit dem Category Management, weil sie anderenfalls einen wichtigen Einflußfaktor ihres Produkterfolges zu wenig berücksichtigen würden (Homburg/Krohmer, 2003, S. 974). Als Abstimmungsform kommen gruppenweise Konzeptions-, Planungs- und Überwachungsgespräche in Betracht, aus denen sich dann auch gemeinsame Vorstellungen für den Kontakt mit anderen Organisationseinheiten – wie Vertrieb oder Produktion – ergeben können.

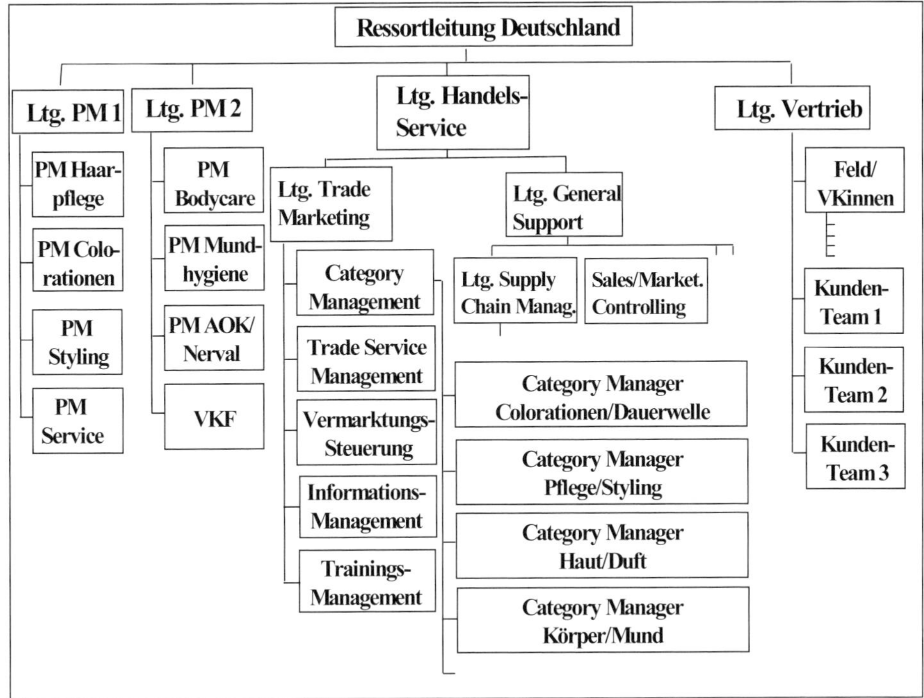

Abbildung 6: Produktmanagement und Category Management in der (nationalen) Absatzorganisation von Schwarzkopf & Henkel, Stand 1997
Quelle: Hahne, 1998, S. 234

4.2 Einbindung in kundenorientierte Teams

Wie schon im Abschnitt 3 erwähnt, legt der Produktmanager „klassischer" Prägung seinen konzeptionellen Planungen zwar eine betonte Zielgruppenausrichtung anhand von Marktforschungsdaten zugrunde; aber er hat wenig oder keinen direkten Kundenkontakt. Dafür ist in der Regel der Vertrieb zuständig, in vielen Fällen speziell das *Kundenmanagement* oder (für sehr wichtige Kunden) das *Key Account Management.* Diese Feststellung muß allerdings für manche Branchen relativiert werden, in denen das Produktmanagement doch die Interaktion mit Kunden intensiver pflegt. „Produktmanager im Gebrauchsgüterbereich und noch ausgeprägter im Investitionsgüterbereich sind hier stärker eingebunden als Produktmanager im Verbrauchsgüterbereich" (Gruner/Garbe/Homburg, 1997, S. 245).

Diese Einbindung findet heutzutage zunehmend in der Form kundenbezogener Teams statt, also nicht lediglich durch die bilaterale Abstimmung zwischen Produktmanagern und Kundenmanagern im Rahmen einer sogenannten *Kunden-Produkt-Matrix* (hierzu Schwarting, 1993, S. 157 ff., Köhler, 1998, S. 7). Die zweiseitige Koordination zwischen Produkt- und Kundenmanagern spielt zwar eine wichtige - mehr interne - Rolle, zumal sich bei einer Erhebung im Jahre 1996 gezeigt hat, daß unter den 139 antwortenden Unternehmen des verarbeitenden Gewerbes 62 % sowohl über ein Produktmanagement als auch ein Kundenmanagement verfügen (Homburg/Gruner/Hocke, 1997, S. 103). Für die umfassende Betreuung gewerblicher Kunden durch Experten verschiedener Sachgebiete erweisen sich aber immer öfter *Kundenteams* als geeigneter Ansatz (Katsanis/Laurin/Pitta, 1996, S. 14).

Beispiele für die Mitwirkung des Produktmanagement in solchen kundengerichteten Arbeitsgruppen finden sich in der Praxis unter Bezeichnungen wie „Customer Team", „Interface Team" oder „Customer Business Development Team". Bei *Procter & Gamble* sind in der ersten Hälfte der neunziger Jahre Customer Business Development Teams innerhalb der Verkaufsorganisation entstanden, und zwar mit Vertretern des Brand Management neben Mitgliedern aus den Bereichen Verkauf, EDV, Logistik, Marktforschung und Finanzwesen (Hahne, 1998, S. 230). Unter dem Gesichtspunkt der Kundenorientierung innerhalb der gesamten betrieblichen *Wertkette* ist auch die Einbeziehung des Produktmanagement in das Total Quality Management zu erwähnen (Cook, 1997, S. 124 ff.). Bei der Tätigkeit von Produktmanagern in *TQM-Teams* geht es nicht um unmittelbare Verkaufskontakte, aber um die Übersetzung der geplanten Nutzenstiftung für Kunden bzw. Zielgruppen in erforderliche Qualitätsstandards und Teilschritte des Leistungsprozesses. Diese Teammitgliedschaft von Produktmanagern dient der Aufgabe, über die Marketingabteilung hinaus „auch die Führungskräfte und Mitarbeiter anderer betrieblicher Funktionen von der Notwendigkeit eines bedürfnisgerechten beziehungsweise zwecktauglichen Erzeugnisses zu überzeugen" (Herrmann, 1998, S. 572).

4.3 Produkt- und Prozeßmanagement

Die oben genannte Mitarbeit von Produktmanagern in TQM-Teams beinhaltet sachlogisch immer zugleich eine Beschäftigung mit Prozeßabfolgen, bei denen Kundenanforderungen den Ausgangspunkt bilden sollten. Das Produktmanagement kann aber außerdem in Projektteams einbezogen sein, bei denen der inhaltliche Schwerpunkt beispielsweise eine Neuproduktentwicklung, das verschiedene Produkte umfassende Systemgeschäft mit einem Kunden oder besondere sortimentsübergreifende Hersteller-

Handels-Kooperationen betrifft (z.B. „Efficient Consumer Response“). Hierzu werden die Expertenkenntnisse von Produktmanagern benötigt, ohne daß diese allein in der Lage wären, die komplexe Aufgabe zu bewältigen. Wenn sich dabei die Zuständigkeitsverteilung nach bestimmten Teilschritten eines Prozesses richtet, etwa im Ablauf eines Innovationsvorhabens, kommt es zu einem *integrierten Projekt-, Produkt- und Prozeßmanagement* (Reiß, 1992, S. 25 ff.).

So hat die *Volkswagen AG* die Kerngeschäftsprozesse Produktentstehung, Produktionsoptimierung und Beschaffung sowie Vermarktung definiert, die im Zeitablauf teilweise überlappt sind, wobei es dann zur Teammitarbeit bestimmter Organisationseinheiten innerhalb verschiedener, aufeinanderfolgender Prozeßphasen kommt (Köhler, 1998, S. 12). Das *Produktmanagement* ist hier in die gesamten Stadien der Produktentstehung mit eingeschaltet (von der Vorentwicklung über Konstruktion, Design, Prototypenbau bis zur Gesamtfreigabe); es begleitet aber aus seiner konzeptionellen Sicht auch die Produktionsvorgänge sowie die Abläufe in den Verkaufs- und Distributionsphasen. Die an anderer Stelle mehrfach erwähnte Querschnittskoordination wird auf diese Weise nicht einseitig dem Produktmanagement aufgebürdet, sondern durch Teamabstimmungen entlang der Wertkettenprozesse erreicht.

5. Zusammenfassung

In dem vorliegenden Beitrag wurden zunächst die Anforderungen an die Organisation des Produktmanagement dargelegt. Offensichtlich ist es durch bestimmte Kontextbedingungen (wie zunehmende Unternehmensgröße, Komplexität und Dynamik unternehmensinterner und -externer Gegebenheiten) immer notwendiger geworden, neben Funktionsabteilungen die gezielte Objektzuständigkeit des Produktmanagement organisatorisch zu verankern. Für das verarbeitende Gewerbe in Deutschland weist eine jüngere Studie die Verbreitung des Produktmanagement bei 84 % der befragten Unternehmen aus (Homburg/Gruner/Hocke, 1997, S. 102 f.), wobei die Investitionsgüterindustrie noch Defizite aufweist (Bretschneider, 1999, S. 79). Die konkrete Einbindung des Produktmanagement in die Unternehmensorganisation kann danach beurteilt werden, inwieweit die jeweilige Organisationsform die effiziente Aufgabenerfüllung und Zielerreichung erleichtert.

Unter diesen Gesichtspunkten wurde das Produktmanagement als Stabseinheit, als Linieneinheit innerhalb des Marketingbereiches und schließlich als bereichsungebundene Linieninstanz kritisch gewürdigt. Der zuletzt genannte Fall, der dem Produktmanagement weitgehende Koordinationsbefugnisse einräumen würde, kommt praktisch kaum vor. Es dominiert die Einordung in den Marketingbereich, oft in einer Mischform von Stabs- und Linienkompetenzen.

Es wurde dargelegt, daß das Produktmanagement in seiner praktisch vorherrschenden Organisationsform zwar wesentlich zu einer konsequenten Planung, Umsetzung und

Überwachung von Produktstrategien beiträgt, aber – für sich allein genommen – doch Grenzen der Koordinationsfähigkeit aufweist. Insoweit ergeben sich Effizienzprobleme, die bei international tätigen Unternehmen noch mit besonderen zusätzlichen Abstimmungsschwierigkeiten verbunden sind.

Zunehmend wird das Erfordernis einer integrativen Einbindung des Produktmanagement in kunden- und prozeßorientierte Teams erkannt (Diller, 2001, S. 1410). Die dadurch geförderte umfassendere Orientierung am Verwendernutzen und an Wettbewerbsvorteilen trägt, ebenso wie der Einsatz ablauforganisatorischer Abstimmungsinstrumente, zur Zielerreichung des Produktmanagement bei.

6. Literatur

ARNOLD, U., Die organisationstheoretischen Grundlagen des Produktmanager-Konzepts, in: Wirtschaftswissenschaftliches Studium, 1984, S. 435-441.

BACKHAUS, K./BRZOSKA, L./THEILE, G., Produktmanagement für Dienstleistungsunternehmen, in: Böhler, H. (Hrsg.), Marketing-Management und Unternehmensführung, Stuttgart 2002, S. 637-676.

BAKER, M./HART, S., Product Strategy and Management, London, New York, Toronto et al. 1998.

BAUER, H. H., Marketing-Organisation, in: Wittmann, W./Kern, W./Köhler, R./Küpper, H.-U./v. Wysocki, K., (Hrsg.), Handwörterbuch der Betriebswirtschaft, 5. Aufl., Band 2, Stuttgart 1993, Sp. 2733-2751.

BLIEMEL, F. W./FASSOTT, G., Produktmanagement, in: Tietz, B./Köhler, R./Zentes, J., (Hrsg.), Handwörterbuch des Marketing, 2. Aufl., Stuttgart 1995, Sp. 2120-2135.

BRETSCHNEIDER, K., Investitionsgütermarketing – Ausrichtung auf das Produktmanagement, in: Zeitschrift Führung + Organisation, 1999, S. 79-84.

BROCKHOFF, K., Produktpolitik, 4. Aufl., Stuttgart 1999.

COOK, H. E., Product Management, London, Weinheim, New York et al. 1997.

CRIPPEN, K./TNG, P./MULREADY, P., DuPont Lycra shifts emphasis to global brand management, in: Journal of Product & Brand Management, 1995, S. 27-37.

DILLER, H., Produkt-Management und Marketing-Informationssysteme, Berlin 1975.

DILLER, H., Produktmanagement, in: Diller, H. (Hrsg.), Vahlens Großes Marketinglexikon, 2. Aufl., München 2001, S. 1409–1410.

FINK, A., Produktmanagement für Investitionsgüter. Entwicklung eines organisatorischen Konzeptes, Dissertation Augsburg 1992.

FRESE, E., Grundlagen der Organisation, Wiesbaden.

GRUNER, K./GARBE, M./HOMBURG, CH., Produkt- und Key-Account-Management als objektorientierte Formen der Marketingorganisation, in: Die Betriebswirtschaft, 1997, S. 234-251.

HAHNE, H., Category Management aus Herstellersicht, Lohmar, Köln 1998.

HERRMANN, A., Produktmanagement, München 1998.

HOMBURG, CH./GRUNER, K./HOCKE, G., Entwicklungslinien der Marketingorganisation. Eine empirische Untersuchung im produzierenden Gewerbe, in: Zeitschrift für Betriebswirtschaft, 1997, S. 91-116.

HOMBURG, CH./KROMER, H., Marketingmanagement, Wiesbaden 2003.

HOMBURG, CH./WORKMAN JR., J.P./JENSEN, O., Fundamental Changes in Marketing Organization: The Movement toward Customer-focused Organizations. Wissenschaftliche Schriftenreihe des Zentrums für Marktorientierte Unternehmensführung (ZMU) der WHU Koblenz, Nr. 10, Koblenz 1998.

HÜTTEL, K., Rosige Zeiten für Produktmanager, in: Harvard Business Manager, 1989, S. 48-55.

HÜTTEL, K., Produktmanager in den neunziger Jahren: Für die Zukunft gerüstet, in: Absatzwirtschaft, Zeitschrift für Marketing, 1993, S. 94-100.

JOSTEN, F. A., Determinanten von Product-Management-Strukturen. Eine empirische Untersuchung in den USA, Frankfurt/Main, Bern, Las Vegas 1979.

KAPFERER, J.-N., Strategic Brand Management, 2. Aufl., London, Dover 1997.

KATSANIS, L. P./LAURIN, J.-P. G./PITTA, D. A., How should product managers' job performance be evaluated in emerging product management systems?, in: Journal of Product & Brand Management, 1996, S. 5-23.

KATSANIS, L. P./PITTA, D. A., Punctuated equilibrium and the evolution of the product manager, in: Journal of Product & Brand Management, 1995, S. 49-60.

KLEIN, A., Controllinggestütztes Produktmanagement, Wiesbaden 1997.

KNOX, S., Transforming Brand Management from a Functional Activity into a Core Process, in: Journal of Marketing Management, 1994, S. 621-632.

KÖHLER, R., Marketingplanung in Abhängigkeit von Umwelt- und Organisationsmerkmalen. Ergebnisse empirischer Studien, in: Mazanec, J./Scheuch, F., (Hrsg.), Marktorientierte Unternehmungsführung, Wien 1984, S. 581-602.

KÖHLER, R., Beiträge zum Marketing-Management: Planung, Organisation, Controlling, 3. Aufl., Stuttgart 1993.

KÖHLER, R., Marketing-Organisation, in: Tietz, B./Köhler, R./Zentes, J., (Hrsg.), Handwörterbuch des Marketing, 2. Aufl., Stuttgart 1995, Sp. 1636-1653.

KÖHLER, R., Kundenorientierte Organisation, in: Signale aus der WHU Koblenz, 1998, S. 5-13.

KÖHLER, R., Organisationsprobleme des internationalen Marketing-Managements, in: Auer-Rizzi, W./Szabo, E./Innreiter-Moser, C. (Hrsg.), Management in einer Welt der Globalisierung und Diversität, Stuttgart 2002, S. 15–35.

KÖHLER, R./TEBBE, K./UEBELE, H., Objektorientierte Organisationsformen im Absatzbereich von Industrieunternehmen. Ergebnisse empirischer Studien, Arbeitspapier des Instituts für Markt- und Distributionsforschung der Universität zu Köln, Köln 1983.

KOPPELMANN, U., Produktmarketing. Entscheidungsgrundlage für Produktmanager, 4. Aufl., Berlin, Heidelberg, New York et al. 1993.

KOPPELMANN, U., Produktmarketing. Entscheidungsgrundlagen für Produktmanager, 6. Aufl., Berlin, Heidelberg, New York et al. 2001.

KOTLER, P./BLIEMEL, F., Marketing-Management, 10. Aufl., München et al. 2006.

LEHMANN, D. R./WINER, R. S., Product Management, 4. Aufl. Boston et al. 2005.

LEHMANN, P., Kunde und Produkt im Mittelpunkt: Eine Gratwanderung, in: Frese, E., (Hrsg.), Dynamisierung der Organisation. Markt und Mitarbeiter als treibende Kräfte, Arbeitsbericht des Organisationsseminars der Universität zu Köln, Köln 1995, S. 81-115.

LOW, G. S./FULLERTON, R. A., Brands, Brand Management and the Brand Manager System: A Critical-Historical Evaluation, in: Journal of Marketing Research, 1994, S. 173-190.

MARTINSONS, A. G. B./MARTINSONS, M. G., In Search of Structural Excellence, in: Leadership & Organization Development Journal, 1994, S. 24-28.

MEFFERT, H., Produktmanagement: Funktionen und organisatorische Eingliederung, in: Das Wirtschaftsstudium, 1979a, S. 68-72 sowie 120-125.

MEFFERT, H. Produktmanagement: Situative Einflüsse und organisatorische Anpassungsmöglichkeiten, in: Das Wirtschaftsstudium, 1979b, S. 280-284 sowie 329-333.

MEFFERT, H., Produktmanagement und Führung, in: Kieser, A./Reber, G./Wunderer, R., (Hrsg.), Handwörterbuch der Führung, Stuttgart 1987, Sp. 1731-1738.

MORSE, S., Successful Product Management, 2. Aufl., London 1998.

PEPELS, W., Produktmanagement, 5. Aufl., München, Wien 2006.

OELSNITZ VON DER, D., Marktorientierte Organisationsgestaltung, Stuttgart, Berlin, Köln 2000.

QUELCH, J. A./FARRIS, P. W./OLVER, J. M., The product management audit, in: Harvard Business Review, 1987, S. 30-36.

REIß, M., Integriertes Projekt-, Produkt- und Prozeßmanagement, in: Zeitschrift Führung + Organisation, 1992, S. 25-31.

SCHUH, A./DOHRAU, N., Product-Management im Wandel? Eine Untersuchung des gegenwärtigen Zustandes und aktueller Entwicklungen in der österreichischen Konsumgüterindustrie, in: Der Markt, 1995, S. 84-94.

SCHWARTING, U., Institutionalisierung des Marketingkonzeptes durch Produkt-Management, Frankfurt am Main, Berlin, Bern et al. 1993.

TIETZ, B., Produktmanagement(s), Organisation des, in: Frese, E.,(Hrsg.), Handwörterbuch der Organisation, 3. Aufl., Stuttgart 1992, Sp. 2067-2077.

WILD, J., Product Management, München 1972.

Martin Benkenstein

Schnittstellen im Produktmanagement

1. Zum Stellenwert der Schnittstellenbetrachtung im Produktmanagement

1.1 Identifikation von Schnittstellen im Produktmanagement

Die relative Wettbewerbsposition vieler Unternehmen in europäischen und amerikanischen Schlüsselindustrien (Automobilbau, Unterhaltungselektronik, Maschinenbau) hat sich in der Vergangenheit nachhaltig verschlechtert. Dabei ist die relative Wettbewerbsposition dadurch bestimmt, inwieweit die eigenen Leistungsangebote im Vergleich zu den Leistungsangeboten der relevanten Wettbewerber die Bedürfnisse der jeweiligen Zielgruppen besser, schlechter oder gleich gut befriedigen. Die relative Wettbewerbsposition wird somit durch die erreichten Wettbewerbsvorteile bestimmt. Diese liegen dann vor, wenn eine Unternehmung eine im Vergleich zum Wettbewerber überlegene Leistung anbietet, die

- ein für den Kunden wichtiges Leistungsmerkmal betrifft,
- vom Kunden wahrgenommen wird und
- von der Konkurrenz nicht kurzfristig einholbar ist (Simon, 1988, S. 4).

Die Bedeutung einer klaren und profilierenden Positionierung im Wettbewerbsumfeld ist deshalb relevant, weil allein dadurch die Erfolgspotentiale der Unternehmung auch langfristig gesichert werden können.

In diesem Zusammenhang kommt einer kundengerechten und auf die Erzielung von Wettbewerbsvorteilen gerichteten Gestaltung der Absatzleistungen eines Unternehmens entscheidende Bedeutung zu. Es ist Aufgabe des Produktmanagement, sämtliche Tätigkeiten der Entwicklung, Gestaltung, Produktion und Vermarktung der Absatzleistungen des Unternehmens anzuregen, zu planen, zu organisieren, umzusetzen und zu kontrollieren (Koppelmann, 2001, S. 6 f.). Als grundlegende Entscheidungstatbestände des Produktmanagement sind vor allem folgende Punkte auszumachen:

- Entwicklung und Einführung neuer Produkte (Produktinnovation),
- Pflege auf dem Markt eingeführter Produkte (Produktvariation und -differenzierung) und
- Eliminierung von Produkten, die negativ auf die Erreichung psychographischer oder ökonomischer Unternehmens- und Marketingziele wirken (Produkteliminierung) (Haedrich/Tomczak, 1996, S. 14 f., und Hüttel, 1998, S. 21).

Diese Aufgaben des Produktmanagement können sowohl bei funktionaler als auch bei divisionaler oder regionaler Aufbauorganisation der ersten Unternehmensebene nicht vollständig isoliert durch einzelne Abteilungen der Unternehmung gelöst bzw. diesen zugeordnet werden. Zur Bewältigung dieser Aufgaben müssen vielmehr mehrere Unternehmensbereiche zusammenarbeiten (Brockhoff, 1989, S. 1). Die am Produktmanagement beteiligten Funktionsbereiche reichen von Marketing und Vertrieb über F&E und Produktion/Fertigung bis zur Materialwirtschaft oder Public Relations / Öffentlichkeitsarbeit (Haedrich/ Tomczak, 1996, S. 85 f.).

Darüber hinaus bestehen im Rahmen des Produktmanagement eines Unternehmens auch Beziehungen zu Systemen außerhalb der Unternehmensgrenzen, vor allem mit Zulieferern und Abnehmern (zur genaueren Erörterung der Schnittstellen zu Zulieferern und Kunden vgl. Schrader, 1995, S. 455 ff.).

Durch die dezentrale Zuordnung von Teilaufgaben des Produktmanagement zur Erzielung von Spezialisierungsvorteilen treten zwischen diesen Bereichen Schnittstellen auf. Unter Schnittstellen sollen dabei im Folgenden die Übergangs- oder Verbindungsstellen zwischen verschiedenen betrieblichen (Sub-)Systemen, Organisationseinheiten, Teilbereichen oder Abteilungen sowie zwischen arbeitsteilig verbundenen Unternehmen verstanden werden (Specht, 1995, Sp. 2265; zu breiteren Schnittstellendefinitionen vgl. de Pay, 1995, S. 42 f.). Dabei muss berücksichtigt werden, dass zwischen den Bereichen nicht nur jeweils eine Schnittstelle besteht, sondern in aller Regel komplexere Beziehungen vorzufinden sind (Brockhoff, 1995, S. 444). Um eine effiziente Erfüllung der Aufgaben des Produktmanagement zu gewährleisten, ist eine zielgerichtete, d.h. auf die Ziele des Produktmanagement ausgerichtete Überwindung der Schnittstellen dieser Bereiche erforderlich (die enge Zusammenarbeit vor allem von Marketing, F&E und Produktion wurde als wesentlicher Erfolgsfaktor bei marktorientierter Unternehmensführung empirisch herausgearbeitet, vgl. Fritz, 1993, S. 242 ff.). Diese Problematik soll anhand der Analyse der Wertkette der Unternehmung sowie ihrer Zulieferer und Abnehmer am Beispiel der Produkteinführung verdeutlicht werden.

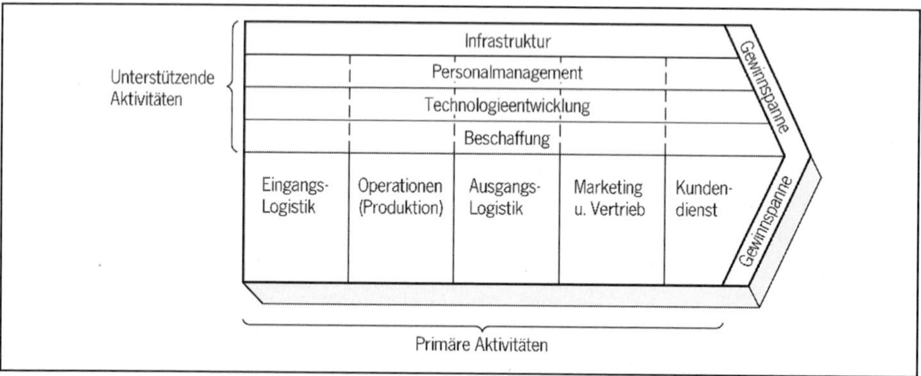

Abbildung 1: Modell der Wertkette
Quelle: Porter, 2000, S. 66

Den grundlegenden Aufbau einer Wertkette verdeutlicht Abbildung 1. Sie ist ein grobstrukturiertes Abbild der Unternehmung oder einer strategischen Geschäftseinheit mit seinen wichtigsten Wertaktivitäten. Anknüpfungspunkt ist dabei die Analyse von Wettbewerbsvorteilen. Sie sind gleichzusetzen mit der günstigeren Kosten-Nutzen-Relation der von der betrachteten Unternehmung angebotenen Leistungen aus der Sicht der Abnehmer. Die Kosten-Nutzen-Relation spiegelt sich in dem Betrag wider, den die Abnehmer für das, was ihnen die Unternehmung zur Verfügung stellt, zu zahlen bereit sind. Damit bildet eine konsequent marktorientierte Sichtweise den Ausgangspunkt einer funktionsübergreifenden Wertkettenbetrachtung.

Den Wertaktivitäten werden zwei Aktivitätstypen zugeordnet. Die primären Aktivitäten – gegliedert nach dem physischen Durchlaufprinzip – reichen von der Eingangslogistik über Fertigung, Marketing und Vertrieb und die Ausgangslogistik bis hin zum Kundendienst. Die primären Aktivitäten werden in jeder Unternehmung durch unterstützende Aktivitäten begleitet. Sie befassen sich mit dem Kauf von Inputs (Beschaffung), mit der Entwicklung von Technologien, der Personalwirtschaft sowie der Infrastruktur für die gesamte Unternehmung.

Die Querschnittsfunktion „Technologieentwicklung" deutet bereits an, dass diese Wertaktivität nicht einzelnen Funktionsbereichen und dabei auch nicht der Forschung und Entwicklung allein zugeordnet werden kann. Vielmehr kann anhand der Wertkettenbetrachtung verdeutlicht werden, welche anderen Wertaktivitäten – und dabei nicht zuletzt auch die der Zulieferer und Abnehmer – von der Technologieentwicklung, im Folgenden im Sinne der Entwicklung neuer Produkte verwendet, maßgeblich betroffen sind und sie deshalb auch maßgeblich beeinflussen müssen. Abbildung 2 zeigt diese Zusammenhänge an ausgewählten Beispielen.

Unmittelbar einleuchtend ist, dass mit der Entwicklung neuer Produkte deren Attraktivität für die Nachfrager und damit der Kundennutzen determiniert wird. Darüber hinaus wird aber auch - speziell im verarbeitenden Gewerbe - durch die Konstruktion des Neuproduktes dessen Reparatur- und Wartungsfreudigkeit mit den Wirkungen auf die Kundendienstqualität sowie dessen Kostenposition bestimmt. Die Konstruktion bestimmt aber auch die Fertigungskosten der betrachteten Unternehmung. So haben empirische Untersuchungen im verarbeitenden Gewerbe nachgewiesen, dass bis zu 90% der späteren Fertigungskosten bereits in der Innovationsphase festgelegt sind. Ähnliches gilt für die zugelieferten Teile und Komponenten, wodurch erste Interdependenzen zum Zulieferer deutlich werden. Darüber hinaus resultieren Interdependenzen zur eigenen Eingangslogistik, aber auch zur Ausgangslogistik des Zulieferers im Hinblick auf die Just-in-Time-Fähigkeit der zugelieferten Teile und Komponenten. Schließlich ist hervorzuheben, dass durch die Planung und Einführung neuer Produkte – insbesondere im Komponentengeschäft – deren Integralqualität im Sinne der Integrationsfähigkeit in Endprodukte oder in vernetzte Systeme (z.B. Local Area Networks) bestimmt wird (Benkenstein, 1993, S. 22).

Die aufgezeigten Interdependenzen verdeutlichen, dass die Prozesse im Produktmanagement nicht allein von einer einzigen Abteilung gesteuert werden können, sondern eine Vielzahl weiterer Funktionsbereiche der Unternehmung und darüber hinaus auch Zulieferer und Abnehmer hinreichend integriert sein müssen. Hierzu werden unterschiedliche

Ansätze in der Literatur, aber auch in der Unternehmenspraxis diskutiert. Allerdings wird es in aller Regel nicht möglich sein, die Wertschöpfungsketten sämtlicher Produkte zu beherrschen (Grams, 1995, S. 70).

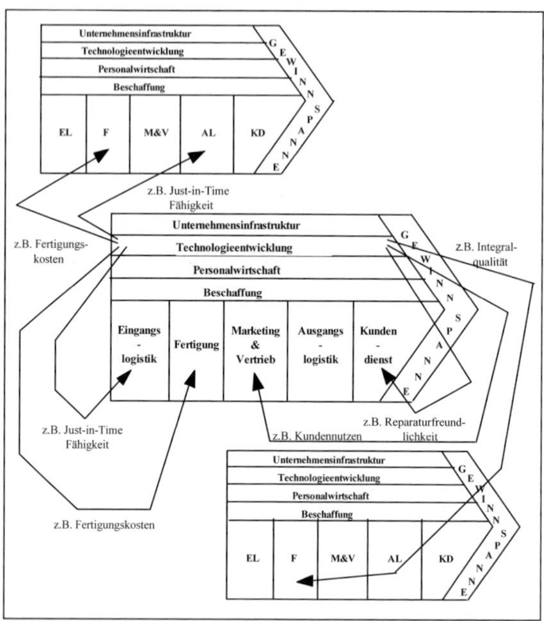

Abbildung 2: Beziehungen zwischen Technologieentwicklung und anderen Aktivitäten

Quelle: Benkenstein, 1993, S. 23

Die notwendige Koordination der beteiligten Bereiche bzw. deren Schnittstellenmanagement umfasst die aktive und zielgerichtete Gestaltung von Abstimmungsprozessen im Rahmen des Entstehungszyklus neuer Produkte sowie der Betreuung eingeführter Leistungen. Sie ist deshalb wesentlich, weil alle strukturellen, am Produktmanagement beteiligten, Subsysteme auf eine gemeinsame Zielsetzung auszurichten sind: die zeit- und aufwandsgerechte Gestaltung marktfähiger Produkte für den unternehmensrelevanten Markt. Eine zielgerichtete Planung im Rahmen des Produktmanagement erscheint deshalb ohne Abstimmung der Entwicklungsprozesse, also der Ziele, Strategien und Maßnahmen von Funktionsbereichen überhaupt nicht möglich.

1.2 Determinanten des Koordinationsbedarfs

Die Notwendigkeit der Überwindung von Schnittstellen zwischen den am Produktmanagement beteiligten Subsystemen resultiert unmittelbar aus den *Interdependenzen* zwischen den Entscheidungen dieser Bereiche und den *Entscheidungsspielräumen*, die zur Gewährleistung einer effizienten Arbeitsteilung den betroffenen Abteilungen einzuräumen sind (vgl. Hoffmann, 1980, S. 310).

Interdependenzen

Zur Erfassung des Koordinationsbedarfs ist es erforderlich, die Beziehungen zwischen den Bereichen zu systematisieren und zu operationalisieren. Dabei lassen sich die Interdependenzen anhand ihrer Ursachen sowie des Gegenstands der Austauschbeziehungen klassifizieren (Benkenstein, 1987, S. 36 ff.).

Bei einer Differenzierung anhand der Ursachen kann zwischen Interdependenzen aufgrund

- der Inanspruchnahme gemeinsamer Ressourcen,
- einseitiger Input-Output-Beziehungen und
- wechselseitiger Input-Output-Beziehungen

unterschieden werden. Dabei implizieren einseitige Input-Output-Beziehungen die Inanspruchnahme gemeinsamer Ressourcen. Wechselseitige Input-Output-Beziehungen bedingen gleichzeitig einseitige Input-Output-Beziehungen und die Inanspruchnahme gemeinsamer Ressourcen. Die Reihenfolge der Kategorien verdeutlicht somit eine zunehmende Komplexität der Interdependenzen. Sie erzeugen entsprechend steigenden Koordinationsbedarf (Hoffmann, 1980, S. 310).

Anhand des Gegenstandes der Austauschbeziehungen kann zwischen

- materiellen Interdependenzen und
- informationellen Interdependenzen

getrennt werden (Kubicek, 1975, S. 310 ff.). Dabei ist davon auszugehen, dass mit materiellen immer auch informationelle Beziehungen einhergehen. Daher ist es wahrscheinlich, dass der Koordinationsbedarf bei materiellen Interdependenzen höher ist als bei informationellen. Darüber hinaus ist auf eine Besonderheit informationeller Beziehungen hinzuweisen. Entscheidungsträger neigen häufig zur Reduktion der Entscheidungskomplexität und vernachlässigen dabei die Vielzahl von Informationen, die ihr Entscheidungsverhalten beeinflussen können. Deshalb sind die wahrgenommenen informationellen Interdependenzen häufig geringer als die objektiv vorhandenen, weshalb auch der wahrgenommene Abstimmungsbedarf häufig geringer als der objektive ausfällt. Die im Folgenden vorzunehmenden Plausibilitätsanalysen hinsichtlich der Zusammenhänge von situativem Umfeld und Koordinationsbedarf sollen sich ausschließlich auf den objektiven Koordinationsbedarf erstrecken.

Gegenstand der Interdependenzen / Interdependenzursachen	materielle Interdependenzen	informationelle Interdependenzen
Inanspruchnahme gemeinsamer Ressourcen	gebündelte Interdependenzen	
einseitige Input-Output-Beziehungen	sequentiell-materielle Interdependenzen	sequentiell-informationelle Interdependenzen
zweiseitige Input-Output-Beziehungen	wechselseitig-materielle Interdependenzen	wechselseitig-informationelle Interdependenzen

Abbildung 3: Typologie der Interdependenzen im Produktmanagement
Quelle: Benkenstein, 1987, S.40

Entsprechend der Klassifikationsansätze kann bei deren Kombination zwischen fünf Interdependenzarten differenziert werden (siehe Abbildung 3). Dabei ist zu berücksichtigen, dass informationelle Interdependenzen nicht auf der Inanspruchnahme gemeinsamer Ressourcen beruhen können. Denn im Gegensatz zu Budgets oder Rohstoffen werden Informationen im Zuge ihrer Inanspruchnahme nicht verbraucht und stehen deshalb allen interdependenten Bereichen vollständig zur Verfügung.

Entscheidungsspielräume

Neben den Interdependenzen bedingen die durch die Delegation von Teilaufgaben des Produktmanagement an verschiedene Funktionsbereiche und die damit verbundenen Entscheidungsspielräume der Abteilungen die Notwendigkeit eines Schnittstellenmanagement. Dies gilt insbesondere dann, wenn mit den Entscheidungsspielräumen Zielkonflikte einhergehen.

Zielkonflikte entstehen zum einen durch Divergenzen der *Zielinhalte* zwischen den beiden Funktionsbereichen. Die Festlegung des Zielinhalts verlangt eine Entscheidung darüber, was vom Produktmanagement angestrebt wird. Während beispielsweise die F&E wissenschaftlich-technische Zielinhalte (im Automobilbereich z.B. Aerodynamik, Schadstoffemission, Fahrwerkstabilität) und die Suche nach technologisch optimalen Problemlösungen besonders betont und der Produktionsbereich besonders Kosten- und Kapazitätsauslastungsziele verfolgt, stehen im Marketing vor allem marktbezogene qualitative und quantitative Zielinhalte wie Kundenbindung, Marktanteil, Markentreue oder das Produktimage im Vordergrund (Wermeyer, 1994, S. 34, und de Pay, 1990, S. 143). Diese Zielinhalte sind jedoch regelmäßig nur partiell komplementär (Brown, 1977, S. 94, und Souder, 1978, S. 299 ff.).

Neben Zielkonflikten, die auf Divergenzen des Zielinhaltes zurückzuführen sind, sind auch Unterschiede im *Zielausmaß* und im *Zeitbezug* für den Koordinationsbedarf relevant. Hier konnte beispielsweise nachgewiesen werden, dass die F&E Produktinnovationen mit hohem technischen Fortschritt und langen Innovationszyklen präferiert, während im Marketing kleine Technologiesprünge mit kurzen Entstehungszyklen angestrebt werden (Brockhoff, 1989, S. 74 ff.).

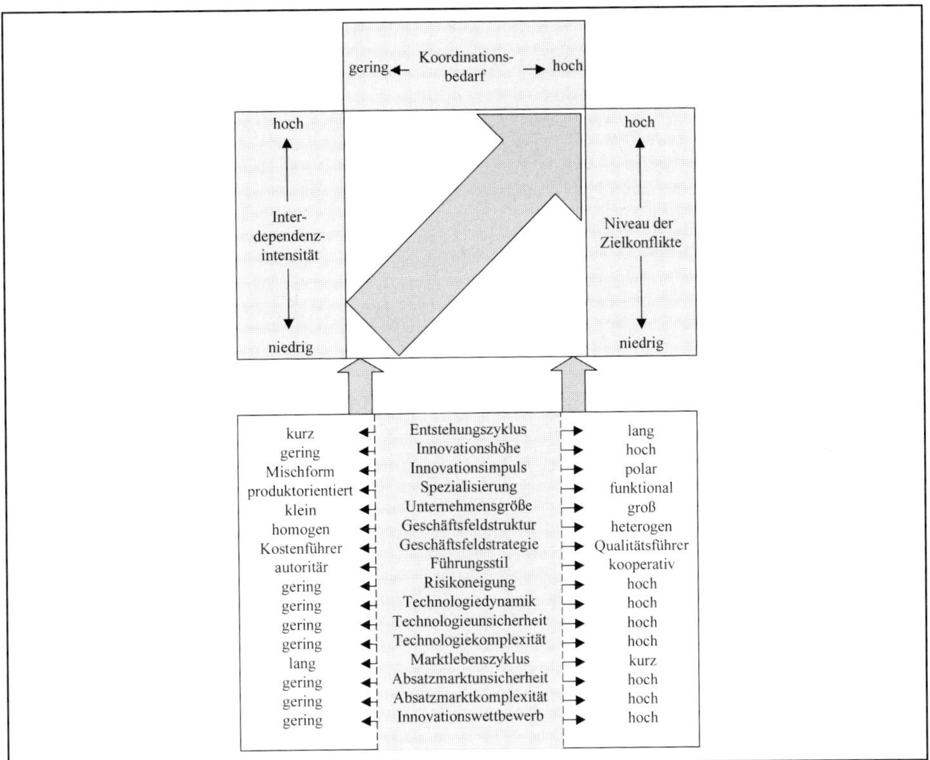

Abbildung 4: Einfluss des situativen Bedingungsrahmens auf den Koordinationsbedarf im Produktmanagement
Quelle: Benkenstein, 1987, S. 121

Kontextfaktoren

Der Koordinationsbedarf wird nicht allein von der Art und der Anzahl der Interdependenzen und der Entscheidungsspielräume im Produktmanagement beeinflusst, sondern auch von deren Intensität. Diese wird insbesondere von den Kontextbedingungen und deren Einflüssen auf die Abstimmung geprägt. Dabei lassen sich drei zentrale Gruppen von Kontextdimensionen gegeneinander abgrenzen: das Produkt, die Unternehmung und die Aufgabenumwelt (Benkenstein, 1987, S. 32).

Unabhängig davon, welche einzelnen Kontextfaktoren die Höhe des Koordinationsbedarfs bestimmen, ist davon auszugehen, dass die Wirkungen des situativen Bezugsrahmens auf den Koordinationsbedarfs in aller Regel indirekter Natur sind. Zentrale intervenierende Variablen sind dabei - wie Abbildung 4 verdeutlicht - die Art und Intensität der Interdependenzen zwischen den beteiligten Bereichen sowie das sich aus den Entscheidungsspielräumen ergebende Niveau der Zielkonflikte zwischen den Abteilungen.

Zwischen den einzelnen Kontextfaktoren können nun wiederum sich in ihrer Wirkung verstärkende (komplementäre) oder ausgleichende (substitutive) Beziehungen auftreten. So wäre beispielsweise vorstellbar, dass mit einer steigenden Technologiedynamik eine Erhöhung des Technologieniveaus, aber auch eine zunehmende Unsicherheit und Komplexität im Absatzmarkt und eine Verlängerung der Entstehungszyklen verbunden sind (Wolfrum, 1994, S. 403).

1.3 Zielsetzungen des Schnittstellenmanagement

Die Koordination der am Produktmanagement beteiligten Unternehmensbereiche richtet sich auf die Erfüllung der generellen produktbezogenen Ziele des Unternehmens. Oberstes Ziel der Abstimmungsbemühungen ist demnach die Ausrichtung sämtlicher bereichsbezogener Aufgaben auf die gemeinsamen Ziele des Produktmanagement. Der Koordinationserfolg ist somit am Zielerreichungsgrad eines Produktes zu bemessen.

Zwischen dem Schnittstellenmanagement und dem Ergebnis des Prozesses bestehen vielschichtige Beziehungen. Insbesondere aufgrund des time-lags zwischen dem Koordinationszeitpunkt und der Marktwirksamkeit der produktbezogenen Entscheidungen ist der Erfolg des Schnittstellenmanagement nicht direkt am Erfüllungsgrad der produktbezogenen Ziele, also am Umsatz, am Deckungsbeitrag, am Marktanteil oder am Image des Produktprogramms messbar. Das obige Ziel ist somit nicht operational. Deshalb müssen auf der Basis der generellen Koordinationszielsetzung solche Abstimmungsziele abgeleitet werden, die zu den Zielen des Produktmanagement in einer direkten Mittel-Zweck-Beziehung stehen (Koch, 1977, S. 57 ff., und Benkenstein, 1987, S. 124):

- Das Schnittstellenmanagement muss möglichst flexibel gestaltet werden!
- Das Umfeld des Produktmanagement, insbesondere die Aufgabenumwelt, ist laufend Veränderungen unterworfen, die direkten Einfluss auf den Abstimmungsbedarf im Produktmanagement haben. Als Belege seien stichwortartig genannt (Benkenstein, 1987, S. 124):
  - Unvorhersehbarkeit der Marktentwicklung
  - schnelles Erreichen der Marktsättigung
  - Aggressivität und Unberechenbarkeit der Konkurrenz,
  - mangelnde Prognostizierbarkeit der privaten Nachfrage,
  - schneller Wechsel der Konsumbedürfnisse,

- Dynamik des technologischen Wandels,
- Unsicherheit der technologischen Entwicklung,
- zunehmende Komplexität der in einem Produkt zusammengefassten Technologien.

Die Entwicklungen belegen, dass die Aufgabenumwelt des Produktmanagement zurzeit und in Zukunft erheblichen und größtenteils unvorhersehbaren Veränderungen ausgesetzt ist. Damit wird die Anpassungsfähigkeit zu einem Schlüsselfaktor des Produkterfolges, die Flexibilität zu einem zentralen Bestandteil des Schnittstellenmanagement.

- Die Überwindung der Schnittstellen muss mit möglichst geringem Zeitaufwand verbunden sein!

- In jüngster Vergangenheit ist eine Tendenz zu einer Verkürzung der Produktlebenszyklen bei gleichzeitiger Verlängerung der Entwicklungszyklen von Produkten zu beobachten. Dadurch werden die „strategischen Fenster“ für Produktneuerungen kleiner, das Timing der Markteinführung wird zu einem zentralen Erfolgsfaktor. Häufig gehen durch zu lange Entwicklungszyklen „Pioniergewinne“ verloren (Pfeiffer, 1985, S. 128 f.). Eine möglichst frühzeitige Abstimmung der am Produktmanagement beteiligten Bereiche sollte deshalb dazu führen, dass sich der Entstehungszyklus einer Produktinnovation oder -variation verkürzt, keinesfalls darf es zu einer Verlängerung kommen. Die Verkürzung der Entwicklungszyklen wir zum Teil als Hauptzielsetzung der Koordination im Produktmanagement angesehen, weil davon stärkere Wirkungen auf die Wettbewerbsfähigkeit ausgehen als von einer reinen Kostenbetrachtung (Haedrich/Tomczak, 1996, S. 86).

- Die Abstimmung des Produktmanagement soll zur Mitarbeitermotivation und zur Sicherung von Kreativitätspotentialen beitragen!

- Bei der Entwicklung neuer oder der Veränderung eingeführter Produkte handelt es sich um eine im höchsten Maße kreative Aufgabe. Ein hoher Motivationsgrad der einbezogenen Mitarbeiter ist deshalb Grundvoraussetzung für die Erfüllung der Ziele des Produktmanagement. Mit der Abstimmung der beteiligten Bereiche werden jedoch in aller Regel die Freiräume der strukturellen Subsysteme eingeschränkt, es besteht die Gefahr von Motivationsverlusten. Dieser Gefahr ist durch den Einsatz zweckmäßiger Koordinationsinstrumente zu begegnen.

- Die Koordination muss zur Minderung des Konfliktniveaus zwischen den Unternehmensbereichen und zur Vermeidung unproduktiver Konflikte beitragen!

- Durch die Delegation der Aufgaben an die relativ autonomen Funktionsbereiche erwächst die Gefahr ineffizienter Verhaltensweisen. Die Begründung liegt in der häufig zu beobachtenden Tendenz zur organisatorischen Verselbstständigung und dem damit verbundenen Entstehen eigener Zielsysteme und Normengefüge (Gebert, 1978, S. 125). Dieses auch als „Ressortegoismus“ bezeichnete Verhalten führt in aller Regel zu Zielkonflikten zwischen den Abteilungen. Derartige Konflikte sind häufig nicht vermeidbar. Sie beeinträchtigen jedoch die Fähigkeit der Unternehmung zum erfolgreichen Produktmanagement, sofern sie nicht positiv ausgetragen werden. Die Abstimmung der betroffenen Bereiche soll deshalb eine zieladäquate Handhabung nicht vermeidbarer und unter Umständen sogar erwünschter Sach- und Kompetenzkonflikte ermöglichen. Keinesfalls darf sie zum Auftreten neuer Konflikte beitragen.

- Die Steuerung der Schnittstellenbeziehungen muss die Umsetzung des angestrebten Produktkonzeptes gewährleisten!
- Mit der Koordination ist die Gefahr der Abstimmung auf der Basis des „kleinsten gemeinsamen Nenners" verbunden. Damit geht das Risiko einer Beeinträchtigung der Umsetzungsfähigkeit der vorgesehenen Produktkonzeption einher. Zur Reduktion dieses Risikos kann der Einsatz zweckentsprechender Koordinationsinstrumente beitragen.

Neben diesen eher qualitativen Zielen ist bei der Implementierung des Schnittstellenmanagement zu beachten, dass die Kosten der Abstimmung bei vorgegebenem Leistungsniveau möglichst gering sein sollten. Darüber hinaus treten fallweise weitere Abstimmungsziele auf. Hierzu zählt häufig die Streuung des Produktrisikos auf möglichst viele Entscheidungsträger. Derartige Ziele sind jedoch in aller Regel nicht Bestandteil des Zielsystems der Unternehmung. Sie zählen vielmehr zu den persönlichen Zielen der Entscheidungsträger und sollten deshalb bei der Implementierung eines Schnittstellenmanagement unberücksichtigt bleiben.

Obige Zielsetzungen müssen, um als operationale Grundlage einer Gestaltung von Koordinationskonzeptionen dienen zu können, nach Inhalt, Ausmaß und Zeitbezug konkretisiert werden (Heinen, 1992, S. 98 ff.). Dabei ist insbesondere zu beachten, dass zwischen den verschiedenen Zielsetzungen neben den komplementären Beziehungen auch Zielkonflikte auftreten. Dies gilt speziell für die Kosten der Abstimmung einerseits und den eher qualitativen Zielen der Koordination andererseits. Derartige Konflikte werden in der Praxis häufig dadurch relativiert, dass die Abstimmungsziele in Abhängigkeit von der Strategie im Produktmanagement sowie vom situativen Umfeld eine differenzierte Gewichtung erfahren. So ist z.B. davon auszugehen, dass das Ziel der Flexibilität bei relativ hoher Stabilität der Aufgabenumwelt an Bedeutung verliert oder dass die Minimierung des Zeitaufwands der Schnittstellenüberwindung bei hohem Innovationswettbewerb zum zentralen Ziel der Abstimmung wird.

2. Ansätze zur Behandlung der Schnittstellen im Produktmanagement

Der Erfolg der Überbrückung der Schnittstellen zwischen den verschiedenen am Produktmanagement beteiligten Bereiche ist in hohem Maße von der Art der eingesetzten Koordinationskonzeption abhängig. Zu ihrer Gestaltung sind zum einen die Koordinationsinstrumente, zum anderen die Zeitpunkte ihres Einsatzes festzulegen. Der Erfolg der Konzeption kann dabei an der Erreichung der oben entwickelten Abstimmungsziele gemessen werden. Es ist allerdings zu berücksichtigen, dass keine Patentlösungen zur Bewältigung der Schnittstellenproblematik im Produktmanagement möglich sind.

2.1 Koordinationszeitpunkte

Der Zeitpunkt der Abstimmung der Subsysteme muss in Abhängigkeit vom produktbezogenen Entscheidungsprozess festgelegt werden. Dabei weisen alle Entscheidungstatbestände des Produktmanagement, d.h. die Einführung neuer Produkte, Pflege vorhandener Produkte sowie Produkteliminierung den gleichen grundlegenden Phasenablauf auf. Die Abstimmung der beteiligten Unternehmensbereiche kann somit in der Phase der Zielbildung, der Strategieplanung und/oder der Maßnahmenplanung und -durchführung erfolgen. Zur Maßnahmenplanung zählen dabei die Teilschritte Ideengewinnung, Ideenprüfung und Realisierungsplanung, während sich die Maßnahmendurchführung aus der technischen Entwicklung, Produkt- und Markttests und der Markteinführung zusammensetzt. Darüber hinaus ist häufig auch in der Kontrollphase eine Koordination zur Interpretation und Analyse von Zielabweichungen notwendig. Diese verschiedenen Phasen des Produktmanagementprozesses sind nun wiederum als zeitraumbezogene Prozesse zu verstehen, die sich darüber hinaus auch noch zeitlich überlagern und durch Rückkopplungen verbunden sind (Benkenstein, 1987, S. 4 ff.). Bei der Festlegung des Koordinationszeitpunktes gilt es nun zu entscheiden, wann die Abstimmung einsetzen und wie lange diese andauern bzw. welche Teilprozesse sie umfassen soll.

Die bisherigen Ausführungen bezüglich effizienter Koordinationszeitpunkte haben den Eindruck vermittelt, dass die beteiligten Bereiche während der Abstimmung grundsätzlich die gleiche Phase des produktbezogenen Entscheidungsprozesses vollziehen. Derartige symmetrische Koordinationsstrukturen müssen jedoch als Idealzustand angesehen werden, dem die Koordination des Produktmanagement in der Praxis in aller Regel nicht gerecht wird. Vielmehr herrschen unterschiedliche Formen asymmetrischer Koordinationsstrukturen vor (Benkenstein, 1987, S. 27 ff.).

Insgesamt ist festzustellen, dass annähernd symmetrische Koordinationsstrukturen unter Effizienzgesichtspunkten günstiger beurteilt werden müssen als stark asymmetrische Koordinationsstrukturen. Der Zeitpunkt der Abstimmung im Produktmanagement sollte deshalb so gewählt werden, dass hohe Diskrepanzen zwischen den jeweiligen Entscheidungsphasen nicht auftreten (Wind, 1982, S. 227).

Entscheidungen hinsichtlich des Einsatzzeitpunktes beeinflussen die Eignung und Effizienz der Abstimmungsinstrumente nicht unwesentlich. Die unterschiedliche Güte verschiedener Koordinationsinstrumente zu verschiedenen Zeitpunkten wird einerseits durch die abweichenden Inhalte, die abzustimmen sind, und andererseits durch die unterschiedlich starke Beteiligung verschiedener Abteilungen in den jeweiligen Abschnitten des Produktmanagementprozesses bestimmt. Deshalb muss neben der Zeitdimension auch immer die Instrumentaldimension der Koordination im Produktmanagement analysiert werden.

Die darzustellenden Koordinationsinstrumente bzw. Methoden zur zielgerichteten Überbrückung der Schnittstellen sind weder für alle Zeitpunkte noch für alle Schnittstellen gleichermaßen gut geeignet. Es soll deshalb nur ein grober, aber wahrscheinlich keineswegs vollständiger Überblick über einige der vorhandenen Möglichkeiten eines Schnittstellenmanagement gegeben werden. In einigen besonders plausiblen oder empirisch besonders gut bestätigten Fällen wird auf die besondere Eignung bzw. die absolute Nichteignung bestimmter Instrumente in bezug auf bestimmte Zeitpunkte oder Schnittstellen eingegangen. Die Eignung bezieht sich dabei immer auf die im Abschnitt 1.3. entwickelten Zielstellungen.

2.2 Instrumente der Koordination

Grundlagen

Die Instrumente zur Steuerung der Schnittstellen im Produktmanagement sind als Handlungsalternativen zur Ausrichtung von produktbezogenen Aufgaben der betroffenen strukturellen Subsysteme auf die produktbezogenen Ziele zur verstehen. In der Literatur wird eine Vielzahl verschiedener Koordinationsinstrumente diskutiert, die unterschiedliche Abgrenzungen und Klassifikationen erfahren haben (Kieser/Walgenbach, 2003, S. 108 ff., Frese 2005, S. 362 ff., und Brockhoff, 1994, S. 34). Für die Diskussion der Schnittstellenbehandlung im Produktmanagement erscheint es zweckmäßig, zwischen personalen und technokratischen Instrumenten zu differenzieren.

Zu den *personalen* Koordinationsinstrumenten zählen die dezentrale Selbstkoordination der Abteilungen durch Gremien, Teams und Projektmanager sowie die zentrale Fremdkoordination über hierarchische Weisungen. *Technokratische* Koordinationsinstrumente sind entscheidungsvorbereitende und –unterstützende Methoden (Prognose- und Entscheidungstechniken), Zielvorgaben und Lenkpreise (Benkenstein, 1987, S. 134).

Personale Instrumente stehen typischerweise im Zentrum der Abstimmung der am Produktmanagement beteiligten Subsysteme. Im Gegensatz dazu können technokratische Koordinationsinstrumente allenfalls flankierend eingesetzt werden.

Die einzusetzenden Koordinationsinstrumente sind nun selber so zu koordinieren, dass ein Koordinationsmix zur Umsetzung der Koordinationsstrategie erzielt wird.

Personale Instrumente

- *Dezentrale Selbstorganisation*

  Bei dezentraler Selbstkoordination stimmen sich die Unternehmensbereiche vollkommen autonom ab, ohne dass eine in der Unternehmenshierarchie übergeordnete Instanz koordinierend tätig wird. Grundtypen der organisatorischen Gestaltung dezentraler Selbstkoordination sind Gremien, Teams und Projektmanager (vgl. Benkenstein, 1987, S. 195).

- *Gremien*

  Gremien sind multipersonale organisatorische Subsysteme, in denen sich Entscheidungsträger unterschiedlicher Hierarchieebenen und verschiedener Funktionszugehörigkeit unter vorübergehender Lösung hierarchischer Bindungen zusammenfinden. Dadurch sollen die interdependenten Entscheidungstatbestände unter Überwindung institutionalisierter Kommunikationswege in Gruppenarbeit abgestimmt werden (Bleicher, 1981, S. 53 f.).

  Es kann zwischen Beratungs-, Entscheidungs- und Steuerungsgremien differenziert werden (Grochla, 1995, S. 269). Während in den *Beratungsgremien* ausschließlich die für die Entscheidungsfindung notwendigen funktionsbereichsspezifischen Informationen ausgetauscht werden, treffen *Entscheidungsgremien* darüber hinaus die zu koordinierenden Entscheidungen gemeinsam. In *Steuerungsgremien* wird schließlich die Durchsetzung der Entscheidungen koordiniert und überwacht.

  Die Koordination der Prozesse des Produktmanagement durch Gremien setzt voraus, dass Regelungen über den internen Aufbau und die Zusammensetzung der Gremien sowie über die Häufigkeit der Zusammenkünfte getroffen werden. Darüber hinaus erscheint es sinnvoll, die Hierarchie im Innenverhältnis der Gremien aufzuheben, um durch die Gleichberechtigung aller Gremienmitglieder das Konfliktniveau zu reduzieren und gleichzeitig die Motivation der Entscheidungsträger zu steigern.

  Mit der Koordination durch Gremien sind Chancen, aber auch Risiken verbunden. Durch die Integration von Entscheidungsträgern mit komplementären Kenntnissen und Fähigkeiten können produktbezogene Entscheidungen umfassend realisiert und Fehler frühzeitig erkannt werden. Darüber hinaus wirkt sich die Einbeziehung vieler Entscheidungsträger in den Prozess des Produktmanagement positiv auf die Leistungsmotivation und die Akzeptanz der erarbeiteten Lösung aus. Da Gremien in aller Regel sowohl aus Fach- als auch aus Machtpromotoren zusammengesetzt sind, besteht die Chance zur Verbesserung der Fähigkeit, die entwickelten Ideen umzusetzen (Witte, 1999, S. 9 ff., und Hauschildt/Chakrabarti, 1988, S. 378 ff.). Andererseits führt ein derartiges Schnittstellenmanagement regelmäßig zu einer Verlängerung des

Planungsprozesses und teilweise zu Kompromissen auf der Basis des kleinsten gemeinsamen Nenners.

Entsprechend ihrer Funktion können Gremien in unterschiedlichen Phasen des produktbezogenen Entscheidungsprozesses eingesetzt werden. Beratungs- und Entscheidungsgremien sind speziell in den Phasen der Zielbildung und der Strategieplanung geeignete Koordinationsorgane, Steuerungsgremien sollten vor allem zur Kontrolle der Maßnahmendurchsetzung eingesetzt werden. Zur Abstimmung der Maßnahmenplanung und -durchsetzung sind Gremien hingegen aufgrund des relativ hohen Zeitaufwands, der mit der Gremienarbeit verbunden ist, in aller Regel weniger geeignet.

- *Teams (Task Forces)*

Ein weiterer Ansatzpunkt zur dezentralen Selbstkoordination ist die Bildung von Teams. Diese werden aus Spezialisten der betroffenen Bereiche zusammengesetzt und arbeiten über einen begrenzten Zeitraum gemeinsam und ausschließlich an einem konkreten Projekt.

Teams sind typischerweise aus Spezialisten der F&E, des Marketing und der Fertigung zusammengesetzt. Seltener finden sich Kundendienst und Logistikexperten. Die auch nur zeitweilige Integration von Abnehmern oder Zulieferern ist trotz der aufgezeigten Bedeutung in deutschen Unternehmen nach wie vor die Ausnahme. Durch die ununterbrochene Zusammenarbeit dieser Spezialisten und durch den regelmäßigen Informationsaustausch innerhalb des Teams wird die Koordination des Produktmanagementprozesses gewährleistet.

Neben der Erfüllung der Funktion der Schnittstellenüberbrückung sind erfolgreiche Teams durch vier charakteristische Eigenschaften gekennzeichnet:

- Das Team muss aus Mitgliedern unterschiedlichen Fachwissens zusammengesetzt sein und sowohl Generalisten als auch Spezialisten einschließen.
- Das Team sollte kreativ und risikofreudig sein.
- Das Team muss in regelmäßigen Abständen über Zwischenergebnisse berichten, damit ein Ausgleich zwischen Flexibilität einerseits und Planung und Kontrolle andererseits erreicht wird.

Zentrale Vorteile der Überwindung der Schnittstellen durch Teams sind der mit der Abstimmung verbundene geringe Zeitaufwand sowie die Verbesserung der Durchsetzbarkeit der Produktkonzepte, sofern zum Team sowohl Fach- als auch Machtpromotoren zählen. Allerdings ist die Koordination durch Teams auch mit einer Reihe von Problemen verbunden (Staehle, 1999, S. 770 f.):

- Die Reintegration der Teammitglieder in die normale Unternehmenshierarchie bereitet Probleme.

  - Die hohe Fachkompetenz ist häufig mit geringer interpersonaler Kommunikationsfähigkeit verbunden. Dadurch wird die Gruppenarbeit und die Koordination innerhalb des Teams beeinträchtigt.
  - Teams scheitern regelmäßig ohne Unterstützung von Machtpromotoren.
  - Ohne rechtzeitige und breite Information insbesondere der Marketing-Abteilung ist die Markteinführung der erarbeiteten Produktkonzeption gefährdet.
  - Teams lassen sich nahezu ausschließlich in der Phase der Maßnahmenplanung und -durchsetzung einsetzen.

- *Projektmanager*

  Die Abstimmung durch Projektmanager ist eine weitere zentrale Gestaltungsalternative der dezentralen Selbstkoordination. Ähnlich dem Team ist seine Aufgabe allein auf die Durchsetzung des Projektes in der Unternehmung und im Markt beschränkt.

  Da die Erfüllung dieser Aufgabe in unterschiedliche Kompetenzbereiche hineinwirkt, muss der Projektmanager die unterschiedlichen Instanzen zur Kooperation bewegen und sie dadurch koordinieren. Die hierarchische Einordnung von Projektmanagern erfolgt überwiegend durch Bildung einer Stabsstelle oder durch Integration in eine Matrixorganisation.

  Die Beurteilung des Projektmanagers als Koordinator ist mit der Beurteilung des Teams nahezu identisch. Hervorzuheben ist, dass der Zeitaufwand sicherlich höher sein wird. Darüber hinaus ist die Umsetzbarkeit immer dann beeinträchtigt, wenn der Projektmanager als Fachpromotor nicht durch einen Machtpromotor unterstützt wird. Dabei ist davon auszugehen, dass sich diese Koordinationsprobleme weiter verschärfen, wenn der Projektmanager nicht über Linienautorität verfügt, sondern eine Stabsfunktion ausübt. Die Einsatzmöglichkeiten eines Projektmanagers bleiben ebenfalls nahezu ausschließlich auf die Phase der Maßnahmenplanung und -durchführung beschränkt.

- *Zentrale Fremdkoordination*

  Im Rahmen zentraler Fremdkoordination erteilt die Unternehmensleitung bzw. eine andere übergeordnete Instanz unmittelbare Anweisungen hinsichtlich der zu integrierenden Entscheidungen im Rahmen des Produktmanagement an die hierarchisch nachgeordneten Abteilungsleitungen. Es übernimmt somit eine übergeordnete zentrale Instanz die Aufgabe, durch verbindliche Anordnungen und Weisungen Koordinationsentscheidungen zu treffen. Die Abstimmung der einzelnen Prozesse erfolgt durch die Hierarchie und basiert insbesondere auf Autorität. Sie ist im Gegensatz zur dezentralen Selbstkoordination durch einen vertikalen Kommunikationsfluss gekennzeichnet. Durch die Beschränkung der Handlungs- und Entscheidungsspielräume der einzelnen Bereiche soll die Abstimmung der produktbezogenen Entscheidungen gewährleistet werden.

Die übergeordnete Instanz der am Produktmanagement beteiligten Abteilungen ist in aller Regel die Unternehmensleitung oder bei objektorientierter Organisationsstruktur die Spartenleitung. Die Leitungsinstanzen können jedoch allenfalls Ziele und Strategien der Abteilungen koordinieren und müssen dabei regelmäßig durch Stäbe unterstützt werden. Die Koordination der Maßnahmenplanung und -durchführung führt hingegen speziell in Großunternehmen zu einer Überlastung der Unternehmens- bzw. Spartenleitung (Grochla, 1995, S. 107). Zur Abstimmung einzelner Maßnahmen fehlt darüber hinaus häufig das entscheidungsrelevante Wissen sowie die fachliche Qualifikation. Die Folge ist vielfach eine mangelnde Koordination der Maßnahmenplanung und -durchführung im Produktmanagement. Die zentrale Fremdkoordination kann somit nur in den frühen Phasen des produktbezogenen Entscheidungsprozesses eingesetzt werden.

Die zentrale Fremdkoordination ist einerseits sehr flexibel, da die Koordinationsentscheidungen ad hoc getroffen werden (Kieser/Walgenbach, 2003, S. 110 f.). Sie ist darüber hinaus mit sehr geringem Zeit- und Kostenaufwand verbunden. Andererseits muss davon ausgegangen werden, dass durch die Beschränkung der Entscheidungsspielräume der einzelnen Bereiche die Motivation der Entscheidungsträger sinkt. Da latente Konflikte zwischen den Abteilungen durch dieses Koordinationsinstrument nicht positiv ausgetragen werden, steigt das Konfliktniveau. Negative Auswirkungen auf die Abstimmung der Maßnahmenplanung und -durchführung werden in aller Regel nicht zu vermeiden sein. Schließlich ist davon auszugehen, dass durch die Beschränkung der Gestaltungsfreiheit die Kreativität im Produktmanagement ein geringeres Niveau erreicht.

Nur in wenigen Unternehmen beruht das Schnittstellenmanagement allein auf der zentralen Fremdkoordination. Vielmehr versuchen die Unternehmen, die oben genannten Nachteile dieses Instruments, speziell die mangelhafte Koordination im Rahmen der Maßnahmenplanung und -durchsetzung, durch den Einsatz zusätzlicher Methoden zu vermeiden.

- *Technokratische Instrumente*

Die Effizienz zentraler bzw. dezentraler Koordination im Produktmanagement wird auch durch den Einsatz flankierender Maßnahmen bestimmt. Dabei handelt es sich vor allem um Prognose- und Entscheidungstechniken (Benkenstein, 1987, S. 136 ff.). Durch ihre Anwendung soll eine verbesserte und schnellere Abstimmung im Produktmanagement erreicht werden. Darüber hinaus können diese Instrumente zur Objektivierung des den Entscheidungsprozess überlagernden Koordinationsprozesses beitragen.

- *Prognosetechniken*

Für die schnelle und leistungswirksame Abstimmung produktbezogener Entscheidungen sind Vorhersagen über Technologie- und Absatzmarktentwicklungen zentrale Voraussetzung. Nur dann, wenn relative Sicherheit über deren Entwicklung herrscht, können die auf die Unternehmensbereiche verteilten Aufgaben des Produktmanagement durch entsprechend koordinierte Strategien und Maßnahmen auf die Ziele des Produktmanagement ausgerichtet werden. Darüber hinaus sind auch für die Formulierung der produktpolitischen Ziele Prognoseinformationen notwendig. Gegenstand der Technologieprognosen sind dabei die Leistungsentwicklungen und die Substitutionswahrscheinlichkeit bestehender Technologien (Blohm, 1979, S. 115, und Wolfrum, 1994, S. 151 ff.). Im Zentrum der Absatzmarktprognosen stehen hingegen Aussagen über die generelle Entwicklung des Absatzmarktes (Marktpotenziale, Marktanteile etc.), aber auch Informationen hinsichtlich der Entwicklung von Konsumpräferenzen.

Prognosen können jedoch nur dann die Koordination hinreichend unterstützen, wenn die Fristigkeit der Technologie- und Absatzmarktprognosen synchronisiert ist (Brockhoff, 1985, S. 624 ff.). Darüber hinaus wird die Abstimmung im Produktmanagement vereinfacht, sofern die Interdependenzen zwischen Technologie- und Absatzmarktentwicklung bereits im Rahmen der Prognose berücksichtigt werden.

Diesen Anforderungen werden Prognosetechniken jedoch nur bedingt gerecht. Speziell bei Langfristprognosen für Zeiträume über fünf Jahre, die als Grundlage der Zielbildung und der Strategieplanung im Produktmanagement dienen, ist das Fehlerniveau quantitativer Prognosemethoden in aller Regel nicht tolerierbar. Aber auch im mittelfristigen Bereich sind quantitativen Prognosen der Konsumpräferenzen beispielsweise durch Verbundanalysen enge Grenzen gesetzt (Brockhoff, 1985, S. 626). Es erscheint deshalb notwendig, zumindest zusätzlich qualitative Prognoseverfahren einzusetzen, um sowohl die zeitliche Synchronisation als auch die sachliche Integration zu gewährleisten. Als flankierendes Instrument der Abstimmung im Produktmanagement erscheint deshalb die *Szenariotechnik* besonders geeignet, da sie qualitative und quantitative Prognosen kombiniert.

Darüber hinaus kommen als weitere Prognosegegenstände, deren Vorhersage zur Abstimmung im Produktmanagement förderlich ist, beispielsweise die interne Kapazitätsentwicklung, Beschaffungsmarkt- und Personalkräfteentwicklungen oder Veränderungen der administrativen Produktanforderungen in Frage.

- *Entscheidungstechniken*

Zur Objektivierung des Entscheidungsprozesses erscheint es sinnvoll, neben Prognosemethoden auch entscheidungsunterstützende Techniken einzusetzen. Dabei muss zwischen globalanalytischen Methoden für die Strategieplanung und detailanalytischen Methoden für die Maßnahmenplanung und -durchsetzung differenziert werden.

Für die Abstimmung der Strategieplanung im Produktmanagement sind nur solche Verfahren geeignet, die die Vielzahl von Einzelaspekten überschaubar und handhabbar gestalten und trotzdem das Entscheidungsfeld, also die Zukunftsgeschäftsfelder und die zentralen Situationsfaktoren, möglichst vollständig abbilden. Ansatzpunkte bieten vor allem *Portfoliomethoden*. Sie beziehen sowohl die unternehmensinternen als auch die externen Komponenten des Entscheidungsfeldes ein und können darüber hinaus absatzmarktbezogen, aber auch technologieorientiert eingesetzt werden (Wolfrum, 1994, S. 220 ff., und Pfeiffer/Metze/Schneider, 1991, S. 64 ff.). Des Weiteren bestehen Ansatzpunkte zur Integration des Entscheidungsfeldes zwischen Markt- und Technologieportfolios (Benkenstein, 1987, S. 161 ff.).

Im Gegensatz zur Strategieplanung stehen im Mittelpunkt der Abstimmung der Maßnahmenplanung Entscheidungen über die Gestaltung des Produktes. Zentrale Einflussfaktoren sind dabei die Präferenzen der Konsumenten, aber auch die Grenzen der technischen Gestaltungsmöglichkeiten. Während die Grenzen der technischen Gestaltungsmöglichkeiten relativ einfach von F&E und Produktion zu erfassen sind, bereitet die optimale Gestaltung des Produktes entsprechend der Konsumentenpräferenzen Schwierigkeiten. Traditionelle Evaluierungsmethoden (Punktbewertungsverfahren, investitionsrechnerische Ansätze), die für die Produktplanung immer wieder diskutiert und verfeinert werden, bilden das Entscheidungsfeld höchst unvollständig ab und sind deshalb zur Lösung dieses Koordinationsproblems nicht einsetzbar. Ansatzpunkte hierzu bieten hingegen die Modelle und Methoden der optimalen Produktpositionierung (Woratschek, 1998, S. 693 ff., Trommsdorff, 1995, Sp. 2059 ff., und Herrmann, 1998, S. 442 ff.). Mittels dieser Entscheidungstechnik werden in einem Marktmodell Produktkonzeptionen festgelegt, die zur Zielerreichung im Produktmanagement beitragen.

Die Eignung derartiger *Positionierungsmodelle* als flankierendes Instrument der Abstimmung muss jedoch relativiert werden. Dies ist darauf zurückzuführen, dass die Produktkonzeptionen durch wahrgenommene und nicht durch materielle Produkteigenschaften bestimmt werden. Die Transformation wahrgenommener in materielle Produkteigenschaften ist jedoch noch sehr eingeschränkt möglich. Darüber hinaus sind mit dem Einsatz der Positionierungsmodelle zur Koordination der Gestaltentscheidung weitere Probleme verbunden. So ist die Prognose des Produkteigenschaftsraumes bis zum Entscheidungshorizont nahezu ausgeschlossen. Schließlich ist die Positionierung von Produkten mit hohem Neuigkeitsgrad für die Konsumenten in Produkteigenschaftsräumen nicht möglich, da die Nachfragerpräferenzen nicht erfassbar sind. Die Abstimmung der Gestaltentscheidungen der am Produktmanagement beteiligten Bereiche auf der Basis von Methoden und Modellen der Produktpositionierung ist somit nur sehr eingeschränkt möglich und liefert in aller Regel keine konkreten Ansatzpunkte, sondern nur globale Hinweise für die Gestaltung des Produktes (Brockhoff, 1993, S. 140 ff.).

Zur Koordination der Maßnahmendurchführung erweisen sich schließlich Instrumente der *Terminplanung* als geeignet. Die Vielzahl interdependenter Maßnahmen, die den technischen Erfolg und den Markterfolg gewährleisten, erfordert Planungsverfahren, die die Interdependenzen zwischen den Unternehmensbereichen erfassen und gleichzeitig den Zeitbedarf der Projekte und die Veränderungen durch Beschleunigung und Verzögerung ermitteln sowie die Termineinhaltung überwachen. Hierzu lassen sich Verfahren der *Netzplantechnik* einsetzen (Wind, 1982, Haedrich/ Tomczak, 1996, S. 228 f., und Hüttel, 1998, S. 254). Sie werden seit geraumer Zeit in der Wissenschaft diskutiert und verfeinert, zählen aber auch bereits in der Unternehmenspraxis zum gängigen Instrumentarium der Abstimmung des Produktmanagement.

2.3 Erweiterung der Gestaltungsmöglichkeiten zur Koordination der Schnittstellen im Produktmanagement

Die bislang dargestellten Konzeptionen des Schnittstellenmanagement sind insgesamt dadurch gekennzeichnet, dass sie sowohl zur Reduktion als auch zur Deckung des Koordinationsbedarfs beitragen. Die koordinationsbedarfsreduzierenden Wirkungen sind dabei vor allem darauf zurückzuführen, dass die Unsicherheit und Komplexität der interdependenten Aufgabenumwelt verringert und Zieldivergenzen vermieden bzw. reduziert werden. Im Gegensatz dazu beruhen die koordinationsbedarfsdeckenden Wirkungen auf Regelungen zur Steuerung der Entscheidungsinterdependenzen, die allen Konzeptionen immanent sind. Darüber hinaus sind die diskutierten Konzeptionen allein auf die Abstimmung im Produktmanagement gerichtet.

Eine Vielzahl weiterer Maßnahmen ist geeignet, zur Schnittstellengestaltung im Produktmanagement beizutragen. Diese Maßnahmen sind jedoch allein auf die Reduktion des Koordinationsbedarfs gerichtet. Der Koordinationsbedarf sinkt beispielsweise immer dann, wenn

- Reorganisationsmaßnahmen eine objektorientierte Aufbauorganisation in den beteiligten Funktionsbereichen schaffen.
- Umstrukturierungen ein Großunternehmen in relativ kleine Profit-Center aufspalten.
- Mitarbeiterrotation zwischen den betroffenen Bereichen durchgeführt werden.
- Ausgestaltungsformen am innerbetrieblichen Informationssystem den Informationsaustausch über Abteilungsgrenzen vereinfacht (Hoffmann, 1980, S. 308 ff.).

Die Beispiele verdeutlichen, dass von einer Vielzahl unterschiedlichster Maßnahmen koordinationsbedarfsreduzierende Wirkungen ausgehen. Gemein ist diesen Maßnahmen allerdings, dass die Abstimmung der am Produktmanagement beteiligten Bereiche nicht im Vordergrund ihrer Zielsetzung steht. Derartige, lediglich auf die Reduktion des Koordinationsbedarfs gerichtete Maßnahmen werden aber nicht in allen Fällen zu den Instrumenten des Schnittstellenmanagement gerechnet (Wermeyer, 1994, S. 122 f.).

3. Schlussfolgerungen für ein integriertes Produktmanagement

Zusammenfassend kann festgestellt werden, dass heute mehr als früher die Notwendigkeit einer effizienten Abstimmung des Produktmanagement unter Beteiligung der jeweils relevanten Funktionsbereiche der Unternehmung, aber auch der Zulieferer und Abnehmer besteht. Die Effizienz der Abstimmungsprozesse bezieht sich dabei jedoch nicht allein auf die Auswahl leistungsfähiger Koordinationsinstrumente: Vielmehr muss die Koordination so kanalisiert werden, dass alle wesentlichen Interdependenzen bereits in den frühen Phasen der Entscheidungsprozesse im Produktmanagement Berücksichtigung finden können. Denn eine - wie in der Unternehmenspraxis häufig zu beobachtende - Abstimmung erst im Rahmen der technischen Umsetzung der Produkte beeinträchtigt oder verzögert den Produkterfolg.

Die Gestaltung der Schnittstellen im Produktmanagement wird auch weiterhin an Bedeutung gewinnen. Speziell die zu beobachtenden Entwicklungen in der Aufgabenumwelt der Unternehmungen und dabei insbesondere die Verkürzung der Produktlebenszyklen, die Dynamik des technologischen Wandels und die hohe Wettbewerbsintensität geben zu der Erwartung Anlass, dass neue Wachstumschancen nur durch Produktinnovationen zu realisieren sind. Gleichzeitig wachsen jedoch die Risiken der Entwicklung und Vermarktung neuer Produkte. Dies ist insbesondere darauf zurückzuführen, dass sich

- der Wettbewerb zunehmend auf globalen Märkten vollzieht und Unternehmungen deshalb gezwungen sind, neue Produkte weltweit parallel einzuführen, um Markteintrittsbarrieren für Imitatoren aufzubauen. Die Kapitalintensität derartiger Markteinführungen ist jedoch ausgesprochen hoch.
- die Produktlebenszyklen in vielen Märkten laufend verkürzen. Eine derartige Entwicklung ist z.B. in der Automobilindustrie oder im Markt für elektronische Datenverarbeitung, insbesondere aber in der Unterhaltungselektronik beobachtbar. So hat beispielsweise Sony seit Einführung des Walkman im Jahre 1979 über 370 Modelle oder Modellvarianten mit Lebenszyklen von allenfalls sechs Monaten am Markt positioniert.
- die Komplexität neuer Produkte sich in der Vergangenheit laufend erhöht hat. Dies ist insbesondere darauf zurückzuführen, dass in vielen Märkten Wettbewerbsvorteile nur durch neue Technologien realisiert werden bzw. unterschiedliche Technologien in neuen Produkten zusammenwirken. So hat sich beispielsweise die Wettbewerbsposition der deutschen Werkzeugmaschinenindustrie dadurch nachhaltig verschlechtert, dass nicht frühzeitig elektronische Steuerungseinheiten eingesetzt wurden. Die zunehmende Komplexität neuer Produkte hat nicht zuletzt zur Verlängerung der Entstehungszyklen geführt und die Kapitalintensität von Entwicklungsprozessen erhöht.

Die genannten Entwicklungen haben zu einer Verschmelzung des Kostenfaktors mit dem Zeitfaktor beigetragen. Letztlich geht es dabei darum, das Produktmanagement so zu organisieren, dass die kosten- und zeitintensive Koordination zwischen F&E, Marketing, Fertigung und weiteren Funktionsbereichen der Unternehmung speziell in späten Phasen des Produktmanagementprozesses vermieden wird.

Vor diesem Hintergrund muss sich die Unternehmenspraxis darauf einstellen, dass die Steuerung der Schnittstellen immer mehr zu einem zentralen Erfolgsfaktor des Produktmanagement wird. Die vorgetragenen Überlegungen verdeutlichen, dass in diesem Bereich drei zentrale Ansatzpunkte bestehen:

- Allein durch den gemeinsamen Einsatz von Fach- und Machtpromotoren zur Überwindung von Schnittstellen im Produktmanagement wird eine hohe Effizienz der Abstimmungsprozesse gewährleistet. Aus diesem Grunde sind bei komplexen Problemen Entscheidungsgremien und Teams geeignete Koordinationsinstrumente.
- Prognose- und Entscheidungstechniken tragen in aller Regel zur Steigerung der Effizienz schnittstellenübergreifender Prozesse bei. Daher sollten Szenarien, Portfoliomethoden und die Netzplantechnik in verstärktem Maße koordinationsunterstützend eingesetzt werden.
- Die in der Unternehmenspraxis häufig zu beobachtende Abstimmung allein in der Phase der Maßnahmenplanung und -durchführung beeinträchtigt in aller Regel die Effizienz des Schnittstellenmanagement. Dieser Mangel kann häufig dadurch behoben werden, dass die vorgelagerten Phasen des produktbezogenen Entscheidungsprozesses zumindest extensiv abgestimmt werden.

Letztlich bleibt anzumerken, dass ein effizientes und integratives Produktmanagement zwar eine notwendige, nicht aber eine hinreichende Bedingung für den Erfolg der Unternehmensleistungen auf dem Absatzmarkt ist. Denn ohne kreative Arbeitsformen und Freiräume für Pioniere ist ein erfolgreiches Produktmanagement nicht denkbar. Allerdings ist zu beachten, dass diese Formen der Kreativität nur in den frühen Phasen des Prozesses erwünscht sind, um kurze Entwicklungszeiten zu gewährleisten. Deshalb ist eine ausgewogene Mischung von Kreativität und straffer Führung anzustreben.

4. Literatur

BENKENSTEIN, M., F&E und Marketing, Wiesbaden 1987.

BENKENSTEIN, M., Zum Timing der Koordination im Produktinnovationsprozess, in: Meffert, H., (Hrsg.), Arbeitspapier Nr.34 des Instituts für Marketing der Universität Münster, Münster 1987.

BENKENSTEIN, M., Koordination von Forschung und Entwicklung und Marketing, in: Marketing ZPF, 1987, S. 123-132.

BENKENSTEIN, M., Integriertes Innovationsmanagement - Ansatzpunkte zum „lean innovation“, in: Marktforschung und Management. Zeitschrift für marktorientierte Unternehmenspolitik, 1993, S. 21-25.

BLEICHER, K., Organisation. Formen und Modelle, Wiesbaden 1981.

BLOHM, H., Methoden zur Prognose technischer Entwicklungen, in: Das Wirtschaftsstudium, 1979, S. 115-120.

BROCKHOFF, K., Abstimmungsprobleme von Marketing und Technologiepolitik, in: Die Betriebswirtschaft, 1985, S. 623-632.

BROCKHOFF, K., Schnittstellenmanagement: Abstimmungsprobleme zwischen Marketing und Forschung und Entwicklung, Stuttgart 1989.

BROCKHOFF, K., Management organisatorischer Schnittstellen - unter besonderer Berücksichtigung der Koordination von Marketingbereichen mit Forschung und Entwicklung, Hamburg 1994.

BROCKHOFF, K., Management der Schnittstellen zwischen Forschung und Entwicklung sowie Marketing, in: Zahn, E., (Hrsg.), Handbuch Technologiemanagement, Stuttgart 1995, S. 437-453.

BROWN, W. B./GOSLIN, L. N., R&D Conflict: Manager vs. Scientist, in: Spitz, A. E., (Hrsg.), Product Planning, 2 Aufl., New York 1977, S. 90-98.

DE PAY, D., Kulturspezifische Determinanten der Organisation von Innovationsprozessen - Ein empirischer Vergleich in deutschen und amerikanischen Unternehmen, in: Albach, H., (Hrsg.), Innovationsmanagement: Theorie und Praxis im Kulturvergleich, Wiesbaden 1990, S. 131-175.

DE PAY, D., Informationsmanagement von Innovationen, Wiesbaden 1995.

FRESE, E., Grundlagen der Organisation: Konzept - Prinzipien - Strukturen, 9. Aufl., Wiesbaden 2005.

FRITZ, W., Marktorientierte Unternehmensführung und Unternehmenserfolg, in: Marketing ZFP, 1993, S. 237-246.

GEBERT, D., Organisation und Umwelt, Stuttgart u.a. 1978.

GRAMS, C., Entwicklung und Marketing: Erfolgreiches Zusammenspiel, in: Absatzwirtschaft, 1995, S. 70-73.

GROCHLA, E., Grundlagen der organisatorischen Gestaltung, Stuttgart 1995.

HAEDRICH, G./TOMCZAK, T., Produktpolitik, Stuttgart, Berlin, Köln 1996.

HAUSCHILDT, J./CHAKRABARTI, A. K., Arbeitsteilung im Innovationsmanagement: Forschungsergebnisse - Kriterien und Modelle, in: Zeitschrift Führung und Organisation, 1988, S. 378-388.

HEINEN, E., Einführung in die Betriebswirtschaftslehre, 9.Aufl., Wiesbaden 1992.

HERRMANN, A., Produktmanagement, München 1998.

HOFFMANN, F., Führungsorganisation, Band. I: Stand der Forschung und Konzeption, Tübingen 1980.

HÜTTEL, K., Produktpolitik, 3. Aufl., Ludwigshafen 1998.

KIESER, A./WALGENBACH, P., Organisation, 4. Aufl., Stuttgart, 2003.

KOCH, H., Aufbau der Unternehmensplanung, in: Gutenberg, E., (Hrsg.), Schriftenreihe ‚Die Wirtschaftswissenschaften', Band 2, Wiesbaden 1977.

KOPPELMANN, U., Produktmarketing, 6. Aufl., Berlin u.a. 2001.

KUBICEK, H., Informationstechnologie und organisatorische Regelungen, Berlin 1975.

PFEIFFER, W., Zur Notwendigkeit strategischer Vorsteuerung von Innovationsprozessen, in: Franke, J., (Hrsg.), Betriebliche Innovation als interdisziplinäres Problem, Stuttgart 1985, S. 124-134.

PFEIFFER, W./METZE, G./SCHNEIDER, W. ET. AL., Technologie-Portfolio zum Management strategischer Zukunftsgeschäftsfelder, 6. Aufl., Göttingen 1991.

PORTER, M. E., Wettbewerbsvorteile: Spitzenleistungen erreichen und behaupten, 6. Aufl., Frankfurt/Main, New York 2000.

SCHRADER, S., Management der Schnittstellen zwischen Lieferant, Hersteller und Kunde, in: Zahn, E., (Hrsg.), Handbuch Technologiemanagement, Stuttgart 1995, S. 455-468.

SIMON, H., Management strategischer Wettbewerbsvorteile, in: Simon, H., (Hrsg.), Wettbewerbsvorteile und Wettbewerbsfähigkeit, Stuttgart 1988, S. 1-17.

SOUDER, W. E., Effectiveness of Product Development Methods, in: Industrial Marketing Management, 1978, S. 299-307.

SPECHT, G., Schnittstellenmanagement, in: Tietz, B./Köhler, R./Zentes, J., (Hrsg.), Handwörterbuch Marketing, 2. Aufl., Stuttgart 1995, Sp. 2265-2275.

STAEHLE, W. H., Management. Eine verhaltenswissenschaftliche Einführung, 8. Aufl., München 1999.

TROMMSDORFF, V., Positionierung, in: Tietz, B./Köhler, R./Zentes, J., (Hrsg.), Handwörterbuch des Marketing, 2. Aufl., Stuttgart 1995, Sp. 2055-2068.

WERMEYER, F., Marketing und Produktion - Schnittstellenmanagement aus unternehmensstrategischer Sicht, Wiesbaden 1994.

WIND, Y. J., Product Policy: Concepts, Methods and Strategy, Menlo Park 1982.

WITTE, E., Das Promotoren-Modell, in: Hauschildt, J./Gemünden, H. G., (Hrsg.), Promotoren, Wiesbaden 1999, S. 9-41.

WOLFRUM, B., Strategisches Technologiemanagement, 2. Aufl., Wiesbaden 1994.

WORATSCHEK, H., Positionierung - Analysemethoden, Entscheidungen, Umsetzung, in: Meyer, A., (Hrsg.), Handbuch Dienstleistungsmarketing, Band 1, Stuttgart 1998, S. 693-710.

Ralph Berndt
Claudia Fantapié Altobelli

Internationales Produktmanagement

1. Die Ausgangssituation des internationalen Produktmanagement

Dem Produktmanagement kommt im internationalen Marketing eine zentrale Bedeutung zu, da das Leistungsprogramm eines Unternehmens das Kernstück des internationalen Marketing-Mix darstellt und das übrige Marketinginstrumentarium daher an den Erfordernissen des Leistungsprogramms ausgerichtet werden muss. Das internationale Produktmanagement umfasst alle Entscheidungen, die sich auf die Entwicklung, Steuerung und organisatorische Einbindung von Marktleistungen materieller und immaterieller Natur beziehen, welche auf dem internationalen Marktplatz angeboten werden. Sämtliche Bereiche des internationalen Produktmanagement unterliegen der Grundsatzentscheidung zwischen Standardisierung und Differenzierung sowohl auf Instrumental- als auch auf Prozessebene. Wesentlicher Einflussfaktor ist hierbei die Ausgangssituation des Unternehmens, d.h. die Ziele, welche im Rahmen des internationalen Produktmanagement verfolgt werden, wie auch die Rahmenbedingungen, mit denen das Unternehmen konfrontiert ist; diese bestimmen, welche Handlungsalternativen in den einzelnen Bereichen des Produktmanagement geeignet sind.

1.1 Ziele des internationalen Produktmanagement

Das Zielsystem des internationalen Produktmanagement umfasst zum einen solche Zielvariablen, welche sich auf das konkrete *Leistungsprogramm* beziehen; dazu gehören das Streben nach Gewinn, Umsatz oder Marktanteil, Kostenziele, Beschäftigungsglättung, Qualitätssteigerung oder Risikostreuung (Berndt/Fantapié Altobelli/Sander, 1997, S. 56 f.). Des weiteren sind solche Ziele enthalten, welche sich auf die internationale *Steuerung, Koordination und Organisation* aller Aktivitäten im Zusammenhang mit dem Leistungsprogramm richten, z.B. reibungslose Koordination, Konfliktvermeidung, Nutzung von Synergieeffekten, Nutzung der Vorteile von Arbeitsteilung und Spezialisierung auf internationaler Ebene.

Zu beachten ist, dass das Zielsystem des internationalen Produktmanagement wesentlich komplexer ist als auf nationaler Ebene, da es zusätzlich eine Länderdimension umfasst. Zum einen stellt sich die Frage, ob in allen Ländern dieselben Ziele zu verfolgen sind; insofern ist bereits auf der Ebene der Zielformulierung eine Entscheidung zwischen Standardisierung und Differenzierung zu treffen. Zum anderen sind die länderspezifischen Ziele des Produktmanagement so zu integrieren, dass die Ziele auf Gesamtunternehmensebene erreicht werden; dies stößt insbesondere dann auf Schwierigkeiten, wenn in den einzelnen Ländern Spartenleiter mit weitgehenden Entscheidungskompetenzen eingesetzt werden (vgl. hierzu Kapitel 4.).

1.2 Rahmenbedingungen des internationalen Produktmanagement

Die Rahmenbedingungen des internationalen Produktmanagement lassen sich unterteilen in (Czinkota/Ronkainen, 2004, S. 252 ff. und Berndt/Fantapié Altobelli/Sander, 2005, S. 14 ff.)

- umfeldbezogene Faktoren,
- produktbezogene Faktoren und
- unternehmensbezogene Faktoren.

Einen Überblick über die wichtigsten Determinanten des internationalen Produktmanagement liefert Abbildung 1.

1.3 Handlungsalternativen des internationalen Produktmanagement

Basisstrategien des internationalen Produktmanagement

Die strategische Dimension des internationalen Produktmanagement wird durch die Basisstrategien „Standardisierung" und „Differenzierung" definiert. Während eine *Produktstandardisierung* ein in allen Ländermärkten weitestgehend identisches Produktangebot beinhaltet, impliziert eine *Produktdifferenzierung* eine ländermarktspezifische Adaption einzelner Produkteigenschaften, um unterschiedliche Bedürfnisse in den einzelnen Ländern zu befriedigen. Zwischen diesen beiden Extremausprägungen finden sich in der Praxis zahlreiche Abstufungen. Die Wahl der Basisstrategie wird in entscheidendem Maße von der internationalen Grundorientierung des Unternehmens beeinflusst, welche von der Unternehmensphilosophie und der Unternehmenskultur abhängt.

Typische *Grundorientierungen internationaler Unternehmen* sind (Kreutzer, 1989, S. 12 ff., Schröder, 1996, S. 19 ff.):

- ethnozentrische Orientierung,
- polyzentrische Orientierung,
- regiozentrische Orientierung,
- geozentrische Orientierung,
- synergetische Orientierung.

Eine *ethnozentrische Orientierung* ist typisch für das Anfangsstadium einer Internationalisierung. Marktchanchen im Ausland werden nur insoweit wahrgenommen, als sich das Marketingkonzept im Heimatland weitgehend unmodifiziert auf die Auslandsmärkte übertragen lässt; die Auslandsaktivitäten erfolgen i.d.R. in Form von Exportgeschäften.

Umfeldbezogene Faktoren
▪ rechtliche Regelungen, z.B. unterschiedliche Normen oder unterschiedliche Vorschriften über Verwendung von Inhaltsstoffen, Produkthaftung und Produktsicherheit ▪ tarifäre und nichttarifäre Handelshemmnisse wie Einfuhrzölle, Importbeschränkungen, Genehmigungsverfahren, Subventionen für lokale Erzeugnisse, Zertifikate ▪ Konsumentenmerkmale und Konsumentenverhalten, z.B. unterschiedliche Präferenzen, Kauf- und Nutzungsgewohnheiten aufgrund kultureller Unterschiede ▪ Vorhandensein supranationaler Zielgruppen, welche länderübergreifend ähnliche Merkmale und Verhaltensmuster aufweisen ▪ wirtschaftlicher und technischer Entwicklungsstand der einzelnen Zielländer ▪ Wettbewerbsfaktoren, z.B. Konkurrenzprodukte, Anzahl und Herkunft der Wettbewerber, Marketingstrategien der Konkurrenz ▪ geographische und klimatische Faktoren, welche ggf. länderspezifische Produktmodifikationen erforderlich machen
Produktbezogene Faktoren
▪ Kulturgebundenheit der Produkte, z.B. bei Nahrungsmitteln und Kleidung, welche länderspezifische Modifikationen erfordert ▪ Produktqualität, insb. im Vergleich zu Konkurrenzprodukten auf den einzelnen Ländermärkten ▪ Produktaufmachung wie Größe, Farbe, Design, Markierung und Verpackung ▪ länderspezifisch unterschiedliche Produktverwendung bzw. Produktbetrieb ▪ Serviceintensität, z.B. Erfordernisse bzgl. Schulung, Wartung, Reparatur ▪ Image des Herkunftslands, welches teilweise eine starke akquisitorische Wirkung entfaltet (Made-in-Image)
Unternehmensbezogene Faktoren
▪ Unternehmensphilosophie, Unternehmensziele, Unternehmenskultur ▪ gewählte Markteintrittsstrategie (z.B. Export, Lizenzvergabe, Direktinvestition) ▪ vorhandene Ressourcen finanzieller, technischer und personeller Natur ▪ Organisationsstruktur des Unternehmens

Abbildung 1: Rahmenbedingungen des internationalen Produktmanagement

Demzufolge führt eine ethnozentrische Grundorientierung zu einer standardisierten Basisstrategie. Im Rahmen einer *polyzentrischen Orientierung* erfolgen die Auslandsaktivitäten in Form von Direktinvestitionen; dabei verfügen die Auslandsniederlassungen über weitestgehende Entscheidungsbefugnisse und orientieren sich primär an den Erfordernissen des jeweiligen nationalen Marktes. Als Konsequenz resultiert eine differenzierte Strategie. Eine *regiozentrische Orientierung* beinhaltet die Ausrichtung der Marketingaktivitäten auf verschiedene, in sich vergleichsweise homogene Ländergruppen wie z.B. die Europäische Union, Lateinamerika oder die arabischen Länder. Innerhalb dieser Ländergruppen wird ein standardisiertes Konzept verfolgt, die einzelnen Marketingkonzepte werden jedoch weitgehend unabhängig voneinander umgesetzt. Charakteristisch für eine *geozentrische Orientierung* ist hingegen eine konsequente Ausrichtung der Auslandsaktivitäten auf den Weltmarkt. Die Marketingaktivitäten zielen auf globale, länderübergreifende Segmente, welche mit einer weitestgehend standardisierten Strategie bearbeitet werden. Schließlich beinhaltet eine *synergetische Orientierung* eine als transnational bezeichnete Marketingkonzeption, im Rahmen derer die Integrationsvorteile einer standardisierten Strategie unter Beachtung nationaler Adaptionserfordernisse genutzt werden.

Aktionsfelder des internationalen Produktmanagement

Die wesentlichen Aktionsfelder des internationalen Produktmanagement umfassen

- die internationale Produktentwicklung,
- die internationale Produktsteuerung und
- die organisatorische Verankerung des internationalen Produktmanagement.

Im Rahmen der *internationalen Produktentwicklung* lassen sich folgende grundlegende Handlungsmöglichkeiten unterscheiden (vgl. Keegan, 1995, S. 105):

- unveränderte *Übertragung* der bisherigen Produktkonzeption auf die Auslandsmärkte,
- *Adaption*, d.h. die Veränderung von Produkteigenschaften für die Bearbeitung des internationalen Marktes bzw. der einzelnen Länder,
- *Innovation*, d.h. die Entwicklung neuer Produktkonzepte für den Weltmarkt bzw. für die einzelnen Ländermärkte.

Unter Berücksichtigung der Basisstrategien „Standardisierung“ und „Differenzierung“ resultieren die in Abbildung 2 dargestellten Handlungsalternativen.

Basisstrategie Produkt	**Standardisierung**	**Differenzierung**
gleiches Produkt *(Übertragung)*	Übertragung der bisherigen Produktkonzeption auf die Auslandsmärkte	---
verändertes Produkt *(Adaption)*	Entwicklung einer neuen Produktvariante für den Weltmarkt (internationale Produktvariation)	Länderspezifische Anpassung der bisherigen Produktkonzeption (internationale Produktdifferenzierung)
neues Produkt *(Innovation)*	Entwicklung eines neuen Produkts für den Weltmarkt (globale Produktinnovation)	Entwicklung neuer Produkte für die einzelnen Auslandsmärkte (länderspezifische Produktinnovation)

Abbildung 2: Handlungsalternativen der internationalen Produktentwicklung

Gegenstand der *internationalen Produktsteuerung* sind alle Aktivitäten im Zusammenhang mit der *internationalen Markenführung*, d.h. der Pflege der in den verschiedenen Ländermärkten angebotenen Leistungen. Eine zentrale Rolle spielt hierbei das internationale *Marketing-Controlling*, welches die wesentlichen Informationen zur Beurteilung der „brand performance“ in den einzelnen Ländermärkten liefert.

Die *organisatorische Verankerung* des internationalen Produktmanagement umfasst schließlich zum einen die Entscheidung darüber, in welcher Form das Produktmanagement in die *Organisationsstruktur* des Unternehmens anzusiedeln ist; zum anderen ist darüber zu befinden, welche *Koordinationsinstrumente* im Rahmen des internationalen Produktmanagement zum Einsatz kommen sollen.

2. Internationale Produktentwicklung

2.1 Unveränderte Übertragung der Produktkonzeption

Die unveränderte Übertragung der Produktkonzeption vom Ursprungsland auf die Auslandsmärkte stellt in vielen Fällen die erste Stufe im Internationalisierungsprozess eines Unternehmens dar und ist i.d.R. mit einer Exportstrategie verbunden; gerade ein im Inland erfolgreiches Produkt ist oft der erste Anstoß für die Aufnahme von Auslandsaktivitäten. Bekannte Beispiele wie der VW Käfer, die Muppet Show oder Coca Cola zeigen, dass eine internationale Einfuhrung eines Produktes in (nahezu) unmodifizierter Form durchaus erfolgreich sein kann. Diese Strategie resultiert i.d.R. (zumindest im Anfangsstadium) aus einer ethnozentrischen Orientierung des Unternehmens: Die Marketingaktivitäten konzentrieren sich auf den Heimatmarkt, das Auslandsgeschäft wird als Mittel zur Stabilisierung bzw. Verbesserung der Wettbewerbsposition im Inland gesehen (Meffert/Bolz, 1998, S. 25).

Eine völlig unveränderte Übertragung einer Produktkonzeption auf die Auslandsmärkte ist i.d.R. jedoch nur in Ausnahmefällen möglich; meist sind – wenn auch teilweise geringe – Produktmodifikationen erforderlich, etwa, um unterschiedlichen technischen Standards zu genügen. Der Erfolg dieser Strategie hängt dabei u.a. von folgenden Faktoren ab (Berndt/Fantapié Altobelli/Sander, 1997, S. 68):

- weltweite Existenz von ähnlichen Bedürfnissen,
- geringe Kulturgebundenheit der Produktart,
- universelle Markenkenntnis.

Häufig wird ein Produkt dann auf die Auslandsmärkte eingeführt, wenn es sich im Inland am Ende des Lebenszyklus befindet, in anderen Ländern jedoch noch ausreichende Nachfragepotenziale vorhanden sind. Damit kann durch die Aufnahme von Auslandsaktivitäten der Lebenszyklus des Produktes verlängert werden, so dass die vorhandenen Produktionskapazitäten weiter genutzt und ein geordneter strategischer Rückzug vorbereitet werden kann. Im Falle von im Inland unterausgelasteten Kapazitäten bietet die unveränderte Übertragung des Produktes auf die Auslandsmärkte darüber hinaus den Vorteil einer besseren Kapazitätsauslastung, was die Kostensituation des Unternehmens verbessern und damit den preispolitischen Spielraum vergrößern kann.

2.2 Länderspezifische Anpassung der Produktkonzeption

In vielen Fällen ist eine unveränderte Übertragung eines Produktes vom Heimatland auf die Auslandsmärkte nicht möglich oder nicht sinnvoll, so dass eine Adaption erforderlich wird. In Abhängigkeit der verfolgten Basisstrategie kann eine Anpassung in Form einer internationalen Produktvariation oder einer internationalen Produktdifferenzierung erfolgen.

Internationale Produktvariation vs. internationale Produktdifferenzierung

Im Rahmen einer *internationalen Produktvariation* wird die bisherige Produktkonzeption so modifiziert, dass sie in allen ausländischen Zielmärkten möglichst breite Käuferschichten anspricht, es wird also gewissermaßen nach einem „gemeinsamen Nenner" für alle Ländermärkte gesucht; Ergebnis ist ein standardisiertes Produkt, das in identischer Form in allen Zielländern angeboten wird. Im einfachsten Fall kann dies dadurch geschehen, dass auf einzelne Produktmerkmale, welche spezifisch auf das Heimatland zugeschnitten sind, verzichtet wird, sofern sie nicht den eigentlichen Produktkern tangieren. Da dies jedoch zu einer „Verarmung" des Produktes führen kann, ist es i.d.R. sinnvoller, eine oder mehrere Produkteigenschaften derart zu modifizieren, dass sie auf dem Weltmarkt auf universelle Akzeptanz stoßen.

Erwägt das Unternehmen eine internationale Produktvariation, so ist zunächst zu ermitteln, welche Kundenbedürfnisse in den einzelnen Zielländern vorherrschen und welche Gemeinsamkeiten und Unterschiede bei den gewünschten Produktmerkmalen gegeben sind. Aus den identifizierten Produkteigenschaften sind anschließend diejenigen herauszufiltern, welche die Mehrheit der internationalen Kundschaft ansprechen; diese Gruppe von Merkmalen bildet die Basis für die Entwicklung einer standardisierten Produktvariante für den Weltmarkt. Gegebenenfalls sind jene Merkmalsausprägungen herauszugreifen, welche zwar nicht unbedingt in der Mehrzahl der Länder präferiert werden, welche jedoch auf den meisten Märkten akzeptable „second-best"-Lösungen darstellen würden.

Ergeben sich aus der Analyse völlig heterogene Präferenzstrukturen, ist allerdings eine *internationale Produktdifferenzierung* zu erwägen. Eine internationale Produktdifferenzierung beinhaltet die Entwicklung unterschiedlicher Produktvarianten für die einzelnen Ländermärkte mit dem Ziel, möglichst genau den Bedürfnissen der einzelnen Zielmärkte zu entsprechen. Eine internationale Produktdifferenzierung kann dabei folgende Ausprägungen annehmen (Berndt/Fantapié Altobelli/Sander, 1997, S. 72):

- Anbieten einer länderspezifischen Produktvariante in jedem einzelnen Zielland,
- Anbieten einer begrenzten Zahl von Produktvarianten für in sich relativ homogene Ländergruppen,
- Anbieten mehrerer Produktvarianten für länderübergreifende Zielgruppen mit über Landesgrenzen hinweg ähnlichen Bedürfnissen.

Art und Ausmaß einer erforderlichen Produktdifferenzierung hängen dabei wesentlich von den Ergebnissen der *internationalen Marktsegmentierung* ab (vgl. hierzu ausführlich Berndt/Fantapié Altobelli/Sander, 2005, S. 120 ff.).

Die Ermittlung optimaler internationaler Produktprofile

Sowohl bei einer internationalen Produktvariation als auch bei einer internationalen Produktdifferenzierung besteht das zentrale Problem in der Identifikation der zu ändernden Produkteigenschaften. Bis auf die Grundfunktion eines Produkts kommen grundsätzlich sämtliche Elemente eines Produkts in Frage, d.h. physische und funktionale Eigenschaften, ästhetische Eigenschaften und Zusatzleistungen. Welche Eigenschaften zu ändern sind, hängt dabei insbesondere von deren Bedeutung für die aktuellen und potentiellen Abnehmer ab. Aufgrund kultureller Gebundenheit, einer unterschiedlichen Umfeldsituation und unterschiedlicher Konkurrenzangebote können die Abnehmer divergierende Ansprüche an die angebotene Leistung stellen und einzelne Eigenschaften bzw. Eigenschaftsausprägungen auch unterschiedlich wahrnehmen und bewerten (Mühlbacher, 1995, S. 143). In der Regel ist das Ausmaß länderspezifischer Anpassungen umso größer, je stärker die Kulturgebundenheit des Produkts ist.

Zur Feststellung der Konsumentenbedürfnisse und -präferenzen in den einzelnen Zielländern eignen sich insbesondere conjointanalytische Untersuchungen. Zahlreiche Ansätze befassen sich mit Erweiterungen der Conjointanalyse im Hinblick auf die Produktliniengestaltung und unter Berücksichtigung von Kosten sowie von preispolitischen Aspekten (Kohli/Sukumar, 1990, Green/Krieger, 1991, Balderjahn, 1994; Bauer/Herrmann/Mengen, 1994, Gaul/Aust/Baier, 1995, und Palloks, 1995). Auf der Basis der mit Hilfe der Conjointanalyse ermittelten Präferenzen können unter Berücksichtigung von Kosteninformationen *Wirtschaftlichkeitskalküle* durchgeführt werden. Diese können zum einen auf der Basis einer länderübergreifend standardisierten Produktvariante, zum anderen auf der Grundlage länderspezifischer Versionen stattfinden. Ein Vergleich der bei beiden Strategien erzielbaren maximalen Gesamtgewinne ermöglicht darüber hinaus die Entscheidung, ob eine Standardisierung oder eine Differenzierung vorteilhaft ist (ein Überblick über Wirtschaftlichkeitsanalysen für eine internationale Produktvariation bzw. eine internationale Produktdifferenzierung findet sich bei Berndt/Fantapié Altobelli/Sander, 1997, S. 70 ff.).

2.3 Entwicklung eines neuen Produkts für die Auslandsmärkte

Der Planungsprozess internationaler Produktinnovationen

Auch im Rahmen einer internationalen Produktinnovation besteht grundsätzlich die Wahl zwischen Standardisierung und Differenzierung: So kann ein globales, für den Weltmarkt konzipiertes Produkt entwickelt werden, oder aber ein Produkt, das in mehreren, länderspezifischen Varianten angeboten wird. Typischerweise umfasst der Entwicklungsprozess neuer Produkte dabei folgende Stufen:

- Ideengewinnung,
- Grobauswahl von Produktideen,
- Wirtschaftlichkeitsanalyse,

- Produktgestaltung,
- Produkt- und Markttests und
- Markteinführung.

Phase des Produktentwicklungsprozesses	Aufgaben	
	Muttergesellschaft	Ausländische Tochtergesellschaften
Ideengewinnung ↓	Ideengenerierung Sammlung der Vorschläge der ausländischen Tochtergesellschaften	Ideengenerierung und Weiterleitung der Vorschläge an die Muttergesellschaft
Grobauswahl der Produktideen ↓	Formulierung von Bewertungskriterien aus Gesamtunternehmenssicht Überprüfung der Produktideen im Hinblick auf Standardisierbarkeit Entwicklung von Bewertungsmodellen (z.B. Scoring-Modellen)	Formulierung von Bewertungskriterien aus Sicht der Tochtergesellschaft Formulierung von länderspezifischen Mindestanforderungen bzgl. der Produktmerkmale
Wirtschaftlichkeitsanalysen ↓	Festlegung der anzuwendenden Methode(n) Wirtschaftlichkeitsanalyse aus gesamtunternehmerischer Sicht	länderspezifische Wirtschaftlichkeitsanalysen
Produktgestaltung ↓	Realisierung der Produktidee Richtlinien für Markierung und Verpackung	bei Differenzierung Realisierung länderspezifischer Produktvarianten
Produkt- und Markttests ↓	Äquivalente Konzeption des Testdesigns Auswertung der Testergebnisse aus Gesamtunternehmenssicht	Tests in den einzelnen Ländermärkten
Markteinführung	Timing der Markteinführung in den einzelnen Ländern Planung der Markteinführungsstrategie(n)	Planung der länderspezifischen Markteinführung Konkretisierung und Umsetzung der Pläne der Muttergesellschaft

Abbildung 3: Planungs- und Entwicklungsprozess internationaler Produktinnovationen

Quelle: In Anlehnung an Berndt/Fantapié Altobelli/Sander, 1997, S. 78

Aufgrund der internationalen Dimension sind hierbei einige Besonderheiten zu beachten, die darin begründet liegen, dass die Aktivitäten im Heimatland und in den einzelnen

Zielmärkten zu koordinieren sind. Abbildung 3 zeigt eine mögliche Aufgabenverteilung zwischen der Muttergesellschaft und den ausländischen Tochtergesellschaften.

Ideengewinnung

Produktideen können sowohl in der Zentrale als auch in den Auslandsniederlassungen entstehen. Im allgemeinen verfügen internationale Unternehmen über sehr günstige Voraussetzungen für die Ideengewinnung, da sie Zugang zu einem sehr großen Potenzial von Ideenquellen und -kanälen haben. Zu den wichtigsten *Quellen von Produktideen* gehören die F&E-Abteilungen, das Verkaufspersonal, die Absatzmittler, Anregungen von Kunden wie auch Produktentwicklungen der Konkurrenz.

Bei multinationalen Unternehmen werden dabei zunehmend F&E-Zentren in den ausländischen Zielmärkten eingerichtet: So werden beispielsweise bei Philips mittlerweile rd. 70 % der F&E-Aktivitäten in den ausländischen Niederlassungen getätigt (Czinkota/Ronkainen, 2004, S. 445). Entscheidend ist hierbei, dass die F&E-Aktivitäten der einzelnen Unternehmenseinheiten koordiniert und im Hinblick auf die gesamtunternehmerische Strategie aufeinander abgestimmt werden. Eine Studie zum F&E-Management von sieben amerikanischen, fünf europäischen und vier japanischen Unternehmen hat gezeigt, dass eine länderübergreifende, ganzheitlich systematische Ausrichtung der F&E-Aktivitäten die Globalisierungsstrategie der Unternehmen unterstützen und absichern kann (Gerpott/Meier, 1990).

In diesem Zusammenhang ist auch auf die zentrale Bedeutung eines *globalen Know-how-Transfers* hinzuweisen (Schröder, 1996, S. 71 ff.): Verfolgt das Unternehmen eine konsequente Globalisierungsstrategie, so wird i.d.R. weder die Unternehmenszentrale (aufgrund der räumlichen Entfernung von den Zielmärkten) noch eine einzelne, primär an den Gegebenheiten des jeweiligen nationalen Marktes ausgerichtete Niederlassung in der Lage sein, eine länderübergreifend tragfähige Konzeption für ein globales Produkt zu entwickeln und zu implementieren. Ein globaler Know-how-Transfer ermöglicht es hingegen, die Marketing-Effektivität durch unternehmensweite Verfügbarkeit erfolgreichen Know-hows und durch synergetisches „Ideenpooling" zu erhöhen; darüber hinaus kann auch die Marketing-Effizienz durch Vermeidung von Doppelarbeit gesteigert werden. Eine empirische Untersuchung bei 24 international tätigen Unternehmen aus sechs Branchen der Konsumgüterindustrie zeigte, dass gerade bei der Entwicklung und Einführung globaler Produkte in einem relativ hohen Ausmaß länderübergreifender Know-how-Transfer praktiziert wird (Schröder, 1996, S. 79).

Eine weitere Möglichkeit, Produktideen zu gewinnen, besteht im gezielten Einsatz sog. *Techniken zur Ideenfindung* (zum Einsatz der einzelnen Techniken im Rahmen der Gewinnung von Produktideen für den internationalen Markt vgl. ausführlich Berndt/Fantapié Altobelli/Sander, 1997, S. 81 ff.). Unabhängig von der eingesetzten Technik ist dabei darauf zu achten, dass das Ideengewinnungs-Team nicht nur interdisziplinär, sondern auch international besetzt ist; das Problem der räumlichen Entfernung kann durch Einsatz neuer Kommunikationstechnologien wie Videokonferenzen oder Internet gelöst werden.

Grobauswahl von Produktideen

Im Anschluss an die Ideengewinnung ist zu entscheiden, welche Produktideen erfolgversprechend sind und einer näheren Betrachtung unterzogen werden sollen; gebräuchliche Verfahren sind dabei Checklisten, Produktprofile oder Scoring-Modelle (Berndt/Fantapié Altobelli/Sander, 1997, S. 87 ff.). Basis für die Grobauswahl sind in jedem Falle *Bewertungskriterien*; bei deren Festlegung ist dabei eine Abstimmung zwischen der Muttergesellschaft und der ausländischen Tochtergesellschaften erforderlich, da ihre Zielkriterien i.d.R. differieren werden. Aus diesem Grunde empfiehlt sich ein mehrstufiges Vorgehen. Zunächst ist eine Ideenbewertung auf Länderebene vorzunehmen, anschließend ist eine Aggregation der länderspezifischen Bewertungen aus Sicht der Zentrale durchzuführen.

Des Weiteren ist zu beachten, dass die Auswahl der relevanten Kriterien u.a. von der Art des Auslandsengagements abhängt: So spielt z.B. im Falle der Auslandsproduktion die Verfügbarkeit qualifizierter Lieferanten in den betreffenden Ländern eine große Rolle, wohingegen Kriterien, welche die Distributionslogistik betreffen, bei einer Exportstrategie von Bedeutung sind. Darüber hinaus sind bei internationalen Produktinnovationen zusätzlich solche Kriterien zu berücksichtigen, welche die Standardisierbarkeit des Produktes betreffen, wie z.B. Einklang mit lokalen rechtlichen und technischen Normen, Notwendigkeit der Anpassung von Design, Markierung und Verpackung, usw.

Wirtschaftlichkeitsanalyse

Vor der endgültigen Auswahl der zu realisierenden Produktideen sind diejenigen, welche im Rahmen der Grobauswahl herausgefiltert wurden, einer ersten Wirtschaftlichkeitsanalyse zu unterziehen, um deren ökonomische Tragfähigkeit zu überprüfen. Während Wirtschaftlichkeitsanalysen in späteren Phasen des Produktentwicklungsprozesses auf der Grundlage einer verbesserten Informationssituation – etwa Testmarktergebnisse – durchgeführt werden können, beruhen in dieser früher Phase die in die Wirtschaftlichkeitsanalyse eingehenden *Absatzprognosen* lediglich auf Expertenschätzungen (zu den einzelnen Verfahren vgl. Berndt, 1996, S. 278 ff.). Bei internationalen Produktinnovationen wird das Prognoseproblem zudem wesentlich komplexer, da Absatzprognosen für alle bearbeiteten Ländermärkte zu erstellen sind.

Als weitere Inputdaten für die Wirtschaftlichkeitsanalyse sind Schätzungen für die Produktions- und Vermarktungskosten der einzelnen Produktideen vorzunehmen. Hierbei ist zu unterscheiden, ob eine Inlands- oder eine Auslandsproduktion beabsichtigt ist, da zum einen Art und Höhe der jeweils anfallenden Kosten von der Art des Auslandsengagements abhängig sind, zum anderen im Falle einer Auslandsproduktion Kostenschätzungen für sämtliche Zielländer durchzuführen sind. Zu beachten ist hierbei, dass bei internationalen Produktinnovationen Wirtschaftlichkeitsanalysen sowohl aus Gesamtunternehmenssicht wie auch aus Sicht der einzelnen Zielländer durchzuführen sind. Insbesondere bei einer beabsichtigten Produktstandardisierung ist es beispielsweise denkbar, dass eine Produktidee zwar in einzelnen Ländern suboptimal ist, bei einer länderübergreifenden Betrachtung auf Gesamtunternehmensebene jedoch insgesamt vorteilhaft ist.

Produktgestaltung

Ergebnis der Wirtschaftlichkeitsanalyse sind eine oder mehrere Produktideen, welche für den internationalen Markt zu realisieren sind; Parameter der Produktgestaltung sind dabei die technische Entwicklung sowie die Entwicklung von Produktdesign, Produktname und Verpackung.

Im Rahmen der *technischen Entwicklung* wird – ausgehend von der gewählten Produktidee – ein Produktvorschlag erarbeitet, welcher Angaben über Funktionen, Eigenschaften, Leistung und Formgebung enthält; dieser Produktvorschlag bildet die Basis für die technische Realisierung, welche sich in den Teilphasen Konzeption, Entwurf und Ausarbeitung vollzieht. Ergebnis sind Prototypen, welche die technischen Tests bestanden haben. Gerade für internationale Produktinnovationen eignet sich die *CAD-Technologie* (Computer Aided Design): Ausgehend von einer standardisierten Basiskonzeption können einzelne Produkteigenschaften hinzugefügt bzw. modifiziert werden, um länderspezifischen Erfordernissen zu genügen; dabei wird der Entwicklungsaufwand erheblich reduziert. Im Rahmen der Produktion gehen neue Impulse von der *Modultechnik* aus (Hesser/Mellink, 1997, S. 30 ff.). Mit Hilfe der Modultechnik kann eine Vielzahl von länderspezifischen Produktvarianten zu vertretbaren Kosten hergestellt werden, da jede einzelne Variante aus standardisierten Basismodulen zusammengesetzt wird; dies erlaubt die Nutzung von Differenzierungsvorteilen bei gleichzeitigem Erzielen von Kostendegressionseffekten.

Im Rahmen des *Produktdesigns* sind Entscheidungen bzgl. Konstruktionsprinzip, Auswahl von Materialien, Form- und Farbgebung, Kennzeichnung u.a. zu treffen. Gerade beim Produktdesign spielen kulturelle und geographische Besonderheiten der einzelnen Länder eine große Rolle: So kann ein unterschiedliches ästhetisches Empfinden in verschiedenen Kulturkreisen eine Anpassung der Form- und Farbgebung erfordern; klimatische Unterschiede können Materialauswahl und Konstruktionsprinzip beeinflussen, usw. Darüber hinaus ist zu beachten, dass die Bedeutung von Funktionalität und Ästhetik als Beurteilungskriterien von Design-Ansätzen von Land zu Land variieren kann.

Die *Verpackungsgestaltung* für international angebotene Produkte muss häufig ebenfalls länderspezifische Besonderheiten berücksichtigen (Mühlbacher, 1995, S. 153 ff.). So hängen Schutz und Sicherung im *Transport* von den Transportmitteln, Transportwegen und der Transportzeit, aber auch von klimatischen Gegebenheiten ab. Des Weiteren sind Transportverpackungen so zu gestalten, dass Transportanweisungen auch in der Sprache des Ziellandes wie auch – für Länder mit hoher Analphabetenquote – als Graphiken angegeben werden. Im Hinblick auf die *kommunikative Funktion* der Verpackung ist auf kulturell bedingte Unterschiede in der Wahrnehmung von Farben und Symbolen zu achten; bei der *Packungsgröße* ist zu berücksichtigen, dass die haushaltsüblichen Mengen von Land zu Land variieren können (u.a. in Abhängigkeit der Familiengröße). Bei der *Etikettierung* sind insb. unterschiedliche gesetzliche Vorschriften bzgl. Sprache, Inhaltsangabe etc. zu beachten. Die Gestaltung von *Gebrauchsanweisungen* hängt schließlich vom Bildungsniveau der internationalen Zielgruppen ab: In weniger entwickelten Ländern sind daher verstärkt Graphiken einzusetzen.

Im Rahmen der *Namensgebung* spielen insb. sprachliche Aspekte eine Rolle, da der gewählte Name in allen bearbeiteten Sprachräumen frei von Missverständnissen, verständlich, aussagekräftig und einfach aussprechbar sein muss; des weiteren dürfen keine negative phonetische Assoziationen damit verbunden sein (zur internationalen Markenpolitik vgl. ausführlich Berndt/Fantapié Altobelli/Sander, 1997, S. 132 ff.).

Produkt- und Markttests

Vor der endgültigen Markteinführung empfiehlt es sich, das neue Produkt zu testen. Hierbei kann unterschieden werden zwischen *Produkttests*, im Rahmen derer die Produktleistung geprüft wird, und *Markttests*, durch welche die Akzeptanz des neuen Produktes auf einem Testmarkt untersucht wird (zu den einzelnen Varianten von Produkt- und Markttests vgl. ausführlich Berekoven/Eckert/Ellenrieder, 2004, S. 160 ff.). Bei der Konzeption der Tests ist dabei auf *Äquivalenz* des Untersuchungsdesigns in den einzelnen Testmärkten zu achten (zur Äquivalenzproblematik bei internationalen Marktforschungsstudien vgl. z.B. Bauer, 2002, S. 54 ff.).

Neue Impulse für internationale Produkttests gehen von neuen Medien wie dem Internet aus (Fantapié Altobelli/Hoffmann, 1996, S. 26): So kann die zu testende Produktidee weltweit auf dem Bildschirm präsentiert werden, die Akzeptanz bei den Testpersonen lässt sich schnell und kostengünstig mittels Online-Fragebögen erfassen. Vergleichsweise kostspielig sind hingegen internationale Markttests; durch eine geeignete internationale Marktsegmentierung können jedoch die Kosten in Grenzen gehalten werden, da nur ein Testmarkt pro Ländergruppe erforderlich ist. Entscheidend ist dabei – gerade bei internationalen Produktinnovationen – dass der gesamte Marketing-Mix getestet wird, da die ausländischen Zielmärkte vielfach eine unterschiedliche Medienlandschaft, unterschiedliche Distributionsstrukturen etc. aufweisen.

Markteinführung

Die Planung der Markteinführung einer internationalen Produktneuheit umfasst die Planung der Einführungsstrategie, das Timing des Markteintritts und die Ablaufplanung der Markteinführung. Im Rahmen der *Planung der Markteinführungsstrategie* ist festzulegen, mit welcher Marketing-Strategie – z.B. einer Penetration- oder Skimming-Preisstrategie – das Produkt in den einzelnen Ländern einzuführen ist; dies hängt zum einen von den Testmarktergebnissen in den einzelnen Ländern ab, zum anderen aber auch von der internationalen Grundorientierung des Unternehmens. Des weiteren spielen die Phase im Produktlebenszyklus wie auch die Diffusion des Produktes in den verschiedenen Ländern eine Rolle (Berndt/Fantapié Altobelli/Sander, 1997, S. 110).

Beim *Timing des Markteintritts* kann grundsätzlich zwischen einer Wasserfall- und einer Sprinkler-Strategie unterschieden werden. Im Rahmen einer *Wasserfallstrategie* erfolgt der internationale Markteintritt sequenziell, meist ausgehend von solchen Märkten, die dem Heimatland am ähnlichsten sind. Dadurch kann das anfängliche Investitionsvolumen begrenzt werden, das Floprisiko kann reduziert werden und die einzelnen Märkte können mit ausreichender Intensität bearbeitet werden. Bei einer *Sprinkler-Strategie* erfolgt der Markteintritt hingegen weitestgehend simultan in allen Zielmärkten. Dies sichert wichtige

Marktpositionen in allen Schlüsselmärkten und erlaubt eine schnelle Gesamtmarktabdeckung, was angesichts immer kürzerer Produkt- und Technologiezyklen von zunehmender Bedeutung ist; auch ist die Imitationsgefahr seitens der Konkurrenz geringer als bei einer Wasserfall-Strategie. Des Weiteren kann eine Sprinkler-Strategie eine konsequente Globalisierungsstrategie unterstützen.

Zur *Ablaufplanung der internationalen Markteinführung* kann wie bei nationalen Produkteinführungen die Netzplantechnik herangezogen werden; allerdings gewinnt das Problem erheblich an Komplexität, da die einzelnen Teilaktivitäten in den verschiedenen Ländern u.U. zu unterschiedlichen Zeitpunkten zu erfolgen haben; die Bewältigung solcher raum-zeitlicher Koordinierungsaufgaben kann daher i.d.R. nur zentral gesteuert und unter Einsatz eines länderübergreifenden Projektteams realisiert werden. Im Hinblick auf die *Ablauforganisation der Markteinführung* schlägt Hanfeld (1997, S. 150 ff.) einen prozessorientierten Ansatz vor, wobei er eine Meta- und eine Marktprozessebene unterscheidet. Inhalt der *Metaprozessebene* ist die grundsätzliche Innovationsstrategie und -politik des Unternehmens aus Sicht der Zentrale; hier wird die langfristige Entwicklung des Unternehmens im Hinblick auf dessen strategische Produkt-Markt-Ausrichtung erfasst. Die Marktprozessebene betrifft hingegen die Durchführung konkreter Markteinführungsprojekte, die nach ihrem Ende auslaufen; hier sind dezentralisierte internationale Unternehmenseinheiten einzubinden. Durch Integration beider Prozessebenen resultiert ein geschlossenes Prozesssystem; dieses ermöglicht einen kontinuierlichen Innovationsprozess, in welchem der Steuerungsprozess auf Meta-Ebene übergreifend, fortlaufend und damit auf Dauer angelegt ist. Auf diese Weise wird die Steuerung mehrerer, sowohl parallel als auch sequenziell durchlaufender Produkteinführungsprozesse wesentlich erleichtert.

3. Internationale Produktsteuerung

Die internationale Produktsteuerung umfasst alle Entscheidungen im Zusammenhang mit der Pflege der in den Zielmärkten angebotenen Leistungen, d.h. der Ausgestaltung des Marketinginstrumentariums. Die Informationen für eine zielgerichtete Steuerung des Leistungsangebots resultieren aus dem internationalen Marketing-Controlling.

3.1 Einsatzplanung des Marketinginstrumentariums

Mit der erfolgten Einführung von Produkten auf den internationalen Märkten beginnt eine neue Phase im Rahmen des Produktmanagement: die *Markenführung*. Das Leistungsangebot des Unternehmens soll in allen Zielmärkten so gesteuert werden, dass die Produkte möglichst langfristig zum Unternehmenserfolg beitragen; damit ist die Ausgestaltung des Marketing-Mix für die einzelnen Produkte angesprochen. Zum einen gehören produktbezogene Fragestellungen wie Programmplanung (einschl. ggf. zu treffender

Eliminierungsentscheidungen), Servicepolitik und Qualitätsmanagement dazu; zum anderen Entscheidungen über Preis- und Konditionenpolitik, Kommunikationspolitik und Distributionspolitik (zur internationalen Marketingpolitik vgl. ausführlich Berndt/Fantapié Altobelli/Sander, 1997).

Die konkrete Einsatzplanung des Marketinginstrumentariums auf taktisch-operativer Ebene erfolgt vor dem Hintergrund der gewählten Basisstrategie „Standardisierung" vs. „Differenzierung". Eine *Standardisierungsstrategie* impliziert eine länderübergreifende Vereinheitlichung der Marketinginstrumente (Bolz, 1992, S. 9 ff.). Diese Strategie führt zu Kostenersparnissen und erleichtert die Koordination zwischen Mutter- und Tochtergesellschaften wie auch eine globale Optimierung der Marketingaktivitäten. Als nachteilig gilt insb. die mangelnde Berücksichtigung länderspezifischer Besonderheiten. Die Grenzen einer völligen Standardisierung liegen in unterschiedlichen rechtlichen, kulturellen und technologischen Rahmenbedingungen, aber auch in organisatorischen Gegebenheiten wie das Ausmaß der Entscheidungsdelegation in multinationalen Unternehmen.

Im Rahmen einer *Differenzierungsstrategie* werden Marketinginstrumente länderspezifisch angepasst. Dies resultiert beispielsweise in einer internationalen Preisdifferenzierung, in der Verwendung unterschiedlicher kommunikativer Botschaften oder in der Nutzung unterschiedlicher Distributionskanäle. Länderspezifische Besonderheiten werden bei dieser Strategie explizit berücksichtigt; nachteilig sind hier insb. die höheren Kosten, der höhere Abstimmungs- und Koordinationsaufwand wie auch die Gefahr des Entstehens eines international uneinheitlichen Image.

3.2 Internationales Marketing-Controlling

Controlling (Horvàth, 1989) ist allgemein die Gesamtheit der Teilaufgaben der Führung, welche die Planung und Kontrolle sowie die Informationsversorgung ergebniszielorientiert koordiniert. Speziell im Zusammenhang mit internationalem Produktmanagement hat Controlling die Aufgabe, die „brand performance" der einzelnen Produkte in den verschiedenen Zielländern zu überprüfen und zu steuern.

Im Rahmen der *Kontrollphase* ist zu überprüfen, in welchem Maße die strategischen sowie taktisch-operativen Zielvorgaben in den einzelnen Ländermärkten erfüllt worden sind (*ergebnisorientierte Kontrolle*). Typische Kontrollgrößen sind Umsatz, Gewinn, Marktanteil der Produkte auf den einzelnen Ländermärkten wie auch das Image (Berndt/ Fantapié Altobelli/Sander, 2005); eine zentrale Rolle spielen hierbei *Kennzahlensysteme* als länderübergreifend einheitliche Bewertungsmaßstäbe für die Produktleistung in den einzelnen Ländern. Im Rahmen der ergebnisorientierten Kontrolle werden Soll-Ist-Vergleiche vorgenommen; daran schließen sich Ursachenanalysen sowie die Planung von Anpassungsmaßnahmen für die Folgeperiode an. Des weiteren sind sogenannte *Marketing-Audits* durchzuführen. Gegenstand des Marketing-Audits ist zum einen das Marketing-Planungssystem, d.h. das Unternehmensleitbild, die Planungsprämissen und die Organisation der Planung. Darüber hinaus sind länderspezifische Audits in bezug auf die Marketing-Strategien und -politiken durchzuführen: Beispielsweise kann überprüft werden, ob eine erwogene länderspezifische Marketingstrategie für ein bestimmtes Produkt mit den entsprechenden Marketingstrategien für andere Länder im Einklang steht. Alle in- und ausländischen Kontrollaktivitäten sind dabei zu einem *internationalen Kontrollsystem* zu integrieren, wobei die jeweilige Ergebnisverantwortung und -beeinflussung eine zentrale Rolle spielen. So sind von den ausländischen Niederlassungen insbesondere ergebnisorientierte Kontrollen durchzuführen, wohingegen Marketing-Audits in erster Linie Aufgabe der Zentrale sind.

Eine weitere wesentliche Aufgabe des internationalen Marketing-Controlling besteht in der Sicherung einer ausreichenden und reibungslosen *Informationsversorgung* zwischen den einzelnen Unternehmenseinheiten (vgl. Berndt/Fantapié Altobelli/Sander, 2005, S. 241). Hierzu ist zu überprüfen, ob die Informationsbeschaffung und -verarbeitung unter Berücksichtigung des Informationsbedarfs und der anfallenden Kosten zweckmäßig sind und ob die benötigten Daten rechtzeitig und differenziert genug zur Verfügung stehen. Gerade für international tätige Unternehmen sind neue elektronische Medien wie das Internet für den inner- und außerbetrieblichen Informationsaustausch von zentraler Bedeutung. Die innerbetriebliche Kommunikation zwischen Muttergesellschaft und Auslandsniederlassungen kann beispielsweise durch die Einrichtung eines sog. Intranets wesentlich erleichtert werden, wobei der Datentransfer durch sog. Firewalls von fremdem Zugriff geschützt wird; in der Ausgestaltung als Extranet können auch wichtige Lieferanten und Kunden in das internationale Kommunikationsnetz eingebunden werden.

4. Organisatorische Verankerung des internationalen Produktmanagement

4.1 Einbindung des Produktmanagement in die Organisationsstruktur des Unternehmens

Wesentliche Erfolgsvoraussetzung für eine effziente Produktsteuerung ist die organisatorische Implementierung des Produktmanagement im Unternehmen. Grundsätzlich lassen sich Auslandsaktivitäten in verschiedener Art und Weise in die Organisationsstruktur eines Unternehmens einbinden. Nach dem Ausmaß der realisierten Integration des Auslandsgeschäfts in die Gesamtorganisation des Unternehmens lassen sich dabei unspezifische, segregierte und integrierte Organisationsformen unterscheiden (eine ausführliche Darstellung alternativer Formen der internationalen Marketingorganisation findet sich bei Berndt/Fantapié Altobelli/Sander, 2005, S. 256 ff.).

Unspezifische Organisationsformen

Wird das Auslandsgeschäft lediglich sporadisch betrieben, wie dies häufig zu Beginn des Internationalisierungsprozesses eines Unternehmens der Fall ist, so erfolgt keinerlei spezifische Ausrichtung der Organisationsstruktur auf die Auslandsaktivitäten (Meffert/Bolz, 1998, S. 257). Offensichtlich ist, dass eine effiziente Produktsteuerung nur solange möglich ist, als das Auslandsgeschäft im Vergleich zum Inlandsgeschäft noch wenig umfangreich ist und nur geringe länderübergreifende Koordinationsanforderungen vorhanden sind.

Auch die Neugründung oder der Aufkauf einer Tochtergesellschaft im Ausland kann als unspezifische Organisationsform angesehen werden, wenn der Geschäftsführer im Ausland über weitgehende Entscheidungsbefugnisse verfügt. Dem Vorteil der größeren Marktnähe steht hier die Gefahr einer zu starken Verselbständigung der Tochtergesellschaften gegenüber mit der Konsequenz, dass die gesamtunternehmerische Perspektive verloren gehen kann (Berndt/Fantapié Altobelli/Sander, 2005, S. 265 f.).

Segregierte Organisationsformen

Segregierte Organisationsformen zeichnen sich dadurch aus, dass das Auslandsgeschäft in einer separaten organisatorischen Einheit zusammengefasst wird und damit organisatorisch vom Inlandsgeschäft getrennt wird. Dabei lassen sich folgende Ausprägungen unterscheiden (Macharzina/Oesterle, 1995, S. 313 ff.):

- die Exportabteilung,
- die internationale Division und
- die Holding.

Die *Exportabteilung* ist häufig die erste Organisationsstruktur, die eingerichtet wird, wenn das Auslandsgeschäft ein Ausmaß erreicht hat, das eine unspezifische Organisationsform nicht mehr als angemessen erscheinen lässt; sie ist aber auch bei multinationalen Unternehmen vorzufinden für die Bedienung von Märkten, in denen keine eigenen Produktionsstätten vorhanden sind (Toyne/Walters, 1993, S. 676). Auch hier erfolgt keine explizite organisatorische Verankerung des Produktmanagement; eine internationale Produktsteuerung kann daher nur dann effizient bewältigt werden, wenn das Leistungsprogramm überschaubar und vergleichsweise homogen ist.

Bei Zunahme des Umfangs des Auslandsgeschäfts werden häufig *internationale Divisionen* errichtet, welche speziell für die Betreuung und Abwicklung des Auslandsgeschäfts zuständig sind (Macharzina/Oesterle, 1995, S. 314). Sie gehen häufig aus Exportabteilungen hervor und sind im Regelfall mit Direktinvestitionen für die Produktion oder den Vertrieb der Produkte im jeweiligen Land verbunden. Lokale Erfordernisse werden durch diese Organisationsform angemessen berücksichtigt; eine länderübergreifend integrierte Produktsteuerung ist allerdings aufgrund des hohen Kommunikations- und Koordinationsaufwands nur eingeschränkt möglich (Schröder, 1996, S. 151 f.). Darüber hinaus können zwischen der internationalen Division und den nationalen Organisationseinheiten (z.B. als Profit Centers organisierte Sparten) Konflikte bzgl.

Ressourcenverteilung, Zuständigkeiten, usw. entstehen (Toyne/Walters, 1993, S. 679). Ähnlich verhält es sich auch bei einer *Holding*, welche eine rechtlich selbständige internationale Division darstellt. Wegen der weitgehenden organisatorischen Identität zwischen einer internationalen Division und einer Holding lassen sich i.w. dieselben Vor- und Nachteile anführen. Im allgemeinen gilt, dass bei wachsender Bedeutung der internationalen Aktivitäten eine Überwindung der Dualität zwischen Inlands- und Auslandsgeschäft und damit ein Übergang zu integrierten Strukturen angeraten ist.

Integrierte Organisationsformen

Bei integrierten Organisationsstrukturen wird die organisatorische Trennung zwischen Inlands- und Auslandsgeschäft aufgehoben; derartige Formen finden sich insbesondere bei Unternehmen, bei denen das Auslandsgeschäft von entscheidender Bedeutung ist. *Integrierte Funktionalstrukturen* entstehen, wenn die Leiter der einzelnen Funktionsbereiche sowohl für das Inlands- als auch für das Auslandsgeschäft zuständig sind. Diese Form bietet sich für die globale Koordination weitgehend homogener Produktlinien an, für die funktionsbezogenes Spezialwissen bedeutsamer ist als Produkt- oder Länderkenntnisse (Schröder, 1996, S. 154). Selbst bei nur mäßiger Internationalisierung entsteht allerdings ein hoher Koordinationsbedarf, verbunden mit langen Kommunikationswegen und unklaren Kompetenzen; das Produktmanagement muss Funktionalgrenzen überwinden, so dass eine effiziente Produktsteuerung nur eingeschränkt möglich ist.

Integrierte Produktstrukturen entstehen, wenn die Auslandsaktivitäten der Verantwortlichkeit der Produktdivisionen übertragen werden; jeder Spartenleiter ist für die Herstellung und Vermarktung der in seinen Bereich fälligen Produkte weltweit verantwortlich. Dies erleichtert die weltweite Produktkoordination und damit die Umsetzung globaler Marketingstrategien; als nachteilig wirken sich – insb. dann, wenn die Produktsparten als Profit Centers organisiert sind – hohe „In-house"-Konkurrenz und Spartenegoismus aus, welche zu Ineffizienzen (z.B. Doppelarbeit) und zur mangelnden Nutzung von Synergiepotenzialen führen (Berndt/Fantapié Altobelli/Sander, 2005, S. 273).

Integrierte Kundenstrukturen richten sich organisatorisch an den Belangen einzelner (Groß-)Kunden, welche international operieren. Sinnvoll ist diese Organisationsformen für Unternehmen, deren Hauptabnehmer internationale Handelsorganisationen mit großer Nachfragemacht sind; in diesem Fall tritt die Produktsteuerung hinter die Bedienung wichtiger „Key accounts".

Weisen die einzelnen Absatzgebiete eines international tätigen Unternehmens eine starke Heterogenität aus, wie dies vielfach im Konsumgüterbereich anzutreffen ist, so bieten sich *integrierte Regionalstrukturen* an, bei der sämtliche Ländermärkte einschließlich des Heimatmarktes in Regionaldivisionen zusammengefasst werden. Sinnvoll ist diese Organisationsform, wenn die Produkte wie auch die Marketingaktivitäten eine starke Anpassung an länderspezifischen Bedürfnissen erfordern, so dass lokales Marketing-Know-how gegenüber produkt- und funktionsbezogenes Spezialwissen in den Vordergrund rückt (Schröder, 1996, S. 153).

Angesichts der Einseitigkeit der bisher beschriebenen eindimensionalen Modelle haben zahlreiche international tätige Unternehmen den Übergang zu mehrdimensionalen Modellen vollzogen. Häufig finden sich *Matrixstrukturen*, bei denen eine Produktorientierung mit einer Gebiets- oder Funktionsorientierung verbunden wird; des weiteren finden sich *Tensor-Modelle*, im Rahmen derer eine gleichzeitige und gleichberechtigte Anwendung von Produkt-, Funktions- und Gebietsorientierung stattfindet (Berndt/Fantapié Altobelli/Sander, 2005, S. 276 f.). Derartige Modelle versuchen, die eindimensionalen Modellen innewohnenden Desintegrationstendenzen entgegenzuwirken und eine effiziente Koordination über Abteilungsgrenzen hinweg zu erreichen; Probleme entstehen allerdings aus einer unklaren Kompetenzabgrenzung, einer erhöhten Konfliktträchtigkeit sowie aus gesteigerten Anforderungen an die Führungskräfte.

Neben den bisher beschriebenen Reinformen existieren in der Praxis vielfach *Mischtypen,* in denen auf der obersten Führungsebene verschiedene Gliederungsprinzipien angewendet werden, um unterschiedlichen Globalisierungs- bzw. Lokalisierungsanforderungen der einzelnen Geschäftsbereiche des Unternehmens Rechnung zu tragen (Schröder, 1996, S. 156). Beispielsweise kann das Geschäft mit erfolgreich eingeführten, etablierten Produkten mit integrierten Produkt- oder Regionalstrukturen abgewickelt werden, wohingegen Produkte in der Einführungs- und Wachstumsphase über internationale Divisionen geführt werden (Toyne/Walters, 1993, S. 685).

Eine konsequente Einbindung des Produktmanagement in die Aufbauorganisation des Unternehmens erfolgt durch die Einrichtung sog. Produktmanager-Stellen. Die *Produktmanager* bzw. *Brand Manager* sind zuständig für die Planung, Koordination und Kontrolle aller mit einem Produkt oder einer Produktgruppe zusammenhängenden Aktivitäten, d.h. mit der Markenführung der betreffenden Produkte. Organisatorisch werden sie üblicherweise dem Marketingbereich zugeordnet, wobei sie sowohl als Stabsstellen als auch als Linieninstanzen eingebunden werden können; vielfach findet sich das Produktmanagement auch als Gliederungskriterium in mehrdimensionalen Organisationsstrukturen. Bei weltweit tätigen Unternehmen sind die Brand Managers häufig nur für einzelne Regionen zuständig, um einer Überforderung der Stelleninhaber entgegenzuwirken. Produktmanagementlösungen sind vorteilhaft, wenn ein heterogenes Leistungsprogramm gegeben ist, welches unterschiedliche Anforderungen an die Vermarktung der Produkte stellt; allerdings verlangt das Produktmanagement eine übergeordnete Koordination aus Gesamtunternehmenssicht.

4.2 Koordination des internationalen Produktmanagement

Die Organisationsstruktur eines international tätigen Unternehmens schafft bereits einen Rahmen für die globale Koordination der Unternehmensaktivitäten; zusätzlich sind eine Reihe spezifischer Koordinationsinstrumente einsetzbar, die eine internationale Produktsteuerung unterstützen können. Dabei können strukturelle, technokratische und personenbezogene Koordinationsinstrumente unterschieden werden.

Strukturelle Koordinationsinstrumente

Eine erste Möglichkeit zur Institutionalisierung eines länderübergreifenden Informations- bzw. Know-how-Austauschs bilden *regelmäßige Konferenzen* zwischen lokalen Produktmanagern, F&E-Mitarbeitern, Controllern und Produktionsleitern mit den entsprechenden Managern aus dem Stammhaus (Raffée/Kreutzer, 1986, S. 13). Die Koordination der Aktivitäten im In- und Ausland beruht auf Kooperation; beispielsweise kann die erfolgreiche Strategie einer Länderniederlassung auf informalem Wege im Hinblick auf ihre Übertragbarkeit in andere Länder diskutiert werden. Nachteilig sind an regelmäßigen Konferenzen insb. ihre geringe Flexibilität – etwa im Falle dringender Probleme – wie auch die Gefahr, dass sie sich zu ressourcenverschwendenden Routinesitzungen entwickeln.

Ein stärkeres Ausmaß an Institutionalisierung weisen sog. *globale Koordinationsgruppen* auf. Diese setzen sich aus Mitarbeitern der einzelnen Landesniederlassungen wie auch der Muttergesellschaft zusammen und sind als ständige Einrichtungen konzipiert. Ihre Aufgabe besteht in der Erarbeitung globaler Zielsetzungen und Strategien; darüber hinaus haben sie auch für die Umsetzung der erarbeiteten Konzepte wie auch für die damit zusammenhängende Koordination zu sorgen. Als Beispiel können die „Eurobrand-Teams" von Procter &Gamble angeführt werden, deren Aufgabe in der Entwicklung und Koordination einer europaweiten Marketingstrategie für jeweils eine wichtige europäische Marke des Unternehmen liegt (Schröder, 1996, S. 161).

Im Rahmen *von internationalen Task-Forces* handelt es sich um temporäre Koordinationsgruppen, die zur Durchführung bestimmter Projekte eingerichtet und nach Projektende wieder aufgelöst werden. Typischerweise werden internationale Task-Forces für länderübergreifende Produktinnovationen, Werbekampagnen oder Marktforschungsstudien eingesetzt (Schröder, 1996, S. 161).

Technokratische Koordinationsinstrumente

Technokratische Koordinationsinstrumente umfassen alle unpersönlichen Verfahrensregelungen, die den Ablauf der Unternehmensaktivitäten im Rahmen einer gegebenen Organisationsstruktur vorschreiben. Unter dem Gesichtspunkt des internationalen Produktmanagement sind in diesem Zusammenhang insb. die Prozessstandardisierung und die Entscheidungszentralisierung zu diskutieren.

Unter einer *Prozessstandardisierung* versteht man die einheitliche Strukturierung und ablauforganisatorische Vereinheitlichung u.a. von Informations-, Planungs- und Kontrollprozessen. Solche Prozesse umfassen u.a. (Kreutzer, 1987, S. 168):

- Strukturen und Ansätze zur Entwicklung, Durchsetzung und Kontrolle von Marketingkonzeptionen,
- Informations- und Führungsprozesse,
- Personalauswahl- und Personalentwicklungsprozesse

(zur Prozessstandardisierung im internationalen Marketing vgl. Berndt/Fantapié Altobelli/Sander, 2005, S. 178 ff. und Bolz, 1992).

Vorteilhaft sind an einer Prozessstandardisierung die Realisierung von Economies of Scope durch die Nutzung gemeinsamer Ressourcen in verschiedenen Ländern (z.B. Planungs- und Kontrollkonzepte), die Verbesserung von Koordination und Integration der Aktivitäten international verstreuter Unternehmensteile, die Verbesserung des Know-how-Transfers durch Institutionalisierung und Standardisierung des Informationsflusses wie auch eine schnellere Umsetzung neuer Konzepte und Strategien in den einzelnen Auslandsniederlassungen. *Nachteile* der Prozessstandardisierung liegen vor allem in der Gefahr, dass sich Mitarbeiter durch starre Schemata in ihrer Entscheidungsfreiheit behindert fühlen und demotiviert reagieren, in einer geringen Flexibilität, welche z.B. bei der Entwicklung von neuen Produkten oder kommunikativen Kampagnen die Kreativität hemmt, in einer starken Konformität, welche sog. „produktive Konflikte" verhindert, und in dem Aufkommen von „not-invented-here"-Problemen in den Auslandsniederlassungen aufgrund zu starrer Vorgaben durch die Unternehmenszentrale (Meffert/Bolz, 1995, S. 100 ff.).

Eine Koordination durch *Entscheidungszentralisierung* beinhaltet, dass Marketing-Entscheidungen, welche länderübergreifende Aktivitäten betreffen, in mehr oder minder hohem Maße von der Unternehmenszentrale getroffen werden. Eine für das internationale Produktmanagement bedeutsame Variante stellt dabei das sog. *Lead-Country-Konzept* dar. Das Lead-Country-Konzept basiert darauf, dass die einzelnen Auslandsniederlassungen eines Unternehmens im Hinblick auf einzelne Produkte bzw. Produktgruppen von unterschiedlicher Bedeutung sind; es ist daher zweckmäßig, derjenigen Auslandsniederlassung mit der jeweils größten produktspezifischen Bedeutung die Rolle des länderübergreifenden Koordinators für das betreffende Produkt bzw. für die betreffende Produktgruppe zu übertragen (Schröder, 1996, S. 183). Unter der Leitung dieses Lead-Country wird für die jeweils zugeordneten Länder ein Orientierungsrahmen für die Marketingaktivitäten vorgegeben; länderspezifische Adapttionen des Marketingkonzeptes sind nur bei gravierenden Hindernissen möglich und haben sich an den vorgegebenen Richtlinien zu orientieren (Berndt/Fantapié Altobelli/Sander, 2005, S. 304 ff.).

Die wesentlichen *Vorteile* des Lead-Country-Konzepts liegen in der Ausnutzung der besonderen produktspezifischen Kompetenzen des Lead Country, in dessen größere Marktnähe im Vergleich zur Zentrale, in der erhöhten Motivation beim Lead Country wie auch in deren größeren Akzeptanz bei den übrigen Niederlassungen. *Nachteilig* sind die Gefahr einer zu hohen Entscheidungszentralisation beim Lead Country verbunden mit einer zu starken Ausrichtung an den Gegebenheiten des betreffenden Marktes; des weiteren können Konflikte und Kompetenzstreitigkeiten mit lokalen Produktmanagern entstehen (Schröder, 1996, S. 184 f., und Macharzina/Oesterle, 1995, S. 332).

Personenorientierte Koordinationsinstrumente

Im Gegensatz zu strukturellen und technokratischen Koordinationsinstrumenten setzen personenbezogene Koordinationsinstrumente direkt an den Organisationsmitgliedern an (Schröder, 1996, S. 192 ff.). Zu nennen sind zum einen Maßnahmen der *Indoktrination und Überwachung* i.S. einer hierarchiebetonten direkten Einflussnahme der Unternehmenszentrale auf die Führungskräfte der Niederlassungen. Dazu gehören Maßnahmen wie die Schulung des Niederlassungs-Management in der Zentrale, Schulungs- und Kontrollbesuche durch Personal aus der Zentrale in den Niederlassungen wie auch die Besetzung von Schlüsselpositionen in den Niederlassungen durch Stammhaus-Personal. Des weiteren können Maßnahmen der *informalen Kommunikation und Koordination* eingesetzt werden, etwa internationale Ad-hoc-Meetings, schriftliche Abstimmung einschl. Telefax und E-mail wie auch die telefonische Abstimmung, insb. in Form von Konferenzschaltungen. Weiterhin kann eine länderübergreifende Koordination auch durch eine *globale Ausrichtung der Unternehmenskultur* gefördert werden. Dadurch soll eine globale Grundorientierung der für das Marketing- und Produktmanagement verantwortlichen Führungskräfte sichergestellt werden, so dass Entscheidungen von vornherein von den Erfordernissen des Weltmarktes und von der globalen Gesamtstrategie des Unternehmens bestimmt werden.

5. Empirische Befunde

Zahlreiche Studien befassen sich mit der internationalen Produktgestaltung. Generell zeigt sich, dass sich gerade in der Produktpolitik das höchste Ausmaß an internationaler Standardisierung liegt (vgl. z.B. den Überblick bei Theodosiou/Leonidou, 2003). Innerhalb des Produktmix werden dabei am häufigsten Produktqualität und Markenname standardisiert, wohingegen Nebenleistungen wie After Sales Service und Garantie stärker den lokalen Gegebenheiten angepasst werden (Richter, 2002, S. 151 f.). Tendenziell konnte dabei festgestellt werden, dass zwischen Produktstandardisierung und Unternehmenserfolg ein positiver Zusammenhang besteht (Fraser/Hite, 1990; Kotabe/Okoroafo, 1990; Bolz, 1992; Richter, 2000).

Im Hinblick auf die Markteinführungsstrategie zeigte Schröder (1996, S. 122 ff.), dass aus Sicht der Unternehmenszentralen das Sprinkler-Modell vorgezogen wird, wohingegen die Niederlassungen das Wasserfall-Modell präferieren. Als wichtigster Vorteil einer Wasserfall-Strategie wird die Reduzierung des Floprisikos angesehen, wohingegen die frühe Sicherung wichtiger Marktpositionen und die Erleichterung einer standardisierten Marktbearbeitung als wichtigste Vorteile des Sprinkler-Modells genannt wurden.

Zahlreiche Untersuchungen befassten sich mit den Einflussgrößen des internationalen Markenerfolgs (stellvertretend seien hier Batra, 2000, Michell/King/Reast, 2001 sowie Alashban et al., 2002 genannt). Dabei kann unterschieden werden zwischen Merkmalen der international angebotenen Leistungen (z. B. Persönlichkeit der internationalen Marke, Grad der Imitierbarkeit, Anzahl der bearbeiteten Ländermärkte, Grad der Markenstandardisierung) sowie der Gestaltung der unternehmensinternen Ressourcen (z. B. Mitarbeiter des Unternehmens, Informations- und Kontrollprozesse). Tendenziell würde der Einfluss der Merkmale der Leistung auf den Unternehmenserfolg empirisch bestätigt. Auch für die unternehmensinternen Ressourcen (Mitarbeiterqualifikation sowie

Professionalität von Marketingcontrolling und interner Markenkommunikation) konnten Stock/Krohmer (2005) einen positiven Beitrag zum Unternehmenserfolg nachweisen.

Im Hinblick auf das Internationale Branding ist die Untersuchung von Geigenmüller (2003) zu nennen, in welcher die Bedeutung regionaler Marken herausgestellt wird, insb. im Zusammenhang mit der EU-Osterweiterung.

Mit der Organisation internationaler Produkteinführungen befasst sich die Untersuchung von Baumgarten (2006). Als Ergebnis zeigte sich, dass die Qualität der Zusammenarbeit zwischen der zentralen organisatorischen Einheit (z. B. Muttergesellschaft) und dem lokalen Produktmanagement einen zentralen strategischen Erfolgsfaktor darstellt, vor allem in den frühen Phasen der Analyse und Planung. Auch die Beteiligung des lokalen Produktmanagements an den Entscheidungen beeinflusst den Erfolg positiv. Darüber hinaus konnte gezeigt werden, dass der Erfolg umso größer ist, je geringer die kulturell-geographische Distanz zwischen Zentrale und lokalem Produktmanagement ausfällt.

6. Literatur

ALASHBAN, A./HAYES, L./ZINKHAN, G./BALASZ, A., International Brand Name Standardization/Adaptation: Antecedents and Consequences, in: Journal of International Marketing, Vol. 10, No. 3, S. 22 – 48.

BALDERJAHN, I., Der Einsatz der Conjoint-Analyse zur empirischen Bestimmung von Preisresponsefunktionen, in: Marketing ZFP, 1994, S. 12-20.

BATRA, R., Global Brands: Consumer Motivations and Mechanisms, in: MSI Global Branding, 2000, Conference Summary, Report 00-114, S. 13 – 18.

BAUER, H., Internationale Marketingforschung, 3. Aufl., München, Wien 2002.

BAUER, H./HERRMANN, A./MENGEN, A., Eine Methode zur gewinnmaximalen Produktgestaltung auf Basis des Conjoint Measurement, in: Zeitschrift für Betriebswirtschaft, 1994, S. 81-94.

BAUMGARTEN, A., Die Organisation von internationalen Markteinführungen, Marburg 2006.

BEREKOVEN, L./ECKERT, W./ELLENRIEDER, P., Marktforschung, 10. Aufl., Wiesbaden 2004.

BERNDT, R., Marketing 1. Käuferverhalten, Marktforschung und Marketing-Prognosen, 3. Aufl., Berlin u.a. 1996.

BERNDT, R./FANTAPIÉ ALTOBELLI, C./SANDER, M., Internationale Marketingpolitik, Berlin u.a. 1997.

BERNDT, R./FANTAPIÉ ALTOBELLI, C./SANDER, M., Internationales Marketing Management, 3. Aufl., Berlin u.a. 2005.

BOLZ, J., Wettbewerbsorientierte Standardisierung der internationalen Marktbearbeitung. Eine empirische Analyse in europäischen Schlüsselmärkten, Darmstadt 1992.

CZINKOTA, M. R./RONKAINEN, I. A., International Marketing, 7. Aufl., Fort Worth u.a. 2004.

FANTAPIÉ ALTOBELLI, C./HOFFMANN, S., Werbung im Internet, München 1996.

FRASER, C./HITE, R. E., Impact of International Marketing Strategies on Performance in Diverse Global Markets, in: Journal of Business Research, Vol. 20 (1990), S. 249 – 262.

GAUL, W./AUST, E./BAIER, D., Gewinnorientierte Produktliniengestaltung unter Berücksichtigung des Kundennutzens, in: Zeitschrift für Betriebswirtschaft, 1995, S. 835-855.

GEIGENMÜLLER, A., Regionale Marken und Konsumentenverthalten, Wiesbaden 2003.

GERPOTT, T. J./MEIER, H., F+E: Der Sprung über nationale Grenzen, in: Harvard Manager, 1990, S. 59-66.

GREEN, P. E./KRIEGER, A. M., Segmenting Markets with Conjoint Analysis, in: Journal of Marketing, 1991, S. 20-31.

HANFELD, U., Internationale Markteinführung neuer Produkte, Frankfurt/Main 1997.

HESSER, W./MELLINK, D., Standardization in the Marketing, Arbeitspapiere des Fachgebiets Normenwesen und Maschinenzeichnen der Universität der Bundeswehr Hamburg, Hamburg 1997.

KEEGAN, W. I., Global Product Management: Strategic Alternatives, in: Paliwoda, S.J./Ryans, J. K. Jr., (Hrsg.), International Marketing Reader, London, New York 1995, S. 105-121.

KOHLI, R./SUKUMAR, R., Heuristics for Product-line Design Using Conjoint Analysis, in: Management Science, 1990, S. 1464-1478.

KOTABE, M./OKOROAFO, S. C., A Comparative Study of the European and Japanese Multinational Firms' Marketing Strategy and Performance in the United States, in: Management International Review, Vol. 30 (1990), No. 4, S. 353 – 370.

KREUTZER, R., Prozeßstandardisierung im Rahmen eines Global Marketing, in: Marketing ZFP, 1987, S. 167-176.

KREUTZER, R., Global Marketing - Konzeption eines länderübergreifenden Marketing, Wiesbaden 1989.

MACHARZINA, K./OESTERLE, M. J., Organisation des internationalen Marketing-Management, in: Hermanns, A./Wißmeyer, U. K., (Hrsg.), Internationales Marketing-Management, München 1995, S. 309-338.

MEFFERT, H./BOLZ, J., Erfolgswirkungen der internationalen Marketingstandardisierung, in: Marketing ZFP, 1995, S. 99-109.

MEFFERT, H./BOLZ, J., Internationales Marketing-Management, 3. Aufl., Stuttgart 1998.

MICHELL, P./KING, J./REAST, J., Brand Values Related to Industrial Products, in: Industrial Marketing Management, Vol. 3 (2001), No. 5, S. 415 – 425.

MÜHLBACHER, H., Internationale Produkt- und Programmpolitik, in: Hermanns, A./Wißmeier, U. K., (Hrsg.), Internationales Marketing-Management, München 1995, S. 139-175.

PALLOKS, M., Kundenorientierung und Kostenmanagement, in: Marktforschung und Management, 1995, S. 119-124.

RAFFÉE, H./KREUTZER, R., Organisatorische Verankerung als Erfolgsbedingung eines Global Marketing, in: THEXIS, 1986, S. 10-21.

RICHTER, T., Marketing Mix Standardisation in International Marketing, Frankfurt a,M. u.a. 2002.

SCHRÖDER, H. U., Globales Produktmanagement. Eine empirische Analyse des Instrumenteneinsatzes in ausgewählten Branchen der Konsumgüterindustrie, Frankfurt/Main 1996.

STOCK, R./KROHMER, H., Interne Ressourcen als Einflussgrößen des internationalen Markenerfolgs: Ressourcenbasierte Betrachtung und empirische Analyse, in: Die Unternehmung, 59. Jg. (2005), Nr. 1, S. 79 – 100.

THEODOSIOU, M./LEONIDOU, L. C., Standardization versus Adaptation of International Marketing Strategy: An Integrative Assessment of the Empirical Research, in: International Business Review, Vol. 12 (2003), No. 2, S. 141 – 171.

TOYNE, B./WALTERS, P. G. P., Global Marketing Management. A Strategic Perspective, 2. Aufl., Boston u.a. 1993.

2. Kapitel:

Kontrolle des Produktmanagement

Birgit Friedl

Erfolgskontrolle

1. Grundlagen der Erfolgskontrolle im Produktmanagement

1.1 Kennzeichnung der Kontrolle

Funktionen und Arten der Kontrolle

Kontrolle ist ein informationsverarbeitender Prozess zur Ermittlung und Analyse realisierter oder erwarteter Zielabweichungen von Aktivitäten durch den Vergleich des zu kontrollierenden Wertes mit dem Vorgabewert einer Kontrollgröße (in Anlehnung an Schweitzer, 2005, S. 75, Küpper, 2005, S. 187). Als *Funktionen* der Kontrolle können

- die Entscheidungsunterstützung sowie
- die Verhaltensbeeinflussung

genannt werden. Für die *Entscheidungsunterstützung* sind mit der Kontrolle zum einen Informationen über die Ursachen von Zielabweichungen zur Verbesserung zukünftiger Entscheidungsprozesse und ihrer Ergebnisse zu gewinnen. Weiterhin hat sie über erwartete oder realisierte Abweichungen zur Initiierung von Anpassungsmaßnahmen während der Realisation einer Entscheidung zu informieren, um drohenden Zielabweichungen entgegenwirken zu können (Ewert/Wagenhofer, 2003, S. 348 ff.). Kontrollen zur *Verhaltensbeeinflussung* sind immer dann durchzuführen, wenn zwischen der Unternehmungsführung und dezentralen Entscheidungsträgern Zielkonflikte vorliegen und die Unternehmungsführung aufgrund von Informationsasymmetrien die von den dezentralen Entscheidungsträgern getroffenen Entscheidungen nicht beurteilen kann. Informationen über Zielabweichungen ermöglichen in dieser Situation Rückschlüsse auf das Entscheidungsverhalten dezentraler Entscheidungsträger, sie können aber auch zur Bemessung von Prämien herangezogen werden. Jede Kontrolle dient darüber hinaus auch der *Prophylaxe*, da bereits mit der Ankündigung von Kontrollen das Verhalten der Handlungsträger beeinflusst wird (Kloock, 1988, S. 427).

Kontrollen lassen sich durch das Kontrollziel, das Kontrollobjekt, die Kontrollgröße und die Vergleichswerte kennzeichnen. Bei dem *Kontrollziel* handelt es sich um das Unternehmungs- bzw. Bereichsziel, das durch die Kontrolle gesichert werden soll. Die Aktivitäten, deren Zielwirkungen überprüft werden sollen, bilden das *Kontrollobjekt.* Objekte der Kontrolle können Führungsaktivitäten (z.B. Planung), Ausführungsprozesse (z.B. Qualitätskontrolle) oder technische Prozesse sein. Die Größen zur Messung der Zielerreichung bilden die *Kontrollgrößen.* Nach der Kontrollgröße werden u.a. Wirkungs- und Prämissenkontrollen unterschieden. Als Kontrollgrößen für Wirkungskontrollen eignen sich zunächst die Zielgrößen (z.B. Erfolg) oder Komponenten der Zielgrößen (z.B. Kosten, Erlöse). Es können aber auch Zielbestimmungsgrößen (z.B. Kosteneinflussgrößen) oder Indikatoren verwendet werden, d.h. Kennzahlen, von deren Ausprägung oder Entwicklung auf das Kontrollziel geschlossen werden kann (Küpper, 2005, S. 364). Prämissenkontrollen liegen die Annahmen, unter denen eine Aktivität ausgewählt worden ist, als Kontrollgrößen zugrunde. Bei den *Vergleichswerten* handelt es sich um die Ausprägungen der Kontrollgröße, die gegenübergestellt werden, d.h. um den zu kontrollierenden Wert einerseits und den Vorgabewert anderseits. Als Vorgabewerte können Istwerte einer Vorperiode (Zeitvergleich), eines anderen Unternehmungsbereichs bzw. einer anderen Unternehmung der gleichen Branche (Betriebsvergleich) oder eines Leistungsführers (Benchmarking) oder aber auch Planwerte dienen (Ist-Soll-Vergleich), die in Plänen oder Richtlinien als zu erreichende Werte festgeschrieben sind (Böcker, 1988, S. 128 f.). Nach den zu kontrollierenden Werten der Kontrollgröße kann zwischen der Endkontrolle (Ex post-Kontrolle) sowie der Planfortschrittskontrolle (Ex-ante Kontrolle) unterschieden werden. Bei der *Endkontrolle* wird der Istwert der Kontrollgröße herangezogen, um realisierte Abweichungen festzustellen. Sie wird erst nach der vollständigen Realisation der zu kontrollierenden Handlung durchgeführt und eignet sich deshalb nicht für die Initiierung von Anpassungsmaßnahmen. Letzteres verlangt, dass bereits während des Realisationsprozesses Informationen über erwartete Abweichungen bereitgestellt werden, die nur durch *Planfortschrittskontrollen* gewonnen werden können, d.h. den Vergleich von Soll- und Wird-Werten der Kontrollgröße parallel zum Realisationsprozess (Franken/Frese, 1989, Sp. 890 f.).

Prozess der Kontrolle

Der Prozess der Kontrolle vollzieht sich in drei Phasen. In der *ersten Phase* werden die Vergleichswerte der Kontrollgrößen ermittelt. Das erfordert zum einen die Erfassung bzw. Prognose des zu kontrollierenden Wertes. Zum anderen sind die Vorgabewerte nach den genannten Verfahren zu bestimmen. Grundlage eines Ist-Soll-Vergleichs sind Planwerte, die zu Beginn der Periode für eine Plansituation hergeleitet (z.B. geplante Kosten für eine geplante Absatzmenge) und den Verantwortungsträgern vorgegeben werden. In die Kontrolle gehen jedoch nicht diese Planwerte als Vergleichswert ein, sondern die Sollwerte, d.h. Planwerte, die um die vom Verantwortlichen nicht zu vertretenden Einflüsse bereinigt sind (z.B. geplante Kosten für eine realisierte Absatzmenge). Die ermittelten Werte werden in der *zweiten Phase* gegenübergestellt (Franken/Frese, 1989, Sp. 889 f.). Aufgabe der *dritten Phase* ist die Abweichungsanalyse, d.h. die Gewinnung von Informationen über Teilabweichungen, die ein Handlungsträger verursacht und damit zu vertreten hat. Einen Überblick über die verschiedenen Teilabweichungen und ihre Ursachen zeigt Abbildung 1.

Eine Kontrollgröße kann aus mehreren Größen zusammengesetzt sein, wie z.B. die Kosten, die als Produkt aus Einsatzgütermenge und Einsatzgüterpreis definiert sind. Die Spaltung der Gesamtabweichung auf Abweichungen dieser Definitionsgrößen führt zu *symptomorientierten Teilabweichungen*. Wird die Gesamtabweichung nach Abweichungen bei den Einflussfaktoren der Kontrollgrößen (z.B. Abweichungen vom geplanten Produktionsverfahren als Einflussgröße auf den Einsatzgüterverbrauch) gespalten, ergeben sich *ursachenorientierte Teilabweichungen* (Witt, 1990, S. 444). Ihre Bestimmung setzt Kenntnisse über den funktionalen Zusammenhang zwischen der Kontrollgröße und ihren Einflussgrößen voraus sowie über die Plan- und die Istwerte der Einflussgrößen.

▪ vom Entscheidungsträger zu vertretende Teilabweichung	
entscheidungsbedingt	Planänderungen, die ihre Ursache in Prognosefehlern oder der fehlerhaften Beschreibung von Prämissen oder Alternativen haben
▪ vom Ausführungsträger zu vertretende Teilabweichung	
ausführungsbedingt	beabsichtigtes oder unbeabsichtigtes Abweichen von den Vorgaben eines Planes
▪ nicht zu vertretende Teilabweichungen	
extern verursacht	Abweichungen bei Einflussfaktoren der Kontrollgröße, die vom Handlungsträger nicht gestaltbar sind
auswertungsbedingt	Auswertungsfehler, d.h. Erfassungs-, Prognose- oder Berechnungsfehler bei der Bestimmung der Ist-, Wird- und Sollwerte; Fehlverhalten bei der Planrealisation
prognosebedingt	Fehler bei der Prognose der Wirkungen einer Entscheidung auf die Kontrollgröße

Abbildung 1: Arten von Teilabweichungen

Um den Funktionen der Kontrolle dienen zu können, müssen die Teilabweichungen vollständig, invariant, frei von exogen beeinflussten und sich gegenseitig kompensierenden Bestandteilen sein. Die Teilabweichungen sind *vollständig,* wenn die Summe der Teilabweichungen mit der Gesamtabweichung übereinstimmt. Durch die Forderung nach Vollständigkeit soll verhindert werden, dass Teile der Gesamtabweichung ohne weitere Analyse aus der Betrachtung ausgeschlossen werden. Zudem ist die Vollständigkeit der Teilbereiche eine Voraussetzung für die Akzeptanz der Kontrollergebnisse. Die Forderung nach *Invarianz* der Teilabweichungen ist erfüllt, wenn die Höhe der Teilabweichungen von der Berechnungsmethode unabhängig sind. Die Ursachen *exogen beeinflusster Teilabweichungen* liegen nicht im Gestaltungsbereich des Entscheidungsträgers und sind damit nicht von ihm zu verantworten. Um zu verhindern, dass Störungen unerkannt bleiben, weil negative Zielwirkungen durch positive Einflüsse ausgeglichen werden, müssen die Teilabweichungen schließlich auch frei von sich gegenseitig *kompensierenden Bestandteilen* sein (Kloock/Bommes, 1982, S. 230 ff.). Die beiden zuletzt genannten Bedingungen sind immer dann erfüllt, wenn die Teilabweichungen auf Abweichungen einer einzelnen Einflussgröße zurückgeführt werden können.

1.2 Abgrenzung der Erfolgskontrolle im Produktmanagement

Merkmale der Erfolgskontrolle im Produktmanagement

Die *Erfolgskontrolle* im Produktmanagement ist ein informationsverarbeitender Prozess zur Ermittlung und Analyse realisierter oder erwarteter Erfolgszielabweichungen von Entscheidungen des Produktmanagements. Präzisiert werden kann sie durch den Erfolg als Inhalt des Kontrollziels, die Entscheidungen des Produktmanagements als Kontrollobjekt sowie die Erfolgsgrößen und ihre Bestimmungsfaktoren als Kontrollgrößen.

In der Betriebswirtschaftslehre haben sich *Erfolgsziele* mit verschiedenen Inhalten herausgebildet. Einen Überblick über verschiedenen Erfolgsziele gibt Abbildung 2.

<table>
<tr><th colspan="2">Zielobjekt</th><th rowspan="2">Zieleigenschaft</th><th rowspan="2">Zielmaßstab</th></tr>
<tr><th>Bezugszeitraum</th><th>Bezugsobjekt</th></tr>
<tr><td rowspan="3">langfristig</td><td rowspan="2">projektbezogen</td><td>Vermögens-änderung</td><td>▪ Kapitalwert
▪ Endwert usw.</td></tr>
<tr><td>Verzinsung des eingesetzten Kapitals</td><td>Interner Zinsfuß</td></tr>
<tr><td>periodenbezogen</td><td>Vermögens-änderung</td><td>ökonomischer Gewinn</td></tr>
<tr><td rowspan="2">kurzfristig</td><td rowspan="2">periodenbezogen/ projektbezogen</td><td>Vermögens-änderung</td><td>▪ Aufwand und Ertrag (z.B. Bilanzgewinn)
▪ Kosten und Leistungen (z.B. kalkulatorischer Erfolg, Deckungsbeitrag)
▪ Residualgewinn</td></tr>
<tr><td>Verzinsung eingesetzten Kapitals</td><td>▪ Return on Investment</td></tr>
</table>

Abbildung 2: Überblick über Erfolgsziele

Die *Entscheidungen des Produktmangement* betreffen die Maßnahmen zur Marktentwicklung und Absatzförderung eines Produktes, d.h. die Produktpolitik und die produktspezifische Preis-, Kommunikations- und Distributionspolitik (Kotler/Bliemel, 1995, S. 1122 f., Köhler, 1993, S. 174). Nach der Entscheidungshierarchie können zwei Kontrollobjekte unterschieden werden:

- die Selektionsentscheidungen sowie
- die Entscheidungen über die produktspezifischen Marketing-Politiken.

Selektionsentscheidungen präzisieren die Produkt-Markt-Strategie und haben strategischen Charakter. Mit ihnen werden die Absatzsegmente festgelegt, die den Schwerpunkt der künftigen Absatzpolitik bilden bzw. eliminiert werden sollen. Absatzsegmente sind Teilbereiche der Marktbeziehungen der Unternehmung, die einen differenzierten Einsatz des marketingpolitischen Instrumentariums erlauben (Albers, 1995, S. 20 f.). Für die Kontrolle strategischer Entscheidungen werden drei Komponenten vorgeschlagen: die strategische Prämissenkontrolle, die strategische Durchführungskontrolle sowie die strategische Überwachung (Steinmann/Schreyögg, 1993, S. 221 ff.). Die strategische Prämissenkontrolle prüft die Prämissen, welche den Strategien und strategischen Maßnahmenprogrammen zugrunde liegen. Sie beginnt mit der strategischen Planung und wird in den Phasen der Strategiedurchsetzung und -umsetzung fortgesetzt. Die strategische Durchführungskontrolle ist eine Planfortschrittskontrolle, die erst mit der Durchsetzung der Strategie einsetzt. Die strategische Überwachung zeichnet sich dadurch aus, dass für sie keine Kontrollgrößen festgelegt werden. Sie ist eine ungerichtete Kontrolle, die bereits während der strategischen Planung beginnt. Mit der strategischen Durchführungskontrolle von Selektionsentscheidungen sollen Informationen über Gewinne und Verluste zur Beurteilung der Notwendigkeit von Plankorrekturen gewonnen werden. Auf der Grundlage dieser Informationen werden Planungen zur Korrektur von Selektionsentscheidungen ausgelöst, wie z.B. die Elimination einzelner Absatzsegmente.

Entscheidungen über die *produktspezifischen Marketing-Politiken* konkretisieren die Selektionsentscheidungen. Sie sind diesen untergeordnet und haben taktischen oder operativen Charakter. Mit der Kontrolle dieser Entscheidungen sollen die Erfolge einzelner Maßnahmen oder Maßnahmenbündel festgestellt und analysiert werden. Sie können als End- oder Planfortschrittskontrolle ausgestaltet werden.

Grenzen von Erfolgskennzahlen als Kontrollgrößen

Für die begrenzte Eignung von Erfolgskennzahlen als Kontrollgrößen können u.a. folgende Gründe genannt werden (Friedl, 2003, S. 416 ff.): die begrenzte Auswertbarkeit, die fehlende Akzeptanz, die Vergangenheitsorientierung von Erfolgskennzahlen sowie der zeitliche Abstand zwischen strategischen Entscheidungen und ihren Erfolgswirkungen.

Die *begrenzte Auswertbarkeit* folgt aus der Tatsache, dass die Erfolgswirkungen einer Entscheidung nicht unmittelbar beobachtbar sind und Erfolgsdaten erst mit zeitlicher Verzögerung bereitgestellt werden können. Da in einer Kontrollperiode darüber hinaus mehrere Entscheidungen mit sich gegenseitig kompensierenden Erfolgswirkungen getroffen werden, kann kein unmittelbarer Zusammenhang zwischen einzelnen Entscheidungen und ihren Erfolgswirkungen hergestellt werden, so dass Lerneffekte ausbleiben und ein Anpassungsbedarf nicht erkennbar ist.

Bei der Erfassung und Verrechnung von Erfolgsdaten gibt es in jedem Rechnungssystem eine Vielzahl von Freiräumen, die rechnungszielorientiert zu schließen sind und zu Manipulationen genutzt werden können. Zudem treten bei der Spaltung der Gesamtabweichung Teilabweichungen höherer Ordnung auf, die nicht verursachungsgerecht auf die Bestimmungsfaktoren verrechnet werden können. Manipulierbarkeit und Probleme bei der Verrechnung der Abweichungen höherer Ordnung führen dazu, dass Erfolgsabweichungen nur auf geringe *Akzeptanz* bei den Verantwortungsträgern stoßen.

Der steigende Anteil fixer Kosten an den Unternehmungskosten, die Verkürzung der Produktlebenszyklen sowie die zunehmende Bedeutung der Erfolgsbeiträge immaterieller Vermögenswerte (z.B. hohe Kundenbindung durch den Ruf eines zuverlässigen Lieferanten) führen dazu, dass der Erfolg einer Periode größtenteils nicht durch Entscheidungen der laufenden Periode, sondern durch die Entscheidungen früherer Perioden determiniert wird (Johnson/Kaplan, 1987, S. 254). Erfolgsabweichungen informieren damit allenfalls über die Zielwirkungen von Entscheidungen der *Vergangenheit* und zeigen nicht, wie Fehlentwicklungen entgegengewirkt werden kann (Kaplan/Norton, 1997, S. 22).

Erfolgskennzahlen bilden die Zielwirkungen strategischer Entscheidungen erst mit deutlicher Verzögerung ab (Epstein/Manzoni, 1997, S. 7 f.). Der zeitliche Abstand zwischen strategischen Entscheidungen und ihren Erfolgswirkungen hat zur Folge, dass Erfolgskontrollen auf der Basis von Erfolgskennzahlen weder zur Verhaltensbeeinflussung noch zur Entscheidungsunterstützung beitragen. Kontrollen auf der Basis von Erfolgsgrößen hemmen die Motivation zur Durchführung der für die Strategieumsetzung notwendigen Investition in immaterielle Vermögenswerte, wie z.B. in Maßnahmen zur Verbesserung von Kundenbeziehungen, die Produktentwicklung sowie Werbemaßnahmen. Diese Investitionen lösen zunächst nur Auszahlungen aus, während es erst mittel- oder langfristig zu Einzahlungen kommt. Sie wirken damit kurzfristig erfolgsmindernd (Kaplan/Norton, 1997, S. 262). Wirken sich die Strategien schließlich auf die Erfolgsgrößen aus, sind die Handlungsspielräume bereits so weit eingeschränkt, dass den festgestellten Fehlentwicklungen nicht mehr entgegengewirkt werden kann.

Um diesen Grenzen von Erfolgskennzahlen zu begegnen, werden für die Erfolgskontrolle im Produktmanagement auch nicht monetäre Kontrollgrößen herangezogen. Als nicht monetäre Kontrollgrößen eignen sich Kennzahlen, die in einer Mittel-Zweck-Beziehung zu den angestrebten Erfolgszielen stehen. Von Kennzahlen zur Kontrolle operativer oder taktischer Entscheidungen wird gefordert, dass sie einzelnen Maßnahmen zuordenbar sind und die Entscheidungsträger zu zielorientiertem Verhalten motivieren. Daneben sollte die Beschaffung der erforderlichen Daten mit geringem Aufwand möglich sein. Als Beispiele für solche Kennzahlen werden der Bekanntheitsgrad, der Distributionsgrad und die Anzahl der Reklamationsfälle genannt (Böcker, 1988, S. 135).

1.3 Marketing Accounting als Grundlage der Erfolgskontrolle

Gegenstand des Marketing Accounting

Beim Marketing Accounting handelt es sich um ein Teilgebiet des *Management Accounting,* das als Erfassung, Aufbereitung und Übermittlung von Informationen zur Unterstützung des Managements in hierarchisch organisierten Unternehmungen bei der Entscheidungsfindung und -kontrolle und der Beeinflussung des Verhaltens untergeordneter Entscheidungsträger definiert werden kann (Anthony/Govindarajan, 2004, S. 6 f., Kaplan/Atkinson, 1998, S. 10). Inhalt des *Marketing Accounting* ist die vieldimensionale Auswertung von Unternehmungsdaten für die Planung und Steuerung im Marketing. Kernstück des Marketing Accounting ist eine Grundrechung, in der Wert-, aber auch Mengendaten über eine Vielzahl von Merkmalen beschrieben werden, die für die Auswertung relevant sein können (Köhler, 1992, S. 837). Bei diesen Merkmalen kann es sich um das Verhalten von Kosten und Erlösen bei Beschäftigungsänderungen oder die Abbaubarkeit von Kosten handeln. Im Vordergrund stehen jedoch die Bezugsobjekte. Das sind Gegebenheiten, die im Planungszeitraum Gegenstand erfolgszielorientierter Entscheidungen oder Kontrollen sein können, wie z.B. Produkt, Produktgruppe, Auftrag, Kunde, Kundengruppe oder Region. Bei jeder Mengen- und Wertgröße wird in der Grundrechnung das jeweils speziellste Bezugsobjekt genannt, für das sie als ökonomische Wirkung einer spezifischen Entscheidung ausgelöst werden. Realisieren lässt sich eine solche Grundrechnung mit Hilfe einer relationalen Datenbank (Sinzig, 1992, S. 1257 ff.).

Das Marketing Accounting kann auf Aus- und Einzahlungen, Aufwand und Ertrag oder Kosten und Erlösen basieren und durch nicht monetäre Kennzahlen ergänzt werden. In der Literatur wird die Bedeutung der *Erlös- und Kostenrechnung* für das Marketing Accounting betont (Reckenfelderbäumer, 1994, S. 57). Als Gründe werden die Orientierung des Marketing Accounting an den Zielen des internen Rechnungswesens und die standardisierte Gewinnung von Kosten- und Erlösinformationen genannt. Mit Erlös- und Kosteninformationen können jedoch nur Informationen für operative Entscheidungen bereitgestellt werden. Zur Unterstützung taktischer und strategischer Entscheidungen sind Investitionsrechnungen auf der Basis von Informationen über die Zahlungswirkungen der Alternativen durchzuführen. Das Lücke-Theorem nennt die Bedingungen, unter denen der Kapitalwert auf der Basis kalkulatorischer Periodengewinne zur gleichen optimalen Investitionsentscheidung führt wie der aus Zahlungsüberschüssen berechnete (Lücke, 1955, S. 312, Kloock, 1981, S. 876 ff.). Die üblichen Vorgehensweisen in der Kostenrechnung entsprechen nicht diesen Bedingungen, so dass Kapitalwerte, die auf der Basis von Kosten- und Erlösinformationen berechnet werden, zu Fehlentscheidungen führen können.

Informationsbedarf der Erfolgskontrolle im Produktmanagement

Der Informationsbedarf der Erfolgskontrolle im Produktmanagement wird u.a. durch die Kontrollfunktionen determiniert. Für die *Entscheidungsunterstützung* müssen durch das Marketing Accounting Informationen über die relevanten Erfolge bereitgestellt werden, d.h. alle Erfolgswirkungen, die bei Verzicht auf die durch die zu kontrollierende Entscheidung festgelegten Maßnahmen entfallen würden. Zum Zwecke der *Verhaltensbeeinflussung* sind in die Kontrolle nur die Erfolge einzubeziehen, die vom Produktmanager aufgrund seiner Kompetenzen auch beeinflusst werden können. Für die Erfolgskontrolle zur Verhaltensbeeinflussung sind die Erfolgsgrößen im Marketing Accounting um die nicht ausschließlich vom Verantwortlichen beeinflussbaren Bestandteile zu bereinigen (hierzu auch Köhler, 1993, S. 211 ff.).

Bestehen zwischen Entscheidungen *Interdependenzen*, treten Probleme bei der Verrechnung von Erfolgen auf Bezugsobjekte bzw. Produktmanager auf. Ursache dieser Interdependenzen sind Restriktionen-, Prozess- und Zielverbunde (Corsten/Friedl, 1999, S. 7 ff.). Merkmal eines *Restriktionenverbundes* ist die gemeinsame Nutzung einer Ressource mit begrenzten Kapazitäten durch mehrere Bezugsobjekte (z.B. die Konstruktionskosten einer produktpolitischen Maßnahme, die im zentralen FuE-Bereich realisiert wurde). Dadurch treten Erfolgsbestandteile auf, die dem Bezugsobjekt nicht verursachungsgerecht zugerechnet werden können. *Prozessverbunde* entstehen durch innerbetriebliche Leistungsverflechtungen und bewirken, dass Bestandteile des Bereichserfolgs vom Produktmanager nicht beeinflussbar sind. Als Beispiel für diese Bestandteile können die Fertigungskosten eines Produktes genannt werden, die nur vom Produktions-, nicht jedoch vom Produktmanager beeinflusst werden können. In eine Erfolgskontrolle zum Zwecke der Verhaltensbeeinflussung sollten sie deshalb nicht einbezogen werden. Beeinflussen sich die Entscheidungen verschiedener Bereiche, zwischen denen keine Lieferbeziehungen bestehen, liegt ein *Zielverbund* vor. Dieser verursacht Spill-over-Effekte, wie z.B. Umsatzsteigerungen bei einem Produkt A durch absatzpolitische Maßnahmen für ein Produkt B.

2. Erfolgskontrolle mit Deckungsbeiträgen als Kontrollgröße

2.1 Kontrolle von Selektionsentscheidungen

Erfolgsquellenanalyse mit der Absatzsegmentrechnung

Zur Kontrolle von Selektionsentscheidungen ist der Unternehmungserfolg in die Erfolge der Absatzsegmente zu spalten und den Erfolgsvorgaben gegenüberzustellen, d.h., es sind bereichsbezogene Teilabweichungen zu bilden. Als Instrument zur Erfolgsspaltung wird die *Absatzsegmentrechnung* genannt (Köhler, 1993, S. 383, Albers, 1995, S. 20). Hierbei handelt es sich um eine eindimensionale mehrstufige Deckungsbeitragsrechnung mit Absatzsegmenten als Bezugsobjekte.

Die *Deckungsbeitragsrechnung* ist eine Periodenerfolgsrechnung nach dem Umsatzkostenverfahren, die dadurch gekennzeichnet ist, dass den Periodenerlösen der Produkte nicht die Vollkosten, sondern nur die Teilkosten gegenübergestellt werden. In einer Deckungsbeitragsrechnung auf der Basis einer flexiblen Plankostenrechnung werden den Periodenerlösen die variablen Selbstkosten der Produkte gegenübergestellt (Kilger, 1993, S. 751). Werden die Teilkosten nach den Prinzipien der relativen Einzelkostenrechnung ermittelt, umfassen sie nur die Einzelkosten des Produkts (Riebel, 1992, S. 280). Nach der Anzahl der Bezugsobjekte, denen die fixen Kosten bzw. die Gemeinkosten der Produkte zugerechnet werden, wird zwischen der einstufigen und der mehrstufigen Deckungsbeitragsrechnung unterschieden. In der *einstufigen Deckungsbeitragsrechnung* werden die fixen Kosten bzw. die Gemeinkosten der Produkte auf die Gesamtunternehmung als Bezugsobjekt verrechnet. Um zum Periodenerfolg zu gelangen, werden die fixen Kosten bzw. die Gemeinkosten der Produkte als Block von der Summe der Periodendeckungsbeiträge der Produkte subtrahiert. In der *mehrstufigen Deckungsbeitragsrechnung* werden die fixen Kosten bzw. die Gemeinkosten der Produkte auf weitere Bezugsobjekte verrechnet (Kilger, 1993, S. 86 f.). Unabhängig vom zugrunde liegenden System der Kostenrechnung werden diese Kosten nach dem Einzelkostenprinzip verrechnet, d.h., sie werden jeweils bei dem speziellsten Bezugsobjekt ausgewiesen, für das sie noch als Einzelkosten erfasst werden können (Riebel, 1992, S. 252 f.).

Nach den Beziehungen, die zwischen den verschiedenen Bezugsobjekten bestehen, können zwei Formen der mehrstufigen Deckungsbeitragsrechnung unterschieden werden, die eindimensionale und mehrdimensionale. Die *eindimensionale Deckungsbeitragsrechnung* zeichnet sich dadurch aus, dass zwischen den Bezugsobjekten hierarchische Beziehungen bestehen, d.h., ein übergeordnetes Bezugsobjekt umfasst mehrere untergeordnete Bezugsobjekte. In diesem Zusammenhang ist z.B. die Produktgruppe ein übergeordnetes Bezugsobjekt, das alle Produkte der Produktgruppe einschließt. Die *mehrdimensionale Deckungsbeitragsrechnung* gelangt zur Anwendung, wenn die verschiedenen Bezugsobjekte in keiner hierarchischen Beziehung zueinander stehen. Aus den Bezugsobjekten können in diesem Fall verschiedene Hierarchien gebildet werden, die sich in der Reihenfolge der Bezugsobjekte unterscheiden. Beispielsweise können einerseits die Absatzgebiete den Produkten untergeordnet, andererseits aber auch übergeordnet werden, wenn jedes Produkt in mehreren Absatzgebieten und in jedem Absatzgebiet mehrere Produkte angeboten werden. Wird für mehrere dieser Hierarchien eine mehrstufige Deckungsbeitragsrechnung durchgeführt, liegt eine mehrdimensionale Deckungsbeitragsrechnung vor. Sie erlaubt eine differenziertere Analyse der Gewinn- und Verlustquellen. Abbildung 3 zeigt ein Beispiel für eine mehrdimensionale Deckungsbeitragsrechung auf der Basis einer flexiblen Plankostenrechnung (Schweitzer/Küpper, 2003, S. 465 ff.).

Absatzgebiete	A1				A2			
Kundengruppen	K1		K2		K1		K2	
Produktgruppen	P1	P2	P1	P2	P1	P2	P1	P2
Umsatz	136.700	61.400	73.300	24.780	73.400	65.000	13.900	6.300
- variable Kosten	72.000	28.000	33.000	14.000	38.000	29.000	8.200	2.000
- Versand-Einzelkosten	1.700	1.900	870	820	890	1.780	170	150
= DB I	63.000	31.500	39.430	9.960	34.510	34.220	5.530	4.150
- Beratung	9.000		4.500		1.000		10.200	
= DB II	85.500		44.890		67.730		-520	
- Agenturen	12.000				7.000			
- Verkaufssachbearbeiter	90.000				60.000			
= DB III	28.390				210			
- Montage	12.600							
- Unternehmungsfixe Kosten	16.800							
= Gewinn/Verlust	-800							

Produktgruppen	P1				P2			
Absatzgebiete	A1		A2		A1		A2	
Kundengruppen	K1	K2	K1	K2	K1	K2	K1	K2
Umsatz	136.700	73.300	73.400	13.900	61.400	24.780	65.000	6.300
- variable Kosten	72.000	33.000	38.000	8.200	28.000	14.000	29.000	2.000
- Versand-Einzelkosten	1.700	870	890	170	1.900	820	1.780	150
= DB I	63.000	39.430	34.510	5.530	31.500	9.960	34.220	4.150
- Verkaufssachbearbeiter	48.000		27.000		42.000		33.000	
= DB II	54.430		13.040		-540		5.370	
- Montage	3.200				9.400			
= DB III	64.270				-4.570			
- Agenturen	19.000							
- Beratung	24.700							
- Unternehmungsfixe Kosten	16.800							
= Gewinn /Verlust	-800							

Abbildung 3: Beispiel einer mehrdimensionalen Deckungsbeitragsrechnung mit zwei möglichen Segmentierungen

Beurteilung der Absatzsegmentrechnung

Die Absatzsegmentrechnung ist eine einperiodige Rechnung. Daraus ergeben sich zwei Einschränkungen für die Aussagefähigkeit:

- der hohe Einfluss kurzfristiger Erlös- und Kostenänderungen auf die ausgewiesenen Erfolge der Absatzsegmente sowie
- der verzerrte Ausweis der Erfolge.

In einer kurzfristigen Periodenerfolgsrechnung gehen *kurzfristige Erlös- und Kostenänderungen* mit einem ungleich höheren Gewicht ein als in eine langfristige Erfolgsrechnung. Aus diesem Grunde rechtfertigt nicht jede Erfolgsabweichung auch eine Anpassung von Selektionsentscheidungen. Diese Erfolgsabweichungen sind vielmehr als Indikatoren zu verstehen. Überschreiten ihre Werte vorgegebene Grenzen, sind detailliertere Analysen zur Fundierung der Anpassung langfristiger Selektions- und Eliminationsentscheidungen auf der Basis der Investitionsrechnung zu initiieren (Schweitzer/Küpper, 2003, S. 464).

In eine Deckungsbeitragsrechnung gehen stets nur die Kosten ein, die innerhalb der betrachteten Periode anfallen. Das hat zur Folge, dass z.B. nicht die Entwicklungs- und Entsorgungskosten des realisierten Absatzprogramms in die Deckungsbeitragsrechnung eingehen, sondern die Entwicklungs- bzw. Entsorgungskosten eines zukünftigen bzw. früheren Absatzprogramms (z.B. Ewert/Wagenhofer, 2003, S. 327 f.). Mit periodenbezogenen Deckungsbeitragsrechnungen werden Produkterfolge damit *verzerrt* ausgewiesen (Johnson/Kaplan, 1987, S. 254 ff.). Fallen für ein Produkt beispielsweise aufgrund von Rücknahmeverpflichtungen mengenabhängige Entsorgungskosten an, kann sich ein vermeintlich erfolgreiches Produkt bei Berücksichtigung dieser Kosten als Eliminationskandidat erweisen. Dieses Problem gewinnt an Bedeutung, da der Anteil der Kosten, die in der Entstehungs- und Nachsorgephase anfallen, an den Gesamtkosten der Unternehmung steigt. Als Ursache dieser Entwicklung können die Verkürzung der Marktzyklen, die Verlängerung der Entstehungszyklen, die Komplexität der Produktionsvorbereitung bei Einsatz neuer Fertigungstechniken sowie die zunehmende Internalisierung externer Kosten durch die Umweltgesetzgebung genannt werden (Zehbold, 1996, S. 118 ff.).

Produktlebenszyklusrechnung als Basis der Erfolgsquellenanalyse

Die *Produktlebenszyklusrechnung* stellt einen Ansatz zur Lösung der dargestellten Probleme dar. Sie kann als Kosten- und Erlös- oder als Zahlungsrechnung ausgestaltet werden. Als Kosten- und Erlösrechnung ist sie eine aperiodische Auswertungsrechnung, in der die gesamten Kosten und Erlöse eines Produkts berücksichtigt werden, die für die Aktivitäten in der Entstehungs-, der Markt- sowie der Nachsorgephase des Produktlebenszyklus anfallen. Für die Kontrolle von Selektionsentscheidungen sind die Kosten nach ihrer Beeinflussbarkeit und dem zeitlichen Anfall in die Vorleistungskosten, die begleitenden Kosten sowie die Folgekosten zu spalten. Die *Vorleistungskosten* sind in Perioden angefallen, die zeitlich vor der Leistungserstellung und -verwertung liegen.

Nach Abschluss der Entstehungsphase haben sie den Charakter von sunk costs. Als Beispiele können die Entwicklungskosten, die Kosten der Fertigungsvorbereitung und der Markteinführung genannt werden. Die *begleitenden Kosten*, d.h. die Kosten der Leistungserstellung und -verwertung (z.B. Materialkosten, Fertigungslöhne, Fertigungsgemeinkosten), kann die Unternehmung im Marktzyklus durch die Produktgestaltung oder die Produktelimination noch beeinflussen. Die *Folgekosten* fallen erst nach der Leistungserstellung an, d.h. in der Zukunft. Sie sind jedoch mit der Entscheidung über die Leistungserstellung und -verwertung bereits vordisponiert und damit nicht mehr beeinflussbar (Back-Hock, 1992, S. 706 ff., Zehbold, 1996, S. 159 ff.). Zu ihnen zählen u.a. die Kosten der Entsorgung von Produktionsanlagen sowie der Rücknahme und Entsorgung von Produkten am Ende ihrer Nutzungsdauer.

Für die Zwecke der Erfolgsquellenanalyse ist eine zeitbezogene Nutzschwellenanalyse in der Form einer kumulativ vorgehenden statischen *Amortisationsrechnung* vorgeschlagen worden, in der die kumulierten Periodendeckungsbeiträge aus begleitenden Kosten und Erlösen eines Produkts der Summe aus Vorleistungs- und Folgekosten des Produkts gegenübergestellt werden (ähnlich Johnson/Kaplan, 1987, S. 256). Ergebnis dieser Rechnung ist der Zeitpunkt, in dem die realisierten Periodendeckungsbeiträge die Summe aus Vorleistungs- und Folgekosten decken (Zehbold, 1996, S. 195 ff.). Dieses Verfahren der Produktlebenszyklusrechnung berücksichtigt nur die Vorleistungs- und Folgekosten, die dem Produkt nach dem Einzelkostenprinzip zugerechnet werden können. Daneben treten in der Regel aber auch Vorleistungs- und Folgekosten auf, die für mehrere Produkte gemeinsam anfallen, wie z.B. die Entwicklungskosten für ein Bauteil, das in mehrere Produkte eingeht. Für die Erfolgsquellenanalyse ist deshalb als Ergänzung einer mehrstufigen Periodendeckungsbeitragsrechnung eine mehrstufige Produktlebenszyklus-Deckungsbeitragsrechnung vorgeschlagen worden. Die Struktur einer solchen Rechnung mit Produkten und Produktgruppen als Bezugsobjekte zeigt Abbildung 4. Es ist möglich, weitere Absatzsegmente als Bezugsobjekte zu berücksichtigen, wenn die den Vorleistungs- und Folgekosten zugrunde liegenden Mengen- und Wertdaten im Marketing Accounting durch entsprechende Merkmale beschrieben sind.

2.2 Kontrolle der Marketing-Maßnahmen

Kontrolle der Preis-, Kommunikations- und Distributionspolitik

■ Grundlagen der Abweichungsanalyse

Für die Erfolgskontrolle von Marketing-Maßnahmen ist die Gesamtabweichung in *Teilabweichungen* zu spalten, die jeweils durch die Abweichung einer exogen beeinflussten oder endogen beeinflussbaren Erfolgseinflussgröße verursacht werden. Für die Abweichungsanalyse ist zunächst festzulegen, ob eine Ist-Plan- oder eine Plan-Ist-Abweichung auf Plan- oder Istbasis berechnet werden soll (Ewert/ Wagenhofer, 2003, S. 357 ff.). Wird eine Ist-Plan-Abweichung berechnet, entspricht eine negative Erfolgsabweichung einer Minderung des realisierten Erfolgs gegenüber dem geplanten Erfolg und umgekehrt. Bei einer Abweichungsanalyse auf Planbasis werden die Istwerte der Bestimmungsfaktoren als Summe aus Planwert und Abweichung in die Rechnung einbezogen.

Wird eine Deckungsbeitragsabweichung auf die Abweichungen ihrer Definitionsgrößen verrechnet, führt eine Analyse der Ist-Soll-Deckungsbeitragsabweichung auf Planbasis zu folgenden *symptomorientierten Teilabweichungen*:

$$\Delta DB = \sum_n \left(p_n^i - \sum_m q_m^i \cdot a_{mn}^i \right) x_n^i - \sum_n \left(p_n^p - \sum_m q_m^p \cdot a_{mn}^p \right) x_n^p$$

$$= \sum_n \left[\left(p_n^p + \Delta p_n\right) - \sum_m \left(q_m^p + \Delta q_m\right) \cdot \left(a_{mn}^p + \Delta a_{mn}\right) \right] \cdot \left(x_n^p + \Delta x_n\right) - \sum_n \left(p_n^p - \sum_m q_m^p \cdot a_{mn}^p \right) x_n^p$$

$$= \sum_n (\underbrace{p_n^p \cdot \Delta x_n + x_n^p \cdot \Delta p_n}_{\substack{\text{Umsatzabweichung} \\ \text{erster Ordnung}}} + \underbrace{\Delta x_n \cdot \Delta p_n}_{\substack{\text{Umsatzabweichung} \\ \text{zweiter Ordnung}}})$$

$$\underbrace{- \sum_n \sum_m \left(x_n^p \cdot q_m^p \cdot \Delta a_{mn} + x_n^p \cdot \Delta q_m \cdot a_{mn}^p + \Delta x_n \cdot q_m^p \cdot a_{mn}^p \right)}_{\text{Kostenabweichung erster Ordnung}}$$

$$\underbrace{- \sum_n \sum_m \left(x_n^p \cdot \Delta q_m \cdot \Delta a_{mn} + \Delta x_n \cdot p_m^p \cdot \Delta a_{mn} + \Delta x_n \cdot \Delta q_m \cdot a_{mn}^p \right)}_{\text{Kostenabweichung zweiter Ordnung}}$$

$$\underbrace{- \sum_n \sum_m \Delta x_n \cdot \Delta q_m \cdot \Delta a_{mn}}_{\substack{\text{Kostenabweichung dritter} \\ \text{Ordnung}}}$$

mit p_n^p = Planpreis des Produktes n

q_m^p = Planpreis des Einsatzgutes m

a_{mn}^p = Planverbrauch des Einsatzgutes m pro Einheit des Produktes n

x_n^p = Planabsatzmenge des Produktes n

i = Index für Istwerte

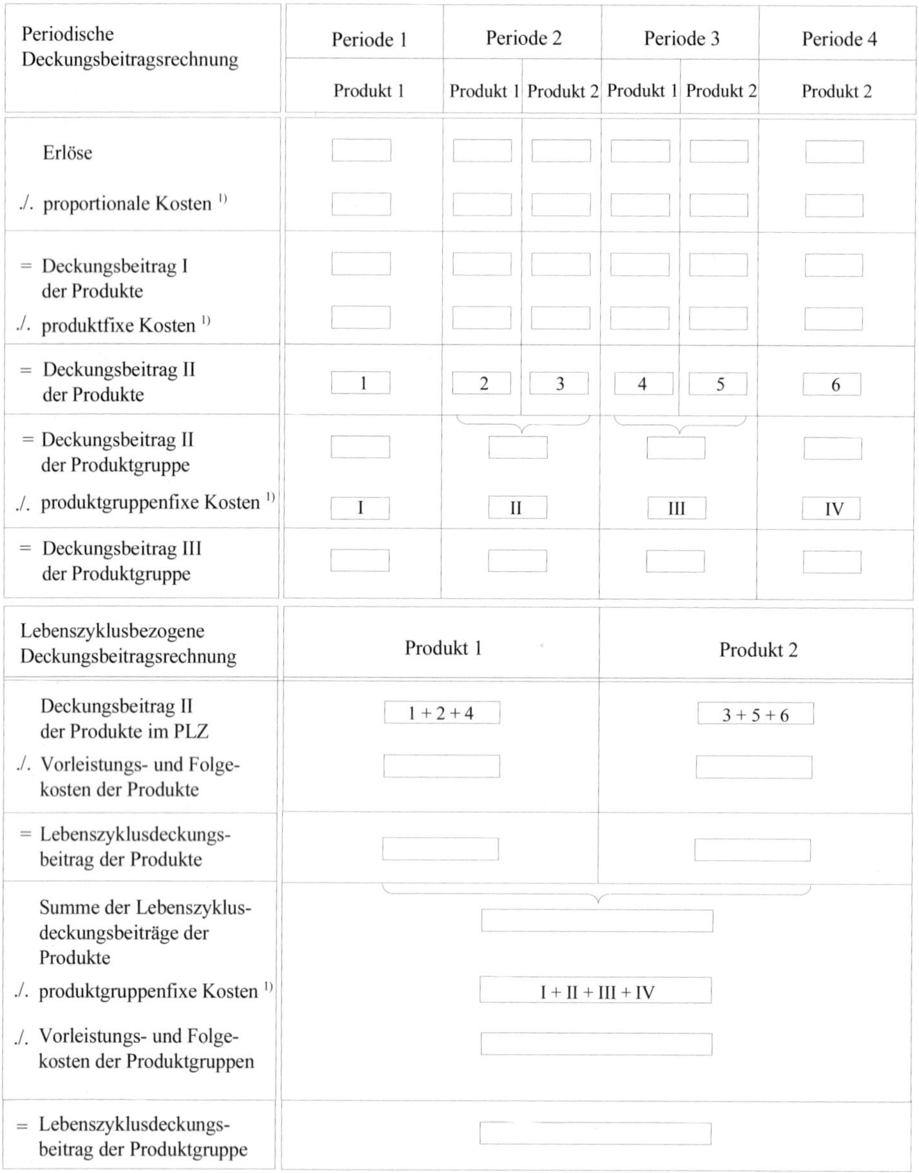

Periodische Deckungsbeitragsrechnung	Periode 1	Periode 2		Periode 3		Periode 4
	Produkt 1	Produkt 1	Produkt 2	Produkt 1	Produkt 2	Produkt 2
Erlöse						
./. proportionale Kosten [1]						
= Deckungsbeitrag I der Produkte						
./. produktfixe Kosten [1]						
= Deckungsbeitrag II der Produkte	1	2	3	4	5	6
= Deckungsbeitrag II der Produktgruppe						
./. produktgruppenfixe Kosten [1]	I	II		III		IV
= Deckungsbeitrag III der Produktgruppe						

Lebenszyklusbezogene Deckungsbeitragsrechnung	Produkt 1	Produkt 2
Deckungsbeitrag II der Produkte im PLZ	1 + 2 + 4	3 + 5 + 6
./. Vorleistungs- und Folgekosten der Produkte		
= Lebenszyklusdeckungsbeitrag der Produkte		
Summe der Lebenszyklusdeckungsbeiträge der Produkte		
./. produktgruppenfixe Kosten [1]	I + II + III + IV	
./. Vorleistungs- und Folgekosten der Produktgruppen		
= Lebenszyklusdeckungsbeitrag der Produktgruppe		

[1] ohne Vorleistungs- und Folgekosten

Abbildung 4: Struktur einer Produktlebenszyklus-Deckungsbeitragsrechnung

Die Analyse der Deckungsbeitragsabweichung verdeutlicht das Problem der Abweichungen höherer Ordnung, das bei jeder Spaltung einer Gesamtabweichung in Teilabweichungen für multiplikativ verknüpfte Bestimmungsfaktoren auftritt. Die Abweichungen erster Ordnung können eindeutig auf die Abweichung eines einzelnen Bestimmungsfaktors zurückgeführt werden. *Abweichungen höherer Ordnung* werden dagegen durch Abweichungen mehrerer Bestimmungsfaktoren gemeinsam verursacht. Zu ihrer Verrechnung auf die einzelnen Bestimmungsfaktoren sind verschiedene Methoden vorgeschlagen worden (Kloock/Bommes 1982, S. 226 ff., Ewert/Wagenhofer 2003, S. 364 ff.):

- Die *alternative Methode* verrechnet die Abweichungen höherer Ordnung auf jede einzelne Bestimmungsgröße, so dass die Summe der Teilabweichungen höher ist als die Gesamtabweichung.
- Die *kumulative Methode* verrechnet die Abweichungen höherer Ordnung auf die Bestimmungsgrößen in der Reihenfolge der Abspaltung von Teilabweichungen erster Ordnung, so dass die Höhe der einer Bestimmungsgröße zugerechneten Teilabweichung über die Reihenfolge der Abspaltung von Teilabweichungen beeinflusst werden kann.
- Die *symmetrische Methode* verrechnet die Abweichungen höherer Ordnung zu gleichen Teilen auf die Bestimmungsgrößen.

Die genannten Methoden zur Verrechnung von Abweichungen höherer Ordnung genügen nicht den Forderungen nach Vollständigkeit und Invarianz. Auch führen sie nicht zu Teilabweichungen, die eindeutig auf einen Bestimmungsfaktor zurückgeführt werden können (Kloock, 1988, S. 428 ff.). Aus diesem Grunde wird auf die Verrechnung von Abweichungen höherer Ordnung verzichtet, so dass als Teilabweichungen der Bestimmungsfaktoren ausschließlich Abweichungen erster Ordnung berücksichtigt werden. Die Abweichungen höherer Ordnung werden bei dieser als *differenzierte Methode* bezeichneten Vorgehensweise getrennt ausgewiesen.

Die Ermittlung der *symptomorientierten Teilabweichungen* ist aus drei Gründen wenig aussagekräftig. Zum einen sind die genannten Bestimmungsfaktoren nicht unabhängig voneinander, insbesondere bestehen zwischen den Preisen und den Mengen funktionale Abhängigkeiten. Das hat beispielsweise zur Folge, dass eine mengenbedingte Teilabweichung erster Ordnung zwar eindeutig auf die Mengenabweichung verrechnet werden kann, diese jedoch durch eine Preisabweichung ausgelöst sein kann. Die mengenbedingte Teilabweichung erster Ordnung ist damit zumindest teilweise auch auf eine Preisabweichung zurückzuführen. Das macht deutlich, dass selbst Abweichungen erster Ordnung nicht durch eine einzelne Bestimmungsgröße verursacht sind. Weiterhin hängen die Preise und Mengen von unternehmungsinternen und -externen Faktoren ab, so dass sich die Mengen- und Preisabweichungen zum einen aus endogen beeinflussbaren und exogen beeinflussten Bestandteilen zusammensetzen. Schließlich können auf die endogen beeinflussbaren Bestandteile mehrere Entscheidungsvariable des Produktmanagements gleichzeitig einwirken. Werden vom Produktmanagement in einer Periode Entscheidungen über mehrere Marketing-Instrumente getroffen, wirken auf die endogen beeinflussbaren Bestandteile der Gesamtabweichung gleichzeitig mehrere Entscheidungsvariable ein. Die Wirkungen der verschiedenen Entscheidungsvariablen können sich gegenseitig kompensieren. Es ist deshalb erforderlich, den endogen beeinflussbaren Bestandteil der Gesamtabweichung in ursachenorientierte Teilabweichungen zu spalten, d.h. in Teilabweichungen, die über den Einfluss der einzelnen Einflussgrößen auf die Gesamtabweichung informieren (in Anlehnung an Albers, 1992, S. 200).

Ein Ansatz zur *ursachenorientierten Abgrenzung* endogen beeinflussbarer Bestandteile einer Deckungsbeitragsabweichung und ihrer Spaltung in entscheidungsbedingte Abweichungen ist von Albers vorgeschlagen worden. Als Entscheidungsvariable werden der Preis, das Werbe- und das Distributionsbudget berücksichtigt. Der Ansatz beruht auf der Annahme, dass die Einflussgrößen der Erlöse und die der Kosten nur additiv verknüpft sind, so dass zur Analyse einer Deckungsbeitragsabweichung die Erlös- und Kostenabweichungen unabhängig voneinander analysiert werden können (Albers, 1989, S. 641 ff., ders., 1992, S. 201 ff.).

- Spaltung von Erlösabweichungen

Ausgangspunkt der Abweichungsanalyse ist die Spaltung der Erlösabweichung in einen endogen beeinflussbaren wertmäßigen Marktanteilseffekt und einen exogen beeinflussten wertmäßigen Marktvolumeneffekt. Hierzu wird in der Bestimmungsgleichung für den Erlös die Absatzmenge durch das Produkt aus Marktvolumen (x_m) und Marktanteil (x_r) und der Absatzpreis durch das Produkt aus Branchenpreis (p_m) und relativem Preis (p_r) ersetzt (Albers, 1989, S. 641):

$$E = p \cdot x = \underbrace{p_r \cdot x_r}_{\substack{\text{wertmäßiger}\\ \text{Marktanteil}}} \cdot \underbrace{p_m \cdot x_m}_{\substack{\text{wertmäßiges}\\ \text{Marktvolumen}}} \quad \text{mit} \quad p_r = \frac{p}{p_m} \text{ und } \quad x_r = \frac{x}{x_m}$$

Bei Durchführung eines Ist-Soll-Vergleichs auf der Basis von Plangrößen ergibt sich folgende Erlösabweichung:

$$\begin{aligned}\Delta E &= p_r^i \cdot x_r^i \cdot p_m^i \cdot x_m^i - p_r^p \cdot x_r^p \cdot p_m^p \cdot x_m^p \\ &= \underbrace{p_r^p \cdot x_r^p \cdot \left(p_m^i \cdot x_m^i - p_m^p \cdot x_m^p\right)}_{\substack{\text{Wertmäßiger Volumeneffekt}\\ = \text{Abweichung erster Ordnung}}} + \underbrace{\left(p_r^i \cdot x_r^i - p_r^p \cdot x_r^p\right) \cdot p_m^p \cdot x_m^p}_{\substack{\text{Wertmäßiger Marktanteilseffet}\\ = \text{Abweichung erster Ordnung}}} \\ &\quad + \underbrace{\left(p_r^i \cdot x_r^i - p_r^p \cdot x_r^p\right) \cdot \left(p_m^i \cdot x_m^i - p_m^p \cdot x_m^p\right)}_{\text{AbweichungzweiterOrdnung}}\end{aligned}$$

Bei Anwendung der differenzierten Methode wird auf die Spaltung von Abweichungen höherer Ordnung verzichtet, so dass nur der wertmäßige Marktanteilseffekt als endogen beeinflussbarer Bestandteil der Gesamtabweichung in ursachenorientierte Teilabweichungen gespalten wird.

Voraussetzung für die Abgrenzung ursachenorientierter Teilabweichungen ist die Kenntnis des *funktionalen Zusammenhangs* zwischen den Mengengrößen im Ausdruck für den wertmäßigen Marktanteilseffekt und den Entscheidungsvariablen des Produktmanagers. Ein solcher Zusammenhang ist die Marktanteils-Reaktionsfunktion, welche die relative Veränderung des Marktanteils in Abhängigkeit von der relativen Veränderung der Entscheidungsvariablen des Produktmanagers abbildet. Die Entscheidungsvariable der Preispolitik kann über den relativen Preis der Unternehmung in die Marktanteils-Reaktionsfunktion einbezogen werden. Bei der Kommunikations- und Distributionspolitik tritt das Problem auf, dass die Wirkung auf den Marktanteil nicht unmittelbar von den Werbe- und Distributionsbudgets ausgeht, sondern von den Werbe- und Distributionsmaßnahmen, die mit diesem Budget realisiert werden. Gelöst werden kann dieses Problem durch die Einführung von *Budget-Reaktionsfunktionen*, die über die Wirkungen einer relativen Veränderung des Werbe- bzw. Distributionsbudgets, d.h. der Entscheidungsvariable, auf die relative Veränderung des Awareness- bzw. Distributionsgrades (Budgetwirkungsgrad) Auskunft geben. Diese relativen Budgetwirkungen gehen als unabhängige Variable in die Marktanteils-Reaktionsfunktion ein. Durch die Verwendung relativer Größen als unabhängige Variable in der Marktanteils-Reaktionsfunktion ist es zusätzlich möglich, den Einfluss der Konkurrenzreaktion auf den Marktanteil abzubilden. Abbildung 5 veranschaulicht diese Sachverhalte für eine einvariablige Marktanteils-Reaktionsfunktion.

Auf der Basis der Budget-Reaktionsfunktion können für die unabhängige Variable in der Marktanteils-Reaktionsfunktion folgende Werte ermittelt werden: der relative Plan-Budgetwirkungsgrad β^p / β^p_m, der relative Soll-Budgetwirkungsgrad bei Soll-Budgetwirkung ohne Konkurrenzwirkung β^s / β^p_m, der relative Ist-Budgetwirkungsgrad bei Ist-Budgetwirkung ohne Konkurrenzwirkung β^i / β^p_m und mit Konkurrenzwirkung β^i / β^i_m. Eingesetzt in die Marktanteils-Reaktionsfunktion ergeben sich verschiedene Ausprägungen für den Marktanteil, die im Intervall zwischen dem geplanten und den realisierten Werten liegen. Mit diesen Werten kann der wertmäßige Marktanteilseffekt in die folgenden vier Teilabweichungen gespalten werden:

- die *Realisationsabweichung*, die durch Abweichungen zwischen Ist- und Plangrößen bei den Entscheidungsvariablen (Budgets für die Kommunikations- und Distributionspolitik) verursacht werden,
- die *Effektivitätsabweichung*, die auftreten, wenn mit den Budgets nicht die prognostizierten Wirkungen erzielt werden,
- die *Reaktionsabweichung*, die durch die Reaktionen der Konkurrenten auf die Abweichungen der Entscheidungsvariablen von den Planwerten ausgelöst werden, sowie
- die *Restabweichung,* die auf die Abweichung zwischen dem realisierten Marktanteil und demjenigen Marktanteil zurückzuführen ist, der bei Istwerten aller anderen Ein-

flussgrößen hätte eintreten müssen; sie kann durch die einbezogenen Einflussgrößen nicht erklärt werden.

Die Realisations-, Effektivitäts- und Reaktionsabweichungen können in Teilabweichungen erster Ordnung gespalten werden, die durch Abweichungen der Kommunikations- und Distributionspolitik verursacht werden. Von den Realisations- und Reaktionsabweichungen können zusätzlich noch preisbedingte Teilabweichung abgespalten werden. Darüber hinaus ergibt sich jeweils eine Abweichung höherer Ordnung, die auf Abweichungen aller Marketing-Instrumente gemeinsam zurückzuführen ist und als *Marketing-Instrumente-Abweichung* bezeichnet wird (Albers, 1992, S. 205 ff.).

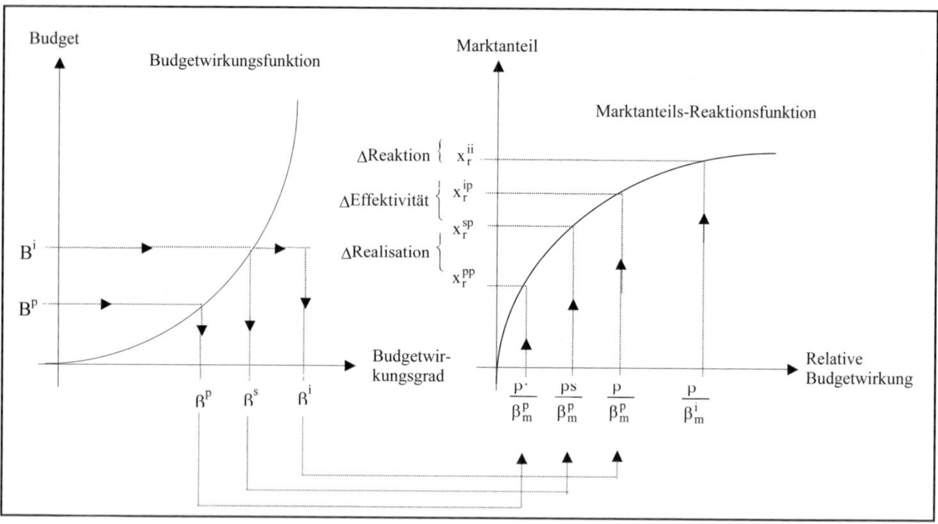

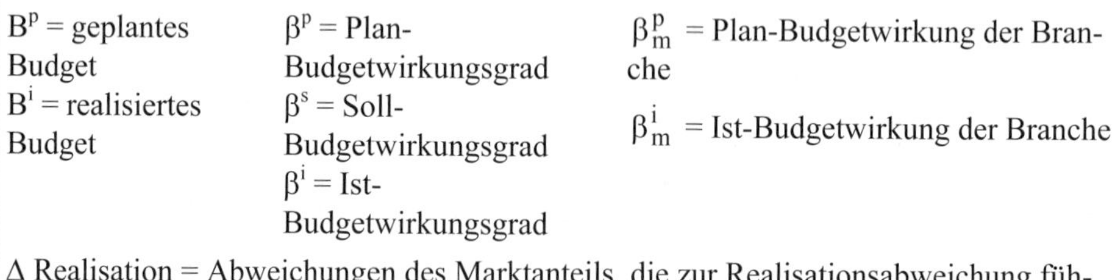

B^p = geplantes Budget
B^i = realisiertes Budget
β^p = Plan-Budgetwirkungsgrad
β^s = Soll-Budgetwirkungsgrad
β^i = Ist-Budgetwirkungsgrad
β_m^p = Plan-Budgetwirkung der Branche
β_m^i = Ist-Budgetwirkung der Branche

Δ Realisation = Abweichungen des Marktanteils, die zur Realisationsabweichung führen
Δ Effektivität = Abweichungen des Marktanteils, die zur Effektivitätsabweichung führen
Δ Reaktion = Abweichungen des Marktanteils, die zur Reaktionsabweichung führen

Abbildung: 5: Spaltung von Erlösabweichungen

Auch mit diesem Ansatz gelingt es nicht, Teilabweichungen abzuspalten, die ausschließlich auf endogen beeinflussbare Einflussgrößen zurückgeführt werden können. So wurde u.a. gezeigt, dass sich auch der wertmäßige Marktanteilseffekt aus einer endogen beeinflussbaren und einer exogen beeinflussten Komponente zusammensetzt. Weiterhin wurde nachgewiesen, dass die Teilabweichungen des wertmäßigen Marktanteilseffekts verdeckte Abweichungen höherer Ordnung enthalten (Betz, 1996, S. 99 ff.).

Spaltung von Kostenabweichungen

Zur *Kostenkontrolle* liegt umfangreiche Literatur vor (Kilger, 1993, S. 590 ff., Scherrer, 1991, S. 433 ff.). Mit den diskutierten Verfahren zur Kostenabweichungsanalyse können jedoch nur Teilabweichungen berechnet werden, die über den Einfluss von Entscheidungsvariablen des Produktionsmanagements (z.B. Fertigungsverfahren, Losgrößen, Intensitäten) informieren. Zur Unterstützung des Produktmanagements sind jedoch die Teilabweichungen für Änderungen der Preis-, Distributions- und Kommunikationspolitik zu identifizieren.

Die Distributions- und Kommunikationspolitik wirken sich zunächst über ihre Budgets auf die Unternehmungskosten aus. Entsprechend sind *Budgetabweichungen* zu ermitteln, die als Differenz zwischen Ist- und Planbudget definiert sind.

Preis-, Distributions- und Kommunikationspolitik können Absatzmengensteigerungen auslösen. Gehen diese mit Stückkostensenkungen einher, wird vorgeschlagen, *Stückkostendegressionsabweichungen* zu berechnen (Albers, 1992, S. 209 f.). Da nur die variablen Kosten Bestandteil des Deckungsbeitrags sind, können die Ursachen der Stückkostendegression nur in einer kurzfristigen Abnahme der variablen Stückkosten bei degressivem Verlauf der Funktion der variablen Kosten (z.B. Mengenrabatte, Übergang zu einem kostengünstigeren Verfahren) oder in Lern- und Erfahrungskurveneffekten (z.B. Anpassung des Personalbestandes, Erhöhung des Automatisierungsgrades) bestehen. Eine Steigerung der Absatzmenge geht jedoch nicht zwingend mit einer Senkung der variablen Stückkosten einher, sondern eröffnet nur Kostensenkungspotentiale, die durch produktionswirtschaftliche Maßnahmen (z.B. Einforderung von Mengenrabatten, Potentialgestaltung) auszuschöpfen sind (Coenenberg, 1997, S. 209). Stückkostendegressionsabweichungen gehen damit sowohl auf marketingbedingte als auch auf produktionswirtschaftliche Faktoren gemeinsam zurück, informieren aber vor allem darüber, ob im Produktionsbereich die erforderlichen Anpassungsmaßnahmen ergriffen worden sind.

Kontrolle der Produktpolitik

Zu den produktpolitischen Alternativen zählen die Produktdifferenzierung, -vereinheitlichung, -variation, -entwicklung und -elimination. Ihnen ist gemeinsam, dass sie sich in erster Linie auf die Gestaltung von Produktmerkmalen zurückführen lassen (Brockhoff, 1999, S. 25 ff.), über die in der Entstehungsphase eines Produkts entschieden wird. Während des Marktzyklus der Produkte ist der Spielraum zur Beeinflussung des Erfolgs über die Gestaltung der Produktmerkmale sehr begrenzt (Ehrlenspiel, 1985, S. 57 ff.).

Zur Beeinflussung des Erfolgs sind in der Regel weitreichende Anpassungen des Produktentwurfs erforderlich, die einen hohen Entwicklungsaufwand erfordern. Die Kontrolle des Erfolgs der Produktpolitik während der Marktphase im Produktlebenszyklus ist deshalb nicht zweckmäßig und sollte durch eine Erfolgskontrolle in der Entstehungsphase des Produktlebenszyklus ersetzt werden. Vom Charakter handelt es sich hierbei um eine Planungskontrolle. Diese wird parallel zum Planungsprozess vollzogen, d.h. noch vor der Plandurchsetzung (Produktionsbeginn und Markteinführung), um mögliche Fehlentwicklungen aufgrund von Planungsfehlern frühzeitig erkennen zu können, so dass noch vor der Durchsetzung eine Korrektur der Pläne möglich ist. Planungskontrollen sind von der Realisationskontrolle abzugrenzen, die nach der Plandurchsetzung stattfindet, d.h. während oder nach Abschluss der Planrealisation.

Ein Ansatz zur Unterstützung der Erfolgskontrolle in der Entstehungsphase des Produktlebenszyklus ist das *Target Costing*. Sein Einsatz setzt eine Spezifikation des geplanten Produkts, in der die zu erfüllenden Produktfunktionen festgeschrieben sind, sowie Prognoseinformationen über die Erlöse des geplanten Produkts voraus. Der Ansatz beruht weiterhin auf der Annahme, dass durch Entscheidungen über die Produktmerkmale während des Entwicklungsprozesses zwar die Kosten, nicht jedoch die Erlöse des geplanten Produkts beeinflusst werden können, so dass die Erfolgskontrolle auf eine Kostenkontrolle reduziert werden kann. Ausgehend vom Planerfolg und den prognostizierten Erlösen werden die Plankosten abgeleitet. Die Plankosten werden in die Plankosten der Produktfunktionen und -komponenten gespalten, die anschließend den Trägern von Entscheidungen über die Produktgestaltung vorgegeben und die Vorgabewerte der Kontrollgrößen bilden (Tanaka, 1989, S. 51 ff., Horváth/Niemand/Wolbold, 1993, S. 6 ff., Riegler, 2000, S. 239 ff.).

Die Entwicklung vollzieht sich in einem Planungsprozess, der sich über einen längeren Zeitraum erstrecken kann. In mehreren Teilplanungsprozessen sowie einzelnen Planungsphasen werden Entscheidungen über verschiedene Merkmale von Produkten getroffen und damit Kosten festgelegt (Ehrlenspiel, 1985, S. 57). Die technische Entwicklung ist damit durch einen ständig zunehmenden Detaillierungsgrad des geplanten Produkts gekennzeichnet, der jedoch erst am Ende des technischen Entwicklungsprozesses eine genaue Schätzung der Produktkosten zulässt. Mit dem Fortschreiten der technischen Entwicklung steigen aber auch der Zeitbedarf und die Entwicklungskosten für Änderungen des Produktentwurfs. Um die Realisation der Plankosten zu sichern, sind sie *entwicklungsbegleitend zu kontrollieren*, d.h., dass in jeder Phase des technischen Entwicklungsprozesses die Plankosten und die auf der Grundlage des Produktentwurfs geschätzten Kosten des geplanten Produkts gegenüberzustellen sind, und in jeder Phase des technischen Entwicklungsprozesses, in der Kostenabweichungen auftreten, der Produktentwurf anzupassen ist. Zur Ermittlung der Kosten sind Verfahren der entwicklungsbegleitenden Kalkulation einzusetzen. Mit diesen Verfahren können die Wird-Kosten eines Produkts auf der Grundlage von Informationen aus dem Produktentwurf geschätzt werden, wie z.B. Informationen über geometrische Maße, Formen, Gewicht, Materialien und Fertigungsverfahren. Ihre Anwendung setzt anders als die Kalkulationsverfahren der Kostenrechnung kein vollständig definiertes Produkt voraus (zu diesen Verfahren Scholl, 1998).

3. Erfolgskontrolle mit nicht monetären Kontrollgrößen

3.1 Erfolgskontrolle auf der Basis der Balanced Scorecard

Als Instrument, das auch strategische Durchführungskontrollen mit nicht monetären Kontrollgrößen unterstützen soll, wird die *Balanced Scorecard* diskutiert (Kaplan/Norton, 1997, S. 15 ff.). Es handelt sich dabei um ein Kennzahlensystem, dem vier Aufbauprinzipien zugrunde liegen: die Mehrdimensionalität, die Strategieorientierung, das Instrumentalprinzip sowie die Ausgewogenheit.

Das Prinzip der *Mehrdimensionalität* verlangt, dass neben finanziellen auch kunden-, prozess- sowie mitarbeiter- und innovationsbezogene Kennzahlen berücksichtigt werden (Kaplan/Norton, 1997, S. 23 ff.). Hinter der Auswahl dieser Perspektiven stehen folgende Überlegungen: Der finanzielle Erfolg ist die oberste Zielsetzung der Unternehmung, die durch die Schaffung von Kundennutzen erreicht werden kann. Die Schaffung von Kundennutzen führt jedoch nur dann zu finanziellen Erfolgen, wenn die Unternehmungsprozesse effizient und effektiv ablaufen. Um die finanziellen Erfolge langfristig sichern zu können, müssen der Kundennutzen ständig gesteigert und die Prozesse verbessert werden, was Innovationen und eine Verbesserung der Mitarbeiterqualifikation notwendig machen (Epstein/Manzoni, 1997, S. 7 f.).

Mit der *Strategieorientierung* als Aufbauprinzip wird gefordert, dass die berücksichtigten Kennzahlen die Richtung präzisieren und operationalisieren, wie die Unternehmung ihre Stärken nutzt und ihre Schwächen abbaut, um Chancen und Risiken der Umwelt zielorientiert zu begegnen.

Das *Instrumentalprinzip* ist erfüllt, wenn für jede Perspektive nicht nur Ergebnisgrößen, sondern auch Einflussgrößen auf diese Ergebnisgrößen berücksichtigt werden. Die Einflussgrößen erleichtern die Identifikation geeigneter Anpassungsmaßnahmen, wenn bei den Ergebnisgrößen Abweichungen auftreten. Die Schaffung von Kundennutzen, die Verbesserung von Prozessen, Innovationen und die Mitarbeiterqualifikation sollen letztlich alle das finanzielle Ergebnis der Unternehmung verbessern. Das Instrumentalprinzip fordert deshalb auch, dass die Kennzahlen aller Perspektiven derart gewählt werden, dass zwischen ihnen und den finanziellen Kennzahlen ein kausaler Zusammenhang vermutet werden kann (Kaplan/Norton, 1997, S. 143 ff.).

Die *Ausgewogenheit* betrifft zwei Aspekte (Kaplan/Norton, 1997, S. 10): das Verhältnis zwischen Ergebnis-, Einfluss- und Diagnosegrößen sowie das Verhältnis zwischen extern (finanziellen und kundenbezogenen) und intern orientierten (prozess-, mitarbeiter-

und innovationsorientierten) Kennzahlen. Diagnostische Kennzahlen sind erforderlich, um Maßnahmen zur Erreichung der Ergebnisgrößen mit ungünstigen Wirkungen auf die übergeordneten Ziele erkennen zu können. Mit ihnen soll z.B. verhindert werden, dass eine Steigerung der Lieferzuverlässigkeit über kostenintensive Lagerhaltung erreicht wird. Bei der Gestaltung einer Balanced Scorecard muss deshalb versucht werden, Suboptimierungen zu antizipieren, die sich bei bestimmten Kontrollgrößen ergeben können, und diagnostische Kennzahlen einzuführen, welche solche Suboptimierungen anzeigen.

Eine Balanced Scorecard unterstützt lediglich die strategische Durchführungskontrolle, ohne die strategische Prämissenkontrolle und Überwachung überflüssig zu machen. Die Ergänzung monetärer Kontrollgrößen durch nicht monetäre ermöglicht es, drohende Erfolgsabweichungen frühzeitig zu erkennen, so dass noch Anpassungsmaßnahmen ergriffen werden können. Durch die Einbeziehung von Einflussgrößen ist es zudem möglich, die Auswahl geeigneter Anpassungsmaßnahmen zu unterstützen. Einem Fehlverhalten der Entscheidungsträger aufgrund des selektiven Charakters der strategischen Durchführungskontrolle kann zudem durch die Einbeziehung geeigneter Diagnosegrößen entgegengewirkt werden.

3.2 Überwachung durch Audits

Das *Audit* ist wie die Kontrolle eine Form der Überwachung. Gemeinsam ist diesen Formen der Überwachung, dass ein zu prüfender Wert und der Vorgabewert einer Überwachungsgröße zur Ermittlung von Zielabweichungen gegenübergestellt werden (Thom/ Cantin, 1992, S. 185). Kontrolle und Audit unterscheiden sich jedoch in den Trägern der Überwachungsaufgabe und dem Zeitbezug.

Audits werden *prozessunabhängig* durchgeführt, d.h., Träger von Auditaufgaben wirken nicht an den zu überwachenden Aktivitäten mit. Im Unterschied dazu können Träger von Kontrollaufgaben an den zu kontrollierenden Aktivitäten beteiligt sein (Thom/Cantin 1992, S. 186, Friedl, 2005, S. 142).

Durch Kontrollen werden realisierte bzw. erwartete Abweichungen bei den Kontrollgrößen festgestellt und analysiert; sie sind damit vergangenheitsorientiert. Demgegenüber sollen Audits zukunftsorientiert sein. Durch Ist-Soll-Vergleiche sollen potentielle Abweichungsursachen erkannt und somit das Auftreten von Zielabweichungen von vornherein verhindert werden (Köhler, 1993, S. 393). Es wird deshalb auch vom *präventiven Charakter* des Audits gesprochen. Überwachungsgrößen können damit anders als bei der Kontrolle nicht Zielgrößen und deren Einflussgrößen sein, sondern die Rahmenbedingungen, unter denen sich die Aktivitäten zur Zielerreichung vollziehen und Ergebnis vorgelagerter Entscheidungen sind.

Es werden drei Formen des Audits unterschieden: das Financial, das Operational und das Management Audit (zu diesen Formen Horváth, 2001, S. 789 f.). Zur Überwindung der Grenzen einer Erfolgskontrolle im Produktmanagement eignet sich das *Management Audit* mit folgenden Überwachungsobjekten:

- dem Planungs-, Steuerungs- und Informationssystem des Produktmanagements,
- dem Planungs- und Steuerungsprozess des Produktmanagements sowie
- den übergeordneten Entscheidungen.

Das Führungssystem mit dem Planungs-, Kontroll- und Informationssystem als Teilsysteme und die Führungsprozesse werden auf Zweckmäßigkeit und Wirtschaftlichkeit überprüft, um die Quellen für potentielle Planungsfehler zu identifizieren. Bei der Prüfung übergeordneter Entscheidungen stehen die Realitätsnähe der zugrunde liegenden Prämissen und die Konsistenz mit den verfolgten Zielen und den Entscheidungen anderer Bereiche im Mittelpunkt der Betrachtung (Horváth, 2001, S. 790, aber auch Köhler, 1993, S. 398).

Die Schwierigkeit beim Audit besteht in der *Festlegung der Vorgabewerte* für die Überwachungsgrößen. Diese Vorgabegrößen ergeben sich häufig erst während der Prüfung aus dem Sachwissen der Auditoren (Köhler, 1993, S. 393). Als Instrumente zur Unterstützung der Planung von Vorgabewerten sind das Benchmarking zu nennen, aber auch Methoden zur systematischen Operationalisierung des Zweckmäßigkeits- und Konsistenzkriteriums, die auf den Prinzipien des Quality Function Deployment beruhen.

4. Literatur

ALBERS, S., Ein System zur Ist-Soll-Abweichungs-Ursachenanalyse von Erlösen, in: Zeitschrift für Betriebswirtschaft, 1989, S. 637-654.

ALBERS, S., Ursachenanalyse von marktbedingten Ist-Soll-Deckungsbeitragsabweichungen, in: Zeitschrift für Betriebswirtschaft, 1992, S. 199-223.

ALBERS, S., Absatzsegmentrechnung, in: Tietz, B./Köhler, R./Zentes, J., (Hrsg.), Handwörterbuch des Marketing, 2. Aufl., Stuttgart 1995, Sp. 19-28.

ANTHONY, R. N./GOVINDARAJAN, V., Management Control Systems, 11. Aufl., Boston et al. 2004.

BACK-HOCK, A., Produktlebenszyklusbezogene Ergebnisrechnung, in: Männel, W., (Hrsg.), Handbuch Kostenrechnung, Wiesbaden 1992, S. 703-714.

BETZ, S., Operatives Erfolgscontrolling, Wiesbaden 1996.

BÖCKER, F., Marketing-Kontrolle, Stuttgart et al. 1988.

BROCKHOFF, K., Produktpolitik, 4. Aufl., Stuttgart 1999.

COENENBERG, A. G., Kostenrechnung und Kostenanalyse. 3. Aufl., Landsberg 1997.

CORSTEN, H./FRIEDL, B., Konzeption und Ausgestaltung des Produktionscontrolling, in: Corsten, H./Friedl, B., (Hrsg.), Einführung in das Produktionscontrolling, München 1999, S. 1-64.

DELLMANN, K./PEDELL K.L., (Hrsg.), Controlling von Produktivität, Wirtschaftlichkeit und Ergebnis, Stuttgart 1994.

EHRLENSPIEL, K., Kostengünstig konstruieren, Berlin et al. 1985.

EPSTEIN, M. J./MANZONI, J. F., The Balanced Scorecard and Tableau de Bord: A Global Perspective on Translating Strategy into Action, Fontainebleau 1997.

EWERT, R./WAGENHOFER, A., Interne Unternehmensrechnung, 5. Aufl., Berlin et al. 2003.

FRANKEN, R./FRESE, E., Kontrolle und Planung, in: Szyperski, N., (Hrsg.), Handwörterbuch der Planung, Stuttgart 1989, Sp. 888-898.

FRIEDL, B., Controlling, Stuttgart 2003.

HORVÁTH, P., Controlling, 8. Aufl., München 2002.

HORVÁTH, P./NIEMAND, S./WOLBOLD, M., Target Costing - State of the Art, in: Horváth, P., (Hrsg.), Target Costing, Stuttgart 1993, S. 1-27.

JOHNSON, T. S./KAPLAN, R. S., Relevance Lost, Boston 1987.

KAPLAN, R. S./ATKINSON, A., Advanced Management Accounting, 3. Aufl., Upper Saddle River, NJ 1998.

KAPLAN, R. S./NORTON, D. P., Balanced Scorecard, Stuttgart 1997.

KILGER, W., Flexible Plankostenrechnung und Deckungsbeitragsrechnung, 10. Aufl., Wiesbaden 1993.

KLOOCK, J., Mehrperiodige Investitionsrechnung auf der Basis kalkulatorischer und handelsrechtlicher Erfolgsrechnung, in: Zeitschrift für betriebswirtschaftliche Forschung, 1981, S. 873-890.

KLOOCK, J., Erfolgskontrolle mit der differenziert-kumulativen Abweichungsanalyse, in: Zeitschrift für Betriebswirtschaft, 1988, S. 423-434.

KLOOCK, J.; BOMMES, W., Methoden der Kostenabweichungsanalyse, in: Kostenrechnungspraxis, 1982, S. 225-237.

KÖHLER, R., Kosteninformationen für Marketing-Entscheidungen (Marketing-Accounting), in: Männel, W., (Hrsg.), Handbuch Kostenrechnung, Wiesbaden 1992, S. 837-857.

KÖHLER, R., Beiträge zum Marketing-Management, 3. Aufl., Stuttgart 1993.

KOTLER, P./BLIEMEL, F., Marketing-Management, 8. Aufl., Stuttgart 1995.

KÜPPER, H.-U., Controlling, 4. Aufl., Stuttgart 2005.

LÜCKE, W., Investitionsrechnungen auf der Grundlage von Ausgaben oder Kosten, in: Zeitschrift für betriebswirtschaftliche Forschung, 1955, S. 310-324.

RECKENFELDERBÄUMER, M., Marketing-Accounting im Dienstleistungsbereich, Wiesbaden 1994.

RIEGLER, C., Zielkosten, in: Fischer, T. M., (Hrsg.), Kosten-Controlling, Stuttgart 2000, S. 237-263.

RIEBEL, P., Einzelerlös-, Einzelkosten- und Deckungsbeitragsrechnung als Kern einer ganzheitlichen Führungsrechnung, in: Männel, W., (Hrsg.), Handbuch Kostenrechnung, Wiesbaden 1992, S. 247-299.

SCHERRER, G., Kostenrechnung, 3. Aufl., Stuttgart 1999.

SCHOLL, K., Konstruktionsbegleitende Kalkulation, München 1998.

SCHWEITZER, M., Planung und Kontrolle, in: Bea, F. X./Dichtl, E./Schweitzer, M., (Hrsg.), Allgemeine Betriebswirtschaftslehre, Band 2: Führung, 9. Aufl., Stuttgart 2005, S. 1-139.

SCHWEITZER, M./KÜPPER, H.-U., Systeme der Kosten- und Erlösrechnung, 8. Aufl., München 2003.

SINZIG, W., Die Bedeutung relationaler Datenbanken zur DV-Unterstützung der entscheidungsorientierten Kostenrechnung, in: Männel, W., (Hrsg.), Handbuch Kostenrechnung, Wiesbaden 1992, S. 1251-1265.

STEINMANN, H./SCHREYÖGG, G., Management. 3. Aufl., Wiesbaden 1993.

TANAKA, M., Cost Planning and Control Systems in the Design Phase of a New Product, in: Monden, Y./Sakurai, M., (Hrsg.), Japanese Management Accounting, Cambridge, Norwalk 1989, S. 49-71.

THOM, N./CANTIN, F., Controlling und Auditing, in: Spremann, K./Zur, E., (Hrsg.) Controlling, Wiesbaden 1992, S. 185-203.

WITT, F.-J., Praxisakzeptanz des Erlöscontrolling: Symptom- versus Ursachenanalyse, in: Zeitschrift für Betriebswirtschaft, 1990, S. 443-450.

ZEHBOLD, C., Lebenszyklusrechnung, Wiesbaden 1996.

Christian Homburg
Nicole Koschate

Kundenzufriedenheit und Kundenbindung

1. Bedeutung von Kundenzufriedenheit und Kundenbindung

Auf vielen Produktmärkten sehen sich Unternehmen einer stagnierenden Nachfrage und damit einem zunehmenden Verdrängungswettbewerb sowie Konkurrenzdruck gegenüber. Eine gute Produktqualität stellt für viele Kunden in der heutigen Zeit lediglich eine Minimalanforderung dar, die häufig allein noch keine Zufriedenheit garantiert. Die Relevanz der die eigentliche Kernleistung umgebenden Zusatzleistungen für die Sicherung einer zufriedenen Kundenbasis steigt. Insbesondere Dienstleistungsaspekte wie die Auftragsabwicklung oder der Kundenservice gewinnen an Bedeutung. In einem derartigen Umfeld spielt die Erhaltung und Pflege bestehender Kundenbeziehungen eine zunehmend strategisch wichtige Rolle (Homburg/Krohmer, 2006). Zahlreiche Unternehmen investieren daher bereits beachtliche Ressourcen in die Messung sowie Steigerung von Kundenzufriedenheit und Kundenbindung. Bei vielen Anbietern hat sich Kundenzufriedenheit zum festen Bestandteil ihres Zielsystems etabliert. Zufriedene Kunden sind in der Regel auch treue Kunden und gewähren einem Unternehmen eine Vielzahl wirtschaftlicher Vorteile:

Zufriedene Kunden nehmen die Leistungen des Unternehmens häufiger sowie in größerem Umfang in Anspruch und entwickeln eine allgemeine Produkt- und Markentreue. Zudem probieren sie vielfach weitere Produkte aus dem Angebotsspektrum des Unternehmens aus (Cross-Selling). Ebenfalls verursachen treue Kunden in der Regel geringeren Aufwand in der Betreuung. Denn im allgemeinen ist es wesentlich teurer, einen neuen Kunden zu akquirieren als einen alten zu halten. Gleichermaßen entwickelt sich bei zufriedenen Kunden über die Zeit eine größere Toleranz gegenüber Fehlern des Unternehmens. Darüber hinaus ist Kundenzufriedenheit selbst dann sinnvoll, wenn der Kauf des einzelnen Kunden einmaliger Art ist beziehungsweise Käufe nur in sehr weitem zeitlichen Abstand getätigt werden. Denn zufriedene Kunden empfehlen häufig die Produkte oder das Unternehmen weiter und senken durch diese positive Mund-zu-Mund-Propaganda den Aufwand von Neuakquisitionen. Insgesamt wirkt sich Kundenzufriedenheit und Kundenbindung positiv auf die Profitabilität des Unternehmens aus (Hallowell, 1996, Reicheld/Sasser, 1991, Rust/Zahorik/Keiningham, 1995).

Elementare Voraussetzung zur Nutzung dieser Potentiale sowie zur Anwendung entsprechender Instrumente der Kundenbindung ist die aktive Beschäftigung mit der Kundenzufriedenheit und der Kundenbindung. Hierbei reicht es nicht aus, sich lediglich mit dem Thema Kundenzufriedenheit zu beschäftigen, wie dieses in der Praxis häufig anzutreffen ist. In vielen Fällen führt hohe Kundenzufriedenheit zu einer hohen Kundenbindung (Homburg/Fassnacht, 1998). Gleichwohl gibt es Situationen, in denen dies nicht zwangsläufig gegeben ist, wie beispielsweise in sehr wettbewerbsintensiven Märkten. Der umgekehrte Fall einer hohen Kundenbindung bei gleichzeitig niedriger Kundenzufriedenheit – ein Kennzeichen monopolistisch strukturierter Märkte - ist gleichermaßen denkbar. Ein konsequentes Management von Kundenzufriedenheit und Kundenbindung verlangt daher die aktive Auseinandersetzung sowohl mit dem Stand der Zufriedenheit der Kunden als auch mit deren Bindung an das Unternehmen.

Der vorliegende Beitrag gibt einen Überblick über Konzepte und Methoden von Kundenzufriedenheit und Kundenbindung. Hierzu gehen wir zunächst auf die begrifflichen Grundlagen und den Zusammenhang zwischen Kundenzufriedenheit und Kundenbindung ein. Anschließend stellen wir die Messung von Kundenzufriedenheit und Kundenbindung dar und erläutern diese am Beispiel eines Produktherstellers. Hierzu diskutieren wir Meßmethoden und Formen der Operationalisierung von Kundenzufriedenheit und Kundenbindung. Ebenfalls behandeln wir Methoden der Datenerhebung sowie die Datenanalyse und Interpretation der Ergebnisse. Darauf aufbauend erläutern wir Strategien und Instrumente für das Management von Kundenzufriedenheit und Kundenbindung.

2. Grundlagen der Kundenzufriedenheit und Kundenbindung

2.1 Der Begriff Kundenzufriedenheit

Unter Kundenzufriedenheit wird das Resultat eines komplexen psychischen Vergleichsprozesses verstanden (Homburg/Koschate/Hoyer, 2005, 2006, Stauss, 1999). Hierbei stellt der Kunde seine tatsächliche Erfahrung nach dem Gebrauch eines Produktes (Ist-Leistung) einem vor der Nutzung bereits vorhandenen Vergleichsstandard (Soll-Leistung) gegenüber. Für den Vergleichsstandard können Erwartungen, Ideale, individuelle Normen oder auch andere Maßstäbe als Referenzgrößen dienen. Diese Konzeptualisierung von Kundenzufriedenheit bildet den Kern des „Confirmation/Disconfirmation Paradigm" (Churchill/Surprenant, 1982, Oliver, 1980), das in der wissenschaftlichen Diskussion die weitaus bedeutsamste Rolle spielt. Nach diesem Paradigma entsteht Kundenzufriedenheit, wenn der Vergleichsstandard durch die Erfahrung des Kunden mindestens erreicht (Konfirmation) oder aber übertroffen wird (positive Diskonfirmation). Unzufriedenheit ergibt sich hingegen bei einer im Vergleich zur Soll-Leistung zu geringen Ist-Leistung (negative Diskonfirmation). Abbildung 1 veranschaulicht die der Kundenzufriedenheit zugrundeliegenden Vergleichsprozesse.

Wenngleich die Zufriedenheit eines Kunden aus der Ex-post-Evaluierung von Kauf- bzw. Nutzungserfahrungen resultiert, muß sie sich keineswegs lediglich auf eine singuläre Transaktion beziehen. Zwar dürfte die einzelne Transaktion wie beispielsweise im Konsumgüterbereich im Vordergrund stehen, in den meisten Fällen kommt ihr jedoch eine eher nachrangige Bedeutung zu. Statt dessen stellt hier die Geschäftsbeziehung mit der Gesamtheit ihrer Facetten das Beurteilungsobjekt dar. Diese Sichtweise wird ebenfalls von dem in seiner Popularität ständig wachsenden Forschungszweig des Relationship Marketing getragen. Demnach rückt statt der singulären Transaktion zunehmend die Langlebigkeit von Geschäftsbeziehungen in den Mittelpunkt des Kundeninteresses.

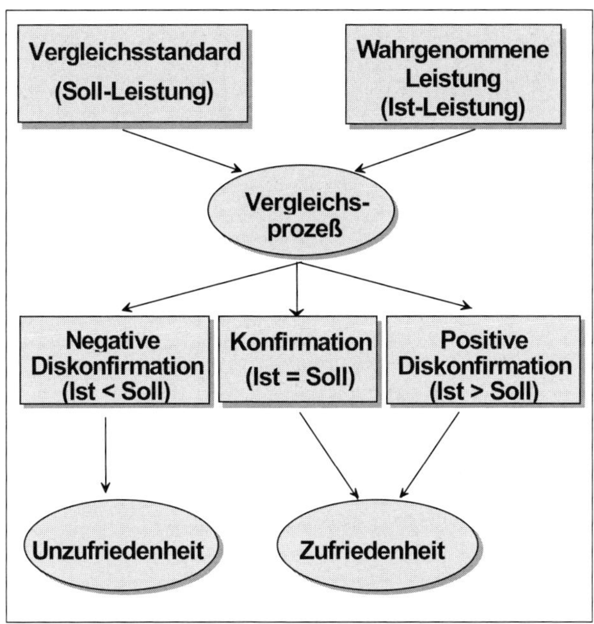

Abbildung 1: Das Konfirmations/Diskonfirmations-Paradigma
Quelle: Homburg/Giering/Hentschel, 1999, S. 176

Der Begriff Kundenzufriedenheit wird daher sehr umfassend verstanden und definiert als die kognitive und affektive Evaluierung der Gesamtheit der Erfahrungen eines Kunden mit einem bestimmten Anbieter und dessen Produkten.

In der Beurteilung der Zufriedenheit von Kunden werden neben der reinen Produktqualität die begleitenden Dienstleistungen immer wichtiger. In vielen Branchen, wie beispielsweise im Automobilsektor, zeichnet sich eine Homogenisierung und damit Austauschbarkeit der Kernprodukte ab. Konkurrenten sind häufig in der Lage, innerhalb kurzer Zeit erfolgreich am Markt eingeführte Produkte zu kopieren. Auf diesem Hintergrund und in Anbetracht kürzer werdender Entwicklungszyklen und stagnierender Märkte gestaltet sich eine dauerhafte Aufrechterhaltung eines strategischen Wettbewerbsvorteils bei Produkten als äußerst schwierig. Dagegen bieten produktbezogene Dienstleistungen, wie beispielsweise die Betreuung der Kunden vor Ort, das Potential, sich nachhaltig von den Wettbewerbern abzuheben und einem reinen Preiswettbewerb zu entgehen. Nachstehende Abbildung verdeutlicht zusammenfassend, daß für ein kundenorientiertes Leistungsangebot sowohl die Zufriedenheit mit physischen Produktmerkmalen als auch die Zufriedenheit mit produktbegleitenden Dienstleistungen wichtig ist (vgl. Abbildung 2).

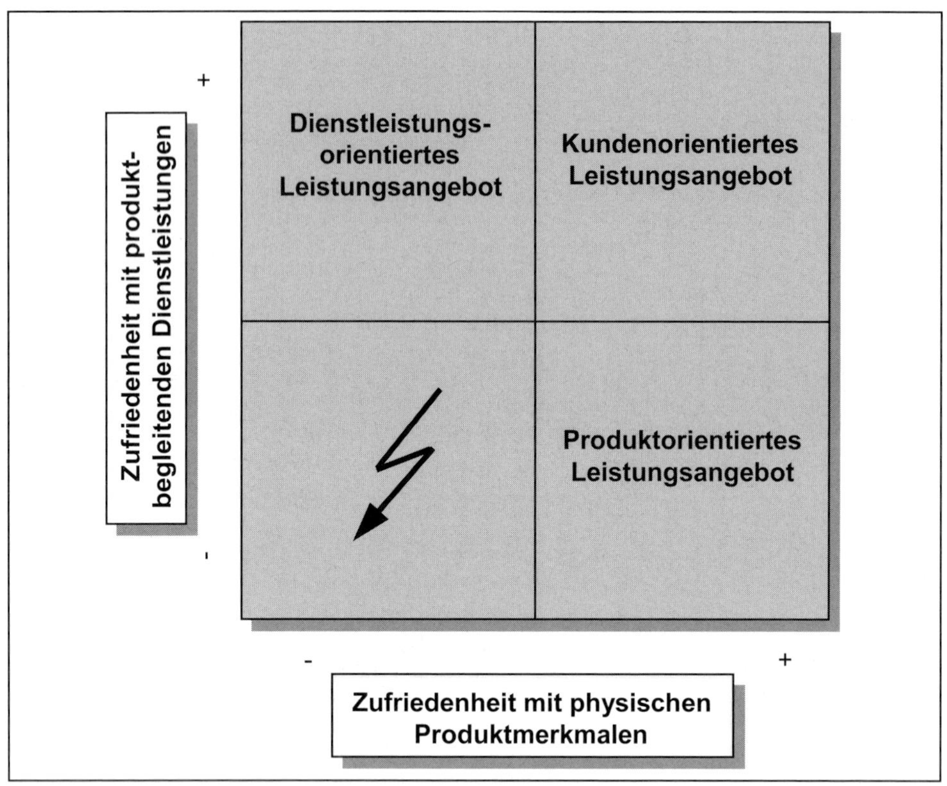

Abbildung 2: Kundenzufriedenheit im Produktbereich

2.2 Der Begriff Kundenbindung

Kundenbindung wird vielfach mit dem regelmäßigen Wiederkaufverhalten des Kunden gleichgesetzt. Diese enge behavioristische Begriffsauffassung läßt jedoch Verhaltensursachen gänzlich unberücksichtigt. Beispielsweise könnte das Wiederkaufverhalten aufgrund von Gewohnheit oder Bequemlichkeit erfolgen. Ein derart motiviertes Kaufverhalten als Kundenbindung zu bezeichnen erscheint fragwürdig.

Von Kundenbindung im eigentlichen Sinne des Wortes kann nur dann ausgegangen werden, wenn sich das Wiederkaufverhalten auf eine positive Einstellung des Kunden gründet. Es empfiehlt sich daher, Kundenbindung weiter zu fassen und neben dem reinen Kaufverhalten auch die positive Einstellung eines Kunden gegenüber seinem Anbieter in die Begriffsauffassung zu integrieren. Fragt ein Kunde beispielsweise die Leistungen eines bestimmten Anbieters wiederholt nach und betreibt zusätzlich noch positive Mund-zu-Mund-Propaganda für diesen Anbieter, so kann man davon ausgehen, daß er auch tatsächlich gebunden ist. Dies gilt gleichermaßen, wenn der Kunden vorhat, unabhängig von dem bereits erworbenen Produkt in Zukunft weitere Produkte desselben Anbieters in Anspruch zu nehmen.

Kundenbindung wird daher im Rahmen eines modernen Verständnisses allgemein als Konstrukt mit den beiden Dimensionen „bisheriges Verhalten" und „zukunftsgerichtete Verhaltensabsicht" konzeptualisiert (vgl. Abbildung 3). Die Dimension „bisheriges Verhalten" umfaßt dabei das bisherige Kaufverhalten sowie das bisherige Weiterempfehlungsverhalten. Die Dimension „zukunftsgerichtetes Verhalten" setzt sich aus der zukünftigen Wiederkaufsabsicht, der Zusatzkaufabsicht (Cross-Selling) sowie der Weiterempfehlungsabsicht eines Kunden zusammen (Meyer/Oevermann, 1995, Spalte 1341, oder Homburg/Fassnacht, 1998). Insbesondere das Weiterempfehlungsverhalten und die Zusatzkaufabsicht reflektieren die positive Einstellung des Kunden.

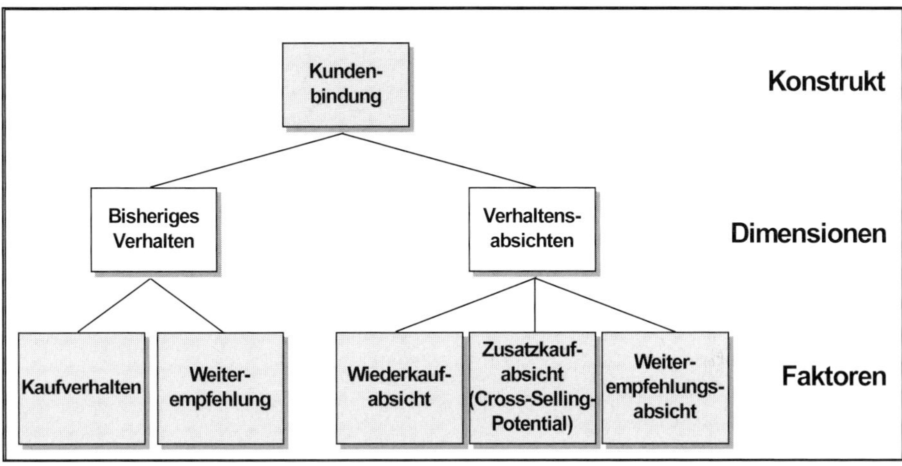

Abbildung 3: Dimensionen von Kundenbindung
vgl. Homburg/Fassnacht, 1998, S. 415

2.3 Der Zusammenhang zwischen Kundenzufriedenheit und Kundenbindung

Kundenbindung gründet sich nicht zwangsläufig auf Kundenzufriedenheit. Beispielsweise kann das Wiederkaufverhalten Folge einer langfristigen vertraglichen Bindung sein. Neben psychologischen Gründen führen Meyer/Oevermann (1995) daher situative, rechtliche, ökonomische und technologische Determinanten der Kundenbindung an. Dennoch nimmt Kundenzufriedenheit als die psychologische Determinante der Kundenbindung eine herausgehobene Stellung unter den anderen Einflußfaktoren ein. Sie stellt die einzige Größe dar, die sich auf sämtliche Komponenten der Kundenbindung positiv auswirkt. Eine vertragliche Bindung bewirkt zwar das Wiederkaufverhalten, aber nicht unbedingt das Weiterempfehlungsverhalten des Kunden. Es scheint demnach gerechtfertigt, Kundenzufriedenheit als Schlüsselfaktor zur Erreichung von Kundenbindung zu betrachten.

Auf der anderen Seite führt Kundenzufriedenheit nicht unbedingt zu Kundenbindung. Verschiedene empirische Arbeiten in der Bundesrepublik Deutschland (Gierl, 1993) und in den USA (Reichelt, 1993) dokumentieren, daß zahlreiche Kunden trotz hoher Zufriedenheit abwandern. Wenngleich diese Ergebnisse die Bedeutung der Kundenzufriedenheit für die Kundenbindung nicht schmälern, belegen sie dennoch, daß Kundenzufriedenheit kein Garant für Kundenbindung darstellt. Vielmehr stellt Kundenzufriedenheit eine notwendige, wenn auch nicht hinreichende Voraussetzung für Kundenbindung dar.

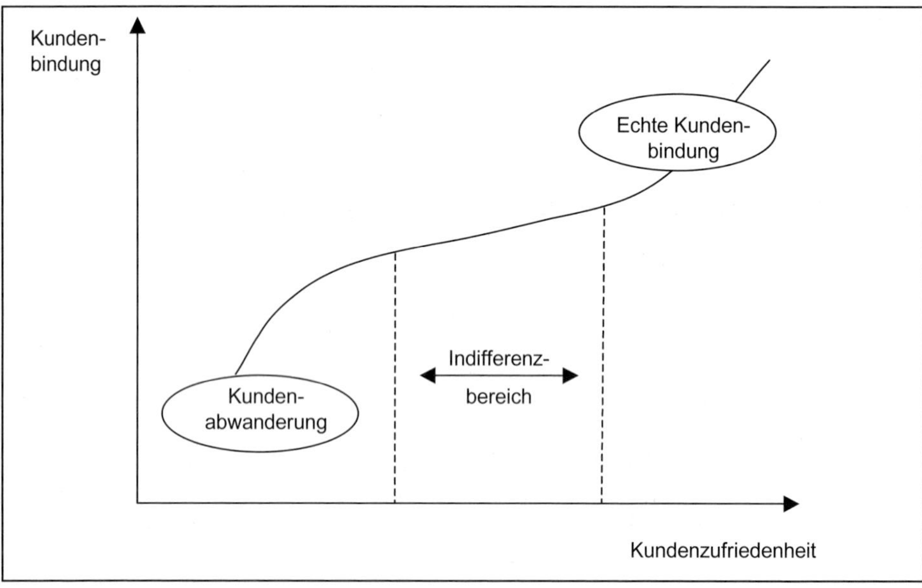

Abbildung 4: Vermuteter funktionaler Zusammenhang zwischen Kundenzufriedenheit und Kundenbindung
in Anlehnung an Homburg/Giering/Hentschel, 1999, S. 185

Zahlreiche Studien haben sich mit der Struktur des Zusammenhangs zwischen Kundenzufriedenheit und Kundenbindung befaßt (vgl. Homburg/Giering/Hentschel, 1999). Vielfach wird ein sattelförmiger Funktionsverlauf angenommen. Dementsprechend befindet sich im Bereich mittlerer Kundenzufriedenheit ein Indifferenzbereich, in dem Veränderungen der Kundenzufriedenheit ohne nennenswerten Einfluß auf die Kundenbindung bleiben. Hingegen werden bedeutsame Reaktionen sehr unzufriedener Kunden unterhalb

(Bereich der Kundenabwanderung) und sehr zufriedener Kunden oberhalb (Bereich der echten Kundenbindung) des Indifferenzbereichs unterstellt. Im Ergebnis lohnt sich demnach ein Kundenzufriedenheitsmanagement lediglich mit perfektionistischer Einstellung, da sich durchschnittliche Kundenzufriedenheit nicht auszahlt (vgl. Abbildung 4).

Zahlreiche exogene Faktoren beeinflussen die Stärke des Zusammenhangs von Kundenzufriedenheit und Kundenbindung (Homburg/Giering, 2001, Mittal, Kamakura, 2001). So führen beispielsweise in Geschäftsbeziehungen im Bereich der Firmenkunden ein hohes Maß an Vertrauen, ein intensiver Informationsaustausch sowie eine umfassende Kooperation zu einer Stärkung des Zusammenhangs. Außerdem zeigt sich, dass die Stärke des Zusammenhangs von den Merkmalen der Kunden abhängig ist. So weisen Kunden mit unterschiedlichen Charakteristika (Bsp. Alter, Geschlecht, etc.) unterschiedliche Wiederkaufraten auf und reagieren unterschiedlich stark auf Veränderungen der Kundenzufriedenheit. Des Weiteren ist der Zusammenhang auf wettbewerbsintensiven Märkten und einer entsprechend hohen Anzahl konkurrierender Angebote eher schwach ausgeprägt. Ebenfalls wirken sich Kundencharakteristika wie Risikoeinstellung oder das Bedürfnis nach Abwechslung (Variety Seeking) auf die Beziehung aus. Gleiches gilt für situationsbezogene Faktoren wie beispielsweise im Konsumgüterbereich die Verfügbarkeit des Produktes oder dessen Platzierung im Regal.

3. Messung von Kundenzufriedenheit und Kundenbindung

Generell umfaßt ein Projekt der Messung von Kundenzufriedenheit und Kundenbindung mehrere Phasen. Gegenstand der konzeptionellen Phase sind insbesondere die in den nächsten beiden Abschnitten zu behandelnden Fragestellungen der Meßmethodik und der Operationalisierung von Kundenzufriedenheit und Kundenbindung. Im Anschluß empfiehlt sich die Durchführung einer Testphase, in der eine Überprüfung des entwickelten Fragebogens bei ausgewählten Kunden vorgenommen wird. An die Einarbeitung der zusätzlich gewonnenen Erkenntnisse knüpft sich die Phase der Datenerhebung an. Im Anschluß folgt die Analyse und Interpretation der Daten.

3.1 Meßmethoden

Zur Messung von Kundenzufriedenheit und Kundenbindung existieren eine Reihe verschiedener Ansätze (Homburg/Rudolph, 1998, Meffert/Bruhn, 1981, Schütze, 1992). Von diesen sind jedoch nur wenige zur umfassenden Messung von Kundenzufriedenheit und Kundenbindung geeignet. Zunächst ist es wichtig, zwischen der Messung des Konstruktes Kundenbindung und der des Konstruktes Kundenzufriedenheit zu unterscheiden.

Denn die erste Dimension des Konstruktes Kundenbindung (bisheriges Verhalten) unterscheidet sich deutlich von der Messung der zweiten Dimension (Verhaltensabsichten) sowie der Messung des Konstruktes Kundenzufriedenheit.

Für die Messung der Dimension der Kundenbindung, die das bisherige Verhalten betrifft, empfiehlt sich der Einsatz objektiver Verfahren. Diese sind durch die Anwendung objektiver Indikatoren nicht den Verzerrungen subjektiver Wahrnehmungen unterworfen (McNeal, 1969). Beispielsweise läßt sich das Wiederkaufverhalten durch die Erfassung und Analyse kundenbezogener Daten am Point of Sales messen. Für die Ermittlung des Weiterempfehlungsverhaltens eignen sich beispielsweise Befragungen von Neukunden darüber, wie sie auf den Anbieter aufmerksam wurden. Eine Empfehlung durch „Altkunden“ gilt hierbei als Indikator für das Weiterempfehlungsverhalten. Insgesamt sind diese Erhebungsformen mit einem verhältnismäßig hohen Aufwand verbunden. Daher kommt der Messung der zweiten Dimension der Kundenbindung - den Verhaltensabsichten - eine große Rolle zu. Neben der einfacheren Erhebung kann die Messung darüber hinaus bezüglich der Frageform problemlos in die üblichen Erhebungsformate kundenzufriedenheitsbezogener Daten integriert werden.

Die im folgenden beschriebenen Verfahren eignen sich gleichermaßen für die Messung des Konstruktes Kundenzufriedenheit sowie der Dimension „Verhaltensabsichten“ des Konstruktes Kundenbindung. Zunächst lassen sich objektive und subjektive Meßverfahren unterscheiden.

Objektive Methoden verwenden leicht meßbare Größen wie Gewinn, Umsatz, Marktanteil und Abwanderungsrate als Zufriedenheitsmaßstab. Von diesen Indikatoren wird angenommen, daß sie eine hohe Korrelation mit der Kundenzufriedenheit und Kundenbindung aufweisen. Dem Vorteil relativ einfacher Erhebung steht der gewichtige Nachteil mangelnder Erfassungsgenauigkeit gegenüber. Die genannten Indikatoren sind neben der Kundenzufriedenheit einer großen Anzahl weiterer Einflußgrößen ausgesetzt, so daß sie kaum Rückschlüsse auf das Zufriedenheitsniveau der Kunden zulassen. Für die Erfassung von Kundenzufriedenheit eignen sich daher insbesondere subjektive Methoden.

Subjektive Verfahren basieren auf der Erhebung der vom Kunden subjektiv empfundenen Zufriedenheit beziehungsweise Kundenbindung. Unterschieden werden ereignis- und merkmalsorientierte Ansätze (Stauss/Hentschel, 1992).

Ereignisorientierten Ansätzen liegt die Annahme zugrunde, daß die Zufriedenheit eines Kunden das Resultat der Bewertung einzelner Ereignisse darstellt, die sich während des Interaktionsprozesses zwischen Kunde und Anbieter abspielen. Die Zufriedenheit wird nach dieser Methode genau mit diesen als besonders wichtig empfundenen Kundenkontaktereignissen ermittelt. Aufgrund des punktuellen Erhebungscharakters erweisen sich ereignisbezogene Ansätze zur Erfassung der Kundenbindung als gänzlich ungeeignet. Im Hinblick auf Ansatzpunkte für die Leistungsverbesserung eines Unternehmens kann die Beschäftigung mit bestimmten Ereignissen des Kundenkontakts durchaus dienlich sein. Sie kann jedoch keinen Eindruck vom Status Quo der Kundenzufriedenheit in der gesamten Kundenbasis ermitteln. Hierfür bietet sich die Anwendung merkmalsorientierter Verfahren an.

Merkmalsorientierte Ansätze beziehen sich auf die Evaluierung der verschiedenen Leistungsbestandteile. Hierzu wird der Kunde zu einem breiten Spektrum von Produkt-, Service- oder Interaktionsmerkmalen befragt, über die er sich im Laufe der Zeit eine Meinung gebildet hat. Dabei werden entweder implizit - beispielsweise durch eine detaillierte Beschwerdeanalyse - die von den Kunden wahrgenommen Leistungsdefizite ermittelt oder aber explizit mittels einer direkten Kundenbefragung die Teilzufriedenheiten mit den verschiedenen Leistungsattributen systematisch erhoben. Da bei den merkmalsorientierten Verfahren die sich über einen gewissen Zeitraum gebildete Meinung im Vordergrund steht, werden diese Verfahren auch als kumulative Ansätze bezeichnet (Homburg/Werner, 1998). Die Kumulativität erstreckt sich ebenfalls auf die beiden zentralen Größen Gesamtzufriedenheit und Kundenbindung, wie sie hier diskutiert werden.

Kundenzufriedenheit	Wie zufrieden sind Sie insgesamt mit der Firma XY?
	Wie vorteilhaft ist die Geschäftsbeziehung mit der Firma XY für Sie?
	Wie gut erfüllt die Firma XY insgesamt ihre Erwartungen?
Kundenbindung (Dimension Verhaltensabsichten)	Würden Sie die Firma XY weiterempfehlen?
	Würden Sie Freunden und Bekannten zum Kauf bei der Firma XY raten?
	Werden Sie langfristig einen gleichbleibenden oder steigenden Anteil Ihres Bedarfs bei der Firma XY decken?
	Wenn Sie das betrachtete Produkt/die betrachtete Dienstleistung nochmal kaufen müßten, würden Sie es/sie wieder bei der Firma XY kaufen?
	Wenn Sie das betrachtete Produkt/die betrachtete Dienstleistung das nächste Mal kaufen, wird es wieder bei der Firma XY sein?
	Wollen Sie langfristig Kunde der Firma XY bleiben?
	Werden Sie auch beim Kauf anderer Produkte/Dienstleistungen die Firma XY in Erwägung ziehen?

Tabelle 1: Gebräuchliche Formulierungen zur Erfassung der Gesamtzufriedenheit und der Kundenbindung
Quelle: Homburg/Faßnacht/Werner, 1999, S. 397

In der Praxis hat sich im Rahmen merkmalsorientierter Ansätze eine multiattributive Erfassung von Kundenzufriedenheit und Kundenbindung etabliert. Im Unterschied zu eindimensionalen Ansätzen, die die Zufriedenheit und Bindung mit Hilfe eines einzigen Indikators wie beispielsweise der Gesamtzufriedenheit erfassen, zeichnen sich multiattributive Ansätze dadurch aus, daß sie die Zufriedenheit und Bindung über eine Vielzahl von Einzelaspekten erheben. Diese Art der Messung gilt heute als valideste Form der Messung und liegt den weiteren Ausführungen zugrunde.

3.2 Operationalisierung von Kundenzufriedenheit und Kundenbindung

Im Hinblick auf die Operationalisierung von Kundenzufriedenheit und Kundenbindung wird eine globale und bezogen auf die Kundenzufriedenheit eine detaillierte Ebene unterschieden. Auf der globalen Ebene sind die Urteile der Kunden zur Gesamtzufriedenheit und zur Kundenbindung zu messen. Um die Vergleichbarkeit zwischen einzelnen Messungen zu gewährleisten, empfiehlt es sich, die diesbezüglich eingesetzten Multi-Indikator-Skalen hinreichend zu standardisieren. Allerdings sollte ebenfalls eine Anpassung auf bestimmte unternehmensindividuelle Gegebenheiten flexibel realisierbar sein. Die Erfassung der Gesamtzufriedenheit und der Kundenbindung erfolgt demnach über eine Reihe standardisierter Fragen, die einzelfallbezogen angepaßt werden können. Tabelle 1 gibt einen Überblick über gebräuchliche Formulierungen zur Erfassung der Gesamtzufriedenheit und Kundenbindung.

Auf Basis der zugrundegelegten Indikatoren können anschließend Indizes für die Kundenzufriedenheit und für die Kundenbindung bestimmt werden. Diese ergeben sich als Mittelwert über die verschiedenen Indikatoren und über alle Befragten. Die Gesamtzufriedenheit wird durch den Kundenzufriedenheitsindex (KZI), die Kundenbindung entsprechend durch den Kundenloyalitätsindex (KLI) ausgedrückt. Für ein leichteres Verständnis werden die Werte üblicherweise auf einer Skala von 0 bis 100 angegeben. Hierbei bedeutet ein hoher Wert eine entsprechend hohe Kundenzufriedenheit beziehungsweise Kundenbindung. Nachfolgende Abbildung 5 gibt ein Beispiel für eine Operationalisierung der Gesamtzufriedenheit beziehungsweise Kundenbindung für einen Hersteller von Industriechemikalien wieder.

Auf der detaillierten Ebene wird die Zufriedenheit mit einzelnen Leistungsbestandteilen erfaßt. Inhaltlich handelt es sich dabei um generelle Anknüpfungspunkte des Unternehmens mit den Kunden. Ähnlichkeiten dieser Anknüpfungspunkte sind insbesondere innerhalb verschiedener Industriesektoren und Branchen gegeben. Beispielsweise sind im Business-to-Business-Bereich neben den Produkten im wesentlichen Auftragsabwicklung/Lieferung, Außendienst des Herstellers, technischer Service und Informationspolitik des Herstellers zentrale Leistungsparameter. Im Unterschied hierzu liegt der Schwerpunkt im Konsumgüterbereich verstärkt auf produktbezogenen und werblichen Aspekten. Trotz dieser Ähnlichkeiten sind die Leistungsparameter in einer konkreten Untersuchung den unternehmensspezifischen Gegebenheiten entsprechend anzupassen und zu verfeinern. Für einen Hersteller von Industriechemikalien können beispielsweise die Produkte, die Kundenbetreuung vor Ort, Auftragsabwicklung, Logistik und die Handhabung von Beanstandungen wichtige Leistungsparameter sein.

Nach der Festlegung der Leistungsparameter sind im folgenden Schritt einzelne Fragen (Leistungskriterien) zu den Leistungsparametern zu formulieren. Obwohl es hierbei Aspekte gibt, die fast immer zur Anwendung kommen, wie beispielsweise die Freundlichkeit der Mitarbeiter oder die Zuverlässigkeit der Produkte, handelt es sich hierbei in besonderem Maße um eine unternehmensindividuelle Aufgabe. Wichtig ist es, bei der Formulierung der Fragen auf Eindimensionalität zu achten. Denn bei einer Vermischung mehrerer Aspekte in einer Frage kann in der anschließenden Analyse ein diesbezügliches Urteil inhaltlich nicht mehr eindeutig zugeordnet werden. Abbildung 6 zeigt abschließend eine Auswahl von Leistungsparametern sowie zugehöriger Leistungskriterien für einen Hersteller von Industriechemikalien.

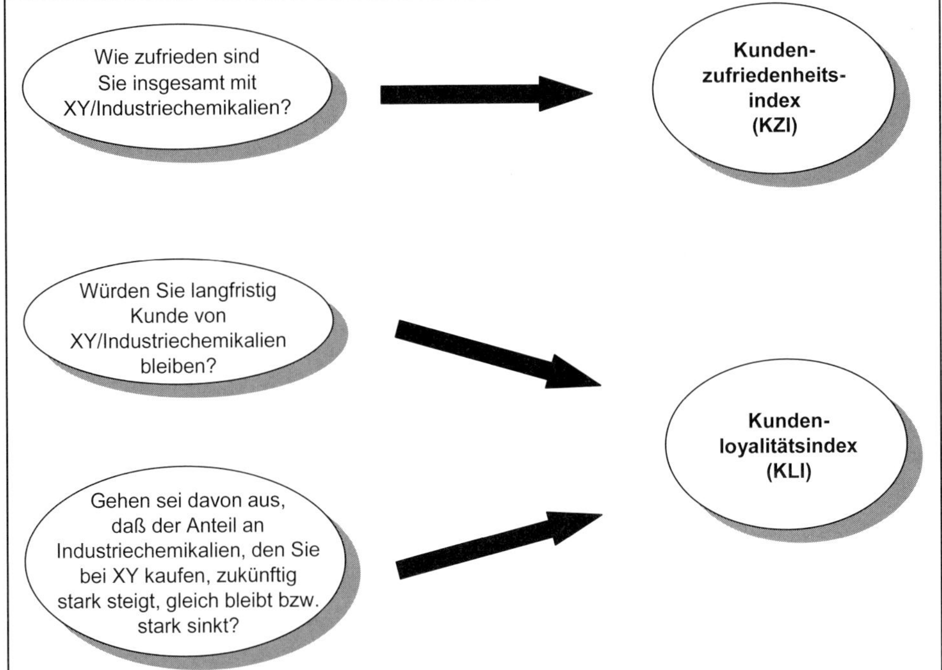

Abbildung 5: Operationalisierung der Gesamtzufriedenheit und der Kundenbindung am Beispiel eines Herstellers von Industriechemikalien

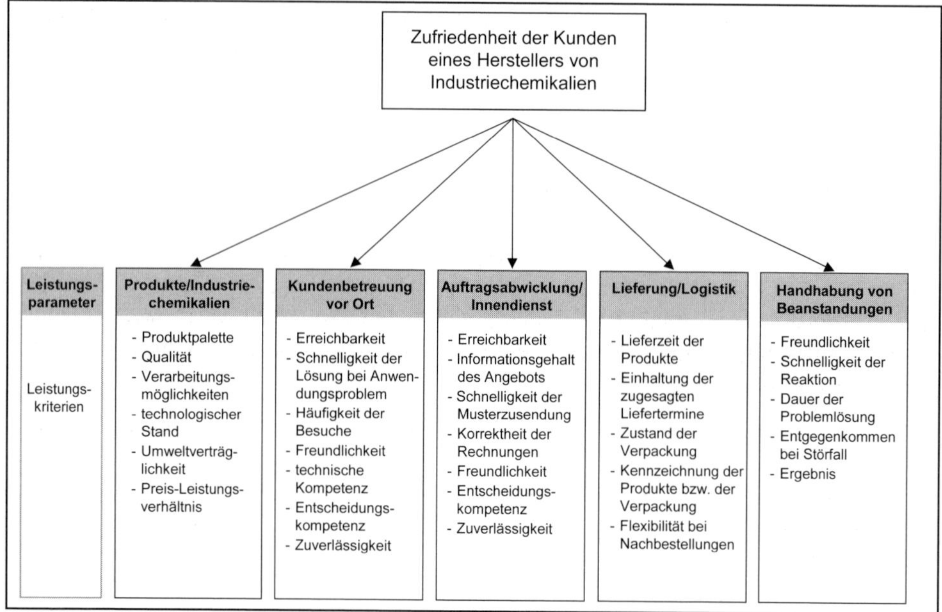

Abbildung 6: Beispiel für die Auswahl von Leistungsparametern und Leistungskriterien für einen Hersteller von Industriechemikalien

3.3 Datenerhebung

Zur Datenerhebung im Rahmen der Messung der Kundenzufriedenheit und Kundenbindung bieten sich die schriftliche oder telefonische Befragung sowie das persönliche Interview an (Homburg/Rudolph, 1998, Homburg/Werner, 1999).

Die schriftliche Befragung ist dabei aufgrund ihrer vergleichsweise geringen Kosten und einfachen Handhabung sicherlich am weitesten verbreitet. Diesen Vorteilen steht jedoch der grundsätzliche Nachteil einer in der Regel recht niedrigen Antwortrate gegenüber. Ebenfalls bietet diese Methode nur begrenzt Möglichkeiten, Hintergründe von Kundenzufriedenheit und Kundenbindung zu ermitteln.

Das persönliche, mündliche Interview zeichnet sich hingegen gerade dadurch aus, daß qualitative Informationen gut erfaßt werden können. Zudem werden bei dieser Erhebungsform häufig Ausschöpfungsquoten von über 90 Prozent erreicht. Der mit der Durchführung verbundene Aufwand ist allerdings beträchtlich.

Die telefonische Befragung vermag in gewisser Weise die Vorzüge von schriftlicher und mündlicher Befragung zu verbinden, und wird deshalb in jüngerer Zeit zunehmend eingesetzt. Neben der relativen Kostengünstigkeit erlaubt sie zudem den direkten Kontakt zu den Befragten. Hierdurch können Hintergrundinformationen einbezogen oder zusätzliche Erläuterungen gegeben werden.

3.4 Datenanalyse und Interpretation der Ergebnisse

Vor der Datenanalyse ist die Güte der Meßinstrumente zu überprüfen. Hierbei stehen Fragen der Reliabilität und Validität im Vordergrund. Für eine detaillierte Behandlung dieser Thematik sei auf Homburg/Werner (1999) verwiesen. Im Anschluß an eine erfolgreiche Beurteilung der Güte der Meßinstrumente kann die Analyse der Ergebnisse vorgenommen werden.

Auf globaler Ebene werden hierzu die Indikatoren zu den Indizes KZI und KLI verdichtet. Entsprechend werden auf der detaillierten Ebene die einzelnen Zufriedenheitsurteile zu den jeweiligen Leistungsparametern zusammengeführt. Nachfolgende Abbildung zeigt das Ergebnis eines derartigen Verdichtungsprozesses für das Beispiel eines Herstellers von Industriechemikalien.

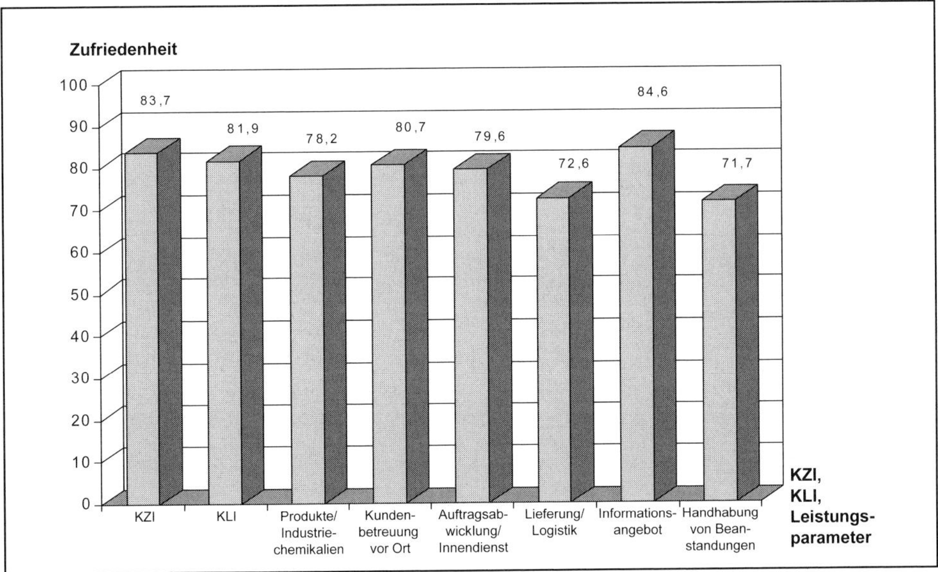

Abbildung 7: Ausprägung der Indizes KZI und KLI sowie von Zufriedenheiten mit einzelnen Leistungsparametern am Beispiel eines Herstellers von Industriechemikalien

Nach der Ermittlung der Kundenzufriedenheits- und Kundenbindungswerte stellt sich häufig die Frage, wie die Ergebnisse zu interpretieren sind. Wenngleich die Interpretation grundsätzlich eine unternehmensspezifische beziehungsweise branchenspezifische Angelegenheit darstellt, so lassen sich dennoch auf Basis umfangreicher Projekterfahrung einige generelle Richtlinien angeben, wie einzelne Werte eingeordnet werden können. Tabelle 2 gibt hierzu einen Überblick.

KZI, KLI und weitere Zufrieden - heitsurteile (Skala von 0 bis 100)	Interpretation	Handlungsbedarf
Werte unter 70	Mangelhafte Zufriedenheit/Bindung	Dringender Handlungsbedarf
70 - 75	Unterdurchschnittliche Zufriedenheit/ Bindung	Starker Handlungsbedarf
75 - 80	Durchschnittliche Zufriedenheit/ Bindung	Punktueller Handlungsbedarf
80 - 85	Überdurchschnittliche Zufriedenheit/ Bindung	Handlungsbedarf in Ausnahmefällen
Werte über 85	Hervorragende Zufriedenheit/ Bindung	Kein Handlungsbedarf

Tabelle 2: Bewertung von Werten, die bei der Messung von Kundenzufriedenheit und Kundenbindung erzielt werden

Quelle: Homburg/Faßnacht/Werner, 1999, S. 405

Aufschlußreich ist in diesem Zusammenhang die Zusammenführung von Kundenzufriedenheit und Kundenbindung in der KZI-KLI-Matrix (vgl. Abbildung 8). Dazu wird üblicherweise eine prozentuale Verteilung der befragten Kunden auf die jeweiligen Felder der Matrix vorgenommen. Als generelle Richtgröße läßt sich sagen, daß bei Unternehmen, die im Hinblick auf Kundenzufriedenheit und –bindung lediglich geringe Probleme haben, mindestens 80 Prozent der Kunden im Feld „Echte Kundenbindung“ angesiedelt sein sollten. In vielen Fällen wird sicherlich eine hohe Kundenzufriedenheit mit einer hohen Kundenbindung sowie eine niedrige Zufriedenheit mit einer geringen Kundenbindung einhergehen. Dennoch sind ebenfalls Situationen denkbar, in denen eine hohe Zufriedenheit mit einer geringen Bindung verknüpft ist. Gerade hier sollte ein aktives und wirkungsvolles Kundenbindungsmanagement ansetzen (Homburg/Werner, 1998). Abbildung 8 zeigt die prozentuale Verteilung der befragten Kunden auf die einzelnen Felder.

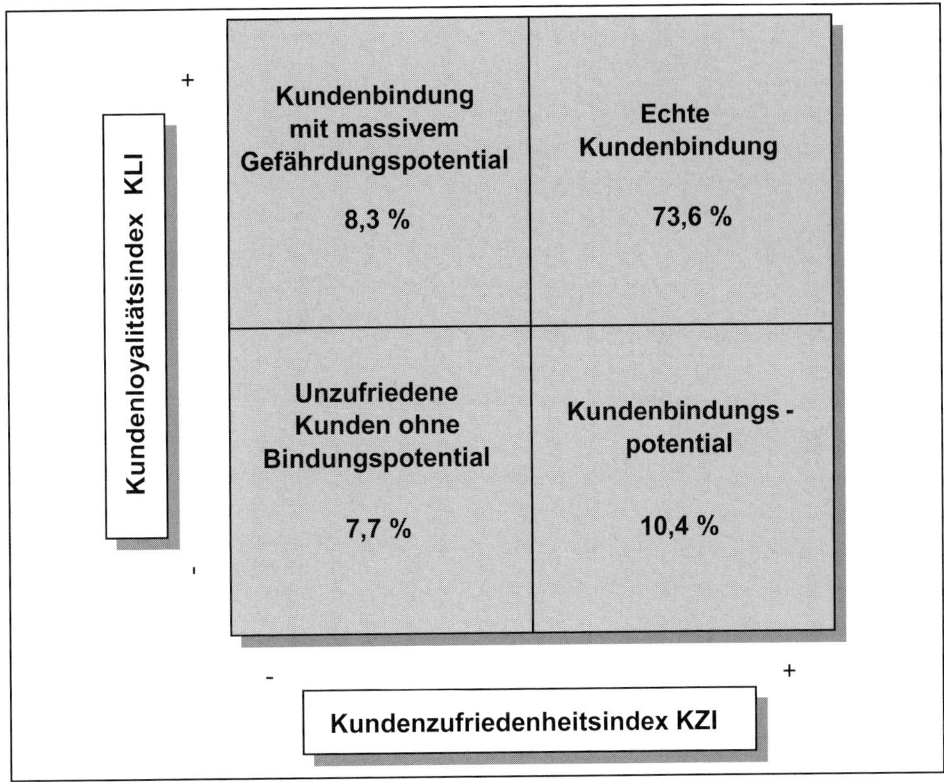

Abbildung 8: Zusammenführung von KZI und KLI am Beispiel eines Herstellers von Industriechemikalien

Die Analyse globaler Werte der Kundenzufriedenheit und Kundenbindung kann bereits erste dienliche Hinweise auf Handlungsbedarf zur Verbesserung der Kundenzufriedenheit beziehungsweise Kundenbindung geben. Spezifischere Ansatzpunkte liefert hingegen eine differenzierte Analyse der Werte nach vorab festgelegten Kriterien. Erst hierdurch entfaltet eine Messung der Kundenzufriedenheit und Kundenbindung ihre echte Wirksamkeit. Im Business-to-Business-Bereich können mögliche Kriterien beispielsweise die Verkaufsregion, die Größe von Kundenunternehmen oder die Branche von Kundenunternehmen sein. Für den Konsumgüterbereich wäre beispielsweise eine Differenzierung der Ergebnisse nach dem Alter der Kunden, der Berufsgruppe der Kunden oder nach dem durchschnittlichen Haushaltseinkommen vorstellbar. Durch diese Form der Betrachtung wird eine punktgenaue Zuordnung von Defiziten und damit ein darauf aufbauendes Management von Kundenzufriedenheit und Kundenbindung möglich.

Im allgemeinen resultieren aus einer Messung der Kundenzufriedenheit eine Vielzahl verschiedener Ansatzpunkte zu deren Steigerung. Da es häufig nicht möglich ist, in allen Bereichen gleichzeitig zu operieren, ist eine Priorisierung erforderlich. Diese kann aus der Beurteilung der Wichtigkeit einzelner Leistungsparameter abgeleitet werden. Die Bestimmung der Wichtigkeit der einzelnen Leistungsparameter erfolgt üblicherweise durch Anwendung einer speziellen statistischen Methode – der Kausalanalyse (Homburg/Werner, 1999). Die Ergebnisse werden anschließend standardisiert (beispielsweise in Prozentwerten), so daß sie einfacher verglichen werden können.

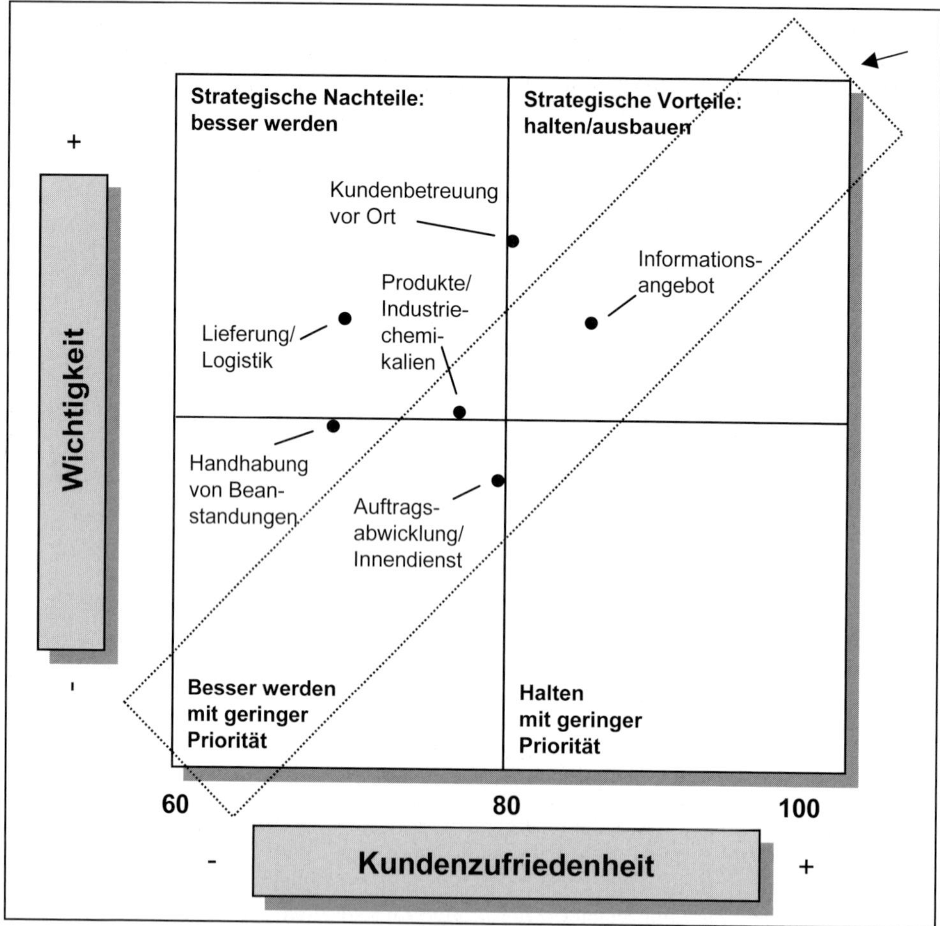

Abbildung 9: Das Kundenzufriedenheitsprofil eines Herstellers von Industriechemikalien

Graphisch lassen sich die Resultate in einem Kundenzufriedenheitsprofil veranschaulichen. In diesem Profil werden die zuvor bestimmten Wichtigkeiten der Leistungsparameter der Leistungsstärke des Unternehmens in diesen Parametern gegenübergestellt. Die Leistungsstärke ergibt sich hierbei aus der bereits vorgenommenen Detailanalyse. Auf Basis der Positionierung der einzelnen Leistungsparameter in der Matrix lassen sich strategische Handlungsempfehlungen ableiten. Idealtypisch sollte die Leistungsstärke bei wichtigen Parametern hoch sein. Bei weniger wichtigen Parametern ist dies nicht zwingend nötig. Es empfiehlt sich, zunächst Optimierungsmaßnahmen bei denjenigen Leistungen in Angriff zu nehmen, die sich im linken oberen Bereich der strategischen Nachteile befinden (vgl. Abbildung 9). Im Unterschied hierzu ist bei Leistungsparametern, die im rechten unteren Feld geringer Wichtigkeit aber hoher Leistungsstärke liegen, darüber nachzudenken, ob diese Bereich nicht eventuell wirtschaftlicher gestaltet werden können.

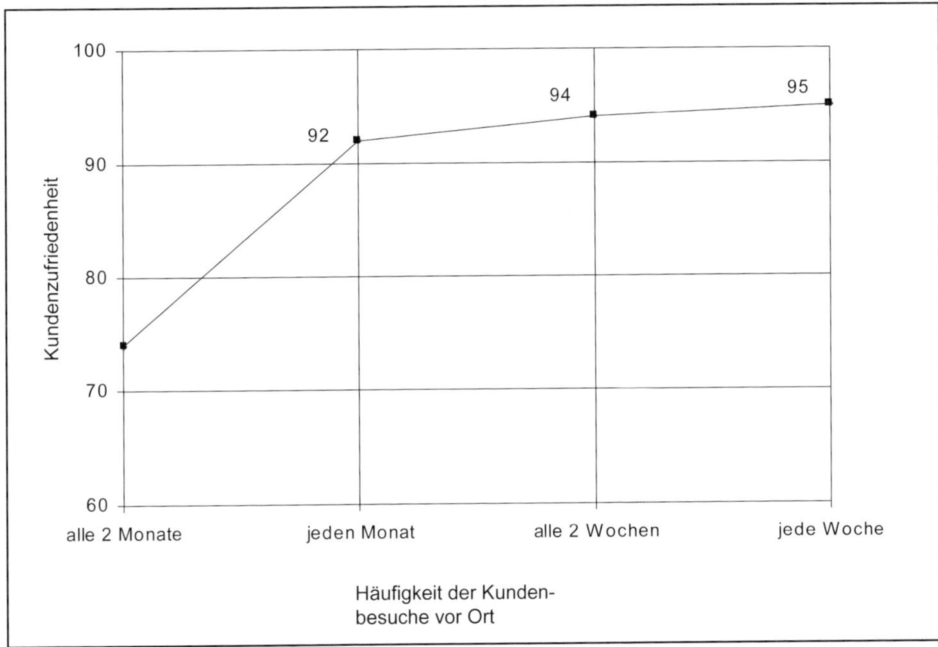

Abbildung 10: Anwendung der Conjoint Analyse am Beispiel eines Herstellers von Industriechemikalien

Eine interessante weiterführende Fragestellung im Rahmen der Analyse der Kundenzufriedenheit betrifft die Untersuchung, wie gut Leistungen überhaupt sein müssen, um Kundenzufriedenheit zu erzielen. Zur Beantwortung dieser Frage bietet sich eine Auswertung der Daten auf Basis der Conjoint Analyse an. Diese zeigt im Ergebnis, wie die Kundenzufriedenheit von bestimmten Ausprägungen eines Leistungskriteriums abhängt.

Abbildung 10 gibt eine derartige Analyse am Beispiel des Leistungskriteriums „Häufigkeit der Kundenbesuche vor Ort“ für einen Hersteller von Industriechemikalien wieder. Hierbei zeigt sich, daß eine Erhöhung der Frequenz der Kundenbesuche über einen Besuch jeden Monat hinaus keinen nennenswerten Einfluß mehr auf die Beurteilung der Kundenzufriedenheit hat. Die Kundenzufriedenheit steigt nur noch geringfügig an. Abschließend ist zu bemerken, daß eine Analyse der Daten auf Basis der Conjoint Analyse bereits im Design der Untersuchung zu berücksichtigen ist.

4. Management von Kundenzufriedenheit und Kundenbindung

Im Anschluß an die umfassende Analyse der Kundenzufriedenheits- und Kundenbindungsdaten stellt sich die Frage, welche Implikationen daraus folgen. Die Bereitschaft von Unternehmen, Umsetzungsmaßnahmen zu ergreifen, ist allerdings häufig gering ausgeprägt. Statt dessen neigen sie vielfach dazu, selbst wenn die Ergebnisse schlecht ausgefallen sind, diesen den Charakter von „Nice-to-Have-Informationen“ zuzuschreiben. Letztlich ist es aber gerade die Umsetzung der gewonnenen Erkenntnisse, die der Messung von Kundenzufriedenheit Bedeutung verleiht. Es lassen sich grundsätzlich drei Ansatzpunkte für mögliche Maßnahmen zur Verbesserung der Kundenzufriedenheit und Kundenbindung unterscheiden. Dabei handelt es sich einerseits um Maßnahmen zur Leistungsverbesserung, andererseits bieten sich Ansatzpunkte im Bereich des Kundenmanagements sowie im Bereich der Unternehmensführung an (Homburg/Werner, 1998).

Maßnahmen zur Leistungsverbesserung können im allgemeinen direkt aus den Ergebnissen der Kundenbefragung abgeleitet werden. Dazu ist es hilfreich, klar definierte Ziele und Aufgabenstellungen zu formulieren. Das bereits dargestellte Kundenzufriedenheitsprofil bietet hierzu grobe strategische Empfehlungen, welche Leistungsbestandteile zuerst verbessert werden sollten. Im Hinblick auf einzelne Defizite, die innerhalb bestimmter Leistungsbereiche aufgedeckt wurden, ist es sinnvoll, diese zunächst zu kategorisieren, um anschließend Prioritäten festzulegen. Hierzu bietet sich die Durchführung von Workshops an, in denen alle zur Umsetzung der Maßnahmen beteiligten Unternehmensbereiche vertreten sein sollten. Neben der Festlegung von klaren und verbindlichen Maßnahmen dienen Workshops insbesondere dazu, feste Verantwortlichkeiten festzulegen und einen möglichst genauen Zeitrahmen zu definieren. Die letztgenannten Aspekte stellen gleichermaßen wichtige wie kritische Punkte bei der Umsetzung dar.

Ansatzpunkte im Bereich des Kundenmanagements liegen in der Analyse der Kundenstruktur, der Durchführung einer Kundenwertanalyse sowie insbesondere in der Etablierung eines aktiven Kundenbindungsmanagements.

Zur Beurteilung und zum Management der Kundenstruktur stellt das Kundenportfolio ein wirksames Instrument dar. Mit Hilfe des Kundenportfolios kann eine Einstufung der Kunden anhand der Dimensionen Kundenattraktivität und der relativen Position des Anbieters im Vergleich zu anderen Unternehmen erfolgen. Die Kundenattraktivität kann beispielsweise durch das durchschnittliche Abnahmevolumen, das Wachstum des Volumens oder durch das Image des Kunden bestimmt werden. Die relative Position des Anbieters läßt sich hingegen beispielsweise durch die Bestimmung des Anteils des Kaufvolumens, den der Kunde bei diesem Unternehmen erwirbt, festlegen. Aus der Positionierung der Kunden in dem Portfolio lassen sich anschließend strategische Handlungsempfehlungen für die verschiedenen Kundengruppen ableiten (Homburg/Daum, 1997).

Mit Hilfe der Kundenwertanalyse können Kunden aufgedeckt werden, die für das Unternehmen langfristig einen bleibenden Wert haben (Köhler, 1996). Hierbei wird die Geschäftsbeziehung als eine Investition betrachtet. Entsprechend wird auf Basis dynamischer Investitionsrechnungen eine Bestimmung des Kundenwertes vorgenommen, „der als diskontierter Gewinn, den ein Kunde im durchschnittlichen Verlauf einer Kundenbeziehung erzeugt" (Meffert/Bruhn, 1997, S. 145) definiert werden kann. In der Umsetzung ergeben sich Schwierigkeiten insbesondere durch die unvollständigen Schätzmöglichkeiten der kundenspezifischen Ein- und Auszahlungen der kommenden Jahre. Daher sollten immer wieder Zwischenkontrollen der Dateninputs durchgeführt werden, um Abweichungen von Ist- und Prognosegrößen frühzeitig zu erkennen und auf diese Weise die Kundenwertbestimmung zu revidieren.

Mit der Einführung eines aktiven Kundenbindungssystems können die unterschiedlichsten Maßnahmen verbunden sein. Beispielhaft seien hier die Einrichtung von Kundenclubs, die Durchführung von Kundenveranstaltungen oder das Erstellen einer Kundenzeitschrift genannt. Die Besonderheit von Kundenclubs liegt darin begründet, daß sie nicht isolierte Einzellösungen, sondern vielmehr eine Kombination von leistungs-, preis-, kommunikations- und distributionsbezogenen Kundenbindungsmaßnahmen darstellen (Meyer/Oevermann, 1995, Sp. 1349 ff.). Kundenclubs verfolgen dabei im wesentlichen zwei zentrale Ziele. Zum einen regen sie eine intensive, dialogorientierte Kommunikation an, zum anderen bieten sie exklusive und individuelle Leistungen für die Mitglieder (Tomczak/Dittrich, 1998).

Ansatzpunkte im Bereich der Unternehmensführung bieten sich sowohl in der Personalführung, der Organisationsgestaltung als auch in der Unternehmenskultur. Diese Aspekte sind aufs engste miteinander verknüpft. Hier sollen einige wichtige Aspekte skizziert werden.

Im Bereich der Personalführung ist vor allem die Frage der Steigerung der Eigenverantwortung von Mitarbeitern von Bedeutung. Die Hinführung der Mitarbeiter auf die Übernahme höherer Eigenverantwortung ist dabei durch entsprechende Mitarbeiterschulungen zu unterstützen. Ein weiteres wichtiges Instrument stellt die Einführung eines kundenzufriedenheitsorientierten Vergütungssystems dar. Hierbei wird dem Mitarbeiter üblicherweise eine jährliche Prämie auf Basis der Kundenzufriedenheit bezahlt. Kürzere Intervalle sind ebenfalls vorstellbar. Grundlage hierfür ist ein im Unternehmen allgemein akzeptiertes Meßsystem für Kundenzufriedenheit, das vor allem an die Repräsentativität der erhobenen Daten hohe Anforderungen stellt. Diese enge Kopplung von Kundenzufriedenheit und Vergütung vermittelt dem Mitarbeiter nachdrücklich, daß letztlich der Kunde für den Erhalt seines Arbeitsplatzes verantwortlich ist.

Die Organisationsstruktur sollte die genannten Aspekte im Bereich der Personalführung unterstützen. Allgemeingültige Aussagen lassen sich allerdings schwerlich formulieren. Vielfach wiesen jedoch Unternehmen, die Probleme mit der Kundenzufriedenheit und Kundenbindung hatten, eine hohe Komplexität der Organisationsstruktur auf. Dies legt die Vermutung nahe, daß sich Unternehmen in diesem Fall zu stark mit sich selbst beschäftigen und sich dadurch vom Kunden abwenden. Ein erster Schritt liegt hier in der Vereinfachung der Organisationsstruktur. Darüber hinaus können beispielsweise durch die Einrichtung eines Key-Account-Managements oder eines Kundengruppenmanagements Strukturen geschaffen werden, um wichtige Großkunden oder bestimmte Marktsegmente gezielt zu betreuen. Insbesondere bei größeren Unternehmen empfiehlt sich ebenfalls die Etablierung einer eigenen Beschwerdeabteilung (Stauss/Seidel, 1996) oder die Einrichtung eines Category Managements. Letzteres verfolgt das Ziel einer besser abgestimmten Zusammenarbeit von Herstellerunternehmen mit ihren Handelskunden in Teilsortimenten (Köhler, 1995).

Damit diese verschiedenen Instrumente ihre eigentliche Wirksamkeit entfalten können, ist eine Verankerung des kundenorientierten Denkens in der Unternehmenskultur unabdingbar. Eine auf den Kunden orientierte Unternehmenskultur zeichnet sich insbesondere dadurch aus, daß der Kunde mit seinen Wünschen und Bedürfnissen im Mittelpunkt des Denkens und Handelns der Mitarbeiter steht und nicht etwa das Produkt oder die Aufgabe. Es genügt nicht, wenn eine derartige Unternehmenskultur in Unternehmensleitlinien festgeschrieben ist. Nur wenn sie von allen Mitarbeitern aktiv gelebt wird, erreicht sie ihre volle Wirkung.

5. Schlußbemerkungen

Die Bedeutung von Kundenzufriedenheit und Kundenbindung für ein erfolgreiches Produktmanagement ist unbestritten. Der vorliegende Beitrag beschäftigte sich daher mit den Konzepten, der Messung und dem Management von Kundenzufriedenheit und Kundenbindung. Ein Schwerpunkt lag auf der Darstellung der verschiedenen Phasen der Messung von Kundenzufriedenheit und Kundenbindung: der konzeptionellen Phase, der Phase der Datenerhebung sowie der Phase der Analyse und Interpretation der Daten. Denn lediglich eine fundierte Kenntnis des Standes der Zufriedenheit sowie der Bindung der Kunden des Unternehmens erlaubt ein zielgerichtetes und damit wirkungsvolles Kundenbindungsmanagement. Die Ausführungen wurden anhand eines Beispiels aus dem Produktbereich veranschaulicht. Der Überblick über die existierenden Meßverfahren für Kundenzufriedenheit und Kundenbindung zeigte, daß zur umfassenden Messung insbesondere ein multiattributiver Ansatz geeignet ist. Dieser ist ebenfalls in der Praxis am weitesten verbreitet. Im Rahmen der Operationalisierung von Kundenzufriedenheit und Kundenbindung wurde zwischen den Gesamtindizes Kundenzufriedenheitsindex (KZI) und Kundenloyalitätsindex (KLI) sowie Einzelfragen zur Kundenzufriedenheit und Kundenbindung unterschieden. Anschließend wurden Verfahren der Datenerhebung vorgestellt und die Analyse und Interpretation der Daten besprochen. Hierbei erlauben insbesondere die KZI/KLI-Matrix sowie das Kundenzufriedenheitsprofil eine anschauliche Verdichtung der Ergebnisse. Abschließend wurde aufgezeigt, wie sich aus den Resultaten konkrete Maßnahmen für ein Management der Kundenzufriedenheit und der Kundenbindung ableiten lassen und umgesetzt werden können.

6. Literatur

CHURCHILL, G./SURPRENANT, C., An Investigation into the Determinants of Customer Satisfaction, in: Journal of Marketing Research, 1982, S. 491-504.

GIERL, H., Zufriedene Kunden als Markenwechsler, in: Absatzwirtschaft, 1993, S. 90-94.

HALLOWELL, R., The Realtionship of Customer Satisfaction, Customer Loyality, and Profitability: An Empirical Study, in: International Journal of Service Industry Management, 1996, S. 27-42.

HOMBURG, CH./Daum, D., Marktorientiertes Kostenmanagement, Frankfurt/Main 1997.

HOMBURG, CH./FAßNACHT, M., Kundennähe, Kundenzufriedenheit und Kundenbindung bei Dienstleistungsunternehmen, in: Bruhn, M./Meffert, H., (Hrsg.), Handbuch Dienstleistungsmanagement. Von der strategischen Konzeption zur praktischen Umsetzung, Wiesbaden 1998, S. 405-428.

HOMBURG, CH./GIERING, A., Personal Characteristics as Moderators of the Relationship between Customer Satisfaction and Loyalty – An Empirical Analysis, in: Psychology & Marketing, 2001, S. 43-66.

HOMBURG, CH./GIERING, A./HENTSCHEL, F., Der Zusammenhang von Kundenzufriedenheit und Kundenbindung, in: Die Betriebswirtschaft, 1999, S. 173-195.

HOMBURG, CH./KOSCHATE, N./HOYER, W., Do Satisfied Customers Really Pay More? A Study of the Relationship Between Customer Satisfaction and Willingness to Pay, in: Journal of Marketing, 2005, S. 84-96.

HOMBURG, CH./KOSCHATE, N./HOYER, W., The Role of Cognition and Affect in the Formation of Customer Satisfaction: A Dynamic Perspective, in: Journal of Marketing, 2006, S. 21-31.

HOMBURG, CH./KROHMER, H., Marketingmanagement, Wiesbaden 2006.

HOMBURG, CH./RUDOLPH, B., Theoretische Perspektiven zur Kundenzufriedenheit, in Simon, H./Homburg, Ch., (Hrsg.), Kundenzufriedenheit: Konzepte - Methoden - Erfahrungen, 3. Aufl., Wiesbaden 1998, S. 33-55.

HOMBURG, CH./WERNER, H., Kundenzufriedenheit und Kundenbindung, in: Herrmann, A./Homburg, Ch., (Hrsg), Marktforschung: Methoden, Anwendungen, Praxisbeispiele, Wiesbaden 1999, S. 913-932.

HOMBURG, CH./WERNER, H., Kundenorientierung mit System, Frankfurt/Main, New York 1998.

KÖHLER, R., Marketing-Organisation, in: Tietz, B./Köhler, R./Zentes, J., (Hrsg.), Handwörterbuch des Marketing, 2. Aufl., Stuttgart 1995, Sp. 1636-1653.

KÖHLER, R., Kundenorientiertes Rechnungswesen als Vorausetzung des Kundenbindungsmanagements, in Bruhn, M./Homburg, Ch., (1998), Handbuch Kundenbindungsmanagement: Grundlagen - Konzepte- Erfahrungen, 1998, S. 329-357.

MCNEAL, J., Consumer Satisfaction: The Measure of Marketing Effectiveness, in: MSU Business Topics, 1969, S. 31-35.

MEFFERT, H./BRUHN, M., Beschwerdeverhalten und Zufriedenheit von Kunden, Die Betriebswirtschaft, 1981, S. 597-613.

MEFFERT, H./BRUHN, M., Dienstleistungsmarketing. Grundlagen – Konzepte – Methoden, 2. Aufl., Wiesbaden 1997.

MEYER, A./OEVERMANN, D., Kundenbindung, in: Tietz, B./Köhler, R./Zentes, J., (Hrsg.), Handwörterbuch des Marketing, 2. Aufl., Stuttgart 1995, Sp. 1340-1351.

MITTAL, V./KAMAKURA, W., Satisfaction, Repurchase Intent, and Repurchase Behavior: Investigating the Moderating Effect of Customer Characteristics, in: Journal of Marketing Research, 2001, S. 131-142

OLIVER, R., A Cognitive Model of the Antecedents and Consequences of Satisfaction Decisions, in: Journal of Marketing Research, 1980, S. 460-469.

REICHELT, F., Treue Kunden müssen auch rentabel sein, in: Harvard Business Manager, 1993, S. 106-114.

REICHELT, F./SASSER, W., Zero-Migration: Dienstleister im Sog der Qualitätsrevolution, in: Harvard Business Manager, 1991, S. 108-116.

RUST, R./ZAHORIK, A./KEININGHAM, T., Return on Quality (ROQ): Making Service Quality Financially Accountable, in: Journal of Marketing, 1995, S. 58-70.

SCHÜTZE, R., Kundenzufriedenheit - After Sales Marketing auf industriellen Märkten, Wiesbaden 1992.

STAUSS, B., Kundenzufriedenheit, in: Marketing ZFP, 1999, S. 5-24.

STAUSS, B./HENTSCHEL, B., Attribute-Based versus Incident-Based Measurement of Service Quality: Results of an Empirical Study in the German Car Service Industry, in: Kunst, P./Lemmink, J., (Hrsg.), Quality Management in Services, Assen 1992.

STAUSS, B./SEIDEL, W., Beschwerdemanagement. Fehler vermeiden – Leistung verbessern – Kunden binden, München, Wien 1996.

TOMCZAK T./DITTRICH, S., Kundenclubs als Kundenbindungsinstrument, in: Bruhn, M./Homburg, Ch., (Hrsg.), Handbuch Kundenbindungsmanagement: Grundlagen - Konzepte - Erfahrungen, 1998, S. 171-187.

Fünfter Teil

Trends im Produktmanagement

Bernd Skiera
Anja Lambrecht

Erlösmodelle im Internet

1. Problemstellung

Das vermehrte Auftreten vieler junger, innovativer Unternehmen in Verbindung mit der aufgrund der zunehmenden Verbreitung des Internet verstärkten Digitalisierung von Produkten, Prozessen und Agenten (Choi/Stahl/Whinston, 1997, S. 10) hat dazu geführt, dass gerade für Produkte im Internet eine Vielzahl neuartiger Möglichkeiten zum Erzielen von Erlösen genutzt wird. Im folgenden seien einige Beispiele genannt:

- Traditionelle Anbieter von Informationsrecherchen wie z.B. Genios oder Juris haben stets Geld für das Anbieten der Informationsrecherche verlangt. Dagegen fordern Anbieter von Suchmaschinen wie z.B. Yahoo! (www.yahoo.com) für ihre Informationsrecherchen im Internet kein Geld, setzen aber dafür den Nutzer einem starken Werbedruck aus.

- Anbieter von Software wie z.B. Microsoft oder Oracle finanzieren sich in aller Regel über Erlöse aus dem Verkauf der Software. Im Gegensatz dazu bietet das Unternehmen Thirdvoice (www.thirdvoice.com) die Nutzung seiner Software, die das Einfügen von Bemerkungen auf Websites ermöglicht, gratis an. Es finanziert sich letztlich über das Erstellen und den Verkauf von Nutzerprofilen. Ebenso bietet das Unternehmen Sun Microsystems (www.sun.com) seine Bürokommunikationssoftware Star Office kostenlos an, da es davon ausgeht, dass eine zunehmende Verbreitung dieser Software den Verkauf ihrer Server fördert.

- Während die Deutsche Bank 24 (www.db24.de) im Internet nur über Bankdienstleistungen Erlöse generiert, erzielt der Discount-Broker Consors (www.consors.de) Einnahmen sowohl von Nutzern seiner Bankdienstleistungen als auch durch den Verkauf von Werbefläche.

Ähnliche Entwicklungen gibt es zweifelsohne auch, aber letztlich in geringerem Umfang, in der „realen Welt". So finanziert sich der Fernsehsender Premiere fast ausschließlich durch Erlöse für die Nutzung des Senders über einen entsprechenden Decoder, während Sender wie SAT.1, RTL oder ProSieben sich überwiegend durch Werbeeinnahmen finanzieren. Vergleichbares ist im Telekommunikationsbereich zu beobachten, wo beispielsweise die Deutsche Telekom Telefongespräche verkauft, während neuere Anbieter wie die schwedische GratisTel AB oder die deutsche Mox Telecom AG Telefongespräche zumindest teilweise kostenfrei anbieten, aber dafür in regelmäßigen Abständen Werbung einblenden.

All diesen Beispielen ist letztlich gemeinsam, dass eine vergleichbare Leistung völlig unterschiedlich bepreist wird. Offensichtlich muss ein Unternehmen für seine Produkte nicht nur optimale Preise festlegen, sondern auch bestimmen, für was überhaupt ein Preis verlangt werden soll. Letztere Entscheidung, von Zerdick et al. (1999, S. 23) auch als Wahl des Erlösmodells bezeichnet, wird in preispolitischen Abhandlungen stets als gelöst betrachtet (Shapiro/Varian, 1998, Simon, 1992, Diller, 1991, Simon/Dolan, 1997, Schmalen, 1995, Monroe, 1990, Nagle/Holden, 1995, Diller, 1999, Gijsbrechts, 1993,

Rao, 1993, Skiera, 2000). Damit wird aber ein bedeutendes Problem auf der Erlösseite außer Acht gelassen. Unseres Wissens nach haben Zerdick et al. (1999, S. 23-24) als erstes auf die in Abbildung 1 dargestellte Zweistufigkeit der Erlösentscheidung hingewiesen und diese insbesondere aus Sicht der Medienindustrie analysiert. Zerdick et al. (1999, S. 25-26) unterscheiden dabei zwischen direkten Erlösen, die von Nutzern der Leistung bezogen werden, und indirekten Erlösen von Dritten, die ein Interesse daran haben, dass der Konsument die Leistung nutzt. Diese Unterscheidung kategorisiert Erlöse folglich nach deren Herkunft und lässt weitestgehend außen vor, für welche Gegenleistung die Erlöse entstehen. Diese Vernachlässigung ermöglicht dann jedoch keine Empfehlungen dahingehend, wie Produkte verändert werden müssten, damit neue Erlösquellen erschlossen werden.

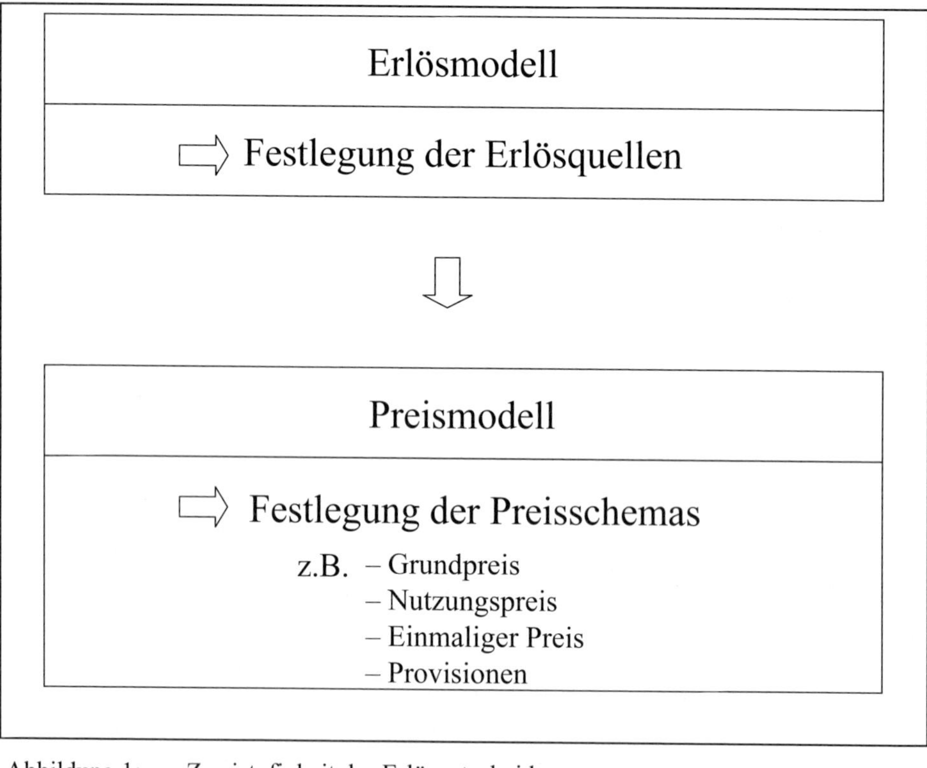

Abbildung 1: Zweistufigkeit der Erlösentscheidung

Ziel dieses Beitrags ist es deswegen, die möglichen Erlösquellen für Produkte eines Unternehmens eingehend darzustellen und Verbindungen zwischen den einzelnen Erlösquellen aufzuzeigen. Zusätzlich wird ein Konzept entwickelt, mit dem die Erlösquellen für Produkte besser analysiert werden können. Die aufgezeigte Verbindung zu Wertschöpfungsketten verdeutlicht dabei, inwiefern Produkte modifiziert oder welche Wertschöpfungsstufen neu übernommen werden müssen, um neue Erlösquellen zu erschließen. Letztlich soll mit diesem Beitrag aber auch der Blick dafür geöffnet werden, dass dem Fixieren (vermeintlich) optimaler Preise eine wichtige unternehmerische Entscheidung, nämlich die Wahl des Erlösmodells, explizit, häufig sicherlich aber auch nur implizit vorangestellt wurde.

Im folgenden werden in Abschnitt 2 die möglichen Erlösquellen für Produkte von Unternehmen im Internet näher betrachtet. Da Erlöse letztlich nur dort erzielt werden können, wo Unternehmen auch Wertschöpfung betreiben, findet in Abschnitt 3 eine Betrachtung der für jede Erlösquelle benötigten Wertschöpfungskette und der möglichen Schnittstellen zwischen den Wertschöpfungsketten statt. Aufbauend auf diesen Erkenntnissen wird in Abschnitt 4 ein übergreifendes Erlösmodell entwickelt. Die sich daraus ergebenden Implikationen werden in Abschnitt 5 betrachtet. Abschnitt 6 schließt dann die Betrachtungen mit einer Zusammenfassung ab.

2. Erlösquellen

2.1 Arten von Erlösquellen

Traditionell beziehen Unternehmen Erlöse lediglich aus dem Verkauf oder der Vermietung von Gütern oder Dienstleistungen (im folgenden unter dem Begriff Produkt zusammengefasst). Eine Ausnahme stellen Medienunternehmen dar, die Erlöse nicht nur aus dem Verkauf von Produkten, sondern auch aus dem Verkauf von Werbefläche erzielen, sowie einige Telekommunikationsunternehmen, die sich durch Werbeeinnahmen finanzieren wollen. Im Internet allerdings findet man eine Vielzahl von Unternehmen, die Erlöse aus anderen Quellen als dem Produktverkauf erzielen. Diese Unternehmen geben Produkte oft kostenlos (www.yahoo.com) oder preisgünstig (www.wsj.com, www.buy.com) ab. Sie erzielen stattdessen Erlöse aus dem Einblenden von Werbung oder dem Verkauf von Informationen über ihre Nutzer, die sie im Rahmen des Prozesses der Produkterstellung oder Produktabgabe sammeln.

Zur Erfassung der unterschiedlichen Erlösquellen im Internet bietet sich die in Abbildung 2 dargestellte Unterscheidung in die drei Erlösquellen „Produkte", „Kontakte" und „Informationen" an. Bei Erlösen aus dem Verkauf von Produkten wird das eigentliche Produkt bepreist. Dabei kann es sich beispielsweise um das Buch eines Online-Buchhändlers wie BOL (www.bol.de), eine CD in einem Online-Musikgeschäft (z.B. www.cd-now.de) oder die Recherche nach Informationen, z.B. im Archiv der Zeitschrift Spiegel (www.spiegel.de), handeln. Auf die Erlösquelle Kontakte greifen Unternehmen zurück, wenn sie den Kontakt zu den Kunden ihres Produkts nutzen, um Erlöse, beispielsweise durch Werbung oder Sponsoring, zu erzielen. Die Erlösquelle Kontakte kann neben der Erlösquelle Produkt stehen oder diese ersetzen. So werden beispielsweise beim Online-Auktionshaus ricardo.de (www.ricardo.de) Produkte durch eine Versteigerung verkauft. Gleichzeitig wird im Rahmen dieser Online-Auktion Werbung geschaltet. Gänzlich verzichtet auf die Erlösquelle des Verkaufs von Produkten wird beispielsweise von nahezu allen Suchmaschinen, da diese das eigentliche Produkt "Informationsrecherchen im Internet" kostenlos anbieten, dafür aber den Nutzern Werbung einblenden. Dabei müssen natürlich Interdependenzen zwischen den Erlösquellen beachtet werden. So führt ein hoher Preis für die angebotenen Produkte zu weniger Besuchern auf der Website, was sich dann in niedrigeren Erlösen aus dem Verkauf von Kontakten (z.B. Bannerwerbung) niederschlägt. Umgekehrt wird Werbung in aller Regel vom Konsumenten als störend empfunden, so dass zahlreiche Werbeeinblendungen zwar höhere Erlösen über den Verkauf von Kontakten (wiederum z.B. Bannerwerbung), aber niedrigere Erlöse aus dem Verkauf von Produkten bewirkt. Die Erlöse aus dem Verkauf von Kontakten müssen sich aber nicht auf reine Werbemaßnahmen beschränken, sondern es kann sich auch um Provisionserlöse aus der Vermittlung von Kunden an andere Unternehmen handeln. So berechnet beispielsweise SpringStreet (www.springstreet.com) je weitergeleitetem Kunden mindestens $4, während beim Affiliate-Programm von Amazon.com (www.amazon.com) einem Affiliate zwischen 5% und 15% des Umsatzes, der mit dem weitergeleiteten Kunden getätigt wird, vergütet werden (Schwartz, 1999, S. 75).

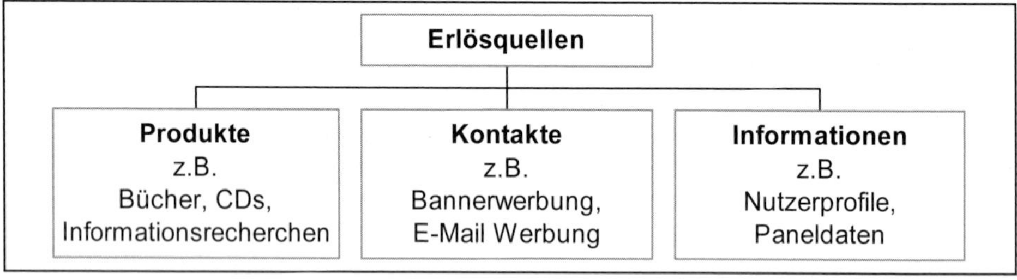

Abbildung 2: Erlösquellen im Internet

Vergleichbare Aussagen gelten für Erlöse aus dem Verkauf von Informationen, beispielsweise von Nutzerprofilen oder Paneldaten. Derartige Erlösquellen können zusammen mit den beiden anderen Erlösquellen oder isoliert davon eingesetzt werden. So ist es beispielsweise denkbar, dass das Online-Autionshaus ricardo.de zukünftig auch die von Skiera (1999a) vorgeschlagene Idee zum Durchführen von Auktionen zur Erhebung von Informationen über die Zahlungsbereitschaften von Konsumenten aufgreift und somit gleichzeitig auf die Erlösquellen über den Verkauf von Produkten, Kontakten und Informationen aufsetzt. Auf eine Kombination der Erlösquelle aus dem Verkauf von Produkten und Informationen setzt beispielsweise der Online-Supermarkt Peapod (www.peapod.com). In diesem Online-Supermarkt können Produkte online bestellt werden und somit Erlöse aus dem Verkauf von Produkten erzielt werden. Gleichzeitig werden aber auch Informationen darüber erhoben, welche Produkte Kunden anschauen, aber nicht kaufen, oder welche Produktinformationen von Kunden häufig abgerufen werden (Schwartz, 1999, S. 23). Diese Daten werden dann an Unternehmen wie Procter & Gamble, Kraft oder Unilever verkauft.

Die isolierte Nutzung der Erlösquelle Informationen scheint dagegen das Unternehmen Thirdvoice (www.thirdvoice.com) zu verfolgen. Dieses bietet die Möglichkeit zum Kommentieren fremder Websites an. Ein solches Kommentieren wird dadurch ermöglicht, dass die registrierten Nutzer über den Server von Thirdvoice auf die Websites zugreifen und die Kommentare zu den Websites auf dem Server von Thirdvoice gespeichert werden. Thirdvoice hat dadurch die Möglichkeit, das Nutzungsverhalten seiner registrierten Nutzer zu erfassen und diese Informationen an andere weiter zu verkaufen.

Domain	Produkte	Kontakte	Informationen
Yahoo.com	x	x	-
AOL.com	x	x	-
MSN.com	x	x	X
Geocities.com	-	x	-
Netscape.com	x	x	-
Go.com	x	x	?
Microsoft.com	x	-	X
Lycos.com	x	x	-
Excite.com	-	x	X
Hotmail.com	-	x	-
Passport.com	-	-	?
Angelfire.com	-	x	-
Amazon.com	x	-	-
Tripod.com	-	x	-
Altavista.com	x	x	-
Bluemountain-arts.com	-	x	-
Real.com	x	x	-
Ebay.com	x	x	-
Xoom.com	x	x	-
About.com	-	x	-
Häufigkeit der Anwendung	12 Mal	17 Mal	3 bzw. 5 Mal
Zeichenerklärung: x : Erlösquelle wird genutzt. - : Erlösquelle wird nicht genutzt. ? : Nutzung der Erlösquelle unklar.			

Tabelle 1: Untersuchung der genutzten Erlösquellen der nach Media Metrix 20 meist besuchten Websites

2.2 Anwendung der verschiedenen Arten von Erlösquellen

Um einen Eindruck von der Häufigkeit der im Internet genutzten Erlösquellen zu erhalten, wurden in Tabelle 1 die 20 laut Media Metrix im August 1999 meist besuchten Websites dahingehend untersucht, auf welche der drei Erlösarten sie zurückgreifen (Media Metrix, 1999). So wurde aus dem Leistungsspektrum der Website abgeleitet, ob ein Unternehmen auf seiner Website Erlöse aus dem Verkauf von Produkten erzielt. Eine Vermittlung von Kontakten wurde dann festgestellt, wenn auf einer Website Links zu anderen Unternehmen, Werbebanner oder andere Formen der Werbung sowie Hinweise auf Sponsoren vorzufinden waren. Um festzustellen, ob Informationen verkauft werden, wurden die jeweiligen Erklärungen zum Datenschutz (Privacy Statement) der Websites untersucht. Hierbei ließ sich allerdings in zwei Fällen nicht eindeutig feststellen, ob das Unternehmen Erlöse aus dem Verkauf von Informationen bezieht.

In 17 von 20 Fällen wurden dabei Erlöse über den Verkauf von Kontakten, in 12 von 20 Fällen Erlöse über den Verkauf von Produkten festgestellt. Dies hängt sicherlich mit dem im Internet noch vorherrschenden Gedanken des „Follow the Free“ zusammen, der letztlich auch zu einem schnelleren Erreichen der kritischen Masse beiträgt (Skiera, 2000), Skiera, 1999b). Der Verkauf von Informationen wird dagegen gegenwärtig nur von wenigen Unternehmen forciert, was sicherlich auch auf den Widerstand von Datenschützern zurückzuführen ist (vgl. auch Skiera/Spann, 2000).

3. Wertschöpfungsketten

Erlöse für Produkte, Kontakte oder Informationen können nur dann erzielt werden, wenn ein Wert geschaffen wird, für den ein anderer Marktteilnehmer eine Zahlungsbereitschaft besitzt. Es bietet sich daher an, den Prozess der Wertschöpfung, der zur Generierung von Erlösen führt, anhand von Wertschöpfungsketten abzubilden. Dies ermöglicht zweierlei. Zum einen können die wertschöpfenden Stufen der Wertschöpfungskette ermittelt werden und zum anderen die Schnittstellen zwischen den Wertschöpfungsketten, die zum Verkauf von Produkten, Kontakten oder Informationen führen, aufgedeckt werden. Diese Schnittstellen sind besonderes interessant, weil bei diesen Erlöse aus mehreren Erlösquellen gleichzeitig erzielt werden können.

3.1 Wertschöpfungsketten und Akteure in Wertschöpfungsketten

Die Wertschöpfungskette, die in Abbildung 3 dargestellt ist, wurde von Porter (1999, S. 65-92) entwickelt, um die Prozesse der Leistungserstellung in einem Unternehmen zu erfassen und in strategisch relevante Tätigkeiten zu untergliedern. Es handelt sich dabei um ein grob strukturiertes Abbild der Aktivitäten des Unternehmens, die in der Reihenfolge des physischen Durchlaufprinzips angeordnet sind (Meffert, 1989, S. 261). Weil wichtige Aktivitäten einzeln ausgewiesen und Aktivitäten, die für den Wettbewerb irrelevant sind, zusammengefasst werden, können Wettbewerbsvorteile eines Unternehmens auf der Ebene der einzelnen Aktivität erfasst und analysiert werden.

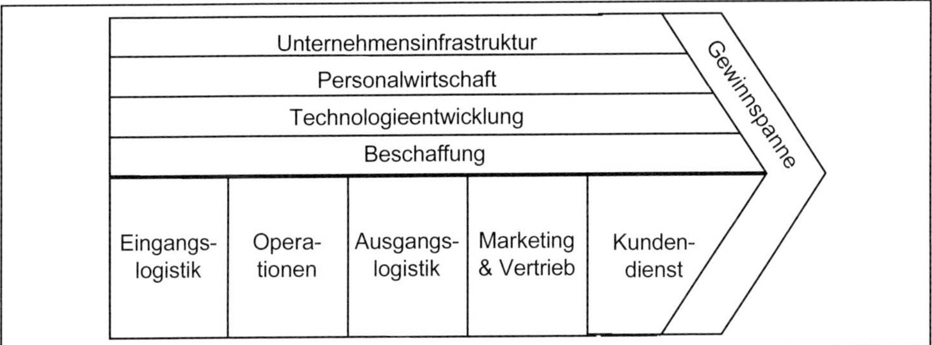

Abbildung 3: Wertschöpfungskette
nach Porter, 1999, S. 74

Allerdings kann anhand einer Wertschöpfungskette auch der unternehmensübergreifende Prozess von der Erstellung eines Produktes über den Vertrieb bis zum Kauf durch den Kunden modelliert werden. So wird deutlich, welche Aktivitäten in einem unternehmensübergreifenden Kontext aufeinanderfolgen und somit auch, welche unterschiedlichen Akteure in die Erstellung und den Absatz einer Leistung eingebunden sind.

Generell beginnt jede Wertschöpfungskette mit der Erstellung einer Leistung: eines Produktes, eines Kontaktes oder einer Information. Diese wird jedoch meist nicht direkt an den eigentlichen Bezieher der Leistung abgegeben. Vielmehr werden, wie in Abbildung 4 dargestellt, zwischen Ersteller und Bezieher der Leistung Mittler eingeschaltet, die das Zustandekommen der Transaktion unterstützen, wobei die Anzahl der von Mittlern übernommenen Wertschöpfungsstufen stark variieren kann. Bei einem Mittler kann es sich um Handelsunternehmen, Marktplatzbetreiber, Makler oder Auktionatoren handeln, aber auch um Logistik- oder Finanzdienstleister. Oft sind auch mehrere Mittler hintereinandergeschaltet. Für den Leistungsersteller hat die Einschaltung von Mittlern den Vorteil, dass diese Aufgaben übernehmen, die er nicht oder nicht so gut beherrscht, oder bei denen er aufgrund seines geringen Transaktionsvolumens keine ausreichenden Größeneffekte erzielen kann. Allerdings wird er, sobald er nicht mehr direkt mit dem Endkunden in Kontakt tritt, bei der Durchführung der Transaktion von der Leistung des Mittlers abhängig. Das letzte Glied der Wertschöpfungskette bildet in jedem Fall der Bezieher der Leistung (Albers et al., 2000, S. 13).

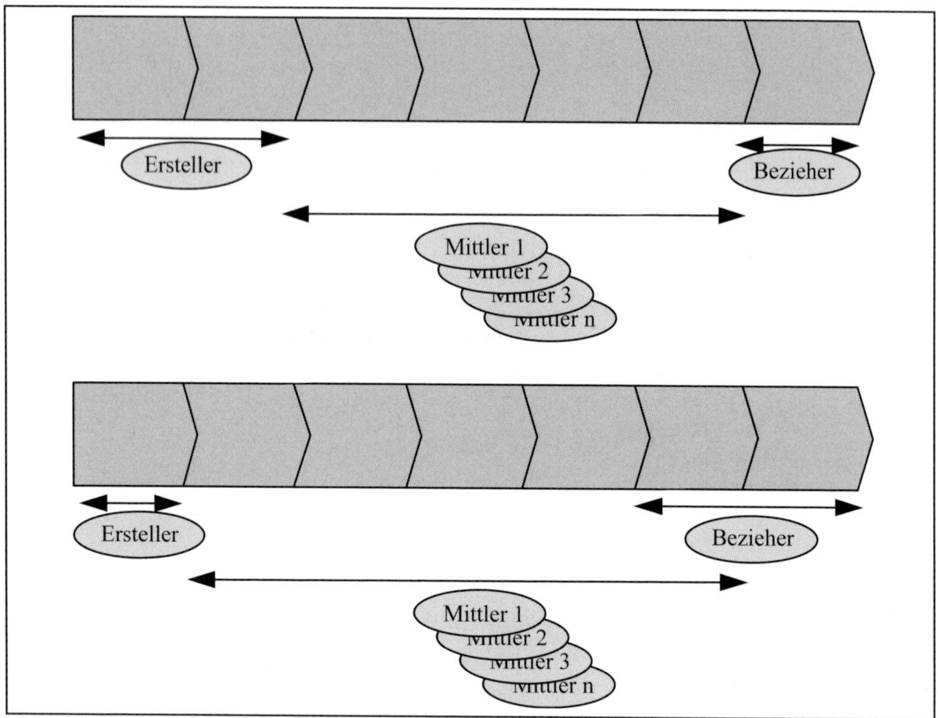

Abbildung 4: Akteure in Wertschöpfungsketten

3.2 Wertschöpfungsketten beim Verkauf von Produkten

Eine allgemeine Wertschöpfungskette für die Erstellung und Abgabe von Produkten ist in Abbildung 5 dargestellt. Nach der Produkterstellung kommt die Vermarktung des Produktes, dem die Finanztransaktion und die Distribution folgt. Am Ende wird das Produkt vom Produktbezieher genutzt. Schon aus der Vielfalt der unterschiedlichen Wertschöpfungsstufen wird klar, dass bis auf Ausnahmefälle mehrere Mittler in die Wertschöpfungskette eingebunden sind.

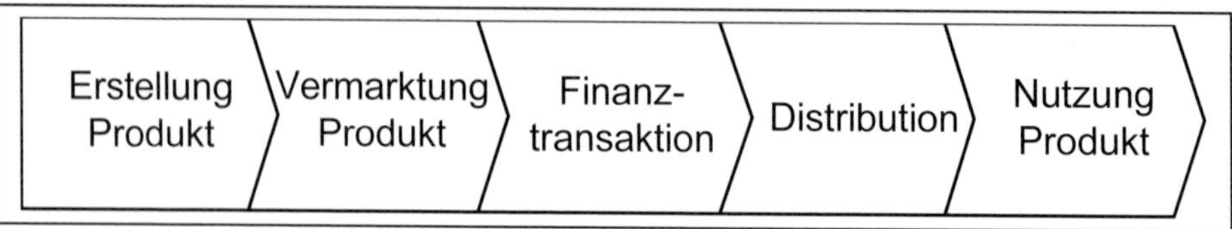

Abbildung 5: Wertschöpfungskette beim Verkauf von Produkten

Dies lässt sich auch am in Abbildung 6 dargestellten Beispiel der Erstellung und des Vertriebs eines Buchs erläutern. Der Autor verfasst als eigentlicher Produktersteller das Werk. Um damit den Leser zu erreichen, ist er jedoch auf mehrere Mittler angewiesen: Der Verlag gibt beispielsweise das Buch heraus, ein Online-Buchhändler wie BOL übernimmt Vermarktung und Verkauf. Jetzt wird die Bank eingeschaltet, die als Mittler den Zahlungsverkehr via Kreditkarte ausführt. Schließlich übernimmt der Logistikdienstleister die Auslieferung des Produktes an den Endkunden.

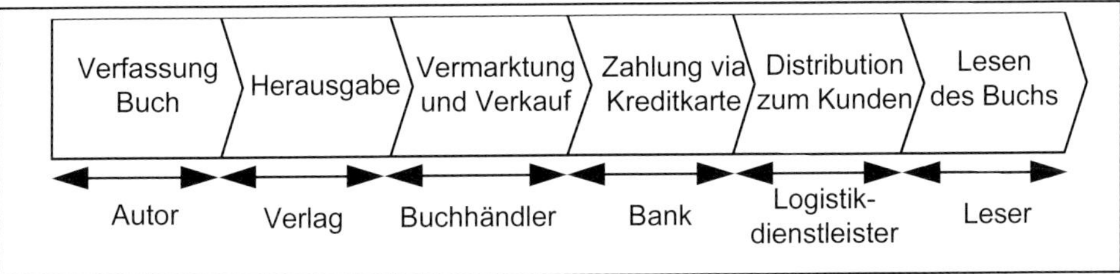

Abbildung 6: Wertschöpfungskette beim Buchverkauf

3.3 Wertschöpfungsketten beim Verkauf von Kontakten

Möchte ein Akteur Kontakte verkaufen, so begibt er sich damit in eine Wertschöpfungskette, die andere Kompetenzen fordert als die Wertschöpfungskette beim Verkauf von Produkten. Eine solche Wertschöpfungskette, die dem Verkauf von Kontakten zugrunde liegt, ist in Abbildung 7 dargestellt. Auf der ersten Stufe steht die Bereitstellung der Kontaktfläche und die Erstellung des Kontaktes zum Produktbezieher. Für den Online-Buchhändler entsteht dieser dann, wenn ein Nutzer die Website aufruft. Im nächsten Schritt muss das Kontaktangebot vermarktet werden. Dies kann der Online-Buchhändler selbst durchführen oder an einen spezialisierten Mittler wie einen Advertising-Dienstleister übertragen. Bei der Entscheidung, ob er diese Aktivität selbst durchführt oder einem Mittler überträgt, muss er insbesondere beachten, ob er über die notwendigen Kompetenzen verfügt. Auf der nächsten Wertschöpfungsstufe wird der Kontaktträger, zum Beispiel ein Werbebanner, produziert. Dies übernimmt meist ein spezialisierter Mittler, z.B. eine Werbeagentur. Die Finanztransaktion erfordert wiederum die Unterstützung durch einen Finanzdienstleister. Am Schluss der Wertschöpfungskette steht der Kontaktbezieher, der die von ihm gewählte Botschaft an die Zielgruppe übermittelt.

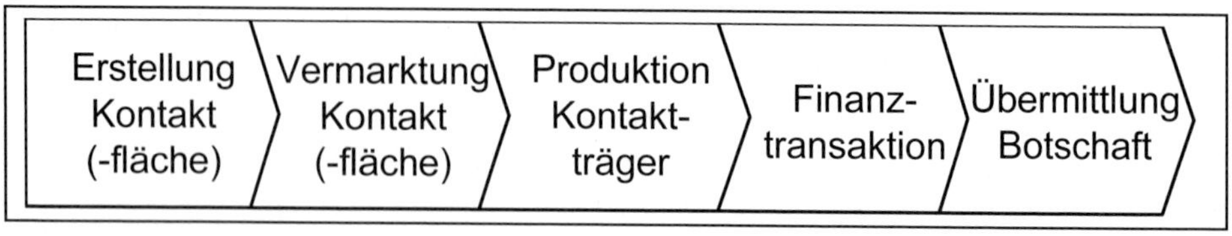

Erstellung Kontakt (-fläche) | Vermarktung Kontakt (-fläche) | Produktion Kontakt-träger | Finanz-transaktion | Übermittlung Botschaft

Abbildung 7: Wertschöpfungskette beim Verkauf von Kontakten

3.4 Wertschöpfungsketten beim Verkauf von Informationen

Wenn der Online-Buchhändler beispielsweise die Daten, die er im Laufe der Geschäftsbeziehung sammelt, verkaufen möchte, so befindet er sich auf der Wertschöpfungskette für den Verkauf von Informationen. So können beispielsweise Nutzerprofile, Angaben über das Nutzungsverhalten, z.B. durchschnittliche Click-Raten oder bei Online-Buchhändlern Bestseller-Listen, Marktanteile von Verlagen, Angaben über regional präferierte Bücher oder ähnliches, verkauft werden. Bei einer solchen Wertschöpfungskette steht, wie in Abbildung 8 dargestellt, zu Beginn die Sammlung der Informationen. Daraufhin stellt sich für den Buchhändler die Frage, ob er als Informationsersteller auch die Vermarktung und Distribution der Informationen übernehmen möchte, oder ob er zu diesem Zweck Mittler einschaltet. Peapod beispielsweise verkauft die Daten direkt an Großunternehmen, während bei den aus dem Konsumgüterbereich bekannten Paneldaten Marktforschungsinstitute als Mittler eingeschaltet werden. Denkbar wäre auch, dass zukünftig sogenannte Infomediäre diese Funktion übernehmen (Hagel/Singer, 1999)). Die Finanztransaktion wird dagegen zur Zeit meist von Banken übernommen. Die Wertschöpfungskette wird dann durch die Nutzung der Information durch den Informationsbezieher abgeschlossen, der auf dieser Basis bessere Entscheidungen treffen möchte.

Abbildung 8: Wertschöpfungskette beim Verkauf von Informationen

3.5 Schnittstellen zwischen den erlösspezifischen Wertschöpfungsketten

Untersucht man nun ausgehend vom Beispiel der Produktion und des Vertriebs eines Buchs die Möglichkeiten für die einzelnen Akteure, ihre bisherigen Erlöse durch Erlöse aus dem Verkauf von Kontakten oder Informationen zu ergänzen, so stellt man fest, dass dies primär davon abhängt, auf welcher Wertschöpfungsstufe ein Akteur tätig ist.

Der Autor des Buchs hat normalerweise lediglich Kontakt zum Verlag und somit keine Möglichkeit, Kontakte zu oder Informationen über die Endkunden zu erlangen. Für ihn entfällt die Möglichkeit, Erlöse aus dem Verkauf von Kontakten oder Informationen zu erzielen. Der Verlag verfügt über Informationen über die Verkaufszahlen der von ihm herausgegebenen Werke. Dies gestattet ihm beispielsweise, eine verlagsspezifische Bestseller-Liste zu erstellen. Allerdings ist schwer vorstellbar, dass er hierdurch nennenswerte Erlöse erzielen kann, da Informationen über verlagsübergreifende Bestseller-Listen von größerer Bedeutung wären. Der Verkauf von Kontakten zum Leser ist gegenwärtig nur durch die Schaltung von Anzeigen in Büchern möglich, was sich bislang nur relativ geringer Beliebtheit erfreut. Dies hängt möglicherweise damit zusammen, dass es bei Büchern im Gegensatz zu Zeitschriften zu wenig prognostizierbar ist, wann ein Leser das Buch wirklich liest. Folglich ist der Verlag zur Zeit von den Erlösquellen Kontakte oder Informationen weitestgehend ausgeschlossen.

In einer wesentlich besseren Lage zum Erzielen von Erlösen über den Verkauf von Kontakten und Informationen über den Leser befindet sich zur Zeit der Online-Buchhändler, der Vermarktung und Verkauf übernimmt. Da er über ein breites Angebot verfügt, kennt er einerseits die Verkaufszahlen einer Vielzahl von Büchern, die von unterschiedlichen Verlagen herausgebracht werden und kann diese Informationen über Verlage hinweg aggregieren und veräußern. Andererseits verfügt er über einen direkten Kundenkontakt und erlangt so Informationen über die Präferenzen der einzelnen Personen, so dass er detaillierte Nutzerprofile erstellen und verkaufen kann. Hinzu kommt, dass er aufgrund des direkten Kundenkontakts Werbefläche zum Erreichen des Kunden auf seiner Website zur Verfügung stellen und somit Kontakte verkaufen kann. Die Bank wiederum sammelt im Rahmen der Finanztransaktionen Informationen über die Bonität der einzelnen Kunden. Der Logisitkdienstleister ist noch ein Stück näher am Kunden. Er könnte den Kontakt bei der Zustellung nutzen, gleichzeitig Werbeprospekte zu liefern oder Informationen über die Wohnlage des Kunden zu sammeln.

Anhand dieser Kette wird auch deutlich, was es für einen Akteur bedeutet, wenn er eine bestimmte Wertschöpfungsstufe an andere abgibt oder selbst eine weitere übernimmt. Die Bank verfügt bisher im wesentlichen über Bonitäts- und Vermögensdaten. Wenn sie nun selbst einen Buchhandel eröffnen würde oder eine entsprechend enge Kooperation einginge, bekäme sie Einblick in die Präferenzen der Kunden. Aggregiert mit den Vermögensdaten ergäbe sich ein umfassendes Bild des einzelnen Kunden, das, wenn man von Problemen im Rahmen des Datenschutzes absieht, für andere Unternehmen einen hohen Wert hätte. Die Übernahme einer weiteren Wertschöpfungsstufe würde der Bank folglich eine neue Erlösquelle öffnen. Eine Gefahr würde es jedoch für die Bank darstellen, wenn der Online-Buchhändler oder der Käufer eine Trusted-Third-Party einschalten würden, die einen Großteil der Finanztransaktion abwickelt, und somit selbst Zugang zu Bonitätsdaten erhält. Die Bank könnte nur noch im Hintergrund agieren und der Zugang zu Informationen über die Präferenzen der Kunden würde für sie durch den

Wegfall des direkten Kundenkontaktes wesentlich beschränkt. Die heute theoretisch nutzbare Erlösquelle Informationen entfiele somit.

Dies bedeutet in Konsequenz, dass das Erlösmodell, das ein Akteur wählen kann, maßgeblich davon abhängt, welche Stufen der Wertschöpfungskette er übernimmt. Stufen, die nahe am Endkunden sind, weisen tendenziell ein hohes Potential auf, Erlöse durch den Verkauf von Kontakten oder Informationen über den Endkunden zu erzielen, während dieses Potential bei Stufen, die zu Beginn der Wertschöpfungskette stehen, gering ist.

4. Darstellung eines übergreifenden Erlösmodells

Die Wertschöpfungsketten für den Verkauf von Produkten, Kontakten und Informationen und die jeweiligen Akteure können in dem in Abbildung 9 dargestellten übergreifenden Erlösmodell zusammengefasst werden. Hierbei stellen die dicken Pfeile im Hintergrund die zugrunde liegenden Wertschöpfungsketten dar, während die dünnen Pfeile die Erlösströme symbolisieren.

In der Mitte steht die Wertschöpfungskette der Produktebene. Hier erstellt der Produktersteller das Produkt, das über einen oder mehrere Produktmittler an den Produktbezieher vertrieben wird. Der Produktersteller erzielt somit Erlöse vom Produktmittler, der das Produkt wiederum gegen Geld an den Produktbezieher abgibt. Der Erlös des Produktmittlers setzt sich folglich aus den Erlösen von Seiten des Produktbeziehers abzüglich der Kosten, die beim Erwerb des Produktes anfallen, zusammen. In Fällen, in denen der Produktmittler keine Händlerfunktion übernimmt, wie dies für Auktionatoren oder Makler zutrifft, findet eine direkte Finanztransaktion zwischen Produktbezieher und Produktersteller statt. Der Produktmittler erhält dann lediglich von zumindest einer der beiden Seiten eine Entlohnung für seine Tätigkeit. Auch Mittler wie Logistik- oder Finanzdienstleister werden entweder vom Produktersteller oder vom Produktbezieher finanziell entlohnt.

Insbesondere Produktmittler, in bestimmten Fällen aber auch Produktersteller, bauen im Rahmen der Produkterstellung oder des Vertriebs Kontakte zu Produktbeziehern auf, die sie verkaufen können. Wie das Beispiel des Online-Buchhändlers zeigt, nehmen sie damit die Rolle eines Kontakterstellers ein. Die Wertschöpfungskette und die Beziehung zwischen Kontaktersteller, Kontaktmittler und Kontaktbezieher sind im unteren Teil des Modells in Abbildung 9 dargestellt. Hier erzielt der Kontaktmittler Erlöse vom werbetreibenden Unternehmen und bezahlt den Kontaktersteller für die Werbefläche. In bestimmten Fällen können auch Produktbezieher ihre eigene Aufmerksamkeit und Zeit verkaufen. Dies ermöglicht beispielsweise das Unternehmen AdOne (www.adone.de). Hier werden Web-Surfer dafür entlohnt, dass auf Ihrem Bildschirm während des Surfens Werbung eingeblendet wird. AdOne stellt somit den Kontaktmittler dar, während der Werbetreibende als Kontaktbezieher von der Erstellung des Kontaktes profitiert und dafür bezahlt.

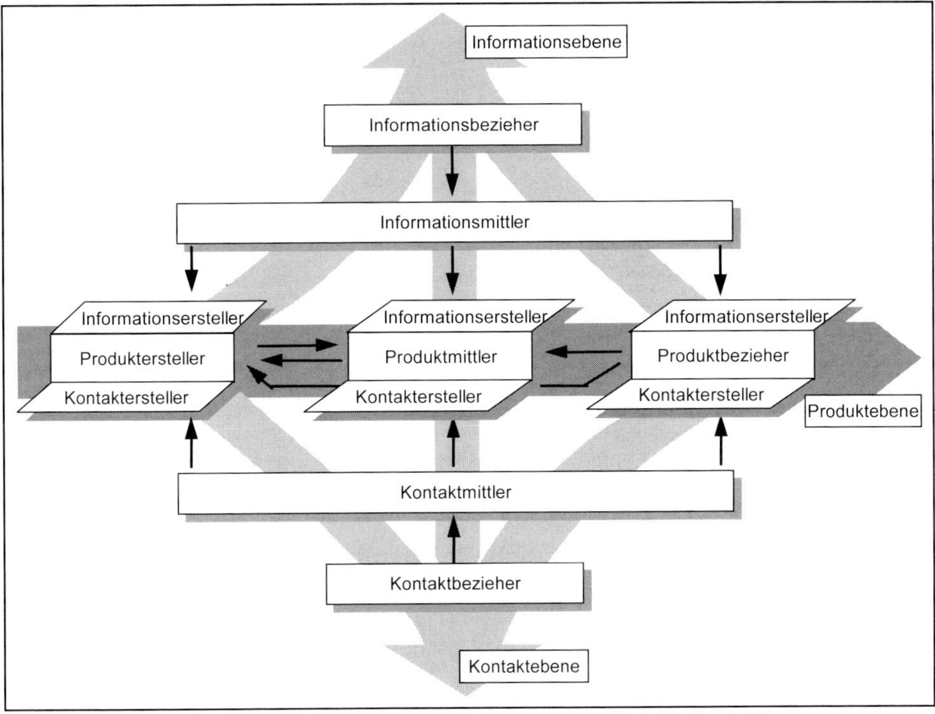

Abbildung 9: Darstellung des gesamten Erlösmodells

Analog können Produktersteller und Produktmittler Informationen, die sie im Laufe ihrer Geschäftstätigkeit über ihre Kunden und deren Wünsche erhalten, verkaufen. Hierbei ist beispielsweise an Nutzerprofile zu denken oder an Informationen, wie sie beispielsweise auch in Paneldaten im klassischen Konsumgüterbereich vorzufinden sind. Marktforschungsinstitute werten als Informationsmittler die Daten aus und verkaufen sie dann an interessierte Informationsbezieher. Auch Produktbezieher können als Informationsersteller tätig werden und Daten über sich selbst und ihre Produktnutzung verkaufen. Beispielsweise bietet das Marktforschungsunternehmen Greenfield-Online (www.greenfield.com) einer Vielzahl von Internetnutzern die Möglichkeit, gegen Entlohnung in Umfragen persönliche Informationen preis zu geben.

5. Implikationen

Das Gesamtmodell zeigt, dass erhebliche Interdependenzen zwischen den drei Erlösarten bestehen. Dies führt dazu, dass das aus der „realen Welt" bereits bekannte Phänomen des Lockvogelangebots an Relevanz gewinnt. Beim Lockvogelangebot wird ein Produkt in einem Geschäft unter, oder zumindest sehr nahe an den Einstandskosten verkauft, um damit Konsumenten in das Geschäft zu locken und diese letztlich zum Kauf anderer, profitabler Produkte zu bewegen. Diese "Quersubventionierung" gewinnt im Internet an Bedeutung, weil aufgrund der mit dem Internet verbundenen Digitalisierung von Prozessen Werbung wesentlich einfacher und kostengünstiger durchgeführt werden kann und somit der Verkauf von Werbefläche die Abgabe preisgünstiger oder kostenloser Produkte subventionieren kann. Gleiches gilt für Erlöse aus dem Verkauf von Informationen.

Dies bedeutet, dass Unternehmen, die mit dem Verkauf von Produkten ihre Erlöse erzielen möchten, genauestens prüfen müssen, ob nicht andere Unternehmen andere Wertschöpfungsmöglichkeiten sehen und von daher an einem möglicherweise den Verkauf des Produkts nicht kostendeckenden Preis interessiert sind. Dies kann der Fall sein, wenn sie dadurch eine große Anzahl an Konsumenten anlocken, mit denen sie dann über Werbung oder den Verkauf von Informationen ausreichende Erlöse und Gewinne erzielen. So kann beispielsweise heute kaum mehr Geld über das eigentliche Bereitstellen von E-Mail-Accounts im Internet verdient werden. Dies hängt damit zusammen, dass Anbieter wie Microsoft mit dem Angebot Hotmail (www.hotmail.com) oder GMX (www.gmx.net) nicht über den Verkauf bzw. die Bereitstellung ihrer Software Erlöse erzielen, sondern über das Vermitteln von Kontakten, hier insbesondere in Form von Bannerwerbung. Für diese ist das Bereitstellen der E-Mail-Accounts nur Mittel zum Zweck. Für Softwareanbieter in diesem Bereich bedeutet dies, dass sie sich entweder aus dem Markt verabschieden oder den neuen Herausforderungen der sich daraus ergebenden Wertschöpfungsketten stellen müssen. Letzteres hat zur Folge, dass sich solche Softwareanbieter dann mit Aktivitäten der Wertschöpfungskette beim Verkauf von Kontakten, beispielsweise mit Werbeerfolgsmaßen, individualisierter Werbung und verschiedensten Formen der Bannerwerbung auseinander setzen müssen. Gleichzeitig impliziert dies, dass die Softwarehersteller auf ein völlig anderes Konkurrenzumfeld treffen. Konkurrierten sie früher ausschließlich auf der Produktebene mit anderen Softwareherstellern, so stehen sie nun auch auf der Kontaktebene mit vielen unterschiedlichen Kontaktherstellern, zu denen beispielsweise auch Internet-Suchmaschinen, Fernsehsender und Tageszeitungen gehören, in Wettbewerb.

Allerdings kann es für ein Unternehmen auch strategisch günstig sein, bewusst auf unterschiedliche Erlösquellen zurückzugreifen. Da das Interactive Journal (www.wsj.com) sowohl Erlöse aus dem Verkauf seines Produktes, nämlich aktuellen Nachrichten, als auch aus dem Verkauf von Werbefläche bezieht, ist es einerseits weniger sensibel gegenüber Schwankungen auf dem Werbemarkt, andererseits wird es, zumindest kurzfristig, von einem Rückgang der Kundenzahl weniger hart getroffen.

Letztlich zeigt der Beitrag, dass sich ein Unternehmen bei der Überlegung, welche Stufen der Wertschöpfungskette es übernehmen soll, von zwei Überlegungen leiten lassen sollte. Von der Höhe der auf den einzelnen Wertschöpfungsstufen erzielbaren Erlöse, sowie von der Anzahl der Wertschöpfungsketten, in denen es durch die Übernahme bestimmter Stufen einer Wertschöpfungskette vertreten sein kann. So kann es durchaus vorteilhaft sein, eine Stufe in der Wertschöpfungskette des Verkaufs von Produkten zu übernehmen, obwohl das Unternehmen in dieser Stufe für den Verkauf der Produkte keine Erlöse erzielt, wenn dadurch der Einstieg in eine andere Wertschöpfungskette, z.B. zum Verkauf von Kontakten oder Informationen, ermöglicht wird.

6. Zusammenfassung

Der Beitrag hat gezeigt, dass der eigentlichen Preisentscheidung eine Entscheidung über die zu bepreisende Erlösquelle und damit das Erlösmodell vorgelagert ist. Gerade im Internet, aber grundsätzlich auch in der "realen Welt" kann nicht nur mit dem Verkauf von Produkten Geld verdient werden kann, sondern auch mit dem Verkauf von Kontakten und Informationen. Damit Unternehmen aber solche Erlösquellen erschließen können, ist die Übernahme entsprechender Stufen der Wertschöpfungskette notwendig. Des weiteren müssen Unternehmen stets mit Wettbewerbern rechnen, die andere Erlösquellen anstreben und daher Preise anbieten, die für die von einem Unternehmen verfolgte Wertschöpfungskette zunächst einmal nicht kostendeckend ist.

7. Literatur

ALBERS, S./CLEMENT, M./PETERS, K./SKIERA, B., Warum ins Internet? - Erlösmodelle für einen neuen Kommunikations- und Distributionskanal, in: Albers, S./Clement, M./Peters, K./Skiera, B., (Hrsg.), eCommerce. Einstieg, Strategie und Umsetzung im Unternehmen, Frankfurt/Main 2000, S. 9-20.

CHOI, S.-Y./STAHL, D. O./WHINSTON, A. B., The Economics of Electronic Commerce, Indianapolis 1997.

DILLER, H., Preispolitik, Stuttgart et al. 1991.

DILLER, H., Entwicklungslinien in Preistheorie und -management, in: Marketing ZFP, 1999, S. 39-60.

GIJSBRECHTS, E., Prices and Pricing Research in Consumer Marketing: Some Recent Developments, in: International Journal of Research in Marketing, 1993, S. 115-151.

HAGEL, J. I./SINGER, M., Net Worth. Shaping Markets When Customers Make the Rules, Boston 1999.

MEDIA METRIX, Top Rankings: August 1999, http://www.relevantknowledge.com//TopRankings/TopRankings.html, 1999.

MEFFERT, H., Die Wertkette als Instrument einer integrierten Unternehmensplanung, in: Delfmann, W./Adam, D., (Hrsg.), Der Integrationsgedanke in der Betriebswirtschaftslehre: Helmut Koch zum 70. Geburtstag, Wiesbaden 1989, 255-273.

MONROE, K. B., Pricing: Making Profitable Decisions, New York 1990.

NAGLE, T. T./HOLDEN, R. K., The Strategy and Tactics of Pricing. A Guide to Profitable Pricing, Englewood Cliffs 1995.

PORTER, M. E., Wettbewerbsvorteile: Spitzenleistungen erreichen und behaupten, Frankfurt/Main 1999.

RAO, V. R., Pricing Models in Marketing, in: Eliashberg, J./Lilien, G., (Hrsg.), Handbook in Operations Research and Marketing Science, Marketing, Amsterdam 1993, S. 517-552.

SCHMALEN, H., Preispolitik, Stuttgart et al. 1995.

SCHWARTZ, E. I., Digital Darwinism: 7 Breakthrough Business Strategies for Surviving in the Cutthroat Web Economy, New York 1999.

SHAPIRO, C./VARIAN, H. R., Information Rules: A Strategic Guide to the Network Economy, Boston 1998.

SIMON, H., Marketing-Mix-Interaktion: Theorie, empirische Befunde, strategische Implikationen, in: Zeitschrift für betriebswirtschaftliche Forschung, 1992, S. 87-110.

SIMON, H./DOLAN, R. J., Profit durch Power Pricing: Strategien aktiver Preispolitik, Frankfurt/Main 1997.

SKIERA, B., Auktionen, in: Albers, S./Clement, M./Peters, K., (Hrsg.), Marketing mit Interaktiven Medien. Strategien zum Markterfolg, Frankfurt/Main 1999a, S. 297-310.

SKIERA, B., Preisdifferenzierung, in: Albers, S./Clement, M./Peters, K., (Hrsg.), Marketing mit Interaktiven Medien. Strategien zum Markterfolg, Frankfurt/Main 1999b, S. 283-296.

SKIERA, B., Wie teuer sollen die Produkte sein ? - Preispolitik, in: Albers, S./Clement, M./Peters, K./Skiera, B., (Hrsg.), eCommerce. Einstieg, Strategie und Umsetzung im Unternehmen, Frankfurt/Main 2000, S. 95-108.

SKIERA, B./SPANN, M., Werbeerfolgskontrolle, in: Controlling, 2000.

ZERDICK, A./PICOT, A./SCHRAPE, K./ARTOPÉ, A./GOLDHAMMER, K./LANGE, U. T./VIERKANT, E./LÓPEZ-ESCOBAR, E./SILVERSTONE, R., Die Internet-Ökonomie: Strategien für die digitale Wirtschaft / European Communication Council Report, 1998, Berlin et al. 1999.

Michael Lingenfelder
Claudia Kreipl

Efficient Consumer Response

1. Efficient Consumer Response als Zeichen eines Paradigmenwechsels in der Hersteller-Handels-Beziehung

Hersteller-Handels-Beziehungen sind seit jeher durch Wettbewerb geprägt. Konzentrations- und Verdrängungsprozesse auf Hersteller- und Handelsebene, steigende Systemkosten (z.B. für CRM-Systeme) und wachsende Erwartungen auf der Konsumentenseite bestimmen das Bild. Diese Entwicklungen führen zu einer Verschärfung nicht nur des horizontalen, sondern auch des vertikalen Wettbewerbs. Eine Neuorientierung der Zusammenarbeit zwischen Hersteller und Handel könnte einen Ausweg bilden. Dies kann durch die Ablösung einer konfrontativen durch eine kooperative Ausgestaltung der Geschäftsbeziehung umgesetzt werden. Betrachtet man die damit angesprochene Entwicklung, so zeichnet sich in den neunziger Jahren ein zunehmendes Interesse an vertikaler Kooperation zwischen Industrie und Handel ab (Müller-Hagedorn et al. 1999, S. 62; Zentes/Swoboda 1999, S. 275; Töpfer 1996, S. 9, und Schenk 1998, S. 158 f.).

Das Verhältnis zwischen Industrie und Handel ist von gegenseitigen Abhängigkeiten bestimmt (Tomczak/Gussek 1992, S. 784). Dies liefert eine wichtige Begründung für das Entstehen kooperativer Ansätze. Obwohl auch eine Zusammenarbeit immer dem Primat des Wettbewerbs unterworfen ist, beurteilten im Jahr 2001 55,2% der befragten Handelsunternehmen sowie 60% der Hersteller die Beziehung als kooperativ (Tabelle 1).

Das Bestehen im Wettbewerb setzt eine hohe Effizienz voraus. Die Realisation von Effizienzsteigerungspotential innerhalb einer Stufe stößt jedoch immer häufiger an Grenzen. Ziel muß es daher sein, über eine Verbesserung der eigenen Wertschöpfungskette hinaus zum Ausschöpfen von Optimierungspotential durch eine Verzahnung der Wertschöpfungsketten mit vor- bzw. nachgelagerten Marktpartnern zu gelangen (Zentes 1996, S. 24 f.).

Eine solche, auch als Wertschöpfungs- bzw. Value-Adding-Partnerschaft bezeichnete Form vertikaler Kooperation (Swoboda 1997, S. 449) wird durch rechtlich selbständige Partner vollzogen. Die gesamte Wertschöpfungskette (vom Rohstoffproduzenten bis hin zum Verbraucher) wird als eine Wettbewerbseinheit betrachtet. Jeder Akteur hängt dabei vom Erfolg der anderen Partner innerhalb der Kette ab (Balling 1998, S. 21).

Vertikale Kooperationen erfordern deswegen insbesondere einen Paradigmenwechsel des Marketing hin zum Beziehungsmarketing. Marketingtransaktionen können nicht mehr nur episodenbezogen, sondern müssen als Elemente einer langfristigen Beziehung betrachtet werden (Wehrli/Wirtz 1996; Diller/Kusterer 1988, S. 211). Während der Fokus im traditionellen Marketingansatz auf der Neukundengewinnung lag, wird nun das Augenmerk auf Wertsteigerung in bestehenden Kundenbeziehungen gelegt. Durch Aufbau und Entwicklung langfristiger Geschäftsbeziehungen mit ausgewählten Kunden sollen Wettbewerbsvorteile erzielt werden (Rogers/Peppers 1994).

Datum des Monitoren	12/95	6/96	12/96	6/97	6/98	6/99	2000	2001
Einschätzung des Handels (in %)	64,6	56,2	51,2	48,9	53,8	57,2	60,0	55,2
Einschätzung der Industrie (in %)	54,5	45,2	56,0	36,4	45,2	54,8	55,0	60,0

Lesebeispiel: *Im Juni 1998 beurteilten 53,8% der befragten Handelsunternehmen ihre Beziehung zu Herstellern als kooperativ, während zum gleichen Zeitpunkt 45,2% der Industrieunternehmen ihre Beziehung zum Handel als kooperativ bewerteten.*

Tabelle 1: Kooperative Beziehungen zwischen Handel und Industrie im Längsschnitt

Quelle: Zentes/Morschett 1998, S. 32 ff.

Efficient Consumer Response (ECR) bildet eine von der Praxis geprägte Ausgestaltung der Zusammenarbeit zwischen Hersteller und Handel. Das US-amerikanische Food Marketing Institute (FMI) hat 1992 unter der Projektleitung der US-amerikanischen Unternehmensberatung Kurt Salmon Associates (KSA) ein Projekt zur Verbesserung der Hersteller-Handels-Beziehung mit dem Ziel der verstärkten Kundenorientierung ins Leben gerufen (Zentes/Swoboda 1999, S. 290, v.d. Heydt 1998, und Kalmbach 1999, S. 25). Diese als ECR bezeichnete Konzeption hat ein Reengineering der Wertschöpfungsprozesse zwischen Herstellern und Handelsunternehmen zum Ziel. Der Warenfluß und die damit einhergehenden Transaktionen sollen auf einander abgestimmt, verbessert und beschleunigt werden. Durch Integration der Konsumenten wird eine Win-Win-Win-Situation angestrebt (Zentes/Swoboda 1999, S. 290 f.; v.d. Heydt 1998, S. 55; Tietz 1996, S. 176f.).

ECR verfolgt im wesentlichen das Ziel, eine bessere Befriedigung der Bedürfnisse von Konsumenten durch den Abbau nicht notwendiger Kosten, die keine Wertschöpfung für den Kunden erbringen, auf allen Stufen des Distributionssystems zu erreichen (Tietz 1996, S. 178). KSA bezifferte das Nutzenpotenzial von ECR in den USA im Jahre 1993 mit 10,8% des Umsatzes bzw. 30 Mrd. US-$. Diese Einsparungen sind im wesentlichen zurückzuführen auf einen 40-prozentigen Abbau der Lagerbestände sowie einer Beschleunigung des Warenflusses von 104 auf 61 Tage Verweildauer in der Lieferkette (Seifert 2001a, S. 60). Das Kostensenkungspotential wurde in einer von Coopers & Lybrand durchgeführten europäischen Value Chain Analysis mit 6,1% bezogen auf den Umsatz beziffert (Seifert 2000, S. 40). Die ungleich höheren Einparpotenziale in den USA lassen sich durch eine höhere Komplexität der Warenversorgung in diesem Land erklären. Die Verweildauer in der Lieferkette liegt mit 100 Tagen etwa doppelt so hoch wie in Deutschland. Weiterhin umfaßt ein durchschnittliches Sortiment einer deutschen Handelsfiliale nur ein Drittel des Sortiments US-amerikanischer Filialen (Hallier 1999, S. 57).

Nach einer Untersuchung von Homburg et al. bei 52 Markenartikelunternehmen aus der Verbrauchsgüterindustrie zeigte sich, daß 38% der befragten Unternehmen eine mehr oder weniger umfangreich angelegte ECR-Kooperation bereits eingegangen sind. Weitere 40% planen eine ECR-Kooperation. Nur 22% der Befragten beabsichtigen keine solche Kooperation (Homburg/Grandinger/Krohmer 1997, S. 6 ff.). Borchert deckte in einer Befragung im Lebensmittelsektor auf, daß – gemessen am Umsatz – mit 51,2% der befragten kleinen und mittleren Unternehmen diese deutlich seltener als die befragten großen Unternehmen (70,7%) an ECR-Partnerschaften beteiligt sind (Borchert 2001, S. 244f.).

Allerdings bildet ECR nicht etwas völlig Neues. Das Denken in Wertschöpfungsketten findet sich bereits in den 30er Jahren im Rahmen der Handelskettenbetrachtung von Rudolf Seyffert (Seyffert 1950, S. 499 ff.) und in der Produktions- und Absatzkettenbetrachtung von Erich Schäfer (Schäfer 1950) wieder, welche auf der Trade-Channel-Betrachtung von Paul D. Converse fußt (Tietz 1996, S. 184, und Schenk 1998, S. 158). Ebenso zählen auch die Konzepte des planvereinbarten Marketing und des Kontraktmarketing zu den Vorläufern des ECR-Ansatzes. Weiterhin kann die Beschäftigung mit einer Effizienzsteigerung durch konzertierte Marketingaktivitäten der Marktpartner (Thies 1976, S. 17) als eine Vorform des ECR-Ansatzes gelten.

In diesem Beitrag werden nach einer theoretischen Fundierung von Efficient Consumer Response die einzelnen Elemente des Konzeptes betrachtet. Hierbei soll die Vorteilhaftigkeit des ECR-Ansatzes aufgezeigt werden, um im Anschluß die Erfolgsfaktoren und eine idealtypische Vorgehensweise zur Implementierung zu beschreiben. Dies leitet in eine Fokussierung auf die Partnerwahl als wichtige Determinante einer erfolgreichen ECR-Kooperation über. Schließlich sollen bei der Betrachtung der Perspektiven sowohl zukünftige Anforderungen als auch die universelle, d.h. von Branchenbedingungen abstrahierende übergreifende Einsetzbarkeit von ECR diskutiert werden.

2. Die theoretische Basis der Efficient Consumer Response

Als in der Praxis entstandenes Konzept ist ECR bislang nur wenig theoretisch durchdrungen (Töpfer 1999). Grundsätzlich läßt sich für eine theoretische Fundierung auf die Erkenntnisse der Kooperationsforschung zurückgreifen. Eine einzelne, eigenständige Theorie kann der Komplexität des Efficient Consumer Response-Ansatzes jedoch nicht gerecht werden. So gilt Ballings (1998) Forderung nach einer eklektischen Theorie der Kooperation auch für ECR.

Eine Theorie des ECR-Ansatzes soll die Entstehung und den Fortbestand von ECR-Kooperationen erklären. ECR als ökonomische Institution legt zunächst die Anwendung ökonomischer Theorien nahe. Verhaltenswissenschaftliche Organisationstheorien leisten erweiternd einen Erklärungsbeitrag bei der Analyse institutioneller Strukturen.

Zunächst werden die Charakteristika des ECR-Ansatzes betrachtet. Im einzelnen wird hierbei die Bedeutung einer ganzheitlichen, wertkettenübergreifenden Vorgehensweise, das Effizienzsteigerungspotential und das Sichern von Ressourcenzugang berücksichtigt. (Abschn. 2.1.). Im Anschluß daran folgt mit der theoretischen Begründung der Partnerwahl die Analyse eines für die Erfolgsträchtigkeit besonders relevanten Entscheidungsfeldes im ECR-Prozeß, da mit der Wahl eines Partners Weichen bezüglich der Vorteilhaftigkeit, Dauer und Intensität einer Zusammenarbeit gestellt werden (Abschn. 2.2.).

2.1 Theoretische Fundierung der ECR-Charakteristika

Ein System besteht aus einer Menge von Elementen und den zwischen diesen gegebenen Beziehungen. Zugleich ist es Bestandteil eines umfassenderen Systems, das es umgibt und mit dem es interagiert. Verändert man einzelne Elemente oder die Beziehung zwischen Elementen, so hat dies Auswirkungen auf das gesamte System (Schiemenz 1993, Sp. 4128). Bei ECR bilden die Träger, und zwar Zulieferer, Hersteller, Handel, (Logistik-) Dienstleister sowie Konsumenten, diese Systemelemente. Zwischen allen Akteuren bestehen Beziehungen. Wenn eine auf Kundenorientierung basierende Win-Win-Win-Situation erreicht werden soll, dann ist ein konsequentes Ausrichten von Zielen, Strategien und Maßnahmen auf das Gesamtsystem erforderlich. Auf diese Weise wird vermieden, daß eine für einzelne Elemente optimale, aber ganzheitlich suboptimale Lösung im Sinne eines Verlagerns von Kosten gewählt wird.

Dem Holismus entsprechend bestehen systememergente synergetische Eigenschaften, die nur dem System zuzuordnen sind. Zu diesen Eigenschaften zählt bei ECR die Bündelung von Know how und der Informationsaustausch z.B. von Abverkaufsdaten und Kundeninformationen sowie produktionsseitigen Informationen mit Hilfe einer informationstechnologischen Vernetzung. Dies ermöglicht es, ganzheitlich Optimierungspotential zu erschließen und damit einen Nutzen zu erzielen, der ohne ECR nicht erreichbar wäre. Je stärker die systememergenten synergetischen Eigenschaften zum Tragen kommen, desto höher ist das Effizienzsteigerungspotential. Folglich bildet die Intensität des Austauschs eine Determinante des Nutzens von ECR.

Effizienzsteigerungspotential läßt sich weiterhin durch Kostenreduktion erschließen. Transaktionskosten, die im Zusammenhang mit dem Austausch von Gütern und somit der Nutzung des Marktes entstehen, setzen sich im wesentlichen aus Anbahnungs-, Vereinbarungs-, Kontroll- und Anpassungskosten zusammen (Williamson 1990; Picot 1982 und 1992). Durch die Wahl einer geeigneten Organisationsform haben Unternehmen die Möglichkeit, Transaktionskosten zu minimieren und somit ihre Wettbewerbsposition zu stärken. Häufig wiederkehrende Transaktionen rechtfertigen daher eine Kooperation (Bogaschewski, 1995). Transaktionskostenoptimierung im Rahmen von ECR läßt sich beispielsweise durch gesenkte Anbahnungs- und Vereinbarungskosten im Bereich des Bestellwesens erzielen. Je größer das Tranksaktionskostensenkungspotential von ECR-

Kooperation eingeschätzt wird, desto mehr Unternehmen werden ein ECR-Konzept entwickeln und umsetzen. Je größer das realisierte Einsparpotential, desto dauerhafter wird ECR sich etablieren bzw. desto mehr Nachahmer wird es in anderen Unternehmen und Branchen finden.

Die den Interorganisationstheorien zuzuordnende soziale Austauschtheorie ergänzt die Transaktionskostentheorie. Sie führt die Evolution interorganisationaler Beziehungen, wie z.B. das Entstehen einer ECR-Partnerschaft, auf das Streben von selbständigen Organisationen zurück, einen Nutzen zu erzielen, der die Kosten des Austausches übersteigt und somit die Effizienz steigert. Im Unterschied zur Transaktionskostentheorie fließen im Rahmen der Austauschtheorie auch soziale Aspekte ein, wie z.B. Macht (Sydow 1993, S. 193 f.). Je mehr Unternehmen den erwarteten Nutzen höher bewerten als die Kosten sowie die negativen Auswirkungen durch Einflußnahme von (potentiellen) Wettbewerbern, desto mehr Unternehmen werden ECR umsetzen.

Der Ressource Dependence-Ansatz setzt sich ebenfalls mit dem erwarteten Nutzen der ECR-Partner auseinander. Er betrachtet knappe Ressourcen als Auslöser für unternehmensübergreifende Zusammenarbeit (Balling, 1998, S. 69). Neben dem Zugang zu Ressourcen bleibt im Rahmen von Kooperationen der Verlust eigener Autonomie im Vergleich zur Integration gering. Efficient Consumer Response bietet den Industrie- und Handelspartnern die Möglichkeit, zuverlässige, feste Absatz- und Beschaffungswege zu etablieren. Weiterhin ist der Zugang zu Informationen im Rahmen der Efficient Consumer Response von strategischer Bedeutung. Der Ressource Dependence-Ansatz trägt der Effizienzsteigerung inputseitig durch die Sicherung eines Zugangs zu Informationen sowie outputseitig durch Sicherung der Absatzwege Rechnung. Je erfolgskritischer die Ressourcen der Hersteller- bzw. Handelsseite für die eigene Leistungserstellung sind, desto wahrscheinlicher ist die Realisierung von ECR-Konzeptionen.

2.2 Theoretische Fundierung der Partnerwahl als zentrales Element des ECR-Prozesses

Die Principal-Agent-Theorie setzt sich mit der Informationsasymmetrie zwischen Akteuren auseinander. Die Asymmetrie bedeutet für den Prinzipal bzw. Nachfrager Qualitätsunsicherheit, und für den Agenten bzw. Anbieter eröffnet sie Raum für opportunistisches Handeln (Kaas 1995, S. 25). Agenten müssen aufgrund ihres Handlungsspielraumes dazu veranlaßt werden, gemäß dem Auftrag des Prinzipals zu handeln. Konfliktäre Ziele und opportunistische Verhaltensweisen der Partner erfordern Regelungen in Form von Anreiz- bzw. Sanktionssytemen oder Kontrollen, um den principal agenttheoretischen Spielarten des Opportunismus, hidden characteristics, hidden intention und hidden action, mit ihren Auswirkungen in Form von adverse selection, hold up bzw. moral hazard begegnen zu können.

ECR-Kooperationen bergen wechselseitige Principal-Agent-Beziehungen der Partner in sich. Zunächst zeichnet sich der Handel durch einen Informationsvorsprung durch Konsumentennähe am POS aus. Hersteller wiederum verfügen über einen Informationsvorsprung im Bereich von Produkt- und Marktkenntnissen. Je größer die Wettbewerbsvorteile durch Abbau von Informationsasymmetrie sind, desto größer ist der Anreiz zur Kooperation mit dem entsprechenden Partner bzw. desto stärker wird die Bindung.

Nach dem Modell der Kontingenzansätze wird die Evolution kooperativer Organisationsformen aus dem Zusammenwirken interner und externer Kontingenzfaktoren erklärt, wie z.B. Leistungsprogramm, Unternehmungsgröße, Personalstruktur, Eigentumsverhältnisse und technologische Komplexität. Basierend auf der Kongruenz-Effizienz-Hypothese postuliert man die Abhängigkeit der Effizienz von Kooperationen von einem Fit der Situationsfaktoren und Organisationsstrukturen (Sydow 1993, S. 210). Konsistenzansätze ergänzen diesen Fit um eine Innensicht der Organisationen. Effizienz und Effektivität sind von einer inneren Konsistenz von Strategie, Struktur, Technologie, Kultur und Humanressourcen determiniert. Im Rahmen von ECR haben insbesondere ein Fit des Leistungsprogramms, der prozeßorientierten Strukturen, aber auch eine Stimmigkeit von Unternehmensphilosophie und -kultur Bedeutung. ECR-Partnerschaften haben länger Bestand, wenn eine möglichst starke Harmonie bzw. Komplementarität dieser Determinanten bei Herstellern und Handelsunternehmen vorliegt. Je größer die Stimmigkeit zwischen zwei Partnern ist, desto stabiler, intensiver und länger anhaltend ist ihre ECR-Kooperation.

3. Die Bausteine des Efficient Consumer Response-Ansatzes

3.1 Die Bedeutung von Supply Chain Management und Category Management für ECR

Unter einer Supply Chain (Lieferkette) ist die Gesamtheit aller Geschäftsprozesse zu verstehen, die zur Befriedigung der Nachfrage nach Produkten oder Dienstleistungen erforderlich sind. Sie hat ihren Ursprung beim Bedarf an Rohstoffen und endet bei der Lieferung an den Endverbraucher. Supply Chain Management stellt hierbei einen organisatorischen und informationstechnischen Ansatz zur Gestaltung und Koordination dieser Kette dar (Jirik 1999, S. 547). Supply Chain Management besitzt eine Querschnittfunktion und markiert eine Schnittstelle zur Unternehmensumwelt (Arnold 1997, S. 1; Sperrle 1998, S. 70). Durch eine (unternehmens-) bereichsübergreifende prozeßorientierte Betrachtungsweise soll eine Optimierung der Gesamtkosten erreicht werden (Arnolds et al. 1996, S. 23). Somit wird über stufenbezogen optimale, aber möglicherweise ganzheitlich betrachtet suboptimale Lösungen hinausgegangen. Dies erfolgt durch Berücksichtigung der Produktionsaktivitäten und der begleitenden Abwicklungs- und

Geldflußprozesse (Bloech/Ihde 1997, S. 1046, und Klaus/Krieger 1998, S. 435). Das Optimierungspotential konkretisiert sich z.B. in einer Normierung von Verpackungen und Ladehöhen von Transportmitteln. Dies kann nach Einschätzungen von ECR Europe Kostensenkungen von 1,2% des Verbraucherpreises ermöglichen.

Die Supply Chain steht als Versorgungskette in enger Beziehung zur Value Chain. Während letztere die Wertschöpfung akzentuiert, stellt erstere den Verfügbarkeitsaspekt verbunden mit dem Aufspüren und der Elimination ressourcenverzehrender Aktivitäten in den Mittelpunkt der Analyse (Klaus/Krieger 1998).

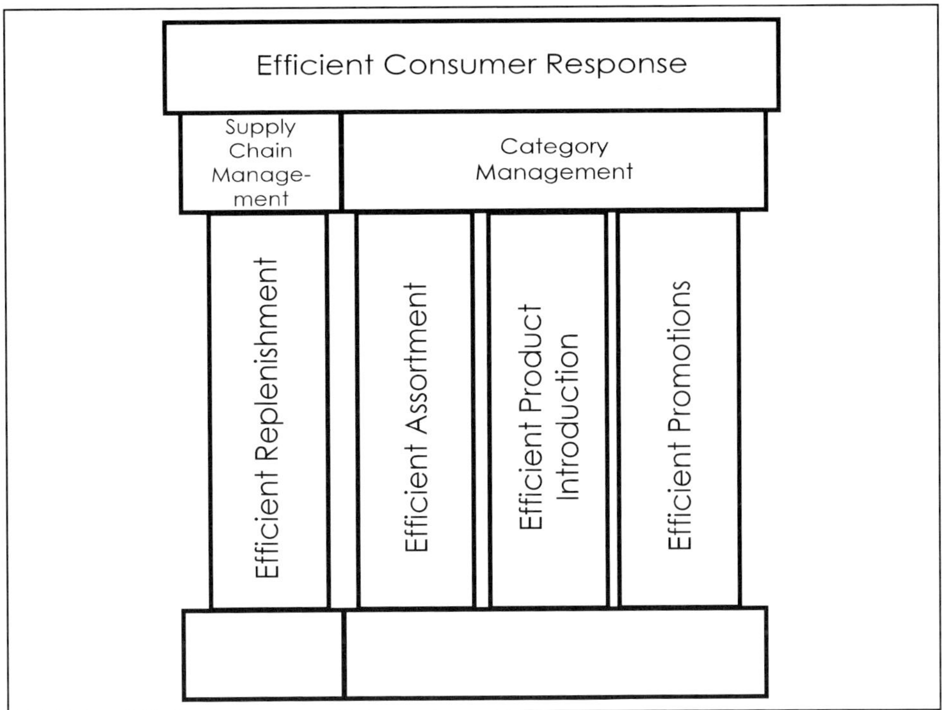

Abbildung 1: Der Zusammenhang zwischen Supply Chain Management, Category Management und den Basisstrategien von ECR

Category Management wird vom europäischen ECR-Board definiert als ein „Prozeß von Händler und Hersteller, bei dem Warengruppen als strategische Geschäftseinheit geführt werden, um durch Erhöhung des Kundennutzens Ergebnisverbesserungen zu erzielen" (Figgen 1998, S. 117). Eine Category ist eine abgrenzbare und eigenständig steuerbare Menge von Produkten und Dienstleistungen, die den Bedürfnissen einer Kundengruppe entspricht. Die Bildung dieser Categories erfolgt im wesentlichen auf der Basis von Verbundkaufanalysen. Dies kann zur Folge haben, daß einzelne Sach- und/oder Dienstleistungen Bestandteil verschiedener Categories sind, was eine Mehrfachplazierung im Handel zur Folge haben kann.

Ein Category Management kann zwar grundsätzlich auch auf Hersteller- und Handelsseite isoliert betrieben werden. Kennzeichnend für ECR ist allerdings ein vereintes Vorgehen. Dieses Demand Management vereint die marketingorientierten Basisstrategien von ECR. Es konkretisiert sich in Efficient Assortment, Efficient Product Introductions und Efficient Promotions.

Pilotprojekte von ECR Europe ermittelten das Potential einer Umsatz- und Gewinnsteigerung von 5-10%, ein Sinken der Lagerinvestitionen von 10-20%, das Ansteigen der Verkaufsproduktivität von 2-5% und ein Absinken der Arbeitskosten am Verkaufspunkt von 0,25% im Vergleich zu einem herkömmlichen Warengruppenmanagement. In der ECR-Erfolgsfaktorenstudie von Seifert (2001b, S. 314) wurde Category Management ein großer bis sehr großer Nutzen attestiert, leider ohne dabei auf Details einzugehen.

Ein Einstieg in ECR erfolgt in der Praxis bislang durch Optimierung auf der Beschaffungsseite mit Hilfe von Supply Chain Management. Dies kann kurz- bis mittelfristige Kostenvorteile ermöglichen. Die langfristig nachhaltigeren Erfolge versprechen jedoch nachfragebezogene Veränderungen (Kilimann/Schlenk 1998, S. 10). Dabei wird das Sammeln positiver, vertrauensbildender Erfahrungen im Logistikbereich häufig als Vorstufe zu einer Zusammenarbeit im Rahmen von Demand Management betrachtet (Hebler 1998, S. 17). Tatsächlich beeinflussen sich Demand Management und Supply Management wechselseitig. So verändert z.B. ein Management nach Kategorien die Anforderungen an die Beschaffung (Kalmbach 1999, S. 35 und Stefanescu 1999, S. 261). ECR mit seinem ganzheitlichen Anspruch erfordert daher die Integration von Supply und Demand Side (vgl. Abb. 1).

3.2 Die ECR-Basisstrategien

Efficient Replenishment (ERP): Strategie der effizienten Warenversorgung

Die Optimierung der Waren-, Informations- und Zahlungsflüsse entlang der Versorgungskette wird durch die Erschließung von Kostensenkungspotential in den Bereichen der Nachschubversorgung, der Logistik sowie der Administration realisiert. Daraus resultiert ein Abbau hoher Lagerbestände, Verbesserung der Abläufe im Lager, eine bessere Auslastung von Transportressourcen einhergehend mit einer Senkung der Bestandskosten und der Kapitalbindung (Michael 1999, S. 432).

Das herkömmliche System der Belieferung nach Bestellung durch den Handel wird dabei durch eine „umgekehrte Bestellung", bei der ein Disponent beim Hersteller die Liefermenge und den Lieferrhythmus bestimmt, ersetzt (v.d. Heydt 1998). Ein wichtiges Instrument bildet dabei das Vendor Managed Inventory (VMI). Hierbei erhält der Hersteller die Abverkaufsdaten, welche mit Hilfe von Scanner-Technologien erfaßt werden, direkt aus den Verkaufsstellen des Handels.

Voraussetzung für ERP ist ein standardisierter, permanenter Austausch aktueller Daten. Electronic Data Interchange (EDI) bildet eine Grundlage dafür (v.d. Heydt 1999, S. 7;

Rodens-Friedrich 1999, S. 212). Neben DV-gestützten Dispositionssystemen, die eine Kompatibilität zwischen Hersteller und Handel verlangen, sind qualifizierte Mitarbeiter und eine prozeßgesteuerte Logistik erfolgskritisch (Steffen 1999, S. 76 f.).

Empirische Studien zeigen, daß sich die Bestandshöhen um 40 bis 100% reduzieren lassen. Transportkapazitäten können mit einer zusätzlichen Auslastung von etwa 20% besser genutzt werden. Prozeßzeiten lassen sich um 50 bis 80% vermindern. Die Produktverfügbarkeit am POS kann um 2 bis 5% gesteigert werden. (v.d. Heydt 1999, S. 6). Laut einer Erhebung von Roland Berger & Partner in 1999 betrug die durchschnittliche Warenverfügbarkeit in Deutschland 96,2%. Der Vergleichswert in Großbritannien liegt bei 98,6%, was auf Verbesserungspotenzial hindeutet (Seifert, 2001a, S. 111). Beispielsweise führten Somerfield Stores in England ein ERP-Projekt mit elf führenden Industrieunternehmen durch. Ergebnis war eine Reduktion der Warenbestände in den Verteilzentren von Somerfield um durchschnittlich 15% sowie ein besseres Verständnis der Abläufe auf Hersteller- und Handelsseite (Corsten/Plötzl 2000, S. 37).

Efficient Assortment (EA): Strategie der effizienten Sortimentsgestaltung und Warenpräsentation

Durch eine von Handel und Hersteller gemeinsam getragene Sortimentsgestaltung sollen der am POS zur Verfügung stehende Platz und gleichzeitig der Kundennutzen und damit die Einkaufsstättenbindung optimiert werden (v.d. Heydt 1999, S. 8 f und Lingenfelder/Kahler 2004, S. 122 f.). Efficient Assortment zielt im Rahmen von Space Management auf eine Maximierung des Umsatzes pro Quadratmeter Verkaufsfläche ab (Zentes 1996, S. 35, und Zeiner/Ring 1999, S. 246). Qualitative Ziele bilden die abverkaufsgerechte Plazierung, ein verkaufswirksames Regalbild sowie eine optimale Sortimentsbreite und -tiefe (Kettern/Heim 1999, S. 162, und v.d. Heydt 1998, S. 103).

Käufer- und Verwenderdaten kommen eine zentrale Bedeutung zu. Mit ihrer Hilfe können ein optimales Sortiment und geeignete Categories gebildet werden. Je detailliertere Informationen über Kaufgewohnheiten und Kundenbedürfnisse sowie Daten über die Konsumenten und ihre Haushalte vorliegen, desto erfolgsträchtiger und spezifischer können Verbraucherbedürfnisse befriedigt werden.

Procter & Gamble hat beispielsweise 1996 mit verschiedenen Handelsunternehmen gemeinsam die Warengruppe Haarpflege überarbeitet. Über alle Projekte hinweg wurde die Anzahl der Artikel um durchschnittlich 13% gesenkt, teilweise sogar bis zu 50%. Gleichzeitig stieg der Warengruppenumsatz durchschnittlich um 8% (Corsten 2000, S. 85).

Efficient Promotion (EP): Strategie der effizienten Verkaufsförderung

Efficient Promotion (EP) zielt auf eine Steigerung der Abverkaufsmenge bei gleichzeitig sinkenden Kosten für Verkaufsförderungs- und Werbeaktivitäten ab. Die einzelnen Maßnahmen können sowohl gemeinsam durchgeführt werden, als auch aufeinander abgestimmt erfolgen (Zentes 1996, S. 35). Im weiteren Sinne ist unter Efficient Promotion eine gemeinsame Verbesserung der Kommunikationspolitik zur Profilierung des Angebots aller beteiligten Unternehmen zu verstehen (v.d. Heydt 1998, S. 127).

Das ECR-Europe Board hat gemeinsam mit KSA Projektgruppen zu „Efficient Promotions“ etabliert. Neben einer Ausarbeitung von Standards, Kennzahlen und Implementierungshilfen sind erste Quanitifizierungen ermittelt worden. Demzufolge können in den Bereichen Planung und Durchführung von gemeinsamen Promotions 8,4% der anfallenden Kosten eingespart werden (Kalmbach 1999, S. 37).

Beispielsweise untersuchten der Hersteller SCA und das Handelsunternehmen ICA in Schweden die Promotion-Aktionen in der Warengruppe Toilettenpapier. Als Ergebnis trat zutage, daß zwar 95% der Aktionen einzelne Artikel unterstützen, allerdings von 50% der Aktionen ein negativer Einfluß auf die Gesamtleistung der Warengruppe ausging. Daraus läßt sich ableiten, daß erst eine aufeinander abgestimmte Kombination von Maßnahmen zu einem nachhaltigen Erfolg führt (Corsten 2000, S. 110).

Efficient Product Introduction (EPI): Strategie der effizienten Produktentwicklung und -einführung

Efficient Product Introduction (EPI) zielt darauf ab, in enger Zusammenarbeit zwischen Handel und Hersteller neue Produkte zu entwickeln und einzuführen. Damit sollen den Konsumenten eine größere Zahl von kundengerechten Produkten in kürzerer Zeit angeboten und die Floprate gesenkt werden (Ehrl 1997 , S. 24 f.). Dies führt sowohl auf Handels- als auch auf Herstellerseite zu Kostensenkungen. Weiterhin sind Image-, Warenumschlags- und Umsatzvorteile zu verzeichnen, da mit geringerer Wahrscheinlichkeit „Penner“ in die Sortimente aufgenommen werden. Diese Profilierungsvorteile können insbesondere bei der Markenentwicklung genutzt werden (Zentes 1996, S. 35, und v.d. Heydt 1999, S. 12). EPI läßt sich durch Kooperation in der Marktforschung, Integration des Handels in die Produktentwicklung, durch Kooperation bei der Einführung neuer Artikel und durch komplementäre Vermarktungssysteme umsetzen (Ehrl 1997, S. 24 f. und 39 f.).

Das Einsparpotential von EPI demonstriert eine Studie der MADAKOM GmbH und der Zeitschrift Lebensmittel Praxis aus dem Jahr 1994. 47 311 Neuheiten im engeren Sinne und Line Extensions aus 23 Warengruppen wurden untersucht. Hierbei wurde eine durchschnittliche Flopquote bei Ablauf des ersten Jahres nach Produkteinführung von 44% ermittelt.

Die Vorteilhaftigkeit von EPI wurde auch anhand eines Projektes bei Sainsbury´s in England deutlich. Trotz Einlistung neuer Produkte wurde die Anzahl der Artikel im Bereich Snacks um 17% gesenkt. Gleichzeitig stieg der Umsatz um 10% sowie der Rohertrag um fast 9%.

3.3 Die ECR-Erfolgsfaktoren

Die traditionell hohen Barrieren bzw. Konflikte zwischen Industrie und Handel gestalten die Implementierung von ECR, auch weil die Erfolge aus Pilotstudien sich nicht wiederholen ließen, schwierig (Kotzab 2001, S. 270). Folglich ist eine Orientierung an ECR-

Erfolgsfaktoren (siehe dazu im Überblick Tab. 2) zur Überwindung dieser Hürden von elementarer Bedeutung.

Strukturelle Gegebenheiten	Bewußtseinsverändernde Aktivitäten
▪ Aufbauorganisation	▪ Change Management
▪ Ablauforganisation	▪ Commitment / Leadership
▪ Informationssystem	▪ Beziehungsqualität
▪ Controlling	
▪ Fachliche Qualifikation •• des Managements •• der Mitarbeiter	

Tabelle 2: ECR-Erfolgsfaktoren im Überblick

In einer explorativen ECR-Erfolgsfaktorenstudie versucht Seifert aufzudecken, warum in Deutschland die Implementierung von ECR nur zögerlich vonstatten geht. Er befragte Experten aus Handel, Industrie und Beratungsunternehmen, davon 58 schriftlich sowie 25 in Experteninterviews, um die Relevanz von neun unterschiedlichen Faktoren für eine erfolgreiche Implementierung aufzudecken.

Als wichtigste Erfolgsindikatoren kristallisierten sich die Involvierung des Top-Managements heraus, gefolgt von gegenseitigem Vertrauen der Partner sowie dem Einsatz moderner Informationstechnologie. Schulung und Training der Mitarbeiter, Kundennähe, frühzeitige Erfolge und die kontinuierliche Messung des ECR-Erfolges wurde eine mittlere Bedeutung beigemessen. Eine nachgeordnete Bedeutung für den Erfolg wurde dem Einsatz von Kostenrechnungsverfahren (z.B. Activity Based Costing) zugewiesen.

Die Bedeutungsunterschiede errechneten sich aus den Durchschnittswerten. Absolut betrachtet wurde keinem der Faktoren auf einer Ratingskala von 1 bis 5 eine geringe oder keine Bedeutung beigemessen, was auf eine Wichtigkeit aller Faktoren, aber auch auf eine mögliche Schwäche des Erhebungsinstrumentes (u.a. Anspruchsinflation) zurückgeführt werden kann.

Bei einer Rangreihung der nach Expertenmeinung am wenigsten ausgeprägten Erfolgsfaktoren zeigte sich, daß die größten Probleme auf Seiten von Handelsunternehmen in fehlendem gegenseitigen Vertrauen der Kooperationspartner, mangelnder Konsumentennähe sowie unzureichende Einbindung des Top-Managements zu sehen sind. Schwächen auf der Industrieseite liegen insbesondere in der mangelnden Kontinuität bei der Erfolgsmessung, einem nicht ausreichenden Wandel in der Organisationsstruktur sowie fehlendem gegenseitigem Vertrauen der Partner (Seifert 2001a, S. 272 ff. sowie 201b, S. 309 und 316 ff.).

Borchert isoliert in seiner Untersuchung im Jahre 2000 bei 99 Unternehmen der Lebensmittelbranche die fünf wichtigsten Probleme in der Umsetzung von ECR. Größtes Problem bildet demzufolge die mangelnde Standardisierung von Methoden und Tools des Category Management, gefolgt von mangelndem partnerschaftlichem Verhalten. Als weiteres Problem zeichnete sich die Machtausübung durch Kooperationspartner ab. Schließlich hindern eine fehlende prozeßorientierte Category Management-Organisation sowie eine fehlende organisatorische Verankerung der Schnittstellen zwischen den Partnern eine erfolgreiche Umsetzung (Borchert, 2001, S. 251).

Empirischen Erkenntnissen entsprechend werden die Erfolge der durchgeführten Teilstrategien von den ECR-Experten aus Industrie, Handel und dem Dienstleistungsbereich differenziert bewertet. Während Warennachschub und Bestandsmanagement noch erfolgreich abschneidet, werden Verkaufsförderung, Neuprodukteinführung sowie –entwicklung nur als durchschnittlich erfolgreich beurteilt (Borchert, 2001, S. 248).

Diese Resultate zeigen, daß eine Implementierung von ECR eine grundsätzliche strategische Neuausrichtung durch das Top-Management sowohl hersteller- als auch handelsseitig erfordert. Gemäß Chandlers These „Structure follows strategy“ bilden veränderte Strategievorgaben der Unternehmensführung die Voraussetzung für eine Anpassung von Organisationsstrukturen. Strategievorgaben der Unternehmensführung zeigen aber nur dann nachhaltige Wirkung, wenn sie von tatsächlicher innerer Bereitschaft und einer veränderten Denkhaltung getragen sind.

Commitment und Leadership als eindeutiges Bekenntnis des Top-Management zum ECR-Konzept gepaart mit Führungskompetenz bilden folglich eine erste erfolgskritische Hürde (Spalink 1999, S. 299; v.d. Heydt 1999, S. 16; v.d. Heydt 1998, S. 215, und Töpfer 1996, S. 17). Commitment läßt sich erzielen, in dem Überzeugungsarbeit hinsichtlich der Vorteilhaftigkeit von ECR geleistet wird. Hierbei können Erfahrungen aus erfolgreichen Projekten anderer Unternehmen oder auch prognostizierte Einspar- und Umsatzsteigerungspotentiale aus Benchmarkingprojekten herangezogen werden.

Die Bereitschaft des Top-Managements zur Umsetzung eines ECR-Konzeptes sind der Fähigkeit, diese Einstellung auf die Mitarbeiter zu übertragen, vorgelagert. Dies soll im Rahmen von Change Management erreicht werden. Change Management hat die Aufgabe, bei den Mitarbeitern eine positive Bewußtseinshaltung gegenüber dem ECR-Konzept zu erzeugen. Die Mitarbeiter müssen über die Sinnhaftigkeit und Vorteilhaftigkeit des ECR-Konzeptes bereits in der Planungsphase überzeugt werden. So können innere Widerstände abgebaut und eventuelle verdeckte Boykotte vermieden werden. Ein Denken in Kundenbedürfnisgruppen sowie in Logistikketten stellen wichtige Ergebnisse von erfolgreichem Change Management dar (Spalink 1999, S. 298 ff.; v.d. Heydt 1999, S. 15, und v.d. Heydt 1998, S. 195).

Neben diesem internen Bewußtseinswandel erfordert der Wechsel von einer rein wettbewerblich geprägten Beziehung zu einer Partnerschaft Veränderungen im Bewußtsein und Neuerungen in der Ausgestaltung der Beziehung zu den Partnerunternehmen. Vertrauen zwischen den Partnern muß aufgebaut werden. Dies bildet die Aufgabe eines Beziehungsmanagements (Puhlmann/Heinemann 1999, S. 314). Hierzu kann das Integrieren des Partners in bestimmte interne Projekte zählen. Ebenfalls ist das Entwickeln der Fähigkeit, Konflikte bereits im Vorfeld zu identifizieren, auszuschließen bzw. Techniken im Umgang mit Konflikten zu etablieren, bedeutsam.

Wenn das Top-Managements sein Commitment gegeben hat, kann parallel zur Schaffung von Akzeptanz eine prozeßorientierte Aufbau- und Ablauforganisation gebildet werden. Abläufe und Stellen, die den Wertschöpfungsprozeß nicht unterstützen, sind zu eliminieren. Aufbau- und Ablauforganisation muß um die unten beschriebenen Teams ergänzt werden. Außerdem müssen Hersteller und Handel organisatorisch eng verzahnt werden (v.d. Heydt 1998, S. 170, Zentes 1996, S. 45, und Puhlmann/Heinemann 1999, S. 319). Dies kann über die Funktion eines Category Managers, z.B. herstellerseitig durch die Weiterentwicklung bzw. Ergänzung der Funktion eines Produkt-, Brand- oder Key Account Managers erfolgen.

Insbesondere muß ein funktionsfähiges Category Management in die Aufbau- und Ablauforganisation implementiert werden. In der Handelspraxis ist zu beobachten, daß zwar vielmals ein Bezeichnungswechsel von Einkäufer zu Category Manager erfolgte. Da die Trennung von Beschaffungs- und Vertriebsfunktion dabei nicht aufgehoben wurde, können Categories nicht als strategische Geschäftseinheiten geführt werden. Eine solche Vorgehensweise steht somit einer erfolgreichen Implementierung von ECR entgegen (Seifert 2000, S. 43).

Weiterhin stellen die fachliche Qualifikation sowohl vom Management als auch von den Mitarbeitern erfolgsrelevante Faktoren dar. Hierzu gehören z.B. Fähigkeiten zur Bewertung und Verbesserung von Prozessen oder auch im Umgang mit Controlling- sowie IuK-Systemen (v.d. Heydt 1998, S. 194; Rodens-Friederich 1999, S. 215; v.d. Heydt 1999, S. 13 f.). So wurde in einer Studie die Investition in Humanressourcen als kritischer Erfolgsfaktor identifiziert. Konkret bedeutet dies den Aufbau multifunktionaler Teams mit Experten aus den Bereichen Logistik, Finanzen, EDV und Marketing/Vertrieb. Dadurch kann insbesondere die Herstellerseite der Forderung nach einem Category Captain als kompetenter Berater gerecht werden (Seifert 2000, S. 43).

Um den Status quo und die Fortschritte einer ECR-Implementierung beurteilen zu können, ist ein schnittstellenübergreifendes Controlling auf Basis einer Prozeßkostenrechnung zur Messung der Effizienz von hoher Relevanz. Hierbei ist eine Kompatibiltät der Kennzahlensysteme aller beteiligten ECR-Partner erforderlich.

Für ein funktionsfähiges Controlling-System kommt dem Informations- und Kommunikationssystem eine herausragende Bedeutung zu. Ein IuK-System ist aber auch zur Optimierung des Bestellwesen im Rahmen von ERP ebenso wie zur Bündelung und Auswertung von Informationen über Marktgeschehnisse, Konsumentengewohnheiten sowie -bedürfnisse vonnöten. Informations- und Kommunikationstechnologien müssen einen regelmäßigen, vollständigen und aktuellen Datenaustausch zwischen allen Partnern sowie eine ebenso schnelle wie lückenlose Datenverarbeitung mit Hilfe von Scannertechnologie, EDI und standardisierten Artikelnummern gewährleisten (v.d. Heydt, 1998, S. 143, Schaden 1998, S. 108, und Guenther/Vossebein 1999, S. 170 ff.).

4. Efficient Consumer Response als Managementprozeß

Eine Situations- und Potentialanalyse zur Aufdeckung von Möglichkeiten, aber auch Grenzen von ECR bildet den Ausgangspunkt der Planungsphase (im Überblick siehe dazu Abb. 2). Hierbei werden z.B. bei einem Hersteller Informationen über das eigene Produktportfolio zur Bestimmung von starken und schwachen Produkten generiert. Auf diese Weise werden Ansatzpunkte für im Rahmen von Category Management geeignete Produkte gewonnen. Basierend auf diesen Erkenntnissen werden Ziele und die langfristige Vorgehensweise festgelegt. Hier kann die Entscheidung für die Implementation eines Supply Chain Management in Kooperation mit Schlüsselkunden sowie die gemeinsame Entwicklung ausgewählter Categories erfolgen.

Die Suche und Auswahl geeigneter Partner leitet in die Implementierungsphase über. In dieser Phase stellt ein interdisziplinäres Team den Projektablauf des ersten und möglicherweise folgender Vorhaben fest. Dazu gehören z.B. das Sichten und Bereinigen des Sortimentes, das Bilden von Categories und das Überarbeiten des neuen Sortimentes. Die internen Abläufe und Prozesse müssen bei beiden Partnern an die neuen Categories angepaßt werden, z.B. durch die Verankerung eines Category Managers in der Aufbauorganisation beim Hersteller. Neben organisationellen Anpassungen ist die Abstimmung der Informations- und Kommunikationssysteme zur Gewährleistung eines reibungslosen Informationsaustauschs bedeutsam.

Schwierigkeiten des ECR-Konzeptes stellen sich insbesondere in der Umsetzungsphase. Im Annual Tracking Survey des ECR Europe-Boardes von 1995/96 und 1996/97 wurde die Frage nach Problemen bei der ECR-Implementierung erörtert. Insgesamt wurde das Scheitern eines ECR-Projektes zu 90% damit begründet, daß Umfang, Komplexität und Häufigkeit organisatorischer Anpassungsprozesse unterschätzt werden. Abteilungsdenken wurde als das entscheidende Problem identifiziert. In der Studie von 1995/96 führten 33% der Befragten aus dem Handel und 16% der Hersteller dies als Hindernis bei der Implementierung an. 1996/97 war Abteilungsdenken als Barriere im Rahmen der Umsetzung bereits von 36% der Unternehmen auf Handelsseite sowie 25% auf Herstellerseite bestätigt worden.

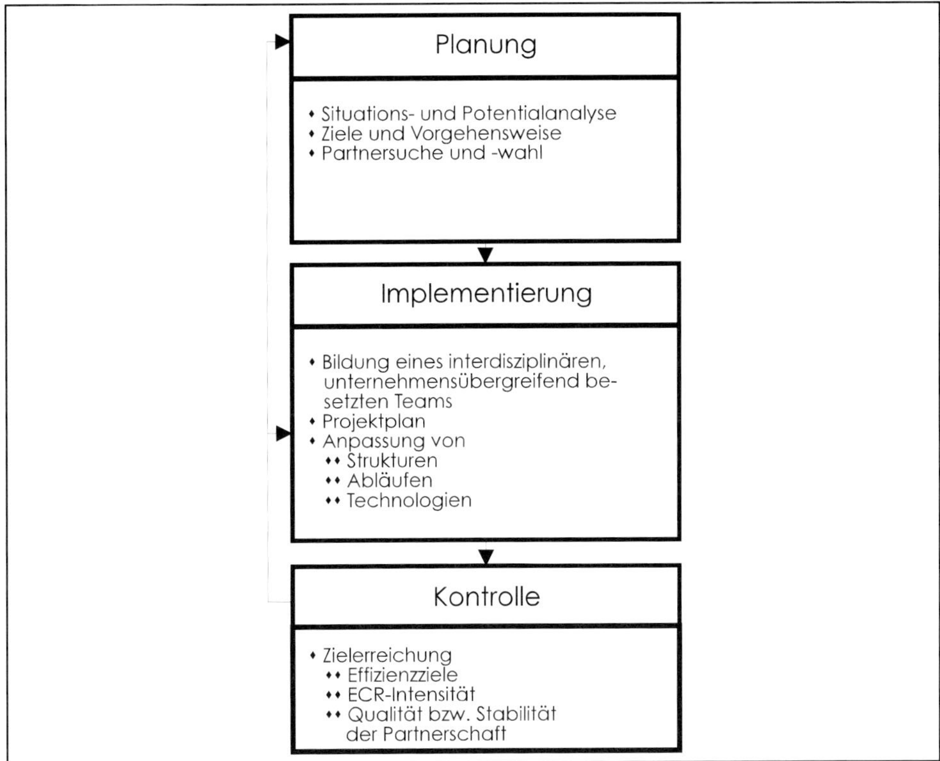

Abbildung 2: ECR als Managementprozeß

Jene Unternehmen, die das ECR-Konzept implementiert haben, setzen nicht alle Teilstrategien gleichermaßen um. Der Stand der Implementierung in den USA hat sich von 1997 bis 1999 im Bereich Category Management und Efficient Assortment gesteigert. Der Implementierungsgrad von ERP sowie EPI blieben konstant, während im Bereich von Efficient Promotions gar ein Rückgang des Implementierungsgrades zu verzeichnen war (Kotzab, 2001, S. 276).Während einer Untersuchung von Borchert zufolge in Deutschland Efficient Replenishment und Efficient Assortment noch von ca. 80% der Unternehmen angewandt werden, kommen kooperative Neuproduktentwicklung und –einführung sowie Verkaufsförderung bei 25-50% der Unternehmen nicht zum Einsatz. Bei kleineren Unternehmen liegt der Anteil umgesetzter Teilstrategien niedriger als bei Großunternehmen (Borchert 2001, S. 247).

Ferner zeigte sich, daß die mangelnde Bereitschaft des Handels zum Informationsaustausch, das Setzen anderer Prioritäten und mangelnde Erfahrungen im Umgang mit ECR zu den hervorstechenden Problemfeldern zählen. Weiterhin wird die erforderliche Implementierungszeit von ECR unterschätzt (Spalink 1999, S. 293 ff.). So wird die Dauer einer Einführung des Lagerwirtschaftsprogramms CRP mit unerfahrenen Partnern auf sechs Monate veranschlagt, während eine Einführung mit erfahrenen Partnern nur die Hälfte dieser Zeit erfordert (Corsten 2000, S. 43).

In der Kontrollphase kann durch ein rechtzeitiges Einleiten von Korrekturmaßnahmen, z.B. durch Einsatz von Instrumenten des Beziehungsmanagements, ein drohendes Scheitern verhindert werden. Dazu ist das Einrichten von Kontrollroutinen erforderlich. Die Kontrollphase ist dabei nicht als Endphase, sondern im dynamischen Prozeß als Rückkopplung zur Implementierungs- bzw. zur Planungsphase zu verstehen.

Im Fokus der Kontrollen steht der Grad der Erreichung von Effizienzzielen, also dem Erfolg des Konzeptes. Weiterhin wird die Intensität der realisierten ECR-Kooperation betrachtet. Im Falle eines Erfolges laufender ECR-Projekte kann die Teamarbeit intensiviert werden, z.B. kann über eine Projektkooperation hinaus eine dauerhafte Zusammenarbeit in allen Unternehmensbereichen eingegangen werden. Nach einem Pilotprojekt können zudem weitere ECR-Projekte, auch mit weiteren Partnern initiiert werden. Darüberhinaus wird Qualität und Stabilität der Partnerschaft bewertet. Dies dient ebenfalls als ein Frühwarnsystem für ein drohendes Scheitern bzw. Signal für das Ausweiten der Projekte.

Mit der Global ECR Scorecard stellt ECR Europe ein Instrument zur Ergründung des Status quo von ECR-Aktivitäten bereit. Diese Kenntnis kann von den Unternehmen einzeln, aber auch gemeinsam erlangt werden und Grundlage einer Diskussion über weiterführende Aktivitäten darstellen. Mit den Elementen der Demand Side, Supply Side, Enablern und Integrators erfuhren neben den Basisstrategien ebenfalls der Einsatz von Informations- und Kommunikationstechnologien sowie Integration über Online-Marktplätze Berücksichtigung. Eine explizite Einbindung der oben beschriebenen empirisch ermittelten Erfolgsfaktoren in die Scorecard kann eine sinnvolle Weiterentwicklung der aktuellen Version bilden.

5. Die Wahl eines geeigneten Partners als Grundvoraussetzung einer erfolgsträchtigen Zusammenarbeit

Eine ECR-Partnerschaft kann nur dann erfolgreich werden, wenn sie von einer kurzfristigen, projektorientierten Zusammenarbeit zu einer festen, auf Langfristigkeit ausgerichteten Beziehung weiterentwickelt wird (Kalmbach 1999, S. 36). Dann können sich Investitionen z.B. in neue Informations- und Kommunikationstechnologien und in eine Harmonisierung von Strukturen und Prozessen mit dem Partner amortisieren. Dazu ist erforderlich, daß Vorteile für beide Partner erzielt werden können. Ein tatsächliches oder auch empfundenes Ungleichgewicht von eingebrachtem Engagement und realisierten Einsparungen im Vergleich zum Partner kann zu Problemen führen. Ein beiderseitig zufriedenstellendes Konzept zur Messung und Offenlegung der ECR-Vorteile sowie deren adäquate Aufteilung auf die Partner und die Konsumenten sind daher Schlüsselfaktoren des Erfolgs.

Ein erster Schritt zur Eingrenzung geeigneter ECR-Partner stellt die Technik der ABC-Analyse dar. Mit ihrer Hilfe läßt sich herausfinden, mit welchen 20% der Unternehmen man 80% des Beschaffungsvolumens abwickelt. Nur bei ausreichend großem Umsatzvolumen läßt sich eine kritische Masse, die für erfolgversprechende ECR-Projekte relevant ist, erreichen (Merkel 1998, S. 41; Töpfer 1996, S. 16 f.). Ergänzend zum Umsatzvolumen können weitere Parameter, wie z.B. niedrige Logistikkosten vergleichsweise kurze Durchlaufzeiten in der Fertigung (oder Vermarktungskompetenz), herangezogen werden (Sperrle 1998, S. 77).

Aus diesem Kreis der vorselektierten Unternehmen kommen nur jene, die über eine grundsätzliche Bereitschaft zur Realisation einer ECR-Konzeption verfügen, als Partner in Betracht. Die Bereitschaft zu intensiver Kooperation mit den Partnern erstreckt sich sowohl auf eine zeitliche Komponente als auch auf das Ausmaß an involvierten Unternehmensbereichen, einbezogenen Mitarbeiter sowie eingebrachtem Kapital und Know how.

Zudem muß eine grundsätzliche Fähigkeit zur ECR-Partnerschaft vorhanden sein. Hierzu zählen z.B. die Verfügbarkeit erforderlicher (Informations-) Technologien sowie ausreichend qualifizierte Mitarbeiter bzw. der finanziellen Ressourcen, um in die Qualifikation der Mitarbeiter zu investieren.

Der nächste Schritt bei der Suche nach geeigneten Partnern besteht im Auflisten von Unternehmen, die über einen solchen Willen und eine solche Eignung verfügen. Die Subjektivität und mangelnde Überprüfbarkeit einer solchen Auflistung stellen ein generelles Problem dar. Eine Lösung kann zwar über ein möglichst detailliertes Erfragen, z.B. der Benennung von verfügbarer Hard- bzw. Software sowie Anzahl, beruflicher Hintergrund und Namen der zukünftig für ECR zuständigen Mitarbeiter, angestrebt werden. Die tatsächliche Fähigkeit und Bereitschaft werden allerdings in der Regel erst bei der Umsetzung eines ECR-Konzeptes deutlich werden.

In einer dritten Stufe müssen über eine ausreichende Kapazität und über die grundsätzliche Fähigkeit und Bereitschaft zur Realisation von ECR-Konzepten hinaus Informationen generiert werden, die Rückschlüsse auf Harmonie und Beständigkeit sowie Effizienz einer Zusammenarbeit zulassen.

Bei der Betrachtung des Zueinanderpassens potentieller ECR-Partner sind vier Ebenen von Bedeutung. Zunächst sollte ein fundamentaler Fit vorhanden sein. Dieser besteht dann, wenn die eingebrachten Kompetenzen und Aktivitäten sich so ergänzen, daß die erwünschten Ziele mit großer Wahrscheinlichkeit erreicht werden können. Im ECR-Ansatz handelt es sich hierbei um eine Stimmigkeit im Bereich des Leistungsprogramms, der Organisationsstruktur, des Vorhandenseins von Informationssystemen und der Qualifikation von Humanfaktoren. Das Vorliegen eines Fundamental-Fit gilt als notwendige Bedingung zur Entscheidung für einen ECR-Partner.

Darüberhinaus ist ein Ziel- und Strategien-Fit von Bedeutung. Dabei muß die Gesamtheit der Unternehmensziele und Unternehmensstrategien betrachtet werden. Eine Überprüfung verfolgter Strategien kann basierend auf Porters generischen Normstrategien erfolgen. Dabei werden Kosten-, Differenzierungs- sowie Nischenstrategien ergänzt um hybride Strategien, die eine Kombination aus Kosten- und Differenzierungsstrategie darstellen, einbezogen (Fleck 1995, S. 10 f. und 59 ff.).

Schließlich wird der kulturelle Fit der Partner untersucht. Dieser hängt von der Übereinstimmung der Unternehmenskulturen ab. Es gilt nicht, die Kultur des Partners zu adaptieren, sondern diese auf Kompatibilität zu überprüfen. Dies kann z.B. über Cameron/Freeman´s Typisierung von Unternehmenskulturen geschehen (Cameron/Freeman 1991, S. 28 ff.; Homburg 1998, S. 196 ff.). Cameron/Freeman bilden die vier Typen der Clan-, Adhocracy-, Hierarchie- und Marktkultur heraus, die anhand dominanter Eigenschaften, der Rolle von Führungskräften, organisationsspezifischer Kräfte und strategischer Prioritäten beschrieben werden (Helm/Strohmayer 1997, S. 241 ff.; Bronder/Pritzl 1992, S. 36 ff.; Schlapp 1995, S. 53 ff.; Fontanari 1996, S. 204 f.).

Die Zufriedenheit mit der bestehenden Geschäftsbeziehung gibt weiterhin Aufschluß über die Funktionsfähigkeit einer Partnerschaft, da gerade in einer zufriedenen Atmosphäre Offenheit und Vertrauen wachsen können. In der Praxis gesammelte Erfahrungen legen nahe, das erste ECR-Projekt mit einem Partner zu starten, zu dem bereits eine Beziehung von hoher Zufriedenheit besteht. Eine Messung dieser Beziehungsqualität kann z.B. mittels des Ansatzes von Ruekert/Churchill erfolgen (Ruekert/Churchill 1984, S. 227 ff.; Strüber 1998, S. 68).

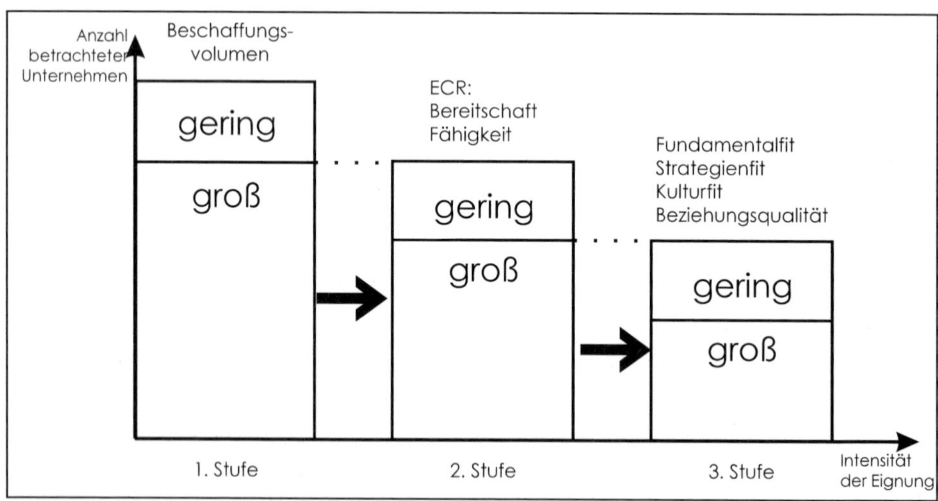

Abbildung 3: Ein dreistufiges Konzept der Partnerwahl

Der idealtypische, dreistufige Verlauf des Auswahlprozesses (vgl. Abb. 3) konzentriert sich auf Unternehmen, zu denen bereits Geschäftsbeziehungen bestehen. Möglicherweise kristallisiert sich bereits in Stufe 2 heraus, daß keines der befragten Unternehmen für eine ECR-Kooperation geeignet ist. Dann ist die Verlagerung der Partnersuche auf Unternehmen, zu denen bislang keine Kontakte bestanden, erforderlich. Dies vergrößert das ohnehin existente Problem, Aussagen potentieller Partner hinsichtlich ihrer Glaubwürdigkeit zu beurteilen. In diesen Fällen ist ein vorsichtiges Vorgehen in kleinen Schritten empfehlenswert. So kann z.B. eine Entwicklungskooperation mit Beschränkung auf ein einzelnes Produkt als Generalprobe für eine nachfolgende umfängliche ECR-Kooperation genutzt werden.

Ist die Entscheidung für einen Partner getroffen, so muß die Güte der ECR-Partnerschaft regelmäßig überprüft werden. Eine Checkliste zur Bewertung eines geeigneten Partners kann im Laufe der ECR-Zusammenarbeit wiederholt zur Beurteilung von (potentiellen) Partnern eingesetzt werden. Dies empfiehlt sich, da eine ECR-Partnerschaft einen dynamischen Charakter hat. Die Qualität von Geschäftsbeziehungen, insbesondere das Vertrauen in die Partner, die Fähigkeiten im Umgang mit ECR-Techniken, Unternehmensziele und -strategien etc. wachsen bzw. ändern sich im Zeitverlauf. Dabei kann eine erneute Bewertung des eigenen und des Partnerunternehmens der partnerschaftlichen Abstimmung von Zielen, Intensität und Zeithorizont der ECR-Partnerschaft zu Grunde gelegt werden. Somit bietet sich die Möglichkeit, die Checkliste als Grundlage für eine Diskussion über Staus quo und Zufriedenheit mit den ECR-Projekten zu verwenden.

6. Perspektiven der Efficient Consumer Response

6.1 Zukünftige Anforderungen an ECR

Die hohe Nachfrage nach und langfristige Beteiligung an Aktivitäten des ECR-Europe-Board weist auf eine voranschreitende Etablierung von ECR in Europa hin. Auch in Deutschland ist einhergehend mit der Gründung des ECR-Lenkungsausschusses in 1995 eine systematische Auseinandersetzung mit ECR erkennbar (Kalmbach 1999, S. 39; Hallier 1999, S. 60).

Betrachtet man die als ECR deklarierten Projekte, so fällt auf, daß der Begriff sehr unterschiedlich verstanden wird. Hierbei können jegliche Aktivitäten, auch Teiloptimierungen verschiedener Systeme, die sich um effizientes Agieren drehen, vorgefunden werden (Sperrle 1998, S. 82; Homburg/Grandinger/Krohmer 1997, S. 20 f.).

Tatsächlich muß ECR als ganzheitlicher Ansatz gefaßt werden, der die vier Basisstrategien in sich vereint. Nur Projekte, die die Wertschöpfungskette insgesamt betrachten und dabei an Kundenbedürfniskategorien ausgerichtet sind, sollten als ECR-Aktivität bezeichnet werden (Hallier 1999, S. 56; Hebler 1998, S. 32). Insbesondere das Weiterentwickeln von Kooperationen zwischen einzelnen Herstellern und Händlern zu ECR-Netzwerken durch Integration weiterer Partner der Value Chain muß in den Fokus zukünftigen Handelns gesetzt werden. Die Inhalte des Kongresses von ECR Europe in

Glasgow im Jahr 2001 weisen in diese Richtung: Die Nutzung der Möglichkeiten, welche sich über B2B-Plattformen bieten, z.B. im Rahmen von Electronic Category Management setzen sich mit diesen Anforderungen auseinander.

CPFR-Projekte mit ihrer Überwindung von Grenzen traditioneller Supply Chain-Ansätze, bilden den aktuellen Schwerpunkt der Diskussion um ECR. CPFR verkörpert nach ECR Europe eine branchenübergreifende Initiative zur Zusammenarbeit aller Partner der Wertschöpfungskette, angefangen beim Rohstofflieferanten über Hersteller und verschiedene Handelsstufen bis hin zum PoS. Hierbei werden Prozesse gemeinschaftlich geplant und Informationen miteinander geteilt. Über ein effizientes Bestandsmanagement hinaus werden auch Aspekte der Absatz- bzw. Bestell-Planung oder –Prognose integriert.

6.2 Efficient Consumer Response als branchenunabhängig anwendbarer Ansatz

Von einer grundsätzlichen Übertragbarkeit des ECR-Ansatzes kann ausgegangen werden, da eine kundenorientierte Effizienzsteigerung Voraussetzung für den Erhalt von Wettbewerbsfähigkeit und somit ein branchenunabhängiger Anspruch ist. Beispielhaft soll hier die Übertragbarkeit auf den Krankenhaussektor skizziert werden, um aufzuzeigen, daß ECR auch in bislang relativ wenig wettbewerblich ausgerichteten, stark regulierten Märkten anwendbar ist.

Kundenorientierte Leistungserbringung erfordert zunächst die Festlegung, wer als Kunde im Krankenhaus zu betrachten ist. Patienten als Kunden im Unternehmen Krankenhaus konsumieren die dort erbrachten Leistungen. Einweisende Ärzte initiieren als Kunden der Krankenhäuser den Prozeß der Leistungserbringung. Krankenversicherungen haben ebenfalls eine Kundenfunktion, da sie die erbrachte Leistung finanzieren.

Als primäre Kunden werden im folgenden die Patienten verstanden, da ohne sie die Funktion einweisender Ärzte und der Krankenversicherungen nicht zum Tragen kommt und somit als sekundär zu betrachten ist. Kundenorientierung heißt folglich Patientenorientierung. Den Patienten werden Leistungen in Form von Diagnosestellungen, Therapien sowie Verwaltungs- und Versorgungsleistungen bereitgestellt. Diese Prozesse sind in den Fokus eines ECR-Konzeptes zu stellen. Eine Effizienzsteigerung kann über eine Verkürzung des stationären Aufenthalts, eine Verringerung der Komplikationsrate, aber auch einfach über einen reibungslosen Ablauf und die Reduktion von Wartezeiten realisiert und meßbar gemacht werden.

Die Vorteilhaftigkeit eines Etablierens von Supply Chain Management im Rahmen von Efficient Replenishment kann am Beispiel der Kerckhoff-Klinik Bad Nauheim verdeutlicht werden. Hier wurde im Rahmen einer Situationsanalyse eine Vielzahl von Tätigkeiten aufgedeckt, die an verschiedenen Stellen der Prozeßkette wiederholt wurden. Hierunter fallen z.B. Aktivitäten im Rahmen des Transportes, (Zwischen-) Lagerns,

Etikettierens sowie Vor- und Endkommissionierens von Medikalprodukten. Dabei förderte eine Studie des Centrums für Krankenhausmanagement zutage, daß eine Einwegspritze im Einkauf acht Pfennige kostet, bis zur Injektion die Kosten jedoch auf vier Mark ansteigen (v. Eiff, 1998 S. 194 ff.). Dies zeigt, daß durch eine Optimierung der Prozesse und der damit verbundenen Handhabungskosten anstelle einer Konzentration ausschließlich auf Einkaufskosten Effizienzsteigerungspotential zu erschließen ist.

Efficient Assortment als optimale Ausgestaltung des Leistungsangebotes setzt sich mit den unterschiedlichen Therapie- und Diagnoseformen auseinander. Eine Übertragung des ECR-Gedankens erfolgt bereits durch das Entwickeln von Standards im Rahmen von Evidence Based Medicine. Realisiert wird dies beispielsweise durch OP-Sets. Statt vieler Einzelprodukte wird von einem Logistik-Dienstleister nach Absprache mit den Operateuren im Sinne einer Category, z.B. „Bypass-Operation", ein individuell zusammengesetztes Paket steril und gebrauchsfertig montiert angeliefert. Dies reduziert Rüstzeiten im OP sowie die Menge des Verpackungsmaterials und erhöht durch eine vereinfachte Organisation die Qualität der Prozesse.

Efficient Product Introduction im Krankenhaus setzt sich mit der Entwicklung und Einführung indikationenorientierter Standards auseinander und steht in engem Zusammenhang mit Efficient Assortment. Durch eine Zusammenarbeit der Partner in den Krankenhäusern sowie auf der Herstellerseite können pharmazeutische und Medizinprodukte, diagnostische und therapeutische Verfahren analysiert und optimale Verfahren identifiziert werden. Dies erhöht die Qualität der Leistungen im Krankenhaus und steigert gleichzeitig das Vertrauen der Patienten in das Unternehmen Krankenhaus.

Eine Übertragung von Efficient Promotion auf Krankenhäuser ist durch rechtliche Restriktionen, z.B. Einschränkungen bei der Werbung, gehemmt. Dennoch sind im Rahmen von Sponsoring und Öffentlichkeitsarbeit gemeinsame Aktivitäten der Krankenhäuser und Hersteller, z.B. im Bereich der Gesundheitsförderung, möglich.

Eine Übertragung des ECR-Konzeptes auf den Krankenhaussektor stellt sich somit als sinnhaft und erfolgsträchtig dar (vgl Kreipl, 2004). In den Fokus müssen dabei insbesondere die Gesundheitszentren und -netzwerke, welche seit einigen Jahren zunehmend an Bedeutung gewinnen, gestellt werden. Hierbei haben sich bereits Kooperationen zwischen verschiedenen Krankenhäusern, zwischen niedergelassenen Ärzten sowie zwischen Krankenhäusern und niedergelassenen Ärzten, auch mit Integration von Kostenträgern formiert (vgl. Kronhardt, 2004). Da in diesen Netzwerken bereits horizontal, aber auch vertikal kooperiert wird, sind sie als Vorstufe für ECR-Netzwerke gut geeignet.

7. Fazit

Das Entstehen von Partnerschaften im Wertschöpfungskanal ist ursächlich auf das Motiv einer Steigerung der Effizienz unternehmerischen Handelns zur Sicherung bzw. Stärkung der Position des eigenen Unternehmens im Markt zurückzuführen. Das ECR-Konzept stellt eine branchenunabhängige Option zur Erreichung dieses Ziels dar. Neben dem Vorhandensein eines organisatorisch-technischen Rahmens bildet die Aneignung einer ECR-orientierten Denkhaltung der beteiligten Akteure die Voraussetzung für ein erfolgreiches Implementieren von ECR.

Das dauerhafte Bestehen einer ECR-Kooperation hängt insbesondere von der Wahl geeigneter, d.h. nutzenstiftender und zum eigenen Unternehmen passender Partner ab. Allerdings zeigen sich erst im Zeitverlauf die wirklichen Motive und das tatsächliche Entwicklungspotential der Partner. Der finanzielle Aufwand in die Phasen der Planung, Umsetzung und Kontrolle, insbesondere auch ein Konfliktmanagement muß durch für alle Partner zufriedenstellende Wettbewerbsvorteile überkompensiert werden. Wenn der Nutzen, den ECR allen beteiligten Partnern bietet, groß genug ist, dann wird sich eine ECR-Partnerschaft bzw. ein ECR-Netzwerk horizontaler und vertikaler Partner langfristig etablieren.

Möglicherweise stellt ECR lediglich eine temporäre Organisationsform dar. In diesem Fall diente sie nur einem Abschöpfen von Know how der anderen Stufe, um diese zukünftig umgehen zu können. In einem solchen Szenario käme ECR eine Vorläuferfunktion beim Entstehen neuer Distributionskanäle zu. Dies könnte z.B., wie Lingenfelder et al. in einer Studie zutage förderten, in ein herstellerseitiges Direct Marketing über Online-Vertriebsformen münden (Hanser 1999, S. 100).

8. Literatur

ARNOLD, U., Beschaffungsmanagement, 2. Aufl., Stuttgart 1997.

ARNOLDS, H./HEEGE, F./TUSSING, W., Materialwirtschaft und Einkauf, 9. Aufl., Wiesbaden 1996.

BALLING, R., Kooperation: strategische Allianzen, Netzwerke, Joint Ventures und andere Organisationsformen zwischenbetrieblicher Zusammenarbeit, in: Theorie und Praxis, 2. Aufl., Frankfurt/Main 1998.

BLOECH, J./IHDE, G. B., (Hrsg.), Vahlens Großes Logistiklexikon, München 1997.

BOGASCHEWSKI, R., Vertikale Kooperation - Erklärungsansätze der Transaktionskostentheorie und des Beziehungsmarketings, in: Kaas, K.-P., Kontrakte, Geschäftsbeziehungen, Netzwerke: Marketing und Neue Institutionenökonomik, Zfbf-Sonderheft 35, Düsseldorf 1995, S. 159-177.

BORCHERT, S., Distributionsnetzwerke als neue Koordinationsform von Wertschöpfungs-Partnerschaften, in: Trommsdorff, V. (Hrsg.), Handelsforschung 2001/02, Köln 2001, S. 243 - 267.

BRONDER, C./PRITZL, R., (Hrsg.), Wegweiser für strategische Allianzen: Meilen- und Stolpersteine bei Kooperationen, Frankfurt/Main 1992.

CAMERON, K.S./FREEMAN, S.J., Cultural Congruence, Strength, and Type: Relationship to Effectiveness, in: Woodman, R./Pasmore, W. (Hrsg.), Research in Organizational Change and Development, Bd. 5, Greenwich 1991, S. 23 - 58.

CORSTEN, D./PÖTZL, J., ECR - Efficient Consumer Response, Integration von Logistikketten, München 2000.

DILLER, H./KUSTERER, M., Beziehungsmanagement, in: Marketing ZFP, 1988, S. 211-220.

EIFF, W. VON, Prozeßorientierte Logisitk: Der Kunde des Kunden im Fokus, in: Kilimann, J./Schlenk, H. von/Tienes, E.-C., (Hrsg.), Efficient Consumer Response: Strategische Waffe für Handel und Industrie, Stuttgart 1998, S. 185-214.

EHRL, A., Efficient Consumer Response, Auswirkungen auf die Beziehungen zwischen Hersteller und Handel, München 1997.

FIGGEN, B., Category Management - das Kaufverhalten im Blick, in: Kilimann, J./Schlenk, H. von/Tienes, E.-C., (Hrsg.), Efficient Consumer Response: Strategische Waffe für Handel und Industrie, Stuttgart 1998, S. 115-140.

FONTANARI, M., Kooperationsgestaltungsprozesse in Theorie und Praxis, Berlin 1996.

FLECK, A., Hybride Wettbewerbsstrategien: zur Synthese von Kosten- und Differenzierungsvorteilen, Wiesbaden 1995.

GUENTHER, M./VOSSEBEIN, U., Informationstechnologien für den Category Manager, in: Heydt, A. von der, (Hrsg.), Handbuch Efficient Consumer Response: Konzepte, Erfahrungen, Herausforderungen, München 1999, S. 170-180.

HANSER, P., Nicht mehr als ein Übertünchen von Interessengegensätzen, in: Absatzwirtschaft, 1999, S. 94-103.

HALLIER, B., Wird ECR zum Club der Großen?, in: Heydt, A. von der, (Hrsg.), Handbuch Efficient Consumer Response: Konzepte, Erfahrungen, Herausforderungen, München 1999, S. 55-61.

HEBLER, M., Der steinerne Weg zur Partnerschaft - Perspektiven eines Herstellers, in: Kilimann, J./Schlenk, H. von/Tienes, E.-C., (Hrsg.), Efficient Consumer Response: Strategische Waffe für Handel und Industrie, Stuttgart 1998, S. 11-33.

HELM, R./STROHMAYER, M., Bewertung von Kooperationspartnern für Category Management und Efficient Consumer Response, in: Marktforschung & Management, 1997, S. 240-245.

HEYDT, A. VON DER, Efficient Consumer Response - So einfach und doch so schwer, in: Heydt, A. von der, (Hrsg.), Handbuch Efficient Consumer Response: Konzepte, Erfahrungen, Herausforderungen, München 1999, S. 3-23.

HEYDT, A. VON DER, Efficient Consumer Response (ECR): Basisstrategien und Grundtechniken, zentrale Erfolgsfaktoren sowie globaler Implementierungsplan, 3. Aufl., Frankfurt/Main 1998.

HOMBURG, C., Kundennähe von Industriegüterunternehmen: Konzeption, Erfolgsauswirkungen, Determinanten, 2. aktualisierte Aufl., Wiesbaden 1998.

HOMBURG, C./GRANDINGER, A./KROHMER, H., Efficient Consumer Response (ECR) - Erfolg durch Kooperation mit dem Handel, Vallendar 1997.

JIRIK, T., Supply Chain Management, in: Wirtschaftswissenschaftliches Studium, 1999, S. 547-550.

KAAS, K.-P., Kontrakte, Geschäftsbeziehungen, Netzwerke: Marketing und Neue Institutionenökonomik, Zfbf-Sonderheft 35, Düsseldorf 1995.

KALMBACH, U., ECR Europe und ECR Deutschland - Ein Überblick, in: Heydt, A. von der, (Hrsg.), Handbuch Efficient Consumer Response: Konzepte, Erfahrungen, Herausforderungen, München 1999, S. 24-40.

KETTERN, A./HEIM, E., Category Management als zentrales Element zur Implementierung von Efficient Consumer Response im LEH, in: Heydt, A. von der, (Hrsg.), Handbuch Efficient Consumer Response: Konzepte, Erfahrungen, Herausforderungen, München 1999, S. 159-169.

KILIMANN, J./SCHLENK, H. VON, Die ECR-Bewegung - mehr Verständnis für den Kunden, in: Kilimann, J./Schlenk, H. von/Tienes, E.-C., (Hrsg.), Efficient Consumer Response: Strategische Waffe für Handel und Industrie, Stuttgart 1998, S. 1-10.

KLAUS, P./KRIEGER, W., Gabler-Lexikon Logistik: Management logistischer Netzwerke und Flüsse, Wiesbaden 1998.

KOTZAB, H., Die (grenzenlose) Gestaltung von Versorgungsketten der Konsumgüterwirtschaft zwischen Markt und Hierarchie?, Das Beispiel Efficient Consumer Response, in: Trommsdorff, V. (Hrsg.), Handelsforschung 2001/02, Köln 2001, S. 269 - 282.

KREIPL, C., Efficient Consumer Response, und die Bereitschaft zur Kooperation. Eine empirische Untersuchung an deutschen Krankenhäusern, Wiesbaden 2004.

KRONHARDT, M., Erfolgsfaktoren des Managements medizinischer Versorgungsnetze, Wiesbaden 2004.

LIEBMANN, H.-P./ANGERER, T./FOSCHT, T., Neue Wege des Handels, Durch strategische Erneuerung zu mehr Wachstum und Ertrag, HandelsMonitor, Bd. 5, Frankfurt 2001.

LINGENFELDER, M./KAHLER, B., Bestimmungsfaktoren der Einkaufsstättenbindung – eine vergleichende Analyse von Category Management und traditioneller Vermarktungskonzeption, in: Bauer, H. H./Huber, F., (Hrsg.), Strategien und Trends im Handelsmanagement, München 2004, S. 121-140.

MICHAEL, B. M., Die Marke als „Added Value“ - Ein wirksames Additiv für ECR, in: Heydt, A. von der, (Hrsg.), Handbuch Efficient Consumer Response: Konzepte, Erfahrungen, Herausforderungen, München 1999, S. 419-433.

MERKEL, H., Firmenübergreifendes Prozeßdenken - ein lohnender Ansatz, in: Kilimann, J./Schlenk, H. von/Tienes, E.-C., (Hrsg.), Efficient Consumer Response: Strategische Waffe für Handel und Industrie, Stuttgart 1998, S. 35-52.

MÜLLER-HAGEDORN, L./DACH, C./SPORK, S./TOPOROWSKI, W., Vertikales Marketing: Trends in der Praxis und Schwerpunkte der theoretischen Diskussion, in: Marketing ZFP, 1999, S. 61-74.

PICOT, A./RONALD H.,Coase - Nobelpreisträger 1991. Transaktionskosten: Ein zentraler Beitrag zur wirtschaftswissenschaftlichen Analyse, in: Wirtschaftswissenschaftliches Studium, 1992, S. 79-83.

PICOT, A., Transaktionskostenansatz in der Organisationstheorie: Stand der Diskussion und Aussagewerte, in: Die Betriebswirtschaft, 1982, S. 267-284.

PUHLMANN, M./HEINEMANN, G., Relationship-Management, in: Heydt, A. von der, (Hrsg.), Handbuch Efficient Consumer Response: Konzepte, Erfahrungen, Herausforderungen, München 1999, S. 312-328.

RODENS-FRIEDRICH, ECR bei dm-drogerie markt - Unser Weg in die Wertschöpfungspartnerschaft, in: Heydt, A. von der, (Hrsg.), Handbuch Efficient Consumer Response: Konzepte, Erfahrungen, Herausforderungen, München 1999, S. 205-221.

ROGERS, M./PEPPERS, D., Kundenmanagement: 1:1-Marketing, in: Absatzwirtschaft, 1994, S. 42-48.

Ruekert, R.W./Churchill, JR., Reliability and Validity of Alternative Measures of Channel Member Satisfaction, in: Journal of Marketing Research, Bd. 21, 1984, S. 226-233.

SCHADEN, T., Category Management - Neue Organisationsform für den Handel, in: Kilimann, J./Schlenk, H. von/Tienes, E.-C., (Hrsg.), Efficient Consumer Response: Strategische Waffe für Handel und Industrie, Stuttgart 1998, S. 91-114.

SCHENK, H.-O., Zum Stellenwert der Verbundgruppen in den Wirtschaftswissenschaften, in: Olesch, G., (Hrsg.), Kooperation, Zur Bedeutung und Entwicklung der Verbundgruppen im Handel, Frankfurt/Main 1998, S. 153-181.

SCHIEMENZ, B., Systemtheorie, betriebswirtschaftliche, in: Wittmann, W. et al., (Hrsg.), Handwörterbuch der Betriebswirtschaft, Stuttgart 1993, Sp. 4127-4140.

SCHLAPP, H. A., Die Partnerwahl für strategische Allianzen. Kriterien und Analyseinstrumente, 1. Aufl., Frankfurt/Main 1997.

SEIFERT, D., Efficient Consumer Response, 2. erw. Aufl., München 2001a.

SEIFERT D., Efficient Consumer Response – Wie der Handel strategische Wettbewerbsvorteile erzielen kann, in: Trommsdorff, V. (Hrsg.), Handelsforschung 2001/02, Köln 2001b, S. 307 - 322.

SEYFFERT, R., Wirtschaftslehre des Handels, Köln 1950.

SPALINK, H., ECR implementieren heiß Change managen, in: Heydt, A. von der, (Hrsg.), Handbuch Efficient Consumer Response: Konzepte, Erfahrungen, Herausforderungen, München 1999, S. 293-301.

SPERRLE, R. P., Die neue Logistik (2): Supply Chain Management, in: Kilimann, J./Schlenk, H. von/Tienes, E.-C., (Hrsg.), Efficient Consumer Response: Strategische Waffe für Handel und Industrie, Stuttgart 1998, S. 69-90.

STEFANESCU, M., Prozeßoptimierung und Category Management - Zwei Seiten einer Münze, in: Heydt, A. von der, (Hrsg.), Handbuch Efficient Consumer Response: Konzepte, Erfahrungen, Herausforderungen, München 1999, S. 255-267.

STEFFEN, H.-J., Die Großhandelslagerdisposition bleibt auch im Continuous Replenishment Handelsfunktion, in: Heydt, A. von der, (Hrsg.), Handbuch Efficient Consumer Response: Konzepte, Erfahrungen, Herausforderungen, München 1999, S. 76-87.

SWOBODA, B., Wertschöpfungspartnerschaften in der Konsumgüterwirtschaft, in: Wirtschaftswissenschaftliches Studium, 1997, S. 449-454.

SYDOW, J., Strategische Netzwerke: Evolution und Organisation, Wiesbaden 1993.

THIES, G., Vertikales Marketing: Marktstrategische Partnerschaft zwischen Industrie und Handel, Berlin, New York 1976.

TIETZ, B., Effiziente Kundenpolitik als Problem der Informationspolitik, in: Trommsdorff, V., (Hrsg.), Handelsforschung 1995/96. Informationsmanagement im Handel, Wiesbaden 1996, S. 175-185.

TÖPFER, A., (Hrsg.), Efficient Consumer Response, Mainz 1996.

TÖPFER, A., Das ECR-Konzept als Anforderung an Theorie und Praxis, in: Heydt, A. von der, (Hrsg.), Handbuch Efficient Consumer Response: Konzepte, Erfahrungen, Herausforderungen, München 1999, S. 362-375.

TOMZAK, T./GUSSEK, F., Handelsorientierte Anreizsysteme der Konsumgüterindustrie, in: Zeitschrift für Betriebswirtschaft, 1992, S. 783-806.

WEHRLI, H.-P./WIRTZ, B. W., Relationship Marketing. Auf welchem Niveau bewegt sich Europa?, in: Absatzwirtschaft, 1996, S. 24-30.

WILLIAMSON, O. E., Die ökonomischen Institutionen des Kapitalismus, Unternehmen, Märkte, Kooperationen, Tübingen 1990.

ZENTES, J., ECR - eine neue Zauberformel?, in: Töpfer, A., (Hrsg.), Efficient Consumer Response, Mainz 1996, S. 24-46.

ZENTES, J./SWOBODA, B., Kundenbindung im vertikalen Marketing, in: Bruhn, M./Homburg, C., (Hrsg.), Handbuch Kundenbindungsmanagement: Grundlagen - Konzepte - Erfahrungen, Wiesbaden 1999, S. 275-299.

ZENTES, J./MORSCHETT, D., HandelMonitor II/98: Daten & Fakten. Wo wird im Jahre 2005 Handel „gemacht“?, Frankfurt/Main 1998.

Lothar Müller-Hagedorn
Stephan Zielke

Category Management

1. Zur Relevanz von Category Management für Herstellerunternehmen

Bei Category Management (CM) handelt es sich um ein Verfahren zur Gestaltung von Sortimenten im Handel. Obwohl Category Management im Handel angesiedelt ist, ergeben sich engste Verbindungen zu den Planungsproblemen der Industrie, weil Hersteller ihre Produktplanung mit der Sortimentsplanung des Handels abstimmen müssen. Wie bei vielen Neuheiten, die in den Sprachgebrauch einer Gesellschaft Einzug gehalten haben, kann auch bei Category Management beobachtet werden, dass dieser Begriff sehr uneinheitlich verwendet wird. Im Folgenden wird deshalb zunächst Category Management begrifflich geklärt, wobei es auch von ähnlichen Konzepten, wie Produktmanagement, Key-Account-Management und Efficient Consumer Response, abgegrenzt wird (Kapitel 2). Anschließend wird auf die zentralen Felder des Category Managements eingegangen (Kapitel 3):

- Wie sind im Handel entsprechend dem Category Management verbraucherbezogene Kategorien (Sortimentseinheiten) zu definieren, und wie sind diese mit Hilfe des Category-Geschäftsplanungsprozesses zu führen (Abschnitt 3.1 und 3.2)?
- Welche Konsequenzen hat die Umsetzung des Category Managements für die Organisationsstrukturen im Handel und in der Folge auch in der Industrie? Auf die Auswirkungen von Category Management auf die Organisationsstrukturen im Handel und in der Industrie wird in Abschnitt 3.3 kurz eingegangen.
- Welche Konsequenzen zeichnen sich für die Ausgestaltung der Kooperation zwischen Handel und Industrie ab, wenn Category Management in ECR-Aktivitäten eingebettet wird (Abschnitt 3.4)?

2. Begriffliche Abgrenzung und Einordnung von Category Management

Zunächst geht es darum, den Bedeutungsgehalt des Begriffs Category Management zu klären und Category Management von anderen Konzepten abzugrenzen.

2.1 Zum Begriff Category Management

Über den Bedeutungsinhalt und –umfang des Konzeptes Category Management (CM) herrscht keineswegs Einigkeit. Sowohl in der Praxis als auch in der wissenschaftlichen

Literatur wird der Gegenstand von Category Management nicht immer einheitlich dargestellt. Oft kreisen die Vorstellungen um die folgenden Elemente (Feld, 1996, S. 5-10, Müller-Hagedorn et al., 1999, S. 65):

1. Category Management ist ein endverbraucherorientiertes Prinzip der Sortimentsgliederung.
2. Category Management ist ein Prozess zur Planung von Warengruppen.
3. Category Management ist eine Organisationsform, die dem Category Manager die gesamte Verantwortung für eine Warengruppe zuweist.
4. Category Management vollzieht sich wirtschaftsstufenübergreifend; die warengruppenorientierte Kooperation zwischen Handel und Industrie ist konzeptimmanent.

Während die endverbraucherorientierte Sortimentsgliederung und der Planungsprozess die kundenorientierte Komponente des Category Managements umfassen, stellen die spezifische interne Organisationsstruktur und die wirtschaftsstufenübergreifende Kooperation den organisatorischen Rahmen für das Category Management dar.

Die kundenorientierte Warengruppendefinition und –führung gehört zwar primär zu den Aufgaben des Handels, wird aber teilweise auch von Herstellerbetrieben übernommen. So können Hersteller über ihre eigenen Produkte hinaus Beraterfunktionen für einzelne Kategorien ihres Handelskunden übernehmen. Manager, die solche Beraterfunktionen wahrnehmen, werden nicht wie im Handel als Category Manager, sondern als „Category Captain“ oder „Category Consultant“ (CC) bezeichnet (Hahne, 1998, S. 64 f.). Die Industrie ist in das Category Management aber auch deswegen einbezogen, weil Sortimentsgestaltung und die Gestaltung der zugehörigen Prozesse auf der Logistik- und Informationsebene Hand in Hand gehen.

Zusammenfassend kann also festgehalten werden: Category Management bedeutet Management von Warengruppen, die nach endverbraucherorientierten Kriterien gebildet werden und als strategische Geschäftseinheiten geführt werden können. Category Management führt im Handel und in der Industrie zu Organisationsstrukturen, die warengruppenbezogene Tätigkeits- und Verantwortungsbereiche schaffen. Im Handel liegt die Warengruppenverantwortung beim Category Manager, in der Industrie sind Category Captain oder Category Consultant für bestimmte Warengruppen zuständig (interne Perspektive). Zwischen Handel und Industrie kommt es zu bestimmten Formen der wirtschaftsstufenübergreifenden Zusammenarbeit (externe Perspektive). Category Management besteht nach dieser Sicht also aus vier Elementen. Behrends (1994) weist darüber hinaus zusätzlich auf konsequente Kundenorientierung, flache Hierarchien und den Einsatz von EDV-Techniken hin.

2.2 Zur Abgrenzung des Category Managements von ähnlichen Konzepten

Wenn Category Management von ähnlichen Konzepten abgegrenzt werden soll, drängt sich schnell die Frage nach dem Verhältnis zwischen Category- und Produktmanagement auf. Weitere Abgrenzungsprobleme können sich in Bezug auf Key-Account-Management und Efficient Consumer Response ergeben. Wichtig ist, dass die im folgenden erläuterten Konzepte nicht als Alternativen betrachtet werden; häufig kommen sie in Unternehmen gemeinsam vor (Köhler, 1998).

(1) Zum Verhältnis von Category Management und Produktmanagement

Produktmanagement wird als Organisationsform eines Herstellerunternehmens verstanden, bei der dem Produktmanager die Aufgabe zukommt, für ein Produkt alle Aktivitäten zu koordinieren (Bliemel/Fassott, 1995, Sp. 2220 ff., Sabisch, 1996, Sp. 1449 f.). Dies verdeutlicht auch die Definition von Köhler (1993, S. 174): „Das Produkt-Management ist eine nach dem Objektprinzip gestaltete, zeitlich nicht von vornherein befristete Organisationsform, bei der eine produktbezogene Querschnittskoordination verschiedener Tätigkeitsbereiche erfolgt."

Zwar charakterisieren Objektorientierung und die Koordinationsaufgabe sowohl Category- als auch Produktmanagement, jedoch bestehen auch wesentliche Unterschiede zwischen beiden Konzepten. Erstens werden nicht mehr isolierte Produkte eines Herstellerunternehmens betrachtet, sondern über das Produktportfolio eines Herstellers hinaus ganze Produktkategorien des Handelskunden. Zweitens stellt das Category Management die Schnittstelle zwischen Industrie und Handel in den Vordergrund, während das Produktmanagement traditionell auf die Abstimmung interner Prozesse fokussiert ist.

(2) Zum Verhältnis von Category Management und Key-Account-Management

Dem Category Manager des Handels stehen auf der Industrieseite häufig Key-Account-Manager gegenüber. Key-Account-Management wird auch mit Großkunden-Management gleichgesetzt. Es kann definiert werden als eine „nach dem Objektprinzip (...) gestaltete, zeitlich nicht befristete Organisationsform, bei der für verschiedene Großkunden (Key-Accounts) bzw. in sich homogene Kundengruppen spezifische Marketingprogramme entwickelt werden" (Meffert, 1992, Sp. 1215). Grundsätzlich können die das Key-Account-Management konstituierenden Merkmale zwar als notwendige, aber nicht als hinreichende Bedingungen für ein Category Consulting auf Herstellerseite angesehen werden. Category Consulting muss vielmehr als eine erweiterte Key-Account-Management-Konzeption verstanden werden, die sich von der ausschließlichen Fokussierung auf das eigene Absatzprogramm löst, indem Sortimentskategorien, die auch das Angebot konkurrierender Hersteller einschließen, gemeinsam mit dem Handelskunden optimiert werden.

(3) Zum Verhältnis von Category Management und Efficient Consumer Response (ECR)

Der Begriff Category Management fällt häufig im Zusammenhang mit ECR – einem Konzept, das seit Beginn der neunziger Jahre Gegenstand der wissenschaftlichen Literatur und Diskussion ist (Kurt Salmon Associates, 1993, Coca-Cola-Retailing-Research-Group-Europe, 1994). ECR lässt sich durch zwei konstitutive Merkmale beschreiben. Homburg et al. (1996, S. 86) verstehen ECR als Konzept, das „ganzheitliche integrierte Steuerungs- und Rationalisierungskonzepte der Waren- und Informationsprozesse zwischen Industrie und Handel kennzeichnet." Tietz (1995, S. 529) stellt dagegen auf die Gestaltung der Geschäftstätigkeit aus Kundensicht ab.

Der Bezug von Category Management zu ECR ergibt sich über die Basisstrategien, die häufig unter dem Dach von Efficient Consumer Response zusammengefasst werden, nämlich Efficient Replenishment, Efficient Promotion, Efficient Store Assortment und Efficient Product Introduction (ECR Europe, 1997, S. 36). Category Management wird als Instrument gesehen, um die nachfragebezogenen ECR-Strategien umzusetzen (Swoboda, 1997, S. 451). Dabei liegt der Schwerpunkt in der effizienten Sortimentsgestaltung, mit Folgen für Efficient Promotion und Efficient Product Introduction. Engt man Category Management auf die verbraucherbezogene Sortimentsgestaltung ein, fehlt die für ECR typische Kooperation von Industrie und Handel. Insofern kann Category Management auch ohne die dem ECR-Prinzip immanente Kooperation zwischen Industrie und Handel betrieben werden (Fischer, 1999, S. 1125, Schröder/Rödl 2006, S. 573 f.).

3. Elemente des Category Managements

Nachdem Category Management definiert und abgegrenzt ist, soll nun auf die bereits erwähnten zentralen Aufgabenfelder des Category Managements eingegangen werden. Abbildung 1 zeigt noch einmal, inwieweit die einzelnen Stufen der Wertschöpfungskette angesprochen werden. Punkt 1a aus der Abbildung wird in Abschnitt 3.1, Punkt 1b in 3.2, Punkt 2a und 2b in Abschnitt 3.3 und Punkt 3 in Abschnitt 3.4 angesprochen.

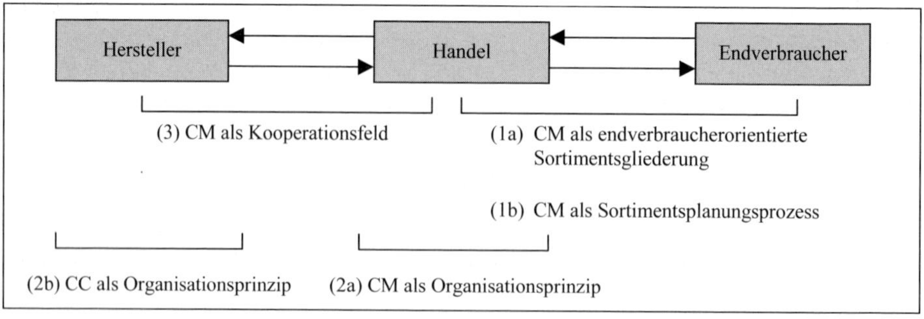

Abbildung 1: Elemente des Category Managements (CM)

3.1 Category Management als endverbraucherorientiertes Prinzip der Sortimentsgliederung

Das Sortiment eines Handelsbetriebes umfasst die gedankliche Gesamtheit der zu einem Zeitpunkt angebotenen Sachleistungen (Waren), zu denen gegebenenfalls selbstständige Dienstleistungen hinzutreten können. Categories (Kategorien) unterteilen das Sortiment in Sortimentseinheiten, wobei auf zahlreiche Kriterien zurückgegriffen werden kann (vgl. auch die Kataloge zur Typologisierung von Waren bei Knoblich, 1969, S. 85 ff.). So könnten einzelne Artikel beispielsweise nach bestimmten Produkteigenschaften, nach dem Namen der herstellenden Unternehmung, nach dem Verwendungszweck, nach Größe und Verpackungsform usw. zusammengeführt werden.

Im Unterschied zur traditionellen Abgrenzung von Warengruppen, die sich häufig an der substantiellen Ähnlichkeit der Artikel orientierte, impliziert der Kategoriebegriff die Sortimentsgliederung nach endverbraucherorientierten Kriterien. Es geht bei der Kategorie-Definition nämlich um die Frage, wie die Verbraucher Warengruppen, Warengruppensegmente und Untersegmente definieren und wie sie ihre Kaufentscheidungen innerhalb der Warengruppe treffen. Dies verdeutlicht auch die folgende Abgrenzung des Kategoriebegriffs durch ECR Europe (1997, S. 38):

> „Eine Warengruppe (Category) ist eine abgrenzbare, eigenständig steuerbare Gruppe von Produkten und/oder Dienstleistungen, welche die Konsumenten als unterschiedlich und/oder austauschbar in der Befriedigung ihrer Bedürfnisse erkennen."

Manchmal erscheint die Bildung von Kategorien zwangsläufig oder generell üblich, manchmal ergeben sich aber auch ernsthafte Schwierigkeiten, Platzierungseinheiten zu bilden oder neue Artikel gebildeten Sortimentseinheiten zuzuweisen. Manchmal experimentiert der Handel mit neuen Sortimentsgliederungen, wenn er beispielsweise in einer Abteilung „Alles fürs Bad" sowohl Textilien als auch Einrichtungsgegenstände und Körperpflegemittel anbietet. Auch bei neuen Produkten, wie z. B. Bier-Cola-Mischgetränken, kann die Frage aufkommen, in welchem Artikelumfeld sie platziert werden sollen. Eine Soja-Sauce kann beispielsweise den normalen Saucen oder den asiatischen Gewürzen zugeordnet werden. Zur Bildung und Segmentierung von Kategorien werden im Folgenden zwei Ansätze vorgestellt, wobei der eine auf hierarchischen Entscheidungsstrukturen basiert, während der andere an kognitiven Strukturen ansetzt, in denen die wahrgenommene Ähnlichkeit einzelner Artikel zum Ausdruck kommt.

Ordnungssysteme auf Grund hierarchischer Entscheidungsstrukturen

Wenn in der Literatur zum Category Management von der Definition einer Kategorie die Rede ist, wird meistens auf Entscheidungsprozesse des Verbrauchers abgestellt. Es herrscht die Vorstellung vor, dass Verbraucher in hierarchischen Ordnungsstrukturen denken. Kaufentscheidungen kommen demnach durch Top-Down-Prozesse innerhalb von Produkthierarchien zu Stande. Benötigt ein Kunde z. B. Mineralwasser, dann wendet er sich der Abteilung für alkoholfreie Getränke zu, entscheidet sich dort zwischen stillen Wassern und Wassern mit Kohlensäure und wählt schließlich zwischen Marken und Gebindegrößen. Dies lässt sich in sogenannten Entscheidungsbäumen darstellen, die eine Kategorie in Warenuntergruppen, Segmente und Untersegmente gliedern. Oft gehen diese Entscheidungsbäume von bereits festgelegten Kategorien aus, wobei in der Regel auf Verwendungsbereiche (Bedürfnisse) der Verbraucher Bezug genommen wird. Solche Verwendungsbereiche können bspw. „Frühstück", „Körperpflege" oder „Haustierpflege" sein.

Die Entscheidungsbäume liefern Hinweise, welche Artikel in besonders hohem Maße als substitutiv angesehen werden und für welche Artikel das nicht zutrifft. Es geht also nicht darum, die Sortimente warentypologisch zu untergliedern, sondern nach Eigenschaften zu suchen, auf die die Verbraucher bei Kaufentscheidungen zurückgreifen. Bei Wein könnte das z. B. die Farbe, das Herkunftsland, die Anbauregion, die angegebenen Qualitätsstufen, die Preisklasse oder die Rebsorte sein. Es kommt die Frage hinzu, in welcher Reihenfolge der Verbraucher einzelne Eigenschaftsdimensionen heranzieht, um seinen Entscheidungsprozess voranzubringen. Beide Aspekte sind für die Untergliederung wichtig. So könnte ein Weinregal in einem Fall mit „Die Chardonnay Weine" überschrieben sein, in einem anderen Fall mit „Weißweine aus Frankreich". In Abbildung 2 ist dargestellt, wie ein Weinregal aus der Sicht eines Kunden zu gliedern ist, der zuerst die Farbe, dann die Anbauregion und schließlich die Rebsorte als Entscheidungskriterium heranzieht.

Weine												← Warengruppe
Weißwein						Rotwein						← Warenuntergruppe
Deutschland			Europa/ Übersee			Deutschland			Europa/ Übersee			← Segment
R 1	R 2	R 3	R 1	R 2	R 3	R 4	R 5	R 6	R 4	R 5	R 6	← Untersegment

Abbildung 2: Beispiel für die Gliederung der Kategorie Wein

Zur Konstruktion von Entscheidungsbäumen kann auf Prozessverfolgungstechniken zurückgegriffen werden. So lassen sich beispielsweise „Decision Nets" durch Protokollanalysen konstruieren, indem Testpersonen aufgefordert werden, während eines Entscheidungsproblems „laut zu denken" (Bettman, 1979, S. 229-265). Die Protokollanalysen sind jedoch mit dem Problem verbunden, dass erhebliche Spielräume bei der Auswertung und Interpretation der Protokolle bestehen. Ein anderes Verfahren ist die Information Monitoring Methode. Hier wird eine Testperson vor ein Entscheidungsproblem gestellt, welches in Form einer sogenannten Informationsdisplaymatrix präsentiert wird. Dabei handelt es sich um eine Matrix, deren Zellen jeweils verdeckt die Attributausprägungen verschiedener Alternativen beinhalten, die von der Testperson abgerufen werden können (Bettman, 1979, S. 196 f.). Aus der Reihenfolge des Informationsabrufs lässt sich ein Entscheidungsbaum konstruieren.

Bei beiden Prozessverfolgungstechniken stellt sich die Frage, wie aus der Vielzahl individuell gemessener Entscheidungsprozesse eine homogene Kategoriestruktur konstruiert werden kann. Die Existenz homoger hierarchischer Entscheidungsstrukturen ist nämlich keineswegs selbstverständlich:

- Erstens unterstellt das Entscheidungsbaumverfahren die Existenz sequentiell hierarchischer Entscheidungsprozesse. Tatsächlich gibt es aber eine Vielzahl denkbarer Entscheidungsheuristiken, so dass nicht zwangsläufig von hierarchisch sequentiellen Prozessen auszugehen ist (Bettman, 1979, S. 179 ff.).
- Zweitens sind die Kriterien, nach denen Entscheidungsbäume gebildet werden, bei unterschiedlichen Personen und Kaufsituationen nicht homogen (Möhlenbruch, 1997, S. 118, Mollá/Múgica/Yagüe, 1998, S. 229).

Ordnungssysteme auf der Basis kognitiver Strukturen

Dem Entscheidungsbaumverfahren ist eigen, dass es sich an Entscheidungsprozessen von Kunden orientiert. Alternativ können Kategorien aber auch auf der Basis kognitiver Strukturen von Kunden definiert werden, in denen Vorstellungen von der Ähnlichkeit oder Zusammengehörigkeit von Artikeln zum Ausdruck kommen (Collins/Loftus, 1975; vgl. zur Einordnung auch Schermer, 2006). Hierdurch werden insbesondere Suchprozesse von Kunden unterstützt.

Kognitive Strukturen lassen sich durch verschiedene Erhebungstechniken ermitteln. Wenn es darum geht, einer Kategorie Artikel zuzuordnen und diese anschließend hierarchisch zu gliedern, bieten sich insbesondere Assoziationsverfahren an. So könnte sich beispielsweise die Frage stellen, welche Artikel der Kategorie „Frühstück" angehören und wie diese in Untergruppen, Segmente und Untersegmente aufgeteilt werden können.

Bei dem Assoziationsverfahren werden Probanden gebeten, innerhalb einer vorgegebenen Zeit möglichst viele Artikel zu assoziieren, die innerhalb einer Kategorie angeboten werden können. Ausgehend von der Hypothese, dass in der Reihenfolge, in der die Artikel assoziiert werden, ihre Nähe in den kognitiven Strukturen der Probanden zum Ausdruck kommt (vgl. hierzu Grunert 1990, 1991), lässt sich eine Distanzmatrix konstruieren, aus der mit Hilfe von multidimensionaler Skalierung und Clusteranalyse Kategorie-Strukturen abgeleitet werden können. Abbildung 3 und 4 zeigen die Ergebnisse einer solchen Vorgehensweise am Beispiel einer Schreibwarenabteilung.

In dem Beispiel lässt sich die Schreibwaren-Kategorie zunächst in zwei Untergruppen aufteilen. Während die erste Untergruppe Schreibgeräte (z. B. Füller), Schreibmaterial (z. B. Hefte) und Hilfsmittel (z. B. Anspitzer) umfasst, werden der zweiten Untergruppe Artikel zum Versand/Schriftverkehr (z. B. Briefpapiere) und zur Ablage (z. B. Ordner) zugeordnet.

```
  C A S E      0         5        10        15        20        25
Label     Num  +---------+---------+---------+---------+---------+

Bleistifte      -+
Kugelschreiber  -+---+
Füller          -+   +-----+
Buntstifte      -----+     +---+
Anspitzer       -+---------+   I
Radiergummis    -+             +---------------------------------+
Schreibblocks   -+-----+       I                                 I
Hefte           -+     +-------+                                 I
Lineale         ---+---+                                         I
Tinte           ---+                                             I
Ordner          -+-----------+                                   I
Schnellhefter   -+           I                                   I
Briefpapier     -+-+         +-----------------------------------+
Briefumschläge  -+ +-----+   I
Papier          ---+     +---+
Druckerpapier   -+-+     I
Karten          -+ +-----+
Locher          ---+
```

Abbildung 3: Ergebnis einer Clusteranalyse für die Kategorie Schreibwaren
vgl. Zielke, 2001, 2002

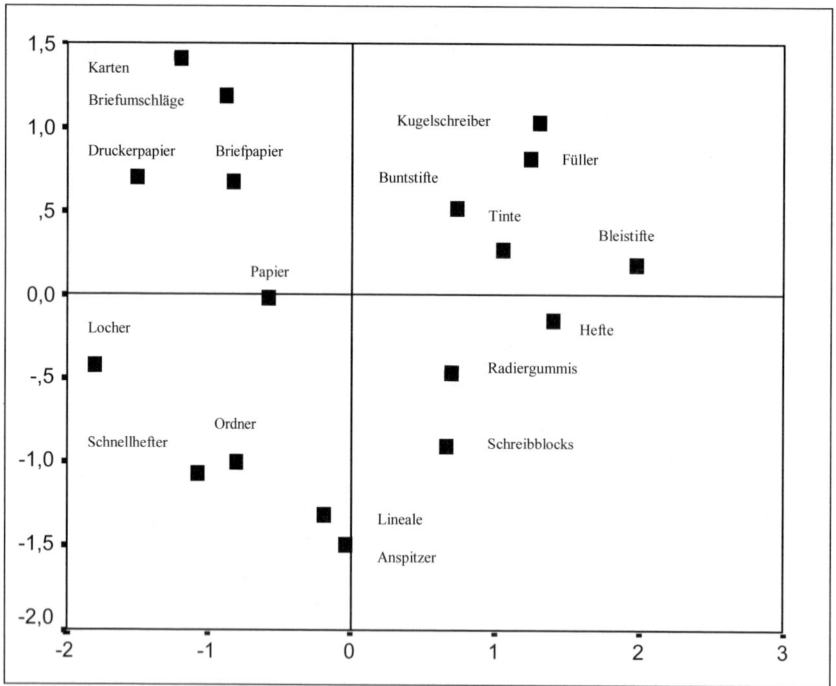

Abbildung 4: Ergebnis einer multidimensionalen Skalierung für die Kategorie Schreibwaren
vgl. Zielke, 2001, 2002

Neben den Assoziationsverfahren können auch Verfahren herangezogen werden, die auf Ähnlichkeitsurteilen basieren. Im Unterschied zu dem Assoziationsverfahren müssen hierzu allerdings im Vorfeld konkrete Testartikel vorgegeben werden. Die Ähnlichkeit der Testartikel kann dann durch Paarvergleiche (vgl. hierzu Backhaus et al., 2004, S. 613 ff.) oder durch hierarchisches Sortieren (Kinateder, 1989) bestimmt werden. Auch multiattributive Verfahren können herangezogen werden, wobei allerdings im Vorfeld die relevanten Kategorisierungsmerkmale bekannt sein müssen.

Ebenso wie die durch das Assoziationsverfahren gemessenen Sequenzen lassen sich auch die Ähnlichkeitsurteile in einer Distanzmatrix darstellen und durch multidimensionale Skalierung und Clusteranalyse auswerten. Werden die Ähnlichkeitsurteile multiattributiv erhoben, kann statt der multidimensionalen Skalierung auch eine Korrespondenzanalyse herangezogen werden, um den Wahrnehmungsraum der Probanden darzustellen (vgl. hierzu Scharf, 1991).

Auch die Methode, Ordnungssysteme auf Basis von kognitiven Strukturen abzubilden, ist mit Problemen verbunden:

- Erstens stellt sich die Frage, inwieweit Ordnungssysteme auf Basis kognitiver Strukturen tatsächlich kundenorientiert sind, indem sie z. B. Suchprozesse erleichtern. Dies wird davon abhängen, ob die Kunden bei der Suche nach Artikeln auf ihr allgemeines Kategorisierungswissen zurückgreifen.
- Auch wenn kognitive Strukturen als relativ stabil angesehen werden, werfen die Ergebnisse die Frage nach ihrer Reliabilität auf (vgl. hierzu auch Grunert, 1990, S. 95).
- Gegenüber dem Assoziationsverfahren erfordert die Messung von Ähnlichkeitsurteilen die Vorgabe ausgewählter Testartikel. In die Auswahl der Testartikel können bereits implizite Annahmen über die Kategoriestruktur einfließen, die sich später im Ergebnis niederschlagen.
- Probleme kann auch die Interpretation des ermittelten Wahrnehmungsraums und des Cluster-Dendrogramms bereiten.

Da sowohl die Prozessverfolgungstechniken als auch die Methoden auf Basis kognitiver Strukturen bestimmte Vor- und Nachteile aufweisen, sollten die Verfahren in der Praxis kombiniert werden. So könnte beispielsweise eine Regalstruktur mit Hilfe von Assoziations- oder Sortierverfahren erstellt und anschließend mit Hilfe von Prozessverfolgungstechniken validiert werden. In jüngster Zeit werden insbesondere wieder Methoden der Blickaufzeichnung und videogestützte Gedankenrekonstruktionen genutzt, um das Kundenverhalten am Point of Sale besser zu verstehen (Schröder/Berghaus, 2005, Berghaus, 2005, Silberer, 2005).

Ist die Struktur einer Kategorie festgelegt, stellt sich die Frage, welchen Kategoriesegmenten einzelne Artikel zugeordnet werden sollen. Diese Zuordnung ist keineswegs unproblematisch, handelt es sich doch bei Kategorien oder Kategoriesegmenten häufig um Fuzzy Sets, d. h. einzelne Artikel sind als mehr oder weniger typische Vertreter mehrerer

Kategorien oder Segmente anzusehen. In bestimmten Fällen ist es deshalb erforderlich, Typizitätsmaße für die Zugehörigkeit von Artikeln zu unterschiedlichen Kategorien bzw. Kategoriesegmenten zu ermitteln (Viswanathan/Childers 1999).

Zur Relevanz der Fragestellung aus Hersteller- und Händlersicht

Das Problem, einzelne Artikel zu Kategorien zusammenzufassen, ist sowohl für den Hersteller- als auch für den Handelsbetrieb von Relevanz. Zunächst sieht es so aus, als brauche die Industrie nur auf die Kategoriebildung des Handels zu reagieren und ihr Produkt in die jeweilige Kategorie des Handelsunternehmens einzufügen. Dies setzt dann lediglich die Kenntnis der vom Handel gebildeten Kategorien voraus. In einigen Fällen wird die Zuordnung einzelner Produkte zu den Kategorien eindeutig, in anderen Fällen werden mehrere Zuordnungen möglich sein. Im letzteren Fall hat die Industrie Überlegungen anzustellen, in welchem Umfeld sich das eigene Produkt besser verkaufen wird, was auch davon abhängen wird, wie viel Regalplatz jeweils zur Verfügung stehen wird, welche Aufmerksamkeit das Produkt in dem jeweiligen Kategorieumfeld auf sich ziehen wird, welchen Stellenwert der Handel der betreffenden Kategorie zuweist und wie es in der Beurteilung des Verbrauchers mit den nahe platzierten Konkurrenzprodukten abschneiden wird. Das Problem der Zuordnung eines Produktes zu einer Kategorie kann insbesondere bei neuen Produkten aktuell werden. Unter Umständen kann es auch das Ziel eines Herstellers sein, mit seinen Produkten eine neue Kategorie oder ein neues Segment zu etablieren. Dies setzt voraus, dass sowohl bei den Verbrauchern wie auch beim Handel Lernprozesse initiiert werden. Neue Begriffe müssen erlernt werden, um einzelne Marken identifizieren und einordnen zu können, beispielsweise biotische Joghurts oder gefriergetrockneter Kaffee.

In den meisten Fällen obliegt die Bildung von Kategorien dem Handelsbetrieb. Aber auch Hersteller können sich unter Umständen dem Problem gegenüber sehen, Kategorien zu bilden und zu segmentieren, und zwar in jenen Fällen, in denen sie als Category Consultants das Regallayout einer Abteilung planen. Dabei ist insbesondere zu fragen, welche Wirkungen von einzelnen Gruppierungen auf das Verhalten der Verbraucher ausgehen, wobei den folgenden Aspekten Interesse zukommt (Zielke, 2001, 2002):

- Wie groß ist der Suchaufwand, den Verbraucher aufwenden müssen, um einen zum Kauf geplanten Artikel zu finden?
- Wie groß ist die Wahrscheinlichkeit, dass Artikel, deren Kauf nicht geplant war, in das Wahrnehmungsfeld des Verbrauchers rücken?
- Inwieweit erleichtert eine bestimmte Platzierungsgruppenbildung (Kategoriebildung) den Vergleich von Einkaufsalternativen?

Es ist denkbar, dass sich in Abhängigkeit von der Größe des Geschäfts oder von dem Anteil an Stammkunden bzw. Laufkunden unterschiedliche Kategoriebildungen als sinnvoll erweisen.

3.2 Category Management als Prozess der Sortimentsplanung

Nachdem im vorhergehenden Abschnitt dargestellt worden ist, wie Kategorien definiert werden können, soll nun die Führung von Kategorien im Mittelpunkt der Betrachtung stehen. Hierzu wurde ein schematischer Planungsprozess (Geschäftsplanungsprozess) entwickelt, dessen Phasen im Folgenden beschrieben werden (ECR Europe, 1997, S. 36 ff.).

1. Den Einstieg in den Category-Managementprozess bildet die bereits angesprochene Definition der Kategorie. Hierzu werden Artikel, die aus Sicht der Konsumenten als zusammengehörig betrachtet werden, zu einer Kategorie zusammengefasst, und die Kategorie wird in Untergruppen unterteilt.

2. In der zweiten Phase wird den Kategorien eine Rolle zugewiesen. Die Rolle legt fest, welche Funktionen einer Kategorie für das Erreichen der Unternehmensziele des Händlers zugeschrieben werden (vgl. Abbildung 5). Da die Kategorie-Rolle den gesamten weiteren Category-Managementprozess beeinflusst, indem sie die Verteilung der Ressourcen auf die Kategorien bestimmt, ist der Rollenzuweisung große Aufmerksamkeit zu schenken. So werden Profilierungs- und Impulskategorien durch Ressourcenzuteilung (z. B. Regalfläche) begünstigt, während Kategorien oder Segmente mit Pflicht- oder Ergänzungscharakter nur in geringerem Ausmaß Ressourcen beanspruchen und über hohe Margen für Ertrag sorgen sollen (Zielke, 2002, S. 203). Kriterien für die Rollenzuweisung sind die Bedeutung der Kategorie für die Zielgruppe des Händlers, die Bedeutung der Kategorie für die Umsetzung des strategischen Konzepts sowie die Aussichten der Kategorie im Markt des Händlers.

3. Im dritten Schritt müssen die Leistungen der Kategorie im Hinblick auf die ihr zugeordnete Rolle bewertet werden. Ziel der Bewertung ist es, Verbesserungspotenziale hinsichtlich Umsatz, Gewinn und Gesamtkapitalrentabilität aufzuzeigen. Die Kategorie-Bewertung erfolgt auf Basis von Händler-, Hersteller-, Konsumenten- und Marktdaten. Eine wichtige Voraussetzung für die Kategorie-Bewertung sind Marktforschungsstudien, die Aufschluss über das Such- und Entscheidungsverhalten von Kunden innerhalb der Kategorie geben (vgl. die Beispiele aus der Marktforschungspraxis bei Johnson/Pinnington, 1998, Johnson 1998). Von besonderer Bedeutung ist hierbei auch die Analyse von Paneldaten (Feller, 2001), Scannerdaten (Olbrich/Grünblatt, 2001, Grünblatt, 2004) und hierauf aufbauend der Einsatz moderner Data-Mining-Techniken (Schröder/Feller, 2000, Rühl/Steinicke, 2001).

4. In der Kategorie-Leistungsanalyse sollen auf Basis der Kategorie-Rolle (Soll) und der Kategorie-Bewertung (Ist) Leistungskriterien und –vorgaben entwickelt werden. Die Leistungsvorgaben beziehen sich auf Umsatz- und Marktanteilssteigerungen (bei Profilierungskategorien und Impulskategorien) oder auf Ertragssteigerungen (bei Pflicht- und Ergänzungskategorien).

Profilierungs-kategorie i. d. R. 5-7% aller Kategorien	■ Händler ist beim Zielkunden Primäranbieter für die Kategorie. ■ Kategorie definiert das Profil des Händlers aus Sicht des Zielkonsumenten. ■ Kategorie bietet dem Zielkonsumenten dauerhaft überdurchschnittlichen Nutzen. ■ Führende Warengruppe des Händlers hinsichtlich Umsatz, Marktanteil, Kundenzufriedenheit, Service und Effizienz. ■ Kategorie trägt zur Weiterentwicklung von Personal, Systemen und technologischen Aspekten bei.
Pflicht-kategorie i. d. R. 55-60% aller Kategorien	■ Händler ist beim Zielkunden bevorzugter Anbieter für die Kategorie. ■ Kategorie baut das Image des Händlers auf. ■ Kategorie bietet dem Zielkonsumenten dauerhaft hohen Nutzen. ■ Kategorie kommt eine wesentliche Rolle für die Generierung von Ertrag, Cashflow und Gesamtkapitalrendite zu.
Impuls-/Saison-kategorie i. d. R. 15-20% aller Kategorien	■ Händler ist beim Zielkunden Hauptanbieter für die Kategorie. ■ Kategorie verstärkt Image des Händlers. ■ Kategorie bietet dem Zielkunden einen hohen Verbrauchernutzen. ■ Kategorie kommt eine sekundäre Rolle bei der Verbesserung von Ertrag, Cashflow und Gesamtkapitalrendite zu.
Ergänzungs-kategorie i. d. R. 15-20% aller Kategorien	■ Kategorie positioniert den Händler beim Zielkunden als umfassenden Anbieter. ■ Kategorie bietet dem Zielkunden einen guten Verbrauchernutzen. ■ Kategorie kommt eine wichtige Rolle bei der Generierung von Erträgen und Margenverbesserung zu.

Abbildung 5: Kategorie-Rollen
vgl. ECR Europe, 1997, S. 43

5. Mit Hilfe der Kategorie-Strategien sollen die entwickelten Leistungsvorgaben realisiert werden. Die Strategien werden differenziert für Warenuntergruppen, Segmente, Marken und Artikel entwickelt und beziehen sich sowohl auf das Absatzmarketing als auch auf den Beschaffungsbereich (daher der Begriff Geschäftsplanungsprozess). Beispiele für Marketingstrategien sind die Förderung der Kundenfrequenz, die Erhöhung des Transaktionswertes für Käufe innerhalb der Kategorie oder das Erzielen

von Gewinn und Cashflow. Die Beschaffungsstrategien beziehen sich auf die effizientere Gestaltung von Prozessen zwischen Händler und Hersteller und beinhalten für die Profilierungskategorien in der Regel ein umfassendes Efficient Replenishment, wenn das Handelsunternehmen sich zur Kooperation mit dem Hersteller entschlossen hat (vgl. zu Efficient Replenishment: von der Heydt, 1997, Seifert, 2006).

6. Mit Hilfe der Kategorie-Taktiken sollen die entwickelten Strategien durch konkrete Maßnahmen in den Bereichen Sortimentspolitik, Preispolitik, Verkaufsförderung und Regalpräsentation umgesetzt werden.

7. Die Kategorie-Planumsetzung regelt Verantwortlichkeiten und Fristen für die Realisation des Category Management-Plans.

8. Der Category Management-Plan bedarf einer periodischen Prüfung und gegebenenfalls einer Anpassung (Kategorie-Überprüfung).

Der dargestellte Geschäftsplanungsprozess ist in Abbildung 6 noch einmal zusammengefasst. Bei dem sog. Category-Managementprozess handelt es sich um die Übernahme von Bausteinen, wie sie in der Betriebswirtschaftslehre generell herangezogen werden, um Planungs- und Kontrollprozesse zu gestalten, in den Bereich der Sortimentsplanung (vgl. zum Managementzyklus Wild, 1974, Müller-Hagedorn, 1998, S. 126 ff.). Mit dem Begriff der Kategorie-Rolle, der zunächst fremdartig anmutet, wird sichergestellt, dass das strategische Konzept, mit dem ein Handelsbetrieb den Wettbewerb bestehen will, in die Sortimentspolitik übersetzt wird. Die Kategorie-Rolle stellt also die Konkretisierung des strategischen Konzeptes auf der Sortimentsebene dar. Die besondere Bedeutung der Kategorie-Rolle unterstreichen auch Ergebnisse von Dhar, Hoch und Kumar (2001). Sie belegen, dass in Abhängigkeit der Warengruppen-Rolle unterschiedliche Marketing-Maßnahmen geeignet sind, um den Warengruppen-Erfolg zu erhöhen.

Bei dem Category-Managementprozess handelt es sich um einen sinnvollen Rahmen für die Planung und Kontrolle, der allerdings noch sehr abstrakt ist und durch sinnvolle Methoden ausgefüllt werden muss. So ergibt sich beispielsweise die Frage, anhand welcher Kennzahlen eine Kategorie zu bewerten ist, wie die Preislagen zu besetzen sind, wie die Sortimentstiefe dimensioniert sein sollte und wie die Regale gestaltet werden können, damit gleichermaßen die Plankäufe bequem abgewickelt werden können und zu Impulskäufen angeregt wird (vgl. hierzu die Literatur zur handelsbetrieblichen Sortimentspolitik bei Müller-Hagedorn, 1998, S. 402 ff., 2005, S. 193 ff.). Entsprechend sind verschiedene Arbeiten entstanden, die das Category Management-Konzept auf einzelne Marketinginstrumente beziehen, so beispielsweise die Sortimentspolitik (Helnerus, 2003), die Verkaufsförderung (Kotschi, 2003, Möhlenbruch/Kotschi, 2004) oder das Preismanagement (Zielke, 2005, 2006).

Neben dem hier vorgestellten Category-Managementprozess existiert noch ein alternatives Schema von A. C. Nielsen, welches gegenüber dem von ECR Europe noch stärker am Managementzyklus orientiert ist (Nielsen Marketing Research, 1992).

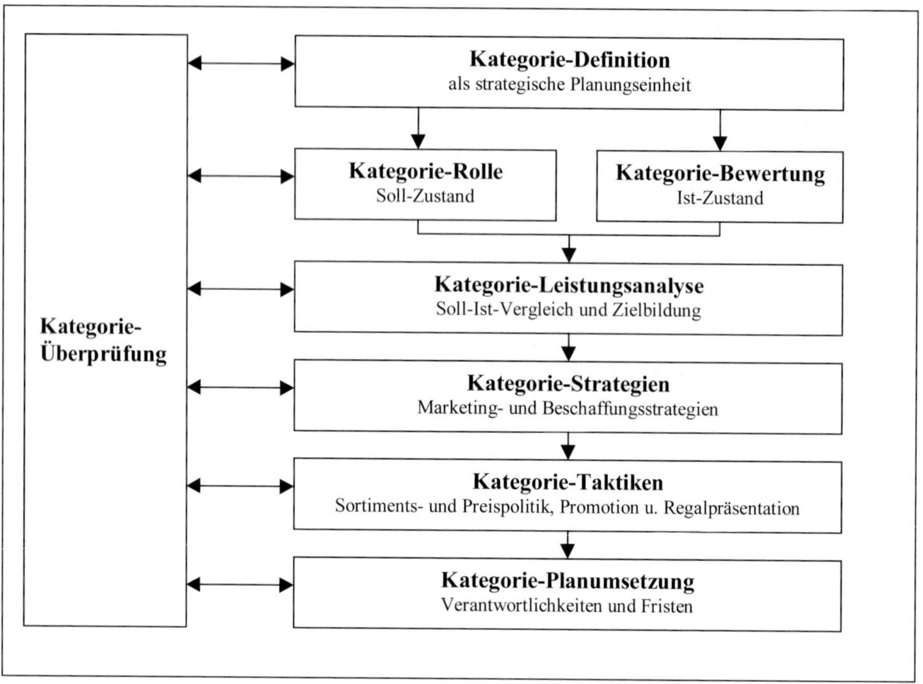

Abbildung 6: Der Category-Managementprozess nach ECR Europe

3.3 Category Management als internes Organisationsprinzip

Category Management als Verfahrensweise zur Gestaltung von Sortimenten im Handel sollte durch geeignete Organisationsstrukturen unterstützt werden. So wird für Handelsunternehmen gefordert, das Category Management objektorientiert nach dem Profit-Center-Prinzip zu implementieren. Dabei ist der Category Manager als Spartenleiter vom Einkauf bis zum Verkauf für alle innerhalb der Kategorie zu erfüllenden Funktionen verantwortlich (Feld, 1996, S. 20). Daneben sind allerdings auch andere Formen möglich, etwa die Verankerung des Category Managements in Stäben mit lediglich beratendem Charakter oder die Verankerung innerhalb einer Matrixorganisation, in der Objekt- und Funktionsbereiche gleichberechtigt gemeinsame Entscheidungen treffen.

Ein anderes Bild ergibt sich bei der Frage, wie das Category Consulting im Herstellerunternehmen organisiert sein sollte (Hahne, 1998). Hier wird dem Category Consulting in vielen Fällen eine Stabsfunktion zugeordnet. Wird zudem nur eine Beratungsfunktion gegenüber dem Handel wahrgenommen, ist eine Profit-Center-Organisation problematisch (Möhlenbruch, 1997, S. 125), denn Motivations- und Koordinationseffizienz einer solchen Organisationseinheit sind in Frage gestellt (vgl. zu Effizienzkriterien einer Organisation Frese, 2005). Die Motivationseffizienz ist beschränkt, weil Category Consultants wegen ihrer lediglich beratenden Funktion nur schwer für die Performance einer Kategorie zur Verantwortung gezogen werden können. Die Koordinationseffizienz erfasst, inwieweit die Organisationsstrukturen Koordinationsprobleme verursachen. Koordinationsprobleme entstehen für die Category Consultants insbesondere bei der Abstimmung mit Linienfunktionen, wie etwa der Vertriebsabteilung. Die Linienmanager sind in der Regel auf das eigene Absatzprogramm fokussiert, während für das Category Consulting die Sortimentsoptimierung des Handelspartners im Vordergrund stehen sollte. Trotz oder gerade wegen der möglichen internen Zielkonflikte erscheint die Trennung von Vertrieb und Category Consulting sinnvoll. Denn nur so kann gewährleistet werden, dass die Category Consultants die Sortimente aus der Sicht des Handelspartners optimieren können. Dennoch stellt sich auch hier die Frage, inwieweit es zu Konflikten zwischen den Absatzzielen des Herstellers und der Sortimentsoptimierung im Handel kommen kann.

3.4 Category Management als Kooperationsform zwischen Industrie und Handel

Für ein effizientes Category Management werden in letzter Zeit verstärkt vertikale Kooperationsstrategien empfohlen. Diese Kooperationsstrategien können zum einen in der vollständigen oder teilweisen Übertragung der Kategorie-Führung vom Handel an die Industrie liegen, zum anderen sich auf den Austausch kategoriebezogener Informationen beschränken.

Die Ausgestaltung der Kooperationsbeziehungen lässt sich durch zwei Verteilungsprobleme kennzeichnen, nämlich die Verteilung von Aufgaben und die Verteilung der erreichten Effizienzvorteile. Irrgang (1989, S. 7 ff.) spricht vom Funktionsverteilungskampf und dem Kampf um die Vertriebsspanne.

(1) Die Aufgabenverteilung zwischen Industrie und Handel

Category Management impliziert eine Vielzahl von Aufgaben, die zwischen Hersteller, Händler und sonstigen Hilfsbetrieben aufgeteilt werden müssen, so z. B. die Beschaffung und Bereitstellung der für den Category-Managementprozess erforderlichen Informationen oder die Planung und Kontrolle von Strategien und Taktiken in den Bereichen Sortimentsplanung, Preispolitik, Verkaufsförderung und Warenpräsentation (vgl. auch den Überblick über herstellerseitige CM-Aufgaben bei Hahne, 1998, S. 110 ff.).

Die Verteilung der Aufgaben sollte dabei grundsätzlich von der Frage abhängig sein, wer welche Aufgaben am effizientesten erfüllen kann. Da es beim Category Management um die Effizienz des gesamten Wertschöpfungssystems geht, muss die Wertschöpfungskette im Hinblick auf Kosten und Nutzen analysiert werden.

Neben dem Umstand, inwieweit durch eine Veränderung der Aufgabenverteilung kurzfristig Kosten eingespart werden, muss bei der Umverteilung von Aufgaben aber auch ein strategischer Aspekt berücksichtigt werden. Die Ausgliederung einer Aufgabe geht nämlich mit einem Know-How Verlust einher, der in ein Abhängigkeitsverhältnis münden kann. So weist Möhlenbruch (1997, S. 128) darauf hin, dass mit der Aufgabe der Sortimentsautonomie des Handels zu Gunsten eines Kooperationsmodells gleichzeitig eines der wichtigsten Profilierungsinstrumente des Handels preisgegeben wird. Holzkämper (1998, S. 159 ff.) hat das allgemeine Make-or-Buy-Entscheidungsproblem in einem Aktivitätenportfolio dargestellt (Abbildung 7). Das Portfolio ist wie folgt zu interpretieren:

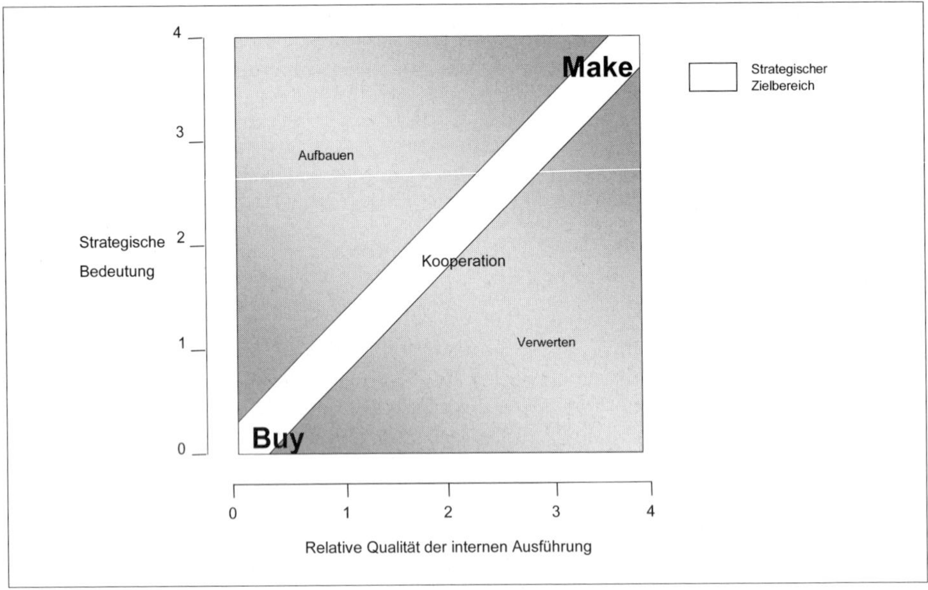

Abbildung 7: Aktivitätenportfolio nach Holzkämper
vgl. Holzkämper, 1999, S. 225

Die strategische Bedeutung einer Aktivität ist langfristig für die „Make or Buy"-Entscheidung bestimmend, also die Aufgabenerfüllung durch den Händler oder den Hersteller bzw. die Realisierung einer Kooperation. Ein wichtiger Indikator für die strategische Bedeutung einer Kategorie ist deren Rolle. "Je größer die Bedeutung eines Prozessschrittes ist, umso eher sollte ein Unternehmen die Ausführung des Schrittes unmittelbar selbst durchführen." (vgl. zur Operationalisierung der strategischen Bedeutung Holzkämper, 1998, S. 197 ff.)

Der Weg zur langfristigen „Make-or-Buy"-Lösung ist aber auch von den derzeit vorhandenen Potenzialen abhängig. Aktivitäten, die eine hohe strategische Bedeutung für das eigene Unternehmen haben, derzeit aber mit geringer Qualität selbst ausgeführt werden können, sollten über Kooperationen aufgebaut werden (links: Bewegung nach rechts zum strategischen Zielkorridor). Bei Aktivitäten mit geringer strategischer Bedeutung, bei denen aber im Unternehmen ein hohes Know-How in der Ausführung dieser Aktivitäten vorliegt, kann ebenfalls die Kooperation gesucht werden (Bewegung von rechts nach links zum strategischen Zielkorridor).

An die Frage, in welchen Feldern Kooperationen angestrebt werden sollen, schließt sich das Problem der Partnerwahl an. Dabei müssen die potenziellen Partner nicht nur über die fundamentalen Voraussetzungen für die angestrebte Kooperation verfügen, wie etwa Leistungsprogramm, Organisationsstruktur, Informationssysteme usw., vielmehr bedarf es zusätzlich einer Kompatibilität von Unternehmenszielen und –strategien sowie der Übereinstimmung der Unternehmenskulturen, um langfristig eine erfolgreiche Allianz zum Zwecke des Category Managements aufzubauen (Bronder/Pritzl, 1991, S. 49 ff., Helm/Strohmayer, 1997, sowie die Kriterienkataloge bei Behrends, 1994, S. 112).

(2) Die Verteilung der Effizienzvorteile zwischen Industrie und Handel

Die Einführung von Category Management lässt die Konditionen zwischen Industrie und Handel nicht unberührt (vgl. Zentes, 1996).

Übernimmt der Hersteller z. B. Sortimentsplanung, Regalpflege und Disposition für eine Kategorie, wird sich das in den Konditionen niederschlagen. Auch im umgekehrten Fall, also wenn der Händler Funktionen übernimmt, z. B. Verkaufsförderungsaktionen für Artikel eines Herstellers durchführt, wird dies das Konditionengefüge beeinflussen. Zweitens geht es darum, die durch Category Management realisierten Effizienzvorteile zwischen Hersteller und Handel aufzuteilen. Innerhalb der Profilierungskategorien wird der Händler bestrebt sein, den Umsatz über eine schärfere Kalkulation zu erhöhen. Hierzu wird er vom Herstellerunternehmen niedrigere Einstandspreise fordern und dabei mit größeren Abnahmemengen argumentieren. Umgekehrt verhält sich der Fall bei Pflichtkategorien. Dort führen hohe Margen des Händlers unter Umständen zu niedrigeren Absatzmengen. Die Herstellerunternehmen werden in diesen Situationen bestrebt sein, an den hohen Margen teilzuhaben, um eventuelle Absatzeinbußen auszugleichen.

Category Management birgt also systembedingte Verteilungskonflikte in sich, die sich in Preis- und Konditionenforderungen niederschlagen können. Dies macht die Forderung nach leistungsgerechten, transparenten und einfach handhabbaren Konditionensystemen umso dringlicher (vgl. zu solchen Systemen auch Schobert, 1996, Clausnitzer, 1996, sowie auch Steffenhagen, 1995). So einleuchtend die Forderung nach Leistungsgerechtigkeit und Transparenz auch sein mag, so bleibt darüber hinaus doch zu analysieren, welche Bestimmungsfaktoren das Konditionensystem beeinflussen und inwieweit bestimmte Konditionensysteme das Verhalten der Beteiligten steuern.

Neben Konflikten bei der Verteilung von Aufgaben und Effizienzvorteilen treten bei Kooperationen zwischen Industrie und Handel häufig Zielkonflikte im Marketingbereich auf (Steffenhagen, 1975, S. 75). Bei der Produktpolitik ist es beispielsweise denkbar, dass der Händler die Attraktivität der Kategorie durch Handelsmarken steigern möchte, während der Hersteller an einer stärkeren Präsenz seiner eigenen Marken interessiert ist. Es ist zu vermuten, dass gerade im Bereich der Handelsmarkenführung starke Konflikte zwischen Hersteller und Händler auftreten können (Olbrich/Braun, 2001, Braun, 2002). Ein weiteres Konfliktpotenzial liegt in der Innovationsrate des Herstellers. Während Herstellerunternehmen ihre Wettbewerbsposition durch eine hohe Innovationsrate stärken wollen, stoßen neue Produkte im Handel auf Grund des beschränkten Regalplatzes möglicherweise zunächst auf Widerstand. Ein weiteres Beispiel für einen Zielkonflikt stellt die Diskussion um Sonderpreisaktionen dar. Hier kann der Händler daran interessiert sein, durch Sonderpreise die Kundenfrequenz und den Lagerumschlag zu erhöhen, während der Hersteller fürchtet, dass hierdurch die Preisakzeptanz für seine Marken sinkt.

Vor dem Hintergrund der verschiedenen Konfliktpotenziale externer Kooperationen weist Battenfeld (2001) darauf hin, dass Hersteller-Handels-Kooperationen umso eher realisierbar sind, je geringer das Ausmaß potenzieller Zielkonflikte ist, je größer die durch Kooperation erzielbaren Effizienzvorteile sind und je symmetrischer die Macht zwischen Hersteller und Handel verteilt ist.

Die Intensität der Zusammenarbeit zwischen Industrie und Handel hängt aber nicht nur von möglichen Konfliktpotenzialen, sondern auch von der Komplexität der Verbraucherwünsche ab. So weist Ahlert (2001) darauf hin, dass die Abstimmung der Aktivitäten von Herstellerunternehmen, Dienstleistern und Handelsunternehmen umso wichtiger ist, je komplexer die Kundenbedürfnisse sind. Beispielsweise könnte die Kategorie „Multimedia" neben den entsprechenden Elektronikartikeln aus Kundensicht auch das Angebot von Schulungen und Installationsservices sowie Lösungen für Möblierungs-, Verdunklungs- und Beleuchtungsprobleme beinhalten. Um ein solches Angebot im Vorstellungsraum der Kunden klar zu positionieren, bedarf es einer engen Abstimmung zwischen den beteiligten Unternehmen, die im Extremfall sogar zu einem virtuellen Unternehmensnetzwerk führen kann.

4. Zusammenfassung

Der vorliegende Beitrag hat zunächst den Begriff Category Management geklärt und ihn von ähnlichen Konzepten abgegrenzt. Dabei wurde festgehalten, dass

- sich Category Management im Unterschied zu Produkt- und Key-Account-Management auf Produktkategorien bezieht, also aus Sicht des Herstellers über das eigene Produktportfolio hinausreicht,
- sich Category Management im Unterschied zum Produktmanagement nicht schwerpunktmäßig auf interne Prozesse des Herstellers, sondern auf Prozesse beim Handel bzw. auf die Schnittstelle zwischen Industrie und Handel bezieht,

- Category Management als ein Instrument zur Umsetzung der nachfragebezogenen ECR-Strategien angesehen werden kann.

Im Anschluss wurden die zentralen Felder des Category Managements erläutert. Dabei wird auf Möglichkeiten zur Definition von Kategorien hingewiesen und ein Prozessschema für das Category Management vorgestellt. Des Weiteren wird auf die Gestaltung der organisatorischen Rahmenbedingungen eingegangen, wobei sowohl Fragen der internen Organisationsstruktur als auch Fragen der Ausgestaltung von Kooperationsbeziehungen angesprochen werden.

Abschließend soll nicht unerwähnt bleiben, dass Category Management mit vielen Problemen behaftet ist, die entweder konzeptimmanent sind oder weiterer Forschungsanstrengungen bedürfen (vgl. auch den Überblick über verschiedene Problembereiche bei Möhlenbruch, 1997, sowie Spalink/Wagner, 1997, die vorwiegend organisatorische Probleme ansprechen):

- Sollen Kategorien auf der Basis von Entscheidungsprozessen oder kognitiven Strukturen definiert werden? Kann bei den gebildeten Kategorien tatsächlich von strategischen Geschäftseinheiten gesprochen werden?
- Wird der strategischen Gesamtkonzeption des Handelsunternehmens durch Abstimmung zwischen den Kategorien Rechnung getragen?
- Wie können sich die Partner in einer Kooperation vor gegenseitigem opportunistischem Verhalten schützen?
- Wie sind die Wertschöpfungsgewinne zu verteilen? Müssen die Konditionensysteme neu ausgerichtet werden?

5. Literatur

AHLERT, D., Integriertes Markenmanagement in kundengetriebenen Category Management-Netzwerken, in: Ahlert, D./Olbrich, R./Schröder, H., (Hrsg.), Jahrbuch Handelsmanagement 2001, Frankfurt/Main 2001, S. 15-59.

BACKHAUS, K./ERICHSON, B./PLINKE, W./WEIBER, R., Multivariate Analysemethoden, 10. Aufl., Berlin u. a. 2004.

BATTENFELD, D., Konfliktpotenziale im Rahmen des Category Management, in: Ahlert, D./Olbrich, R./Schröder, H., (Hrsg.), Jahrbuch Handelsmanagement 2001, Frankfurt/Main 2001, S. 85-105.

BEHRENDS, C., Handel und Hersteller in Kompetenz-Partnerschaft, in: Absatzwirtschaft, 1994, H. 10, S. 108-114.

BERGHAUS, N., Eye-Tracking im stationären Einzelhandel, Lohmar, Köln 2005.

BETTMAN, J. R., An Information Processing Theory of Consumer Choice, Reading 1979.

BLIEMEL, F. W./FASSOTT, G., Produktmanagement, in: Tietz, B., (Hrsg.), Handwörterbuch des Marketing, 2. Aufl., Stuttgart 1995, Sp. 2120-2135.

BRAUN, D., Schnittstellenmanagement zwischen Handelsmarken und ECR, Lohmar, Köln 2002.

BRONDER, C./PRITZL, R., Leitfaden für strategische Allianzen, in: Harvard Manager, 1991, H. 1, S. 44-53.

CLAUSNITZER, T., Basis für eine faire Chancennutzung. Konditionensysteme in Zeiten von ECR, in: Lebensmittel Zeitung, Nr. 18, 03.05.1996, S. 64.

COCA-COLA-RETAILING-RESEARCH-GROUP-EUROPE, (Hrsg.), Kooperation zwischen Industrie und Handel im Supply Chain Management, o. O. 1994.

COLLINS, A. M./LOFTUS, E. F., A Spreading-Activation Theory of Semantic Processing, in: Psychological Review, 1975, S. 407-428.

DHAR, S./HOCH, S. J./KUMAR, N., Effective Category Management Depends on the Role of the Category, in: Journal of Retailing, 2001, S. 165-184.

ECR EUROPE, (Hrsg.), Category Management Best Practices Report, o. O. 1997.

FELD, C., Category Management im Handel, Arbeitspapier Nr. 8 des Seminars für Allgemeine Betriebswirtschaftslehre, Handel und Distribution an der Universität zu Köln, Köln 1996.

FELLER, M., Informationen über das Kaufverhalten als Grundlage zur Steuerung von Categories im Lebensmittel-Einzelhandel, in: Ahlert, D./Olbrich, R./Schröder, H., (Hrsg.), Jahrbuch Handelsmanagement 2001, Frankfurt/Main 2001, S. 203-232.

FISCHER, C., Category Management. Absichten, Einsichten, Aussichten, in: Beisheim, O., (Hrsg.), Distribution im Aufbruch. Bestandsaufnahme und Perspektiven, München 1999, S. 1117-1128.

FRESE, E., Grundlagen der Organisation. Entscheidungsorientiertes Konzept der Organisationsgestaltung, 9. Aufl., Wiesbaden 2005.

GRÜNBLATT, M., Warengruppenanalyse mit POS-Scanningdaten, Lohmar, Köln 2004.

GRUNERT, K. G., Kognitive Strukturen in der Konsumforschung. Entwicklung und Erprobung eines Verfahrens zur offenen Erhebung assoziativer Netzwerke, Heidelberg 1990.

GRUNERT, K. G., Kognitive Strukturen von Konsumenten und ihre Veränderung durch Marketingkommunikation. Theorie und Meßverfahren, in: Marketing ZFP, 1991, S. 11-22.

HAHNE, H., Category Management aus Herstellersicht, Lohmar-Köln 1998.

HELM, R./STROHMAYER, M., Bewertung von Kooperationspartnern für Category Management und Efficient Consumer Response, in: Marktforschung & Management, 1997, S. 240-245.

HELNERUS, K., Die Eignung des Category Management-Konzepts der CCG für die Sortimentsplanung, in: Handel im Fokus – Mitteilungen des Instituts für Handelsforschung, 2003, H. 4, S. 240-260.

HOLZKÄMPER, O., Category Management. Strategische Positionierung des Handels im Wertschöpfungssystem am Beispiel der Sortimentsgestaltung, Göttingen 1998.

HOMBURG, C./GRANDINGER, A./KROHMER, H., Erfolg durch Kooperation mit dem Handel, in: Absatzwirtschaft, 1996, H. 10, S. 86-92.

IRRGANG, W., Strategien im vertikalen Marketing. Handelsorientierte Konzeptionen der Industrie, München 1989.

JOHNSON, M./PINNINGTON, D., Supporting the Category Management Challenge: How Research can Contribute, in: Journal of the Market Research Society, 1998, No. 1, S. 33-54.

JOHNSON, M., Supporting Category Management. From Identifying Need States to Testing in Virtual Reality, in: Marketing and Research Today, 1998, No. 4, S. 125-140.

KINATEDER, P., Optimierung von Regalbelegungsplänen in Supermärkten, in: Marketing ZFP, 1989, S. 86-92.

KNOBLICH, H., Betriebswirtschaftliche Warentypologie, Köln-Opladen 1969.

KÖHLER, R., Beiträge zum Marketing-Management. Planung, Organisation, Kontrolle, 3. Aufl., Stuttgart 1993.

KÖHLER, R., Kundenorientierte Organisation, in: Signale, 1998, H. 2, S. 5-13.

KOTSCHI, B., Die Verkaufsförderung als Kooperationsbereich zwischen Markenartikelindustrie und Lebensmitteleinzelhandel, Herdecke 2003.

KURT SALMON ASSOCIATES, (Hrsg.), Efficient Consumer Response. Enhancing Consumer Value in the Grocery Industry, Washington, DC 1993.

MEFFERT, H., Kundenmanagement(s), Organisation des, in: Frese, E., (Hrsg.), Handwörterbuch der Organisation, 3. Aufl., Stuttgart 1992, Sp. 1215-1228.

MÖHLENBRUCH, D., Kundenorientierung durch Category Management – Kritische Analyse eines Kooperationsmodells zwischen Industrie und Handel, in: Trommsdorff, V., (Hrsg.), Handelsforschung 1997/98. Kundenorientierung im Handel, Wiesbaden 1997, S. 113-133.

MÖHLENBRUCH, D./KOTSCHI, B., Kooperative Verkaufsförderung im Rahmen von Category-Management-Partnerschaften zwischen Markenartikelindustrie und Lebensmitteleinzelhandel, in: Trommsdorff, V., (Hrsg.), Handelsforschung 2004, Köln 2004.

MOLLÁ, A./MÚGICA, J. M./YAGÜE, M. J., Category Management and Consumer Choice, in: International Review of Retail, Distribution and Consumer Research, 1998, S. 225-241.

MÜLLER-HAGEDORN, L., Der Handel, Stuttgart 1998.

MÜLLER-HAGEDORN, L., Handelsmarketing, 4. Aufl., Stuttgart 2005.

MÜLLER-HAGEDORN, L./DACH, C./SPORK, S./TOPOROWSKI, W., Vertikales Marketing. Trends in der Praxis und Schwerpunkte der theoretischen Diskussion, in: Marketing ZFP, 1999, S. 61-74.

NIELSEN MARKETING RESEARCH, (Hrsg.), Category Management. Positioning Your Organization to Win, Lincolnwood, Ill. 1992.

OLBRICH, R./BRAUN, D., Handelsmarkenführung und Category Management, in: Ahlert, D./Olbrich, R./Schröder, H., (Hrsg.), Jahrbuch Handelsmanagement 2001, Frankfurt/Main 2001, S. 107-130.

OLBRICH, R./GÜNBLATT, M., Nutzenpotenziale von Scanningdaten im Rahmen des Category Management, in: Ahlert, D./Olbrich, R./Schröder, H., (Hrsg.), Jahrbuch Handelsmanagement 2001, Frankfurt/Main 2001, S. 167-202.

RÜHL, A./STEINICKE, S., Filialspezifisches Warengruppenmanagement – ein neues Konzept effizienter Sortimentssteuerung, in: Frey, U. D., (Hrsg.), POS-Marketing. Integrierte Kommunikation am Point of Sale, Wiesbaden 2001, S. 239-251.

SABISCH, H., Produkte und Produktgestaltung, in: Kern, W./Schröder, H. H./Weber, J., (Hrsg.), Handwörterbuch der Produktionswirtschaft, 2. Aufl., Stuttgart 1996, Sp. 1439-1451.

SCHARF, A., Konkurrierende Produkte aus Konsumentensicht. Erfassung und räumliche Darstellung unter besonderer Berücksichtigung der Korrespondenzanalyse, Thun-Frankfurt/Main 1991.

SCHERMER, F. F., Lernen und Gedächtnis, 4. Aufl., Stuttgart 2006.

SCHOBERT, F., Procter & Gambles neuer Weg, in: Marketing Journal, 1996, S. 264-270.

SCHRÖDER, H./BERGHAUS, N., Blickaufzeichnung der Wahrnehmung am Regal – Methodendemonstration am Beispiel Süßgebäck, in: Trommsdorff, V., (Hrsg.), Handelsforschung 2005, Stuttgart 2005, S. 315-335.

SCHRÖDER, H./FELLER, M., Kundenorientierte Sortimentsgestaltung als Herausforderung für das Controlling im Einzelhandel mit Lebensmitteln, in: Graßhoff, J., (Hrsg.), Handelscontrolling. Neue Ansätze aus Theorie und Praxis zur Steuerung von Handelsunternehmen, Hamburg 2000, S. 163-209.

SCHRÖDER, H./RÖDL, A., Category-Management – Kooperative Sortimentspolitik, in: Zentes, J., (Hrsg.), Handbuch Handel. Strategien – Perspektiven – Internationaler Wettbewerb, Wiesbaden 2006, S. 566-595.

SEIFERT, D., Efficient Consumer Response, 3. Aufl., München, Mering 2006.

SILBERER, G., Die videogestützte Gedankenrekonstruktion kognitiver Prozesse beim Ladenbesuch, in: Marketing ZFP, 2005, S. 253-271.

SPALINK, H./WAGNER, W., Category Management erfordert Integrationsleistungen, in: Thexis, 1997, H. 4, S. 24-27.

STEFFENHAGEN, H., Konflikt und Kooperation in Absatzkanälen. Ein Beitrag zur verhaltensorientierten Marketingtheorie, Wiesbaden 1975.

STEFFENHAGEN, H., Konditionengestaltung zwischen Industrie und Handel, Wien 1995.

SWOBODA, B., Wertschöpfungspartnerschaften in der Konsumgüterwirtschaft: Ökonomische und ökologische Aspekte des ECR-Managements, in: Wirtschaftswissenschaftliches Studium, 1997, S. 449-454.

TIETZ, B., Efficient Consumer Response (ECR), in: Wirtschaftswissenschaftliches Studium, 1995, S. 529-530.

VISWANATHAN, M./CHILDERS, T. C., Understanding how Product Attributes Influence Product Categorization, in: Journal of Marketing Research, 1999, S. 75-94.

VON DER HEYDT, A., Efficient Consumer Response, 2. Aufl., Frankfurt/Main 1997.

WILD, J., Grundlagen der Unternehmensplanung, Reinbek 1974.

ZENTES, J., Von Pull- und Push-Strategien zum kooperativen Wertschöpfungsmanagement, in: Markenartikel, 1996, S. 162-165.

ZIELKE, S., Kundengerechte Sortimentsgliederungen am Point of Sale. Ansätze zur Erhebung kognitiver Strukturen als Richtgrößen für Warenplatzierung und Category Management, in: Marketing ZFP, 2001, S. 100-116.

ZIELKE, S., Kundenorientierte Warenplatzierung. Modelle und Methoden für das Category Management, Stuttgart 2002.

ZIELKE, S., Category Pricing als Ansatz zur Koordination von preispolitischen Aktivitäten im Einzelhandel, in: Trommsdorff, V., (Hrsg.), Handelsforschung 2005, Stuttgart 2005, S. 185-204.

ZIELKE, S., Category Pricing-Modelle für den Handel, in: Trommsdorff, V., (Hrsg.), Handelsforschung 2006, Stuttgart 2006, S. 108-121.

Frank Thomas Piller

Mass Customization

1. Abkehr von der Variantenfertigung

„It is the customer who determines what a business is." Diese Aussage Druckers (1954, S. 37) ist heute aktueller denn je. Immer mehr Anbieter erkennen, dass in vielen Märkten nur noch eine radikale Abkehr von Massenmarketing und -produktion zu dauerhaften Wettbewerbsvorteilen führen kann. Schon in den 1970er Jahren sieht Daniel Bell in seiner berühmten Konzeption der postindustriellen Gesellschaft als „fateful question", „wether the promise will be realized that instrumental technology will open the way to alternative modes of achieving individuality and variety within a vastly increased output of goods" (Bell 1980, S. 545). Tatsächlich ist in den letzten zwei Jahrzehnten eine zunehmende *Segmentierung der Absatzmärkte* zu beobachten. Ursache ist der Trend einer zunehmenden Individualisierung der Nachfrage in allen Lebensbereichen. Gründe für diese Entwicklung sind z.B. die steigende Zahl an Single-Haushalten und andere bevölkerungsdemographische Entwicklungen, eine zunehmende Designorientierung, veränderte Wertvorstellungen und vor allem ein neues Qualitäts- und Funktionalitätsbewusstsein, das langlebige und verlässliche Produkte fordert, die genau den spezifischen Vorstellungen eines Abnehmers entsprechen (siehe ausführlich Ludwig 2000; Piller 2006; Schnäbele 1997; Zuboff/Maxin 2002). Gerade kaufkräftige Konsumenten versuchen immer mehr, ihre Persönlichkeit durch eine individuelle Produktwahl zu demonstrieren. Hinzu kommt, dass sich viele Branchen von Verkäufer- zu Käufermärkten mit ausgeprägter *abnehmerseitiger Verhandlungsmacht* gewandelt haben. Die Abnehmer stellen nicht nur relativ hohe Ansprüche an Individualität, Qualität, Service oder Funktionalität eines Produkts oder einer Leistung (hohe Differenzierung), sondern auch gewisse Mindestanforderungen an dessen Preisgestaltung. Viele Firmen stehen heute vor der schwierigen Aufgabe, *vier Wettbewerbstrends* miteinander zu verbinden, die klassischerweise kontroverse Maßnahmen erfordern würden (siehe Abb. 1; vgl. Belz 1997): Während der zunehmende internationale Wettbewerb neue Differenzierungsmöglichkeiten fordert, folgen die Abnehmer heute einem erweiterten Qualitätsverständnis und verlangen genau passende Produkte und Leistungen. Eine solche kundenspezifische Leistungserstellung stellt aus Anbietersicht zwar eine wichtige Differenzierungsmöglichkeit dar, darf aber aufgrund des zunehmenden Wettbewerbs nicht zu höheren Absatzpreisen führen, sondern sollte im Gegenteil einen Preisspielraum schaffen, um auf den zunehmenden Preisdruck reagieren zu können.

Viele Anbieter begegnen der Heterogenisierung der Nachfrage mit einer immer ausgedehnteren Modell- und Variantenvielfalt. Vorhandene Grundprodukte werden um neue Variationen für immer kleinere, in sich aber homogene Marktsegmente erweitert, indem für jede Nische eine eigene Produktvariation inklusive begleitender Vermarktungsmaßnahmen entworfen wird (*anonyme Variantenfertigung*). Doch die vermeintlich marktbezogene Variantenfertigung bedeutet in der Regel eine große Produktpalette ähnlicher Erzeugnisse in geringen Mengen, die vorab auf Lager produziert werden. Dabei sind die genauen Absatzzahlen aber immer schwerer zu prognostizieren (vgl. Lee/Padmanabhan/Whang 1997), da die Fertigung lediglich auf Marktprognosen und Schätzungen des

Vertriebs basiert. Bei gleichbleibenden oder nur leicht steigenden gesamten Absatzzahlen nimmt zudem der Aufwand der Marktbearbeitung enorm zu. Diese Vorgehensweise führt so vor allem zu einer steigenden Komplexität – in der Produktion gleichermaßen wie im Produktmanagement und Vertrieb. Besonders schwerwiegend erscheint, dass diesen Problemen mit Ausnahme einer Annäherung an die Präferenzstruktur der Kunden keine neuen erlösseitigen Potentiale gegenüberstehen. Die vermeintlich kundennahe Variantenfertigung entpuppt sich oft als teure und unzulängliche Fehlentscheidung.

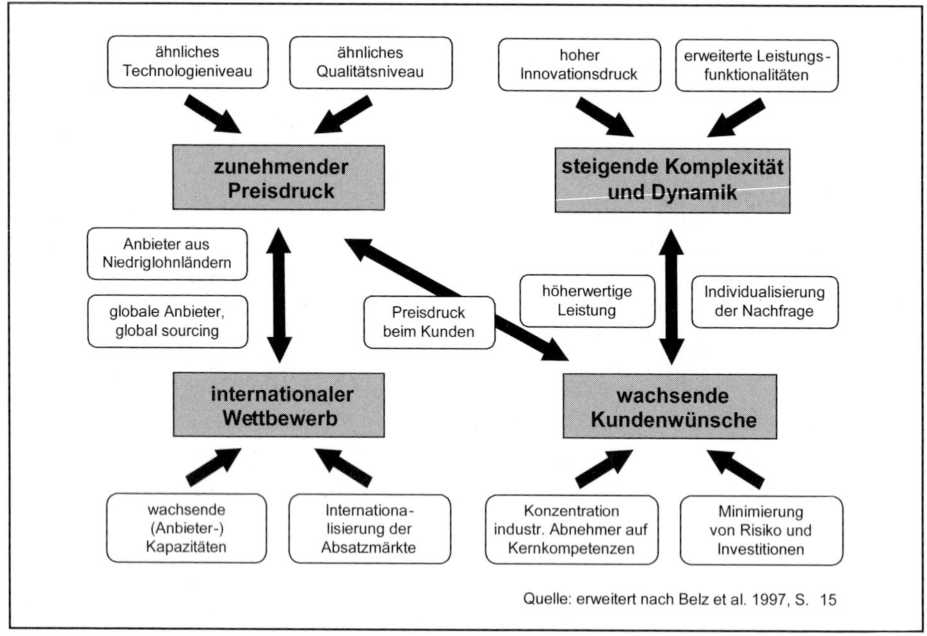

Abbildung 1: Wettbewerbsstrategische Bestimmungsfaktoren

Deshalb finden diese Maßnahmen bei vielen Unternehmen eine Ergänzung durch ein *Customer Relationship Management* (CRM). CRM zielt darauf ab, durch eine individuelle Gestaltung der wechselseitigen Kommunikation die Käufer in ein für beide Seiten nachhaltig wertestiftendes Austauschverhältnis einzubinden (Wehrli/Wirtz 1997). Jedoch hat die vermehrte Anwendung entsprechender Methoden in der Praxis dazu geführt, dass Konsumentengruppen sich gegen zu aufdringliche Unternehmen wehren und der Nutzung ihrer Kundendaten widersprechen (vgl. Fournier/Dobscha/Mick 1998; Piller 1998b). Auch wenn viele Konzeptionen heute über eine „Individualisierung“ in Form mikrosegmentieter Serienbriefe hinausgehen, so beziehen sie sich in der Regel lediglich auf standardisierteGüter. Aus Sicht der Abnehmer ist eine Beziehung zu einem Anbieter jedoch nur dann vorteilhaft, wenn sie Leistungen erhalten, die ihren Bedürfnissen genau entsprechen oder sie eine wesentliche Vereinfachung der Transaktionsabwicklung erfahren.

2. Wesen der Mass Customization

Die im letzten Abschnitt kurz skizzierten Ansprüche und Probleme als Folge einer geänderten Wettbewerbslandschaft, aber auch eines oft falschen Verständnisses der Kundenorientierung führen zu neuen Herausforderungen an das Produktmanagement. Einen entscheidenden Beitrag kann in diesem Zusammenhang *Mass Customization* leisten, die als Konkretisierung einer neuen Form unternehmerischer Wertschöpfung gilt, um auf die neuen Rahmenbedingungen zu reagieren (z.B. bei Piller/Schoder 1999; Reichwald/Piller 2006; Weiber 2000; Zuboff/Maxim 2002). Der von Davis (1987) geprägte und Pine (1993) konkretisierte Begriff verbindet die an sich gegensätzlichen Begriffe „Mass Production" und „Customization" und bedeutet, „producing goods and services to meet individual customer's needs with near mass production efficiency" (Tseng/Jiao 2001). In einer ausführlicheren Definition bezeichnet Mass Customization (kundenindividuelle Massenproduktion) die Produktion von Gütern und Leistungen für einen (relativ) großen Absatzmarkt, welche die unterschiedlichen Bedürfnisse jedes einzelnen Nachfragers dieser Produkte treffen (vgl. Piller 1998a und 2006). Die Produkte und Leistungen werden dazu in einem Co-Design-Prozess gemeinsam mit den Kunden in einem Interaktionsprozess definiert. Die Produkte werden dabei zu Preisen angeboten, die der Zahlungsbereitschaft von Käufern vergleichbarer massenhafter Standardprodukte entsprechen, d.h. die Individualisierung impliziert keinen Wechsel des Marktsegments in exklusive Nischen, wie dies bei einer klassischen Einzelfertigung der Fall ist. Eine solche Position kann langfristig nur erreicht werden, wenn aus einer Gesamtkostenbetrachtung die Leistungserstellung entlang der gesamten Wertschöpfungskette trotz Individualisierung zu einer Effizienz möglich ist, die der von Produktion und Vertrieb (massenhafter) Standardprodukte nahe kommt. Wesentliches Element zur Erreichung dieser Position ist die Etablierung eines stabilen Lösungsraumes, der dann abnehmerbezogen konkretisiert wird. Auf Basis der vorstehenden Definition lassen sich folgende Prinzipien einer Produktindividualisierung nach dem Mass-Customization-Prinzip nennen (siehe auch Abbildung 2).

Das Ziel von Mass Customization ist die Erlangung einer *Differenzierungsposition* im Markt durch die Anpassung bestimmter Produkteigenschaften an die Präferenzen einzelner Kunden. In Bezug auf die "theory of monopolistic competition" nach Chamberlin (1950, 1962) entspricht der Wert einer Individualisierung aus Kundensicht dem Nutzenzuwachs, den das resultierende Gut durch eine höhere Übereinstimmung mit der nächstbesten (standardisierten) Alternative bietet. Je größer deshalb die Heterogenität der Abnehmerbedürfnisse in einem Markt, desto größer ist der Zuwachs an Nutzen durch Individualisierung (da in einem homogenen Markt der Hersteller auch (fast) alle Kundenbedürfnisse durch Standardprodukte befriedigen kann). Allerdings ist Individualisierung kein Selbstzweck. Genau die Individualisierungsfunktionen zu finden, bei denen die meisten relevanten Kunden ein Bedürfnis zur Anpassung haben, ist ein wesentlicher Erfolgsfaktor. Die Strategie der Produktindividualisierung führt auch dazu, dass es sich bei einem Mass-Customization-System in der Regel, aber nicht zwingend, um eine Einzelfertigung handelt ("make-to-order"), die wiederum besondere Anforderungen an die Kostenposition stellt.

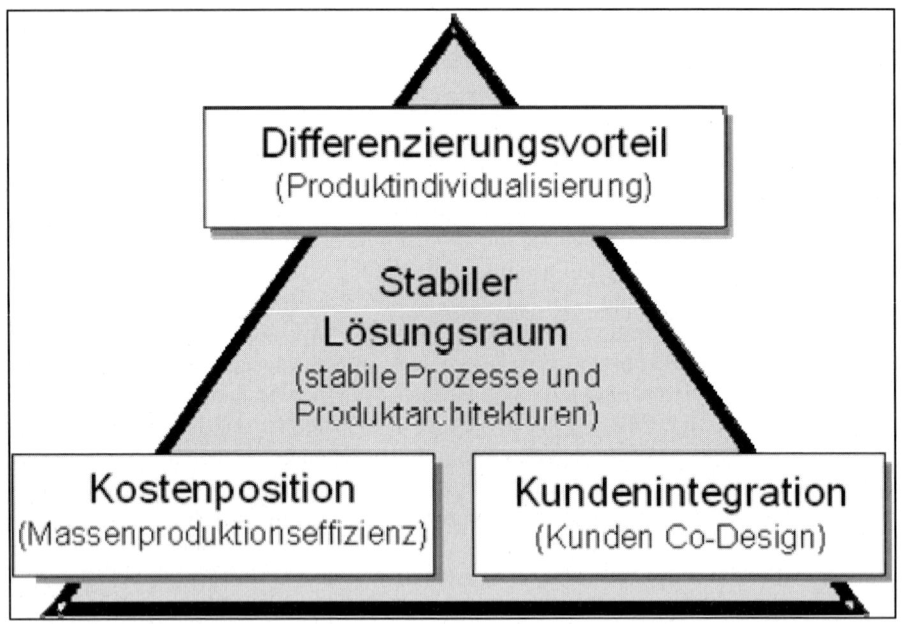

Abbildung 2: Von der Massenfertigung zur Mass Customization

Denn die Abgrenzung von Mass Customization zu anderen Formen der Individualproduktion ist eine Preis- und *Kostenposition*, die die Güter trotz Individualisierung für größere Abnehmerschichten erschwinglich macht. Der Schlüssel zu dieser Kostenposition ist ein *stabiler Lösungsraum*, der stabile Prozessbedingungen als Grundlage der kundenindividuellen Produktion schafft. Stabile Produkt- und Prozessarchitekturen sind ein wesentliches Charakteristikum von Mass Customization und auch das zentrale Abgrenzungsmerkmal dieses Konzepts zur klassischen (oft handwerklichen) Einzelfertigung: Ein traditioneller Einzelfertiger erfindet nicht nur für jeden einzelnen Kunden neue Produkte, sondern auch die dazugehörigen Prozesse. Mass Customization setzt dagegen auf stabilen Prozessen auf, um eine hohe Varietät an Produkten effizient bereitstellen zu können. Die Individualisierungsmöglichkeiten sind begrenzt und im *Lösungsraum des Anbieters* abgebildet. Diese Fähigkeiten und Kapazitäten werden im Rahmen einer autonomen Vorproduktion vom Anbieter festgelegt (vgl. Hildebrand 1997; Kleinaltenkamp

1996). Ein erfolgreiches Mass-Customization-System ist durch stabile, aber dennoch flexible Prozesse definiert, die einen dynamischen Fluss an individuellen Produkten erlauben. Hierzu tragen insbesondere modulare Produktarchitekturen bei (Duray 2000; Tseng / Jiao 2001). Die richtige Festlegung des Lösungsraumes für Mass Customization ist ein wesentlicher Erfolgsfaktor dieses Konzepts. Die Diskussion verschiedener Formen von Mass Customization greift diesen Aspekt in Abschnitt 5 noch auf.

Das zentrale Element von Mass Customization aber aus Sicht des Produktmanagement ist die Integration der Kunden in die Wertschöpfung im Rahmen eines *Co-Design-Vorganges*. Hierbei wird der Lösungsraum kundenspezifisch und kooperativ zwischen Anbieter und Abnehmer konkretisiert. Reichwald und Piller (2006) bezeichnen deshalb Mass Customization auch als Strategie der *Interaktiven Wertschöpfung*. Aus einer Auswahl an Optionen wählen die Kunden die Eigenschaften (für bestimmte Komponenten der Leistung), die ihren Vorstellungen am ehesten entsprechen (Franke / Piller 2003, 2004). Damit weist Mass Customization große Verwandtschaft mit dem klassischen Kundenintegrationsprozess im Dienstleistungsmanagement auf (Blaho 2001). Auch hier ist in der Regel eine Erstellung der Leistung nur dann möglich, wenn der Kunde zuvor Informationen in den Leistungserstellungsprozess eingebracht hat, wobei auf Potenzialfaktoren des Anbieters zurückgegriffen wird. Bei Mass Customization ist der zentrale Potenzialfaktor eine Interaktionsplattform, die oft auch als Konfigurationssystem bezeichnet wird. Der Co-Design-Vorgang etabliert auch eine Beziehung zwischen Hersteller und Kunde, welche viele Möglichkeiten für die Gestaltung der Nachkaufphase im Rahmen eines Customer Relationship Management bietet. Hat ein Kunde einmal erfolgreich ein individuelles Gut erhalten und ist mit dieser Leistung zufrieden, bilden die Informationen, die er im Rahmen des Co-Design-Vorganges an den Hersteller übermittelt hat, eine starke Barriere gegen einen Wechsel des Anbieters (Pine / Peppers / Rogers 1995; Wayland / Cole 1997). Denn ein neuer Anbieter müsste diese Informationen ja erst wieder sammeln. Bei einem Wiederholungskauf der individuellen Leistung beim ersten Anbieter dagegen kann der Interaktionsvorgang sehr schnell ablaufen oder vollkommen automatisiert ablaufen, indem die Konfiguration des Erstkaufs auf den Folgekauf übertragen wird.

Die simultane Verwirklichung von Differenzierung und Kostenposition ordnet Mass Customization aus wettbewerbsstrategischer Sicht eine *hybride Strategieposition* zu. Sie überwindet damit die sowohl in der Theorie als auch in der Vorstellung vieler Unternehmenspraktiker noch dominierende Alternativhypothese, nach der sich ein Unternehmen für jede Produktgruppe für einen eindeutigen strategischen Schwerpunkt entscheiden muss (siehe Porter 1992). Etliche empirische Studien und eine ausführliche theoretische Argumentation (siehe Fleck 1995; Proff/Proff 1997) zeigen jedoch, dass Wettbewerbsstrategie keine Wahl zwischen den Extremen Kostenführerschaft oder Differenzierung darstellt. Vielmehr sollte nach der Simultaneitätshypothese (Corsten/Will 1995) deren gleichzeitige Verfolgung angestrebt werden. Die Gestaltung des Trade-offs zwischen kundenindividueller *und* effizienter Leistungserstellung steht im Mittelpunkt der Anforderungen an das Produktmanagement für Mass Customization. Denn der Wettbewerbsvorsprung eines Mass Customizers beruht ursächlich im Aufbau eines durchgängigen Wertschöpfungsmodells, das diesen Trade-off beherrscht. Die hierbei anfallenden Aufgaben werden im Folgenden näher betrachtet.

3. Individuelle Vitamintabletten und maßgeschneiderte Jeans: Umsetzung von Mass Customization

Während Vitaminpräparate in den USA schon seit langem ein riesiges Marktsegment bilden, wächst in den letzten Jahren auch in Deutschland die Nachfrage jährlich zwischen 20 und 25 Prozent. Eine genau ausgerichtete Kombination von verschiedenen Vitaminen und Zusatzstoffen (Eisen, Kalzium etc.) soll Fitness und Wohlbefinden stärken. Der klassische Weg, um eine individuelle Nährstoffkombination einzunehmen, ist das Schlucken vieler verschiedener Pillen, die jeweils einen Wirkstoff enthalten (bis zu 20 Stück pro Tag). *Die Sovital GmbH Karben* hat einen bequemeren Weg gefunden: Das Unternehmen fertigt Vitamin- und Nährstoffpillen nach Maß. Ein spezielles Produktionsverfahren erlaubt die Kombination der verschiedenen Wirkstoffe in kleinsten Chargen. Nachdem die Kunden einmal mit Unterstützung des Unternehmens ihre optimale Vitaminkombination gefunden haben, bekommen sie diese in Form individuell hergestellter Pillen auf Wunsch jeden Monat frei Haus geliefert – zu einem Preis, der deutlich unter dem Einzelkauf der entsprechenden herkömmlichen Präparate liegt.

Ein bekanntes Pionierbeispiel für Mass Customization ist das „Original Spin"-Programm des Bekleidungsherstellers *Levi Strauss & Co. Inc.*, San Francisco, der in den USA und Kanada zwischen 1994 und 2003 maßgeschneiderte Damen- und Herrenjeans zu einem Aufpreis von etwa 10 % zur vergleichbaren Konfektionsware verkauft hat. Dazu wurden im Laden die Maße der Kunden sowie Farb- und Stoffwünsche vom Verkäufer mittels einer speziellen Software erfasst. Der Computer ermittelte dann die Nummer eines im Laden vorrätigen Prototyps, der den individuellen Maßen des Kunden am ähnlichsten ist. Nach eventuell weiteren Anpassungen der Maße (Modifikationen konnten in Abständen von 0,5 Zoll an Hüfte, Oberschenkeln, Länge und Bundweite vorgenommen werden – möglich sind insgesamt 4224 verschiedene Größen) wurde die Bestellung über ein Computernetzwerk direkt in den Laser-Schnittroboter einer Fabrikationsstätte des Unternehmens gesandt. Die individuell zugeschnittenen Stoffe wurden dann von Nährobotern und Schneiderinnen verarbeitet. Per Nachtkurier war das individuelle Produkt einige Werktage später beim Kunden. Jede Jeans hatte einen eingenähten Strichcode mit der individuellen Kundennummer, um spätere Käufe zu vereinfachen.

Anhand dieser beiden Beispiele sollen die *Ansprüche an das Produktmanagement* beschrieben werden, um ein Mass-Customization-Konzept u. Levi Strauss hat inzwischen sein Mass-Customization-Programm eingestellt, so dass dieser Fall auch einen Blick auf die Herausforderungen von Mass Customization erlaubt. Mass Customization folgt einer spezifischen *Wertschöpfungskette*, die durch die Aufspaltung in einen „massenhaften" (standardisierten) und einen individuellen Teil charakterisiert ist (vgl. Gilmore/Pine 1997; Piller 1998a). Manche Aktivitäten erfolgen unabhängig von einer konkreten

Transaktion, andere werden erst in Zusammenarbeit mit einem Kunden vollzogen. Die Wertschöpfungsaktivitäten von Mass Customization lassen sich in Fortführung der herkömmlichen Wertschöpfungskette als *Informationskreis* (Abb. 3) beschreiben, um die Bedeutung eines integrierten Informationsflusses zu verdeutlichen. Denn die Information stellt auf vielen Ebenen den wichtigsten Umsetzungsfaktor von Mass Customization dar (so auch Piller/Reichwald/Möslein 2000; Weiber 2000). Kundenbezogene Wertschöpfung findet im engeren Sinne auf der Informationsebene statt.

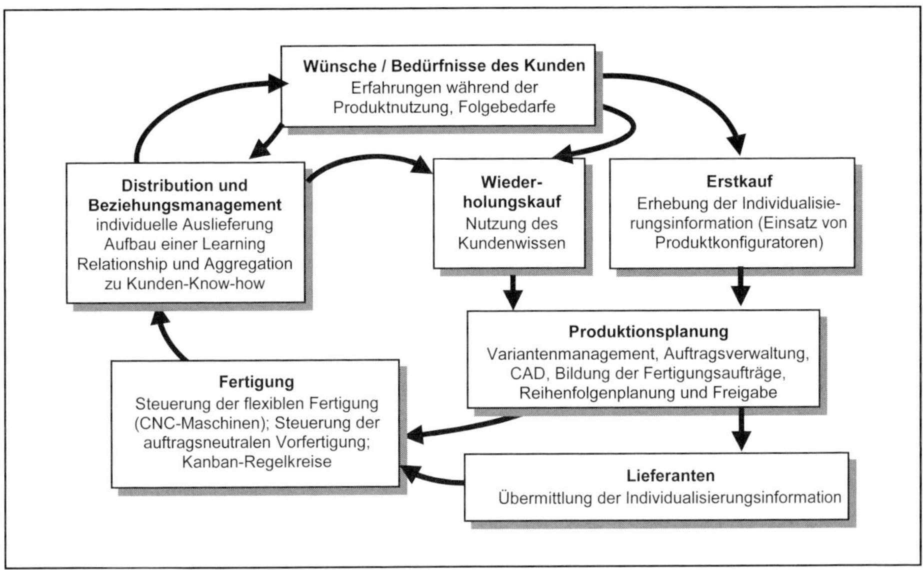

Abbildung 3: Der Informationskreis der Mass Customization

Zentrale Aufgabe des Produktmanagers ist es, im Rahmen einer Querschnittskoordination dafür zu sorgen, dass die Produktarchitektur von einer adäquaten Informationsinfrastruktur begleitet wird – und dies ist weit mehr eine Aufgabe des Wertschöpfungsmanagement als der IT-Abteilung. Nur wenn letztendlich eine durchgängige Informationsverbindung vom Kunden bis zur Fertigungsstation geschaffen wird, kann eine effiziente Individualisierung vorgenommen werden. Ansonsten ist ein Mass-Customization-Konzept zum Scheitern verurteilt, wie das Beispiel von *Custom Foot* zeigt. Dieser des hochgelobte Mass-Customization-Pionier der ersten Stunde scheiterte Mitte 1998 trotz gutem Marketing und einem exzellenten Kundenbindungsmanagement an unabgestimmten sowie qualitativ unzureichenden Prozessketten (vgl. Piller/Reichwald/Möslein 2000).

Die Wertschöpfungskette beginnt in der Forschung und Entwicklung mit dem Entwurf von Grundprodukten, die kundenindividuell anpassbar sind. Damit ist Mass Customization durch einen zweistufigen *Entwicklungsprozess* gekennzeichnet: Zunächst kommt es (einmalig) zur Entwicklung des Grundprodukts mit allen möglichen Varianten bzw. zur Entwicklung der grundlegenden Produktarchitektur (Definition der angebotenen Vitaminen und Zusatzstoffe bei *Sovital*; Definition der Grundschnitte, Farben und Variationsmöglichkeiten bei *Levis*). Mass Customization geht im Gegensatz zu einer herkömmlichen Einzelfertigung von einer eingeschränkten Flexibilität aus. Die Individualisierung der Produkte erfolgt an einigen (für den Kunden relevanten) Komponenten innerhalb genau definierter Ausmaße bzw. Anpassungsschritte. Es müssen dabei auf der einen Seite so viele Variationsmöglichkeiten angeboten werden, dass alle relevanten Kunden bedient werden können. Auf der anderen Seite muss das Produkt in allen Bestandteilen, die vom Käufer als nicht individualisierungsentscheidend gesehen werden, standardisiert werden, um die Komplexität in den Griff zu bekommen. Dies bedeutet beispielsweise bei *Levis*, dass sich das Unternehmen auf die Maße von 95% der Jeanskäufer beschränkte. Extrem große oder kleine Größen wurden beim „Original Spin"-Programm nicht angeboten. Ausschlaggebend ist die Spannweite des Schnittroboters sowie die Verwendbarkeit gleicher Schnittmuster (die bei Sondergrößen abzuändern sind).

Grundlage der Produktentwicklung für Mass Customization ist in den meisten Fällen eine modulare Produktarchitektur (vgl. Duray et al. 2000; Piller 2006; Piller/Waringer 1999; Victor/Boynton 1998). Standardisierte und individualisierte modulare Komponenten (inklusive begleitender Dienstleistungen) werden zu einem kundenspezifischen Endprodukt verbunden. Ihre Kompatibilität schafft eine gemeinsame Systemarchitektur, die aus einer begrenzten Anzahl kompatibler Bauteile eine kundenspezifische Endleistung bilden kann. Damit ist eine wesentliche Aufgabe die Definition eines optimalen stabilen „Baukastens", d.h. die Vorgabe von verschiedenen Modulen, ihren Schnittstellen und Variationsmöglichkeiten: „A good product family architecture provides a generic architecture to capture and utilize reusability, within which each new product instantiates and extents so as to anchor future designs to a common product line structure." (Tseng/Jiao 2001). Ergänzende Dienstleistungen können im Rahmen einer Service Customization (Meier/Piller 2001) ebenfalls einen Bestandteil der Leistungsarchitektur darstellen. Diese Individualisierungsoption wird heute aber noch viel zu wenig umgesetzt.

Hier liegt eine der wichtigsten Aufgaben des *Produktmanagement* bei Mass Customization. Es muss die Produktbestandteile identifizieren, die die Individualität des Produkts ausmachen sowie die Spannweite der möglichen Variationen bestimmen. Grundsätzlich kann eine Individualisierung dabei an den Optionen *Passform* (Packungsgröße bei Sovital; Maße bei Levis), *Design/Geschmack* (Fruchtgeschmack bei Sovital; Farbe, Schnitt und Applikationen bei der Levis-Jeans) und *Funktionalität* (Wirkstoffe und Dosierung bei Sovital; Wahl eines besonderen Membran im Stoff bei Levis) ansetzen. Umfang und Design des so entstehenden Produktbaukastens sind in hohem Maße für den Erfolg des Produktkonzepts verantwortlich. Zur Unterstützung dieses Schritts existiert eine Reihe spezialisierter Verfahren, auf die hier nicht näher eingegangen werden soll (siehe dazu Piller 1998a, 2006; Jiao 1998). Bestandteil dieser Wertschöpfungsphase ist auch die Entwicklung der notwendigen Produktionsprozesse, die häufig ebenfalls nach modularen Prinzipien organisiert sind.

Die kundenspezifischen Wertschöpfungsaktivitäten beginnen mit der zweiten Stufe der Entwicklung, dem Co-Design-Vorgang der *kundenbezogenen Konfiguration* des Endprodukts entsprechend den Bedürfnissen und Wünschen eines Abnehmers. Diese Aufgabe setzt vor allem die Unterstützung des Kunden bei der Definition seiner Bedürfnisse voraus. Ausgangspunkt ist der Abnehmer mit seinen spezifischen Ansprüchen an ein Produkt. Abwicklung und Gestaltung dieser Phase sind danach zu differenzieren, ob ein Neukauf oder ein Wiederholungskauf vorliegt, bei dem auf bereits vorhandene Individualisierungsinformationen zurückgegriffen werden kann. Während beim ersten Kauf vor allem die Identifikation der Kundenbedürfnisse und ihre Überführung in einen erste Produktspezifikation im Vordergrund steht, sollte der Wiederholungskauf so einfach wie möglich gestaltet werden, um den Aufwand der Konfiguration entscheidend zu senken. Hier liegt ein wesentliches Potential zur Schaffung von Kundenzufriedenheit und Kundenbindung.

Denn der Käufer steht im Vergleich zum Kauf eines Standardprodukts vor einer sehr komplexen Kaufentscheidung (vgl. Piller et al 2005; Zipkin 2001). Viele Abnehmer besitzen keine ausreichenden Kenntnisse zur Definition der Produktspezifikation, die ihren Bedürfnissen entspricht. Das Resultat ist nicht nur ein erheblicher Zeitaufwand für die Konfiguration, sondern auch eine steigende Unsicherheit. Diese Situation ist umso ausgeprägter, je neuer und individueller die zu erstellende Leistung ist. Unternehmen, die ihren Kunden größtmögliche Varietät bieten und gleichzeitig durch geeignete Maßnahmen bei der Auswahl helfen, erlangen einen großen Wettbewerbsvorteil. In einem gelungenen Mass-Customization-Geschäft muss die Erhebung der Individualisierungsinformation aus Kunden- wie aus Herstellersicht so einfach wie möglich und innerhalb von Minuten, bei komplexen Produkten vielleicht innerhalb mehrerer Stunden ablaufen, auf keinen Fall jedoch innerhalb von Wochen, wie es bei einer klassischen Individualisierung oft die Regel ist. Hierzu dienen zwei Maßnahmen: Zum einen sind die angebotenen Produkte bereits „vordesigned", d.h. die Individualisierungsoptionen sind vorgegeben (Modularisierung als Grundprinzip). Zum anderen muss der Konfigurationsprozess selbst unterstützt werden, um die hohe Komplexität aus Abnehmersicht zu reduzieren und sicherzustellen, dass tatsächlich jeder Kunde sein passendes Produkt findet. Dies ist die Aufgabe von *Toolkits for User Co-Design* (vgl. Frank/Piller 2003), welche die Kundenbedürfnisse mit den Fähigkeiten des Anbieters in Einklang bringen. Ausgestattet mit einer einfachen Benutzerschnittstelle leiten diese Konfigurationssysteme den Kunden durch die verschiedenen Schritte zur Erhebung der Individualisierungsinformation – und prüfen sogleich die Fertigungsfähigkeit der gewünschten Variante (siehe zur Gestaltung dieser Toolkits Piller 2006; Wüpping 1999). Auch hier liegt eine wichtige Aufgabe des Produktmanagement: Es wäre kurzsichtig, die Definition dieser Kundenschnittstelle lediglich den Softwareentwicklern zu überlassen. Die Marktkenntnis des Produktmanagement muss die notwendigen Vorgaben liefern, denn die Konfiguration ergänzt das materielle Kernprodukt und wird zum zentralen Bestandteil eines umfassenden Produktbündels. Begeisterungseigenschaften und Produkterlebnisse als (wieder-)kaufsentscheidende Produktkriterien werden zu einem hohen Maße durch den Co-Design-Vorgang gebildet (vgl. Ihl et al. 2006). Deshalb ist es wichtig, die Konfiguration nicht nur als notwendigen technischen, sondern auch als kommunikativen und präferenzbildenden Vorgang zu nutzen und zu gestalten. Sie müssen Bestandteil der Produktpolitik werden.

Bei *Levis* wurde die Konfiguration klassisch im Laden durchgeführt. Ein Shop-im-Shop-Konzept sorgt für einen besonderen emotionalen Rahmen, der den Kaufabschluss durch sofortige Verfügbarkeit der Ware ersetzte. Der Erlebnisaspekt spielt hier eine wichtige Rolle und begründet ein großes Differenzierungspotential von Mass Customization. Aus diesem Grund hat der Sportartikelkonzern Nike, mit seinem NikeID Programm ein Vorreiter von Mass Customization im Internet, auch spezielle Läden eröffnet, die nur individuelle Produkte anbieten. Während bei *Levis* die Maße noch durch eine Verkäuferin erhoben wurden, setzen andere Anbieter, so z.B. die *Kaufhof*-Tochter *Lust-for-Life* oder der deutsche Herrenmodenspezialist *M-Plus*, bereits mit großem Erfolg Ganzkörperscanner ein (vgl. Sanders 2003).

Bei niedrigpreisigen Gütern muss die Konfiguration aus Effizienzgründen auf den Kunden verlagert werden. Die im Massengeschäft oft übliche Selbstbedienung im Handel ist auf eine „*Selbstkonfiguration*" zu überführen. Dies geschieht in der Regel durch die Einbindung des Konfigurators in einen Internetshop. Im Textilbereich zeigt der deutsche Marktführer *Dolzer* mit einem gelungenen Online-Shop (www.dolzershop.de), wie selbst ein Maßnehmen erfolgreich auf die Kunden verlagert werden kann. Auch das Geschäftskonzept von *Sovital* beruht weitgehend auf einer Internet-Konfiguration. Der potentielle Kunde kann mit Hilfe der sog. „Vitalstoff-Analyse" herausfinden, welche Nährstoffe den eignen Vitaminhaushalt verbessern könnten. Dazu wird ein circa 60 Fragen umfassender Bogen ausgefüllt. Dieser ergibt einen Vorschlag für eine individuelle Vitaminkombination. Zu allen Stoffen stehen weitere Informationen über die Wirkungen zur Verfügung. Für kenntnisreiche Kunden (oder Ärzte, die für ihre Patienten ein individuelles Präparat bereitstellen wollen) besteht die Möglichkeit, alle Dosen einzeln per Maus-Click zu ändern. Allerdings hat Sovital auch erkannt, dass eine neue Produktkategorie auch neue Distributions- und Konfigurationswege benötigt, vor allem auch, da ein Großteil der oft älteren Kunden des Produktes keine Erfahrung mit einer Internet-Konfiguration hat. In Zusammenarbeit mit *Readers Digest*, einem Unternehmen, das per Direktvertrieb (Mail-Order) Subskriptionsprodukte vertreibt, wurde eine sehr erfolgreiche Vertriebspartnerschaft eingegangen: Der Konfigurationsbogen wird einem Direktmailing beigelegt, dessen Gestaltung und Adressierung auf der Vertriebserfahrung von *Readers Digest* in solchen Märkten beruht. Dieser innovative Vertrieb von Wellness-Produkten durch ein Medienunternehmen führte zu beachtlichen Neukundengewinnen, die ein reiner Online-Vertriebs nicht erriecht hätte. Diese Kunden konnten dann durch die Relationship-Option von Mass Customization in Abo-Kunden gewandelt werden.

Erst jetzt folgt die Beschaffung der Materialien für die kundenindividuell zu erstellenden Teile (in den beiden genannten Beispielen können jedoch alle Materialien schon vor Auftragseingang auf Lager beschafft werden). Dabei müssen eventuell Spezifikationen an die Lieferanten weitergegeben werden, wenn diese in die Individualisierung einbezogen werden. Anschließend erfolgt die individuelle Produktion. Zur Umsetzung von Mass Customization in der *Fertigung* dient der Einsatz moderner Fertigungstechnologien, wobei spezielle hybride Verfahren der Produktionsplanung und -steuerung, die eine Mischung zwischen zentralen und dezentralen Ansätzen darstellen, dazu beitragen, die Planungskomplexität zu bewältigen (siehe Lindemann et al. 2006; Piller 2006; Tseng/Jiao 2001).

Ziel der Aktivitäten der *Nachkaufphase* ist die systematische Auswertung der während des Konfigurationsvorgangs erhobenen Informationen. Denn Voraussetzung für ein dauerhaft erfolgreiches Mass-Customization-Konzept ist nicht nur die Fähigkeit, Produkte variabel und kostengünstig zu fertigen, sondern gleichermaßen der Einsatz des dabei gewonnenen Wissens zum Aufbau einer dauerhaften Kundenbindung (dieser Aspekt wird weiter unten noch ausführlicher behandelt). So bekommen bei *Sovital* bestehende Kunden nach Angabe ihrer Kundennummer unmittelbar ihre spezifische Kombination angezeigt und können diese auf Knopfdruck noch einmal bestellen oder aber modifizieren. Die zweite Konfiguration geht bedeutend schneller vonstatten als die erste – für die Kunden ein Anreiz, dem Unternehmen treu zu bleiben und nicht zu einen anderen Anbieter zu wechseln, bei dem der Vorgang wieder von vorne beginnt. In der Regel „abonnieren" viele Sovital-Kunde heute dieses Produkt.

Eine bedeutende Aufgabe des Produktmanagement ist es, diese Nachkaufphase aktiv und wiederkaufsfördernd zu gestalten. Im klassischen Massengeschäft wird häufig jeder Kauf gleich behandelt. Durch Aufbau verschiedener Vertriebskanäle und den Einsatz differenzierter Formen der werblichen Kommunikation muss bei Mass Customization zwischen Erstkauf/-konfiguration und den Wiederholungskäufen nun individuell bekannter Kunden unterschieden werden. Aus Vermarktungssicht stellen Erst- und Wiederholungskauf zwei unterschiedliche Produkte dar. Durch die Verwendung verschiedener Absatzkanäle für die beiden Ebenen (Erstkauf im stationären Handel, Wiederholungskäufe über das Internet/Direktvertrieb) kommt es hier zu einer neuen Aufgabenteilung zwischen Produktmanagement und Vertrieb.

Wie bereits angedeutet, hat der Jeanshersteller Levi Strauss sein Mass-Customization-Programm inzwischen eingestellt (im Oktober 2003), obwohl es immer noch in der Literatur als ein Paradebeispiel für Mass Customization gilt. Als Hauptursache des Misserfolgs von Levi Strauss kann gelten, dass es das Unternehmen nicht geschafft hat, das Programm vom Status eines Piloten in ein nachhaltiges Geschäftsmodell zu überführen (Piller 2004). Das Programm hatte über zehn Jahre lang lediglich den Status eines Marketingtools und wurde so angesichts des hohen Wettbewerbsdrucks aus Kostengründen eingestellt (offizielle Ursache war die Schließung der Fabrik, in denen unter anderem die individuellen Jeans gefertigt wurden). Andere Hersteller wie *LandsEnd* (Sears-Konzern) zeigen jedoch, dass auch eine Fremdfertigung individueller Produkte reibungslos funktionieren kann. Bei Levis jedoch fehlte eine klare Produktpolitik: über den Zeitraum von zehn Jahren fehlte ein dediziertes Vermarktungssystem, das den Besonderheiten von Mass Customization und insbesondere der Kundenintegration während des Co-Design-Vorgangs gerecht wurde. Die Konfigurationstools im Verkauf waren unausgereift und zu sehr von den persönlichen Fähigkeiten und der Motivation des Verkaufspersonals abhängig. Auch war es für die Kunden nicht möglich, einfach eine Jeans aufgrund der vorhandenen Daten nachzubestellen – für Levis war jeder Verkauf eine eigene Transaktion wie im klassischen Geschäft. Eine Analyse weiterer gescheiterter Mass-

Customization-Pioniere (siehe Piller 2006 für eine Übersicht) zeigt, dass es nicht reicht, die geeigneten technischen Kapazitäten für eine kundenindividuelle Massenproduktion aufzubauen, sondern dass diese in ein Managementsystem integriert sein müssen, dass den besonderen Anforderungen dieser Strategie gerecht wird (vgl. Moser 2006; Piller/Ihl 2002).

4. Nutzen- und Kostensenkungspotentiale einer individuellen Produkterstellung in Massenmärkten

„Kundennähe hat im Wesentlichen zwei Auswirkungen auf die Kosten: Zum einen eine Kostensteigerung durch Komplexitätserhöhung, zum zweiten ... eine Kostensenkung durch Effizienzsteigerung“ (Homburg 1995, S. 14). Ziel von Mass Customization ist, den Ausgleich zwischen beiden Ebenen zu schaffen. Während die klassischen Gewinnmaximierungsprobleme davon ausgehen, dass die verschiedenen Qualitätsmerkmale und der Preis Substitute sind, d.h. schlechte Qualität durch einen geringen Preis kompensiert werden kann, wird diese Annahme von Mass Customization herausgefordert: Diese Eigenschaften werden als komplementär angesehen, d.h. eine Preisreduzierung ist trotz – oder besser: gerade durch – eine Erhöhung der Qualitätseigenschaften möglich (im Sinne eines „fit“ zwischen den individuellen Ansprüchen jedes Abnehmers und den Gütereigenschaften, der Zeitgerechtigkeit der Leistungserstellung und der Dauerhaftigkeit der erstellten Leistungen). Ursache für diesen Zusammenhang sind die *Economies of Mass Customization* (vgl. Piller/Möslein/Stotko 2004; Reichwald/Piller 2006; Sanders 2003), Kostensenkungspotentiale, die auf der Integration der Abnehmer in die Leistungserstellung und den Saving-Potentialen des „make-to-order“-Prinzips basieren. Auch bestehen neue Erlöspotentiale durch die Informationen, die über die Kunden im Zuge der Leistungskonfiguration gewonnenen werden. Die folgenden grundlegenden Aspekte bilden die Basis des *Produktmanagement für Mass Customization*. Nur wenn die Profitmechanismen und Kostentreiber von Mass Customization verstanden sind, können nachhaltig erfolgreiche Wertschöpfungsstrukturen für dieses System entwickelt werden.

4.1 Schaffung eines quasi-monopolistischen Handlungsspielraums

Kundenzufriedenheit entsteht als Ergebnis einer subjektiven Beurteilung der wahrgenommenen Problemlösungsfähigkeit einer Leistung durch den Abnehmer mit den erwarteten Eigenschaften. Eine kundenindividuelle Leistungserstellung hat in diesem Zusammenhang weitreichende Möglichkeiten, die Kundenerwartungen genau zu treffen (siehe Homburg/Giering 1999; Schnäbele 1997; Weigand/Lehmann 1997). Ein Mass Customizer kann die Wünsche seiner Nachfrager exakt erfüllen und so die Unsicherheit über die „Passgenauigkeit“ der gekauften Güter verringern. Das klassische *Erlöspotential einer Leistungsindividualisierung* entspricht so dem Wert, den die Reduktion der Unsicherheit über die „Passgenauigkeit" der gekauften Güter aus Abnehmersicht widerspiegelt. Der so erlangte Status des Anbieters als Quasi-Monopolist erlaubt, den Preis der Leistung über den eines konkurrierenden Produkts setzen kann, ohne sofort jegliche Nachfrage zu verlieren. In der Praxis kann damit vor allem der *Ausbruch aus dem Preiswettbewerb* gelingen. Je homogener das Produkt in den Augen der Kunden ist, desto bedrohlicher wird die Auseinandersetzung auf der Preisebene. Die Individualisierung verlagert die Kaufentscheidung auf die Ebene des Nutzens. Der Preis dient als Zusatzinformation, nicht jedoch als kaufbestimmendes Kriterium, solange eine akzeptierte Obergrenze nicht überschritten wird (siehe Franke/Piller 2004 sowie Schreier 2005 für einen empir. Beleg). So war eine Hauptintention des Mass-Customization-Engagements bei *Levis*, dem zunehmenden Druck durch Handelsmarken und Discounter zu begegnen. Weiterhin ermöglicht Mass Customization auch eine kundenbezogene Individualisierung der Preisgestaltung, indem anhand eines klar strukturierten Preisbaukastens die Leistung an die Zahlungsbereitschaft des Kunden angepasst werden kann. Voraussetzung ist, dass es sich um modular aufgebaute Leistungen handelt, deren Module verschieden bewertete Optionen aufweisen, die zu unterschiedlichen Preisen angeboten werden können (siehe Skiera 2002).

4.2 Aufbau dauerhafter Kundenbindungen

Gerade in gesättigten Märkten besitzt eine hohe *Kundenloyalität* eine größere Bedeutung als die herkömmliche Marktanteilsstrategie, bei der es in erster Linie um die Gewinnung von Neukunden geht. Die persönliche Interaktion zwischen Hersteller und jedem einzelnen Kunden, die zur Erhebung der Individualisierungsinformation und Leistungskonfiguration zwingend notwendig ist, kann in einem Mass-Customization-Konzept den Grundstein einer langfristigen Kundenbeziehung legen (siehe zum Zusammenhang zwischen Individualisierung und Kundenbindung Schaller/Stotko/Piller 2006). Die dabei erhobenen Daten werden gespeichert, um zunächst den ersten Auftrag abzuwickeln, und um Informationen ergänzt, die unmittelbar beim ersten Einsatz (Anprobe, Testlauf etc.) sowie während des weiteren Gebrauchs des Produkts erhoben werden. Beim zweiten Kauf kann der Anbieter dann auf verfeinertes Wissen über den jeweiligen Kunden zurückgreifen, was sowohl eine schnellere als auch eine inhaltlich verbesserte Formulierung der Leistungsspezifikation zulässt. Ebenso erlaubt der Aufbau dieses Wissens, dem Abnehmer nach Ablauf der durchschnittlichen Verbrauchszeit des Produkts automatisch ein Angebot zum Nachkauf zukommen zu lassen. Bei weiteren Käufen wird dieser Vorgang permanent zwischen Kunde und Anbieter optimiert. Peppers/Rogers (1997) sprechen deshalb von *Learning Relationships*, die im Zeitablauf immer intelligenter wird (Abb. 4).

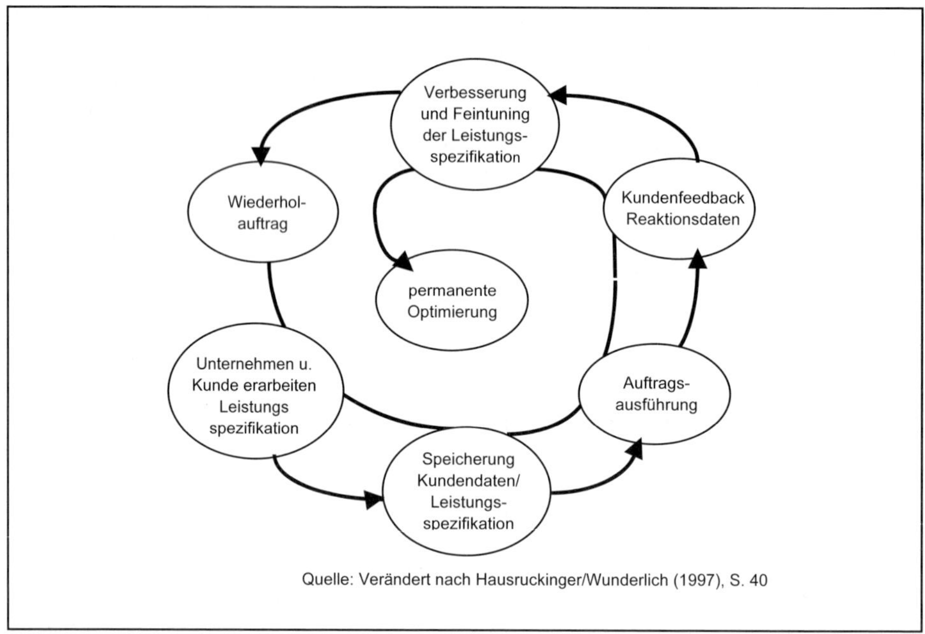

Quelle: Verändert nach Hausruckinger/Wunderlich (1997), S. 40

Abbildung 4: Aufbau von „Learning Relationships“

Beziehungsmanagement bedeutet in diesem Zusammenhang, „die Käufer in ein für beide Seiten nachhaltig wertestiftendes Austauschverhältnis einzubinden" (Wehrli/ Krick 1998, S. 63). Es stellt gleichermaßen absatzseitiges Komplement und notwendige Grundlage einer kundenindividuellen Leistungserstellung dar. So erlaubt bei *Levis* die Speicherung der Kundenmaße eine Nachbestellung per Versandkatalog oder Internet – ohne das bei diesen Vertriebsformen sonst übliche Passformrisiko. Unternehmen, die auf Scan-Daten zurückgreifen können, sind sogar in der Lage, diese Wiederholungskäufe auf eine Vielzahl verschiedener Kleidungsstücke auszudehnen. Hätte Levi Strauss diese Strategie richtig umgesetzt, wäre für die Kunden ein einmaliger Anreiz entstanden, *Levis* treu zu bleiben: Ein anderer Jeansanbieter müsste erst wieder die Maße erheben. Im Gegensatz zur Schaffung von Kundenbindung durch den Aufbau abnehmerseitiger Umstellungskosten steht hier der Nutzen für die Abnehmer im Vordergrund. Hat ein Kunde einmal erfolgreich ein individuelles Gut bei einem Anbieter bezogen, stellt das im Rahmen der Interaktion gewonnene Wissen eine wesentliche Barriere für einen Anbieterwechsel dar (siehe auch Riemer/Totz 2003). Selbst wenn ein anderer Hersteller dieselben technologischen Möglichkeiten zur Individualisierung der Leistung besitzt und sogar einen geringeren Preis fordert, müsste der Abnehmer wieder die Konfiguration durchlaufen und sähe sich erneut Unsicherheiten über die Qualität der Leistung und das Verhalten des Herstellers gegenüber. Loyalität wird so häufig einfacher als Nicht-Loyalität.

Damit ist auch eine *Weiterentwicklung* der oft vorherrschenden Vorstellung des *Direktmarketings* möglich. Dieses wird, wie in der Einleitung dargestellt, oft durch eine Individualisierung der Kommunikation dominiert. Ziel von Mass Customization ist aber die ganzheitliche Individualisierung von Vermarktungsprozessen und -objekten. Wichtige Aufgabe des Produktmanagement ist die Kommunikation des Nutzens, den ein Kunden dadurch hat, dass er sich auf eine längerfristige Beziehung mit dem Anbieter einlässt. Dem *Levis*-Kunden hätte der Kauf einer zweiten (und dritten) Jeans so einfach wie möglich gemacht werden müssen: durch bevorzugte Behandlung im Geschäft, durch eine eigene Bestell-Hotline oder eine personalisierte Internet-Site. Eine weitere Möglichkeit sind Preisnachlässe bei Folgebestellungen, die den verringerten Konfigurationsaufwand auf Herstellerseite widerspiegeln.

4.3 Marktforschung und Schnittstellen zur Absatzplanung

Aggregation und Vergleich der Informationen über die einzelnen Kunden steigern die Informationsintensität eines Unternehmens über seinen Absatzmarkt und erlauben eine zielgerichtete und effiziente Marktbearbeitung (vgl. Kotha 1995; Peppers/Rogers 1997). Als Bezeichnung für dieses aggregierte Wissen über die Kunden hat sich der Ausdruck *Kunden-Know-how* etabliert. Neue Kunden können effizienter und besser bedient werden, indem ihnen eine individuelle Produktvariation vorgeschlagen wird, die Abnehmer mit ähnlichem Profil in der Vergangenheit erworben haben („Profiling"). Auch trägt die Erhebung und Verarbeitung von Informationen aus einem Segment innovativer (individueller) Käufer in dynamischen, trendgesteuerten Märkten entscheidend dazu bei, marktkonforme neue Produkte oder Produktmodifikationen zu entwerfen, indem die Häufigkeit bestimmter individueller Kombinationen als Anhaltspunkt für Modifikationen im Produktprogramm verwendet wird (vgl. Ogawa/Piller 2006; von Hippel 2005).

Für das Produktmanagement eines Unternehmens, das neben dem individualisierten auch noch ein massenhaftes Produktprogramm vertreibt, bieten sich hier neue und verbesserte Marktforschungsinformationen. Diese können zwar in vielen Fällen nicht die klassische Marktforschung ersetzen, jedoch dieser wertvolle Anhaltspunkte für Trends und genaueren Forschungsbedarf liefern. Mass Customization führt so zu grundlegenden Änderungen in der Absatzplanung: Der einmaligen Definition der zu variierenden Produktbestandteile folgt in jeder Planungsperiode die Bestimmung der vorzufertigenden Teile und Komponenten. Auch wenn die Endproduktion bei Mass Customization auf Bestellung erfolgt, muss im Vorfeld entschieden werden, welche Produktbestandteile in welcher Menge und Spezifikation bereitgehalten werden. Für *Levis* hätte dies beispielsweise die Absatzplanung auf Ebene der Stoffe (Farben, Qualitäten) vereinfachen können. Hierzu ist eine auftragsunabhängige Planung mit dem klassischen Instrumentarium nötig – allerdings bei weitaus höherem Abstraktionsniveau (und entsprechend geringerem Aufwand), da die aufwendige Größenplanung wegfällt. In einer dritten Stufe sind die Erkenntnisse von Mass Customization für die Planung des massenhaften Produktionsprogramms zu nutzen. So könnte *Sovital* beispielsweise eine Präparatserie für den

Vertrieb im klassischen Handel auflegen, welche die am meisten nachgefragteste Vitaminkombination in einer Pille vereint. Diese Nutzung von Information aus dem Mass-Customization-Programm für die Optimierung der „massenhaften" Standardprodukte ist eine der Hauptintentionen für den Sportartikelhersteller *Adidas* gewesen, unter der Marke "mi adidas" individuelle Sportschuhe anzubieten. Mi adidas reduziert als „lebendes Panel ohne Panel-Effekte" erheblich den Marktforschungsaufwand und kann nachhaltig das Risiko von Fehlschlägen bei Neuprodukteinführungen im Massenmarkt senken.

4.4 Kostenwirkungen

Steigende Kosten durch Mass Customization sind vor allem auf eine hohe *Komplexität* aller Unternehmensprozesse zurückzuführen. Einzelfertigung bedeutet in der Regel eine Produktion in Losgröße 1 (pro Kunde eine Variante), d.h. die Variabilität und damit Komplexität der zu koordinierenden Aktionen und beteiligten Einheiten steigt. Die Folge sind zusätzliche Kosten in allen Stufen der Wertschöpfungskette (siehe Piller 2006; Reichwald/Piller 2002): höherer Entwicklungsaufwand in der F&E, eine umfangreichere Lagerhaltung der Eingangsmaterialien in verschiedenen Variationen in der Beschaffung, höhere Investitionsvolumen für flexible Produktionsanlagen, höhere Rüstkosten, eine umfangreichere Qualitätskontrolle, Kosten höher qualifizierterer Arbeit sowie steigende Ansprüche an die Produktionsplanung. In der Distribution sind umfangreichere (flexiblere) Transport- und Handlingsysteme sowie ein höherer Steuerungsaufwand notwendig. In der Nachkaufphase führt die hohe Varietät zu einer steigenden Ersatzteilbevorratung und zunehmenden Abstimmungskosten bei der Abwicklung von Serviceaufträgen. Hinzu kommt eine starke Zunahme der Informations- und Kommunikationsintensität. Sie resultiert zum einen aus dem Aufbau geeigneter Schnittstellen zur Integration der Kunden. Zum anderen müssen, wie bereits beschrieben, Maßnahmen getroffen werden, um den abnehmerseitigen Aufwand der Erzeugniskonfiguration zu reduzieren (siehe Hildebrand 1997).

Diesen zusätzlichen Kosten sind neben den zusätzlichen Erlösmöglichkeiten eine Reihe von *Kostensenkungspotentialen* von Mass Customization gegenüberzustellen, denen das bereits beschriebene Prinzip des stabilen Lösungsraums (Solution Space) zugrunde liegt. Modulare Baukastensysteme und daraus folgende homogene Produktionsprozesse in der Komponentenfertigung erlauben die Verwirklichung von *Economies of Scale*. Das Produktmanagement muss für jede Wertschöpfungsstufe überprüfen, inwieweit eine Standardisierung zu Produktivitäts- und Effizienzsteigerungen und einer verbesserten Kapazitätsplanung und -steuerung führen kann, ohne dass der Nachfrager die Leistung als austauschbar oder gleichartig empfindet. Sinkende Kosten können ihren Ursprung weiterhin in einer Variation der Fähigkeiten haben. Diese Verbundvorteile (*Economies of Scope*) basieren auf der gemeinsamen, jedoch nicht konkurrierenden Nutzung von Produktionsfaktoren im Rahmen einer Mehrprodukt-Fertigung, wenn bei einer Einprodukt-Produktion Anteile der Faktoren ungenutzt bleiben würden. In Verbindung mit den aufgezeigten Kundenbindungspotentialen bietet sich Mass Customization weitere Möglichkeit zur Verwirklichung von Verbundvorteilen. Das Flexibilitätspotential von Mass Customization und die besseren Kenntnisse der einzelnen Kundenbedürfnisse schaffen die Möglichkeit, vorhandene Kunden durch neue Geschäftsaktivitäten zu bedienen. Aus Transaktionskostensicht ist dies aufgrund des Kommunikations- und Informationsaufwands mit jedem einzelnen Kunden (Erfragung der Wünsche, Erhebung der Profilinformationen) gegenüber dem klassischen Streben nach Economies of Scale durch eine Ausdehnung vorhandener Geschäftsaktivitäten auf neue Kunden vorteilhaft.

Economies of Scope und Scale stehen in einem engen Zusammenhang. In beiden Fällen geht es letztlich darum, die Kapitalkosten durch erhöhte Produktionsmengen abzudecken (vgl. Knyphausen/Ringsletter 1991). Gelingt es in einem Mass-Customization-Konzept, sowohl eine gewisse Kontinuität der Abläufe als auch Synergien zwischen den unterschiedlichen Leistungen zu erzielen, können die Wirkungszusammenhänge der Economies of Scale und Scope verknüpft werden (vgl. Noori 1990). Die Kostenoption von Mass Customization begründet sich vor allem in der Möglichkeit, Lern- und Größenvorteile bei der Entwicklung und Produktion der standardisierten Bauteile zu erzielen. Weiterhin lassen sich auch in der Montage, beim Vertrieb und im Kundendienst Verbundeffekte verwirklichen, wenn die gleichen Module in einer Vielzahl unterschiedlicher Absatzleistungen einsetzbar sind.

Angesichts einer zunehmenden Heterogenisierung der Nachfrage, einer steigenden Innovationsdynamik und neuer Wettbewerber und Konkurrenzprodukte können valide Absatzprognosen, wie sie eine herkömmliche Massen- oder anonyme Variantenfertigung als Planungsgrundlage benötigen, immer weniger erstellt werden. Diese Kostensenkungspotentiale von Mass Customization resultieren aus einer gesteigerten Effizienz der Leistungserstellung als Folge der durch die direkte Interaktion mit jedem Abnehmer erlangten Informationen (vgl. Piller/Möslein/Stotko 2004; siehe auch Agrawal/Kumaresh/ Mercer 2001; Zipkin 2001). Die „make-to-order"- bzw. „customer-pull"-Strategie von Mass Customization vermeidet Fehlprognosen auf Endproduktebene ebenso wie hohe Lagerkosten. Produktionsseitig kann sich die Lagerhaltung auf Rohmaterialien und Bauteile beschränken, die zudem teilweise noch auftragsbezogen beschafft werden können. Der Abbau von Fertigwarenbeständen kann die Bestandskosten drastisch reduzieren – bei gleichzeitig steigender Planungssicherheit. Auch entfallen Abschriften auf überschüssige Produkte durch Modellwechsel. In der Produktionsplanung und Fertigung können Fixkostenblöcke abgebaut werden, die bei einer klassischen Produktion durch die Notwendigkeit einer hohen Leistungsbereitschaft bei schwankender Nachfrage entstanden sind. Weiterhin kann so der aus der Innovationsdynamik resultierenden Komplexität begegnet werden, da neue Komponenten oder aktuelle Farben mit einer sehr viel geringeren Vorlaufzeit eingeführt werden können. In der Bekleidungsindustrie schätzen Experten z.B. den Anteil der „Verschwendung" im Sinne nicht abgesetzter Stoffe und Produkte aufgrund einer ungenauen Absatzplanung auf über 30% der Wertschöpfung (vgl. Sanders 2003). Hinzu kommen noch die Kosten der Lagerhaltung in den Absatzkanälen, und dies trotz einer hohen Unzufriedenheit vieler Kunden bezüglich der verfügbaren Größen, Farben und Modelle. Zudem sorgt auch die steigende Effizienz des Marketings (Vermeidung von Streuverlusten, bessere Planungsgrundlagen;

geringere Kundengewinnungskosten durch Kundenbindung etc.) für sinkende Kosten (vgl. Hildebrand 1997).

5. Konzeptionen der Mass Customization

Die praktische Umsetzung der Logik von Mass Customization geschieht anhand verschiedener *Konzeptionen*, die auf jeweils unterschiedlichem Wege die Wertschöpfungskette von Mass Customization konkretisieren. Grundsätzliches Unterscheidungsmerkmal der Konzeptionen ist der Zeitpunkt der Integration der Kunden in die Wertschöpfung: Bei einer ersten Gruppe von Mass-Customization-Konzepten erfolgt die Individualisierung erst durch Aktivitäten im Vertrieb oder bei der Anwendung des Produktes. Bei einer solchen offenen Individualisierung (*Soft Customization*) werden weiterhin wenige (standardisierte) Varianten in großer Stückzahl hergestellt. Die individuellen Bedürfnisse der Kunden schafft entweder eine eingebaute Möglichkeit zur Individualisierung des Produkts oder eine Individualisierung durch ergänzende Dienstleistungen. Auch wenn eine Soft Customization aus Komplexitätssicht gewisse Vorteile bietet und gerade für Handelsunternehmen eine wichtige Option darstellt (vgl. May 2001), können die zuvor beschriebenen Kostensenkungspotentiale von Mass Customization nicht im vollen Maße verwirklicht werden.

Eine geschlossene Individualisierung (*Hard Customization*) hat dagegen ihren Ursprung im Fertigungsbereich. Die Individualisierung wird primär in der Produktion vollzogen, was spätestens vor Beginn der Endmontage die Interaktion zwischen Anbieter und Abnehmer voraussetzt. Jedes gefertigte Endprodukt lässt sich eindeutig einem Kundenauftrag zuordnen. Die hierzu gehörenden Konzeptionen von Mass Customization weisen im Vergleich zu denen der offenen Individualisierung eine höhere Komplexität auf, bieten aber auch mehr Möglichkeiten. Die so entstehenden sechs verschiedenen Konzeptionen (Abb. 5) sollen im Folgenden kurz beschrieben werden, um Ansatzpunkte und Beispiele für die Verwirklichung eigener Mass-Customization-Konzepte zu geben (siehe zu weiteren Gliederungen Duray 2002; Gilmore/Pine 1997; Piller 2006).

Bei einer *Selbstindividualisierung* werden standardisierte Leistungen angeboten, die der Abnehmer nach dem Kauf selbst konfiguriert. Dazu müssen Produkte konstruiert werden, die ex ante mit so vielen Alternativen versehen sind, dass einer größeren Zahl von Anwendern die „Fertigung" ihres eigenen Produkts ermöglicht wird. Diese Art von Mass Customization eignet sich besonders, wenn die Individualisierungsmöglichkeiten softwareseitig hinterlegt werden können. Ein Beispiel sind die *Standardanwendungsprogramme* im Bürobereich, die ein Anwender weitgehend individuell modifizieren kann (Befehle, Tastenbelegungen, Erscheinungsbild); ein anderes das angekündigte Kfz-Cockpit von *Bosch*, das vom Fahrer selbst gestaltet werden kann.

Konzeptionen der Mass Customization		
Soft Customization: *Kein Eingriff in die Fertigung, Vollzug der Individualisierung außerhalb des Unternehmens*	***Hard Customization:*** *Varietät basiert auf Aktivitäten der Fertigung, Änderung der internen Funktionen notwendig*	
Selbstindividualisierung Konstruktion und Fertigung standardisierter Produkte mit eingebauter Flexibilität, die vom Kunden selbst angepaßt werden *Bosch: selbstgestaltbares Armaturenbrett im KFZ* *Lutron: Programmierung von Lichtsteuerungen*	**Individuelle End- / Vorproduktion mit Standardisierter Restfertigung** Entweder die ersten (Materialverarbeitung) oder die letzten Wertschöpfungsschritte (Montage, Veredelung) werden kundenindividuell durchgeführt, alle anderen standardisiert *Mattel: anpaßbare Barbiepuppe* *Dolzer: maßgeschneiderte Herrenanzüge*	**Umfang kunden-indivi-dueller Wert-schöp-fungs-stufen**
Individuelle Endfertigung im Handel/Vertrieb Auslieferung eines einheitlichen Rohprodukts, das im Handel nach Kundenwunsch vollendet wird *Paris Miki: individuelles Brillendesign* *Smart: Anpassung von Interieur und Design des Kleinwagens beim Händler*	**Modularisierung nach Baukastenprinzip** Erstellung kundenspezifischer Produkte aus standardisierten kompatiblen Bauteilen *Dell: modulare Computer* *Krone: anpaßbare Nutzfahrzeuge und Aufleger*	
Serviceindividualisierung Ergänzung von Standardprodukten um individuelle sekundäre Dienstleistungen *ChemStation: Bestandsmanagement für Reinigungsstellen* *Zoots: Profilverwaltung bei chem. Reinigung*	**Massenhafte Fertigung von Unikaten** Individuelle Leistungserstellung über ganze Wertkette durch standardisierte Prozesse *Küche-Direkt: Einbauküchen* *My Twinn: Puppen nach Vorbild* *NBIC: Fahrräder mit individuellen Rahmen*	

Eine Beschreibung vieler Beispiele findet sich im Internet (www.mass-customization.de) sowie in Piller (2001).

Abbildung 5: Konzeptionen der Mass Customization und Fallbeispiele

Serviceindividualisierung: Bei einer Ergänzung von Standardprodukten um individuelle Sekundärdienstleistungen setzt die Individualität erst bei den letzten wertschöpfenden Aktivitäten an. Obwohl kein ausführlicher Dialog vor Fertigungsbeginn erforderlich ist, kann die mit der Dienstleistungserstellung verbundene persönliche Interaktion zwischen Anbieter und Hersteller dennoch den Grundstein einer Learning Relationship legen. So fertigt der amerikanische Anbieter industrieller Reinigungsseifen *ChemStation* nicht nur seine Produkte in abnehmernahen Kleinfabriken in einer den spezifischen Reinigungsanforderungen entsprechenden Zusammensetzung (für Waschanlagen, Industrietanks, Lebensmittelindustrie), sondern übernimmt vor allem das ganze Bestandsmanagement für seine Kunden. Diese können sicher gehen, dass sie immer ausreichend Reinigungsmittel vorrätig haben und sparen so den Beschaffungsaufwand dieser C-Artikel. Eng damit verwandt ist die Mass Customization von Primärdienstleistungen. Auch hier kann die Primärleistung standardisiert und für alle Nachfrager gleich sein, während begleitende Nebenleistungen individuell ausgerichtet sind (siehe Meier/Piller 2001; Büttgen/Ludwig 1997).

Bei der *kundenindividuellen Vor- und Endfertigung* können drei Alternativen unterschieden werden. Bei einer *individuellen Endfertigung im Handel* werden die Abnehmerwünsche erst unmittelbar bei Auslieferung des Produkts umgesetzt. Das Grundprodukt wird zentral standardisiert, die nach Abnehmerwunsch zu variierenden Leistungsbestandteile werden dezentral am Verkaufs- oder Auslieferungspunkt unter direkter Einbindung des Kunden gefertigt bzw. vollendet. Hierzu eignen sich Produkte, die lediglich ein exponiertes individuelles Charakteristikum besitzen und auf einer einheitlichen Plattform basieren. Ein Beispiel liefert der Kleinwagen *Smart* von *DaimlerChrysler*. Dieser kann auch nach dem Kauf beim Händler innerhalb einer Stunde sowohl äußerlich (Farbe) als auch innen (Interieur) umgebaut werden. Die *kundenindividuelle Endfertigung* vollzieht die Individualisierung während der letzten Fertigungsstufe beim Hersteller. Im Vergleich zur Endfertigung im Handel steigen die Ansprüche an die Informationsverarbeitung, da jeder Kunde mit dem Hersteller interagieren muss. Der Vorteil ist jedoch, dass die Individualisierung nun auch an technisch komplexeren Komponenten ansetzen kann, die spezielles Fertigungs-Know-how benötigen. Bei einer *kundenindividuellen Vorfertigung* erfolgt die Individualisierung dagegen in einer frühen Fertigungsstufe, alle weiteren Fertigungsschritte und die Endmontage sind standardisiert. Vor allem in der Bekleidungsindustrie – Beispiel *Dolzer* – werden Maße und Passform bei vorgegebenem Basisdesign an den Käufer angepasst, indem in einer recht frühen Phase der Stoff nach Maß zugeschnitten wird, während alle anderen Fertigungsschritte gleich sind.

Die oft leistungsfähigste Konzeption ist der Einsatz eines *modularen Baukastensystems*, bei dem überwiegend standardisierte Komponenten mit klar definierten Schnittstellen zu einem kundenspezifischen Produkt kombiniert werden. Anhand eines für den Abnehmer mehr oder weniger offensichtlichen Systems kann dieser sein gewünschtes Endprodukt zusammenstellen, wobei häufig für alle wesentlichen Komponenten Wahlmöglichkeiten bestehen (siehe ausführlich Piller/Waringer 1999). Hier ist das Beispiel *Sovital* einzuordnen. Vorreiter dieser Individualisierung ist die *Computerindustrie*. Alle namhaften Hersteller bieten inzwischen eine Online-Konfiguration eines Wunschcomputers im Internet aus modularen Komponenten an. Aber auch Schuhe werden nach diesem Prinzip gefertigt, wie der deutsche Mass-Customization-Pionier *Selve* zeigt: Online und offline können die Kunden ihren eigenen Schuh entwerfen. Dazu stehen verschiedene modulare Komponenten zur Verfügung. Bei der Entwicklung dieses Programms stand – anders als beim gescheiterten Mass Customizer *Custom Foot* – der modulare Aufbau des Produkts im Vordergrund, der Grundlage der Gestaltung aller weiteren Wertschöpfungsstufen war.

Massenhafte Fertigung von Unikaten: Die kundenindividuelle Fertigung eines Produkts über die ganze Wertschöpfungskette hinweg stellt die weitestgehende Konzeption der Mass Customization dar. Im Vergleich zur klassischen Einzelfertigung sorgen jedoch standardisierte Prozesse auf Grundlage der Potentiale moderner Fertigungstechnologien für das geforderte Kostenniveau vergleichbarer standardisierter Produkte. Dies wird möglich, da auch bei einer massenhaften Unikatfertigung die Individualisierungsoptionen begrenzt und beispielsweise vom Flexibilitätsgrad der eingesetzten Maschinen bestimmt werden. Ein Beispiel sind die individuell gefertigten Einbauküchen zum „Mitnahmepreis“ von *Küche direkt*, denen eine neue Fertigungstechnologie sowie ein durchgängiges Informationssystem zugrunde liegen. Der japanische Fahrradproduzent *National Panasonic* (NBIC) stellt Fahrräder nach Maß her – inklusive kundenspezifischer Fertigung und Lackierung des Rahmens.

6. Herausforderungen an das Produktmanagement durch Mass Customization

Die vorherigen Ausführungen haben bereits eine Vielzahl von Aufgaben des Produktmanagement für Mass Customization identifiziert. Den Beginn machen neue Planungsaufgaben beim Entwurf der Neuprodukte. Hier ist vom Produktmanagement eine fundierte Entscheidung zwischen den angebotenen Variationsmöglichkeiten sowie dem notwendigen Standardisierungsgrad gefordert. Der so definierte Produktaufbau ist Grundlage der Absatzplanung. In einem mehrstufigen Prozess ist festzulegen, bis zu welcher Vorfertigungsstufe die einzelnen Komponenten auftragsunabhängig vorgefertigt werden und ab welcher Stufe die kundenspezifische Fertigung erfolgt. Für die vorzufertigenden Komponenten sind dann pro Absatzperiode die erforderlichen Mengen und Spezifikationen zu disponieren.

Im Mittelpunkt des Produktmanagement für Mass Customization steht aber die *Abwicklung der Kundenbeziehung*. Dazu gehört zunächst die Gestaltung der Schnittstelle zwischen Abnehmer und Anbieter, an der die kundenspezifische Konfiguration des Produkts erfolgt. Die Vermittlung von Kompetenz, aber auch von Begeisterung, muss die bei Kaufabschluss nicht mögliche Auslieferung des Produkts ausgleichen. Zur Reduktion der daraus ebenfalls folgenden Unsicherheit der Abnehmer muss eine weitgehende Unterstützung dieser bei der Formulierung ihrer Bedürfnisse und deren Überführung in eine adäquate Produktkonfiguration stattfinden. Dieser Schritt ist aus Marketingsicht weniger technisch zu verstehen, sondern vielmehr eine wichtige Möglichkeit zur Präferenzbildung. Hier ist vom Produktmanagement ein wesentliches Umdenken gefordert. Es reicht nicht, die Verantwortung und Gestaltung des Kundenkontakts an den Handel/Vertrieb zu übergeben (vgl. Berger et al. 2005). Die zentrale Bedeutung dieser Wertschöpfungsphase erfordert eine aktive Beteiligung des Produktmanagement, auch wenn die eigentliche Abwicklung weiterhin durch andere Stellen oder online über das Internet erfolgt.

Eine hohe Bedeutung kommt dem *Beziehungsmanagement* auf Grundlage individualisierter Leistungen zu. Das Produktmanagement muss hier aktiv Bindungsanreize schaffen, die auf einem zusätzlichen Nutzen für die Kunden basieren. Auch hier ist ein Umdenken mancher eher produktlastig geprägter Produktmanager gefordert, denn die meisten Maßnahmen dieser Phase stellen im engeren Sinne begleitende Dienstleistungen dar. Gerade für klassische Massenproduzenten ist die aktive Nutzung der neuen Kundenbindungspotentiale oft recht schwierig. Je nach Stellung der Kunden (Neu-/Altkunden) sind auch differenzierte Kommunikationsmaßnahmen durchzuführen. Erfolgreiche Mass Customization erfordert hier ein hybrides Marketing, das mit verschiedenen Promotion-Maßnahmen beginnt (klassische Werbung vs. Direktwerbung) und in einem Mehrkanalsystem auf der Distributionsseite (Handel versus Direktvertrieb per Internet) endet (siehe zum Marketing für Mass Customization auch Riemer/Totz 2003; Wind/Rangaswamy 2001).

Zielführend ist bei allen Aktivitäten die *Gestaltung des Trade-offs* zwischen kundenindividueller *und* effizienter Leistungserstellung. Hier ergänzt Mass Customization das herkömmliche Aufgabenspektrum des Produktmanagement um neue Anforderungen. Zwar reduziert die bessere Planungstreue auf der Ebene der Endprodukte etliche Planungsprobleme. Jedoch ermöglicht die neue Flexibilität bei Mass Customization nicht nur eine schnelle Reaktion auf neue Trends am Markt (z.B. durch Austausch der angebotenen Variationsmöglichkeiten), sondern fordert diese auch. Der Uhrenfabrikant *121TIME* tauscht so seine angebotenen Design-Optionen ständig aus. Dies erfordert vom Produktmanagement ein Denken in viel kürzeren Zeitabschnitten – herkömmliche Planungen auf Kollektionsebene sind viel zu langsam. Auch bleiben in der Praxis die Möglichkeiten einer Verbindung von Mass Customization und anonymer Variantenfertigung noch weitgehend ungenutzt. Hier ist es Aufgabe des Produktmanagement, im Rahmen seiner Querschnittsfunktion diese Synergien zu erkennen und im Unternehmen nutzbar zu machen. Im Mittelpunkt steht dabei immer der Abnehmer. Die neuen Aufgaben des Produktmanagement setzen unmittelbar an der Schaffung von zusätzlichem Nutzen für die Kunden an. Die Basis von Wettbewerbsvorteilen bei Mass Customization ergänzen die Prinzipien der heutigen Variantenproduktion um neue Bestandteile (Abb. 6).

klass. Variantenproduktion	Mass Customization
effiziente und schnelle Erstellung von Produkten	*plus* Bereitstellung von Leistungspotentialen
Produktinnovation	*plus* Dienstleistungsinnovation
economies of scale und scope	*plus* economies of interaction
Nutzungserlebnis	*plus* Innovationserlebnis
Kunde	*plus* Co-Designer

Abbildung 6: Erweiterte Erfolgsfaktoren im Wettbewerb durch Mass Customization

Zur Erstellung von Produkten tritt als wesentliche Absatzleistung die Bereitstellung eines Leistungspotentials, auf dessen Basis in Zusammenführung der bislang getrennten Funktionen Innovation (Konstruktion, Design), Marktforschung und Vertrieb durch die Integration des Abnehmers eine individuelle Leistung konfiguriert wird. Damit wird die Produktinnovation (Bereitstellung modularer Leistungsarchitekturen) durch die gleichbedeutend wichtige Dienstleistungsinnovation ergänzt, die insbesondere Mechanismen zur effizienten Integration des „internen“ Faktors Kunde bereitstellen muss, der zum Co-

Designer wird. Als wesentlicher Erfolgsfaktor gilt damit, dass das Nutzungserlebnis durch das Innovationserlebnis ergänzt wird. Die theoretische praktische Konkretisierung dieser und weiterer Erfolgsprinzipien von Mass Customization eröffnet an dieser Stelle in vielen Branchen noch ein großes Potential zur Schaffung dauerhafter Wettbewerbsvorteile.

7. Literatur

AGRAWAL, M. / KUMARESH, T.V. / MERCER, G., The false promise of mass customization, in: The McKinsey Quarterly, 2001, H. 3.

BELL, D., The social framework of the information society, in: T. Forester (Hg.): The microelectronics revolution, Oxford 1980, S. 500-549.

BELZ, CH. ET AL., Industrie als Dienstleister, St. Gallen 1997.

BERGER, C. / MOESLEIN, K. / PILLER, F. / REICHWALD, R., Co-designing the customer interface for customer-centric strategies: Learning from exploratory research, in: European Management Review, 2. Jg., 2005, H. 1, S. 70-87.

BLAHO, R., Massenindividualisierung: Erstellung integrativer Leistungen auf Massenmärkten, Dissertation, Universität St. Gallen 2001.

BÜTTGEN, M. / LUDWIG, M., Mass-Customization von Dienstleistungen, Arbeitspapier des Instituts für Markt- und Distributionsforschung der Univ. Köln 1997.

CORSTEN, H. / WILL, T., Wettbewerbsvorteile durch strategiegerechte Produktionsorganisation, in: H. Corsten (Hg.): Produktion als Wettbewerbsfaktor, Wiesbaden 1995, S. 1-13.

DAVIS, S., Future Perfect, Reading 1987.

DRUCKER, P.F., The practice of management, New York 1954.

DURAY, R. ET AL., Approaches to mass customization, in: Journal of Operations Management, 18. Jg., 2000, S. 605-625.

FLECK, A., Hybride Wettbewerbsstrategien, Wiesbaden 1995.

FOURNIER, S. / DOBSCHA, S. / MICK, D.G., Preventing the premature death of relationship marketing, in: HBR, 76. Jg. (1998), H. 1, S. 42-51.

FRANKE, N. / PILLER, F., Key research issues in user interaction with configuration toolkits in a mass customization system, in: International Journal of Technology Management, 26. Jg., 2003, H. 5/6, S. 578-599.

FRANKE, N. / PILLER, F., Toolkits for user innovation and design: An exploration of user interaction and value creation, in: Journal of Product Innovation Management, 21. Jg., 2004, H. 6, S. 401-415.

GILMORE, J.H. / PINE, B. J., The four faces of mass customization, in: HBR, 75. Jg., 1997, H. 1, S. 91-101.

HAUSRUCKINGER, G. / WUNDERLICH, F., Der Handel wird zum Moderator der Produktion,in: BAG Handelsmagazin, 1997, H. 3, S. 34-40.

HILDEBRAND, V., Individualisierung als strategische Option der Marktbearbeitung, Wiesbaden 1997.

HIPPEL VON, E., Democratizing Innovation, Cambridge, MA 2005.

HOMBURG, CH. / GIERING, A., Der Zusammenhang zwischen Kundenzufriedenheit und Kundenbindung, in: DBW, 59. Jg. (1999), H. 2, S. 174-195.

HOMBURG, CH., Kundennähe als Management-Herausforderung, Arbeitspapier am Lehrstuhl für Marketing, Wissenschaftliche Hochschule für Unternehmensführung, Koblenz 1995.

IHL, C. / MÜLLER, M. / PILLER, F. / REICHWALD, R., Produkt- und Prozesszufriedenheit bei Mass Customization: Eine empirische Untersuchung der Bildung von Zufriedenheitsurteilen von Kunden-Co-Designern, in: Die Unternehmung, 59. Jg., 2006, H. 3, S. 165-184.

ISHII, K./JUENGEL, C./EUBANKS, C.F., Design for product variety, Arbeitspapier, Department of Mechanical Engineering, Stanford University 1995.

JIAO, J., Design for mass customization by developing product family architectures, Diss., The Hong Kong University of Science and Technology 1998.

KLEINALTENKAMP, M., Customer Integration: Kundenintegration als Leitbild für das Business-to-Business-Marketing, in: M. Kleinaltenkamp / S. Fließ / F. Jacob (Hg.): Customer Integration: Von der Kundenorientierung zur Kundenintegration, Wiesbaden: 1996, S. 13-24.

KNYPHAUSEN ZU, D. / RINGSLETTER, M., Wettbewerbsumfeld, hybride Strategien und economics of scope, in: W. Kirsch (Hg.): Beiträge zum Management strategischer Programme, München 1991, S. 541-557.

KOTHA, S., Mass customization, in: Strategic Management Journal, 16. Jg. (1995), Sonderheft 'Technological transformation and the new competitive landscape', S. 21-42.

LEE, H. / PADMANABHAN, V. / WHANG, S., Der Peitscheneffekt in der Absatzkette, in: Harvard Business Manager, 19. Jg., 1997, H. 4, S. 78-87.

LINDEMANN, U. / REICHWALD, R. / ZÄH, M. (Hg.), Marktnahe Produktion individualisierter Produkte: Komplexität beherrschen in Entwicklung und Produktion. Berlin u.a. 2006.

LUDWIG, M., Beziehungsmanagement im Internet, Lohmar/Köln 2000.

MAY, M., Fake It, Don't Make It: Use Mock Mass Customization as a Customer Relationship Tool, Jupiter Concept Report CDS00-C25, New York 2001.

MEIER, R. / PILLER, F., Strategien zur effizienten Individualisierung von Dienstleistungen, in: Industrie-Management, 17. Jg., 2001, Nr. 2, S. 13-17.

MOSER, K., Development of a competence-based framework for identifying different mass customization strategies, Dissertation, TU München 2006.

NOORI, H., Managing the dynamics of new technology, Englewood Cliffs 1990.

OGAWA, S. / PILLER, F., Collective Customer Commitment: Reducing the risks of new product development, in: MIT Sloan Management Review, 47. Jg., 2006, H. 2, S. 65-72.

PEPPERS, D. / ROGERS, M., Enterprise one to one, New York 1997.

PILLER, F., Kundenindividuelle Massenproduktion, München / Wien 1998a.

PILLER, F., Mit Mass Customization zu echtem Beziehungsmanagement, in: Harvard Business Manager, 20. Jg., 1998b, H. 6, S. 103-107.

PILLER, F., Analysis: Why Levi Strauss finally closed it's "Original Spin" operations, in: Mass Customization & Open Innovation News, 7. Jg., 2004, Nr. 1 [online: mass-customization.de].

PILLER, F., Mass Customization, 4. Aufl., Wiesbaden 2006.

PILLER, F. / IHL, C., Mass Customization ohne Mythos: Warum viele Unternehmen trotz der Nutzenpotentiale kundenindividueller Massenproduktion an der Umsetzung scheitern, in: IO New Management, 71. Jg., 2002, H. 10, S. 16-30.

PILLER, F. / MÖSLEIN, K. / STOTKO, C., Does mass customization pay? An economic approach to evaluate customer integration, in: Production Planning & Control, 15. Jg., 2004, H. 4, S. 435-444.

PILLER, F. / REICHWALD, R. / MÖSLEIN, K., Information as a critical success factor for mass customization, or: why even a customized shoe not always fits, Proceedings of the ASAC-IFSAM 2000 Conference, Montreal, Quebec, Canada, July 2000.

PILLER, F. / SCHODER, D., Mass Customization und Electronic Commerce, in: Zeitschrift für Betriebswirtschaftslehre, 69. Jg., 1999, H. 10, S. 1111-1136.

PILLER, F. / SCHUBERT, P. / KOCH, M. / MOESLEIN, K., Overcoming mass confusion: Collaborative customer co-design in online communities, in: Journal of Computer-Mediated Communication, 10. Jg., 2005, H. 4.

PILLER, F. / WARINGER, D., Modularität in der Automobilindustrie, Aachen 1999.

PINE, B.J., Mass Customization, Boston 1993.

PINE, B.J./ PEPPERS, D./ ROGERS, M., Do you want to keep your customers forever?, in: Harvard Business Review, 73. Jg., 1995, H. 2, S. 103-114.

PORTER, M.E., Wettbewerbsvorteile, 3. Aufl., Frankfurt / New York 1992.

PROFF, H. / PROFF, H., Möglichkeiten und Grenzen hybrider Strategien, in: DBW, 57. Jg., 1997, H. 6, S. 796-809.

REICHWALD, R / PILLER, F., Interaktive Wertschöpfung: Open Innovation, Individualisierung und neue Formen der Arbeitsteilung, Wiesbaden 2006.

REICHWALD, R. / PILLER, F., Der Kunde als Wertschöpfungspartner, in: H. Albach et al. (Hg.): Wertschöpfungsmanagement als Kernkompetenz, Wiesbaden 2002, S. 27-52.

REICHWALD, R. / PILLER, F., Mass-Customization-Konzepte im E-Business, in: R. Weiber (Hg.): Handbuch Electronic Business, Wiesbaden 2000, S. 359-382.

RIEMER, K. / TOTZ, CH., The many faces of personalization, in: M. Tseng / F. Piller (Hg.): The Customer Centric Enterprise, New York 2003.

SANDERS, H., Economies of Mass Customization: Ein Kalkulationsbeispiel, in: F. Piller / C. Stotko (Hg.): Neue Wege zum innovativen Produkt, Düsseldorf 2003, S. 219-230.

SCHALLER, C. / STOTKO, C. / PILLER, F., Mit Mass Customization basiertem CRM zu loyalen Kundenbeziehungen, in: H. Hippner / K.D. Wilde (Hg.): Grundlagen des CRM: Konzepte und Gestaltung, 2. Aufl., Wiesbaden 2006, S. 125-143.

SCHNÄBELE, P., Mass Customized Marketing – effiziente Individualisierung von Vermarktungsobjekten und -prozessen, Wiesbaden 1997.

SCHREIER, M., Wertzuwachs durch Selbstdesign: Die erhöhte Zahlungsbereitschaft beim Einsatz von "Toolkits for User Innovation and Design", Wiesbaden 2005.

SKIERA, B., Individualisierte Preisbildung bei individualisierten Produkten, in: F. Piller und Ch. Stotko: Mit Kundenintegration und Mass Customization zu dauerhafter Kundenbindung, Düsseldorf : Symposium 2002, im Erscheinen.

TSENG, M. / JIAO, J., Mass Customization, in: G. Salvendy (Hg.): Handbook of Industrial Engineering, 3. Aufl., New York 2001, Kap. 25.

VICTOR, B. / BOYNTON, A.C., Invented here, Boston 1998.

WAYLAND, R.E. / COLE, P.M., Customer connections: new strategies for growth, Boston 1997.

WEHRLI, H.P. / WIRTZ, B., Mass Customization und Kundenbeziehungsmanagement, in: Jahrbuch der Absatz- und Verbrauchsforschung, 43. Jg., 1997, H. 2, S. 116-138.

WEIBER, R., Herausforderung Electronic Business, in: R. Weiber (Hg.): Handbuch Electronic Business, Wiesbaden 2000, S. 1-39.

WEIGAND, J. / LEHMANN, E., Produktdifferenzierung, in: WiSt, 26. Jg., 1997, H. 9, S. 477-480.

WIND, J. / RANGASWAMY, A., Customerization: the next revolution in mass customization, in: Journal of interactive marketing, 15. Jg., 2001, H. 1, S. 13-32.

WÜPPING, J., Produktkonfiguratoren für die kundenindividuelle Serienfertigung, in: Industrie Management, 15. Jg., 1999, H. 1, S. 65-69.

ZIPKIN, P., The limits of mass customization, in: Sloan Management Review, 42. Jg. H. 3, S. 81-87.

ZUBOFF, S. / MAXMIN, J., The support economy: why corporations are failing individuals and the next episode of capitalism, London 2002.

Sechster Teil

Ausgewählte Beispiele

Hans Berger
Ralf-Gerhard Willner
Martin Einhorn

Kundenorientierte Produktentwicklung am Beispiel des Audi Q7

1. Die Ausgangslage

Audi, als traditionsreiche Automarke, erlebte in den vergangenen Jahren eine Imageaufwertung, die in der Automobilindustrie einzigartig ist. Schaut man in die Nachkriegsgeschichte der Marke zurück, so galt Audi als technisch orientierter Mittelklassewagenhersteller. Die von Meinungsführern in der Automobilindustrie durchgeführten Leserbefragungen bestätigten diese Position immer wieder. Audi belegte in Deutschland im Kriterium Technik häufig den 1. Platz. Diese Position wurde über lange Zeit hinweg durch regelmäßige und akzeptanzstarke Innovationen erarbeitet sowie kommunikativ mit dem Markenclaim „Vorsprung durch Technik" unterstützt. In prestigeträchtigen Kriterien jedoch, fand sich Audi eher selten auf den ersten Plätzen von Imagebefragungen.

Mit Beginn des 21. Jahrhunderts erreichte Audi sein Ziel, diese Positionen erheblich zu verbessern. Die Neuausrichtung der Marke durch zielgerichtete Produkte, Kommunikation und Handel führten dazu, dass sich das Bild von Audi veränderte. Die Gene von „Vorsprung durch Technik" sind immer noch deutlich ausgeprägt. Damit steht Audi für technologische Fortschrittlichkeit und Überlegenheit im Sinne des Kunden. Die Evolution der Marke verbindet heute das Image des technologischen Fortschritts mit wegweisendem Design und hochwertiger Anmutung und Verarbeitungsqualität. Dokumentiert wird das durch die zahlreichen ersten Plätze von Audi-Modellen in allen Kategorien bei jährlichen Leser- und Expertenbefragungen weltweit.

Mit der erfolgreichen Positionierung im Premiummarkt entwickelte sich ein ganz neuer Kundenstamm bei Audi. Die Bindung dieser anspruchsvollen Kunden stellte Audi vor die Aufgabe, neue Fahrzeugkonzepte zu entwickeln, die allen Wünschen von Premiumkunden entsprechen. Insbesondere gilt es, die Anlässe für Abwanderungen zu reduzieren und gleichzeitig attraktiv für Kunden anderer Premiummarken zu werden. Aufgrund der hochwertigen Positionierung bot sich Audi die Chance und Notwendigkeit gleichzeitig, neue Modelle zu entwickeln, die Entwicklungen im Premiumwettbewerb nicht nur Rechnung tragen, sondern auch Audi-typische Trends setzen. Ein wichtiger Meilenstein auf diesem Weg war 1998 der TT. Damit betonte Audi seine Designkompetenz und erweiterte sein Produktportfolio um einen sehr emotionalen Baustein. 2005 folgte der Audi Q7, der mit dem Ziel entwickelt wurde, Audi-Kunden ein hochwertigeres Angebot für ihre Bedürfnisse zu bieten, als das, das sie bis dato nur bei anderen Premiummarken fanden. Kunden mit hohem Einkommen, Selbstbewusstsein und Freizeitorientierung wollte Audi ein Fahrzeug präsentieren, das ihre bisherige Lebenseinstellung ermöglichte und gleichzeitig den funktionellen Ansprüchen einer Familie gerecht wurde. Der Audi Q7 sollte Derivatisierungstrends des Weltmarktes aufgreifen und dabei den Markenkern „Vorsprung durch Technik" stärken. Damit ist der Audi Q7 ein wesentlicher Baustein für das weltweite Wachstum von Audi im Premiummarkt.

2. Der Wettbewerb

Im Januar 2000 fiel die Entscheidung, die sich entwickelnden Kundenbedürfnisse und Wachstumspotenziale mit einem SUV/Crossover-Konzept zu adressieren. Eine umfangreiche Wettbewerbsanalyse zeigte erstens das Entwicklungsstadium des SUV-Marktes und zweitens künftige Differenzierungen im Markt. Die geschichtliche Betrachtung zeigte die Entwicklung des SUV-Marktes seit den 80er Jahren (Abb. 1). Zunächst dominierten klassische Off-Road-Fahrzeuge, im 2-Box-Design mit LKW-Technik. Typisch dafür waren Jeeps mit starken Anleihen aus der militärischen Nutzung. Sie vermittelten ein subjektives Sicherheitsgefühl beim Fahren. In den 90er Jahren kamen verstärkt Off-Road-Fahrzeuge auf, die das klassiche 2-Box-Design kombinierten mit mehr Komfort und Variabilität, höherer Qualität und mehr Status. Diese SUVs setzten stärker auf den Off-Road-Look als auf echte Off-Road-Fähigkeiten. Das subjektive Sicherheitsgefühl, das sich mit den klassischen Off-Road-Fahrzeugen verband, wurde durch diese Fahrzeuge weiter verstärkt. Nach 20 Jahren schien die Zeit reif für eine weitere Entwicklung im SUV-Segment. Kunden aus den klassischen Segmenten (Limousine, Kombi) wollten sich stärker differenzieren und die Vorteile von SUVs nutzen (besseres Sicherheitsgefühl durch hohe Sitzposition, Gefühl von Freiheit und Unabhängigkeit), ohne auf ihren gewohnten Fahrkomfort und Luxus aus ihren bisherigen Fahrzeugen zu verzichten.

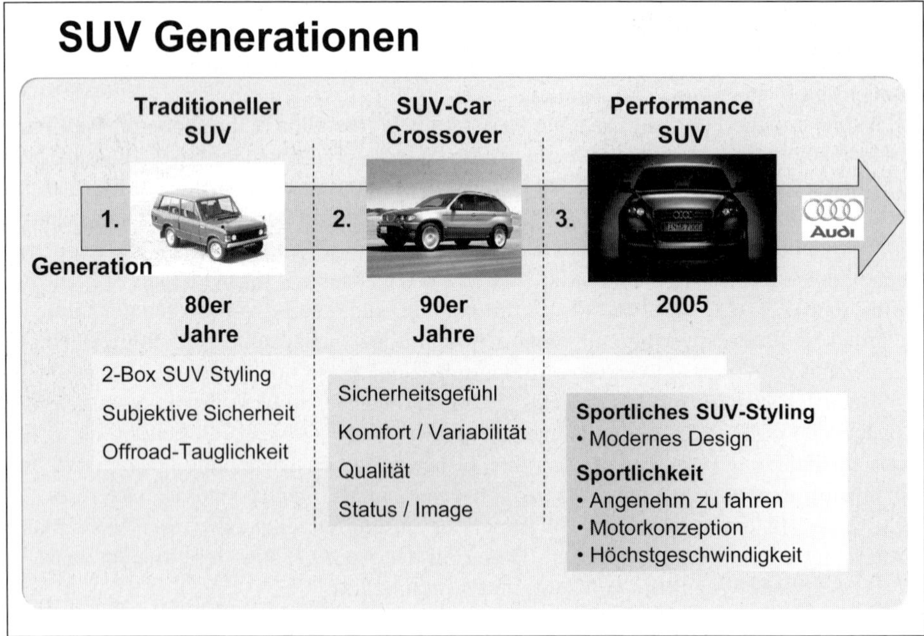

Abbildung 1: Weiterentwicklung des SUV-Segmentes durch den Audi Q7

Um das Jahr 2000 ließen sich vier künftige Richtungen für SUVs erkennen.

Eine Strömung ließ sich als „Back to the roots“ beschreiben. Dafür standen miltitärnahe Konzepte zur zivilen Nutzung, die sich als Gegenstück zur „Verweichlichung“ des Geländewagens verstanden. Eine zweite Strömung bestand in der „Neuen amerikanischen Derivatisierung“. Zusätzlich zu ihrem Angebot an klassischen SUV suchten amerikanische Hersteller eine Antwort auf europäische und japanische Angebote, indem sie Modelle auf den Markt brachten, die sich stilistisch den Pkws annäherten. Die dritte Strömung bestand aus den europäischen SUV, welche dem Konzept durch umfangreiche Komfortpakete, geradliniges Design und hochwertige Fahrwerke einen stärkeren Performance-Charakter verliehen. Die asiatischen Hersteller entwickelten als vierte Strömung eine Vielfalt an Produkten, die sich zwar nach Marke und Preisstellung unterschieden, jedoch auch vielfältig überlappten. Durch die stilistische Annäherung an die PKW, spielten japanische Hersteller eine Vorreiterrolle bei der Mainstreamanpassung der SUV. Gemeinsam mit Kunden wurde speziell im amerikanischen Markt das Konzept von Off-Road-Fahrzeugen hinterfragt. Die Studie deutete auf moderne Linienführung und Siebensitzigkeit hin.

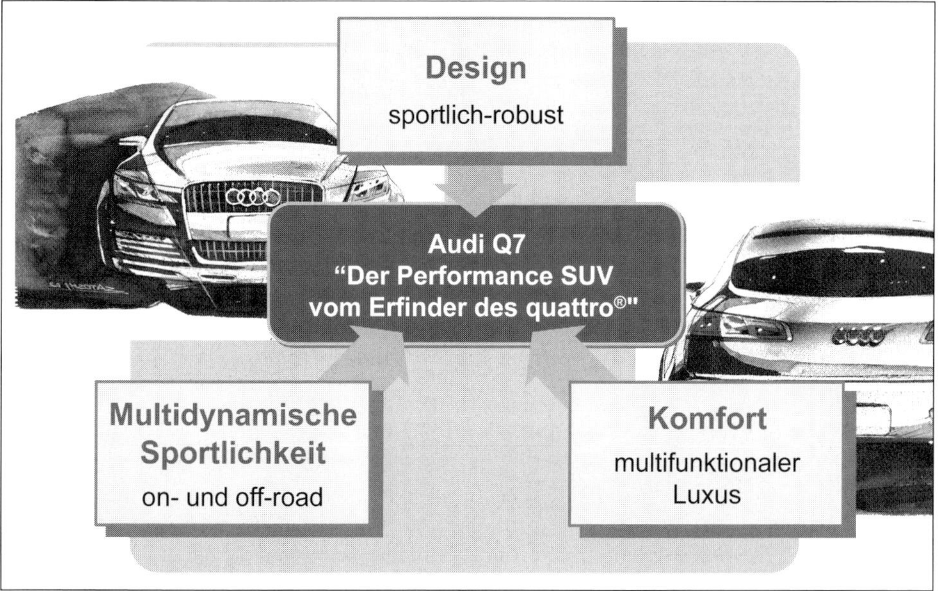

Abbildung 2: Konzeptionelle Anforderungen an den Audi Q7

Aus der Analyse der Entwicklung des Marktsegmentes und den aktuellen Strömungen ergab sich für Audi die Möglichkeit, ein Produkt auf den Markt zu bringen, das die Werte der Marke deutlich hervorhebt und sich im Gesamtkonzept von den Mittbewerbern differenziert. Ein SUV von Audi konnte und musste die Marktentwicklung vom klassischen Off-Road-Fahrzeug hin zu luxuriösen, PKW- und Van-ähnlichen Konzepten entscheidend prägen. Es bestand die Chance markenprägende Hochwertigkeit, Sportlichkeit und Design so zu kombinieren, dass eine Audi-typische Lösung entsteht (Abb. 2). Das SUV-Konzept konnte außerdem mit dem quattro-Antrieb den traditionellen Markenkern, Vorsprung durch Technik, aufgreifen und modernisieren.

3. Die Marktforschung

Die Basisarbeit wurde geprägt durch die Analyse der Ansprüche von Audi- und SUV-Kunden. Von den Audi-Kunden wusste man, dass die finanziellen Grundlagen durchaus vorhanden sind und sie ein prestigeträchtiges SUV-Konzept bei Audi vermissten. Die SUV-Kunden wurden eingehender analysiert, da Audi nicht auf einen breiten Erfahrungsschatz in diesem Segment aufbauen konnte. Daraus ergab sich ein klares Profil der gegenwärtigen Kunden und ihrer Bedürfnisse in Bezug auf SUV der ersten und zweiten Generation. Mit dem Ziel, einen SUV dritter Generation zu kreieren, mussten jedoch auch Bedürfnisse von Kundengruppen einbezogen werden, die erst durch das neue Angebot erschlossen werden würden.

Abbildung 3: Der „Pikes Peak quattro" – Meilenstein und Konzepttest

Die Marktforschung beschrieb die rationalen und emotionalen Bedürfnisse dieser Kundengruppen. Wünsche und regionale Anforderungen zogen sich durch die ersten Phasen des Entwicklungsprozesses, aus welchen das Konzeptfahrzeug „Pikes Peak quattro" hervorging, das im Januar 2003 auf der Automesse in Detroit präsentiert wurde (Abb. 3). Die Marktforschung analysierte erste Reaktionen des Publikums und potenzieller Kunden auf dieses Konzeptfahrzeug. Daraus ließen sich Verbesserungsvorschläge ableiten, die insbesondere Design und Funktionalität des Fahrzeuges betrafen.

Car Clinics gehören zu den wesentlichen Informationsquellen, um neue Fahrzeuge kundenorientiert zu entwickeln. Dabei werden einem ausgewählten Zielpublikum Prototypen im Wettbewerbsumfeld vorgestellt und bewertet. Diese Studien geben Aufschluss darüber, ob das vorgestellte Modell Akzeptanz findet und welche Stärken und Schwächen sich gegenüber den Mitbewerbern zeigen. Die Ergebnisse von Car Clinics zeigen außerdem Potenziale, wie sich Absatz- und Preischancen im Markt opimieren lassen. Clinics zu einem späten Zeitpunkt im Produktentstehungsprozess erlauben außerdem, die Positionierung zu überprüfen und Marketingmaßnahmen zielgruppenspezifisch auszurichten und zu optimieren. Für den Audi Q7 konnten in dieser Phase insbesondere regionalspezifische Besonderheiten der Zielgruppen in die Positionierung und Vermarktung integriert werden.

4. Die Positionierung

Die Car Clinics bestätigten, dass der Audi Q7 alle Zielvorgaben erfüllte. Potenzielle Kunden in Europa gaben dem vorgestellten Fahrzeug hervorragende Noten in Bezug auf Design, Performance, Freizeittauglichkeit, Variabilität, Ausdruck von Status, Komfort und Sicherheit. Es wurde deutlich, dass der Audi Q7 innovativ aus dem Wettbewerbsumfeld herausstach. Die Car Clinics zeigten, dass der Audi Q7 – wie geplant – den fortschrittlichen Bedürfnissen der Audi-Kunden entsprach und so zusätzlich Kunden akquirieren würde. Die Studienergebnisse bestätigten die wechselseitige Verstärkung von Fahrzeug- und Markenwirkung.

Die Positionierung als innovatives Fahrzeug wurde unterstützt durch vielfältige neue Ausstattungen (Abb. 4), dazu gehören Audi parking system advanced (Kamera zum Rückwärtseinparken plus Sensoren vorne und hinten mit der zusätzlichen Piktogrammdarstellung), Audi side assist (Warnung vor Fahrzeugen im toten Winkel), Audi adaptive cruise control (automatische Geschwindigkeitsregelung mit brake assist, d. h. Bremswarnruck), Panoramaglasdach und eine dritte Sitzreihe. Zur Unterstützung des progressiven Charakters wurde in der Konzeption der Einbau eines Hybrid-Antriebes (eine Kombination von Verbrennungs- und Elektromotoren) berücksichtig und der Audi Q7 bei der ersten öffentlichen Präsentation auch mit einem solchen Antrieb ausgerüstet.

Audi Q7 - Sportlichkeit

Design

- große Räder
- coupehafte Dachlinie
- umgreifende Heckklappe

Technik

- hervorragende Fahrdynamik
- quattro
- TDI, FSI Motoren
- Fahrerassistenzsysteme

Abbildung 4: Umsetzung der Sportlichkeit des Audi Q7

5. Marketingkommunikation

Die Kommunikation für den Audi Q7 hatte zunächst die Aufgabe, einen Spannungsbogen bis zur ersten Präsentation eines Audi SUV aufzubauen (Abb. 5). Im Kern sollte die Kommunikation auf der quattro-Tradition von Audi aufbauen und davon ausgehend den Vorsprung des Audi Q7 in Technik und Hochwertigkeit darstellen.

Um den Markenanspruch umzusetzen, begann auch die Kommunikation innovativ. Acht Monate vor der ersten öffentlichen Präsentation wurde das „Audi Q7 Globe" Programm gestartet mit einer Microsite (eine eigenständige Internetseite) gestartet. Dort konnten sich Interessenten aus aller Welt registrieren, um exklusiv mehr über den Audi Q7 zu erfahren und an Online Events teilzunehmen, wie z. B. eine streng limitierte Vorschau auf den Prototypen für die Gewinner einer Online Promotion. Im Verlauf der acht Monate vor der Publikumspremiere, konnten registrierte Nutzer Stück für Stück mehr von dem Fahrzeug erleben. Das Audi Q7 Globe Programm ermöglichte allen Interessenten ein umfassendes virtuelles Erlebnis von Design und Technik lang bevor das Fahrzeug physisch beim Händler erlebbar wurde. Bis zur Präsentation auf der IAA konnten damit

200 000 Audi Q7-Interessenten aus über 30 Ländern erreicht und emotional einbezogen werden.

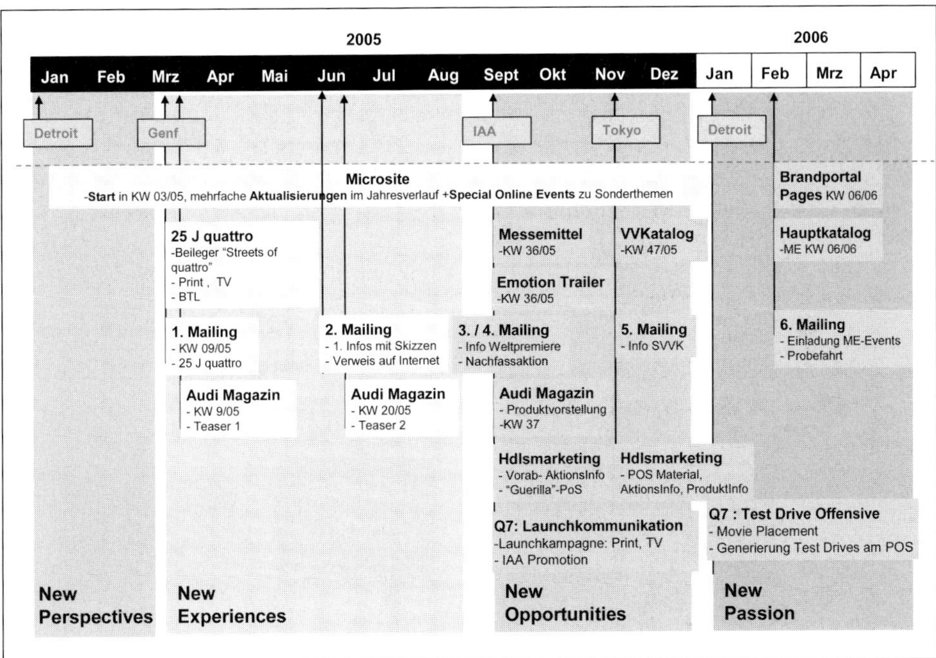

Abbildung 5: Kommunikationsplan für den Produktlaunch

Das Konzept der integrierten Kommunikation für den Audi Q7 umfasste mehrere inhaltliche und mediale Elemente (Abb. 6). Im Jahr des Launches liefen zahlreiche Media-Aktivitäten zum 25jährigen Jubiläum des quattro-Antriebes von Audi. Diese bildeten die Basis für die Kommunikation eines Fahrzeuges „das für quattro gebaut wurde". Bereits die Wiederbelebung und Weiterentwicklung des sehr bekannten Werbespots, in dem ein Audi 100 quattro eine Skischanze hinauffährt, zeigte gezielt die Tradition von Audi für innovative Entwicklungen und „Off road"-Fahreigenschaften. Die Kommunikation konnte auf diesem Thema aufbauen und den Audi Q7 als logische Entwicklung aus der Kompetenz für schnelllaufende Allradantriebe ableiten. Die Integration von Elementen aus „quattro" Rallye und Le Mans 24 Stunden Rennen luden den Audi Q7 mit Sportlichkeit und Fahrdynamik auf.

Im September 2005 hatte der Audi Q7 auf der IAA in Frankfurt seine Publikumspremiere. Zur kommunikativen Unterstützung wurde eigens ein Song komponiert, der vor allem die mediale Präsenz verstärken sollte. Darüber hinaus wurde der „Hybrid-Antrieb" mit dem Audi Q7 vorgestellt. Damit wurde zum einen der innovative Charakter des Fahrzeuges unterstrichen, zum anderen wurde die mediale Resonanz verstärkt, indem Audi umfassende Technik-Kompetenz demonstrierte.

Das Medien- und Presseecho auf den Audi Q7 fiel entsprechend stark und sehr positiv aus. Insbesondere die Fahrberichte bestätigten immer wieder die SUV-untypischen dynamischen Fahreigenschaften und das limousinenähnliche Fahrgefühl verbunden mit einzigartigem Raumcharakter und Wohlfühlatmosphäre.

Die Kommunikation kann jedoch im Automobilsektor nur auf ein emotionales Versprechen vorbereiten, das dann im Handel in ein Erlebnis verwandelt werden muss. So war es wichtig, am POS (Point of Sale) Innovation, Sportlichkeit und Komfort für Kunden spürbar zu präsentieren. Probefahrten gehören dabei zu einem wirkungsvollen Mittel. Durch die Adressen aus dem Audi Q7 Globe-Programm konnten gezielt Interessenten eingeladen werden, um die avisierten Eigenschaften des Audi Q7 in ein konkretes Erlebnis umzusetzen.

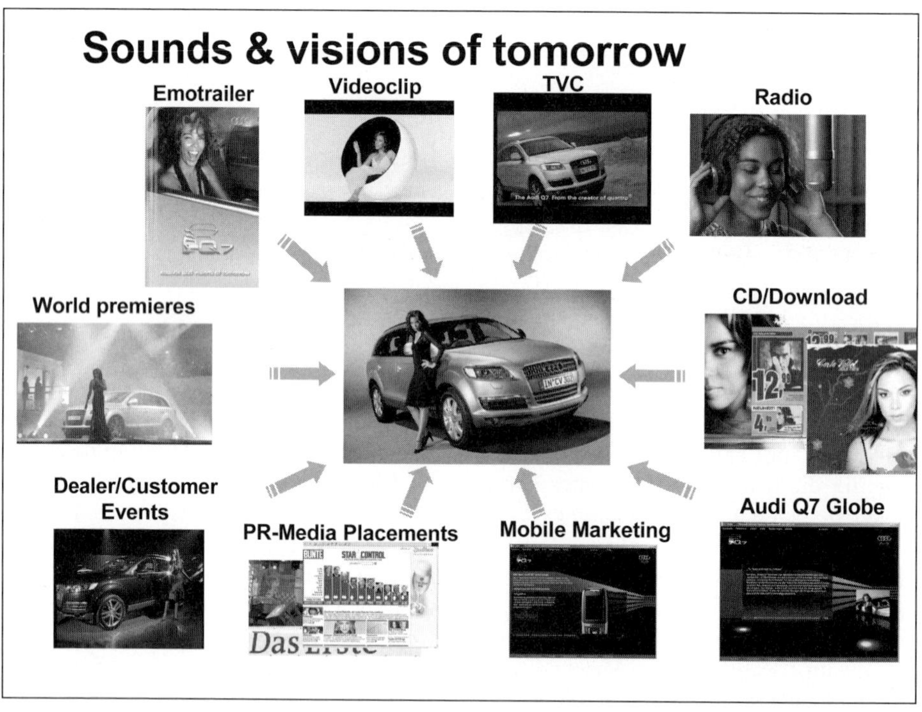

Abbildung 6: Bestandteile der integrierten Kommunikation für den Audi Q7

Die Reaktion der Medien war ein erster Beweis dafür, dass der Audi Q7 die gesetzten Ziele erreicht hat. Der wichtigste Prüfstein bestand jedoch in der Reaktion der Konsumenten. Die große Zahl an Interessenten und vor allem die auf Monate ausverkaufte Produktion nach Verkaufsstart bestätigen, dass der Audi Q7 den Nerv seiner Kunden trifft. Die Weiterentwicklung des SUV-Segmentes durch Audi-typische Merkmale, wie hervorragende Fahrdynamik, zukunftsorientiertes, emotionales Design, Hochwertigkeit und Innovationskraft, fanden die entsprechende Akzeptanz im Markt und zeigten, dass das Projekt die Integration wesentlicher Kundenwünsche ermöglicht hatte.

Georg Tacke
Martin Gehring

Nutzenorientierte Produktgestaltung am Beispiel von Pkw

1. Von der technologischen Innovation zum Kundennutzen

Neue Produktentwicklungen beginnen entweder mit einer guten Idee oder einem konkreten Marktbedürfnis. Von beidem gibt es sicherlich genug; dennoch führt oft nur ein geringer Anteil der Vielzahl neuer Ideen auch zu tatsächlich innovativen, erfolgreich am Markt etablierten Produkten. Aufgrund des kontinuierlichen Selektionsprozesses innerhalb eines Unternehmens, der nicht erfolgversprechende Ideen möglichst frühzeitig identifiziert und eliminiert (vgl. Abbildung 1), ist dies auch nachvollziehbar.

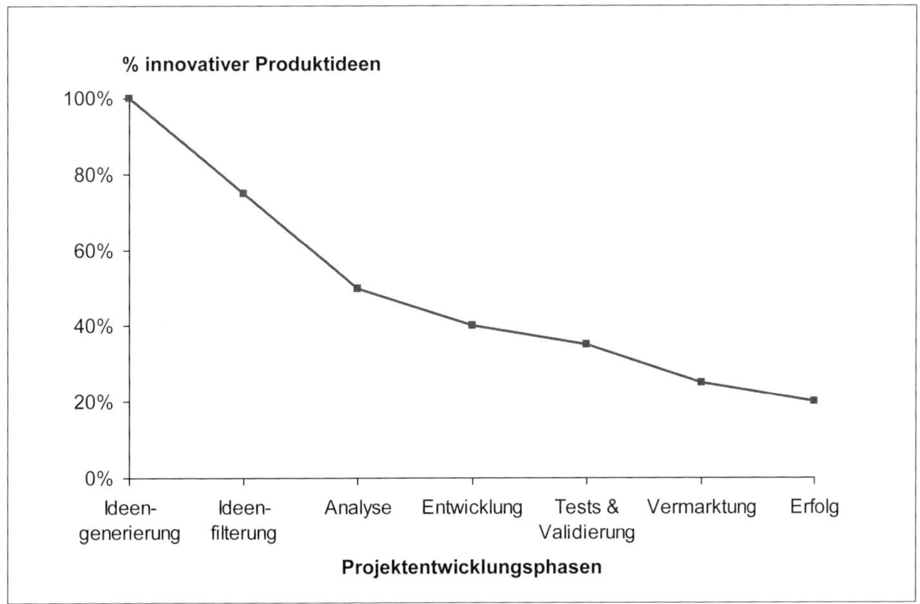

Abbildung 1: Mortalität von Produktideen
Quelle: Product Development and Management Association, 1997

Es wäre falsch, innovative Produktideen bereits kurz nach ihrem Entstehen zu verwerfen, weil sie auf den ersten Blick Probleme bei der Umsetzung bereiten oder eine konkrete Anwendung schwer vorstellbar ist. Dies würde eine Innovationslücke verursachen, die nur schwer wieder aufgeholt werden könnte. Ebenso falsch wäre es allerdings, eine Idee unter hohem Kostenaufwand bis zur Marktreife zu entwickeln und dann erst festzustellen, dass die hoffnungsvoll erwarteten Kunden ausbleiben. Ziel muss es vielmehr sein, während des gesamten Innovationsprozesses den Blickwinkel auf die späteren Kunden der Innovation zu richten und kontinuierlich zu überprüfen, ob deren Bedürfnisse mit dem neuen Produkt erfüllt werden können und ob das neue Geschäft für das Unternehmen profitabel ist. Denn was nutzt es dem Kunden, wenn das Produkt über hervorragende technische Fähigkeiten verfügt, es jedoch nur unzureichend zur Befriedigung seiner Bedürfnisse beiträgt? Genauso schlecht ist es, wenn das Produkt zwar optimal auf den Markt zugeschnitten ist, aber keinen Gewinn abwirft.

Divergenzen zwischen technischen Möglichkeiten und Kundenbedürfnissen sind in der Praxis häufig und können unterschiedliche Ausmaße annehmen. Dabei ist es unerheblich, ob hinter dem Begriff „Produkt“ ein physisches Objekt oder aber eine Dienstleistung steht. Die folgenden Fälle illustrieren dies:

- Ein deutscher Druckmaschinenhersteller bot anerkanntermaßen die Maschine mit der umfassendsten technischen Ausstattung an. Dennoch verlor er Marktanteile an ausländische Konkurrenten, die ihre robusten Standardmaschinen um 20% preiswerter verkauften. Der Hersteller hatte den Nutzen der Zusatzqualitäten seines Produktes völlig überschätzt.
- Die MobilCom AG führte Anfang 1999 als erster deutscher Anbieter von Internet-Diensten eine Flatrate am Markt ein, mit der die Kunden für eine monatliche Grundgebühr von damals 78 DM beliebig lange im Internet surfen konnten. Der Zulauf für dieses Angebot war so hoch, dass die Kapazitäten der MobilCom hoffnungslos überlastet waren. Das Unternehmen hatte den Nutzen des Angebotes völlig unterschätzt. Nur wenige Wochen nach der Markteinführung musste das Angebot wieder vom Markt genommen werden.
- Mitte der 90er Jahre begann man, High-Tech-Hausgeräte anzubieten, die eine Vielzahl von Funktionen boten. Ein Herd bspw. konnte so programmiert werden, dass sich Temperatur und Kochzeit je nach zuzubereitendem Gericht automatisch einstellten. Nach der Markteinführung dieser Geräte zeigte sich, dass die Bedienung viel zu kompliziert war, so dass im Alltag nur ein Bruchteil der Funktionsvielfalt dieser Geräte genutzt wurde. Die sehr teuren, komplexen Geräte wurden zugunsten der einfacheren und preiswerteren Herde zu Ladenhütern.

Fast alle missglückten Markteinführungen neuer Produkte beruhen auf einer solchen Fehleinschätzung des Kundennutzens. Dies war beim Smart als „Lifestyle-Auto der jungen Generation“ ebenso festzustellen wie bei den von Sony entwickelten Digital Audio Tapes (DAT). All diese Produkte erfahren letztendlich eine schwache Nachfrageentwicklung, weil der Nutzen für die Kunden zu hoch eingeschätzt wurde.

Ein häufiger Grund für die Fehleinschätzung des Nutzens neuer Produktideen ist in der oft noch sehr traditionell und innenorientierten Denkweise vieler Betriebe zu finden. Dabei dominieren die Dimensionen „Produkt“ und „Technik“ bei der Weiterentwicklung und Bewertung des Produktes, während die Produktbewertung aus Kundensicht zu kurz kommt. Häufig leidet dadurch die Industrie – und vorrangig die High-Tech-Industrie –

unter einem „technologischen Overkill“. Dies führt zwangsläufig zu überhöhten Kosten und Preisen – im Vergleich zum Kundennutzen und den Anforderungen der Kunden.

Hinzu kommt, dass der Markterfolg eines Produktes in der Regel nur dann erstrebenswert ist, wenn dem Nutzen auf der Kundenseite – und damit dem Preis, den der Kunde für das Produkt zu zahlen bereit ist - möglichst geringe Kosten auf der Herstellerseite gegenüberstehen. Denn letztendlich beinhaltet das Hauptziel eines Unternehmens die langfristige Maximierung seines Gewinns und damit die Realisierung einer Nutzen-Kosten-maximalen Position.

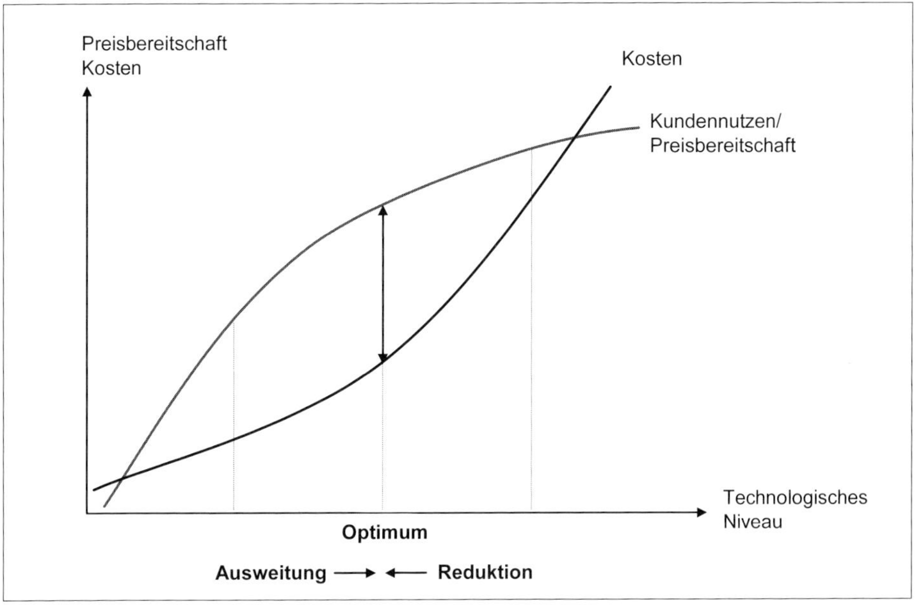

Abbildung 2: Kosten und Kundennutzen bei unterschiedlichen technologischen Niveaus

Wie Abbildung 2 verdeutlicht, nehmen die Kosten bei steigendem technologischem Niveau häufig überproportional zu, während sich die Nutzenfunktion des Kunden bzw. seine zusätzliche Preisbereitschaft in der Regel degressiv verhält. Es kommt deshalb darauf an, genau das Leistungsoptimum zu finden, bei dem die Differenz zwischen Kundennutzen und Kosten maximal wird. Bei einer weiteren Leistungssteigerung ergeben sich zwar objektiv bessere Produkte, aber deren überproportional höhere Kosten können nur noch schwer durch die langsamer steigende Preisbereitschaft der Kunden kompensiert werden. Der Gewinn für das Unternehmen schrumpft.

Das Kernproblem ist in diesem Zusammenhang jedoch folgendes: Während die Kosten einer bestimmten Produktausstattung, Serviceleistung oder Leistungssteigerung weitgehend bekannt sind, lässt sich der Nutzen für den Kunden – und damit auch seine Preisbereitschaft – meist nur schwer abschätzen und messen. Mit der Fähigkeit, den Kundennutzen zu quantifizieren, steht und fällt damit die Möglichkeit einer nutzengerechten Produktgestaltung.

2. Messung des Kundennutzens

Abschätzungen des Kundennutzens können und sollten während des gesamten Verlaufs des Innovationsprozesses mit zunehmendem Detaillierungsgrad durchgeführt werden. Damit lässt sich verhindern, dass Forschungs- und Entwicklungsarbeiten am Produkt nicht in eine falsche Richtung abdriften und unnötigen zeitlichen und finanziellen Aufwand verursachen. Für die systematische Erfassung des Kundennutzens existieren unterschiedliche Ansätze, die je nach Entwicklungsstadium des neuen Produktes unterschiedlich gut geeignet sind.

Im Idealfall sollten die Kundennutzenabschätzungen mit zunehmender Reife des neuen Produktes immer detaillierter werden. Während man sich in den ersten Entwicklungsstadien, in denen etwa Produktideen zu bewerten und verschiedene Problemlösungsmöglichkeiten zu diskutieren sind, noch auf die Beurteilung von Experten verlassen kann, ist es unmittelbar vor oder auch nach der Markteinführung der Innovation unabdingbar, sehr detaillierte Analysen durchzuführen. Deren Ziel muss es dann sein, den Nutzen, den Kunden durch bestimmte Produkteigenschaften erfahren, möglichst präzise quantifizieren zu können.

Die Vorgehensweise bei der Messung des Kundennutzens im Laufe des Produktentwicklungsprozesses ist mit einem Trichter vergleichbar (vgl. Abbildung 3): Den ersten, sehr allgemeinen Abschätzungen folgen im Laufe der Zeit immer spezifischere und detailliertere Feinanalysen, bis man schließlich genaue Kenntnisse über die Bedürfnisstruktur der Kunden erhält.

Bei Beginn des Produktentwicklungsprozesses ist es für das Unternehmen primär von Interesse zu ermitteln, ob für die Produktidee grundsätzlich Marktpotenziale zu erwarten sind. Dabei sind zunächst rein qualitative Aussagen darüber wichtig, ob sich weitere Investitionen in das Produkt lohnen und welche Prioritäten im Rahmen dieser Investitionen gesetzt werden sollen. Details wie die bestmögliche Ausgestaltung bestimmter Zusatzausstattungen oder gar die konkrete Preisbereitschaft der Kunden für das Produkt sind zu diesem Zeitpunkt noch nicht erfassbar. Anstelle von Kundenmeinungen ist es deshalb empfehlenswert, in regelmäßigen Abständen Expertenurteile beispielsweise von Sozialwissenschaftlern oder Trendforschern einzuholen, die Aussagen über gegenwärtige oder zukünftige Bedürfnisse liefern und das mögliche Potenzial einer Produktidee kompetent bewerten können. Solche Experten-Panels helfen dann zu erkennen, ob man sich mit der neuen Produktidee auf dem richtigen Weg befindet oder nicht.

Später, im weiteren Verlauf des Produktentwicklungsprozesses, lassen sich die Kundenbedürfnisse genauer ermitteln. Sobald das neue Produkt etwa als Prototyp existiert oder auf bestimmte Weise vorführ- oder erklärbar ist, können bereits die Kunden selbst herangezogen werden, um detailliertere Informationen wie Wahrnehmungen, Eindrücke und erste Erfahrungen mit dem Produkt zu liefern. Persönliche Gesprächsrunden in Form von Fokusgruppen sind hierzu geeignet. Fokusgruppen bestehen durchschnittlich etwa aus vier bis zehn Teilnehmern und haben den Charakter einer Diskussion oder eines Erfahrungs- und Gedankenaustauschs. Dabei können erste Reaktionen aufgenommen, Stärken und Schwächen des neuen Produktes identifiziert und Verbesserungsvorschläge gewonnen werden.

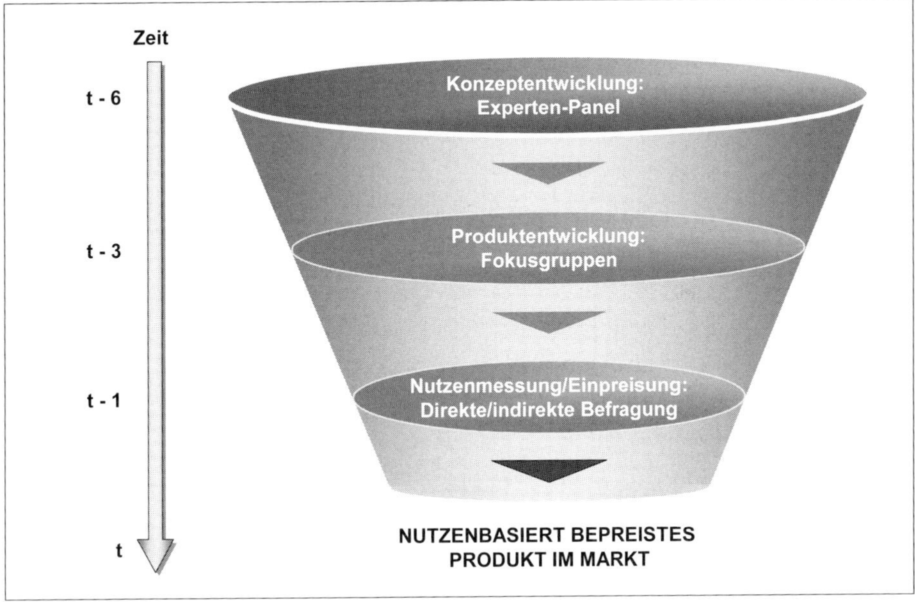

Abbildung 3: Prozess der Messung des Kundennutzens

Fokusgruppen weisen eine hohe Zeit- und Kosteneffizienz auf. Es ist jedoch davor zu warnen, an dieser Stelle bereits Schätzungen bezüglich der Quantifizierung von Nutzenwerten oder gar hinsichtlich des Absatzes von Produkten auf der Grundlage von Fokusgruppen-Ergebnissen abzugeben. Die Datenbasis ist zu klein und die Teilnehmer sind zudem nicht repräsentativ ausgewählt.

Die quantitative Nutzenmessung – etwa im Rahmen einer standardisierten Befragung – setzt voraus, dass die Kunden mit den Leistungen des Produktes vertraut genug sind, um eine zuverlässige Bewertung abgeben zu können. Für die Durchführung solcher Befragungen ist es deshalb erforderlich, dass sich das Produkt bereits in einem fortgeschrittenen Entwicklungsstadium befindet, damit die Kunden auch spezifische Fragen zur Produktgestaltung beantworten können.

Die persönliche, schriftliche oder computergestützte Befragung ist ein geeignetes Instrument, um die Akzeptanz oder den Nutzen eines neuen Produkt(element)es zu untersuchen. Es stellt sich allerdings die Frage, auf welche Weise anhand einer Befragung der Kundennutzen von Produkten oder, besser noch, einzelner Produkteigenschaften ermittelt werden kann. Eine Möglichkeit besteht darin, die Kunden direkt nach dem Nutzen zu fragen, etwa in der Form „Wie viel ist Ihnen eine bestimmte Leistung bei diesem oder jenem Merkmal wert?". Diese Methode führt in der Regel zu wenig brauchbaren Ergebnissen, denn der Kunde betrachtet in der Realität einzelne Produkt- und Servicemerkmale nicht isoliert, sondern er wägt immer mehrere Merkmale gegeneinander bzw. im Verhältnis zur Konkurrenz ab. Darüber hinaus ist nach unserer Erfahrung bei der isolierten Betrachtung stets jede Leistungssteigerung wichtig und der Kunde misst ihr einen hohen Nutzen bei.

Die momentan beste Methode, den Kundennutzen zu messen und gleichzeitig den häufig komplexen Entscheidungsprozess des Kunden abzubilden, ist das sogenannte Conjoint Measurement (vgl. Backhaus, K. et al., 2006; Green, P.E./ Krieger, A.M., 1993). Der Kunde gibt dabei keinerlei direkte Einschätzungen zu einzelnen Produktmerkmalen oder deren Preis ab, sondern entscheidet sich jeweils zwischen zwei kompletten Produktalternativen, die ihm vorgelegt werden. Die Produktalternativen werden hierbei anhand der wichtigsten Einzelmerkmale beschrieben. Der Befragte drückt seine Präferenz für einzelne Produktvorschläge z.B. mit Hilfe einer Ratingskala aus.

Abbildung 4 zeigt beispielhaft eine solche mögliche Entscheidungsalternative bei der Bewertung von Autos.

Durch eine systematische Variation der Produktmerkmale und Ausprägungen können so im Rahmen einer Befragung auch vielfältige Produktvarianten, Innovationsideen und Services bewertet werden.

Als Resultat liefert die Conjoint Measurement-Methode sogenannte Nutzenwerte für alle in die Analyse integrierten Merkmalsausprägungen. Diese geben an, welchen Wert der einzelne Befragte den jeweiligen Ausprägungen eines Produktmerkmals (z.B. Senkung des Benzinverbrauchs um 2 Liter/100 km) beimisst. Somit erhält man eine hervorragende Grundlage für eine Nutzen-Kosten-optimale Gestaltung des Gesamtproduktes.

Abbildung 4: Paarvergleiche beim Conjoint-Measurement

Der Ablauf von Conjoint Measurement-Analysen ist grundsätzlich in drei Phasen einzuteilen: die Konstruktion des Befragungsdesigns, die Beurteilung der Produktalternativen durch die Befragten (Datenerhebung) und zuletzt die Auswertung der Daten mit anschließender Interpretation der Ergebnisse.

2.1 Befragungsdesign

Im Zentrum der Konstruktion eines Befragungsdesigns steht zunächst die Auswahl der zu untersuchenden Produktmerkmale und deren Ausprägungen. Da die Tauglichkeit der Ergebnisse in höchstem Maße von diesen Vorgaben abhängt, ist hier größte Sorgfalt geboten. Es empfiehlt sich, zunächst alle in Frage kommenden Merkmale – im Falle eines neuen Pkw etwa Design, Preis, Kraftstoffverbrauch, Sicherheit, Motorisierung, Ausstattung, Marke usw. – aufzulisten. Danach sollte eine Reduktion oder Bündelung aller Möglichkeiten auf die wesentlichen Merkmale erfolgen. Dieser Prozess ist in Unternehmen häufig im Bereich des strategischen Marketings angesiedelt. Aufgrund des erforderlichen Spezialwissens ist dabei eine Unterstützung durch externe Beratungsunternehmen, die entsprechendes strategisches und methodisches Know-how bereitstellen, sinnvoll.

Parallel zur Merkmalsauswahl gilt es auch, zu jedem Produktmerkmal entsprechende Ausprägungen zu definieren – z.B. für das Merkmal Motorisierung: 180 PS, 200 PS, 220 PS, 240 PS. Die Anzahl der Ausprägungen sollte dabei nicht zu hoch sein, da sich dadurch der spätere Befragungsaufwand stark erhöht. In der Regel liegt die Zahl an Ausprägungen pro Merkmal zwischen zwei und fünf.

Für die Merkmals- und Ausprägungsauswahl sollten die folgenden wichtigen Kriterien beachtet werden (vgl. dazu auch Backhaus et al., 2006):

- Es sind für die Kaufentscheidung *relevante* Merkmale auszuwählen. Neben den diesbezüglichen Vorstellungen des Unternehmens können auch explorative Gespräche mit Kunden-Fokusgruppen, die Analyse von Wettbewerbsangeboten oder Sekundärquellen Hinweise auf solche Merkmale geben. Eine Vorstudie kann dazu dienen, aus der ggf. hohen Anzahl von Merkmalen eine Auswahl der *aus Kundensicht* kaufentscheidungsrelevanten Merkmale zu liefern.
- Die Merkmale sollten vom Unternehmen *beeinflussbar* und mittelfristig *technisch realisierbar* sein. Es macht beispielsweise keinen Sinn, bei einem Pkw den Nutzen eines Kraftstoffverbrauchs von 1 Liter auf 100 km zu untersuchen, wenn dies in absehbarer Zukunft nicht erreichbar ist.
- Die Merkmale sollten möglichst *unabhängig* voneinander sein, d.h. sie sollten sich gegenseitig möglichst nicht direkt beeinflussen.
- Vom Unternehmen geplante *Innovationen* oder *Features* müssen berücksichtigt werden.
- Die *Anzahl* der Merkmale und der Ausprägungen muss *begrenzt* sein, da der Beurteilungsaufwand für den Befragten mit steigender Anzahl an Merkmalen und Ausprägungen überproportional zunimmt. Dies geht letztendlich auf Kosten der Antwortqualitäten und damit auch der Ergebnisvalidität. Dennoch sollten die Ausprägungen immer etwas über die im Markt beobachteten bzw. die im neuen Produkt vorgesehenen Leistungsbandbreiten hinausgehen.

2.2 Datenerhebung

Zunächst muss sichergestellt sein, dass die zur Befragung ausgewählten Personen zur Zielgruppe des neuen Produktes gehören. Dies kann beispielsweise über vorgeschaltete Screening-Fragen geschehen. So macht es beispielsweise keinen Sinn, Personen nach innovativen Bedienungselementen eines Mobiltelefons zu befragen, wenn diese überhaupt kein Mobiltelefon besitzen und den Nutzen neuer Features daher auch nicht einschätzen können. Auch kann es – je nach spezifischer Themenstellung – wichtig sein, nicht nur eigene Kunden zu befragen, sondern auch Wettbewerbskunden oder ehemalige Kunden in die Untersuchung einzubeziehen. DaimlerChrysler wird sich beispielsweise bei der Einführung z.B. eines innovativen Sicherheitskonzeptes sicherlich nicht nur dafür interessieren, wie die eigenen Kunden darauf reagieren, sondern möchte auch wissen, ob die Chance besteht, damit bisherige BMW- oder Audi-Käufer für sich zu gewinnen.

Die Befragung selbst wird im Idealfall computergestützt durchgeführt. Dadurch wird es möglich, Conjoint Measurement in standardisierte Kundenbefragungen zu integrieren und so zusätzliche wichtige Informationen über den Befragten zu erhalten. Durch direkte Zusatzfragen, etwa nach den maximalen Budgetgrenzen des Kunden oder nach dessen Kaufbereitschaft für innovative Produkte im allgemeinen, können die ermittelten Nutzenwerte jedes Befragten auf ihre Konsistenz hin überprüft werden. Auf diese Weise erhält man ein einheitliches Gesamtbild über jeden Befragten, das Schwächen in der Validität der Antwortstruktur schnell aufdeckt.

Die gängige Software für Conjoint Measurement ist in der Lage, die Auswahl der vorgelegten Paarvergleiche individuell zu optimieren. Je nachdem, welches Antwortverhalten ein Befragter bei vorhergehenden Paarvergleichen gezeigt hat, werden die darauf folgenden Paarvergleiche spezifisch angepasst, um eine optimale Schätzung der Nutzenwerte zu gewährleisten.

Darüber hinaus können mit Hilfe von Spezialsoftwares für Conjoint Measurement die verschiedenen Produktalternativen auch bildlich dargestellt werden. Dies ist insbesondere dann vorteilhaft, wenn das Produktdesign bei der Kaufentscheidung eine wichtige Rolle spielt. In diesem Fall können unterschiedliche Designmerkmale miteinander kombiniert werden. Für den Befragten entfällt dann die Beurteilung einer bisher nur mit Worten beschriebenen Produkteigenschaft (wie etwa „Farbe: rot“ und „Fließheck“ im Vergleich zu „Farbe: schwarz“ und „Stufenheck“) zugunsten einer visualisierten Alternative.

Der Einsatz des Computers beim Conjoint Measurement erfordert allerdings sowohl spezifisches Know-how auf Seiten der Analysten als auch eine ausführliche Schulung der Interviewer bezüglich des Befragungsablaufs, damit eine zuverlässige Messung sichergestellt ist. Es empfiehlt sich deshalb, hierbei möglichst erfahrene Teams einzusetzen, die eine störungsfreie Befragung gewährleisten und in der Lage sind, schnell auf unvorhergesehene Sonderfälle reagieren zu können.

2.3 Datenauswertung und Interpretation der Ergebnisse

Auf Basis der durchgeführten Befragung erfolgt im letzten Schritt die Datenanalyse und Quantifizierung des Kundennutzens. Hierzu setzen wir handelsübliche Statistiksoftware (z.B. SPSS, SAS), aber auch selbst entwickelte Software-Tools ein. Als erstes Analyseergebnis erhält man für jede Merkmalsausprägung Nutzenwerte, die später über die Gesamtheit der Befragten oder über einzelne Kundensegmente aggregiert werden können. Der Nutzenwert gibt an, welchen Nutzen der Befragte der jeweiligen Merkmalsausprägung beimisst. In Abbildung 5 sind beispielhaft die Nutzenwerte dargestellt; zur besseren Vergleichbarkeit wurden sie so normiert, dass je Merkmal die schlechteste Ausprägung einen Nutzenwert von 0 erhält.

Das Beispiel dieses Befragten zeigt, dass eine Erhöhung der Motorleistung von 180 auf 200 PS deutlich mehr Nutzen stiftet als eine Erhöhung von 200 auf 220 PS. Eine höhere Motorleistung wird zwar generell bevorzugt, aber 200 PS sind für diesen Befragten bereits fast ausreichend, und eine weitere Leistungssteigerung liefert ihm nur noch einen unterproportionalen Nutzenanstieg.

Ein großer Vorteil des Conjoint Measurement besteht darin, dass die Nutzenwerte über Merkmale hinweg vergleichbar sind. Die relative Wichtigkeit der Merkmale ergibt sich aus der Spannweite zwischen dem größten und dem kleinsten Nutzenwert eines Merkmals. Da die kleinsten Nutzenwerte hier auf 0 normiert wurden, sind die relativen Wichtigkeiten deshalb einfach anhand des jeweils größten Nutzenwertes ablesbar. Es zeigt sich in diesem Beispiel, dass der Kunde neben dem Preis mit der höchsten relativen Wichtigkeit von 36.2% den Verbrauch (25.2%) und die Motorleistung (22.8%) eines Pkw als wichtig bewertet, während die Anzahl der Airbags (15.8%) bei ihm eine untergeordnete Rolle spielt.

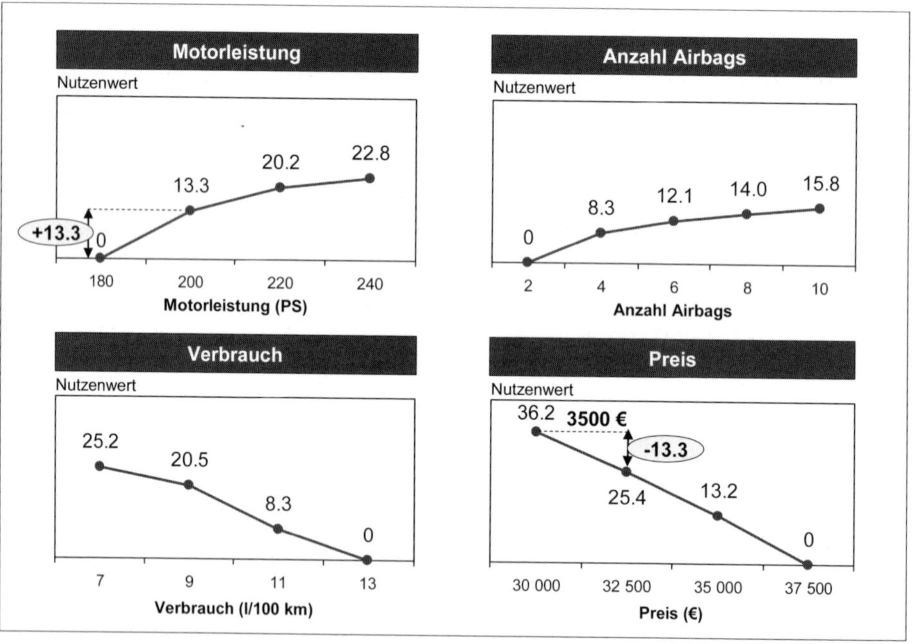

Abbildung 5: Nutzendiagramme eines Befragten

Die direkte Vergleichbarkeit der Nutzenwerte über die Merkmale hinweg ermöglicht das Quantifizieren des Nutzens in Geldeinheiten. Nehmen wir als Beispiel die Motorleistung. Die Verbesserung von 180 auf 200 PS bringt für den Befragten 13.3 Nutzeneinheiten. Beim Merkmal Preis entsprechen 13.3 Nutzeneinheiten etwa einem Preisunterschied von 3.500 € (Nutzenunterschied zwischen 33.500 € und 30.000 €). Ergo: Eine Verbesserung der Motorleistung von 180 auf 200 PS ist dem Befragten ungefähr 3.500 € wert. Mit den anderen Merkmalen kann man entsprechend verfahren.

Durch die Addition der Nutzenwerte können mit diesen Ergebnissen für unterschiedliche Produktvarianten Gesamtnutzenwerte berechnet werden. Ein Pkw mit einer Motorleistung von 220 PS, einem Verbrauch von 9l/100 km, 6 Airbags und einem Preis von 37.500 € hätte somit einen Gesamtnutzen von 66.0 (20.2 + 20.5 + 12.1 + 13.2). Ein Vergleich der Gesamtnutzenwerte unterschiedlicher Produktvarianten lässt dann eine Schlussfolgerung auf den Markterfolg des Produktes zu.

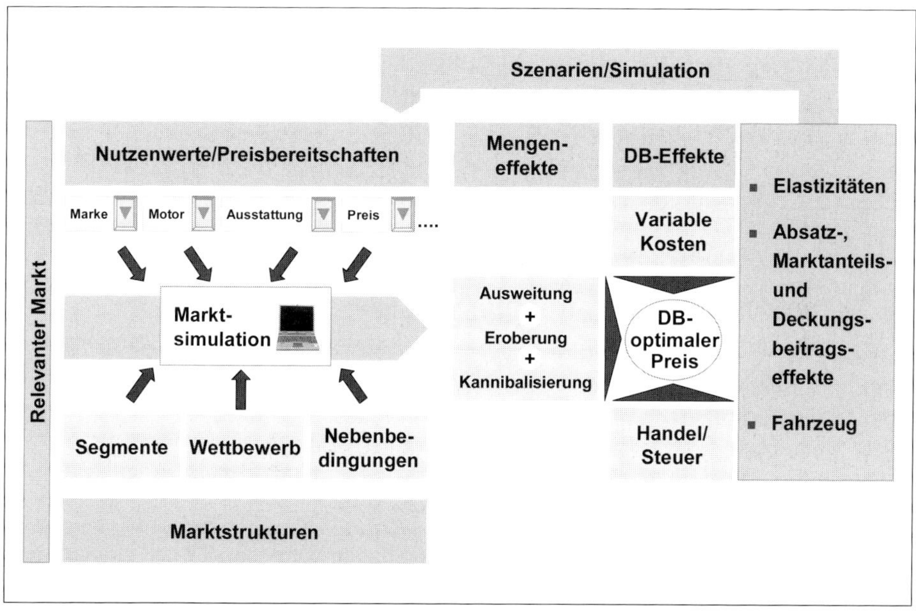

Abbildung 6: Marktsimulationsmodell

Aufbauend auf den Gesamtnutzenwerten können zusätzlich in umfangreicheren Conjoint Measurement-Studien komplexe Marktsimulationen durchgeführt werden. Hierzu fließen neben den Conjoint Measurement-Daten Marktstrukturinformationen, Segmentdaten, Kostendaten und zahlreiche weitere in der Befragung erhobene empirische Daten ein. Das Marktsimulationsmodell berechnet die Auswirkungen von Produkt- oder auch

Preismodifikationen auf Marktanteile, Umsätze und Deckungsbeitrag. Es ist somit ein optimales Tool für die Produktgestaltung, allerdings auch recht aufwendig in der Realisierung. Die folgende Abbildung skizziert Aufbau und Informationsbasis eines solchen Marktsimulationsmodells.

Zusammenfassend lassen sich durch den Einsatz von Nutzenwert-Messungen wie dem Conjoint Measurement folgende für eine nutzenorientierte Produktgestaltung wichtige Fragen beantworten:

- Auf welche Produkteigenschaften ist bei der Weiterentwicklung am Markt etablierter Produkte besonderer Wert zu legen? Wo liegen noch Nutzensteigerungspotenziale?
- In welche Richtung soll die Entwicklung einer Produktidee gehen? Ist durch sie ein Zusatznutzen beim Kunden erzielbar? Welche Eigenschaften muss die Innovation erfüllen? Welche „K.O.-Kriterien“ darf sie auf keinen Fall besitzen?
- Wie werden unterschiedliche Produktvarianten von spezifischen Kundensegmenten beurteilt?

3. Marktgerechte Produktgestaltung

Bisher wurde allgemein auf das Thema der nutzenorientierten Produktgestaltung eingegangen. Wir wollen im folgenden einige spezielle Aspekte beleuchten.

3.1 Optimales Leistungsniveau

Im ersten Abschnitt wurde erläutert, wie wichtig die Identifikation der Kundenbedürfnisse bei der Entwicklung von Innovationen und bei der Weiterentwicklung bereits bekannter, am Markt etablierter Produkte ist. In jedem Fall kommt es aber darauf an, die Marktseite nicht nur isoliert zu betrachten, sondern auch unternehmensinterne Fakten in die Entscheidungen zur Produktgestaltung einzubeziehen.

Insbesondere sind hierbei die Kosten zu berücksichtigen. Diese spielen vor allem für die Bestimmung des optimalen Leistungsniveaus eines Produktmerkmals (richtiges Serviceniveau, Qualitätslevel, Sicherheitslevel, Motorleistung etc.) eine wichtige Rolle. Es ist nämlich keinesfalls richtig, das Leistungsniveau mit dem maximalen Kundennutzen zu wählen. Im Gegenteil, das Unternehmen sollte sich für die Nutzen-Kosten-optimale Alternative entscheiden – d.h. die Alternative, bei der die Differenz zwischen Preisbereitschaft/ Kundennutzen und Herstellungskosten maximal wird.

Wir erläutern dies anhand des bereits oben verwendeten Autobeispiels. Wie wir uns erinnern, verläuft die Nutzenkurve des Merkmals Motorleistung degressiv, d.h. der Grenznutzen nimmt mit zunehmender Motorleistung ab. Abbildung 7 skizziert die dazugehörige Kostenentwicklung, die genau umgekehrt verläuft. Die Kosten steigen bei zunehmender Motorleistung überproportional an. In diesem Beispiel liegt das optimale Leistungsniveau bei 200 PS, da hier der Abstand zwischen Kundennutzen/Preisbereitschaft und Kosten maximal wird; mit anderen Worten, bei diesem Leistungsniveau wird ein optimales Nutzen-Kosten-Verhältnis realisiert.

Diese Überlegungen sollten unserer Erfahrung nach systematisch angewendet werden, da wir in unseren Projekten bei vielen Merkmalen ein Overengineering bzw. ein "Zuviel" an Leistung beobachtet haben.

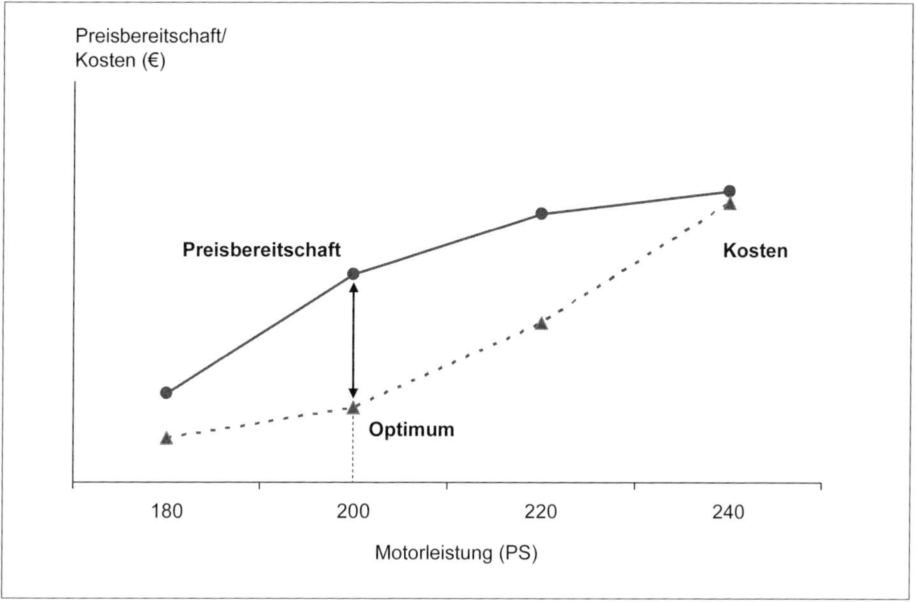

Abbildung 7: Kosten-Nutzen-Optimierung

3.2 Priorisierung von Innovationselementen

Häufig existieren für die Entwicklung bzw. Verbesserung eines Produktes zahlreiche Innovationsideen. Das vorhandene Budget erlaubt es jedoch nicht, alle Ideen umzusetzen. In vielen Fällen würden dann auch die Herstellkosten des Produktes zu stark ansteigen. In dieser Situation ist eine klare Priorisierung der Innovationsideen notwendig. Dadurch wird eine zielführende, effiziente Produktentwicklung gewährleistet.

Wichtigste Kriterien für eine derartige Priorisierung sind die Kosten der Innovationsideen auf der einen Seite und zum anderen der generierte Kundennutzen bzw. die Preisbereitschaft auf Kundenseite. Die sogenannte Kosten-Nutzen-Matrix ist unserer Erfahrung nach als Grundlage für eine Priorisierung von Innovationen deshalb besonders geeignet. Abbildung 8 stellt exemplarisch eine solche Kosten-Nutzen-Matrix für Geschirrspüler dar.

In diesem Beispiel stiftet der 24-Stunden-Reparaturservice nur einen sehr geringen Kundennutzen. Gleichzeitig ist er mit hohen Kosten verbunden. Dieser Vorschlag wird folglich in der Liste neuer Produktvorschläge weit hinten landen. Das Gegenteil trifft auf die Innovationsidee zu, die den Energieverbrauch senkt. Hier sind die Kosten niedrig und es wird ein hoher Kundennutzen generiert. Eine verbesserte Garantieleistung erzeugt schließlich kaum zusätzlichen Kundennutzen, ist aber auch nur mit geringen Kosten verbunden.

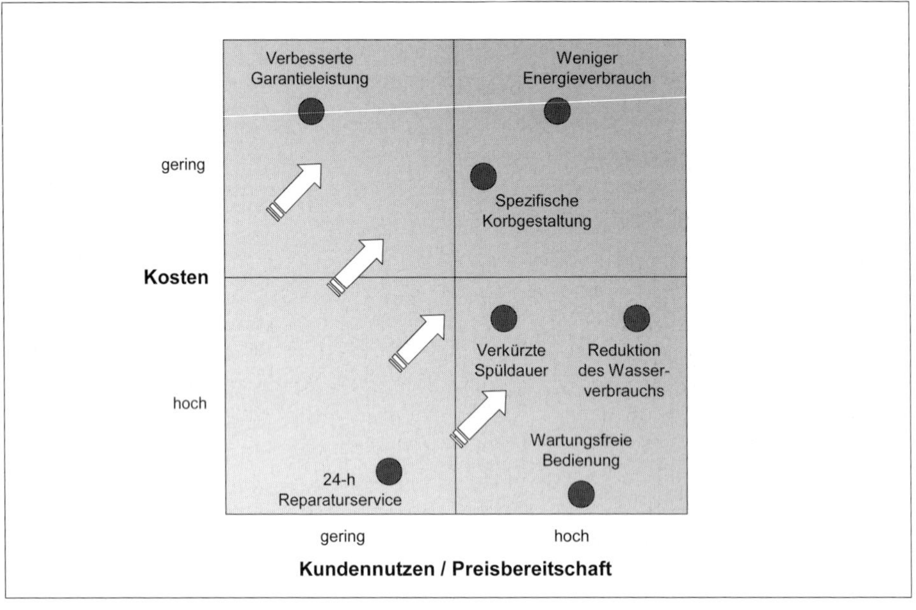

Abbildung 8: Kosten-Nutzen-Matrix, Beispiel Geschirrspüler

Die dargestellte Matrix hilft, sinnvolle Produktverbesserungen zu identifizieren und kostspielige Veränderungen, die jedoch kaum Kundennutzen stiften, frühzeitig auszusortieren. Insofern sollte dieses Tool in einem Produktoptimierungsprozess rechtzeitig Anwendung finden.

Letztendlich besteht eine enge Verbindung zwischen der Kosten-Nutzen-Matrix und dem Konzept des Target Costing. Dieses Konzept sieht konkrete Zielkosten für Produktfeatures bzw. ganze Produkte vor, die am Kundennutzen bzw. der Preisbereitschaft des Kunden ausgerichtet sind. Nur falls die definierten Zielkosten erreicht werden, werden die Features entwickelt und auf den Markt gebracht. Ist dies nicht der Fall, wird auf die entsprechende Entwicklung verzichtet oder man sucht so lange nach Kosteneinsparungen, bis die Zielkosten erreicht sind.

Zur Illustration gehen wir noch einmal auf unser Geschirrspülbeispiel ein. Die wartungsfreie Bedienung des Gerätes (kaum Salz-, Reinigerbedarf etc.) generiert einen recht hohen Kundennutzen. Gleichzeitig ist diese Produktverbesserung mit sehr hohen Kosten verbunden, die nicht weit unterhalb der ermittelten Preisbereitschaft rangieren. Ziel muss es somit sein, die Fertigungskosten für dieses Innovationselement drastisch zu senken, oder aber man muss trotz der hohen Attraktivität für den Kunden auf dieses Feature verzichten. Die Anwendung eines klassischen Kosten-Plus-Ansatzes bei der Preisbestimmung hätte in diesem Fall fatale Folgen gehabt, da sich aufgrund der überproportional hohen Kosten ein viel zu hoher Preis ergeben hätte.

3.3 Segmentspezifische Angebotsgestaltung

Wie wir immer wieder erfahren, ist der Markt nicht homogen, sondern er besteht in der Regel aus mehreren verschiedenen Segmenten. Hierauf muss auch bei der Produktgestaltung durch das Angebot segmentspezifischer Produktvarianten reagiert werden.

Bei dieser Aufgabe kommt uns ein wesentlicher Vorteil des Conjoint Measurement-Ansatzes zugute – nämlich die Ermittlung der Nutzenwerte auf individueller Basis. Diese kundenindividuellen Nutzendaten sind eine ideale Grundlage für die Segmentierung. Aufbauend auf dieser Datenbasis lassen sich mit Hilfe von Cluster-Analyse-Verfahren (vgl. Backhaus et al., 2006) Kundensegmente identifizieren, die jeweils homogene Nutzenstrukturen aufweisen, untereinander jedoch signifikante Nutzenunterschiede besitzen. Ein solches Segmentierungsbeispiel ist in Abbildung 9 dargestellt. Diese zeigt anhand unseres Autobeispiels die durchschnittlichen Nutzenwerte zweier Segmente. Segment 1 ist deutlich preissensitiver, legt also mehr Wert auf einen niedrigeren Preis; gleichzeitig spielen Motorleistung und Sicherheit (Airbags) eine geringere Rolle. Ein niedriger Verbrauch ist dagegen überproportional wichtig. Offenbar handelt es sich hierbei um ein sehr kostenorientiertes Segment. Das Segment 2 ist dagegen deutlich leistungsorientierter; der Preis und Kosten spielen eine etwas geringere Rolle.

Solche starken Differenzen in der Nutzenstruktur verschiedener Kundensegmente erfordern unterschiedliche Produkte bzw. Produktvarianten. In unserem Fall würde sich ein preisgünstiges Grundmodell mit relativ niedriger Motorisierung und vergleichsweise geringer Ausstattung sowie eine Variante mit stärkerer Motorisierung, besserer Ausstattung und höherem Preis anbieten. Die segmentspezifische Nutzenanalyse zeigt genau, ob mehrere Produkte notwendig sind und – falls ja – bei welchen Merkmalen sie sich unterscheiden sollten und wo eine identische Leistung über alle Segmente hinweg angebracht ist.

In fast allen Branchen setzen sich derzeit segmentspezifische Produktvarianten, Zweitmarken oder 2-System-Strategien durch, um den zunehmend differenzierten Kundenanforderungen gerecht zu werden und neue Marktsegmente zu bedienen. Die verbreitetste Vorgehensweise ist dabei eine Produktdifferenzierung in ein Premiumprodukt und eine „abgespeckte Variante“. Immer häufiger sind auch segmentspezifische Angebote entsprechend des Alters oder des Lifestyle der Zielgruppen zu beobachten.

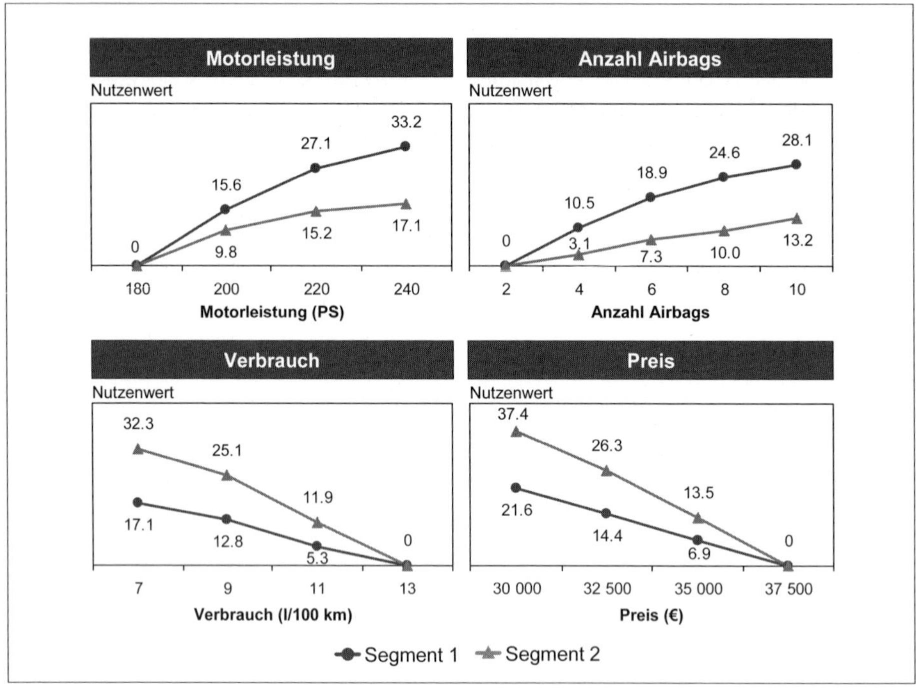

Abbildung 9: Segmentspezifische Nutzenwerte

Auch in stark wachsenden Märkten mit zunehmendem Wettbewerbsdruck, wie etwa im Telekommunikationsmarkt, wird die Notwendigkeit, individuell auf Kundensegmente zugeschnittene Leistungen anzubieten, immer größer. So haben heute alle Mobilfunkanbieter Angebote für „Wenigtelefonierer“ und „Vieltelefonierer“ im Programm mit entsprechend den Nutzungsgewohnheiten der Kunden gestalteten Leistungspaketen. Solche Angebote, die speziell auf die Bedürfnisse der jeweiligen Zielgruppe ausgerichtet sind, werden sich insbesondere im Dienstleistungssektor zum zentralen Differenzierungskriterium der Anbieter entwickeln. Produktdifferenzierungen, wie sie andere Branchen wie etwa die Automobil- oder die Gebrauchsgüterindustrie bereits seit langem verfolgen, werden somit auch in neuen Dienstleistungsmärkten an Bedeutung zunehmen. Die dargestellte segmentspezifische Nutzenanalyse ist hierbei eine wichtige Unterstützung.

3.4 Serie oder Extra?

Die Gestaltung zielgruppenspezifischer Angebote wirft gleichzeitig die Frage auf, ob bestimmte Zusatzleistungen „serienmäßig“, also grundsätzlich in jedes am Markt erhältliche Produkt aufgenommen werden sollten, oder ob eine Basisvariante zu bevorzugen ist, bei dem jeder Kunde die Möglichkeit erhält, die betreffende Zusatzleistung bei Bedarf zukaufen zu können.

Die Beantwortung dieser Frage hängt stark von der Verteilung der individuellen Nutzenwerte ab: ein hoher Kundennutzen über alle Kunden spricht für eine serienmäßige Integration der Zusatzleistung. Ist die Nutzenstruktur jedoch sehr heterogen, sollte das Feature eher als separates Extra angeboten werden.

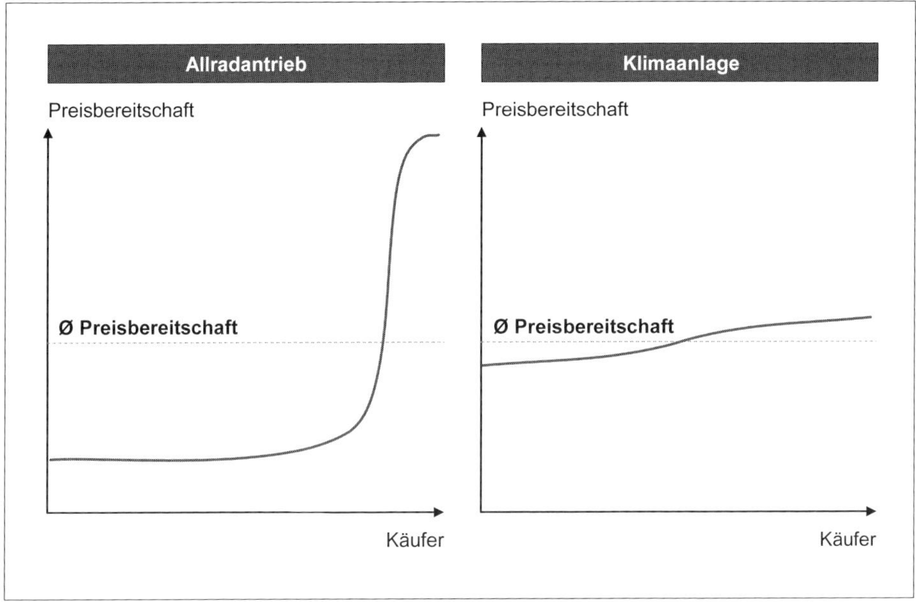

Abbildung 10: Verteilung individueller Preisbereitschaften

Die folgende Abbildung zeigt, dass sich die individuellen Nutzenverteilungen zweier Zusatzausstattungen - trotz ähnlicher durchschnittlicher Preisbereitschaften über alle Kunden hinweg - stark voneinander unterscheiden können. In diesem Beispiel sind nur wenige Kunden am Allradantrieb eines Autos interessiert. Diese versprechen sich davon allerdings einen sehr hohen Nutzen - etwa weil sie im Gebirge wohnen und so die überlegenen Eigenschaften voll ausnutzen können. Entsprechend sind sie bereit, viel Geld dafür auszugeben. Die überwiegende Mehrheit der Kunden hat demgegenüber kein Interesse am Allradantrieb, und ihre Preisbereitschaft ist entsprechend sehr gering.

Bei der Klimaanlage dagegen sind solche Polaritäten nicht zu beobachten. Fast alle Kunden zeigen ein hohes Interesse. Zwar schwanken die Preisbereitschaften auch hier in einem begrenzten Intervall, aber längst nicht in dem Maße wie beim Allradantrieb.

Diese Verteilungen haben klare Implikationen für die Produktgestaltung:

Der serienmäßige Einbau des Allradantriebs in alle Fahrzeuge würde unmittelbar die Frage nach dem optimalen Marktpreis für diese Leistung aufwerfen. Eine Möglichkeit wäre, den Marktpreis in Höhe der durchschnittlichen Preisbereitschaft festzulegen. Dann müsste jedoch der Großteil der Kunden einen Preis für das Fahrzeug bezahlen, der über ihrer persönlichen Preisbereitschaft liegt; Nachfrageverluste wären die Folge. Bei denjenigen Kunden, die sich dagegen stark für den Allradantrieb interessieren, würde man mit dem beschriebenen Durchschnittspreis unnötig Geld „verschenken".

Die Lösung kann nur darin bestehen, den Allradantrieb als Extra zu einem relativ hohen Preis anzubieten. So wird die Zahlungsbereitschaft der spezifischen Zielgruppe abgeschöpft, ohne dass die große Masse der Kunden gleichzeitig davon betroffen ist.

Anders stellt sich die Situation bei der Klimaanlage dar. Hier besteht über alle Kunden hinweg ein homogenes, relativ großes Interesse. Eine serienmäßige Integration der Klimaanlage in alle Fahrzeuge zu einem Preis in Höhe der durchschnittlichen Preisbereitschaft würde die allermeisten Kunden zufrieden stellen.

Fazit: Die Analyse der individuellen Nutzenwert-Verteilung ist eine wichtige Informationsgrundlage für die Entscheidung, ob ein Feature in die Serie aufgenommen oder als Option angeboten werden soll.

4. Zusammenfassung

Sowohl bei der Gestaltung als auch bei der Vermarktung von Produkten sehen sich Unternehmen vor die wichtige Aufgabe gestellt, die Brücke zwischen Technik und Kundennutzen zu schlagen. Ein Produkt oder eine Dienstleistung soll dabei nicht unbedingt die technisch maximal realisierbare Leistung aufweisen, sondern vielmehr gerade soviel Leistung, wie vom Kunden honoriert wird (Nutzen-Kosten-optimales Produkt).

Während die Kosten für die Bereitstellung einer bestimmten Produkteigenschaft in der Regel bekannt sind, ist die präzise Messung des Kundennutzens umso schwerer. Conjoint Measurement stellt ein geeignetes Instrumentarium dar, um diese Lücke systematisch schließen zu können. Dabei wird der Kaufentscheidungsprozess des Kunden möglichst realitätsnah nachvollzogen, um daraus rückwirkend den Nutzen einzelner Produktmerkmale und Ausprägungen zu ermitteln. Aus diesen Informationen lassen sich eindeutige Empfehlungen für eine den Kundenbedürfnissen bestmöglich entsprechende Produkt- oder Servicegestaltung ableiten.

Existieren zahlreiche verschiedene Innovationsideen, die jedoch aus Budget- und Kostengründen nicht alle parallel realisiert werden können, so ist eine klare Priorisierung notwendig. Die vorgestellte Kosten-Nutzen-Matrix ist hierfür ein hilfreiches Tool. Sie gewährleistet, dass die vorhandenen Entwicklungsressourcen zielführend und nutzenorientiert eingesetzt werden.

Eine der größten Gewinnpotenziale liegt generell in der Segmentierung und optimalen Angebotsdifferenzierung. Hierzu liefert die segmentspezifische Nutzenanalyse klare Hinweise, ob verschiedene Produktvarianten sinnvoll sind und – falls ja – bei welchen Merkmalen sich diese unterscheiden sollten. Schließlich gibt die Verteilung der individuellen Nutzenwerte eines Features eindeutig Aufschluss darüber, ob das Feature in das Serienangebot integriert oder als Option separat angeboten werden sollten.

Eine detaillierte Nutzenanalyse sowie die richtige Analyse und Interpretation der Ergebnisse ist der Schlüssel für eine erfolgreiche Angebotsgestaltung.

5. Literatur

BACKHAUS, K./ERICHSON, B./PLINKE, W./WEIBER, R., Multivariate Analysemethoden, 8. Aufl., Berlin et al. 2006.

BAUER, H.H./HERRMANN, A./MENGEN, A., Eine Methode zur gewinnmaximalen Produktgestaltung auf der Basis des Conjoint Measurement, in: Zeitschrift für Betriebswirtschaft, 1994, S. 81-94.

BÖFFGEN, B./BUTSCHER, S., Nur der Kundennutzen entscheidet über den Erfolg, in: Deutsche Verkehrs-Zeitung, 19.10.1996, S. 31-32.

EBEL, B., Kundennutzen von innovativen Produkten, Konferenzbericht „Marketing innovativer Produkte“, LBBZ, Fachhochschule Aachen, 1996.

GREEN, P. E./KRIEGER, A. M., Conjoint Analysis with Product-Positioning Applications, in: Eliashberg, J./Lilien, G. L., (Hrsg.), Marketing, 1993, S. 467-515.

MENGEN, A., Konzeptgestaltung von Dienstleistungsprodukten, Stuttgart 1993.

POHL, A./TACKE, G., Der Kunde zahlt nicht jeden Preis, in: Bank Magazin, 1997, S. 32-34.

SCHUBERT, B., Entwicklung von Konzepten für Produktinnovationen mittels Conjoint-Analyse, Stuttgart 1991.

SIMON, H./EBEL, B., Höhere Gewinne durch Conjoint Measurement, in: Fördertechnik, 1997, S. 5-7.

Heinrich A. Litzenroth
Thomas Hertle

Testmarktsimulation am Beispiel von Körperpflegemittel

1. Aufgabe und Umfeld der Testmarktforschung

Unter dem Begriff Testmarktforschung bzw. Testmarkt werden allgemein jene Testverfahren subsumiert, die kurz vor der nationalen Markteinführung von echten Produktinnovationen, Relaunches, Brand- und Line Extensions eingesetzt werden. Der Testmarkt bildet das letzte Glied einer ganzen Kette von Tests, die in den verschiedenen Phasen des Launches und Relaunches von Angeboten eingesetzt werden.

Bevor man an die Konzeptauswahl gehen kann, sollte man idealtypischerweise eine Vorstellung von der Struktur des zu bearbeitenden Marktes haben, wissen, welche Chancenpotentiale und Erfolgsfaktoren existieren und welche Positionierung man anstrebt. Erst dann geht es darum, zündende Ideen zu entwickeln, die das Verbraucherinteresse wecken. Die Bündelung mehrerer Ideen ergibt dann ein konkretes Konzept, das sich abtesten läßt.

Im Konzepttest wird die Tragfähigkeit der spezifizierten Idee für das neue Produkt untersucht. Der Produkttest, in dem das fertige Produkt hinsichtlich der subjektiven Qualität bei einer repräsentativen Auswahl von Konsumenten der Zielgruppe überprüft wird, parallel durchgeführte oder vorgelagerte Partialtests (z.B. Markenname, Verpackung, Geschmack, Handhabung) sowie Preis- und Werbemittelpretests bilden weitere wichtige Glieder dieser Testkette.

Während in diesen vorgelagerten Tests einzelne Elemente des Marketing-Mix weitgehend isoliert voneinander getestet werden, findet im Testmarkt die Überprüfung der kompletten Marketingkonzeption statt, d.h. das simultane Zusammenspiel aller Marketingvariablen wird unter Einbezug des Wettbewerbs einer Generalprobe unterzogen. Er dient dazu, das Absatzvolumen bzw. den im nationalen Markt erreichbaren Marktanteil zu prognostizieren und/oder eventuelle Schwächen im Marketingprogramm aufzudecken, um so das Risiko eines Flops nach der Markteinführung von Neuheiten deutlich zu reduzieren.

Die Kosten für den Aufbau von Produktionskapazitäten, Distribution, Bekanntheit und Image neuer Marken übertreffen im Bereich von „fast moving consumer goods" die eigentlichen Entwicklungskosten häufig um ein Vielfaches.

Zweistellige Millionenbeträge allein für die Werbestreuung sind keine Seltenheit. Auch für die Listung im Handel sind ähnliche Summen bereitzustellen. Echt neue Marken werden deshalb immer seltener eingeführt. Die Mehrzahl der Neuerungen sind Line-Extensions, Brand-Extensions und Relaunches.

Abbildung 1: GfK-Instrumente nach Aufgabenstellungen

Bei einer weitgefassten Definition von neuen Produkten dürfte die Zahl der jährlichen Neueinführungen allein im deutschen Lebensmitteleinzelhandel zwischen 1500 und 2000 liegen. Knapp 70 % dieser Neuheiten sind im Jahr darauf wieder aus den Supermarktregalen verschwunden. Der Schaden, der der deutschen Wirtschaft durch diese massive Fehlentwicklung entsteht, beläuft sich schätzungsweise auf circa 10 Mrd. Euro pro Jahr (GfK Unternehmensbefragung 2006). Die Gründe für diesen hohen Anteil an Flops sind vielschichtig. Zu nennen sind beispielsweise:

- gesättigte Märkte,
- ein immer unberechenbarer werdender Konsument,
- die zunehmende Komplexität der Märkte,
- die sinkende Werbeeffizienz,
- die Informationsüberlastung,
- die Verkürzung der Produktlebenszyklen,
- und die zunehmenden Restriktionen auf Handelsseite.

Abbildung 2: Risikofaktoren für den Markterfolg

Die verlässliche Reduktion des Risikos ist der Hauptnutzen, den die Testmarktforschung bieten kann.

Dabei war in den letzten Jahren ein deutlicher Trend zu immer schnelleren und günstigeren Testmethoden (z. B. Online) zu beobachten, die jedoch die hohe Floprate nicht reduzieren konnten, weil sie Produkt- oder Marketinginnovationen meist isoliert und nicht im realistischen Kontext des Marketing-Mix abtesten.

Der vorliegende Beitrag konzentriert sich auf die in der Praxis wirklich validen Verfahren, nämlich den Simulierten Testmarkt und den Elektronischen Testmarkt.

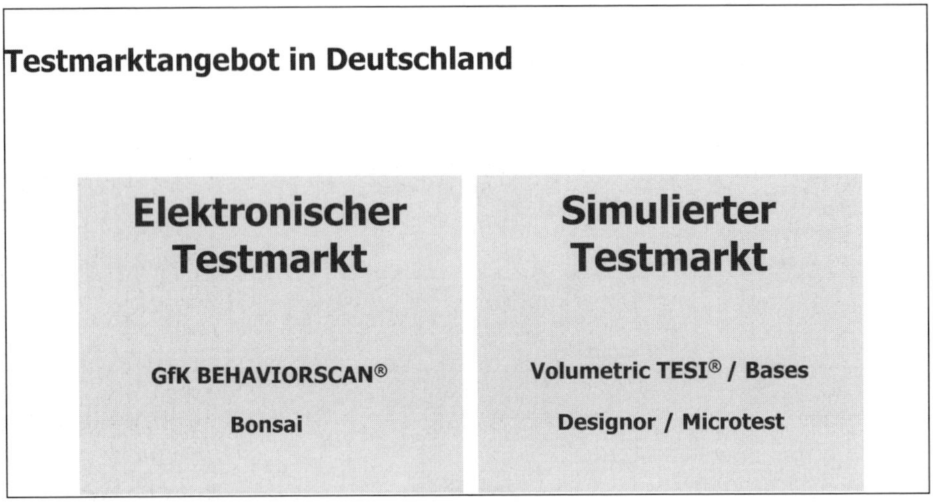

Testmarktangebot in Deutschland

Elektronischer Testmarkt	**Simulierter Testmarkt**
GfK BEHAVIORSCAN®	**Volumetric TESI® / Bases**
Bonsai	**Designor / Microtest**

Abbildung 3: Das Testmarktangebot in Deutschland

2. Der Simulierte Testmarkt

Beim Simulierten Testmarkt erfolgt die Datenerhebung nicht im realen Markt, sondern die Prognose des zu erwartenden Marktanteils bzw. Absatzvolumens sowie die Ermittlung weiterer diagnostischer Informationen erfolgt im Teststudio. Dort wird für jede Testperson der Adoptionsprozeß (Wahrnehmung ⇒ Erstkauf ⇒ Einstellungsbildung ⇒ Wiederkauf) simuliert.

Nahezu alle angebotenen Verfahren der Testmarktsimulation basieren auf dem Modell von Parfitt/Collins (1968) und ermitteln einen langfristigen Marktanteil bzw. ein langfristig erreichbares Volumen. Der Ablauf einer Testmarktsimulation soll im folgenden am Beispiel von Volumetric TESI® verdeutlicht werden. Volumetric TESI® ermittelt den sog. Gleichgewichtsmarktanteil, den eine Neuheit nach der Stabilisierung des Penetrationsprozesses erreicht. Dies ist der Fall, wenn sich Distribution und gestützte Markenbekanntheit stabilisiert haben und das neue Angebot vom Wiederkauf getragen wird. Dabei werden die Marktanteilskomponenten Erstkaufpenetration, Bedarfsdeckung und Kaufintensität einzeln bestimmt.

Abbildung 4: Das Parfitt/Collins Basismodell

Das Erhebungsverfahren stellt eine Kombination aus Studio- und Home-Use-Test dar. Für das Teststudio werden in der Regel 300 Verwender der betreffenden Produktkategorie angeworben und einzeln ins Teststudio eingeladen.

Während des Hauptinterviews wird zunächst der existierende Markt vor Einführung des neuen Produktes abgebildet. Über die Ermittlung von Markenbekanntheit und Markenverwendung wird zunächst das sog. Relevant Set der Testpersonen bestimmt. Es beinhaltet jene Menge von Marken, die für die jeweilige Testperson bei der Kaufentscheidung relevant sind. Für diese Marken werden dann mit Hilfe eines sog. Chip Games (=Konstant-Summen-Methode) Präferenzen erhoben. Zudem werden Einstellungsdaten durch Eigenschaftsbeurteilungen gewonnen. Fragen zur Verwendungsintensität in der betreffenden Warengruppe und zu den soziodemographischen Merkmalen der Testpersonen beschließen das Hauptinterview.

Anschließend wird jeder Testperson ein Werbeblock vorgeführt, der Werbung (TV oder Print) für die wichtigsten Konkurrenzprodukte sowie auch für das neue Produkt enthält. Um Stellungseffekte zu vermeiden, wird die Reihenfolge der Werbemittel variiert. In dieser Werbesimulation erfolgt damit die erste Wahrnehmung des neuen Produkts. Die darauf folgende Kaufsimulation in einem Miniatur-Markt im Studio dient primär der Schätzung der Erstkaufrate. Im Umfeld der relevanten etablierten Marken wird auch das neue Produkt angeboten. Bereits beim Empfang im Studio wurde jeder Testperson ein Geldbetrag ausgehändigt, der den Preis des teuersten Produktes übersteigt, um die erforderliche Kaufkraft sicherzustellen. Nach dem Kauf wird die Testperson gefragt, welche

Marke sie gekauft hätte, wenn die zuvor gewählte nicht vorhanden gewesen wäre. Dieser Vorgang wird so oft wiederholt, wie die Person Marken in ihrem Relevant Set hat. Dadurch wird u.a. die unterschiedliche Markentreue der Verbraucher berücksichtigt.

Abbildung 5: Der Ablauf einer Testmarktsimulation am Beispiel von Volumetric TESI®

Um die Verwendung des Testprodukts im direkten Vergleich mit der jeweiligen Stammarke zu ermöglichen, erhalten jene Konsumenten, die das Testprodukt nicht gekauft haben, dasselbe als Geschenk. Die Testpersonen verwenden die erhaltenen Produkte zu Hause über einen Zeitraum von einer bis zu mehreren Wochen, je nach Verwendungsdauer bzw. Kauffrequenz in der betreffenden Warengruppe. Dieser Home-Use-Test gibt den Konsumenten die Gelegenheit, das neue Produkt unter realen Bedingungen kennenzulernen und ihm gegenüber eine Einstellung zu entwickeln.

Nach Abschluß der Home-Use-Phase werden die Testpersonen ein zweites Mal interviewt. Im Nachinterview werden die Präferenz- und Einstellungsmessungen in gleicher Weise wie im Hauptinterview wiederholt, um so die Daten für die Prognose des Wiederkaufverhaltens zu ermitteln. Außerdem werden offene Fragen zu Verwendungserfahrungen sowie Likes und Dislikes gestellt, um eine Diagnose der Stärken und Schwächen des neuen Produktes vornehmen zu können.

Die im Rahmen dieses dreistufigen Testablaufs gewonnenen Daten werden mit Hilfe eines spezifischen, computergestützten Analyseverfahrens verarbeitet (Erichson 1997). In Verbindung mit Marketingplanungsdaten und aktuellen Marktdaten gelangt man so zu Prognosen, die zeigen, wie sich der Markt durch die Einführung des neuen Produktes verändert und wie sich das neue Produkt darin behauptet. Insbesondere werden Marktanteile und Substitutionseffekte geschätzt. Diagnostische Informationen, die Stärken und Schwächen aufzeigen, Positionierungs-, Präferenz- und Segmentierungsanalysen runden das Bild ab.

Das folgende neutralisierte Beispiel zeigt die Volumetric TESI®-Marktanteilsschätzung für die Neueinführung einer Spezialzahncreme, die dazu beitragen soll, die Dachmarke zu revitalisieren. Die neue Marke B ist preislich eindeutig im Premiumsegment angesiedelt.

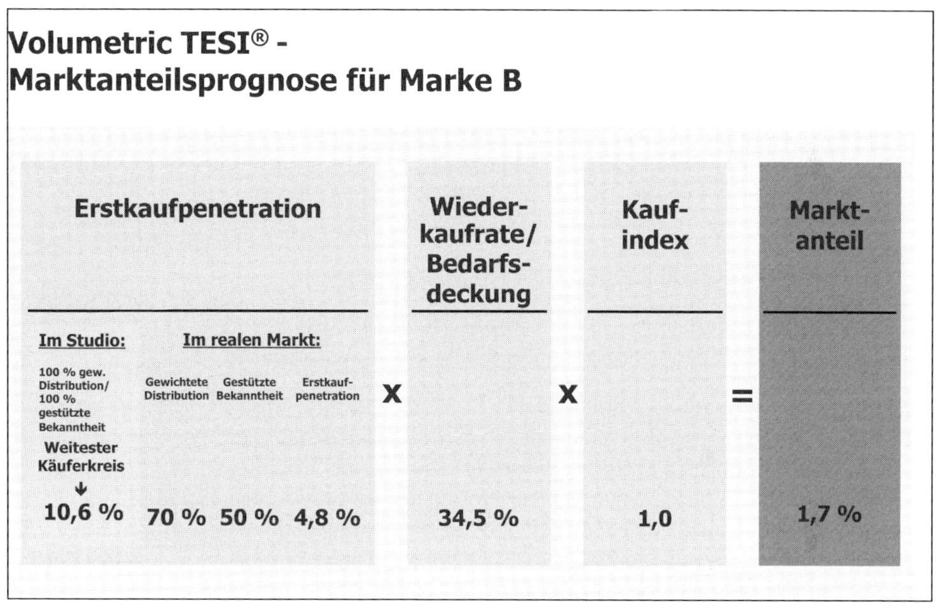

Abbildung 6: Prognose des Marktanteils in der Volumetric TESI®-Stichprobe für Marke B

Im Studio, d.h. bei 100% Distribution und 100% Bekanntheit erreichte die neue Marke einen weitesten Käuferkreis von 10,6%. Geht man von realisierbaren Werten für die Distribution von 70% und die gestützte Markenbekanntheit von 50% aus, so ergibt sich ein weitester Käuferkreis von 4,8%. Bei einer Bedarfsdeckungsrate von 34,5% und einer mengenmäßig durchschnittlichen Verbrauchsintensität in der Warengruppe, ergibt sich ein vorläufiger Marktanteil von 1,7%.

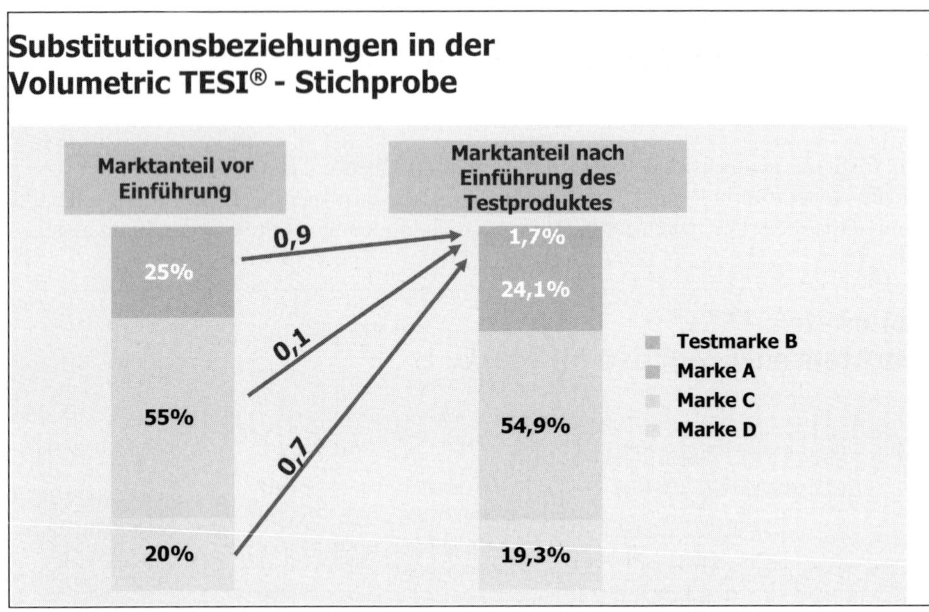

Abbildung 7: Substitutionsbeziehungen in der Volumetric TESI®-Stichprobe

Aufgrund der Marktanteile im „Volumetric TESI®-Markt", die sich vor und nach der Neueinführung ergeben, lassen sich die Substitutionsbeziehungen zwischen dem neuen Produkt und dem übrigen Angebot ermitteln. Die aus der Volumetric TESI®-Stichprobe ermittelten Substitutionsbeziehungen lassen sich auf die „tatsächlichen" Marktanteile der etablierten Marken übertragen, soweit sie aus Paneluntersuchungen bekannt sind. Dadurch wird eine Justierung der Marktanteilsschätzung am realen Markt möglich.

Aufgrund der Premium-Preispositionierung erreicht das neue Produkt wertmäßig sogar einen Marktanteil von 3,1%. Es wird deutlich, dass die vorhandenen Varianten der Marke B ihre Position halten können und das Testprodukt Marktanteile von fast allen anderen Marken abschöpfen kann.

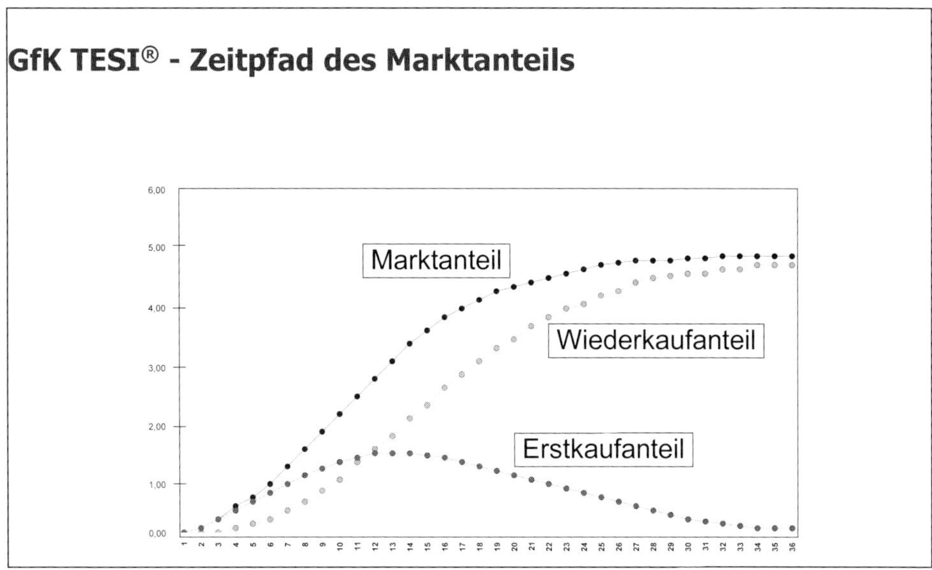

Abbildung 8: Zeitpfad des Marktanteils

Durch die Abb. der Marktanteilsentwicklung im Zeitpfad erfolgt eine bessere Abdeckung der ersten Einführungsmonate. Dieser Schritt wird erst möglich durch die Modellierung der Erstkäufe, die vor allem in den ersten Einführungsmonaten die größte Bedeutung haben. Die Wiederkäufe in Form unserer Bedarfsdeckungsrate greifen erst später im Zeitpfad und bilden den Kern von Volumetric TESI®.

Das Füllen dieser „Lücke" zwischen Launch und dem prognostizierten Marktanteil erlaubt zum einen die Integration verschiedener Marketing-Mix-Variablen in das Modell – wie z.B. Promotions, Distributionsaufbau und Werbung. Zum anderen ergibt sich hieraus auch die Möglichkeit, ein zeitgenaues Controlling der Entwicklung des neuen Produktes im Markt vorzunehmen, das frühzeitig Auskunft über die Erreichung des Marketingzieles gibt. Hierbei besteht dann für Marketing und Vertrieb die Möglichkeit, ein „Fein-Tuning" in der Einführungsphase vorzunehmen, wenn Marketingziele wie Distribution eben nicht wie geplant erreicht werden.

Einen ersten Baustein, die dynamische Marktanteilsentwicklung exakter aufzeigen zu können, bildet die Integration von Promotionmaßnahmen. Hierzu fließen neben den generell benötigten Plandaten – der gewichteten Distribution und der gestützten Bekanntheit – zusätzliche Informationen zu dem Themenkomplex Distribution von Displays über den Erreichbarkeitsfaktor in das Modell ein.

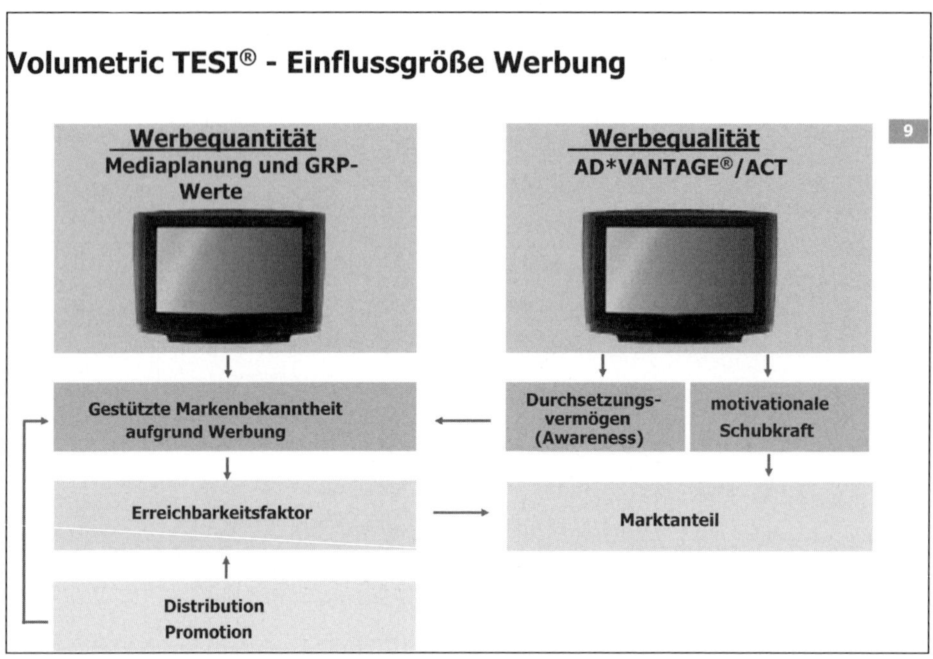

Abbildung 9: Einflußgröße Werbung

Weiterhin können die Werbequalität und die Werbequantität Berücksichtigung im Modell finden. Die Werbequantität - ausgedrückt durch Gross Rating Points oder Werbespendings - wirkt über die Mediaplanung auf die Markenbekanntheit und damit auf den Erreichbarkeitsfaktor. Daneben müssen noch Informationen über die Durchsetzungsfähigkeit und die motivationale Schubkraft des TV-Spots aus Werbemitteltests – wie z.B. AD*VANTAGE® - vorliegen. Zu beachten ist hierbei, dass die Einbeziehung von Werbequantität und Werbequalität nur gemeinsam möglich ist.

Aus Abb. 10 ist gut zu erkennen, dass die Marktanteilsentwicklung des Szenarios A mit einem geringeren Werbedruck und einer durchschnittlichen motivationalen Schubkraft deutlich unter dem Szenario B (blaue Linie) mit einem höherem Werbedruck und überdurchschnittlichen Werten bei Durchsetzungsfähigkeit und motivationaler Schubkraft liegt.

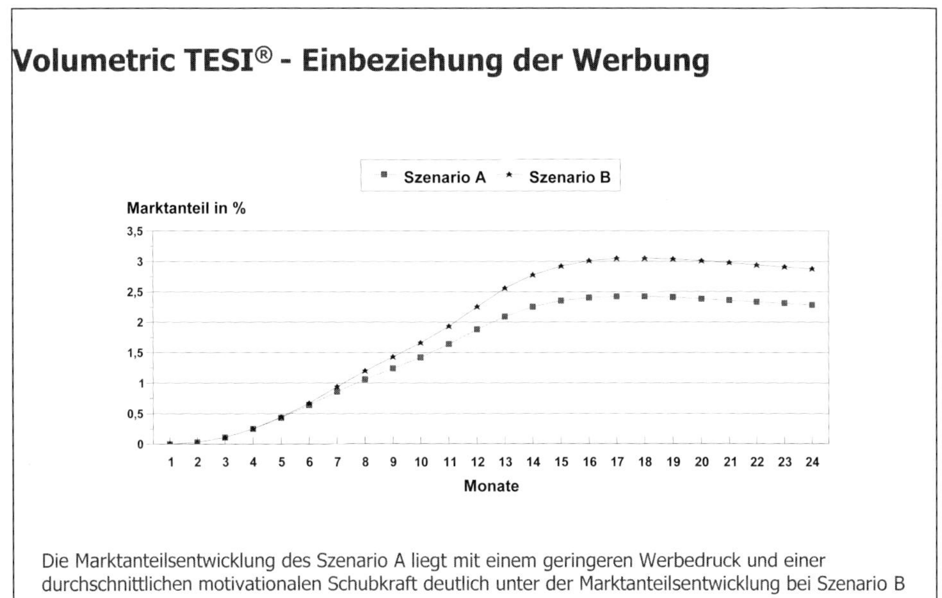

Abbildung 10: Einbeziehung der Werbung

Zur Information:	Szenario A	Szenario B	Normwerte der Warengruppe AD*VANTAGE/ACT
Werbedruck in Mio. Euro (2J)	9,6	32,6	/
Durchsetzungsfähigkeit	65	80	53
Motivationale Schubkraft	10	15	8

Da die Einführung eines Me-Too-Produktes der Konkurrenz den eigenen Markterfolg beeinträchtigen kann, kann im Volumetric TESI® -Modell dieses Szenario – die Einführung eines ähnlichen Konkurrenzproduktes als Antwort des Wettbewerbers auf die eigene Einführung – ebenfalls simuliert werden.

Hierbei geht die Modellvorstellung davon aus, dass der Erfolg einer Produktinnovation u.a. von den folgenden Komponenten abhängt:

- dem Markeneffekt – der Kraft der Marke und
- dem Innovationseffekt – dem Grad der Innovation.

Hierbei wirkt auf die Marke, für die das innovative Produkt eingeführt wird, sowohl der Marken- als auch der Innovationseffekt. Auf alle anderen Produkte im Referenzumfeld wirkt nur der Innovationseffekt. Über die Veränderung der Bedarfsdeckungsrate wird der Einfluß einer Konkurrenzeinführung auf das Testprodukt ex post ermittelt. Zu berücksichtigende Konkurrenzprodukte müssen hierbei jedoch eine vergleichbare Innovation aufweisen wie das getestete Produkt.

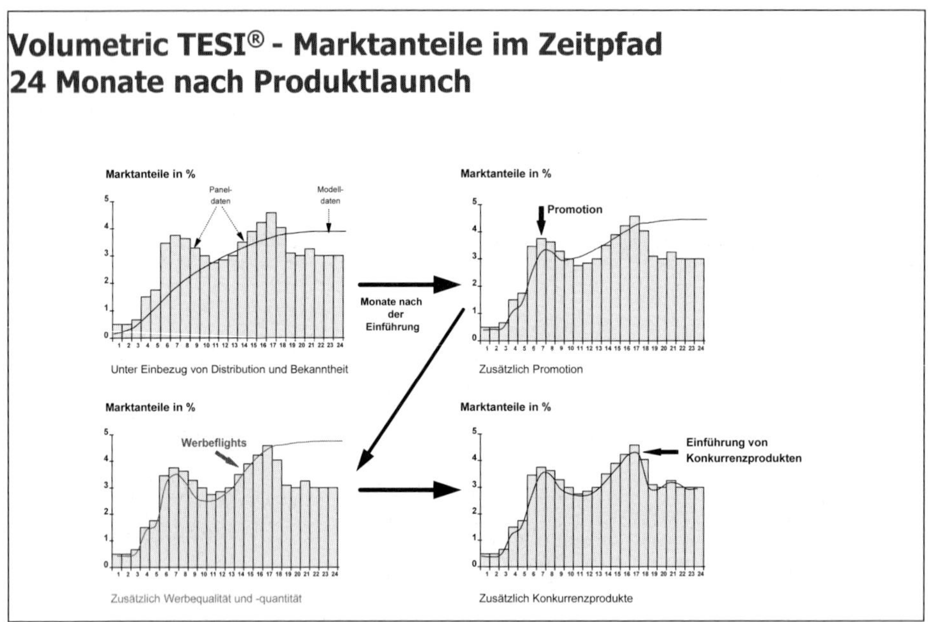

Abbildung 11: Marktanteile im Zeitpfad

Abschließend wird eine Prognose über 24 Monate, die aufgrund von Volumetric TESI®-Ergebnissen aufgestellt wurde, unter Einbezug der unterschiedlichen Variablen betrachtet. Die Prognosedaten werden hierbei mit den tatsächlichen Paneldaten verglichen. Bei der ersten Kurve der Abb. 11 basiert die Prognose lediglich auf Distribution und Bekanntheit. Die Ergebnisse weichen noch beträchtlich von den realisierten Paneldaten ab. Die zusätzliche Aufnahme von Promotions gleicht die Modelldaten im Prognosezeitraum bereits recht genau an.

Eine weitere Verbesserung der Genauigkeit bringt die zusätzliche Einbeziehung von Werbequalität und Werbequantität. Und: Die Berücksichtigung der Einführung eines Konkurrenzproduktes nähert die Modellkurve den Paneldaten optimal an. Erfahrene Nutzer von Volumetric TESI® erhalten die Möglichkeit, selbst unterschiedliche Marketing-Szenarien durchzuspielen.

3. Der Elektronische Testmarkt

Der Elektronische Testmarkt ist ein realer Testmarkt, bei dem die Testgestaltung und Datenerfassung durch eine Kombination aus Haushalts- und Handelspanel erfolgt. Die Haushalte sind mit scannerlesbaren Identifikationskarten ausgestattet, so dass die Erfassung ihrer Einkäufe durch POS-Scanning in den Geschäften möglich wird. Die Einkäufe eines Haushaltes lassen sich somit komplett über die Zeit und verschiedene Einkaufsstätten aufzeichnen. Zudem besteht die Möglichkeit, die Konsumenten zu Hause mit Testwerbung zu versorgen. Als Beispiel sei hier das Testsystem GfK BEHAVIORSCAN® dargestellt.

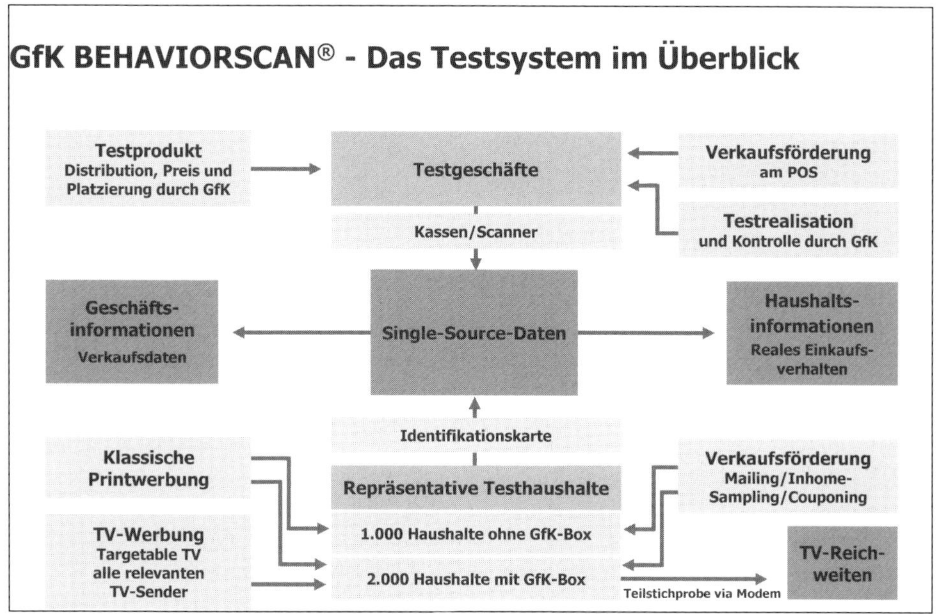

Abbildung 12: Das Testsystem im Überblick

Wesentliche Elemente des Testsystems sind die 3.000 repräsentativen Testhaushalte und die kooperierenden Testgeschäfte. An allen mit Pfeilen gekennzeichneten Stellen kann die GfK-Testmarktforschung experimentell „manipulierend“ bzw. kontrollierend Einfluß nehmen. Neben den wichtigen Haushaltsinformationen, die das Kaufverhalten der Testhaushalte im Detail beschreiben, stehen insbesondere für die Promotionanlyse auch die Abverkaufsdaten aller Geschäfte zur Verfügung. Haushaltsreichweiten gestatten zudem eine exakte Planung des Werbeeinsatzes im TV-Bereich.

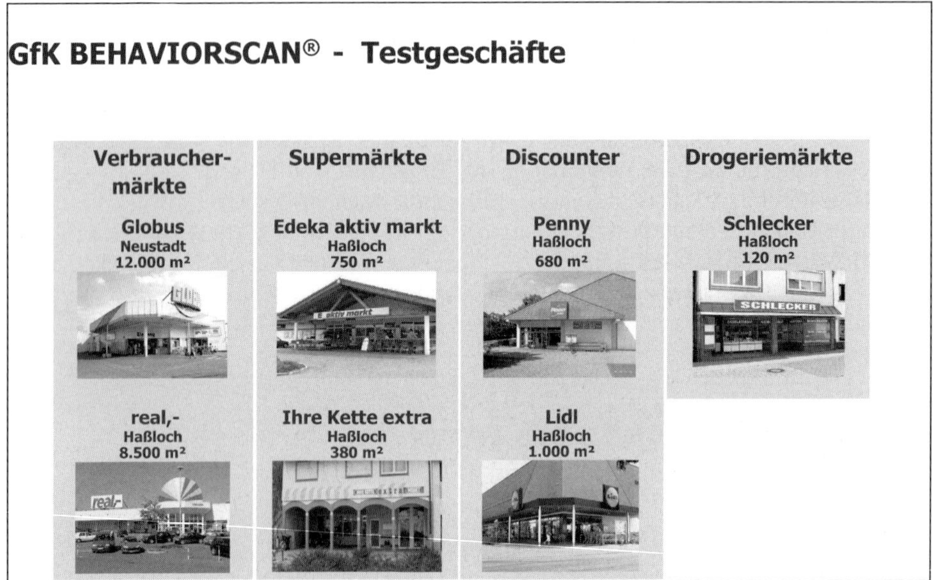

Abbildung 13: Testgeschäfte in Haßloch

Einzelhandelspanel mit hoher Umsatzabdeckung

Standort des Testsystems GfK BEHAVIORSCAN® ist Haßloch im Rhein-Neckar-Raum in der Nähe von Ludwigshafen. Alle relevanten Lebensmittel-Einzelhandelsgeschäfte bilden aufgrund entsprechender Kooperationsvereinbarungen die distributive Basis für die Durchführung von Marktexperimenten. Diese Geschäfte decken im Durchschnitt aller Warengruppen ca. 90 – 95% des gesamten LEH-Umsatzes von Haßloch ab. Branchenspezifische Ergänzungen (z.B. Tankstellen, Bäckereien) sind ebenfalls verfügbar.

Datenerfassung am Point of Sale

Die Erfassung der zentralen Daten erfolgt über die Kassen der kooperierenden Einzelhandelsgeschäfte. Zudem werden alle Wettbewerbsaktivitäten exakt registriert. Das Herz des Instrumentes: Das reale Einkaufsverhalten von 3.000 Haushalten. Im Zentrum des Testsystems GfK BEHAVIORSCAN® befindet sich ein Haushaltspanel, das hinsichtlich seiner soziodemographischen Struktur ein verkleinertes Abbild aller Haushalte in der Bundesrepublik darstellt. Es umfaßt 3.000 repräsentative Testhaushalte, davon

- 2.000 Haushalte mit GfK-Box
- 1.000 Haushalte ohne GfK-Box

Diese GfK-Box erlaubt den Empfang spezieller Testwerbung. Die Haushalte kaufen wie gewohnt ein: Sie wissen nicht, welche Artikel Testprodukte sind. Beim Bezahlen legen sie an der Kasse eine Identifikationskarte mit haushaltsspezifischer Nummer vor. Dadurch können ihre Einkäufe im Kassenspeicher als „Testdaten“ gekennzeichnet werden. Auf diese Weise läßt sich das Einkaufsverhalten ohne Belastung der Haushalte über die Zeit hinweg verfolgen. Das Vorzeigen der Identifikationskarten bei Abschluß eines jeden Einkaufsvorganges an der Kasse wird durch ein System aus Motivations- und Kontrollelementen sichergestellt. Jährliche Struktur-, Einstellungs- und Besitzstandserhebungen bei allen Testhaushalten liefern zusätzliche Informationen, die sich mit dem Einkaufsverhalten korrelieren lassen.

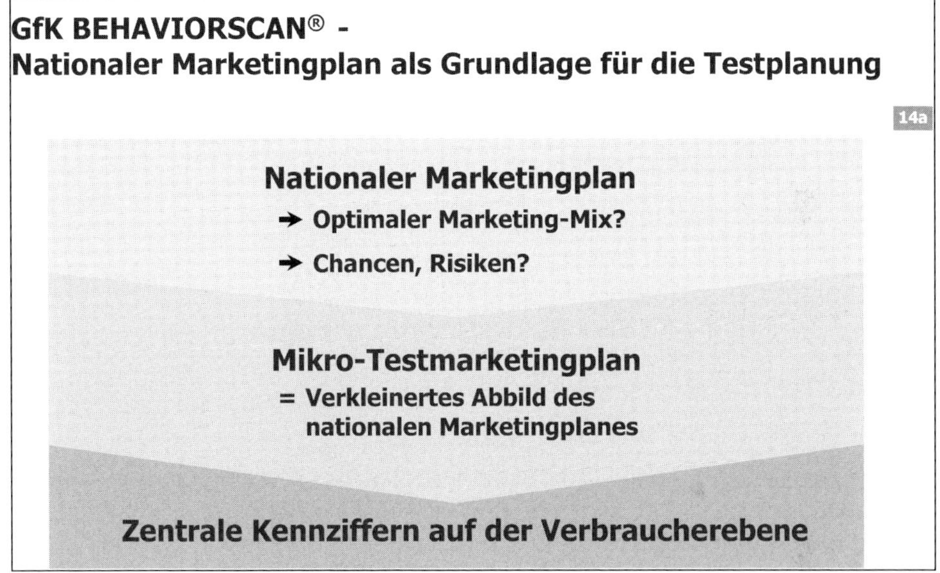

Abbildung 14a: Marketingkonzeption als Grundlage für die Testplanung

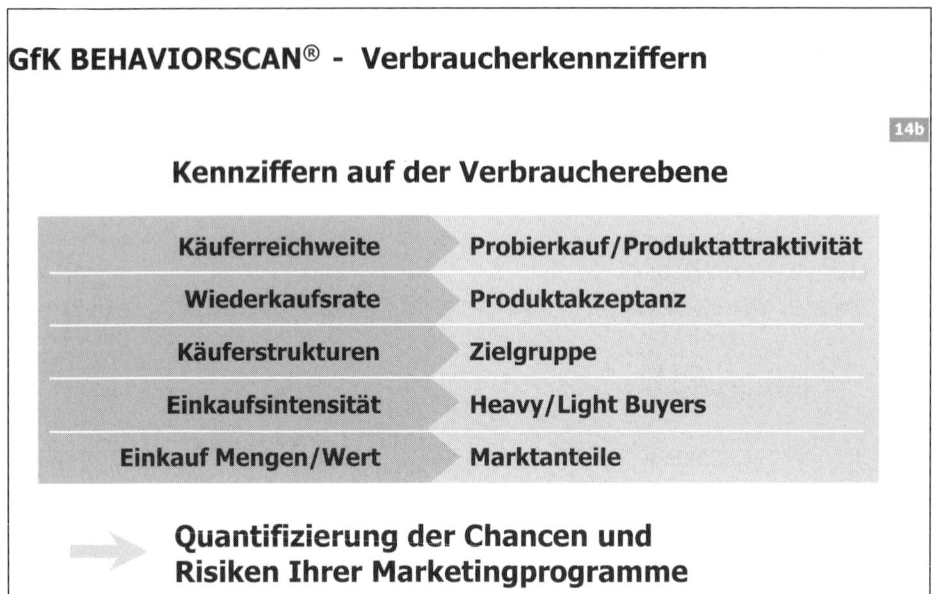

Abbildung 14 b: Gelieferte Kennziffern auf Verbraucherebene

Testmarketingplan

Vor Beginn der Testdurchführung wird auf der Grundlage der aktuelle Distributions- und Preisstruktur in den Testgeschäften ein Testmarketingplan erstellt, der alle vorgesehenen Marketingmaßnahmen sowie deren zeitlichen Einsatz fixiert. Dieser Testplan stellt dabei ein verkleinertes Abbild der in Aussicht genommenen nationalen Marketingkonzeption dar.

Präzise Realisation

Mitarbeiter der GfK sorgen vor Ort für die Realisation und die ständige Kontrolle der Testbedingungen. Diese Mitarbeiter steuern auch den Warenfluß zwischen Testgeschäften und dem zum Testsystem gehörenden Lager. Zentrale Kennziffern, die das Verbraucherverhalten beschreiben, gestalten eine detaillierte Antwort auf die Testfragestellung.

GfK BEHAVIORSCAN® - Media-Mix-Optionen

15

Medien mit gezielter Splitmöglichkeit

- alle relevanten TV-Sender

- Printwerbung (HÖRZU)
- Mailing
- Inhome-Sampling
- Couponing

Medien ohne gezielte Splitmöglichkeit

- Plakatwerbung
- Handzettel
- Tageszeitung
- Anzeigenblätter
- Supplements

Abbildung 15: Media-Mix-Optionen

Experimentelle Eingriffsmöglichkeiten

Die GfK-Testmarktforschung kann sowohl auf der Geschäftsebene (z.B. Plazierung von Testprodukten, Durchführung von Verkaufsförderungsmaßnahmen) als auch auf der Haushaltsebene (Werbung und Verbraucherpromotions) experimentell manipulierend eingreifen. Bis auf den Hörfunk können alle wichtigen Medien als Träger für kommunikationspolitische Maßnahmen eingesetzt werden. Im TV-Sektor stehen die relevanten Kanäle zur Verfügung. Alle 3.000 Korrespondenz-Haushalte bekommen wöchentlich die Programmzeitschrift „HÖRZU“ in die Briefkästen. Deshalb ist eine adressgenaue Auswahl jener Haushalte möglich, die mit Zeitschriftenwerbung angesprochen werden sollen. Andere Printmedien sind ebenfalls einsetzbar, lassen sich jedoch nicht splitten.

Maßgeschneiderte Splitgruppen

Insbesondere bei Werbewirkungsmessungen ist die Arbeit mit Test- und Kontrollgruppen erforderlich. Mit Hilfe eines mathematischen Optimierungsprogramms, des sog. Matchings, kann die Gesamtheit der beobachteten Haushalte individuell für jedes Projekt anhand zuvor definierter Kriterien in vergleichbare Test- und Kontrollgruppen aufgeteilt werden. Folglich weisen diese maßgeschneiderten Splitgruppen vor dem Einsatz der Testwerbung sowohl die gleiche Soziodemographie als auch das gleiche Kaufverhalten auf. Beim Matching werden die Panelhaushalte zunächst im Zufallsverfahren in zwei oder mehr gleich große Gruppen aufgeteilt. Im zweiten Schritt werden die Gruppen durch den Austausch von Haushalten so lange optimiert, bis sie vergleichbar sind bezüglich Soziodemographie und Kaufverhalten, wie die folgende Abb. 16 zeigt.

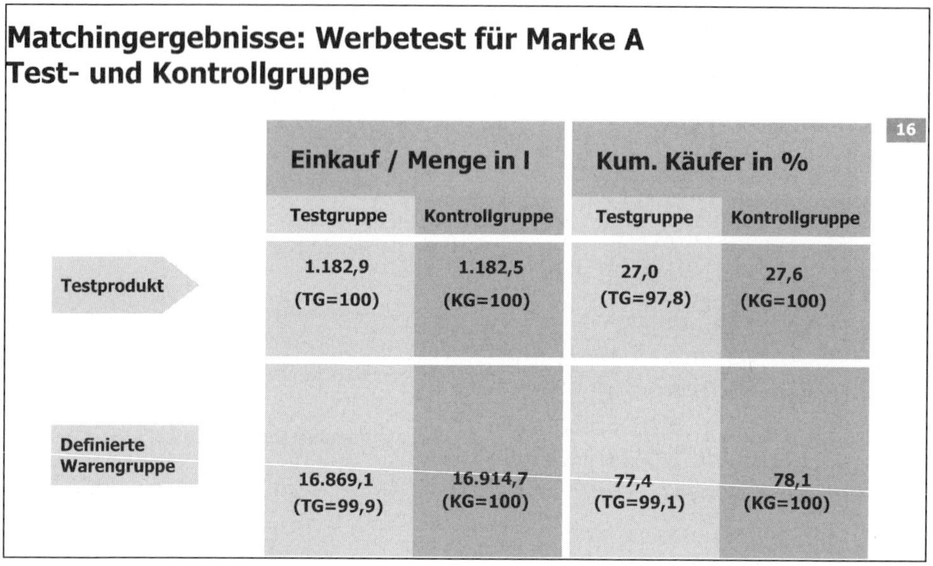

Matchingergebnisse: Werbetest für Marke A
Test- und Kontrollgruppe

16

	Einkauf / Menge in l		Kum. Käufer in %	
	Testgruppe	Kontrollgruppe	Testgruppe	Kontrollgruppe
Testprodukt	1.182,9 (TG=100)	1.182,5 (KG=100)	27,0 (TG=97,8)	27,6 (KG=100)
Definierte Warengruppe	16.869,1 (TG=99,9)	16.914,7 (KG=100)	77,4 (TG=99,1)	78,1 (KG=100)

Abbildung 16: Matching-Ergebnisse: Werbetest für Marke A

Matching-Ergebnisse: Werbetest für Marke A

Das vorliegende Beispiel zeigt anhand eines vereinfachten, aber realistischen Beispiels, wie gut das Kaufverhalten der Test- mit dem der Kontrollgruppe nach der Matchingprozedur übereinstimmt.

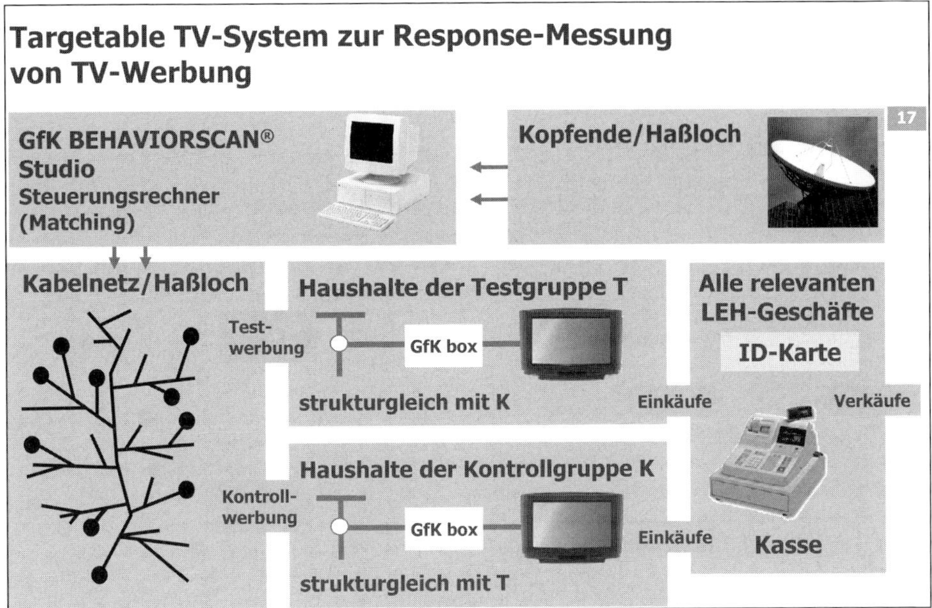

Abbildung 17: Targetable TV-System zur Response-Messung von TV-Werbung

Targetable TV: Gezielter individueller TV-Kontakt

Die Targetable TV-Technik erlaubt erstmals eine uneingeschränkte Kaufanalyse der Wirkung von Fernsehwerbung auf das reale Kaufverhalten der Konsumenten. Am Kopfende des Kabelnetzes sorgt ein professionelles Fernsehstudio für die perfekte Ausstrahlung von Testwerbespots, der zentrale Studiorechner regelt die gezielte, individuelle Ansprache der gewünschten Splitgruppe. Zum Empfang von Testwerbung ist an die Fernsehgeräte von 2.000 Testhaushalten ein Mikrocomputer (GfK-Box) angeschlossen. In diesen 2.000 Haushalten können regulär gesendete TV-Spots mit Hilfe der „Targetable TV" genannten Technik durch Testspots überblendet werden. Der Einsatz regulärer Werbespots kann dabei in den relevanten TV-Kanälen vorgenommen werden. Die Haushalte in der jeweiligen Kontrollgruppe sehen das allgemeine Werbeprogramm weiter.

Durch die Erfassung der Einkäufe und deren Zuordnung auf die Testhaushalte kann also genau festgestellt werden, ob und wieweit sich das Einkaufsverhalten der Testhaushalte gegenüber den Kontrollhaushalten durch die spezielle Werbung im Fernsehen verändert hat. Die methodischen Anforderungen zur Werbeerfolgsmessung auf Basis ökonomischer Wirkungsmerkmale sowie deren Berücksichtigung im Testsystem werden im Folgenden beschrieben:

Eine experimentelle Wirkungsmessung von Werbung in bezug auf das Kaufverhalten erfordert zuerst strukturgleiche Test- und Kontrollgruppen. Diese Splitgruppen lassen sich entweder mit Hilfe des Matchingverfahrens (maßgeschneiderte Splitgruppen) definieren oder man kann auf die fest installierten Gruppen zurückgreifen.

Die definierten Gruppen müssen separat und gezielt mit Werbung ansprechbar sein. Dieser Forderung wird durch die Targetable TV-Technik bzw. der adressgenauen Verteilung der Testzeitschriften entsprochen.

Zur Planung der differenzierten Werbeansprache von Test- und Kontrollgruppe müssen Informationen zum Seh- bzw. Leseverhalten verfügbar sein. Auf Basis einer Teilstichprobe von Haushalten werden Haushaltsreichweiten für Werbeblöcke analog zum GfK-Fernsehpanel elektronisch gemessen. Außerdem werden die Lesegewohnheiten der Testhaushalte angelehnt an das Media-Analyse-Frageschema erhoben.

Zudem ist die exakte Erfassung des Einkaufsverhaltens der Splitgruppen erforderlich. Dies geschieht durch die Datenerfassung am POS mit Hilfe der Scannerkassen und der Identifikationskarte der Haushalte.

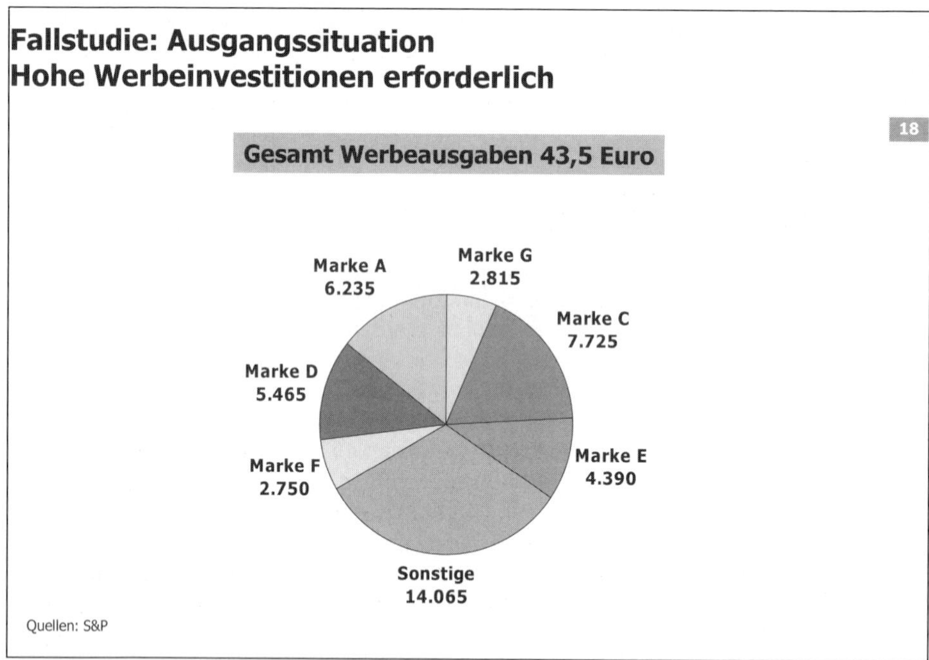

Abbildung 18: Fallstudie - Ergebnisse eines Werbedrucktests für ein neues Produkt

Um über die am Point of Sales gemessenen Einkäufe eine exakte Bewertung der Effizienz von Werbemaßnahmen vornehmen zu können, müssen im Sinne einer validen, experimentellen Versuchsanordnung sämtliche bekannten und unbekannten potentiellen

Einflußfaktoren (z.B. Einkaufsstättennutzung, Sortiments- und Preisgestaltung im Handel, Verkaufsförderungsmaßnahmen für die eigenen Marke sowie für Konkurrenzprodukte, etc.) neutralisiert werden. Die wichtigste Methode zur Neutralisierung von Störeinflüssen ist das sog. Splitting, d.h. die Bildung von strukturgleichen Test- und Kontrollgruppen innerhalb des Haushaltspanels. Da sich die Haushalte der Test- und Kontrollgruppen im selben Ort befinden, nutzen sie dieselben Einkaufsstätten, verfügen somit über gleiche Wahlmöglichkeiten hinsichtlich Sortiment und Preis und erfahren eine gleichartige Verkaufsförderungsansprache.

Welcher Marketing-Mix wurde realisiert?
Testplan

19

Testwochen	01	02	03	04	05	06	07	08	09	10	11	12	13	14	15	16	17	18	19	20	21	22	23	24	25	26	27	28

Testgegenstand — Einführung des neuen Produktes in 2 Größen in allen Testgeschäften; Unterstützung des Launches durch TV-Werbung und Promotion

TV-Werbung
- Testgruppe, 1000 HH mit Box: Simulation eines nationalen Werbeetats von 5,4 Mio. € p.a. (= 1218 GRP's)
- Kontrollgruppe, 1000 HH mit Box: Simulation eines nationalen Werbeetats von 3,0 Mio. € p.a. (= 746 GRP's)

1000 HH ohne Box — Keine TV-Werbung

Promotionaktivitäten im VM (nur Größe 1) — | | | D | D | D | D | D | D | H D P | | (H = VM Handzettel; D = Display; P = Preisreduktion (- 12 %))

Distribution — Größe 1: 100 % Distribution; Größe 2: 92 % Distribution } 5 % Stammplazierungsanteil

Abbildung 19: Testplan

Fallstudie

Die folgende Fallstudie soll die Analysemöglichkeiten von Elektronischen Testmärkten verdeutlichen. Sie zeigt Ergebnisse eines Werbedrucktests für ein neues Produkt. Hohe Werbeausgaben für eine Kategorie stellen eine besondere Eintrittsschwelle dar. Die Marktzielsetzung des Auftraggebers sah vor, einen Marktanteil von 5% bzw. eine vergleichbare Marktstellung wie die Wettbewerber B und F auf dem nationalen Markt zu erreichen. Neben der Quantifizierung der Chancen und Risiken der neuen Produktpersönlichkeit auf dem deutschen Markt sollte der Test darüber Aufschluß geben, welcher von zwei alternativen Werbeetats die neue Marke optimal unterstützt und was die geplanten Promotionmaßnahmen zum Erfolg beitragen können.

Die Testanlage hatte folgendes Aussehen:

Das neue Produkt wurde mit Beginn der Testwoche 1 in allen Geschäften nach vorher definierten Zielen stammplaziert. Durchschnittlich erreichte die neue Marke in den führenden Geschäften eine Stammplazierungsanteil von 5%.

Es wurden zwei Gruppen von Haushalten mit Hilfe des Matchingverfahrens gebildet, die mit unterschiedlichem Budget angesprochen werden. Eine Gruppe von 1.000 Haushalten wurde einem TV-Werbedruck von 3 Mio. Euro p.a. ausgesetzt. Die Testgruppe hingegen erhielt einen Werbedruck, der um 80% höher lag und ein Extravolumen von 5,4 Mio. Euro pro Jahr repräsentierte. Die 1.000 Haushalte ohne GfK-Box erhielten keinerlei TV-Werbung für das neue Produkt.

Im wichtigsten Outlet, dem Verbrauchermarkt, wurde die Hauptgröße – neben der Ansiedlung im Regal – sechs Wochen in einer Dauerzweitplazierung präsentiert. In Testwoche 9 fand eine stärkere Promotionaktivität statt. Dabei wurde der Preis um 12% reduziert, das Produkt im Display herausgestellt und im Handzettel des Verbrauchermarktes angekündigt.

Wie wird das neue Produkt vom Verbraucher akzeptiert?

20

HH mit Box	Test-produkt	Marke A	Marke B	Marke C	Marke D	Marke E	Marke F
Kumulierte Käufer in % aller HH mit Box	8,4	13,2	5,3	17,4	11,6	10,8	6,3
Einkaufsmenge/ Käufer - HH in l	0,13	0,23	0,17	0,17	0,21	0,15	0,15
Kumulierte Wiederkaufsrate in %	24	43	35	35	36	32	29
Kumulierter Marktanteil/ Menge in %	6,2	16,5	4,9	16,5	13,2	9,1	5,2
Kumulierter Marktanteil/ Wert in %	7,0	16,1	4,9	14,6	11,7	8,4	5,0
Ø - Einkaufspreis pro l	34,72	29,87	30,61	27,09	27,12	29,36	29,63

Abbildung 20: Kennziffern für die Akzeptanz des neuen Produkts

Zur weiteren Beantwortung der Fragestellung, wie das neue Produkt vom Markt, sprich von seinen Verbrauchern, akzeptiert wird, dienen die in Abb. 20 dargestellten Kennziffern. Obwohl für die neue Marke mindestens 13%, z.T. aber auch über 20% mehr als für vergleichbare Konkurrenzprodukte zu bezahlen ist, erreicht es unter den Marketingbedingungen im Test einen Marktanteil, der die Marken B und F übertrifft. Ganz entscheidend dabei ist, dass es dem neuen Produkt gelingt, viele Käufer, nämlich mehr als 8% der Haushalte, auf sich zu ziehen. Allerdings weist die neue Marke eine gewisse Schwäche im Bereich des Wiederkaufs auf: Nur 24% Wiederkaufsrate bedeuten im Vergleich zu den etablierten Marken den schlechtesten Wert. Dennoch, bei 100% Distribution wird der anvisierte Marktanteil sogar deutlich übertroffen.

Wenden wir uns jetzt der Frage zu, welchen Erfolgsbeitrag die Werbung bei der Einführung dieser neuen Produktpersönlichkeit leisten kann. Jene 2.000 Haushalte, die TV-Werbung für das neue Produkt erhalten haben, wurden im Durchschnitt einem Werbedruck von 4,2 Mio. Euro p.a. ausgesetzt. Die Gegenüberstellung mit jenen Haushalten, die überhaupt keine Werbung erhalten haben, gestattet es, den Erfolgsbeitrag der TV-Werbung zu quantifizieren.

	Haushalte mit GfK-Box	Haushalte ohne GfK-Box
Marktanteil (Basis l)	6,2	4,3
Index	144	100
Penetration	11,5	7,9
Index	146	100
Einkaufsmenge/KHH (in l)	0,13	0,13
Index	100	100

$$\text{Index} = \frac{\text{Testgruppe}}{\text{Kontrollgruppe}}$$

Die Tabelle zeigt, dass der Erfolgsbeitrag der Werbung, bezogen auf das Kaufverhalten, mit gut 40% (vgl. Marktanteil) zu Buche schläft. Dabei ist entscheidend, dass es durch die Werbung gelingt, mehr Käufer an das neue Produkt heranzuführen (Penetration). Die durchschnittliche Einkaufsmenge je Haushalt bleibt hingegen gleich. Diese Ergebnisse belegen, dass sich das Potential der eingesetzten Werbekampagnen unter realen Bedingungen und eingebettet in die anderen Marketingmaßnahmen voll entfalten kann. Die eingesetzte TV-Kampagne arbeitet also außerordentlich erfolgreich.

Die folgende Tabelle zeigt allerdings, dass ein um 80% höherer TV-Werbedruck (5,4 Mio. Euro p.a. gegen 3,0 Mio. Euro p.a.) nach 28 Wochen nur zu einer Steigerung des Marktanteils um 12% führt.

	Testgruppe	**Kontrollgruppe**
Werbedruckniveau (in Mio. Euro)	5,4	3,0
Index	112	100
Penetration	13,5	12,4
Index	109	100
Einkaufsmenge/KHH (in l)	0,13	0,13
Index	100	100

$$\text{Index} = \frac{\text{Testgruppe}}{\text{Kontrollgruppe}}$$

Werbedruckniveau / Testgruppe = 180
Werbedruckniveau / Kontrollgruppe = 100

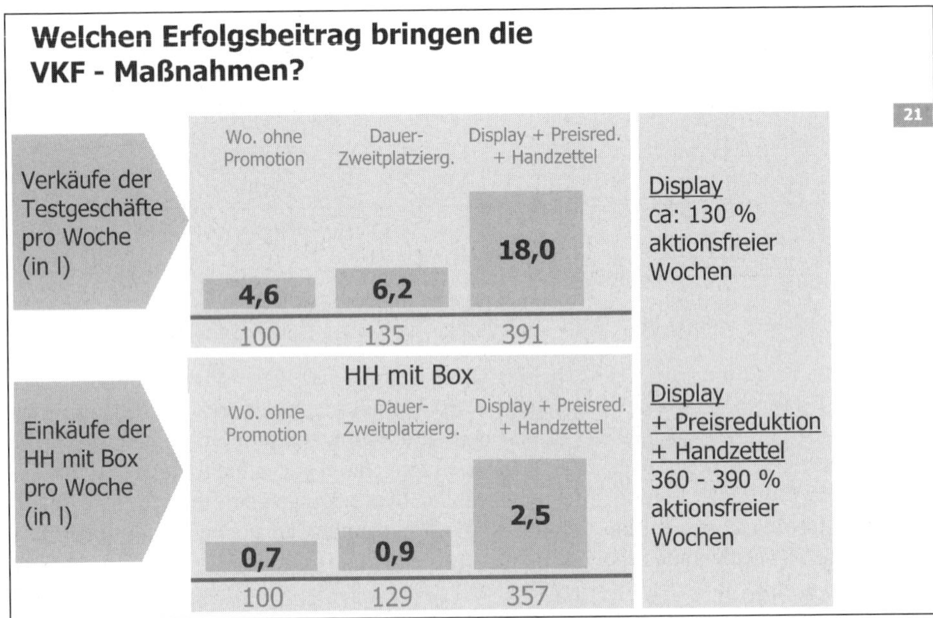

Abbildung 21: Analyse der Verkaufsförderungsmaßnahmen

Die Analyse der Verkaufsförderungsmaßnahmen belegt, dass die Dauerzweitplazierung für die Hauptgröße nur zu einer geringfügigen Absatzsteigerung für die gesamte Marke führt. Nach einer Preisreduktion um 13% erhöhen sich die Abverkäufe auf das Vierfache aktionsfreier Wochen, wenn die Preissenkung durch einen Handzettel bekanntgemacht und der Konsument durch den Einsatz eines Displays im Geschäft auf das Angebot aufmerksam gemacht wird.

Aufgrund der Daten ergibt sich folgendes Fazit:

Die neue Marke besitzt klare Chancen auf dem deutschen Markt. Wenn national ein konzentrierter Marketingmitteleinsatz wie im Test durchgehalten werden kann, scheint das angestrebte Marktanteilsziel von rund 5% erreichbar. Die Produktqualität sollte allerdings ebenso überprüft werden wie die Preisstellung im Markt (relativ geringe Wiederkaufsrate!). Dabei empfiehlt sich jedoch, die Aufteilung des Kommunikationsbudgets auf die Bereiche klassische Werbung einerseits und Verkaufsförderung anderer-seits vor der nationalen Einführung zu optimieren. Die Ergebnisse deuten nämlich an, dass nicht der höhere Werbeetat von 5,4 Mio. Euro optimal ist, sondern ein niedrigerer Etat, der Raum für weitere Promotionsaktivitäten läßt.

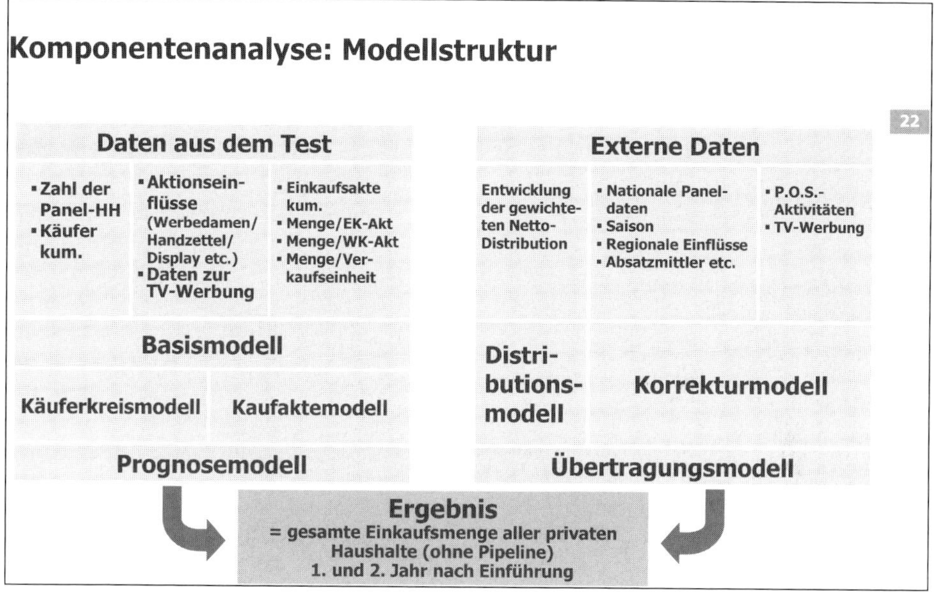

Abbildung 22: Komponentenalanyse

Zur Hochrechnung der Ergebnisse auf den Gesamtmarkt hat die GfK- Testmarktforschung ein Modell namens „Komponentenanalyse“ entwickelt. Dieses Modell basiert auf dem sogenannten Fourt-Woodlock-Ansatz. Er wurde jedoch dahingehend ausgebaut, dass er eine Prognose auch dann erlaubt, wenn bei der nationalen Umsetzung von dem im Test realisierten Marketing-Mix abgewichen wird.

Die „Komponentenanalyse“ besteht im Wesentlichen aus zwei Teilen, dem Prognose- sowie dem Übertragungsmodell. Das Prognosemodell greift auf die im Test gewonnenen Daten zurück und extrapoliert das im Test erzielte Volumen auf ein volles Jahr. Das Übertragungsmodell berücksichtigt den zu erwartenden Distributionsaufbau, sonstige Elemente des nationalen Marketingplanes sowie regionale und saisonale Einflüsse.

Für die Deckungsbeitragsplanung unseres Kunden wurde mit Hilfe der „Komponentenanalyse“ eine Volumensprognose erstellt. Dabei wurden ein Werbebudget von 3,4 Mio. Euro sowie ein zweimonatlicher Distributionsaufbau unterstellt, der am Ende des Einführungsjahres eine gewichtete Distribution von 50 Prozent aufwies. Alle anderen Marketing-Mix-Variablen wurden national wie im Test geplant. Die Prognose ergab ein zu erwartendes Absatzvolumen im Einführungsjahr von 192.400 Litern.

Die ersten 5 Jahre im Markt

Die neue Marke wurde mit einem nochmals optimierten Werbekonzept und einem Etat von 4,5 Mio. Euro im ersten Jahr national eingeführt. Bereits im Jahr 3 konnte der angestrebte Marktanteil von 5% übertroffen werden. Zwei Jahre später war man bereits bei 8,5% Marktanteil angelangt.

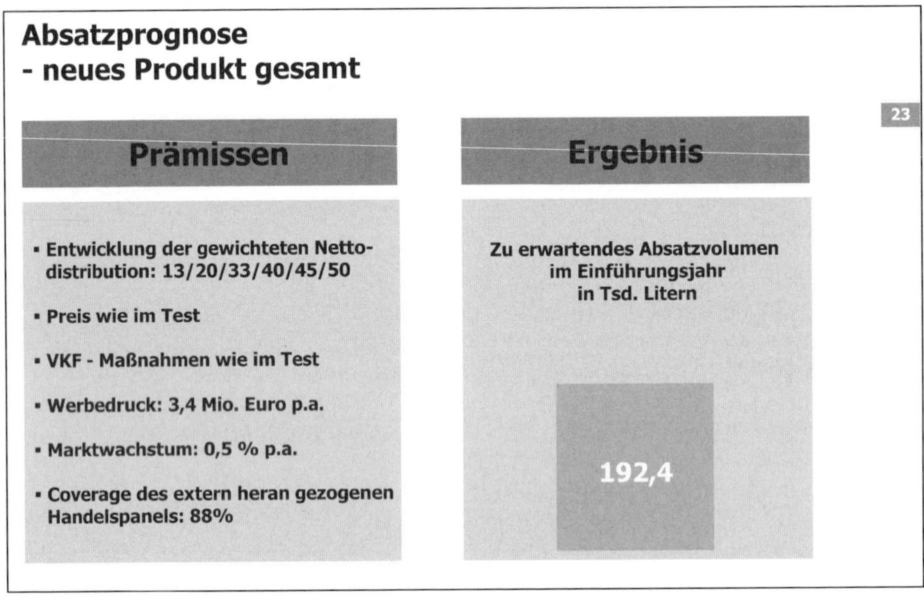

Abbildung 23: Absatzprognose

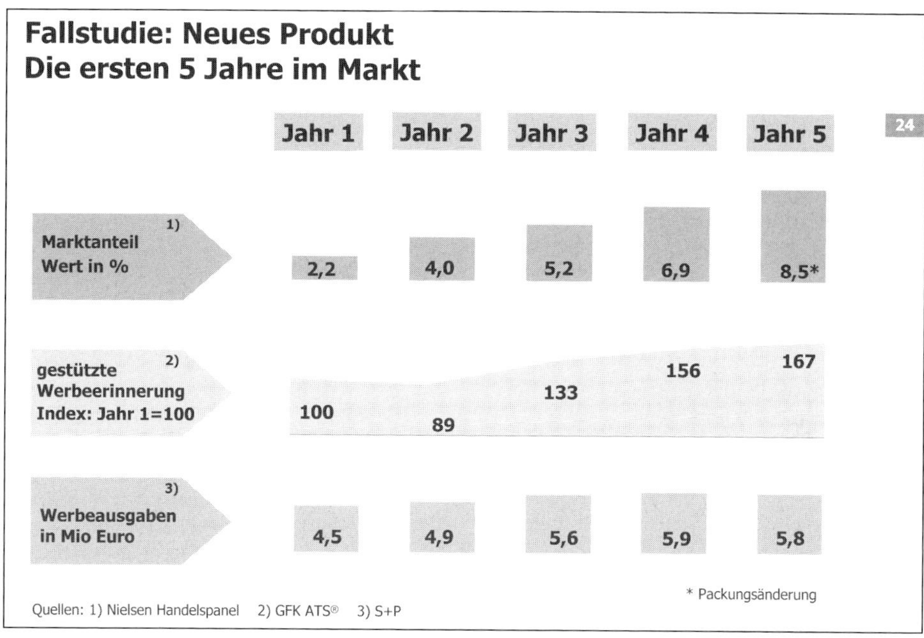

Abbildung 24: Fallstudie: Die ersten 5 Jahre im Markt

4. Die verschiedenen Testverfahren im Vergleich

Im folgenden wird der Versuch unternommen, die verschiedenen Testmarktinstrumente direkt zu vergleichen. Pauschal läßt sich über die vorgestellten Testverfahren kein Urteil fällen. Die Auswahl des geeigneten Verfahrens ist immer abhängig von der konkreten Problemstellung. Allerdings bleibt folgendes festzuhalten:

Der reale Testmarkt ist als einziges der diskutierten Testinstrumente in der Lage, die Handelsakzeptanz und damit die voraussichtliche Distribution für das Testprodukt zu ermitteln. Er ist aber auch das teuerste und zeitaufwändigste Verfahren.

Die Geheimhaltung ist beim Simulierten Testmarkt fast zu 100% gegeben, er weist das höchste diagnostische Potential auf, bietet ein hohes Maß an internationaler Vergleichbarkeit und ist mit dem geringeren Kostenaufwand verbunden. Nicht erfassen kann er jedoch Variationen des Werbedrucks oder Verkaufsförderungsmaßnahmen am POS.

Hinsichtlich der Wirkungsmessung von Werbung und Verkaufsförderung auf Basis realen Kaufverhaltens ist der Elektronische Testmarkt unübertroffen. Er benötigt dafür jedoch entsprechend mehr Zeit als der Simulierte Testmarkt und ist folglich mit etwas höheren Gesamtkosten verbunden.

Im Zweifelsfall muß die individuelle Gewichtung von Gütekriterien durch den Auftraggeber den Ausschlag geben. Die vorliegenden Vergleichskriterien mögen dazu eine entsprechende Hilfestellung leisten.

Vergleichs-kriterien	Simulierter Testmarkt	Elektronischer Testmarkt
Testmöglichkeiten		
Produkt	++	++
Preis	++	+
Verpackung	++	+
Werbedruck	-	++
Kampagne	(+)	++
Promotion	-	++
Distribution	+	+
Messung	simuliertes Kaufverhalten	reales Kaufverhalten
Reliabilität / Validität	hoch	sehr hoch
Diagnostisches Potential	sehr hoch	gering
Internationale Vergleichbarkeit	sehr hoch	hoch
Zeitbedarf	2 – 3 Monate	4 – 8 Monate
Geheimhaltung	ja	zum Teil

5. Ausblick

Zum Abschluß werden Überlegungen zu der Frage entwickelt, welchen Weg die Testmarktforschung in Zukunft nehmen könnte. Als Anbieter aller beschriebener Testmarktverfahren machen wir uns in der GfK natürlich Gedanken darüber, wie sich unser Dienstleistungsangebot dahingehend verbessern und weiterentwickeln läßt, dass wir den

Anforderungen unserer Kunden noch besser gerecht werden können. Aufgrund der kürzeren Produktlebenszyklen und der sich beschleunigenden Marktprozesse spielt das Thema „Zeit“ eine wichtige Rolle bei unseren Zukunftsüberlegungen. Vor diesem Hintergrund sind wir überzeugt, dass – wenn man sich dem stellt – die Relevanz von Elektronischen Testmärkten und Simulierten Testmärkten weiterhin zunehmen wird.

Derzeit baut die GfK, in Ergänzung zu dem auf dem Haushalts-Panel basierenden Testsystem GfK BEHAVIORSCAN® ein ebenfalls mit TV- und anderer Werbung bestückbares, repräsentatives Handelspanel mit Namen MarketingLab auf. Das Testsystem beinhaltet den Ort Haßloch (Standort von GfK BEHAVIORSCAN® mit 3.000 Panel-Haushalten), umschließt aber ein größeres zusammenhängendes Gebiet der Vorderpfalz mit knapp 140.000 Einwohnern. Zentral dabei ist, dass die Geschäfte im Testgebiet durch die GfK kontrolliert und sämtliche Verkäufe ausgewertet werden. Damit werden Testergebnisse zu Markting-Maßnahmen in Echtzeit vorliegen und auch Warengruppen außerhalb von FMCG’s testbar sein.

Das neue Testsystem wird voraussichtlich Anfang 2007 parallel zu GfK BEHAVIORSCAN® verfügbar sein und folgende Serviceleistungen bieten:

- Storetests/TV: Abverkaufs- bzw. Scannerzahlen zu Neuprodukten, Relaunches, neuen Sorten, Verpackungen, usw. mit und ohne spezifischem Werbemitteleinsatz
- Ökonomische Werbemittel-Pretests: Abverkaufstests für Werbedruck- und Kampagnengestaltungsszenarien
- What if: Werbeerinnerung und Entwicklung des Markenimages im Testgebiet vs. z.B. Restdeutschland (Möglichkeit der Befragung, die bisher nicht gegeben war!)

Die Internationalisierung unseres Testmarktangebotes ist ein weiteres Ziel, das wir mit Nachdruck verfolgen. Simulierte Testmärkte sind bereits heute ohne Probleme nahezu in allen Ländern der Welt in vergleichbarer Form einsetzbar. Bei Elektronischen Testmärkten gestaltet sich dieser Internationalisierungsprozeß aufgrund der erforderlichen hohen Investitionen dagegen schwieriger. Derzeit sind entsprechende Angebote auf dem amerikanischen, dem deutschen und dem französischen Markt verfügbar. Weitere relativ große Länder wären bei entsprechendem Bedarf noch denkbar. Auch wenn weitere Entwicklungstendenzen noch mit großer Unsicherheit behaftet sind, eines bleibt sicher: Die Reaktionen der Konsumenten werden auch in Zukunft die zentrale Rolle in der Testmarktforschung spielen.

6. Literatur

ERICHSON, B., Neuproduktprognose mittels Testmarktsimulation – Praktische Anwendung und methodische Grundlagen, Otto-von-Guericke-Universität Magdeburg, Fakultät für Wirtschaftswissenschaft 1997.

FOURT, L. A./WOODLOCK, J. W., Early Prediction of Market Success for New Grocery Products, in: Journal of Marketing, 1960, S. 31-38.

O. V., Tod im Regal. Eine Analyse der Lebensmittel-Zeitung zur Me-too-Problematik bei der Einführung neuer Produkte, 1985, S. 7.

PARFITT, J. H./COLLINS, B. J. K., Use of Consumer Panels for Brand Share Predition, in: Journal of Marketing Research, 1968, S. 131-145.

Susanne Jansen
Karen Gedenk

Markentransfer am Beispiel NIVEA Beauté

1. Einführung

1997 hat die Hamburger Beiersdorf AG mit einer Serie von Make-up-Produkten unter dem Namen NIVEA Beauté den Markt für Dekorative Kosmetik betreten. Für Beiersdorf war dies ein großer Schritt, da unter der Marke NIVEA erstmals nicht nur Produkte für die „innere" Körperpflege, sondern auch für dekorative, sprich „externe" Schönheit angeboten werden.

Die Einführung von NIVEA Beauté ist vor dem Hintergrund einer langen Entwicklung zu sehen. 1911 schuf Beiersdorf die Marke NIVEA mit einer Allzweckcreme, die sich auch heute noch großer Bekanntheit und Beliebtheit erfreut. Im Laufe der Jahrzehnte wurden zahlreiche Subbrands entwickelt, die zwar mit der Dachmarke NIVEA verbunden sind, aber gleichzeitig eine gewisse Unabhängigkeit und eigene Subbrand-Persönlichkeiten aufweisen. In den 90er Jahren ist NIVEA so zur weltweit größten Marke für Hautpflege geworden. Sie steht heute für universelle und milde Pflege.

Das Prinzip des Markentransfers ist die Bewahrung des Markenkerns bei gleichzeitiger Erweiterung des Sortiments. Bei jedem neuen Transfer stellt sich daher die Frage, ob eine weitere Produktgruppe unter einer weiteren Subbrand zum Markenkern von NIVEA passt oder diesen möglicherweise verwässert.

Mit NIVEA Beauté hat Beiersdorf einen deutlichen Schritt weg von den Produkten getan, mit denen es bislang Erfahrungen gesammelt hatte. So geht es erstmals nicht nur um Pflege, sondern auch um Schönheit. Zum ersten Mal kommen Farben ins Spiel. Für eine Marke, deren Name sich von dem lateinischen Wort „nivis" für Schnee (in Anspielung auf die schneeweiße Farbe der Creme) ableitet, ist dies ein völlig neues Unterfangen. Die Position 3 im Markt der Dekorativen Kosmetik, die NIVEA Beauté im Jahre 2001 erzielt hat, zeigt allerdings, dass NIVEA Beauté ein Erfolg geworden ist. Rückwirkungen auf die Dachmarke sind dabei – soweit feststellbar – positiv. Das Risiko hat sich also ausgezahlt.

Dieser Beitrag diskutiert den Markentransfer am Beispiel von NIVEA Beauté. Das zweite Kapitel beschreibt die Entwicklung der Marke NIVEA und charakterisiert damit die Ausgangssituation. Die Entwicklung und Markteinführung von NIVEA Beauté ist Thema von Kapitel 3. Kapitel 4 befasst sich schließlich mit Erfahrungen aus den ersten Jahren am Markt und mit Weiterentwicklungen der Strategie und des Marketing von NIVEA Beauté, die sich daraus ergeben.

2. Markentransfer bei NIVEA: Von der Allzweckcreme zur umfassenden Dachmarke

2.1 Die Anfänge der Marke NIVEA

Die Marke NIVEA wurde 1911 geboren. Damals erlaubte es das in der Medizinforschung entdeckte Eucerit, Öl und Wasser zu binden und so zum ersten Mal eine stabile Emulsion zu entwickeln. In Anspielung auf die weiße Farbe und in Anlehnung an das lateinische Wort „nivis" wurde die Hautcreme NIVEA genannt (siehe zur Geschichte von NIVEA auch Keller, 1998, Appendix E; Beiersdorf, 1995, Appendix A).

NIVEA Creme wurde zunächst als Allzweckcreme vermarktet. Bis zu ihrer Einführung hatte es nur Cremes aus reinem Fett gegeben. Mit der Wasser-in-Öl-Emulsion von NIVEA Creme wurde nun zum ersten Mal eine schützende und pflegende Körpercreme zu einem vernünftigen Preis angeboten. Beiersdorf hat damit entscheidend dazu beigetragen, Creme zu einem Massenartikel zu machen.

1912 wurde NIVEA Creme in den europäischen Markt eingeführt. 1922 kamen die USA dazu, 1926 Südamerika. Heute ist Beiersdorf mit NIVEA in 148 Ländern auf der ganzen Welt vertreten. Auf dem Heimatmarkt Deutschland kennen 98 % aller Verbraucher die Marke NIVEA. 74 % der Konsumenten verwenden mindestens ein Produkt von NIVEA. Mit Sympathiewerten von 65 % liegt NIVEA weit vor allen anderen Pflegemarken.

Am bekanntesten ist dabei auch heute noch die NIVEA Creme. Seit 1925 wird sie in der klassischen blauen Dose mit dem weißem Schriftzug vertrieben. Mit 11 % des Umsatzes von NIVEA-Produkten in 1998 ist NIVEA Creme nach wie vor ein zentrales Produkt für Beiersdorf. Darüber hinaus wurde das Wachstum der Marke NIVEA allerdings durch Markentransfers vorangetrieben, indem immer neue Produkte unter dem Namen NIVEA eingeführt wurden.

2.2 Wachstum durch Markentransfers

Bereits in den 20er und 30er Jahren entwickelte Beiersdorf andere NIVEA-Produkte neben der klassischen Creme. So gab es schon früh Seife und Puder unter dem Namen NIVEA. Als Sonnenbräune populär wurde, führte Beiersdorf 1930 NIVEA Öl ein, das vor allem als Sonnenschutz vermarktet wurde. Auch Rasiercreme und Gesichtswasser wurden seit Beginn der 30er Jahre angeboten. Dabei wurde allerdings dem Prinzip gefolgt, in jeder Produktkategorie nur ein Allzweck-Produkt auf den Markt zu bringen.

NIVEA stand (und steht auch heute noch) für hohe Qualität zu einem vernünftigen Preis. Pflege und Milde waren die Grundnutzen der Marke. NIVEA löst keine Spezialprobleme, sondern ist einfach und unkompliziert. Die Produkte werden über eine großflächige Distribution vertrieben.

Intensiviert wurde der Markentransfer dann, als sich in den 60er und 70er Jahren der Markt änderte. Zum einen traten neue Wettbewerber hinzu. Zum anderen vollzog sich eine Entwicklung hin zu spezialisierteren Bedürfnissen. So wurden Allzweckcremes nicht mehr als ausreichend angesehen, sondern es entstanden spezialisierte Produkte wie Gesichts-, Hand- und Körpercremes, Tag- und Nachtcremes.

Beiersdorf reagierte auf diese Trends und den verschärften Wettbewerbsdruck mit der Einführung einer Vielzahl von Produkten (siehe zur Produktinnovation auch Brockhoff 2002). Aber nicht nur die Produkte waren neu, sondern es wurden nun auch für die verschiedenen Produktkategorien neue Subbrands geschaffen. So entstanden schon in den 60er Jahren NIVEA Body und NIVEA Sun. In den 70ern kamen NIVEA Baby und NIVEA Bath Care hinzu. Es folgten NIVEA for Men, NIVEA Visage und NIVEA Hair Care in den 80ern sowie NIVEA Deodorant, NIVEA Soft und NIVEA Vital in den 90er Jahren (siehe zum Markentransfer auch Esch 2002).

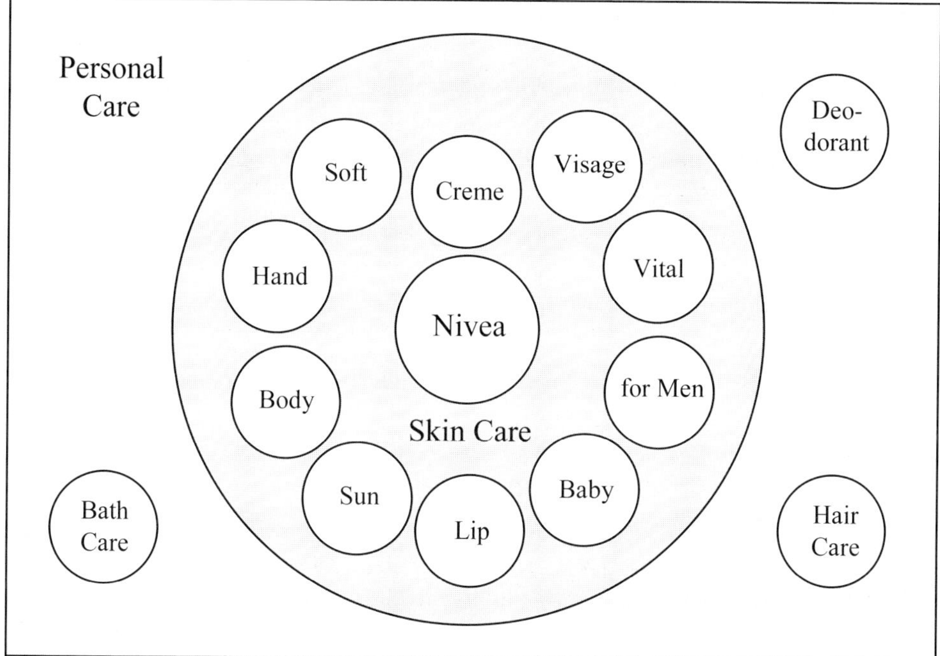

Abbildung 1: Subbrands von NIVEA

NIVEA entwickelte sich somit zu einer umfassenden Dachmarke, die eine Vielzahl von Subbrands unter ihrem Dach vereinigt. Ziel dieser Strategie ist die Kombination zweier widerstreitender Interessen: Auf der einen Seite soll das neue Produkt vom Image der

Dachmarke und "Urmutter" NIVEA Creme profitieren, und auf der anderen Seite soll es durch die Persönlichkeit der Subbrand ausreichend kategoriespezifisches Image gewinnen. Das Wort NIVEA ist im Namen jeder Subbrand erhalten geblieben, so dass die Subbrands sowohl die Bekanntheit als auch die Werte, für die NIVEA steht, übernehmen konnten. Gleichzeitig hat sich jede Subbrand durch spezifische Gestaltung von Verpackung und Werbung zu einem gewissen Grad eine eigene Positionierung und ein eigenes Image geschaffen. Begrenzt wurde diese Freiheit allerdings durch Subbrand-übergreifende Vorgaben bezüglich Logo, Farbkodierung und anderem, die trotz aller Unterschiedlichkeiten die gemeinsame Klammer der Dachmarke sicherstellten. Abbildung 1 zeigt die Subbrands auf dem Stand von 1996 vor der Einführung von NIVEA Beauté.

Im Zentrum steht die Dachmarke NIVEA. Die Subbrands sind im Umfeld angeordnet, wobei sie NIVEA um so näher stehen, je enger sie mit dem Markenkern verwandt sind. Die größte Nähe besteht weiterhin bei NIVEA Creme. Es folgen „Skin Care"-Produkte, während eine geringere Nähe bei „Personal Care"-Produkten wie Deos, Haarpflege- und Badeprodukten vorliegt.

Nach all diesen Markentransfers wurden bei Beiersdorf in den 90er Jahren intensive Überlegungen zum Wert der Marke NIVEA und zur weiteren Markenstrategie angestellt. Außerdem galt es zu überprüfen, inwieweit die Marke NIVEA ausreichend Potenzial zur Befriedigung zukünftiger Verbraucherbedürfnisse hatte.

Als erstes wurde eine internationale Marktforschungsstudie über die „Consumer Values in the 1990s" durchgeführt. Die Resultate bestätigten, dass NIVEA als universelle und authentische Marke vom Konsumenten wahrgenommen wird, deren Kernkompetenz als Milde und Pflege zusammengefasst werden kann. Diese Kernkompetenz stellte damit die Basis nicht nur für die bisherige sehr positive Entwicklung der Marke, sondern auch für deren zukünftiges Wachstum dar.

Zwei Befürchtungen standen allerdings im Raum. Zum einen bestand das Risiko, dass zu viele Markentransfers den Markenkern verwässerten und das Markenbild schwächten. Um dies zu verhindern, wurde eine spezielle Dachmarkenkampagne „Blue Harmony" entwickelt, welche die verschiedenen Facetten der Marke in moderner und emotionaler Art umsetzte. Zum anderen wurde befürchtet, dass die unabhängigen Subbrands unterschiedliche und damit verwirrende Nachrichten an den Verbraucher senden könnten. Hier galt es also, die Waage zu halten zwischen den Anforderungen der Produktkategorie auf der einen und den Anforderungen von NIVEA auf der anderen Seite. Zu diesem Zweck wurde die formalisierte „NIVEA Brand Philosophy" entwickelt, die Richtlinien bereitstellte für die Ausgestaltung aller marketingrelevanten Faktoren jeglicher NIVEA-Subbrands und -Produkte.

2.3 Brand-Philosophy

Als Anfang der 90er Jahre die NIVEA Brand-Philosophy zum ersten Mal schriftlich festgehalten wurde, geschah dies mit dem Ziel, ein gemeinsames Verständnis der gesamten internationalen Marketingorganisation über den Markenkern zu entwickeln. Eine Marken-Philosophie war zwar zu einem gewissen Grad implizit vorhanden. Ihre formale Festschreibung sollte aber dabei helfen, eine konsistente Führung aller Subbrands sicherzustellen.

Die Brand-Philosophy definiert zunächst, wofür die Marke NIVEA steht, nämlich die folgenden fünf Punkte:

1. *Universalität.* Für jedermann – ob jung oder alt, ob Mann oder Frau – bietet NIVEA umfassende Hautpflege für das ganze Leben.

2. *Urvertrauen.* Viele Menschen lernen NIVEA schon in ihrer frühen Kindheit kennen. Auch später verlassen sich Verbraucher auf die Qualität der ihnen wohlbekannten Marke.

3. *Sensorische Schlüsselreize.* NIVEA ist bekannt für eine weiße, cremige Konsistenz und den blau-weißen Farbcode aller Verpackungen. Diese Schlüsselreize bleiben im Gedächtnis haften.

4. *Werte.* NIVEA steht für menschliche Werte wie Vertrauen, Großzügigkeit, Ehrlichkeit, Harmonie und Sympathie. Hinzu kommen Kompetenz-Werte wie beispielsweise Know-how, Authentizität, Natürlichkeit und Milde sowie pragmatische Werte wie Zeitlosigkeit, Einfachheit und ein fairer Preis.

5. *Qualität.* Produkte unter dem Markennamen NIVEA weisen ohne Ausnahme eine hohe Qualität auf.

Des Weiteren werden Erfolgsfaktoren, Chancen und Risiken sowie eine Markenvision erläutert. Dabei wird für jede Subbrand festgelegt, wie sie das NIVEA-Image ergänzt. Beispielsweise wertet NIVEA Visage das Image der Dachmarke auf, indem es die neuesten und exklusivsten Technologien und Produkte anbietet. Hier wird deutlich, dass Markentransfers nicht nur das Risiko einer Verwässerung der Dachmarke enthalten, sondern gleichzeitig auch eine Chance darstellen, das Image der Dachmarke zu ergänzen.

Schließlich beinhaltet die Brand-Philosophy sogenannte „Executional Guidelines", d. h. Richtlinien für die Umsetzung der Markenstrategie in Produktentwicklung, Packungsdesign, Kommunikation, Verkaufsförderung, PR und Preispolitik. Beispielsweise ist auch bei der Kommunikation das Zusammenspiel von Dachmarke und Subbrands entscheidend. Dies ist schon allein deshalb erforderlich, weil jede Subbrand auf sich allein gestellt nicht über ausreichende Kommunikationsbudgets verfügen würde. Jede Werbung für eine Subbrand muss daher auch die Dachmarke und darüber wiederum die anderen Subbrands unterstützen.

Die Brand-Philosophy bildet die Grundlage aller Entscheidungen über weitere Markentransfers, so also auch für die Einführung von NIVEA Beauté.

3. NIVEA Beauté: Produktentwicklung und Markteinführung

3.1 Der Markt für Dekorative Kosmetik und Ziele für den Launch von NIVEA Beauté

Der Markt für Dekorative Kosmetik erschien Beiersdorf Anfang der 90er Jahre aus einer Reihe von Gründen attraktiv. Zunächst zeichnete er sich durch sein großes Volumen aus (9,2 Mrd. DM in 1997 in Europa inkl. Norwegen und Schweiz). Des Weiteren war der Markt trotz seiner Größe relativ verschlafen. Er wurde international vor allem von drei großen Anbietern dominiert, nämlich L'Oreal mit den Marken Gemey und L'Oreal Perfection (seit 1998 auch Jade und Maybelline), Procter & Gamble mit Ellen Betrix und Cover Girl sowie Benckiser/Coty mit den Marken Margaret Astor und Chicogo. Diese Unternehmen generierten nur wenige Innovationen, die Mediabudgets der Unternehmen befanden sich auf moderatem Niveau, und die Palette der angebotenen Farben war relativ klassisch und keinen größeren Wechseln unterworfen. Insgesamt ließ sich der Markt damit als „Belle Dormante" oder „schlafende Schönheit" charakterisieren.

Des Weiteren kam Beiersdorf sehr entgegen, dass bis Mitte der 90er Jahre bei den Verbrauchern ein Trend zu Natürlichkeit bestand. Gefragt waren Werte wie Authentizität, Fairness, Integrität, Offenheit und soziale Zugehörigkeit. Auch bei der Dekorativen Kosmetik dominierte die Natürlichkeit, besonders ausgedrückt in klassisch-natürlichen Farben und dezentem Make-up. Dies entsprach in besonderem Maße dem Image von NIVEA, das ja – wie oben beschrieben – durch Qualität, Vertrauen, ein unpretentiöses Auftreten und ein faires Preis-Leistungs-Verhältnis gekennzeichnet ist. Zudem belegten die im folgenden Abschnitt beschriebenen Verbraucherstudien einen klaren Wunsch nach einer mit der Glaubwürdigkeit einer altbekannten und vertrauensvollen Pflegemarke versehenen pflegenden Make-up-Marke, welche tatsächliche Hautpflege-Leistung und natürliches Make-up miteinander kombiniert.

Beiersdorf hat daher seine Chance gesehen, mit NIVEA Beauté eine Make-up-Serie auf den Markt zu bringen, die von dem Image der Dachmarke NIVEA profitiert und sich vor allem durch Natürlichkeit und Pflege auszeichnet. Grundlage war die Pflegekompetenz von NIVEA. Gleichzeitig sollte aber auch die Dachmarke NIVEA von der neuen Subbrand profitieren. Das Image der Dachmarke sollte um die Komponenten natürliche Attraktivität, Modernität und Vergnügen/Lebensfreude aufgewertet und die Universalität von NIVEA gestärkt werden.

Wie bei allen Subbrands von NIVEA wurde der Name für die neue Make-up-Serie so gewählt, dass er aus der Dachmarke NIVEA und einer Ergänzung für die Subbrand bestand. Der Name der Subbrand sollte international verständlich sein und zur Produktkategorie passen. Für Dekorative Kosmetik empfand man einen französischen Begriff als besonders geeignet, so dass man sich schnell auf den Namen NIVEA Beauté einigte. Auch bei den weiteren Überlegungen zur Produktentwicklung und Markteinführung spielte es eine wichtige Rolle, dass die Positionierung und das Marketing-Mix auf die Produktkategorie abgestimmt sein sollten. Bei Beiersdorf bezeichnet man diese Kategorieadäquanz in Bezug auf Dekorative Kosmetik als „Kosmetizität“ oder „kosmetische Anmutung“. Darin drücken sich Aspekte wie Schönheit, Ästhetik und Femininität aus.

3.2 Marktforschung

Die Entwicklung und Markteinführung von NIVEA Beauté basierte keinesfalls allein auf Erfahrungen und Expertenurteilen, sondern wurde in allen Phasen von intensivster Marktforschung begleitet. Eine erste Gruppe von Untersuchungen betraf den Markt und die Vorbereitung der Markteinführung von NIVEA Beauté. Hier ging es in erster Linie um die Entwicklung einer Positionierung für NIVEA Beauté und eine Abschätzung der Marktchancen. Tabelle 1 zeigt diese Studien im Überblick (siehe zur Prüfung von Produktideen und Konzepten auch Erichson, 2002).

In Bezug auf den Markt im Allgemeinen wurde untersucht, welche Verbrauchsgewohnheiten bei Dekorativer Kosmetik bestanden und welche Erwartungen an die Produkte gestellt wurden. Dabei ging es insbesondere um das Verhältnis von Dekorativer Kosmetik und Körperpflege, da NIVEA einen Markentransfer aus dem Körperpflegebereich vornehmen wollte. Diese Untersuchungen wurden in einer Reihe von Ländern durchgeführt, um NIVEA Beauté als internationale Marke zu entwickeln.

Auch die Studien zur Markteinführung wurden in mehreren Ländern durchgeführt. Zu einem sehr frühen Zeitpunkt wurde zunächst getestet, ob die Einführung einer Make-up-Serie unter der bereits im Konzern existierenden Marke Liliane France erfolgen sollte oder ob die Kreation der Subbrand NIVEA Beauté vorteilhafter wäre. Dabei zeigte sich in Deutschland und Belgien schnell, dass die Marke Liliane France wenig Erfolg versprach und NIVEA Beauté der eindeutige Gewinner war. Es wurde deutlich, dass sich die Dachmarke NIVEA auch auf Dekorative Kosmetik übertragen ließ und keine negativen Rückwirkungen auf die Dachmarke zu befürchten waren. Weiter wurden Erwartungen an NIVEA Beauté erfragt und alternative Produktkonzepte und Positionierungen getestet. Schließlich erlaubten Testmarktsimulationen in mehreren Ländern die Abschätzung von zu erwartenden Marktanteilen.

Datum	Art der Untersuchung	Land*	Vorgehensweise
Allgemeine Marktstudien			
4/94	Competitve Copy Review	D	Analyse der Werbung von Konkurrenten
3/95	Socio-Cultural Study	F	12 Tiefeninterviews über die Beziehung zwischen Make-up und Körperpflege
4/97	Attitude & Usage Pretest	D,F	Gruppendiskussionen mit 32 Teilnehmern über Produkteinstellungen
8/97	Attitude & Usage Test	D	320 Einzelinterviews zu Produkteinstellungen und Verbrauchsgewohnheiten
7/97	Screener/Verbal Concept Test	D,F	320 persönliche Interviews zu Produktkonzepten
3/98	Verbal Concepts	D,F	Gruppendiskussionen mit 48 Teilnehmern pro Land zu Einstellungen zu Produkten mit besonderer Pflegekompetenz
4/98	Socio-Cultural Study	S	Gruppendiskussionen mit 32 Teilnehmern zu Dekorativer Kosmetik und Massenmarken sowie zu NIVEA Beauté
Markteinführungsstudien			
5/92	Consumer Reactions to Liliane France	D	Gruppendiskussionen mit 24 Teilnehmern zur Einführung der Marke Liliane France in Deutschland
11/93	Concept Test	D,B	Gruppendiskussionen mit insgesamt 36 Teilnehmern zur Akzeptanz der Marke NIVEA für Dekorative Kosmetik
2/94	Feasibility and Concept Test	D,B	Monadische Konzept-Präsentation zur Einführung unter Liliane France oder NIVEA Beauté
3/94	Consumer Expectations	D,F	Gruppendiskussionen zu Erwartungen an NIVEA Beauté
9/95-5/96	Pre-Bases	D,F,I	Testmarktsimulationen mit insgesamt ca. 3000 Interviews
6-12/96	Bases II	D,I	Testmarktsimulationen mit Marktanteilsschätzung
6/97	Positioning Concept Test	D,F	Focus Groups mit 32 Teilnehmern pro Land zu Positionierungskonzepten
* B=Belgien, D=Deutschland, F=Frankreich, I=Italien, S=Schweden			

Tabelle 1: Marktforschungsstudien zum Markt und zur Markteinführung

Neben den in der Tabelle gelisteten Studien wurde eine Vielzahl weiterer Untersuchungen zu Einzelheiten des Marketing-Mix durchgeführt. Sie betrafen die Verpackung (4 Studien), die Kommunikation (7 Studien) und vor allem die Produkte (16 Studien). Diese Produkttests führten zur schrittweisen Optimierung der Produkte, bis das gewünschte Qualitätsniveau erreicht war. Beiersdorf wollte auf jeden Fall dem Qualitätsimage der

Marke NIVEA gerecht werden. Jedes Produkt sollte in der Make-up-Leistung mindestens so gut sein wie die Konkurrenzprodukte und besser in der Hautpflege-Leistung.

Als Ergebnis all dieser Bemühungen entstanden schließlich eine komplette Linie von Make-up-Produkten und ein Positionierungskonzept.

3.3 Produktkonzept und Positionierung

NIVEA Beauté umfasste bei der Markteinführung 1997 etwa 20 Produkte mit circa 100 Varianten (Farben). Dazu gehörten Lippenstifte, Make-ups, Gesichtspuder, Lidschatten, Wimperntusche, Nagellacke und andere kategoriespezifische Produkte. Im Vergleich zu Konkurrenten war dies ein recht kleines Sortiment. NIVEA Beauté bot eine vergleichsweise kurze, aber auch übersichtliche Farbpalette an, und Produkte, die als nicht essenziell angesehen wurden, fehlten. Diese Beschränkung auf das Wesentliche hatte nicht nur interne logistische Gründe, sondern sollte vor allen Dingen auch der Konsumentin Auswahl und Orientierung erleichtern. Im Angebot waren Basisprodukte, die das beste an Pflege mit einer guten Make-up-Leistung kombinierten.

Kern der Positionierung waren die Begriffe Pflege und Natürlichkeit:

- „NIVEA Beauté ist die erste pflegende Kosmetikserie, entwickelt mit der ganzen Hautpflege-Kompetenz von NIVEA."
- „NIVEA Beauté unterstreicht Ihre natürliche Schönheit durch die perfekte Kombination von natürlich ausdrucksvollen Farben mit der spürbaren Pflege von NIVEA."

Dies wurde zusammengefasst unter den Schlagworten „NIVEA Beauté – Die Farben der Pflege" bzw. „Colours that Care".

Grundlage dieser Positionierung waren die im vorigen Abschnitt geschilderten Marktforschungsstudien. Darin erwies sich die Pflegeleistung als eine zentrale Anforderung an Make-up. Gerade im Zeitalter zunehmender Hautallergien schien dies ein wichtiges Argument zu sein. Des Weiteren gaben sehr viele Frauen an, dass sie natürlich aussehen wollten. Die vertrauenswürdige etablierte Hautpflege-Kompetenz von NIVEA sollte also soweit wie möglich auf den Bereich der Dekorativen Kosmetik übertragen werden mit klaren, überschaubaren Sortimenten, wie sie ebenfalls von den Verbraucherinnen gewünscht wurden.

Zielgruppe von NIVEA Beauté waren Frauen, die ihre natürliche Schönheit akzentuieren und ihre Persönlichkeit unterstreichen wollen. Dies waren pflegebewusste Frauen jedes Alters, wobei die Kern-Zielgruppe bei 25 bis 35 Jahren lag. Es sollten sowohl intensive als auch unregelmäßige Make-up-Verwenderinnen angesprochen werden.

Mit diesem Konzept wollte Beiersdorf Qualitätsführer für pflegende Dekorative Kosmetik werden. Als solcher sollte NIVEA Beauté eine wichtige Marktposition einnehmen.

3.4 Marketing-Mix

Dieses Positionierungskonzept galt es nun, in ein konkretes Marketing-Mix umzusetzen. Dabei sollte für die Subbrand NIVEA Beauté eine eigene Persönlichkeit entwickelt werden, die aber gleichzeitig Synergien mit der Dachmarke aufweist und diese unterstützt.

Bei den Produkten galt es zunächst, in allen wichtigen Merkmalen das Qualitätsniveau des Marktführers zu erreichen. Die Produkte wurden daher immer wieder in Blind-Tests über längere Zeiträume mit Konkurrenzprodukten verglichen und verbessert. Bei den Eigenschaften Pflege und Milde wollte man besser sein als der Wettbewerb. Es wurde daher beispielsweise darauf geachtet, dass die Produkte feuchtigkeitsspendende Inhaltsstoffe enthalten, welche die Haut schützen und pflegen, dass die Produkte leicht genug sind, um die Haut atmen zu lassen, und dass die Produkte dermatologisch und augenärztlich getestet wurden. Als schwierig erwies sich die Umsetzung der in der NIVEA Brand-Philosophy festgehaltenen sensorischen Schlüsselreize. Eine cremige und reichhaltige Konsistenz ist nur für einige Produkte angemessen. Und die weiße Farbe von NIVEA passt so gar nicht zu Dekorativer Kosmetik, wo Farben eine zentrale Rolle spielen. Hier zeigte sich deutlich das Wagnis, sich mit NIVEA Beauté relativ weit vom bisherigen Markenkern wegzubewegen.

Eine Beibehaltung der traditionellen Farben von NIVEA erfolgte immerhin bei der Verpackung, die durchgehend blau gestaltet wurde, angereichert durch silberne Stilelemente zur Unterstützung der Hochwertigkeit. Charakteristisch für NIVEA Beauté war die ovale Form aller Packungen, die nicht nur eine klare Differenzierung von der Konkurrenz ermöglichte, sondern auch eine besonders hohe Akzeptanz bei den Konsumentinnen erhielt durch ihre ausgeprägte Femininität und Weichheit (siehe zu Design und Verpackung auch Koppelmann, 2002).

In der Kommunikation ging es darum, deutlich zu machen, dass NIVEA für Pflege und Natürlichkeit steht. Dies musste sowohl visuell als auch verbal umgesetzt werden. Die Marke sollte emotional, aber auch nutzenorientiert präsentiert werden. Dies wurde – wie typisch für NIVEA – angestrebt, indem man Menschen zeigte, und zwar "reale Menschen in der realen Welt", die zwar Vorbildcharakter haben, aber gleichzeitig noch erreichbar sind. Diese Menschen strahlen Gesundheit und Wohlbefinden aus, es herrscht eine warme und natürliche Atmosphäre. Anklänge an die Dachmarke NIVEA fanden sich außerdem durch die Dominanz der Farben blau und weiß sowie die Verwendung der NIVEA-Schrifttype für die Überschrift.

Bezogen auf die Preispolitik bot NIVEA Beauté hohe Qualität zu einem fairen Preis. Der Preis lag dabei über dem Marktdurchschnitt.

3.5 Markteinführung und erste Ergebnisse

Die Markteinführung von NIVEA Beauté wurde zuerst Anfang 1997 in Belgien vollzogen. Dieses Land wollte man als Testmarkt nutzen, um Erfahrungen für die Einführung in größere Märkte zu sammeln. Zeitgleich erfolgte der Launch in Frankreich, wo ein Markenwechsel von der bestehenden lokalen Marke Liliane France auf NIVEA Beauté vorgenommen wurde. Anfang 1998 folgten Deutschland, Österreich, die Schweiz und die Türkei. Anfang 1999 rundeten Portugal, Schweden, Dänemark und Finnland den europäischen Launch ab.

Im Testmarkt Belgien erwies sich NIVEA Beauté als großer Erfolg. Dort wurde 1998 bereits ein Marktanteil von 12,2 % erreicht. Auch in Deutschland konnte nach nur einem Jahr bereits ein Marktanteil von 7,2 % erzielt werden, und nach vier Jahren ist NIVEA Beauté mit einem Marktanteil von 9,3 % die drittstärkste Marke, wie Tabelle 2 zeigt. NIVEA Beauté weist im Frühjahr 2001 eine ungestützte Markenbekanntheit von 45 % auf, die Sympathie für die Marke beträgt 52 % und die Markenverwendung (Verwendung mindestens eines Produktes) ist mit 40 % die zweithöchste aller dekorativen Marken (Quelle: Research International).

Marke	Marktanteile in Deutschland (1-12/2001)
Jade	23,1 %
L'Oreal Perfection	9,7 %
NIVEA Beauté	9,3 %
Manhatten	9,2 %
Ellen Betrix	8,5 %
Margaret Astor	8,4 %
Chicogo	5,9 %
Oil of Olaz	0,2 %

Tabelle 2: Marktanteile im Markt für Dekorative Kosmetik
Quelle: AC Nielsen

Beeindruckend ist auch der Vergleich mit der zum gleichen Zeitpunkt eingeführten Make-up-Serie von Oil of Olaz, die inzwischen aufgrund fehlenden Erfolgs aus dem deutschen Markt herausgenommen wurde. Abbildung 2 zeigt, wie von Anfang an die beiden Marken NIVEA Beauté und Oil of Olaz sehr unterschiedlichen Erfolg hatten, mit einer deutlich geringeren Verbraucherakzeptanz für Oil of Olaz.

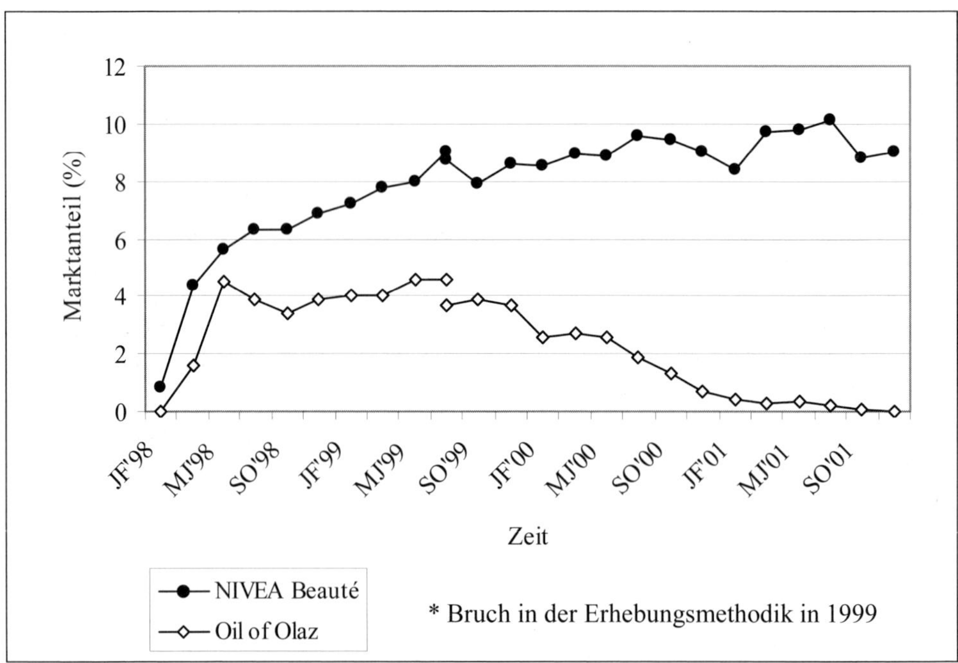

Abbildung 2: Marktanteilsentwicklung von NIVEA Beauté und Oil of Olaz
Quelle: AC Nielsen

Natürlich ruhte sich Beiersdorf auf seinen ersten Erfolgen nicht aus. Vielmehr wurde die Marktentwicklung genau beobachtet. Man lernte aus Erfahrungen in einem neuen Markt und optimierte die Vermarktung von NIVEA Beauté entsprechend. Wie dies geschah, ist Thema des folgenden Abschnitts.

4. Weiterentwickung von NIVEA Beauté: Lernen aus Erfahrung

4.1 Marktentwicklung

Der Markt für Dekorative Kosmetik hat sich seit Anfang bzw. Mitte der 90er Jahre, als Beiersdorf mit der Planung für NIVEA Beauté begann, dramatisch verändert. Das Bekanntwerden der Tatsache, dass zwei bedeutende Pflegemarken, NIVEA und Oil of Olaz, Make-up-Serien einführen würden, hat den Markt aufgerüttelt. Die schlafende Schönheit wurde auf einmal sehr aktiv. Existierende Wettbewerber versuchten, ihre Marktposition durch intensivierte Marketingaktivitäten zu stärken. Eine deutlich erhöhte

Innovationstätigkeit und wesentlich höhere Werbebudgets (bis zu einer Verdreifachung) sind Zeichen für den verschärften Verteilungskampf.

Unzählige weitere Wettbewerber sind auf den Markt gedrängt und haben diesem sehr hohe Wachstumsraten beschert: Der Reigen der Pflegemarken wurde 1999 durch den amerikanischen Launch von Neutrogena Kosmetik ergänzt, und viele sehr kreative Nischenmarken internationaler Make-up-Artists (z.B. MAC, Bobbi Brown, Nars) verstärkten den Trend hin zu sehr expressiven Farben und auffälligem Make-up. Im Jahre 1999 fand sich keine Spur mehr von dem klassisch-natürlichen Make-up der frühen 90er Jahre; der Markt der Dekorativen Kosmetik verabschiedete sich aus dem auslaufenden Jahrtausend expressiver, farbiger und schnelllebiger als je zuvor. Verbraucherpräferenzen und Marktcharakteristika hatten sich damit im Vergleich zur Ausgangslage Anfang der 90er Jahre grundlegend verändert.

Beiersdorf musste sich also fragen, ob die anfängliche Positionierung von NIVEA Beauté über Pflege und Natürlichkeit den veränderten Marktanforderungen noch angemessen war oder ob Veränderungen notwendig waren. Bereits während der Testmarktphase in Belgien und auch später nach der Markteinführung in anderen Ländern wurde dies intensiv diskutiert.

4.2 Veränderungen bei NIVEA Beauté

Erste Erfahrungen mit NIVEA Beauté am Markt führten bald zu Anpassungen der Positionierung und des Marketing-Mix. Während man 1997 noch ganz mit dem Launch in Belgien und Frankreich beschäftigt war, wurde in 1998 vorrangig das Sortiment ergänzt. Seit 1999 stehen die optimierte Positionierung und deren Umsetzung im Vordergrund.

Das anfängliche Sortiment von etwa 100 Produktvarianten erwies sich schon bald als zu klein. Die Auswahl an Farben war zu gering, und es fehlten hochwertige Spezialprodukte zur Untermauerung des Qualitäts- und Kompetenzanspruchs. Auch mussten die Farben schneller und stärker an die sich ändernde Mode angepasst werden, als dies ursprünglich geplant war. Man konnte sich nicht – wie erhofft – auf wenige Produktinnovationen beschränken. In einem Markt, der geprägt ist von geringer Konsumentenloyalität und einer starken Werbewirkung, ist ein kontinuierlicher Fluss von Innovationen entscheidend für den Markterfolg.

Die Positionierung von NIVEA Beauté hatte sich eingangs auf Pflege und Natürlichkeit konzentriert. Dann verlor jedoch die Natürlichkeit bei den Verbraucherinnen an Bedeutung, und auch der Pflegeaspekt stellte sich als nicht allein ausreichend für die Vermarktung von Dekorativer Kosmetik heraus. Pflege und Natürlichkeit passen zwar sehr gut zu NIVEA, aber – wie man inzwischen gelernt hat – nicht in gleichem Maße zum Markt für Dekorative Kosmetik. 1999 wurde daher eine gewisse Repositionierung von NIVEA Beauté vorgenommen. Bei der für jeden Markentransfer entscheidenden Balance zwischen den Anforderungen der Dachmarke NIVEA und den Anforderungen des Marktes neigt sich die Waage jetzt etwas mehr zu den Erfordernissen des Marktes.

Diese veränderte Positionierung äußert sich in einem deutlich expressiveren Verbraucher-Nutzen und neuen Markenwerten, welche die extrovertierte Persönlichkeit der Subbrand intensivieren. Dachmarken-immanente Werte wie Authentizität, Vertrauen, Sicherheit, Sympathie, Verständnis und Nähe zum Verbraucher wurden ergänzt durch Werte wie Individualität, Expressivität, Lebensfreude, Mode- und Kosmetikkompetenz. Ausdruck fanden diese Werte in einer neuausgearbeiteten Kommunikationsplattform der Marke, die den Werbeauftritt im Jahre 1999 entscheidend modernisiert und „kosmetiziert" hat. Pflegeaspekt und die Qualität von NIVEA spielten nach wie vor eine wichtige Rolle. Hinzu kamen aber Schönheit, Mode und Kosmetizität, die notwendig sind, um den Ansprüchen der Produktkategorie vor allen Dingen in der Kommunikation zu entsprechen. Die anfängliche Introvertiertheit wich einer deutlichen Extrovertiertheit, deren Grenzen allerdings durch die übergeordnete Dachmarken-Persönlichkeit definiert werden.

Der Erfolg dieser neuen Werbung wird unter anderem dadurch dokumentiert, dass eine Anfang 1999 durchgeführte Kampagne für das Produkt „Mascara Optimal" vom Gesamtverband Werbeagenturen e. V. (GWA) mit dem silbernen „Effie" ausgezeichnet wurde. Dieser bedeutende Preis der Werbewirtschaft würdigt Effizienz in der Werbung und wurde Beiersdorf für eine gelungene Positionierungskampagne in einem konkurrenzintensiven Markt verliehen. Im Jahre 2001 dokumentiert ein zweiter, bronzener, „Effie" den anhaltenden Erfolg der Kommunikation von NIVEA Beauté.

Auch bei der Umsetzung der neuen Positionierung im sonstigen Marketing-Mix verstärkte NIVEA Beauté seine kategoriespezifischen Charakteristika: Silberne Verpackungen brechen seit 1999 den vorwiegend dunkelblauen Farbcode der Marke auf.

4.3 Ausblick

Zentral für jeden Markentransfer ist die Balance zwischen der Muttermarke auf der einen und den Besonderheiten des Marktes auf der anderen Seite. Bei NIVEA Beauté hat sich diese Waage zunächst recht stark zur Dachmarke geneigt; man vertraute anfangs sehr auf die erfolgreichen Werte und die Positionierung von NIVEA. Nach ersten Erfolgen wurde dann schrittweise die kategoriespezifische Persönlichkeit der Subbrand verstärkt, ohne allerdings das Dachmarkenterrain zu verlassen. Erste Erfahrungen zeigen, dass negative Rückwirkungen von NIVEA Beauté auf die Dachmarke NIVEA nicht zu befürchten sind.

Interessant wird es sein, die Entwicklung des durch die Verbraucher wahrgenommenen Images der Dachmarke NIVEA zu beobachten. Ein ganz besonderer Erfolg wird NIVEA Beauté sein, wenn die Subbrand nicht nur im Markt für Dekorative Kosmetik hohe

Marktanteile erzielt, sondern auch das Image der Dachmarke modernisiert und damit NIVEA insgesamt hilft. Während also anfangs NIVEA Beauté sehr stark von der Dachmarke profitiert hat, ist nun zu hoffen, dass auch NIVEA durch die Subbrand gewinnt. Zwei Jahre nach Launch konnte festgestellt werden, dass keine negativen Effekte aufgetreten sind. Vielmehr zeigten sich bereits positive Effekte von NIVEA Beauté auf das Dachmarkenimage, u.a. auf den Dimensionen „jung", „optimistisch" und „modisch". Erste wichtige Schritte zur Verjüngung und Modernisierung der Dachmarke durch den Launch von NIVEA Beauté scheinen damit getan.

5. Literatur

BEIERSDORF AG, NIVEA, Evolution of a World Famous Brand, Hamburg 1995.

BROCKHOFF, K., Produktinnovation, in: Albers, S./Herrmann, A., (Hrsg.), Handbuch Produktmanagement, 2. Aufl., Wiesbaden 2002.

ERICHSON, B., Prüfung von Produktideen und -konzepten, in: Albers, S./Herrmann, A., (Hrsg.), Handbuch Produktmanagement, 2. Aufl., Wiesbaden 2002.

ESCH, F.-R., Markenprofilierungund Markentransfer, in: Albers, S./Herrmann, A., (Hrsg.), Handbuch Produktmanagement, 2. Aufl., Wiesbaden 2002.

KELLER, K. L., Strategic Brand Management. Building, Measuring, and Managing Brand Equity, Upper Saddle River 1998.

KOPPELMANN, U., Design und Verpackung, in: Albers, S./Herrmann, A., (Hrsg.), Handbuch Produktmanagement, 2. Aufl., Wiesbaden 2002.

Michel Clement

Produktmanagement von Mediengütern

1. Medienprodukte

Medien sind Vermittlungsträger von Informationen zwischen Quelle und Empfänger. Sie werden daher als Kommunikationsmittel von Menschen verstanden. Umgangssprachlich ist der Begriff Medien vor allem mit den Massenmedien verbunden (Schumann/Hess 2005, S. 5 ff.). Massenmedien – wie etwa das Fernsehen oder Hörfunk – sind Distributionskanäle von Medieninhalten. So ist eine Zeitschrift ein Bündel von Inhalten in Form von Fotos und Texten bzw. ein TV-Programm ist eine Abfolge von Nachrichten, Werbung oder Filminhalten. Demnach gilt es bei der produktpolitischen Betrachtung mehrere Ebenen des Produkts zu differenzieren:

Die erste Ebene ist der Medieninhalt (z.B. ein Musikstück). Dieser Inhalt wird entweder als einzelnes Produkt angeboten oder aber mit anderen Inhalten gebündelt (z.B. ein Album mit 10 Songs). Bei der Bündelung der Elemente kommt es bereits zu zentralen Eingriffen durch die Produktpolitik bzw. durch die Programmplanung, da mit variantenreichen Produktbündeln auch eine Preisdifferenzierungsstrategie möglich wird. Die zweite Ebene des Produkts wird durch die Distribution geprägt. Hierbei ist das Trägermedium entscheidend für die Produktpolitik. So kann z.B. ein literarischer Inhalt in Form eines Buches physisch oder als eBook digital verkauft oder vermietet werden. Der Wert des Inhalts wird hierbei substanziell durch die Beschaffenheit des Trägermediums beeinflusst, denn eine CD bzw. DVD hat eine andere Wertigkeit als ein Download. Auch in dieser Ebene kommt es zu Bündelstrategien, denn in Abhängigkeit des Trägermediums lassen sich weitere Produktelemente hinzubündeln (etwa Booklets).

Die produktpolitische Gestaltung von Medieninhalten hängt hierbei im Wesentlichen von dem Geschäftsmodell ab (Abb. 1). So lassen sich mit Medieninhalten auf vier Märkten Erlöse erzielen. Zum einen kann der Rezipientenmarkt adressiert werden, indem der Zugang (z.B. im Kino) bzw. die Nutzung (z.B. Videothek) der Inhalte tarifiert wird. Häufig lassen sich Mischformen mit dem Werbemarkt finden, so dass zusätzliche Erlöse durch Werbung, die mit in das Produkt gebündelt wird, erzielt werden. Teilweise stellen die Medienunternehmen nur auf diesen Markt ab (z.B. RTL) und geben das Produkt kostenlos an die Rezipienten ab, um so an Reichweite zu gewinnen. Des Weiteren lassen sich Erlöse für Inhalte erzielen, wenn politische, kulturelle oder gesellschaftliche Interessen durch die Produkte berührt werden. So lassen sich durch bestimmte produktpolitische Maßnahmen (z.B. das Einbeziehen von deutschen Stars oder die Wahl eines deutschen Drehortes) erhebliche Fördersummen für die Erstellung und Distribution von z.B. Filmen einwerben. Schließlich lassen sich weitere Erlöse durch die Vermarktung des Produkts in andere Bereiche bzw. Regionen auf dem Rechtemarkt erzielen.

Durch die Bündelfähigkeit des Produkts erschließt sich dem Produktmanagement die Möglichkeit, die Inhalte mehrfach in unterschiedlichen Varianten zu verwerten. Durch produktpolitische Maßnahmen kann z.B. ein Film sequentiell (oder parallel) mehrere Märkte bedienen. So wird typischerweise in der Startphase nur der Rezipientenmarkt mit der Kinoverwertung bedient, so dass der Zugang zu dem Inhalt verkauft wird, ohne dass der Kinogänger das Eigentum an dem Film in Form z.B. einer DVD bekommt. Im Anschluss daran wird dann die nächste Ebene des Rezipientenmarktes bedient, indem Leih- bzw. Kauf-DVDs angeboten bzw. der Zugang über pay-per-view-Zugänge entweder im Pay-TV (z.B. Premiere) oder im Web (z.B. bei in2movies) vermarktet werden. Erst später wird der Werbemarkt adressiert, indem der Film im werbefinanzierten Free-TV angeboten wird. Da die internationale Vermarktung in der Regel von Lizenznehmern vorgenommen wird, kann damit auch noch der Rechtemarkt bedient werden.

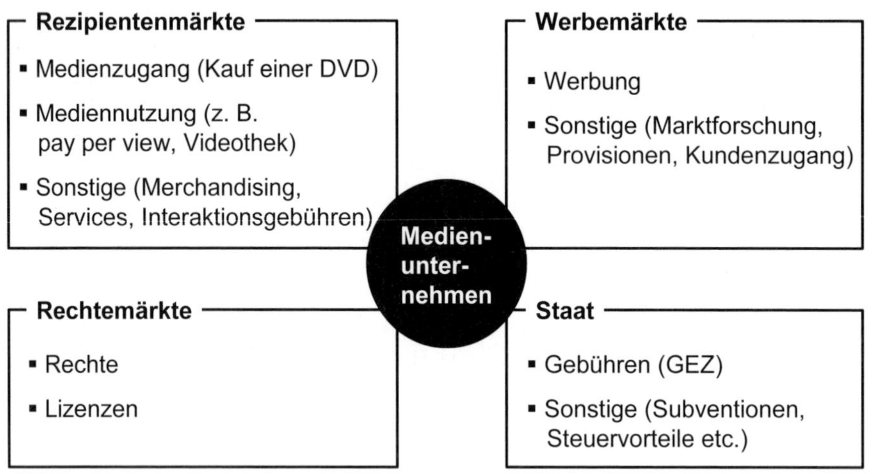

Abbildung 1: Medienmärkte und Geschäftsmodelle

Das Zusammenspiel der vier Märkte führt zu Besonderheiten in der Vermarktung der Inhalte, die im folgenden Abschnitt diskutiert werden.

2. Besonderheiten von Medienmärkten

2.1 Regulierende Eingriffe in die Medienmärkte

Das Produktmanagement von Mediengütern sieht sich weltweit erheblichen Einschränkungen durch politisch motivierte Ziele entgegen. Die politischen Eingriffe lassen sich im Großen und Ganzen auf zwei zentrale Aspekte zurückzuführen. Zum einen kommt es bei Mediengütern zu einer Regulierung in der Produktion und vor allem der Distribution, weil insbesondere Massenmedien die Meinungen zu beeinflussen vermögen. Dies führt zu sehr eng gefassten Rahmenbedingungen und umfangreicher Kontrolle (oder Zensur) durch die entsprechenden staatlichen Organe.

Zum anderen werden Medienprodukte häufig als meritorische Güter angesehen (Vogel 2004, S. 19 und Wirtz 2005, S. 18 ff.). Meritorische Güter liegen dann vor, wenn die Politik glaubt, dass bestimmte Güter einen größeren Nutzen für die Wohlfahrt des Landes stiften können, als es sich in der bei freier Marktwirtschaft bestehenden Nachfrage widerspiegelt. Somit lassen sich staatliche Subventionen rechtfertigen, um z.B. deutsche Filme mit 60 Mio. EUR pro Jahr (Stand 2006) zu fördern. Diese Subventionen werden insbesondere durch externe Effekte begründet, denn durch die (per Subventionen geförderte) Produktion „kulturell wertvoller" Güter soll das Konsumkapital beim Volk aufgebaut werden, so dass die Nachfrage nach Kultur weiter steigt (Stigler/Becker 1977). Dieses Kalkül geht allerdings nur auf, wenn die geförderten Güter auch konsumiert werden. Durch diese staatlichen Subventionen (z.B. im Filmbereich) oder Steuerbegünstigungen (z.B. der reduzierte Steuersatz bei Büchern) kommt es zu Produkteinführungen, die sonst im freien Wettbewerb keine Chance gehabt hätten. Auch führt diese Überlegung des Staates zu erheblichen Einschränkungen in der Produktdifferenzierung, denn aufgrund der Buchpreisbindung kann ein produktdifferenziertes Buch nicht zu unterschiedlichen Preisen in Deutschland verkauft werden (van der Ploeg 2004).

Aufgrund der zahlreichen staatlichen Eingriffe kommt es zu verzerrten Wettbewerbssituationen und zu zahlreichen Einschränkungen im Produktmanagement.

2.2 Medienprodukte im Wettbewerb

Neben den politischen Einschränkungen in der Produktpolitik zwingt auch der mehrdimensionale Wettbewerb zur Suche nach dem optimalen Eigenschaftsbündel für die jeweiligen Verwertungsmärkte von Inhalten. So muss sich ein Zeitschriftenverlag stets dem Spannungsfeld zwischen publizistischer Qualität und betriebswirtschaftlicher Realität stellen, denn nur ein interessantes Produkt erzielt die notwendige Reichweite auf den Rezipientenmärkten, die dann genutzt werden kann, um wiederum Erlöse im Werbemarkt zu generieren. Dies führt zu einem fundamentalen Problem, denn die wesentlichen Erlöse entstammen häufig aus dem Werbemarkt, so dass das Produkt sowohl dem Zielpublikum (Leser) als dem Werbemarkt gerecht werden muss. Dieses Spannungsfeld führt häufig zu einem Druck auf die Redaktion, gegebenenfalls auf die Präferenzen des Werbekunden einzugehen und entsprechend das Produkt anzupassen. Da aber die Redaktion vorrangig den Leser als Kunden ansieht, kommt es teilweise zu Zielkonflikten hinsichtlich der optimalen Ausgestaltung des Produkts für die einzelnen Märkte. Daher kann eine produktpolitische Optimierung nicht nur auf einen Markt ausgerichtet sein, sondern sollte immer im Verbund vorgenommen werden, so dass die produktpolitischen Anforderungen aller vier in Abb. 1 aufgezeigten Märkte ins Kalkül einbezogen werden müssen (Henning et al. 2005).

Der Markt für Medienprodukte ist von einem hohen Wettbewerb geprägt (Abb. 2), weil die Markteintrittsbarrieren für das Erstellen von Texten oder Musik eher gering sind und so ein breites Angebot zur Befriedigung der heterogenen Präferenzen bereit gestellt wird. Bei Filmen sind die Kapitalkosten für die Produktion und Vermarktung des Filmes sehr hoch, so dass Markteintrittsbarrieren für ressourcenschwache Anbieter bestehen (Basuroy/Chatterjee/Ravid 2003). In 2005 sind etwa 90.000 neue Bücher in den Markt gekommen (Börsenverein 2006). Zusammen mit älteren Büchern kann der Kunde somit aus einem sehr großen Produktangebot wählen. Ähnliches gilt auch für den Musikmarkt und etwas abgeschwächter für Filme.

Interessanterweise ist die Erlösverteilung dieser vielen Produkte ähnlich wie beim Venture Capital: „Many are called, but few are chosen“ (Vogel 2004, S. 464), so dass wenige profitable Produkte die vielen nicht profitablen Projekte querfinanzieren. Aus diesem Grunde ist die Produktpolitik im Medienbereich stark Portfolio getrieben, denn die Marketingbudgets sind nicht ausreichend, um alle Produkte gezielt zu vermarkten.

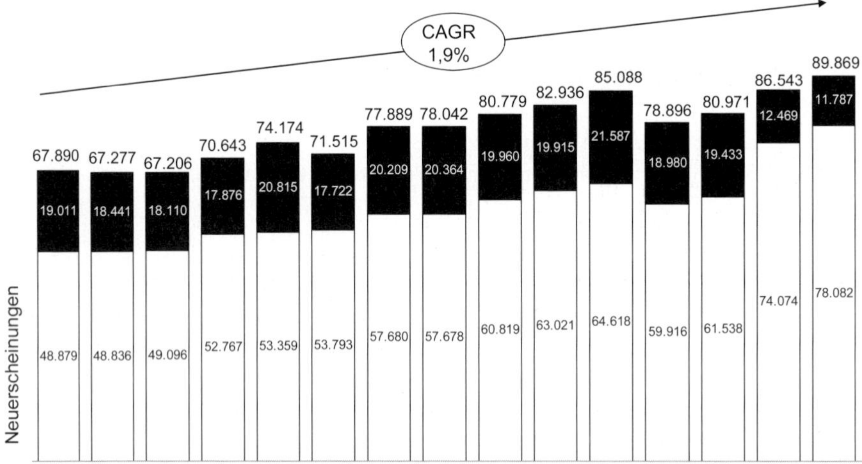

Abbildung 2: Neuerscheinungen und Neuauflagen im deutschen Buchmarkt

Buch und Buchhandel in Zahlen 2006, S. 55 ff.

2.3 Medien als digitale Güter

Medien eignen sich hervorragend zur Distribution über das Internet, weil sie vollständig digital vorliegen. So vertreibt z.B. Apple digitale Musik, Filme oder Hörbücher über seinen iTunes Store. Die Digitalisierung hat den Vorteil der Entbündelung und der Online-Distribution, aber auch den Nachteil, dass die Eigentumsrechte nur schwer durchzusetzen sind (Clement/Schusser 2006). Ein Blick in die Tauschbörsen (z.B. emule) zeigt, dass sowohl Bücher als auch Musik und Filme aller Genres größtenteils illegal angeboten werden. Daher muss sich die Produktpolitik von Medien stets mit der Produktpolitik der Piraten messen. Dieser Aspekt ist zentral, denn die Nachfrager sind nicht bereit, nur eine eingeschränkte Produktqualität der legal angebotenen Medieninhalte zu akzeptieren. So bieten die legalen Musikdownloadanbieter in der Regel Musikinhalte nur mit 128 kbit/s kodierter Qualität an, während in Tauschbörsen die Qualität deutlich höher ist (Becker/Clement 2006). Da die Musik-Industrie aber nur sehr langsam die notwendigen Lizenzen zur Verfügung stellt, die dann kommerziellen Services ein umfangreiches und qualitativ hochwertiges Download-Angebot ermöglichen, übernehmen die Nachfrager mit eigenen Mitteln die Schaffung und Bereitstellung des Angebots. Hier greifen die klassischen Mechanismen des Schwarzmarktes – so wie man es im Filmbereich mangels legaler Alternativen in Deutschland zurzeit sehr gut beobachten kann.

Nachdem nun die wichtigsten Markteinflüsse für das Produktmanagement von Mediengütern dargelegt wurden, soll nun auf die Besonderheiten von Medienprodukten spezieller eingegangen werden.

3. Besonderheiten von hedonischen Gütern

Medienprodukte sind so genannte hedonische Güter, deren Konsum typischerweise experimenteller Natur ist und Spaß, Vergnügen und Emotionen erzeugt (Dhar/Wertenbroch 2000). Hedonischer Konsum kann als „facets of consumer behavior that relate to the multisensory, fantasy and emotive aspects of one's experience of products" definiert werden (Hirschman/Holbrook 1982, S. 92). Hierbei wird auf die emotionale Komponente abgestellt, die bei vielen Gütern die zentrale Motivation des Konsums darstellt. Diese findet sich zwar auch bei vielen traditionellen Gütern (z.B. Mode- oder Luxusgüter), sie dominiert aber bestimmte Produkte wie Musik, Bücher, Filme, Stadienbesuche, Konzerte oder auch Kunstausstellungen – man möchte beim Konsum einfach nur Spaß haben oder unterhalten werden.

Die Bewertung der Qualität der hedonischen Eigenschaften vor dem Konsum des Gutes ist jedoch ein sehr schwieriges Unterfangen für ein Individuum, weil es sich um ein Erfahrungsgut handelt (Batra/Ahtola 1990). Während sich die objektiven Eigenschaften eines Produkts vergleichsweise einfach analysieren lassen (Langeat/Czellar/Laurent 2003), fällt es einem Interessenten schwer, z.B. ein Buch vor dem Konsum zu bewerten, das durch einen hohen Grad an hedonischen Eigenschaften geprägt ist, da das hedonische Erlebnis immer erst nach dem Konsum bewertet werden kann (Clement/Proppe/Rott 2007). Demnach ist ein hedonisches Gut immer ein Erfahrungsgut.

Die hedonischen Eigenschaften von Medienprodukten führen auch dazu, dass jedes neue Produkt kaum mit anderen Produkten verglichen werden kann. So ist z.B. ein neuer Harry-Potter-Band ein vollkommen anderes Produkt als sein Vorgänger, weil die neue Geschichte andere Emotionen weckt und so die Konsumerfahrung eine ganz andere ist. Dies gilt umso mehr, als dass die Leser nach neuer Unterhaltung streben und neue Produkte nachfragen, die anders als die vorherigen sein sollen, da sonst keine „neue" Unterhaltung entsteht. Um diese Nachfrage zu befriedigen, werden immer mehr neue Produkte angeboten, so dass sich der Konsument jedes Mal mit den Eigenschaften des Produkts neu auseinandersetzen muss, denn selbst unter den Harry-Potter-Bänden lässt sich das eine Buch nicht unmittelbar durch das andere Buch ersetzen. Somit liegt nur eine begrenzte Substituierbarkeit vor.

Diese Qualitätsunsicherheit ist zwar kein exklusives Attribut hedonischer Güter, sondern allen Erfahrungsgütern gemein (Akerloff 1970). Medienprodukte haben jedoch die besondere Schwierigkeit, dass die Qualität der Produkte aufgrund der problematischen intersubjektiven Übertragung emotional-dominierender Qualitätsurteile schwierig zu beschreiben ist. Diese Informationsasymmetrie hedonischer Güter motiviert insbesondere die Nachfrager, glaubwürdige Informationen (z.B. über Kritiker) zu beziehen, um so nicht auf das „falsche Pferd" zu setzen (Franck /Winter 2003).

Da hedonische Produkte zudem häufig eine Symbolfunktion innehaben, ist das Konsumrisiko besonders hoch, das falsche Produkt zu wählen. So ist es für viele Musikliebhaber ein Element der sozialen Positionierung, welchen Musikstil sie symbolisieren und welche Bands sie bewundern (Hamlen 1991). Ein Teenager wird sich in der Regel erklären müssen, wenn er die Wildecker Herzbuben hört. Daher ist es wichtig, die „richtige" Musik innerhalb des eigenen sozialen Netzes (z.B. Klassikmusik in „gehobenen Kreisen") zu kennen (Clement/Albers 2005). Die hohe emotionale Komponente der Musik begründet daher auch die starke Orientierung an den Charts und dem steten Verfolgen von Trends, die im Markt vorzufinden sind (Bradlow/Fader 2001). Aus der hedonischen Komponente des Produkts lässt sich daher auch das Vorliegen von Netzeffekten begründen, denn je mehr Nutzer dasselbe Produkt konsumieren, desto geringer ist das soziale Risiko für den einzelnen, ein möglicherweise falsches Symbol nach außen zu liefern.

Um dem Risiko-Dilemma zu begegnen, lassen viele Anbieter von hedonischen Produkten eine Erprobung vor dem Kauf zu. Dies gilt allerdings nicht für Filme oder Konzerte, da der Grenznutzen nach dem ersten Konsum (in diesem Fall die Erprobung) zu stark abnimmt (Clement 2004). Somit versuchen Filmverleiher die Unsicherheit über die Qualität eines Filmes im Vorfeld durch Trailer oder Werbung zu reduzieren (Müller/Ceviz 1993). Eine Erprobung kann aber auch hohe Kosten beim Nutzer hervorrufen. So lässt sich ein Buch wegen der Lesedauer in einem Buchgeschäft nur zu hohen Opportunitätskosten probelesen. Daher muss sich das Produktmanagement frühzeitig mit dem Problem auseinandersetzen, wie die Unsicherheit über die Produktqualität reduziert werden kann. Hierfür eignet sich neben der Kommunikationspolitik vor allem auch das Produkt selbst. Im Filmbereich können z.B. Informationen über die Stars, Regisseure, Genres, Altersbegrenzungen (FSK-Einteilung bei Filmen) oder bekannte Vorlagen (z.B. Harry Potter) die Unsicherheit über das Produkt reduzieren, weil sie Signale an die Konsumenten ausstrahlen (Clement 2004 und Eliashberg/Elberse/Leenders 2006).

Tabelle 1 zeigt zusammenfassend die Unterschiede zwischen hedonischen und utalitaristischen Gütern (z.B. Waschmaschinen oder Käse) auf (Clement/Fabel/Schmidt-

Stölting 2006). Hierbei werden die Unterschiede in produkt- und nachfragespezifische Aspekte eingeteilt.

	Hedonische Güter	Utalitaristische Güter
Produktspezifische Unterschiede		
Produkttyp	*Erfahrungsgut*	*Suchgut*
Qualitätsunsicherheit	*Relativ hoch*	*Relativ gering*
Eigenschaften	*Subjektiv, symbolisch, ästhetisch, intangibel, einzigartig.*	*Objektiv, funktional-technisch, tangibel, Massenware*
Nachfragespezifische Unterschiede		
Konsumrisiko	*Relativ hoch (ökonomische und soziale Risken)*	*Relativ gering (ökonomische und technische Risken)*
Konsumerfahrung	*Multisensorisch, variierend*	*Konstant*
Involvement	*Geringes kognitives und hohes emotionales Involvement*	*Hohes kognitives und geringes emotionales Involvement*
Produktbewertung	*Emotional, subjektiv*	*Rational, analytisch, objektiv*
Kaufmotive	*Emotionen, variety-seeking, Ausdruck von Individualismus, Symbolcharakter*	*Rational, Funktionalität, Problemlösung, Qualität*
Kaufentscheidung	*Holistisch (abhängig von den subjektiven Eigenschaften des Produkts)*	*Rational/kognitive Wahl (abhängig von den objektiven Eigenschaften des Produkts)*
Kauftyp	*Impulsiv*	*Bequemlichkeit*
Konsumhäufigkeit	*Selten mehrfacher Kauf, aber durchaus mehrfacher Konsum*	*Abhängig von der Lebensdauer des Produkts*

Tabelle 1: Hedonische versus utalitaristische Güter

4. Lebenszyklus von Medienprodukten

Während der Diffusionsprozess von langlebigen Gebrauchsgütern bereits umfangreich analysiert wurde (z.B. Bass 1969 und Albers 2004), ist die Diffusion von Medienprodukten bislang nur rudimentär betrachtet worden (Clement/Fabel/Schmidt-Stölting 2006). Dies ist umso erstaunlicher, als dass hedonische Güter im Allgemeinen und Medienprodukte im Speziellen besondere Lebenszyklen haben, die sich von den utalitaristischen Gütern erheblich unterscheiden. Medienprodukte, wie z.B. Filme, weisen typischerweise einen exponentiell fallenden Verlauf auf, so dass der Umsatz in den ersten Wochen am höchsten ist und dann zügig abnimmt (Ainslie/Drèze/Zufryden 2005). Der so genannte „Run" (ohne Nachspielkinos) dauert typischerweise drei Monate in einem Markt – mit abnehmender Tendenz (Eliashberg/Elberse/Leenders 2006). So wird nach dem ersten Wochenende häufig bereits 25% des Gesamtumsatzes des Films im Kino realisiert (Krider /Weinberg 1998).

Abbildung 3 verdeutlicht den Absatz von Filmen auf DVD und zeigt, dass der Absatz in den ersten Wochen in der Regel am höchsten ist.

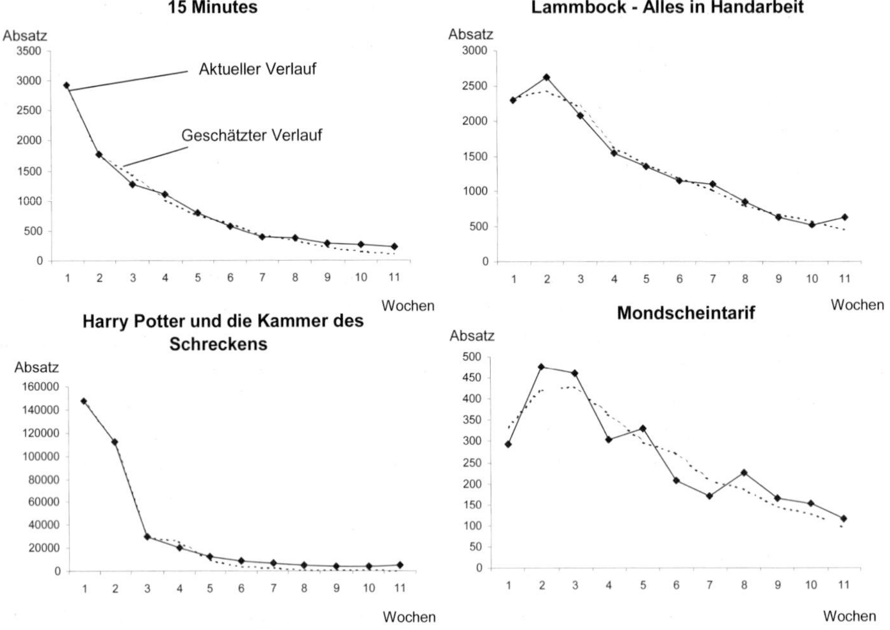

Abbildung 3: Lebenszyklen von Filmen auf DVD

Dieser typische Verlauf lässt sich auch für Musik und Bücher finden (Beck 2007 und Bradlow/Fader 2001) und sich wie folgt begründen:

(1) Hohe Produktionskosten (first copy costs): Die erstmalige Erstellung eines Medienprodukts (z.B. eines Filmes) ist im Vergleich zur Erstellung der Kopien um ein Vielfaches teurer. So werden Spielfilme durchaus mit Produktionsbudgets jenseits von 100 Mio. US$ versehen (z.B. Casino Royale ca. 150 Mio US$, Spiderman 3 ca. 300 Mio US$). Neben den hohen fixen Kosten für die erstmalige Erstellung des Produkts und den geringen variablen Kosten bei der Vervielfältigung kommt es zudem zu der Besonderheit, dass die Produktionskosten „sunk" sind (Clement 2004). Aufgrund der Kostenstruktur und der digitalen Piraterie ist es für die Unternehmen ökonomisch sinnvoll, möglichst schnell alle großen internationalen Märkte zu bedienen, so dass Medienpro-

dukte fast immer auch international verwertet werden (Elberse/Eliashberg 2003 und Becker/Clement 2006). Daher kommt es zunehmend zu global simultanen Starts bei gleichzeitig hohem Werbedruck, um so auch länderübergreifende Diffusionseffekte zu nutzen (Talukdar/Sudhir/Ainslie 2002 und Elberse/Eliashberg 2003).

(2) Medieprodukte sind Hit- bzw. Star-Produkte, die nur einen sehr kurzen Lebenszyklus haben (Clement/Albers 2005). Da die Nachfrage nach einem bestimmten Film oder einem Musik-Album bereits nach nur sehr kurzer Zeit auf einem geringen Niveau ist (siehe Abbildung 2), weisen die Anbieter (z.B. Kinos) ihre Kapazitäten zügig neuen Filmen zu (Clement/Fischer/Goerke 2007).

Aber auch das Produkt selbst unterliegt Star-Effekten: Da Star-Autoren wie Günther Grass oder Musik-Stars wie Robbie Williams bereits sehr bekannt sind, wissen die Fans, wie der Stil ist und inwieweit sich der Star als Symbol eignet. Somit ist das Konsumentenrisiko bei Stars gering. Daher verkauft sich ein neues Album von Anfang an sehr gut, wobei der Absatz dann mit der Zeit relativ schnell zurückgeht. Auch die Radiostationen spielen Neuerscheinungen von Stars sehr früh und erhöhen den Anreiz zum schnellen Kauf. Zudem sind Super-Stars eher im Fokus der Werbung, so dass ein exponentieller Verkauf der Alben oder Bücher typisch ist (Clement/Proppe/Rott 2007).

Künstler hingegen, die erst unbekannt sind, aber nach und nach immer bekannter werden, durchlaufen einen typischen Diffusionsprozess von Kritische-Masse-Systemen. Unter dem Kritische-Masse-Phänomen versteht man die Eigenschaft eines Dienstes, nach dem sich erst ab einer bestimmten Mindestzahl von Nutzern ein selbst tragender Penetrationsprozess entwickelt. Die Kritische-Masse liegt bei ca. 10% der Nutzerpopulation (Rogers 1995, S. 324). Diese klassische Annahme vernachlässigt allerdings die Zeit. Es ist sehr relevant, dass z.B. ein unbekannter Autor in einer relativ kurzen Zeit eine ausreichende Diffusion verzeichnen kann, denn nur dann kommt er in die Charts. Mit dem Eintritt in die Top 100 kann von der ersten Kritischen Masse gesprochen werden. Die zweite Kritische Masse ist dann der Einzug in die Top 50 mit der entsprechenden Reaktion des Handels. Der Absatzverlauf ist dann ein – aus der klassischen Diffusionstheorie bekannter – s-förmiger (Bass 1969). Schaffen es Künstler nicht in die Charts, so könnten sie zwar über die Zeit hinweg so genannte „long seller“ werden, aber der Handel wird sie wenig fördern und damit die Erfolgswahrscheinlichkeit weiter verringern.

(3) Wegen der entscheidenden Phase zu Beginn des Lebenszyklus eines Medienprodukts zielen nahezu alle Marketingmaßnahmen der Anbieter (z.B. Film-Studios) auf den Startzeitpunkt ab. Dort zeigt sich die „Markteignung“, die z.B. die Eignung des Films zur Sicherstellung eines großen Eröffnungspublikums beschreibt. Die „Spielbarkeit“, die als Eignung des Films zur Sicherung hoher und langfristiger Umsätze verstanden wird, kann hingegen noch in späteren Phasen beeinflusst werden (Krider/Weinberg 1998). Wird der Film allerdings durch eine falsche Marketing-Strategie im Vorfeld des Starts falsch positioniert, dann lassen sich kaum noch Anpassungen vornehmen. Kaum ein Film hat sich im Nachhinein als erfolgreich erweisen können, wenn trotz einer großen Werbekampagne nicht bereits am Startwochenende hohe Umsätze erzielt wurden (Clement 2004). Ähnliches lässt sich für Neuprodukteinführungen von Stars aus der

Buch- oder Musikindustrie feststellen, die sehr schnell als Flop tituliert werden, wenn sie nicht zügig hohe Verkaufszahlen realisieren können.

Aus diesen Ausführungen folgt, dass in der Regel der Absatz von Filmen, Büchern oder Musikprodukten zu Beginn hoch ist und dann binnen kurzer Zeit rapide abnimmt (Abb. 3). Dies gilt auf der einen Seite vor allem für die Produkte der Stars, die den Kern des Geschäfts ausmachen. Dort beobachtet man häufig einen exponentiell fallenden Verlauf des Absatzes über die Zeit (Jedidi/Krider/Weinberg 1998; Ainslie, Drèze und Zufryden 2005). Auf der anderen Seite existieren auch zahlreiche Beispiele, bei denen der Absatz in der ersten Woche schwächer ist und die Produkte erst langsam durch Mundpropaganda eine steigende Nachfrage generieren konnten. So ist z.B. der Film „Borat: Cultural Learnings of America for Make Benefit Glorious Nation of Kazakhstan" (der weltweit ca. 235 Mio. US$ nur in der Kinoverwertung eingespielt hat) ein so genannter „Sleeper". Der Erfolg kam erst in der zweiten Woche, als die umfangreichen PR-Maßnahmen den Film binnen Kurzem zum Kult-Status verhalfen. D.h. der höchste Absatz wurde erst nach zwei Wochen verzeichnet, so dass der Diffusionsverlauf von Medienprodukten nicht zwangsläufig einen exponentiellen Verlauf aufweist.

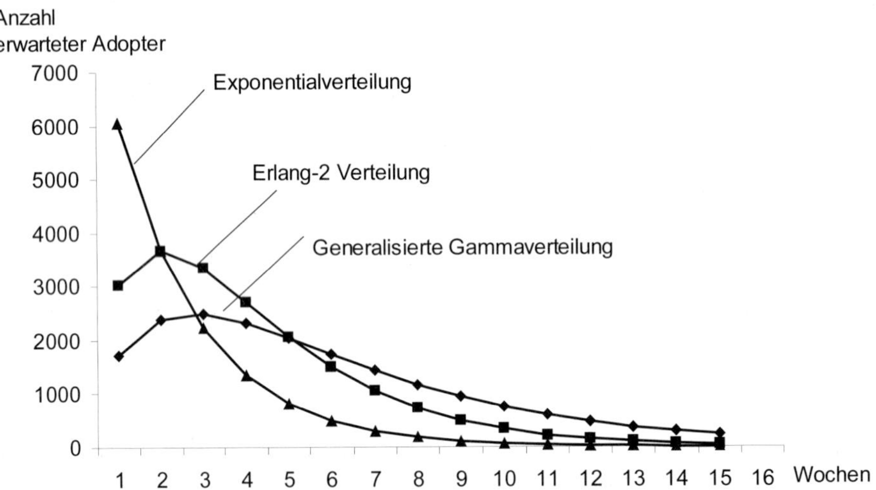

Abbildung 4: Geeignete Verteilungen zu Abbildung von Diffusionsverläufen von Medienprodukten

Ähnliches kann auch aus dem Buchbereich berichtet werden. So können späte Kritiken beispielsweise ein Buch zum Erfolg führen (Clement/Proppe/Rott 2007). Aus diesem Grund ist es für die Diffusionsforschung von Medienprodukten notwendig, dass die Modelle ein hohes Maß an Flexibilität mit sich bringen, um die vielfältigen Verläufe auch adäquat abzubilden. Abbildung 4 zeigt auf, welche Verteilungen derartige Verläufe gut abzubilden vermögen.

Frühere Forschungsarbeiten fokussierten stets nur auf einen exponentiellen Absatzverlauf und ignorierten den hügelförmigen Verlauf von „Sleeper"-Produkten, wie sie z.B. durch die generalisierte Gammaverteilung in Abbildung 3 abgebildet werden. So verwenden die Autoren ausschließlich Modelle, die einen exponentiellen Verlauf unterstellen (z.B. Jedidi/Krider/Weinberg 1998). Allerdings nutzen neuere Arbeiten nunmehr die flexiblere generalisierte Gammaverteilung, die je nach Parametrisierung sowohl eine Exponentialverteilung als auch den eben genannten hügelförmigen Verlauf abzubilden vermag (Sawhney/Eliashberg 1996 und Ainslie/Drèze/Zufryden 2005). Die beiden Modelle, die den Absatz *y* eines Filmes *h* zum Zeitpunkt *t* darstellen, werden in Abbildung 5 aufzeigt. Die zu schätzenden Parameter der beiden Modelle sind jeweils rechts in Abbildung 5 angegeben. Sie definieren den Verlauf der Verteilung und können mittels des in Microsoft Excel implementierten Solvers für die einzelnen Filme (bzw. auch Bücher) geschätzt werden.

BOXMOD-I-Modell nach Sawhney und Eliashberg (1996)

$$y_{h,t} = \frac{N_h \lambda_h \gamma_h}{\lambda_h - \gamma_h} [e^{-\gamma_h t} - e^{-\lambda_h t}]$$

N_h : Marktpotential des h-ten Filmes

λ_h : Time-to-decide-Parameter des h-ten Spielfilmes

γ_h : Time-to-act-Parameter des h-ten Spielfilmes

Nachfrage-Modell nach Ainslie, Dreze und Zufryden (2005)

$$y_{h,t} = \eta_h t^{\delta_h/\beta_h} e^{(1-t)/\beta_h}$$

η_h : Attraktivitätsparameter des h-ten Filmes in der ersten Woche

β_h : Parameter, der die Rückgangsgeschwindigkeit der Kaufrate über die Zeit für den h-ten DVD-Spielfilm darstellt

δ_h : Parameter, der den Zeitpunkt der größten Attraktivität des h-ten DVD-Spielfilmes im Produktlebenszyklus beschreibt

Abbildung 5: Geeignete Modelle zu Abbildung von Diffusionsverläufen von Medienprodukten

5. Zusammenfassung

Medien weisen gegenüber „normalen" Produkten eine Reihe von Besonderheiten auf, die aus den Einschränkungen des Marktes, den Produktspezifika und dem besonderen Verlauf des Lebenszyklus entstammen und somit spezifische Managementprobleme mit sich bringen. Dementsprechend adressiert die Erfolgsfaktorenforschung mit wachsendem Interesse die Fragestellung, welchen Beitrag zentrale Steuergrößen des Managements auf den Erfolg eines Medienproduktes haben. Hierbei geht es nicht nur darum, festzustellen, ob ein Einfluss vorliegt, sondern wie hoch dieser im Vergleich zu anderen empirisch betrachteten Einflüssen ist. Auf der Basis der Ergebnisse kann dann das Management die Maßnahmen insbesondere auf der Marketingseite optimieren. Diese Art der Forschung ist daher für das Produktmanagement von Medien von zentralem Interesse. Neben dem wirtschaftlichen Aspekt ist ebenfalls eine wissenschaftliche Betrachtung der Erfolgsfaktorenforschung von Medienprodukten von hohem Interesse, denn die besonderen Produkteigenschaften erfordern eine dezidierte Analyse, so dass Erkenntnisse aus anderen Industrien nicht ohne weiteres auf Mediengüter übertragbar sind.

Entsprechend adressierten eine Vielzahl von Autoren die Erfolgsfaktoren von Medienprodukten wie Filmen oder Musik (Basuroy/Chatterjee/Ravid 2003 und Lee/Boatwright/Kamakura 2003), so dass sich teilweise empirische Generalisierungen ableiten lassen (Clement 2004 oder Eliashberg/Elberse/Leenders 2006). Im Gegensatz zu der sehr umfangreichen empirischen Forschung für Filme oder Musik hat die Erfolgsfaktorenforschung bei Büchern jedoch bei weitem noch nicht das Niveau des Forschungsstands von Produktinnovationen im Allgemeinen erreicht. Allerdings lassen sich zunehmend Studien im Markt finden, die den Einfluss von Produkteigenschaften auf den Diffusionsprozess untersuchen (z.B. Beck 2007), so dass sich dieses Forschungsfeld in den nächsten Jahren sowohl im Marketing als auch in der Medienökonomie weiter ausbreiten wird.

6. Literatur

AINSLIE, A./DRÈZE, X./ZUFRYDEN, F.S., Modeling Movie Life Cycles and Market Share, in: Marketing Science, 2005, 24 (3), S. 508-517.

AKERLOFF, G., The Market for Lemons: Quality Uncertainty and the Market Mechanism, in: Quarterly Journal of Economics, 1970, 84 (3), S. 488-500.

ALBERS, S., Forecasting the Diffusion of an Innovation Prior to Launch. In: Albers, S. (Hg.): Cross-functional Innovation Management - Perspectives from different disciplines. Wiesbaden 2004, S. 243-258.

BASS, F.M., A New Product Growth Model for Consumer Durables, in: Management Science, 1969, 15 (1), S. 215-227.

BASUROY, S./CHATTERJEE, S./RAVID, A.S., How Critical are Critical Reviews? The Box Office Influence of Film Critics, Star-Power, and Budgets, in: Journal of Marketing, 2003, 67 (October), S. 103-117.

BATRA, R.; AHTOLA, O.T., Measuring the Hedonic and Utalitarian Sources of Consumer Attitudes, in: Marketing Letters, 1990, 2 (2), S. 159-170.

BECK, J., The sales effect of word of mouth: A model for creative goods and estimates for novels, in: Journal of Cultural Economics, 2007, erscheint demnächst.

BECKER, J.U./CLEMENT, M., Dynamics of Illegal Participation in Peer-to-Peer-Networks - Why do People Illegally Share Media Files?, in: Journal of Media Economics, 2006, 19 (1), S. 7-32.

BÖRSENVEREIN, Buch und Buchhandel in Zahlen 2006. Frankfurt am Main 2006.

BRADLOW, E.T./FADER, P.S., A Bayesian Lifetime Model for the "Hot 100" Billboard Songs, in: Journal of the American Statistical Association, 2001, 96 (454), S. 369-381.

CLEMENT, M., Erfolgsfaktoren von Spielfilmen im Kino - Eine Übersicht der empirischen betriebswirtschaftlichen Literatur, in: Medien & Kommunikationswissenschaft, 2004, 52 (2), S. 250-271.

CLEMENT, M./ALBERS, S., Netzeffekte und Lebenszyklus von Musik. In: Clement, M.; Schusser, O. (Hg.): Ökonomie der Musikindustrie. Wiesbaden 2005, S. 41-54.

CLEMENT, M./FABEL, S./SCHMIDT-STÖLTING, C., Diffusion of Hedonic Goods: A Literature Review, in: The International Journal on Media Management, 2006, 8 (4), S. 155-163.

CLEMENT, M./FISCHER, M./GOERKE, B., Neuprodukteinführungen in der Filmindustrie: Wie reagieren Kapitalmarktinvestoren auf den Umsatzerfolg neuer Kinofilme?, in: Die Betriebswirtschaft,2007, erscheint demnächst.

CLEMENT, M./PROPPE, D./ROTT, A., Do Critics Make Bestsellers? Opinion Leaders and the Success of Books, in: Journal of Media Economics, 2007, 20 (2), erscheint demnächst.

CLEMENT, M./SCHUSSER, O., Marketing-Strategien für die Musikindustrie im Zeitalter der Digitalisierung, in: Zeitschrift für betriebswirtschaftliche Forschung, 2006, 58 (12), S. 1081-1104.

DHAR, R./WERTENBROCH, K., Consumer Choice Between Hedonic and Utilitarian Goods, in: Journal of Marketing Research,2000, 37 (2), S. 60-71.

ELBERSE, A./ELIASHBERG, J., Demand and Supply Dynamics for Sequentially Released Products in International Markets: The Case of Motion Pictures, in: Marketing Science, 2003, 22 (3), S. 329-354.

ELIASHBERG, J./ELBERSE, A./LEENDERS, M., The Motion Picture Industry: Critical Issues in Practice, Current Research, and New Research Directions, in: Marketing Science, 2006, erscheint demnächst.

FRANCK, E./WINTER, S., Das "Parker-Phänomen" im Markt für feine Weine - "Geschäftsmodelle" eines Kritiker-Superstars, in: Zeitschrift für Betriebswirtschaft, 2003, 73 (9), S. 917-940.

HAMLEN, W.A., Superstardom in Popular Music: Empirical Evidence, in: Review of Economics and Statistics, 1991, 73 (November), S. 729-733.

HENNING, U./WEIZMANN, M./CLEMENT, M./SCHAEDEL, U., Marketing-Controlling von Abonnements im Verlagsgeschäft, in: Zeitschrift für Controlling und Management, 2005, 49 (2), S. 70-77.

HIRSCHMAN, E.C./HOLBROOK, M.B., Hedonic Consumption: Emerging Concepts, Methods and Propositions, in: Journal of Marketing, 1982, 46 (Summer), S. 92-101.

JEDIDI, K./KRIDER, R.E./WEINBERG, C.B. (1998): Clustering at the Movies, in: Marketing Letters, 9 (4), S. 393-405.

KRIDER, R.E./WEINBERG, C.B., Competitive Dynamics and the Introduction of New Products: The Motion Picture Game, in: Journal of Marketing Research, 1998, 35 (1), S. 1-15.

LANGEAT, T./CZELLAR, S./LAURENT, G., Engineering Hedonic Attributes to Generate Perceptions of Luxury: Consumer Perception of an Everyday Sound, in: Marketing Letters, 2003, 14 (2), S. 97-109.

LEE, J./BOATWRIGHT, P./KAMAKURA, W.A., A Bayesian Model for Prelaunch Sales Forecasting of Recorded Music, in: Management Science, 2003, 49 (2), S. 179-196.

MÜLLER, H./CEVIZ, S., Wirkung von Trailern: Ein Feldexperiment zur Werbung für Kinofilme, in: Marketing ZFP, 1993, (2), S. 87-94.

ROGERS, E.M., Diffusion of Innovations. Fourth Edition, New York, London, Toronto, Tokyo, Singapore 1995.

SAWHNEY, M.S./ELIASHBERG, J., A Parsimonious Model for Forecasting Gross Box-Office Revenues of Motion Pictures, in: Marketing Science, 1996, 15 (2), S. 113-131.

SCHUMANN, M./HESS, T., Grundfragen der Medienwirtschaft. Berlin, Heidelberg, New York 2005.

STIGLER, G.J./BECKER, G.S., De Gustibus Non Est Disputandum, in: American Economic Review, 1977, 67 (2), S. 76-90.

TALUKDAR, D./SUDHIR, K./AINSLIE, A., Investigating New Product Diffusion Across Products and Countries, in: Marketing Science, 2002, 21 (1), S. 97-114.

VAN DER PLOEG, F., Beyond the Dogma of the Fixed Book Price Agreement, in: Journal of Cultural Economics, 2004, 28 (1), S. 1-20.

VOGEL, H.L., Entertainment Industry Economics. Cambridge 2004.

WIRTZ, B.W., Medien- und Internetmanagement. Wiesbaden 2005.

Jens Gutsche
Christian Hahn
Ina Krostitz

Deutsche Telekom AG: Mit Serviceversprechen zum Erfolg

1. Von der Produkt- zur Dienstleistungsorientierung: Kundenanforderungen im Wandel

Die Zeiten, in denen ein Unternehmen nur mit gut funktionierenden Produkten am Markt erfolgreich sein konnte, sind längst vorbei. Insbesondere im Technologiesektor sind die Märkte durch eine starke Internationalisierung des Wettbewerbs, eine hohe Innovationsrate und sinkende Preise geprägt. In dieser Situation können nur Unternehmen erfolgreich am Markt agieren, die sich optimal auf die Anforderungen ihrer Kunden einstellen.

Diese Kundenanforderungen sind in den letzten Jahren aber immer komplexer geworden. Die Kunden erwarten heute von Unternehmen deutlich mehr als ein vernünftiges Preis-Leistungs-Verhältnis des Produktes. Sie erwarten eine umfassende Dienstleistung mit individueller Beratung und Betreuung rund um das originäre Produkt herum. In diesem Sinne müssen auch Technologieunternehmen wie die Deutsche Telekom neben der technischen Qualität ein hohes Niveau an Dienstleistungsqualität erreichen. Den Begriff der „Dienstleistungsqualität" definiert Bruhn als „Die Fähigkeit eines Anbieters, die Beschaffenheit einer primär intangiblen und der Kundenbeteiligung bedürfenden Leistung gemäß den Kundenerwartungen auf einem bestimmten Anforderungsniveau zu erstellen. Sie bestimmt sich aus der Summe der Eigenschaften bzw. Merkmale der Dienstleistung, bestimmten Anforderungen gerecht zu werden (Bruhn 2006, S. 37). Gleichwohl heißt dies nicht, dass den Kundenanforderungen um jeden Preis entsprochen werden muss. Vielmehr muss das Unternehmen die Anforderungen und Bedürfnissen der Kunden zunächst analysieren und im nächsten Schritt unter Berücksichtigung wirtschaftlicher Aspekte prüfen, auf welche Anforderungen es flexibel reagieren möchte, um in der Kundenperspektive einen Wettbewerbsvorteil zu erlangen (Frei 2007, S. 29ff.).

Die technische Qualität des Produktes wird für den Kunden zunehmend zum Hygienefaktor. Für das Unternehmen gilt es, den Kunden durch ergänzende Leistungen, insbesondere im Bereich des Kundenservices, zu begeistern und damit neben den wichtigen aber eben nicht ausreichenden Hygienefaktoren auch Begeisterungsfaktoren zu bieten. Eine hohe Gesamtzufriedenheit des Kunden und damit einen strategischen Wettbewerbsvorteil erreicht das Unternehmen erst, wenn es zusätzlich zu den Hygienefaktoren auch eine hohe Qualität bei diesen Begeisterungsfaktoren realisiert (Scheuer 2005, S. 157ff.) Doch was sind Begeisterungsfaktoren für ein Unternehmen der Telekommunikationsbranche?

Funktionierende Produkte sind für Kunden im Telekommunikationsmarkt von hoher Bedeutung, da das Telefon und bei vielen auch das Faxgerät und das Internet im täglichen Leben ständig benötigt werden. Die Unternehmen in dieser Branche sind entsprechend gut beraten, großen Wert auf eine hohe Qualität der entsprechenden Geräte wie Telefon, Faxgerät, Internetzugangsgeräte etc. sowie auf ein perfekt funktionierendes Netz zu legen. Da die Kundenerwartungen bezüglich dieser Kernleistung aber sehr hoch sind, dies also für den Kunden einfach selbstverständlich ist, kann das Unternehmen damit beim Kunden nachhaltig keinen Wettbewerbsvorteil erzielen. Dasselbe gilt für grundlegende Leistungen des Kundenservices wie z.B. eine freundliche und kompetente Beratung des Kunden beim Verkauf sowie eine transparente Darstellung der Preise bzw. Tarife und die Einhaltung zugesagter Termine, z.B. bei der Freischaltung eines Telefonanschlusses oder Internetzugangs. All dies sind Hygienefaktoren, die das Unternehmen einfach leisten muss. Für eine hohe Kundenzufriedenheit muss das Unternehmen also systematisch erkunden, mit welchen Leistungen es dem Kunden noch mehr bieten und ihn damit begeistern kann.

Mit der fortschreitenden telekommunikationstechnischen Durchdringung aller Lebensbereiche sind die Bedürfnisse eines Kunden mit dem Kauf eines Produktes bzw. mit dem Abschluss eines Vertrages meist nicht umfassend abgedeckt. Oftmals besteht auch in der Nachkaufphase noch Beratungsbedarf hinsichtlich der Installation und Anwendung des Produktes oder hinsichtlich der Integration mit anderen evtl. noch zu ergänzenden Produkten. Durch einen qualitativ hochwertigen Service in dieser After-Sales-Phase kann das Unternehmen die Kundenzufriedenheit deutlich steigern.

Darüber hinaus sehen sich viele Kunden durch die Vielfalt an Tarifen und Geräten im Telekommunikationsbereich überfordert. Sie erwarten und benötigen daher eine gute Beratung, die ihnen hilft, in dieser Vielfalt die Produkte zu finden, die am besten zu den eigenen Kommunikationsgewohnheiten und –bedürfnissen passen. Durch eine gute Beratung allein kann sich ein Unternehmen hier allerdings nicht positiv differenzieren. Begeistert werden kann der Kunde jedoch durch ergänzende Leistungen wie z.B. eine flexible Umtauschmöglichkeit, wenn das ausgewählte Telefon oder Handy doch nicht so gut gefällt wie angenommen oder durch Angebote zu einer einfachen und transparenten Kostenkontrolle, die den Kunden vom ständigen Überprüfen seiner Telefonkosten befreit. Dies ist z.B. durch das Angebot von Flatrates möglich.

Kurz gesagt gehört zu den Begeisterungsfaktoren alles, was dem Kunden das Leben leichter macht und ihm ein gutes Gefühl gibt. Damit lässt sich die These des Wirtschaftsstrategen Hammer (2002, S. 20ff.) bestätigen, die besagt, dass es für Kunden einfach und bequem sein muss, mit einem Unternehmen Geschäfte zu tätigen („Easy to do business with").

Die Hygiene- und Begeisterungsfaktoren für den Kunden eines Telekommunikationsanbieters sind in der folgenden Abb. 1 beispielhaft dargestellt.

Kundenanforderungen	Zuordnung der Kundenanforderungen zu Hygiene- und Begeisterungsfaktoren
Höhe der Kundenerwartungen ■ Funktionierendes Telefon ■ Funktionierender Internetzugang ■ Freundliche und kompetente Verkaufsberatung ■ Transparente Tarifstrukturen ■ Termineinhaltung	**Hygienefaktoren:** Technisch funktionierende Produkte und unmittelbar begleitende Services sind selbstverständliche Erwartungen des Kunden an das Unternehmen
■ Gutes Preis-Leistungs-Verhältnis ■ Einfache Kostenkontrolle ■ Unkomplizierter Service ■ Schnelle Hilfe bei Problemen ■ Installationssupport ■ Up-to-date sein / Chic sein	**Begeisterungsfaktoren:** Ergänzende Leistungen des Anbieters, die der Kunde nicht erwartet und die diesen begeistern können Potenzial für Kundenzufriedenheit

Abbildung 1: Beispiele für Hygiene- und Begeisterungsfaktoren eines Privatkunden im Telekommunikationsmarkt

Diese Begeisterungsfaktoren sind nicht statisch und müssen von den Unternehmen ständig neu analysiert und weiterentwickelt werden. In den meisten Branchen unterscheiden sich die Begeisterungsfaktoren auch für verschiedene Kundensegmente. In der Telekommunikationsbranche werden sich z.B. ältere ungeübte Internetnutzer mehr an einem Vor-Ort-Installationsservice für den Internetzugang erfreuen als junge Auszubildende und Studenten. Für die jungen technikaffinen Kunden spielen dafür die Angebote zur Kostenkontrolle oder Faktoren wie Up-to-date sein/ Chic sein, die das Unternehmen durch innovative Services und Geräte ansprechen kann, eine stärkere Rolle. Im Zeitverlauf entwickeln sich viele Begeisterungsfaktoren aufgrund von Gewohnheit und steigenden Ansprüchen zu Hygienefaktoren, was die Bedeutung ständiger Innovationen bei den Produkten und bei den begleitenden Serviceleistungen deutlich macht.

2. Die Deutsche Telekom AG: Eine Marke im Wandel

Die Marke „Deutsche Telekom“ ist in Deutschland, u.a. bedingt durch die Historie als ehemaliges Staatsunternehmen, mit einem eher traditionellen Markenimage belegt. Dazu gehören positive Imagefaktoren wie Wirtschaftliche Stabilität, Seriosität und Zuverlässigkeit, aber auch negative Faktoren wie z.B. Trägheit, Bürokratie und mangelnde

Einsatzbereitschaft für den einzelnen Kunden. Dies ist verbunden mit einer sehr hohen Bekanntheit der Marke „Deutsche Telekom“ in Deutschland.

Unter Berücksichtigung der im vorigen Kapitel beschriebenen Veränderungen in den Kundenanforderungen, ergeben sich auch neue Anforderungen an das Image einer Marke. Für die Deutsche Telekom leitet sich daraus eine Marketingstrategie ab, in der mehr Wert auf die qualitative inhaltliche Aufladung und weniger Wert auf die reine Macht der Marke gelegt wird.

Ziel ist es, als Unternehmen wahrgenommen zu werden, das exzellente Leistungen für aktuelle und zukünftige Anforderungen des Kunden bietet. Dies bedeutet, die Marke mit Imagefaktoren wie z.B. Serviceorientierung, Schnelligkeit, Innovativität und Flexibilität zu belegen und damit die Marke von der Machtmarke zur Excellencemarke weiterzuentwickeln. Abbildung 2 veranschaulicht diesen Prozess.

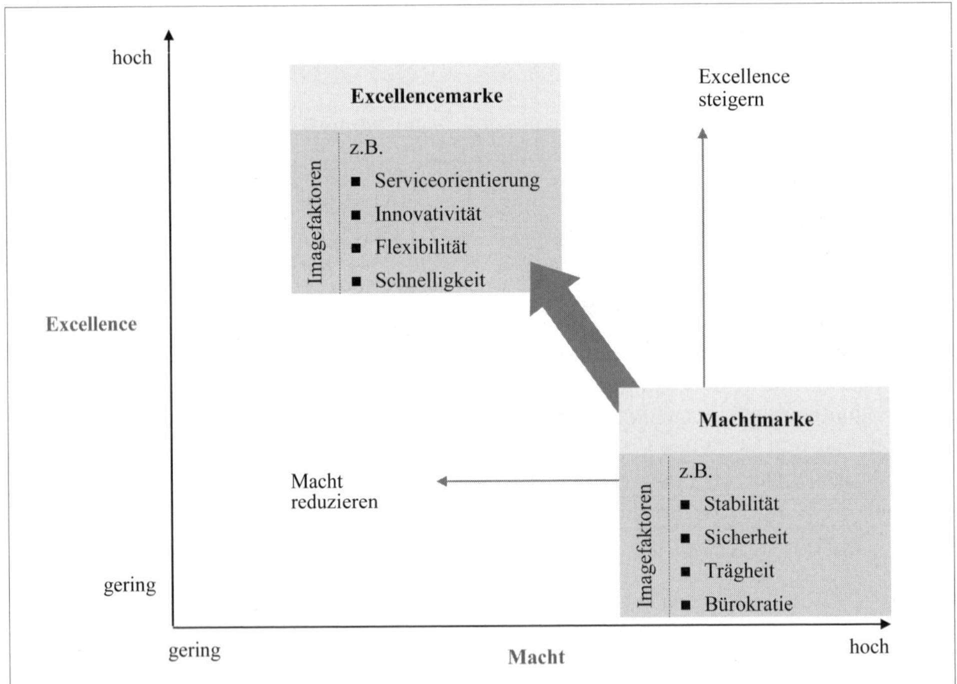

Abbildung 2: Von der Machtmarke zur Excellencemarke

Um die Weiterentwicklung einer Marke gezielt entlang den Kundenanforderungen zu steuern, ist ein Monitoringsystem zur regelmäßigen Messung der Markenstärke erforderlich. Die Markenstärke bezeichnet in diesem Zusammenhang nicht allein die Bekanntheit oder Macht einer Marke, sondern die inhaltliche Stärke im Sinne eines positiven

Images beim Kunden und einer vom Kunden wahrgenommenen guten Performance in den aus Kundensicht relevanten Anforderungsdimensionen (Hungenberg/Meffert 2005, S. 831ff.).

Die Deutsche Telekom steuert die Markenstärke für die Marken „Deutsche Telekom" sowie die damit verbundenen Marken „T-Mobile", „T-Home" und „T-Systems" auf Basis ihrer regelmäßig durchgeführten „Brand Equity Studie". Darin werden die Markentreiber, die für den Kauf und die Nutzung ihrer Produkte und Services sowie für die Kundenbindung verantwortlich sind, identifiziert und bewertet. Für die Bewertung werden assoziative und funktionale Performancetreiber unterschieden. Die assoziativen Performancetreiber beschreiben wesentliche Imageaspekte wie z.B. Vertrauenswürdigkeit, Sicherheit und übergreifende Kundenorientierung. Die faktisch-funktionalen Performancetreiber werden durch konkrete Erfahrungen der Kunden am Kundenkontaktpunkt geprägt und beinhalten Aspekte wie z.B. Freundlichkeit, Preis-Leistungs-Verhältnis und unkomplizierten Service. Aus diesen Bewertungen werden Handlungsfelder und konkrete Maßnahmen zur Optimierung abgeleitet. Bereits laufende Maßnahmen werden dabei berücksichtigt und ggf. auf Grundlage der neuen Erkenntnisse angepasst.

Die Vorgehensweise zur Steuerung der Markenstärke ist in Abb. 3 skizziert.

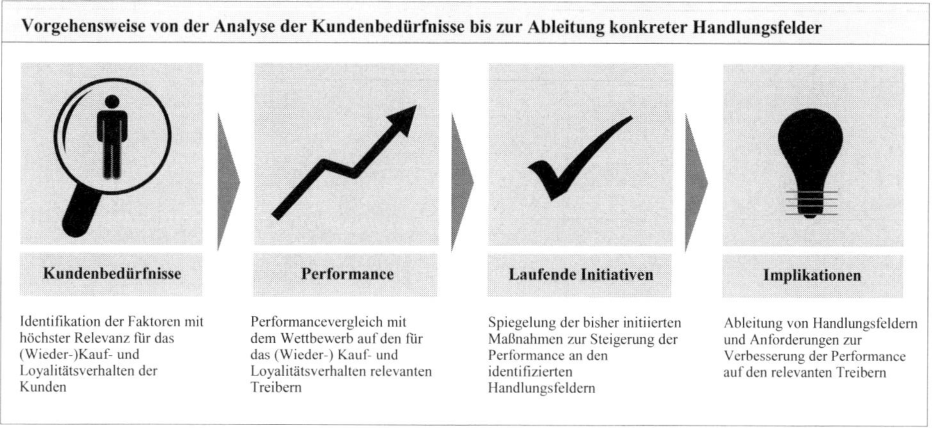

Abbildung 3: Vorgehensweise zur Steuerung der Markenstärke

Im Monitoring der Markenstärke sind selbstverständlich auch die relevanten Marken der Wettbewerber abzubilden, um den eigenen Standort bestimmen und gezielt im Wettbewerbsumfeld weiterentwickeln zu können. Bei der Betrachtung der Markenstärke ist darüber hinaus ein großes Augenmerk darauf zu richten, welche Kundensegmente aufgrund unterschiedlicher Kundenanforderungen zu differenzieren sind und wie sich die Markenstärke in diesen verschiedenen Kundensegmenten darstellt. Die Kundensegmente können dabei zum einen nach demographischen und persönlichen Faktoren wie z.B. Alter, Geschlecht, Bildungsstandard etc. differenziert werden, aber auch nach konkretem Nutzungsverhalten und Interessen in dem jeweiligen Markt. Darüber hinaus kann auch der Kundenwert in der Betrachtung verschiedener Kundensegmente berücksichtigt werden. Es erscheint offensichtlich, dass eine Marke insgesamt, aber auch einzelne Aspekte wie insbesondere Serviceaspekte unterschiedlich in diesen verschiedenen Kundensegmenten gesehen werden. Beispiele für eine entsprechende Messung der Markenstärke sind in Abb. 4 dargestellt.

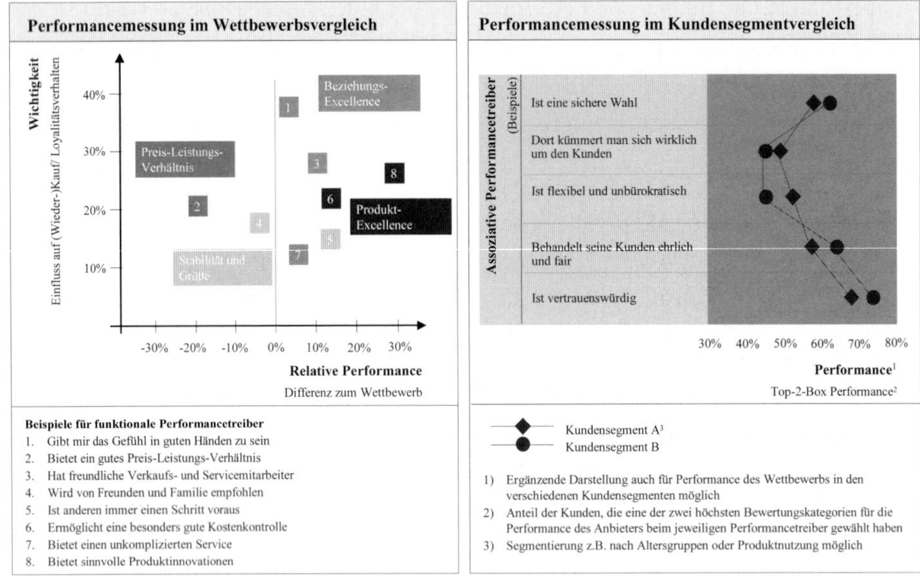

Abbildung 4: Messung der Markenstärke im Wettbewerbs- und Kundensegmentvergleich

Die Abbildung zeigt, dass die funktionalen Performancetreiber zur Beziehungsexcellence einen besonders hohen Einfluss auf das Kauf- und Loyalitätsverhalten der Kunden haben und somit bei der Ableitung von Maßnahmen besonders im Fokus stehen sollten. Das Image des Unternehmens, das sich in den assoziativen Performancetreibern zeigt, ist in den verschiedenen hier betrachteten Kundensegmenten unterschiedlich. Während das Kundensegment „A" ein positiveres Bild von der Flexibilität und der Kundenbetreuung hat, sieht das Kundensegment „B" die Aspekte der Vertrauenswürdigkeit und Ehrlichkeit/ Fairness besonders positiv. Die unterschiedliche Wahrnehmung der Kunden kann durch entsprechend auf die Segmente zugeschnittene Maßnahmen adressiert werden.

Die Maßnahmen, die aus dem Monitoring der Markenstärke abgeleitet werden, zielen sowohl auf die operativen Prozesse als auch auf die begleitenden Marketing- und Kommunikationsaktivitäten des Unternehmens. Die Markenstärke kann nur durch abgestimmte Maßnahmen in allen Unternehmenseinheiten nachhaltig beeinflusst werden.

Veränderungen der Markenstärke lassen sich in der Regel nicht kurzfristig erzielen, da viele Kunden ein über Jahre geprägtes Bild von einer Marke haben und dieses nur allmählich ändern. Maßnahmen zur Beeinflussung der Markenstärke müssen daher konsequent über mehrere Jahre hinweg umgesetzt werden.

Entsprechend der hohen Bedeutung der Beziehungsexcellence für die Markenstärke, führt die Deutsche Telekom gezielt Maßnahmen zur Verbesserung der Performance und Kundenwahrnehmung in diesem Bereich durch. Besonders im Fokus steht dabei das Instrument der Serviceversprechen, das im folgenden Kapitel ausführlich dargestellt wird.

3. Serviceversprechen der Deutschen Telekom AG: Service im Wandel

Bei der Deutschen Telekom wurden auf Grundlage der gemessenen Markenstärke sogenannte „Serviceversprechen" entwickelt. Diese stellen explizit den produktbegleitenden Kundenservice in den Vordergrund und adressieren so die Kundenanforderung nach einer umfassenden Dienstleistung rund um das originäre Produkt herum.

Die Serviceversprechen sind ein Instrument zur Verbesserung der Servicequalität. Sie haben zum einen das Ziel, Qualitätsstandards bei wichtigen Serviceaspekten zu definieren und in den internen Prozessen konsequent umzusetzen (wie z.B. das Serviceverspechen „Im T-Punkt warten Sie nicht länger als 5 Minuten"). Ergänzend bieten die Serviceversprechen die Möglichkeit, sich mit neuen Services vom Wettbewerb zu differenzieren, z.B. mit dem Serviceversprechen „Sie können alle im T-Punkt gekauften Waren bei Nichtgefallen innerhalb von 4 Wochen zurückgeben. Im T-Punkt Ihrer Wahl."

Dabei fungieren die Serviceversprechen sowohl als internes als auch als externes Instrument. Nach innen initiieren die Serviceversprechen Prozessverbesserungen in wesentlichen Kunde-zu-Kunde-Prozessen zur Steigerung der Servicequalität und fördern die Servicekultur im Unternehmen. Zusätzlich sind Serviceversprechen ein externes Instrument. Sie ermöglichen die Kommunikation von ausgewählten Serviceaspekten gegenüber Kunden und Anlegern und unterstützen damit das Ziel der Serviceführerschaft.

Abb. 5 zeigt Serviceversprechen, die bei der Deutschen Telekom entwickelt und umgesetzt wurden.

▪ Alles ok: Unser Kundenservice berät Sie immer so, dass Sie zufrieden sind.
▪ Alles erledigt: Wir kümmern uns um Sie, bis Ihr Anliegen erledigt ist.
▪ Alles sofort: Im T-Punkt warten Sie ab jetzt nicht länger als 5 Minuten.
▪ Alles mobil: Wir schalten Ihre T-Mobile-Karte jetzt innerhalb von 30 Minuten nach Kauf im T-Punkt frei
▪ Alles täglich: Unser telefonischer Kundenservice berät Sie rund um die Uhr an jedem Tag im Jahr kompetent und freundlich.
▪ Alles postwendend: Wir beantworten Ihre E-Mails innerhalb von 24 Stunden.
▪ Alles postwendend: Wir beantworten Ihren Brief innerhalb von zwei Arbeitstagen nach Eingang. Und schriftliche Aufträge werden innerhalb von 4 Arbeitstagen beantwortet.
▪ Alles ersetzt: Falls Ihr Handy defekt sein sollte, erhalten Sie als T-Mobile-Kunde im T-Punkt sofort ein Leihgerät für die Dauer der Reparatur.
▪ Alles umweltgerecht: Wir übernehmen die umweltgerechte Entsorgung Ihrer alten Telekommunikationsgeräte und schenken Ihnen gleichzeitig beim Kauf eines neuen Telefons oder Faxgerätes im T-Punkt 1.000 Happy Digits im Wert von 10€.
▪ Alles klar: Für die Erreichbarkeit unserer Kunden tun wir alles. Störungen Ihres Telefonanschlusses beheben wir daher innerhalb von 1 Arbeitstag.
▪ Alles angeschlossen: Wir installieren bundesweit alle bei uns gekauften Produkte kostengünstig bei Ihnen zu Hause – in Abstimmung mit Ihrem Terminwunsch.
▪ Alles umtauschbar: Sie können alle im T-Punkt gekauften Waren bei Nichtgefallen innerhalb von 4 Wochen zurückgeben. Im T-Punkt Ihrer Wahl.
▪ Alles heimwärts: Zu groß, zu sperrig, zu schwer? Keine Lust zu schleppen? Kein Problem: Bundesweit liefern wir jedes im T-Punkt gekaufte Produkt auf Ihren Wunsch innerhalb von 2 Arbeitstagen kostenlos zu Ihnen nach Hause.
▪ Alles entspannt: Umzug? Kein Problem. Wenn Sie umziehen, sind Sie bei uns in den besten Händen. Wir kümmern uns kostengünstig um den Umzug Ihrer Anschlüsse. Darüber hinaus bieten wir Ihnen die Möglichkeit, über einen Ansagetext an Ihrem alten Festnetzanschluss Freunde und Bekannte über Ihre neue Adresse und Telefonnummer zu informieren.

Abbildung 5: Serviceversprechen der Deutschen Telekom

Bei der Entwicklung der Serviceversprechen wurde systematisch geprüft, welche Anforderungen die Kunden an den Kundenservice aktuell stellen und wie dem durch entsprechende Services der Deutschen Telekom entsprochen werden kann. Der Wunsch nach einem unkomplizierten Service wurde z.B. in dem Serviceversprechen „Falls Ihr Handy defekt sein sollte, erhalten Sie als T-Mobile-Kunde im T-Punkt sofort ein Leihgerät für die Dauer der Reparatur." umgesetzt. Dabei wird insbesondere auf die Ergebnisse der Brand Equity Studie (vgl. Kapitel 2) zurückgegriffen, die genau aufzeigt, welche Anforderungen die Kunden in Bezug auf die Servicequalität der Deutschen Telekom stellen und mit welchen Serviceleistungen sich das Unternehmen positiv beim Kunden positionieren kann. Basisanforderungen der Kunden wie z.B. eine hohe Termintreue werden nicht als separates Serviceversprechen formuliert, sind aber in den einzelnen Versprechen über zeitliche Terminzusagen (z.B. „innerhalb von 1 Arbeitstag") enthalten. Die entwickelten Serviceversprechen werden regelmäßig auf ihre Kundenrelevanz hin überprüft und ggf. weiterentwickelt oder durch aktualisierte Versprechen ersetzt bzw. ergänzt.

Abb. 6 zeigt, wie über das Instrument der Serviceversprechen z.B. die in Abbildung 1 dargestellten Begeisterungsfaktoren „Unkomplizierter Service", „Schnelle Hilfe bei Problemen" und „Installationssupport" adressiert werden.

Ausgewählte Begeisterungsfaktoren aus Kundensicht	**Serviceversprechen der Deutschen Telekom AG**
Unkomplizierter Service	▪ Falls Ihr Handy defekt sein sollte, erhalten Sie als T-Mobile-Kunde im T-Punkt sofort ein Leihgerät für die Dauer der Reparatur. ▪ Sie können alle im T-Punkt gekauften Waren bei Nichtgefallen innerhalb von 4 Wochen zurückgeben. Im T-Punkt Ihrer Wahl.
Schnelle Hilfe bei Problemen	▪ Für die Erreichbarkeit unserer Kunden tun wir alles. Störungen Ihres Telefonanschlusses beheben wir daher innerhalb von 1 Arbeitstag. ▪ Unser telefonischer Kundenservice berät Sie rund um die Uhr an jedem Tag im Jahr kompetent und freundlich.
Installationssupport/ Vor Ort Service	▪ Zu groß, zu sperrig, zu schwer? Keine Lust zu schleppen? Kein Problem: Bundesweit liefern wir jedes im T-Punkt gekaufte Produkt auf Ihren Wunsch innerhalb von 2 Arbeitstagen kostenlos zu Ihnen nach Hause. ▪ Wir installieren auf Wunsch bundesweit alle bei uns gekauften Produkte kostengünstig bei Ihnen zu Hause.

Abbildung 6: Serviceversprechen zu ausgewählten Begeisterungsfaktoren aus Kundensicht

Die Wirkung dieser Serviceversprechen im Unternehmen und beim Kunden ist vielschichtig. Aus der internen Unternehmensperspektive heraus werden durch die Versprechen Verbesserungen in wesentlichen Kundenserviceprozessen angestoßen und beschleunigt. Gleichzeitig werden die Mitarbeiter durch die Serviceversprechen stärker für das Thema Kundenservice sensibilisiert und durch entsprechende Zielvereinbarungen in die Verantwortung für die Umsetzung der Versprechen beim Kunden genommen. Damit leisten die Versprechen auch einen positiven Beitrag für eine Kultur der Kundenorientierung.

Entscheidend für die interne Wirkung ist zum einen die Schaffung der notwendigen Rahmenbedingungen, die den Mitarbeitern im direkten Kundenkontakt ermöglicht, die Serviceversprechen gegenüber den Kunden sicher einhalten zu können. Dazu können Veränderungen der Prozesse und unterstützenden IV-Systeme gehören, aber auch eine personelle Verstärkung in den entsprechenden Service-Bereichen. So hat die Deutsche Telekom z.B. für das Serviceversprechen „Im T-Punkt warten Sie ab jetzt nicht länger als 5 Minuten“ genau geprüft, welche Mitarbeiterkapazität zur Einhaltung des Versprechens in den verschiedenen T-Punkten notwendig ist und hat in der Folge in einigen T-Punkten zusätzliche Mitarbeiter eingesetzt.

Darüber hinaus muss über eine intensive interne Kommunikation der Serviceversprechen sichergestellt werden, dass alle betroffenen Mitarbeiter die Serviceversprechen kennen und in der täglichen Arbeit mit dem Kunden umsetzen können. Dazu sind insbesondere Schulungen bei allen Mitarbeitern mit direktem Kundenkontakt aber auch begleitende Maßnahmen wie z.B. Publikationen in Mitarbeiterzeitschriften, im Intranet und auf Plakaten erforderlich. Ein Mitarbeiter-Chat mit dem verantwortlichen Management unterstützt die interne Akzeptanz der Serviceversprechen und spiegelt dem Management wertvolle praktische Erfahrungen zurück, die die Mitarbeiter bei der Umsetzung der Versprechen im täglichen Kundenkontakt gesammelt haben.

Abb. 7 zeigt beispielhaft, wie die interne Kommunikation über den Leitsatz „Nehmen wir uns beim Wort“ umgesetzt wurde.

Neben der faktischen Umsetzung der Serviceversprechen in den Prozessen und im Verhalten der einzelnen Mitarbeiter kommt aber auch der Kommunikation der Versprechen gegenüber den Kunden eine wichtige Rolle zu. Über die Veröffentlichung der Serviceversprechen in Anzeigen, Flyern etc. wird dem Kunden bewusst gemacht, welche Services er ergänzend zu den originären Produkten von dem Unternehmen geboten bekommt. So ist Kundenservice kein mehr oder weniger gut funktionierender Zufall mehr, sondern wird zum umfassenden Leistungsportfolio, das dem Kunden transparent ist und von diesem jederzeit eingefordert werden kann.

Abb. 8 zeigt beispielhaft die Umsetzung der externen Kommunikation über die Botschaft „Nehmen Sie uns beim Wort“.

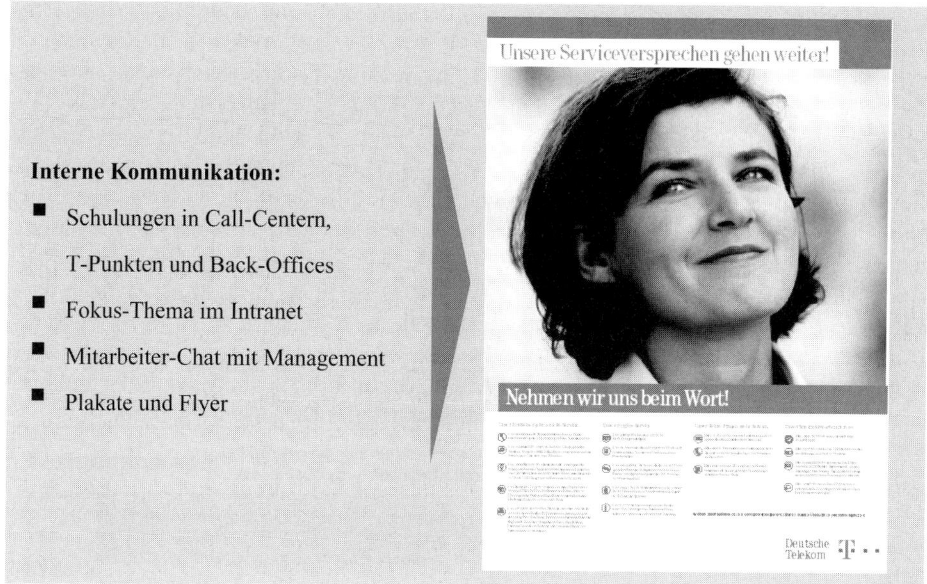

Abbildung 7: Interne Kommunikationsmaßnahmen zu Serviceversprechen

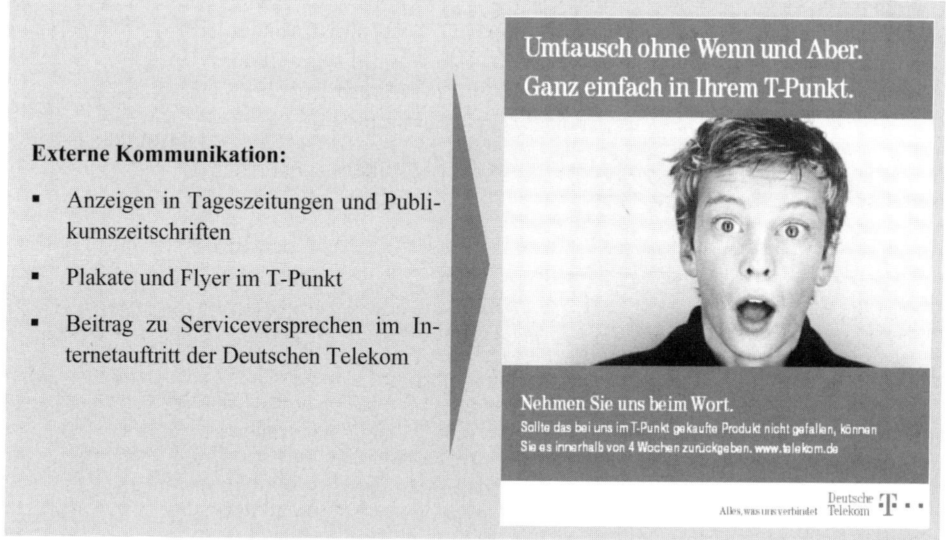

Abbildung 8: Externe Kommunikationsmaßnahmen

Grundsätzlich gilt es, durch produktbegleitende Serviceleistungen möglichst viele Kundenbedürfnisse anzusprechen, gleichzeitig aber das Serviceportfolio für den Kunden überschaubar zu halten. Dabei ist zu berücksichtigen, dass verschiedene Kundensegmente, wie in Kapitel 1 beschrieben, oftmals auch unterschiedliche Anforderungen an den Kundenservice eines Unternehmens stellen. Darüber hinaus haben Kunden in den verschiedenen Situationen der Kauf- und Nachkaufphase unterschiedliche Beratungs- und Betreuungsbedürfnisse. Dem kann das Unternehmen am besten durch ein umfassendes aber differenziert zu kommunizierendes Serviceportfolio gerecht werden. Bestimmte Services werden dabei nur in bestimmten Kundensegmenten oder an bestimmten Kundenkontaktpunkten kommuniziert. So hat die Deutsche Telekom in ihrem Handelsflyer, der speziell die Kunden in den T-Punkt-Läden adressiert, nicht alle Serviceversprechen veröffentlicht, sondern nur die Versprechen, die unmittelbar für die T-Punkt-Besucher relevant sind. Parallel informiert eine Broschüre, die an den Beratungscountern und Kassen ausliegt, den Kunden über die Serviceversprechen der Deutschen Telekom.

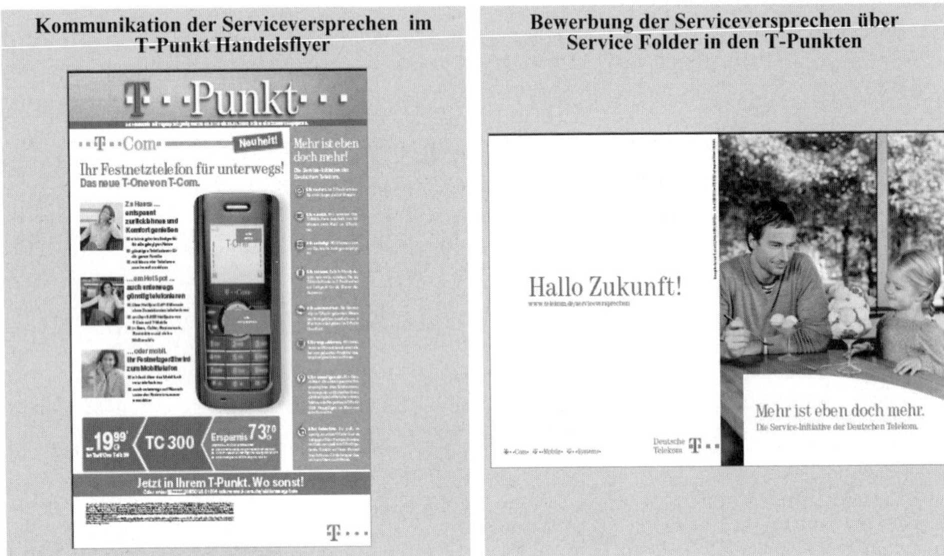

Abbildung 9: Beispiele für die externe Kommunikation der Serviceversprechen im T-Punkt

Da mit der Kommunikation der Serviceversprechen eine Erwartungshaltung beim Kunden erzeugt wird, ist eine gute Performance in den entsprechenden Serviceprozessen unerlässlich. Das Unternehmen muss dies über funktionierende Prozesse, eine effiziente IV-Unterstützung und einwandfreies Verhalten der Mitarbeiter im persönlichen Kundenkontakt sicherstellen.

Um zu prüfen, ob die Einhaltung der Serviceversprechen sichergestellt ist und damit die Voraussetzung für die externe Kommunikation der Versprechen gegenüber dem Kunden gegeben ist, muss das Unternehmen daher eine ständige Überprüfung der faktischen Performance durchführen. Dazu werden für jedes Versprechen entsprechende Key Performance Indicators definiert, anhand derer gemessen wird, ob die Einhaltung des Versprechens im angestrebten Maß realisiert wird. Eine hundertprozentige Einhaltung wird dabei nicht zu realisieren sein, da die Rahmenbedingungen (z.B. Kundenfrequenz im T-Punkt) teilweise starken Veränderungen unterliegen, die nicht vollständig über interne Anpassungsmaßnahmen aufgefangen werden können. Aus internen Recherchen und qualitativen Marktforschungsstudien werden jedoch Erkenntnisse dazu gewonnen, wie ein ambitioniertes Zielniveau zu jedem Versprechen definiert werden muss. Zeigen die Ergebnisse der faktischen Performancemessung, dass diese Ziele nicht erreicht werden, so müssen Maßnahmen zur weiteren Verbesserung der Leistung in den entsprechenden Serviceaspekten umgesetzt werden. Erst wenn die definierten Zielwerte stabil erreicht werden, ist ein Serviceversprechen geeignet, auch extern an die Kunden kommuniziert zu werden und so einen positiven Effekt auf die Markenwahrnehmung zu erzielen. Abb. 10 zeigt beispielhaft, wie die faktische Einhaltung der einzelnen Serviceversprechen gemessen und damit gleichzeitig die Eignung für eine externe Kommunikation geprüft wird.

Service-versprechen	KPI (Key Performance Indicator)	Zielwert*	Istwert UB1*	Istwert UB2*	Istwert UB3*	Freigabe für externe Kommunikation
Beratung Kunden-service	KuZu Beratung	2,0	2,1	1,9	2,0	
Anliegen erledigt	% First Done Rate	80%	83%	85%	75%	
5-Minuten Wartezeit im T-Punkt	% Wartezeit < 5 Min.	90%	89%	nicht rel.	nicht rel.	
Freischaltung T-Mobile-Karte in 30 Min.	% Freischaltung < 30 Min.	95%	nicht rel.	97%	nicht rel.	
....						

* Werte beispielhaft zur Veranschaulichung des Vorgehens

Abbildung 10: Performanceprüfung als Basis für die Kommunikation der Serviceversprechen

Neben der faktischen internen Performanceprüfung wird auch eine regelmäßige Kundenbefragung zu den Serviceversprechen durchgeführt. Dieses quartalsweise Tracking der Serviceversprechen beinhaltet sowohl ein Monitoring bezogen auf die Relevanz (Wichtigkeit) als auch auf die Einhaltung jedes einzelnen Serviceversprechens. Das Tracking der Serviceversprechen bietet so die Möglichkeit, neben der internen Performance auch die externe Kundensicht im Zeitablauf zu verfolgen und zu vergleichen. Daraus werden Erkenntnisse zur Akzeptanz und zur kommunikativen Wirkung der Serviceversprechen gewonnen, die eine wesentliche Basis für die Überprüfung und Weiterentwicklung der Versprechen sind.

Der Erfolg der Serviceversprechen bei der Deutschen Telekom wird zum einen in der faktisch gemessenen Einhaltung der Versprechen deutlich, die belegt, dass sich die Performance der relevanten Prozesse mit Einführung der Serviceversprechen verbessert hat. Gleichzeitig hat die Deutsche Telekom mit den Serviceversprechen ein Instrument geschaffen, das für die Kunden zunehmend relevant und inhaltlich überzeugend ist. Die in Abb. 11 dargestellten Ergebnisse des Kundentrackings verdeutlichen diese positive Entwicklung.

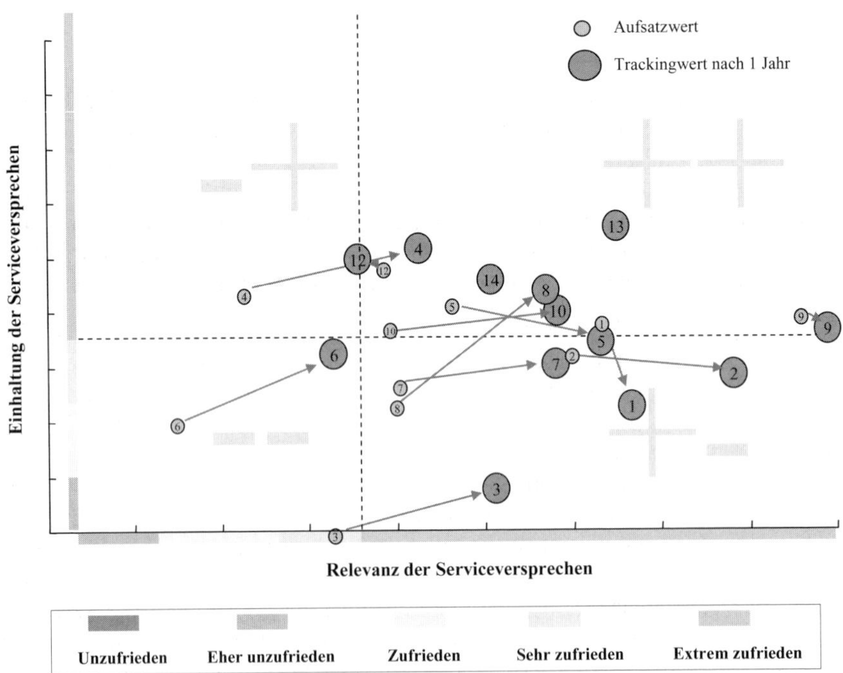

Abbildung 11: Relevanz und Einhaltung der Serviceversprechen aus Kundensicht

Das Instrument der Serviceversprechen hat somit eine Verbesserung der Kundenwahrnehmung hinsichtlich der Servicequalität des Unternehmens bewirkt. Dieser positive Effekt auf die Kundenwahrnehmung bedeutet auch einen Erfolgt im wirtschaftlichen Sinne, da Kunden mit einer höheren Kundenzufriedenheit in der Regel weniger geneigt sind, den Anbieter zugunsten eines Wettbewerbers zu wechseln und gleichzeitig offener für die Inanspruchnahme zusätzlicher Leistungen des Anbieters sind. Darüber hinaus lassen sich bei hoher Kundenzufriedenheit oftmals positive Multiplikatoreffekte feststellen (Matzler/Stahl/Hinterhuber 2006, S. 3 ff.). Diese Effekte sind insbesondere für einen Komplettanbieter wie die Deutsche Telekom von hohem Interesse, da über die positive Kundenwahrnehmung auch Cross-Selling-Effekte zwischen den verschiedenen Unternehmensbereichen realisiert werden können.

Die Erfahrungen der Deutschen Telekom bei der Entwicklung und Umsetzung der Serviceversprechen zeigen, dass Unternehmen beim Angebot von Serviceleistungen ebenso systematisch aus der Kundenperspektive vorgehen müssen, wie bei der Einführung von Produkten. Nur so lassen sich die dargestellten Erfolge auf die internen Prozesse und die vom Kunden wahrgenommene Servicequalität erzielen. Die Vorgehensweise lässt sich grob in vier Schritten zusammenfassen:

I. Servicestrategie definieren
II. Servicestrategie umsetzen
III. Servicemaßnahmen messen
IV. Servicequalität kommunizieren

Bei der Definition der Servicestrategie (I.) ist insbesondere auf Basis der Ergebnisse aus der Marktforschung zu analysieren, welche Serviceaspekte für den Kunden von besonderem Interesse sind und mit welchen Aspekten sich das Unternehmen vom Wettbewerb differenzieren kann. Für die identifizierten Serviceaspekte sind konkrete Handlungsfelder abzuleiten. Dabei müssen auch die internen Erkenntnisse über Stärken und Schwächen des Unternehmens in den einzelnen Serviceaspekten berücksichtigt werden, sowie Kenntnisse zur Performance des Unternehmens im Vergleich zum Wettbewerb.

Bei der Umsetzung der Servicestrategie (II.) sind konkrete Maßnahmen zur Verbesserung der entsprechenden Prozesse im Unternehmen umzusetzen. Die Deutsche Telekom hat diesbezüglich das Instrument der Serviceversprechen entwickelt, da dieses gleichzeitig einen starken Hebel auf die internen Prozesse und die externe Wahrnehmung bei den Kunden entfaltet. Parallel wurden Schulungsprogramme für Mitarbeiter durchgeführt sowie Projekte zur Umsetzung von Prozessverbesserungen in den relevanten Serviceprozessen umgesetzt. Dabei darf die Operationalisierung der Servicestrategie in konkreten Zielen für Mitarbeiter und Management nicht vergessen werden. Dazu sind für jedes Handlungsfeld konkrete Indikatoren zur Messung der Servicequalität zu definieren und mit einem Zielwert zu belegen. Die wesentlichen Indikatoren müssen in die persönlichen Ziele des Managements und der Mitarbeiter integriert werden und sollten auch in der Balanced Scorecard des Unternehmens verankert werden. Nur so lässt sich ein Anreiz- und Kontrollinstrument zur effektiven Umsetzung der Servicestrategie realisieren (Kamiske/Bauer 2006, S. 198 ff.).

Im Zuge des Monitorings der Servicemaßnahmen (III.) wird die Performance auf Basis dieser definierten Indikatoren gemessen. Für ein umfassendes Bild sollten dies sowohl intern gemessene faktische „Key Performance Indicators" (KPI) sein als auch extern beim Kunden erhobene Indikatoren. Dies können z.B. die Kundenzufriedenheit allgemein oder in bestimmten Themen sein. Bei der Deutschen Telekom wurden diese KPI nach Einführung der Serviceversprechen noch um die Kundenwahrnehmung zur Einhaltung der Serviceversprechen ergänzt.

Schließlich muss das Unternehmen die Serviceziele und –maßnahmen auch angemessen kommunizieren (IV.). Die Interne Kommunikation an Mitarbeiter, insbesondere an die mit direktem Kundenkontakt steht dabei an erster Stelle und ist eine wichtige Voraussetzung für die erfolgreiche Umsetzung der Maßnahmen und die Schaffung einer Servicekultur. Die Mitarbeiter müssen erkennen, dass das Management voll hinter den eingeleiteten Servicemaßnahmen steht und die Mitarbeiter bittet, mit ihrem Einsatz ebenfalls zum Erfolg beizutragen. Bei entsprechender Performance der Serviceprozesse kann das Unternehmen darüber hinaus ausgewählte Aspekte der Servicequalität auch extern kommunizieren. So wird dem Kunden noch deutlicher, wie wichtig das Thema Service dem Unternehmen ist und mit welchen Serviceleistungen er bei dem Unternehmen rechnen kann. Insbesondere Unternehmen, die Vertragsbeziehungen mit Kunden ohne regelmäßigen Kundenkontakt haben, können aktuelle Serviceleistungen so schneller im Markt transparent machen. Dies war für die Deutsche Telekom ein wichtiger Aspekt bei der Kommunikation der Serviceversprechen. Da Kunden, nachdem sie ihre Telekommunikationsanlagen einmal installiert haben, häufig längere Zeit keinen telefonischen oder persönlichen Kontakt zur Deutschen Telekom haben, können sie keinen persönlichen Eindruck vom verbesserten Kundenservice dort gewinnen. Über die Serviceversprechen erfahren auch diese Kunden vom verbesserten Serviceangebot bei der Deutschen Telekom.

Abb. 12 veranschaulicht die Vorgehensweise in diesen 4 Schritten.

Wenn ein Unternehmen so wie die Deutsche Telekom in unterschiedlichen Märkten (z.B. Privatkunden- und Geschäftskundenmarkt) tätig ist, ist zu empfehlen, neue Serviceangebote ebenso wie Produktinnovationen zunächst für einen ausgewählten Bereich zu entwickeln und dann unter Berücksichtigung der dort gemachten Erfahrungen sukzessive auf die anderen Märkte zu übertragen. Die deutsche Telekom hat die Serviceversprechen im ersten Schritt für den deutschen Privatkundenmarkt entwickelt und einige Versprechen zunächst regional pilotiert, um Informationen zur Akzeptanz und prozessualen Umsetzbarkeit für einen überregionalen Rollout zu gewinnen.

Auf Basis dieser Erfahrungen soll im nächsten Schritt eine Übertragung des Instrumentes auf andere Märkte, insbesondere den Geschäftskundenmarkt, aber auch auf ausländische Beteiligungen erfolgen.

I) Servicestrategie definieren

Aus Kundensicht relevante Serviceaspekte identifizieren und konkrete Handlungsfelder ableiten, bspw.

- Freundliche u. kompetente Verkaufsberatung
- Unkomplizierter Service
- Schnelle Hilfe bei Problemen
- Installationssupport

II) Servicestrategie umsetzen

- Konkrete Serviceversprechen definieren und umsetzen
- Schulungsprogramme für Mitarbeiter umsetzen
- Prozesse aus Kundensicht prüfen und ggf. neu gestalten
- Ambitionierte Zielwerte für wichtige Serviceindikatoren definieren und in der Balanced Scorecard verankern

III) Servicemaßnahmen messen

- Interne Messung der effektiven Performance wesentlicher Serviceprozesse (bei DT besonderer Fokus auf die Einhaltung der Serviceversprechen)
- Externe Erhebung der Kundenzufriedenheit mit dem Kundenservice (bei DT inkl. Messung von Einhaltung und Relevanz der Serviceversprechen)

IV) Servicequalität kommunizieren

- Interne Kommunikation von Servicezielen und -maßnahmen
- Externe Kommunikation ausgewählter Serviceaspekte (bei DT insbesondere Serviceversprechen) → Service wird damit für den Kunden zum einklagbaren Leistungsbestandteil

Abbildung 12: Vorgehen bei Entwicklung und Umsetzung von Serviceangeboten

4. Ausblick

In Zukunft wird es für Unternehmen entscheidend sein, dem Kunden immer einen Schritt voraus zu sein und seine Anforderungen von morgen in den Angeboten von heute bereits zu antizipieren. Dies gilt für die Produktangebote ebenso wie für die begleitenden Dienstleistungen. Nur wer den Kunden immer wieder mit Leistungen überrascht, die dieser so nicht erwartet hat, kann den Kunden dauerhaft begeistern. Wichtig ist dabei, die Kunden mitzunehmen und nicht im Gewirr ständiger Neuerungen zu verlieren. Die Unternehmen müssen die vorhandene technische und prozessuale Komplexität ihrer Produkte und Services dabei für den Kunden ganz einfach und transparent aufbereiten. Nur so gelingt es einem Unternehmen den Markt zu „machen“ und damit einen strategischen Wettbewerbsvorteil zu erreichen, eben „exzellent vor Kunde“ zu sein.

5. Literatur

BRUHN, M., Qualitätsmanagement für Dienstleistungen, Berlin 2006, 6. Aufl., S. 37ff.

FREI, F., So werden Sie ein erstklassiger Dienstleister, in: Harvard Business Manager, 2007, S. 29ff.

HAMMER, M., Business Back to Basics - Die 9 Punkte-Strategie für den Unternehmenserfolg, Berlin 2002, S. 20ff.

HUNGENBERG, H./MEFFERT, J., Handbuch Strategisches Management, Wiesbaden 2005, 2. Aufl., S. 831ff.

KAMISKE, G./BAUER, J., Qualitätsmanagement von A bis /. Erläuterungen moderner Begriffe des Qualitätsmanagements, München 2006, 5. Aufl., S. 198ff.

MATZLER, K./STAHL, H./HINTERHUBER, H., The Customer-based View der Unternehmung, in: Kundenorientierte Unternehmensführung - Kundenorientierung - Kundenzufriedenheit - Kundenbindung, Wiesbaden 2006, 5. Aufl., S. 198ff.

SCHEUER, T., Marketing für Dienstleister, Wiesbaden 2005, 1. Aufl., S. 157ff.

Stichwortverzeichnis

L

M

Q

R

S